U0920972

2011

中国企业年鉴

China Enterprise Yearbook

《中国企业年鉴》编委会 编

图书在版编目（CIP）数据

中国企业年鉴. 2011 / 《中国企业年鉴》编委会 编. —北京：
企业管理出版社, 2011.12
ISBN 978-7-80255-979-0
Ⅰ. ①中… Ⅱ. ①中… Ⅲ. ①企业经济—中国—2011—年鉴
Ⅳ. ①F279.2-54

中国版本图书馆CIP数据核字(2011)第277318号

书　　名：中国企业年鉴（2011）
作　　者：《中国企业年鉴》编委会 编
责任编辑：尹 青
书　　号：ISBN 978-7-80255-979-0
出版发行：企业管理出版社
地　　址：北京市海淀区紫竹院南路17号　邮编：100048
网　　址：http：//www.emph.cn
电　　话：编辑部：68701184　发行部：68467871　广告部：68701192
电子邮箱：80147@sina.com　chinaqynj@163.com
印　　刷：北京画中画印刷有限公司
经　　销：新华书店
规　　格：889毫米x1194毫米 16开本　印张：38.5　彩插：6.25　字数：1100千字
版　　次：2011年12月第1版　2011年12月第1次印刷
定　　价：380.00元（附赠光盘）
广告经营许可证：京海工商广字第8127号

中国企业年鉴

（2011）

编纂说明

一 《中国企业年鉴》（以下称《年鉴》）于2011年在《中国企业管理年鉴》的基础上更名改版，本卷为连续出版的第21卷。

二 《年鉴》是由国务院国有资产监督管理委员会主管，中国企业联合会、中国企业家协会组织编纂的全国大型资料性年刊，是中国出版工作者协会年鉴工作委员会第一批认证的“中国年鉴资源全文数据库核心年鉴”。

三 《年鉴》继续由我国经济界、企业界老前辈陈锦华、袁宝华、张彦宁同志担任编委会名誉主任；中国企业联合会、中国企业家协会会长王忠禹担任编委会主任；国务院国资委、工业与信息化部等部委领导同志担任编委会副主任。同时聘请了社会各界有关专家、学者、领导和企业家担任理事会成员、特约编委和特约撰稿人。

四 《年鉴》是中国国内迄今为止唯一一部着重反映和纪录中国企业改革与发展历程的史鉴，融政策性、权威性和实用性于一体，从不同层面、多元视角、各个领域真实再现了中国企业改革、发展和管理的新成就和新经验，热情讴歌了先进企业的骄人业绩、成功经验和优秀企业家的领军风采。

五 《年鉴》秉承“鉴往知来，服务现实，保存资料，惠及后代”的重要使命，奉行“时代性、系统性、权威性和连续性”的办刊方针，为我国各类企业和企业家，以及众多研究和关注我国企业改革发展的专家学者提供数据信息和参考资料。

六 《年鉴》（2011）共设10个篇章，即：A.重要经济文献；B.专文；C.经济法律法规选编；D.企业发展概况；E.行业发展概况；F.企业管理综述；G.企业论坛；H.国民经济和企业发展统计资料；I.附录；j.图片资料等。

七 本卷涉及全国性统计数据，暂未包括港澳台地区，其统计数据截至2010年12月31日。国民经济和企业发展统计资料中的数据采用国家统计局公布的初步统计数据；由于统计口径、方法不尽相同，如有行业、地方的统计数据与上述数据不完全一致的情况，以国家统计局的数据为准。

八 本卷编纂工作得到了全体特约编委、特约撰稿人和中国企业联合会有关部门同志的热心帮助和鼎立支持，在此一并表示诚挚的谢意。

九 自2011年改版后，每卷同步出版多媒体全文检索电子光盘（CD-ROM），随书赠送。

《中国企业年鉴》编委会

2011年11月

▲ 胡锦涛视察中国一拖

2010 年 7 月 10 日，国家主席胡锦涛在河南考察工作时视察了中国一拖集团有限公司。

（供稿：中国一拖集团有限公司）

▲ 王忠禹会见彭博商业周刊一行

2010 年 3 月 2 日，中国企业联合会、中国企业家协会会长王忠禹（右）会见了彭博商业周刊全球总裁保罗．巴斯科博特（左）一行。

（记者：林瑞泉 摄）

▲ 袁宝华会见第六届“袁宝华企业管理金奖”代表

2010 年 5 月 20 日，中国企业联合会、中国企业家协会名誉会长袁宝华（左六）在北京会见了第六届“袁宝华企业管理金奖”获奖企业家。参加会见的（从左至右）依次为：尹援平、詹纯新、陈兰通、王会生、张彦宁、傅成玉、蒋黔贵、王永健、宋晓梧。

（记者：林瑞泉 摄）

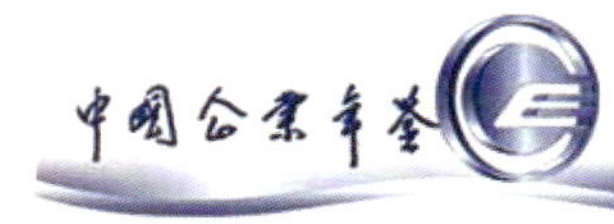

▲ 李德成会见挪威客人

2010 年 9 月 27 日，中国企业联合会、中国企业家协会常务副会长兼理事长李德成（右二）、执行副会长陈兰通（右一）会见了由伦德会长（左二）和伯南德秘书长（左一）率领的挪威工商总会代表团一行。

（记者：林瑞泉 摄）

▲ 全国企业管理创新大会在京举行

2010 年 3 月 27 日，由中国企业联合会、中国企业家协会主办的主题为“以管理创新推动企业战略转型”的全国企业管理创新大会在北京举行。

（记者：林瑞泉　摄）

▲全国企业家活动日暨中国企业家年会在长沙举行

2010年5月23—24日，以“推动企业自主创新，实现发展方式转变”为主题的全国企业家活动日暨中国企业家年会在湖南省长沙市举行。

（记者：林瑞泉　摄）

▲中国制造业——转型升级与绿色发展高层论坛在包头市举行

2010年8月7日，由中国企业联合会、中国企业家协会和内蒙古自治区包头市人民政府主办，中国企业管理科学基金会支持的“中国制造业——转型升级与绿色发展高层论坛”在包头市举行。

（记者：林瑞泉　摄）

▲2010中国企业500强排行榜发布

2010年9月4—5日，由中国企业联合会、中国企业家协会主办的2010中国企业500强发布暨中国大企业高峰会在安徽省合肥市召开。

（记者：林瑞泉　摄）

中国企业年鉴

（2011）

编　委　会

编　委　会

特约撰稿人

（按姓氏笔画排序）

马　超　中国企业联合会雇主工作部项目主任
王永干　中国电力企业联合会秘书长
王启运　中国铁道企业管理协会秘书长
王吉伟　中国企业联合会企业文化建设委员会副秘书长
王建翔　国家工业和信息化部中小企业司副司长
王德春　中国钢铁工业协会综合部副部长
毛元斌　国务院国有资产监督管理委员会企业改革局集团处处长
冯世良　中国石油和化学工业协会原副秘书长
任　慧　中国思想政治工作研究会、中宣部思想政治工作研究所调研一部
任雅林　国务院国有资产监督管理委员会政策法规局副主任科员
刘功仕　《中国航空运输发展蓝皮书》执行主编
刘　刚　中国企业联合会管理现代化办公室副处长
刘建水　农业部产业政策与法规司调研员
孙才森　国务院国有资产监督管理委员会政策法规局副局长
孙淮滨　中国纺织工业协会产业部副主任
许国禄　国家工业和信息化部运行监测协调局保障协调处处长
汤家轩　中国煤炭工业协会副主任、教授级高工
谷东玉　中国建筑材料联合会综合处处长
朱小群　中国民（私）营经济研究会
朱向群　中国民（私）营经济研究会
何训班　国家工商行政管理总局外资局局长
辛仁周　国家工业和信息化部产业政策司副司长
李　健　商务部国际贸易经济合作研究院研究员
李天星　《中国石油企业》杂志社执行主编
李寿生　中国石油和化学工业联合会常务副会长
李朴民　国家发展和改革委员会政策研究室主任
李忠运　中华全国总工会研究室调研一处处长
李林军　国家税务总局征管科技司司长
李战军　中国房地产协会中房研协技术服务有限公司所长
李培松　中国轻工业联合会研究室主任、副研究员
李宴武　《中国有色金属工业年鉴》编辑部副主任
李春荣　国家税务总局办公厅综合调研处处长
迟惠玲　中国企业联合会企业文化建设委员会秘书长
杨　洁　国家发展和改革委员会政策研究室处长
邵红亚　中国企业联合会、中国企业家协会
陈秀芝　中国物流信息中心综合处处长
陈国栋　国务院国有资产监督管理委员会综合局处长
张文彬　中国企业联合会企业技术创新办公室副处长
张路鹏　国家发展和改革委员会政策研究室
张久荣　国家工商行政管理总局个体私营经济监督管理司综合处处长
林瑞泉　《中国企业报》记者
周　密　商务部研究院博士
周竹叶　中国石油和化学工业协会副会长
周渝波　国务院国有资产监督管理委员会政策法规局局长
郑佳节　国家人力资源和社会保障部政策研究司
封加平　国家林业局办公室主任
赵志平　中国石油和化学工业联合会
赵明霞　中国纺织工业协会产业部行业分析师
欧阳晓明　中华全国工商业联合会经济部部长
姚明宽　国家发展和改革委员会资源节约和环境保护司综合处副处长
贺登才　中国物流与采购联合会副会长、中国物流学会副会长
聂平香　商务部研究院外资研究部副研究员
钱　勇　国家环境保护部办公厅研究室主任
高振刚　中国工业经济联合会调研部副主任、学术创新工作委员会总干事长
常　杉　中国企业联合会企业技术创新办公室
梁成喜　国家林业局宣传办公室出版处处长
黄　蕾　国家工业和信息化部信息中心主任
黄澄清　国家工业和信息化部信息中心统计分析处
黄长征　工作化研究中心、中小企业研究所所长
黄开亮　中国机械工业联合会专家委员会委员
曹宗理　国家安全生产监督管理总局政策法规局调研员
谢又乔　国家发展和改革委员会经济运行局高级工程师
焦根强　中国质量协会副秘书长
惠博阳　国家质量监督检验检疫总局质量管理司副司长
蔡　进　中国物流与采购联合会副会长、中国物流信息中心主任
戴定一　中国物流与采购联合会会长

（2011）

特约协办单位

（排序不分先后）

中国石油化工集团公司

中国石油天然气股份有限公司

中国海洋石油总公司

特约理事单位

（排序不分先后）

鞍山钢铁集团公司

首钢总公司

攀枝花钢铁（集团）公司

天津钢管集团股份有限公司

天津钢铁集团有限公司

中国中钢集团公司

中国冶金科工股份有限公司

攀枝花钢城集团有限公司

鞍钢集团矿业公司

中国蓝星（集团）股份有限公司

中国石油长庆油田公司

中国石化北京燕山石油化工有限公司

云天化集团有限责任公司

中国航空工业集团公司

中国航天科工集团第三总体设计部

中国南方机车车辆工业集团公司

中国第一汽车集团公司

东风汽车公司

中国北方工业公司

长沙中联重工科技发展股份有限公司

特约理事单位

（排序不分先后）

中国建筑材料集团有限公司
北京金隅集团有限责任公司
中国黄金集团公司
山东黄金集团公司
国家开发投资公司
中国华融资产管理公司
中核集团中核财务有限责任公司
北京银行
中信国安集团公司
中国航空集团公司
中国港中旅集团公司
国家电网公司
中国长江电力股份有限公司
中国水电建设集团路桥工程有限公司
华能澜沧江水电有限公司
大亚湾核电运营管理有限责任公司
神华集团有限责任公司
中国平煤神马集团
山西潞安矿业（集团）有限责任公司
开滦（集团）有限责任公司
山东能源新矿集团翟镇煤矿
中国联合网络通信集团有限公司
大唐电信科技产业集团
中国移动通信集团广东有限公司
中国移动通信集团上海有限公司
广西壮族自治区邮政公司
北京市基础设施投资有限公司
天津港（集团）有限公司
贵州茅台酒股份有限公司
红塔烟草（集团）有限责任公司
红云红河烟草（集团）有限责任公司
龙岩烟草工业有限责任公司
中国中铁股份有限公司
中国建筑股份有限公司
浙江大东南集团有限公司
山东科达集团有限公司
重庆医药股份有限公司
中船重工物资贸易集团有限公司
中昊晨光化工研究院
恒大集团

中国石油长庆油田分公司第二采油厂

采油二厂始建于1971年，是中国石油长庆油田分公司下属的一个以原油生产为主、兼有项目管理和技术研究职能的大型石油生产企业。工作区域10 300平方公里，横跨陇东的庆城、华池、合水、环县、西峰四县一区。目前，共管理着马岭、华池、城壕、西峰等7个油田，47个开发区块，全厂正常生产油水井4 400余口，日产油5 700余吨。

建厂以来，该厂历经创业试采、正式开发、稳步发展、调整发展四个阶段，生产规模不断扩大。在长期的油田开发建设过程中，形成了一套开发低渗透油田，保持长期稳产的开发技术和工艺措施，构建了具有陇东油田开发特色的“四种开发模式”，形成了保障老油田稳产的“十项主体技术”和以西峰油田高效开发为代表的“十八项先进技术”，累计获得科技成果265项。与此同时，立足企业可持续发展，积极探索，创新管理，形成了“一井一法一工艺”、“能本管理法”、“油藏分类分级管理”、“马琴工作法”、“工作计划管理”、“ABC分类管理”等一系列管理经验和方法。质量管理体系、HSE体系和内控体系日臻完善，引领和推动企业管理水平持续稳步提升。

该厂先后荣获全国五一劳动奖状、全国精神文明工作先进单位等十余项国家及省部以上集体荣誉称号，涌现出了全国劳动模范、全国五一劳动奖章、中央企业劳动模范等一大批先进个人，取得了物质文明和精神文明双丰收。

工作现场

标准化井场

办公大楼

低渗透油田

地址：甘肃庆城县长庆油田第二采油厂

邮编：745100

奉献清洁能源 创造美好生活

中国海洋石油总公司（简称“中国海油”）是中央特大型国有企业及世界500强企业。公司成立于1982年，注册资本949亿元人民币，总部设在北京。

通过成功实施改革重组、资本运营、海外并购、上下游一体化等重大举措，中国海油已经形成上游、中下游、专业技术服务、金融服务以及新能源等产业板块，成为产业链完整的综合型能源集团。2010年底，中国海油国内油气年总产量突破5 000万吨，建成“海上大庆油田”。

中国海油坚持“双赢、责任、诚信、创新、关爱”的企业理念，为推动社会发展提供安全、稳定的能源支持，为提升民众生活质量而不断努力。

cnooc

中国海洋石油总公司
CHINA NATIONAL OFFSHORE OIL CORP.

中国海洋石油总公司（简称“中国海油”）是中央特大型国有企业，也是中国列首位的海上油气生产商。公司成立于1982年，注册资本949亿元人民币，总部设在北京。

自成立以来，中国海油保持了良好的发展态势，由一家单纯从事油气开采的上游公司，发展成为主业突出、产业链完整的综合型能源集团，形成了油气勘探开发、专业技术服务、炼油化工与销售、天然气及发电、金融服务、新能源等六大产业板块。通过成功实施改革重组、资本运营、海外并购、上下游一体化等重大举措，企业实现了跨越式发展，综合竞争实力不断增强。

2010年，中国海油国内油气年总产量突破5 000万吨，建成“海上大庆油田”，国内外油气总产量达到6 493.6万吨。2010年，公司实现营业收入3 547.6亿元人民币，利润总额976.5亿元人民币，向国家上缴利税费857.6亿元人民币，公司总资产达6 172亿元人民币。中国海油在《财富》500强企业排名中位列第252位。在中央企业负责人经营业绩考核中，中国海油连续6年被评为A级企业，并荣获“业绩优秀企业”称号和“节能减排特别奖”。

“十一五”以来，中国海油在各项公益事业上的投入已累计达到8.7亿元人民币。2010年，公司圆满完成了全年各项扶贫援藏及公益事业任务，援川项目一期建设工作顺利推进。公司继续扶持希望工程、母亲水窖、中海油大学生助学基金等公益项目，在国家部分地区遭受自然灾害时积极履行中央企业责任，积极向西南旱灾、玉树地震、舟曲泥石流、海南暴雨灾害等受灾地区伸出援手，得到了受援地区政府和被救助群众的充分肯定和高度赞誉。

中国海油将继续以油气产业发展为基础，以清洁能源、新能源快速增长为依托，在“十二五”期间建成新型能源产业体系，进入国际石油公司第一阵营。通过实施协调发展、科技驱动、人才兴企、成本领先和绿色低碳五大核心战略，持续提高公司的价值创造力、低碳竞争力和可持续发展能力，努力建设成为具有高度社会责任感、受人尊敬的国际一流能源公司。

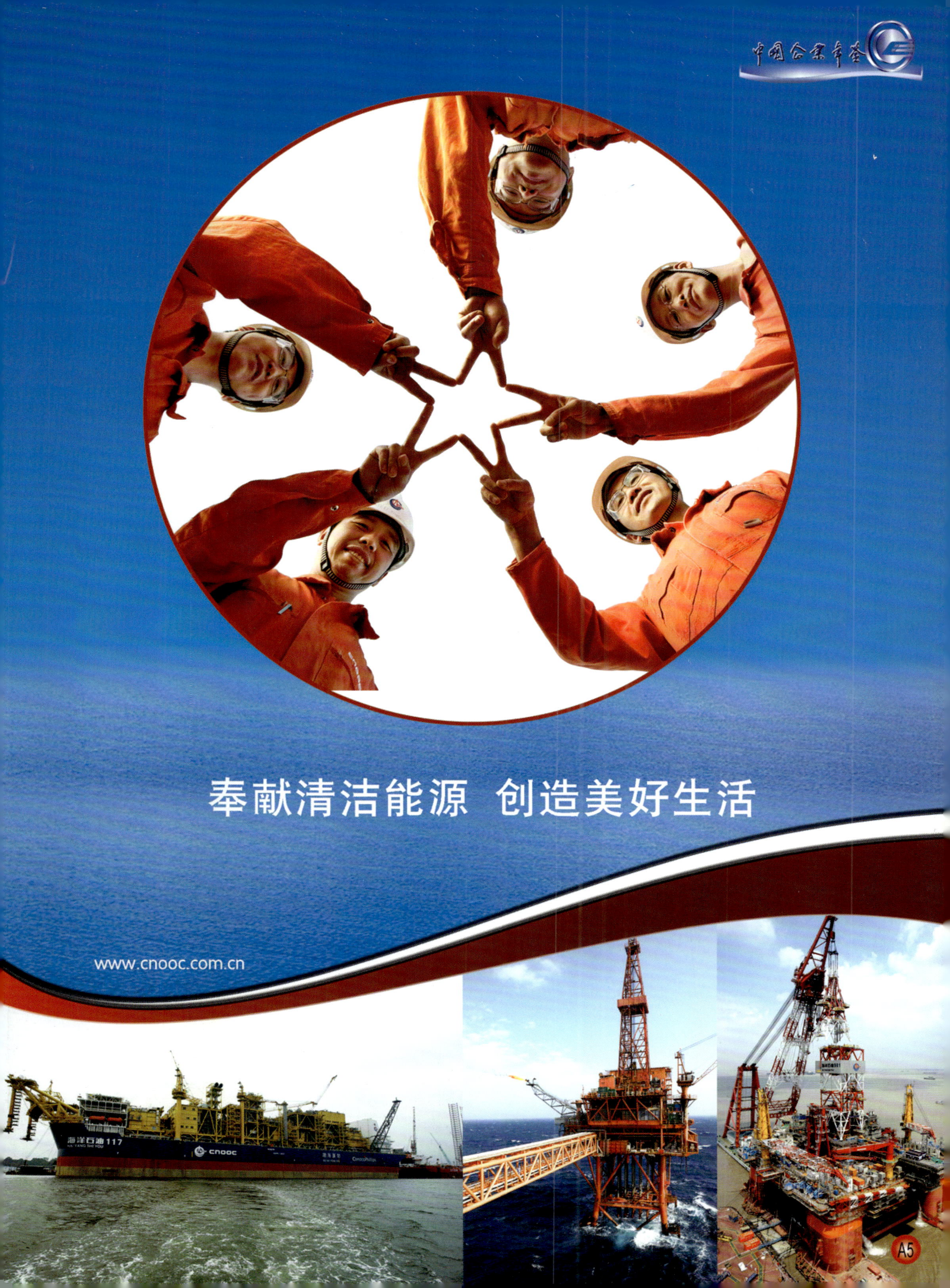

中国企业年鉴

www.cnooc.com.cn
海洋石油 117
CNOOC
A5

在加快转变经济发展方式中
扎实做强做大做久

在2010中国企业500强发布暨中国大企业高峰会上的讲话

（代序）

中国企业联合会
中国企业家协会　会长　王忠禹

2010中国企业500强发布暨中国大企业高峰会是在“十一五”规划即将结束、“十二五”时期即将到来的情况下召开的。本次会议以“新阶段:大企业的使命与责任”为主题,目的在于进一步交流“后金融危机”时代国内外经济形势的新变化对我国大企业发展提出的新要求,探讨在新的历史条件下,如何将我国企业推入一个更高质量、更高水平、更可持续的发展阶段。

一、我国大企业在做强方面取得新进展,在创新方面取得新发展

进入新世纪以来,我国大企业成功抓住新一轮世界经济上升周期的机遇,实现了快速发展。从2001年到2009年,中国企业500强营业收入总额从61 000亿元跃升到276 000亿元,年均增长18.3%,远高于同期美国企业500强3.1%和世界企业500强5.7%的增长水平;中国企业500强的营业收入与美国企业500强的营业收入之比,已从10.0%上升到41.4%。2010年,我国内地入围世界企业500强的企业达到43家,排在美国和日本之后,位列第三,在世界大企业中的地位更加突出。特别需要强调的是,在过去的两年时间里,在党中央、国务院的坚强领导下,我们成功地应对了史无前例的国际金融危机,我国大企业坚定战胜困难的信心和决心,奋勇拼搏,攻坚克难,在逆境中仍然保持了良好的增长势头。2010中国企业500强营业收入比上年增长6.3%,而世界企业500强较上年下降6.6%,美国企业500强较上年下降8.7%,两者之间形成了鲜明的反差。

更为可喜的是,我国大企业在不断做大的同时,也在做强方面取得新进展,在创新方面取得新发展。突出表现在:2010中国企业500强收入利润率为5.4%、净资产收益率为9.4%,高于世界企业500强的4.6%和8.2%,也高于美国企业500强的4.0%和7.8%的水平,这是中国企业500强的主要经营绩效指标连续第二次超过世界和美国企业500强,反映出我国大企业的抗风险能力有了新的提高。纳税总额在全国税收的比重长期稳定在35.0%～36.0%之间,企业劳

动用工持续增长，为国家财政收入的增长，为保就业、保稳定做出了突出的贡献。企业的研发投入近两年来分别以21.0%和14.5%的速度增长，研发投入占营业收入的比例稳步提高。企业专利拥有量大幅增长，2010中国企业500强拥有专利16.9万项，分别比2008年和2009年高出23.8%和13.3%，其中华为2009年申请国际专利1 847件，排名世界第二。一些企业积极开展技术创新活动，取得了丰硕成果。中航工业新型涡扇支线客机ARJ21－700，国家电网1 000千伏交流特高压实验示范工程，电信科研院主导提出4G候选技术标准，中国南车、中国北车时速300公里以上的高速动车组，宝钢研制成功的最高牌号取向硅钢等科技创新成果，不仅具有国际先进水平，而且对引领行业技术进步方向具有重要意义。我国大企业发展取得的明显进步，为我国成功应对国际金融危机提供了有力的支撑和保障。

二、在加快转变经济发展方式中扎实做强做大

从目前的情况看，虽然国际金融危机最严重的局面已经过去，但世界经济复苏将是一个复杂的过程，我国经济发展面临的内外部环境仍然错综复杂，中国经济正处在一个由政策支撑向市场驱动转变的交替过程当中。中央一再强调指出：国际金融危机对我国经济的冲击，表面上是对增长速度的冲击，实质上是对不合理发展方式的冲击。综观国内外形势，我国已经进入了只有加快转变经济发展方式才能实现持续发展的关键阶段。

转变经济发展方式的基本要求是实现发展的速度、规模、结构、质量、效益、环境的有机统一，是为了实现长期持续平稳发展。经济发展的原动力在企业，转变经济发展方式与企业做强做大做久，从根本上来讲是一致的。大企业居于产业网络的核心地位，支配的资源众多，市场影响力巨大，在以结构调整、技术进步为主要内涵的发展阶段，在推动生产要素优化重组、产业升级、产业集群建设、新兴产业发展等方面，发挥着中小企业难以替代的重要作用。大企业的技术进步、战略转型、商业模式创新也往往能够产生巨大的辐射和带动作用。因此，加快转变经济发展方式，大企业担负着重要的责任和使命。同时需要看到，我国大企业长期以来形成的粗放式发展方式还没有得到根本改变，与国际先进企业相比，我国大企业在体制机制、资源整合、创新能力、自主知识产权、品牌影响力、国际化经营等方面，还存在较大差距，制约了企业持续健康发展。面对新的形势和任务，广大企业特别是大企业，必须以更大的决心和魄力，在加快转变发展方式中，锐意推进改革创新，提高核心竞争能力，扎实做强做大做久。

第一，加快自主创新步伐。

转变发展方式的关键在于自主创新。随着各种要素成本的不断上升，其他劳动力密集型国家竞争力的增强，我国企业长期依靠的低成本优势将难以为继。坚持不懈地开展自主创新，推动技术进步，是我国企业做强做大的首要战略选择。众多企业的实践表明，一旦在自主创新方面取得突破，掌握了关键核心技术，打破了跨国公司的技术垄断，企业的面貌就会焕然一新。在高速铁路列车、石油开采、第三代移动通信、航空航天等领域，我国企业自主创新取得的显著成效，就是这方面的突出案例。

我国大企业要做自主创新的主力军，在国家自主创新战略中充分发挥示范和带动作用，必须尽快建立以低消耗、低排放，可循环、高效率，全面协调、可持续为基本特征的创新驱动型发展模式。这需要我们进一步增强敢于超越、敢于争先的自信和勇气，更需要我们脚踏实地，加强创新能力建设。要依靠体制、机制、技术、管理的全方位创新，形成发展的内生动力；确保研发投入强度的持续稳定增长，坚持产学研用相结合，紧紧抓住带动主业发展上台阶的重点领域和重点

项目，实现一批关键核心技术的重大突破，加快推进创新成果的市场化、产品化和产业化；努力建立健全研究开发体系，有条件的企业要努力建立具有国际竞争力的研究开发机构；高度重视知识产权的创造、保护和运用，高度重视专利工作，积极探索将自有技术创新专利融入国际国内标准体系；积极培养和引进高端创新人才，加强创新团队建设，充分调动科技人员的积极性、主动性和创造性，为提高自主创新能力提供人力资源保障。

第二，不断调整优化结构。

近年来，各种生产要素向大企业、优势企业集中的趋势越来越明显，由大企业发起的并购重组也十分活跃。这一方面将对提高我国产业集中度、调整优化产业结构起到积极的促进作用；另一方面也对企业整合资源的能力提出了更高的要求。企业发展不仅要占有资源，更重要的是整合利用好资源。金融危机爆发以来，我国大企业发展的速度有所放缓，给企业带来了进行战略调整的机遇。我国企业必须告别"粗放制造"、"低价竞争"、"快速扩张"的时代，通过不断调整优化结构，提高资源配置效率。

要根据市场的需求，有针对性地调整现有的产品结构，开发市场需要的、盈利能力强的产品，淘汰那些市场没有销路、经济效益差的产品；应当根据企业的核心能力和市场变化进行战略定位，推行差异化战略，避开战略趋同和恶性竞争，做到不盲从于短期利益的诱惑，使自己在市场中能有独立的发展思路，减少短期环境变化对企业战略的影响，进而保持和提高企业的竞争优势。

要优化产业布局，加大对子企业的清理整合力度；调整投资结构，加强主业发展；围绕主业延长产业链和价值链，获取产业链前后端和价值链高端收益分配；应根据制造业服务化和全球服务外包业务的发展趋势，依托现有的产业链和制造优势，从制造企业中分离出科技研发、工业设计、物流配送、售后服务、信息咨询等生产性服务业，使其走向独立化、社会化和产业化；与相关产业的企业建立战略合作伙伴关系和战略联盟关系，相互支撑、相互促进、共同发展。

要调整组织结构，建立科学合理的管理体系。特别是要明确集团总部与子公司之间的管理关系，压缩管理层级，缩短管理链条，理顺管理流程，有效地防止和解决企业快速发展中出现的各种问题。

第三，切实强化品牌建设。

品牌是企业核心竞争力的重要组成部分，也是一种具有垄断性、其他企业无法复制的竞争力。加强品牌建设，提升品牌价值，是中国企业做强做大做久不可或缺的环节。在国际知名品牌研究机构（Interbrand）每年颁发的全球品牌100强的榜单中，多年来没有一家来自中国的品牌。最新一期《哈佛商业评论》中文版发表了一篇文章，名为《发达国家眼中的中国品牌》。作者通过对来自美国、英国和澳大利亚的1 000多个消费者调研发现，发达国家的消费者对中国产品并没有偏见，但对中国品牌的认知度却非常低，主要集中在有限的几个品牌中。因此，中国企业需要切实强化品牌建设，努力提高品牌影响力。

品牌建设是一项长期的系统工程，通常一个国际品牌的创建需要几十年的时间。中国企业的品牌建设，一方面要老老实实打好基础，切实强化产品质量管理，创新为消费者提供的服务，坚持诚信经营，讲求社会责任，树立良好形象；另一方面，应当立志高远，杜绝急功近利的短期行为，把品牌建设与企业的长远发展结合起来，作为一项长期战略认真加以实施。

第四，大力推进绿色发展。

大家知道，作为工业化、城镇化加快发展的人口大国，我国面临的能源资源和生态环境矛盾十分突出，推进可持续发展的任务十分艰巨。从现实来看，我们需要加大工作力度，确保完成“十一五”节能减排目标。从发展趋势来看，向绿色经济转型已成为世界潮流，未来的企业竞争必定是基于低碳产品与技术的竞争。国内外形势的发展和要求，迫切需要我们把实现绿色发展作为转变方展方式的重要切入点，加快建设资源节约型、环境友好型企业。

大企业一般来说都是资源能源消耗大户，又有较强的资金和技术实力，要责无旁贷地承担起历史使命，带头贯彻落实国家的有关部署，坚决打好节能减排的攻坚战，坚持以绿色理念引领企业发展。要着力抓好循环经济、清洁生产等方面的工作，坚决淘汰落后产能；加快推进节能减排技术改造，广泛采用新技术、新工艺和新装备，依靠科技进步节能降耗；努力开发绿色产品，发展节能建筑，强化环境保护；大力开发运用低碳技术，更多地使用清洁能源和可再生能源。这里，需要强调的是，绿色经济同样蕴含着巨大的经济效益，良好的生态环境已经成为新的竞争优势。在后危机时代，世界范围内围绕绿色经济和低碳技术的竞争正在变得日益激烈，在这方面，谁认识早、转型快，谁就能在未来的竞争中掌握主动。我国企业要从战略高度对此予以应有的重视。

第五，积极开展国际化经营。

随着我国成为更具世界影响力的经济体，实现由贸易大国向投资大国的转变，将成为我国经济发展的一个重要趋势。但是，总体上看，我国企业国际化经营主要依靠产品出口，对外直接投资还比较少。目前，我国对外直接投资存量不到荷兰的1/5，不到英国的1/10，不到美国的1/20。更加积极地开展国际化经营，是我国企业提高国际竞争力、谋求长远发展的重要途径。

在后金融危机时代，国际经济格局正在进行新一轮的调整，我国企业“走出去”面临着新的历史性机遇：投资或并购海外优质资产的机遇增加；国外对跨国投资限制相对减少，开展能源资源领域投资合作机会增多；国外企业遇到空前困难，我国有实力的企业并购海外研发机构、市场营销渠道的机会也大大增加；发达国家经济复苏并不稳固，一些跨国公司压力很大，我国一些龙头企业与跨国公司开展战略合作和建立技术联盟的可能性增加。同时，我国无论是在危机中还是危机后都具备宏观经济相对稳定、市场庞大、外汇储备充足、资金充裕等有利条件，形成了前所未有的综合优势。因此，我国大企业应进一步树立世界眼光，建立具有全球视野的领导班子，及时调整国际化经营的战略定位和目标，大力培养国际化经营所需的高素质人才，不断提高国际化经营能力。

“十二五”时期是我国全面建设小康社会的关键时期，是深化改革开放、加快转变经济发展方式的攻坚时期。我相信，中国大企业有条件、有能力担负起自身的使命和责任，强化创新，扎实做强，在加快转变经济发展方式中，发挥应有的骨干引领作用，不断将自身发展提高到新的水平，为促进中国经济长期平稳较快发展，为全面建成小康社会、实现中华民族的伟大复兴，打下更加扎实的基础，做出更大的贡献！

目　次

中国企业年鉴2011

A 重要经济文献

B 专　文

C 经济法律法规选编

法　律

行政法规

法规性文件

国务院部门规章

D　企业发展概况

E 行业发展概况

F 企业管理综述

G　企业论坛

H　国民经济和企业发展统计资料

I 附 录

J 图片资料

钢铁、机械、能源、金融服务等行业

石油、石化、运输、航空科技、通信、煤炭等行业

重要经济文献

政府工作报告

——2011年3月5日在第十一届
全国人民代表大会第四次会议上

国务院总理　温家宝

各位代表：

现在，我代表国务院，向大会作政府工作报告，请各位代表审议，并请全国政协委员提出意见。

一、“十一五”时期国民经济和社会发展的回顾

“十一五”时期是我国发展进程中极不平凡的5年。面对国内外复杂形势和一系列重大风险挑战，中国共产党团结带领全国各族人民，全面推进改革开放和现代化建设，国家面貌发生了历史性变化。

这5年，我国社会生产力、综合国力显著提高。我们有效应对国际金融危机冲击，保持经济平稳较快发展，胜利完成“十一五”规划的主要目标和任务，国民经济迈上新的台阶。国内生产总值达到398 000亿元，年均增长11.2%，财政收入从31 600亿元增加到83 100亿元。载人航天、探月工程、超级计算机等前沿科技实现重大突破。国防和军队现代化建设取得重大成就。

这5年，各项社会事业加快发展、人民生活明显改善。教育、科技、文化、卫生、体育事业全面进步。城镇新增就业5 771万人，转移农业劳动力4 500万人；城镇居民人均可支配收入和农村居民人均纯收入年均分别实际增长9.7%和8.9%；覆盖城乡的社会保障体系逐步健全。

这5年，改革开放取得重大进展。重点领域和关键环节改革实现新突破，社会主义市场经济体制更加完善。2010年对外贸易总额达到29 700亿美元，开放型经济水平快速提升。

这5年，我国国际地位和影响力显著提高。我们在国际事务中发挥重要的建设性作用，有力维护国家主权、安全和发展利益，全方位外交取得重大进展。我们成功举办北京奥运会、上海世博会，实现了中华民族的百年梦想。

这些辉煌成就，充分显示了中国特色社会主义的优越性，展现了改革开放的伟大力量，极大增强了全国各族人民的自信心和自豪感，增强了中华民族的凝聚力和向心力，必将激励我们在新的历史征程上奋勇前进。

5年来，我们主要做了以下工作：

（一）加强和改善宏观调控，促进经济平稳较快发展

我们注重把握宏观调控的方向、重点和力度，牢牢掌握经济工作的主动权。“十一五”前期，针对投资增长过快、贸易顺差过大、流动性过剩，以及结构性、输入性物价上涨等问题，采取正确的政策措施，有效防止了苗头性问题演变成趋势性问题、局部性问题演变成全局性问题。近两年，面对百年罕见的国际金融危机冲击，我们沉着应对、科学决策，果断实行积极的财政政策和适度宽松的货币政策。坚持实施一揽子计划，大规模增加政府支出和实行结构性减税，大范围实施重点产业调整振兴规划，大力推进自主创新和加强科技支撑，大幅度提高社会保障水平。坚持扩大内需的战略方针，采取鼓励消费的一系列政策措施，增加城乡居民特别是低收入群众收入，消费规模持续扩大，结构不断升级。实施两年新增40 000亿元的投资计划，其中，新增中央投资11 800亿元。保障性安居工程、农村民生工程和社会事业投资占43.7%，自主创新、结构调整、节能减排和生态建设占15.3%，重大基础设施建设占23.6%，灾后恢复重建占14.8%。政府投资引导带动社会投资，国内需求大幅增加，有效弥补外需缺口，较短时间内扭转经济增速下滑趋势，在世界率先实现回升向好，既战胜了特殊困难、有力地保障和改善了民生，又为长远发展奠定了坚实基础。

（二）毫不放松地做好“三农”工作，巩固和加强农业基础

中央财政“三农”投入累计近30 000亿元，年均增幅超过23.0%。彻底取消农业税和各种收费，结束了农民种田交税的历史，每年减轻农民负担超过1 335亿元。建立种粮农民补贴制度和主产区利益补偿机制，农民的生产补贴资金去年达到1 226亿

元。对重点粮食品种实行最低收购价和临时收储政策，小麦、稻谷最低收购价提高了25.0% ~40.0%。严格保护耕地。着力推进农业科技进步。粮食产量屡创历史新高，2010年达到10 900亿斤，连续7年增产；农民人均纯收入达到5 919元，实现持续较快增长。农村综合改革稳步推进，集体林权制度改革、国有农场管理体制改革全面推开。农业农村基础设施加快建设，完成7 356座大中型和重点小型水库除险加固，解决2.15亿农村人口饮水安全问题，农民的日子越过越好，农村发展进入一个新时代。

（三）大力推进经济结构调整，提高经济增长质量和效益

一是加快产业结构调整和自主创新。积极推进企业技术改造和兼并重组，工业特别是装备制造业总体水平和竞争力明显提高。战略性新兴产业迅速成长。加快建设国家创新体系，实施知识创新工程和技术创新工程，突破了一批产业发展急需的前沿技术、核心技术和关键装备技术，一大批科研成果实现了产业化。服务业快速发展，在国内生产总值中占比提高2.5个百分点。基础设施建设明显加快，5年建成铁路新线1.6万公里，新增公路63.9万公里，其中高速公路3.3万公里，新建、改扩建机场33个，新建和加固堤防1.7万公里。

二是扎实推进节能减排、生态建设和环境保护。提出到2020年我国控制温室气体排放行动目标和政策措施，制定实施节能减排综合性工作方案。大力发展清洁能源，新增发电装机容量44 500万千瓦，其中水电9 601万千瓦、核电384万千瓦。关停小火电机组7 210万千瓦，淘汰了一批落后的煤炭、钢铁、水泥、焦炭产能。推进林业重点生态工程建设，完成造林2 529万公顷。综合治理水土流失面积23万平方公里，加强重点流域水污染防治、大气污染防治和工业“三废”治理。大力发展循环经济。5年累计，单位国内生产总值能耗下降19.1%，化学需氧量、二氧化硫排放量分别下降12.5%、14.3%。

三是促进区域经济协调发展。落实区域发展总体战略，颁布实施全国主体功能区规划，制定西部大开发新10年指导意见和一系列区域发展规划，推出促进西藏和四省藏区、新疆等民族地区跨越式发展的新举措。中西部和东北地区发展加快，经济增速等主要指标超过全国平均水平；东部地区经济结构不断优化，自主创新和竞争力逐步提高；地区间基本公共服务差距趋于缩小，各具特色的区域发展格局初步形成。

（四）坚定不移深化改革开放，增强经济社会发展内在活力

财政转移支付制度逐步完善，县级基本财力保障机制初步建立。增值税转型全面实施，成品油价格和税费改革顺利推进，资源税改革启动试点，内外资企业税制全面统一。国有大型商业银行股份制改革顺利完成，政策性金融机构改革、农村信用社改革积极推进；平稳解决上市公司股权分置问题，创业板、股指期货和融资融券顺利推出，债券市场稳步发展；深入推进保险业改革开放；人民币汇率形成机制改革有序推进，跨境贸易人民币结算试点不断扩大。国有企业公司制股份制改革、国有资产监管体制改革取得积极进展。邮政体制改革加快推进。制定实施促进中小企业发展和民间投资的一系列政策，非公有制经济发展环境不断改善，多种所有制经济共同发展。

不断拓展对外开放的广度和深度。进出口总额年均增长15.9%，结构不断优化。贸易顺差连续两年下降，2010年比上年减少6.4%。利用外资水平进一步提高。企业“走出去”步伐明显加快，累计对外直接投资2 200亿美元，对外工程承包和劳务合作营业额3 352亿美元。积极参与全球经济治理机制改革和区域合作机制建设，多边、双边经贸合作继续深化。对外援助规模持续扩大。对外开放有力促进了经济发展和结构调整，增加了就业，吸收了先进技术和管理经验，大大提高了我国的国际地位。

（五）加快发展社会事业，切实保障和改善民生

始终坚持经济发展与社会发展相协调，围绕改善民生谋发展。把就业放在经济社会发展的优先位置。加强职业培训和就业服务，促进高校毕业生、农村转移劳动力、城镇就业困难人员就业，做好退役军人就业安置工作。实施劳动合同法和就业促进法，普遍提高最低工资标准，推动建立和谐劳动关系。覆盖城乡的社会保障体系建设取得突破性进展，城镇职工基本养老保险实现省级统筹，实施养老保险关系跨省转移接续办法，连续7年提高企业退休人员基本养老金水平，年均增长10.0%，新型农村社会养老保险试点覆盖 24.0% 的县。积极稳妥推进医药卫生体制改革，全面建立城镇居民基本医疗保险制度、新型农村合作医疗制度，惠及 4.3 亿城镇职工和城镇居民、8.4 亿农村居民。最低生活保障制度实现全覆盖，城乡社会救助体系基本建立，社会福利、优抚安置、慈善和残疾人事业取得新进展。全国社会保障基金积累 7 810 亿元，比 5 年前增加 5 800 多亿元。大力实施保障性住房建设和棚户区改造，使 1 100 万户困难家庭住上了新房。我们要持之以恒，努力让全体人民老有所养、病有所医、住有所居。

制定和实施国家中长期教育改革和发展规划纲要。5 年全国财政教育支出累计 44 500 亿元，年均增长 22.4%。全面实现城乡免费义务教育，所有适龄儿童都能“不花钱，有学上”。义务教育阶段教师绩效工资制度全面实施。中等职业教育对农村经济困难家庭、城市低收入家庭和涉农专业的学生实行免费。加快实施国家助学制度，财政投入从 2006 年的 18 亿元增加到 2010 年的 306 亿元，覆盖面从高等学校扩大到中等职业学校和普通高中，共资助学生 2 130 万名，还为 1 200 多万名义务教育寄宿生提供生活补助。加快农村中小学危房改造和职业教育基础设施建设。全面提高高等教育质量和水平，增强高校创新能力。制定并实施国家中长期科学和技术发展规划纲要，中央财政科技投入 6 197 亿元，年均增长 22.7%，取得了一系列重大成果。大力加强基层医疗卫生服务能力建设。国家财政安排专项资金，改造和新建 2.3 万所乡镇卫生院、1 500 所县医院、500 所县中医院和 1 000 所县妇幼保健院，建立了 2 400 所社区卫生服务中心。制定并实施国家中长期人才发展规划纲要。人口规划目标顺利实现。文化体制改革取得重要进展。公共文化服务体系建设明显加快，文化产业蓬勃发展。哲学社会科学和新闻出版、广播电视、文学艺术繁荣进步。城乡公共体育设施建设加快，全民健身活动蔚然成风。法制建设全面推进，“五五”普法顺利完成。创新和加强社会管理，社会保持和谐稳定。

抗击汶川特大地震等严重自然灾害的斗争取得重大胜利，汶川灾后恢复重建三年任务两年基本完成，玉树强烈地震和舟曲特大山洪泥石流灾后恢复重建有序推进。经过灾难的洗礼，中国人民更加成熟、自信、坚强，中华民族百折不挠、自强不息的伟大精神不可战胜。

5 年来，我们不断深化行政管理体制改革，加快转变政府职能，全面完成了新一轮政府机构改革，深入推进依法行政，建设法治政府和服务型政府，推进政务公开，加强行政问责，坚持不懈地开展反腐败斗争，政府自身建设取得积极进展。

过去 5 年，我们是一步一个脚印走过来的，中国人民有理由为此感到自豪！5 年的成绩来之不易。这是以胡锦涛同志为总书记的党中央总揽全局、正确领导的结果，是全党全国各族人民共同努力奋斗的结果。在这里，我代表国务院，向全国各族人民，向各民主党派、各人民团体和各界人士，表示诚挚感谢！向香港特别行政区同胞、澳门特别行政区同胞、台湾同胞和海外侨胞，表示诚挚感谢！向关心和支持中国现代化建设的各国政府、国际组织和各国朋友，表示诚挚感谢！

我们清醒地认识到，我国发展中不平衡、不协调、不可持续的问题依然突出。主要是：经济增长的资源环境约束强化，投资与消费关系失衡，收入分配差距较大，科技创新能力不强，产业结构不合理，农业基础仍然薄弱，城乡区域发展不协调，就业总量压力和结构性矛盾并存，制约科学发展的体制机制障碍依然较多；服务业增加值和就业比重、研究与试验发展经费支出占国内生产总值比重没有完成“十一五”规划目标。一些群众反映强烈的问题没有根本解决，主要是：优质教育、医疗资源总量不足、分布不均；物价上涨压力加大，部分城市房价涨幅过高；违法征地拆迁等引发的社会矛盾增多；食品安全问题比较突出；一些领域腐败现象严重。我们一定要以对国家和人民高度负责的精神，通过艰苦细致的工作和坚持不懈的努力，加快解决这些问题，让人民满意。

回顾“十一五”时期的政府工作，我们进一步加深了以下几个方面的认识和体会。

一是必须坚持科学发展。我们战胜各种严峻挑战，靠的是发展；各领域取得的一切成就和进步，靠的是发展；解决前进道路上的困难和问题，仍然要靠发展。我国仍处于并将长期处于社会主义初级阶段，必须坚持以经济建设为中心，坚持科学发展。要以人为本，把保障和改善民生作为一切工作的出发点和落脚点，坚定不移走共同富裕道路，使发展成果惠及全体人民；坚持统筹兼顾，促进城乡、区域、经济社会协调发展；加快转变经济发展方式，大力推进自主创新，节约资源和保护环境，使经济社会发展与人口资源环境相协调，提高发展的全面性、协调性和可持续性。

二是必须坚持政府调控与市场机制有机统一。健全的市场机制，有效的宏观调控，都是社会主义市场经济体制不可或缺的重要组成部分。市场作用多一些还是政府作用多一些，必须相机抉择。在应对国际金融危机冲击中，我们加强和改善宏观调控，及时纠正市场扭曲，弥补市场失灵，防止经济出现大的起落，实践证明是完全正确的。我们必须不断完善社会主义市场经济体制，充分发挥市场在资源配置中的基础性作用，激发经济的内在活力，同时，科学运用宏观调控手段，促进经济长期平稳较快发展。

三是必须坚持统筹国内国际两个大局。在经济全球化深入发展和对外开放不断深化的条件下，我国经济同世界经济的联系日益紧密，互动和依存不断增强。必须树立世界眼光，加强战略思维，善于从国际形势发展变化中充分把握发展机遇，稳妥应对风险挑战，利用好国内国际两个市场、两种资源，统筹处理好国内发展与对外开放关系，真正做到内外兼顾、均衡发展。

四是必须坚持把改革开放作为经济社会发展的根本动力。改革开放是实现国家强盛、人民幸福的必由之路，必须贯穿社会主义现代化建设全过程。我们要以更大的决心和勇气推进改革，提高改革决策的科学性，增强改革措施的协调性，全面推进经济、政治、文化、社会等各方面改革创新，从根本上破除体制机制障碍，最大限度解放和发展生产力，促进社会公平正义。要坚持把改善人民生活作为正确处理改革、发展、稳定关系的结合点，把改革的力度、发展的速度和社会可承受的程度统一起来，以改革促进和谐稳定，确保人民安居乐业、社会安宁有序、国家长治久安。

二、“十二五”时期的主要目标和任务

根据《中共中央关于制定国民经济和社会发展第十二个五年规划的建议》，我们编制了《国民经济和社会发展第十二个五年规划纲要（草案）》，提交大会审议。

“十二五”是全面建设小康社会的关键时期，是深化改革开放、加快转变经济发展方式的攻坚时期。从国际看，世界多极化、经济全球化深入发展，和平、发展、合作仍是时代潮流。国际金融危机影响深远，世界经济结构加快调整，全球经济治理机制深刻变革，科技创新和产业转型孕育突破，发展中国家特别是新兴市场国家整体实力步入上升期。从国内看，我国发展的有利条件和长期向好的趋势没有改变，工业化、信息化、城镇化、市场化、国际化深入发展，市场需求潜力巨大，资金供给充裕，科技和教育水平整体提升，劳动力素质提高，基础设施日益完善，政府宏观调控和应对重大挑战的能力明显增强，社会大局保持稳定。综合判断国际国内形势，我国发展仍处于可以大有作为的重要战略机遇期。

我们要高举中国特色社会主义伟大旗帜，以邓小平理论和“三个代表”重要思想为指导，深入贯彻落实科学发展观，适应国内外形势新变化，顺应各族人民过上更好生活新期待，以科学发展为主题，以加快转变经济发展方式为主线，深化改革开放，保障和改善民生，巩固和扩大应对国际金融危机冲击成果，促进经济长期平稳较快发展和社会和谐稳定，为全面建成小康社会打下具有决定性意义的基础。

我们要推动经济发展再上新台阶。今后 5 年，我国经济增长预期目标是在明显提高质量和效益的基础上年均增长 7.0%。按 2010 年价格计算，2015 年国内生产总值将超过 550 000 亿元。要继续加强和改善宏观调控，保持价格总水平基本稳定，把短期调控政策和长期发展政策结合起来，坚持实施扩大内需战略，充分挖掘我国内需的巨大潜力，加快形成消费、投资、出口协调拉动经济增长的新局面。

我们要加快转变经济发展方式和调整经济结构。坚持走中国特色新型工业化道路，推动信息化和工业化深度融合，改造提升制造业，培育发展战略性新兴产业。加快发展服务业，服务业增加值在国内生产总值中的比重提高 4 个百分点。积极稳妥推进城镇化，城镇化率从 47.5% 提高到 51.5%，完善城市化布局和形态，不断提升城镇化的质量和水平。继续加强基础设施建设，进一步夯实经济社会发展基础。大力发展现代农业，加快社会主义新农村建设。深入实施区域发展总体战略和主体功能区战略，逐步实现基本公共服务均等化。促进城乡、区域

良性互动，一、二、三产业协调发展。我们要大力发展社会事业。坚持优先发展教育，稳步提升全民受教育程度。坚持自主创新、重点跨越、支撑发展、引领未来的方针，完善科技创新体系和支持政策，着力推进重大科学技术突破。研究与试验发展经费支出占国内生产总值比重达到2.2%，促进科技成果更好地转化为生产力。适应现代化建设需要，加强人才培养，努力造就规模宏大的高素质人才队伍。大力加强文化建设，推动文化改革发展实现新跨越，满足人民群众不断增长的精神文化需求。大力发展体育事业。进一步深化医药卫生体制改革，健全基本医疗卫生制度，加快实现人人享有基本医疗卫生服务的目标。创新社会管理体制机制，加强社会管理法律、体制、能力建设，确保社会既充满活力又和谐稳定。

我们要扎实推进资源节约和环境保护。积极应对气候变化。加强资源节约和管理，提高资源保障能力，加大耕地保护、环境保护力度，加强生态建设和防灾减灾体系建设，全面增强可持续发展能力。非化石能源占一次能源消费比重提高到11.4%，单位国内生产总值能耗和二氧化碳排放分别降低16.0%和17.0%，主要污染物排放总量减少8.0%～10.0%，森林蓄积量增加6亿立方米，森林覆盖率达到21.7%。切实加强水利基础设施建设，推进大江大河重要支流、湖泊和中小河流治理，明显提高基本农田灌溉、水资源有效利用水平和防洪能力。

我们要全面改善人民生活。坚持把增加就业作为经济社会发展的优先目标，为全体劳动者创造公平的就业机会，5年城镇新增就业4 500万人。坚持和完善按劳分配为主体、多种分配方式并存的分配制度，努力实现居民收入增长和经济发展同步、劳动报酬增长和劳动生产率提高同步，逐步提高居民收入在国民收入分配中的比重，提高劳动报酬在初次分配中的比重，加快形成合理的收入分配格局。城镇居民人均可支配收入和农村居民人均纯收入年均实际增长超过7.0%。提高扶贫标准，减少贫困人口。加快完善社会保障制度，进一步提高保障水平。城乡基本养老、基本医疗保障制度实现全覆盖，提高并稳定城乡三项基本医疗保险参保率，政策范围内的医保基金支付水平提高到70.0%以上，全国城镇保障性住房覆盖面达到20.0%左右。坚持计划生育基本国策，逐步完善政策，促进人口长期均衡发展，人均预期寿命提高1岁，达到74.5岁。

我们要全面深化改革开放。更加重视改革顶层设计和总体规划，大力推进经济体制改革，积极稳妥地推进政治体制改革，加快推进文化体制、社会体制改革，不断完善社会主义市场经济体制，扩大社会主义民主，完善社会主义法制，使上层建筑更加适应经济基础发展变化，为科学发展提供有力保障。

坚持和完善基本经济制度，营造各种所有制经济依法平等使用生产要素、公平参与市场竞争、同等受到法律保护的体制环境。加快财税金融体制改革，积极构建有利于转变经济发展方式的财税体制，构建组织多元、服务高效、监管审慎、风险可控的金融体系。深化资源性产品价格和环保收费改革，建立健全能够灵活反映市场供求关系、资源稀缺程度和环境损害成本的资源性产品价格形成机制。实施更加积极主动的开放战略，培育参与国际合作与竞争新优势，进一步形成互利共赢的开放新格局。

我们要不断加强政府自身改革建设。政府的一切权力都是人民赋予的，必须对人民负责，为人民谋利益，接受人民监督；必须最广泛地动员和组织人民依法管理国家和社会事务，管理经济和文化事业；必须坚持依法治国基本方略，加强维护群众利益的法规建设，推进依法行政；必须实行科学、民主决策，建立健全决策、执行、监督既相互制约又相互协调的运行机制，确保权力正确行使；必须从制度上改变权力过分集中而又得不到制约的状况，坚决惩治和预防腐败；必须保障人民的民主权利和合法权益，维护社会公平正义。

总之，经过未来5年努力，实现“十二五”规划的各项目标，我国的综合国力就会有更大的提升，人民生活就会有更大的改善，国家面貌就会发生更大的变化。

三、2011年的工作

2011年，是“十二五”开局之年，做好今年的工作对于完成“十二五”各项目标任务至关重要。过去一年，我们的各项工作取得了很大成绩。国内生产总值增长10.3%，居民消费价格涨幅控制在3.3%，城镇新增就业1 168万人，国际收支状况有所改善。这为做好今年的工作打下了良好基础。

2011 年,我国发展面临的形势依然极其复杂。世界经济将继续缓慢复苏,但复苏的基础不牢。发达经济体经济增长乏力,失业率居高难下,一些国家主权债务危机隐患仍未消除,主要发达经济体进一步推行宽松货币政策,全球流动性大量增加,国际大宗商品价格和主要货币汇率加剧波动,新兴市场资产泡沫和通胀压力加大,保护主义继续升温,国际市场竞争更加激烈,不稳定、不确定因素仍然较多。我国经济运行中一些长期问题和短期问题相互交织,体制性矛盾和结构性问题叠加在一起,加大了宏观调控难度。我们要准确判断形势,保持清醒的头脑,增强忧患意识,做好应对风险的准备。

2011 年国民经济和社会发展的主要预期目标是:国内生产总值增长 8.0% 左右;经济结构进一步优化;居民消费价格总水平涨幅控制在 4.0% 左右;城镇新增就业 900 万人以上,城镇登记失业率控制在 4.6% 以内;国际收支状况继续改善。总的考虑是,为转变经济发展方式创造良好环境,引导各方面把工作着力点放在加快经济结构调整、提高发展质量和效益上,放在增加就业、改善民生、促进社会和谐上。

实现上述目标,要保持宏观经济政策的连续性、稳定性,提高针对性、灵活性、有效性,处理好保持经济平稳较快发展、调整经济结构、管理通胀预期的关系,更加注重稳定物价总水平,防止经济出现大的波动。

继续实施积极的财政政策。保持适当的财政赤字和国债规模。2011 年拟安排财政赤字 9 000 亿元,其中中央财政赤字 7 000 亿元,继续代地方发债 2 000 亿元并纳入地方预算,赤字规模比上年预算减少 1 500 亿元,赤字率下降到 2.0% 左右。要着力优化财政支出结构,增加"三农"、欠发达地区、民生、社会事业、结构调整、科技创新等重点支出;压缩一般性支出,严格控制党政机关办公楼等楼堂馆所建设,出国(境)经费、车辆购置及运行费、公务接待费等支出原则上零增长,切实降低行政成本。继续实行结构性减税。依法加强税收征管。对地方政府性债务进行全面审计,实施全口径监管,研究建立规范的地方政府举债融资机制。

实施稳健的货币政策。保持合理的社会融资规模,广义货币增长目标为 16.0%。健全宏观审慎政策框架,综合运用价格和数量工具,提高货币政策有效性。提高直接融资比重,发挥好股票、债券、产业基金等融资工具的作用,更好地满足多样化投融资需求。着力优化信贷结构,引导商业银行加大对重点领域和薄弱环节的信贷支持,严格控制对"两高"行业和产能过剩行业贷款。进一步完善人民币汇率形成机制。密切监控跨境资本流动,防范"热钱"流入。加强储备资产的投资和风险管理,提高投资收益。

2011 年,重点要做好以下几方面工作:

(一)保持物价总水平基本稳定

当前,物价上涨较快,通胀预期增强,这个问题涉及民生、关系全局、影响稳定。要把稳定物价总水平作为宏观调控的首要任务,充分发挥我国主要工业品总体供大于求、粮食库存充裕、外汇储备较多等有利条件,努力消除输入性、结构性通胀因素的不利影响,消化要素成本上涨压力,正确引导市场预期,坚决抑制价格上涨势头。要以经济和法律手段为主,辅之以必要的行政手段,全面加强价格调控和监管。一是有效管理市场流动性,控制物价过快上涨的货币条件。把握好政府管理商品和服务价格的调整时机、节奏和力度。二是大力发展生产,保障主要农产品、基本生活必需品、重要生产资料的生产和供应。落实"米袋子"省长负责制和"菜篮子"市长负责制。三是加强农产品流通体系建设,积极开展"农超对接",畅通鲜活农产品运输"绿色通道"。完善重要商品储备制度和主要农产品临时收储制度,把握好国家储备吞吐调控时机,搞好进出口调节,增强市场调控能力。四是加强价格监管,维护市场秩序。特别要强化价格执法,严肃查处恶意炒作、串通涨价、哄抬价格等不法行为。五是完善补贴制度,建立健全社会救助和保障标准与物价上涨挂钩的联动机制,绝不能让物价上涨影响低收入群众的正常生活。

(二)进一步扩大内需特别是居民消费需求

扩大内需是我国经济发展的长期战略方针和基本立足点,也是促进经济均衡发展的根本途径和内在要求。

积极扩大消费需求。继续增加政府用于改善和扩大消费的支出,增加对城镇低收入居民和农民的补贴。继续实施家电下乡和以旧换新政策。加强农村和中小城市商贸流通、文化体育、旅游、宽带网络等基础设施建设。大力促进文化消费、旅游消费和养老消费。推动农村商业连锁经营和统一配送，优化城镇商业网点布局，积极发展电子商务、网络购物、地理信息等新型服务业态。大力整顿和规范市场秩序，切实维护消费者权益。深入开展打击侵犯知识产权和制售假冒伪劣商品的专项治理行动。

大力优化投资结构。认真落实国务院关于鼓励引导民间投资新36条，抓紧制定公开透明的市场准入标准和支持政策，切实放宽市场准入，真正破除各种有形和无形的壁垒，鼓励和引导民间资本进入基础产业和基础设施、市政公用事业、社会事业、金融服务等领域，推动民营企业加强自主创新和转型升级，鼓励和引导民间资本重组联合和参与国有企业改革，加强对民间投资的服务、指导和规范管理，促进社会投资稳定增长和结构优化。充分发挥政府投资对结构调整的引导作用，优先保证重点在建、续建项目的资金需求，有序启动“十二五”规划重大项目建设。防止盲目投资和重复建设。严格执行投资项目用地、节能、环保、安全等准入标准，提高投资质量和效益。

（三）巩固和加强农业基础地位

坚持把“三农”工作放在重中之重，在工业化、城镇化深入发展中同步推进农业现代化，巩固和发展农业农村好形势。

确保农产品供给，多渠道增加农民收入。要把保障粮食安全作为首要目标，毫不放松地抓好农业生产。稳定粮食种植面积，支持优势产区生产棉花、油料、糖料等大宗产品。大力发展畜牧业、渔业、林业。切实抓好新一轮“菜篮子”工程建设，大中城市郊区要有基本的菜地面积和生鲜食品供给能力。强化农业科技支撑，发展壮大农作物种业，大规模开展高产创建。继续实施粮食最低收购价政策，今年小麦最低收购价每50公斤提高5～7元，水稻最低收购价每50公斤提高9～23元。大力发展农村非农产业，壮大县域经济，提高农民职业技能和创业、创收能力，促进农民就地就近转移就业。提高扶贫标准，加大扶贫开发力度。

大兴水利，全面加强农业农村基础设施建设。重点加强农田水利建设、中小河流治理、小型水库和病险水闸除险加固以及山洪地质灾害防治。完善排灌设施，发展节水灌溉，加固河流堤防，搞好清淤疏浚，消除水库隐患，扩大防洪库容。通过几年努力，全面提高防汛抗旱、防灾减灾能力。大力推进农村土地开发整理，大规模建设旱涝保收高标准农田，加快全国新增千亿斤粮食生产能力建设。加强农村水电路气房建设，大力改善农村生产生活条件，努力为农民建设美好家园。

加大“三农”投入，完善强农惠农政策。财政支出重点向农业农村倾斜，确保用于农业农村的总量、增量均有提高；预算内固定资产投资重点用于农业农村基础设施建设，确保总量和比重进一步提高；土地出让收益重点投向农业土地开发、农田水利和农村基础设施建设，确保足额提取、定向使用。2011年中央财政用于“三农”的投入拟安排9 884.5亿元，比上年增加1 304.8亿元。继续增加对农民的生产补贴，新增补贴重点向主产区、重点品种、专业大户、农民专业合作组织倾斜。增加中央财政对粮食、油料、生猪调出大县的一般性转移支付，扩大奖励补助规模和范围。引导金融机构增加涉农信贷投放，确保涉农贷款增量占比不低于上年。加大政策性金融对“三农”的支持力度。健全政策性农业保险制度，建立农业再保险和巨灾风险分散机制。

深化农村改革，增强农村发展活力。坚持和完善农村基本经营制度，健全覆盖耕地、林地、草原等家庭承包经营制度。有序推进农村土地管理制度改革。探索建立耕地保护补偿机制。继续推进农村综合改革。全面实施村级公益事业建设一事一议财政奖补，大幅增加奖补资金规模。加快发展农民专业合作组织和农业社会化服务体系，提高农业组织化程度。年底前，在全国普遍建立健全乡镇或区域性农业技术推广、动植物疫病防控、农产品质量监管等公共服务机构。

解决13亿中国人的吃饭问题始终是头等大事，任何时候都不能掉以轻心。我们有信心也有能力办好这件大事。

（四）加快推进经济结构战略性调整

这是转变经济发展方式的主攻方向。要推动经济尽快走上内生增长、创新驱动的轨道。

调整优化产业结构。加快构建现代产业体系，推动产业转型升级。一是改造提升制造业。加大企业技术改造力度，重点增强新产品开发能力和品牌创建能力，提高能源资源综合利用水平、技术工艺系统集成水平，提高产品质量、技术含量和附加值。推动重点行业企业跨地区兼并重组。完善落后产能退出机制和配套政策。二是加快培育发展战略性新兴产业。积极发展新一代信息技术产业，建设高性能宽带信息网，加快实现“三网融合”，促进物联网示范应用。要抓紧制定标准，完善政策，加强创新能力建设，发挥科技型中小企业作用，促进战略性新兴产业健康发展，加快形成生产能力和核心竞争力。三是大力发展服务业。加快发展生产性服务业，积极发展生活性服务业。大力发展和提升软件产业。着力营造有利于服务业发展的市场环境，加快完善促进服务业发展的政策体系。尽快实现鼓励类服务业用电、用水、用气、用热与工业基本同价。四是加强现代能源产业和综合运输体系建设。积极推动能源生产和利用方式变革，提高能源利用效率。推进传统能源清洁利用，加强智能电网建设，大力发展清洁能源。统筹发展、加快构建便捷、安全、高效的综合运输体系。坚持陆海统筹，推进海洋经济发展。

促进区域协调发展。全面落实各项区域发展规划。坚持把实施西部大开发战略放在区域发展总体战略的优先位置，认真落实西部大开发新10年的政策措施和促进西藏、新疆等地区跨越式发展的各项举措。全面振兴东北地区等老工业基地，继续推进资源型城市转型。大力促进中部地区崛起，进一步发挥承东启西的区位优势。积极支持东部地区率先发展，在体制机制创新和发展方式转变上走在全国前列。更好发挥深圳等经济特区、上海浦东新区、天津滨海新区在改革开放中先行先试的作用。加大力度支持革命老区、民族地区、边疆地区发展，颁布实施2011—2020年中国农村扶贫开发纲要，启动集中连片特殊困难地区扶贫开发攻坚工程，加快贫困地区脱贫致富步伐。

积极稳妥推进城镇化。坚持走中国特色城镇化道路，遵循城市发展规律，促进城镇化健康发展。坚持科学规划，严格管理。加强城市基础设施和公共服务设施建设，增强城镇综合承载能力，提高管理和服务水平。因地制宜，分步推进，把有稳定劳动关系并在城镇居住一定年限的农民工，逐步转为城镇居民。对暂不具备落户条件的农民工，要解决好他们在劳动报酬、子女就学、公共卫生、住房租赁、社会保障等方面的实际问题。要充分尊重农民在进城和留乡问题上的自主选择权，切实保护农民承包地、宅基地等合法权益。城镇化要同农业现代化和新农村建设相互促进，这是必须坚持的正确方向。

加强节能环保和生态建设，积极应对气候变化。突出抓好工业、建筑、交通运输、公共机构等领域节能。继续实施重点节能工程。大力开展工业节能，推广节能技术，运用节能设备，提高能源利用效率。加大既有建筑节能改造投入，积极推进新建建筑节能。大力发展循环经济。推进低碳城市试点。加强适应气候变化特别是应对极端气候事件能力建设。建立完善温室气体排放和节能减排统计监测制度。加快城镇污水管网、垃圾处理设施的规划和建设，推广污水处理回用。启动燃煤电厂脱硝工作，深化颗粒物污染防治。加强海洋污染治理。加快重点流域水污染治理、大气污染治理、重点地区重金属污染治理和农村环境综合整治，控制农村面源污染。继续实施重大生态修复工程，加强重点生态功能区保护和管理，实施天然林资源保护二期工程，落实草原生态保护补助奖励政策，巩固退耕还林还草、退牧还草等成果，大力开展植树造林，加强湿地保护与恢复，推进荒漠化、石漠化综合治理。完善防灾减灾应急预案，加快山洪地质灾害易发区调查评价、监测预警、防治应急等体制建设。

（五）大力实施科教兴国战略和人才强国战略

科技、教育和人才是国家发展的基础和根本，必须始终放在重要的战略位置。

坚持优先发展教育。推动教育事业科学发展，为人们提供更加多样、更加公平、更高质量的教育。2012年财政性教育经费支出占国内生产总值比重达到4.0%。加快发展学前教育。公办民办并举，增加学前教育资源，抓紧解决“入园难”问题。促进义务教育均衡发展。加强义务教育阶段学校标准化建设，公共资源配置重点向农村和城市薄弱学校倾斜。以流入地政府和公办学校为主，切实保障农民工随迁子女平等接受义务教育。支持民族地区教育发展，做好“双语”教学工作。全面推进素质教育。加快教育改革，切实减轻中小学生过重课业负担，注重引导和培养孩子们独立思考、实践创新能力。保证中小学生每天一小时校园体育活动。大力发展职业教育。引导高中阶段学校和高等学校办出特色，提高教育质量，增强学生就业创业能力。加强重点学科建设，加快建设一批世界一流大学。支持特殊教育发展。落实和完善国家助学制度，无论哪个教育阶段，都要确保每个孩子不因家庭经济困难而失学。

全面加强人才工作。以高层次和高技能人才为重点，加快培养造就一大批创新型科技人才和急需紧缺人才。加大人才开发投入，推进重大人才工程。深化选人用人制度改革，努力营造平等公开、竞争择优的制度和社会环境，激励优秀人才脱颖而出，创造人尽其才的良好局面。

大力推进科技创新。加快实施国家科技重大专项，突破一批核心关键技术，提升重大集成创新能力。加强基础研究、前沿技术研究，增强原始创新能力。推动建立企业主导技术研发创新的体制机制。鼓励企业共同出资开展关键共性技术研发，共担风险、共享成果，对符合国家战略方向的项目，政府要从政策和资金上给予支持。深化科技管理体制改革，促进科技资源优化配置、高效利用和开放共享。激励科研院所、高等学校和广大科技人员以多种形式与企业合作。保持财政科技投入稳定增长，提高科研经费使用效率。坚定不移地实施国家知识产权战略，提升知识产权的创造、应用、保护、管理能力，激发全社会创新活力。

（六）加强社会建设和保障改善民生

经济越发展，越要重视加强社会建设和保障改善民生。

千方百计扩大就业。继续实施更加积极的就业政策。2011 年中央财政拟投入 423 亿元，用于扶助和促进就业。要适应我国劳动力结构特点，大力发展劳动密集型产业、服务业、小型微型企业和创新型科技企业，努力满足不同层次的就业需求。继续把高校毕业生就业放在首位，做好重点人群就业工作。加强职业技能培训，鼓励自主创业。加强公共就业服务，健全统一、规范、灵活的人力资源市场。加快就业信息网络建设，实现全国互联互通。加强劳动保障监察执法，完善劳动争议处理机制，依法维护劳动者权益，构建和谐劳动关系。

合理调整收入分配关系。这既是一项长期任务，也是当前的紧迫工作。2011 年重点采取三方面措施：

一是着力提高城乡低收入群众的基本收入。稳步提高职工最低工资、企业退休人员基本养老金和城乡居民最低生活保障标准。建立健全职工工资正常增长机制，严格执行最低工资制度。二是加大收入分配调节力度。提高个人所得税工薪所得费用扣除标准，合理调整税率结构，切实减轻中低收入者税收负担。有效调节过高收入，加强对收入过高行业工资总额和工资水平的双重调控，严格规范国有企业、金融机构高管人员薪酬管理。三是大力整顿和规范收入分配秩序。坚决取缔非法收入。加快建立收入分配监测系统。通过持续不断的努力，尽快扭转收入分配差距扩大趋势，努力使广大人民群众更多分享改革发展成果。

加快健全覆盖城乡居民的社会保障体系。将新型农村社会养老保险试点范围扩大到全国 40.0% 的县。推进城镇居民养老保险试点，解决集体企业退休人员养老保障的历史遗留问题，建立企业退休人员基本养老金正常调整机制。积极推进机关和事业单位养老保险制度改革。将国有企业、集体企业“老工伤”人员纳入工伤保险制度。完善城乡低保制度。继续多渠道增加社会保障基金。将孤儿养育、教育和残疾孤儿康复等纳入财政保障范围。继续推进残疾人社会保障体系和服务体系建设。加快推进社会保障管理信息化。发挥商业保险在完善社会保障体系中的作用。大力发展慈善事业。

坚定不移地搞好房地产市场调控。加快健全房地产市场调控的长效机制，重点解决城镇中低收入家庭住房困难，切实稳定房地产市场价格，满足居民合理住房需求。一是进一步扩大保障性住房建设规模。2011 年要再开工建设保障性住房、棚户区改造住房共1 000万套，改造农村危房 150 万户。重点发展公共租赁住房。中央财政预算拟安排补助资金 1 030 亿元，比上年增加 265 亿元。各级政府要多渠道筹集资金，大幅度增加投入。抓紧建立保障性住房使用、运营、退出等管理制度，提高透明度，加强社会监督，保证符合条件的家庭受益。二是进一步落实和完善房地产市场调控政策，坚决遏制部分城市房价过快上涨势头。制定并向社会公布年度住房建设计划，在新增建设用地计划中，单列保障性住房用地，做到应保尽保。重点增加中小套型普通商品住房建设。规范发展住房租赁市场。严格落实差别化住房信贷、税收政策，调整完善房地产相关税收政策，加强税收征管，有效遏制投机投资性购房。加强房地产市场监测和市场行为监管，严厉查处各类违法违规行为。三是建立健全考核问责机制。稳定房价和住房保障工作实行省级人民政府负总责，市、县人民政府负直接责任。有关部门要加快完善巡查、考评、约谈和问责制度，对稳定房价、推进保障性住房建设工作不力，从而影响社会发展和稳定的地方，要追究责任。

推进医药卫生事业改革发展。2011 年是医改 3 年实施方案的攻坚年，要确保完成各项目标任务。一是在基层全面实施国家基本药物制度。建立完善基本药物保障供应体系，加强药品监管，确保用药安全，切实降低药价。二是抓好公立医院改革试点。鼓励各地在医院管理体制、医疗服务价格形成机制和监管机制等方面大胆探索。完善医疗纠纷调处机制，改善医患关系。三是提高基本医疗保障水平。稳定提高城镇职工、居民医保参保率和新农合参合率。2011 年要把新农合和城镇居民医保财政补助标准提高到 200 元。四是完成农村三级卫生服务网络和城市社区卫生服务机构建设任务。2011 年全国人均基本公共卫生服务经费标准提高到 25 元。加强重大传染病、慢性病、职业病、地方病和精神疾病的预防控制和规范管理。加强妇幼保健工作，继续推进适龄妇女宫颈癌、乳腺癌免费检查和救治保障试点。认真做好艾滋病防治工作。大力发展中医药和民族医药事业，落实各项扶持政策。五是鼓励社会资本举办医疗机构。放宽社会资本和外资举办医疗机构的准入范围。完善和推进医生多点执业制度，鼓励医生在各类医疗机构之间合理流动和在基层开设诊所，为人民群众提供便捷的医疗卫生服务。

全面做好人口和计划生育工作。继续稳定低生育水平。做好流动人口计划生育服务管理工作。加强出生缺陷干预，进一步扩大免费孕前优生健康检查试点，做好孕产妇和婴幼儿保健工作。农村妇女住院分娩率达到 95.0% 以上。实施新一轮妇女儿童发展纲要，切实保护妇女和未成年人权益。加快建立健全老年人社会服务体系，加强公益性养老服务设施建设。

加强和创新社会管理。强化政府社会管理职能，广泛动员和组织群众依法参与社会管理，发挥社会组织的积极作用，完善社会管理格局。以城乡社区为载体，以居民需求为导向，整合人口、就业、社保、民政、卫生、文化等社会管理职能和服务资源，实现政府行政管理与基层群众自治有效衔接和良性互动。加快建立健全维护群众权益机制、行政决策风险评估和纠错机制，加强信访、人民调解、行政调解工作，拓宽社情民意表达渠道，切实解决乱占耕地、违法拆迁等群众反映强烈的问题。加强和完善公共安全体系。健全突发事件应急体制，提高全社会危机管理和抗风险能力。加强信息安全和保密工作，完善信息网络管理。加强社会治安综合治理，严密防范、依法打击各类违法犯罪活动。落实企业安全生产和产品质量主体责任，坚决遏制重特大安全生产事故。完善食品安全监管体制机制，健全法制，严格标准，完善监测评估、检验检测体系，强化地方政府监管责任，加强监管执法，全面提高食品安全保障水平。

各级政府一定要把社会管理和公共服务摆到更加重要的位置，切实解决人民群众最关心、最直接、最现实的利益问题。

（七）大力发展文化建设

文化对民族和国家的影响更深刻、更久远。要更好地满足人民群众多层次、多样化文化需求，发挥文化引导社会、教育人民、推动发展的功能，增强民族凝聚力和创造力。加强公民道德建设，在全社会树立中国特色社会主义的共同理想和信念，加快构建传承中华传统美德、符合社会主义精神文明要求、适应社会主义市场经济的道德和行为规范。加强诚信体系建设，建立相关制度和法律法规。增强公共文化产品供给和服务能力，重点加强中西部地区和城乡基层的文化基础设施建设，继续实施文化惠民工程。扶持公益性文化事业，加强文化遗产保护、利用和传承。进一步繁荣哲学社会科学。发展新闻出版、广播影视、文学艺术、档案事业。加强对互联网的利用和管理。深化文化体制改革，积极推进经营性文化单位转企改制。大力发展文化产业，培育新型文化业态，推动文化产业成为国民经济支柱性产业。大力开展全民健身活动，促进群众体育和竞技体育协调发展。加强对外文化体育交流与合作，不断扩大中华文化国际影响力，让博大精深的中华文化再展辉煌。

（八）深入推进重点领域改革

继续推进国有经济战略性调整，健全国有资本有进有退、合理流动机制。完善国有金融资产、非经营性资产和自然资源资产监管体制，加强境外国有资产监管。继续鼓励、支持和引导非公有制经济发展。健全财力与事权相匹配的财税体制，清理和归并专项转移支付项目，增加一般性转移支付，健全县级基本财力保障机制。在一些生产性服务业领域推行增值税改革试点，推进资源税改革。深化预算管理制度改革，全面编制政府性基金预算，扩大国有资本经营预算范围，试编社会保险基金预算。继续深化金融企业改革，加快建立现代金融企业制度。加快培育农村新型金融机构。继续大力发展金融市场，鼓励金融创新。推进利率市场化改革。扩大人民币在跨境贸易和投资中的使用。推进人民币资本项下可兑换工作。加强和改善金融监管，建立健全系统性金融风险防范预警体系和处置机制。完善成品油、天然气价格形成机制和各类电价定价机制。推进水价改革。研究制定排污权有偿使用和交易试点的指导意见。价格改革要充分考虑人民群众特别是低收入群众的承受能力。按照政事分开、事企分开、管办分开、营利性与非营利性分开的要求，积极稳妥地分类推进事业单位改革。

（九）进一步提高对外开放水平

中国的发展离不开世界。要积极发展互利互惠的多双边经贸关系，不断拓展新的开放领域和空间。继续推动多哈回合谈判，反对各种形式的保护主义，促进国际经济秩序朝着更加公正、合理、共赢的方向发展。

切实转变外贸发展方式。在大力优化结构和提高效益的基础上，保持对外贸易稳定增长。无论是一般贸易还是加工贸易出口，都要继续发挥劳动力资源优势，都要减少能源资源消耗，都要向产业链高端延伸，都要提高质量、档次和附加值。积极扩大自主品牌产品出口。大力发展服务贸易和服务外包，不断提高服务贸易的比重。坚持进口和出口并重，扩大先进技术设备、关键零部件和能源原材料进口，促进从最不发达国家和主要顺差来源国增加进口，逐步改善贸易不平衡状况，妥善处理贸易摩擦。

推动对外投资和利用外资协调发展。加快实施“走出去”战略，完善相关支持政策，简化审批手续，为符合条件的企业和个人到境外投资提供便利。鼓励企业积极有序开展跨国经营。加强对外投资的宏观指导，健全投资促进和保护机制，防范投资风险。坚持积极有效利用外资的方针，注重引进先进技术和人才、智力资源，鼓励跨国公司在华设立研发中心，切实提高利用外资的总体水平和综合效益。抓紧修订外商投资产业目录，鼓励外资投向高新技术、节能环保、现代服务业等领域和中西部地区。

（十）加强廉政建设和反腐败工作

建设廉洁的政府是一项持久而又紧迫的任务，是人民的殷切期望。要加快解决反腐倡廉建设中的突出问题，扎实推进惩治和预防腐败体系建设，把查办大案要案作为反腐败的重要举措，同时更加注重制度建设。一是认真治理政府工作人员以权谋私和渎职侵权问题。针对工程建设、土地使用权出让和矿产资源开发、国有产权交易、政府采购等重点领域存在的问题，加大查处违法违纪案件工作力度，坚决惩处腐败分子。二是切实加强廉洁自律，认真贯彻执行《廉政准则》，落实领导干部收入、房产、投资以及配偶子女从业、移居国（境）外等情况定期报告制度，自觉接受监督。加强审计和监察工作。加大对行政机关领导干部和国有企业、事业单位负责人的监督力度。三是坚决反对铺张浪费和形式主义。要精简会议、文件，清理和规范各种达标、评比、表彰以及论坛、庆典等活动，从经费上严加控制。规范公务用车配备管理并积极推进公务用车制度改革。加快实行财政预算公开，让人民知道政府花了多少钱，办了什么事。各级政府都要努力为人民办事；每一个公务员都要真正成为人民的公仆。

各位代表！巩固和发展各民族大团结，是国家长治久安、繁荣昌盛的根本保证，是各族人民的根本利益所在。要坚持和完善民族区域自治制度，全面落实中央支持少数民族和民族地区发展的政策措施。制定实施扶持人口较少民族发展、推进兴边富民行动和发展少数民族事业 5 年规划。让我们团结奋进，共同谱写中华民族繁荣发展的历史新篇章！

全面贯彻党的宗教工作基本方针，深入落实《宗教事务条例》，发挥宗教界人士和信教群众在促进经济发展、社会和谐中的积极作用。

继续加强侨务工作，维护海外侨胞、归侨侨眷的合法权益，充分发挥他们在促进祖国统一和民族振兴中的独特作用。

各位代表！建立巩固的国防，建设强大的人民军队，是维护国家主权、安全、发展利益和全面建设小康社会的重要保障。要紧紧围绕党和国家工作大局，着眼有效履行新世纪、新阶段我军历史使命，全面加强军队革命化、现代化、正规化建设，不断提高以打赢信息化条件下局部战争能力为核心的完成多样化军事任务的能力。坚持把思想政治建设摆在首位。积极开展信息化条件下的军事训练。加快全面建设现代后勤步伐。推动军民融合式发展，加强国防科研和武器装备建设。积极稳妥地推进国防和军队改革。坚持依法治军、从严治军。坚决完成抢险救灾等急难险重任务。建设现代化武装警察力量，增强执勤、处置突发事件和反恐维稳能力。加强国防动员和后备力量建设，巩固和发展军政军民团结。

各位代表！我们将坚定不移地贯彻"一国两制"、"港人治港"、"澳人治澳"、高度自治的方针，全力支持香港、澳门两个特别行政区发展经济，改善民生。支持香港巩固和提升国际金融、贸易、航运中心地位。支持澳门建设世界旅游休闲中心，促进经济适度多元发展。充分发挥香港、澳门在国家整体发展战略中的独特作用。进一步提高内地与港澳合作的机制化水平，支持粤港澳深化区域合作，实现互利共赢。在中华民族伟大复兴的历史进程中，祖国内地人民将与港澳同胞携手奋进，共享伟大祖国的尊严与荣耀！

我们将坚持新形势下发展两岸关系、促进祖国和平统一的大政方针和各项政策。继续推进两岸协商，积极落实两岸经济合作框架协议，加强产业合作，加快新兴产业、金融等现代服务业合作发展，支持有条件的大陆企业赴台投资。支持海峡西岸经济区在推进两岸交流合作中发挥先行先试作用。深入开展两岸社会各界交流，积极拓展两岸文化教育合作。增进两岸政治互信，巩固两岸关系和平发展的政治基础，共同维护两岸关系和平发展的良好局面。我们坚信，只要海内外中华儿女继续共同努力奋斗，祖国和平统一大业一定能够实现！

各位代表！我们将继续高举和平、发展、合作的旗帜，坚持独立自主的和平外交政策，坚持走和平发展道路，坚持奉行互利共赢的开放战略，坚持推动建设持久和平、共同繁荣的和谐世界，为我国现代化建设创造更加有利的外部环境和条件。

我们要保持与主要大国关系健康稳定发展，积极推进对话合作，扩大共同利益和合作基础。坚持"与邻为善，以邻为伴"的周边外交方针，深化同周边国家的睦邻友好合作关系，推进区域次区域合作进程。增进同广大发展中国家的传统友好合作关系，进一步落实和扩大合作成果，推进合作方式创新和机制建设。积极开展多边外交，以 20 国集团峰会等为主要平台，加强宏观经济政策协调，推动国际经济金融体系改革，促进世界经济强劲、可持续、平衡增长，在推动解决热点问题和全球性问题上发挥建设性作用，履行应尽的国际责任和义务。中国政府和人民愿与国际社会一道，共同应对风险挑战，共同分享发展机遇，为人类和平与发展的崇高事业做出新贡献！

各位代表！回顾过去，我们创造了不平凡的光辉业绩；展望未来，我们对国家的锦绣前程充满信心！让我们在以胡锦涛同志为总书记的党中央领导下，紧紧抓住历史机遇，勇敢面对各种挑战，开拓进取，团结奋斗，扎实工作，努力实现"十二五"时期良好开局，把中国特色社会主义伟大事业继续推向前进。

关于2010年国民经济和社会发展计划执行情况与2011年国民经济和社会发展计划草案的报告(节选)

——2011年3月5日在第十一届全国人民代表大会第四次会议上

国家发展和改革委员会

一、2010年国民经济和社会发展计划执行情况

2010年,我国经济社会发展环境极为复杂,各类自然灾害和重大挑战极为严峻。在中国共产党的坚强领导下,全国各族人民深入贯彻落实科学发展观,按照十一届全国人大三次会议审议批准的国民经济和社会发展计划,坚持实施应对国际金融危机冲击的一揽子计划,加快推进经济发展方式转变,巩固了经济社会发展良好势头。计划执行情况总体是好的,“十一五”规划确定的主要目标和任务胜利完成。

(一)经济保持平稳较快增长

经济运行总体平稳,质量效益明显改善。全年国内生产总值398 000亿元,增长10.3%,超过预期目标2.3个百分点。一、二、三产业分别增长4.3%、12.2%和9.5%,超过预期目标0.3个、4个和0.8个百分点。工业增加值160 000亿元,增长12.1%,超过预期目标4.1个百分点。煤电油气运等的运行调节和综合协调得到加强,保障了经济社会发展、居民生活以及受灾地区、重大活动、重要时段的需求。全年国家财政收入83 000亿元,增长21.3%,财政赤字比预算减少500亿元。广义货币供应量M_2增长19.7%,新增人民币贷款79 500亿元。企业效益继续提高,1—11月,全国规模以上工业企业实现利润38 800亿元,同比增长49.4%。

内需持续扩大,增长的拉动力趋向协调。扩大消费的各项政策取得积极成效,消费需求潜力进一步释放。社会消费品零售总额156 998亿元,比上年增长18.3%,超过预期目标3.3个百分点。全国家电下乡产品销售7 718万台,增长1.3倍。汽车销售1 806万辆,增长32.4%。投资保持适度增长,结构进一步改善。全社会固定资产投资278 140亿元,比上年增长23.8%,超过预期目标3.8个百分点。两年新增40 000亿元投资计划圆满完成。鼓励和引导民间投资健康发展的若干意见发布实施,为民间投资注入了新的活力,2010年民间投资占城镇固定资产投资比重达51.1%,比上年提高3个百分点。消费、投资、净出口为经济增长分别贡献了3.9个、5.6个和0.8个百分点。

价格总水平基本稳定,市场秩序进一步规范。实行稳定价格与改善民生多措并举,做好粮、棉、肉、糖等重要商品的收储和投放工作;增加鲜活农产品绿色通道政策品种,并将实施范围扩大到所有收费公路;完善困难群众生活补助与物价变动的联动机制,减轻价格上涨对居民生活的影响;停止和取消一批收费项目,降低一批收费标准和药品价格,减轻企业和群众负担;组织开展涉企收费、电力价格、农产品价格等专项整治和打击侵犯知识产权、制售假冒伪劣产品专项行动,营造有序的价格和市场环境。全年居民消费价格总水平上涨3.3%,基本实现调控目标。

(二)农业基础得到加强

粮食等主要农产品稳定增产。克服部分地区特大干旱、低温寡照、严重洪涝等灾害影响,全年粮食产量54 641万吨,比上年增加1 559万吨,增长2.9%,实现了连续7年增产。油料产量3 239万吨,增长2.7%。畜牧业生产总体平稳,全年肉类总产量7 925万吨,增长3.6%;水产品产量5 366万吨,增长4.9%。受部分地区气候条件不利、种植面积减少等因素影响,棉花产量597万吨,下降6.3%;糖料产量12 045万吨,下降1.9%。

强农惠农政策有效实施。全年中央财政用于“三农”方面的支出8 579.7亿元,比上年增长18.3%。其中,用于农业和农村建设的中央预算内投资1 928亿元,占全部中央预算内投资的比重达到49.0%。耕地保护工作进一步加强,全国整治土地130多万公顷,新增耕地30多万公顷。全国新增千亿斤粮食生产能力规划全面实施,棉油糖基地、植保工程、动物防疫体系、种养业良种工程得到加强。

制定并实施了加强中小水利设施建设、促进农业机械化、保障蔬菜生产供应等方面政策。规划内病险水库除险加固任务全面完成,第二轮小型病险水库除险加固启动实施。支持建设了一批农产品批发市场、粮油仓储、农产品冷链物流等流通基础设施。小麦、稻谷最低收购价每50公斤比2009年平均提高3元和6元,大豆、油菜籽临时收储政策得到较好落实,化肥供应较为充足。对种粮农民实行“四项补贴”的规模达到1 226亿元。

农村生产生活条件继续改善。2010年,解决了6 186万农村居民和农村学校师生的饮水安全问题,农村安全饮水普及率达到71.3%。新增农村电网线路30万公里。乡镇、建制村的油路通畅率分别达到96.0%和81.0%。支持建设大中型沼气工程1 343处,全国新增沼气用户500万户。农村危房改造120万户,完成计划目标。新建万村千乡农家店10万家,农村连锁经营网络初步形成。

(三)经济结构调整积极推进

自主创新能力增强。16个国家科技重大专项与973、863、支撑计划顺利实施,上海光源、国家纳米科学中心等重大科学工程建成并通过验收,中科院知识创新三期工程基本完成,数字电视、下一代互联网等50个国家工程中心、32个国家工程实验室、在企业设立的56个国家重点实验室以及高世代液晶显示面板、大规模集成电路、支线飞机等重大项目建设顺利推进。大型飞机研制取得新进展。认定国家级企业技术中心93家,国家创新型试点企业达到550家,创新型试点城市45个。自主研发的高效能计算机“天河一号”运算速度跃居世界第一。

高技术产业发展加快。全年高技术制造业增加值增长16.6%,提高8.9个百分点。集成电路、电子元件、微型计算机设备、移动通信手持机等主要高技术产品产量分别增长57.4%、30.1%、35.0%和46.4%;软件销售收入13 000亿元,增长30.0%。技术市场交易额突破3 000亿元。加快培育和发展战略性新兴产业决定颁布实施,现代中药等7个高技术产业化专项积极推进,新建了18个国家高技术产业基地,设立了13只创业投资基金。

工业结构调整取得新进展。重点行业调整振兴规划进一步实施,安排200亿元重点产业振兴和技术改造专项资金,支持了5 051个技术改造项目。首钢搬迁顺利完成,鞍钢与攀钢重组取得实质性进展。加快医药行业结构调整的指导意见颁布实施。淘汰落后产能任务全面完成。火电、炼钢、炼铁、水泥、平板玻璃、造纸等行业分别淘汰落后产能1 210万千瓦、931万吨、4 000万吨、11 619万吨、1 105万重箱和472万吨,超过计划目标210万千瓦、331万吨、1 500万吨、6 619万吨、505万重箱和419万吨。

服务业稳定发展。启动了服务业综合改革试点,运用服务业发展引导资金,支持重点领域和薄弱环节加快发展,颁布实施了促进节能服务产业发展的意见。2010年,服务业就业人数占就业总人数比重达到34.8%,服务业增加值占国内生产总值的比重为43.0%。

基础设施和基础产业保障能力提升。全国铁路营业里程9.1万公里,增加4 986公里;公路通车总里程398万公里,增加12万公里;内河高等级航道里程1万公里,增加500公里,沿海港口深水泊位1 774个,新增125个;民用运输机场通航175个,新增9个。光缆线路长度995万公里,增加166万公里;互联网宽带接入端口1.9亿个,增加4 924万个。能源重点项目、能源基地和储运设施建设得到加强。13个大型煤炭基地已有11个产能达到亿吨,一批清洁能源项目竣工投产,石油储备二期项目加快建设,西电东送工程北、中、南通道的总输送能力超过7 800万千瓦。全年原煤产量32.4亿吨,增长8.9%;原油产量2.03亿吨,增长7.1%;天然气产量967.6亿立方米,增长13.5%;发电量42 065亿千瓦时,增长13.2%。

区域发展的协调性增强。区域发展总体战略向纵深推进,全国主体功能区规划发布实施。深入实施西部大开发战略的若干意见顺利出台,推进西藏、新疆跨越式发展和长治久安的意见,以及加快四川、云南、甘肃、青海四省藏区发展的意见颁布实施,重庆两江新区批准设立。新开工建设西部大开发重点工程23项,投资总规模6 822亿元。对东北地区工业结构优化升级和现代服务业发展的支持力度加大,扶持东北建设现代农业的指导意见制定出台,资源型城市可持续发展的政策体系进一步完善。促进中部地区崛起规划全面落实,“三基地、一枢纽”建设步伐加快,促进中部地区城市群发展的指导意见以及皖江城市带承接产业转移示范区规划出台,武汉城市圈、长株潭城市群、中原城市群、鄱阳湖生态经济区、太原城市圈的辐射带动作用进一步增强。中西部地区承接产业转移工作取得新进展。东部地区产业结构升级和自主创新积极推进,深圳等经济特区、上海浦东新区、天津滨海新区改革开放步伐加快,促进长江三角洲地区发展的规划颁布实施,全国海洋经济发展试点开始启动。对革命老区、民族地区、边疆地区和贫困地区的扶持力度进一步加大。2010年,安排中央以工代赈投资55亿元和易地扶贫搬迁试点资金20亿元,易地扶贫搬迁人口87万人,超过计划目标11万人,又有909万农村贫困人口脱贫,基本完成计划目标。

(四)节能环保和应对气候变化成效明显

节能减排目标基本实现。2010年,用于节能减排方面的中央预算内投资333亿元,中央财政专项资金518亿元,分别比上年增长1.4倍和73.0%。积极推进十大重点节能工程,形成节能能力3 310万吨标准煤。大力实施节能产品惠民工程,推广高效节能空调近3 000万台、节能汽车100多万辆、高效照明产品1.6亿只。新能源汽车示范推广试点启动实施。国家"城市矿产"示范基地建设积极推进。支持城镇污水垃圾处理设施建设,全年新增城镇污水日处理能力1 900万立方米、城市生活垃圾日处理能力6.8万吨;城市污水处理率、城市生活垃圾无害化处理率分别达到76.9%和72.5%,比上年提高1.6个和1.2个百分点。2010年,单位国内生产总值能耗下降4.0%,二氧化硫、化学需氧量排放量分别下降1.3%和3.1%;万元工业增加值用水量下降9.6%,工业固体废物综合利用率提高2个百分点。过去5年,单位国内生产总值能耗累计下降19.1%,二氧化硫和化学需氧量排放量分别下降14.3%和12.5%,万元工业增加值用水量下降36.7%,基本或超额完成"十一五"规划目标。

生态环境保护迈出新步伐。退耕还林、退牧还草成果进一步巩固,天然林资源保护一期工程全面完成,长江上游、黄河上中游全面停止了天然林的商品性采伐,生物多样性得到保护和恢复。2010年,全国新增造林面积592万公顷,实施退牧还草666.7万公顷,综合治理水土流失面积4.2万平方公里。全国水资源综合规划颁布实施,"三河三湖"、黄河中上游、三峡库区及上游、渤海、松花江、丹江口库区及上游等重点流域污染治理积极推进,太湖流域水环境综合治理总体方案全面实施。

应对气候变化工作进一步加强。国家方案得到有效实施,低碳技术创新积极推进,低碳省区和低碳城市试点工作进展顺利。成功举办联合国气候变化谈判天津会议,积极开展和参与全方位的国际交流与合作。

(五)改革开放进一步深化

重点领域和关键环节改革取得新突破。农村改革方面,集体林权制度改革有序开展,80.0%以上的集体林确权到户,国有林场林区改革试点、农垦管理体制改革稳步推进。企业改革方面,中央企业及其下属企业改制面超过70.0%,规范董事会试点扩大到32家。电力、邮政、市政公用事业等改革取得新进展。多项促进非公有制经济和中小企业发展的配套政策颁布实施。财税体制改革方面,27个省份970个县实行了省直管县财政管理方式改革,油气等资源税改革在西部地区试点,统一了内外资企业和个人城市维护建设税、教育费附加制度。金融体制改革方面,国家开发银行、政策性金融机构、资产管理公司改革稳步推进,中国农业银行成功上市,股指期货顺利推出,企业债券稳步发展,人民币汇率形成机制改革继续推进,跨境贸易人民币结算范围扩大。资源性产品价格改革方面,城市供水成本公开试点、农业水价综合改革试点进展顺利,对超能耗限额产品实行了惩罚性电价,制定统一的农林生物质发电上网电价。社会事业改革方面,医药卫生体制5项重点改革深入推进,国家基本药物制度在60.0%的政府办基层医疗卫生机构实行,公立医院改革在16个国家试点城市及37个省级试点地区积极探索并不断深化,出台了进一步鼓励和引导社会资本举办医疗机构意见。国家教育体制改革试点全面启动,义务教育学校绩效工资改革深入实施。文化体制改革有序推进,国有文艺院团转企改制省级试点和经营性出版单位转企改制基本完成。全国综合配套改革试点取得积极成效。

开放型经济发展水平进一步提高。坚持实施市场多元化战略和以质取胜战略,加强对"两高一资"产品出口调控,增加国内紧缺的原材料、高载能产品、先进技术及关键零部件进口,贸易不平衡状况得到改善。全年外贸进出口总额29 727.6亿美元,增长34.7%，其中，出口增长31.3%，进口增长38.7%；顺差比上年减少6.4%。出台进一步做好利用外资工作的意见，引导外资投向高端制造业、高技术产业、现代服务业、新能源、节能环保产业和中西部地区。全年利用外商直接投资（不含银行、证券、保险领域）1 057.4亿美元，增长17.4%。借用国外贷款205亿美元，增长57.0%。积极实施“走出去”战略，一批重点境外投资项目取得新进展。全年非金融类对外直接投资590亿美元，增长36.3%。对外承包工程完成营业额922亿美元，增长18.7%。

（六）保障和改善民生工作全面加强

城乡居民收入继续增加。城镇居民人均可支配收入和农村居民人均纯收入分别达到19 109元和5 919元，增加1 934元和766元，剔除价格因素，比上年实际增长7.8%和10.9%，超过预期目标1.8个和4.9个百分点。这是1998年以来首次农村居民收入增速快于城镇居民。

就业稳定增长。积极就业政策实施力度加大，基层公共就业和社会保障服务设施建设得到加强，在中西部地区建设了162个县级服务中心和610个乡级服务中心。全年城镇新增就业1 168万人，超过预期目标268万人；城镇登记失业率4.1%，实现预期目标。

社会保障水平进一步提高。到2010年底，城镇参加基本养老保险人数25 673万人，超过计划目标1 673万人；新型农村社会养老保险试点范围扩大到24.0%的县。城镇企业职工基本养老保险、流动就业人员基本医疗保障关系转移接续办法顺利实施。城镇参加基本医疗保险人数43 206万人，比上年增加3 059万人；新型农村合作医疗参合人数8.4亿人，参合率96.3%，比上年扩大2.1个百分点。提高了城乡最低生活保障、失业保险、企业退休人员基本养老金、优抚对象抚恤和生活补助、家庭经济困难学生资助等保障和救助标准。灾后恢复重建工作进展顺利，汶川地震灾后恢复重建实现三年任务两年基本完成目标，玉树、舟曲灾后恢复重建全面展开。

保障性安居工程建设大规模推进。进一步提高了中西部地区新建廉租住房和农村危房改造中央补助标准，加快发展公共租赁住房，并将其纳入保障性安居工程建设规划。2010年，全国保障性住房和棚户区改造住房开工590万套，超过计划目标10万套，其中，保障性住房322万套，棚户区改造268万户；全年基本建成370万套。

社会建设得到加强。国家中长期教育改革和发展规划纲要、人才发展规划纲要颁布实施。改造农村中小学校舍1 325万平方米，建设中等职业学校校舍212万平方米。全国“两基”人口覆盖率达到100%，初中阶段三年保留率94.0%；高中阶段毛入学率达到82.5%，提高3.3个百分点；高等教育毛入学率26.5%，普通本专科招生661.8万人，研究生招生53.8万人。医疗卫生服务体系建设进展顺利。支持建设和改造了891所县级医院、1 620所中心乡镇卫生院、1 228所社区卫生服务中心和116所精神卫生防治机构。人口自然增长率5.0‰左右，完成计划目标，年末总人口13.4亿人。广播电视村村通工程、乡镇综合文化站建设、西新工程和文化资源信息共享工程稳步推进。国家博物馆、国家话剧院等重大文化工程进展顺利，全国免费开放的公共博物馆、纪念馆和爱国主义教育基地达到1 743家。重点旅游景区基础设施建设得到加强，海南国际旅游岛建设积极推进。哲学社会科学、新闻出版、文学艺术等事业繁荣发展。上海世博会圆满成功，有246个国家和国际组织参展，是世博会历史上参展单位最多的一届。广州亚运会、亚残运会成功举办。群众体育工作迈上新台阶，全国已建成农民体育健身工程超过23万个。社会福利事业发展加快，社会服务机构床位数达到312.3万张，增长4.3%。

在国际经济环境复杂多变、国内自然灾害多发重发的情况下，国民经济保持平稳较快发展，回升向好态势进一步巩固，取得的成绩来之不易。这是党中央国务院统揽全局、坚强领导的结果，是各地区各部门认真执行中央方针政策、密切配合、扎实工作的结果，是全国各族人民迎难而上、共同努力的结果。经过5年的努力，“十一五”规划《纲要》确定的22个经济社会发展主要指标中，8个约束性指标全部实现，14个预期性指标除服务业就业比重、服务业增加值占国内生产总值比重和研发支出占国内生产总值比例3个指标没有完成外，其余都已顺利实现。

在看到成绩的同时，我们也清醒地认识到，国内发展依然面临着一些突出矛盾和问题。一是粮食稳定增产和农民持续增收基础不牢固。耕地、淡水等资源约束加剧，水利基础设施依然薄弱，农业科技水平总体不高，比较效益长期偏低，农民外出务工仍面临制度性障碍。二是经济结构调整任务艰巨。提高自主创新能力面临激励机制不完善、核心技术和高端人才缺乏等制约，一些领域盲目投资、产能过剩问题进一步暴露，淘汰落后产能工作难度加大，服务业发展仍然滞后，城乡区域发展不平衡、不协调问题依然突出。三是物价上涨压力较大。输入性通胀压力上升，市场流动性宽松，游资投机炒作现象增多，资源、土地、劳动力等要素成本上升已成为推动价格上涨的长期性因素。2010 年物价上涨构成中，70.0%左右是由食品价格上涨引起的，加大了城乡居民特别是中低收入家庭生活压力。部分大中城市房价涨幅过高，普通居民通过市场解决住房问题的难度依然较大。四是资源环境约束强化。能源资源消耗总量偏大、增长偏快，主要污染物排放量大。节能减排长效机制尚未建立，"两高"行业增长依然偏快，节能减排和应对气候变化压力加大，可持续发展面临较大挑战。五是社会矛盾增多。收入分配、社会保障、上学、就医等方面与人民群众要求还有较大差距，食品药品安全、征地拆迁、安全生产等方面损害群众利益的行为时有发生。同时，世界经济复苏进程艰难曲折，部分国家债务沉重，失业率居高难下，全球流动性继续增加，国际市场大宗商品价格和主要货币汇率持续动荡，这些不稳定不确定因素也增加了做好国内工作的难度。对于上述问题，我们将高度重视，采取有效措施，认真加以解决。

二、2011 年经济社会发展的总体要求和主要目标（略）

专文

加快转变经济发展方式 推动经济社会可持续发展

中国企业联合会
中国企业家协会 会长 王忠禹

在中国，可持续发展问题一直受到政府、经济界和企业界的高度重视。20 世纪 90 年代初期，中国政府认真落实联合国大会有关决议，制定了《中国 21 世纪议程》，将可持续发展确定为经济社会发展的长期指导方针。进入新世纪以来，中国政府从全局和战略高度，对可持续发展做了全面的部署，国家发改委等相关部门制定了《中国 21 世纪初可持续发展行动纲要》，提出了推进可持续发展的具体配套措施。在"十一五"期间，节能减排目标作为必须完成的约束性指标纳入经济社会发展规划。在应对国际金融危机的困难情况下，中国政府仍然高度重视节能减排和环境保护工作，从 2009 年到现在，淘汰落后炼钢产能 2 500 多万吨、炼铁产能 5 100 多万吨、水泥产能 1.7 亿多吨，力度相当大。现在，"十一五"规划中提出的主要污染物减排 10.0% 的目标已经提前完成。正在努力争取到年底前完成单位 GDP 能耗降低 20.0% 的目标。中国是世界上近年来能源效率提高最快和污染排放减少幅度最大的国家，在可持续发展方面取得了令人瞩目的成效。

目前，中国正在制定国民经济和社会发展"十二五"规划。对于中国这样一个发展中的大国，发展仍然是第一要务。没有经济社会的平稳较快发展，国强民富就难以实现，各类社会矛盾也难以根本解决。但是，资源相对短缺、环境承载能力低，是中国的基本国情。因此，随着工业化、城镇化的加速推进，经济发展与能源、资源以及环境之间的矛盾，在今后一个时期将会更加突出。这就要求我们更加坚决地贯彻落实科学发展观，采取更加强有力的措施和行动，加快转变经济发展方式，探索推动经济社会可持续发展的新途径，不断开创经济社会可持续发展的新局面。

——加快推进产业结构优化升级。目前，中国的经济总量与所消耗的资源能源总量是不相称的，其中一条重要的原因，就是产业层次低，经济和产业结构不合理。加快推进经济结构优化升级，就成为中国加快转变经济发展方式、增强可持续发展能力的主攻方向。今后，将由主要依靠投资、出口拉动经济增长，转向依靠消费、投资、出口协调拉动，把扩大消费需求作为扩大内需的主要着力点，不断提升发展质量。在转变产业结构方面，严控高耗能、高排放行业过快增长，把发展现代服务业放在更为优先的位置，振兴装备制造业，大力发展信息、生物、新材料、海洋等战略性新兴产业，建立环境友好的产业体系。要进一步推进信息化与工业化融合，坚持走低消耗、低排放、高附加值、高效率的新型工业化道路。

——积极推进绿色经济发展。在发展经济中综合考虑推动经济增长与应对资源、环境和气候变化等方面的挑战，向绿色经济转型。一方面要继续大力发展循环经济，推进能源资源的节约与合理开发，提高资源能源的利用和产出效率；另一方面，要以绿色理念引领经济、城市和企业发展，着力把绿色产业培育成新的经济增长点。为了积极应对气候变化带来的挑战，要大力培育以低碳排放为特征的工业、建筑和交通体系，加快推进低碳技术研发和产业化，利用低碳技术改造传统产业。特别是要逐步建立"低碳化"的能源结构，积极发展和使用太阳能、风能、生物质能、地热能等可再生能源和清洁能源，改变大量使用煤炭等化石能源的传统能源消费结构。

——深入推进体制机制创新。推动可持续发展，最为根本的是建立有利于可持续发展的体制，让市场机制发挥更大的作用。把资源环境因素包含在经济机制内部，完善相应的法律、产业、技术、财政、金融和贸易政策，建立强有力的激励和约束机制。要改革完善能源价格形成机制与价格政策，使价格形成机制真正反映资源稀缺程度和环境代价。要强化资源环保政策执法，广泛宣传推广先进企业的经验和做法。实行鼓励企业节约资源、保护环境的财税政策，完善生态补偿机制和矿产资源有偿使用制度，积极发展排污权交易和碳交易。实行绿色信贷，严格禁止向高污染、高能耗、高排放的项目和企业贷款，对符合绿色发展要求的项目和企业要进一步加大信贷支持力度。

——扎实推进企业创新实践。实现可持续发展的基础在于企业的创新实践。企业必须认识到，顺应自然规律创造财富，才是企业可持续发展的根本方向。当前，绿色经济、低碳技术正在给企业商业模式带来深远影响，企业要进一步增强实施可持续发展的自觉性和主动性，更加积极地担负经济、环境和社会责任，积极而又扎实地推进商业模式变革，创建新的商业文明。制定切实可行的发展战略和规划，加快推进产品升级、技术升级和管理升级，将塑造竞争优势的重点放在创建技术创新型、资源节约型、环境友好型企业上来，不断提高发展的质量和水平。

我们刚刚经历了一场波及全球的金融危机，世界经济进一步复苏面临的环境仍然十分复杂，推动可持续发展仍然任重而道远，需要我们继续付出艰苦的努力。中国企业联合会和中国可持续发展工商理事会，愿与世界可持续发展工商理事会继续保持密切联系，强化务实合作，共同引导、支持会员企业发挥影响力和表率作用，为推进可持续发展做出更大的贡献。

（本文为王忠禹2010年11月2日在世界可持续发展工商理事会2010年理事大会上的主旨发言，有删节，标题为编者后加）

促进企业文化创新　提升企业软实力

中国企业联合会
中国企业家协会　会长　王忠禹

当今时代，文化越来越成为综合国力竞争的重要因素。为深入推进我国企业文化建设，加强企业文化服务工作，自2005年起，中国企联在全国范围开展了创建企业文化示范基地的活动，通过树立典范，发挥示范效应，搭建交流平台，使广大企业在学习、体验、交流中拓展视野、丰富认知、提升水平，不断促进企业文化创新。

无数事例证明，企业要沿着正确的发展方向前进，永葆基业常青，就必须拥有引领、支撑企业发展战略的核心价值理念，建立有助于企业增强凝聚力、激发创造力和提升整体素质的企业文化管理体系。在这方面，联想控股进行了开创性的探索，在长期的管理实践中培育形成了以“企业利益第一，求实进取，以人为本”为核心价值观的“联想文化”管理模式，为其构筑核心竞争优势，提升品牌价值，实现产业报国理想，成为值得信赖、受人尊重，在世界范围内具有影响力的国际化企业，提供了充足的精神动力。借此机会，我谈三点认识。

一、坚持企业文化创新，推动企业战略升级

在企业的成长过程中，企业发展战略与企业文化始终相互影响、相互作用。随着经济形势和市场环境的变化，企业发展战略需要做出相应的调整，而要适应这种变化，企业首先要以企业文化为先导，通过转变发展观念、明确价值导向和调整员工行为方式，促进企业增长方式、组织架构、市场布局、产品结构、资源配置和管理模式的转变，从而推动企业的战略转型与升级。从创业至今，联想经历了数次重要的战略调整，无论是从由本土企业走向国际化的企业集团，还是从相对单一的产业转向多元化的产业，以及期间进行的一系列体制机制、产权制度改革和产业链整合与资产重组并购，每次转变和调整都伴随着一定程度的企业文化变革与创新，从创业阶段提出的以“联想天条”为主线的绩效文化，到快速发展时期建立的以“求实进取”为基准、以“管理三要素”为核心的战略管理思想体系，再到如今为适应国际化竞争和多元产业发展需要，融合提炼形成的以“联想之道”为基点的“主人文化”，联想文化在不断升华中促进了企业战略管理的升级。从联想文化的发展脉络中，我们深切地体会到，只有注重企业文化，使之与企业前瞻性的发展战略产生良性的互动，企业才能在风云变幻的市场竞争环境中保持正确的发展方向。

二、坚持以人为本，提升企业文化管理水平

企业发展靠管理，管理成功靠文化。一个企业无论有多么完善的管理制度，无论采用多么先进的管理系统和工具，最终都要通过人来实现。人的主观能动性决定管理执行的有效性。企业文化对管理产生的本质作用主要体现在通过无形的精神力量激

发人的主动性、提高人的自觉性、增强人的责任感，以及通过观念形态的管理方法论指导提升人的价值创造能力。经过20多年的实践与探索，联想围绕企业的核心价值观及使命愿景，建立了一整套行之有效的激励机制，提出了许多联想特有的管理理念与方法，实现了文化与管理的有机融合。一方面，坚持“以人为本”，把实现人的价值作为企业发展的根本，通过为员工创造发展机会，让员工分享企业发展成果，使员工真正成为联想的主人，并强调将“个人的追求融入到企业的长远发展之中”，把个人利益与企业的长远利益结合起来，努力实现员工与企业的共同成长；另一方面，用“联想方法论”引导员工用正确的方法分析问题、解决问题，培养员工在明确目标、分阶段实现目标的同时，按照“复盘”的要求及时反思和总结工作成效，持续改进工作方法，不断提高工作绩效。可以说，这种提倡“人本”精神和注重实效的文化取向和管理风格，为联想持续增长和实现永续发展奠定了牢固的基础。

三、坚持发挥企业带头人作用，促进企业文化建设

企业家是企业文化的设计者和倡导者，更是企业文化最直接的推动者。企业领导者的价值主张、发展理念、管理风格和工作作风对企业文化的形成与发展起着至关重要的作用。长期以来，联想坚持把企业文化作为“一把手工程”来抓，要求领导班子成员和下属公司一把手首先成为联想文化的“发动机”：一是要求各级领导率先垂范、身体力行，带头践行联想文化，以身作则地贯彻“求实进取”和“说到做到、尽心尽力”的“联想之道”，在维护企业利益、加强品德修养、承担责任等方面为员工做出表率；二是要求各级领导带好队伍，指导、帮助员工深入理解联想的核心价值理念，使员工从内心深处相信、认同、接受联想文化，最终融入联想文化，让联想的文化基因得以延续、传承；三是要求各级领导充分利用“文化入模”和考核、评价等长效机制，提升员工的认知水平，把联想文化真正落到实处，使其在员工行为上和日常工作中体现出来。同时通过营造浓厚的文化氛围，形成相互信赖、团结合作的“文化气场”，有效增强团队的凝聚力。事实上，联想总裁柳传志本人就是联想文化最大的发动机，正是在他的积极倡导和推动下，在他的一言一行的感召和带动下，联想文化才能取得今天这样的成绩，才能以此缔造联想的核心竞争优势。

党的十七届五中全会指出，文化是一个民族的精神和灵魂，是国家发展和民族振兴的强大力量。联想控股向我们展示的企业文化，使我们更加真切地感受到企业文化在增强企业核心竞争力、提升企业软实力和振兴民族产业中发挥的重要作用。“十二五”时期，我国调整经济结构和加快转变经济发展方式的任务艰巨而紧迫，希望广大企业抓住机遇、攻坚克难、砥砺奋进，在走向世界、迈进新征途的过程中，继承发扬中华民族优秀传统文化，以开放包容的态度学习借鉴先进企业的成功经验，在实践中融合创新，不断赋予企业文化新的时代内涵，努力构建特色鲜明和有助于形成差异化竞争优势的企业文化管理模式，使企业文化真正成为企业持续健康发展的动力源泉。中国企联愿意同大家一道扎实有效地推进我国企业文化建设，积极探索企业文化创新之道，不断开创我国企业文化建设新局面。

（本文为王忠禹2010年11月28日在2010全国企业文化〔联想控股〕现场会上的开幕式致辞，有删节，标题为编者后加）

推进企业转型升级　走绿色发展道路

中国企业联合会
中国企业家协会 常务副会长兼理事长 李德成

当前，我国经济发展面临的国内外环境更加错综复杂。严格地讲，世界经济仍处在金融危机的过程中，目前西方主权债务危机正影响全球经济的复苏。据统计，经合组织30个发达国家债务占GDP的比重平均达100%。债务危机除了希腊、欧元区外，美国也并不轻松，美国国债余额占GDP的比重达87.5%，2010年有20 000亿美元国债到期，财政赤字预计16 000亿美元。我认为全球经济的复苏将是一个曲折缓慢的过程。

上半年，我国经济总体态势良好，继续朝着宏观

调控的预期方向发展。但是也要看到，当前我国经济发展正处在由回升向好向稳定增长转变的关键时期，制约经济平稳运行的矛盾和问题还不少。前不久温家宝总理在企业调研时指出："国际金融危机影响的严重性和经济复苏的曲折性都超出了人们的预期，宏观调控面临的两难问题增多。"对此，我们一方面要继续保持经济平稳较快发展，进一步巩固回升向好的局面，警惕和防止经济"二次探底"，特别要防范好减速的负面因素叠加问题（如国际环境恶化，外需、投资需求减弱，产能过剩、节能减排的压力加大、新的宏观调控政策出台、房地产政策调整等）；另一方面，要抓住有利时机，加快转变经济发展方式，加大结构调整力度，着力推动经济进入创新驱动、内生增长的可持续发展轨道。

随着全球经济进入后危机时期，世界各国都在根据本国的实际情况，着眼于大规模的、长期性的经济转型与产业结构调整，通过改变现有的产业布局、大力发展战略性新兴产业和推动技术进步与创新，努力寻找新的经济增长点。这次具有全球意义的产业结构调整升级所带来的战略性机遇与挑战将关系着中国企业界未来的前途。我国制造业企业要积极主动地顺应变革、调整的大趋势，加快战略转型，促进产业优化升级。

一、立足自主创新，向高端制造转型

中国作为世界制造业大国，在全球制造业总值中所占比例已达15.6%，仅次于美国（占19.0%），成为全球第二大工业制造国，特别是进入21世纪以后，受经济全球化的影响，我国制造业在对外贸易的强力拉动下，获得了迅速发展，钢铁、水泥、化纤、家电、集成电路、手机等许多行业的产品产量跃居世界前列。但是我国制造业还"大而不强"，制造业产出的人均水平仍落后于发达国家，具有高技术含量、高附加值的技术装备和产品不多，真正具有国际竞争力的跨国企业还很少，多数为低成本、低利润、缺乏自主品牌与技术含量的劳动密集型制造企业。中国要想在世界制造价值链中占据高端位置，在世界制造的分工中居于有利地位，摆脱受制于人的局面，就必须逐步淘汰落后生产能力，依靠技术创新推动产业升级，提高生产效率。技术创新是决定制造业发展的最重要的因素。技术创新能给中国制造业带来的首先是先进的制造技术、制造工艺和制造设备，随之而来的是先进的制造产品和具有国际竞争力的制造企业。制造业企业必须以技术创新为动力，立足于自主创新，不断提高产品的科技含量和附加值，打造更多世界级的品牌企业，努力实现从低成本优势向科技创新优势的高端制造转变。这方面我们已涌现出不少典型，如以华为、中兴、大唐为代表的中国通讯企业，以海尔为代表的家电制造业，以南车、北车为代表的中国高速铁路制造业，以及以中联重科、三一重工为代表的重型工程机械，等等，这些企业都具有较强的国际竞争力。金融危机虽然给我国制造业带来严重冲击，但也为我国企业获得由"中国制造"向"中国创造"的转变提供了历史性的机遇，我们要学会以全球化的视野，抢抓机遇，争取通过自主创新，推动产业优化升级，实现跨越式发展。

二、推动低碳发展，向绿色制造转型

目前，气候变化问题已成为全球关注的焦点。世界各国对控制碳排放，延缓和改变气候变暖趋势已达成共识，并按照各自的规划，逐步实现减排目标。我国是制造业大国，也是二氧化碳总量排放大国，在工业化的进程中，我们付出了资源和环境的沉重代价。根据国家应对气候变化问题所确定的目标，到2020年，我国单位国内生产总值二氧化碳排放要比2005年下降40.0%～45.0%，力争实现集约、高效、无废、无害、无污染的绿色发展。制造企业要肩负起低碳发展的历史重任，切实落实节能减排的责任目标。应对气候变化，改善人类赖以生存的生态环境，既是企业的社会责任，也孕育着巨大的商业机会。一方面，制造业企业要以结构调整为契机，把资源节约、环境保护和发展新能源、新材料等绿色产业作为转型升级的重要内容，不断发现和培育新的增长点；另一方面，大力开发和运用低能耗、低排放、资源循环利用好的绿色产品、绿色技术、绿色工艺，不断提高绿色制造能力。绿色制造是一种综合考虑环境影响和资源利用效率的现代制造模式。企业应结合自身的特点，从产品设计、生产、营销等各环节入手，建立绿色产品生产链，使企业生产制造过程更低碳、更节约、更清洁，达到经济效益、社会效益和生态效益的统一,实现可持续发展。

三、加强信息化建设,向现代服务制造转型

随着信息技术和互联网的迅速发展,信息化建设已成为企业实现管理现代化和转型升级的重要途径。

加强信息技术在企业生产经营中的广泛应用,提高工业化与信息化的融合度,有助于制造业企业通过计算机辅助设计、现代集成制造系统等信息化手段,提高自动化水平以及通过信息化管理平台,建立研发、设计、生产、营销的流程化和一体化运营体系,对企业资金流、物流和信息流进行集成化运作,形成供应链管理、渠道管理、客户关系管理的网络化,有效降低运营成本,提高企业管理效率。除此之外,信息化作为产业升级的加速器和助推器,有助于我国制造业从传统的装备制造向现代服务制造转型。中国联通通过3G网络和技术,实现海宝智能机器人的远程监控、实时信息发布、手机操控彩信互动功能。我们要看到,进入"后工业化时代",单纯的产品制造已无法满足用户的需求,只有不断提供产品增值服务,提升为用户创造价值的能力,才能摆脱同质化竞争,形成差异化的竞争优势。值得注意的是,在发达国家,生产性服务业迅猛发展,甚至超过消费性服务业,许多跨国公司的主要业务已由单纯的产品制造业向服务业延伸和转移,像IBM、惠普等公司已转型为系统方案解决供应商。据统计,美国服务型制造企业占所有制造企业的58.0%,而中国只有2.2%。在这方面,我国制造业企业必须迎头赶上,改变生产性服务相对落后的局面,特别是产业链完备的制造企业要加快向服务型制造的战略转型,不断提升产品附加值,增强企业竞争力。

近年来,国家在调整经济结构中,对区域经济发展越来越重视,并不断加大政策的支持力度,为中国制造业的梯度转移开辟了广阔的空间。7月5日,胡锦涛同志在国务院召开的西部大开发工作会议上指出:今后10年,西部地区综合经济实力上一个大台阶,基础设施更加完善,现代产业体系基本形成,建成国家重要的能源基地、资源深加工基地、装备制造业基地和战略性新兴产业基地;人民生活水平和质量上一个大台阶,基本公共服务能力与东部地区差距明显缩小;生态环境保护上一个大台阶,生态环境恶化趋势得到遏制。

内蒙古作为我国北方最重要的生态区和资源富集区,横跨西北、华北、东北三个经济区,地理位置独特,区位优势明显。与西部地区可以构成密不可分的经济发展体,与东中部地区可以形成紧密的经济技术合作关系;既是东中部地区的资源腹地,又直接融入东中部区域市场体系,在我国实施西部大开发战略中具有十分重要的地位。经过50多年的经济建设,特别是改革开放30多年的快速发展,内蒙古不仅成为我国北方重要的商品粮、畜产品和能源、原材料基地,而且在钢铁、有色、建材、化工等原材料工业以及航天、军工、重型汽车等装备制造工业方面具备了相当的规模和实力,尤其在新能源、绿色食品加工方面发展潜力巨大。前不久,全国政协经济委员会《关于将内蒙古绿色清洁能源基地建设上升为国家战略论证报告》已送国办,温家宝总理有重要批示。这几年,内蒙古在煤化工领域取得突破性进展,神华集团、大唐集团等多家企业在内蒙古投资建厂。煤制油、制气、炼制二甲醚、乙二醇等项目相继开工建设或投产,为煤炭清洁利用开辟了道路。风电开发利用也初具规模,2009年,全区风电发电量98亿千瓦时,占全国风力发电量的35.0%,居全国第一。我深信随着深入实施西部大开发战略,必将加速内蒙古产业结构调整与优化,使内蒙古经济获得又好又快发展。

加快转变发展方式、推进企业转型升级、走绿色发展道路是一项艰巨而紧迫的任务。希望各级政府和广大企业抢抓机遇,把握国内外市场变化趋势,按照科学发展观的要求,积极主动地应对各种严峻的挑战,认真做好转型升级与绿色发展的各项工作。中国企业联合会愿意进一步加强同各地政府、企业和社会各界的交流与合作,与大家一道共同为推动中国企业持续健康发展、振兴民族经济做出新的更大贡献。

(本文为李德成2010年8月7日在中国制造业转型升级与绿色发展高层论坛上的讲话)

大企业应从六方面努力做强做大

国务院国有资产监督管理委员会
副主任　黄淑和

近年来，我国大企业继续保持了健康快速的发展。我国大企业经济规模持续增大，市场竞争力持续增强，对我国经济社会发展的控制力、影响力、带动力不断提升，已经成为名副其实的我国经济的骨干和中坚。大企业在实现自身发展的同时，为国家社会创造了巨额财富，为维护社会稳定、促进社会进步、提升国家竞争力做出了积极贡献。

世界各国经济发展的历史经验证明，大企业对国家的经济社会发展具有重要作用。在经济全球化迅速发展的今天，大企业越来越成为配置全国乃至全球资源的主要力量，在经济社会发展中的作用也越来越突出。这种作用主要体现在以下4个方面：

（一）大企业是经济增长的“发动机”

大企业大集团是一个国家经济发展的重要支柱。无论是欧洲、美国、日本等发达国家，还是巴西、印度等发展中国家，都可以看到大企业在引领国民经济发展中的巨大作用。大企业具有规模经济优势，资金、技术实力雄厚，可持续发展后劲足，能够实施“带动作用强、资金数额大，技术含量高、建设周期长”的重大建设项目，从而为带动整个国民经济的发展起到了“发动机”的作用。

（二）大企业是产业结构调整的领头羊

各国在不同的发展阶段都在不断进行产业结构调整，通过调整和优化经济结构来促进国民经济的协调发展和可持续发展。许多国家在实现产业结构调整中，都涌现出了一批具有重大影响力的大企业大集团。这些大企业是各个行业的领头羊，通过自身的不断调整优化，对国民经济各个行业发展产生了重要的支撑、引领和带动作用。同时，大企业与中小企业在产业链上的分工合作，将大企业的技术和管理优势通过产业链传递到中小企业，从而也带动了中小企业乃至全行业经济素质的提高。

（三）大企业是技术创新的排头兵

大企业具有技术创新优势，技术力量雄厚、产品研发能力强、市场影响力大，其产品的技术指标往往成为全行业甚至国际的标准。如苹果、微软公司的产品在一段时期内基本上代表了本行业技术发展的水平和趋势。大企业的技术创新和商业化活动，不断创造出新的市场和产业群，有利促进了全行业的技术进步。同时，大企业还具有管理创新的优势，在治理结构和管理模式上创造出来的新管理模式，也带动了其他企业管理模式的变革。

（四）大企业是综合国力竞争的“航母”

在经济全球化日益深入的大背景下，国家间的竞争更多地表现为大企业大集团之间的竞争。大型跨国公司经营领域覆盖全球，其年营业额甚至超过一些中小国家的GDP。大企业在全球范围内有效配置资源，在许多国家进行战略性布点，并利用强势的价格谈判地位和话语权，通过转移支付配置全球财富。大企业的影响力越来越强，2009年公布《福布斯》全球最有影响力的人物中，前10名中有6位是知名度很高的企业家。一些大企业领导人的影响力甚至超过了许多国家首脑的影响力。大企业代表着一个国家的实力和形象，一个国家拥有的具有国际竞争力的大企业越多，在国际上的话语权就越大，综合国力也就越强。

经过多年的不懈努力，我国具有国际竞争力的大企业数量不断增长，2010年有54家中国企业入围《财富》世界500强，其中内地企业占了43家。与《财富》世界500强和美国500强相比，2010中国企业500强营业收入，相当于世界企业500强的17.5%和美国企业500强的41.4%，比2002年的5.3%和10.0%有了大幅提升；2010中国企业500强平均销售收入利润率5.4%、平均总资产利润率1.7%、平均净资产利润率9.4%，均超过世界企业500强和美国企业500强。但是从总体上看，我国的大企业在数量、规模、管理机制、创新能力和国际化经营等方面，与国际知名大企业相比仍然存在较大差距，这与我国的大国地位、经济地位还很不相称。

当前我国工业化进程开始进入中后期发展阶

段，经济总量即将达到世界第二。在这种形势下，如何加快转变发展方式，继续保持经济可持续发展，已经成为我国经济发展的主题。我国大企业在这个新阶段的转型升级中，地位重要，责任重大，使命光荣。我认为，目前我国大企业要在以下6个方面继续付出艰苦的努力：

一是进一步完善公司治理。完善的公司治理是企业实现可持续发展的根本性制度保障。大企业要加快完善公司治理步伐，重点建设好规范的董事会，形成股东会、董事会、监事会、经理层各负其责、协调运转、有效制衡的机制，用良好、先进的机制来保障企业的科学发展和健康发展。要对标同行业国际一流企业，查找差距，弥补短板，夯实发展基础，切实防止大企业病的发生。

二是进一步发挥龙头作用。大企业是行业龙头和系统集成商，不仅要实现自身又好又快发展，还要带动一大批中小企业发展。要进一步优化产业链资源配置，聚焦主业、做强主业，大力推进产业内专业化分工协作，带动产业链上各类企业在竞争中合作，避免产业链通吃和单边单赢，努力实现多方共赢新格局。要发挥大企业在资本、技术、品牌、信誉、渠道网络等方面的优势，加快提升我国企业在国际分工体系中的层次和我国产业在国际市场上的竞争力。

三是进一步加大技术创新。目前，我国企业的研发投入约占销售额的1.4%，世界500强平均占3.0%～5.0%，高科技企业普遍达到15.0%以上，我们的差距很大。由于缺乏具有自主知识产权的核心技术，我国绝大多数产业处于国际产业链的价值低端，不仅缺乏竞争力，给资源环境带来巨大压力，而且还引起了不少的国际贸易摩擦。我国大企业要充分发挥在技术创新中的带动作用，加大研发投入，掌握核心技术，培育知名品牌，以更新、更好的技术和产品掌握未来。

四是加快转变发展方式。当前，低碳经济已经成为世界经济发展的必然趋势。我国政府在哥本哈根会议上承诺，到2020年单位GDP的二氧化碳排放将比2005年下降40.0%～45.0%。要实现我国节能减排目标，大企业必须在发展低碳经济、加大节能减排、推行绿色发展等方面发挥骨干作用和带动作用，坚持走科技含量高、经济效益好、资源消耗低、环境污染少的发展道路，为实现我国经济发展方式的转变做出应有的努力和贡献。

五是做资本市场的健康力量。多年来我国产业结构调整问题之所以未能得到有效解决，其中一个原因是我国的资本市场仍不健全。资本市场健全了，社会上的资本就会自然通过规范的资本市场流动，企业融资就会更加便利，企业并购重组就会更为有效，结构调整也会大大减少阻力。大企业包括上市公司有责任、有义务成为我国资本市场健康发展的支撑力量，坚持诚信经营和规范经营，依法维护资本市场运行秩序，自觉维护中小投资者权益，积极给投资者分红回报，为培育和发展我国资本市场当好中坚力量。

六是模范履行社会责任。近年来，企业履行社会责任已经成为全球性的发展大趋势。我国大企业要尽快适应这一趋势，抓紧建立健全企业社会责任管理体系，将企业社会责任理念和要求全面地融入公司的发展战略和运营流程，加强供应链社会责任管理，及时回应利益相关方的关切，积极发布社会责任报告，以积极履行社会责任的实际行动，来培育和发展企业的软实力，来树立企业负责任的良好社会形象。

大企业肩负着我国的经济社会发展、中华民族的伟大复兴的光荣的历史使命。我们衷心希望，我国大企业不辱使命，认真担负起这一历史责任，不断做强做大，在促进我国经济发展当中再立新功。国务院国资委愿和大家共同努力，为培育具有较强国际竞争力的大企业大集团，为实现我国经济的又好又快发展，继续做出新的努力和贡献。

（本文为黄淑和在2010中国企业500强发布会上的讲话，标题为编者后加）

后危机时期的企业管理　转型·队伍·创新

中国企业联合会
中国企业家协会　执行副会长　蒋黔贵

2011年是我国“十二五”规划开局之年，也是世界经济受金融危机冲击后继续调整恢复的一年。深入分析危机后国内外宏观环境的新变化,探讨当前企业管理的重点,对于促进企业持续健康发展,加快转变经济发展方式具有重要意义。

有学者认为,这次危机的实质是以电子信息技术为代表的第三次科技革命在支撑全球经济高速发展几十年后,其增长动力逐渐减弱、经济结构失衡所引起的全球经济周期性调整。二战以来、特别是上世纪八九十年代,电子信息技术取得革命性突破,推动全球经济步入了高速增长期。但进入21世纪以来,以2001年美国IT经济泡沫破灭为标志,科技革命酝酿着新的突破,经济发展中结构性矛盾凸现,虽然美国采取信用扩张等方法延缓了经济衰退,但矛盾却越来越严重,包括虚拟经济与实体经济的失衡、发达国家与新兴经济体贸易结构的失衡、国际金融货币体系的失衡等等。2007—2008年美国的次贷危机使这些矛盾集中爆发,全球经济陷入衰退。

当前,危机最困难的时候已经过去,全球经济步入了缓慢复苏的后危机时期,同时也是世界各国通过科技突破和管理创新来寻找新的增长空间、达到新的平衡的一个转折期。从国内来看,经过30多年的高速发展,我国经济社会也已经到了一个转折关口,到了必须进一步深化改革开放、加快转变发展方式的攻坚破难时期。总之,综合判断国际国内形势可以看出,我国在"十二五"及其以后一段时期,仍将处于大有作为的重要战略机遇期,既面临难得的历史机遇,也将面对诸多风险挑战。

一、后危机时期国内外宏观环境的新变化

一是发达国家经济复苏存在许多不确定因素,新兴经济体成为世界经济增长的重要引擎。长期以来,发达经济体是世界经济增长的主要推动力。国际货币基金组织(IMF)按购买力平价计算,2000年发达国家在全球GDP中所占的比重为63.0%,2007年危机爆发前夕为56.0%。而危机后的2010年,这一比例已经降至53.0%,预计到2013年将降至50.0%以下。当前,全球经济复苏仍然存在许多不确定因素。从失业率来看,多个发达国家仍然处于创纪录的历史高位。美国2010年全年的失业率预计高达9.7%,欧元区将超过10.0%,日本将为5.1%,这将直接导致私人消费和投资继续低迷。此外,为应对危机,发达国家普遍采取了大规模财政刺激政策,积累了大量债务。G20中发达经济体的政府债务已经从2007年占GDP的78.0%增加到了2009年的97.0%,预计到2015年将达到115%。日益增长的主权债务已经严重威胁到了发达国家的政府信用和经济增长。因此,各国经济学家对2011年的世界经济增长普遍不乐观,认为虽会继续复苏,但仍不稳定、不强劲。

而与此形成鲜明对比的是新兴经济体的突出表现。据IMF统计,最近5年世界经济增长的70.0%来自新兴市场与发展中国家,其中"金砖四国"占一半强,尤其是中国与印度成为名副其实的世界经济增长引擎。2010年,中国经济实现了两大历史性跨越:一是经济总量成功超过日本,成为全球第二大经济体;二是人均GDP超过4 000美元,步入了中等收入国家水平。因此,这次危机被许多专家认为是"全球经济增长的分水岭",自此以后新兴经济体将在全球经济增长中扮演越来越重要的角色。但我们必须清醒地看到,发达国家仍然占据当今世界主导地位,其技术领先优势、世界规则主导权和全球资源配置的能力优势,在相当长时期不会发生根本转变。中国在相当长一段时期内仍然属于赶超型经济,主要任务是发展国内经济,提高人民生活水平。我们还没有足够的实力和能力引领世界发展。此外,发达经济体的经济可能长期维持低增长,这将对我国的出口造成持续的消极影响,尤其将对出口导向型企业形成严峻挑战。这些企业必须积极实施市场多元化战略,调整市场结构,努力开拓新兴市场和内需市场,降低经营风险。

二是西方发达国家开始反思全球化,贸易保护主义明显抬头。上世纪七八十年代以来所形成的全球化模式可以总结为:以美国为首的西方发达国家作为全球金融、科技与管理的创新中心,通过国际产业转移实现经济"去工业化",以发达的金融体系支撑国内经济增长,并通过货币、技术、服务、生产资本等的输出获取所需资源、商品与低成本资金。以中国为代表的新兴经济体作为全球商品的制造中心,实行出口导向型发展战略,依靠外国直接投资以及有形产品的大量出口拉动国内经济增长,并积累起巨额外汇储备。但危机以来,欧美等发达国家开始反思这种全球化模式给本国带来的弊端,比如制造

业空心化、大批产业工人下岗失业、巨额贸易赤字等,他们正在设计一套新的全球治理和全球化机制,以更加符合其未来发展的利益,其中重要内容就是要重归实体经济,比如美国提出的“再工业化战略”,以出口促进就业、推动经济增长的新模式等。同时,开始高举贸易保护的大旗,频频对中国等新兴国家的出口进行反倾销调查和贸易制裁,以保护本国市场和企业,促进就业。目前,中国已成为贸易保护主义的主要目标国、对象国和受害国。2009 年中国的出口占全球的 9.6%,但遭受的反倾销案却占到全球的 40.0%,反补贴案占全球的 75.0%。此外,危机后发达国家的居民消费心理、消费行为也发生了较大变化,过度消费的状况正在改变,储蓄率开始增加。美国现在的储蓄率已经由危机前的 -1.7% 上升到 7.0%,未来有可能达到 10.0%。这些都将使我国企业面临更加严峻的国际竞争形势,除了向发达国家出口更加困难外,还将与发达国家企业在其他国际市场上展开面对面的激烈竞争。

三是全球流动性宽松,通货膨胀压力增大。2008 年下半年以来,为应对危机,各国普遍采取了宽松的货币政策,美国已经连续实施了两轮量化宽松货币政策。虽然短期来看遏制住了经济下滑,但与此同时却带来了全球流动性宽松。如果以广义货币 M_2 来衡量,2000 年发达国家的 M_2 是 45 000 亿美元,2008 年增加到 90 000 亿美元,目前已升至 100 000 亿美元,超过了危机前水平。从国内来看,2009 年我国金融机构新增贷款高达 95 900 亿元,无论是狭义货币量 M_1,还是广义货币量 M_2 都达到了近 10 年高点。虽然 2010 年新增贷款有所回落,但年底贷款余额仍然高达 509 200 亿元,同比增长 19.7%。过剩的流动性推动大宗商品和初级产品价格在危机后大幅反弹。IMF 的数据显示,自 2009 年 2 月全球工业生产触底之后的 8 个月内,大宗商品价格指数上升超过 40.0%。2010 年初与 2009 年初相比,铜、铅、锌、铝等金属期货价格上涨幅度都接近或超过 100%。国际金价在 2010 年 12 月创下了 1 430.2 美元/盎司的历史新高。截至 2011 年 3 月 4 日,纽约商品交易所轻质原油期货价格收于每桶 104.4 美元,为 2008 年 9 月来最高结算价。世界银行报告显示,截至 2011 年 1 月底,国际食品价格指数比上年同期上涨 29.0%。可以预见的是,随着各国经济的好转,市场需求逐渐旺盛,大宗商品和初级产品价格还将继续上涨,全球经济步入通胀期的可能性在增大。我们要高度警惕西方国家通过大规模发行货币,推动世界经济步入通胀,让新兴国家为他们在危机中形成的巨额债务和造成的财产损失买单。

我国 CPI 的涨幅从 2009 年 11 月由负转正以后,涨幅逐步扩大,到 2010 年 11 月更是达到了 5.1%。除了输入性因素外,在土地、资源、劳动力价格上涨等成本推动型因素综合作用下,通胀压力仍然很大。中央政府已经把稳定物价总水平作为今年宏观调控的首要任务。广大企业要认清形势,高度警惕能源资源价格、原材料价格、资金成本等上涨给企业带来的经营压力,积极采取渠道多元化、套期保值、长期性战略采购等措施化解风险,保持生产经营稳定。

四是全球正在酝酿新一轮科技革命,我国经济将步入以转型为重心的新阶段。历史经验表明,全球性经济危机往往催生重大科技革命,为经济复苏和新一轮增长提供动力。谁能在新一轮科技革命中率先取得突破,谁就能掌握发展的主动权。为此,世界各国在危机爆发后都积极部署,以抢占新一轮科技制高点。美国将研发投入提高到 GDP 的 3.0% 的历史最高水平,力图在新能源、基础科学、干细胞研究、航天、信息科学等领域取得突破。法国宣布建立 200 亿欧元的“战略投资基金”,用于对能源、汽车、航空和防务等战略企业的投资与入股。英国公布了“构建英国未来”的纲领性文件《新工业,新工作》,重点发展低碳经济和建设“数字英国”。俄罗斯提出开发纳米技术、新一代核能技术,完善全球卫星导航系统,研制新型航天器,努力保持在航天领域的强国地位。日本制订了“技术创新 25”计划,确立到 2025 年的长期发展战略和科技政策指南,重点放在商业航天市场、信息技术应用、新型汽车、低碳产业、医疗与护理、新能源、环境技术等新兴行业。我国前两次工业革命均没有赶上,第三次电子信息技术革命尽管赶上了,但目前仍处于追赶状态,而这次科技革命我国和发达国家站在同一起跑线上,甚至有可能成为领跑者。为此,我国政府积极行动,迅速部署,除了加快实施《国家中长期科学和技术发展规划》外,集中力量力争在 16 个重大专项取得重大突破。同时,确立了未来重点发展的七大战略性新兴产业，包括节能环保、新一代信息技术、生物、高端装备制造、新能源、新材料和新能源汽车，力争到2015年战略性新兴产业的增加值占国内生产总值的比重达到8.0%左右，到2020年达到15.0%左右。

从总体发展阶段来看，我国目前已经到了一个临界点，需要在经济转型和市场开放以及配套性社会改革方面取得新突破。这是继1949年新中国成立实现"社会制度"转型和1978年改革开放实现"经济体制"转型之后，中国进行的第三次历史性转型，核心是从"以物为本"的传统发展模式转向"以人为本"的科学发展模式，主线是转变经济发展方式，由主要依靠投资、出口拉动向依靠消费、投资、出口协调拉动转变，由主要依靠第二产业带动向依靠第一、第二、第三产业协同带动转变，由主要依靠增加物质资源消耗向依靠科技进步、劳动者素质提高和管理创新转变，推动经济走上内生增长、创新驱动的轨道。为此，国家"十二五"规划将经济增长速度预期目标定为7.0%，比"十一五"规划降低了0.5个百分点，表达了政府为结构转型创造空间的决心。从现实情况来看，稳健的货币政策、不断调整利率以收紧流动性等措施限制了各级政府不可能再大规模举债投资，内需尤其是居民消费需求短期内不可能快速增长，资源、环境、土地、劳动力等要素约束越来越强，这些都决定了我国今后的经济增长速度不会再像以前那样高，将进入一个以转型为重心的发展新阶段。但是许多企业在过去30多年已经习惯于在高增长的环境中生存，习惯于走规模化发展道路，普遍对宏观经济回落准备不足。有学者通过研究预测，如果中国经济增长速度低于7.0%或者低于6.0%的时候，有相当一部分企业面临亏损。而发达国家的经济增长普遍在5.0%以下，甚至更低，但是他们的企业则可以盈利和维持较强的竞争力。这充分说明我国企业的经营效率还不高，核心能力还不强，抗风险能力还很弱。我们必须正视这一点，做好适应宏观经济回落给企业带来压力的准备。

五是节能环保已成全球关注的焦点，我国显得尤为紧迫和必要。当前世界上有十几亿甚至二十几亿人口正朝着现代化迈进，如果同样复制西方国家走过的高消耗、高排放道路，地球将无法承受，这已逐渐形成共识。因此，从全球看，节能环保已经超出了运动的范畴，上升为意识形态，将对企业的经验理念和发展模式造成革命性的影响。危机爆发以来，各国都把新能源、低碳经济、循环经济作为抢占世界经济制高点、确立新的国家竞争优势的主要着力点。美国众议院通过了《2009年美国清洁能源与安全法案》，将巨资投向了新能源领域，其中，在新能源技术和能源效率技术的投资规模就达到1 900亿美元。欧盟宣布到2013年以前，将投资1 050亿欧元发展绿色经济，保持在绿色技术领域的世界领先地位。日本提出以"低碳社会"和"稳定、健康、长寿社会"为核心目标，建设"日本模式"和"低碳资源大国"。可以说，当今世界正酝酿着人类文明史上继传统工业革命之后的又一次新经济形态革命。

就我国而言，推进节能环保、发展低碳经济则显得更加紧迫和必要。中国过去30多年实际上走的是西方国家传统的高增长、高消耗、高排放的道路，经济获得高速发展的同时，也使我们不经意间成为世界头号温室气体排放国和资源消耗大国。2009年，我国GDP只是美国的1/3，但能源消费量却与美国相当。近10年，我国矿产资源供应量总量增速比前10年平均值提高了0.5～1倍，还是难以满足需求的快速增长，石油、铁矿石、铝土矿、铜等大宗矿产对外依存度均超过50.0%的警戒线。我们要在未来几十年成功迈进现代化，依靠原有的发展模式必然难以实现，必须走出一条新路，那是不同于英国工业革命以来经济增长与温室气体排放同步增长的传统模式，而是一种经济增长与温室气体排放同步下降乃至脱钩的绿色发展模式。企业要充分认识到绿色发展在未来竞争中的重要战略意义，顺应节能环保成本逐渐上升的大趋势，将世界头号碳排放大国的压力转化为发展低碳技术、推进绿色发展的巨大市场动力，推动企业率先步入绿色发展的轨道。

六是我国劳动力资源供给出现新变化，人口红利可能逐渐消失。改革开放以来，依靠源源不断从农村转移出来的廉价劳动力资源所形成的人口红利，造就了我国企业强大的低成本竞争优势。然而，近年来持续不断的用工荒提醒我们，我国的劳动力人口状况正在发生一些新变化。据统计，2008年以来我国15～24岁的人口已经开始下降。有专家预测，未来10多年我国25岁以下人口将下降1/3，劳动力人口将从2015年开始下降，劳动人口对非劳动人口的抚养比例将上升。这就意味着刘易斯拐点很快将到来，中国的人口红利可能逐渐消失，人口老龄化现象不可避免。中国将从劳动力无限供给进入到供求总量基本平衡、结构性短缺矛盾凸显的新阶段。这将迫使企业提高薪酬待遇，增加用工成本。近年来，各地都在不断提高最低工资标准。到2010年底，全国已有30个省份调整了最低工资标准，月最低工资标准平均增幅为22.8%，而且涨薪很可能是一个长期、刚性的趋势。此外，中国周边的越南、印度等近年来大力改善基础设施和投资环境，越来越多的投资者选择在这些国家投资建厂，因为他们的工资成本远低于中国。比如，印度近4亿的年轻人一旦加入世界制造体系中，将对中国企业的低成本优势形成巨大挑战。如何实现从过度消费劳动力的传统模式转变到集约化消费劳动力的新模式，将是我国企业未来数十年面临的严峻问题。

总之，"十二五"及其今后一段时期，我国企业可能要面临经济发展速度不那么高，财政金融政策不那么宽松，资源环境约束更强，土地、人力等要素成本较快增长的严峻形势。那些在某些地方政府的鼓动甚至主导下，在制定发展规划时动不动就追求翻番、以形成新时代"大跃进"的企业，必须要慎之又慎。要首先做好适应转折期给企业带来生存和发展压力的充分准备，紧盯国内外宏观形势的新变化，重新审视自己的战略规划，趋利避害，把功夫下在凝聚核心能力方面，力争在新一轮世界经济格局调整中赢得发展的先机和竞争主动权。

二、后危机时期企业管理创新的三大课题

第一是转型，转型是方向。如前所述，在我国实现第三次历史转型的大背景下，我们认为，企业在做规划时首先要考虑的不是发展速度，而是发展方向，是如何转型。转型是方向，只有方向对了，发展才有质量、有效益，做大是其必然结果。实现转型，最重要的是企业的战略目标必须从低端向中高端转移。由于我国市场巨大，需求层次多元，在过去的二三十年，我国企业大多是从低端切入，通过规模化的低成本竞争获得成功。值得警觉的是，一些企业将这种阶段性的历史经验定格为长期的战略制定依据，在安排今后发展时，更多考虑的是物的投入、规模的扩张、销售总量的飞跃、低端价值链的占有率等等。"十二五"时期，企业必须从战略层面改变这种思维定式，向市场和价值链的中端或高端转移。南车、北车、中航、大唐电信、宝钢、中国船舶、华为、中兴、海尔、海信等一批企业，在5年、10年甚至更长时间之前就开始实施高端战略的转型，才有了他们今天的一流业绩。更多的企业，仍定位于国内低端或低中端市场，这种状况，亟待改变。

首先，要放眼世界。从全球定位的角度看，我国企业的差距仍很大。虽然中国企业进入世界500强的数量在增加，但距离真正的跨国公司，甚至是全球公司，还有相当大的差距。据联合国贸发组织对中国部分跨国企业的统计，中国企业的平均跨国指数仅为14.8%，不但远低于发达国家企业，也远低于同属"金砖四国"的其他三国，俄罗斯是54.0%、印度是41.0%、巴西是40.0%。这表明绝大多数的中国企业仍然是用中国自己的资源、自己的市场挣中国人自己的钱。我们的企业在全球布局、利用全球资源、打造全球产业链方面尚处于起步阶段。因此，中国的大企业不应该将眼光局限在国内，与中小企业挤占发展空间，而应该眼光向外，加快国际化步伐，向世界一流企业转型。

其次，要抢占制高点。"十二五"规划中，国家已经提出要大力发展七大战略性新兴产业。在此，我们与发达国家处在同一起跑点，没有多少现成的东西可"引进"、借鉴。企业既要看到其中蕴藏的巨大商机和发展潜力，也要有为自主创新付出代价甚至放弃短期利益的决心和勇气。有条件、有实力的企业，特别是大企业，要使企业的战略和国家大战略相契合，将资源更多地投入到这些新兴产业的核心技术、关键技术的研发上，掌握发展主动权，成为新兴产业的领跑者，为一个时期企业占领价值链高端打下坚实基础。

再有，要由生产制造转向生产服务。发展服务经济是国际大趋势。当前，众多发达国家的服务业占国民经济的比重已经超过2/3，经济重心正在从制造业向服务业转变。在发达国家和世界500强企业中，有很多依靠制造业起家的公司都成功完成了向服务业的转型，例如IBM、GE等，越来越多的利润来自产品服务环节。根据德国200家装备制造企业的调查，设计、生产、销售环节所产生的利润仅占总利润的2.3%，而监控、备品备件、维修、维护等服务环节所占利润却高达57.0%。人类正在从工业社

会向服务社会过渡,“服务经济”将成为21世纪经济的主导。在我国,如前所述,由于诸多生产要素成本上升,制造业的外部环境已发生了很大变化,在生产制造环节的利润已变得越来越小,仅仅依靠节约成本已经不足以维系企业生产和发展的需要。制造企业要想持续发展只能靠服务拓展和向市场端延伸以寻求新的利润增长点。而且,服务业具有吸纳就业能力强、资源消耗小、环境友好等特征,发展生产服务业将成为制造企业转型的必然选择和重要支撑。

对于那些不具备上述条件的企业,特别是中小企业,也要找准新形势下实现科学发展的转型途径。比如高科技中小企业,要积极实施“小而精”的发展战略,在产业链的某一个局部做专、做精、做深,做到小产品大市场,无可替代。更多的普通中小企业则要在产业链分工上主动与正在转型的大企业相互依托,在工业区、开发区中形成若干以大企业为主、一批中小企业与之配套的产业集群等。总之,围绕绿色发展,在节能减排、低碳环保、开发轻薄短小产品、研发废旧产品的回收利用、改造升级生产设备设施等诸多方面,每个企业都可以选择到适合自己的转型方向。

第二是队伍,队伍是基础。企业的员工队伍建设永远是管理的首要课题,而当前最具挑战性的,是所谓“农民工”、“劳务工”向新型产业工人转型问题。目前农民工已成为我国产业大军的主力,外出农民工已达到1.5亿多人。在第二产业中,农民工占全部从业人员的58.0%,其中在加工制造业中占68.0%,在建筑业中接近80.0%;在第三产业中的批发、零售、餐饮业中,农民工占到52.0%以上。加起来,二、三产业的农民工已经有8 300万之多。这支数量庞大的农民工队伍多数没有参加过系统的劳动技能培训,无证操作、违规上岗的现象很难避免,导致不少安全事故。特别是80后、90后“新生代”农民工,没有经历过他们父辈那样从农村到城市的艰苦历程,他们对工作的期望、对生活的追求与城市同龄人更为趋同。但体制的障碍使他们游离于城市之外,无法享受与城市居民和体制内职工同样的福利和保障。如何将这支庞大的农民工群体升级为训练有素的产业工人,已成为当前制约我国企业特别是制造、采掘、建筑企业发展的瓶颈。一些有远见的企业已经在这方面进行了有益探索,积累了较好的经验。

青岛港针对近年来农民工逐渐成为一线工人主力的现状,专门出台文件,确定了从政治上信任、工作上培养、权益上维护、生活上关心的农民工工作方针,在培训、激励、考核、用人与晋升、服务、生活关怀等方面出台了40多项具体措施,使8 000多名农民工在青岛港体面工作,有地位、有作为,有的还走上了分公司副经理的岗位。实现了农民工由短期务工向扎根海港、由挣钱吃饭向爱岗敬业、由打工者向产业工人的转变,培养了一支爱岗敬业、训练有素的产业工人队伍。

上海日立公司地处大都市,他们将农民工技能培训与把农民工转变成为有见识、有文化、综合素质高的都市人有效结合,探索出了“四个阶段、四个适应”的有效做法:一是初级技能培训,适应岗位需要;二是提升文明素质,适应城市生活;三是强化专业技术培训,适应企业发展;四是开展学历教育,适应社会进步。这些做法,不但使4 000多名农民工顺利成长为符合生产要求的熟练工人,而且让他们融入城市生活,体现了公司对员工的人文关怀。

皖北煤电集团从2007年开始,率先打破传统的煤矿劳动用工制度,采取公平自愿、双向选择的方式,将原先8 300名农民工一次性转为企业长期合同工,先后投入1亿多元,为他们缴纳个人养老金、住房公积金等费用,消除农民工与正式工身份和待遇上的等级差别。经过系统培训,农民工转为合同制工人中,78.0%的员工技术上了一个等级,有790名获高级技能证书,37名晋升为技师,涌现出一批“技术创新能手”,还有65人走上队长和采区区长等管理岗位。企业安全生产事故明显下降,劳动生产率大幅提高,实现了农民工与企业共同发展。他们还利用地处城乡结合部的有利条件,将农民工的户口转入城镇,并着手解决其住房问题,使农民工真正融入城市,享受和城市居民一样的待遇,成为训练有素的产业工人,可以利用自己的一技之长,在城市工作到退休。这不仅是从根本上解决“用工荒”的制度保证,也是我国工业化、城市化的大方向,但这个代价和成本巨大,需要由社会和企业共同承担。有条件的企业如皖北煤电先行一步,既彰显了强烈的社会责任感,也为企业发展夯实了基础,为我们提供了启示。

第三是创新,创新是出路。创新是企业获取竞争优势的动力源泉。从一些成功企业的经验来看,企业要成为国家创新的主体,当前要努力解决好下面几个问题:

一是要建立企业持续创新的动力机制。企业是一个直接面向市场的生产组织,可以独立完成从研究开发到生产、销售、获取收益的创新全过程,可以独立实现投入—产出—再投入—再产出的良性循环。建立起了这样的良性循环,就会形成企业持续创新的动力机制。中昊晨光化工研究院在1999年改制为企业后,大胆改革创新,实现了科研与市场、科研与生产、生产与市场的有效结合,建立了“科研—二次开发和工程化—中试—工业化技术推广”的产业化研发流程,探索出了一条“以改进型创新项目的收益支持原发性创新项目的投入,由原发性创新项目为改进型创新项目提供新的科技成果”的持续创新之路,使企业步入了科技与产业发展互为促进的轨道。

二是要倡导企业实施自我主导下的开放式创新。一般来讲,创新收益的独占性和创新周期密切相关,周期越长,收益独占性越没有保障。为了缩短创新周期,现在提倡开放式创新。开放式创新适应了21世纪全球一体化、开放、融合、共享的发展潮流,放弃了封闭式创新思维指导下企业所有创新活动都由自己独立完成的做法。开放式创新主张以市场需求为原动力,以尽快形成优势产品为目标,总成技术或核心技术自己开发,或以我为主与其他单位联合开发;配套技术或一般技术全球采购,将合作视野放宽到“内外部、上下游、国内外”。在创新过程中,不排除引进先进技术,以解决关键环节的“卡脖子”因素,但着力点是培育自己的核心能力。我国大型水利发电设备、高铁之所以成功,关键就在于在引进的同时坚持了自主研发。南车集团把“引进次高技术、自创最高技术”作为实现后来居上的技术战略,以引进时速200公里列车做消化平台,同时为自己预留了时速350、380公里最高技术的创新空间,经过努力,一举实现了世界一流水平,避免了重复引进的恶性循环。

三是将信息化与精益管理有机结合,提升企业整体管理水平。信息化在企业的普遍运用,可以大大加快企业从传统管理到现代管理的进程,改变我国企业粗放管理的现状。郑州飞机装备公司依托现代信息技术,建立了一套适应多品种小批量特点的总线型柔性生产方式,实现了“设计一周、生产一周、装配一周、试验一周”的快速研制生产,生产效率大幅提升,工序数量平均减少80.9%,操作人员平均减少78.6%,设备利用率由原来不到20.0%提高到65.0%以上。

四是注重商业模式创新。企业能否实现新技术的经济价值,商业模式的选择至关重要。一项普通的技术配以恰当的商业模式可以收到事半功倍的效果,而一项先进的技术如果没有创新的商业模式相配套,新技术的市场效应也难以实现。当前,以下商业模式的创新动向值得重视:一是外包深入发展。现在不仅是OEM(代工生产),BPO(业务流程外包)、OTM(研发外包)、OFM(金融服务外包)发展也很迅速。比如,苏州的许多企业做BPO,深圳的许多企业做OTM,上海的许多企业做OFM,逐渐形成了区域性专业化的外包企业集群。二是轻资产的运作。轻资产是相对于厂房、设备等重资产而言的。在讲究速度和创新的时代,轻资产的运作日益成为企业获取竞争优势的法宝。浙江传化物流避开直接开展物流运输服务的激烈竞争,看准国内中小物流企业和社会货运车辆之间缺乏有效链接平台的机遇,转型成为中小物流企业服务的第三方物流企业,探索建立了一套“公路港”物流服务模式,实现了货主企业、物流企业、社会货运车辆和传化物流的多方共赢,为传化物流开辟了新的经济增长点。

(本文为蒋黔贵2011年3月26日在“2010年度全国企业管理创新大会”上的讲话)

用文化创新引领国有企业改革和发展

国务院国有重点大型企业监事会
主席　李晓南

文化是企业长盛不衰的灵魂和基石。推进企业文化建设对企业持续健康发展具有引领和保障作用。2005年以来,中国企业联合会、中国企业家协会在全国范围内开展创建全国企业文化示范基地活动,受到了企业界、学术界的普遍欢迎和高度关注。在各方面的共同努力下,创建了一批有特色的企业文化示范基地,并得到大力宣传和推广。几年来,这项活动不断普及,影响日显,对推动企业文化体系和运行机制的建设,形成先进的企业文化理念和做法,提高企业文化建设水平,促进企业持续健康发展等,都发挥了十分重要的作用。

把杭钢集团确定为“全国企业文化示范基地”,这是杭钢集团在文化建设方面不断进取、积极探索的结果。杭钢集团的企业文化有着深厚的历史底蕴和丰富的内涵,但是,在新的历史时期,杭钢集团不因循守旧,不墨守成规,在继承优秀传统文化的同时不断进行文化创新,把文化建设融入企业改革和发展的方方面面,在生产经营和党的建设、班子建设、思想工作、文化创新等方面,都取得了积极进展和优异成绩,先后荣获全国国有企业创建“四好”领导班子先进集体等国家级、省部级荣誉150多项。

把杭钢集团确定为全国企业文化示范基地,对国有企业的改革和发展也具有典型和示范意义。其意义至少体现在三个方面。

第一,杭钢集团是全国钢铁行业荣获“全国企业文化示范基地”称号的第一家企业。钢铁行业作为我国的基础和支柱行业,在我国经济发展中具有举足轻重的作用。但现阶段钢铁行业产能过剩,按已投产和在建的项目统计,2010年全国钢铁产能将达到6.3亿吨,按2009年钢铁表观消费能力即钢铁产量加净进口量计算,过剩1亿多吨,钢铁企业之间的竞争十分激烈。面对激烈的市场竞争,杭钢集团从所处的行业和区域出发,坚持走内涵式发展道路,大力推进技术创新,做精做强钢铁主业,首开了普钢生产企业转变为优钢生产企业的先河,优特钢比例达85.0%,同时着力塑造品牌,提升企业形象。与此相适应,杭钢集团着力打造文化杭钢,把文化建设融入企业管理的全过程、各环节,使建设学习型企业和创新型企业的思想成为全体干部员工的自觉意识,使精益管理和从严管理的理念贯穿企业生产经营的各个环节,丰富了企业管理的内涵,提升了企业管理的水平,为企业走内涵式发展道路提供了内在动力,营造了文化基础。

第二,杭钢集团是实施多元主业经营并荣获“全国企业文化示范基地”称号的企业。由于杭钢集团地处杭州这个国际风景旅游城市,钢铁发展规模受到限制,但杭钢集团不为地理因素所限,围绕建设百年杭钢的既定目标,坚持以企业文化引领战略转型,培育新兴主业,拓展发展空间,提出了“钢铁主导、适度多元、创新应变、做大做强”和“做精做强钢铁主业、做大做强多元产业”的发展战略。应该说,这是杭钢集团从现实出发作出的一个正确战略抉择。目前,杭钢集团的经营业务涉及钢铁、贸易流通、房地产、环境保护、酒店餐饮、科研设计、高等职业教育和黄金开采冶炼,如果按主业计算,杭钢集团的主业达到8个。一般认为,大型企业采用多元主业战略并取得持续成功的案例不多。改革开放以来,我国企业为做大规模而追求多元主业最终陷于困境甚至破产倒闭的企业为数不少。因此,国务院国资委组建以后召开的第一次中央企业负责人会议就强调中央企业要突出主业,要求中央企业集团层面的主业原则上不超过三个,并分三批审定了中央企业的主业。国际上公认的采用多元主业战略并取得持续成功的跨国公司是美国的通用电器公司,即GE公司。大型中央企业中采用多元主业战略并能够持续发展的是华润集团。杭钢集团在市场化发展目标的引领下,一方面通过内涵挖潜做精做强钢铁主业,另一方面实施适度多元主业发展战略,赢得了钢铁主业与多元产业并举共强的良好局面,实现了企业发展战略和经营方式的转变,企业连续6年跻身中国最大500家企业集团的前100位。杭钢集团采用多元主业并实现持续发展,极为重要的一点就是,高度重视企业文化特别是执行力文化建设,在形成具有时代特征、国企特质、杭钢特色的企业文化体系的基础上,进行文化的传导输出,努力做到主业发展延伸到哪里,文化就传导输出到哪里。这是值得实施多元主业发展战略的企业认真研究和借鉴的。

第三,杭钢集团是浙江省荣获“全国企业文化示范基地”称号的第一家大型国有企业。浙江省是我国个体、民营企业最具竞争力的省份之一,也是我国个体、私营经济最为活跃的省份之一,同时也是我国国有经济比重最低的省份之一,浙江省统计年鉴显示,2009年全省规模以上工业企业工业总产值按现行价格计算为41 035亿元,其中国有及控股企业为

5 369亿元，占 13.1%。杭钢集团作为一家具有 50 多年历史的地方国有企业，也曾面临着冗员较多、机制不活等国有企业普遍具有的弊病。但杭钢集团作为一家老的国有企业，在个体、私营经济的汪洋大海之中做到了挺立不倒并持续快速发展，其中，很重要的一点就是，高度重视和充分发挥企业文化对国有企业改革的引领作用，极力提升国有企业的软实力，积极破除封闭、僵化、保守、拖沓等不利于企业发展的文化障碍，大力弘扬开放、多元、革新、共赢等具有时代特征的企业文化，不断建设和形成适应现代企业制度要求的企业文化，努力克服发展混合所有制过程中产生的不同文化的碰撞和价值理念的冲突，为杭钢集团由单一的国有制向国有、外资、民营相互参股的多种混合所有制的转变提供了坚实的文化基础，并在此过程中逐步实现了杭钢文化的再造。杭钢集团文化建设的经验对身处一般竞争性领域的老国企焕发青春、再度辉煌，是有普遍意义的。

国务院国资委成立以来，十分重视并采取了一系列措施积极推进企业文化建设。经过数年的努力，中央企业和各级地方国有企业的企业文化建设取得了明显进展，在企业文化战略、企业文化体系、企业文化评价、企业文化创新等方面进行了一系列的探索，取得了丰富的实践和理论研究成果，为提升国有企业的核心竞争力和可持续发展能力，为增强国有经济的活力、控制力和影响力，发挥了积极重要的作用。但如何更好地发挥文化的引领和保障作用，用文化创新引领和促进国有企业的改革和发展，突破一些深层次的体制机制障碍，仍然是一项艰巨的任务。当前，至少在三个方面要力争取得实质性进展。

一是通过文化创新促进国有企业的并购重组。企业规模是企业获取市场竞争优势的一个重要方面。相对而言，企业规模大，有利于降低单位研发和经营成本，提高市场占有率，在更大范围内合理配置资源，增强抵御风险的能力等。企业要迅速做大，并购重组是一个重要途径甚至是必然之路。因此，许多企业包括一些大企业热衷于兼并收购，冀图通过这种“低成本扩张”迅速做大，获取更大的市场竞争优势。但从国内外的经验看，并购重组是一把双刃剑，成功的并购重组有利于企业壮大实力，不成功的并购重组则会成为企业的沉重包袱，甚至会拖垮企业。这方面的教训为数不少。根据有关专家学者的统计，国际上大企业间的兼并收购成功率只有 40.0%左右，跨国兼并收购的成功率则更低。并购重组之所以成功率不高，一个重要原因就在于并购后的整合难度很大，其背后的深层次原因则在于文化的差异和冲突。2003 年国务院国资委组建以来，中央企业之间的并购重组步伐加快，到目前，中央企业已从国资委成立时的 196 家减少到了 122 家。从重组后的情况看，总体上形成了新的规模优势和竞争优势，但部分中央企业也存在形式上实现了整合，但在理念、业务、资产、机构、人员、管理流程等方面并没有实现实质性的整合或整合不到位，有的貌合神离，没有真正实现一体化管理，甚至形成严重内耗。适应优化国有经济布局结构和提升国有企业竞争力的需要，中央企业要尽快减少到 80 ~ 100 家，在此基础上再形成 30 ~ 50 家具有国际竞争力的大企业大集团。同时，中央企业跨地区、跨所有制、跨国界的兼并收购近年来也加快步伐并将继续加快推进。与此相适应，如何充分发挥文化建设对企业整合的重要作用，为中央企业成功进行并购重组提供先导和基础，需要我们进行认真研究并找到可行办法。

二是通过文化创新加快大型国有企业的股份制改革。股份制是社会化大生产和市场经济发展到一定阶段的必然产物，是企业赢得市场竞争优势的一种有效组织形式和运营方式，也是公有制的主要实现形式。大力发展国有资本、集体资本和非公有资本等参股的混合所有制经济是完善我国社会主义基本经济制度的一项重大措施，也是国有企业改革的一个重要方向。党的十六届三中全会通过的《关于完善社会主义市场经济体制若干问题的决定》提出，使股份制成为公有制的主要实现形式。这是国有企业改革和发展的一个重大理论突破和创新。推进国有企业股份制改革，重点和难点是大型国有企业的改革，特别是大型国有企业集团层面或母公司层面的股份制改革。这几年国有企业与民营企业之间的并购重组也很频繁，但大多发生在二级及以下公司。从中央企业的情况看，国有企业集团层面或母公司层面还没有与民营企业进行合并重组的案例。从浙江、广东等省市的情况看，大型国有企业集团层面或母公司层面与国内民营资本相互参股并取得成功的案例不多甚至没有，普遍的做法是引进外国企业特别是跨国公司作为战略性伙伴。这个现象应引起重视并深入分析。其中，既有体制机制的差异，也有企业文化的不同。通过文化创新消除民营企业参与国有企业并购重组存在的文化障碍，关系到混合所有制经济在我国的快速发展，也关系到民营经济在我国的更好发展。

三是通过文化创新为国有企业改革和发展创造良好的氛围。改革开放以来的相当一段时间内，国有企业改革一直都是我国整个经济体制改革的中心环节，受到国内外的广泛关注，但也一直存在不少争议。国际金融危机爆发的一段时间以来，“国进民退”问题成为国内的一个热门话题，大量议论见诸网络和报端，甚至国外一些媒体也参与到这场议论之中，围绕“国进民退”的讨论已引起广泛关注和多方参与。从讨论的情况看，国内围绕“国进民退”讨论已远远超出了如何分析和看待一些行业和领域出现的国有企业兼并重组民营企业这一层面，实际上这场争论涉及国有经济在社会主义市场经济中的地位和作用等一系列重大问题。引发“国进民退”讨论的深层次原因既有利益冲突，也有文化差异，反映出在国有企业改革和发展的一些重大问题上，各方面的理念和判断还相差甚远。“国有企业搞不好挨骂，搞好了也挨骂”的现象，也从一个方面反映了理念和判断上的混乱。通过文化创新形成正确的价值观和方法论，引导“国进民退”的讨论，在此基础上对一些重大问题形成基本共识，避免重大偏差，这对国有企业改革和发展沿着正确的方向前进，对筑牢社会主义市场经济的微观基础，都具有重要意义。

这次全国企业文化（杭钢集团）现场会把“企业文化引领战略转型与创新发展”确立为主题，既是对杭钢集团文化建设经验实质的肯定，也是对新的发展阶段企业文化建设发展方向的探索，有着强烈的现实意义和时代价值。不久前闭幕的党的十七届五中全会强调要加快经济发展方式转变。有效地制定和实施企业文化战略，发挥企业文化对企业转变发展方式、调整优化结构的推动和保障作用，是企业文化创新和发展的重大课题。

希望中国企业联合会、中国企业家协会继续推进企业文化建设，推出更多像杭钢集团这样的企业文化建设示范基地，为广大企业树立优秀的典型和样板。同时，根据形势发展的需要，拓展企业文化的研究内涵和外延，推进企业文化建设不断向深度和广度发展。

（本文为季晓南2010年10月29日在2010全国企业文化〔杭钢集团〕现场会上的致辞，有删节）

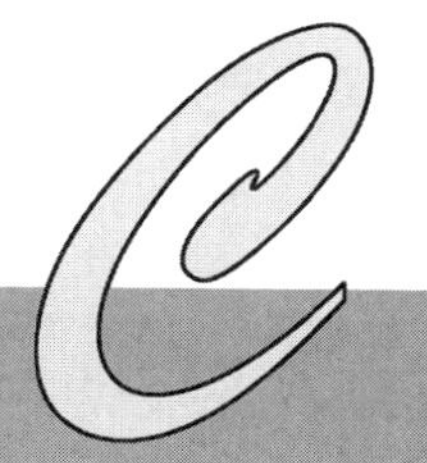

经济法律法规选编

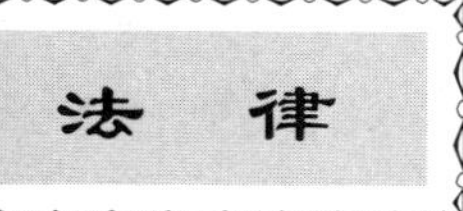

法　律

中华人民共和国保守国家秘密法

（2010年4月20日第十一届全国人民代表大会常务委员会第十四次会议修订　2010年4月29日中华人民共和国主席令第28号公布　自2010年10月1日起施行）

第一章　总　则

第一条　为了保守国家秘密，维护国家安全和利益，保障改革开放和社会主义建设事业的顺利进行，制定本法。

第二条　国家秘密是关系国家安全和利益，依照法定程序确定，在一定时间内只限一定范围的人员知悉的事项。

第三条　国家秘密受法律保护。

一切国家机关、武装力量、政党、社会团体、企业事业单位和公民都有保守国家秘密的义务。

任何危害国家秘密安全的行为，都必须受到法律追究。

第四条　保守国家秘密的工作（简称“保密工作”），实行积极防范、突出重点、依法管理的方针，既确保国家秘密安全，又便利信息资源合理利用。

法律、行政法规规定公开的事项，应当依法公开。

第五条　国家保密行政管理部门主管全国的保密工作。县级以上地方各级保密行政管理部门主管本行政区域的保密工作。

第六条　国家机关和涉及国家秘密的单位（简称“机关、单位”）管理本机关和本单位的保密工作。

中央国家机关在其职权范围内，管理或者指导本系统的保密工作。

第七条　机关、单位应当实行保密工作责任制，健全保密管理制度，完善保密防护措施，开展保密宣传教育，加强保密检查。

第八条　国家对在保守、保护国家秘密以及改进保密技术、措施等方面成绩显著的单位或者个人给予奖励。

第二章　国家秘密的范围和密级

第九条　下列涉及国家安全和利益的事项，泄露后可能损害国家在政治、经济、国防、外交等领域的安全和利益的，应当确定为国家秘密：

（1）国家事务重大决策中的秘密事项；

（2）国防建设和武装力量活动中的秘密事项；

（3）外交和外事活动中的秘密事项以及对外承担保密义务的秘密事项；

（4）国民经济和社会发展中的秘密事项；

（5）科学技术中的秘密事项；

（6）维护国家安全活动和追查刑事犯罪中的秘密事项；

（7）经国家保密行政管理部门确定的其他秘密事项。

政党的秘密事项中符合前款规定的，属于国家秘密。

第十条　国家秘密的密级分为绝密、机密、秘密三级。

绝密级国家秘密是最重要的国家秘密，泄露会使国家安全和利益遭受特别严重的损害；机密级国家秘密是重要的国家秘密，泄露会使国家安全和利益遭受严重的损害；秘密级国家秘密是一般的国家秘密，泄露会使国家安全和利益遭受损害。

第十一条　国家秘密及其密级的具体范围，由国家保密行政管理部门分别会同外交、公安、国家安全和其他中央有关机关规定。

军事方面的国家秘密及其密级的具体范围，由中央军事委员会规定。

国家秘密及其密级的具体范围的规定，应当在有关范围内公布，并根据情况变化及时调整。

第十二条　机关、单位负责人及其指定的人员为定密责任人，负责本机关、本单位的国家秘密确定、变更和解除工作。

机关、单位确定、变更和解除本机关、本单位的国家秘密，应当由承办人提出具体意见，经定密责任人审核批准。

第十三条 确定国家秘密的密级，应当遵守定密权限。

中央国家机关、省级机关及其授权的机关、单位可以确定绝密级、机密级和秘密级国家秘密；设区的市、自治州一级的机关及其授权的机关、单位可以确定机密级和秘密级国家秘密。具体的定密权限、授权范围由国家保密行政管理部门规定。

机关、单位执行上级确定的国家秘密事项，需要定密的，根据所执行的国家秘密事项的密级确定。下级机关、单位认为本机关、本单位产生的有关定密事项属于上级机关、单位的定密权限，应当先行采取保密措施，并立即报请上级机关、单位确定；没有上级机关、单位的，应当立即提请有相应定密权限的业务主管部门或者保密行政管理部门确定。

公安、国家安全机关在其工作范围内按照规定的权限确定国家秘密的密级。

第十四条 机关、单位对所产生的国家秘密事项，应当按照国家秘密及其密级的具体范围的规定确定密级，同时确定保密期限和知悉范围。

第十五条 国家秘密的保密期限，应当根据事项的性质和特点，按照维护国家安全和利益的需要，限定在必要的期限内；不能确定期限的，应当确定解密的条件。

国家秘密的保密期限，除另有规定外，绝密级不超过 30 年，机密级不超过 20 年，秘密级不超过 10 年。

机关、单位应当根据工作需要，确定具体的保密期限、解密时间或者解密条件。

机关、单位对在决定和处理有关事项工作过程中确定需要保密的事项，根据工作需要决定公开的，正式公布时即视为解密。

第十六条 国家秘密的知悉范围，应当根据工作需要限定在最小范围。

国家秘密的知悉范围能够限定到具体人员的，限定到具体人员；不能限定到具体人员的，限定到机关、单位，由机关、单位限定到具体人员。

国家秘密的知悉范围以外的人员，因工作需要知悉国家秘密的，应当经过机关、单位负责人批准。

第十七条 机关、单位对承载国家秘密的纸介质、光介质、电磁介质等载体（以下简称“国家秘密载体”）以及属于国家秘密的设备、产品，应当做出国家秘密标志。

不属于国家秘密的，不应当做出国家秘密标志。

第十八条 国家秘密的密级、保密期限和知悉范围，应当根据情况变化及时变更。国家秘密的密级、保密期限和知悉范围的变更，由原定密机关、单位决定，也可以由其上级机关决定。

国家秘密的密级、保密期限和知悉范围变更的，应当及时书面通知知悉范围内的机关、单位或者人员。

第十九条 国家秘密的保密期限已满的，自行解密。

机关、单位应当定期审核所确定的国家秘密。对在保密期限内因保密事项范围调整不再作为国家秘密事项，或者公开后不会损害国家安全和利益，不需要继续保密的，应当及时解密；对需要延长保密期限的，应当在原保密期限届满前重新确定保密期限。提前解密或者延长保密期限的，由原定密机关、单位决定，也可以由其上级机关决定。

第二十条 机关、单位对是否属于国家秘密或者属于何种密级不明确或者有争议的，由国家保密行政管理部门或者省、自治区、直辖市保密行政管理部门确定。

第三章 保密制度

第二十一条 国家秘密载体的制作、收发、传递、使用、复制、保存、维修和销毁，应当符合国家保密规定。

绝密级国家秘密载体应当在符合国家保密标准的设施、设备中保存，并指定专人管理；未经原定密机关、单位或者其上级机关批准，不得复制和摘抄；收发、传递和外出携带，应当指定人员负责，并采取必要的安全措施。

第二十二条 属于国家秘密的设备、产品的研制、生产、运输、使用、保存、维修和销毁，应当符合国家保密规定。

第二十三条 存储、处理国家秘密的计算机信息系统（简称“涉密信息系统”）按照涉密程度实行分级保护。

涉密信息系统应当按照国家保密标准配备保密设施、设备。保密设施、设备应当与涉密信息系统同步规划,同步建设,同步运行。

涉密信息系统应当按照规定,经检查合格后,方可投入使用。

第二十四条 机关、单位应当加强对涉密信息系统的管理,任何组织和个人不得有下列行为:

(1)将涉密计算机、涉密存储设备接入互联网及其他公共信息网络;

(2)在未采取防护措施的情况下,在涉密信息系统与互联网及其他公共信息网络之间进行信息交换;

(3)使用非涉密计算机、非涉密存储设备存储、处理国家秘密信息;

(4)擅自卸载、修改涉密信息系统的安全技术程序、管理程序;

(5)将未经安全技术处理的退出使用的涉密计算机、涉密存储设备赠送、出售、丢弃或者改作其他用途。

第二十五条 机关、单位应当加强对国家秘密载体的管理,任何组织和个人不得有下列行为:

(1)非法获取、持有国家秘密载体;

(2)买卖、转送或者私自销毁国家秘密载体;

(3)通过普通邮政、快递等无保密措施的渠道传递国家秘密载体;

(4)邮寄、托运国家秘密载体出境;

(5)未经有关主管部门批准,携带、传递国家秘密载体出境。

第二十六条 禁止非法复制、记录、存储国家秘密。

禁止在互联网及其他公共信息网络或者未采取保密措施的有线和无线通信中传递国家秘密。

禁止在私人交往和通信中涉及国家秘密。

第二十七条 报刊、图书、音像制品、电子出版物的编辑、出版、印制、发行,广播节目、电视节目、电影的制作和播放,互联网、移动通信网等公共信息网络及其他传媒的信息编辑、发布,应当遵守有关保密规定。

第二十八条 互联网及其他公共信息网络运营商、服务商应当配合公安机关、国家安全机关、检察机关对泄密案件进行调查;发现利用互联网及其他公共信息网络发布的信息涉及泄露国家秘密的,应当立即停止传输,保存有关记录,向公安机关、国家安全机关或者保密行政管理部门报告;应当根据公安机关、国家安全机关或者保密行政管理部门的要求,删除涉及泄露国家秘密的信息。

第二十九条 机关、单位公开发布信息以及对涉及国家秘密的工程、货物、服务进行采购时,应当遵守保密规定。

第三十条 机关、单位对外交往与合作中需要提供国家秘密事项,或者任用、聘用的境外人员因工作需要知悉国家秘密的,应当报国务院有关主管部门或者省、自治区、直辖市人民政府有关主管部门批准,并与对方签订保密协议。

第三十一条 举办会议或者其他活动涉及国家秘密的,主办单位应当采取保密措施,并对参加人员进行保密教育,提出具体保密要求。

第三十二条 机关、单位应当将涉及绝密级或者较多机密级、秘密级国家秘密的机构确定为保密要害部门,将集中制作、存放、保管国家秘密载体的专门场所确定为保密要害部位,按照国家保密规定和标准配备、使用必要的技术防护设施、设备。

第三十三条 军事禁区和属于国家秘密不对外开放的其他场所、部位,应当采取保密措施,未经有关部门批准,不得擅自决定对外开放或者扩大开放范围。

第三十四条 从事国家秘密载体制作、复制、维修、销毁,涉密信息系统集成,或者武器装备科研生产等涉及国家秘密业务的企业事业单位,应当经过保密审查,具体办法由国务院规定。

机关、单位委托企业事业单位从事前款规定的业务,应当与其签订保密协议,提出保密要求,采取保密措施。

第三十五条 在涉密岗位工作的人员(简称"涉密人员"),按照涉密程度分为核心涉密人员、重要涉密人员和一般涉密人员,实行分类管理。

任用、聘用涉密人员应当按照有关规定进行审查。

涉密人员应当具有良好的政治素质和品行,具有胜任涉密岗位所要求的工作能力。

涉密人员的合法权益受法律保护。

第三十六条 涉密人员上岗应当经过保密教育

培训，掌握保密知识技能，签订保密承诺书，严格遵守保密规章制度，不得以任何方式泄露国家秘密。

第三十七条 涉密人员出境应当经有关部门批准，有关机关认为涉密人员出境将对国家安全造成危害或者对国家利益造成重大损失的，不得批准出境。

第三十八条 涉密人员离岗离职实行脱密期管理。涉密人员在脱密期内，应当按照规定履行保密义务，不得违反规定就业，不得以任何方式泄露国家秘密。

第三十九条 机关、单位应当建立健全涉密人员管理制度，明确涉密人员的权利、岗位责任和要求，对涉密人员履行职责情况开展经常性的监督检查。

第四十条 国家工作人员或者其他公民发现国家秘密已经泄露或者可能泄露时，应当立即采取补救措施并及时报告有关机关、单位。机关、单位接到报告后，应当立即作出处理，并及时向保密行政管理部门报告。

第四章 监督管理

第四十一条 国家保密行政管理部门依照法律、行政法规的规定，制定保密规章和国家保密标准。

第四十二条 保密行政管理部门依法组织开展保密宣传教育、保密检查、保密技术防护和泄密案件查处工作，对机关、单位的保密工作进行指导和监督。

第四十三条 保密行政管理部门发现国家秘密确定、变更或者解除不当的，应当及时通知有关机关、单位予以纠正。

第四十四条 保密行政管理部门对机关、单位遵守保密制度的情况进行检查，有关机关、单位应当配合。保密行政管理部门发现机关、单位存在泄密隐患的，应当要求其采取措施，限期整改；对存在泄密隐患的设施、设备、场所，应当责令停止使用；对严重违反保密规定的涉密人员，应当建议有关机关、单位给予处分并调离涉密岗位；发现涉嫌泄露国家秘密的，应当督促、指导有关机关、单位进行调查处理。涉嫌犯罪的，移送司法机关处理。

第四十五条 保密行政管理部门对保密检查中发现的非法获取、持有的国家秘密载体，应当予以收缴。

第四十六条 办理涉嫌泄露国家秘密案件的机关，需要对有关事项是否属于国家秘密以及属于何种密级进行鉴定的，由国家保密行政管理部门或者省、自治区、直辖市保密行政管理部门鉴定。

第四十七条 机关、单位对违反保密规定的人员不依法给予处分的，保密行政管理部门应当建议纠正，对拒不纠正的，提请其上一级机关或者监察机关对该机关、单位负有责任的领导人员和直接责任人员依法予以处理。

第五章 法律责任

第四十八条 违反本法规定，有下列行为之一的，依法给予处分；构成犯罪的，依法追究刑事责任：

(1)非法获取、持有国家秘密载体的；

(2)买卖、转送或者私自销毁国家秘密载体的；

(3)通过普通邮政、快递等无保密措施的渠道传递国家秘密载体的；

(4)邮寄、托运国家秘密载体出境，或者未经有关主管部门批准，携带、传递国家秘密载体出境的；

(5)非法复制、记录、存储国家秘密的；

(6)在私人交往和通信中涉及国家秘密的；

(7)在互联网及其他公共信息网络或者未采取保密措施的有线和无线通信中传递国家秘密的；

(8)将涉密计算机、涉密存储设备接入互联网及其他公共信息网络的；

(9)在未采取防护措施的情况下，在涉密信息系统与互联网及其他公共信息网络之间进行信息交换的；

(10)使用非涉密计算机、非涉密存储设备存储、处理国家秘密信息的；

(11)擅自卸载、修改涉密信息系统的安全技术程序、管理程序的；

(12)将未经安全技术处理的退出使用的涉密计算机、涉密存储设备赠送、出售、丢弃或者改作其他用途的。

有前款行为尚不构成犯罪，且不适用处分的人员，由保密行政管理部门督促其所在机关、单位予以处理。

第四十九条 机关、单位违反本法规定，发生重大泄密案件的，由有关机关、单位依法对直接负责的主管人员和其他直接责任人员给予处分；不适用处分的人员，由保密行政管理部门督促其主管部门予以处理。

机关、单位违反本法规定，对应当定密的事项不定密，或者对不应当定密的事项定密，造成严重后果的，由有关机关、单位依法对直接负责的主管人员和其他直接责任人员给予处分。

第五十条 互联网及其他公共信息网络运营商、服务商违反本法第二十八条规定的，由公安机关或者国家安全机关、信息产业主管部门按照各自职责分工依法予以处罚。

第五十一条 保密行政管理部门的工作人员在履行保密管理职责中滥用职权、玩忽职守、徇私舞弊的，依法给予处分；构成犯罪的，依法追究刑事责任。

第六章 附 则

第五十二条 中央军事委员会根据本法制定中国人民解放军保密条例。

第五十三条 本法自2010年10月1日起施行。

中华人民共和国国家赔偿法

（2010年4月29日第十一届全国人民代表大会常务委员会第十四次会议《关于修改〈中华人民共和国国家赔偿法〉的决定》修正 2010年4月29日中华人民共和国主席令第29号公布 自2010年12月1日起施行）

第一章 总 则

第一条 为保障公民、法人和其他组织享有依法取得国家赔偿的权利，促进国家机关依法行使职权，根据宪法，制定本法。

第二条 国家机关和国家机关工作人员行使职权，有本法规定的侵犯公民、法人和其他组织合法权益的情形，造成损害的，受害人有依照本法取得国家赔偿的权利。

本法规定的赔偿义务机关，应当依照本法及时履行赔偿义务。

第二章 行政赔偿

第一节 赔偿范围

第三条 行政机关及其工作人员在行使行政职权时有下列侵犯人身权情形之一的，受害人有取得赔偿的权利：

（1）违法拘留或者违法采取限制公民人身自由的行政强制措施的；

（2）非法拘禁或者以其他方法非法剥夺公民人身自由的；

（3）以殴打、虐待等行为或者唆使、放纵他人以殴打、虐待等行为造成公民身体伤害或者死亡的；

（4）违法使用武器、警械造成公民身体伤害或者死亡的；

（5）造成公民身体伤害或者死亡的其他违法行为。

第四条 行政机关及其工作人员在行使行政职权时有下列侵犯财产权情形之一的，受害人有取得赔偿的权利：

（1）违法实施罚款、吊销许可证和执照、责令停产停业、没收财物等行政处罚的；

（2）违法对财产采取查封、扣押、冻结等行政强制措施的；

（3）违法征收、征用财产的；

（4）造成财产损害的其他违法行为。

第五条 属于下列情形之一的，国家不承担赔偿责任：

（1）行政机关工作人员与行使职权无关的个人行为；

（2）因公民、法人和其他组织自己的行为致使损害发生的；

（3）法律规定的其他情形。

第二节 赔偿请求人和赔偿义务机关

第六条 受害的公民、法人和其他组织有权要求赔偿。

受害的公民死亡，其继承人和其他有扶养关系的亲属有权要求赔偿。

受害的法人或者其他组织终止的，其权利承受人有权要求赔偿。

第七条 行政机关及其工作人员行使行政职权侵犯公民、法人和其他组织的合法权益造成损害的，该行政机关为赔偿义务机关。

两个以上行政机关共同行使行政职权时侵犯公民、法人和其他组织的合法权益造成损害的，共同行使行政职权的行政机关为共同赔偿义务机关。

法律、法规授权的组织在行使授予的行政权力时侵犯公民、法人和其他组织的合法权益造成损害的，被授权的组织为赔偿义务机关。

受行政机关委托的组织或者个人在行使受委托的行政权力时侵犯公民、法人和其他组织的合法权益造成损害的，委托的行政机关为赔偿义务机关。

赔偿义务机关被撤销的，继续行使其职权的行政机关为赔偿义务机关；没有继续行使其职权的行政机关的，撤销该赔偿义务机关的行政机关为赔偿义务机关。

第八条 经复议机关复议的，最初造成侵权行为的行政机关为赔偿义务机关，但复议机关的复议决定加重损害的，复议机关对加重的部分履行赔偿义务。

第三节 赔偿程序

第九条 赔偿义务机关有本法第三条、第四条规定情形之一的，应当给予赔偿。

赔偿请求人要求赔偿，应当先向赔偿义务机关提出，也可以在申请行政复议或者提起行政诉讼时一并提出。

第十条 赔偿请求人可以向共同赔偿义务机关中的任何一个赔偿义务机关要求赔偿，该赔偿义务机关应当先予赔偿。

第十一条 赔偿请求人根据受到的不同损害，可以同时提出数项赔偿要求。

第十二条 要求赔偿应当递交申请书，申请书应当载明下列事项：

（1）受害人的姓名、性别、年龄、工作单位和住所，法人或者其他组织的名称、住所和法定代表人或者主要负责人的姓名、职务；

（2）具体的要求、事实根据和理由；

（3）申请的年、月、日。

赔偿请求人书写申请书确有困难的，可以委托他人代书，也可以口头申请，由赔偿义务机关记入笔录。

赔偿请求人不是受害人本人的，应当说明与受害人的关系，并提供相应证明。

赔偿请求人当面递交申请书的，赔偿义务机关应当当场出具加盖本行政机关专用印章并注明收讫日期的书面凭证。申请材料不齐全的，赔偿义务机关应当当场或者在5日内一次性告知赔偿请求人需要补正的全部内容。

第十三条 赔偿义务机关应当自收到申请之日起两个月内，作出是否赔偿的决定。赔偿义务机关作出赔偿决定，应当充分听取赔偿请求人的意见，并可以与赔偿请求人就赔偿方式、赔偿项目和赔偿数额依照本法第四章的规定进行协商。

赔偿义务机关决定赔偿的，应当制作赔偿决定书，并自作出决定之日起10日内送达赔偿请求人。

赔偿义务机关决定不予赔偿的，应当自作出决定之日起10日内书面通知赔偿请求人，并说明不予赔偿的理由。

第十四条 赔偿义务机关在规定期限内未作出是否赔偿的决定，赔偿请求人可以自期限届满之日起3个月内，向人民法院提起诉讼。

赔偿请求人对赔偿的方式、项目、数额有异议的，或者赔偿义务机关作出不予赔偿决定的，赔偿请求人可以自赔偿义务机关作出赔偿或者不予赔偿决定之日起3个月内，向人民法院提起诉讼。

第十五条 人民法院审理行政赔偿案件，赔偿请求人和赔偿义务机关对自己提出的主张，应当提供证据。

赔偿义务机关采取行政拘留或者限制人身自由的强制措施期间，被限制人身自由的人死亡或者丧失行为能力的，赔偿义务机关的行为与被限制人身自由的人的死亡或者丧失行为能力是否存在因果关系，赔偿义务机关应当提供证据。

第十六条 赔偿义务机关赔偿损失后，应当责令有故意或者重大过失的工作人员或者受委托的组织或者个人承担部分或者全部赔偿费用。

对有故意或者重大过失的责任人员，有关机关应当依法给予处分；构成犯罪的，应当依法追究刑事责任。

第三章 刑事赔偿

第一节 赔偿范围

第十七条 行使侦查、检察、审判职权的机关以及看守所、监狱管理机关及其工作人员在行使职权时有下列侵犯人身权情形之一的，受害人有取得赔偿的权利：

(1)违反刑事诉讼法的规定对公民采取拘留措施的，或者依照刑事诉讼法规定的条件和程序对公民采取拘留措施，但是拘留时间超过刑事诉讼法规定的时限，其后决定撤销案件、不起诉或者判决宣告无罪终止追究刑事责任的；

(2)对公民采取逮捕措施后，决定撤销案件、不起诉或者判决宣告无罪终止追究刑事责任的；

(3)依照审判监督程序再审改判无罪，原判刑罚已经执行的；

(4)刑讯逼供或者以殴打、虐待等行为或者唆使、放纵他人以殴打、虐待等行为造成公民身体伤害或者死亡的；

(5)违法使用武器、警械造成公民身体伤害或者死亡的。

第十八条 行使侦查、检察、审判职权的机关以及看守所、监狱管理机关及其工作人员在行使职权时有下列侵犯财产权情形之一的，受害人有取得赔偿的权利：

(1)违法对财产采取查封、扣押、冻结、追缴等措施的；

(2)依照审判监督程序再审改判无罪，原判罚金、没收财产已经执行的。

第十九条 属于下列情形之一的，国家不承担赔偿责任：

(1)因公民自己故意作虚伪供述，或者伪造其他有罪证据被羁押或者被判处刑罚的；

(2)依照刑法第十七条、第十八条规定不负刑事责任的人被羁押的；

(3)依照刑事诉讼法第十五条、第一百四十二条第二款规定不追究刑事责任的人被羁押的；

(4)行使侦查、检察、审判职权的机关以及看守所、监狱管理机关的工作人员与行使职权无关的个人行为；

(5)因公民自伤、自残等故意行为致使损害发生的；

(6)法律规定的其他情形。

第二节 赔偿请求人和赔偿义务机关

第二十条 赔偿请求人的确定依照本法第六条的规定。

第二十一条 行使侦查、检察、审判职权的机关以及看守所、监狱管理机关及其工作人员在行使职权时侵犯公民、法人和其他组织的合法权益造成损害的，该机关为赔偿义务机关。

对公民采取拘留措施，依照本法的规定应当给予国家赔偿的，作出拘留决定的机关为赔偿义务机关。

对公民采取逮捕措施后决定撤销案件、不起诉或者判决宣告无罪的，作出逮捕决定的机关为赔偿义务机关。

再审改判无罪的，作出原生效判决的人民法院为赔偿义务机关。二审改判无罪，以及二审发回重审后作无罪处理的，作出一审有罪判决的人民法院为赔偿义务机关。

第三节 赔偿程序

第二十二条 赔偿义务机关有本法第十七条、第十八条规定情形之一的，应当给予赔偿。

赔偿请求人要求赔偿，应当先向赔偿义务机关提出。

赔偿请求人提出赔偿请求，适用本法第十一条、第十二条的规定。

第二十三条 赔偿义务机关应当自收到申请之日起2个月内，作出是否赔偿的决定。赔偿义务机关作出赔偿决定，应当充分听取赔偿请求人的意见，并可以与赔偿请求人就赔偿方式、赔偿项目和赔偿数额依照本法第四章的规定进行协商。

赔偿义务机关决定赔偿的，应当制作赔偿决定书，并自作出决定之日起10日内送达赔偿请求人。

赔偿义务机关决定不予赔偿的，应当自作出决定之日起10日内书面通知赔偿请求人，并说明不予赔偿的理由。

第二十四条 赔偿义务机关在规定期限内未作出是否赔偿的决定，赔偿请求人可以自期限届满之日起30日内向赔偿义务机关的上一级机关申请复议。

赔偿请求人对赔偿的方式、项目、数额有异议的，或者赔偿义务机关作出不予赔偿决定的，赔偿请求人可以自赔偿义务机关作出赔偿或者不予赔偿决定之日起30日内，向赔偿义务机关的上一级机关申请复议。

赔偿义务机关是人民法院的，赔偿请求人可以依照本条规定向其上一级人民法院赔偿委员会申请作出赔偿决定。

第二十五条 复议机关应当自收到申请之日起2个月内作出决定。

赔偿请求人不服复议决定的，可以在收到复议决定之日起30日内向复议机关所在地的同级人民法院赔偿委员会申请作出赔偿决定；复议机关逾期不作决定的，赔偿请求人可以自期限届满之日起30日内向复议机关所在地的同级人民法院赔偿委员会申请作出赔偿决定。

第二十六条 人民法院赔偿委员会处理赔偿请求，赔偿请求人和赔偿义务机关对自己提出的主张，应当提供证据。

被羁押人在羁押期间死亡或者丧失行为能力的，赔偿义务机关的行为与被羁押人的死亡或者丧失行为能力是否存在因果关系，赔偿义务机关应当提供证据。

第二十七条 人民法院赔偿委员会处理赔偿请求，采取书面审查的办法。必要时，可以向有关单位和人员调查情况、收集证据。赔偿请求人与赔偿义务机关对损害事实及因果关系有争议的，赔偿委员会可以听取赔偿请求人和赔偿义务机关的陈述和申辩，并可以进行质证。

第二十八条 人民法院赔偿委员会应当自收到赔偿申请之日起3个月内作出决定；属于疑难、复杂、重大案件的，经本院院长批准，可以延长3个月。

第二十九条 中级以上的人民法院设立赔偿委员会，由人民法院3名以上审判员组成，组成人员的人数应当为单数。

赔偿委员会作赔偿决定，实行少数服从多数的原则。

赔偿委员会作出的赔偿决定，是发生法律效力的决定，必须执行。

第三十条 赔偿请求人或者赔偿义务机关对赔偿委员会作出的决定，认为确有错误的，可以向上一级人民法院赔偿委员会提出申诉。

赔偿委员会作出的赔偿决定生效后，如发现赔偿决定违反本法规定的，经本院院长决定或者上级人民法院指令，赔偿委员会应当在2个月内重新审查并依法作出决定，上一级人民法院赔偿委员会也可以直接审查并作出决定。

最高人民检察院对各级人民法院赔偿委员会作出的决定，上级人民检察院对下级人民法院赔偿委员会作出的决定，发现违反本法规定的，应当向同级人民法院赔偿委员会提出意见，同级人民法院赔偿委员会应当在2个月内重新审查并依法作出决定。

第三十一条 赔偿义务机关赔偿后，应当向有下列情形之一的工作人员追偿部分或者全部赔偿费用：

（1）有本法第十七条（4）、（5）规定情形的；

（2）在处理案件中有贪污受贿、徇私舞弊、枉法裁判行为的。

对有前款规定情形的责任人员，有关机关应当依法给予处分；构成犯罪的，应当依法追究刑事责任。

第四章 赔偿方式和计算标准

第三十二条 国家赔偿以支付赔偿金为主要方式。

能够返还财产或者恢复原状的，予以返还财产或者恢复原状。

第三十三条 侵犯公民人身自由的，每日赔偿金按照国家上年度职工日平均工资计算。

第三十四条 侵犯公民生命健康权的，赔偿金按照下列规定计算：

（1）造成身体伤害的，应当支付医疗费、护理费，以及赔偿因误工减少的收入。减少的收入每日的赔偿金按照国家上年度职工日平均工资计算，最高额为国家上年度职工年平均工资的5倍。

（2）造成部分或者全部丧失劳动能力的，应当支付医疗费、护理费、残疾生活辅助具费、康复费等因残疾而增加的必要支出和继续治疗所必需的费用，以及残疾赔偿金。残疾赔偿金根据丧失劳动能力的程度，按照国家规定的伤残等级确定，最高不超过国家上年度职工年平均工资的20倍。造成全部丧失劳动能力的，对其扶养的无劳动能力的人，还应当支付生活费。

(3)造成死亡的，应当支付死亡赔偿金、丧葬费，总额为国家上年度职工年平均工资的20倍。对死者生前扶养的无劳动能力的人，还应当支付生活费。

前款(2)、(3)规定的生活费的发放标准，参照当地最低生活保障标准执行。被扶养的人是未成年人的，生活费给付至18周岁止；其他无劳动能力的人，生活费给付至死亡时止。

第三十五条 有本法第三条或者第十七条规定情形之一，致人精神损害的，应当在侵权行为影响的范围内，为受害人消除影响，恢复名誉，赔礼道歉；造成严重后果的，应当支付相应的精神损害抚慰金。

第三十六条 侵犯公民、法人和其他组织的财产权造成损害的，按照下列规定处理：

(1)处罚款、罚金、追缴、没收财产或者违法征收、征用财产的，返还财产。

(2)查封、扣押、冻结财产的，解除对财产的查封、扣押、冻结，造成财产损坏或者灭失的，依照本条第三项、第四项的规定赔偿。

(3)应当返还的财产损坏的，能够恢复原状的恢复原状，不能恢复原状的，按照损害程度给付相应的赔偿金。

(4)应当返还的财产灭失的，给付相应的赔偿金。

(5)财产已经拍卖或者变卖的，给付拍卖或者变卖所得的价款；变卖的价款明显低于财产价值的，应当支付相应的赔偿金。

(6)吊销许可证和执照、责令停产停业的，赔偿停产停业期间必要的经常性费用开支。

(7)返还执行的罚款或者罚金、追缴或者没收的金钱，解除冻结的存款或者汇款的，应当支付银行同期存款利息。

(8)对财产权造成其他损害的，按照直接损失给予赔偿。

第三十七条 赔偿费用列入各级财政预算。

赔偿请求人凭生效的判决书、复议决定书、赔偿决定书或者调解书，向赔偿义务机关申请支付赔偿金。

赔偿义务机关应当自收到支付赔偿金申请之日起7日内，依照预算管理权限向有关的财政部门提出支付申请。财政部门应当自收到支付申请之日起15日内支付赔偿金。

赔偿费月预算与支付管理的具体办法由国务院规定。

第五章　其他规定

第三十八条 人民法院在民事诉讼、行政诉讼过程中，违法采取对妨害诉讼的强制措施、保全措施或者对判决、裁定及其他生效法律文书执行错误，造成损害的，赔偿请求人要求赔偿的程序，适用本法刑事赔偿程序的规定。

第三十九条 赔偿请求人请求国家赔偿的时效为2年，自其知道或者应当知道国家机关及其工作人员行使职权时的行为侵犯其人身权、财产权之日起计算，但被羁押等限制人身自由期间不计算在内。在申请行政复议或者提起行政诉讼时一并提出赔偿请求的，适用行政复议法、行政诉讼法有关时效的规定。

赔偿请求人在赔偿请求时效的最后6个月内，因不可抗力或者其他障碍不能行使请求权的，时效中止。从中止时效的原因消除之日起，赔偿请求时效期间继续计算。

第四十条 外国人、外国企业和组织在中华人民共和国领域内要求中华人民共和国国家赔偿的，适用本法。

外国人、外国企业和组织的所属国对中华人民共和国公民、法人和其他组织要求该国国家赔偿的权利不予保护或者限制的，中华人民共和国与该外国人、外国企业和组织的所属国实行对等原则。

第六章　附　则

第四十一条 赔偿请求人要求国家赔偿的，赔偿义务机关、复议机关和人民法院不得向赔偿请求人收取任何费用。

对赔偿请求人取得的赔偿金不予征税。

第四十二条 本法自1995年1月1日起施行。

中华人民共和国人民调解法

(2010年8月28日第十一届全国人民代表大会常务委员会第十六次会议通过 2010年8月28日中华人民共和国主席令第34号公布 自2011年1月1日起施行)

第一章 总 则

第一条 为了完善人民调解制度,规范人民调解活动,及时解决民间纠纷,维护社会和谐稳定,根据宪法,制定本法。

第二条 本法所称人民调解,是指人民调解委员会通过说服、疏导等方法,促使当事人在平等协商基础上自愿达成调解协议,解决民间纠纷的活动。

第三条 人民调解委员会调解民间纠纷,应当遵循下列原则:

(1)在当事人自愿、平等的基础上进行调解;

(2)不违背法律、法规和国家政策;

(3)尊重当事人的权利,不得因调解而阻止当事人依法通过仲裁、行政、司法等途径维护自己的权利。

第四条 人民调解委员会调解民间纠纷,不收取任何费用。

第五条 国务院司法行政部门负责指导全国的人民调解工作,县级以上地方人民政府司法行政部门负责指导本行政区域的人民调解工作。

基层人民法院对人民调解委员会调解民间纠纷进行业务指导。

第六条 国家鼓励和支持人民调解工作。县级以上地方人民政府对人民调解工作所需经费应当给予必要的支持和保障,对有突出贡献的人民调解委员会和人民调解员按照国家规定给予表彰奖励。

第二章 人民调解委员会

第七条 人民调解委员会是依法设立的调解民间纠纷的群众性组织。

第八条 村民委员会、居民委员会设立人民调解委员会。企业事业单位根据需要设立人民调解委员会。

人民调解委员会由委员3~9人组成,设主任1人,必要时,可以设副主任若干人。

人民调解委员会应当有妇女成员,多民族居住的地区应当有人数较少民族的成员。

第九条 村民委员会、居民委员会的人民调解委员会委员由村民会议或者村民代表会议、居民会议推选产生;企业事业单位设立的人民调解委员会委员由职工大会、职工代表大会或者工会组织推选产生。

人民调解委员会委员每届任期3年,可以连选连任。

第十条 县级人民政府司法行政部门应当对本行政区域内人民调解委员会的设立情况进行统计,并且将人民调解委员会以及人员组成和调整情况及时通报所在地基层人民法院。

第十一条 人民调解委员会应当建立健全各项调解工作制度,听取群众意见,接受群众监督。

第十二条 村民委员会、居民委员会和企业事业单位应当为人民调解委员会开展工作提供办公条件和必要的工作经费。

第三章 人民调解员

第十三条 人民调解员由人民调解委员会委员和人民调解委员会聘任的人员担任。

第十四条 人民调解员应当由公道正派、热心人民调解工作,并具有一定文化水平、政策水平和法律知识的成年公民担任。

县级人民政府司法行政部门应当定期对人民调解员进行业务培训。

第十五条 人民调解员在调解工作中有下列行为之一的,由其所在的人民调解委员会给予批评教育、责令改正,情节严重的,由推选或者聘任单位予以罢免或者解聘:

(1)偏袒一方当事人的;

(2)侮辱当事人的;

(3)索取、收受财物或者牟取其他不正当利益的;

(4)泄露当事人的个人隐私、商业秘密的。

第十六条 人民调解员从事调解工作，应当给予适当的误工补贴；因从事调解工作致伤致残，生活发生困难的，当地人民政府应当提供必要的医疗、生活救助；在人民调解工作岗位上牺牲的人民调解员，其配偶、子女按照国家规定享受抚恤和优待。

第四章 调解程序

第十七条 当事人可以向人民调解委员会申请调解；人民调解委员会也可以主动调解。当事人一方明确拒绝调解的，不得调解。

第十八条 基层人民法院、公安机关对适宜通过人民调解方式解决的纠纷，可以在受理前告知当事人向人民调解委员会申请调解。

第十九条 人民调解委员会根据调解纠纷的需要，可以指定一名或者数名人民调解员进行调解，也可以由当事人选择一名或者数名人民调解员进行调解。

第二十条 人民调解员根据调解纠纷的需要，在征得当事人的同意后，可以邀请当事人的亲属、邻里、同事等参与调解，也可以邀请具有专门知识、特定经验的人员或者有关社会组织的人员参与调解。

人民调解委员会支持当地公道正派、热心调解、群众认可的社会人士参与调解。

第二十一条 人民调解员调解民间纠纷，应当坚持原则，明法析理，主持公道。调解民间纠纷，应当及时、就地进行，防止矛盾激化。

第二十二条 人民调解员根据纠纷的不同情况，可以采取多种方式调解民间纠纷，充分听取当事人的陈述，讲解有关法律、法规和国家政策，耐心疏导，在当事人平等协商、互谅互让的基础上提出纠纷解决方案，帮助当事人自愿达成调解协议。

第二十三条 当事人在人民调解活动中享有下列权利：

（1）选择或者接受人民调解员；

（2）接受调解、拒绝调解或者要求终止调解；

（3）要求调解公开进行或者不公开进行；

（4）自主表达意愿、自愿达成调解协议。

第二十四条 当事人在人民调解活动中履行下列义务：

（1）如实陈述纠纷事实；

（2）遵守调解现场秩序，尊重人民调解员；

（3）尊重对方当事人行使权利。

第二十五条 人民调解员在调解纠纷过程中，发现纠纷有可能激化的，应当采取有针对性的预防措施；对有可能引起治安案件、刑事案件的纠纷，应当及时向当地公安机关或者其他有关部门报告。

第二十六条 人民调解员调解纠纷，调解不成的，应当终止调解，并依据有关法律、法规的规定，告知当事人可以依法通过仲裁、行政、司法等途径维护自己的权利。

第二十七条 人民调解员应当记录调解情况。人民调解委员会应当建立调解工作档案，将调解登记、调解工作记录、调解协议书等材料立卷归档。

第五章 调解协议

第二十八条 经人民调解委员会调解达成调解协议的，可以制作调解协议书。当事人认为无需制作调解协议书的，可以采取口头协议方式，人民调解员应当记录协议内容。

第二十九条 调解协议书可以载明下列事项：

（1）当事人的基本情况；

（2）纠纷的主要事实、争议事项以及各方当事人的责任；

（3）当事人达成调解协议的内容，履行的方式、期限。

调解协议书自各方当事人签名、盖章或者按指印，人民调解员签名并加盖人民调解委员会印章之日起生效。调解协议书由当事人各执一份，人民调解委员会留存一份。

第三十条 口头调解协议自各方当事人达成协议之日起生效。

第三十一条 经人民调解委员会调解达成的调解协议，具有法律约束力，当事人应当按照约定履行。

人民调解委员会应当对调解协议的履行情况进行监督，督促当事人履行约定的义务。

第三十二条 经人民调解委员会调解达成调解协议后，当事人之间就调解协议的履行或者调解协议的内容发生争议的，一方当事人可以向人民法院提起诉讼。

第三十三条 经人民调解委员会调解达成调解协议后，双方当事人认为有必要的，可以自调解协议生效之日起30日内共同向人民法院申请司法确认，人民法院应当及时对调解协议进行审查，依法确认调解协议的效力。

人民法院依法确认调解协议有效，一方当事人拒绝履行或者未全部履行的，对方当事人可以向人民法院申请强制执行。

人民法院依法确认调解协议无效的，当事人可以通过人民调解方式变更原调解协议或者达成新的调解协议，也可以向人民法院提起诉讼。

第六章　附　则

第三十四条　乡镇、街道以及社会团体或者其他组织根据需要可以参照本法有关规定设立人民调解委员会，调解民间纠纷。

第三十五条　本法自2011年1月1日起施行。

行政法规

中华人民共和国专利法实施细则

(2001年6月15日中华人民共和国国务院令第306号公布 2002年12月28日《国务院关于修改〈中华人民共和国专利法实施细则〉的决定》第一次修订 2009年12月30日国务院第95次常务会议《关于修改〈中华人民共和国专利法实施细则〉的决定》第二次修订 2010年1月9日中华人民共和国国务院令第569号公布 自2010年2月1日起施行)

第一章 总 则

第一条 根据《中华人民共和国专利法》(简称"专利法"),制定本细则。

第二条 专利法和本细则规定的各种手续,应当以书面形式或者国务院专利行政部门规定的其他形式办理。

第三条 依照专利法和本细则规定提交的各种文件应当使用中文;国家有统一规定的科技术语的,应当采用规范词;外国人名、地名和科技术语没有统一中文译文的,应当注明原文。

依照专利法和本细则规定提交的各种证件和证明文件是外文的,国务院专利行政部门认为必要时,可以要求当事人在指定期限内附送中文译文;期满未附送的,视为未提交该证件和证明文件。

第四条 向国务院专利行政部门邮寄的各种文件,以寄出的邮戳日为递交日;邮戳日不清晰的,除当事人能够提出证明外,以国务院专利行政部门收到日为递交日。

国务院专利行政部门的各种文件,可以通过邮寄、直接送交或者其他方式送达当事人。当事人委托专利代理机构的,文件送交专利代理机构;未委托专利代理机构的,文件送交请求书中指明的联系人。

国务院专利行政部门邮寄的各种文件,自文件发出之日起满15日,推定为当事人收到文件之日。

根据国务院专利行政部门规定应当直接送交的文件,以交付日为送达日。

文件送交地址不清,无法邮寄的,可以通过公告的方式送达当事人。自公告之日起满1个月,该文件视为已经送达。

第五条 专利法和本细则规定的各种期限的第一日不计算在期限内。期限以年或者月计算的,以其最后一月的相应日为期限届满日;该月无相应日的,以该月最后一日为期限届满日;期限届满日是法定休假日的,以休假日后的第一个工作日为期限届满日。

第六条 当事人因不可抗拒的事由而延误专利法或者本细则规定的期限或者国务院专利行政部门指定的期限,导致其权利丧失的,自障碍消除之日起2个月内,最迟自期限届满之日起2年内,可以向国务院专利行政部门请求恢复权利。

除前款规定的情形外,当事人因其他正当理由延误专利法或者本细则规定的期限或者国务院专利行政部门指定的期限,导致其权利丧失的,可以自收到国务院专利行政部门的通知之日起2个月内向国务院专利行政部门请求恢复权利。

当事人依照本条第一款或者第二款的规定请求恢复权利的,应当提交恢复权利请求书,说明理由,必要时附具有关证明文件,并办理权利丧失前应当办理的相应手续;依照本条第二款的规定请求恢复权利的,还应当缴纳恢复权利请求费。

当事人请求延长国务院专利行政部门指定的期限的,应当在期限届满前,向国务院专利行政部门说明理由并办理有关手续。

本条第一款和第二款的规定不适用专利法第二十四条、第二十九条、第四十二条、第六十八条规定的期限。

第七条 专利申请涉及国防利益需要保密的,由国防专利机构受理并进行审查;国务院专利行政部门受理的专利申请涉及国防利益需要保密的,应当及时移交国防专利机构进行审查。经国防专利机构审查没有发现驳回理由的，由国务院专利行政部门作出授予国防专利权的决定。

国务院专利行政部门认为其受理的发明或者实用新型专利申请涉及国防利益以外的国家安全或者重大利益需要保密的，应当及时作出按照保密专利申请处理的决定，并通知申请人。保密专利申请的审查、复审以及保密专利权无效宣告的特殊程序，由国务院专利行政部门规定。

第八条 专利法第二十条所称在中国完成的发明或者实用新型，是指技术方案的实质性内容在中国境内完成的发明或者实用新型。

任何单位或者个人将在中国完成的发明或者实用新型向外国申请专利的，应当按照下列方式之一请求国务院专利行政部门进行保密审查：

（1）直接向外国申请专利或者向有关国外机构提交专利国际申请的，应当事先向国务院专利行政部门提出请求，并详细说明其技术方案；

（2）向国务院专利行政部门申请专利后拟向外国申请专利或者向有关国外机构提交专利国际申请的，应当在向外国申请专利或者向有关国外机构提交专利国际申请前向国务院专利行政部门提出请求。

向国务院专利行政部门提交专利国际申请的，视为同时提出了保密审查请求。

第九条 国务院专利行政部门收到依照本细则第八条规定递交的请求后，经过审查认为该发明或者实用新型可能涉及国家安全或者重大利益需要保密的，应当及时向申请人发出保密审查通知；申请人未在其请求递交日起4个月内收到保密审查通知的，可以就该发明或者实用新型向外国申请专利或者向有关国外机构提交专利国际申请。

国务院专利行政部门依照前款规定通知进行保密审查的，应当及时作出是否需要保密的决定，并通知申请人。申请人未在其请求递交日起6个月内收到需要保密的决定的，可以就该发明或者实用新型向外国申请专利或者向有关国外机构提交专利国际申请。

第十条 专利法第五条所称违反法律的发明创造，不包括仅其实施为法律所禁止的发明创造。

第十一条 除专利法第二十八条和第四十二条规定的情形外，专利法所称申请日，有优先权的，指优先权日。

本细则所称申请日，除另有规定的外，是指专利法第二十八条规定的申请日。

第十二条 专利法第六条所称执行本单位的任务所完成的职务发明创造，是指：

（1）在本职工作中作出的发明创造；

（2）履行本单位交付的本职工作之外的任务所作出的发明创造；

（3）退休、调离原单位后或者劳动、人事关系终止后1年内作出的，与其在原单位承担的本职工作或者原单位分配的任务有关的发明创造。

专利法第六条所称本单位，包括临时工作单位；专利法第六条所称本单位的物质技术条件，是指本单位的资金、设备、零部件、原材料或者不对外公开的技术资料等。

第十三条 专利法所称发明人或者设计人，是指对发明创造的实质性特点作出创造性贡献的人。在完成发明创造过程中，只负责组织工作的人、为物质技术条件的利用提供方便的人或者从事其他辅助工作的人，不是发明人或者设计人。

第十四条 除依照专利法第十条规定转让专利权外，专利权因其他事由发生转移的，当事人应当凭有关证明文件或者法律文书向国务院专利行政部门办理专利权转移手续。

专利权人与他人订立的专利实施许可合同，应当自合同生效之日起3个月内向国务院专利行政部门备案。

以专利权出质的，由出质人和质权人共同向国务院专利行政部门办理出质登记。

第二章　专利的申请

第十五条 以书面形式申请专利的，应当向国务院专利行政部门提交申请文件一式两份。

以国务院专利行政部门规定的其他形式申请专利的，应当符合规定的要求。

申请人委托专利代理机构向国务院专利行政部门申请专利和办理其他专利事务的，应当同时提交委托书，写明委托权限。

申请人有2人以上且未委托专利代理机构的，除请求书中另有声明的外，以请求书中指明的第一申请人为代表人。

第十六条 发明、实用新型或者外观设计专利申请的请求书应当写明下列事项:

(1)发明、实用新型或者外观设计的名称。

(2)申请人是中国单位或者个人的,其名称或者姓名、地址、邮政编码、组织机构代码或者居民身份证件号码;申请人是外国人、外国企业或者外国其他组织的,其姓名或者名称、国籍或者注册的国家或者地区。

(3)发明人或者设计人的姓名。

(4)申请人委托专利代理机构的,受托机构的名称、机构代码以及该机构指定的专利代理人的姓名、执业证号码、联系电话。

(5)要求优先权的,申请人第一次提出专利申请(简称"在先申请")的申请日、申请号以及原受理机构的名称。

(6)申请人或者专利代理机构的签字或者盖章。

(7)申请文件清单。

(8)附加文件清单。

(9)其他需要写明的有关事项。

第十七条 发明或者实用新型专利申请的说明书应当写明发明或者实用新型的名称,该名称应当与请求书中的名称一致。说明书应当包括下列内容:

(1)技术领域:写明要求保护的技术方案所属的技术领域。

(2)背景技术:写明对发明或者实用新型的理解、检索、审查有用的背景技术;有可能的,并引证反映这些背景技术的文件。

(3)发明内容:写明发明或者实用新型所要解决的技术问题以及解决其技术问题采用的技术方案,并对照现有技术写明发明或者实用新型的有益效果。

(4)附图说明:说明书有附图的,对各幅附图作简略说明。

(5)具体实施方式:详细写明申请人认为实现发明或者实用新型的优选方式;必要时,举例说明;有附图的,对照附图。

发明或者实用新型专利申请人应当按照前款规定的方式和顺序撰写说明书,并在说明书每一部分前面写明标题,除非其发明或者实用新型的性质用其他方式或者顺序撰写能节约说明书的篇幅并使他人能够准确理解其发明或者实用新型。

发明或者实用新型说明书应当用词规范、语句清楚,并不得使用"如权利要求……所述的……"一类的引用语,也不得使用商业性宣传用语。

发明专利申请包含一个或者多个核苷酸或者氨基酸序列的,说明书应当包括符合国务院专利行政部门规定的序列表。申请人应当将该序列表作为说明书的一个单独部分提交,并按照国务院专利行政部门的规定提交该序列表的计算机可读形式的副本。

实用新型专利申请说明书应当有表示要求保护的产品的形状、构造或者其结合的附图。

第十八条 发明或者实用新型的几幅附图应当按照"图1,图2……"顺序编号排列。

发明或者实用新型说明书文字部分中未提及的附图标记不得在附图中出现,附图中未出现的附图标记不得在说明书文字部分中提及。申请文件中表示同一组成部分的附图标记应当一致。

附图中除必需的词语外,不应当含有其他注释。

第十九条 权利要求书应当记载发明或者实用新型的技术特征。

权利要求书有几项权利要求的,应当用阿拉伯数字顺序编号。

权利要求书中使用的科技术语应当与说明书中使用的科技术语一致,可以有化学式或者数学式,但是不得有插图。除绝对必要的外,不得使用"如说明书……部分所述"或者"如图……所示"的用语。

权利要求中的技术特征可以引用说明书附图中相应的标记,该标记应当放在相应的技术特征后并置于括号内,便于理解权利要求。附图标记不得解释为对权利要求的限制。

第二十条 权利要求书应当有独立权利要求,也可以有从属权利要求。

独立权利要求应当从整体上反映发明或者实用新型的技术方案,记载解决技术问题的必要技术特征。

从属权利要求应当用附加的技术特征,对引用的权利要求作进一步限定。

第二十一条 发明或者实用新型的独立权利要

求应当包括前序部分和特征部分，按照下列规定撰写：

（1）前序部分：写明要求保护的发明或者实用新型技术方案的主题名称和发明或者实用新型主题与最接近的现有技术共有的必要技术特征。

（2）特征部分：使用“其特征是……”或者类似的用语，写明发明或者实用新型区别于最接近的现有技术的技术特征。这些特征和前序部分写明的特征合在一起，限定发明或者实用新型要求保护的范围。

发明或者实用新型的性质不适于用前款方式表达的，独立权利要求可以用其他方式撰写。

一项发明或者实用新型应当只有一个独立权利要求，并写在同一发明或者实用新型的从属权利要求之前。

第二十二条 发明或者实用新型的从属权利要求应当包括引用部分和限定部分，按照下列规定撰写：

（1）引用部分：写明引用的权利要求的编号及其主题名称。

（2）限定部分：写明发明或者实用新型附加的技术特征。

从属权利要求只能引用在前的权利要求。引用两项以上权利要求的多项从属权利要求，只能以择一方式引用在前的权利要求，并不得作为另一项多项从属权利要求的基础。

第二十三条 说明书摘要应当写明发明或者实用新型专利申请所公开内容的概要，即写明发明或者实用新型的名称和所属技术领域，并清楚地反映所要解决的技术问题、解决该问题的技术方案的要点以及主要用途。

说明书摘要可以包含最能说明发明的化学式；有附图的专利申请，还应当提供一幅最能说明该发明或者实用新型技术特征的附图。附图的大小及清晰度应当保证在该图缩小到4×6厘米时，仍能清晰地分辨出图中的各个细节。摘要文字部分不得超过300个字。摘要中不得使用商业性宣传用语。

第二十四条 申请专利的发明涉及新的生物材料，该生物材料公众不能得到，并且对该生物材料的说明不足以使所属领域的技术人员实施其发明的，除应当符合专利法和本细则的有关规定外，申请人还应当办理下列手续：

（1）在申请日前或者最迟在申请日（有优先权的，指优先权日），将该生物材料的样品提交国务院专利行政部门认可的保藏单位保藏，并在申请时或者最迟自申请日起4个月内提交保藏单位出具的保藏证明和存活证明；期满未提交证明的，该样品视为未提交保藏。

（2）在申请文件中，提供有关该生物材料特征的资料。

（3）涉及生物材料样品保藏的专利申请应当在请求书和说明书中写明该生物材料的分类命名（注明拉丁文名称）、保藏该生物材料样品的单位名称、地址、保藏日期和保藏编号；申请时未写明的，应当自申请日起4个月内补正；期满未补正的，视为未提交保藏。

第二十五条 发明专利申请人依照本细则第二十四条的规定保藏生物材料样品的，在发明专利申请公布后，任何单位或者个人需要将该专利申请所涉及的生物材料作为实验目的使用的，应当向国务院专利行政部门提出请求，并写明下列事项：

（1）请求人的姓名或者名称和地址；

（2）不向其他任何人提供该生物材料的保证；

（3）在授予专利权前，只作为实验目的使用的保证。

第二十六条 专利法所称遗传资源，是指取自人体、动物、植物或者微生物等含有遗传功能单位并具有实际或者潜在价值的材料；专利法所称依赖遗传资源完成的发明创造，是指利用了遗传资源的遗传功能完成的发明创造。

就依赖遗传资源完成的发明创造申请专利的，申请人应当在请求书中予以说明，并填写国务院专利行政部门制定的表格。

第二十七条 申请人请求保护色彩的，应当提交彩色图片或者照片。

申请人应当就每件外观设计产品所需要保护的内容提交有关图片或者照片。

第二十八条 外观设计的简要说明应当写明外观设计产品的名称、用途，外观设计的设计要点，并指定一幅最能表明设计要点的图片或者照片。省略视图或者请求保护色彩的，应当在简要说明中写明。

对同一产品的多项相似外观设计提出一件外观

设计专利申请的，应当在简要说明中指定其中一项作为基本设计。

简要说明不得使用商业性宣传用语，也不能用来说明产品的性能。

第二十九条 国务院专利行政部门认为必要时，可以要求外观设计专利申请人提交使用外观设计的产品样品或者模型。样品或者模型的体积不得超过30厘米×30厘米×30厘米，重量不得超过15公斤。易腐、易损或者危险品不得作为样品或者模型提交。

第三十条 专利法第二十四条第(1)项所称中国政府承认的国际展览会，是指国际展览会公约规定的在国际展览局注册或者由其认可的国际展览会。

专利法第二十四条第(2)项所称学术会议或者技术会议，是指国务院有关主管部门或者全国性学术团体组织召开的学术会议或者技术会议。

申请专利的发明创造有专利法第二十四条第(1)项或者第(2)项所列情形的，申请人应当在提出专利申请时声明，并自申请日起2个月内提交有关国际展览会或者学术会议、技术会议的组织单位出具的有关发明创造已经展出或者发表，以及展出或者发表日期的证明文件。

申请专利的发明创造有专利法第二十四条第(3)项所列情形的，国务院专利行政部门认为必要时，可以要求申请人在指定期限内提交证明文件。

申请人未依照本条第三款的规定提出声明和提交证明文件的，或者未依照本条第四款的规定在指定期限内提交证明文件的，其申请不适用专利法第二十四条的规定。

第三十一条 申请人依照专利法第三十条的规定要求外国优先权的，申请人提交的在先申请文件副本应当经原受理机构证明。依照国务院专利行政部门与该受理机构签订的协议，国务院专利行政部门通过电子交换等途径获得在先申请文件副本的，视为申请人提交了经该受理机构证明的在先申请文件副本。要求本国优先权，申请人在请求书中写明在先申请的申请日和申请号的，视为提交了在先申请文件副本。

要求优先权，但请求书中漏写或者错写在先申请的申请日、申请号和原受理机构名称中的一项或者两项内容的，国务院专利行政部门应当通知申请人在指定期限内补正；期满未补正的，视为未要求优先权。

要求优先权的申请人的姓名或者名称与在先申请文件副本中记载的申请人姓名或者名称不一致的，应当提交优先权转让证明材料，未提交该证明材料的，视为未要求优先权。

外观设计专利申请的申请人要求外国优先权，其在先申请未包括对外观设计的简要说明，申请人按照本细则第二十八条规定提交的简要说明未超出在先申请文件的图片或者照片表示的范围的，不影响其享有优先权。

第三十二条 申请人在一件专利申请中，可以要求一项或者多项优先权；要求多项优先权的，该申请的优先权期限从最早的优先权日起计算。

申请人要求本国优先权，在先申请是发明专利申请的，可以就相同主题提出发明或者实用新型专利申请；在先申请是实用新型专利申请的，可以就相同主题提出实用新型或者发明专利申请。但是，提出后一申请时，在先申请的主题有下列情形之一的，不得作为要求本国优先权的基础：

(1)已经要求外国优先权或者本国优先权的；

(2)已经被授予专利权的；

(3)属于按照规定提出的分案申请的。

申请人要求本国优先权的，其在先申请自后一申请提出之日起即视为撤回。

第三十三条 在中国没有经常居所或者营业所的申请人，申请专利或者要求外国优先权的，国务院专利行政部门认为必要时，可以要求其提供下列文件：

(1)申请人是个人的，其国籍证明；

(2)申请人是企业或者其他组织的，其注册的国家或者地区的证明文件；

(3)申请人的所属国，承认中国单位和个人可以按照该国国民的同等条件，在该国享有专利权、优先权和其他与专利有关的权利的证明文件。

第三十四条 依照专利法第三十一条第一款规定，可以作为一件专利申请提出的属于一个总的发明构思的两项以上的发明或者实用新型，应当在技术上相互关联，包含一个或者多个相同或者相应的特定技术特征，其中特定技术特征是指每一项发明或者实用新型作为整体，对现有技术作出贡献的技术特征。

第三十五条 依照专利法第三十一条第二款规定，将同一产品的多项相似外观设计作为一件申请提出的，对该产品的其他设计应当与简要说明中指定的基本设计相似。一件外观设计专利申请中的相似外观设计不得超过10项。

专利法第三十一条第二款所称同一类别并且成套出售或者使用的产品的两项以上外观设计，是指各产品属于分类表中同一大类，习惯上同时出售或者同时使用，而且各产品的外观设计具有相同的设计构思。

将两项以上外观设计作为一件申请提出的，应当将各项外观设计的顺序编号标注在每件外观设计产品各幅图片或者照片的名称之前。

第三十六条 申请人撤回专利申请的，应当向国务院专利行政部门提出声明，写明发明创造的名称、申请号和申请日。

撤回专利申请的声明在国务院专利行政部门做好公布专利申请文件的印刷准备工作后提出的，申请文件仍予公布。但是，撤回专利申请的声明应当在以后出版的专利公报上予以公告。

第三章 专利申请的审查和批准

第三十七条 在初步审查、实质审查、复审和无效宣告程序中，实施审查和审理的人员有下列情形之一的，应当自行回避，当事人或者其他利害关系人可以要求其回避：

(1)是当事人或者其代理人的近亲属的；

(2)与专利申请或者专利权有利害关系的；

(3)与当事人或者其代理人有其他关系，可能影响公正审查和审理的；

(4)专利复审委员会成员曾参与原申请的审查的。

第三十八条 国务院专利行政部门收到发明或者实用新型专利申请的请求书、说明书(实用新型必须包括附图)和权利要求书，或者外观设计专利申请的请求书、外观设计的图片或者照片和简要说明后，应当明确申请日、给予申请号，并通知申请人。

第三十九条 专利申请文件有下列情形之一的，国务院专利行政部门不予受理，并通知申请人：

(1)发明或者实用新型专利申请缺少请求书、说明书(实用新型无附图)或者权利要求书的，或者外观设计专利申请缺少请求书、图片或者照片、简要说明的；

(2)未使用中文的；

(3)不符合本细则第一百二十一条第一款规定的；

(4)请求书中缺少申请人姓名或者名称，或者缺少地址的；

(5)明显不符合专利法第十八条或者第十九条第一款的规定的；

(6)专利申请类别(发明、实用新型或者外观设计)不明确或者难以确定的。

第四十条 说明书中写有对附图的说明但无附图或者缺少部分附图的，申请人应当在国务院专利行政部门指定的期限内补交附图或者声明取消对附图的说明。申请人补交附图的，以向国务院专利行政部门提交或者邮寄附图之日为申请日；取消对附图的说明的，保留原申请日。

第四十一条 两个以上的申请人同日(指申请日；有优先权的，指优先权日)分别就同样的发明创造申请专利的，应当在收到国务院专利行政部门的通知后自行协商确定申请人。

同一申请人在同日(指申请日)对同样的发明创造既申请实用新型专利又申请发明专利的，应当在申请时分别说明对同样的发明创造已申请了另一专利；未作说明的，依照专利法第九条第一款关于同样的发明创造只能授予一项专利权的规定处理。

国务院专利行政部门公告授予实用新型专利权，应当公告申请人已依照本条第二款的规定同时申请了发明专利的说明。

发明专利申请经审查没有发现驳回理由，国务院专利行政部门应当通知申请人在规定期限内声明放弃实用新型专利权。申请人声明放弃的，国务院专利行政部门应当作出授予发明专利权的决定，并在公告授予发明专利权时一并公告申请人放弃实用新型专利权声明。申请人不同意放弃的，国务院专利行政部门应当驳回该发明专利申请；申请人期满未答复的，视为撤回该发明专利申请。

实用新型专利权自公告授予发明专利权之日起终止。

第四十二条 一件专利申请包括两项以上发明、实用新型或者外观设计的,申请人可以在本细则第五十四条第一款规定的期限届满前,向国务院专利行政部门提出分案申请。但是,专利申请已经被驳回、撤回或者视为撤回的,不能提出分案申请。

国务院专利行政部门认为一件专利申请不符合专利法第三十一条和本细则第三十四条或者第三十五条的规定的,应当通知申请人在指定期限内对其申请进行修改;申请人期满未答复的,该申请视为撤回。

分案的申请不得改变原申请的类别。

第四十三条 依照本细则第四十二条规定提出的分案申请,可以保留原申请日,享有优先权的,可以保留优先权日,但是不得超出原申请记载的范围。

分案申请应当依照专利法及本细则的规定办理有关手续。

分案申请的请求书中应当写明原申请的申请号和申请日。提交分案申请时,申请人应当提交原申请文件副本;原申请享有优先权的,并应当提交原申请的优先权文件副本。

第四十四条 专利法第三十四条和第四十条所称初步审查,是指审查专利申请是否具备专利法第二十六条或者第二十七条规定的文件和其他必要的文件,这些文件是否符合规定的格式,并审查下列各项:

(1)发明专利申请是否明显属于专利法第五条、第二十五条规定的情形,是否不符合专利法第十八条、第十九条第一款、第二十条第一款或者本细则第十六条、第二十六条第二款的规定,是否明显不符合专利法第二条第二款、第二十六条第五款、第三十一条第一款、第三十三条或者本细则第十七条至第二十一条的规定;

(2)实用新型专利申请是否明显属于专利法第五条、第二十五条规定的情形,是否不符合专利法第十八条、第十九条第一款、第二十条第一款或者本细则第十六条至第十九条、第二十一条至第二十三条的规定,是否明显不符合专利法第二条第三款、第二十二条第二款、第四款、第二十六条第三款、第四款、第三十一条第一款、第三十三条或者本细则第二十条、第四十三条第一款的规定,是否依照专利法第九条规定不能取得专利权;

(3)外观设计专利申请是否明显属于专利法第五条、第二十五条第一款第(6)项规定的情形,是否不符合专利法第十八条、第十九条第一款或者本细则第十六条、第二十七条、第二十八条的规定,是否明显不符合专利法第二条第四款、第二十三条第一款、第二十七条第二款、第三十一条第二款、第三十三条或者本细则第四十三条第一款的规定,是否依照专利法第九条规定不能取得专利权;

(4)申请文件是否符合本细则第二条、第三条第一款的规定。

国务院专利行政部门应当将审查意见通知申请人,要求其在指定期限内陈述意见或者补正;申请人期满未答复的,其申请视为撤回。申请人陈述意见或者补正后,国务院专利行政部门仍然认为不符合前款所列各项规定的,应当予以驳回。

第四十五条 除专利申请文件外,申请人向国务院专利行政部门提交的与专利申请有关的其他文件有下列情形之一的,视为未提交:

(1)未使用规定的格式或者填写不符合规定的;

(2)未按照规定提交证明材料的。

国务院专利行政部门应当将视为未提交的审查意见通知申请人。

第四十六条 申请人请求早日公布其发明专利申请的,应当向国务院专利行政部门声明。国务院专利行政部门对该申请进行初步审查后,除予以驳回的外,应当立即将申请予以公布。

第四十七条 申请人写明使用外观设计的产品及其所属类别的,应当使用国务院专利行政部门公布的外观设计产品分类表。未写明使用外观设计的产品所属类别或者所写的类别不确切的,国务院专利行政部门可以予以补充或者修改。

第四十八条 自发明专利申请公布之日起至公告授予专利权之日止,任何人均可以对不符合专利法规定的专利申请向国务院专利行政部门提出意见,并说明理由。

第四十九条 发明专利申请人因有正当理由无法提交专利法第三十六条规定的检索资料或者审查结果资料的,应当向国务院专利行政部门声明,并在得到有关资料后补交。

第五十条 国务院专利行政部门依照专利法第

三十五条第二款的规定对专利申请自行进行审查时，应当通知申请人。

第五十一条 发明专利申请人在提出实质审查请求时以及在收到国务院专利行政部门发出的发明专利申请进入实质审查阶段通知书之日起的3个月内，可以对发明专利申请主动提出修改。

实用新型或者外观设计专利申请人自申请日起2个月内，可以对实用新型或者外观设计专利申请主动提出修改。

申请人在收到国务院专利行政部门发出的审查意见通知书后对专利申请文件进行修改的，应当针对通知书指出的缺陷进行修改。

国务院专利行政部门可以自行修改专利申请文件中文字和符号的明显错误。国务院专利行政部门自行修改的，应当通知申请人。

第五十二条 发明或者实用新型专利申请的说明书或者权利要求书的修改部分，除个别文字修改或者增删外，应当按照规定格式提交替换页。外观设计专利申请的图片或者照片的修改，应当按照规定提交替换页。

第五十三条 依照专利法第三十八条的规定，发明专利申请经实质审查应当予以驳回的情形是指：

(1)申请属于专利法第五条、第二十五条规定的情形，或者依照专利法第九条规定不能取得专利权的；

(2)申请不符合专利法第二条第二款，第二十条第一款，第二十二条，第二十六条第三款、第四款、第五款，第三十一条第一款或者本细则第二十条第二款规定的；

(3)申请的修改不符合专利法第三十三条规定，或者分案的申请不符合本细则第四十三条第一款的规定的。

第五十四条 国务院专利行政部门发出授予专利权的通知后，申请人应当自收到通知之日起2个月内办理登记手续。申请人按期办理登记手续的，国务院专利行政部门应当授予专利权，颁发专利证书，并予以公告。

期满未办理登记手续的，视为放弃取得专利权的权利。

第五十五条 保密专利申请经审查没有发现驳回理由的，国务院专利行政部门应当作出授予保密专利权的决定，颁发保密专利证书，登记保密专利权的有关事项。

第五十六条 授予实用新型或者外观设计专利权的决定公告后，专利法第六十条规定的专利权人或者利害关系人可以请求国务院专利行政部门作出专利权评价报告。

请求作出专利权评价报告的，应当提交专利权评价报告请求书，写明专利号。每项请求应当限于一项专利权。

专利权评价报告请求书不符合规定的，国务院专利行政部门应当通知请求人在指定期限内补正；请求人期满未补正的，视为未提出请求。

第五十七条 国务院专利行政部门应当自收到专利权评价报告请求书后2个月内作出专利权评价报告。对同一项实用新型或者外观设计专利权，有多个请求人请求作出专利权评价报告的，国务院专利行政部门仅作出一份专利权评价报告。任何单位或者个人可以查阅或者复制该专利权评价报告。

第五十八条 国务院专利行政部门对专利公告、专利单行本中出现的错误，一经发现，应当及时更正，并对所作更正予以公告。

第四章 专利申请的复审与专利权的无效宣告

第五十九条 专利复审委员会由国务院专利行政部门指定的技术专家和法律专家组成，主任委员由国务院专利行政部门负责人兼任。

第六十条 依照专利法第四十一条的规定向专利复审委员会请求复审的，应当提交复审请求书，说明理由，必要时还应当附具有关证据。

复审请求不符合专利法第十九条第一款或者第四十一条第一款规定的，专利复审委员会不予受理，书面通知复审请求人并说明理由。

复审请求书不符合规定格式的，复审请求人应当在专利复审委员会指定的期限内补正；期满未补正的，该复审请求视为未提出。

第六十一条 请求人在提出复审请求或者在对专利复审委员会的复审通知书作出答复时，可以修改专利申请文件。但是，修改应当仅限于消除驳回决定或者复审通知书指出的缺陷。

修改的专利申请文件应当提交一式两份。

第六十二条 专利复审委员会应当将受理的复审请求书转交国务院专利行政部门原审查部门进行审查。原审查部门根据复审请求人的请求,同意撤销原决定的,专利复审委员会应当据此作出复审决定,并通知复审请求人。

第六十三条 专利复审委员会进行复审后,认为复审请求不符合专利法和本细则有关规定的,应当通知复审请求人,要求其在指定期限内陈述意见。期满未答复的,该复审请求视为撤回;经陈述意见或者进行修改后,专利复审委员会认为仍不符合专利法和本细则有关规定的,应当作出维持原驳回决定的复审决定。

专利复审委员会进行复审后,认为原驳回决定不符合专利法和本细则有关规定的,或者认为经过修改的专利申请文件消除了原驳回决定指出的缺陷的,应当撤销原驳回决定,由原审查部门继续进行审查程序。

第六十四条 复审请求人在专利复审委员会作出决定前,可以撤回其复审请求。

复审请求人在专利复审委员会作出决定前撤回其复审请求的,复审程序终止。

第六十五条 依照专利法第四十五条的规定,请求宣告专利权无效或者部分无效的,应当向专利复审委员会提交专利权无效宣告请求书和必要的证据一式两份。无效宣告请求书应当结合提交的所有证据,具体说明无效宣告请求的理由,并指明每项理由所依据的证据。

前款所称无效宣告请求的理由,是指被授予专利的发明创造不符合专利法第二条,第二十条第一款,第二十二条,第二十三条,第二十六条第三款、第四款,第二十七条第二款,第三十三条或者本细则第二十条第二款,第四十三条第一款的规定,或者属于专利法第五条、第二十五条的规定,或者依照专利法第九条规定不能取得专利权。

第六十六条 专利权无效宣告请求不符合专利法第十九条第一款或者本细则第六十五条规定的,专利复审委员会不予受理。

在专利复审委员会就无效宣告请求作出决定之后,又以同样的理由和证据请求无效宣告的,专利复审委员会不予受理。

以不符合专利法第二十三条第三款的规定为理由请求宣告外观设计专利权无效,但是未提交证明权利冲突的证据的,专利复审委员会不予受理。

专利权无效宣告请求书不符合规定格式的,无效宣告请求人应当在专利复审委员会指定的期限内补正;期满未补正的,该无效宣告请求视为未提出。

第六十七条 在专利复审委员会受理无效宣告请求后,请求人可以在提出无效宣告请求之日起1个月内增加理由或者补充证据。逾期增加理由或者补充证据的,专利复审委员会可以不予考虑。

第六十八条 专利复审委员会应当将专利权无效宣告请求书和有关文件的副本送交专利权人,要求其在指定的期限内陈述意见。

专利权人和无效宣告请求人应当在指定期限内答复专利复审委员会发出的转送文件通知书或者无效宣告请求审查通知书;期满未答复的,不影响专利复审委员会审理。

第六十九条 在无效宣告请求的审查过程中,发明或者实用新型专利的专利权人可以修改其权利要求书,但是不得扩大原专利的保护范围。

发明或者实用新型专利的专利权人不得修改专利说明书和附图,外观设计专利的专利权人不得修改图片、照片和简要说明。

第七十条 专利复审委员会根据当事人的请求或者案情需要,可以决定对无效宣告请求进行口头审理。

专利复审委员会决定对无效宣告请求进行口头审理的,应当向当事人发出口头审理通知书,告知举行口头审理的日期和地点。当事人应当在通知书指定的期限内作出答复。

无效宣告请求人对专利复审委员会发出的口头审理通知书在指定的期限内未作答复,并且不参加口头审理的,其无效宣告请求视为撤回;专利权人不参加口头审理的,可以缺席审理。

第七十一条 在无效宣告请求审查程序中,专利复审委员会指定的期限不得延长。

第七十二条 专利复审委员会对无效宣告的请求作出决定前,无效宣告请求人可以撤回其请求。

专利复审委员会作出决定之前,无效宣告请求人撤回其请求或者其无效宣告请求被视为撤回的,无效宣告请求审查程序终止。但是,专利复审委员会认为根据已进行的审查工作能够作出宣告专利权无效或者部分无效的决定的，不终止审查程序。

第五章　专利实施的强制许可

第七十三条　专利法第四十八条第(1)项所称未充分实施其专利，是指专利权人及其被许可人实施其专利的方式或者规模不能满足国内对专利产品或者专利方法的需求。

专利法第五十条所称取得专利权的药品，是指解决公共健康问题所需的医药领域中的任何专利产品或者依照专利方法直接获得的产品，包括取得专利权的制造该产品所需的活性成分以及使用该产品所需的诊断用品。

第七十四条　请求给予强制许可的，应当向国务院专利行政部门提交强制许可请求书，说明理由并附具有关证明文件。

国务院专利行政部门应当将强制许可请求书的副本送交专利权人，专利权人应当在国务院专利行政部门指定的期限内陈述意见；期满未答复的，不影响国务院专利行政部门作出决定。

国务院专利行政部门在作出驳回强制许可请求的决定或者给予强制许可的决定前，应当通知请求人和专利权人拟作出的决定及其理由。

国务院专利行政部门依照专利法第五十条的规定作出给予强制许可的决定，应当同时符合中国缔结或者参加的有关国际条约关于为了解决公共健康问题而给予强制许可的规定，但中国作出保留的除外。

第七十五条　依照专利法第五十七条的规定，请求国务院专利行政部门裁决使用费数额的，当事人应当提出裁决请求书，并附具双方不能达成协议的证明文件。国务院专利行政部门应当自收到请求书之日起3个月内作出裁决，并通知当事人。

第六章　对职务发明创造的发明人或者设计人的奖励和报酬

第七十六条　被授予专利权的单位可以与发明人、设计人约定或者在其依法制定的规章制度中规定专利法第十六条规定的奖励、报酬的方式和数额。

企业、事业单位给予发明人或者设计人的奖励、报酬，按照国家有关财务、会计制度的规定进行处理。

第七十七条　被授予专利权的单位未与发明人、设计人约定也未在其依法制定的规章制度中规定专利法第十六条规定的奖励的方式和数额的，应当自专利权公告之日起3个月内发给发明人或者设计人奖金。一项发明专利的奖金最低不少于3 000元；一项实用新型专利或者外观设计专利的奖金最低不少于1 000元。

由于发明人或者设计人的建议被其所属单位采纳而完成的发明创造，被授予专利权的单位应当从优发给奖金。

第七十八条　被授予专利权的单位未与发明人、设计人约定也未在其依法制定的规章制度中规定专利法第十六条规定的报酬的方式和数额的，在专利权有效期限内，实施发明创造专利后，每年应当从实施该项发明或者实用新型专利的营业利润中提取不低于2.0%或者从实施该项外观设计专利的营业利润中提取不低于0.2%，作为报酬给予发明人或者设计人，或者参照上述比例，给予发明人或者设计人一次性报酬；被授予专利权的单位许可其他单位或者个人实施其专利的，应当从收取的使用费中提取不低于10.0%，作为报酬给予发明人或者设计人。

第七章　专利权的保护

第七十九条　专利法和本细则所称管理专利工作的部门，是指由省、自治区、直辖市人民政府以及专利管理工作量大又有实际处理能力的设区的市人民政府设立的管理专利工作的部门。

第八十条　国务院专利行政部门应当对管理专利工作的部门处理专利侵权纠纷、查处假冒专利行为、调解专利纠纷进行业务指导。

第八十一条　当事人请求处理专利侵权纠纷或者调解专利纠纷的，由被请求人所在地或者侵权行为地的管理专利工作的部门管辖。

两个以上管理专利工作的部门都有管辖权的专利纠纷，当事人可以向其中一个管理专利工作的部门提出请求；当事人向两个以上有管辖权的管理专利工作的部门提出请求的，由最先受理的管理专利工作的部门管辖。

管理专利工作的部门对管辖权发生争议的，由其共同的上级人民政府管理专利工作的部门指定管辖；无共同上级人民政府管理专利工作的部门的，由国务院专利行政部门指定管辖。

第八十二条 在处理专利侵权纠纷过程中，被请求人提出无效宣告请求并被专利复审委员会受理的，可以请求管理专利工作的部门中止处理。

管理专利工作的部门认为被请求人提出的中止理由明显不能成立的，可以不中止处理。

第八十三条 专利权人依照专利法第十七条的规定，在其专利产品或者该产品的包装上标明专利标识的，应当按照国务院专利行政部门规定的方式予以标明。

专利标识不符合前款规定的，由管理专利工作的部门责令改正。

第八十四条 下列行为属于专利法第六十三条规定的假冒专利的行为：

（1）在未被授予专利权的产品或者其包装上标注专利标识，专利权被宣告无效后或者终止后继续在产品或者其包装上标注专利标识，或者未经许可在产品或者产品包装上标注他人的专利号；

（2）销售第（1）项所述产品；

（3）在产品说明书等材料中将未被授予专利权的技术或者设计称为专利技术或者专利设计，将专利申请称为专利，或者未经许可使用他人的专利号，使公众将所涉及的技术或者设计误认为是专利技术或者专利设计；

（4）伪造或者变造专利证书、专利文件或者专利申请文件；

（5）其他使公众混淆，将未被授予专利权的技术或者设计误认为是专利技术或者专利设计的行为。

专利权终止前依法在专利产品、依照专利方法直接获得的产品或者其包装上标注专利标识，在专利权终止后许诺销售、销售该产品的，不属于假冒专利行为。

销售不知道是假冒专利的产品，并且能够证明该产品合法来源的，由管理专利工作的部门责令停止销售，但免除罚款的处罚。

第八十五条 除专利法第六十条规定的外，管理专利工作的部门应当事人请求，可以对下列专利纠纷进行调解：

（1）专利申请权和专利权归属纠纷；

（2）发明人、设计人资格纠纷；

（3）职务发明创造的发明人、设计人的奖励和报酬纠纷；

（4）在发明专利申请公布后专利权授予前使用发明而未支付适当费用的纠纷；

（5）其他专利纠纷。

对于前款第（4）项所列的纠纷，当事人请求管理专利工作的部门调解的，应当在专利权被授予之后提出。

第八十六条 当事人因专利申请权或者专利权的归属发生纠纷，已请求管理专利工作的部门调解或者向人民法院起诉的，可以请求国务院专利行政部门中止有关程序。

依照前款规定请求中止有关程序的，应当向国务院专利行政部门提交请求书，并附具管理专利工作的部门或者人民法院的写明申请号或者专利号的有关受理文件副本。

管理专利工作的部门作出的调解书或者人民法院作出的判决生效后，当事人应当向国务院专利行政部门办理恢复有关程序的手续。自请求中止之日起 1 年内，有关专利申请权或者专利权归属的纠纷未能结案，需要继续中止有关程序的，请求人应当在该期限内请求延长中止。期满未请求延长的，国务院专利行政部门自行恢复有关程序。

第八十七条 人民法院在审理民事案件中裁定对专利申请权或者专利权采取保全措施的，国务院专利行政部门应当在收到写明申请号或者专利号的裁定书和协助执行通知书之日中止被保全的专利申请权或者专利权的有关程序。保全期限届满，人民法院没有裁定继续采取保全措施的，国务院专利行政部门自行恢复有关程序。

第八十八条 国务院专利行政部门根据本细则第八十六条和第八十七条规定中止有关程序，是指暂停专利申请的初步审查、实质审查、复审程序，授予专利权程序和专利权无效宣告程序；暂停办理放弃、变更、转移专利权或者专利申请权手续，专利权质押手续以及专利权期限届满前的终止手续等。

第八章 专利登记和专利公报

第八十九条 国务院专利行政部门设置专利登

记簿，登记下列与专利申请和专利权有关的事项：

（1）专利权的授予；

（2）专利申请权、专利权的转移；

（3）专利权的质押、保全及其解除；

（4）专利实施许可合同的备案；

（5）专利权的无效宣告；

（6）专利权的终止；

（7）专利权的恢复；

（8）专利实施的强制许可；

（9）专利权人的姓名或者名称、国籍和地址的变更。

第九十条 国务院专利行政部门定期出版专利公报，公布或者公告下列内容：

（1）发明专利申请的著录事项和说明书摘要；

（2）发明专利申请的实质审查请求和国务院专利行政部门对发明专利申请自行进行实质审查的决定；

（3）发明专利申请公布后的驳回、撤回、视为撤回、视为放弃、恢复和转移；

（4）专利权的授予以及专利权的著录事项；

（5）发明或者实用新型专利的说明书摘要，外观设计专利的一幅图片或者照片；

（6）国防专利、保密专利的解密；

（7）专利权的无效宣告；

（8）专利权的终止、恢复；

（9）专利权的转移；

（10）专利实施许可合同的备案；

（11）专利权的质押、保全及其解除；

（12）专利实施的强制许可的给予；

（13）专利权人的姓名或者名称、地址的变更；

（14）文件的公告送达；

（15）国务院专利行政部门作出的更正；

（16）其他有关事项。

第九十一条 国务院专利行政部门应当提供专利公报、发明专利申请单行本以及发明专利、实用新型专利、外观设计专利单行本，供公众免费查阅。

第九十二条 国务院专利行政部门负责按照互惠原则与其他国家、地区的专利机关或者区域性专利组织交换专利文献。

第九章 费 用

第九十三条 向国务院专利行政部门申请专利和办理其他手续时，应当缴纳下列费用：

（1）申请费、申请附加费、公布印刷费、优先权要求费；

（2）发明专利申请实质审查费、复审费；

（3）专利登记费、公告印刷费、年费；

（4）恢复权利请求费、延长期限请求费；

（5）著录事项变更费、专利权评价报告请求费、无效宣告请求费。

前款所列各种费用的缴纳标准，由国务院价格管理部门、财政部门会同国务院专利行政部门规定。

第九十四条 专利法和本细则规定的各种费用，可以直接向国务院专利行政部门缴纳，也可以通过邮局或者银行汇付，或者以国务院专利行政部门规定的其他方式缴纳。

通过邮局或者银行汇付的，应当在送交国务院专利行政部门的汇单上写明正确的申请号或者专利号以及缴纳的费用名称。不符合本款规定的，视为未办理缴费手续。

直接向国务院专利行政部门缴纳费用的，以缴纳当日为缴费日；以邮局汇付方式缴纳费用的，以邮局汇出的邮戳日为缴费日；以银行汇付方式缴纳费用的，以银行实际汇出日为缴费日。

多缴、重缴、错缴专利费用的，当事人可以自缴费日起3年内，向国务院专利行政部门提出退款请求，国务院专利行政部门应当予以退还。

第九十五条 申请人应当自申请日起2个月内或者在收到受理通知书之日起15日内缴纳申请费、公布印刷费和必要的申请附加费；期满未缴纳或者未缴足的，其申请视为撤回。

申请人要求优先权的，应当在缴纳申请费的同时缴纳优先权要求费；期满未缴纳或者未缴足的，视为未要求优先权。

第九十六条 当事人请求实质审查或者复审的，应当在专利法及本细则规定的相关期限内缴纳费用；期满未缴纳或者未缴足的，视为未提出请求。

第九十七条 申请人办理登记手续时，应当缴纳专利登记费、公告印刷费和授予专利权当年的年费；期满未缴纳或者未缴足的，视为未办理登记手续。

第九十八条 授予专利权当年以后的年费应当在上一年度期满前缴纳。专利权人未缴纳或者未缴足的，国务院专利行政部门应当通知专利权人自应当缴纳年费期满之日起6个月内补缴，同时缴纳滞纳金；滞纳金的金额按照每超过规定的缴费时间1个月，加收当年全额年费的5%计算；期满未缴纳的，专利权自应当缴纳年费期满之日起终止。

第九十九条 恢复权利请求费应当在本细则规定的相关期限内缴纳；期满未缴纳或者未缴足的，视为未提出请求。

延长期限请求费应当在相应期限届满之日前缴纳；期满未缴纳或者未缴足的，视为未提出请求。

著录事项变更费、专利权评价报告请求费、无效宣告请求费应当自提出请求之日起1个月内缴纳；期满未缴纳或者未缴足的，视为未提出请求。

第一百条 申请人或者专利权人缴纳本细则规定的各种费用有困难的，可以按照规定向国务院专利行政部门提出减缴或者缓缴的请求。减缴或者缓缴的办法由国务院财政部门会同国务院价格管理部门、国务院专利行政部门规定。

第十章 关于国际申请的特别规定

第一百零一条 国务院专利行政部门根据专利法第二十条规定，受理按照专利合作条约提出的专利国际申请。

按照专利合作条约提出并指定中国的专利国际申请（简称“国际申请”）进入国务院专利行政部门处理阶段（下称“进入中国国家阶段”）的条件和程序适用本章的规定；本章没有规定的，适用专利法及本细则其他各章的有关规定。

第一百零二条 按照专利合作条约已确定国际申请日并指定中国的国际申请，视为向国务院专利行政部门提出的专利申请，该国际申请日视为专利法第二十八条所称的申请日。

第一百零三条 国际申请的申请人应当在专利合作条约第二条所称的优先权日（本章简称“优先权日”）起30个月内，向国务院专利行政部门办理进入中国国家阶段的手续；申请人未在该期限内办理该手续的，在缴纳宽限费后，可以在自优先权日起32个月内办理进入中国国家阶段的手续。

第一百零四条 申请人依照本细则第一百零三条的规定办理进入中国国家阶段的手续的，应当符合下列要求：

（1）以中文提交进入中国国家阶段的书面声明，写明国际申请号和要求获得的专利权类型。

（2）缴纳本细则第九十三条第一款规定的申请费、公布印刷费，必要时缴纳本细则第一百零三条规定的宽限费。

（3）国际申请以外文提出的，提交原始国际申请的说明书和权利要求书的中文译文。

（4）在进入中国国家阶段的书面声明中写明发明创造的名称，申请人姓名或者名称、地址和发明人的姓名，上述内容应当与世界知识产权组织国际局（以下简称国际局）的记录一致；国际申请中未写明发明人的，在上述声明中写明发明人的姓名。

（5）国际申请以外文提出的，提交摘要的中文译文，有附图和摘要附图的，提交附图副本和摘要附图副本，附图中有文字的，将其替换为对应的中文文字；国际申请以中文提出的，提交国际公布文件中的摘要和摘要附图副本。

（6）在国际阶段向国际局已办理申请人变更手续的，提供变更后的申请人享有申请权的证明材料。

（7）必要时缴纳本细则第九十三条第一款规定的申请附加费。

符合本条第一款第（1）项至第（3）项要求的，国务院专利行政部门应当给予申请号，明确国际申请进入中国国家阶段的日期（简称“进入日”），并通知申请人其国际申请已进入中国国家阶段。

国际申请已进入中国国家阶段，但不符合本条第一款第（4）项至第（7）项要求的，国务院专利行政部门应当通知申请人在指定期限内补正；期满未补正的，其申请视为撤回。

第一百零五条 国际申请有下列情形之一的，其在中国的效力终止：

（1）在国际阶段，国际申请被撤回或者被视为撤回，或者国际申请对中国的指定被撤回的；

（2）申请人未在优先权日起32个月内按照本细则第一百零三条规定办理进入中国国家阶段手续的；

（3）申请人办理进入中国国家阶段的手续，但自优先权日起32个月期限届满仍不符合本细则第一百零四条第（1）项至第（3）项要求的。

依照前款第（1）项的规定，国际申请在中国的效力终止的，不适用本细则第六条的规定；依照前款第(2)项、第(3)项的规定,国际申请在中国的效力终止的,不适用本细则第六条第二款的规定。

第一百零六条 国际申请在国际阶段做过修改,申请人要求以经修改的申请文件为基础进行审查的,应当自进入日起2个月内提交修改部分的中文译文。在该期间内未提交中文译文的,对申请人在国际阶段提出的修改,国务院专利行政部门不予考虑。

第一百零七条 国际申请涉及的发明创造有专利法第二十四条第(1)项或者第(2)项所列情形之一,在提出国际申请时做过声明的,申请人应当在进入中国国家阶段的书面声明中予以说明,并自进入日起2个月内提交本细则第三十条第三款规定的有关证明文件;未予说明或者期满未提交证明文件的,其申请不适用专利法第二十四条的规定。

第一百零八条 申请人按照专利合作条约的规定,对生物材料样品的保藏已作出说明的,视为已经满足了本细则第二十四条第(3)项的要求。申请人应当在进入中国国家阶段声明中指明记载生物材料样品保藏事项的文件以及在该文件中的具体记载位置。

申请人在原始提交的国际申请的说明书中已记载生物材料样品保藏事项,但是没有在进入中国国家阶段声明中指明的,应当自进入日起4个月内补正。期满未补正的,该生物材料视为未提交保藏。

申请人自进入日起4个月内向国务院专利行政部门提交生物材料样品保藏证明和存活证明的,视为在本细则第二十四条第(1)项规定的期限内提交。

第一百零九条 国际申请涉及的发明创造依赖遗传资源完成的,申请人应当在国际申请进入中国国家阶段的书面声明中予以说明,并填写国务院专利行政部门制定的表格。

第一百一十条 申请人在国际阶段已要求一项或者多项优先权,在进入中国国家阶段时该优先权要求继续有效的,视为已经依照专利法第三十条的规定提出了书面声明。

申请人应当自进入日起2个月内缴纳优先权要求费;期满未缴纳或者未缴足的,视为未要求该优先权。

申请人在国际阶段已依照专利合作条约的规定,提交过在先申请文件副本的,办理进入中国国家阶段手续时不需要向国务院专利行政部门提交在先申请文件副本。申请人在国际阶段未提交在先申请文件副本的,国务院专利行政部门认为必要时,可以通知申请人在指定期限内补交;申请人期满未补交的,其优先权要求视为未提出。

第一百一十一条 在优先权日起30个月期满前要求国务院专利行政部门提前处理和审查国际申请的,申请人除应当办理进入中国国家阶段手续外,还应当依照专利合作条约第二十三条第二款规定提出请求。国际局尚未向国务院专利行政部门传送国际申请的,申请人应当提交经确认的国际申请副本。

第一百一十二条 要求获得实用新型专利权的国际申请,申请人可以自进入日起2个月内对专利申请文件主动提出修改。

要求获得发明专利权的国际申请,适用本细则第五十一条第一款的规定。

第一百一十三条 申请人发现提交的说明书、权利要求书或者附图中的文字的中文译文存在错误的,可以在下列规定期限内依照原始国际申请文本提出改正:

(1)在国务院专利行政部门做好公布发明专利申请或者公告实用新型专利权的准备工作之前;

(2)在收到国务院专利行政部门发出的发明专利申请进入实质审查阶段通知书之日起3个月内。

申请人改正译文错误的,应当提出书面请求并缴纳规定的译文改正费。

申请人按照国务院专利行政部门的通知书的要求改正译文的,应当在指定期限内办理本条第二款规定的手续;期满未办理规定手续的,该申请视为撤回。

第一百一十四条 对要求获得发明专利权的国际申请,国务院专利行政部门经初步审查认为符合专利法和本细则有关规定的,应当在专利公报上予以公布;国际申请以中文以外的文字提出的,应当公布申请文件的中文译文。

要求获得发明专利权的国际申请,由国际局以中文进行国际公布的,自国际公布日起适用专利法第十三条的规定;由国际局以中文以外的文字进行国际公布的,自国务院专利行政部门公布之日起适用专利法第十三条的规定。

对国际申请,专利法第二十一条和第二十二条中所称的公布是指本条第一款所规定的公布。

第一百一十五条 国际申请包含两项以上发明或者实用新型的,申请人可以自进入日起,依照本细则第四十二条第一款的规定提出分案申请。

在国际阶段,国际检索单位或者国际初步审查单位认为国际申请不符合专利合作条约规定的单一性要求时,申请人未按照规定缴纳附加费,导致国际申请某些部分未经国际检索或者未经国际初步审查,在进入中国国家阶段时,申请人要求将所述部分作为审查基础,国务院专利行政部门认为国际检索单位或者国际初步审查单位对发明单一性的判断正确的,应当通知申请人在指定期限内缴纳单一性恢复费。期满未缴纳或者未足额缴纳的,国际申请中未经检索或者未经国际初步审查的部分视为撤回。

第一百一十六条 国际申请在国际阶段被有关国际单位拒绝给予国际申请日或者宣布视为撤回的,申请人在收到通知之日起2个月内,可以请求国际局将国际申请档案中任何文件的副本转交国务院专利行政部门,并在该期限内向国务院专利行政部门办理本细则第一百零三条规定的手续,国务院专利行政部门应当在接到国际局传送的文件后,对国际单位作出的决定是否正确进行复查。

第一百一十七条 基于国际申请授予的专利权,由于译文错误,致使依照专利法第五十九条规定确定的保护范围超出国际申请的原文所表达的范围的,以依据原文限制后的保护范围为准;致使保护范围小于国际申请的原文所表达的范围的,以授权时的保护范围为准。

第十一章 附 则

第一百一十八条 经国务院专利行政部门同意,任何人均可以查阅或者复制已经公布或者公告的专利申请的案卷和专利登记簿,并可以请求国务院专利行政部门出具专利登记簿副本。

已视为撤回、驳回和主动撤回的专利申请的案卷,自该专利申请失效之日起满2年后不予保存。

已放弃、宣告全部无效和终止的专利权的案卷,自该专利权失效之日起满3年后不予保存。

第一百一十九条 向国务院专利行政部门提交申请文件或者办理各种手续,应当由申请人、专利权人、其他利害关系人或者其代表人签字或者盖章;委托专利代理机构的,由专利代理机构盖章。

请求变更发明人姓名,专利申请人和专利权人的姓名或者名称、国籍和地址,专利代理机构的名称、地址和代理人姓名的,应当向国务院专利行政部门办理著录事项变更手续,并附具变更理由的证明材料。

第一百二十条 向国务院专利行政部门邮寄有关申请或者专利权的文件,应当使用挂号信函,不得使用包裹。

除首次提交专利申请文件外,向国务院专利行政部门提交各种文件、办理各种手续的,应当标明申请号或者专利号、发明创造名称和申请人或者专利权人姓名或者名称。

一件信函中应当只包含同一申请的文件。

第一百二十一条 各类申请文件应当打字或者印刷,字迹呈黑色,整齐清晰,并不得涂改。附图应当用制图工具和黑色墨水绘制,线条应当均匀清晰,并不得涂改。

请求书、说明书、权利要求书、附图和摘要应当分别用阿拉伯数字顺序编号。

申请文件的文字部分应当横向书写。纸张限于单面使用。

第一百二十二条 国务院专利行政部门根据专利法和本细则制定专利审查指南。

第一百二十三条 本细则自2001年7月1日起施行。1992年12月12日国务院批准修订、1992年12月21日中国专利局发布的《中华人民共和国专利法实施细则》同时废止。

中华人民共和国审计法实施条例

(1997年10月21日中华人民共和国国务院令第231号公布 2010年2月2日国务院第100次常务会议修订通过 2010年2月11日中华人民共和国国务院令第571号公布 自2010年5月1日起施行)

第一章 总 则

第一条 根据《中华人民共和国审计法》(简称

"审计法")的规定,制定本条例。

第二条 审计法所称审计,是指审计机关依法独立检查被审计单位的会计凭证、会计账簿、财务会计报告以及其他与财政收支、财务收支有关的资料和资产,监督财政收支、财务收支真实、合法和效益的行为。

第三条 审计法所称财政收支,是指依照《中华人民共和国预算法》和国家其他有关规定,纳入预算管理的收入和支出,以及下列财政资金中未纳入预算管理的收入和支出:

(1)行政事业性收费;

(2)国有资源、国有资产收入;

(3)应当上缴的国有资本经营收益;

(4)政府举借债务筹措的资金;

(5)其他未纳入预算管理的财政资金。

第四条 审计法所称财务收支,是指国有的金融机构、企业事业组织以及依法应当接受审计机关审计监督的其他单位,按照国家财务会计制度的规定,实行会计核算的各项收入和支出。

第五条 审计机关依照审计法和本条例以及其他有关法律、法规规定的职责、权限和程序进行审计监督。

审计机关依照有关财政收支、财务收支的法律、法规,以及国家有关政策、标准、项目目标等方面的规定进行审计评价,对被审计单位违反国家规定的财政收支、财务收支行为,在法定职权范围内作出处理、处罚的决定。

第六条 任何单位和个人对依法应当接受审计机关审计监督的单位违反国家规定的财政收支、财务收支行为,有权向审计机关举报。审计机关接到举报,应当依法及时处理。

第二章 审计机关和审计人员

第七条 审计署在国务院总理领导下,主管全国的审计工作,履行审计法和国务院规定的职责。

地方各级审计机关在本级人民政府行政首长和上一级审计机关的领导下,负责本行政区域的审计工作,履行法律、法规和本级人民政府规定的职责。

第八条 省、自治区人民政府设有派出机关的,派出机关的审计机关对派出机关和省、自治区人民政府审计机关负责并报告工作,审计业务以省、自治区人民政府审计机关领导为主。

第九条 审计机关派出机构依照法律、法规和审计机关的规定,在审计机关的授权范围内开展审计工作,不受其他行政机关、社会团体和个人的干涉。

第十条 审计机关编制年度经费预算草案的依据主要包括:

(1)法律、法规;

(2)本级人民政府的决定和要求;

(3)审计机关的年度审计工作计划;

(4)定员定额标准;

(5)上一年度经费预算执行情况和本年度的变化因素。

第十一条 审计人员实行审计专业技术资格制度,具体按照国家有关规定执行。

审计机关根据工作需要,可以聘请具有与审计事项相关专业知识的人员参加审计工作。

第十二条 审计人员办理审计事项,有下列情形之一的,应当申请回避,被审计单位也有权申请审计人员回避:

(1)与被审计单位负责人或者有关主管人员有夫妻关系、直系血亲关系、三代以内旁系血亲或者近姻亲关系的;

(2)与被审计单位或者审计事项有经济利益关系的;

(3)与被审计单位、审计事项、被审计单位负责人或者有关主管人员有其他利害关系,可能影响公正执行公务的。

审计人员的回避,由审计机关负责人决定;审计机关负责人办理审计事项时的回避,由本级人民政府或者上一级审计机关负责人决定。

第十三条 地方各级审计机关正职和副职负责人的任免,应当事先征求上一级审计机关的意见。

第十四条 审计机关负责人在任职期间没有下列情形之一的,不得随意撤换:

(1)因犯罪被追究刑事责任的;

(2)因严重违法、失职受到处分,不适宜继续担任审计机关负责人的;

(3)因健康原因不能履行职责1年以上的;

(4)不符合国家规定的其他任职条件的。

第三章 审计机关职责

第十五条 审计机关对本级人民政府财政部门具体组织本级预算执行的情况，本级预算收入征收部门征收预算收入的情况，与本级人民政府财政部门直接发生预算缴款、拨款关系的部门、单位的预算执行情况和决算，下级人民政府的预算执行情况和决算，以及其他财政收支情况，依法进行审计监督。经本级人民政府批准，审计机关对其他取得财政资金的单位和项目接受、运用财政资金的真实、合法和效益情况，依法进行审计监督。

第十六条 审计机关对本级预算收入和支出的执行情况进行审计监督的内容包括：

（1）财政部门按照本级人民代表大会批准的本级预算向本级各部门（含直属单位）批复预算的情况、本级预算执行中调整情况和预算收支变化情况；

（2）预算收入征收部门依照法律、行政法规的规定和国家其他有关规定征收预算收入情况；

（3）财政部门按照批准的年度预算、用款计划，以及规定的预算级次和程序，拨付本级预算支出资金情况；

（4）财政部门依照法律、行政法规的规定和财政管理体制，拨付和管理政府间财政转移支付资金情况以及办理结算、结转情况；

（5）国库按照国家有关规定办理预算收入的收纳、划分、留解情况和预算支出资金的拨付情况；

（6）本级各部门（含直属单位）执行年度预算情况；

（7）依照国家有关规定实行专项管理的预算资金收支情况；

（8）法律、法规规定的其他预算执行情况。

第十七条 审计法第十七条所称审计结果报告，应当包括下列内容：

（1）本级预算执行和其他财政收支的基本情况；

（2）审计机关对本级预算执行和其他财政收支情况作出的审计评价；

（3）本级预算执行和其他财政收支中存在的问题以及审计机关依法采取的措施；

（4）审计机关提出的改进本级预算执行和其他财政收支管理工作的建议；

（5）本级人民政府要求报告的其他情况。

第十八条 审计署对中央银行及其分支机构履行职责所发生的各项财务收支，依法进行审计监督。

审计署向国务院总理提出的中央预算执行和其他财政收支情况审计结果报告，应当包括对中央银行的财务收支的审计情况。

第十九条 审计法第二十一条所称国有资本占控股地位或者主导地位的企业、金融机构，包括：

（1）国有资本占企业、金融机构资本（股本）总额的比例超过50.0%的；

（2）国有资本占企业、金融机构资本（股本）总额的比例在50.0%以下，但国有资本投资主体拥有实际控制权的。

审计机关对前款规定的企业、金融机构，除国务院另有规定外，比照审计法第十八条第二款、第二十条规定进行审计监督。

第二十条 审计法第二十二条所称政府投资和以政府投资为主的建设项目，包括：

（1）全部使用预算内投资资金、专项建设基金、政府举借债务筹措的资金等财政资金的；

（2）未全部使用财政资金，财政资金占项目总投资的比例超过50.0%，或者占项目总投资的比例在50.0%以下，但政府拥有项目建设、运营实际控制权的。

审计机关对前款规定的建设项目的总预算或者概算的执行情况、年度预算的执行情况和年度决算、单项工程结算、项目竣工决算，依法进行审计监督；对前款规定的建设项目进行审计时，可以对直接有关的设计、施工、供货等单位取得建设项目资金的真实性、合法性进行调查。

第二十一条 审计法第二十三条所称社会保障基金，包括社会保险、社会救助、社会福利基金以及发展社会保障事业的其他专项基金；所称社会捐赠资金，包括来源于境内外的货币、有价证券和实物等各种形式的捐赠。

第二十二条 审计法第二十四条所称国际组织和外国政府援助、贷款项目，包括：

（1）国际组织、外国政府及其机构向中国政府及其机构提供的贷款项目；

（2）国际组织、外国政府及其机构向中国企业事业组织以及其他组织提供的由中国政府及其机构担保的贷款项目；

(3)国际组织、外国政府及其机构向中国政府及其机构提供的援助和赠款项目；

(4)国际组织、外国政府及其机构向受中国政府委托管理有关基金、资金的单位提供的援助和赠款项目；

(5)国际组织、外国政府及其机构提供援助、贷款的其他项目。

第二十三条 审计机关可以依照审计法和本条例规定的审计程序、方法以及国家其他有关规定，对预算管理或者国有资产管理使用等与国家财政收支有关的特定事项，向有关地方、部门、单位进行专项审计调查。

第二十四条 审计机关根据被审计单位的财政、财务隶属关系，确定审计管辖范围；不能根据财政、财务隶属关系确定审计管辖范围的，根据国有资产监督管理关系，确定审计管辖范围。

两个以上国有资本投资主体投资的金融机构、企业事业组织和建设项目，由对主要投资主体有审计管辖权的审计机关进行审计监督。

第二十五条 各级审计机关应当按照确定的审计管辖范围进行审计监督。

第二十六条 依法属于审计机关审计监督对象的单位的内部审计工作，应当接受审计机关的业务指导和监督。

依法属于审计机关审计监督对象的单位，可以根据内部审计工作的需要，参加依法成立的内部审计自律组织。审计机关可以通过内部审计自律组织，加强对内部审计工作的业务指导和监督。

第二十七条 审计机关进行审计或者专项审计调查时，有权对社会审计机构出具的相关审计报告进行核查。

审计机关核查社会审计机构出具的相关审计报告时，发现社会审计机构存在违反法律、法规或者执业准则等情况的，应当移送有关主管机关依法追究责任。

第四章 审计机关权限

第二十八条 审计机关依法进行审计监督时，被审计单位应当依照审计法第三十一条规定，向审计机关提供与财政收支、财务收支有关的资料。被审计单位负责人应当对本单位提供资料的真实性和完整性作出书面承诺。

第二十九条 各级人民政府财政、税务以及其他部门(含直属单位)应当向本级审计机关报送下列资料：

(1)本级人民代表大会批准的本级预算和本级人民政府财政部门向本级各部门(含直属单位)批复的预算，预算收入征收部门的年度收入计划，以及本级各部门(含直属单位)向所属各单位批复的预算；

(2)本级预算收支执行和预算收入征收部门的收入计划完成情况月报、年报，以及决算情况；

(3)综合性财政税务工作统计年报、情况简报，财政、预算、税务、财务和会计等规章制度；

(4)本级各部门(含直属单位)汇总编制的本部门决算草案。

第三十条 审计机关依照审计法第三十三条规定查询被审计单位在金融机构的账户的，应当持县级以上人民政府审计机关负责人签发的协助查询单位账户通知书；查询被审计单位以个人名义在金融机构的存款的，应当持县级以上人民政府审计机关主要负责人签发的协助查询个人存款通知书。有关金融机构应当予以协助，并提供证明材料，审计机关和审计人员负有保密义务。

第三十一条 审计法第三十四条所称违反国家规定取得的资产，包括：

(1)弄虚作假骗取的财政拨款、实物以及金融机构贷款；

(2)违反国家规定享受国家补贴、补助、贴息、免息、减税、免税、退税等优惠政策取得的资产；

(3)违反国家规定向他人收取的款项、有价证券、实物；

(4)违反国家规定处分国有资产取得的收益；

(5)违反国家规定取得的其他资产。

第三十二条 审计机关依照审计法第三十四条规定封存被审计单位有关资料和违反国家规定取得的资产的，应当持县级以上人民政府审计机关负责人签发的封存通知书，并在依法收集与审计事项相关的证明材料或者采取其他措施后解除封存。封存的期限为7日以内；有特殊情况需要延长的，经县级以上人民政府审计机关负责人批准，可以适当延长，但延长的期限不得超过7日。

对封存的资料、资产，审计机关可以指定被审计单位负责保管，被审计单位不得损毁或者擅自转移。

第三十三条 审计机关依照审计法第三十六条规定，可以就有关审计事项向政府有关部门通报或者向社会公布对被审计单位的审计、专项审计调查结果。

审计机关经与有关主管机关协商，可以在向社会公布的审计、专项审计调查结果中，一并公布对社会审计机构相关审计报告核查的结果。

审计机关拟向社会公布对上市公司的审计、专项审计调查结果的，应当在5日前将拟公布的内容告知上市公司。

第五章 审计程序

第三十四条 审计机关应当根据法律、法规和国家其他有关规定，按照本级人民政府和上级审计机关的要求，确定年度审计工作重点，编制年度审计项目计划。

审计机关在年度审计项目计划中确定对国有资本占控股地位或者主导地位的企业、金融机构进行审计的，应当自确定之日起7日内告知列入年度审计项目计划的企业、金融机构。

第三十五条 审计机关应当根据年度审计项目计划，组成审计组，调查了解被审计单位的有关情况，编制审计方案，并在实施审计3日前，向被审计单位送达审计通知书。

第三十六条 审计法第三十八条所称特殊情况，包括：

(1)办理紧急事项的；

(2)被审计单位涉嫌严重违法违规的；

(3)其他特殊情况。

第三十七条 审计人员实施审计时，应当按照下列规定办理：

(1)通过检查、查询、监督盘点、发函询证等方法实施审计；

(2)通过收集原件、原物或者复制、拍照等方法取得证明材料；

(3)对与审计事项有关的会议和谈话内容作出记录，或者要求被审计单位提供会议记录材料；

(4)记录审计实施过程和查证结果。

第三十八条 审计人员向有关单位和个人调查取得的证明材料，应当有提供者的签名或者盖章；不能取得提供者签名或者盖章的，审计人员应当注明原因。

第三十九条 审计组向审计机关提出审计报告前，应当书面征求被审计单位意见。被审计单位应当自接到审计组的审计报告之日起10日内，提出书面意见；10日内未提出书面意见的，视同无异议。

审计组应当针对被审计单位提出的书面意见，进一步核实情况，对审计组的审计报告作必要修改，连同被审计单位的书面意见一并报送审计机关。

第四十条 审计机关有关业务机构和专门机构或者人员对审计组的审计报告以及相关审计事项进行复核、审理后，由审计机关按照下列规定办理：

(1)提出审计机关的审计报告，内容包括：对审计事项的审计评价，对违反国家规定的财政收支、财务收支行为提出的处理、处罚意见，移送有关主管机关、单位的意见，改进财政收支、财务收支管理工作的意见；

(2)对违反国家规定的财政收支、财务收支行为，依法应当给予处理、处罚的，在法定职权范围内作出处理、处罚的审计决定；

(3)对依法应当追究有关人员责任的，向有关主管机关、单位提出给予处分的建议；对依法应当由有关主管机关处理、处罚的，移送有关主管机关；涉嫌犯罪的，移送司法机关。

第四十一条 审计机关在审计中发现损害国家利益和社会公共利益的事项，但处理、处罚依据又不明确的，应当向本级人民政府和上一级审计机关报告。

第四十二条 被审计单位应当按照审计机关规定的期限和要求执行审计决定。对应当上缴的款项，被审计单位应当按照财政管理体制和国家有关规定缴入国库或者财政专户。审计决定需要有关主管机关、单位协助执行的，审计机关应当书面提请协助执行。

第四十三条 上级审计机关应当对下级审计机关的审计业务依法进行监督。

下级审计机关作出的审计决定违反国家有关规定的，上级审计机关可以责成下级审计机关予以变更或者撤销，也可以直接作出变更或者撤销的决定；

审计决定被撤销后需要重新作出审计决定的，上级审计机关可以责成下级审计机关在规定的期限内重新作出审计决定，也可以直接作出审计决定。

下级审计机关应当作出而没有作出审计决定的，上级审计机关可以责成下级审计机关在规定的期限内作出审计决定，也可以直接作出审计决定。

第四十四条 审计机关进行专项审计调查时，应当向被调查的地方、部门、单位出示专项审计调查的书面通知，并说明有关情况；有关地方、部门、单位应当接受调查，如实反映情况，提供有关资料。

在专项审计调查中，依法属于审计机关审计监督对象的部门、单位有违反国家规定的财政收支、财务收支行为或者其他违法违规行为的，专项审计调查人员和审计机关可以依照审计法和本条例的规定提出审计报告，作出审计决定，或者移送有关主管机关、单位依法追究责任。

第四十五条 审计机关应当按照国家有关规定建立、健全审计档案制度。

第四十六条 审计机关送达审计文书，可以直接送达，也可以邮寄送达或者以其他方式送达。直接送达的，以被审计单位在送达回证上注明的签收日期或者见证人证明的收件日期为送达日期；邮寄送达的，以邮政回执上注明的收件日期为送达日期；以其他方式送达的，以签收或者收件日期为送达日期。

审计机关的审计文书的种类、内容和格式，由审计署规定。

第六章 法律责任

第四十七条 被审计单位违反审计法和本条例的规定，拒绝、拖延提供与审计事项有关的资料，或者提供的资料不真实、不完整，或者拒绝、阻碍检查的，由审计机关责令改正，可以通报批评，给予警告；拒不改正的，对被审计单位可以处5万元以下的罚款，对直接负责的主管人员和其他直接责任人员，可以处2万元以下的罚款，审计机关认为应当给予处分的，向有关主管机关、单位提出给予处分的建议；构成犯罪的，依法追究刑事责任。

第四十八条 对本级各部门（含直属单位）和下级人民政府违反预算的行为或者其他违反国家规定的财政收支行为，审计机关在法定职权范围内，依照法律、行政法规的规定，区别情况采取审计法第四十五条规定的处理措施。

第四十九条 对被审计单位违反国家规定的财务收支行为，审计机关在法定职权范围内，区别情况采取审计法第四十五条规定的处理措施，可以通报批评，给予警告；有违法所得的，没收违法所得，并处违法所得1倍以上5倍以下的罚款；没有违法所得的，可以处5万元以下的罚款；对直接负责的主管人员和其他直接责任人员，可以处2万元以下的罚款，审计机关认为应当给予处分的，向有关主管机关、单位提出给予处分的建议；构成犯罪的，依法追究刑事责任。

法律、行政法规对被审计单位违反国家规定的财务收支行为处理、处罚另有规定的，从其规定。

第五十条 审计机关在作出较大数额罚款的处罚决定前，应当告知被审计单位和有关人员有要求举行听证的权利。较大数额罚款的具体标准由审计署规定。

第五十一条 审计机关提出的对被审计单位给予处理、处罚的建议以及对直接负责的主管人员和其他直接责任人员给予处分的建议，有关主管机关、单位应当依法及时作出决定，并将结果书面通知审计机关。

第五十二条 被审计单位对审计机关依照审计法第十六条、第十七条和本条例第十五条规定进行审计监督作出的审计决定不服的，可以自审计决定送达之日起60日内，提请审计机关的本级人民政府裁决，本级人民政府的裁决为最终决定。

审计机关应当在审计决定中告知被审计单位提请裁决的途径和期限。

裁决期间，审计决定不停止执行。但是，有下列情形之一的，可以停止执行：

(1)审计机关认为需要停止执行的；

(2)受理裁决的人民政府认为需要停止执行的；

(3)被审计单位申请停止执行，受理裁决的人民政府认为其要求合理，决定停止执行的。

裁决由本级人民政府法制机构办理。裁决决定应当自接到提请之日起60日内作出；有特殊情况需要延长的，经法制机构负责人批准，可以适当延长，并告知审计机关和提请裁决的被审计单位，但延长的期限不得超过30日。

第五十三条 除本条例第五十二条规定的可以提请裁决的审计决定外，被审计单位对审计机关作出的其他审计决定不服的，可以依法申请行政复议或者提起行政诉讼。

审计机关应当在审计决定中告知被审计单位申请行政复议或者提起行政诉讼的途径和期限。

第五十四条 被审计单位应当将审计决定执行情况书面报告审计机关。审计机关应当检查审计决定的执行情况。

被审计单位不执行审计决定的，审计机关应当责令限期执行；逾期仍不执行的，审计机关可以申请人民法院强制执行，建议有关主管机关、单位对直接负责的主管人员和其他直接责任人员给予处分。

第五十五条 审计人员滥用职权、徇私舞弊、玩忽职守，或者泄露所知悉的国家秘密、商业秘密的，依法给予处分；构成犯罪的，依法追究刑事责任。

审计人员违法违纪取得的财物，依法予以追缴、没收或者责令退赔。

第七章 附 则

第五十六条 本条例所称以上、以下，包括本数。

本条例第五十二条规定的期间的最后一日是法定节假日的，以节假日后的第一个工作日为期间届满日。审计法和本条例规定的其他期间以工作日计算，不含法定节假日。

第五十七条 实施经济责任审计的规定，另行制定。

第五十八条 本条例自2010年5月1日起施行。

工伤保险条例

（2003年4月27日中华人民共和国国务院令第375号公布 2010年12月8日国务院第136次常务会议《关于修改〈工伤保险条例〉的决定》修订 2010年12月20日中华人民共和国国务院令第586号公布 自2011年1月1日起施行）

第一章 总 则

第一条 为了保障因工作遭受事故伤害或者患职业病的职工获得医疗救治和经济补偿，促进工伤预防和职业康复，分散用人单位的工伤风险，制定本条例。

第二条 中华人民共和国境内的企业、事业单位、社会团体、民办非企业单位、基金会、律师事务所、会计师事务所等组织和有雇工的个体工商户（下称“用人单位”）应当依照本条例规定参加工伤保险，为本单位全部职工或者雇工（下称“职工”）缴纳工伤保险费。

中华人民共和国境内的企业、事业单位、社会团体、民办非企业单位、基金会、律师事务所、会计师事务所等组织的职工和个体工商户的雇工，均有依照本条例的规定享受工伤保险待遇的权利。

第三条 工伤保险费的征缴按照《社会保险费征缴暂行条例》关于基本养老保险费、基本医疗保险费、失业保险费的征缴规定执行。

第四条 用人单位应当将参加工伤保险的有关情况在本单位内公示。

用人单位和职工应当遵守有关安全生产和职业病防治的法律法规，执行安全卫生规程和标准，预防工伤事故发生，避免和减少职业病危害。

职工发生工伤时，用人单位应当采取措施使工伤职工得到及时救治。

第五条 国务院社会保险行政部门负责全国的工伤保险工作。

县级以上地方各级人民政府社会保险行政部门

负责本行政区域内的工伤保险工作。

社会保险行政部门按照国务院有关规定设立的社会保险经办机构(下称“经办机构”)具体承办工伤保险事务。

第六条 社会保险行政部门等部门制定工伤保险的政策、标准,应当征求工会组织、用人单位代表的意见。

第二章 工伤保险基金

第七条 工伤保险基金由用人单位缴纳的工伤保险费、工伤保险基金的利息和依法纳入工伤保险基金的其他资金构成。

第八条 工伤保险费根据以支定收、收支平衡的原则,确定费率。

国家根据不同行业的工伤风险程度确定行业的差别费率,并根据工伤保险费使用、工伤发生率等情况在每个行业内确定若干费率档次。行业差别费率及行业内费率档次由国务院社会保险行政部门制定,报国务院批准后公布施行。

统筹地区经办机构根据用人单位工伤保险费使用、工伤发生率等情况,适用所属行业内相应的费率档次确定单位缴费费率。

第九条 国务院社会保险行政部门应当定期了解全国各统筹地区工伤保险基金收支情况,及时提出调整行业差别费率及行业内费率档次的方案,报国务院批准后公布施行。

第十条 用人单位应当按时缴纳工伤保险费。职工个人不缴纳工伤保险费。

用人单位缴纳工伤保险费的数额为本单位职工工资总额乘以单位缴费费率之积。

对难以按照工资总额缴纳工伤保险费的行业,其缴纳工伤保险费的具体方式,由国务院社会保险行政部门规定。

第十一条 工伤保险基金逐步实行省级统筹。

跨地区、生产流动性较大的行业,可以采取相对集中的方式异地参加统筹地区的工伤保险。具体办法由国务院社会保险行政部门会同有关行业的主管部门制定。

第十二条 工伤保险基金存入社会保障基金财政专户,用于本条例规定的工伤保险待遇,劳动能力鉴定,工伤预防的宣传、培训等费用,以及法律、法规规定的用于工伤保险的其他费用的支付。

工伤预防费用的提取比例、使用和管理的具体办法,由国务院社会保险行政部门会同国务院财政、卫生行政、安全生产监督管理等部门规定。

任何单位或者个人不得将工伤保险基金用于投资运营、兴建或者改建办公场所、发放奖金,或者挪作其他用途。

第十三条 工伤保险基金应当留有一定比例的储备金,用于统筹地区重大事故的工伤保险待遇支付;储备金不足支付的,由统筹地区的人民政府垫付。储备金占基金总额的具体比例和储备金的使用办法,由省、自治区、直辖市人民政府规定。

第三章 工伤认定

第十四条 职工有下列情形之一的,应当认定为工伤:

(1)在工作时间和工作场所内,因工作原因受到事故伤害的;

(2)工作时间前后在工作场所内,从事与工作有关的预备性或者收尾性工作受到事故伤害的;

(3)在工作时间和工作场所内,因履行工作职责受到暴力等意外伤害的;

(4)患职业病的;

(5)因工外出期间,由于工作原因受到伤害或者发生事故下落不明的;

(6)在上下班途中,受到非本人主要责任的交通事故或者城市轨道交通、客运轮渡、火车事故伤害的;

(7)法律、行政法规规定应当认定为工伤的其他情形。

第十五条 职工有下列情形之一的,视同工伤:

(1)在工作时间和工作岗位,突发疾病死亡或者在48小时之内经抢救无效死亡的;

(2)在抢险救灾等维护国家利益、公共利益活动中受到伤害的;

(3)职工原在军队服役,因战、因公负伤致残,已取得革命伤残军人证,到用人单位后旧伤复发的。

职工有前款第(1)项、第(2)项情形的,按照本条例的有关规定享受工伤保险待遇;职工有前款第(3)项情形的,按照本条例的有关规定享受除一次性伤残补助金以外的工伤保险待遇。

第十六条 职工符合本条例第十四条、第十五条的规定，但是有下列情形之一的，不得认定为工伤或者视同工伤：

（1）故意犯罪的；

（2）醉酒或者吸毒的；

（3）自残或者自杀的。

第十七条 职工发生事故伤害或者按照职业病防治法规定被诊断、鉴定为职业病，所在单位应当自事故伤害发生之日或者被诊断、鉴定为职业病之日起30日内，向统筹地区社会保险行政部门提出工伤认定申请。遇有特殊情况，经报社会保险行政部门同意，申请时限可以适当延长。

用人单位未按前款规定提出工伤认定申请的，工伤职工或者其近亲属、工会组织在事故伤害发生之日或者被诊断、鉴定为职业病之日起1年内，可以直接向用人单位所在地统筹地区社会保险行政部门提出工伤认定申请。

按照本条第一款规定应当由省级社会保险行政部门进行工伤认定的事项，根据属地原则由用人单位所在地的设区的市级社会保险行政部门办理。

用人单位未在本条第一款规定的时限内提交工伤认定申请，在此期间发生符合本条例规定的工伤待遇等有关费用由该用人单位负担。

第十八条 提出工伤认定申请应当提交下列材料：

（1）工伤认定申请表；

（2）与用人单位存在劳动关系（包括事实劳动关系）的证明材料；

（3）医疗诊断证明或者职业病诊断证明书（或者职业病诊断鉴定书）。

工伤认定申请表应当包括事故发生的时间、地点、原因以及职工伤害程度等基本情况。

工伤认定申请人提供材料不完整的，社会保险行政部门应当一次性书面告知工伤认定申请人需要补正的全部材料。申请人按照书面告知要求补正材料后，社会保险行政部门应当受理。

第十九条 社会保险行政部门受理工伤认定申请后，根据审核需要可以对事故伤害进行调查核实，用人单位、职工、工会组织、医疗机构以及有关部门应当予以协助。职业病诊断和诊断争议的鉴定，依照职业病防治法的有关规定执行。对依法取得职业病诊断证明书或者职业病诊断鉴定书的，社会保险行政部门不再进行调查核实。

职工或者其近亲属认为是工伤，用人单位不认为是工伤的，由用人单位承担举证责任。

第二十条 社会保险行政部门应当自受理工伤认定申请之日起60日内作出工伤认定的决定，并书面通知申请工伤认定的职工或者其近亲属和该职工所在单位。

社会保险行政部门对受理的事实清楚、权利义务明确的工伤认定申请，应当在15日内作出工伤认定的决定。

作出工伤认定决定需要以司法机关或者有关行政主管部门的结论为依据的，在司法机关或者有关行政主管部门尚未作出结论期间，作出工伤认定决定的时限中止。

社会保险行政部门工作人员与工伤认定申请人有利害关系的，应当回避。

第四章 劳动能力鉴定

第二十一条 职工发生工伤，经治疗伤情相对稳定后存在残疾、影响劳动能力的，应当进行劳动能力鉴定。

第二十二条 劳动能力鉴定是指劳动功能障碍程度和生活自理障碍程度的等级鉴定。

劳动功能障碍分为10个伤残等级，最重的为一级，最轻的为十级。

生活自理障碍分为3个等级：生活完全不能自理、生活大部分不能自理和生活部分不能自理。

劳动能力鉴定标准由国务院社会保险行政部门会同国务院卫生行政部门等部门制定。

第二十三条 劳动能力鉴定由用人单位、工伤职工或者其近亲属向设区的市级劳动能力鉴定委员会提出申请，并提供工伤认定决定和职工工伤医疗的有关资料。

第二十四条 省、自治区、直辖市劳动能力鉴定委员会和设区的市级劳动能力鉴定委员会分别由省、自治区、直辖市和设区的市级社会保险行政部门、卫生行政部门、工会组织、经办机构代表以及用人单位代表组成。

劳动能力鉴定委员会建立医疗卫生专家库。列入专家库的医疗卫生专业技术人员应当具备下列条件：

（1）具有医疗卫生高级专业技术职务任职资格；

（2）掌握劳动能力鉴定的相关知识；

（3）具有良好的职业品德。

第二十五条 设区的市级劳动能力鉴定委员会收到劳动能力鉴定申请后，应当从其建立的医疗卫生专家库中随机抽取3名或者5名相关专家组成专家组，由专家组提出鉴定意见。设区的市级劳动能力鉴定委员会根据专家组的鉴定意见作出工伤职工劳动能力鉴定结论；必要时，可以委托具备资格的医疗机构协助进行有关的诊断。

设区的市级劳动能力鉴定委员会应当自收到劳动能力鉴定申请之日起60日内作出劳动能力鉴定结论，必要时，作出劳动能力鉴定结论的期限可以延长30日。劳动能力鉴定结论应当及时送达申请鉴定的单位和个人。

第二十六条 申请鉴定的单位或者个人对设区的市级劳动能力鉴定委员会作出的鉴定结论不服的，可以在收到该鉴定结论之日起15日内向省、自治区、直辖市劳动能力鉴定委员会提出再次鉴定申请。省、自治区、直辖市劳动能力鉴定委员会作出的劳动能力鉴定结论为最终结论。

第二十七条 劳动能力鉴定工作应当客观、公正。劳动能力鉴定委员会组成人员或者参加鉴定的专家与当事人有利害关系的，应当回避。

第二十八条 自劳动能力鉴定结论作出之日起1年后，工伤职工或者其近亲属、所在单位或者经办机构认为伤残情况发生变化的，可以申请劳动能力复查鉴定。

第二十九条 劳动能力鉴定委员会依照本条例第二十六条和第二十八条的规定进行再次鉴定和复查鉴定的期限，依照本条例第二十五条第二款的规定执行。

第五章 工伤保险待遇

第三十条 职工因工作遭受事故伤害或者患职业病进行治疗，享受工伤医疗待遇。

职工治疗工伤应当在签订服务协议的医疗机构就医，情况紧急时可以先到就近的医疗机构急救。

治疗工伤所需费用符合工伤保险诊疗项目目录、工伤保险药品目录、工伤保险住院服务标准的，从工伤保险基金支付。工伤保险诊疗项目目录、工伤保险药品目录、工伤保险住院服务标准，由国务院社会保险行政部门会同国务院卫生行政部门、食品药品监督管理部门等部门规定。

职工住院治疗工伤的伙食补助费，以及经医疗机构出具证明，报经办机构同意，工伤职工到统筹地区以外就医所需的交通、食宿费用从工伤保险基金支付，基金支付的具体标准由统筹地区人民政府规定。

工伤职工治疗非工伤引发的疾病，不享受工伤医疗待遇，按照基本医疗保险办法处理。

工伤职工到签订服务协议的医疗机构进行工伤康复的费用，符合规定的，从工伤保险基金支付。

第三十一条 社会保险行政部门作出认定为工伤的决定后发生行政复议、行政诉讼的，行政复议和行政诉讼期间不停止支付工伤职工治疗工伤的医疗费用。

第三十二条 工伤职工因日常生活或者就业需要，经劳动能力鉴定委员会确认，可以安装假肢、矫形器、假眼、假牙和配置轮椅等辅助器具，所需费用按照国家规定的标准从工伤保险基金支付。

第三十三条 职工因工作遭受事故伤害或者患职业病需要暂停工作接受工伤医疗的，在停工留薪期内，原工资福利待遇不变，由所在单位按月支付。

停工留薪期一般不超过12个月。伤情严重或者情况特殊，经设区的市级劳动能力鉴定委员会确认，可以适当延长，但延长不得超过12个月。工伤职工评定伤残等级后，停发原待遇，按照本章的有关规定享受伤残待遇。工伤职工在停工留薪期满后仍需治疗的，继续享受工伤医疗待遇。

生活不能自理的工伤职工在停工留薪期需要护理的，由所在单位负责。

第三十四条 工伤职工已经评定伤残等级并经劳动能力鉴定委员会确认需要生活护理的，从工伤保险基金按月支付生活护理费。

生活护理费按照生活完全不能自理、生活大部分不能自理或者生活部分不能自理3个不同等级支付，其标准分别为统筹地区上年度职工月平均工资的50.0%、40.0%或者30.0%。

第三十五条 职工因工致残被鉴定为一级至四

级伤残的，保留劳动关系，退出工作岗位，享受以下待遇：

（1）从工伤保险基金按伤残等级支付一次性伤残补助金，标准为：一级伤残为27个月的本人工资，二级伤残为25个月的本人工资，三级伤残为23个月的本人工资，四级伤残为21个月的本人工资。

（2）从工伤保险基金按月支付伤残津贴，标准为：一级伤残为本人工资的90.0%，二级伤残为本人工资的85.0%，三级伤残为本人工资的80.0%，四级伤残为本人工资的75.0%。伤残津贴实际金额低于当地最低工资标准的，由工伤保险基金补足差额。

（3）工伤职工达到退休年龄并办理退休手续后，停发伤残津贴，按照国家有关规定享受基本养老保险待遇。基本养老保险待遇低于伤残津贴的，由工伤保险基金补足差额。

职工因工致残被鉴定为一级至四级伤残的，由用人单位和职工个人以伤残津贴为基数，缴纳基本医疗保险费。

第三十六条 职工因工致残被鉴定为五级、六级伤残的，享受以下待遇：

（1）从工伤保险基金按伤残等级支付一次性伤残补助金，标准为：五级伤残为18个月的本人工资，六级伤残为16个月的本人工资。

（2）保留与用人单位的劳动关系，由用人单位安排适当工作。难以安排工作的，由用人单位按月发给伤残津贴，标准为：五级伤残为本人工资的70.0%，六级伤残为本人工资的60.0%，并由用人单位按照规定为其缴纳应缴纳的各项社会保险费。伤残津贴实际金额低于当地最低工资标准的，由用人单位补足差额。

经工伤职工本人提出，该职工可以与用人单位解除或者终止劳动关系，由工伤保险基金支付一次性工伤医疗补助金，由用人单位支付一次性伤残就业补助金。一次性工伤医疗补助金和一次性伤残就业补助金的具体标准由省、自治区、直辖市人民政府规定。

第三十七条 职工因工致残被鉴定为七级至十级伤残的，享受以下待遇：

（1）从工伤保险基金按伤残等级支付一次性伤残补助金，标准为：七级伤残为13个月的本人工资，八级伤残为11个月的本人工资，九级伤残为9个月的本人工资，十级伤残为7个月的本人工资。

（2）劳动、聘用合同期满终止，或者职工本人提出解除劳动、聘用合同的，由工伤保险基金支付一次性工伤医疗补助金，由用人单位支付一次性伤残就业补助金。一次性工伤医疗补助金和一次性伤残就业补助金的具体标准由省、自治区、直辖市人民政府规定。

第三十八条 工伤职工工伤复发，确认需要治疗的，享受本条例第三十条、第三十二条和第三十三条规定的工伤待遇。

第三十九条 职工因工死亡，其近亲属按照下列规定从工伤保险基金领取丧葬补助金、供养亲属抚恤金和一次性工亡补助金：

（1）丧葬补助金为6个月的统筹地区上年度职工月平均工资。

（2）供养亲属抚恤金按照职工本人工资的一定比例发给由因工死亡职工生前提供主要生活来源、无劳动能力的亲属。标准为：配偶每月40.0%，其他亲属每人每月30.0%，孤寡老人或者孤儿每人每月在上述标准的基础上增加10.0%。核定的各供养亲属的抚恤金之和不应高于因工死亡职工生前的工资。供养亲属的具体范围由国务院社会保险行政部门规定。

（3）一次性工亡补助金标准为上一年度全国城镇居民人均可支配收入的20倍。

伤残职工在停工留薪期内因工伤导致死亡的，其近亲属享受本条第一款规定的待遇。

一级至四级伤残职工在停工留薪期满后死亡的，其近亲属可以享受本条第一款第（1）项、第（2）项规定的待遇。

第四十条 伤残津贴、供养亲属抚恤金、生活护理费由统筹地区社会保险行政部门根据职工平均工资和生活费用变化等情况适时调整。调整办法由省、自治区、直辖市人民政府规定。

第四十一条 职工因工外出期间发生事故或者在抢险救灾中下落不明的，从事故发生当月起3个月内照发工资，从第4个月起停发工资，由工伤保险基金向其供养亲属按月支付供养亲属抚恤金。生活有困难的，可以预支一次性工亡补助金的50.0%。职工被人民法院宣告死亡的，按照本条例第三十九条职工因工死亡的规定处理。

第四十二条 工伤职工有下列情形之一的，停止享受工伤保险待遇：

（1）丧失享受待遇条件的；

（2）拒不接受劳动能力鉴定的；

（3）拒绝治疗的。

第四十三条 用人单位分立、合并、转让的，承继单位应当承担原用人单位的工伤保险责任；原用人单位已经参加工伤保险的，承继单位应当到当地经办机构办理工伤保险变更登记。

用人单位实行承包经营的，工伤保险责任由职工劳动关系所在单位承担。

职工被借调期间受到工伤事故伤害的，由原用人单位承担工伤保险责任，但原用人单位与借调单位可以约定补偿办法。

企业破产的，在破产清算时依法拨付应当由单位支付的工伤保险待遇费用。

第四十四条 职工被派遣出境工作，依据前往国家或者地区的法律应当参加当地工伤保险的，参加当地工伤保险，其国内工伤保险关系中止；不能参加当地工伤保险的，其国内工伤保险关系不中止。

第四十五条 职工再次发生工伤，根据规定应当享受伤残津贴的，按照新认定的伤残等级享受伤残津贴待遇。

第六章 监督管理

第四十六条 经办机构具体承办工伤保险事务，履行下列职责：

（1）根据省、自治区、直辖市人民政府规定，征收工伤保险费；

（2）核查用人单位的工资总额和职工人数，办理工伤保险登记，并负责保存用人单位缴费和职工享受工伤保险待遇情况的记录；

（3）进行工伤保险的调查、统计；

（4）按照规定管理工伤保险基金的支出；

（5）按照规定核定工伤保险待遇；

（6）为工伤职工或者其近亲属免费提供咨询服务。

第四十七条 经办机构与医疗机构、辅助器具配置机构在平等协商的基础上签订服务协议，并公布签订服务协议的医疗机构、辅助器具配置机构的名单。具体办法由国务院社会保险行政部门分别会同国务院卫生行政部门、民政部门等部门制定。

第四十八条 经办机构按照协议和国家有关目录、标准对工伤职工医疗费用、康复费用、辅助器具费用的使用情况进行核查，并按时足额结算费用。

第四十九条 经办机构应当定期公布工伤保险基金的收支情况，及时向社会保险行政部门提出调整费率的建议。

第五十条 社会保险行政部门、经办机构应当定期听取工伤职工、医疗机构、辅助器具配置机构以及社会各界对改进工伤保险工作的意见。

第五十一条 社会保险行政部门依法对工伤保险费的征缴和工伤保险基金的支付情况进行监督检查。

财政部门和审计机关依法对工伤保险基金的收支、管理情况进行监督。

第五十二条 任何组织和个人对有关工伤保险的违法行为，有权举报。社会保险行政部门对举报应当及时调查，按照规定处理，并为举报人保密。

第五十三条 工会组织依法维护工伤职工的合法权益，对用人单位的工伤保险工作实行监督。

第五十四条 职工与用人单位发生工伤待遇方面的争议，按照处理劳动争议的有关规定处理。

第五十五条 有下列情形之一的，有关单位或者个人可以依法申请行政复议，也可以依法向人民法院提起行政诉讼：

（1）申请工伤认定的职工或者其近亲属、该职工所在单位对工伤认定申请不予受理的决定不服的；

（2）申请工伤认定的职工或者其近亲属、该职工所在单位对工伤认定结论不服的；

（3）用人单位对经办机构确定的单位缴费费率不服的；

（4）签订服务协议的医疗机构、辅助器具配置机构认为经办机构未履行有关协议或者规定的；

（5）工伤职工或者其近亲属对经办机构核定的工伤保险待遇有异议的。

第七章 法律责任

第五十六条 单位或者个人违反本条例第十二条规定挪用工伤保险基金，构成犯罪的，依法追究刑事责任；尚不构成犯罪的，依法给予处分或者纪律处分。被挪用的基金由社会保险行政部门追回，并入工伤保险基金；没收的违法所得依法上缴国库。

第五十七条 社会保险行政部门工作人员有下列情形之一的，依法给予处分；情节严重，构成犯罪的，依法追究刑事责任：

（1）无正当理由不受理工伤认定申请，或者弄虚作假将不符合工伤条件的人员认定为工伤职工的；

（2）未妥善保管申请工伤认定的证据材料，致使有关证据灭失的；

（3）收受当事人财物的。

第五十八条 经办机构有下列行为之一的，由社会保险行政部门责令改正，对直接负责的主管人员和其他责任人员依法给予纪律处分；情节严重，构成犯罪的，依法追究刑事责任；造成当事人经济损失的，由经办机构依法承担赔偿责任：

（1）未按规定保存用人单位缴费和职工享受工伤保险待遇情况记录的；

（2）不按规定核定工伤保险待遇的；

（3）收受当事人财物的。

第五十九条 医疗机构、辅助器具配置机构不按服务协议提供服务的，经办机构可以解除服务协议。

经办机构不按时足额结算费用的，由社会保险行政部门责令改正；医疗机构、辅助器具配置机构可以解除服务协议。

第六十条 用人单位、工伤职工或者其近亲属骗取工伤保险待遇，医疗机构、辅助器具配置机构骗取工伤保险基金支出的，由社会保险行政部门责令退还，处骗取金额 2 倍以上 5 倍以下的罚款；情节严重，构成犯罪的，依法追究刑事责任。

第六十一条 从事劳动能力鉴定的组织或者个人有下列情形之一的，由社会保险行政部门责令改正，处 2 000 元以上 1 万元以下的罚款；情节严重，构成犯罪的，依法追究刑事责任：

（1）提供虚假鉴定意见的；

（2）提供虚假诊断证明的；

（3）收受当事人财物的。

第六十二条 用人单位依照本条例规定应当参加工伤保险而未参加的，由社会保险行政部门责令限期参加，补缴应当缴纳的工伤保险费，并自欠缴之日起，按日加收万分之五的滞纳金；逾期仍不缴纳的，处欠缴数额 1 倍以上 3 倍以下的罚款。

依照本条例规定应当参加工伤保险而未参加工伤保险的用人单位职工发生工伤的，由该用人单位按照本条例规定的工伤保险待遇项目和标准支付费用。

用人单位参加工伤保险并补缴应当缴纳的工伤保险费、滞纳金后，由工伤保险基金和用人单位依照本条例的规定支付新发生的费用。

第六十三条 用人单位违反本条例第十九条的规定，拒不协助社会保险行政部门对事故进行调查核实的，由社会保险行政部门责令改正，处 2 000 元以上 2 万元以下的罚款。

第八章 附 则

第六十四条 本条例所称工资总额，是指用人单位直接支付给本单位全部职工的劳动报酬总额。

本条例所称本人工资，是指工伤职工因工作遭受事故伤害或者患职业病前 12 个月平均月缴费工资。本人工资高于统筹地区职工平均工资 300% 的，按照统筹地区职工平均工资的 300% 计算；本人工资低于统筹地区职工平均工资 60.0% 的，按照统筹地区职工平均工资的 60.0% 计算。

第六十五条 公务员和参照公务员法管理的事业单位、社会团体的工作人员因工作遭受事故伤害或者患职业病的，由所在单位支付费用。具体办法由国务院社会保险行政部门会同国务院财政部门规定。

第六十六条 无营业执照或者未经依法登记、备案的单位以及被依法吊销营业执照或者撤销登记、备案的单位的职工受到事故伤害或者患职业病的，由该单位向伤残职工或者死亡职工的近亲属给予一次性赔偿，赔偿标准不得低于本条例规定的工伤保险待遇；用人单位不得使用童工，用人单位使用童工造成童工伤残、死亡的，由该单位向童工或者童工的近亲属给予一次性赔偿，赔偿标准不得低于本条例规定的工伤保险待遇。具体办法由国务院社会保险行政部门规定。

前款规定的伤残职工或者死亡职工的近亲属就赔偿数额与单位发生争议的，以及前款规定的童工或者童工的近亲属就赔偿数额与单位发生争议的，按照处理劳动争议的有关规定处理。

第六十七条 本条例自2004年1月1日起施行。本条例施行前已受到事故伤害或者患职业病的职工尚未完成工伤认定的，按照本条例的规定执行。

中华人民共和国发票管理办法

（1993年12月12日国务院批准 1993年12月23日财政部令第6号发布 2010年12月8日国务院第136次常务会议《关于修改〈中华人民共和国发票管理办法〉的决定》修订 2010年12月20日中华人民共和国国务院令第587号公布 自2011年2月1日起施行）

第一章 总 则

第一条 为了加强发票管理和财务监督，保障国家税收收入，维护经济秩序，根据《中华人民共和国税收征收管理法》，制定本办法。

第二条 在中华人民共和国境内印制、领购、开具、取得、保管、缴销发票的单位和个人（下称“印制、使用发票的单位和个人”），必须遵守本办法。

第三条 本办法所称发票，是指在购销商品、提供或者接受服务以及从事其他经营活动中，开具、收取的收付款凭证。

第四条 国务院税务主管部门统一负责全国的发票管理工作。省、自治区、直辖市国家税务局和地方税务局（统称“省、自治区、直辖市税务机关”）依据各自的职责，共同做好本行政区域内的发票管理工作。

财政、审计、工商行政管理、公安等有关部门在各自的职责范围内，配合税务机关做好发票管理工作。

第五条 发票的种类、联次、内容以及使用范围由国务院税务主管部门规定。

第六条 对违反发票管理法规的行为，任何单位和个人可以举报。税务机关应当为检举人保密，并酌情给予奖励。

第二章 发票的印制

第七条 增值税专用发票由国务院税务主管部门确定的企业印制；其他发票，按照国务院税务主管部门的规定，由省、自治区、直辖市税务机关确定的企业印制。禁止私自印制、伪造、变造发票。

第八条 印制发票的企业应当具备下列条件：

（1）取得印刷经营许可证和营业执照；

（2）设备、技术水平能够满足印制发票的需要；

（3）有健全的财务制度和严格的质量监督、安全管理、保密制度。

税务机关应当以招标方式确定印制发票的企业，并发给发票准印证。

第九条 印制发票应当使用国务院税务主管部门确定的全国统一的发票防伪专用品。禁止非法制造发票防伪专用品。

第十条 发票应当套印全国统一发票监制章。全国统一发票监制章的式样和发票版面印刷的要求，由国务院税务主管部门规定。发票监制章由省、自治区、直辖市税务机关制作。禁止伪造发票监制章。

发票实行不定期换版制度。

第十一条 印制发票的企业按照税务机关的统一规定，建立发票印制管理制度和保管措施。

发票监制章和发票防伪专用品的使用和管理实行专人负责制度。

第十二条 印制发票的企业必须按照税务机关批准的式样和数量印制发票。

第十三条 发票应当使用中文印制。民族自治地方的发票，可以加印当地一种通用的民族文字。有实际需要的，也可以同时使用中外两种文字印制。

第十四条 各省、自治区、直辖市内的单位和个人使用的发票，除增值税专用发票外，应当在本省、自治区、直辖市内印制；确有必要到外省、自治区、直辖市印制的，应当由省、自治区、直辖市税务机关商印制地省、自治区、直辖市税务机关同意，由印制地省、自治区、直辖市税务机关确定的企业印制。

禁止在境外印制发票。

第三章 发票的领购

第十五条 需要领购发票的单位和个人，应当持税务登记证件、经办人身份证明、按照国务院税务主管部门规定式样制作的发票专用章的印模，向主管税务机关办理发票领购手续。主管税务机关根据领购单位和个人的经营范围和规模，确认领购发票的种类、数量以及领购方式，在5个工作日内发给发票领购簿。

单位和个人领购发票时，应当按照税务机关的规定报告发票使用情况，税务机关应当按照规定进行查验。

第十六条 需要临时使用发票的单位和个人，可以凭购销商品、提供或者接受服务以及从事其他经营活动的书面证明、经办人身份证明，直接向经营地税务机关申请代开发票。依照税收法律、行政法规规定应当缴纳税款的，税务机关应当先征收税款，再开具发票。税务机关根据发票管理的需要，可以按照国务院税务主管部门的规定委托其他单位代开发票。

禁止非法代开发票。

第十七条 临时到本省、自治区、直辖市以外从事经营活动的单位或者个人，应当凭所在地税务机关的证明，向经营地税务机关领购经营地的发票。

临时在本省、自治区、直辖市以内跨市、县从事经营活动领购发票的办法，由省、自治区、直辖市税务机关规定。

第十八条 税务机关对外省、自治区、直辖市来本辖区从事临时经营活动的单位和个人领购发票的，可以要求其提供保证人或者根据所领购发票的票面限额以及数量交纳不超过1万元的保证金，并限期缴销发票。

按期缴销发票的，解除保证人的担保义务或者退还保证金；未按期缴销发票的，由保证人或者以保证金承担法律责任。

税务机关收取保证金应当开具资金往来结算票据。

第四章 发票的开具和保管

第十九条 销售商品、提供服务以及从事其他经营活动的单位和个人，对外发生经营业务收取款项，收款方应当向付款方开具发票；特殊情况下，由付款方向收款方开具发票。

第二十条 所有单位和从事生产、经营活动的个人在购买商品、接受服务以及从事其他经营活动支付款项，应当向收款方取得发票。取得发票时，不得要求变更品名和金额。

第二十一条 不符合规定的发票，不得作为财务报销凭证，任何单位和个人有权拒收。

第二十二条 开具发票应当按照规定的时限、顺序、栏目，全部联次一次性如实开具，并加盖发票专用章。

任何单位和个人不得有下列虚开发票行为：

(1)为他人、为自己开具与实际经营业务情况不符的发票；

(2)让他人为自己开具与实际经营业务情况不符的发票；

(3)介绍他人开具与实际经营业务情况不符的发票。

第二十三条 安装税控装置的单位和个人，应当按照规定使用税控装置开具发票，并按期向主管税务机关报送开具发票的数据。

使用非税控电子器具开具发票的，应当将非税控电子器具使用的软件程序说明资料报主管税务机关备案，并按照规定保存、报送开具发票的数据。

国家推广使用网络发票管理系统开具发票，具体管理办法由国务院税务主管部门制定。

第二十四条 任何单位和个人应当按照发票管理规定使用发票，不得有下列行为：

(1)转借、转让、介绍他人转让发票、发票监制章和发票防伪专用品；

(2)知道或者应当知道是私自印制、伪造、变造、非法取得或者废止的发票而受让、开具、存放、携带、邮寄、运输；

(3)拆本使用发票；

(4)扩大发票使用范围；

(5)以其他凭证代替发票使用。

税务机关应当提供查询发票真伪的便捷渠道。

第二十五条 除国务院税务主管部门规定的特殊情形外，发票限于领购单位和个人在本省、自治区、直辖市内开具。

省、自治区、直辖市税务机关可以规定跨市、县开具发票的办法。

第二十六条 除国务院税务主管部门规定的特殊情形外，任何单位和个人不得跨规定的使用区域携带、邮寄、运输空白发票。

禁止携带、邮寄或者运输空白发票出入境。

第二十七条 开具发票的单位和个人应当建立发票使用登记制度，设置发票登记簿，并定期向主管税务机关报告发票使用情况。

第二十八条 开具发票的单位和个人应当在办理变更或者注销税务登记的同时，办理发票和发票领购簿的变更、缴销手续。

第二十九条 开具发票的单位和个人应当按照税务机关的规定存放和保管发票，不得擅自损毁。已经开具的发票存根联和发票登记簿，应当保存5年。保存期满，报经税务机关查验后销毁。

第五章 发票的检查

第三十条 税务机关在发票管理中有权进行下列检查：

（1）检查印制、领购、开具、取得、保管和缴销发票的情况；

（2）调出发票查验；

（3）查阅、复制与发票有关的凭证、资料；

（4）向当事各方询问与发票有关的问题和情况；

（5）在查处发票案件时，对与案件有关的情况和资料，可以记录、录音、录像、照相和复制。

第三十一条 印制、使用发票的单位和个人，必须接受税务机关依法检查，如实反映情况，提供有关资料，不得拒绝、隐瞒。

税务人员进行检查时，应当出示税务检查证。

第三十二条 税务机关需要将已开具的发票调出查验时，应当向被查验的单位和个人开具发票换票证。发票换票证与所调出查验的发票有同等的效力。被调出查验发票的单位和个人不得拒绝接受。

税务机关需要将空白发票调出查验时，应当开具收据；经查无问题的，应当及时返还。

第三十三条 单位和个人从中国境外取得的与纳税有关的发票或者凭证，税务机关在纳税审查时有疑义的，可以要求其提供境外公证机构或者注册会计师的确认证明，经税务机关审核认可后，方可作为记账核算的凭证。

第三十四条 税务机关在发票检查中需要核对发票存根联与发票联填写情况时，可以向持有发票或者发票存根联的单位发出发票填写情况核对卡，有关单位应当如实填写，按期报回。

第六章 罚 则

第三十五条 违反本办法的规定，有下列情形之一的，由税务机关责令改正，可以处1万元以下的罚款；有违法所得的予以没收：

（1）应当开具而未开具发票，或者未按照规定的时限、顺序、栏目，全部联次一次性开具发票，或者未加盖发票专用章的；

（2）使用税控装置开具发票，未按期向主管税务机关报送开具发票的数据的；

（3）使用非税控电子器具开具发票，未将非税控电子器具使用的软件程序说明资料报主管税务机关备案，或者未按照规定保存、报送开具发票的数据的；

（4）拆本使用发票的；

（5）扩大发票使用范围的；

（6）以其他凭证代替发票使用的；

（7）跨规定区域开具发票的；

（8）未按照规定缴销发票的；

（9）未按照规定存放和保管发票的。

第三十六条 跨规定的使用区域携带、邮寄、运输空白发票，以及携带、邮寄或者运输空白发票出入境的，由税务机关责令改正，可以处1万元以下的罚款；情节严重的，处1万元以上3万元以下的罚款；有违法所得的予以没收。

丢失发票或者擅自损毁发票的，依照前款规定处罚。

第三十七条 违反本办法第二十二条第二款的规定虚开发票的，由税务机关没收违法所得；虚开金额在1万元以下的，可以并处5万元以下的罚款；虚开金额超过1万元的，并处5万元以上50万元以下的罚款；构成犯罪的，依法追究刑事责任。

非法代开发票的，依照前款规定处罚。

第三十八条 私自印制、伪造、变造发票，非法制造发票防伪专用品，伪造发票监制章的，由税务机关没收违法所得，没收、销毁作案工具和非法物品，并处1万元以上5万元以下的罚款；情节严重的，并处5万元以上50万元以下的罚款；对印制发票的企业，可以并处吊销发票准印证；构成犯罪的，依法追究刑事责任。

前款规定的处罚,《中华人民共和国税收征收管理法》有规定的,依照其规定执行。

第三十九条 有下列情形之一的,由税务机关处1万元以上5万元以下的罚款;情节严重的,处5万元以上50万元以下的罚款;有违法所得的予以没收:

(1)转借、转让、介绍他人转让发票、发票监制章和发票防伪专用品的;

(2)知道或者应当知道是私自印制、伪造、变造、非法取得或者废止的发票而受让、开具、存放、携带、邮寄、运输的。

第四十条 对违反发票管理规定2次以上或者情节严重的单位和个人,税务机关可以向社会公告。

第四十一条 违反发票管理法规,导致其他单位或者个人未缴、少缴或者骗取税款的,由税务机关没收违法所得,可以并处未缴、少缴或者骗取的税款1倍以下的罚款。

第四十二条 当事人对税务机关的处罚决定不服的,可以依法申请行政复议或者向人民法院提起行政诉讼。

第四十三条 税务人员利用职权之便,故意刁难印制、使用发票的单位和个人,或者有违反发票管理法规行为的,依照国家有关规定给予处分;构成犯罪的,依法追究刑事责任。

第七章 附 则

第四十四条 国务院税务主管部门可以根据有关行业特殊的经营方式和业务需求,会同国务院有关主管部门制定该行业的发票管理办法。

国务院税务主管部门可以根据增值税专用发票管理的特殊需要,制定增值税专用发票的具体管理办法。

第四十五条 本办法自发布之日起施行。财政部1986年发布的《全国发票管理暂行办法》和原国家税务局1991年发布的《关于对外商投资企业和外国企业发票管理的暂行规定》同时废止。

法规性文件

关于进一步加强淘汰落后产能工作的通知

（2010 年 2 月 6 日　国发〔2010〕7 号）

各省、自治区、直辖市人民政府，国务院各部委、各直属机构：

为深入贯彻落实科学发展观，加快转变经济发展方式，促进产业结构调整和优化升级，推进节能减排，现就进一步加强淘汰落后产能工作通知如下：

一、深刻认识淘汰落后产能的重要意义

加快淘汰落后产能是转变经济发展方式、调整经济结构、提高经济增长质量和效益的重大举措，是加快节能减排、积极应对全球气候变化的迫切需要，是走中国特色新型工业化道路、实现工业由大变强的必然要求。近年来，随着加快产能过剩行业结构调整、抑制重复建设、促进节能减排政策措施的实施，淘汰落后产能工作在部分领域取得了明显成效。但是，由于长期积累的结构性矛盾比较突出，落后产能退出的政策措施不够完善，激励和约束作用不够强，部分地区对淘汰落后产能工作认识存在偏差、责任落实不够，当前我国一些行业落后产能比重大的问题仍然比较严重，已经成为提高工业整体水平、落实应对气候变化举措、完成节能减排任务、实现经济社会可持续发展的严重制约。必须充分发挥市场的作用，采取更加有力的措施，综合运用法律、经济、技术及必要的行政手段，进一步建立健全淘汰落后产能的长效机制，确保按期实现淘汰落后产能的各项目标。各地区、各部门要切实把淘汰落后产能作为全面贯彻落实科学发展观，应对国际金融危机影响，保持经济平稳较快发展的一项重要任务，进一步增强责任感和紧迫感，充分调动一切积极因素，抓住关键环节，突破重点难点，加快淘汰落后产能，大力推进产业结构调整和优化升级。

二、总体要求和目标任务

（一）总体要求

（1）发挥市场作用。充分发挥市场配置资源的基础性作用，调整和理顺资源性产品价格形成机制，强化税收杠杆调节，努力营造有利于落后产能退出的市场环境。

（2）坚持依法行政。充分发挥法律法规的约束作用和技术标准的门槛作用，严格执行环境保护、节约能源、清洁生产、安全生产、产品质量、职业健康等方面的法律法规和技术标准，依法淘汰落后产能。

（3）落实目标责任。分解淘汰落后产能的目标任务，明确国务院有关部门、地方各级人民政府和企业的责任，加强指导、督促和检查，确保工作落到实处。

（4）优化政策环境。强化政策约束和政策激励，统筹淘汰落后产能与产业升级、经济发展、社会稳定的关系，建立健全促进落后产能退出的政策体系。

（5）加强协调配合。建立主管部门牵头，相关部门各负其责、密切配合、联合行动的工作机制，加强组织领导和协调配合，形成工作合力。

（二）目标任务

以电力、煤炭、钢铁、水泥、有色金属、焦炭、造纸、制革、印染等行业为重点，按照《国务院关于发布实施〈促进产业结构调整暂行规定〉的决定》（国发〔2005〕40 号）、《国务院关于印发节能减排综合性工作方案的通知》（国发〔2007〕15 号）、《国务院批转发展改革委等部门关于抑制部分行业产能过剩和重复建设引导产业健康发展若干意见的通知》（国发〔2009〕38 号）、《产业结构调整指导目录》以及国务院制订的钢铁、有色金属、轻工、纺织等产业调整和振兴规划等文件规定的淘汰落后产能的范围和要

求,按期淘汰落后产能。各地区可根据当地产业发展实际,制定范围更宽、标准更高的淘汰落后产能目标任务。

近期重点行业淘汰落后产能的具体目标任务是:

电力行业:2010 年底前淘汰小火电机组 5 000 万千瓦以上。

煤炭行业:2010 年底前关闭不具备安全生产条件、不符合产业政策、浪费资源、污染环境的小煤矿 8 000 处,淘汰产能 2 亿吨。

焦炭行业:2010 年底前淘汰炭化室高度 4.3 米以下的小机焦(3.2 米及以上捣固焦炉除外)。

铁合金行业:2010 年底前淘汰 6 300 千伏安以下矿热炉。

电石行业:2010 年底前淘汰 6 300 千伏安以下矿热炉。

钢铁行业:2011 年底前,淘汰 400 立方米及以下炼铁高炉,淘汰 30 吨及以下炼钢转炉、电炉。

有色金属行业:2011 年底前,淘汰 100 千安及以下电解铝小预焙槽;淘汰密闭鼓风炉、电炉、反射炉炼铜工艺及设备;淘汰采用烧结锅、烧结盘、简易高炉等落后方式炼铅工艺及设备;淘汰未配套建设制酸及尾气吸收系统的烧结机炼铅工艺;淘汰采用马弗炉、马槽炉、横罐、小竖罐(单日单罐产量 8 吨以下)等进行焙烧、采用简易冷凝设施进行收尘等落后方式炼锌或生产氧化锌制品的生产工艺及设备。

建材行业:2012 年底前,淘汰窑径 3 米以下水泥机械化立窑生产线、窑径 2.5 米以下水泥干法中空窑(生产高铝水泥的除外)、水泥湿法窑生产线(主要用于处理污泥、电石渣等的除外)、直径 3 米以下的水泥磨机(生产特种水泥的除外)以及水泥土(蛋)窑、普通立窑等落后水泥产能;淘汰平拉工艺平板玻璃生产线(含格法)等落后平板玻璃产能。

轻工业:2011 年底前,淘汰年产 3.4 万吨以下草浆生产装置、年产 1.7 万吨以下化学制浆生产线;淘汰以废纸为原料、年产 1 万吨以下的造纸生产线;淘汰落后酒精生产工艺及年产 3 万吨以下的酒精生产企业(废糖蜜制酒精除外);淘汰年产 3 万吨以下味精生产装置;淘汰环保不达标的柠檬酸生产装置;淘汰年加工 3 万标张以下的制革生产线。

纺织行业:2011 年底前,淘汰 74 型染整生产线、使用年限超过 15 年的前处理设备、浴比大于 1:10 的间歇式染色设备;淘汰落后型号的印花机、热熔染色机、热风布铗拉幅机、定形机;淘汰高能耗、高水耗的落后生产工艺设备;淘汰 R531 型酸性老式粘胶纺丝机、年产 2 万吨以下粘胶生产线、湿法及 DMF 溶剂法氨纶生产工艺、DMF 溶剂法腈纶生产工艺、涤纶长丝锭轴长 900 毫米以下的半自动卷绕设备、间歇法聚酯设备等落后化纤产能。

三、分解落实目标责任

(1)工业和信息化部、能源局要根据当前和今后一个时期经济发展形势以及国务院确定的淘汰落后产能阶段性目标任务,结合产业升级要求及各地区实际,商有关部门提出分行业的淘汰落后产能年度目标任务和实施方案,并将年度目标任务分解落实到各省、自治区、直辖市。各有关部门要充分发挥职能作用,抓紧制定限制落后产能企业生产、激励落后产能退出、促进落后产能改造等方面的配套政策措施,指导和督促各地区认真贯彻执行。

(2)各省、自治区、直辖市人民政府要根据工业和信息化部、能源局下达的淘汰落后产能目标任务,认真制定实施方案,将目标任务分解到市、县,落实到具体企业,及时将计划淘汰落后产能企业名单报工业和信息化部、能源局。要切实担负起本行政区域内淘汰落后产能工作的职责,严格执行相关法律、法规和各项政策措施,组织督促企业按要求淘汰落后产能、拆除落后设施装置,防止落后产能转移;对未按要求淘汰落后产能的企业,要依据有关法律法规责令停产或予以关闭。

(3)企业要切实承担起淘汰落后产能的主体责任,严格遵守安全、环保、节能、质量等法律法规,认真贯彻国家产业政策,积极履行社会责任,主动淘汰落后产能。

(4)各相关行业协会要充分发挥政府和企业间的桥梁纽带作用,认真宣传贯彻国家方针政策,加强行业自律,维护市场秩序,协助有关部门做好淘汰落后产能工作。

四、强化政策约束机制

(1)严格市场准入。强化安全、环保、能耗、物耗、质量、土地等指标的约束作用，尽快修订《产业结构调整指导目录》，制定和完善相关行业准入条件和落后产能界定标准，提高准入门槛，鼓励发展低消耗、低污染的先进产能。加强投资项目审核管理，尽快修订《政府核准的投资项目目录》，对产能过剩行业坚持新增产能与淘汰产能“等量置换”或“减量置换”的原则，严格环评、土地和安全生产审批，遏制低水平重复建设，防止新增落后产能。改善土地利用计划调控，严禁向落后产能和产能严重过剩行业建设项目提供土地。支持优势企业通过兼并、收购、重组落后产能企业，淘汰落后产能。

（2）强化经济和法律手段。充分发挥差别电价、资源性产品价格改革等价格机制在淘汰落后产能中的作用，落实和完善资源及环境保护税费制度，强化税收对节能减排的调控功能。加强环境保护监督性监测、减排核查和执法检查，加强对企业执行产品质量标准、能耗限额标准和安全生产规定的监督检查，提高落后产能企业和项目使用能源、资源、环境、土地的成本。采取综合性调控措施，抑制高消耗、高排放产品的市场需求。

（3）加大执法处罚力度。对未按期完成淘汰落后产能任务的地区，严格控制国家安排的投资项目，实行项目“区域限批”，暂停对该地区项目的环评、核准和审批。对未按规定期限淘汰落后产能的企业吊销排污许可证，银行业金融机构不得提供任何形式的新增授信支持，投资管理部门不予审批和核准新的投资项目，国土资源管理部门不予批准新增用地，相关管理部门不予办理生产许可，已颁发生产许可证、安全生产许可证的要依法撤回。对未按规定淘汰落后产能、被地方政府责令关闭或撤销的企业，限期办理工商注销登记，或者依法吊销工商营业执照。必要时，政府相关部门可要求电力供应企业依法对落后产能企业停止供电。

五、完善政策激励机制

（1）加强财政资金引导。中央财政利用现有资金渠道，统筹支持各地区开展淘汰落后产能工作。资金安排使用与各地区淘汰落后产能任务相衔接，重点支持解决淘汰落后产能有关职工安置、企业转产等问题。对经济欠发达地区淘汰落后产能工作，通过增加转移支付加大支持和奖励力度。各地区也要积极安排资金，支持企业淘汰落后产能。在资金申报、安排、使用中，要充分发挥工业、能源等行业主管部门的作用，加强协调配合，确保资金安排对淘汰落后产能产生实效。

（2）做好职工安置工作。妥善处理淘汰落后产能与职工就业的关系，认真落实和完善企业职工安置政策，依照相关法律法规和规定妥善安置职工，做好职工社会保险关系转移与接续工作，避免大规模集中失业，防止发生群体性事件。

（3）支持企业升级改造。充分发挥科技对产业升级的支撑作用，统筹安排技术改造资金，落实并完善相关税收优惠和金融支持政策，支持符合国家产业政策和规划布局的企业，运用高新技术和先进适用技术，以质量品种、节能降耗、环境保护、改善装备、安全生产等为重点，对落后产能进行改造。提高生产、技术、安全、能耗、环保、质量等国家标准和行业标准水平，做好标准间的衔接，加强标准贯彻，引导企业技术升级。对淘汰落后产能任务较重且完成较好的地区和企业，在安排技术改造资金、节能减排资金、投资项目核准备案、土地开发利用、融资支持等方面给予倾斜。对积极淘汰落后产能企业的土地开发利用，在符合国家土地管理政策的前提下，优先予以支持。

六、健全监督检查机制

（1）加强舆论和社会监督。各地区每年向社会公告本地区年度淘汰落后产能的企业名单、落后工艺设备和淘汰时限。工业和信息化部、能源局每年向社会公告淘汰落后产能企业名单、落后工艺设备、淘汰时限及总体进展情况。加强各地区、各行业淘汰落后产能工作交流，总结推广、广泛宣传淘汰落后产能工作先进地区和先进企业的有效做法，营造有利于淘汰落后产能的舆论氛围。

（2）加强监督检查。各省、自治区、直辖市人民政府有关部门要及时了解、掌握淘汰落后产能工作进展和职工安置情况，并定期向国家有关部门报告。工业和信息化部、发展改革委、财政部、能源局要组织有关部门定期对各地区淘汰落后产能工作情况进行监督检查，切实加强对重点地区淘汰落后产能工作的指导，并将进展情况报告国务院。

（3）实行问责制。将淘汰落后产能目标完成情况纳入地方政府绩效考核体系,参照《国务院批转节能减排统计监测及考核实施方案和办法的通知》(国发〔2007〕36 号)对淘汰落后产能任务完成情况进行考核,提高淘汰落后产能任务完成情况的考核比重。对未按要求完成淘汰落后产能任务的地区进行通报,限期整改。对瞒报、谎报淘汰落后产能进展情况或整改不到位的地区,要依法依纪追究该地区有关责任人员的责任。

七、切实加强组织领导

建立淘汰落后产能工作组织协调机制,加强对淘汰落后产能工作的领导。成立由工业和信息化部牵头,国家发改委、监察部、财政部、人力资源社会保障部、国土资源部、环境保护部、农业部、商务部、人民银行、国务院国资委、税务总局、工商总局、质检总局、安全监管总局、银监会、电监会、能源局等部门参加的淘汰落后产能工作部际协调小组,统筹协调淘汰落后产能工作,研究解决淘汰落后产能工作中的重大问题,根据"十二五"规划研究提出下一步淘汰落后产能目标并做好任务分解和组织落实工作。有关部门要认真履行职责,积极贯彻落实各项政策措施,加强沟通配合,共同做好淘汰落后产能的各项工作。地方各级人民政府要健全领导机制,明确职责分工,做到责任到位、措施到位、监管到位,确保淘汰落后产能工作取得明显成效。

国务院办公厅关于印发 2010 年食品安全整顿工作安排的通知

(2010 年 3 月 2 日　国办发〔2010〕17 号)

各省、自治区、直辖市人民政府,国务院各部委、各直属机构:

为切实解决我国食品安全突出问题,全面提升食品安全水平,保障人民群众饮食安全,2009 年 2 月国务院部署用两年左右时间,在全国集中开展食品安全整顿。一年来,各地区、各有关部门认真贯彻落实国务院决策部署,按照《国务院办公厅关于印发食品安全整顿工作方案的通知》(国办发〔2009〕8 号)要求,切实加强领导,精心组织实施,清理和制(修)订食品安全标准,加强各环节食品安全监管,加大违法生产经营食品案件查处力度,推进食品工业企业诚信体系建设,食品安全整顿取得阶段性成效。为巩固前一阶段工作成果,全面落实食品安全整顿各项任务,现就 2010 年食品安全整顿工作作出以下安排:

一、2010 年食品安全整顿工作主要任务

(一)加强违法添加非食用物质和滥用食品添加剂整顿

完善食品添加剂管理法规,修订食品添加剂使用标准。严格食品添加剂生产许可制度,加强食品添加剂标签标识管理,实行食品生产加工企业食品添加剂使用报告制度。开展食品中食品添加剂和非食用物质专项抽检和监测,整治超过标准限量和使用范围滥用食品添加剂的行为,查处和打击生产、销售、使用非法食品添加物的行为,严格食品添加剂及相关产品研制管理。

(二)加强农产品质量安全整顿

深入开展蔬菜、水果、茶叶、食用菌、畜禽产品、水产品中农兽药和禁用药物残留监测。加强生鲜乳质量安全监管,强化生鲜乳收购站日常监管与标准化管理,坚决取缔未经许可的非法收购站(点)。加大农药生产经营监管力度,加强农药质量监督抽查,依法查处违法违规生产经营单位,重点打击无证照生产"黑窝点"。加强饲料质量安全监测,打击在饲料原料和产品中添加有毒有害化学物质及养殖过程中使用"瘦肉精"等违禁药物行为。加强兽药 GMP(良好生产规范)后续监管,积极推行兽药经营质量管理规范制度,实施动物产品兽药残留监控计划,打击制售假劣兽药违法行为。深入开展水产苗种专项整治,打击水产养殖环节违法使用硝基呋喃类、孔雀石绿等禁用药物和有毒有害化学物质行为。修订农药管理条例、饲料和饲料添加剂管理条例及相关管理办法,制(修)订饲料和饲料添加剂标准、兽药残留限量和检测方法标准。组织开展粮食收购、储存环节质量安全监测。

（三）加强食品生产加工环节整顿

严格食品生产许可制度，督促企业严格执行食品原料、食品添加剂、食品相关产品采购查验制度和出厂检验记录制度。加强生产加工环节食品安全监督抽检，督促企业建立健全食品可追溯制度和食品召回制度，查处企业生产不符合安全标准食品的行为。打击制售假冒伪劣食品、使用非食品原料和回收食品生产加工食品的行为。取缔无生产许可证、无营业执照的非法食品生产加工企业。大力整顿食品安全风险较高、投诉举报多的食品行业，建立对食品生产加工小作坊和食品摊贩加强监管的长效机制。

（四）加强食品进出口环节整顿

严格办理进出口食品海关相关手续，打击食品、食用农产品特别是疫区产品非法进出口行为。对已经备案的出口食品生产企业和出口食品原料种养殖场进行全面清查。加强进出口食品、食用农产品的检验检疫监管，重点加强对出口食品中食品添加剂和违法添加非食用物质检验检疫监管，严厉打击逃避检验检疫行为，完善进出口食品、食用农产品企业不良记录制度，将逃避检验检疫的企业一律列为不良记录企业。建立和完善进出口食品、食用农产品检验检疫监管的长效机制。加强进出口食品安全信息通报，完善风险预警和控制措施。

（五）加强食品流通环节整顿

严格食品流通许可制度，完善食品市场主体准入机制，完善流通环节食品安全抽样检验和退市制度，建立销售者主动退市和工商部门责令退市相结合的监管机制。加强流通环节食品安全日常监管，监督食品经营者依法落实食品进货查验和记录制度，督促食品经营者加强自律。完善食品市场监管和巡查制度，突出重点地区、重点场所和重点品种，深入开展专项执法检查，加大食品市场分类监管和食品市场日常巡查力度，打击销售过期变质、假冒伪劣和不合格食品的违法行为。

（六）加强餐饮消费环节整顿

严格餐饮服务许可制度，查处餐饮单位无证经营行为。清理、修订餐饮消费环节相关食品监督管理规范办法，规范餐饮服务许可行为，提高餐饮服务准入门槛。制定并实施餐饮消费环节重点监督检查及抽检工作计划，以学校食堂、幼儿园食堂、建筑工地食堂、农家乐旅游点、小型餐饮单位为重点，加大对熟食卤味、盒饭、冷菜等高风险食品和餐具清洗消毒等重点环节的监督检查力度，开展餐饮消费环节专项整治和专项检查。督促餐饮服务单位建立食品原料采购索证索票制度，对其采购的重点品种开展专项抽查，查处采购和使用病死或者死因不明的畜禽及其制品、劣质食用油等行为。

（七）加强畜禽屠宰整顿

严把市场准入关，清理整顿生猪定点屠宰厂（场），加大对私屠滥宰行为的打击力度。加强对生猪（牛、羊）定点屠宰厂（场）的日常监管，查处违法屠宰注水或注入其他物质的猪（牛、羊）、出厂未经品质检验或经品质检验不合格的猪（牛、羊）肉产品等行为。强化活禽和生猪（牛、羊）产地和屠宰检疫，查处出售和屠宰病死畜禽的行为。督促企业建立和完善肉品质量安全全程监管体系，打击加工、销售病死病害畜禽肉和注水肉等行为，严防病死、注水或注入其他物质、未经检验检疫或检验检疫不合格肉品进入加工、流通、餐饮消费环节。加大生猪屠宰长效监管机制建设，进一步健全相关应急处置机制。

（八）加强保健食品整顿

依法对获批注册但未标明有效期的保健食品进行全面清理换证。开展保健食品违法添加药物专项检查，查处制售假劣保健食品行为。开展保健食品标签、说明书内容专项检查。查处通过公益讲座、健康诊疗、学术交流、会展销售等方式变相销售假冒伪劣保健食品的行为。整治普通食品声称具有特定保健功能和保健食品夸大宣传功能的行为。

（九）完善食品安全标准

制定清理现行食品安全标准的工作方案，对现行食品质量标准、卫生标准和行业标准中强制执行的标准进行清理，解决标准缺失、重复和矛盾问题。制（修）订食品中农药残留、有毒有害污染物、致病微生物、真菌毒素限量标准。公布国家乳品质量安全标准。组织开展食品安全标准的宣传贯彻，动员社会、企业和消费者积极参与食品安全标准实施工作，跟踪评价食品安全标准实施情况。跟踪研究有关国家和国际组织食品安全标准，积极开展对外交流和合作，借鉴国外先进研究成果，提高我国食品安全标准制定的效率和科学水平。

（十）加强食品安全风险监测和预警

建立国家食品安全风险监测制度，制定并实施国家食品安全风险监测计划，加强地区性食品安全风险监测，建立快速、方便的食品安全信息沟通机制和网络平台。发布年度食品安全风险监测评价报告，建立食源性疾病报告机制，构建食源性疾病和食物中毒报告信息采集网络，建立食品安全有害因素与食源性疾病监测数据库。实施食品安全风险评估制度，对相关食品安全风险和隐患进行风险评估。加大食品特别是乳品等高风险食品检验检测频次，定期公布检验检测结果。加强食品安全监测能力建设。加快推进检验检测机构改革，严格检验检测机构资质认定和检验人员管理，推进检验检测资源和信息共享。

（十一）推进食品生产企业诚信体系建设

制定食品生产企业诚信体系建设指导意见和诚信体系评价标准，选择若干企业开展诚信体系建设试点，及时总结推广试点经验。在企业中建立生产经营档案制度，鼓励支持食品企业建立食品安全可追溯系统，在食品行业全面推广。督促行业协会组织对食品企业从业人员培训、考核，培养具备良好职业道德、较高业务水平和较强实践能力的食品安全岗位专职人员。建立食品企业诚信不良记录收集、管理、通报制度和行业退出机制。加强食品生产企业和经营者质量信用建设和信用分类监管。

二、有关要求

（一）严格落实食品安全整顿工作责任

各地区、各有关部门要加强组织领导，认真履行职责，采取有力措施，依法加强治理整顿。要抓紧制定2010年整顿工作具体实施方案，分解整顿工作任务，明确各环节、各阶段的整顿目标和完成时限，落实责任单位和责任人员。要将集中整顿与日常工作相结合，及时总结整顿工作中的典型做法和经验，形成加强食品安全监管的长效机制。县级以上地方人民政府要切实承担起本行政区域食品安全整顿工作统一领导、组织、协调的责任，统筹安排监管力量，切实保障经费投入，全面抓好整顿任务落实；各有关部门要加强对本系统食品安全整顿工作的监督指导，坚持统一协调与分工负责相结合，各司其职，各负其责，密切协作，形成合力。国务院食品安全办要加强综合协调和督促指导，及时发现和协调解决有关问题。

（二）切实加大食品安全案件查处和责任追究力度

各地区、各有关部门要重视投诉举报受理工作，注意发现食品安全事故和案件线索并及时进行调查处理。要完善快速反应机制，及时妥善处理食品安全事故。要进一步加强行政执法与刑事司法的衔接，规范和完善涉及食品安全刑事案件的鉴定程序，加大对食品安全领域违法犯罪行为的打击力度。强化行政监察和行政问责，严肃查处监管部门失职、渎职行为。严格实行重大食品安全事故报告、举报、通报制度，对行政机关迟报、漏报甚至瞒报、谎报食品安全事故的，依法依纪追究相关责任人责任。

（三）认真做好信息报告和新闻宣传工作

各地区、各有关部门要加强沟通协调，及时将食品安全整顿工作重要信息向国务院食品安全办、卫生部报告，并向相关部门通报。要统筹和规范食品安全整顿信息发布工作，对影响仅限于本行政区域的信息，由本级政府授权有关职能部门发布；对涉及两个以上省（区、市）的信息，由国务院授权的食品安全整顿综合协调部门统一发布。要正确把握舆论导向，主动做好信息发布和政策解读；大力宣传《中华人民共和国食品安全法》及其实施条例，积极宣传食品安全整顿工作进展、成效和典型事例，支持新闻媒体开展舆论监督，引导新闻媒体客观准确报道，为食品安全整顿工作营造良好氛围。

（四）加强督促检查和评估考核

国务院食品安全委员会将组织对食品安全整顿工作进行检查，适时召开全体会议听取整顿工作情况汇报。地方人民政府也要将食品安全整顿工作作为重点督查内容，制定专项督查工作方案，逐级开展督查。国务院食品安全办要制订整顿工作评估考核办法，组织对各地区、各有关部门食品安全整顿工作进行评估考核。

关于加快推行合同能源管理促进节能服务产业发展的意见

（2010 年 4 月 2 日　国办发〔2010〕25 号）

根据《中华人民共和国节约能源法》和《国务院关于加强节能工作的决定》（国发〔2006〕28 号）、《国务院关于印发节能减排综合性工作方案的通知》（国发〔2007〕15 号）等文件精神，为加快推行合同能源管理，促进节能服务产业发展，现提出以下意见：

一、充分认识推行合同能源管理、发展节能服务产业的重要意义

合同能源管理是发达国家普遍推行的、运用市场手段促进节能的服务机制。节能服务公司与用户签订能源管理合同，为用户提供节能诊断、融资、改造等服务，并以节能效益分享方式回收投资和获得合理利润，可以大大降低用能单位节能改造的资金和技术风险，充分调动用能单位节能改造的积极性，是行之有效的节能措施。我国 20 世纪 90 年代末引进合同能源管理机制以来，通过示范、引导和推广，节能服务产业迅速发展，专业化的节能服务公司不断增多，服务范围已扩展到工业、建筑、交通、公共机构等多个领域。2009 年，全国节能服务公司达 502 家，完成总产值 580 多亿元，形成年节能能力 1 350 万吨标准煤，对推动节能改造、减少能源消耗、增加社会就业发挥了积极作用。但也要看到，我国合同能源管理还没有得到足够的重视，节能服务产业还存在财税扶持政策少、融资困难以及规模偏小、发展不规范等突出问题，难以适应节能工作形势发展的需要。加快推行合同能源管理，积极发展节能服务产业，是利用市场机制促进节能减排、减缓温室气体排放的有力措施，是培育战略性新兴产业、形成新的经济增长点的迫切要求，是建设资源节约型和环境友好型社会的客观需要。各地区、各部门要充分认识推行合同能源管理、发展节能服务产业的重要意义，采取切实有效措施，努力创造良好的政策环境，促进节能服务产业加快发展。

二、指导思想、基本原则和发展目标

（一）指导思想

高举中国特色社会主义伟大旗帜，以邓小平理论和“三个代表”重要思想为指导，深入贯彻落实科学发展观，充分发挥市场机制作用，加强政策扶持和引导，积极推行合同能源管理，加快节能新技术、新产品的推广应用，促进节能服务产业发展，不断提高能源利用效率。

（二）基本原则

一是坚持发挥市场机制作用。充分发挥市场配置资源的基础性作用，以分享节能效益为基础，建立市场化的节能服务机制，促进节能服务公司加强科技创新和服务创新，提高服务能力，改善服务质量。

二是加强政策支持引导。通过制定完善激励政策，加强行业监管，强化行业自律，营造有利于节能服务产业发展的政策环境和市场环境，引导节能服务产业健康发展。

（三）发展目标

到 2012 年，扶持培育一批专业化节能服务公司，发展壮大一批综合性大型节能服务公司，建立充满活力、特色鲜明、规范有序的节能服务市场。到 2015 年，建立比较完善的节能服务体系，专业化节能服务公司进一步壮大，服务能力进一步增强，服务领域进一步拓宽，合同能源管理成为用能单位实施节能改造的主要方式之一。

三、完善促进节能服务产业发展的政策措施

（一）加大资金支持力度

将合同能源管理项目纳入中央预算内投资和中央财政节能减排专项资金支持范围，对节能服务公司采用合同能源管理方式实施的节能改造项目，符合相关规定的，给予资金补助或奖励。有条件的地方也要安排一定资金，支持和引导节能服务产业发展。

(二)实行税收扶持政策

在加强税收征管的前提下,对节能服务产业采取适当的税收扶持政策。

一是对节能服务公司实施合同能源管理项目,取得的营业税应税收入,暂免征收营业税,对其无偿转让给用能单位的因实施合同能源管理项目形成的资产,免征增值税。

二是节能服务公司实施合同能源管理项目,符合税法有关规定的,自项目取得第一笔生产经营收入所属纳税年度起,第1—3年免征企业所得税,第4—6年减半征收企业所得税。

三是用能企业按照能源管理合同实际支付给节能服务公司的合理支出,均可以在计算当期应纳税所得额时扣除,不再区分服务费用和资产价款进行税务处理。

四是能源管理合同期满后,节能服务公司转让给用能企业的因实施合同能源管理项目形成的资产,按折旧或摊销期满的资产进行税务处理。节能服务公司与用能企业办理上述资产的权属转移时,也不再另行计入节能服务公司的收入。

上述税收政策的具体实施办法由财政部、税务总局会同国家发改委等部门另行制定。

(三)完善相关会计制度

各级政府机构采用合同能源管理方式实施节能改造,按照合同支付给节能服务公司的支出视同能源费用进行列支。事业单位采用合同能源管理方式实施节能改造,按照合同支付给节能服务公司的支出计入相关支出。企业采用合同能源管理方式实施节能改造,如购建资产和接受服务能够合理区分且单独计量的,应当分别予以核算,按照国家统一的会计准则制度处理;如不能合理区分或虽能区分但不能单独计量的,企业实际支付给节能服务公司的支出作为费用列支,能源管理合同期满,用能单位取得相关资产作为接受捐赠处理,节能服务公司作为赠与处理。

(四)进一步改善金融服务

鼓励银行等金融机构根据节能服务公司的融资需求特点,创新信贷产品,拓宽担保品范围,简化申请和审批手续,为节能服务公司提供项目融资、保理等金融服务。节能服务公司实施合同能源管理项目投入的固定资产可按有关规定向银行申请抵押贷款。积极利用国外的优惠贷款和赠款加大对合同能源管理项目的支持。

四、加强对节能服务产业发展的指导和服务

(一)鼓励支持节能服务公司做大做强

节能服务公司要加强服务创新,加强人才培养,加强技术研发,加强品牌建设,不断提高综合实力和市场竞争力。鼓励节能服务公司通过兼并、联合、重组等方式,实行规模化、品牌化、网络化经营,形成一批拥有知名品牌,具有较强竞争力的大型服务企业。鼓励大型重点用能单位利用自己的技术优势和管理经验,组建专业化节能服务公司,为本行业其他用能单位提供节能服务。

(二)发挥行业组织的服务和自律作用

节能服务行业组织要充分发挥职能作用,大力开展业务培训,加快建设信息交流平台,及时总结推广业绩突出的节能服务公司的成功经验,积极开展节能咨询服务。要制定节能服务行业公约,建立健全行业自律机制,提高行业整体素质。

(三)营造节能服务产业发展的良好环境

地方各级人民政府要将推行合同能源管理、发展节能服务产业纳入重要议事日程,加强领导,精心组织,务求取得实效。政府机构要带头采用合同能源管理方式实施节能改造,发挥模范表率作用。各级节能主管部门要采取多种形式,广泛宣传推行合同能源管理的重要意义和明显成效,提高全社会对合同能源管理的认知度和认同感,营造推行合同能源管理的有利氛围。要加强用能计量管理,督促用能单位按规定配备能源计量器具,为节能服务公司实施合同能源管理项目提供基础条件。要组织实施合同能源管理示范项目,发挥引导和带动作用。要加强对节能服务产业发展规律的研究,积极借鉴国外的先进经验和有益做法,协调解决产业发展中的困难和问题,推进产业持续健康发展。

关于进一步做好利用外资工作的若干意见

（2010 年 4 月 6 日　国发〔2010〕9 号）

各省、自治区、直辖市人民政府，国务院各部委、各直属机构：

利用外资是我国对外开放基本国策的重要内容。改革开放以来，我国积极吸引外商投资，促进了产业升级和技术进步，外商投资企业已成为国民经济的重要组成部分。目前，我国利用外资的优势依然明显。为提高利用外资质量和水平，更好地发挥利用外资在推动科技创新、产业升级、区域协调发展等方面的积极作用，现提出如下意见：

一、优化利用外资结构

（1）根据我国经济发展需要，结合国家产业调整和振兴规划要求，修订《外商投资产业指导目录》，扩大开放领域，鼓励外资投向高端制造业、高新技术产业、现代服务业、新能源和节能环保产业。严格限制"两高一资"和低水平、过剩产能扩张类项目。

（2）国家产业调整和振兴规划中的政策措施同等适用于符合条件的外商投资企业。

（3）对用地集约的国家鼓励类外商投资项目优先供应土地，在确定土地出让底价时可按不低于所在地土地等别相对应《全国工业用地出让最低价标准》的 70.0% 执行。

（4）鼓励外商投资高新技术企业发展，改进并完善高新技术企业认定工作。

（5）鼓励中外企业加强研发合作，支持符合条件的外商投资企业与内资企业、研究机构合作申请国家科技开发项目、创新能力建设项目等，申请设立国家级技术中心认定。

（6）鼓励跨国公司在华设立地区总部、研发中心、采购中心、财务管理中心、结算中心以及成本和利润核算中心等功能性机构。在 2010 年 12 月 31 日以前，对符合规定条件的外资研发中心确需进口的科技开发用品免征进口关税和进口环节增值税、消费税。

（7）落实和完善支持政策，鼓励外商投资服务外包产业，引入先进技术和管理经验，提高我国服务外包国际竞争力。

二、引导外资向中西部地区转移和增加投资

（8）根据《外商投资产业指导目录》修订情况，补充修订《中西部地区外商投资优势产业目录》，增加劳动密集型项目条目，鼓励外商在中西部地区发展符合环保要求的劳动密集型产业。

（9）对符合条件的西部地区内外资企业继续实行企业所得税优惠政策，保持西部地区吸收外商投资好的发展势头。

（10）对东部地区外商投资企业向中西部地区转移，要加大政策开放和技术资金配套支持力度，同时完善行政服务，在办理工商、税务、外汇、社会保险等手续时提供便利。鼓励和引导外资银行到中西部地区设立机构和开办业务。

（11）鼓励东部地区与中西部地区以市场为导向，通过委托管理、投资合作等多种方式，按照优势互补、产业联动、利益共享的原则共建开发区。

三、促进利用外资方式多样化

（12）鼓励外资以参股、并购等方式参与国内企业改组改造和兼并重组。支持 A 股上市公司引入境内外战略投资者。规范外资参与境内证券投资和企业并购。依法实施反垄断审查，并加快建立外资并购安全审查制度。

（13）利用好境外资本市场，继续支持符合条件的企业根据国家发展战略及自身发展需要到境外上市，充分利用两个市场、两种资源，不断提高竞争力。

（14）加快推进利用外资设立中小企业担保公司试点工作。鼓励外商投资设立创业投资企业，积极利用私募股权投资基金，完善退出机制。

（15）支持符合条件的外商投资企业境内公开发行股票、发行企业债和中期票据，拓宽融资渠道，引导金融机构继续加大对外商投资企业的信贷支

持。稳步扩大在境内发行人民币债券的境外主体范围。

四、深化外商投资管理体制改革

(16)《外商投资产业指导目录》中总投资(包括增资)3亿美元以下的鼓励类、允许类项目,除《政府核准的投资项目目录》规定需由国务院有关部门核准之外,由地方政府有关部门核准。除法律法规明确规定由国务院有关部门审批外,在加强监管的前提下,国务院有关部门可将本部门负责的审批事项下放地方政府审批,服务业领域外商投资企业的设立(金融、电信服务除外)由地方政府按照有关规定进行审批。

(17)调整审批内容,简化审批程序,最大限度缩小审批、核准范围,增强审批透明度。全面清理涉及外商投资的审批事项,缩短审批时间。改进审批方式,在试点并总结经验的基础上,逐步在全国推行外商投资企业合同、章程格式化审批,大力推行在线行政许可,规范行政行为。

五、营造良好的投资环境

(18)规范和促进开发区发展,发挥开发区在体制创新、科技引领、产业集聚、土地集约方面的载体和平台作用。支持符合条件的省级开发区升级,支持具备条件的国家级、省级开发区扩区和调整区位,制定加快边境经济合作区建设的支持政策措施。

(19)进一步完善外商投资企业外汇管理,简化外商投资企业外汇资本金结汇手续。对依法经营、资金紧张暂时无法按时出资的外商投资企业,允许延长出资期限。

(20)加强投资促进,针对重点国家和地区、重点行业加大引资推介力度,广泛宣传我国利用外资政策。积极参与多双边投资合作,把“引进来”和“走出去”相结合,推动跨国投资政策环境不断改善。

国务院各有关部门、地方各级人民政府要统一认识,坚持积极有效利用外资的方针,坚持以我为主、择优选资,促进“引资”与“引智”相结合,不断提高利用外资质量。要总结改革开放经验,结合新形势、新要求,进一步加大改革创新力度,提高便利化程度,创造更加开放、更加优化的投资环境,全面提高利用外资工作水平。

医药卫生体制五项重点改革2010年度主要工作安排的通知

(2010年4月6日　国办函〔2010〕67号)

2009年4月医药卫生体制改革启动实施以来,在党中央、国务院的坚强领导下,各地区、各有关部门积极行动,协调配合,精心实施,五项重点改革有序推进,取得明显进展。为进一步明确任务目标,扎实推进改革,现提出医药卫生体制五项重点改革2010年度主要工作安排。

一、总体要求

深入贯彻落实《中共中央国务院关于深化医药卫生体制改革的意见》(中发〔2009〕6号)和《国务院关于印发医药卫生体制改革近期重点实施方案(2009—2011年)的通知》(国发〔2009〕12号)精神,紧紧围绕“保基本、强基层、建机制”,突出惠民措施,提高服务水平,增强改革实效,充分发挥中医药作用,扎实推进医药卫生体制五项重点改革,为全面完成三年既定目标任务奠定基础。

二、工作任务

(一)加快推进基本医疗保障制度建设

1. 巩固扩大基本医疗保障覆盖面。主要工作目标:

(1)扩大城镇职工基本医疗保险(简称“城镇职工医保”)、城镇居民基本医疗保险(简称“城镇居民医保”)覆盖面,参保人数达到4.1亿人。进一步做好城镇非公有制经济组织从业人员、大学生、灵活就业人员和农民工的参保工作。(人力资源社会保障部负责)

(2)基本解决关闭破产企业退休人员和困难企

业职工的参保问题。(人力资源社会保障部负责)

(3)巩固新型农村合作医疗(简称“新农合”)覆盖面,参合率稳定在90.0%以上。(卫生部负责)

2. 进一步提高基本医疗保障水平。主要工作目标:

(1)提高筹资标准。各级政府对新农合和城镇居民医保补助标准提高到每人每年120元,适当提高个人缴费标准。(卫生部、人力资源社会保障部、财政部分别负责)

(2)加快推进门诊统筹。城镇居民医保门诊统筹扩大到60.0%的统筹地区,新农合门诊统筹达到50.0%(力争达到60.0%)的统筹地区,城镇职工医保在有条件的地区先行探索、总结经验。基层医疗卫生机构门诊费用报销比例明显高于医院。(人力资源社会保障部、卫生部分别负责)

(3)提高报销比例。城镇居民医保和新农合政策范围内住院费用报销比例达到60.0%以上,城镇职工医保政策范围内住院费用报销比例有所提高。所有统筹地区城镇职工医保、城镇居民医保和新农合的统筹基金最高支付限额分别提高到当地职工年平均工资、居民可支配收入和全国农民人均纯收入的6倍以上。(人力资源社会保障部、卫生部分别负责)

(4)加大医疗救助力度。在资助城乡所有低保对象、五保户参保的基础上,对其经医保报销后仍难以负担的医疗费用给予补助。逐步开展门诊救助,取消住院救助病种限制。探索开展重特大疾病救助办法。(民政部负责)

(5)开展儿童白血病、先天性心脏病等儿童重大疾病医疗保障试点。(卫生部、民政部、人力资源社会保障部负责)

3. 提高基本医保基金管理水平。主要工作目标:

(1)大力推广就医“一卡通”等办法,方便参保人员就医和医疗费用结算。在80.0%的城镇职工医保、城镇居民医保和新农合统筹地区实现医疗费用即时结算(结报),患者只需支付自付的医疗费用。(人力资源社会保障部、卫生部分别负责)

(2)推行按人头付费、按病种付费、总额预付等支付方式。选择50种左右临床路径明确的疾病开展按病种付费试点。探索建立医疗保险经办机构与医疗机构、药品供应商的谈判机制,发挥医疗保险对医疗服务和药品费用的制约作用。(人力资源社会保障部、卫生部分别负责)

(3)积极做好农民工等流动就业人员基本医疗保险关系跨制度、跨地区转移接续工作,开展以异地安置退休人员为重点的就地就医、就地结算服务。(人力资源社会保障部、卫生部负责)

(4)鼓励有条件的地方提高基本医疗保险统筹层次。科学论证、有序开展基本医疗保障经办管理资源整合。探索委托具有资质的商业保险机构经办各类医疗保障管理服务。(人力资源社会保障部、卫生部、保监会负责)

(二)初步建立国家基本药物制度

4. 进一步推进国家基本药物制度实施。主要工作目标:

(1)继续扩大基本药物制度实施范围,在不少于60.0%的政府办城市社区卫生服务机构和县(基层医疗卫生机构)实施国家基本药物制度。(国家发改委负责)

(2)规范基本药物招标配送,落实基本药物以省(区、市)为单位招品种规格、招数量、招价格、招厂家,逐步实现基本药物全省(区、市)统一价,保障基本药物的质量和供应。(卫生部负责)

(3)密切跟踪监测基本药物市场价格和供应变化,适时调整零售指导价格。(国家发改委负责)

(4)推行基本药物临床应用指南和基本药物处方集,确保临床首选和合理使用基本药物。(卫生部负责)

(5)全面提高和完善307种国家基本药物的质量标准,对基本药物进行全品种覆盖抽验和全品种电子监管,完善地市级药品不良反应报告评价体系。(食品药品监管局负责)

(6)落实国家基本药物医保报销政策,确保基本药物全部纳入医保报销范围,报销比例明显高于非基本药物。(人力资源社会保障部、卫生部负责)

(7)密切跟踪了解实施国家基本药物制度对药品流通行业的影响,积极研究解决办法。(商务部负责)

5. 改革基层医疗卫生机构补偿机制。主要工作目标:

(1)进一步完善基层医疗卫生机构补偿机制,

积极探索多渠道补偿，落实政府办基层医疗卫生机构实行基本药物零差率销售后的政府投入政策，保障其正常运行。（财政部、卫生部、人力资源社会保障部负责）

（2）鼓励地方探索通过购买服务的方式，发挥医保基金对基层医疗卫生机构的补偿作用。（人力资源社会保障部、卫生部分别负责）

（3）鼓励有条件的地方将非公立基层医疗卫生机构纳入基本药物制度实施范围，探索规范合理的补偿办法。（卫生部、财政部、人力资源社会保障部负责）

（4）支持基层医疗卫生机构实行综合改革，中央财政通过以奖代补的办法，对实施基本药物制度进展快、基层医疗卫生机构体制机制综合改革成效好的地区给予奖励补助。（财政部、国家发改委负责）

6. 深化基层医疗卫生机构人事分配制度改革。主要工作目标：

（1）落实基层医疗卫生事业单位和公共卫生事业单位实施绩效工资政策。（人力资源社会保障部、财政部、卫生部、人口计生委负责）

（2）实行能进能出的人员聘用制，建立以服务质量、服务数量和群众满意度为核心的考核机制，制定和完善绩效考核办法。（人力资源社会保障部、卫生部分别负责）

（3）研究拟定乡镇卫生院机构编制标准，科学合理确定乡镇卫生院人员编制。（中央编办、卫生部、财政部负责）

7. 转变基层医疗卫生机构运行机制。主要工作目标：

推动基层医疗卫生机构主动服务、上门服务，开展巡回医疗，为城乡居民提供基本药物、基本医疗和公共卫生服务，使乡镇卫生院和社区卫生服务机构门诊量占医疗机构门诊总量的比例明显提高。（卫生部负责）

（三）健全基层医疗卫生服务体系

8. 进一步加强基层医疗卫生机构建设。主要工作目标：

在2009年基础上，再支持830个左右县级医院（含中医院）、1 900个左右中心乡镇卫生院、1 256个左右城市社区卫生服务中心和8 000个以上村卫生室建设。（国家发改委负责）

9. 启动实施以全科医生为重点的基层医疗卫生队伍建设规划。主要工作目标：

（1）制定农村医疗卫生岗位需求计划，启动实施高等医学院校农村订单定向免费培养项目，2010年为中西部乡镇卫生院和基层部队招收5 000名以上定向免费医学生。积极引导面向基层卫生人才培养的高等医学教育改革，加强全科医学师资培养。（卫生部、教育部、总后勤部卫生部负责）

（2）启动首批全科方向的住院医师规范化培训，安排1.5万名基层医疗卫生机构在岗人员进行全科医生转岗培训。研究出台建立全科医生制度的文件。（卫生部、人力资源社会保障部、国家发改委负责）

（3）巩固和完善900个三级医院与2 000个县级医院长期对口协作关系。加强县级医院医疗卫生人才培养，安排6 000名县级医院骨干人员到三级医院进修学习，开展专科方向的住院医师规范化培训。（卫生部、人力资源社会保障部负责）

（4）鼓励和引导医疗卫生人才到基层服务。为乡镇卫生院招聘执业医师1 000人，在岗培训乡镇卫生人员12万人次、村卫生室卫生人员46万人次、城市社区卫生服务人员5.3万人次。（卫生部、人力资源社会保障部负责）

（5）健全基层医疗卫生人才使用机制，鼓励地方开展全科医生县乡联动试点。（国家发改委、人力资源社会保障部负责）

（6）制定培训基地管理办法和国家示范基地建设方案。建立健全全科医生职称评定办法。完善全科医生培训大纲和配套教材，研究规范化培训的考核办法。（卫生部、人力资源社会保障部负责）

10. 发挥村卫生室在农村三级卫生服务网络中的网底功能。主要工作目标：

（1）发挥政府、集体、个人等多方力量加强村卫生室建设，政府重点加强对村卫生室和村医的技术支持，积极稳妥地推进乡村一体化管理。（卫生部负责）

（2）落实乡村医生承担公共卫生服务等任务的补助政策，保障村医的合理收入。鼓励地方将符合条件的村卫生室纳入新农合定点医疗机构范围，提高报销比例。（卫生部、财政部负责）

(四)促进基本公共卫生服务逐步均等化

11. 完善9类基本公共卫生服务。主要工作目标：

(1)在城乡基层医疗卫生机构普遍落实居民健康档案、健康教育、免疫规划、传染病防治、儿童保健、孕产妇保健、老年人保健、慢性病管理、重性精神疾病患者管理9类国家基本公共卫生服务项目。城市居民健康档案规范化建档率达到40.0%以上，农村居民健康档案建档率达到20.0%，并提高信息化水平。(卫生部负责)

(2)制定基本公共卫生服务项目考核办法，提高服务的效率和效益。(卫生部负责)

12. 继续实施重大公共卫生服务项目。主要工作目标：

(1)继续对15岁以下的人群补种乙肝疫苗，2010年再补种2 810万人左右，累计补种5 688万人左右，占应补种人群的83.0%。(卫生部负责)

(2)在2009年基础上，再完成适龄妇女宫颈癌检查400万人，乳腺癌检查40万人；农村孕产妇住院分娩率达到95.0%以上，继续开展农村生育妇女免费补服叶酸项目。(卫生部负责)

(3)为35万例贫困白内障患者免费开展复明手术，累计完成3年任务的55.0%。(卫生部负责)

(4)完成2009年87万户燃煤污染型氟中毒病区改炉改灶任务，做好55万户改炉改灶前期准备工作。(卫生部负责)

(5)完成2009年411万户无害化卫生厕所建设任务，做好347万户无害化卫生厕所建设前期准备工作，无害化厕所覆盖率达到65.0%。(卫生部负责)

(6)实施艾滋病母婴传播阻断项目。(卫生部负责)

(7)对重大公共卫生服务项目实施情况进行考核评估。(卫生部负责)

13. 加强公共卫生服务能力建设。主要工作目标：

启动实施精神卫生防治体系建设与发展规划，2010年中央投资重点支持100所左右精神卫生专业机构建设。(国家发改委负责)

(五)推进公立医院改革试点

国家重点在16个城市开展公立医院改革试点，各省(区、市)可自主选择1～2个城市开展公立医院改革试点。

14. 调整公立医院布局和结构，完善管理体制。主要工作目标：

(1)优化调整公立医院区域布局和结构，明确行政区域内公立医院的设置数量、布局、主要功能和床位规模、大型医疗设备配置。研究探索将部分公立医院转制为非公立医疗机构。(卫生部负责)

(2)出台进一步鼓励和引导社会资本发展医疗卫生事业的意见，鼓励社会资本进入医疗服务领域。(国家发改委、卫生部、财政部、商务部、人力资源社会保障部负责)

(3)建立公立医院与城乡基层医疗卫生机构的分工协作机制，加强人员培训交流和业务指导，探索建立社区首诊、双向转诊等分级诊疗制度。(卫生部负责)

(4)探索政事分开、管办分开的有效形式。完善医院法人治理结构。深化人事制度改革，推行聘用制和岗位管理制度。(卫生部、中央编办、人力资源社会保障部负责)

(5)研究拟定公立医院编制标准，科学合理确定公立医院人员编制。(中央编办、卫生部、财政部负责)

(6)建立社会监督机制，加强信息公开，探索多方参与的公立医院质量监管和评价制度。(卫生部、人力资源社会保障部负责)

(7)研究出台住院医师规范化培训制度实施意见，启动实施住院医师规范化培训。鼓励地方开展注册医师多点执业试点。(卫生部、人力资源社会保障部、财政部负责)

15. 改革公立医院补偿机制。主要工作目标：

(1)探索医药分开，逐步取消药品加成，使试点公立医院逐步实现由服务收费和政府补助进行补偿。(卫生部、财政部、国家发改委负责)

(2)指导试点地区合理确定医疗技术服务、药品、医用耗材和大型设备检查的价格，推进按病种收费试点改革，改进医疗服务收费方式。(国家发改委、卫生部负责)

16. 加强公立医院内部管理。主要工作目标：

(1)进一步优化诊疗流程，推广预约诊疗，实行同级医疗机构检查结果互认，缩短群众就医等候时

间，加强临床护理工作，改善就医环境。（卫生部负责）

（2）拟定全国统一的医院电子病历标准和规范，加快推进医院信息化建设。（卫生部、人力资源社会保障部负责）

（3）修订医院财务会计制度，加强成本核算和控制。（财政部、卫生部负责）

（4）规范公立医院临床检查、诊断、治疗、用药行为，制定100种常见疾病临床路径，继续推动临床路径管理试点工作。（卫生部负责）

三、保障措施

（一）落实目标责任制

2010年度医改工作的实施时间为2010年4月—2011年3月。为进一步落实责任，确保各项工作如期完成，国务院医改领导小组办公室将与各省（区、市）医改领导小组签定责任状，各地区也要与基层实施单位建立目标责任制。军队贯彻落实国家医改的具体措施由军队卫生主管部门协调落实。

（二）加强财力保障

各级政府要将2010年医改所需政府投入资金纳入财政预算并及时落实到位。要积极调整医改资金支出结构，完善补偿办法，将建立机制与增加投入有效衔接起来。要加强监督管理，提高资金使用效益，切实防止各种违法违规使用资金的行为。

（三）强化评估考核

国务院医改领导小组办公室要会同有关部门加强对改革进展和效果的督导评估，建立定期考核和信息通报制度，及时分析新情况、新问题，积极研究解决办法，并组织开展5项重点改革实施效果中期评估工作。

（四）正确引导舆论

坚持正确的舆论导向，合理引导社会预期，主动向社会公布医改进展情况，对各界关注的热点问题进行及时解答和回应，调动各方参与和推进医改的积极性、主动性和创造性，为深化改革创造良好的舆论氛围和社会环境。

关于进一步加大工作力度确保实现“十一五”节能减排的目标

（2010年5月4日　国发〔2010〕12号）

各省、自治区、直辖市人民政府，国务院各部委、各直属机构：

2006年以来，各地区、各部门认真贯彻落实科学发展观，把节能减排作为调整经济结构、转变发展方式的重要抓手，加大资金投入，强化责任考核，完善政策机制，加强综合协调，节能减排工作取得重要进展。全国单位国内生产总值能耗累计下降14.4%，化学需氧量排放总量下降9.7%，二氧化硫排放总量下降13.1%。但要实现“十一五”单位国内生产总值能耗降低20.0%左右的目标，任务还相当艰巨。为进一步加大工作力度，确保实现“十一五”节能减排目标，现就有关事项通知如下：

（1）增强做好节能减排工作的紧迫感和责任感。“十一五”节能减排指标是具有法律约束力的指标，是政府向全国人民作出的庄严承诺，是衡量落实科学发展观、加快调整产业结构、转变发展方式成效的重要标志，事关经济社会可持续发展，事关人民群众切身利益，事关我国的国际形象。当前，节能减排形势十分严峻，特别是2009年第三季度以来，高耗能、高排放行业快速增长，一些被淘汰的落后产能死灰复燃，能源需求大幅增加，能耗强度、二氧化硫排放量下降速度放缓甚至由降转升，化学需氧量排放总量下降趋势明显减缓。为应对全球气候变化，我国政府承诺到2020年单位国内生产总值二氧化碳排放要比2005年下降40.0%～45.0%，节能提高能效的贡献率要达到85.0%以上，这也给节能减排工作带来巨大挑战。各地区、各部门要充分认识加强节能减排工作的重要性和紧迫性，切实增强使命感和责任感，下更大决心，花更大气力，果断采取强有力、见效快的政策措施，打好节能减排攻坚战，确保实现“十一五”节能减排目标。

（2）强化节能减排目标责任。组织开展对省级政府2009年节能减排目标完成情况和措施落实情况及“十一五”目标完成进度的评价考核，考核结果向社会公告，落实奖惩措施，加大问责力度。及时发布2009年全国和各地区单位国内生产总值能耗、主要污染物排放量指标公报，以及2010年上半年全国单位国内生产总值能耗、主要污染物排放量指标公报。各地区要按照节能减排目标责任制的要求，一级抓一级，层层抓落实，组织开展本地区节能减排目标责任评价考核工作，对未完成目标的地区进行责任追究。到“十一五”末，要对节能减排目标完成情况算总账，实行严格的问责制，对未完成任务的地区、企业集团和行政不作为的部门，都要追究主要领导责任，根据情节给予相应处分。各地区“十二五”节能目标任务的确定要以2005年为基数。各省级政府要在5月底前，将本地区2010年节能减排目标和实施方案报国务院。

(3)加大淘汰落后产能力度。2010年关停小火电机组1 000万千瓦，淘汰落后炼铁产能2 500万吨、炼钢600万吨、水泥5 000万吨、电解铝33万吨、平板玻璃600万重箱、造纸53万吨。各省级政府要抓紧制定本地区今年淘汰落后产能任务，将任务分解到市、县和有关企业，并于5月20日前报国务院有关部门。有关部门要在5月底前下达各地区淘汰落后产能任务，公布淘汰落后产能企业名单，确保落后产能在第三季度前全部关停。加强淘汰落后产能核查，对未按期完成淘汰落后产能任务的地区，严格控制国家安排的投资项目，实行项目“区域限批”，暂停对该地区项目的环评、供地、核准和审批。对未按规定期限淘汰落后产能的企业，依法吊销排污许可证、生产许可证、安全生产许可证，投资管理部门不予审批和核准新的投资项目，国土资源管理部门不予批准新增用地，有关部门依法停止落后产能生产的供电供水。

(4)严控高耗能、高排放行业过快增长。严格控制“两高”和产能过剩行业新上项目。各级投资主管部门要进一步加强项目审核管理，今年内不再审批、核准、备案“两高”和产能过剩行业扩大产能项目。未通过环评、节能审查和土地预审的项目，一律不准开工建设。对违规在建项目，有关部门要责令停止建设，金融机构一律不得发放贷款。对违规建成的项目，要责令停止生产，金融机构一律不得发放流动资金贷款，有关部门要停止供电供水。落实限制“两高”产品出口的各项政策，控制“两高”产品出口。

(5)加快实施节能减排重点工程。安排中央预算内投资333亿元、中央财政资金500亿元，重点支持十大重点节能工程建设、循环经济发展、淘汰落后产能、城镇污水垃圾处理、重点流域水污染治理，以及节能环保能力建设等，形成年节能能力8 000万吨标准煤，新增城镇污水日处理能力1 500万吨、垃圾日处理能力6万吨。各地区要将节能减排指标落实到具体项目，节能减排专项资金要向能直接形成节能减排能力的项目倾斜，尽早下达资金，尽快形成节能减排能力。有关部门要在6月中旬前出台加快推行合同能源管理，促进节能服务产业发展的相关配套政策，对节能服务公司为企业实施节能改造给予支持。

(6)切实加强用能管理。要加强对各地区综合能源消费量、高耗能行业用电量、高耗能产品产量等情况的跟踪监测，对能源消费和高耗能产业增长过快的地区，合理控制能源供应，切实改变敞开口子供应能源、无节制使用能源的现象。大力推进节能发电调度，加强电力需求侧管理，制定和实施有序用电方案，在保证合理用电需求的同时，要压缩高耗能、高排放企业用电。对能源消耗超过已有国家和地方单位产品能耗(电耗)限额标准的，实行惩罚性价格政策，具体由省级政府有关部门提出意见。省级节能主管部门组织各级节能监察机构于2010年6月底前对重点用能单位上一年度和2010年上半年主要产品能源消耗情况进行专项能源监察审计，提出超能耗(电耗)限额标准的企业和产品名单，实行惩罚性电价，对超过限额标准1倍以上的，比照淘汰类电价加价标准执行。加强城市照明管理，严格控制公用设施和大型建筑物装饰性景观照明能耗。

(7)强化重点耗能单位节能管理。突出抓好千家企业节能行动，公告考核结果，强化目标责任，加强用能管理，提高用能水平，确保形成2 000万吨标准煤的年节能能力。省级节能主管部门要加强对年耗能5 000吨标准煤以上重点用能单位的节能监管，落实能源利用状况报告制度，推进能效水平对标活动，开展节能管理师和能源管理体系试点。已经完成“十一五”节能任务的用能单位，要继续狠抓节能不放松，为完成本地区节能任务多做贡献；尚未完成任务的用能单位，要采取有力措施，确保完成“十一五”节能任务。中央和地方国有企业都要发挥表率作用，加大节能投入，加强管理，对完不成节能减排目标和存在严重浪费能源资源的，在经营业绩考核中实行降级降分处理，并与企业负责人绩效薪酬紧密挂钩。

（8）推动重点领域节能减排。加强电力、钢铁、有色、石油石化、化工、建材等重点行业节能减排管理，加大用先进适用技术改造传统产业的力度。加强新建建筑节能监管，到2010年底，全国城镇新建建筑执行节能强制性标准的比例达到95.0%以上，完成北方采暖地区居住建筑供热计量及节能改造5 000万平方米，确保完成“十一五”期间1.5亿平方米的改造任务。夏季空调温度设置不低于26摄氏度。加强车辆用油定额考核，严格执行车辆燃料消耗量限值标准，对客车实载率低于70.0%的线路不得投放新的运力。推行公路甩挂运输，加快铁路电气化建设和运输装备改造升级，优化民航航路航线。开展节约型公共机构示范单位建设活动，2010年公共机构能源消耗指标要在去年基础上降低5.0%。加强流通服务业节能减排工作。加大汽车、家电以旧换新力度。抓好“三河三湖”、松花江等重点流域水污染治理。做好重金属污染治理工作。抓好农村环境综合整治。支持军队加快实施节能减排技术改造。

（9）大力推广节能技术和产品。发布国家重点节能技术推广目录（第三批）。继续实施“节能产品惠民工程”，在加大高效节能空调推广的基础上，全面推广节能汽车、节能电机等产品，继续做好新能源汽车示范推广，5月底前有关部门要出台具体的实施细则。推广节能灯1.5亿只以上，东中部地区和有条件的西部地区城市道路照明、公共场所、公共机构全部淘汰低效照明产品。扩大能效标识实施范围，发布第七批能效标识产品目录。落实政府优先和强制采购节能产品制度，完善节能产品政府采购清单动态管理。

（10）完善节能减排经济政策。深化能源价格改革，调整天然气价格，推行居民用电阶梯价格，落实煤层气、天然气发电上网电价和脱硫电价政策，出台鼓励余热余压发电上网和价格政策。对电解铝、铁合金、钢铁、电石、烧碱、水泥、黄磷、锌冶炼等高耗能行业中属于产业结构调整指导目录限制类、淘汰类范围的，严格执行差别电价政策。各地可在国家规定基础上，按照规定程序加大差别电价实施力度，大幅提高差别电价加价标准。加大污水处理费征收力度，改革垃圾处理费收费方式。积极落实国家支持节能减排的所得税、增值税等优惠政策，适时推进资源税改革。尽快出台排污权有偿使用和交易指导意见。深化生态补偿试点，完善生态补偿机制。开展环境污染责任保险。金融机构要加大对节能减排项目的信贷支持。

（11）加快完善法规标准。尽快出台固定资产投资项目节能评估和审查管理办法，抓紧完成城镇排水与污水处理条例的审查修改，做好大气污染防治法（修订）、节约用水条例、生态补偿条例的研究起草工作。研究制定重点用能单位节能管理办法、能源计量监督管理办法、节能产品认证管理办法、主要污染物排放许可证管理办法等。完善单位产品能耗限额标准、用能产品能效标准、建筑能耗标准等。

（12）加大监督检查力度。在今年第三季度，国务院组成工作组，对部分地区贯彻落实本通知精神情况进行检查。各级政府要组织开展节能减排专项督察，严肃查处违规乱上“两高”项目、淘汰落后产能进展滞后、减排设施不正常运行及严重污染环境等问题，彻底清理对高耗能企业和产能过剩行业电价优惠政策，发现一起，查处一起，对重点案件要挂牌督办，对有关责任人要严肃追究责任。要组织节能监察机构对重点用能单位开展拉网式排查，严肃查处使用国家明令淘汰的用能设备或生产工艺、单位产品能耗超限额标准用能等问题，情节严重的，依法责令停业整顿或者关闭。开展酒店、商场、办公楼等公共场所空调温度以及城市景观过度照明检查。继续深入开展整治违法排污企业保障群众健康环保专项行动。发挥职工监督作用，加强职工节能减排义务监督员队伍建设。

（13）深入开展节能减排全民行动。加强能源资源和生态环境国情宣传教育，进一步增强全民资源忧患意识、节约意识和环保意识。组织开展好2010年全国节能宣传周、世界环境日等活动。在企业、机关、学校、社区、军营等开展广泛深入的“节能减排全民行动”，普及节能环保知识和方法，推介节能新技术、新产品，倡导绿色消费、适度消费理念，加快形成有利于节约资源和保护环境的消费模式。新闻媒体要加大节能减排宣传力度，在重要栏目、重要时段、重要版面跟踪报道各地区落实本通知要求采取的行动，宣传先进经验，曝光反面典型，充分发挥舆论宣传和监督作用。

(14)实施节能减排预警调控。要做好节能减排形势分析和预警预测。各地区要在6月底前制定相关预警调控方案，在第三季度组织开展“十一五”节能减排目标完成情况预考核；对完成目标有困难的地区，要及时启动预警调控方案。

各地区、各部门要把节能减排放在更加突出的位置，切实加强组织领导。地方各级人民政府对本行政区域节能减排负总责，政府主要领导是第一责任人。发改委要加强节能减排综合协调，指导推动节能降耗工作，环境保护部要做好减排的协调推动工作，统计局要加强能源监测和统计。有关部门在各自的职责范围内做好节能减排工作，加强对各地区贯彻落实本通知精神的督促检查，确保实现“十一五”节能减排目标。

国务院关于鼓励和引导民间投资健康发展的若干意见

(2010年5月7日　国发〔2010〕13号)

各省、自治区、直辖市人民政府，国务院各部委、各直属机构：

改革开放以来，我国民间投资不断发展壮大，已经成为促进经济发展、调整产业结构、繁荣城乡市场、扩大社会就业的重要力量。在毫不动摇地巩固和发展公有制经济的同时，毫不动摇地鼓励、支持和引导非公有制经济发展，进一步鼓励和引导民间投资，有利于坚持和完善我国社会主义初级阶段基本经济制度，以现代产权制度为基础发展混合所有制经济，推动各种所有制经济平等竞争、共同发展；有利于完善社会主义市场经济体制，充分发挥市场配置资源的基础性作用，建立公平竞争的市场环境；有利于激发经济增长的内生动力，稳固可持续发展的基础，促进经济长期平稳较快发展；有利于扩大社会就业，增加居民收入，拉动国内消费，促进社会和谐稳定。为此，提出以下意见：

(一)进一步拓宽民间投资的领域和范围

(1)深入贯彻落实《国务院关于鼓励支持和引导个体私营等非公有制经济发展的若干意见》(国发〔2005〕3号)等一系列政策措施，鼓励和引导民间资本进入法律法规未明确禁止准入的行业和领域。规范设置投资准入门槛，创造公平竞争、平等准入的市场环境。市场准入标准和优惠扶持政策要公开透明，对各类投资主体同等对待，不得单对民间资本设置附加条件。

(2)明确界定政府投资范围。政府投资主要用于关系国家安全、市场不能有效配置资源的经济和社会领域。对于可以实行市场化运作的基础设施、市政工程和其他公共服务领域，应鼓励和支持民间资本进入。

(3)进一步调整国有经济布局和结构。国有资本要把投资重点放在不断加强和巩固关系国民经济命脉的重要行业和关键领域，在一般竞争性领域，要为民间资本营造更广阔的市场空间。

(4)积极推进医疗、教育等社会事业领域改革。将民办社会事业作为社会公共事业发展的重要补充，统筹规划，合理布局，加快培育形成政府投入为主、民间投资为辅的公共服务体系。

(二)鼓励和引导民间资本进入基础产业和基础设施领域

(5)鼓励民间资本参与交通运输建设。鼓励民间资本以独资、控股、参股等方式投资建设公路、水运、港口码头、民用机场、通用航空设施等项目。抓紧研究制定铁路体制改革方案，引入市场竞争，推进投资主体多元化，鼓励民间资本参与铁路干线、铁路支线、铁路轮渡以及站场设施的建设，允许民间资本参股建设煤运通道、客运专线、城际轨道交通等项目。探索建立铁路产业投资基金，积极支持铁路企业加快股改上市，拓宽民间资本进入铁路建设领域的渠道和途径。

(6)鼓励民间资本参与水利工程建设。建立收费补偿机制，实行政府补贴，通过业主招标、承包租赁等方式，吸引民间资本投资建设农田水利、跨流域调水、水资源综合利用、水土保持等水利项目。

(7)鼓励民间资本参与电力建设。鼓励民间资本参与风能、太阳能、地热能、生物质能等新能源产业建设。支持民间资本以独资、控股或参股形式参与水电站、火电站建设,参股建设核电站。进一步放开电力市场,积极推进电价改革,加快推行竞价上网,推行项目业主招标,完善电力监管制度,为民营发电企业平等参与竞争创造良好环境。

(8)鼓励民间资本参与石油天然气建设。支持民间资本进入油气勘探开发领域,与国有石油企业合作开展油气勘探开发。支持民间资本参股建设原油、天然气、成品油的储运和管道输送设施及网络。

(9)鼓励民间资本参与电信建设。鼓励民间资本以参股方式进入基础电信运营市场。支持民间资本开展增值电信业务。加强对电信领域垄断和不正当竞争行为的监管,促进公平竞争,推动资源共享。

(10)鼓励民间资本参与土地整治和矿产资源勘探开发。积极引导民间资本通过招标投标形式参与土地整理、复垦等工程建设,鼓励和引导民间资本投资矿山地质环境恢复治理,坚持矿业权市场全面向民间资本开放。

(三)鼓励和引导民间资本进入市政公用事业和政策性住房建设领域

(11)鼓励民间资本参与市政公用事业建设。支持民间资本进入城市供水、供气、供热、污水和垃圾处理、公共交通、城市园林绿化等领域。鼓励民间资本积极参与市政公用企事业单位的改组改制,具备条件的市政公用事业项目可以采取市场化的经营方式,向民间资本转让产权或经营权。

(12)进一步深化市政公用事业体制改革。积极引入市场竞争机制,大力推行市政公用事业的投资主体、运营主体招标制度,建立健全市政公用事业特许经营制度。改进和完善政府采购制度,建立规范的政府监管和财政补贴机制,加快推进市政公用产品价格和收费制度改革,为鼓励和引导民间资本进入市政公用事业领域创造良好的制度环境。

(13)鼓励民间资本参与政策性住房建设。支持和引导民间资本投资建设经济适用住房、公共租赁住房等政策性住房,参与棚户区改造,享受相应的政策性住房建设政策。

(四)鼓励和引导民间资本进入社会事业领域

(14)鼓励民间资本参与发展医疗事业。支持民间资本兴办各类医院、社区卫生服务机构、疗养院、门诊部、诊所、卫生所(室)等医疗机构,参与公立医院转制改组。支持民营医疗机构承担公共卫生服务、基本医疗服务和医疗保险定点服务。切实落实非营利性医疗机构的税收政策。鼓励医疗人才资源向民营医疗机构合理流动,确保民营医疗机构在人才引进、职称评定、科研课题等方面与公立医院享受平等待遇。从医疗质量、医疗行为、收费标准等方面对各类医疗机构加强监管,促进民营医疗机构健康发展。

(15)鼓励民间资本参与发展教育和社会培训事业。支持民间资本兴办高等学校、中小学校、幼儿园、职业教育等各类教育和社会培训机构。修改完善《中华人民共和国民办教育促进法实施条例》,落实对民办学校的人才鼓励政策和公共财政资助政策,加快制定和完善促进民办教育发展的金融、产权和社保等政策,研究建立民办学校的退出机制。

(16)鼓励民间资本参与发展社会福利事业。通过用地保障、信贷支持和政府采购等多种形式,鼓励民间资本投资建设专业化的服务设施,兴办养(托)老服务和残疾人康复、托养服务等各类社会福利机构。

(17)鼓励民间资本参与发展文化、旅游和体育产业。鼓励民间资本从事广告、印刷、演艺、娱乐、文化创意、文化会展、影视制作、网络文化、动漫游戏、出版物发行、文化产品数字制作与相关服务等活动,建设博物馆、图书馆、文化馆、电影院等文化设施。鼓励民间资本合理开发旅游资源,建设旅游设施,从事各种旅游休闲活动。鼓励民间资本投资生产体育用品,建设各类体育场馆及健身设施,从事体育健身、竞赛表演等活动。

(五)鼓励和引导民间资本进入金融服务领域

(18)允许民间资本兴办金融机构。在加强有效监管、促进规范经营、防范金融风险的前提下,放宽对金融机构的股比限制。支持民间资本以入股方式参与商业银行的增资扩股,参与农村信用社、城市信用社的改制工作。鼓励民间资本发起或参与设立村镇银行、贷款公司、农村资金互助社等金融机构,放宽村镇银行或社区银行中法人银行最低出资比例的限制。落实中小企业贷款税前全额拨备损失准备金政策，简化中小金融机构呆账核销审核程序。适当放宽小额贷款公司单一投资者持股比例限制，对小额贷款公司的涉农业务实行与村镇银行同等的财政补贴政策。支持民间资本发起设立信用担保公司，完善信用担保公司的风险补偿机制和风险分担机制。鼓励民间资本发起设立金融中介服务机构，参与证券、保险等金融机构的改组改制。

（六）鼓励和引导民间资本进入商贸流通领域

（19）鼓励民间资本进入商品批发零售、现代物流领域。支持民营批发、零售企业发展，鼓励民间资本投资连锁经营、电子商务等新型流通业态。引导民间资本投资第三方物流服务领域，为民营物流企业承接传统制造业、商贸业的物流业务外包创造条件，支持中小型民营商贸流通企业协作发展共同配送。加快物流业管理体制改革，鼓励物流基础设施的资源整合和充分利用，促进物流企业网络化经营，搭建便捷高效的融资平台，创造公平、规范的市场竞争环境，推进物流服务的社会化和资源利用的市场化。

（七）鼓励和引导民间资本进入国防科技工业领域

（20）鼓励民间资本进入国防科技工业投资建设领域。引导和支持民营企业有序参与军工企业的改组改制，鼓励民营企业参与军民两用高技术开发和产业化，允许民营企业按有关规定参与承担军工生产和科研任务。

（八）鼓励和引导民间资本重组联合和参与国有企业改革

（21）引导和鼓励民营企业利用产权市场组合民间资本，促进产权合理流动，开展跨地区、跨行业兼并重组。鼓励和支持民间资本在国内合理流动，实现产业有序梯度转移，参与西部大开发、东北地区等老工业基地振兴、中部地区崛起以及新农村建设和扶贫开发。支持有条件的民营企业通过联合重组等方式做大做强，发展成为特色突出、市场竞争力强的集团化公司。

（22）鼓励和引导民营企业通过参股、控股、资产收购等多种形式，参与国有企业的改制重组。合理降低国有控股企业中的国有资本比例。民营企业在参与国有企业改制重组过程中，要认真执行国家有关资产处置、债务处理和社会保障等方面的政策要求，依法妥善安置职工，保证企业职工的正当权益。

（九）推动民营企业加强自主创新和转型升级

（23）贯彻落实鼓励企业增加研发投入的税收优惠政策，鼓励民营企业增加研发投入，提高自主创新能力，掌握拥有自主知识产权的核心技术。帮助民营企业建立工程技术研究中心、技术开发中心，增加技术储备，搞好技术人才培训。支持民营企业参与国家重大科技计划项目和技术攻关，不断提高企业技术水平和研发能力。

（24）加快实施促进科技成果转化的鼓励政策，积极发展技术市场，完善科技成果登记制度，方便民营企业转让和购买先进技术。加快分析测试、检验检测、创业孵化、科技评估、科技咨询等科技服务机构的建设和机制创新，为民营企业的自主创新提供服务平台。积极推动信息服务外包、知识产权、技术转移和成果转化等高技术服务领域的市场竞争，支持民营企业开展技术服务活动。

（25）鼓励民营企业加大新产品开发力度，实现产品更新换代。开发新产品发生的研究开发费用可按规定享受加计扣除优惠政策。鼓励民营企业实施品牌发展战略，争创名牌产品，提高产品质量和服务水平。通过加速固定资产折旧等方式鼓励民营企业进行技术改造，淘汰落后产能，加快技术升级。

（26）鼓励和引导民营企业发展战略性新兴产业。广泛应用信息技术等高新技术改造提升传统产业，大力发展循环经济、绿色经济，投资建设节能减排、节水降耗、生物医药、信息网络、新能源、新材料、环境保护、资源综合利用等具有发展潜力的新兴产业。

（十）鼓励和引导民营企业积极参与国际竞争

（27）鼓励民营企业“走出去”，积极参与国际竞争。支持民营企业在研发、生产、营销等方面开展国际化经营，开发战略资源，建立国际销售网络。支持民营企业利用自有品牌、自主知识产权和自主营销，开拓国际市场，加快培育跨国企业和国际知名品牌。支持民营企业之间、民营企业与国有企业之间组成联合体,发挥各自优势,共同开展多种形式的境外投资。

(28)完善境外投资促进和保障体系。与有关国家建立鼓励和促进民间资本国际流动的政策磋商机制,开展多种形式的对话交流,发展长期稳定、互惠互利的合作关系。通过签订双边民间投资合作协定、利用多边协定体系等,为民营企业"走出去"争取有利的投资、贸易环境和更多优惠政策。健全和完善境外投资鼓励政策,在资金支持、金融保险、外汇管理、质检通关等方面,民营企业与其他企业享受同等待遇。

(十一)为民间投资创造良好环境

(29)清理和修改不利于民间投资发展的法规政策规定,切实保护民间投资的合法权益,培育和维护平等竞争的投资环境。在制订涉及民间投资的法律、法规和政策时,要听取有关商会和民营企业的意见和建议,充分反映民营企业的合理要求。

(30)各级人民政府有关部门安排的政府性资金,包括财政预算内投资、专项建设资金、创业投资引导资金,以及国际金融组织贷款和外国政府贷款等,要明确规则、统一标准,对包括民间投资在内的各类投资主体同等对待。支持民营企业的产品和服务进入政府采购目录。

(31)各类金融机构要在防范风险的基础上,创新和灵活运用多种金融工具,加大对民间投资的融资支持,加强对民间投资的金融服务。各级人民政府及有关监管部门要不断完善民间投资的融资担保制度,健全创业投资机制,发展股权投资基金,继续支持民营企业通过股票、债券市场进行融资。

(32)全面清理整合涉及民间投资管理的行政审批事项,简化环节、缩短时限,进一步推动管理内容、标准和程序的公开化、规范化,提高行政服务效率。进一步清理和规范涉企收费,切实减轻民营企业负担。

(十二)加强对民间投资的服务、指导和规范管理

(33)统计部门要加强对民间投资的统计工作,准确反映民间投资的进展和分布情况。投资主管部门、行业管理部门及行业协会要切实做好民间投资的监测和分析工作,及时把握民间投资动态,合理引导民间投资。要加强投资信息平台建设,及时向社会公开发布国家产业政策、发展建设规划、市场准入标准、国内外行业动态等信息,引导民间投资者正确判断形势,减少盲目投资。

(34)建立健全民间投资服务体系。充分发挥商会、行业协会等自律性组织的作用,积极培育和发展为民间投资提供法律、政策、咨询、财务、金融、技术、管理和市场信息等服务的中介组织。

(35)在放宽市场准入的同时,切实加强监管。各级人民政府有关部门要依照有关法律法规要求,切实督促民间投资主体履行投资建设手续,严格遵守国家产业政策和环保、用地、节能以及质量、安全等规定。要建立完善企业信用体系,指导民营企业建立规范的产权、财务、用工等制度,依法经营。民间投资主体要不断提高自身素质和能力,树立诚信意识和责任意识,积极创造条件满足市场准入要求,并主动承担相应的社会责任。

(36)营造有利于民间投资健康发展的良好舆论氛围。大力宣传党中央、国务院关于鼓励、支持和引导非公有制经济发展的方针、政策和措施。客观、公正地宣传报道民间投资在促进经济发展、调整产业结构、繁荣城乡市场和扩大社会就业等方面的积极作用。积极宣传依法经营、诚实守信、认真履行社会责任、积极参与社会公益事业的民营企业家的先进事迹。

各地区、各部门要把鼓励和引导民间投资健康发展工作摆在更加重要的位置,进一步解放思想,转变观念,深化改革,创新求实,根据本意见要求,抓紧研究制定具体实施办法,尽快将有关政策措施落到实处,努力营造有利于民间投资健康发展的政策环境和舆论氛围,切实促进民间投资持续健康发展,促进投资合理增长、结构优化、效益提高和经济社会又好又快发展。

关于推进大气污染联防联控工作改善区域空气质量的指导意见

（2010 年 5 月 11 日　国办发〔2010〕33 号）

近年来，我国一些地区酸雨、灰霾和光化学烟雾等区域性大气污染问题日益突出，严重威胁群众健康，影响环境安全。国内外的成功经验表明，解决区域大气污染问题，必须尽早采取区域联防联控措施。为进一步加大大气污染防治工作力度，现就推进区域大气污染联防联控，改善区域空气质量工作提出以下意见：

一、指导思想、基本原则和工作目标

（1）指导思想。以科学发展观为指导，以改善空气质量为目的，以增强区域环境保护合力为主线，以全面削减大气污染物排放为手段，建立统一规划、统一监测、统一监管、统一评估、统一协调的区域大气污染联防联控工作机制，扎实做好大气污染防治工作。

（2）基本原则。坚持环境保护与经济发展相结合，促进区域环境与经济协调发展；坚持属地管理与区域联动相结合，提升区域大气污染防治整体水平；坚持先行先试与整体推进相结合，率先在重点区域取得突破。

（3）工作目标。到 2015 年，建立大气污染联防联控机制，形成区域大气环境管理的法规、标准和政策体系，主要大气污染物排放总量显著下降，重点企业全面达标排放，重点区域内所有城市空气质量达到或好于国家二级标准，酸雨、灰霾和光化学烟雾污染明显减少，区域空气质量大幅改善。确保 2010 年上海世博会和广州亚运会空气质量良好。

二、重点区域和防控重点

（4）重点区域。开展大气污染联防联控工作的重点区域是京津冀、长三角和珠三角地区；在辽宁中部、山东半岛、武汉及其周边、长株潭、成渝、台湾海峡西岸等区域，要积极推进大气污染联防联控工作；其他区域的大气污染联防联控工作，由有关地方人民政府根据实际情况组织开展。

（5）防控重点。大气污染联防联控的重点污染物是二氧化硫、氮氧化物、颗粒物、挥发性有机物等，重点行业是火电、钢铁、有色、石化、水泥、化工等，重点企业是对区域空气质量影响较大的企业，需解决的重点问题是酸雨、灰霾和光化学烟雾污染等。

三、优化区域产业结构和布局

（6）提高环境准入门槛。制定并实施重点区域内重点行业的大气污染物特别排放限值，严格控制重点区域新建、扩建除“上大压小”和热电联产以外的火电厂，在地级城市市区禁止建设除热电联产以外的火电厂。针对重点区域内重点行业的建设项目实行环境影响评价区域会商机制，具体办法由环境保护部另行制定。加强区域产业发展规划环境影响评价，严格控制钢铁、水泥、平板玻璃、传统煤化工、多晶硅、电解铝、造船等产能过剩行业扩大产能项目建设。

（7）优化区域工业布局。建立产业转移环境监管机制，加强产业转入地在承接产业转移过程中的环保监管，防止污染转移。在城市城区及其近郊禁止新建、扩建钢铁、有色、石化、水泥、化工等重污染企业，对城区内已建重污染企业要结合产业结构调整实施搬迁改造，按期完成首钢搬迁工程，组织实施好石家庄、杭州、广州等城市钢铁厂搬迁项目。

（8）推进技术进步和结构调整。完善重点行业清洁生产标准和评价指标，加强对重点企业的清洁生产审核和评估验收。加大清洁生产技术推广力度，鼓励企业使用清洁生产先进技术。加快产业结构调整步伐，确保电力、煤炭、钢铁、水泥、有色金属、焦炭、造纸、制革、印染等行业淘汰落后产能任务按期完成。

四、加大重点污染物防治力度

（9）强化二氧化硫总量控制制度。提高火电机组脱硫效率，完善火电厂脱硫设施特许经营制度。

加大钢铁、石化、有色等行业二氧化硫减排工作力度，推进工业锅炉脱硫工作。完善二氧化硫排污收费制度。制定区域二氧化硫总量减排目标。

（10）加强氮氧化物污染减排。建立氮氧化物排放总量控制制度。新建、扩建、改建火电厂应根据排放标准和建设项目环境影响报告书批复要求建设烟气脱硝设施，重点区域内的火电厂应在“十二五”期间全部安装脱硝设施，其他区域的火电厂应预留烟气脱硝设施空间。推广工业锅炉低氮燃烧技术，重点开展钢铁、石化、化工等行业氮氧化物污染防治。

（11）加大颗粒物污染防治力度。使用工业锅炉的企业以及水泥厂、火电厂应采用袋式等高效除尘技术。强化施工工地环境管理，禁止使用袋装水泥和现场搅拌混凝土、砂浆，在施工场地应采取围挡、遮盖等防尘措施。加强道路清扫保洁工作，提高城市道路清洁度。实施“黄土不露天”工程，减少城区裸露地面。

（12）开展挥发性有机物污染防治。从事喷漆、石化、制鞋、印刷、电子、服装干洗等排放挥发性有机污染物的生产作业，应当按照有关技术规范进行污染治理。推进加油站油气污染治理，按期完成重点区域内现有油库、加油站和油罐车的油气回收改造工作，并确保达标运行；新增油库、加油站和油罐车应在安装油气回收系统后才能投入使用。严格控制城市餐饮服务业油烟排放。

五、加强能源清洁利用

（13）严格控制燃煤污染排放。严格控制重点区域内燃煤项目建设，开展区域煤炭消费总量控制试点工作。推进低硫、低灰分配煤中心建设，提高煤炭洗选比例，重点区域内未配备脱硫设施的企业，禁止直接燃用含硫量超过0.5%的煤炭。加强高污染燃料禁燃区划定工作，逐步扩大禁燃区范围，禁止原煤散烧。建设火电机组烟气脱硫、脱硝、除尘和除汞等多污染物协同控制技术示范工程。

（14）大力推广清洁能源。改善城市能源消费结构，加大天然气、液化石油气、煤制气、太阳能等清洁能源的推广力度，逐步提高城市清洁能源使用比重。继续推进清洁能源行动，积极开展清洁能源利用示范。推进工业、交通和建筑节能，提高能源利用效率。加快发展农村清洁能源，鼓励农作物秸秆综合利用，推广生物质成型燃料技术，大力发展农村沼气。禁止露天焚烧秸秆等农作物废弃物，确保城市周边、交通干线、机场周围空气质量。鼓励采用节能炉灶，逐步淘汰传统高污染炉灶。

（15）积极发展城市集中供热。推进城市集中供热工程建设，加强城镇供热锅炉并网工作，不断提高城市集中供热面积。加强集中供热锅炉烟气脱硫、脱硝和高效除尘综合污染防治工作。发展洁净煤技术，加大高效洁净煤锅炉集中供热示范推广力度。在城市城区及其近郊，禁止新建效率低、污染重的燃煤小锅炉，逐步拆除已建燃煤小锅炉。

六、加强机动车污染防治

（16）提高机动车排放水平。严格实施国家机动车排放标准，完善新生产机动车环保型式核准制度，禁止不符合国家机动车排放标准车辆的生产、销售和注册登记。继续推进汽车“以旧换新”工作，加速“黄标车”和低速载货车淘汰进程，积极发展新能源汽车。

（17）完善机动车环境管理制度。加强机动车环保定期检验，实施机动车环保标志管理，对排放不达标车辆进行专项整治。依法加强对机动车环保检验机构的监督管理，促进其健康发展。加强机动车环保监管能力建设，建立机动车环保管理信息系统。研究有利于机动车污染防治的税费政策。

（18）加快车用燃油清洁化进程。推进车用燃油低硫化，加快炼油设施改造步伐，增加优质车用燃油市场供应。尽快制定并实施国家第四、第五阶段车用燃油标准和车用燃油有害物质限量标准。强化车用燃油清净剂核准管理。

（19）大力发展公共交通。完善城市交通基础设施，落实公交优先发展战略，加快建设公共汽、电车专用道（路）并设置公交优先通行信号系统。改善居民步行、自行车出行条件，鼓励居民选择绿色出行方式。

七、完善区域空气质量监管体系

（20）加强重点区域空气质量监测。提高空气质量监测能力，优化重点区域空气质量监测点位，开展酸雨、细颗粒物、臭氧监测和城市道路两侧空气质量监测,制定大气污染事故预报、预警和应急处理预案,完善环境信息发布制度,实现重点区域监测信息共享。到2011年年底前,初步建成重点区域空气质量监测网络。

(21)完善空气质量评价指标体系。加快空气质量评价指标修订工作,完善臭氧和细颗粒物空气质量评价方法,增加相应评价指标。

(22)强化城市空气质量分级管理。空气质量未达到二级标准的城市,应当制订达标方案,确保按期实现空气质量改善目标。国家环境保护重点城市的达标方案应报环境保护部批准后实施。空气质量已达到二级标准的城市,应制订空气质量持续改善方案,防止空气质量恶化。

(23)加强区域环境执法监管。环境保护部要会同有关地方和部门确定并公布重点企业名单,开展区域大气环境联合执法检查,集中整治违法排污企业。各地环保部门应加强对重点企业的监督性监测,并推进其安装污染源在线监测装置。到2012年年底前,重点企业应全部安装在线监测装置并与环保部门联网。

八、加强空气质量保障能力建设

(24)加大资金投入。各级人民政府要根据大气污染防治工作实际,加大资金投入力度,强化环境保护专项资金使用管理,着力推进重点治污项目和区域空气质量监测、监控能力建设。空气质量未达到标准的城市,应逐年加大资金投入,加快城市大气环境保护基础设施和污染治理工程建设。

(25)强化科技支撑。加强区域大气污染形成机理研究。开展烟气脱硝、有毒有害气体治理、洁净煤利用、挥发性有机污染物和大气汞污染治理、农村生物质能开发等技术攻关。加大细颗粒物、臭氧污染防治技术示范和推广力度。加快高新技术在环保领域的应用,推动环保产业发展。

(26)完善环境经济政策。继续实施高耗能、高污染行业差别电价政策。严格火电、钢铁、水泥、电解铝等行业上市公司环保核查。积极推进主要大气污染物排放指标有偿使用和排污权交易工作。完善区域生态补偿政策,研究对空气质量改善明显地区的激励机制。

九、加强组织协调

(27)建立区域大气污染联防联控的协调机制。在全国环境保护部际联席会议制度下,不定期召开由有关部门和相关地方人民政府参加的专题会议,协调解决区域大气污染联防联控工作中的重大问题,组织编制重点区域大气污染联防联控规划,明确重点区域空气质量改善目标、污染防治措施及重点治理项目。到2011年年底前,完成规划编制和报批工作。

(28)严格落实责任。地方人民政府是区域大气污染防治的责任主体,要切实加强组织领导,制定本地区大气污染联防联控工作方案,并将各项工作任务分解到责任单位和企业,强化监督考核。各有关部门应加强协调配合,制定相关配套措施和落实意见,督促和指导地方相关部门开展工作。

(29)完善考核制度。环境保护部要会同有关部门对大气污染联防联控工作情况进行评估检查,对区域大气污染防治重点项目完成情况和城市空气质量改善情况进行考核,并将考核结果作为城市环境综合整治定量考核的重要内容,每年向社会公布。对于未按时完成规划任务且空气质量状况严重恶化的城市,严格控制其新增大气污染物排放的建设项目,具体办法由环境保护部商有关地方和部门另行制定。

(30)加强宣传教育。组织编写大气污染防治科普宣传和培训材料,开展多种形式的大气环境保护宣传教育,动员和引导公众参与区域大气污染联防联控工作。定期公布区域空气质量状况和大气污染防治工作进展情况,充分发挥新闻媒体的舆论引导和监督作用。

各地要在2010年6月底前,将本地区落实本意见的实施方案报送环境保护部备案。

关于进一步加大节能减排力度加快钢铁工业结构调整的若干意见

（2010年6月4日　国办发〔2010〕34号）

各省、自治区、直辖市人民政府，国务院各部委、各直属机构：

为深入贯彻科学发展观，进一步落实《钢铁产业调整和振兴规划》，实现国家确定的"十一五"节能减排目标，加快钢铁工业结构调整，经国务院同意，现就做好钢铁工业节能减排和结构调整有关工作提出以下意见：

一、充分认识加强钢铁工业节能减排和结构调整工作的重要意义

（1）认清形势，统一思想，提高认识。钢铁工业是国民经济的支柱产业，在推进工业化和城镇化进程中发挥着重要作用，为应对国际金融危机挑战、促进经济社会发展做出了积极贡献。同时，钢铁工业在快速发展过程中，也存在着重复建设严重、产能过剩、铁矿石流通秩序混乱、资源环保压力加大等深层次矛盾和问题，必须充分利用市场变化形成的倒逼机制，综合运用经济、技术、法律和必要的行政手段，切实加大节能减排力度，加快结构调整步伐，促进钢铁工业的全面、协调和可持续健康发展。

钢铁工业是节能减排潜力最大的行业，在节能减排工作中占有举足轻重的地位。加强节能减排和结构调整，是转变钢铁工业发展方式、提高产业发展质量和效益、实现可持续发展的重大举措，是适应全球供求结构发生重大变化、应对世界铁矿石资源垄断加剧严峻形势、增强抵御国际市场风险能力的有效途径，是抑制钢铁产能过快增长、推进淘汰落后产能的重要抓手，是走低消耗、低排放、高效益、高产出的新型工业化道路的必然要求。各地区、各有关部门要充分认识推进钢铁工业节能减排和结构调整的重要性和紧迫性，进一步统一思想，正确处理速度与效益、局部与整体、当前与长远的关系，认真贯彻党中央、国务院的相关决策部署和政策规定，扎扎实实抓好组织实施。

二、坚决抑制钢铁产能过快增长

（2）切实制止钢铁行业盲目投资和重复建设。将抑制钢铁产能过快增长作为落实节能减排工作的重中之重，除国家已批准开展前期工作的项目外，2011年年底前不再核准、备案任何扩大产能的钢铁项目。要将控制总量和优化布局结合起来，切实推进钢铁产业布局调整。要进一步依法提高行业准入门槛，强化质量、安全、环保、能耗、清洁生产等指标约束作用，加强质量、用地、金融等方面的监督管理，进一步加大对违规建设项目的政策压力。积极引导钢铁企业以品牌、标准、服务和效益为重点，全面提升产品质量，增强国际竞争力。

（3）严格履行钢铁项目审批和核准程序。对所有新建和改造项目，严格依法依规进行审批。坚决制止以淘汰落后产能等名义擅自建设钢铁项目，对违规建设的要严肃处理。发展改革委要牵头组织对2005年以来建设的钢铁项目进行清理。国土资源部牵头组织对在建和已建成的钢铁项目违法违规用地行为进行查处。环境保护部牵头组织对未经环评审批或污染超标的项目进行查处。要进一步健全项目审批问责制，认真查处越权审批、未批先建、边批边建等行为，依法严肃追究相关负责人的责任。环境保护、国土资源部门及金融机构要依法严格环境影响评价、建设用地和贷款的审批。

三、加大淘汰落后产能力度

（4）完善落后产能退出机制。充分发挥市场配置资源的基础性作用，严格税收征管，清理和纠正地方擅自出台的对钢铁企业的税收优惠政策，努力营造促进企业公平竞争和落后产能退出的市场环境。完善和落实土地使用、差别电价政策，加大差别电价实施力度，大幅提高差别电价的加价标准，进一步提高落后产能的生产成本。中央财政要加大对钢铁工业淘汰落后产能的支持力度，将淘汰落后产能奖励资金与淘汰落后产能企业挂钩。工业和信息化部要

尽快公布淘汰落后产能企业名单，抓紧牵头制定《钢铁行业生产经营规范条件》，及时公布符合规范条件的企业名单，为有关部门和金融机构做好促进钢铁企业兼并重组、淘汰落后和扶持优势企业发展等工作提供重要依据。

(5)强化淘汰落后产能工作的组织实施。各有关部门要各司其职，密切配合，加强对各地的督促检查，切实抓好相关政策落实。各省、自治区、直辖市人民政府要根据工业和信息化部提出的淘汰落后钢铁产能年度目标任务，制定实施方案并分解落实到市、县和具体企业。对未完成淘汰落后钢铁产能任务的地区，要严格执行项目“区域限批”规定，暂停对该地区其他建设项目的环评、供地和核准审批；对完成淘汰落后产能任务较好的地区实施先拆后建的技术改造项目，经综合平衡后可优先予以核准。各地在淘汰落后产能过程中要按照政策规定妥善解决职工安置、企业转产、债权债务重组等问题，维护社会和谐稳定。

四、进一步强化节能减排

(6)大力推进钢铁工业节能减排。实现钢铁工业节能减排要将控制总量、淘汰落后、技术改造结合起来。大力推广高温高压干熄焦、干法除尘、煤气余热余压回收利用、烧结烟气脱硫等循环经济和节能减排新技术新工艺，提高“三废”的综合治理和利用水平。加强和完善废钢铁综合利用，鼓励发展短流程炼钢。有关部门要尽快出台鼓励余热余压发电上网政策。要强化节能减排计量管理，提高能耗和排放计量检测的准确性和数据分析能力。通过强化环境准入、执法监管、考核问责等工作机制，进一步加强环保监测、减排核查、清洁生产审核、能耗限额标准执行监察，推动重污染企业加快退出市场。

(7)调整钢铁产品进出口结构。钢铁产品进出口政策要服从和服务于满足国内市场需求、促进钢铁工业节能减排、控制总量、淘汰落后产能的总体目标。要继续控制“两高一资”低附加值钢铁产品出口，在符合世界贸易组织有关规定的基础上，统筹研究有利于钢铁工业节能减排的进出口措施，相应调整钢铁产品进出口政策。

五、加快钢铁企业兼并重组

(8)明确钢铁企业兼并重组的工作目标。要按照市场化运作、企业平等协商、政府引导的原则，支持各类钢铁企业开展兼并重组。支持优势大型钢铁企业集团开展跨地区、跨所有制兼并重组，鼓励各省、自治区、直辖市人民政府继续推动本地区钢铁企业的兼并重组，进一步提高我国钢铁产业集中度，培育形成3~5家具有较强国际竞争力、6~7家具有较强实力的特大型钢铁企业集团。力争到2015年，国内排名前10位的钢铁企业集团钢产量占全国产量的比例从2009年的44.0%提高到60.0%以上，推动钢铁工业结构调整迈上一个新的台阶。各省、自治区、直辖市人民政府要抓紧制定和上报本地区2010—2011年钢铁企业兼并重组方案，由工业和信息化部会同有关部门审批后组织实施。

(9)抓紧完善和落实促进钢铁企业兼并重组的政策措施。要在项目审批、土地供应、贷款授信、资本市场融资以及安排国有资本经营预算支出等方面，加强对企业兼并重组的支持。对国有钢铁企业因重组出现阶段性经营绩效下降和负债率上升等情况，国有资产监管机构要在确定年度考核和任期考核目标中作相应调整。钢铁企业兼并重组要切实依法规范操作，保护出资人和职工合法权益，维护金融机构合法债权安全，切实防止国有资产流失，维护企业和社会稳定。

六、大力实施企业技术创新和技术改造

(10)积极支持钢铁行业做好技术创新工作。充分重视发挥科技支撑作用，持续加大科研经费投入力度。依托相关科技计划，引导和鼓励钢铁企业和科研机构围绕重大工程和战略需求进一步加大投入，加强新工艺、新技术、新产品研发，加强引进消化吸收再创新，加强前瞻性储备技术研究，尽快形成具有自主知识产权、适应未来国际竞争需要、支撑钢铁工业转型升级的核心关键技术和高附加值产品。

(11)重点支持钢铁企业开展技术改造。积极落实财政支持政策，鼓励、引导钢铁企业加强技术改造。切实提高资金使用效率，集中支持对钢铁工业结构调整意义重大的关键项目和企业。加大关键钢材品种、钢铁新材料、新一代全流程可循环工艺、节

能减排、矿山资源综合利用以及工业化与信息化融合等技术改造工作力度，促进钢铁产业升级。

七、切实规范铁矿石流通秩序

（12）强化行业自律，规范铁矿石进口秩序。在推进钢铁行业结构调整、加快兼并重组和淘汰落后产能，大幅度减少国内钢铁企业数量的基础上，通过行业自律，进一步提高铁矿石进口经营集中度。要加快落实《钢铁产业调整和振兴规划》，加大行业协调力度，抑制囤积居奇、倒买倒卖、哄抬铁矿石价格等行为。优化铁矿石资源配置，铁矿石资源要优先配置给符合《钢铁行业生产经营规范条件》的企业。进一步做好进口铁矿石信息报送工作，有关行业协会、商会要根据公布的符合规范条件的钢铁企业名单，加强对铁矿石进口流向的监测管理。

（13）建立长期稳定的铁矿石进口渠道。有关行业协会、商会要加强与各类钢铁生产和贸易企业的协商，建立健全进口铁矿石价格形成机制。有关部门要积极创造条件，支持国内用户和国外供应商加强协调协作，建立长期稳定、互利互惠的合作关系，保持进口铁矿石的合理价格水平。

八、推进国内铁矿开发和“走出去”战略的实施

（14）大力推进国内铁矿资源的勘探开发。加大国内铁矿石资源的勘探力度，增加资源储量。研究降低国内铁矿石生产和开采企业负担、提高国内铁矿石资源保障能力的政策措施。加强对共伴生矿、难选冶矿的技术和科研开发力度，对尾矿回收等综合利用项目研究完善有关税收优惠政策。推动国内矿山的有序建设和开发，加快推进铁矿资源的开发整合，将铁矿矿业权依法优先配置给符合钢铁产业政策的钢铁企业和大型矿山企业。用好现有扶持政策，支持大型铁矿山技术改造和资源综合利用。

（15）进一步推进“走出去”战略。支持钢铁企业充分利用两个市场、两种资源，加强对外投资和跨国经营，深化经济技术合作。鼓励钢铁和矿山企业开展多种形式的境外铁矿石资源勘探开发，在境外建立稳定、可靠的铁矿石供应基地，并统筹考虑矿山、道路、港口、供电、供水设施的规划与建设。鼓励有条件的大型钢铁企业到国外建设钢铁厂和钢铁工业园区，努力提高钢铁企业的国际化经营水平。商务部要会同有关部门组织协会、商会和企业，积极应对国外对我国钢材产品提起的反倾销、反补贴等贸易救济调查，加强与各国政府及行业间的交流合作，积极化解贸易摩擦，营造良好的国际贸易环境。

九、加强工作的组织协调

（16）加强组织协调，狠抓各项工作落实。钢铁工业节能减排和结构调整是一项重要而艰巨的任务，要狠抓各项政策措施的落实。各有关部门要加强沟通配合，切实做好钢铁工业节能减排、结构调整工作的统筹规划和政策协调，抓紧细化和落实有关政策措施。各地区要切实加强组织领导，结合当地实际制定具体实施方案和配套办法并抓好落实。行业协会、商会要充分发挥桥梁和纽带作用，积极反映钢铁行业的新情况、新问题，及时提出政策建议，督促钢铁企业认真落实国家钢铁产业政策。钢铁企业要从产业发展的大局出发，强化内部管理，积极开展淘汰落后、节能减排、技术改造、兼并重组等各项工作。工业和信息化部要会同有关部门加强监督指导，确保加大节能减排力度、加快钢铁工业结构调整各项工作措施落到实处。

附件：略

国务院关于促进农业机械化和农机工业又好又快发展的意见

（2010 年 7 月 5 日　国发〔2010〕22 号）

各省、自治区、直辖市人民政府，国务院各部委、各直属机构：

农业机械是发展现代农业的重要物质基础，农业机械化是农业现代化的重要标志。当前，我国正处于从传统农业向现代农业转变的关键时期，加快推进农业机械化和农机工业发展，对于提高农业装备水平、改善农业生产条件、增强农业综合生产能

力、拉动农村消费需求等具有重要意义。为促进农业机械化和农机工业又好又快发展，现提出以下意见：

一、指导思想、基本原则和发展目标

(1)指导思想。深入贯彻落实科学发展观，全面实施《中华人民共和国农业机械化促进法》，坚持走中国特色农业机械化道路，着力推进技术创新、组织创新和制度创新，着力促进农机、农艺、农业经营方式协调发展，着力加强农机社会化服务体系建设，着力提高农机工业创新能力和制造水平，进一步加大政策支持力度，促进农业机械化和农机工业又好又快发展。

(2)基本原则。

——因地制宜，分类指导。根据不同区域的自然禀赋、耕作制度和经济条件，采取相应的技术路线和政策措施，推进不同地区农业机械化发展，鼓励有条件的地方率先实现农业机械化。

——重点突破，全面发展。以促进农机农艺结合、实现重大装备技术突破等为重点，加快实现粮食主产区、大宗农作物、关键生产环节机械化，加大协同攻关和工作力度，带动农业机械化全面协调发展。

——鼓励创新，完善机制。创新农机服务形式，完善农机社会化服务机制，提高农机利用效率和效益。加快农机工业现代企业制度建设，以企业为核心，搭建科技创新平台，提高研发能力和制造水平。

——市场引导，政府扶持。以市场需求为导向，引导社会资本、技术和人才等要素投入，继续加大对农机购置、使用和农机工业的财税、金融等扶持力度，调动企业研发生产和农民购机用机积极性。

(3)发展目标。到2015年，农机总动力达到10亿千瓦，其中灌排机械动力达到1亿千瓦，主要农作物耕种收综合机械化水平达到55.0%以上。粮棉油糖等大宗农作物机械化水平明显提高，养殖业、林果业、农产品初加工机械化协调推进。农业机械化服务体系不断完善，服务能力进一步增强。建成协调有效的农机工业自主创新平台，形成若干具有自主知识产权的产品和技术，部分产品达到国际先进水平。

到2020年，农机总动力稳定在12亿千瓦左右，其中灌排机械动力达到1.1亿千瓦，主要农作物耕种收综合机械化水平达到65.0%。其中，小麦耕种收机械化水平达到90.0%以上，水稻种植、收获环节机械化水平分别达到60.0%和85.0%，玉米机收水平达到50.0%左右，油菜机播、机收水平分别达到15.0%和20.0%以上，基本解决甘蔗种植、收获机械化关键技术问题。农机工业技术创新体系得到完善，重点领域的关键技术取得突破，形成若干具有国际竞争力和品牌影响力的大型企业集团，基本建成现代化农机流通体系和完善的农机售后服务网络。

二、促进农业机械化发展的主要任务

(4)加快重点地区农业机械化进程。在东北地区、新疆棉区及华南蔗区重点发展大马力、高性能农机，提高大型农机配套比和使用效率，率先实现粮食生产全程机械化；大幅提高棉花机收水平；突破甘蔗收获机械化瓶颈制约，提升甘蔗耕种收机械化水平。在黄淮海地区巩固小麦生产全程机械化发展成果，进一步优化改善装备结构，提高作业效益；着力提升玉米机收水平，逐步实现玉米生产全程机械化；加大花生收获机械化示范和推广力度，扩大花生机收面积。在长江中下游地区重点普及水稻育插秧机械化技术，加快推进水稻生产全程机械化；积极发展油菜种植和收获机械化，加大直播机械和联合收获机械推广力度，推动油菜生产全程机械化。在南方丘陵山区推广轻便、耐用、低耗中小型耕种收和植保机械，推进丘陵山区主要粮油作物和特色农产品生产机械化；加大灌排设备更新改造力度，加快节水灌溉和小型抗旱设备推广，提高灌排设备装备水平。在其他地区加快提升水稻、玉米、马铃薯、油菜等主要农作物关键环节机械化水平，因地制宜发展特色经济作物、畜禽水产养殖等机械化。

(5)促进农机农艺协调发展。建立农机和农艺科研单位协作攻关机制，制定科学合理、相互适应的机械作业规范和农艺标准，将机械适应性作为科研育种、栽培模式推广的重要指标，有针对性地推广一批适合机械化作业的品种和种植模式。统筹规划，整合现有农机院所的科研力量，针对重点农作物建立农业机械化实验室，加强农业机械化生产技术研发工作。加强农机与水、肥、种、药等因素协调作用的机理研究，完善农业机械化、种子、土肥、植保等推广服务机构紧密配合的工作机制，组织引导农民统一农作物品种、播期、行距、行向、施肥和植保，为机械化作业创造条件。

（6）推进农机服务组织建设和社会化服务。创新农业机械化服务组织形式，大力发展农机专业合作社，培育发展一批设施完备、功能齐全、特色鲜明的示范农机合作社，带动大型、复式、高性能农机和先进农业技术的推广应用。加强抗旱排涝服务队伍建设。鼓励发展农机专业大户和联户合作，探索发展农机作业公司，促进农机服务主体多元化。培育农机作业、维修、中介、租赁等市场，扶持引导农机大户及各类农机服务组织购置先进适用的农机。继续抓好农机跨区作业，加强组织引导，推动农机跨区作业由小麦向水稻、玉米等大宗农作物延伸，由机收向机耕、机插、机播等环节拓展。加强机耕道路建设，改善农机作业、通行条件。保障重要农时农机作业、排灌及抗旱用油。

（7）加强农业机械化实用人才培养。充分利用高等院校、农业机械化（农业）技术学校，培养农业机械化专业人才。结合阳光工程等各类农民培训项目，大力培养农机作业和维修能手。开展农机使用等技能培训和科普宣传，提高农民对先进生产工具及技术的接受能力和操作水平。定期对农机推广、监理和试验鉴定人员进行培训，提升农业机械化公共服务水平。

（8）加强农业机械化技术推广。建立健全运行高效、服务到位、支撑有力、充满活力的农业机械化推广体系，创新推广机制，提高推广能力。加快普及主要农作物重点环节和关键农业机械化技术，促进先进适用、技术成熟、安全可靠、节能环保、服务到位的农机装备广泛应用。加快灌排设备更新改造进度，实现安全、高效、节能运行，及时满足农田灌排需要。大力推广保护性耕作、节水灌溉、土地深松、精量播种、化肥深施、高效植保和农作物秸秆综合利用等增产增效、资源节约、环境友好型农业机械化技术。不断探索农业机械化发展模式，提出农机研发和改进需求，提高农业机械化技术集成和装备配套水平，满足农业生产需求。

（9）强化农机安全使用监督管理。健全农机作业质量、维修质量标准体系，规范农机作业、维修服务，提高农机应用和保障水平。组织开展在用农机质量调查，强化对财政补贴农机的质量监督和跟踪调查。加强农机试验鉴定和质量认证工作。加强农机市场监管，完善农机质量投诉网络，严厉打击制售假冒伪劣农机产品等坑农害农行为，营造竞争有序、充满活力的市场环境，切实维护农民利益。建立农机报废更新制度，抓紧研究以旧换新办法，加快淘汰老旧及高耗能农机，促进安全、节能、环保型农机的推广应用。建立健全农机安全使用法规和制度，开展农机使用安全教育，加强基层农机安全监理队伍建设，提高装备水平和监管能力，预防和减少农机事故发生。

三、促进农机工业发展的主要任务

（10）推进农机工业行业改革。坚持市场化改革的导向，鼓励和引导农机制造企业优化产权结构，建立产权明晰、权责明确、管理科学的现代企业制度，强化农机制造企业的市场主体地位。抓紧研究制定农机工业产业政策，建立农机行业准入制度和市场退出机制，整顿行业秩序，优化产业结构，逐步淘汰落后产能，杜绝低水平重复制造。鼓励农机制造企业战略重组，加快集团化、集约化进程，形成若干个具有先进制造水平和较强竞争力的大型企业集团和产业集群。完善产业组织结构，形成以大型企业为龙头、中小企业相配套的产业体系和产业集群，提升产业集中度和专业化分工协作水平。鼓励中小企业走专业化、科技型发展道路，提高企业竞争实力。建立健全农机科研联合协作机制，改革农机科研立项和业绩评价机制，打破区域和学科界限，将解决农业机械化实际需求作为科研首要目标和科技成果评价标准，提高农机科研整体水平。

（11）着力解决农机产品结构性矛盾。优化农机产品结构，改变目前高端产品不足、低端产品过剩，大马力拖拉机进口依存度高、小型农机质量差的局面。要从家庭承包经营、户均土地规模小的国情出发，在开发大型农机的同时，积极发展适合家庭经营需要的中小型、轻简化农机，形成适应我国不同地区经济水平、高中低端产品共同发展的格局。鼓励农机主机生产企业由单机制造为主向成套装备集成为主转变，积极开发生产高效节能环保、多功能、智能化、经济型农机，重点突破水稻插秧、玉米收获、油菜种植和收获机械，以及节水灌溉设备等瓶颈，优先发展100马力以上大型拖拉机、50～70马力节能环保型水田拖拉机、高地隙拖拉机、多功能谷物联合收割机、玉米收获机、甘蔗收获机、棉花收获机、大中型动力机械配套机具、高效植保机械、高效节能机泵设备、节水灌溉设备、小型抗旱排涝机械、适合丘陵山区使用的小型机械等。加快农业清淤设备研究开发。

（12）增强农机工业科技创新能力。坚持自主开发和引进、消化、吸收、再创新相结合的发展道路，建立以企业为主体、市场为导向、产学研相结合的农机工业技术创新体系。围绕大马力拖拉机、多功能收割机、高效节能大中型水泵、喷灌机等重大产品开发，加快产业升级和产品更新换代；围绕发动机、传动、电控、液压等核心部件研发，增强农机工业自主创新和核心竞争力；围绕科研手段和条件改善，提升农机新技术和新产品开发、试验试制能力；围绕科研机制创新，支持重点企业技术进步，带动行业发展。依托农机制造企业和科研院所，抓紧建设拖拉机、多功能收割机等重点农机产品开发企业技术中心，以及公益性的农机重大、关键、共性技术实验室和工程中心，凝聚优秀研发人才，加快急需的关键性农机和重大共性技术研发，集中力量攻克困扰产业发展的工艺材料、基础部件、关键作业装置等技术瓶颈，形成一批具有自主知识产权的核心技术成果。新技术和新产品的开发要充分考虑农作物品种、耕作制度和经营体系的需要，提高农机的适用性。支持高等院校加强农机工程学科建设，强化农机工程基础教育。完善农机培训体系，利用中等职业学校，加强农机制造等专业实用人才培养。

（13）提升农机工业制造水平和产品质量。加大农机制造企业技术改造力度，改善企业研发和生产条件，应用精密成型、智能数控等先进加工装备和柔性制造、敏捷制造等先进制造技术，提高农机制造工艺及装备水平。完善农机产品质量标准体系，加快制（修）订农机产品技术标准，实现动力机械与配套农具、主机与配件的标准化、系列化和通用化开发生产。加快新技术、新工艺、新设备和新材料应用，提高关键零部件加工精度，提升农机产品质量，逐步淘汰消耗高、污染重、技术落后的工艺和产品。强化企业质量和社会责任意识，进一步完善企业质量保证体系，加强外购零部件的检测和可靠性分析，规范新产品和新技术鉴定验收工作。建立农机制造企业质量监督检查制度，组织开展产品质量抽检。加强生产技术工人培训，提高工人使用现代化机械加工设备的能力，不断提升企业制造水平和产品质量。

（14）构建现代农机流通体系。建立健全农机制造企业品牌营销网络、专业农机流通企业销售网络相结合的新型农机市场体系。实施农机流通服务品牌工程，优化市场布局，发展连锁经营，培育一批辐射面广、服务质量好的大型农机流通企业、品牌农机店和区域性农机市场，健全农机零配件供应网络，提高农机产品流通效率，方便农民购机。建立农机产品售后服务体系和信息服务平台，依托重点生产企业、专业流通企业建立售后服务中心，提高服务能力。完善农机产品“三包”制度，健全和规范农机修理市场，明确产品售后维修责任，规范服务程序，提高维修能力和服务质量。

（15）扩大农机工业国际合作。鼓励大型农机制造企业与国外合作开发和建立技术研究中心，提升核心技术、关键部件的研究开发能力。通过与国外企业合资、合作生产等方式，积极引进国外先进技术，逐步降低高端产品进口依赖程度。吸引海外科技人才加入我国农机行业，加快动力机械、配套机具研发制造人才的引进，增加技术储备，培养一批具有创新能力的人才和团队，提高农机产品开发、制造和管理水平。实施农机装备“走出去”战略，大力开拓国际市场，鼓励企业参与对外援助和国际合作项目，扩大优势农机产品出口，引导有条件的农机制造企业到国外投资办厂。

四、加大政策扶持力度

（16）加大财政支持力度。继续实施农机购置补贴政策，合理确定补贴资金规模，并向粮食主产区、非主产区产粮大县，以及农民专业合作社等倾斜。适当支持适宜地区购置国内尚不能批量制造的大马力拖拉机、大型喷灌机等农机。逐步加大农业机械化重大技术推广支持力度。在适宜地区实施保护性耕作、节水灌溉、深松整地、秸秆还田、高效植保等农机作业补贴试点。积极开展农机保险业务，有条件的地方可对参保农机给予保费补贴。中央财政要加大投入力度,支持农机工业技术创新能力建设、科技成果产业化以及技术和智力引进。国家技术改造投资要对农机工业技术改造给予倾斜和重点扶持,地方政府也要按照一定比例落实配套资金。

(17)完善农机购置补贴制度。按照科学、公开、公平、高效的原则,完善农机购置补贴管理办法,合理确定补贴产品种类,及时公布年度实施方案和补贴资金等,提高政策实施的透明度和公平性。简化农机购置补贴审批程序,改进审批方式,缩短审批时间。完善经销商管理制度,在由企业推荐经销商的基础上,严格经销商资格审查,将售后服务能力作为选择经销商的重要标准。严禁农机化事业单位通过成立公司等手段经销补贴产品。进一步扩大省级自选补贴产品的品种范围,满足不同区域和不同层次购机需求。缩短补贴资金结算时限,增加结算频次,加快企业资金回笼速度。加强监管,安排专门机构受理农民投诉,严肃查处倒卖补贴指标和补贴产品、套取补贴资金、借补贴之机乱涨价和乱收费等违规行为。保障农民选择权和议价权,允许农民对实行统一定额补贴的同一种类、同一档次产品在本省范围内跨县自主购机,允许农民在签订购机协议后调换机型。

(18)加强和改进金融服务。进一步加大对农民和农机服务组织的信贷扶持力度,创新金融产品和服务方式,扩大购机信贷规模,积极满足合理信贷资金需求,做好融资支持和配套金融服务。在保障信贷资金安全的前提下,积极推动农机抵押贷款业务,合理审慎确定抵押率,采取灵活的贷款期限与还款方式,为农民和农机服务组织多元化融资提供便利。对符合产业政策和信贷原则的农机制造企业技术改造、新产品开发和农机流通设施建设,给予信贷支持。中小农机制造企业可享受国家扶持中小企业发展的相关政策。创新型企业试点向农机制造企业倾斜,加大支持力度。

(19)切实落实税费优惠政策。继续免征农机机耕和排灌服务营业税、农机作业和维修服务项目的企业所得税。继续对跨区作业的联合收割机、运输联合收割机(包括插秧机)的车辆免收车辆通行费。进一步落实关于企业研发投入税前扣除政策。对生产国家支持发展的新型、大马力农机装备和产品,确有必要进口的关键零部件及原材料,免征关税和进口环节增值税。属于国家重点扶持高新技术企业中的农机制造企业,按照企业所得税法的规定,减按15%的税率征收企业所得税。按照现行规定对批发和零售的农机实行免征增值税政策。

(20)支持基础设施建设。将基层农业机械化推广体系、机耕道路、排灌及抗旱设施等建设内容纳入相应规划,与规划内的项目同步实施。抓紧实施保护性耕作工程建设规划,落实年度建设投资。实施农业机械化推进工程,加大对农机安全监理、农机推广鉴定等公益性设施建设的支持力度,增强农业机械化公共服务能力。在规划、用地等方面积极支持农机合作社建设农机停放场(库、棚),改善农机保养条件。将农机科研开发基础设施建设纳入国家工程(技术)实验室、国家工程研究中心、国家级企业技术中心等项目建设范围,加大投资支持力度,在高新技术产业化示范项目安排中,对农机科研新技术和新产品予以倾斜。将农机流通纳入农村市场体系建设规划,加强现代农机流通体系建设,支持农机销售市场、配送中心电子统一结算、信息采集发布系统和区域性售后维修服务中心等农机流通基础设施建设。

五、加强组织领导

(21)明确部门分工。有关部门要高度重视促进农业机械化和农机工业发展工作,按照职责分工,密切配合,加强指导。农业机械化主管部门要认真履行规划指导、监督管理、协调服务职能,做好技术推广、生产组织、安全监理等工作,抓紧修订农业机械化统计指标体系,会同有关部门提出有关法律法规的修订意见、农机推广目录和补贴产品种类。农机工业主管部门要认真履行农机工业行业管理职能,加快制定农机工业发展规划、产业政策和行业准入办法,抓好产品质量管理。水利部门要做好灌排设备更新改造规划,推广普及节水灌溉设备,协助农机工业主管部门做好大型灌排设备研发工作。发展改革部门要落实扶持农业机械化和农机工业发展的基本建设投资。财政部门要落实扶持农业机械化和农机工业发展的资金,加强农机购置补贴政策实施的监管。商务部门要加强对农机流通行业的指导,加快农机流通体系建设。科技部门要加大对农业机械化和农机工业科研开发支持力度。银行业和保险业监管部门要督促银行业金融机构和保险公司积极开展农机信贷、保险业务。其他部门也要根据职责积极支持农业机械化和农机工业发展。有关行业协会要当好政府与企业、农户的桥梁,充分发挥协调、服务、维权、自律的作用。

(22)落实地方政府责任。地方各级人民政府要统一思想,提高认识,把发展农业机械化和农机工业提上重要议事日程。深入学习宣传和贯彻实施《中华人民共和国农业机械化促进法》、《农业机械安全监督管理条例》等有关法律法规,不断提高依法促进农业机械化发展的能力和水平。建立工作责任制,结合本地情况,制定发展规划,明确发展目标,加强组织协调和相关机构队伍建设,充实力量,改善工作条件,保障工作经费,切实解决农机科研、生产、流通、推广应用、社会化服务等方面存在的突出问题,扎实推进本地区农业机械化和农机工业又好又快发展。

关于进一步加强企业安全生产工作

(2010 年 7 月 19 日 国发〔2010〕23 号)

各省、自治区、直辖市人民政府,国务院各部委、各直属机构:

近年来,全国生产安全事故逐年下降,安全生产状况总体稳定、趋于好转,但形势依然十分严峻,事故总量仍然很大,非法违法生产现象严重,重特大事故多发频发,给人民群众生命财产安全造成重大损失,暴露出一些企业重生产轻安全、安全管理薄弱、主体责任不落实,一些地方和部门安全监管不到位等突出问题。为进一步加强安全生产工作,全面提高企业安全生产水平,现就有关事项通知如下:

一、总体要求

(1)工作要求。深入贯彻落实科学发展观,坚持以人为本,牢固树立安全发展的理念,切实转变经济发展方式,调整产业结构,提高经济发展的质量和效益,把经济发展建立在安全生产有可靠保障的基础上;坚持“安全第一、预防为主、综合治理”的方针,全面加强企业安全管理,健全规章制度,完善安全标准,提高企业技术水平,夯实安全生产基础;坚持依法依规生产经营,切实加强安全监管,强化企业安全生产主体责任落实和责任追究,促进我国安全生产形势实现根本好转。

(2)主要任务。以煤矿、非煤矿山、交通运输、建筑施工、危险化学品、烟花爆竹、民用爆炸物品、冶金等行业(领域)为重点,全面加强企业安全生产工作。要通过更加严格的目标考核和责任追究,采取更加有效的管理手段和政策措施,集中整治非法违法生产行为,坚决遏制重特大事故发生;要尽快建成完善的国家安全生产应急救援体系,在高危行业强制推行一批安全适用的技术装备和防护设施,最大程度减少事故造成的损失;要建立更加完善的技术标准体系,促进企业安全生产技术装备全面达到国家和行业标准,实现我国安全生产技术水平的提高;要进一步调整产业结构,积极推进重点行业的企业重组和矿产资源开发整合,彻底淘汰安全性能低下、危及安全生产的落后产能;以更加有力的政策引导,形成安全生产长效机制。

二、严格企业安全管理

(3)进一步规范企业生产经营行为。企业要健全完善严格的安全生产规章制度,坚持不安全不生产。加强对生产现场监督检查,严格查处违章指挥、违规作业、违反劳动纪律的“三违”行为。凡超能力、超强度、超定员组织生产的,要责令停产停工整顿,并对企业和企业主要负责人依法给予规定上限的经济处罚。对以整合、技改名义违规组织生产,以及规定期限内未实施改造或故意拖延工期的矿井,由地方政府依法予以关闭。要加强对境外中资企业安全生产工作的指导和管理,严格落实境内投资主体和派出企业的安全生产监督责任。

(4)及时排查治理安全隐患。企业要经常性开展安全隐患排查,并切实做到整改措施、责任、资金、时限和预案“五到位”。建立以安全生产专业人员为主导的隐患整改效果评价制度,确保整改到位。对隐患整改不力造成事故的,要依法追究企业和企业相关负责人的责任。对停产整改逾期未完成的不得复产。

(5)强化生产过程管理的领导责任。企业主要负责人和领导班子成员要轮流现场带班。煤矿、非煤矿山要有矿领导带班并与工人同时下井、同时升井,对无企业负责人带班下井或该带班而未带班的,对有关责任人按擅离职守处理,同时给予规定上限的经济处罚。发生事故而没有领导现场带班的,对企业给予规定上限的经济处罚,并依法从重追究企业主要负责人的责任。

(6)强化职工安全培训。企业主要负责人和安全生产管理人员、特殊工种人员一律严格考核,按国家有关规定持职业资格证书上岗;职工必须全部经过培训合格后上岗。企业用工要严格依照劳动合同法与职工签订劳动合同。凡存在不经培训上岗、无证上岗的企业,依法停产整顿。没有对井下作业人员进行安全培训教育,或存在特种作业人员无证上岗的企业,情节严重的要依法予以关闭。

(7)全面开展安全达标。深入开展以岗位达标、专业达标和企业达标为内容的安全生产标准化建设,凡在规定时间内未实现达标的企业要依法暂扣其生产许可证、安全生产许可证,责令停产整顿;对整改逾期未达标的,地方政府要依法予以关闭。

三、建设坚实的技术保障体系

(8)加强企业生产技术管理。强化企业技术管理机构的安全职能,按规定配备安全技术人员,切实落实企业负责人安全生产技术管理负责制,强化企业主要技术负责人技术决策和指挥权。因安全生产技术问题不解决产生重大隐患的,要对企业主要负责人、主要技术负责人和有关人员给予处罚;发生事故的,依法追究责任。

(9)强制推行先进适用的技术装备。煤矿、非煤矿山要制定和实施生产技术装备标准,安装监测监控系统、井下人员定位系统、紧急避险系统、压风自救系统、供水施救系统和通信联络系统等技术装备,并于3年之内完成。逾期未安装的,依法暂扣安全生产许可证、生产许可证。运输危险化学品、烟花爆竹、民用爆炸物品的道路专用车辆,旅游包车和三类以上的班线客车要安装使用具有行驶记录功能的卫星定位装置,于2年之内全部完成;鼓励有条件的渔船安装防撞自动识别系统,在大型尾矿库安装全过程在线监控系统,大型起重机械要安装安全监控管理系统;积极推进信息化建设,努力提高企业安全防护水平。

(10)加快安全生产技术研发。企业在年度财务预算中必须确定必要的安全投入。国家鼓励企业开展安全科技研发,加快安全生产关键技术装备的换代升级。进一步落实《国家中长期科学和技术发展规划纲要(2006—2020年)》等,加大对高危行业安全技术、装备、工艺和产品研发的支持力度,引导高危行业提高机械化、自动化生产水平,合理确定生产一线用工。“十二五”期间要继续组织研发一批提升我国重点行业领域安全生产保障能力的关键技术和装备项目。

四、实施更加有力的监督管理

(11)进一步加大安全监管力度。强化安全生产监管部门对安全生产的综合监管,全面落实公安、交通、国土资源、建设、工商、质检等部门的安全生产监督管理及工业主管部门的安全生产指导职责,形成安全生产综合监管与行业监管指导相结合的工作机制,加强协作,形成合力。在各级政府统一领导下,严厉打击非法违法生产、经营、建设等影响安全生产的行为,安全生产综合监管和行业管理部门要会同司法机关联合执法,以强有力措施查处、取缔非法企业。对重大安全隐患治理实行逐级挂牌督办、公告制度,重大隐患治理由省级安全生产监管部门或行业主管部门挂牌督办,国家相关部门加强督促检查。对拒不执行监管监察指令的企业,要依法依规从重处罚。进一步加强监管力量建设,提高监管人员专业素质和技术装备水平,强化基层站点监管能力,加强对企业安全生产的现场监管和技术指导。

(12)强化企业安全生产属地管理。安全生产监管监察部门、负有安全生产监管职责的有关部门和行业管理部门要按职责分工,对当地企业包括中央、省属企业实行严格的安全生产监督检查和管理,组织对企业安全生产状况进行安全标准化分级考核评价,评价结果向社会公开,并向银行业、证券业、保险业、担保业等主管部门通报,作为企业信用评级的重要参考依据。

(13)加强建设项目安全管理。强化项目安全设施核准审批,加强建设项目的日常安全监管,严格落实审批、监管的责任。企业新建、改建、扩建工程项目的安全设施，要包括安全监控设施和防瓦斯等有害气体、防尘、排水、防火、防爆等设施，并与主体工程同时设计、同时施工、同时投入生产和使用。安全设施与建设项目主体工程未做到同时设计的一律不予审批，未做到同时施工的责令立即停止施工，未同时投入使用的不得颁发安全生产许可证，并视情节追究有关单位负责人的责任。严格落实建设、设计、施工、监理、监管等各方安全责任。对项目建设生产经营单位存在违法分包、转包等行为的，立即依法停工停产整顿，并追究项目业主、承包方等各方责任。

(14)加强社会监督和舆论监督。要充分发挥工会、共青团、妇联组织的作用，依法维护和落实企业职工对安全生产的参与权与监督权，鼓励职工监督举报各类安全隐患，对举报者予以奖励。有关部门和地方要进一步畅通安全生产的社会监督渠道，设立举报箱，公布举报电话，接受人民群众的公开监督。要发挥新闻媒体的舆论监督，对舆论反映的客观问题要深查原因，切实整改。

五、建设更加高效的应急救援体系

(15)加快国家安全生产应急救援基地建设。按行业类型和区域分布，依托大型企业，在中央预算内基建投资支持下，先期抓紧建设7个国家矿山应急救援队，配备性能可靠、机动性强的装备和设备，保障必要的运行维护费用。推进公路交通、铁路运输、水上搜救、船舶溢油、油气田、危险化学品等行业(领域)国家救援基地和队伍建设。鼓励和支持各地区、各部门、各行业依托大型企业和专业救援力量，加强服务周边的区域性应急救援能力建设。

(16)建立完善企业安全生产预警机制。企业要建立完善安全生产动态监控及预警预报体系，每月进行一次安全生产风险分析。发现事故征兆要立即发布预警信息，落实防范和应急处置措施。对重大危险源和重大隐患要报当地安全生产监管监察部门、负有安全生产监管职责的有关部门和行业管理部门备案。涉及国家秘密的，按有关规定执行。

(17)完善企业应急预案。企业应急预案要与当地政府应急预案保持衔接，并定期进行演练。赋予企业生产现场带班人员、班组长和调度人员在遇到险情时第一时间下达停产撤人命令的直接决策权和指挥权。因撤离不及时导致人身伤亡事故的，要从重追究相关人员的法律责任。

六、严格行业安全准入

(18)加快完善安全生产技术标准。各行业管理部门和负有安全生产监管职责的有关部门要根据行业技术进步和产业升级的要求，加快制定修订生产、安全技术标准，制定和实施高危行业从业人员资格标准。对实施许可证管理制度的危险性作业要制定落实专项安全技术作业规程和岗位安全操作规程。

(19)严格安全生产准入前置条件。把符合安全生产标准作为高危行业企业准入的前置条件，实行严格的安全标准核准制度。矿山建设项目和用于生产、储存危险物品的建设项目，应当分别按照国家有关规定进行安全条件论证和安全评价，严把安全生产准入关。凡不符合安全生产条件违规建设的，要立即停止建设，情节严重的由本级人民政府或主管部门实施关闭取缔。降低标准造成隐患的，要追究相关人员和负责人的责任。

(20)发挥安全生产专业服务机构的作用。依托科研院所，结合事业单位改制，推动安全生产评价、技术支持、安全培训、技术改造等服务性机构的规范发展。制定完善安全生产专业服务机构管理办法，保证专业服务机构从业行为的专业性、独立性和客观性。专业服务机构对相关评价、鉴定结论承担法律责任，对违法违规、弄虚作假的，要依法依规从严追究相关人员和机构的法律责任，并降低或取消相关资质。

七、加强政策引导

(21)制定促进安全技术装备发展的产业政策。要鼓励和引导企业研发、采用先进适用的安全技术和产品，鼓励安全生产适用技术和新装备、新工艺、新标准的推广应用。把安全检测监控、安全避险、安全保护、个人防护、灾害监控、特种安全设施及应急救援等安全生产专用设备的研发制造，作为安全产业加以培育，纳入国家振兴装备制造业的政策支持范畴。大力发展安全装备融资租赁业务，促进高危行业企业加快提升安全装备水平。

（22）加大安全专项投入。切实做好尾矿库治理、扶持煤矿安全技改建设、瓦斯防治和小煤矿整顿关闭等各类中央资金的安排使用，落实地方和企业配套资金。加强对高危行业企业安全生产费用提取和使用管理的监督检查，进一步完善高危行业企业安全生产费用财务管理制度，研究提高安全生产费用提取下限标准，适当扩大适用范围。依法加强道路交通事故社会救助基金制度建设，加快建立完善水上搜救奖励与补偿机制。高危行业企业探索实行全员安全风险抵押金制度。完善落实工伤保险制度，积极稳妥推行安全生产责任保险制度。

（23）提高工伤事故死亡职工一次性赔偿标准。从2011年1月1日起，依照《工伤保险条例》的规定，对因生产安全事故造成的职工死亡，其一次性工亡补助金标准调整为按全国上一年度城镇居民人均可支配收入的20倍计算，发放给工亡职工近亲属。同时，依法确保工亡职工一次性丧葬补助金、供养亲属抚恤金的发放。

（24）鼓励扩大专业技术和技能人才培养。进一步落实完善校企合作办学、对口单招、订单式培养等政策，鼓励高等院校、职业学校逐年扩大采矿、机电、地质、通风、安全等相关专业人才的招生培养规模，加快培养高危行业专业人才和生产一线急需技能型人才。

八、更加注重经济发展方式转变

（25）制定落实安全生产规划。各地区、各有关部门要把安全生产纳入经济社会发展的总体布局，在制定国家、地区发展规划时，要同步明确安全生产目标和专项规划。企业要把安全生产工作的各项要求落实在企业发展和日常工作之中，在制定企业发展规划和年度生产经营计划中要突出安全生产，确保安全投入和各项安全措施到位。

（26）强制淘汰落后技术产品。不符合有关安全标准、安全性能低下、职业危害严重、危及安全生产的落后技术、工艺和装备要列入国家产业结构调整指导目录，予以强制性淘汰。各省级人民政府也要制订本地区相应的目录和措施，支持有效消除重大安全隐患的技术改造和搬迁项目，遏制安全水平低、保障能力差的项目建设和延续。对存在落后技术装备、构成重大安全隐患的企业，要予以公布，责令限期整改，逾期未整改的依法予以关闭。

（27）加快产业重组步伐。要充分发挥产业政策导向和市场机制的作用，加大对相关高危行业企业重组力度，进一步整合或淘汰浪费资源、安全保障低的落后产能，提高安全基础保障能力。

九、实行更加严格的考核和责任追究

（28）严格落实安全目标考核。对各地区、各有关部门和企业完成年度生产安全事故控制指标情况进行严格考核，并建立激励约束机制。加大重特大事故的考核权重，发生特别重大生产安全事故的，要根据情节轻重，追究地市级分管领导或主要领导的责任；后果特别严重、影响特别恶劣的，要按规定追究省部级相关领导的责任。加强安全生产基础工作考核，加快推进安全生产长效机制建设，坚决遏制重特大事故的发生。

（29）加大对事故企业负责人的责任追究力度。企业发生重大生产安全责任事故，追究事故企业主要负责人责任；触犯法律的，依法追究事故企业主要负责人或企业实际控制人的法律责任。发生特别重大事故，除追究企业主要负责人和实际控制人责任外，还要追究上级企业主要负责人的责任；触犯法律的，依法追究企业主要负责人、企业实际控制人和上级企业负责人的法律责任。对重大、特别重大生产安全责任事故负有主要责任的企业，其主要负责人终身不得担任本行业企业的矿长（厂长、经理）。对非法违法生产造成人员伤亡的，以及瞒报事故、事故后逃逸等情节特别恶劣的，要依法从重处罚。

（30）加大对事故企业的处罚力度。对于发生重大、特别重大生产安全责任事故或一年内发生2次以上较大生产安全责任事故并负主要责任的企业，以及存在重大隐患整改不力的企业，由省级及以上安全监管监察部门会同有关行业主管部门向社会公告，并向投资、国土资源、建设、银行、证券等主管部门通报，一年内严格限制新增的项目核准、用地审批、证券融资等，并作为银行贷款等的重要参考依据。

（31）对打击非法生产不力的地方实行严格的责任追究。在所辖区域对群众举报、上级督办、日常检查发现的非法生产企业（单位）没有采取有效措施予以查处，致使非法生产企业（单位）存在的，对县(市、区)、乡(镇)人民政府主要领导以及相关责任人,根据情节轻重,给予降级、撤职或者开除的行政处分,涉嫌犯罪的,依法追究刑事责任。国家另有规定的,从其规定。

(32)建立事故查处督办制度。依法严格事故查处,对事故查处实行地方各级安全生产委员会层层挂牌督办,重大事故查处实行国务院安全生产委员会挂牌督办。事故查处结案后,要及时予以公告,接受社会监督。

各地区、各部门和各有关单位要做好对加强企业安全生产工作的组织实施,制订部署本地区本行业贯彻落实本通知要求的具体措施,加强监督检查和指导,及时研究、协调解决贯彻实施中出现的突出问题。国务院安全生产委员会办公室和国务院有关部门要加强工作督查,及时掌握各地区、各部门和本行业(领域)工作进展情况,确保各项规定、措施执行落实到位。省级人民政府和国务院有关部门要将加强企业安全生产工作情况及时报送国务院安全生产委员会办公室。

关于进一步做好利用外资工作若干意见部门分工的方案

(2010 年 8 月 18 日 国办函〔2010〕128 号)

一、优化利用外资结构

(1)根据我国经济发展需要,结合国家产业调整和振兴规划要求,修订《外商投资产业指导目录》,扩大开放领域,鼓励外资投向高端制造业、高新技术产业、现代服务业、新能源和节能环保产业。严格限制"两高一资"和低水平、过剩产能扩张类项目。(国家发改委、商务部。列第一位者为牵头部门,下同)

(2)国家产业调整和振兴规划中的政策措施同等适用于符合条件的外商投资企业。(国家发改委、工业和信息化部)

(3)对用地集约的国家鼓励类外商投资项目优先供应土地,在确定土地出让底价时可按不低于所在地土地等别相对应《全国工业用地出让最低价标准》的 70.0% 执行。(国土资源部)

(4)鼓励外商投资高新技术企业发展,改进并完善高新技术企业认定工作。(科技部、财政部、税务总局会同国家发改委、商务部、工业和信息化部等部门)

(5)鼓励中外企业加强研发合作,支持符合条件的外商投资企业与内资企业、研究机构合作申请国家科技开发项目、创新能力建设项目等。(国家发改委、科技部、财政部)

申请设立国家级技术中心认定。(国家发改委、科技部、财政部、海关总署、税务总局)

(6)鼓励跨国公司在华设立地区总部、研发中心、采购中心、财务管理中心、结算中心以及成本和利润核算中心等功能性机构。(商务部、外汇局、银监会、国家发改委、财政部、工商总局)

在 2010 年 12 月 31 日以前,对符合规定条件的外资研发中心确需进口的科技开发用品免征进口关税和进口环节增值税、消费税。(财政部、商务部、海关总署、税务总局)

(7)落实和完善支持政策,鼓励外商投资服务外包产业,引入先进技术和管理经验,提高我国服务外包国际竞争力。(商务部)

二、引导外资向中西部地区转移和增加投资

(8)根据《外商投资产业指导目录》修订情况,补充修订《中西部地区外商投资优势产业目录》,增加劳动密集型项目条目,鼓励外商在中西部地区发展符合环保要求的劳动密集型产业。(国家发改委、商务部)

(9)对符合条件的西部地区内外资企业继续实行企业所得税优惠政策,保持西部地区吸收外商投资好的发展势头。(财政部、国家发改委、商务部、税务总局)

(10)对东部地区外商投资企业向中西部地区转移加大政策开放和技术资金配套支持力度,同时完善行政服务,在办理工商、税务、外汇、社会保险等手续时提供便利。(国家发改委、商务部、财政部、人力资源和社会保障部、工商总局、质检总局、税务总局、外汇局)

鼓励和引导外资银行到中西部地区设立机构和

开办业务。(银监会)

(11)鼓励东部地区与中西部地区以市场为导向,通过委托管理、投资合作等多种方式,按照优势互补、产业联动、利益共享的原则共建开发区。(国家发改委、商务部)

三、促进利用外资方式多样化

(12)鼓励外资以参股、并购等方式参与国内企业改组改造和兼并重组。支持A股上市公司引入境内外战略投资者。规范外资参与境内证券投资和企业并购。(商务部、证监会、国家发改委、工业和信息化部)

依法实施反垄断审查。(商务部、国家发改委、工商总局按职责分工负责)

加快建立外资并购安全审查制度。(国家发改委、商务部)

(13)利用好境外资本市场,继续支持符合条件的企业根据国家发展战略及自身发展需要到境外上市,充分利用两个市场、两种资源,不断提高竞争力。(证监会、国家发改委、商务部)

(14)加快推进利用外资设立中小企业担保公司试点工作。(国家发改委、商务部)

鼓励外商投资设立创业投资企业,积极利用私募股权投资基金,完善退出机制。(国家发改委、商务部、工商总局、证监会、外汇局)

(15)支持符合条件的外商投资企业境内公开发行股票、发行企业债和中期票据,拓宽融资渠道,引导金融机构继续加大对外商投资企业的信贷支持。稳步扩大在境内发行人民币债券的境外主体范围。(人民银行、证监会、银监会、国家发改委、商务部)

四、深化外商投资管理体制改革

(16)《外商投资产业指导目录》中总投资(包括增资)3亿美元以下的鼓励类、允许类项目,除《政府核准的投资项目目录》规定需由国务院有关部门核准之外,由地方政府有关部门核准。(国家发改委)

除法律法规明确规定由国务院有关部门审批外,在加强监管的前提下,国务院有关部门可将本部门负责的审批事项下放地方政府审批,服务业领域外商投资企业的设立(金融、电信服务除外)由地方政府按照有关规定进行审批。(商务部等)

(17)调整审批内容,简化审批程序,最大限度缩小审批、核准范围,增强审批透明度。全面清理涉及外商投资的审批事项,缩短审批时间。改进审批方式,在试点并总结经验的基础上,逐步在全国推行外商投资企业合同、章程格式化审批,大力推行在线行政许可,规范行政行为。(商务部、国家发改委)

五、营造良好的投资环境

(18)规范和促进开发区发展,发挥开发区在体制创新、科技引领、产业集聚、土地集约方面的载体和平台作用。(国家发改委、国土资源部、住房和城乡建设部、科技部、商务部)

支持符合条件的省级开发区升级,支持具备条件的国家级开发区扩区和调整区位。(商务部、科技部按职责分别牵头,国土资源部、住房和城乡建设部、国家发改委参与)

支持具备条件的省级开发区扩区和调整区位。(国家发改委、国土资源部、住房和城乡建设部、科技部、商务部)

制定加快边境经济合作区建设的支持政策措施。(商务部、财政部、国土资源部、住房城乡建设部)

(19)进一步完善外商投资企业外汇管理,简化外商投资企业外汇资本金结汇手续。(外汇局)

对依法经营、资金紧张暂时无法按时出资的外商投资企业,允许延长出资期限。(工商总局、商务部)

(20)加强投资促进,针对重点国家和地区、重点行业加大引资推介力度,广泛宣传我国利用外资政策。积极参与多双边投资合作,把"引进来"和"走出去"相结合,推动跨国投资政策环境不断改善。(商务部、国家发改委)

国务院关于促进企业兼并重组的意见

（2010 年 8 月 28 日　国发〔2010〕27 号）

各省、自治区、直辖市人民政府，国务院各部委、各直属机构：

为深入贯彻落实科学发展观，切实加快经济发展方式转变和结构调整，提高发展质量和效益，现就加快调整优化产业结构、促进企业兼并重组提出以下意见：

一、充分认识企业兼并重组的重要意义

近年来，各行业、各领域企业通过合并和股权、资产收购等多种形式积极进行整合，兼并重组步伐加快，产业组织结构不断优化，取得了明显成效。但一些行业重复建设严重、产业集中度低、自主创新能力不强、市场竞争力较弱的问题仍很突出。在资源环境约束日益严重、国际间产业竞争更加激烈、贸易保护主义明显抬头的新形势下，必须切实推进企业兼并重组，深化企业改革，促进产业结构优化升级，加快转变发展方式，提高发展质量和效益，增强抵御国际市场风险能力，实现可持续发展。各地区、各有关部门要把促进企业兼并重组作为贯彻落实科学发展观，保持经济平稳较快发展的重要任务，进一步统一思想，正确处理局部与整体、当前与长远的关系，切实抓好促进企业兼并重组各项工作部署的贯彻落实。

二、主要目标和基本原则

（一）主要目标

通过促进企业兼并重组，深化体制机制改革，完善以公有制为主体、多种所有制经济共同发展的基本经济制度。加快国有经济布局和结构的战略性调整，健全国有资本有进有退的合理流动机制，鼓励和支持民营企业参与竞争性领域国有企业改革、改制和改组，促进非公有制经济和中小企业发展。兼并重组企业要转换经营机制，完善公司治理结构，建立现代企业制度，加强和改善内部管理，加强技术改造，推进技术进步和自主创新，淘汰落后产能，压缩过剩产能，促进节能减排，提高市场竞争力。

进一步贯彻落实重点产业调整和振兴规划，做强做大优势企业。以汽车、钢铁、水泥、机械制造、电解铝、稀土等行业为重点，推动优势企业实施强强联合、跨地区兼并重组、境外并购和投资合作，提高产业集中度，促进规模化、集约化经营，加快发展具有自主知识产权和知名品牌的骨干企业，培养一批具有国际竞争力的大型企业集团，推动产业结构优化升级。

（二）基本原则

（1）发挥企业的主体作用。充分尊重企业意愿，充分调动企业积极性，通过完善相关行业规划和政策措施，引导和激励企业自愿、自主参与兼并重组。

（2）坚持市场化运作。遵循市场经济规则，充分发挥市场机制的基础性作用，规范行政行为，由企业通过平等协商、依法合规开展兼并重组，防止“拉郎配”。

（3）促进市场有效竞争。统筹协调，分类指导，促进提高产业集中度，促进大中小企业协调发展，促进各种所有制企业公平竞争和优胜劣汰，形成结构合理、竞争有效、规范有序的市场格局。

（4）维护企业与社会和谐稳定。严格执行相关法律法规和规章制度，妥善解决企业兼并重组中资产债务处置、职工安置等问题，依法维护债权人、债务人以及企业职工等利益主体的合法权益，促进企业、社会的和谐稳定。

三、消除企业兼并重组的制度障碍

（1）清理限制跨地区兼并重组的规定。为优化产业布局、进一步破除市场分割和地区封锁，要认真清理废止各种不利于企业兼并重组和妨碍公平竞争的规定，尤其要坚决取消各地区自行出台的限制外地企业对本地企业实施兼并重组的规定。

（2）理顺地区间利益分配关系。在不违背国家

有关政策规定的前提下，地区间可根据企业资产规模和盈利能力，签订企业兼并重组后的财税利益分成协议，妥善解决企业兼并重组后工业增加值等统计数据的归属问题，实现企业兼并重组成果共享。

（3）放宽民营资本的市场准入。切实向民营资本开放法律法规未禁入的行业和领域，并放宽在股权比例等方面的限制。加快垄断行业改革，鼓励民营资本通过兼并重组等方式进入垄断行业的竞争性业务领域，支持民营资本进入基础设施、公共事业、金融服务和社会事业相关领域。

四、加强对企业兼并重组的引导和政策扶持

（1）落实税收优惠政策。研究完善支持企业兼并重组的财税政策。对企业兼并重组涉及的资产评估增值、债务重组收益、土地房屋权属转移等给予税收优惠，具体按照财政部、税务总局《关于企业兼并重组业务企业所得税处理若干问题的通知》（财税〔2009〕59号）、《关于企业改制重组若干契税政策的通知》（财税〔2008〕175号）等规定执行。

（2）加强财政资金投入。在中央国有资本经营预算中设立专项资金，通过技改贴息、职工安置补助等方式，支持中央企业兼并重组。鼓励地方人民政府通过财政贴息、信贷奖励补助等方式，激励商业银行加大对企业兼并重组的信贷支持力度。有条件的地方可设立企业兼并重组专项资金，支持本地区企业兼并重组，财政资金投入要优先支持重点产业调整和振兴规划确定的企业兼并重组。

（3）加大金融支持力度。商业银行要积极稳妥开展并购贷款业务，扩大贷款规模，合理确定贷款期限。鼓励商业银行对兼并重组后的企业实行综合授信。鼓励证券公司、资产管理公司、股权投资基金以及产业投资基金等参与企业兼并重组，并向企业提供直接投资、委托贷款、过桥贷款等融资支持。积极探索设立专门的并购基金等兼并重组融资新模式，完善股权投资退出机制，吸引社会资金参与企业兼并重组。通过并购贷款、境内外银团贷款、贷款贴息等方式支持企业跨国并购。

（4）支持企业自主创新和技术进步。支持有条件的企业建立企业技术中心，提高研发水平和自主创新能力，加快科技成果向现实生产力转化。大力支持兼并重组企业技术改造和产品结构调整，优先安排技术改造资金，对符合国家产业政策的技术改造项目优先立项。鼓励和引导企业通过兼并重组淘汰落后产能，切实防止以兼并重组为名盲目扩张产能和低水平重复建设。

（5）充分发挥资本市场推动企业重组的作用。进一步推进资本市场企业并购重组的市场化改革，健全市场化定价机制，完善相关规章及配套政策，支持企业利用资本市场开展兼并重组，促进行业整合和产业升级。支持符合条件的企业通过发行股票、债券、可转换债等方式为兼并重组融资。鼓励上市公司以股权、现金及其他金融创新方式作为兼并重组的支付手段，拓宽兼并重组融资渠道，提高资本市场兼并重组效率。

（6）完善相关土地管理政策。兼并重组涉及的划拨土地符合划拨用地条件的，经所在地县级以上人民政府批准可继续以划拨方式使用；不符合划拨用地条件的，依法实行有偿使用，划拨土地使用权价格可依法作为土地使用权人的权益。重点产业调整和振兴规划确定的企业兼并重组项目涉及的原生产经营性划拨土地，经省级以上人民政府国土资源部门批准，可以国家作价出资（入股）方式处置。

（7）妥善解决债权债务和职工安置问题。兼并重组要严格依照有关法律规定和政策妥善分类处置债权债务关系，落实清偿责任，确保债权人、债务人的合法利益。研究债务重组政策措施，支持资产管理公司、创业投资企业、股权投资基金、产业投资基金等机构参与被兼并企业的债务处置。切实落实相关政策规定，积极稳妥解决职工劳动关系、社会保险关系接续、拖欠职工工资等问题。制定完善相关政策措施，继续支持国有企业实施主辅分离、辅业改制和分流安置富余人员。认真落实积极的就业政策，促进下岗失业人员再就业，所需资金从就业专项资金中列支。

（8）深化企业体制改革和管理创新。鼓励兼并重组企业进行公司制、股份制改革，建立健全规范的法人治理结构，转换企业经营机制，创新管理理念、管理机制和管理手段，加强和改善生产经营管理，促进自主创新，提高企业市场竞争力。

五、改进对兼并重组的管理和服务

（1）做好信息咨询服务。加快引进和培养熟

悉企业并购业务特别是跨国并购业务的专门人才，建立促进境内外并购活动的公共服务平台，拓宽企业兼并重组信息交流渠道，加强市场信息、战略咨询、法律顾问、财务顾问、资产评估、产权交易、融资中介、独立审计和企业管理等咨询服务，推动企业兼并重组中介服务加快专业化、规范化发展。

（2）加强风险监控。督促企业严格执行兼并重组的有关法律法规和政策，规范操作程序，加强信息披露，防范道德风险，确保兼并重组操作规范、公开、透明。深入研究企业兼并重组中可能出现的各种矛盾和问题，加强风险评估，妥善制定相应的应对预案和措施，切实维护企业、社会和谐稳定。有效防范和打击内幕交易和市场操纵行为，防止恶意收购，防止以企业兼并重组之名甩包袱、偷逃税款、逃废债务，防止国有资产流失。充分发挥境内银行、证券公司等金融机构在跨国并购中的咨询服务作用，指导和帮助企业制定境外并购风险防范和应对方案，保护企业利益。

（3）维护公平竞争和国家安全。完善相关管理办法，加强和完善对重大的企业兼并重组交易的管理，对达到经营者集中法定申报标准的企业兼并重组，依法进行经营者集中审查。进一步完善外资并购管理规定，建立健全外资并购国内企业国家安全审查制度，鼓励和规范外资以参股、并购方式参与国内企业改组改造和兼并重组，维护国家安全。

六、加强对企业兼并重组工作的领导

建立健全组织协调机制，加强对企业兼并重组工作的领导。由工业和信息化部牵头，发展改革委、财政部、人力资源和社会保障部、国土资源部、商务部、人民银行、国资委、税务总局、工商总局、银监会、证监会等部门参加，成立企业兼并重组工作协调小组，统筹协调企业兼并重组工作，研究解决推进企业兼并重组工作中的重大问题，细化有关政策和配套措施，落实重点产业调整和振兴规划的相关要求，协调有关地区和企业做好组织实施。各地区要努力营造企业跨地区、跨行业、跨所有制兼并重组的良好环境，指导督促企业切实做好兼并重组有关工作。

国务院关于加快培育和发展战略性新兴产业的决定

（2010年10月10日　国发〔2010〕32号）

各省、自治区、直辖市人民政府，国务院各部委、各直属机构：

战略性新兴产业是引导未来经济社会发展的重要力量。发展战略性新兴产业已成为世界主要国家抢占新一轮经济和科技发展制高点的重大战略。我国正处在全面建设小康社会的关键时期，必须按照科学发展观的要求，抓住机遇，明确方向，突出重点，加快培育和发展战略性新兴产业。现作出如下决定：

一、抓住机遇，加快培育和发展战略性新兴产业

战略性新兴产业是以重大技术突破和重大发展需求为基础，对经济社会全局和长远发展具有重大引领带动作用，知识技术密集、物质资源消耗少、成长潜力大、综合效益好的产业。加快培育和发展战略性新兴产业对推进我国现代化建设具有重要战略意义。

（1）加快培育和发展战略性新兴产业是全面建设小康社会、实现可持续发展的必然选择。我国人口众多、人均资源少、生态环境脆弱，又处在工业化、城镇化快速发展时期，面临改善民生的艰巨任务和资源环境的巨大压力。要全面建设小康社会、实现可持续发展，必须大力发展战略性新兴产业，加快形成新的经济增长点，创造更多的就业岗位，更好地满足人民群众日益增长的物质文化需求，促进资源节约型和环境友好型社会建设。

（2）加快培育和发展战略性新兴产业是推进产业结构升级、加快经济发展方式转变的重大举措。战略性新兴产业以创新为主要驱动力，辐射带动力强，加快培育和发展战略性新兴产业，有利于加快经济发展方式转变，有利于提升产业层次、推动传统产业升级、高起点建设现代产业体系，体现了调整优化

产业结构的根本要求。

(3)加快培育和发展战略性新兴产业是构建国际竞争新优势、掌握发展主动权的迫切需要。当前,全球经济竞争格局正在发生深刻变革,科技发展正孕育着新的革命性突破,世界主要国家纷纷加快部署,推动节能环保、新能源、信息、生物等新兴产业快速发展。我国要在未来国际竞争中占据有利地位,必须加快培育和发展战略性新兴产业,掌握关键核心技术及相关知识产权,增强自主发展能力。

加快培育和发展战略性新兴产业具备诸多有利条件,也面临严峻挑战。经过改革开放30多年的快速发展,我国综合国力明显增强,科技水平不断提高,建立了较为完备的产业体系,特别是高技术产业快速发展,规模跻身世界前列,为战略性新兴产业加快发展奠定了较好的基础。同时,也面临着企业技术创新能力不强,掌握的关键核心技术少,有利于新技术新产品进入市场的政策法规体系不健全,支持创新创业的投融资和财税政策、体制机制不完善等突出问题。必须充分认识加快培育和发展战略性新兴产业的重大意义,进一步增强紧迫感和责任感,抓住历史机遇,加大工作力度,加快培育和发展战略性新兴产业。

二、坚持创新发展,将战略性新兴产业加快培育成为先导产业和支柱产业

根据战略性新兴产业的特征,立足我国国情和科技、产业基础,现阶段重点培育和发展节能环保、新一代信息技术、生物、高端装备制造、新能源、新材料、新能源汽车等产业。

(一)指导思想

以邓小平理论和“三个代表”重要思想为指导,深入贯彻落实科学发展观,把握世界新科技革命和产业革命的历史机遇,面向经济社会发展的重大需求,把加快培育和发展战略性新兴产业放在推进产业结构升级和经济发展方式转变的突出位置。积极探索战略性新兴产业发展规律,发挥企业主体作用,加大政策扶持力度,深化体制机制改革,着力营造良好环境,强化科技创新成果产业化,抢占经济和科技竞争制高点,推动战略性新兴产业快速健康发展,为促进经济社会可持续发展作出贡献。

(二)基本原则

坚持充分发挥市场的基础性作用与政府引导推动相结合。要充分发挥我国市场需求巨大的优势,创新和转变消费模式,营造良好的市场环境,调动企业主体的积极性,推进产学研用结合。同时,对关系经济社会发展全局的重要领域和关键环节,要发挥政府的规划引导、政策激励和组织协调作用。

坚持科技创新与实现产业化相结合。要切实完善体制机制,大幅度提升自主创新能力,着力推进原始创新,大力增强集成创新和联合攻关,积极参与国际分工合作,加强引进消化吸收再创新,充分利用全球创新资源,突破一批关键核心技术,掌握相关知识产权。同时,要加大政策支持和协调指导力度,造就并充分发挥高素质人才队伍的作用,加速创新成果转化,促进产业化进程。

坚持整体推进与重点领域跨越发展相结合。要对发展战略性新兴产业进行统筹规划、系统布局,明确发展时序,促进协调发展。同时,要选择最有基础和条件的领域作为突破口,重点推进。大力培育产业集群,促进优势区域率先发展。

坚持提升国民经济长远竞争力与支撑当前发展相结合。要着眼长远,把握科技和产业发展新方向,对重大前沿性领域及早部署,积极培育先导产业。同时,要立足当前,推进对缓解经济社会发展瓶颈制约具有重大作用的相关产业较快发展,推动高技术产业健康发展、带动传统产业转型升级,加快形成支柱产业。

(三)发展目标

到2015年,战略性新兴产业形成健康发展、协调推进的基本格局,对产业结构升级的推动作用显著增强,增加值占国内生产总值的比重力争达到8.0%左右。

到2020年,战略性新兴产业增加值占国内生产总值的比重力争达到15.0%左右,吸纳、带动就业能力显著提高。节能环保、新一代信息技术、生物、高端装备制造产业成为国民经济的支柱产业,新能源、新材料、新能源汽车产业成为国民经济的先导产业;创新能力大幅提升,掌握一批关键核心技术,在局部领域达到世界领先水平;形成一批具有国际影响力的大企业和一批创新活力旺盛的中小企业;建成一批产业链完善、创新能力强、特色鲜明的战略性

新兴产业集聚区。

再经过10年左右的努力，战略性新兴产业的整体创新能力和产业发展水平达到世界先进水平，为经济社会可持续发展提供强有力的支撑。

三、立足国情，努力实现重点领域快速健康发展

根据战略性新兴产业的发展阶段和特点，要进一步明确发展的重点方向和主要任务，统筹部署，集中力量，加快推进。

（1）节能环保产业。重点开发推广高效节能技术装备及产品，实现重点领域关键技术突破，带动能效整体水平的提高。加快资源循环利用关键共性技术研发和产业化示范，提高资源综合利用水平和再制造产业化水平。示范推广先进环保技术装备及产品，提升污染防治水平。推进市场化节能环保服务体系建设。加快建立以先进技术为支撑的废旧商品回收利用体系，积极推进煤炭清洁利用、海水综合利用。

（2）新一代信息技术产业。加快建设宽带、融合、安全的信息网络基础设施，推动新一代移动通信、下一代互联网核心设备和智能终端的研发及产业化，加快推进三网融合，促进物联网、云计算的研发和示范应用。着力发展集成电路、新型显示、高端软件、高端服务器等核心基础产业。提升软件服务、网络增值服务等信息服务能力，加快重要基础设施智能化改造。大力发展数字虚拟等技术，促进文化创意产业发展。

（3）生物产业。大力发展用于重大疾病防治的生物技术药物、新型疫苗和诊断试剂、化学药物、现代中药等创新药物大品种，提升生物医药产业水平。加快先进医疗设备、医用材料等生物医学工程产品的研发和产业化，促进规模化发展。着力培育生物育种产业，积极推广绿色农用生物产品，促进生物农业加快发展。推进生物制造关键技术开发、示范与应用。加快海洋生物技术及产品的研发和产业化。

（4）高端装备制造产业。重点发展以干支线飞机和通用飞机为主的航空装备，做大做强航空产业。积极推进空间基础设施建设，促进卫星及其应用产业发展。依托客运专线和城市轨道交通等重点工程建设，大力发展轨道交通装备。面向海洋资源开发，大力发展海洋工程装备。强化基础配套能力，积极发展以数字化、柔性化及系统集成技术为核心的智能制造装备。

（5）新能源产业。积极研发新一代核能技术和先进反应堆，发展核能产业。加快太阳能热利用技术推广应用，开拓多元化的太阳能光伏光热发电市场。提高风电技术装备水平，有序推进风电规模化发展，加快适应新能源发展的智能电网及运行体系建设。因地制宜开发利用生物质能。

（6）新材料产业。大力发展稀土功能材料、高性能膜材料、特种玻璃、功能陶瓷、半导体照明材料等新型功能材料。积极发展高品质特殊钢、新型合金材料、工程塑料等先进结构材料。提升碳纤维、芳纶、超高分子量聚乙烯纤维等高性能纤维及其复合材料发展水平。开展纳米、超导、智能等共性基础材料研究。

（7）新能源汽车产业。着力突破动力电池、驱动电机和电子控制领域关键核心技术，推进插电式混合动力汽车、纯电动汽车推广应用和产业化。同时，开展燃料电池汽车相关前沿技术研发，大力推进高能效、低排放节能汽车发展。

四、强化科技创新，提升产业核心竞争力

增强自主创新能力是培育和发展战略性新兴产业的中心环节，必须完善以企业为主体、市场为导向、产学研相结合的技术创新体系，发挥国家科技重大专项的核心引领作用，结合实施产业发展规划，突破关键核心技术，加强创新成果产业化，提升产业核心竞争力。

（1）加强产业关键核心技术和前沿技术研究。围绕经济社会发展重大需求，结合国家科技计划、知识创新工程和自然科学基金项目等的实施，集中力量突破一批支撑战略性新兴产业发展的关键共性技术。在生物、信息、空天、海洋、地球深部等基础性、前沿性技术领域超前部署，加强交叉领域的技术和产品研发，提高基础技术研究水平。

（2）强化企业技术创新能力建设。加大企业研究开发的投入力度，对面向应用、具有明确市场前景的政府科技计划项目，建立由骨干企业牵头组织、科研机构和高校共同参与实施的有效机制。依托骨干企业，围绕关键核心技术的研发和系统集成，支持建设若干具有世界先进水平的工程化平台，结合技术

创新工程的实施，发展一批由企业主导，科研机构、高校积极参与的产业技术创新联盟。加强财税政策引导，激励企业增加研发投入。加强产业集聚区公共技术服务平台建设，促进中小企业创新发展。

（3）加快落实人才强国战略和知识产权战略。建立科研机构、高校创新人才向企业流动的机制，加大高技能人才队伍建设力度。加快完善期权、技术入股、股权、分红权等多种形式的激励机制，鼓励科研机构和高校科技人员积极从事职务发明创造。加大工作力度，吸引全球优秀人才来华创新创业。发挥研究型大学的支撑和引领作用，加强战略性新兴产业相关专业学科建设，增加急需的专业学位类别。改革人才培养模式，制定鼓励企业参与人才培养的政策，建立企校联合培养人才的新机制，促进创新型、应用型、复合型和技能型人才的培养。支持知识产权的创造和运用，强化知识产权的保护和管理，鼓励企业建立专利联盟。完善高校和科研机构知识产权转移转化的利益保障和实现机制，建立高效的知识产权评估交易机制。加大对具有重大社会效益创新成果的奖励力度。

（4）实施重大产业创新发展工程。以加速产业规模化发展为目标，选择具有引领带动作用，并能够实现突破的重点方向，依托优势企业，统筹技术开发、工程化、标准制定、市场应用等环节，组织实施若干重大产业创新发展工程，推动要素整合和技术集成，努力实现重大突破。

（5）建设产业创新支撑体系。发挥知识密集型服务业支撑作用，大力发展研发服务、信息服务、创业服务、技术交易、知识产权和科技成果转化等高技术服务业，着力培育新业态。积极发展人力资源服务、投资和管理咨询等商务服务业，加快发展现代物流和环境服务业。

（6）推进重大科技成果产业化和产业集聚发展。完善科技成果产业化机制，加大实施产业化示范工程力度，积极推进重大装备应用，建立健全科研机构、高校的创新成果发布制度和技术转移机构，促进技术转移和扩散，加速科技成果转化为现实生产力。依托具有优势的产业集聚区，培育一批创新能力强、创业环境好、特色突出、集聚发展的战略性新兴产业示范基地，形成增长极，辐射带动区域经济发展。

五、积极培育市场，营造良好市场环境

要充分发挥市场的基础性作用，充分调动企业积极性，加强基础设施建设，积极培育市场，规范市场秩序，为各类企业健康发展创造公平、良好的环境。

（1）组织实施重大应用示范工程。坚持以应用促发展，围绕提高人民群众健康水平、缓解环境资源制约等紧迫需求，选择处于产业化初期、社会效益显著、市场机制难以有效发挥作用的重大技术和产品，统筹衔接现有试验示范工程，组织实施全民健康、绿色发展、智能制造、材料换代、信息惠民等重大应用示范工程，引导消费模式转变，培育市场，拉动产业发展。

（2）支持市场拓展和商业模式创新。鼓励绿色消费、循环消费、信息消费，创新消费模式，促进消费结构升级。扩大终端用能产品能效标识实施范围。加强新能源并网及储能、支线航空与通用航空、新能源汽车等领域的市场配套基础设施建设。在物联网、节能环保服务、新能源应用、信息服务、新能源汽车推广等领域，支持企业大力发展有利于扩大市场需求的专业服务、增值服务等新业态。积极推行合同能源管理、现代废旧商品回收利用等新型商业模式。

（3）完善标准体系和市场准入制度。加快建立有利于战略性新兴产业发展的行业标准和重要产品技术标准体系，优化市场准入的审批管理程序。进一步健全药品注册管理的体制机制，完善药品集中采购制度，支持临床必需、疗效确切、安全性高、价格合理的创新药物优先进入医保目录。完善新能源汽车的项目和产品准入标准。改善转基因农产品的管理。完善并严格执行节能环保法规标准。

六、深化国际合作，提高国际化发展水平

要通过深化国际合作，尽快掌握关键核心技术，提升我国自主发展能力与核心竞争力。把握经济全球化的新特点，深度开展国际合作与交流，积极探索合作新模式，在更高层次上参与国际合作。

（1）大力推进国际科技合作与交流。发挥各种合作机制的作用，多层次、多渠道、多方式推进国际科技合作与交流。鼓励境外企业和科研机构在我国

设立研发机构，支持符合条件的外商投资企业与内资企业、研究机构合作申请国家科研项目。支持我国企业和研发机构积极开展全球研发服务外包，在境外开展联合研发和设立研发机构，在国外申请专利。鼓励我国企业和研发机构参与国际标准的制定，鼓励外商投资企业参与我国技术示范应用项目，共同形成国际标准。

(2)切实提高国际投融资合作的质量和水平。完善外商投资产业指导目录，鼓励外商设立创业投资企业，引导外资投向战略性新兴产业。支持有条件的企业开展境外投资，在境外以发行股票和债券等多种方式融资。扩大企业境外投资自主权，改进审批程序，进一步加大对企业境外投资的外汇支持。积极探索在海外建设科技和产业园区。制定国别产业导向目录，为企业开展跨国投资提供指导。

(3)大力支持企业跨国经营。完善出口信贷、保险等政策，结合对外援助等积极支持战略性新兴产业领域的重点产品、技术和服务开拓国际市场，以及自主知识产权技术标准在海外推广应用。支持企业通过境外注册商标、境外收购等方式，培育国际化品牌。加强企业和产品国际认证合作。

七、加大财税金融政策扶持力度，引导和鼓励社会投入

加快培育和发展战略性新兴产业，必须健全财税金融政策支持体系，加大扶持力度，引导和鼓励社会资金投入。

(1)加大财政支持力度。在整合现有政策资源和资金渠道的基础上，设立战略性新兴产业发展专项资金，建立稳定的财政投入增长机制，增加中央财政投入，创新支持方式，着力支持重大关键技术研发、重大产业创新发展工程、重大创新成果产业化、重大应用示范工程、创新能力建设等。加大政府引导和支持力度，加快高效节能产品、环境标志产品和资源循环利用产品等推广应用。加强财政政策绩效考评，创新财政资金管理机制，提高资金使用效率。

(2)完善税收激励政策。在全面落实现行各项促进科技投入和科技成果转化、支持高技术产业发展等方面的税收政策的基础上，结合税制改革方向和税种特征，针对战略性新兴产业的特点，研究完善鼓励创新、引导投资和消费的税收支持政策。

(3)鼓励金融机构加大信贷支持。引导金融机构建立适应战略性新兴产业特点的信贷管理和贷款评审制度。积极推进知识产权质押融资、产业链融资等金融产品创新。加快建立包括财政出资和社会资金投入在内的多层次担保体系。积极发展中小金融机构和新型金融服务。综合运用风险补偿等财政优惠政策，促进金融机构加大支持战略性新兴产业发展的力度。

(4)积极发挥多层次资本市场的融资功能。进一步完善创业板市场制度，支持符合条件的企业上市融资。推进场外证券交易市场的建设，满足处于不同发展阶段创业企业的需求。完善不同层次市场之间的转板机制，逐步实现各层次市场间有机衔接。大力发展债券市场，扩大中小企业集合债券和集合票据发行规模，积极探索开发低信用等级高收益债券和私募可转债等金融产品，稳步推进企业债券、公司债券、短期融资券和中期票据发展，拓宽企业债务融资渠道。

(5)大力发展创业投资和股权投资基金。建立和完善促进创业投资和股权投资行业健康发展的配套政策体系与监管体系。在风险可控的范围内为保险公司、社保基金、企业年金管理机构和其他机构投资者参与新兴产业创业投资和股权投资基金创造条件。发挥政府新兴产业创业投资资金的引导作用，扩大政府新兴产业创业投资规模，充分运用市场机制，带动社会资金投向战略性新兴产业中处于创业早中期阶段的创新型企业。鼓励民间资本投资战略性新兴产业。

八、推进体制机制创新，加强组织领导

加快培育和发展战略性新兴产业是我国新时期经济社会发展的重大战略任务，必须大力推进改革创新，加强组织领导和统筹协调，为战略性新兴产业发展提供动力和条件。

(1)深化重点领域改革。建立健全创新药物、新能源、资源性产品价格形成机制和税费调节机制。实施新能源配额制，落实新能源发电全额保障性收购制度。加快建立生产者责任延伸制度，建立和完善主要污染物和碳排放交易制度。建立促进三网融合高效有序开展的政策和机制，深化电力体制改革，加快推进空域管理体制改革。

(2)加强宏观规划引导。组织编制国家战略性

新兴产业发展规划和相关专项规划，制定战略性新兴产业发展指导目录，开展战略性新兴产业统计监测调查，加强与相关规划和政策的衔接。加强对各地发展战略性新兴产业的引导，优化区域布局、发挥比较优势，形成各具特色、优势互补、结构合理的战略性新兴产业协调发展格局。各地区要根据国家总体部署，从当地实际出发，突出发展重点，避免盲目发展和重复建设。

(3)加强组织协调。成立由发展改革委牵头的战略性新兴产业发展部际协调机制，形成合力，统筹推进。

国务院各有关部门、各省(自治区、直辖市)人民政府要根据本决定的要求，抓紧制定实施方案和具体落实措施，加大支持力度，加快将战略性新兴产业培育成为先导产业和支柱产业，为我国现代化建设作出新的贡献。

关于加快推进煤矿企业兼并重组的若干意见

(2010年10月16日　国办发〔2010〕46号)

为深入贯彻落实科学发展观，严格保护和合理开发煤炭资源，淘汰落后产能，调整优化煤炭产业结构，提高煤炭生产集约化程度和生产力水平，促进煤炭工业持续稳定健康发展，现就加快推进煤矿企业兼并重组提出如下意见：

一、充分认识加快推进煤矿企业兼并重组的重要意义

煤炭是我国的主要能源和重要工业原料，煤炭工业健康发展关系国家能源安全和经济安全。近年来国家先后出台了一系列促进煤炭工业健康发展的政策措施，煤矿企业改革发展成效显著，安全生产状况明显好转，煤炭资源开发利用水平有了较大提高。但是，煤炭工业长期粗放发展积累的矛盾仍很突出，全国各类煤矿企业多达11 200个，企业年均产能不足30万吨，产业集中度低、技术落后，煤炭资源回采率低，资源浪费和环境污染严重，一些地区煤炭勘查开发秩序混乱，生产安全事故多发，不能适应经济和社会发展需要。

加快煤矿企业兼并重组，是规范煤炭开发秩序、保护和集约开发煤炭资源、保障能源可靠供应的必然要求，是调整优化产业结构、提高发展质量和效益、实现长期可持续发展的重大举措。各地区、各有关部门要把推进煤矿企业兼并重组作为贯彻落实科学发展观、加快转变煤炭工业发展方式的一项重要任务，进一步增强紧迫感、责任感和主动性，正确处理局部与整体、当前与长远的关系，切实抓好煤矿企业兼并重组各项工作的贯彻落实。

二、推进煤矿企业兼并重组的指导思想、原则和目标

(1)指导思想。以邓小平理论和“三个代表”重要思想为指导，全面贯彻落实科学发展观，坚持安全发展、集约发展、清洁发展、可持续发展，加快推进煤矿企业兼并重组，淘汰落后产能，优化产业结构，提高煤炭生产集约化程度、安全生产和科技水平，有序开发利用煤炭资源，促进煤炭工业健康发展，保障国家能源安全。

(2)基本原则。坚持充分发挥市场机制作用与政策引导、政府推动相结合，坚持发展先进生产力与淘汰落后产能相结合，坚持统一规划与因地制宜、分类指导相结合，坚持依法依规操作与体制机制创新相结合，坚持减少煤炭开发主体与维护企业职工和投资者合法权益相结合。

(3)主要目标。通过兼并重组，全国煤矿企业数量特别是小煤矿数量明显减少，形成一批年产5 000万吨以上的特大型煤矿企业集团，煤矿企业年均产能提高到80万吨以上，特大型煤矿企业集团煤炭产量占全国总产量的比例达到50.0%以上。煤矿技术装备水平明显提升，安全生产条件明显改善，煤炭资源回采率明显提高，环境保护与治理得到加强，煤炭开发秩序进一步规范，形成以股份制为主要形式、多种所有制并存的办矿格局。

三、煤矿企业兼并重组的主要任务和要求

(1)统一规划、整体推进。各产煤省(区、市)人

民政府要按照尽量减少开发主体的要求，统筹协调关闭整顿、资源整合与兼并重组的关系，根据当地煤炭资源条件和经济社会发展情况，科学编制本省（区、市）煤矿企业兼并重组总体规划，在与矿区总体规划衔接的基础上制定矿区兼并重组方案，确定兼并重组主体企业，认真抓好组织实施。山西、内蒙古、河南、陕西等重点产煤省（区），要坚决淘汰落后小煤矿，大力提高煤炭产业集中度，促进煤炭资源连片开发。黑龙江、湖南、四川、贵州、云南等省，要加大兼并重组力度，切实减少煤矿企业数量。矿区兼并重组方案和兼并重组主体企业名单要报发展改革委、国土资源部、安全监管总局、能源局、煤矿安监局备案。

（2）积极探索煤矿企业兼并重组的有效方式。要按照充分发挥市场机制作用、依法整合资源、尽量减少不必要的行政干预的原则，支持符合条件的国有和民营煤矿企业成为兼并重组主体，鼓励各种所有制煤矿企业以及电力、冶金、化工等行业企业以产权为纽带、以股份制为主要形式参与兼并重组，鼓励在被兼并煤矿企业注册地设立子公司。支持具有经济、技术和管理优势的企业兼并重组落后企业，支持优势企业开展跨地区、跨行业、跨所有制兼并重组，鼓励优势企业强强联合，鼓励煤、电、运一体化经营，实现规模化、集约化发展，努力培育一批具有较强国际竞争力的大型企业集团。

（3）维护企业与社会和谐稳定。地方各级人民政府要加强对职工安置工作的组织领导，兼并重组主体企业要认真落实相关法律法规及政策规定，严格履行企业改组改制民主程序，制定切实可行的职工安置方案，落实安置资金，积极稳妥解决职工劳动关系、社会保险关系接续以及企业拖欠职工工资、欠缴社会保险费等问题，切实维护职工合法权益。要妥善安置被兼并煤矿企业职工，改扩建和新建煤矿等项目应优先录用被兼并煤矿企业分流人员。要严格依照有关法律法规和政策规定妥善处置债权债务关系，落实清偿责任，确保债权人、投资者的合法权益。

四、推进煤矿企业兼并重组的政策措施

（1）科学配置煤炭资源。对尚未开发的煤田，要按照一个矿区原则上由一个主体开发的要求，科学、合理划分矿区和井田范围，制定矿区总体规划和矿业权设置方案，依法向具备开办煤矿条件的企业出让矿区的矿业权。对已设置矿业权的矿区，鼓励优势企业对毗邻区域进行矿产资源整合，符合规定的相关矿业权经国土资源管理部门批准可以协议方式出让。

（2）加强财税政策扶持。对被兼并重组企业的煤矿安全改造、技术改造等项目优先安排财政投资补贴或贴息资金。对企业兼并重组涉及的资产评估增值、债务重组收益、土地房屋权属转移等给予税收优惠，具体按照财政部、税务总局《关于企业重组业务企业所得税处理若干问题的通知》（财税〔2009〕59 号）、《关于企业改制重组若干契税政策的通知》（财税〔2008〕175 号）等规定执行。在不违背国家有关法律和政策规定的前提下，地区间可根据企业资产规模和盈利能力等因素，签订企业兼并重组后的财税利益分成协议，促进煤矿企业兼并重组成果共享。

（3）拓宽融资渠道。支持符合条件的兼并重组主体企业上市融资和再融资，支持兼并重组主体企业通过发行债券、股权转让等融资方式筹集发展资金。对符合国家产业政策和相关条件的煤矿企业兼并重组项目，各类金融机构要按照安全、合规、自主的原则，积极提供相应的授信支持和配套金融服务。

（4）支持企业提高生产力水平。对兼并重组小煤矿达到一定数量和规模的大中型煤矿企业，优先规划、核准其新建煤矿、改扩建煤矿、坑口电站和综合利用电站以及煤炭加工转化项目，支持对被兼并重组煤矿实施采掘机械化改造。按被兼并煤矿企业2007—2009 年铁路煤炭年均外运量，为兼并重组主体企业增加年度铁路运力，优先保障兼并重组企业的煤炭运输。

（5）加快分离企业办社会职能。各产煤省（区、市）人民政府要进一步落实分离企业办社会职能相关政策，加大工作力度，积极筹措资金，加快分离煤矿企业办社会职能，力争在 2012 年底前完成分离国有煤矿企业办社会职能工作。

（6）落实安全生产责任。兼并重组主体企业要切实担负起被兼并煤矿企业的安全生产主体责任，加强管理，加大投入，加快淘汰落后技术装备，采用安全可靠、先进适用的新技术、新工艺，进一步提高

企业安全生产水平，确保煤矿生产安全平稳进行。被兼并煤矿企业要认真做好干部职工的思想工作，加强资产和生产管理权移交前的安全管理，严格落实责任，加强安全巡查。地方各级人民政府要加强对被兼并重组企业的安全生产监管，加大执法检查力度，有效防范、坚决遏制重特大事故发生，为兼并重组创造安全、稳定的环境。

五、加强对煤矿企业兼并重组工作的领导

（1）加强组织领导。发展改革委要会同财政部、人力资源和社会保障部、国土资源部、税务总局、安全监管总局、能源局、煤矿安监局等有关部门，尽快出台相关配套措施，加强对各产煤省（区、市）煤矿企业兼并重组工作的督促检查。煤炭工业协会等行业组织要积极协助政府有关部门，做好兼并重组的宣传、推进、咨询等相关工作。各产煤省（区、市）人民政府要科学制定工作方案，精心做好兼并重组总体规划和矿区兼并重组方案的编制和实施工作，及时解决兼并重组中出现的问题，切实防止国有资产流失，切实维护煤矿企业职工与投资者的合法权益，确保兼并重组工作平稳有序进行。

（2）做好舆论宣传。各产煤省（区、市）人民政府、各有关部门要组织开展形式多样的宣传活动，深入宣传我国的能源形势，宣传加快推进煤矿企业兼并重组的重要意义和政策措施，宣传介绍煤矿企业兼并重组的先进经验和工作成果，曝光浪费和破坏煤炭资源的典型案例，为煤矿企业兼并重组创造良好的舆论环境。

国务院关于加强职业培训促进就业的意见

（2010年10月20日　国发〔2010〕36号）

各省、自治区、直辖市人民政府，国务院各部委、各直属机构：

改革开放以来，我国职业培训工作取得了显著成效，职业培训体系初步建立，政策措施逐步完善，培训规模不断扩大，劳动者职业素质和就业能力得到不断提高，对促进就业和经济社会发展发挥了重要作用。与此同时，职业培训工作仍不适应社会经济发展、产业结构调整和劳动者素质提高的需要，职业培训的制度需要进一步健全、工作力度需要进一步加大、针对性和有效性需要进一步增强。为认真落实《国家中长期人才发展规划纲要（2010—2020年）》《国家中长期教育改革和发展规划纲要（2010—2020年）》要求，全面提高劳动者职业技能水平，加快技能人才队伍建设，现就加强职业培训促进就业提出如下意见：

一、充分认识加强职业培训的重要性和紧迫性

（1）加强职业培训是促进就业和经济发展的重大举措。职业培训是提高劳动者技能水平和就业创业能力的主要途径。大力加强职业培训工作，建立健全面向全体劳动者的职业培训制度，是实施扩大就业的发展战略，解决就业总量矛盾和结构性矛盾，促进就业和稳定就业的根本措施；是贯彻落实人才强国战略，加快技能人才队伍建设，建设人力资源强国的重要任务；是加快经济发展方式转变，促进产业结构调整，提高企业自主创新能力和核心竞争力的必然要求；也是推进城乡统筹发展，加快工业化和城镇化进程的有效手段。

（2）明确职业培训工作的指导思想和目标任务。职业培训工作的指导思想是：深入贯彻落实科学发展观，以服务就业和经济发展为宗旨，坚持城乡统筹、就业导向、技能为本、终身培训的原则，建立覆盖对象广泛、培训形式多样、管理运作规范、保障措施健全的职业培训工作新机制，健全面向全体劳动者的职业培训制度，加快培养数以亿计的高素质技能劳动者。

当前和今后一个时期，职业培训工作的主要任务是：适应扩大就业规模、提高就业质量和增强企业竞争力的需要，完善制度、创新机制、加大投入，大规模开展就业技能培训、岗位技能提升培训和创业培训，切实提高职业培训的针对性和有效性，努力实现“培训一人、就业一人”和“就业一人、培训一人”的目标，为促进就业和经济社会发展提供强有力的技能人才支持。“十二五”期间，力争使新进入人力资源市场的劳动者都有机会接受相应的职业培训，使

企业技能岗位的职工得到至少一次技能提升培训，使每个有培训愿望的创业者都参加一次创业培训，使高技能人才培训满足产业结构优化升级和企业发展需求。

二、大力开展各种形式的职业培训

(3)健全职业培训制度。适应城乡全体劳动者就业需要和职业生涯发展要求，健全职业培训制度。要统筹利用各类职业培训资源，建立以职业院校、企业和各类职业培训机构为载体的职业培训体系，大力开展就业技能培训、岗位技能提升培训和创业培训，贯通技能劳动者从初级工、中级工、高级工到技师、高级技师的成长通道。

(4)大力开展就业技能培训。要面向城乡各类有就业要求和培训愿望的劳动者开展多种形式就业技能培训。坚持以就业为导向，强化实际操作技能训练和职业素质培养，使他们达到上岗要求或掌握初级以上职业技能，着力提高培训后的就业率。对农村转移就业劳动者和城镇登记失业人员，要重点开展初级技能培训，使其掌握就业的一技之长；对城乡未继续升学的应届初高中毕业生等新成长劳动力，鼓励其参加1～2个学期的劳动预备制培训，提升技能水平和就业能力；对企业新录用的人员，要结合就业岗位的实际要求，通过师傅带徒弟、集中培训等形式开展岗前培训；对退役士兵要积极开展免费职业技能培训；对职业院校学生要强化职业技能和从业素质培养，使他们掌握中级以上职业技能。鼓励高等院校大力开展职业技能和就业能力培训，加强就业创业教育和就业指导服务，促进高校毕业生就业。

(5)切实加强岗位技能提升培训。适应企业产业升级和技术进步的要求，进一步健全企业职工培训制度，充分发挥企业在职业培训工作中的重要作用。鼓励企业通过多种方式广泛开展在岗职工技能提升培训和高技能人才培训。要结合技术进步和产业升级对职工技能水平的要求，通过在岗培训、脱产培训、业务研修、技能竞赛等多种形式，加快提升企业在岗职工的技能水平。鼓励企业通过建立技能大师工作室和技师研修制度、自办培训机构或与职业院校联合办学等方式，结合企业技术创新、技术改造和技术项目引进，大力培养高技能人才。鼓励有条件的企业积极承担社会培训任务，为参加职业培训人员提供实训实习条件。

(6)积极推进创业培训。依托有资质的教育培训机构，针对创业者特点和创业不同阶段的需求，开展多种形式的创业培训。要扩大创业培训范围，鼓励有创业要求和培训愿望、具备一定创业条件的城乡各类劳动者以及处于创业初期的创业者参加创业培训。要通过规范培训标准、提高师资水平、完善培训模式，不断提高创业培训质量；要结合当地产业发展和创业项目，根据不同培训对象特点，重点开展创业意识教育、创业项目指导和企业经营管理培训，通过案例剖析、考察观摩、企业家现身说法等方式，提高受培训者的创业能力。要强化创业培训与小额担保贷款、税费减免等扶持政策及创业咨询、创业孵化等服务手段的衔接，健全政策扶持、创业培训、创业服务相结合的工作体系，提高创业成功率。

三、切实提高职业培训质量

(7)大力推行就业导向的培训模式。根据就业需要和职业技能标准要求，深化职业培训模式改革，大力推行与就业紧密联系的培训模式，增强培训针对性和有效性。在强化职业技能训练的同时，要加强职业道德、法律意识等职业素质的培养，提高劳动者的技能水平和综合职业素养。全面实行校企合作，改革培训课程，创新培训方法，引导职业院校、企业和职业培训机构大力开展订单式培训、定向培训、定岗培训。面向有就业要求和培训愿望城乡劳动者的初级技能培训和岗前培训，应根据就业市场需求和企业岗位实际要求，开展订单式培训或定岗培训；面向城乡未继续升学的应届初高中毕业生等新成长劳动力的劳动预备制培训，应结合产业发展对后备技能人才需求，开展定向培训。

(8)加强职业技能考核评价和竞赛选拔。各地要切实加强职业技能鉴定工作，按统一要求建立健全技能人才培养评价标准，充分发挥职业技能鉴定在职业培训中的引导作用。各级职业技能鉴定机构要按照国家职业技能鉴定有关规定和要求，为劳动者提供及时、方便、快捷的职业技能鉴定服务。完善企业技能人才评价制度，指导企业结合国家职业标准和企业岗位要求，开展企业内职业技能评价工作。在职业院校中积极推行学历证书与职业资格证书“双证书”制度。充分发挥技能竞赛在技能人才培养中的积极作用，选择技术含量高、通用性广、从业人员多、社会影响大的职业广泛开展多层次的职业技能竞赛，为发现和选拔高技能人才创造条件。

(9)强化职业培训基础能力建设。依托现有各类职业培训机构及培训设施，加大职业培训资源整合力度，加强职业培训体系建设，提高职业培训机构的培训能力。在产业集中度高的区域性中心城市，提升改造一批以高级技能培训为主的职业技能实训基地；在地级城市，提升改造一批以中、高级技能培训为主的职业技能实训基地；在经济较发达的县市，提升改造一批以初、中级技能培训为主的职业技能实训基地，面向社会提供示范性技能训练和鉴定服务。完善职业分类制度，加快国家职业技能标准和鉴定题库的开发与更新，为职业培训和鉴定提供技术支持。加强职业培训师资队伍建设，依托有条件的大中型企业和职业院校，开展师资培训，加快培养既能讲授专业知识又能传授操作技能的教师队伍。实行专兼职教师制度，建立和完善职业培训教师在职培训和到企业实践制度。根据职业培训规律和特点，加强职业培训特别是高技能人才培训的课程体系、培训计划大纲以及培训教材的开发。

(10)切实加强就业服务工作。加强覆盖城乡的公共就业服务体系建设，为各类劳动者提供完善的职业培训政策信息咨询、职业指导和职业介绍等服务，定期公布人力资源市场供求信息，引导各类劳动者根据市场需求，选择适合自身需要的职业培训。基层劳动就业和社会保障公共服务平台要了解、掌握培训需求，收集、发布培训信息，积极动员组织辖区内各类劳动者参加职业培训和职业技能鉴定，及时提供就业信息和就业指导，协助落实相关就业扶持政策，促进其实现就业。

(11)鼓励社会力量开展职业培训工作。各地要根据国家有关法律法规规定，明确民办职业培训机构的师资、设备、场地等基本条件，鼓励和引导社会力量开展职业培训，在师资培养、技能鉴定、就业信息服务、政府购买培训成果等方面与其他职业培训机构同等对待。同时，要依法加强对各类民办职业培训机构招生、收费、培训等环节的指导与监管，进一步提高民办职业培训机构办学质量，推动民办职业培训健康发展。

(12)完善政府购买培训成果机制。各地要建立培训项目管理制度，完善政府购买培训成果机制，按照“条件公开、自愿申请、择优认定、社会公示”的原则，制定承担政府补贴培训任务的培训机构的基本条件、认定程序和管理办法，组织专家进行严格评审，对符合条件的向社会公示。要严格执行开班申请、过程检查、结业审核三项制度。鼓励地方探索第三方监督机制，委托有资质的社会中介组织对培训机构的培训质量及资金使用情况进行评估。

四、加大职业培训资金支持力度

(13)完善职业培训补贴政策。城乡有就业要求和培训愿望的劳动者参加就业技能培训或创业培训，培训合格并通过技能鉴定取得初级以上职业资格证书(未颁布国家职业技能标准的职业应取得专项职业能力证书或培训合格证书)，根据其获得职业资格证书或就业情况，按规定给予培训费补贴；企业新录用的符合职业培训补贴条件的劳动者，由企业依托所属培训机构或政府认定培训机构开展岗前培训的，按规定给予企业一定的培训费补贴。对通过初次职业技能鉴定并取得职业资格证书或专项职业能力证书的，按规定给予一次性职业技能鉴定补贴。对城乡未继续升学的应届初高中毕业生参加劳动预备制培训，按规定给予培训费补贴的同时，对其中农村学员和城市家庭经济困难学员给予一定生活费补贴。

(14)加大职业培训资金投入。各级政府对用于职业培训的各项补贴资金要加大整合力度，具备条件的地区，统一纳入就业专项资金，统筹使用，提高效益。各级财政要加大投入，调整就业专项资金支出结构，逐步提高职业培训支出比重。有条件的地区要安排经费，对职业培训教材开发、师资培训、职业技能竞赛、评选表彰等基础工作给予支持。由失业保险基金支付的各项培训补贴按相关规定执行。

(15)落实企业职工教育经费。企业要按规定足额提取并合理使用企业职工教育经费，职工教育经费的60.0%以上应用于一线职工的教育和培训，企业职工在岗技能提升培训和高技能人才培训所需费用从职工教育经费列支。企业应将职工教育经费的提取与使用情况列为厂务公开的内容，定期或不定期进行公开，接受职工代表的质询和全体职工的监督。对自身没有能力开展职工培训，以及未开展高技能人才培训的企业，县级以上地方人民政府可依法对其职工教育经费实行统筹，人力资源社会保障部门会同有关部门统一组织培训服务。

(16)加强职业培训资金监管。各地人力资源社会保障部门要会同财政部门加强对职业培训补贴资金的管理，明确资金用途、申领拨付程序和监管措施。2012年年底前，各省(区、市)地级以上城市要依托公共就业服务信息系统建立统一的职业培训信息管理平台，对承担培训任务的培训机构进行动态管理，对参训人员实行实名制管理，不断提高地区之间信息共享程度。要根据当地产业发展规划、就业状况以及企业用人需要，合理确定并向社会公布政府补贴培训的职业(工种)，每人每年只能享受一次职业培训补贴。要按照同一地区、同一工种补贴标准统一的原则，根据难易程度、时间长短和培训成本，以职业资格培训期限为基础，科学合理地确定培训补贴标准。根据培训对象特点和培训组织形式，在现有补贴培训机构方式的基础上，积极推进直补个人、直补企业等职业培训补贴方式，有条件的地区可以探索发放培训券(卡)的方式。要采取切实措施，对补贴对象审核、资金拨付等重点环节实行公开透明的办法，定期向全社会公开资金使用情况，审计部门依法加强对职业培训补贴资金的审计，防止骗取、挪用、以权谋私等问题的发生，确保资金安全，审计结果依法向社会公告。监察部门对重大违纪违规问题的责任人进行责任追究，涉及违法的移交司法机关处理。

五、加强组织领导

(17)完善工作机制。地方各级人民政府、各有关部门要进一步提高对职业培训工作重要性的认识，进一步增强责任感和紧迫感，从全局和战略的高度，切实加强职业培训工作。要把职业培训工作作为促进就业工作的一项重要内容，列入重要议事日程，定期研究解决工作中存在的问题。要建立在政府统一领导下，人力资源社会保障部门统筹协调，发展改革、教育、科技、财政、住房城乡建设、农业等部门各司其职、密切配合，工会、共青团、妇联等人民团体广泛参与的工作机制，共同推动职业培训工作健康协调可持续发展。

(18)科学制定培训规划。各地要根据促进就业和稳定就业的要求，在综合考虑当地劳动者职业培训实际需求、社会培训资源和能力的基础上，制定中长期职业培训规划和年度实施计划，并纳入本地区经济社会和人才发展总体规划。各地人力资源社会保障部门要结合本地区产业结构调整和发展状况、企业用工情况，对劳动力资源供求和培训需求信息等进行统计分析，并定期向社会发布。充分发挥行业主管部门和行业组织在职业培训工作中的作用，做好本行业技能人才需求预测，指导本行业企业完善职工培训制度，落实职业培训政策措施。

(19)加大宣传表彰力度。进一步完善高技能人才评选表彰制度，并对在职业培训工作中作出突出贡献的机构和个人给予表彰。充分运用新闻媒体，广泛开展主题宣传活动，大力宣传各级党委、政府关于加强职业培训工作的方针政策，宣传技能成才和成功创业的典型事迹，宣传优秀职业院校和职业培训机构在职业培训方面的特色做法和显著成效，营造尊重劳动、崇尚技能、鼓励创造的良好氛围。

国务院部门规章

环境行政处罚办法

（2010年1月19日中华人民共和国环境保护部令第8号公布　自2010年3月1日起施行）

第一章　总　则

第一条　【立法目的】为规范环境行政处罚的实施，监督和保障环境保护主管部门依法行使职权，维护公共利益和社会秩序，保护公民、法人或者其他组织的合法权益，根据《中华人民共和国行政处罚法》及有关法律、法规，制定本办法。

第二条　【适用范围】公民、法人或者其他组织违反环境保护法律、法规或者规章规定，应当给予环境行政处罚的，应当依照《中华人民共和国行政处罚法》和本办法规定的程序实施。

第三条　【罚教结合】实施环境行政处罚，坚持教育与处罚相结合、服务与管理相结合，引导和教育公民、法人或者其他组织自觉守法。

第四条　【维护合法权益】实施环境行政处罚，应当依法维护公民、法人及其他组织的合法权益，保守相对人的有关技术秘密和商业秘密。

第五条　【查处分离】实施环境行政处罚，实行调查取证与决定处罚分开、决定罚款与收缴罚款分离的规定。

第六条　【规范自由裁量权】行使行政处罚自由裁量权必须符合立法目的，并综合考虑以下情节：

（1）违法行为所造成的环境污染、生态破坏程度及社会影响；

（2）当事人的过错程度；

（3）违法行为的具体方式或者手段；

（4）违法行为危害的具体对象；

（5）当事人是初犯还是再犯；

（6）当事人改正违法行为的态度和所采取的改正措施及效果。

同类违法行为的情节相同或者相似、社会危害程度相当的，行政处罚种类和幅度应当相当。

第七条　【不予处罚情形】违法行为轻微并及时纠正，没有造成危害后果的，不予行政处罚。

第八条　【回避情形】有下列情形之一的，案件承办人员应当回避：

（1）是本案当事人或者当事人近亲属的；

（2）本人或者近亲属与本案有直接利害关系的；

（3）法律、法规或者规章规定的其他回避情形。

符合回避条件的，案件承办人员应当自行回避，当事人也有权申请其回避。

第九条　【法条适用规则】当事人的一个违法行为同时违反两个以上环境法律、法规或者规章条款，应当适用效力等级较高的法律、法规或者规章；效力等级相同的，可以适用处罚较重的条款。

第十条　【处罚种类】根据法律、行政法规和部门规章，环境行政处罚的种类有：

（1）警告；

（2）罚款；

（3）责令停产整顿；

（4）责令停产、停业、关闭；

（5）暂扣、吊销许可证或者其他具有许可性质的证件；

（6）没收违法所得、没收非法财物；

（7）行政拘留；

（8）法律、行政法规设定的其他行政处罚种类。

第十一条　【责令改正与连续违法认定】环境保护主管部门实施行政处罚时，应当及时作出责令当事人改正或者限期改正违法行为的行政命令。

责令改正期限届满，当事人未按要求改正，违法行为仍处于继续或者连续状态的，可以认定为新的环境违法行为。

第十二条　【责令改正形式】根据环境保护法律、行政法规和部门规章，责令改正或者限期改正违法行为的行政命令的具体形式有：

（1）责令停止建设；

(2)责令停止试生产;

(3)责令停止生产或者使用;

(4)责令限期建设配套设施;

(5)责令重新安装使用;

(6)责令限期拆除;

(7)责令停止违法行为;

(8)责令限期治理;

(9)法律、法规或者规章设定的责令改正或者限期改正违法行为的行政命令的其他具体形式。

根据最高人民法院关于行政行为种类和规范行政案件案由的规定,行政命令不属行政处罚。行政命令不适用行政处罚程序的规定。

第十三条 【处罚不免除缴纳排污费义务】实施环境行政处罚,不免除当事人依法缴纳排污费的义务。

第二章 实施主体与管辖

第十四条 【处罚主体】县级以上环境保护主管部门在法定职权范围内实施环境行政处罚。

经法律、行政法规、地方性法规授权的环境监察机构在授权范围内实施环境行政处罚,适用本办法关于环境保护主管部门的规定。

第十五条 【委托处罚】环境保护主管部门可以在其法定职权范围内委托环境监察机构实施行政处罚。受委托的环境监察机构在委托范围内,以委托其处罚的环境保护主管部门名义实施行政处罚。

委托处罚的环境保护主管部门,负责监督受委托的环境监察机构实施行政处罚的行为,并对该行为的后果承担法律责任。

第十六条 【外部移送】发现不属于环境保护主管部门管辖的案件,应当按照有关要求和时限移送有管辖权的机关处理。

涉嫌违法依法应当由人民政府实施责令停产整顿,责令停业、关闭的案件,环境保护主管部门应当立案调查,并提出处理建议报本级人民政府。

涉嫌违法依法应当实施行政拘留的案件,移送公安机关。

涉嫌违反党纪、政纪的案件,移送纪检、监察部门。

涉嫌犯罪的案件,按照《行政执法机关移送涉嫌犯罪案件的规定》等有关规定移送司法机关,不得以行政处罚代替刑事处罚。

第十七条 【案件管辖】县级以上环境保护主管部门管辖本行政区域的环境行政处罚案件。

造成跨行政区域污染的行政处罚案件,由污染行为发生地环境保护主管部门管辖。

第十八条 【优先管辖】两个以上环境保护主管部门都有管辖权的环境行政处罚案件,由最先发现或者最先接到举报的环境保护主管部门管辖。

第十九条 【管辖争议解决】对行政处罚案件的管辖权发生争议时,争议双方应报请共同的上一级环境保护主管部门指定管辖。

第二十条 【指定管辖】下级环境保护主管部门认为其管辖的案件重大、疑难或者实施处罚有困难的,可以报请上一级环境保护主管部门指定管辖。

上一级环境保护主管部门认为下级环境保护主管部门实施处罚确有困难或者不能独立行使处罚权的,经通知下级环境保护主管部门和当事人,可以对下级环境保护主管部门管辖的案件指定管辖。

上级环境保护主管部门可以将其管辖的案件交由有管辖权的下级环境保护主管部门实施行政处罚。

第二十一条 【内部移送】不属于本机关管辖的案件,应当移送有管辖权的环境保护主管部门处理。

受移送的环境保护主管部门对管辖权有异议的,应当报请共同的上一级环境保护主管部门指定管辖,不得再自行移送。

第三章 一般程序

第一节 立 案

第二十二条 【立案条件】环境保护主管部门对涉嫌违反环境保护法律、法规和规章的违法行为,应当进行初步审查,并在7个工作日内决定是否立案。

经审查,符合下列四项条件的,予以立案:

(1)有涉嫌违反环境保护法律、法规和规章的行为;

(2)依法应当或者可以给予行政处罚;

(3)属于本机关管辖;

(4)违法行为发生之日起到被发现之日止未超

过2年,法律另有规定的除外。违法行为处于连续或继续状态的,从行为终了之日起计算。

第二十三条 【撤销立案】对已经立案的案件,根据新情况发现不符合第二十二条立案条件的,应当撤销立案。

第二十四条 【紧急案件先行调查取证】对需要立即查处的环境违法行为,可以先行调查取证,并在7个工作日内决定是否立案和补办立案手续。

第二十五条 【立案审查后的案件移送】经立案审查,属于环境保护主管部门管辖,但不属于本机关管辖范围的,应当移送有管辖权的环境保护主管部门;属于其他有关部门管辖范围的,应当移送其他有关部门。

第二节 调查取证

第二十六条 【专人负责调查取证】环境保护主管部门对登记立案的环境违法行为,应当指定专人负责,及时组织调查取证。

第二十七条 【协助调查取证】需要委托其他环境保护主管部门协助调查取证的,应当出具书面委托调查函。

受委托的环境保护主管部门应当予以协助。无法协助的,应当及时将无法协助的情况和原因函告委托机关。

第二十八条 【调查取证出示证件】调查取证时,调查人员不得少于两人,并应当出示中国环境监察证或者其他行政执法证件。

第二十九条 【调查人员职权】调查人员有权采取下列措施:

(1)进入有关场所进行检查、勘察、取样、录音、拍照、录像;

(2)询问当事人及有关人员,要求其说明相关事项和提供有关材料;

(3)查阅、复制生产记录、排污记录和其他有关材料。

环境保护主管部门组织的环境监测等技术人员随同调查人员进行调查时,有权采取上述措施和进行监测、试验。

第三十条 【调查人员责任】调查人员负有下列责任:

(1)对当事人的基本情况、违法事实、危害后果、违法情节等情况进行全面、客观、及时、公正的调查;

(2)依法收集与案件有关的证据,不得以暴力、威胁、引诱、欺骗以及其他违法手段获取证据;

(3)询问当事人、证人或者其他有关人员,应当告知其依法享有的权利;

(4)对当事人、证人或者其他有关人员的陈述如实记录。

第三十一条 【当事人配合调查】当事人及有关人员应当配合调查、检查或者现场勘验,如实回答询问,不得拒绝、阻碍、隐瞒或者提供虚假情况。

第三十二条 【证据类别】环境行政处罚证据,主要有书证、物证、证人证言、视听资料和计算机数据、当事人陈述、监测报告和其他鉴定结论、现场检查(勘察)笔录等形式。

证据应当符合法律、法规、规章和最高人民法院有关行政执法和行政诉讼证据的规定,并经查证属实才能作为认定事实的依据。

第三十三条 【现场检查笔录】对有关物品或者场所进行检查时,应当制作现场检查(勘察)笔录,可以采取拍照、录像或者其他方式记录现场情况。

第三十四条 【现场检查取样】需要取样的,应当制作取样记录或者将取样过程记入现场检查(勘察)笔录,可以采取拍照、录像或者其他方式记录取样情况。

第三十五条 【监测报告要求】环境保护主管部门组织监测的,应当提出明确具体的监测任务,并要求提交监测报告。

监测报告必须载明下列事项:

(1)监测机构的全称;

(2)监测机构的国家计量认证标志(CMA)和监测字号;

(3)监测项目的名称、委托单位、监测时间、监测点位、监测方法、监测仪器、监测分析结果等内容;

(4)监测报告的编制、审核、签发等人员的签名和监测机构的盖章。

第三十六条 【在线监测数据可为证据】环境保护主管部门可以利用在线监控或者其他技术监控手段收集违法行为证据。经环境保护主管部门认定的有效性数据,可以作为认定违法事实的证据。

第三十七条 【现场监测数据可为证据】环境保护主管部门在对排污单位进行监督检查时，可以现场即时采样，监测结果可以作为判定污染物排放是否超标的证据。

第三十八条 【证据的登记保存】在证据可能灭失或者以后难以取得的情况下，经本机关负责人批准，调查人员可以采取先行登记保存措施。

情况紧急的，调查人员可以先采取登记保存措施，再报请机关负责人批准。

先行登记保存有关证据，应当当场清点，开具清单，由当事人和调查人员签名或者盖章。

先行登记保存期间，不得损毁、销毁或者转移证据。

第三十九条 【登记保存措施与解除】对于先行登记保存的证据，应当在7个工作日内采取以下措施：

(1)根据情况及时采取记录、复制、拍照、录像等证据保全措施；

(2)需要鉴定的，送交鉴定；

(3)根据有关法律、法规规定可以查封、暂扣的，决定查封、暂扣；

(4)违法事实不成立，或者违法事实成立但依法不应当查封、暂扣或者没收的，决定解除先行登记保存措施。

超过7个工作日未作出处理决定的，先行登记保存措施自动解除。

第四十条 【依法实施查封暂扣】实施查封、暂扣等行政强制措施，应当有法律、法规的明确规定，并应当告知当事人有申请行政复议和提起行政诉讼的权利。

第四十一条 【查封暂扣实施要求】查封、暂扣当事人的财物，应当当场清点，开具清单，由调查人员和当事人签名或者盖章。

查封、暂扣的财物应当妥善保管，严禁动用、调换、损毁或者变卖。

第四十二条 【查封暂扣解除】经查明与违法行为无关或者不再需要采取查封、暂扣措施的，应当解除查封、暂扣措施，将查封、暂扣的财物如数返还当事人，并由调查人员和当事人在财物清单上签名或者盖章。

第四十三条 【当事人与现场调查取证】环境保护主管部门调查取证时，当事人应当到场。

下列情形不影响调查取证的进行：

(1)当事人拒不到场的；

(2)无法找到当事人的；

(3)当事人拒绝签名、盖章或者以其他方式确认的；

(4)暗查或者其他方式调查的；

(5)当事人未到场的其他情形。

第四十四条 【调查终结】有下列情形之一的，可以终结调查：

(1)违法事实清楚、法律手续完备、证据充分的；

(2)违法事实不成立的；

(3)作为当事人的自然人死亡的；

(4)作为当事人的法人或者其他组织终止，无法人或者其他组织承受其权利义务，又无其他关系人可以追查的；

(5)发现不属于本机关管辖的；

(6)其他依法应当终结调查的情形。

第四十五条 【案件移送审查】终结调查的，案件调查机构应当提出已查明违法行为的事实和证据、初步处理意见，按照查处分离的原则送本机关处罚案件审查部门审查。

第三节　案件审查

第四十六条 【案件审查的内容】案件审查的主要内容包括：

(1)本机关是否有管辖权；

(2)违法事实是否清楚；

(3)证据是否确凿；

(4)调查取证是否符合法定程序；

(5)是否超过行政处罚追诉时效；

(6)适用依据和初步处理意见是否合法、适当。

第四十七条 【补充或重新调查取证】违法事实不清、证据不充分或者调查程序违法的，应当退回补充调查取证或者重新调查取证。

第四节　告知和听证

第四十八条 【处罚告知和听证】在作出行政处罚决定前，应当告知当事人有关事实、理由、依据和当事人依法享有的陈述、申辩权利。

在作出暂扣或吊销许可证、较大数额的罚款和没收等重大行政处罚决定之前，应当告知当事人有要求举行听证的权利。

第四十九条 【当事人申辩的处理】环境保护主管部门应当对当事人提出的事实、理由和证据进行复核。当事人提出的事实、理由或者证据成立的，应当予以采纳。

不得因当事人的申辩而加重处罚。

第五十条 【处罚听证的执行】行政处罚听证按有关规定执行。

第五节 处理决定

第五十一条 【处罚决定】本机关负责人经过审查，分别作出如下处理：

(1)违法事实成立，依法应当给予行政处罚的，根据其情节轻重及具体情况，作出行政处罚决定；

(2)违法行为轻微，依法可以不予行政处罚的，不予行政处罚；

(3)符合本办法第十六条情形之一的，移送有权机关处理。

第五十二条 【重大案件集体审议】案情复杂或者对重大违法行为给予较重的行政处罚，环境保护主管部门负责人应当集体审议决定。

集体审议过程应当予以记录。

第五十三条 【处罚决定书的制作】决定给予行政处罚的，应当制作行政处罚决定书。

对同一当事人的两个或者两个以上环境违法行为，可以分别制作行政处罚决定书，也可以列入同一行政处罚决定书。

第五十四条 【处罚决定书的内容】行政处罚决定书应当载明以下内容：

(1)当事人的基本情况，包括当事人姓名或者名称、组织机构代码、营业执照号码、地址等；

(2)违反法律、法规或者规章的事实和证据；

(3)行政处罚的种类、依据和理由；

(4)行政处罚的履行方式和期限；

(5)不服行政处罚决定，申请行政复议或者提起行政诉讼的途径和期限；

(6)作出行政处罚决定的环境保护主管部门名称和作出决定的日期，并且加盖作出行政处罚决定环境保护主管部门的印章。

第五十五条 【作出处罚决定的时限】环境保护行政处罚案件应当自立案之日起3个月内作出处理决定。案件办理过程中听证、公告、监测、鉴定、送达等时间不计入期限。

第五十六条 【处罚决定的送达】行政处罚决定书应当送达当事人，并根据需要抄送与案件有关的单位和个人。

第五十七条 【送达方式】送达行政处罚文书可以采取直接送达、留置送达、委托送达、邮寄送达、转交送达、公告送达、公证送达或者其他方式。

送达行政处罚文书应当使用送达回证并存档。

第四章 简易程序

第五十八条 【简易程序的适用】违法事实确凿、情节轻微并有法定依据，对公民处以50元以下、对法人或者其他组织处以1 000元以下罚款或者警告的行政处罚，可以适用本章简易程序，当场作出行政处罚决定。

第五十九条 【简易程序规定】当场作出行政处罚决定时，环境执法人员不得少于两人，并应遵守下列简易程序：

(1)执法人员应向当事人出示中国环境监察证或者其他行政执法证件；

(2)现场查清当事人的违法事实，并依法取证；

(3)向当事人说明违法的事实、行政处罚的理由和依据、拟给予的行政处罚，告知陈述、申辩权利；

(4)听取当事人的陈述和申辩；

(5)填写预定格式、编有号码、盖有环境保护主管部门印章的行政处罚决定书，由执法人员签名或者盖章，并将行政处罚决定书当场交付当事人；

(6)告知当事人如对当场作出的行政处罚决定不服，可以依法申请行政复议或者提起行政诉讼。

以上过程应当制作笔录。

执法人员当场作出的行政处罚决定，应当在决定之日起3个工作日内报所属环境保护主管部门备案。

第五章 执 行

第六十条 【处罚决定的履行】当事人应当在行政处罚决定书确定的期限内，履行处罚决定。

申请行政复议或者提起行政诉讼的，不停止行政处罚决定的执行。

第六十一条 【强制执行的适用】当事人逾期不申请行政复议、不提起行政诉讼，又不履行处罚决定的，由作出处罚决定的环境保护主管部门申请人民法院强制执行。

第六十二条 【强制执行的期限】申请人民法院强制执行应当符合《最高人民法院关于执行〈中华人民共和国行政诉讼法〉若干问题的解释》的规定，并在下列期限内提起：

(1)行政处罚决定书送达后当事人未申请行政复议且未提起行政诉讼的，在处罚决定书送达之日起60日后起算的180日内；

(2)复议决定书送达后当事人未提起行政诉讼的，在复议决定书送达之日起15日后起算的180日内；

(3)第一审行政判决后当事人未提出上诉的，在判决书送达之日起15日后起算的180日内；

(4)第一审行政裁定后当事人未提出上诉的，在裁定书送达之日起10日后起算的180日内；

(5)第二审行政判决书送达之日起180日内。

第六十三条 【被处罚企业资产重组后的执行】当事人实施违法行为，受到处以罚款、没收违法所得或者没收非法财物等处罚后，发生企业分立、合并或者其他资产重组等情形，由承受当事人权利义务的法人、其他组织作为被执行人。

第六十四条 【延期或者分期缴纳罚款】确有经济困难，需要延期或者分期缴纳罚款的，当事人应当在行政处罚决定书确定的缴纳期限届满前，向作出行政处罚决定的环境保护主管部门提出延期或者分期缴纳的书面申请。

批准当事人延期或者分期缴纳罚款的，应当制作同意延期(分期)缴纳罚款通知书，并送达当事人和收缴罚款的机构。延期或者分期缴纳的最后一期缴纳时间不得晚于申请人民法院强制执行的最后期限。

第六十五条 【没收物品的处理】依法没收的非法财物，应当按照国家规定处理。

销毁物品，应当按照国家有关规定处理；没有规定的，经环境保护主管部门负责人批准，由两名以上环境执法人员监督销毁，并制作销毁记录。

处理物品应当制作清单。

第六十六条 【罚没款上缴国库】罚没款及没收物品的变价款，应当全部上缴国库，任何单位和个人不得截留、私分或者变相私分。

第六章 结案和归档

第六十七条 【结案】有下列情形之一的，应当结案：

(1)行政处罚决定由当事人履行完毕的；

(2)行政处罚决定依法强制执行完毕的；

(3)不予行政处罚等无须执行的；

(4)行政处罚决定被依法撤销的；

(5)环境保护主管部门认为可以结案的其他情形。

第六十八条 【立卷归档】结案的行政处罚案件，应当按照下列要求将案件材料立卷归档：

(1)一案一卷，案卷可以分正卷、副卷；

(2)各类文书齐全，手续完备；

(3)书写文书用签字笔、钢笔或者打印；

(4)案卷装订应当规范有序，符合文档要求。

第六十九条 【归档顺序】正卷按下列顺序装订：

(1)行政处罚决定书及送达回证；

(2)立案审批材料；

(3)调查取证及证据材料；

(4)行政处罚事先告知书、听证告知书、听证通知书等法律文书及送达回证；

(5)听证笔录；

(6)财物处理材料；

(7)执行材料；

(8)结案材料；

(9)其他有关材料。

副卷按下列顺序装订：

(1)投诉、申诉、举报等案源材料；

(2)涉及当事人有关技术秘密和商业秘密的材料；

(3)听证报告；

(4)审查意见；

(5)集体审议记录；

(6)其他有关材料。

第七十条 【案卷管理】案卷归档后，任何单位、个人不得修改、增加、抽取案卷材料。案卷保管及查阅，按档案管理有关规定执行。

第七十一条　【案件统计】环境保护主管部门应当建立行政处罚案件统计制度，并按照环境保护部有关环境统计的规定向上级环境保护主管部门报送本行政区的行政处罚情况。

第七章　监　督

第七十二条　【信息公开】除涉及国家机密、技术秘密、商业秘密和个人隐私外，行政处罚决定应当向社会公开。

第七十三条　【监督检查】上级环境保护主管部门负责对下级环境保护主管部门的行政处罚工作情况进行监督检查。

第七十四条　【处罚备案】环境保护主管部门应当建立行政处罚备案制度。

下级环境保护主管部门对上级环境保护主管部门督办的处罚案件，应当在结案后 20 日内向上一级环境保护主管部门备案。

第七十五条　【纠正、撤销或变更】环境保护主管部门通过接受当事人的申诉和检举，或者通过备案审查等途径，发现下级环境保护主管部门的行政处罚决定违法或者显失公正的，应当督促其纠正。

环境保护主管部门经过行政复议，发现下级环境保护主管部门作出的行政处罚违法或者显失公正的，依法撤销或者变更。

第七十六条　【评议和表彰】环境保护主管部门可以通过案件评查或者其他方式评议行政处罚工作。对在行政处罚工作中做出显著成绩的单位和个人，可依照国家或者地方的有关规定给予表彰和奖励。

第八章　附　则

第七十七条　【违法所得的认定】当事人违法所获得的全部收入扣除当事人直接用于经营活动的合理支出，为违法所得。

法律、法规或者规章对“违法所得”的认定另有规定的，从其规定。

第七十八条　【较大数额罚款的界定】本办法第四十八条所称“较大数额”罚款和没收，对公民是指人民币（或者等值物品价值）5 000 元以上、对法人或者其他组织是指人民币（或者等值物品价值）50 000 元以上。

地方性法规、地方政府规章对“较大数额”罚款和没收的限额另有规定的，从其规定。

第七十九条　【期间规定】本办法有关期间的规定，除注明工作日（不包含节假日）外，其他期间按自然日计算。

期间开始之日，不计算在内。期间届满的最后一日是节假日的，以节假日后的第一日为期间届满的日期。期间不包括在途时间，行政处罚文书在期满前交邮的，视为在有效期内。

第八十条　【相关法规适用】本办法未作规定的其他事项，适用《行政处罚法》《罚款决定与罚款收缴分离实施办法》《环境保护违法违纪行为处分暂行规定》等有关法律、法规和规章的规定。

第八十一条　【核安全处罚适用例外】核安全监督管理的行政处罚，按照国家有关核安全监督管理的规定执行。

第八十二条　【生效日期】本办法自 2010 年 3 月 1 日起施行。

1999 年 8 月 6 日原国家环境保护总局发布的《环境保护行政处罚办法》同时废止。

增值税一般纳税人资格认定管理办法

（2010 年 2 月 10 日国家税务总局令第 22 号公布　自 2010 年 3 月 20 日起施行）

第一条　为加强增值税一般纳税人（简称“一般纳税人”）资格认定管理，根据《中华人民共和国增值税暂行条例》及其实施细则，制定本办法。

第二条　一般纳税人资格认定和认定以后的资格管理适用本办法。

第三条　增值税纳税人（简称“纳税人”），年应税销售额超过财政部、国家税务总局规定的小规模纳税人标准的，除本办法第五条规定外，应当向主管税务机关申请一般纳税人资格认定。

本办法所称年应税销售额，是指纳税人在连续不超过 12 个月的经营期内累计应征增值税销售额，包括免税销售额。

第四条 年应税销售额未超过财政部、国家税务总局规定的小规模纳税人标准以及新开业的纳税人,可以向主管税务机关申请一般纳税人资格认定。

对提出申请并且同时符合下列条件的纳税人,主管税务机关应当为其办理一般纳税人资格认定:

(1)有固定的生产经营场所;

(2)能够按照国家统一的会计制度规定设置账簿,根据合法、有效凭证核算,能够提供准确税务资料。

第五条 下列纳税人不办理一般纳税人资格认定:

(1)个体工商户以外的其他个人;

(2)选择按照小规模纳税人纳税的非企业性单位;

(3)选择按照小规模纳税人纳税的不经常发生应税行为的企业。

第六条 纳税人应当向其机构所在地主管税务机关申请一般纳税人资格认定。

第七条 一般纳税人资格认定的权限,在县(市、区)国家税务局或者同级别的税务分局(称"认定机关")。

第八条 纳税人符合本办法第三条规定的,按照下列程序办理一般纳税人资格认定:

(1)纳税人应当在申报期结束后40日(工作日,下同)内向主管税务机关报送《增值税一般纳税人申请认定表》(见附件一,简称"申请表"),申请一般纳税人资格认定。

(2)认定机关应当在主管税务机关受理申请之日起20日内完成一般纳税人资格认定,并由主管税务机关制作、送达《税务事项通知书》,告知纳税人。

(3)纳税人未在规定期限内申请一般纳税人资格认定的,主管税务机关应当在规定期限结束后20日内制作并送达《税务事项通知书》,告知纳税人。

纳税人符合本办法第五条规定的,应当在收到《税务事项通知书》后10日内向主管税务机关报送《不认定增值税一般纳税人申请表》(见附件二),经认定机关批准后不办理一般纳税人资格认定。认定机关应当在主管税务机关受理申请之日起20日内批准完毕,并由主管税务机关制作、送达《税务事项通知书》,告知纳税人。

第九条 纳税人符合本办法第四条规定的,按照下列程序办理一般纳税人资格认定:

(1)纳税人应当向主管税务机关填报申请表,并提供下列资料:

①《税务登记证》副本;

②财务负责人和办税人员的身份证明及其复印件;

③会计人员的从业资格证明或者与中介机构签订的代理记账协议及其复印件;

④经营场所产权证明或者租赁协议,或者其他可使用场地证明及其复印件;

⑤国家税务总局规定的其他有关资料。

(2)主管税务机关应当当场核对纳税人的申请资料,经核对一致且申请资料齐全、符合填列要求的,当场受理,制作《文书受理回执单》,并将有关资料的原件退还纳税人。

对申请资料不齐全或者不符合填列要求的,应当当场告知纳税人需要补正的全部内容。

(3)主管税务机关受理纳税人申请以后,根据需要进行实地查验,并制作查验报告。

查验报告由纳税人法定代表人(负责人或者业主)、税务查验人员共同签字(签章)确认。

实地查验时,应当有两名或者两名以上税务机关工作人员同时到场。

实地查验的范围和方法由各省税务机关确定并报国家税务总局备案。

(4)认定机关应当自主管税务机关受理申请之日起20日内完成一般纳税人资格认定,并由主管税务机关制作、送达《税务事项通知书》,告知纳税人。

第十条 主管税务机关应当在一般纳税人《税务登记证》副本"资格认定"栏内加盖"增值税一般纳税人"戳记(见附件三)。

"增值税一般纳税人"戳记印色为红色,印模由国家税务总局制定。

第十一条 纳税人自认定机关认定为一般纳税人的次月起(新开业纳税人自主管税务机关受理申请的当月起),按照《中华人民共和国增值税暂行条例》第四条的规定计算应纳税额,并按照规定领购、使用增值税专用发票。

第十二条 除国家税务总局另有规定外,纳税人一经认定为一般纳税人后,不得转为小规模纳税人。

第十三条 主管税务机关可以在一定期限内对下列一般纳税人实行纳税辅导期管理：

(1)按照本办法第四条的规定新认定为一般纳税人的小型商贸批发企业；

(2)国家税务总局规定的其他一般纳税人。

纳税辅导期管理的具体办法由国家税务总局另行制定。

第十四条 本办法自2010年3月20日起执行。《国家税务总局关于印发〈增值税一般纳税人申请认定办法〉的通知》(国税明电〔1993〕52号、国税发〔1994〕9号)、《国家税务总局关于增值税一般纳税人申请认定办法的补充规定》(国税明电〔1993〕60号)、《国家税务总局关于印发〈增值税一般纳税人年审办法〉的通知》(国税函〔1998〕156号)、《国家税务总局关于使用增值税防伪税控系统的增值税一般纳税人资格认定问题的通知》(国税函〔2002〕326号)同时废止。

附件一(略)

附件二(略)

附件三(略)

食品添加剂新品种管理办法

(2010年3月30日中华人民共和国卫生部令第73号公布 自公布之日起施行)

第一条 为加强食品添加剂新品种管理，根据《食品安全法》和《食品安全法实施条例》有关规定，制定本办法。

第二条 食品添加剂新品种是指：

(1)未列入食品安全国家标准的食品添加剂品种；

(2)未列入卫生部公告允许使用的食品添加剂品种；

(3)扩大使用范围或者用量的食品添加剂品种。

第三条 食品添加剂应当在技术上确有必要且经过风险评估证明安全可靠。

第四条 使用食品添加剂应当符合下列要求：

(1)不应当掩盖食品腐败变质；

(2)不应当掩盖食品本身或者加工过程中的质量缺陷；

(3)不以掺杂、掺假、伪造为目的而使用食品添加剂；

(4)不应当降低食品本身的营养价值；

(5)在达到预期的效果下尽可能降低在食品中的用量；

(6)食品工业用加工助剂应当在制成最后成品之前去除，有规定允许残留量的除外。

第五条 卫生部负责食品添加剂新品种的审查许可工作，组织制定食品添加剂新品种技术评价和审查规范。

第六条 申请食品添加剂新品种生产、经营、使用或者进口的单位或者个人(简称“申请人”)，应当提出食品添加剂新品种许可申请，并提交以下材料：

(1)添加剂的通用名称、功能分类、用量和使用范围；

(2)证明技术上确有必要和使用效果的资料或者文件；

(3)食品添加剂的质量规格要求、生产工艺和检验方法，食品中该添加剂的检验方法或者相关情况说明；

(4)安全性评估材料，包括生产原料或者来源、化学结构和物理特性、生产工艺、毒理学安全性评价资料或者检验报告、质量规格检验报告；

(5)标签、说明书和食品添加剂产品样品；

(6)其他国家(地区)、国际组织允许生产和使用等有助于安全性评估的资料。

申请食品添加剂品种扩大使用范围或者用量的，可以免于提交前款第四项材料，但是技术评审中要求补充提供的除外。

第七条 申请首次进口食品添加剂新品种的，除提交第六条规定的材料外，还应当提交以下材料：

(1)出口国(地区)相关部门或者机构出具的允许该添加剂在本国(地区)生产或者销售的证明材料；

(2)生产企业所在国(地区)有关机构或者组织出具的对生产企业审查或者认证的证明材料。

第八条 申请人应当如实提交有关材料，反映真实情况，并对申请材料内容的真实性负责，承担法律后果。

第九条 申请人应当在其提交的本办法第六条第一款第一项、第二项、第三项材料中注明不涉及商业秘密，可以向社会公开的内容。

食品添加剂新品种技术上确有必要和使用效果等情况，应当向社会公开征求意见，同时征求质量监督、工商行政管理、食品药品监督管理、工业和信息化、商务等有关部门和相关行业组织的意见。

对有重大意见分歧，或者涉及重大利益关系的，可以举行听证会听取意见。

反映的有关意见作为技术评审的参考依据。

第十条 卫生部应当在受理后60日内组织医学、农业、食品、营养、工艺等方面的专家对食品添加剂新品种技术上确有必要性和安全性评估资料进行技术审查，并作出技术评审结论。对技术评审中需要补充有关资料的，应当及时通知申请人，申请人应当按照要求及时补充有关材料。

必要时，可以组织专家对食品添加剂新品种研制及生产现场进行核实、评价。

需要对相关资料和检验结果进行验证检验的，应当将检验项目、检验批次、检验方法等要求告知申请人。安全性验证检验应当在取得资质认定的检验机构进行。对尚无食品安全国家检验方法标准的，应当首先对检验方法进行验证。

第十一条 食品添加剂新品种行政许可的具体程序按照《行政许可法》和《卫生行政许可管理办法》等有关规定执行。

第十二条 根据技术评审结论，卫生部决定对在技术上确有必要性和符合食品安全要求的食品添加剂新品种准予许可并列入允许使用的食品添加剂名单予以公布。

对缺乏技术上必要性和不符合食品安全要求的，不予许可并书面说明理由。

对发现可能添加到食品中的非食用化学物质或者其他危害人体健康的物质，按照《食品安全法实施条例》第四十九条执行。

第十三条 卫生部根据技术上必要性和食品安全风险评估结果，将公告允许使用的食品添加剂的品种、使用范围、用量按照食品安全国家标准的程序，制定、公布为食品安全国家标准。

第十四条 有下列情形之一的，卫生部应当及时组织对食品添加剂进行重新评估：

(1)科学研究结果或者有证据表明食品添加剂安全性可能存在问题的；

(2)不再具备技术上必要性的。

对重新审查认为不符合食品安全要求的，卫生部可以公告撤销已批准的食品添加剂品种或者修订其使用范围和用量。

第十五条 本办法自公布之日起施行。卫生部2002年3月28日发布的《食品添加剂卫生管理办法》同时废止。

工业产品生产许可证管理条例实施办法(2010年修正本)

(2005年9月15日国家质量监督检验检疫总局令第80号公布 2010年4月21日《国家质量监督检验检疫总局关于修改〈中华人民共和国工业产品生产许可证管理条例实施办法〉的决定》修订 2010年4月21日国家质量监督检验检疫总局令第130号公布 自2010年6月1日起施行)

第一章 总 则

第一条 根据《中华人民共和国工业产品生产许可证管理条例》(简称《管理条例》)，制定本办法。

第二条 国家对重要工业产品实行生产许可证制度管理。

第三条 在中华人民共和国境内从事生产、销售或者在经营活动中使用实行生产许可证制度管理的产品的，应当遵守本办法。

任何企业未取得生产许可证不得生产实行生产许可证制度管理的产品。任何单位和个人不得销售或者在经营活动中使用未取得生产许可证的产品。

第四条 工业产品生产许可证管理，应当遵循科学公正、公开透明、程序合法、便民高效的原则。

第五条 国家质量监督检验检疫总局（简称“国家质检总局”）负责全国工业产品生产许可证统一管理工作，对实行生产许可证制度管理的产品，统一产品目录，统一审查要求，统一证书标志，统一监督管理。

国家质检总局内设全国工业产品生产许可证办公室（简称“全国许可证办公室”），负责全国工业产品生产许可证管理的日常工作，制定产品发证实施细则，审核工业产品生产许可证产品审查机构（简称“审查机构”），指定承担发证检验任务的产品检验机构，统一管理核查人员资质以及审批发证等工作。

第六条 根据需要，省、自治区、直辖市质量技术监督局（简称“省级质量技术监督局”）可以负责部分产品的生产许可证审查发证工作，具体产品目录由国家质检总局确定并公布。

第七条 省级质量技术监督局负责本行政区域内的工业产品生产许可证监督和管理工作，根据《管理条例》和国家质检总局规定，承担部分产品的生产许可证审查发证工作。

省级质量技术监督局内设工业产品生产许可证办公室（简称“省级许可证办公室”），负责本行政区域内的工业产品生产许可证管理的日常工作。

县级以上地方质量技术监督局负责本行政区域内生产许可证的监督检查工作。

第八条 审查机构受国家质检总局的委托，承担起草相关产品发证实施细则、组织实地核查以及核查人员技术培训等工作。

第九条 从事生产许可证工作的机构和人员应当依法行政、恪尽职守、热情服务、严格把关。

第十条 国家质检总局和省级质量技术监督局统一规划生产许可证工作的信息化建设，公布生产许可事项，方便公众查阅和企业申请办证，逐步实现网上审批。

第二章 生产许可程序

第一节 申请和受理

第十一条 企业取得生产许可证，应当符合下列条件：

（1）有营业执照；

（2）有与所生产产品相适应的专业技术人员；

（3）有与所生产产品相适应的生产条件和检验检疫手段；

（4）有与所生产产品相适应的技术文件和工艺文件；

（5）有健全有效的质量管理制度和责任制度；

（6）产品符合有关国家标准、行业标准以及保障人体健康和人身、财产安全的要求；

（7）符合国家产业政策的规定，不存在国家明令淘汰和禁止投资建设的落后工艺、高耗能、污染环境、浪费资源的情况。

法律、行政法规有其他规定的，还应当符合其规定。

第十二条 审查机构受国家质检总局的委托，根据相关产品的特点，行业发展状况和国家有关政策，组织起草产品实施细则。

国家质检总局根据《管理条例》的相关规定，批准发布产品实施细则。对产品实施细则作特殊规定的，国家质检总局会同国务院有关部门制定并发布。

省级许可证办公室和审查机构根据产品实施细则的规定，负责组织或者配合组织产品实施细则的宣贯工作。

第十三条 省级质量技术监督局应当按照生产许可证发证工作的进度安排，以登报、上网等方式告知本行政区域内的生产企业，并负责组织企业的申报工作。审查机构应当积极配合做好相关工作。

第十四条 企业生产列入目录的产品，应当向其所在地的省级质量技术监督局提出申请。

企业正在生产的产品被列入目录的，企业应当在国家质检总局规定的时间内申请取得生产许可证。

第十五条 省级质量技术监督局收到企业提出的申请后，对申请材料符合实施细则要求的，准予受理，并自收到企业申请之日起5日内向企业发送《行政许可申请受理决定书》（见附件一）。

第十六条 省级质量技术监督局收到企业提出的申请后，对申请材料不符合实施细则要求且可以通过补正达到要求的，应当当场或者在5日内向企业发送《行政许可申请材料补正告知书》（见附件二）一次性告知。逾期不告知的，自收到申请材料之日起即为受理。

省级质量技术监督局收到企业提出的申请后，

对申请材料不符合《行政许可法》和《管理条例》要求的,应当作出不予受理的决定,并发出《行政许可申请不予受理决定书》(见附件三)。

第十七条 省级质量技术监督局以及其他任何部门不得另行附加任何条件,限制企业申请取得生产许可证。

第二节 审查与决定

第十八条 省级质量技术监督局受理企业申请后,省级许可证办公室或者审查机构应当组织对企业进行审查。企业审查包括对企业的实地核查和对产品的检验,其中一项不合格即判为企业审查不合格。

第十九条 实施细则规定由省级质量技术监督局负责组织审查的,省级许可证办公室应当自受理企业申请之日起30日内,完成对企业实地核查和抽封样品,并将实地核查结论以书面形式告知被核查企业。

实施细则规定由审查机构组织审查的,省级许可证办公室应当自受理企业申请之日起5日内将全部申请材料报送审查机构。审查机构应当自受理企业申请之日起30日内,完成对企业实地核查和抽封样品,并将实地核查结论以书面形式告知被核查企业,同时告知省级许可证办公室。

第二十条 企业实地核查不合格的,不再进行产品抽样检验,企业审查工作终止。

第二十一条 审查机构或者省级许可证办公室应当制定企业实地核查计划,并提前5日通知企业。

实施细则规定由审查机构组织审查的,企业实地核查计划应当同时抄送企业所在地省级许可证办公室。

第二十二条 审查机构或者省级许可证办公室应当指派2~4名审查员组成审查组,对企业进行实地核查,企业应当予以配合。

第二十三条 审查组应当按照实施细则的要求,对企业进行实地核查,核查时间一般为1~3天。审查组对企业实地核查结果负责,并实行组长负责制。

第二十四条 企业实地核查合格的,审查组按照实施细则的要求封存样品,并告知企业所有承担该产品生产许可证检验任务的检验机构名单及联系方式,由企业自主选择。

经核查合格,需要送样检验的,应当告知企业在封存样品之日起7日内将该样品送达检验机构。需要现场检验的,由核查人员通知企业自主选择的检验机构进行现场检验。

第二十五条 检验机构应当在实施细则规定的时间内完成检验工作,并出具检验报告。

第二十六条 由省级许可证办公室负责组织审查的,省级许可证办公室应当自受理企业申请之日起30日内将申报材料报送审查机构,审查机构应当自受理企业申请之日起40日内将申报材料汇总,并报送全国许可证办公室。

由审查机构负责组织审查的,审查机构应当自受理企业申请之日起40日内将申报材料汇总,并报送全国许可证办公室。

第二十七条 国家质检总局自受理企业申请之日起60日内作出是否准予许可的决定。符合发证条件的,国家质检总局应当在作出许可决定之日起10日内颁发生产许可证证书;不符合发证条件的,应当自作出决定之日起10日内向企业发出《不予行政许可决定书》(见附件四)。

第二十八条 根据本办法第十八条规定,省级许可证办公室或者审查机构判定企业审查不合格时,应当及时书面上报国家质检总局,并由国家质检总局向企业发出《不予行政许可决定书》。

第二十九条 国家质检总局将获证企业名单以网络、报刊等方式向社会公布。同时,相关产品的发证情况还要及时通报国家发展改革部门、卫生主管部门和工商行政管理部门等。

第三十条 生产许可证有效期为5年。有效期届满,企业继续生产的,应当在生产许可证期满6个月前向所在地省级质量技术监督局提出换证申请。

第三十一条 企业获得生产许可证后需要增加项目的,应当按照实施细则规定的程序申请办理增项手续。符合条件的,换发生产许可证证书,但有效期不变。

第三十二条 在生产许可证有效期内,因国家有关法律法规、产品标准及技术要求发生较大改变而修订实施细则时,全国许可证办公室将根据需要组织必要的实地核查和产品检验。

第三十三条 在生产许可证有效期内,企业生产条件、检验手段、生产技术或者工艺发生较大变化的(包括生产地址变更、生产线重大技术改造等),企业应当及时向其所在地省级质量技术监督局提出申请,审查机构或者省级许可证办公室应当按照实施细则的规定重新组织实地核查和产品检验。

第三十四条 省级许可证办公室、审查机构和全国许可证办公室应当将企业办理生产许可证的有关资料及时归档,公众有权查阅。企业档案材料的保存时限为5年。

第三节 对审查工作的监督检查

第三十五条 全国许可证办公室组织对企业核查工作质量进行监督检查。

省级许可证办公室组织对企业实地核查的,由全国许可证办公室组织审查机构实施抽查;审查机构组织对企业实地核查的,由全国许可证办公室组织省级许可证办公室实施抽查。

第三十六条 实施监督检查,应当制订监督检查计划,包括检查组组成、具体检查时间以及被检查企业等内容。

第三十七条 检查计划应当提前通知企业所在地省级质量技术监督局,省级质量技术监督局应当对检查工作予以配合。

第三十八条 监督检查工作完成后,由检查组写出书面报告及处理建议,上报全国许可证办公室。

第三十九条 全国许可证办公室将通过查阅检验报告、检验结论对比等方式对检验机构的检验过程和检验报告是否客观、公正、及时进行监督检查。

第四节 集团公司的生产许可

第四十条 集团公司及其所属子公司、分公司或者生产基地(统称"所属单位")具有法人资格的,可以单独申请办理生产许可证;不具有法人资格的,不能以所属单位名义单独申请办理生产许可证。

各所属单位无论是否具有法人资格,均可以与集团公司一起提出办理生产许可证申请。

第四十一条 所属单位与集团公司一起申请办理生产许可证时,应当向集团公司所在地省级质量技术监督局提出申请。凡按规定由省级许可证办公室组织企业实地核查的,集团公司所在地省级许可证办公室可以直接派出审查组,也可以书面形式委托所属单位所在地省级许可证办公室组织核查。集团公司所在地省级许可证办公室负责按规定程序汇总上报有关材料。

第四十二条 集团公司取得生产许可证后,新增加的所属单位需要与集团公司一起办理生产许可证的,新增所属单位审查合格后,换发生产许可证证书,但有效期不变。

第四十三条 所属单位与集团公司一起申请办理生产许可证的,经审查的所属单位以及集团公司应当分别缴纳审查费和产品检验费,公告费按证书数量收取。

第四十四条 其他经济联合体及所属单位申请办理生产许可证的,参照集团公司办证程序执行。

第五节 委托加工备案

第四十五条 从事委托加工实行生产许可证制度管理的产品的委托企业和被委托企业,必须分别到所在地省级许可证办公室申请备案。

第四十六条 委托企业必须是合法经营的企业,被委托企业必须持有合法有效的生产许可证。

第四十七条 委托企业和被委托企业向所在地省级许可证办公室申请备案时,应当提供如下材料:

(1)委托企业和被委托企业营业执照复印件;

(2)被委托企业的生产许可证复印件;

(3)公证的委托加工合同复印件;

(4)委托加工合同必须明确委托企业负责全部产品销售;

(5)委托加工产品标注式样。

第四十八条 省级许可证办公室应当自收到委托加工备案申请之日起5日内,进行必要的核实,并对符合条件的企业予以备案。对不符合条件的,不予备案并说明理由。

第四十九条 委托加工企业必须履行备案承诺,不得随意改变委托合同和产品标注方式。

第五十条 委托加工备案不得向企业收费。

第三章 核查人员的管理

第五十一条 核查人员需取得相应资质,方可从事企业实地核查工作。

第五十二条 核查人员包括工业产品生产许可证注册审查员(以下简称审查员)、高级审查员和技术专家。

第五十三条 审查员应当具备下列条件：

(1)年龄在65周岁(含65周岁)以下；

(2)大专(含大专)以上学历或者中级(含中级)以上技术职称；

(3)熟悉相关产品生产工艺、产品质量标准和质量管理体系；

(4)从事质量工作满5年。

第五十四条 全国许可证办公室对省级许可证办公室或者审查机构培训的人员进行考核注册，并批准后颁发审查员注册证书，证书有效期为3年。

第五十五条 审查员注册证书期满前3个月内应当按规定申请换证，并符合以下条件：

(1)年龄在65周岁(含65周岁)以下；

(2)在证书有效期内至少完成6次工业产品生产许可证企业实地核查；

(3)每年至少参加15小时工业产品生产许可证相关工作培训；

(4)遵守审查员行为规范，无违法违规行为。

高级审查员在证书有效期内，满足前款规定的条件，并每年至少担任审查组长3次的，方可按规定换发高级审查员注册证书；仅满足前款规定条件的，可换发审查员证书。

第五十六条 省级许可证办公室或者审查机构负责组织审查员期满换证申报工作，全国许可证办公室负责为符合换证条件的人员换发证书。

第五十七条 审查员申请晋升高级审查员，应当符合以下条件：

(1)在注册证书有效期内，至少完成10次生产许可证企业实地核查，并担任6次以上审查组长；

(2)每年参加20小时以上生产许可证相关工作培训；

(3)遵守审查员行为规范，无违法违规行为。

第五十八条 申请晋级人员向省级许可证办公室或者审查机构提出晋级申请，全国许可证办公室对省级许可证办公室或者审查机构上报的申请晋级人员进行考核，符合晋级要求的，经全国许可证办公室批准后，颁发高级审查员注册证书，证书有效期3年。

第五十九条 技术专家是指未取得审查员注册证书，但根据工作需要可以为生产许可证企业实地核查提供技术咨询的有关人员。

第六十条 申请技术专家资格的人员应当具备以下条件：

(1)大学本科(含大学本科)以上学历或者高级技术职称；

(2)从事相关专业工作满10年；

(3)精通相关产品专业知识并属于相关领域的技术权威。

第六十一条 省级许可证办公室或者审查机构可以根据需要，向全国许可证办公室提出技术专家备案申请，经全国许可证办公室批准后，可参加企业的实地核查工作。

第六十二条 技术专家参加企业实地核查工作时，不作为审查组成员，不参与做出审查结论。

第六十三条 注册证书持有者应当妥善保管证书，证书遗失或者损毁，应当及时申请补领。

第六十四条 核查人员应当按照产品实施细则的规定开展企业实地核查。进行核查时，需向被核查企业出示相关证件。

第六十五条 核查人员对企业进行实地核查，不得刁难企业，不得索取、收受企业的财物，不得谋取其他不当利益。

第四章 审查机构的管理

第六十六条 审查机构必须具备以下基本条件：

(1)有健全的管理制度和有效的运行机制；

(2)有与开展相关产品审查工作相适应的工作人员；

(3)有适宜的办公场所和办公设施；

(4)掌握生产许可证工作的有关法律法规和规定，了解生产许可证的工作机制和程序；

(5)了解相关产品的行业状况和国家产业政策；

(6)没有从事相关产品生产、销售、监制、监销的行为。

第六十七条 符合第六十六条规定条件的单位可以向全国许可证办公室申请承担相关产品的审查机构工作，并提交以下材料：

(1)承担相关产品审查机构的书面申请；

(2)申请机构的组织机构代码证书、法人营业执照或者社会团体法人登记证书；

（3）申请单位的基本情况；

（4）相关产品的行业发展水平、企业分布和产品检验机构的基本情况；

（5）从事产品质量监督和生产许可证工作的经历。

第六十八条 全国许可证办公室对申请单位的资格进行审查，必要时派员实地考查核实，并上报国家质检总局择优批准符合资质要求的单位承担审查机构工作。

第六十九条 审查机构应当自批准之日起15日内向全国许可证办公室提交审查机构负责人名单及岗位设置等基本情况。审查机构负责人发生变化时，应当及时将变化情况报全国许可证办公室备案。

第七十条 审查机构开展企业实地核查时，不得妨碍企业的正常生产经营活动，不得索取或者收受企业的财物。

第七十一条 审查机构在从事生产许可证工作时，不得有下列行为：

（1）未按规定期限完成审查工作；

（2）出具虚假审查结论；

（3）擅自增加实施细则以外的其他条件；

（4）未向企业说明企业有权选择有资质的检验机构送样检验；

（5）从事或者介绍企业进行生产许可有偿咨询；

（6）向企业推销生产设备、检验设备或者技术资料；

（7）聘用未取得相应资质的人员从事企业实地核查工作；

（8）违反法律法规和规章的其他行为。

第五章 检验机构的管理

第七十二条 申请承担生产许可证检验任务的检验机构必须按照国家法律、行政法规的规定通过计量认证、审查认可或者实验室认可，并经全国许可证办公室指定后，方可承担相关产品的生产许可证检验任务。

第七十三条 检验机构应当向省级许可证办公室或者审查机构提出承担相关产品生产许可证检验任务的书面申请。

第七十四条 省级许可证办公室或者审查机构对提出申请的检验机构以适当的方式进行审查并提出推荐意见。全国许可证办公室应当根据需要组织专家对检验机构的申请进行必要的核实。

第七十五条 全国许可证办公室按照保证工作质量和进度、方便企业送检、适度竞争的原则，对符合条件的检验机构进行指定，并公布其承担相关产品生产许可证检验任务的范围。

第七十六条 被指定的检验机构依据产品实施细则的要求，开展生产许可证产品检验工作，并出具检验报告。

检验报告需有检验人员、复核人员、检验机构负责人或者其授权人员签字。检验机构及其工作人员对检验报告负责。

第七十七条 检验机构应当按照国家规定的产品检验收费标准向企业收取检验费用。

第七十八条 检验机构应当建立生产许可证产品检验技术档案，并确保档案完整、真实、有效。

第七十九条 检验机构在从事生产许可证产品检验工作时，不得有下列行为：

（1）未按实施细则规定的标准、要求和方法开展检验工作；

（2）伪造检验结论或者出具虚假检验报告；

（3）从事与其指定检验任务相关的产品的生产、销售活动，或者以其名义推荐或者监制、监销上述产品；

（4）从事或者介绍企业进行生产许可的有偿咨询；

（5）超标准收取检验费用；

（6）违反规定强行要求企业送样检验；

（7）违反法律法规和规章的其他行为。

第六章 证书和标志

第八十条 全国工业产品生产许可证证书（简称“生产许可证证书”）分为正本和副本（证书式样见附件五），具有同等法律效力。生产许可证证书由国家质检总局统一印制。

第八十一条 生产许可证证书应当载明企业名称、住所、生产地址、产品名称、证书编号、发证日期、有效期。

集团公司的生产许可证证书还应当载明与其一

起申请办理的所属单位的名称、生产地址和产品名称。

第八十二条 企业名称、住所、生产地址发生变化而企业生产条件、检验手段、生产技术或者工艺未发生变化的，企业应当在变更名称后1个月内向企业所在地的省级质量技术监督局提出生产许可证名称变更申请。

第八十三条 省级质量技术监督局自受理企业名称变更材料之日起5日内将上述材料上报全国许可证办公室。

全国许可证办公室自收到上报的企业名称变更材料之日起25日内完成申报材料的书面审核，并由国家质检总局做出是否准予变更的决定。对于符合变更条件的，颁发新证书，但有效期不变。不符合条件的，书面告知企业，并说明理由。

第八十四条 企业应当妥善保管生产许可证证书。生产许可证证书遗失或者毁损，应当向企业所在地的省级质量技术监督局提出补领生产许可证申请。

第八十五条 省级质量技术监督局自受理企业补领生产许可证材料之日起5日内，将上述材料上报全国许可证办公室。

全国许可证办公室自收到各省级许可证办公室上报的企业补领生产许可证材料之日起25日内，完成申报材料的书面审核，并由国家质检总局做出是否准予补领的决定。对于符合条件的，颁发新证书，但有效期不变；不符合条件的，书面告知企业，并说明理由。

第八十六条 工业产品生产许可证标志由“企业产品生产许可”拼音 Qiyechanpin Shengchan Xuke 的缩写“QS”和“生产许可”中文字样组成。标志主色调为蓝色，字母“Q”与“生产许可”四个中文字样为蓝色，字母“S”为白色。标志的式样、尺寸及颜色要求见附件六。

QS标志由企业自行印(贴)。可以按照规定放大或者缩小。

第八十七条 工业产品生产许可证编号采用大写汉语拼音XK加10位阿拉伯数字编码组成：XK××－×××－×××××。

其中，XK代表许可，前两位(××)代表行业编号，中间三位(×××)代表产品编号，后五位(×××××)代表企业生产许可证编号。

第八十八条 企业必须在其产品或者包装、说明书上标注生产许可证标志和编号。

根据产品特点难以标注的裸装产品，可以不标注生产许可证标志和编号。

第八十九条 所属单位具有法人资格的，在单独办理生产许可证时，其产品或者包装、说明书上应当标注所属单位的名称、住所、生产许可证标志和编号。

所属单位和集团公司一起办理生产许可证的，应当在其产品或者包装、说明书上分别标注集团公司和所属单位的名称、住所，以及集团公司的生产许可证标志和编号，或者仅标注集团公司的名称、住所和生产许可证标志和编号。

第九十条 委托加工企业必须按照备案的标注内容，在其产品或者包装、说明书上进行标注。

委托企业具有其委托加工的产品生产许可证的，应当标注委托企业的名称、住所和被委托企业的名称、生产许可证标志和编号；或者标注委托企业的名称、住所、生产许可证标志和编号。

委托企业不具有其委托加工的产品生产许可证的，应当标注委托企业的名称、住所，以及被委托企业的名称、生产许可证标志和编号。

第九十一条 取得生产许可证的企业，应当自准予许可之日起6个月内，完成在其产品或者包装、说明书上标注生产许可证标志和编号。

第九十二条 任何单位和个人不得伪造、变造生产许可证证书、标志和编号。取得生产许可证的企业不得出租、出借或者以其他形式转让生产许可证证书、标志和编号。

第七章 省级质量技术监督局发证的管理

第九十三条 国家质检总局统一发布省级质量技术监督局发证的产品目录并适时进行调整，统一制定并公布产品实施细则，统一规定证书式样。

第九十四条 省级质量技术监督局在本行政区域内负责第九十三条规定的发证产品的受理、审查、批准、发证工作。

第九十五条 省级质量技术监督局应当参照国家质检总局的办证程序，结合实际情况，制定企业申请办证程序并向社会公布。

第九十六条 省级质量技术监督局应当自受理企业申请之日起60日内,完成审查发证工作。产品检验时间以实施细则规定为准,不计入上述规定时限。

第九十七条 省级质量技术监督局应当公布获证企业名录,并报全国许可证办公室。省级质量技术监督局颁发的生产许可证全国有效。

第九十八条 国家质检总局采取不定期检查的方式,对省级质量技术监督局的发证工作质量进行监督检查,对于工作质量出现严重问题的,追究有关人员责任。

第九十九条 本办法对省级质量技术监督局审查发证未作出具体规定的,按照国家质检总局审查发证的有关规定执行。

第八章 监督检查

第一百条 国家质检总局和县级以上地方质量技术监督局依照本办法对生产许可证制度的实施情况进行监督检查,对违反本办法的违法行为实施行政处罚。

第一百零一条 根据举报或者已经取得的涉嫌违法证据,县级以上地方质量技术监督局对涉嫌违法行为进行查处时,可以行使下列职权:

(1)向有关生产、销售、经营活动中使用单位和检验机构的法定代表人、主要负责人和其他有关人员调查、了解与涉嫌从事违法活动的有关情况;

(2)查阅、复制有关生产、销售、经营活动中使用单位和检验机构的有关合同、发票、账薄以及其他有关资料;

(3)对有证据表明属于违反《管理条例》和本办法生产、销售、经营活动中使用的产品予以查封或者扣押。

第一百零二条 自省级质量技术监督局作出生产许可受理决定之日起,企业可以试生产申请取证产品。

第一百零三条 企业试生产的产品,必须经承担生产许可证产品检验任务的检验机构,依据产品实施细则规定批批检验合格,并在产品或者包装、说明书标明"试制品"后,方可销售。对国家质检总局作出不予许可决定的,企业从即日起不得继续试生产该产品。

第一百零四条 取得生产许可证的企业应当保证产品质量稳定合格,不得降低取得生产许可证的条件。

第一百零五条 获证企业自取得生产许可证之日起,每年度应当向省级许可证办公室提交自查报告。获证未满一年的企业,可以下一年度提交自查报告。企业自查报告应当包括以下内容:

(1)申请取证条件的保持情况;

(2)企业名称、住所、生产地址等变化情况;

(3)企业生产状况及产品变化情况;

(4)生产许可证证书、标志和编号使用情况;

(5)行政机关对产品质量监督检查的情况;

(6)省级许可证办公室要求企业应当说明的其他相关情况。

第一百零六条 省级许可证办公室对企业的自查报告进行实地抽查时,被抽查的企业数量应当控制在获证企业总数的10.0%以内。

第九章 罚 则

第一百零七条 生产许可证管理部门及工作人员、检验机构及检验人员以及企业,违反《管理条例》有关规定的,应当依照《管理条例》第六章的规定承担相应的法律责任。

第一百零八条 生产许可证审查员有下列行为之一的,由全国许可证办公室注销其审查员资格;情节严重的,建议其行政主管单位给予行政处分;构成犯罪的,依法追究刑事责任:

(1)违反本办法第六十四条和第六十五条规定的;

(2)以虚假材料等不正当手段骗取资格证书的;

(3)从事生产许可有偿咨询的;

(4)违反国家法律法规的其他行为。

被注销审查员资格的人员不得再申请注册生产许可证审查员。

第一百零九条 审查机构违反本办法第七十条和第七十一条规定开展生产许可证审查工作的,由全国许可证办公室责令限期改正,逾期仍不改正的,撤销其生产许可证审查机构资格;构成犯罪的,依法追究审查机构负责人的刑事责任。

第一百一十条 检验机构违反本办法第七十九

条规定的，由全国许可证办公室责令改正，逾期仍不改正的，撤销其从事生产许可证检验工作的资格；违反国家有关法律法规规定的，依法予以处理。

第一百一十一条 企业在试生产期间，违反本办法第一百零三条规定的，由县级以上地方质量技术监督局责令改正，并处3万元以下罚款；仍不改正的，按照《管理条例》第四十八条规定处罚。

第一百一十二条 有下列情形之一的，许可审批机关应当撤销生产许可，但是撤销生产许可可能对公共利益造成重大损害的除外：

（1）行政机关工作人员滥用职权、玩忽职守作出准予生产许可决定的；

（2）超越法定职权作出准予生产许可决定的；

（3）违反法定程序作出准予生产许可决定的；

（4）对不具备申请资格或者不符合法定条件的申请人准予生产许可的；

（5）被许可人以欺骗、贿赂等不正当手段取得生产许可的；

（6）依法可以撤销生产许可的其他情形。

第一百一十三条 有下列情形之一的，许可审批机关应当撤回生产许可：

（1）被许可生产的产品列入国家决定淘汰或者禁止生产的产品目录的；

（2）被许可人不再生产被许可的产品的；

（3）生产许可依据的法律、法规、规章修改或者废止导致生产许可项目依法被终止的；

（4）依法应当撤回生产许可的其他情形。

第一百一十四条 取得生产许可证的企业有下列情形之一的，许可审批机关应当吊销生产许可：

（1）未依照规定在产品或者包装、说明书上标注生产许可证标志和编号，情节严重的；

（2）出租、出借或者转让许可证证书、生产许可证标志和编号，情节严重的；

（3）产品经国家监督抽查或者省级监督抽查不合格，经整改复查仍不合格的；

（4）依法应当吊销生产许可证的其他情形。

第一百一十五条 有下列情形之一的，许可审批机关应当注销生产许可，并办理有关手续：

（1）生产许可有效期满未按规定重新申请取证的；

（2）法人或者其他组织依法终止的；

（3）生产许可依法被撤销、撤回，或者生产许可证依法被吊销的；

（4）因不可抗力导致行政许可事项无法实施的；

（5）法律、法规规定的应当注销生产许可的其他情形。

第一百一十六条 对违法企业实施吊销或者撤销生产许可证前，县级以上地方质量技术监督局可以暂扣生产许可证。

暂扣生产许可证期限为7日（产品检验机构检测时间除外）。违法行为属实，依法应当吊销或者撤销许可的，许可审批机关对暂扣的证书予以收回；经调查取证决定不予吊销或者撤销许可的，对暂扣的证书应当及时退还企业。

第一百一十七条 委托企业未按本办法规定备案或者擅自改变备案标注方式的，被委托企业未按本办法规定备案的，由县级以上地方质量技术监督局责令限期改正，并处3万元以下罚款；逾期仍未改正的，吊销其生产许可证。

第一百一十八条 省级质量技术监督局组织开展部分产品审查发证工作时，发现的相关违法行为，由县级以上地方质量技术监督局依照《管理条例》和本办法的有关规定执行处罚。

第一百一十九条 企业对行政许可和行政处罚决定有异议的，可依法申请行政复议或者提起行政诉讼。

第十章 附 则

第一百二十条 企业办理工业产品生产许可证应当缴纳相关费用，收费项目和收费标准应当按照国务院财政、价格主管部门的有关规定执行。

省级质量技术监督局负责审批发证的收费，还应当按照省级财政、价格主管部门的有关规定执行。

第一百二十一条 食品生产许可的管理另行规定。

第一百二十二条 本办法由国家质检总局负责解释。

第一百二十三条 本办法自2005年11月1日起施行。国家质检总局2002年3月27日颁布的《工业产品生产许可证管理办法》同时废止。

附件一（略）

附件二(略)

附件三(略)

附件四(略)

附件五(略)

附件六(略)

网络商品交易及有关服务行为管理暂行办法

(2010年5月31日国家工商行政管理总局令第49号公布 自2010年7月1日起施行)

第一章 总 则

第一条 为规范网络商品交易及有关服务行为,保护消费者和经营者的合法权益,促进网络经济持续健康发展,依据《合同法》《侵权责任法》《消费者权益保护法》《产品质量法》《反不正当竞争法》《商标法》《广告法》《食品安全法》和《电子签名法》等法律、法规,制定本办法。

第二条 网络商品经营者和网络服务经营者在中华人民共和国境内从事网络商品交易及有关服务行为,应当遵守中华人民共和国法律、法规和本办法的规定。

第三条 本办法所称的网络商品经营者,是指通过网络销售商品的法人、其他经济组织或者自然人。

本办法所称的网络服务经营者,是指通过网络提供有关经营性服务的法人、其他经济组织或者自然人,以及提供网络交易平台服务的网站经营者。

第四条 工商行政管理部门鼓励、支持网络商品交易及有关服务行为的发展,实施更加积极的政策,促进网络经济发展。提高网络商品经营者和网络服务经营者的整体素质和市场竞争力,发挥网络经济在促进国民经济和社会发展中的作用。

第五条 工商行政管理部门依照职能为网络商品交易及有关服务行为提供公平、公正、规范、有序的市场环境,提倡和营造诚信的市场氛围,保护消费者和经营者的合法权益。

第六条 网络商品经营者和网络服务经营者在网络商品交易及有关服务行为中不得损害国家利益和公众利益,不得损害消费者的合法权益。

第七条 网络商品经营者和网络服务经营者在网络商品交易及有关服务行为中应当遵循诚实信用的原则,遵守公认的商业道德。

第八条 网络商品经营者和网络服务经营者在网络商品交易及有关服务行为中应当遵循公平、公正、自愿的原则,维护国家利益,承担社会责任。

第九条 鼓励、支持网络商品经营者和网络服务经营者成立行业协会,建立网络诚信体系,加强行业自律,推动行业信用建设。

第二章 网络商品经营者和网络服务经营者的义务

第十条 已经工商行政管理部门登记注册并领取营业执照的法人、其他经济组织或者个体工商户,通过网络从事商品交易及有关服务行为的,应当在其网站主页面或者从事经营活动的网页醒目位置公开营业执照登载的信息或者其营业执照的电子链接标识。

通过网络从事商品交易及有关服务行为的自然人,应当向提供网络交易平台服务的经营者提出申请,提交其姓名和地址等真实身份信息。具备登记注册条件的,依法办理工商登记注册。

第十一条 网上交易的商品或者服务应当符合法律、法规、规章的规定。法律法规禁止交易的商品或者服务,经营者不得在网上进行交易。

第十二条 网络商品经营者和网络服务经营者向消费者提供商品或者服务,应当遵守《消费者权益保护法》和《产品质量法》等法律、法规、规章的规定,不得损害消费者合法权益。

第十三条 网络商品经营者和网络服务经营者向消费者提供商品或者服务,应当事先向消费者说明商品或者服务的名称、种类、数量、质量、价格、运费、配送方式、支付形式、退换货方式等主要信息,采取安全保障措施确保交易安全可靠,并按照承诺提供商品或者服务。

网络商品经营者和网络服务经营者提供电子格式合同条款的,应当符合法律、法规、规章的规定,按照公平原则确定交易双方的权利与义务，并采用合理和显著的方式提请消费者注意与消费者权益有重大关系的条款，并按照消费者的要求对该条款予以说明。

网络商品经营者和网络服务经营者不得以电子格式合同条款等方式作出对消费者不公平、不合理的规定，或者减轻、免除经营者义务、责任或者排除、限制消费者主要权利的规定。

第十四条 网络商品经营者和网络服务经营者提供商品或者服务，应当保证商品和服务的完整性，不得将商品和服务不合理拆分出售，不得确定最低消费标准以及另行收取不合理的费用。

第十五条 网络商品经营者和网络服务经营者向消费者出具购货凭证或者服务单据，应当符合国家有关规定或者商业惯例；征得消费者同意的，可以以电子化形式出具。电子化的购货凭证或者服务单据，可以作为处理消费投诉的依据。

消费者要求网络商品经营者和网络服务经营者出具购货凭证或者服务单据的，经营者应当出具。

第十六条 网络商品经营者和网络服务经营者对收集的消费者信息，负有安全保管、合理使用、限期持有和妥善销毁义务；不得收集与提供商品和服务无关的信息，不得不正当使用，不得公开、出租、出售。但是法律、法规另有规定的除外。

第十七条 网络商品经营者和网络服务经营者发布的商品和服务交易信息应当真实准确，不得作虚假宣传和虚假表示。

第十八条 网络商品经营者和网络服务经营者提供商品或者服务，应当遵守《商标法》《反不正当竞争法》《企业名称登记管理规定》等法律、法规、规章的规定，不得侵犯他人的注册商标专用权、企业名称权等权利。

第十九条 网络商品经营者和网络服务经营者不得利用网络技术手段或者载体等方式，实施损害其他经营者的商业信誉、商品声誉以及侵犯权利人商业秘密等不正当竞争行为。

第三章 提供网络交易平台服务的经营者的义务

第二十条 提供网络交易平台服务的经营者应当对申请通过网络交易平台提供商品或者服务的法人、其他经济组织或者自然人的经营主体身份进行审查。

提供网络交易平台服务的经营者应当对暂不具备工商登记注册条件，申请通过网络交易平台提供商品或者服务的自然人的真实身份信息进行审查和登记，建立登记档案并定期核实更新。核发证明个人身份信息真实合法的标记，加载在其从事商品交易或者服务活动的网页上。

提供网络交易平台服务的经营者在审查和登记时，应当使对方知悉并同意登记协议，并提请对方注意义务和责任条款。

第二十一条 提供网络交易平台服务的经营者应当与申请进入网络交易平台进行交易的经营者签订合同（协议），明确双方在网络交易平台进入和退出、商品和服务质量安全保障、消费者权益保护等方面的权利、义务和责任。

第二十二条 提供网络交易平台服务的经营者应当建立网络交易平台管理规章制度，包括：交易规则、交易安全保障、消费者权益保护、不良信息处理等规章制度。各项规章制度应当在其网站显示，并从技术上保证用户能够便利、完整地阅览和保存。

提供网络交易平台服务的经营者应当采取必要的技术手段和管理措施以保证网络交易平台的正常运行，提供必要、可靠的交易环境和交易服务，维护网络交易秩序。

第二十三条 提供网络交易平台服务的经营者应当对通过网络交易平台提供商品或者服务的经营者，及其发布的商品和服务信息建立检查监控制度，发现有违反工商行政管理法律、法规、规章的行为的，应当向所在地工商行政管理部门报告，并及时采取措施制止，必要时可以停止对其提供网络交易平台服务。

工商行政管理部门发现网络交易平台内有违反工商行政管理法律、法规、规章的行为，依法要求提供网络交易平台服务的经营者采取措施制止的，提供网络交易平台服务的经营者应当予以配合。

第二十四条 提供网络交易平台服务的经营者应当采取必要手段保护注册商标专用权、企业名称权等权利，对权利人有证据证明网络交易平台内的经营者实施侵犯其注册商标专用权、企业名称权等权利的行为或者实施损害其合法权益的不正当竞争行为的，应当依照《侵权责任法》采取必要措施。

第二十五条 提供网络交易平台服务的经营者应当采取必要措施保护涉及经营者商业秘密或者消费者个人信息的数据资料信息的安全。非经交易当事人同意，不得向任何第三方披露、转让、出租或者出售交易当事人名单、交易记录等涉及经营者商业秘密或者消费者个人信息的数据。但是法律、法规另有规定的除外。

第二十六条 提供网络交易平台服务的经营者应当建立消费纠纷和解和消费维权自律制度。消费者在网络交易平台购买商品或者接受服务，发生消费纠纷或者其合法权益受到损害的，提供网络交易平台服务的经营者应当向消费者提供经营者的真实的网站登记信息，积极协助消费者维护自身合法权益。

第二十七条 鼓励提供网络交易平台服务的经营者为交易当事人提供公平、公正的信用评估服务，对经营者的信用情况客观、公正地进行采集与记录，建立信用评价体系、信用披露制度以警示交易风险。

第二十八条 提供网络交易平台服务的经营者应当积极协助工商行政管理部门查处网上违法经营行为，提供在其网络交易平台内进行违法经营的经营者的登记信息、交易数据备份等资料，不得隐瞒真实情况，不得拒绝或者阻挠行政执法检查。

第二十九条 提供网络交易平台服务的经营者应当审查、记录、保存在其平台上发布的网络商品交易及有关服务信息内容及其发布时间。经营者营业执照或者个人真实身份信息记录保存时间从经营者在网络交易平台的登记注销之日起不少于2年，交易记录等其他信息记录备份保存时间从交易完成之日起不少于2年。

提供网络交易平台服务的经营者应当采取数据备份、故障恢复等技术手段确保网络交易数据和资料的完整性和安全性，并应当保证原始数据的真实性。

第三十条 提供网络交易平台服务的经营者应当按照国家工商行政管理总局规定的内容定期向所在地工商行政管理部门报送网络商品交易及有关服务经营统计资料。

第三十一条 为网络商品交易及有关服务行为提供网络接入、服务器托管、虚拟空间租用等服务的网络服务经营者，应当要求申请者提供经营资格和个人真实身份信息，签订网络服务合同，依法记录其上网信息。申请者营业执照或者个人真实身份信息等信息记录备份保存时间不得少于60日。

第四章 网络商品交易及有关服务行为监督管理

第三十二条 网络商品交易及有关服务行为的监督管理由县级（含县级）以上工商行政管理部门负责。

第三十三条 县级以上工商行政管理部门应当建立信用档案。记录日常监督检查结果、违法行为查处等情况；根据信用档案的记录，对网络商品经营者和网络服务经营者实施信用分类监管。

第三十四条 在网络商品交易及有关服务行为中违反工商行政管理法律法规规定，情节严重，需要采取措施制止违法网站继续从事违法活动的，工商行政管理部门应当依照有关规定，提请网站许可地通信管理部门依法责令暂时屏蔽或者停止该违法网站接入服务。

第三十五条 工商行政管理部门对网站违法行为作出行政处罚后，需要关闭该违法网站的，应当依照有关规定，提请网站许可地通信管理部门依法关闭该违法网站。

第三十六条 网络商品交易及有关服务违法行为由发生违法行为的网站的经营者住所所在地县级以上工商行政管理部门管辖。网站的经营者住所所在地县级以上工商行政管理部门管辖异地违法行为人有困难的，可以将违法行为人的违法情况移交违法行为人所在地县级以上工商行政管理部门处理。

第三十七条 县级以上工商行政管理部门应当建立网络商品交易及有关服务行为监管责任制度和责任追究制度，依法履行职责。

第五章 法律责任

第三十八条 违反本办法规定，法律、法规有处罚规定的，依照法律、法规的规定处罚。

第三十九条 违反本办法第十条第一款、第二十八条、第二十九条、第三十条规定的，予以警告，责令限期改正，逾期不改正的，处以1万元以下的罚款。

第四十条 违反本办法第二十条规定的，责令限期改正，逾期不改正的，处以1万元以上3万元以下的罚款。

第四十一条 违反办法第十六条、第二十五条，侵犯消费者个人信息的，予以警告，责令限期改正，逾期不改正的，处以1万元以下的罚款。

违反办法第二十五条，侵犯经营者商业秘密的，按照《反不正当竞争法》和《关于禁止侵犯商业秘密行为的若干规定》处理。

第六章 附 则

第四十二条 本办法由国家工商行政管理总局负责解释。

第四十三条 省级工商行政管理部门可以依据本办法的规定制定网络商品交易及有关服务行为实施指导意见。

第四十四条 本办法自2010年7月1日起施行。

国家审计准则

（2010年9月1日中华人民共和国审计署令第8号公布 自2011年1月1日起施行）

第一章 总 则

第一条 为了规范和指导审计机关和审计人员执行审计业务的行为，保证审计质量，防范审计风险，发挥审计保障国家经济和社会健康运行的“免疫系统”功能，根据《中华人民共和国审计法》《中华人民共和国审计法实施条例》和其他有关法律法规，制定本准则。

第二条 本准则是审计机关和审计人员履行法定审计职责的行为规范，是执行审计业务的职业标准，是评价审计质量的基本尺度。

第三条 本准则中使用“应当”、“不得”词汇的条款为约束性条款，是审计机关和审计人员执行审计业务必须遵守的职业要求。

本准则中使用“可以”词汇的条款为指导性条款，是对良好审计实务的推介。

第四条 审计机关和审计人员执行审计业务，应当适用本准则。其他组织或者人员接受审计机关的委托、聘用，承办或者参加审计业务，也应当适用本准则。

第五条 审计机关和审计人员执行审计业务，应当区分被审计单位的责任和审计机关的责任。

在财政收支、财务收支以及有关经济活动中，履行法定职责、遵守相关法律法规、建立并实施内部控制、按照有关会计准则和会计制度编报财务会计报告、保持财务会计资料的真实性和完整性，是被审计单位的责任。

依据法律法规和本准则的规定，对被审计单位财政收支、财务收支以及有关经济活动独立实施审计并作出审计结论，是审计机关的责任。

第六条 审计机关的主要工作目标是通过监督被审计单位财政收支、财务收支以及有关经济活动的真实性、合法性、效益性，维护国家经济安全，推进民主法治，促进廉政建设，保障国家经济和社会健康发展。

真实性是指反映财政收支、财务收支以及有关经济活动的信息与实际情况相符合的程度。

合法性是指财政收支、财务收支以及有关经济活动遵守法律、法规或者规章的情况。

效益性是指财政收支、财务收支以及有关经济活动实现的经济效益、社会效益和环境效益。

第七条 审计机关对依法属于审计机关审计监督对象的单位、项目、资金进行审计。

审计机关按照国家有关规定，对依法属于审计机关审计监督对象的单位的主要负责人经济责任进行审计。

第八条 审计机关依法对预算管理或者国有资产管理使用等与国家财政收支有关的特定事项向有关地方、部门、单位进行专项审计调查。

审计机关进行专项审计调查时，也应当适用本准则。

第九条 审计机关和审计人员执行审计业务，应当依据年度审计项目计划，编制审计实施方案，获取审计证据，作出审计结论。

审计机关应当委派具备相应资格和能力的审计人员承办审计业务，并建立和执行审计质量控制制度。

第十条 审计机关依据法律法规规定，公开履行职责的情况及其结果，接受社会公众的监督。

第十一条 审计机关和审计人员未遵守本准则约束性条款的，应当说明原因。

第二章 审计机关和审计人员

第十二条 审计机关和审计人员执行审计业务，应当具备本准则规定的资格条件和职业要求。

第十三条 审计机关执行审计业务，应当具备下列资格条件：

（1）符合法定的审计职责和权限；

（2）有职业胜任能力的审计人员；

（3）建立适当的审计质量控制制度；

（4）必需的经费和其他工作条件。

第十四条 审计人员执行审计业务，应当具备下列职业要求：

（1）遵守法律法规和本准则；

（2）恪守审计职业道德；

（3）保持应有的审计独立性；

（4）具备必需的职业胜任能力；

（5）其他职业要求。

第十五条 审计人员应当恪守严格依法、正直坦诚、客观公正、勤勉尽责、保守秘密的基本审计职业道德。

严格依法就是审计人员应当严格依照法定的审计职责、权限和程序进行审计监督，规范审计行为。

正直坦诚就是审计人员应当坚持原则，不屈从于外部压力；不歪曲事实，不隐瞒审计发现的问题；廉洁自律，不利用职权谋取私利；维护国家利益和公共利益。

客观公正就是审计人员应当保持客观公正的立场和态度，以适当、充分的审计证据支持审计结论，实事求是地作出审计评价和处理审计发现的问题。

勤勉尽责就是审计人员应当爱岗敬业，勤勉高效，严谨细致，认真履行审计职责，保证审计工作质量。

保守秘密就是审计人员应当保守其在执行审计业务中知悉的国家秘密、商业秘密；对于执行审计业务取得的资料、形成的审计记录和掌握的相关情况，未经批准不得对外提供和披露，不得用于与审计工作无关的目的。

第十六条 审计人员执行审计业务时，应当保持应有的审计独立性，遇有下列可能损害审计独立性情形的，应当向审计机关报告：

（1）与被审计单位负责人或者有关主管人员有夫妻关系、直系血亲关系、三代以内旁系血亲以及近姻亲关系；

（2）与被审计单位或者审计事项有直接经济利益关系；

（3）对曾经管理或者直接办理过的相关业务进行审计；

（4）可能损害审计独立性的其他情形。

第十七条 审计人员不得参加影响审计独立性的活动，不得参与被审计单位的管理活动。

第十八条 审计机关组成审计组时，应当了解审计组成员可能损害审计独立性的情形，并根据具体情况采取下列措施，避免损害审计独立性：

（1）依法要求相关审计人员回避；

（2）对相关审计人员执行具体审计业务的范围作出限制；

（3）对相关审计人员的工作追加必要的复核程序；

（4）其他措施。

第十九条 审计机关应当建立审计人员交流等制度，避免审计人员因执行审计业务长期与同一被审计单位接触可能对审计独立性造成的损害。

第二十条 审计机关可以聘请外部人员参加审计业务或者提供技术支持、专业咨询、专业鉴定。

审计机关聘请的外部人员应当具备本准则第十四条规定的职业要求。

第二十一条 有下列情形之一的外部人员，审计机关不得聘请：

（1）被刑事处罚的；

（2）被劳动教养的；

（3）被行政拘留的；

（4）审计独立性可能受到损害的；

（5）法律规定不得从事公务的其他情形。

第二十二条 审计人员应当具备与其从事审计业务相适应的专业知识、职业能力和工作经验。

审计机关应当建立和实施审计人员录用、继续教育、培训、业绩评价考核和奖惩激励制度，确保审计人员具有与其从事业务相适应的职业胜任能力。

第二十三条 审计机关应当合理配备审计人员，组成审计组，确保其在整体上具备与审计项目相适应的职业胜任能力。

被审计单位的信息技术对实现审计目标有重大影响的，审计组的整体胜任能力应当包括信息技术方面的胜任能力。

第二十四条 审计人员执行审计业务时，应当合理运用职业判断，保持职业谨慎，对被审计单位可能存在的重要问题保持警觉，并审慎评价所获取审计证据的适当性和充分性，得出恰当的审计结论。

第二十五条 审计人员执行审计业务时，应当从下列方面保持与被审计单位的工作关系：

(1)与被审计单位沟通并听取其意见；

(2)客观公正地作出审计结论，尊重并维护被审计单位的合法权益；

(3)严格执行审计纪律；

(4)坚持文明审计，保持良好的职业形象。

第三章 审计计划

第二十六条 审计机关应当根据法定的审计职责和审计管辖范围，编制年度审计项目计划。

编制年度审计项目计划应当服务大局，围绕政府工作中心，突出审计工作重点，合理安排审计资源，防止不必要的重复审计。

第二十七条 审计机关按照下列步骤编制年度审计项目计划：

(1)调查审计需求，初步选择审计项目；

(2)对初选审计项目进行可行性研究，确定备选审计项目及其优先顺序；

(3)评估审计机关可用审计资源，确定审计项目，编制年度审计项目计划。

第二十八条 审计机关从下列方面调查审计需求，初步选择审计项目：

(1)国家和地区财政收支、财务收支以及有关经济活动情况；

(2)政府工作中心；

(3)本级政府行政首长和相关领导机关对审计工作的要求；

(4)上级审计机关安排或者授权审计的事项；

(5)有关部门委托或者提请审计机关审计的事项；

(6)群众举报、公众关注的事项；

(7)经分析相关数据认为应当列入审计的事项；

(8)其他方面的需求。

第二十九条 审计机关对初选审计项目进行可行性研究，确定初选审计项目的审计目标、审计范围、审计重点和其他重要事项。

进行可行性研究重点调查研究下列内容：

(1)与确定和实施审计项目相关的法律法规和政策；

(2)管理体制、组织结构、主要业务及其开展情况；

(3)财政收支、财务收支状况及结果；

(4)相关的信息系统及其电子数据情况；

(5)管理和监督机构的监督检查情况及结果；

(6)以前年度审计情况；

(7)其他相关内容。

第三十条 审计机关在调查审计需求和可行性研究过程中，从下列方面对初选审计项目进行评估，以确定备选审计项目及其优先顺序：

(1)项目重要程度，评估在国家经济和社会发展中的重要性、政府行政首长和相关领导机关及公众关注程度、资金和资产规模等；

(2)项目风险水平，评估项目规模、管理和控制状况等；

(3)审计预期效果；

(4)审计频率和覆盖面；

(5)项目对审计资源的要求。

第三十一条 年度审计项目计划应当按照审计机关规定的程序审定。

审计机关在审定年度审计项目计划前，根据需要，可以组织专家进行论证。

第三十二条 下列审计项目应当作为必选审计项目：

(1)法律法规规定每年应当审计的项目；

(2)本级政府行政首长和相关领导机关要求审计的项目；

(3)上级审计机关安排或者授权的审计项目。

审计机关对必选审计项目，可以不进行可行性研究。

第三十三条 上级审计机关直接审计下级审计机关审计管辖范围内的重大审计事项，应当列入上级审计机关年度审计项目计划，并及时通知下级审计机关。

第三十四条 上级审计机关可以依法将其审计管辖范围内的审计事项，授权下级审计机关进行审计。对于上级审计机关审计管辖范围内的审计事项，下级审计机关也可以提出授权申请，报有管辖权的上级审计机关审批。

获得授权的审计机关应当将授权的审计事项列入年度审计项目计划。

第三十五条 根据中国政府及其机构与国际组织、外国政府及其机构签订的协议和上级审计机关的要求，审计机关确定对国际组织、外国政府及其机构援助、贷款项目进行审计的，应当纳入年度审计项目计划。

第三十六条 对于预算管理或者国有资产管理使用等与国家财政收支有关的特定事项，符合下列情形的，可以进行专项审计调查：

（1）涉及宏观性、普遍性、政策性或者体制、机制问题的；

（2）事项跨行业、跨地区、跨单位的；

（3）事项涉及大量非财务数据的；

（4）其他适宜进行专项审计调查的。

第三十七条 审计机关年度审计项目计划的内容主要包括：

（1）审计项目名称；

（2）审计目标，即实施审计项目预期要完成的任务和结果；

（3）审计范围，即审计项目涉及的具体单位、事项和所属期间；

（4）审计重点；

（5）审计项目组织和实施单位；

（6）审计资源。

采取跟踪审计方式实施的审计项目，年度审计项目计划应当列明跟踪的具体方式和要求。

专项审计调查项目的年度审计项目计划应当列明专项审计调查的要求。

第三十八条 审计机关编制年度审计项目计划可以采取文字、表格或者两者相结合的形式。

第三十九条 审计机关计划管理部门与业务部门或者派出机构，应当建立经常性的沟通和协调机制。

调查审计需求、进行可行性研究和确定备选审计项目，以业务部门或者派出机构为主实施；备选审计项目排序、配置审计资源和编制年度审计项目计划草案，以计划管理部门为主实施。

第四十条 审计机关根据项目评估结果，确定年度审计项目计划。

第四十一条 审计机关应当将年度审计项目计划报经本级政府行政首长批准并向上一级审计机关报告。

第四十二条 审计机关应当对确定的审计项目配置必要的审计人力资源、审计时间、审计技术装备、审计经费等审计资源。

第四十三条 审计机关同一年度内对同一被审计单位实施不同的审计项目，应当在人员和时间安排上进行协调，尽量避免给被审计单位工作带来不必要的影响。

第四十四条 审计机关应当将年度审计项目计划下达审计项目组织和实施单位执行。

年度审计项目计划一经下达，审计项目组织和实施单位应当确保完成，不得擅自变更。

第四十五条 年度审计项目计划执行过程中，遇有下列情形之一的，应当按照原审批程序调整：

（1）本级政府行政首长和相关领导机关临时交办审计项目的；

（2）上级审计机关临时安排或者授权审计项目的；

（3）突发重大公共事件需要进行审计的；

（4）原定审计项目的被审计单位发生重大变化，导致原计划无法实施的；

（5）需要更换审计项目实施单位的；

（6）审计目标、审计范围等发生重大变化需要调整的；

（7）需要调整的其他情形。

第四十六条 上级审计机关应当指导下级审计机关编制年度审计项目计划，提出下级审计机关重点审计领域或者审计项目安排的指导意见。

第四十七条 年度审计项目计划确定审计机关统一组织多个审计组共同实施一个审计项目或者分别实施同一类审计项目的，审计机关业务部门应当编制审计工作方案。

第四十八条 审计机关业务部门编制审计工作方案,应当根据年度审计项目计划形成过程中调查审计需求、进行可行性研究的情况,开展进一步调查,对审计目标、范围、重点和项目组织实施等进行确定。

第四十九条 审计工作方案的内容主要包括:

(1)审计目标;

(2)审计范围;

(3)审计内容和重点;

(4)审计工作组织安排;

(5)审计工作要求。

第五十条 审计机关业务部门编制的审计工作方案应当按照审计机关规定的程序审批。在年度审计项目计划确定的实施审计起始时间之前,下达到审计项目实施单位。

审计机关批准审计工作方案前,根据需要,可以组织专家进行论证。

第五十一条 审计机关业务部门根据审计实施过程中情况的变化,可以申请对审计工作方案的内容进行调整,并按审计机关规定的程序报批。

第五十二条 审计机关应当定期检查年度审计项目计划执行情况,评估执行效果。

审计项目实施单位应当向下达审计项目计划的审计机关报告计划执行情况。

第五十三条 审计机关应当按照国家有关规定,建立和实施审计项目计划执行情况及其结果的统计制度。

第四章 审计实施

第一节 审计实施方案

第五十四条 审计机关应当在实施项目审计前组成审计组。

审计组由审计组组长和其他成员组成。审计组实行审计组组长负责制。审计组组长由审计机关确定,审计组组长可以根据需要在审计组成员中确定主审,主审应当履行其规定职责和审计组组长委托履行的其他职责。

第五十五条 审计机关应当依照法律法规的规定,向被审计单位送达审计通知书。

第五十六条 审计通知书的内容主要包括被审计单位名称、审计依据、审计范围、审计起始时间、审计组组长及其他成员名单和被审计单位配合审计工作的要求。同时,还应当向被审计单位告知审计组的审计纪律要求。

采取跟踪审计方式实施审计的,审计通知书应当列明跟踪审计的具体方式和要求。

专项审计调查项目的审计通知书应当列明专项审计调查的要求。

第五十七条 审计组应当调查了解被审计单位及其相关情况,评估被审计单位存在重要问题的可能性,确定审计应对措施,编制审计实施方案。

对于审计机关已经下达审计工作方案的,审计组应当按照审计工作方案的要求编制审计实施方案。

第五十八条 审计实施方案的内容主要包括:

(1)审计目标;

(2)审计范围;

(3)审计内容、重点及审计措施,包括审计事项和根据本准则第七十三条确定的审计应对措施;

(4)审计工作要求,包括项目审计进度安排、审计组内部重要管理事项及职责分工等。

采取跟踪审计方式实施审计的,审计实施方案应当对整个跟踪审计工作作出统筹安排。

专项审计调查项目的审计实施方案应当列明专项审计调查的要求。

第五十九条 审计组调查了解被审计单位及其相关情况,为作出下列职业判断提供基础:

(1)确定职业判断适用的标准;

(2)判断可能存在的问题;

(3)判断问题的重要性;

(4)确定审计应对措施。

第六十条 审计人员可以从下列方面调查了解被审计单位及其相关情况:

(1)单位性质、组织结构;

(2)职责范围或者经营范围、业务活动及其目标;

(3)相关法律法规、政策及其执行情况;

(4)财政财务管理体制和业务管理体制;

(5)适用的业绩指标体系以及业绩评价情况;

(6)相关内部控制及其执行情况;

(7)相关信息系统及其电子数据情况;

(8)经济环境、行业状况及其他外部因素;

(9)以往接受审计和监管及其整改情况;

(10)需要了解的其他情况。

第六十一条 审计人员可以从下列方面调查了解被审计单位相关内部控制及其执行情况:

(1)控制环境,即管理模式、组织结构、责权配置、人力资源制度等;

(2)风险评估,即被审计单位确定、分析与实现内部控制目标相关的风险,以及采取的应对措施;

(3)控制活动,即根据风险评估结果采取的控制措施,包括不相容职务分离控制、授权审批控制、资产保护控制、预算控制、业绩分析和绩效考评控制等;

(4)信息与沟通,即收集、处理、传递与内部控制相关的信息,并能有效沟通的情况;

(5)对控制的监督,即对各项内部控制设计、职责及其履行情况的监督检查。

第六十二条 审计人员可以从下列方面调查了解被审计单位信息系统控制情况:

(1)一般控制,即保障信息系统正常运行的稳定性、有效性、安全性等方面的控制;

(2)应用控制,即保障信息系统产生的数据的真实性、完整性、可靠性等方面的控制。

第六十三条 审计人员可以采取下列方法调查了解被审计单位及其相关情况:

(1)书面或者口头询问被审计单位内部和外部相关人员;

(2)检查有关文件、报告、内部管理手册、信息系统的技术文档和操作手册;

(3)观察有关业务活动及其场所、设施和有关内部控制的执行情况;

(4)追踪有关业务的处理过程;

(5)分析相关数据。

第六十四条 审计人员根据审计目标和被审计单位的实际情况,运用职业判断确定调查了解的范围和程度。

对于定期审计项目,审计人员可以利用以往审计中获得的信息,重点调查了解已经发生变化的情况。

第六十五条 审计人员在调查了解被审计单位及其相关情况的过程中,可以选择下列标准作为职业判断的依据:

(1)法律、法规、规章和其他规范性文件;

(2)国家有关方针和政策;

(3)会计准则和会计制度;

(4)国家和行业的技术标准;

(5)预算、计划和合同;

(6)被审计单位的管理制度和绩效目标;

(7)被审计单位的历史数据和历史业绩;

(8)公认的业务惯例或者良好实务;

(9)专业机构或者专家的意见;

(10)其他标准。

审计人员在审计实施过程中需要持续关注标准的适用性。

第六十六条 职业判断所选择的标准应当具有客观性、适用性、相关性、公认性。

标准不一致时,审计人员应当采用权威的和公认程度高的标准。

第六十七条 审计人员应当结合适用的标准,分析调查了解的被审计单位及其相关情况,判断被审计单位可能存在的问题。

第六十八条 审计人员应当运用职业判断,根据可能存在问题的性质、数额及其发生的具体环境,判断其重要性。

第六十九条 审计人员判断重要性时,可以关注下列因素:

(1)是否属于涉嫌犯罪的问题;

(2)是否属于法律法规和政策禁止的问题;

(3)是否属于故意行为所产生的问题;

(4)可能存在问题涉及的数量或者金额;

(5)是否涉及政策、体制或者机制的严重缺陷;

(6)是否属于信息系统设计缺陷;

(7)政府行政首长和相关领导机关及公众的关注程度;

(8)需要关注的其他因素。

第七十条 审计人员实施审计时,应当根据重要性判断的结果,重点关注被审计单位可能存在的重要问题。

第七十一条 需要对财务报表发表审计意见的,审计人员可以参照中国注册会计师执业准则的有关规定确定和运用重要性。

第七十二条 审计组应当评估被审计单位存在重要问题的可能性，以确定审计事项和审计应对措施。

第七十三条 审计组针对审计事项确定的审计应对措施包括：

（1）评估对内部控制的依赖程度，确定是否及如何测试相关内部控制的有效性；

（2）评估对信息系统的依赖程度，确定是否及如何检查相关信息系统的有效性、安全性；

（3）确定主要审计步骤和方法；

（4）确定审计时间；

（5）确定执行的审计人员；

（6）其他必要措施。

第七十四条 审计组在分配审计资源时，应当为重要审计事项分派有经验的审计人员和安排充足的审计时间，并评估特定审计事项是否需要利用外部专家的工作。

第七十五条 审计人员认为存在下列情形之一的，应当测试相关内部控制的有效性：

（1）某项内部控制设计合理且预期运行有效，能够防止重要问题的发生；

（2）仅实施实质性审查不足以为发现重要问题提供适当、充分的审计证据。

审计人员决定不依赖某项内部控制的，可以对审计事项直接进行实质性审查。

被审计单位规模较小、业务比较简单的，审计人员可以对审计事项直接进行实质性审查。

第七十六条 审计人员认为存在下列情形之一的，应当检查相关信息系统的有效性、安全性：

（1）仅审计电子数据不足以为发现重要问题提供适当、充分的审计证据；

（2）电子数据中频繁出现某类差异。

审计人员在检查被审计单位相关信息系统时，可以利用被审计单位信息系统的现有功能或者采用其他计算机技术和工具，检查中应当避免对被审计单位相关信息系统及其电子数据造成不良影响。

第七十七条 审计人员实施审计时，应当持续关注已作出的重要性判断和对存在重要问题可能性的评估是否恰当，及时作出修正，并调整审计应对措施。

第七十八条 遇有下列情形之一的，审计组应当及时调整审计实施方案：

（1）年度审计项目计划、审计工作方案发生变化的；

（2）审计目标发生重大变化的；

（3）重要审计事项发生变化的；

（4）被审计单位及其相关情况发生重大变化的；

（5）审计组人员及其分工发生重大变化的；

（6）需要调整的其他情形。

第七十九条 一般审计项目的审计实施方案应当经审计组组长审定，并及时报审计机关业务部门备案。

重要审计项目的审计实施方案应当报经审计机关负责人审定。

第八十条 审计组调整审计实施方案中的下列事项，应当报经审计机关主要负责人批准：

（1）审计目标；

（2）审计组组长；

（3）审计重点；

（4）现场审计结束时间。

第八十一条 编制和调整审计实施方案可以采取文字、表格或者两者相结合的形式。

第二节 审计证据

第八十二条 审计证据是指审计人员获取的能够为审计结论提供合理基础的全部事实，包括审计人员调查了解被审计单位及其相关情况和对确定的审计事项进行审查所获取的证据。

第八十三条 审计人员应当依照法定权限和程序获取审计证据。

第八十四条 审计人员获取的审计证据，应当具有适当性和充分性。

适当性是对审计证据质量的衡量，即审计证据在支持审计结论方面具有的相关性和可靠性。相关性是指审计证据与审计事项及其具体审计目标之间具有实质性联系。可靠性是指审计证据真实、可信。

充分性是对审计证据数量的衡量。审计人员在评估存在重要问题的可能性和审计证据质量的基础上，决定应当获取审计证据的数量。

第八十五条 审计人员对审计证据的相关性分析时，应当关注下列方面：

(1)一种取证方法获取的审计证据可能只与某些具体审计目标相关,而与其他具体审计目标无关;

(2)针对一项具体审计目标可以从不同来源获取审计证据或者获取不同形式的审计证据。

第八十六条 审计人员可以从下列方面分析审计证据的可靠性:

(1)从被审计单位外部获取的审计证据比从内部获取的审计证据更可靠;

(2)内部控制健全有效情况下形成的审计证据比内部控制缺失或者无效情况下形成的审计证据更可靠;

(3)直接获取的审计证据比间接获取的审计证据更可靠;

(4)从被审计单位财务会计资料中直接采集的审计证据比经被审计单位加工处理后提交的审计证据更可靠;

(5)原件形式的审计证据比复制件形式的审计证据更可靠。

不同来源和不同形式的审计证据存在不一致或者不能相互印证时,审计人员应当追加必要的审计措施,确定审计证据的可靠性。

第八十七条 审计人员获取的电子审计证据包括与信息系统控制相关的配置参数、反映交易记录的电子数据等。

采集被审计单位电子数据作为审计证据的,审计人员应当记录电子数据的采集和处理过程。

第八十八条 审计人员根据实际情况,可以在审计事项中选取全部项目或者部分特定项目进行审查,也可以进行审计抽样,以获取审计证据。

第八十九条 存在下列情形之一的,审计人员可以对审计事项中的全部项目进行审查:

(1)审计事项由少量大额项目构成的;

(2)审计事项可能存在重要问题,而选取其中部分项目进行审查无法提供适当、充分的审计证据的;

(3)对审计事项中的全部项目进行审查符合成本效益原则的。

第九十条 审计人员可以在审计事项中选取下列特定项目进行审查:

(1)大额或者重要项目;

(2)数量或者金额符合设定标准的项目;

(3)其他特定项目。

选取部分特定项目进行审查的结果,不能用于推断整个审计事项。

第九十一条 在审计事项包含的项目数量较多,需要对审计事项某一方面的总体特征作出结论时,审计人员可以进行审计抽样。

审计人员进行审计抽样时,可以参照中国注册会计师执业准则的有关规定。

第九十二条 审计人员可以采取下列方法向有关单位和个人获取审计证据:

(1)检查,是指对纸质、电子或者其他介质形式存在的文件、资料进行审查,或者对有形资产进行审查;

(2)观察,是指察看相关人员正在从事的活动或者执行的程序;

(3)询问,是指以书面或者口头方式向有关人员了解关于审计事项的信息;

(4)外部调查,是指向与审计事项有关的第三方进行调查;

(5)重新计算,是指以手工方式或者使用信息技术对有关数据计算的正确性进行核对;

(6)重新操作,是指对有关业务程序或者控制活动独立进行重新操作验证;

(7)分析,是指研究财务数据之间、财务数据与非财务数据之间可能存在的合理关系,对相关信息作出评价,并关注异常波动和差异。

审计人员进行专项审计调查,可以使用上述方法及其以外的其他方法。

第九十三条 审计人员应当依照法律法规规定,取得被审计单位负责人对本单位提供资料真实性和完整性的书面承诺。

第九十四条 审计人员取得证明被审计单位存在违反国家规定的财政收支、财务收支行为以及其他重要审计事项的审计证据材料,应当由提供证据的有关人员、单位签名或者盖章;不能取得签名或者盖章不影响事实存在的,该审计证据仍然有效,但审计人员应当注明原因。

审计事项比较复杂或者取得的审计证据数量较大的,可以对审计证据进行汇总分析,编制审计取证单,由证据提供者签名或者盖章。

第九十五条 被审计单位的相关资料、资产可能被转移、隐匿、篡改、毁弃并影响获取审计证据的，审计机关应当依照法律法规的规定采取相应的证据保全措施。

第九十六条 审计机关执行审计业务过程中，因行使职权受到限制而无法获取适当、充分的审计证据，或者无法制止违法行为对国家利益的侵害时，根据需要，可以按照有关规定提请有权处理的机关或者相关单位予以协助和配合。

第九十七条 审计人员需要利用所聘请外部人员的专业咨询和专业鉴定作为审计证据的，应当对下列方面作出判断：

（1）依据的样本是否符合审计项目的具体情况；

（2）使用的方法是否适当和合理；

（3）专业咨询、专业鉴定是否与其他审计证据相符。

第九十八条 审计人员需要使用有关监管机构、中介机构、内部审计机构等已经形成的工作结果作为审计证据的，应当对该工作结果的下列方面作出判断：

（1）是否与审计目标相关；

（2）是否可靠；

（3）是否与其他审计证据相符。

第九十九条 审计人员对于重要问题，可以围绕下列方面获取审计证据：

（1）标准，即判断被审计单位是否存在问题的依据；

（2）事实，即客观存在和发生的情况，事实与标准之间的差异构成审计发现的问题；

（3）影响，即问题产生的后果；

（4）原因，即问题产生的条件。

第一百条 审计人员在审计实施过程中，应当持续评价审计证据的适当性和充分性。

已采取的审计措施难以获取适当、充分审计证据的，审计人员应当采取替代审计措施；仍无法获取审计证据的，由审计组报请审计机关采取其他必要的措施或者不作出审计结论。

第三节 审计记录

第一百零一条 审计人员应当真实、完整地记录实施审计的过程、得出的结论和与审计项目有关的重要管理事项，以实现下列目标：

（1）支持审计人员编制审计实施方案和审计报告；

（2）证明审计人员遵循相关法律法规和本准则；

（3）便于对审计人员的工作实施指导、监督和检查。

第一百零二条 审计人员作出的记录，应当使未参与该项业务的有经验的其他审计人员能够理解其执行的审计措施、获取的审计证据、作出的职业判断和得出的审计结论。

第一百零三条 审计记录包括调查了解记录、审计工作底稿和重要管理事项记录。

第一百零四条 审计组在编制审计实施方案前，应当对调查了解被审计单位及其相关情况作出记录。调查了解记录的内容主要包括：

（1）对被审计单位及其相关情况的调查了解情况；

（2）对被审计单位存在重要问题可能性的评估情况；

（3）确定的审计事项及其审计应对措施。

第一百零五条 审计工作底稿主要记录审计人员依据审计实施方案执行审计措施的活动。

审计人员对审计实施方案确定的每一审计事项，均应当编制审计工作底稿。一个审计事项可以根据需要编制多份审计工作底稿。

第一百零六条 审计工作底稿的内容主要包括：

（1）审计项目名称；

（2）审计事项名称；

（3）审计过程和结论；

（4）审计人员姓名及审计工作底稿编制日期并签名；

（5）审核人员姓名、审核意见及审核日期并签名；

（6）索引号及页码；

（7）附件数量。

第一百零七条 审计工作底稿记录的审计过程和结论主要包括：

（1）实施审计的主要步骤和方法；

（2）取得的审计证据的名称和来源；

（3）审计认定的事实摘要；

（4）得出的审计结论及其相关标准。

第一百零八条 审计证据材料应当作为调查了解记录和审计工作底稿的附件。一份审计证据材料对应多个审计记录时，审计人员可以将审计证据材料附在与其关系最密切的审计记录后面，并在其他审计记录中予以注明。

第一百零九条 审计组起草审计报告前，审计组组长应当对审计工作底稿的下列事项进行审核：

（1）具体审计目标是否实现；

（2）审计措施是否有效执行；

（3）事实是否清楚；

（4）审计证据是否适当、充分；

（5）得出的审计结论及其相关标准是否适当；

（6）其他有关重要事项。

第一百一十条 审计组组长审核审计工作底稿，应当根据不同情况分别提出下列意见：

（1）予以认可；

（2）责成采取进一步审计措施，获取适当、充分的审计证据；

（3）纠正或者责成纠正不恰当的审计结论。

第一百一十一条 重要管理事项记录应当记载与审计项目相关并对审计结论有重要影响的下列管理事项：

（1）可能损害审计独立性的情形及采取的措施；

（2）所聘请外部人员的相关情况；

（3）被审计单位承诺情况；

（4）征求被审计对象或者相关单位及人员意见的情况、被审计对象或者相关单位及人员反馈的意见及审计组的采纳情况；

（5）审计组对审计发现的重大问题和审计报告讨论的过程及结论；

（6）审计机关业务部门对审计报告、审计决定书等审计项目材料的复核情况和意见；

（7）审理机构对审计项目的审理情况和意见；

（8）审计机关对审计报告的审定过程和结论；

（9）审计人员未能遵守本准则规定的约束性条款及其原因；

（10）因外部因素使审计任务无法完成的原因及影响；

（11）其他重要管理事项。

重要管理事项记录可以使用被审计单位承诺书、审计机关内部审批文稿、会议记录、会议纪要、审理意见书或者其他书面形式。

第四节 重大违法行为检查

第一百一十二条 审计人员执行审计业务时，应当保持职业谨慎，充分关注可能存在的重大违法行为。

第一百一十三条 本准则所称重大违法行为是指被审计单位和相关人员违反法律法规、涉及金额比较大、造成国家重大经济损失或者对社会造成重大不良影响的行为。

第一百一十四条 审计人员检查重大违法行为，应当评估被审计单位和相关人员实施重大违法行为的动机、性质、后果和违法构成。

第一百一十五条 审计人员调查了解被审计单位及其相关情况时，可以重点了解可能与重大违法行为有关的下列事项：

（1）被审计单位所在行业发生重大违法行为的状况；

（2）有关的法律法规及其执行情况；

（3）监管部门已经发现和了解的与被审计单位有关的重大违法行为的事实或者线索；

（4）可能形成重大违法行为的动机和原因；

（5）相关的内部控制及其执行情况；

（6）其他情况。

第一百一十六条 审计人员可以通过关注下列情况，判断可能存在的重大违法行为：

（1）具体经济活动中存在的异常事项；

（2）财务和非财务数据中反映出的异常变化；

（3）有关部门提供的线索和群众举报；

（4）公众、媒体的反映和报道；

（5）其他情况。

第一百一十七条 审计人员根据被审计单位实际情况、工作经验和审计发现的异常现象，判断可能存在重大违法行为的性质，并确定检查重点。

审计人员在检查重大违法行为时，应当关注重大违法行为的高发领域和环节。

第一百一十八条 发现重大违法行为的线索，审计组或者审计机关可以采取下列应对措施：

(1)增派具有相关经验和能力的人员;

(2)避免让有关单位和人员事先知晓检查的时间、事项、范围和方式;

(3)扩大检查范围,使其能够覆盖重大违法行为可能涉及的领域;

(4)获取必要的外部证据;

(5)依法采取保全措施;

(6)提请有关机关予以协助和配合;

(7)向政府和有关部门报告;

(8)其他必要的应对措施。

第五章 审计报告

第一节 审计报告的形式和内容

第一百一十九条 审计报告包括审计机关进行审计后出具的审计报告以及专项审计调查后出具的专项审计调查报告。

第一百二十条 审计组实施审计或者专项审计调查后,应当向派出审计组的审计机关提交审计报告。审计机关审定审计组的审计报告后,应当出具审计机关的审计报告。遇有特殊情况,审计机关可以不向被调查单位出具专项审计调查报告。

第一百二十一条 审计报告应当内容完整、事实清楚、结论正确、用词恰当、格式规范。

第一百二十二条 审计机关的审计报告(审计组的审计报告)包括下列基本要素:

(1)标题;

(2)文号(审计组的审计报告不含此项);

(3)被审计单位名称;

(4)审计项目名称;

(5)内容;

(6)审计机关名称(审计组名称及审计组组长签名);

(7)签发日期(审计组向审计机关提交报告的日期)。

经济责任审计报告还包括被审计人员姓名及所担任职务。

第一百二十三条 审计报告的内容主要包括:

(1)审计依据,即实施审计所依据的法律、法规、规定;

(2)实施审计的基本情况,一般包括审计范围、内容、方式和实施的起止时间;

(3)被审计单位基本情况;

(4)审计评价意见,即根据不同的审计目标,以适当、充分的审计证据为基础发表的评价意见;

(5)以往审计决定执行情况和审计建议采纳情况;

(6)审计发现的被审计单位违反国家规定的财政收支、财务收支行为和其他重要问题的事实、定性、处理处罚意见以及依据的法律法规和标准;

(7)审计发现的移送处理事项的事实和移送处理意见,但是涉嫌犯罪等不宜让被审计单位知悉的事项除外;

(8)针对审计发现的问题,根据需要提出的改进建议。

审计期间被审计单位对审计发现的问题已经整改的,审计报告还应当包括有关整改情况。

经济责任审计报告还应当包括被审计人员履行经济责任的基本情况,以及被审计人员对审计发现问题承担的责任。

核查社会审计机构相关审计报告发现的问题,应当在审计报告中一并反映。

第一百二十四条 采取跟踪审计方式实施审计的,审计组在跟踪审计过程中发现的问题,应当以审计机关的名义及时向被审计单位通报,并要求其整改。

跟踪审计实施工作全部结束后,应当以审计机关的名义出具审计报告。审计报告应当反映审计发现但尚未整改的问题,以及已经整改的重要问题及其整改情况。

第一百二十五条 专项审计调查报告除符合审计报告的要素和内容要求外,还应当根据专项审计调查目标重点分析宏观性、普遍性、政策性或者体制、机制问题并提出改进建议。

第一百二十六条 对审计或者专项审计调查中发现被审计单位违反国家规定的财政收支、财务收支行为,依法应当由审计机关在法定职权范围内作出处理处罚决定的,审计机关应当出具审计决定书。

第一百二十七条 审计决定书的内容主要包括:

(1)审计的依据、内容和时间;

(2)违反国家规定的财政收支、财务收支行为的事实、定性、处理处罚决定以及法律法规依据；

（3）处理处罚决定执行的期限和被审计单位书面报告审计决定执行结果等要求；

（4）依法提请政府裁决或者申请行政复议、提起行政诉讼的途径和期限。

第一百二十八条 审计或者专项审计调查发现的依法需要移送其他有关主管机关或者单位纠正、处理处罚或者追究有关人员责任的事项，审计机关应当出具审计移送处理书。

第一百二十九条 审计移送处理书的内容主要包括：

（1）审计的时间和内容；

（2）依法需要移送有关主管机关或者单位纠正、处理处罚或者追究有关人员责任事项的事实、定性及其依据和审计机关的意见；

（3）移送的依据和移送处理说明，包括将处理结果书面告知审计机关的说明；

（4）所附的审计证据材料。

第一百三十条 出具对国际组织、外国政府及其机构援助、贷款项目的审计报告，按照审计机关的相关规定执行。

第二节 审计报告的编审

第一百三十一条 审计组在起草审计报告前，应当讨论确定下列事项：

（1）评价审计目标的实现情况；

（2）审计实施方案确定的审计事项完成情况；

（3）评价审计证据的适当性和充分性；

（4）提出审计评价意见；

（5）评估审计发现问题的重要性；

（6）提出对审计发现问题的处理处罚意见；

（7）其他有关事项。

审计组应当对讨论前款事项的情况及其结果作出记录。

第一百三十二条 审计组组长应当确认审计工作底稿和审计证据已经审核，并从总体上评价审计证据的适当性和充分性。

第一百三十三条 审计组根据不同的审计目标，以审计认定的事实为基础，在防范审计风险的情况下，按照重要性原则，从真实性、合法性、效益性方面提出审计评价意见。

审计组应当只对所审计的事项发表审计评价意见。对审计过程中未涉及、审计证据不适当或者不充分、评价依据或者标准不明确以及超越审计职责范围的事项，不得发表审计评价意见。

第一百三十四条 审计组应当根据审计发现问题的性质、数额及其发生的原因和审计报告的使用对象，评估审计发现问题的重要性，如实在审计报告中予以反映。

第一百三十五条 审计组对审计发现的问题提出处理处罚意见时，应当关注下列因素：

（1）法律法规的规定；

（2）审计职权范围：属于审计职权范围的，直接提出处理处罚意见，不属于审计职权范围的，提出移送处理意见；

（3）问题的性质、金额、情节、原因和后果；

（4）对同类问题处理处罚的一致性；

（5）需要关注的其他因素。

审计发现被审计单位信息系统存在重大漏洞或者不符合国家规定的，应当责成被审计单位在规定期限内整改。

第一百三十六条 审计组应当针对经济责任审计发现的问题，根据被审计人员履行职责情况，界定其应当承担的责任。

第一百三十七条 审计组实施审计或者专项审计调查后，应当提出审计报告，按照审计机关规定的程序审批后，以审计机关的名义征求被审计单位、被调查单位和拟处罚的有关责任人员的意见。

经济责任审计报告还应当征求被审计人员的意见；必要时，征求有关干部监督管理部门的意见。

审计报告中涉及的重大经济案件调查等特殊事项，经审计机关主要负责人批准，可以不征求被审计单位或者被审计人员的意见。

第一百三十八条 被审计单位、被调查单位、被审计人员或者有关责任人员对征求意见的审计报告有异议的，审计组应当进一步核实，并根据核实情况对审计报告作出必要的修改。

审计组应当对采纳被审计单位、被调查单位、被审计人员、有关责任人员意见的情况和原因，或者上述单位或人员未在法定时间内提出书面意见的情况作出书面说明。

第一百三十九条 对被审计单位或者被调查单

位违反国家规定的财政收支、财务收支行为，依法应当由审计机关进行处理处罚的，审计组应当起草审计决定书。

对依法应当由其他有关部门纠正、处理处罚或者追究有关责任人员责任的事项，审计组应当起草审计移送处理书。

第一百四十条 审计组应当将下列材料报送审计机关业务部门复核：

（1）审计报告；

（2）审计决定书；

（3）被审计单位、被调查单位、被审计人员或者有关责任人员对审计报告的书面意见及审计组采纳情况的书面说明；

（4）审计实施方案；

（5）调查了解记录、审计工作底稿、重要管理事项记录、审计证据材料；

（6）其他有关材料。

第一百四十一条 审计机关业务部门应当对下列事项进行复核，并提出书面复核意见：

（1）审计目标是否实现；

（2）审计实施方案确定的审计事项是否完成；

（3）审计发现的重要问题是否在审计报告中反映；

（4）事实是否清楚、数据是否正确；

（5）审计证据是否适当、充分；

（6）审计评价、定性、处理处罚和移送处理意见是否恰当，适用法律法规和标准是否适当；

（7）被审计单位、被调查单位、被审计人员或者有关责任人员提出的合理意见是否采纳；

（8）需要复核的其他事项。

第一百四十二条 审计机关业务部门应当将复核修改后的审计报告、审计决定书等审计项目材料连同书面复核意见，报送审理机构审理。

第一百四十三条 审理机构以审计实施方案为基础，重点关注审计实施的过程及结果，主要审理下列内容：

（1）审计实施方案确定的审计事项是否完成；

（2）审计发现的重要问题是否在审计报告中反映；

（3）主要事实是否清楚，相关证据是否适当、充分；

（4）适用法律法规和标准是否适当；

（5）评价、定性、处理处罚意见是否恰当；

（6）审计程序是否符合规定。

第一百四十四条 审理机构审理时，应当就有关事项与审计组及相关业务部门进行沟通。

必要时，审理机构可以参加审计组与被审计单位交换意见的会议，或者向被审计单位和有关人员了解相关情况。

第一百四十五条 审理机构审理后，可以根据情况采取下列措施：

（1）要求审计组补充重要审计证据；

（2）对审计报告、审计决定书进行修改。

审理过程中遇有复杂问题的，经审计机关负责人同意后，审理机构可以组织专家进行论证。

审理机构审理后，应当出具审理意见书。

第一百四十六条 审理机构将审理后的审计报告、审计决定书连同审理意见书报送审计机关负责人。

第一百四十七条 审计报告、审计决定书原则上应当由审计机关审计业务会议审定；特殊情况下，经审计机关主要负责人授权，可以由审计机关其他负责人审定。

第一百四十八条 审计决定书经审定，处罚的事实、理由、依据、决定与审计组征求意见的审计报告不一致并且加重处罚的，审计机关应当依照有关法律法规的规定及时告知被审计单位、被调查单位和有关责任人员，并听取其陈述和申辩。

第一百四十九条 对于拟作出罚款的处罚决定，符合法律法规规定的听证条件的，审计机关应当依照有关法律法规的规定履行听证程序。

第一百五十条 审计报告、审计决定书经审计机关负责人签发后，按照下列要求办理：

（1）审计报告送达被审计单位、被调查单位；

（2）经济责任审计报告送达被审计单位和被审计人员；

（3）审计决定书送达被审计单位、被调查单位、被处罚的有关责任人员。

第三节 专题报告与综合报告

第一百五十一条 审计机关在审计中发现的下列事项，可以采用专题报告、审计信息等方式向本级政府、上一级审计机关报告：

(1)涉嫌重大违法犯罪的问题；

(2)与国家财政收支、财务收支有关政策及其执行中存在的重大问题；

(3)关系国家经济安全的重大问题；

(4)关系国家信息安全的重大问题；

(5)影响人民群众经济利益的重大问题；

(6)其他重大事项。

第一百五十二条 专题报告应当主题突出、事实清楚、定性准确、建议适当。

审计信息应当事实清楚、定性准确、内容精炼、格式规范、反映及时。

第一百五十三条 审计机关统一组织审计项目的，可以根据需要汇总审计情况和结果，编制审计综合报告。必要时，审计综合报告应当征求有关主管机关的意见。

审计综合报告按照审计机关规定的程序审定后，向本级政府和上一级审计机关报送，或者向有关部门通报。

第一百五十四条 审计机关实施经济责任审计项目后，应当按照相关规定，向本级政府行政首长和有关干部监督管理部门报告经济责任审计结果。

第一百五十五条 审计机关依照法律法规的规定，每年汇总对本级预算执行情况和其他财政收支情况的审计报告，形成审计结果报告，报送本级政府和上一级审计机关。

第一百五十六条 审计机关依照法律法规的规定，代本级政府起草本级预算执行情况和其他财政收支情况的审计工作报告(稿)，经本级政府行政首长审定后，受本级政府委托向本级人民代表大会常务委员会报告。

第四节 审计结果公布

第一百五十七条 审计机关依法实行公告制度。审计机关的审计结果、审计调查结果依法向社会公布。

第一百五十八条 审计机关公布的审计和审计调查结果主要包括下列信息：

(1)被审计(调查)单位基本情况；

(2)审计(调查)评价意见；

(3)审计(调查)发现的主要问题；

(4)处理处罚决定及审计(调查)建议；

(5)被审计(调查)单位的整改情况。

第一百五十九条 在公布审计和审计调查结果时，审计机关不得公布下列信息：

(1)涉及国家秘密、商业秘密的信息；

(2)正在调查、处理过程中的事项；

(3)依照法律法规的规定不予公开的其他信息。

涉及商业秘密的信息，经权利人同意或者审计机关认为不公布可能对公共利益造成重大影响的，可以予以公布。

审计机关公布审计和审计调查结果应当客观公正。

第一百六十条 审计机关公布审计和审计调查结果，应当指定专门机构统一办理，履行规定的保密审查和审核手续，报经审计机关主要负责人批准。

审计机关内设机构、派出机构和个人，未经授权不得向社会公布审计和审计调查结果。

第一百六十一条 审计机关统一组织不同级次审计机关参加的审计项目，其审计和审计调查结果原则上由负责该项目组织工作的审计机关统一对外公布。

第一百六十二条 审计机关公布审计和审计调查结果按照国家有关规定需要报批的，未经批准不得公布。

第五节 审计整改检查

第一百六十三条 审计机关应当建立审计整改检查机制，督促被审计单位和其他有关单位根据审计结果进行整改。

第一百六十四条 审计机关主要检查或者了解下列事项：

(1)执行审计机关作出的处理处罚决定情况；

(2)对审计机关要求自行纠正事项采取措施的情况；

(3)根据审计机关的审计建议采取措施的情况；

(4)对审计机关移送处理事项采取措施的情况。

第一百六十五条 审计组在审计实施过程中，应当及时督促被审计单位整改审计发现的问题。

审计机关在出具审计报告、作出审计决定后,应当在规定的时间内检查或者了解被审计单位和其他有关单位的整改情况。

第一百六十六条 审计机关可以采取下列方式检查或者了解被审计单位和其他有关单位的整改情况:

(1)实地检查或者了解;

(2)取得并审阅相关书面材料;

(3)其他方式。

对于定期审计项目,审计机关可以结合下一次审计,检查或者了解被审计单位的整改情况。

检查或者了解被审计单位和其他有关单位的整改情况应当取得相关证明材料。

第一百六十七条 审计机关指定的部门负责检查或者了解被审计单位和其他有关单位整改情况,并向审计机关提出检查报告。

第一百六十八条 检查报告的内容主要包括:

(1)检查工作开展情况,主要包括检查时间、范围、对象和方式等;

(2)被审计单位和其他有关单位的整改情况;

(3)没有整改或者没有完全整改事项的原因和建议。

第一百六十九条 审计机关对被审计单位没有整改或者没有完全整改的事项,依法采取必要措施。

第一百七十条 审计机关对审计决定书中存在的重要错误事项,应当予以纠正。

第一百七十一条 审计机关汇总审计整改情况,向本级政府报送关于审计工作报告中指出问题的整改情况的报告。

第六章 审计质量控制和责任

第一百七十二条 审计机关应当建立审计质量控制制度,以保证实现下列目标:

(1)遵守法律法规和本准则;

(2)作出恰当的审计结论;

(3)依法进行处理处罚。

第一百七十三条 审计机关应当针对下列要素建立审计质量控制制度:

(1)审计质量责任;

(2)审计职业道德;

(3)审计人力资源;

(4)审计业务执行;

(5)审计质量监控。

对前款第二、三、四项应当按照本准则第二至五章的有关要求建立审计质量控制制度。

第一百七十四条 审计机关实行审计组成员、审计组主审、审计组组长、审计机关业务部门、审理机构、总审计师和审计机关负责人对审计业务的分级质量控制。

第一百七十五条 审计组成员的工作职责包括:

(1)遵守本准则,保持审计独立性;

(2)按照分工完成审计任务,获取审计证据;

(3)如实记录实施的审计工作并报告工作结果;

(4)完成分配的其他工作。

第一百七十六条 审计组成员应当对下列事项承担责任:

(1)未按审计实施方案实施审计导致重大问题未被发现的;

(2)未按照本准则的要求获取审计证据导致审计证据不适当、不充分的;

(3)审计记录不真实、不完整的;

(4)对发现的重要问题隐瞒不报或者不如实报告的。

第一百七十七条 审计组组长的工作职责包括:

(1)编制或者审定审计实施方案;

(2)组织实施审计工作;

(3)督导审计组成员的工作;

(4)审核审计工作底稿和审计证据;

(5)组织编制并审核审计组起草的审计报告、审计决定书、审计移送处理书、专题报告、审计信息;

(6)配置和管理审计组的资源;

(7)审计机关规定的其他职责。

第一百七十八条 审计组组长应当从下列方面督导审计组成员的工作:

(1)将具体审计事项和审计措施等信息告知审计组成员,并与其讨论;

(2)检查审计组成员的工作进展,评估审计组成员的工作质量,并解决工作中存在的问题;

(3)给予审计组成员必要的培训和指导。

第一百七十九条 审计组组长应当对审计项目的总体质量负责，并对下列事项承担责任：

（1）审计实施方案编制或者组织实施不当，造成审计目标未实现或者重要问题未被发现的；

（2）审核未发现或者未纠正审计证据不适当、不充分问题的；

（3）审核未发现或者未纠正审计工作底稿不真实、不完整问题的；

（4）得出的审计结论不正确的；

（5）审计组起草的审计文书和审计信息反映的问题严重失实的；

（6）提出的审计处理处罚意见或者移送处理意见不正确的；

（7）对审计组发现的重要问题隐瞒不报或者不如实报告的；

（8）违反法定审计程序的。

第一百八十条 根据工作需要，审计组可以设立主审。主审根据审计分工和审计组组长的委托，主要履行下列职责：

（1）起草审计实施方案、审计文书和审计信息；

（2）对主要审计事项进行审计查证；

（3）协助组织实施审计；

（4）督导审计组成员的工作；

（5）审核审计工作底稿和审计证据；

（6）组织审计项目归档工作；

（7）完成审计组组长委托的其他工作。

第一百八十一条 审计组组长将其工作职责委托给主审或者审计组其他成员的，仍应当对委托事项承担责任。受委托的成员在受托范围内承担相应责任。

第一百八十二条 审计机关业务部门的工作职责包括：

（1）提出审计组组长人选；

（2）确定聘请外部人员事宜；

（3）指导、监督审计组的审计工作；

（4）复核审计报告、审计决定书等审计项目材料；

（5）审计机关规定的其他职责。

业务部门统一组织审计项目的，应当承担编制审计工作方案，组织、协调审计实施和汇总审计结果的职责。

第一百八十三条 审计机关业务部门应当及时发现和纠正审计组工作中存在的重要问题，并对下列事项承担责任：

（1）对审计组请示的问题未及时采取适当措施导致严重后果的；

（2）复核未发现审计报告、审计决定书等审计项目材料中存在的重要问题的；

（3）复核意见不正确的；

（4）要求审计组不在审计文书和审计信息中反映重要问题的。

业务部门对统一组织审计项目的汇总审计结果出现重大错误、造成严重不良影响的事项承担责任。

第一百八十四条 审计机关审理机构的工作职责包括：

（1）审查修改审计报告、审计决定书；

（2）提出审理意见；

（3）审计机关规定的其他职责。

第一百八十五条 审计机关审理机构对下列事项承担责任：

（1）审理意见不正确的；

（2）对审计报告、审计决定书作出的修改不正确的；

（3）审理时应当发现而未发现重要问题的。

第一百八十六条 审计机关负责人的工作职责包括；

（1）审定审计项目目标、范围和审计资源的配置；

（2）指导和监督检查审计工作；

（3）审定审计文书和审计信息；

（4）审计管理中的其他重要事项。

审计机关负责人对审计项目实施结果承担最终责任。

第一百八十七条 审计机关对审计人员违反法律法规和本准则的行为，应当按照相关规定追究其责任。

第一百八十八条 审计机关应当按照国家有关规定，建立健全审计项目档案管理制度，明确审计项目归档要求、保存期限、保存措施、档案利用审批程序等。

第一百八十九条 审计项目归档工作实行审计组组长负责制，审计组组长应当确定立卷责任人。

立卷责任人应当收集审计项目的文件材料，并在审计项目终结后及时立卷归档，由审计组组长审查验收。

第一百九十条 审计机关实行审计业务质量检查制度，对其业务部门、派出机构和下级审计机关的审计业务质量进行检查。

第一百九十一条 审计机关可以通过查阅有关文件和审计档案、询问相关人员等方式、方法，检查下列事项：

（1）建立和执行审计质量控制制度的情况；

（2）审计工作中遵守法律法规和本准则的情况；

（3）与审计业务质量有关的其他事项。

审计业务质量检查应当重点关注审计结论的恰当性、审计处理处罚意见的合法性和适当性。

第一百九十二条 审计机关开展审计业务质量检查，应当向被检查单位通报检查结果。

第一百九十三条 审计机关在审计业务质量检查中，发现被检查的派出机构或者下级审计机关应当作出审计决定而未作出的，可以依法直接或者责成其在规定期限内作出审计决定；发现其作出的审计决定违反国家有关规定的，可以依法直接或者责成其在规定期限内变更、撤销审计决定。

第一百九十四条 审计机关应当对其业务部门、派出机构实行审计业务年度考核制度，考核审计质量控制目标的实现情况。

第一百九十五条 审计机关可以定期组织优秀审计项目评选，对被评为优秀审计项目的予以表彰。

第一百九十六条 审计机关应当对审计质量控制制度及其执行情况进行持续评估，及时发现审计质量控制制度及其执行中存在的问题，并采取措施加以纠正或者改进。

审计机关可以结合日常管理工作或者通过开展审计业务质量检查、考核和优秀审计项目评选等方式，对审计质量控制制度及其执行情况进行持续评估。

第七章 附 则

第一百九十七条 审计机关和审计人员开展下列工作，不适用本准则的规定：

（1）配合有关部门查处案件；

（2）与有关部门共同办理检查事项；

（3）接受交办或者接受委托办理不属于法定审计职责范围的事项。

第一百九十八条 地方审计机关可以根据本地实际情况，在遵循本准则规定的基础上制定实施细则。

第一百九十九条 本准则由审计署负责解释。

第二百条 本准则自2011年1月1日起施行。附件所列的审计署以前发布的审计准则和规定同时废止。

附件：废止的审计准则和规定目录（略）

食品安全国家标准管理办法

（2010年10月20日中华人民共和国卫生部令第77号公布 自2010年12月1日起施行）

第一章 总 则

第一条 为规范食品安全国家标准制（修）订工作，根据《中华人民共和国食品安全法》及其实施条例，制定本办法。

第二条 制定食品安全国家标准应当以保障公众健康为宗旨，以食品安全风险评估结果为依据，做到科学合理、公开透明、安全可靠。

第三条 卫生部负责食品安全国家标准制（修）订工作。

卫生部组织成立食品安全国家标准审评委员会（简称“审评委员会”），负责审查食品安全国家标准草案，对食品安全国家标准工作提供咨询意见。审评委员会设专业分委员会和秘书处。

第四条 食品安全国家标准制（修）订工作包括规划、计划、立项、起草、审查、批准、发布以及修改与复审等。

第五条 鼓励公民、法人和其他组织参与食品安全国家标准制（修）订工作，提出意见和建议。

第二章 规划、计划和立项

第六条 卫生部会同国务院农业行政、质量监督、工商行政管理和国家食品药品监督管理以及国务院商务、工业和信息化等部门制定食品安全国家标准规划及其实施计划。

第七条 食品安全国家标准规划及其实施计划应当明确食品安全国家标准的近期发展目标、实施方案和保障措施等。

第八条 卫生部根据食品安全国家标准规划及其实施计划和食品安全工作需要制定食品安全国家标准制(修)订计划。

第九条 各有关部门认为本部门负责监管的领域需要制定食品安全国家标准的,应当在每年编制食品安全国家标准制(修)订计划前,向卫生部提出立项建议。立项建议应当包括要解决的重要问题、立项的背景和理由、现有食品安全风险监测和评估依据、标准候选起草单位,并将立项建议按照优先顺序进行排序。

任何公民、法人和其他组织都可以提出食品安全国家标准立项建议。

第十条 建议立项的食品安全国家标准,应当符合《食品安全法》第二十条规定。

第十一条 审评委员会根据食品安全标准工作需求,对食品安全国家标准立项建议进行研究,向卫生部提出制定食品安全国家标准制(修)订计划的咨询意见。

第十二条 卫生部在公布食品安全国家标准规划、实施计划及制(修)订计划前,应当向社会公开征求意见。

第十三条 食品安全国家标准制(修)订计划在执行过程中可以根据实际需要进行调整。

根据食品安全风险评估结果和食品安全监管中发现的重大问题,可以紧急增补食品安全国家标准制(修)订项目。

第三章 起 草

第十四条 卫生部采取招标、委托等形式,择优选择具备相应技术能力的单位承担食品安全国家标准起草工作。

第十五条 提倡由研究机构、教育机构、学术团体、行业协会等单位组成标准起草协作组共同起草标准。

第十六条 承担标准起草工作的单位应当与卫生部食品安全主管司局签订食品安全国家标准制(修)订项目委托协议书。

第十七条 起草食品安全国家标准,应当以食品安全风险评估结果和食用农产品质量安全风险评估结果为主要依据,充分考虑我国社会经济发展水平和客观实际的需要,参照相关的国际标准和国际食品安全风险评估结果。

第十八条 标准起草单位和起草负责人在起草过程中,应当深入调查研究,保证标准起草工作的科学性、真实性。标准起草完成后,应当书面征求标准使用单位、科研院校、行业和企业、消费者、专家、监管部门等各方面意见。征求意见时,应当提供标准编制说明。

第十九条 起草单位应当在委托协议书规定的时限内完成起草和征求意见工作,并将送审材料及时报送审评委员会秘书处(简称“秘书处”)。

第四章 审 查

第二十条 食品安全国家标准草案按照以下程序审查:

(1)秘书处初步审查;

(2)审评委员会专业分委员会会议审查;

(3)审评委员会主任会议审议。

第二十一条 秘书处对食品安全国家标准草案进行初步审查的内容,应当包括完整性、规范性、与委托协议书的一致性。

第二十二条 经秘书处初步审查通过的标准,在卫生部网站上公开征求意见。公开征求意见的期限一般为2个月。

第二十三条 秘书处将收集到的反馈意见送交起草单位,起草单位应当对反馈意见进行研究,并对标准送审稿进行完善,对不予采纳的意见应当说明理由。

第二十四条 专业分委员会负责对标准科学性、实用性审查。审查标准时,须有2/3以上(含2/3)委员出席。审查采取协商一致的方式。在无法协商一致的情况下,应当在充分讨论的基础上进行表决。参会委员3/4以上(含3/4)同意的,标准通过审查。

专业分委员会应当编写会议纪要,记录讨论过程、重大分歧意见及处理情况。

未通过审查的标准,专业分委员会应当向标准起草单位出具书面文件，说明未予通过的理由并提出修改意见。标准起草单位修改后，再次送审。

审查原则通过但需要修改的标准，由秘书处根据审查意见进行修改；专业分委员会可以根据具体情况决定对修改后的标准再次进行会审或者函审。

第二十五条 专业分委员会审查通过的标准，由专业分委员会主任委员签署审查意见后，提交审评委员会主任会议审议。

第二十六条 审评委员会主任会议审议通过的标准草案，应当经审评委员会技术总师签署审议意见。

审议未通过的标准，审评委员会应当出具书面意见，说明未予通过的理由。

审议决定修改后再审的，秘书处应当根据审评委员会提出的修改意见组织标准起草单位进行修改后，再次送审。

第二十七条 标准审议通过后，标准起草单位应当在秘书处规定的时间内提交报批需要的全部材料。

第二十八条 秘书处对报批材料进行复核后，报送卫生部卫生监督中心。

第二十九条 卫生部卫生监督中心应当按照专业分委员会审查意见和审评委员会主任会议审议意见，对标准报批材料的内容和格式进行审核，提出审核意见并反馈秘书处。

审核通过的标准由卫生部卫生监督中心报送卫生部。

第三十条 遇有特殊情况，卫生部可调整食品安全国家标准草案公开征求意见的期限，并可直接由专业分委员会会议、审评委员会主任会议共同审查。

第三十一条 食品安全国家标准草案按照规定履行向世界贸易组织（WTO）的通报程序。

第五章　批准和发布

第三十二条 审查通过的标准，以卫生部公告的形式发布。

第三十三条 食品安全国家标准自发布之日起20个工作日内在卫生部网站上公布，供公众免费查阅。

第三十四条 卫生部负责食品安全国家标准的解释工作。食品安全国家标准的解释以卫生部发文形式公布，与食品安全国家标准具有同等效力。

第六章　修改和复审

第三十五条 食品安全国家标准公布后，个别内容需作调整时，以卫生部公告的形式发布食品安全国家标准修改单。

第三十六条 食品安全国家标准实施后，审评委员会应当适时进行复审，提出继续有效、修订或者废止的建议。对需要修订的食品安全国家标准，应当及时纳入食品安全国家标准修订立项计划。

第三十七条 卫生部应当组织审评委员会、省级卫生行政部门和相关单位对标准的实施情况进行跟踪评价。

任何公民、法人和其他组织均可以对标准实施过程中存在的问题提出意见和建议。

第七章　附　则

第三十八条 食品安全国家标准制（修）订经费纳入财政预算安排，并按照国家有关财经制度和专项资金管理办法管理。

第三十九条 发布的食品安全国家标准属于科技成果，并作为标准主要起草人专业技术资格评审的依据。

第四十条 食品中农药、兽药残留标准制（修）订工作应当根据卫生部、农业部有关规定执行。

食品安全国家标准的编号工作应当根据卫生部和国家标准委的协商意见及有关规定执行。

第四十一条 食品安全地方标准制（修）订可参照本办法执行。

第四十二条 本办法自2010年12月1日起施行。

放射性物品道路运输管理规定

（2010年10月27日中华人民共和国交通运输部令第6号公布　自2011年1月1日起施行）

第一章　总　则

第一条　为了规范放射性物品道路运输活动，保障人民生命财产安全，保护环境，根据《道路运输条例》和《放射性物品运输安全管理条例》，制定本规定。

第二条　从事放射性物品道路运输活动的，应当遵守本规定。

第三条　本规定所称放射性物品，是指含有放射性核素，并且其活度和比活度均高于国家规定的豁免值的物品。

本规定所称放射性物品道路运输专用车辆（简称“专用车辆”），是指满足特定技术条件和要求，用于放射性物品道路运输的载货汽车。

本规定所称放射性物品道路运输，是指使用专用车辆通过道路运输放射性物品的作业过程。

第四条　根据放射性物品的特性及其对人体健康和环境的潜在危害程度，将放射性物品分为一类、二类和三类。

一类放射性物品，是指Ⅰ类放射源、高水平放射性废物、乏燃料等释放到环境后对人体健康和环境产生重大辐射影响的放射性物品。

二类放射性物品，是指Ⅱ类和Ⅲ类放射源、中等水平放射性废物等释放到环境后对人体健康和环境产生一般辐射影响的放射性物品。

三类放射性物品，是指Ⅳ类和Ⅴ类放射源、低水平放射性废物、放射性药品等释放到环境后对人体健康和环境产生较小辐射影响的放射性物品。

放射性物品的具体分类和名录，按照国务院核安全监管部门会同国务院公安、卫生、海关、交通运输、铁路、民航、核工业行业主管部门制定的放射性物品具体分类和名录执行。

第五条　从事放射性物品道路运输应当保障安全，依法运输，诚实信用。

第六条　国务院交通运输主管部门主管全国放射性物品道路运输管理工作。

县级以上地方人民政府交通运输主管部门负责组织领导本行政区域放射性物品道路运输管理工作。

县级以上道路运输管理机构负责具体实施本行政区域放射性物品道路运输管理工作。

第二章　运输资质许可

第七条　申请从事放射性物品道路运输经营的，应当具备下列条件：

（1）有符合要求的专用车辆及设备。

a. 专用车辆技术要求。

① 车辆技术性能符合国家标准《营运车辆综合性能要求和检验方法》（GB 18565）的要求，且技术等级达到行业标准《营运车辆技术等级划分和评定要求》（JT/T 198）规定的一级技术等级；② 车辆外廓尺寸、轴荷和质量符合国家标准《道路车辆外廓尺寸、轴荷和质量限值》（GB 1589）的要求；③ 车辆燃料消耗量符合行业标准《营运货车燃料消耗量限值及测量方法》（JT 719）的要求。

b. 专用车辆其他要求。

① 车辆为企业自有，且数量为5辆以上；② 核定载质量在1吨及以下的车辆为厢式或者封闭货车；③ 车辆配备满足在线监控要求，且具有行驶记录仪功能的卫星定位系统。

c. 设备要求。

① 配备有效的通讯工具；② 配备必要的辐射防护用品和依法经定期检定合格的监测仪器。

（2）有符合要求的从业人员。

① 专用车辆的驾驶人员取得相应机动车驾驶证，年龄不超过60周岁；② 从事放射性物品道路运输的驾驶人员、装卸管理人员、押运人员经所在地设区的市级人民政府交通运输主管部门考试合格，取得注明从业资格类别为“放射性物品道路运输”的道路运输从业资格证（简称“道路运输从业资格证”）；③ 有具备辐射防护与相关安全知识的安全管理人员。

（3）有健全的安全生产管理制度。

① 有关安全生产应急预案；② 从业人员、车辆、

设备及停车场地安全管理制度；③ 安全生产作业规程和辐射防护管理措施；④ 安全生产监督检查和责任制度。

第八条 生产、销售、使用或者处置放射性物品的单位（含在放射性废物收贮过程中的从事放射性物品运输的省、自治区、直辖市城市放射性废物库营运单位），符合下列条件的，可以使用自备专用车辆从事为本单位服务的非经营性放射性物品道路运输活动：

（1）持有有关部门依法批准的生产、销售、使用、处置放射性物品的有效证明；

（2）有符合国家规定要求的放射性物品运输容器；

（3）有具备辐射防护与安全防护知识的专业技术人员；

（4）具备满足第七条规定条件的驾驶人员、专用车辆、设备和安全生产管理制度，但专用车辆的数量可以少于5辆。

第九条 国家鼓励技术力量雄厚、设备和运输条件好的生产、销售、使用或者处置放射性物品的单位按照第八条规定的条件申请从事非经营性放射性物品道路运输。

第十条 申请从事放射性物品道路运输经营的企业，应当向所在地设区的市级道路运输管理机构提出申请，并提交下列材料：

（1）《放射性物品道路运输经营申请表》，包括申请人基本信息、拟申请运输的放射性物品范围（类别或者品名）等内容；

（2）企业负责人身份证明及复印件，经办人身份证明及复印件和委托书；

（3）证明专用车辆、设备情况的材料，包括：

① 未购置车辆的，应当提交拟投入车辆承诺书，内容包括拟购车辆数量、类型、技术等级、总质量、核定载质量、车轴数以及车辆外廓尺寸等有关情况；② 已购置车辆的，应当提供车辆行驶证、车辆技术等级证书或者车辆技术检测合格证及复印件等有关材料；③ 对辐射防护用品、监测仪器等设备配置情况的说明材料；④ 有关驾驶人员、装卸管理人员、押运人员的道路运输从业资格证及复印件，驾驶人员的驾驶证及复印件，安全管理人员的工作证明；⑤ 企业经营方案及相关安全生产管理制度文本。

第十一条 申请从事非经营性放射性物品道路运输的单位，向所在地设区的市级道路运输管理机构提出申请时，除提交第十条第（1）项、第（5）项规定的材料外，还应当提交下列材料：

（1）《放射性物品道路运输申请表》，包括申请人基本信息、拟申请运输的放射性物品范围（类别或者品名）等内容；

（2）单位负责人身份证明及复印件，经办人身份证明及复印件和委托书；

（3）有关部门依法批准生产、销售、使用或者处置放射性物品的有效证明；

（4）放射性物品运输容器、监测仪器检测合格证明；

（5）对放射性物品运输需求的说明材料；

（6）有关驾驶人员的驾驶证、道路运输从业资格证及复印件；

（7）有关专业技术人员的工作证明，依法应当取得相关从业资格证件的，还应当提交有效的从业资格证件及复印件。

第十二条 设区的市级道路运输管理机构应当按照《道路运输条例》和《交通运输行政许可实施程序规定》以及本规定规范的程序实施行政许可。

决定准予许可的，应当向被许可人作出准予行政许可的书面决定，并在10日内放射性物品道路运输经营申请人发放《道路运输经营许可证》，向非经营性放射性物品道路运输申请人颁发《放射性物品道路运输许可证》。决定不予许可的，应当书面通知申请人并说明理由。

第十三条 对申请时未购置专用车辆，但提交拟投入车辆承诺书的，被许可人应当自收到《道路运输经营许可证》或者《放射性物品道路运输许可证》之日起半年内落实拟投入车辆承诺书。做出许可决定的道路运输管理机构对被许可人落实拟投入车辆承诺书的落实情况进行核实，符合许可要求的，应当为专用车辆配发《道路运输证》。

对申请时已购置专用车辆，且按照第十条、第十一条规定提交了专用车辆有关材料的，做出许可决定的道路运输管理机构应当对专用车辆情况进行核实，符合许可要求的，应当在向被许可人颁发《道路运输经营许可证》或者《放射性物品道路运输许可证》的同时，为专用车辆配发《道路运输证》。

做出许可决定的道路运输管理机构应当在《道路运输证》有关栏目内注明允许运输放射性物品的范围(类别或者品名)。对从事非经营性放射性物品道路运输的,还应当在《道路运输证》上加盖“非经营性放射性物品道路运输专用章”。

第十四条 放射性物品道路运输企业或者单位终止放射性物品运输业务的,应当在终止之日30日前书面告知做出原许可决定的道路运输管理机构。属于经营性放射性物品道路运输业务的,做出原许可决定的道路运输管理机构应当在接到书面告知之日起10日内将放射性道路运输企业终止放射性物品运输业务的有关情况向社会公布。

放射性物品道路运输企业或者单位应当在终止放射性物品运输业务之日起10日内将相关许可证件缴回原发证机关。

第三章 专用车辆、设备管理

第十五条 放射性物品道路运输企业或者单位应当按照有关车辆及设备管理的标准和规定,维护、检测、使用和管理专用车辆和设备,确保专用车辆和设备技术状况良好。

第十六条 设区的市级道路运输管理机构应当按照《道路货物运输及站场管理规定》的规定定期对专用车辆是否符合第七条、第八条规定的许可条件进行审验,每年审验一次。

第十七条 设区的市级道路运输管理机构应当对监测仪器定期检定合格证明和专用车辆投保危险货物承运人责任险情况进行检查。检查可以结合专用车辆定期审验的频率一并进行。

第十八条 禁止使用报废的、擅自改装的、检测不合格的或者其他不符合国家规定要求的车辆、设备从事放射性物品道路运输活动。

第十九条 禁止专用车辆用于非放射性物品运输,但集装箱运输车(包括牵引车、挂车)、甩挂运输的牵引车以及运输放射性药品的专用车辆除外。

按照本条第一款规定使用专用车辆运输非放射性物品的,不得将放射性物品与非放射性物品混装。

第四章 放射性物品运输

第二十条 道路运输放射性物品的托运人(简称“托运人”)应当制定核与辐射事故应急方案,在放射性物品运输中采取有效的辐射防护和安全保卫措施,并对放射性物品运输中的核与辐射安全负责。

第二十一条 道路运输放射性物品的承运人(简称“承运人”)应当取得相应的放射性物品道路运输资质,并对承运事项是否符合本企业或者单位放射性物品运输资质许可的运输范围负责。

第二十二条 非经营性放射性物品道路运输单位应当按照《放射性物品运输安全管理条例》《道路运输条例》和本规定的要求履行托运人和承运人的义务,并负相应责任。

非经营性放射性物品道路运输单位不得从事放射性物品道路运输经营活动。

第二十三条 承运人与托运人订立放射性物品道路运输合同前,应当查验、收存托运人提交的下列材料:

(1)运输说明书,包括放射性物品的品名、数量、物理化学形态、危害风险等内容;

(2)辐射监测报告,其中一类放射性物品的辐射监测报告由托运人委托有资质的辐射监测机构出具,二、三类放射性物品的辐射监测报告由托运人出具;

(3)核与辐射事故应急响应指南;

(4)装卸作业方法指南;

(5)安全防护指南。

托运人将本条第一款第(4)项、第(5)项要求的内容在运输说明书中一并作出说明的,可以不提交第(4)项、第(5)项要求的材料。

托运人提交材料不齐全的,或者托运的物品经监测不符合国家放射性物品运输安全标准的,承运人不得与托运人订立放射性物品道路运输合同。

第二十四条 一类放射性物品启运前,承运人应当向托运人查验国务院核安全主管部门关于核与辐射安全分析报告书的审批文件以及公安部门关于准予道路运输放射性物品的审批文件。

二、三类放射性物品启运前,承运人应当向托运人查验公安部门关于准予道路运输放射性物品的审批文件。

第二十五条 托运人应当按照《放射性物质安全运输规程》(GB 11806)等有关国家标准和规定,在放射性物品运输容器上设置警示标志。

第二十六条 专用车辆运输放射性物品过程

中，应当悬挂符合国家标准《道路危险货物运输车辆标志》(GB 13392)要求的警示标志。

第二十七条 专用车辆不得违反国家有关规定超载、超限运输放射性物品。

第二十八条 在放射性物品道路运输过程中，除驾驶人员外，还应当在专用车辆上配备押运人员，确保放射性物品处于押运人员监管之下。运输一类放射性物品的，承运人必要时可以要求托运人随车提供技术指导。

第二十九条 驾驶人员、装卸管理人员和押运人员上岗时应当随身携带道路运输从业资格证，专用车辆驾驶人员还应当随车携带《道路运输证》。

第三十条 驾驶人员、装卸管理人员和押运人员应当按照托运人所提供的资料了解所运输的放射性物品的性质、危害特性、包装物或者容器的使用要求、装卸要求以及发生突发事件时的处置措施。

第三十一条 放射性物品运输中发生核与辐射事故的，承运人、托运人应当按照核与辐射事故应急响应指南的要求，结合本企业安全生产应急预案的有关内容，做好事故应急工作，并立即报告事故发生地的县级以上人民政府环境保护主管部门。

第三十二条 放射性物品道路运输企业或者单位应当聘用具有相应道路运输从业资格证的驾驶人员、装卸管理人员和押运人员，并定期对驾驶人员、装卸管理人员和押运人员进行运输安全生产和基本应急知识等方面的培训，确保驾驶人员、装卸管理人员和押运人员熟悉有关安全生产法规、标准以及相关操作规程等业务知识和技能。

放射性物品道路运输企业或者单位应当对驾驶人员、装卸管理人员和押运人员进行运输安全生产和基本应急知识等方面的考核；考核不合格的，不得从事相关工作。

第三十三条 放射性物品道路运输企业或者单位应当按照国家职业病防治的有关规定，对驾驶人员、装卸管理人员和押运人员进行个人剂量监测，建立个人剂量档案和职业健康监护档案。

第三十四条 放射性物品道路运输企业或者单位应当投保危险货物承运人责任险。

第三十五条 放射性物品道路运输企业或者单位不得转让、出租、出借放射性物品道路运输许可证件。

第三十六条 县级以上道路运输管理机构应当督促放射性物品道路运输企业或者单位对专用车辆、设备及安全生产制度等安全条件建立相应的自检制度，并加强监督检查。

县级以上道路运输管理机构工作人员依法对放射性物品道路运输活动进行监督检查的，应当按照劳动保护规定配备必要的安全防护设备。

第五章 法律责任

第三十七条 拒绝、阻碍道路运输管理机构依法履行放射性物品运输安全监督检查，或者在接受监督检查时弄虚作假的，由县级以上道路运输管理机构责令改正，处1万元以上2万元以下的罚款；构成违反治安管理行为的，交由公安机关依法给予治安管理处罚；构成犯罪的，依法追究刑事责任。

第三十八条 违反本规定，未取得有关放射性物品道路运输资质许可，有下列情形之一的，由县级以上道路运输管理机构责令停止运输，有违法所得的，没收违法所得，处违法所得2倍以上10倍以下的罚款；没有违法所得或者违法所得不足2万元的，处3万元以上10万元以下的罚款。构成犯罪的，依法追究刑事责任：

(1)无资质许可擅自从事放射性物品道路运输的；

(2)使用失效、伪造、变造、被注销等无效放射性物品道路运输许可证件从事放射性物品道路运输的；

(3)超越资质许可事项，从事放射性物品道路运输的；

(4)非经营性放射性物品道路运输单位从事放射性物品道路运输经营的。

第三十九条 违反本规定，放射性物品道路运输企业或者单位未按规定维护和检测专用车辆的，由县级以上道路运输管理机构责令改正，处1 000元以上5 000元以下的罚款。

第四十条 违反本规定，放射性物品道路运输企业或者单位擅自改装已取得《道路运输证》的专用车辆的，由县级以上道路运输管理机构责令改正，处5 000元以上2万元以下的罚款。

第四十一条 违反本规定，未随车携带《道路运输证》的，由县级以上道路运输管理机构责令改正，对放射性物品道路运输企业或者单位处警告或者20元以上200元以下的罚款。

第四十二条 放射性物品道路运输活动中，由不符合本规定第七条、第八条规定条件的人员驾驶专用车辆的，由县级以上道路运输管理机构责令改正，处200元以上2 000元以下的罚款；构成犯罪的，依法追究刑事责任。

第四十三条 违反本规定，放射性物品道路运输企业或者单位有下列行为之一，由县级以上道路运输管理机构责令限期投保；拒不投保的，由原许可的设区的市级道路运输管理机构吊销《道路运输经营许可证》或者《放射性物品道路运输许可证》，或者在许可证件上注销相应的许可范围：

（1）未投保危险货物承运人责任险的；

（2）投保的危险货物承运人责任险已过期，未继续投保的。

第四十四条 违反本规定，放射性物品道路运输企业或者单位非法转让、出租放射性物品道路运输许可证件的，由县级以上道路运输管理机构责令停止违法行为，收缴有关证件，处2 000元以上1万元以下的罚款；有违法所得的，没收违法所得。

第四十五条 违反本规定，放射性物品道路运输企业或者单位已不具备许可要求的有关安全条件，存在重大运输安全隐患的，由县级以上道路运输管理机构责令限期改正；在规定时间内不能按要求改正且情节严重的，由原许可机关吊销《道路运输经营许可证》或者《放射性物品道路运输许可证》，或者在许可证件上注销相应的许可范围。

第四十六条 县级以上道路运输管理机构工作人员在实施道路运输监督检查过程中，发现放射性物品道路运输企业或者单位有违规情形，且按照《放射性物品运输安全管理条例》等有关法律法规的规定，应当由公安部门、核安全监管部门或者环境保护等部门处罚情形的，应当通报有关部门依法处理。

第六章 附 则

第四十七条 军用放射性物品道路运输不适用于本规定。

第四十八条 本规定自2011年1月1日起施行。

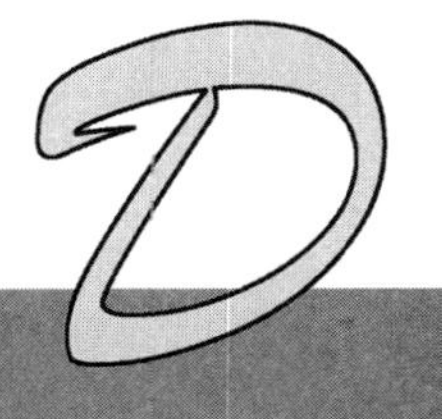

企业发展概况

2010年中国发展和改革工作综述

国家发展和改革委员会政策研究室

2010年，中国经济社会发展环境极为复杂、各类自然灾害和重大挑战极为严峻。在党中央、国务院的坚强领导下，全国上下深入贯彻落实科学发展观，坚持实施应对国际金融危机冲击的一揽子计划，加快推进经济发展方式转变，大力保障和改善民生，国民经济继续朝着宏观调控预期方向发展，经济回升向好势头进一步巩固。主要体现在：一是经济增长平稳较快。全年国内生产总值达到39.8万亿元，增长10.3%；工业增加值160 000亿元，增长12.1%；价格总水平基本稳定，居民消费价格总水平涨幅为3.3%。二是增长动力趋向协调。全年社会消费品零售总额156 998亿元，增长18.3%；全社会固定资产投资278 140亿元，增长23.8%；外贸进出口总额29 727.6亿美元，增长34.7%，贸易不平衡状况得到了改善，全年消费、投资、净出口分别拉动经济增长3.8、5.6和0.9个百分点，投资与消费增幅的差距同比缩小9.1个百分点。三是结构调整步伐加快。粮食再获丰收，总产量连续4年超过1万亿斤。自主创新能力增强，高技术产业加快发展，淘汰落后产能任务全面完成，服务业稳定发展，基础设施和基础产业保障能力提升。中西部地区发展加快，区域发展的协调性有所增强。四是质量效益继续提高。全国财政收入83 000亿元，增长21.3%，财政赤字比预算减少500亿元；企业利润大幅增加，1—11月，全国规模以上工业企业实现利润38 800亿元，同比增长49.4%；节能减排取得积极成效，单位国内生产总值能耗下降4.0%，二氧化硫、化学需氧量排放量分别下降1.3%和3.1%。五是民生继续改善。全年城镇新增就业1 168万人，城镇登记失业率控制在4.1%。城乡居民收入进一步提高，城镇居民家庭人均可支配收入和农村居民人均纯收入分别实际增长7.8%和10.9%。养老、医疗等社会保障覆盖面进一步扩大，教育、卫生等社会事业发展加快，灾后恢复重建进展顺利。六是改革开放不断深化。人民币汇率形成机制改革、资源税改革试点、医药卫生体制改革、教育体制改革、文化体制改革等有序推进，开放型经济发展水平进一步提高。概括起来，主要体现在以下六个方面。

一、坚持扩大内需，巩固和发展经济回升向好势头

按照党中央、国务院的要求，发展改革系统紧紧围绕扩内需、稳物价、促发展，认真实施应对国际金融危机的一揽子计划，着力增强宏观调控的针对性、灵活性和有效性，正确处理保持经济平稳较快发展、调整经济结构和管理通胀预期的关系，进一步巩固和发展经济回升向好态势。

（一）完善和落实扩大消费需求的政策措施

1. 会同或配合有关部门，进一步完善鼓励消费的财税、金融政策，落实促进家电、汽车、节能产品消费的政策措施。

2. 加强城乡流通网络和服务设施建设，启动“送电下乡”工程，促进多样化的信息、文化、旅游、健身等服务消费。

（二）实施好两年新增40 000亿元投资计划

1. 全力推进中央投资项目顺利完成并发挥效益。完善中央投资项目组织领导、政策支持和监督管理“三大保障体系”，严把投资方向，重点安排在建、续建和收尾项目，在确保质量的前提下加快项目实施。加强项目稽察和监督检查，配合中央检查组先后对1 400多个中央投资项目开展了全面稽察，着力提高投资效益。地方发展改革部门积极组织项目，落实配套资金，为实施好40 000亿元投资计划做了大量卓有成效的工作。截至2010年底，两年新增40 000亿元投资计划圆满完成。

2. 进一步鼓励和促进民间投资健康发展，激发投资增长内生动力。研究提出并报请国务院发布实施鼓励和引导民间投资健康发展的若干意见，重点在扩大市场准入、推动转型升级、加强服务指导、创造良好环境等方面提出了具体措施，为民间投资注入了新的活力。2010年，民间投资占城镇固定资产投资比重达51.1%，比上年提高3个百分点。

（三）稳定消费价格总水平

2010年7月份以来，受国内外多种因素影响，

以农产品为主的居民生活必需品价格上涨较快，价格总水平逐月攀升，加大了城乡居民特别是中低收入群体的生活负担，也引发了部分居民对通货膨胀的担忧。为抑制价格过快上涨，保持社会和谐稳定，国家发展改革委按照党中央、国务院的统一部署，及时提出了稳定物价、保障民生的一系列政策建议，建立了市场价格调控部际联席会议制度。各级发展改革部门把做好稳定价格工作放在更加突出的位置，认真落实《国务院关于稳定消费价格总水平保障群众基本生活的通知》精神，按照“立足当前、着眼长远，综合施策、重点治理，保障民生、稳定预期”的原则，实行稳定价格与改善民生多措并举，努力保持消费价格总水平基本稳定。

1. 保障国内重要商品的市场供应，做好粮、棉、肉、糖等重要商品的收储和投放工作。

2. 降低流通成本。支持建设了一批农产品批发市场、粮油仓储、农产品冷链物流等流通基础设施，鼓励产地和销区对接、农民生产与超市销售直接衔接，增加鲜活农产品绿色通道政策品种，将免收鲜活农产品通行费范围扩大到所有收费公路，新增了马铃薯、甘薯、鲜玉米、鲜花生等4个品种。

3. 完善困难群众生活补助与物价变动的联动机制，减轻价格上涨对居民生活的影响。

4. 停止和取消一批收费项目，降低一批收费标准和药品价格，减轻企业和群众负担。

5. 完善价格调控。国家发展改革委发出《关于切实做好稳定物价工作保障群众基本生活的紧急通知》，部署各地价格主管部门加强价格监测预警、清理整顿收费和价格监督检查等工作，要求审慎出台政府调价项目，建立健全价格调控监管机制。

6. 强化市场和价格监管。修订《价格违法行为行政处罚规定》，将捏造、散布涨价信息的行为纳入价格监管范围；组织涉企收费、电力价格、农产品价格等专项整治，开展打击侵犯知识产权、制售假冒伪劣产品专项行动，有力地打击了价格违法违规行为，营造了有序的价格和市场环境。全年价格总水平基本稳定，市场秩序进一步规范。

（四）搞好经济运行调节

1. 充分发挥煤电油气运保障工作部际协调机制作用，加强调度和供需衔接，有效保障了受灾地区、重大活动、重要时段和居民生活等对煤电油气运的需求，为经济平稳运行提供了有力支撑。

2. 强化“有保有限、节能节电”原则，全面加强需求侧管理。会同有关部门，研究制定加强电力需求侧管理的政策措施，各地电力运行管理部门和电网企业积极组织试点示范项目，开展宣传培训，电力需求侧管理在抗击自然灾害、平衡电力电量、提高电网负荷率、促进节能减排、确保电网安全和维护社会稳定等方面发挥了重要作用。

3. 落实战略物资收储任务，有效发挥了国家储备的应急作用和调节功能。

二、坚持强农惠农，促进农业增产农民增收

按照稳粮保供给、增收惠民生、改革促统筹、强基增后劲的基本思路，毫不放松地做好“三农”工作，巩固和加强农业基础，继续为改革发展稳定大局作出新的贡献。

（一）有效实施强农惠农政策

1. 继续加大对农业农村的投入力度。全年用于农业和农村建设的中央预算内投资1 928亿元，占全部中央预算内投资的比重达到49.0%。

2. 进一步提高农业综合生产能力。全面实施全国新增千亿斤粮食生产能力规划，支持棉油糖基地、生猪和奶牛标准化规模养殖场、畜禽水产良种工程、大型灌区节水改造、水利设施恢复重建和重要支流治理的建设。会同有关部门，制定并实施了加强中小河流治理和中小水利设施建设、促进农业机械化、保障蔬菜生产供应和价格稳定等方面的政策措施，提出了支持新疆棉花产业发展的长效措施。规划内病险水库除险加固任务全面完成，启动实施了第二轮小型病险水库除险加固。

3. 继续提高粮食最低收购价格，小麦、稻谷最低收购价每50公斤比2009年平均提高3元和6元。实施大豆、油菜籽等临时收储政策，制定部分粮食品种临时收储预案，对种粮农民实行“四项补贴”的规模达到1 226亿元，充分调动了农民种粮的积极性，促进了农民稳定增收。

（二）继续改善农村生产生活条件

加强农村水电路气房建设。2010年，解决6 186万农村居民和农村学校师生的饮水安全问题，农村

安全饮水普及率达到71.3%;实施农村电网改造升级和无电地区电力建设工程,新增农村电网线路30万公里;提高乡镇、建制村的油路通畅率,乡镇、建制村的油路通畅率分别达到96.0%和81.0%;支持建设大中型沼气工程1 343处,全国新增沼气用户500万户;全年改造农村危房120万户。

(三)稳定涉农价格

1. 继续实施化肥生产用电、用气和铁路运输价格优惠政策,鼓励化肥企业增加生产。调整化肥出口关税政策,抑制化肥过度出口,保障国内市场供应。

2. 加强涉农产品价格和收费的监督检查,严厉打击坑农害农行为,规范农资市场秩序。

三、坚持突出重点,大力优化经济结构

党的十七届五中全会明确指出,要坚持把经济结构战略性调整作为加快转变经济发展方式的主攻方向。按照中央的要求,在实施应对国际金融危机一揽子计划过程中,发展改革系统会同地方和有关部门,把保增长与调结构、上水平结合起来,在积极推进经济结构调整上下功夫,取得了明显成效。

(一)着力落实重点产业调整振兴规划

1. 国家发改委会同有关部门,完善推进企业重组、淘汰落后产能、促进中小企业发展的政策措施,引导和支持企业提高装备水平、增强研发能力,大力发展高附加值产品。安排200亿元重点产业振兴和技术改造专项资金,支持了5051个技术改造项目。首钢搬迁顺利完成,鞍钢与攀钢重组取得实质性进展。

2. 会同有关部门,全面完成淘汰落后产能任务。火电、炼钢、炼铁、水泥、平板玻璃、造纸等行业分别淘汰落后产能1 210万千瓦、931万吨、4 000万吨、11 619万吨、1 105万重箱和472万吨,超过计划目标210万千瓦、331万吨、1 500万吨、6 619万吨、505万重箱和419万吨。

(二)着力增强自主创新能力

继续实施16个国家科技重大专项。上海光源、国家纳米科学等重大科学工程建成并通过验收,中科院知识创新三期工程基本完成,推进数字电视、下一代互联网等50个国家工程中心、32个国家工程实验室、在企业设立的56个国家重点实验室以及高世代液晶显示面板、大规模集成电路、支线飞机等重大项目建设。认定国家级企业技术中心93家,国家创新型试点企业达到550家,创新型试点城市45个。

(三)着力培育和发展战略性新兴产业

1. 根据国务院部署,研究起草加快培育和发展战略性新兴产业的决定,发布实施软件和集成电路产业政策、数字电视产业政策、生物产业、新兴产业创业投资计划等一系列产业发展政策,继续组织实施地面数字电视国家标准应用示范工程、TD-SCDMA第三代移动通信标准应用示范工程等一批市场推广重大工程。

2. 加快高技术成果产业化,围绕高技术产业重点领域和关键环节,组织实施现代中药等7个高技术产业化专项,支持新建武汉等18个高技术产业基地和一批区域特色高技术产业链,设立13只创业投资基金,组织开展企业电子商务应用等信息化试点。

(四)着力促进服务业加快发展

在31个省(自治区、直辖市)、5个计划单列市和新疆生产建设兵团启动服务业综合改革试点,运用服务业发展引导资金,支持重点领域和薄弱环节加快发展,颁布实施促进节能服务产业发展的意见,研究提出促进物流业健康发展的政策措施和发展高技术服务业的指导意见。

(五)着力加强基础设施和基础产业保障能力

1. 完善综合交通运输体系,加快推进客运专线、西部干线铁路、国家高速公路网,以及农村公路、沿海港口、民用机场和空管系统等重点项目建设,交通基础设施水平进一步提升。

2. 加强能源重点项目、能源基地和储运设施建设。加快推动大型煤炭基地建设,13个大型煤炭基地已有11个产能达到1亿吨。有序发展水电、核电和风电等清洁能源,一批清洁能源项目竣工投产。积极开拓油气资源,石油储备二期项目加快建设,西电东送工程北、中、南通道的总输送能力超过7 800万千瓦。

(六)着力增强区域发展的协调性

落实区域发展总体战略,完善和实施差别化区

域政策。

1. 按照国务院的部署,会同地方和有关部门,研究提出今后10年深入实施西部大开发战略的意见、促进西藏和四省藏区、新疆等民族地区跨越式发展的新举措。研究制定中西部地区承接产业转移的政策措施,支持中西部地区特色产业发展和基础设施建设。推动设立重庆两江新区,组织协调对口援藏、援疆、援青工作,开展西部大开发10周年系列宣传活动。2010年,新开工建设西部大开发重点工程23项,投资总规模6 822亿元。

2. 加大对东北地区工业结构优化升级和现代服务业发展的支持力度,继续推动东北地区等老工业基地调整振兴和资源型城市转型。制定出台大小兴安岭林区生态保护与经济转型规划、东北建设现代农业的指导意见,资源型城市可持续发展的政策体系进一步完善。

3. 全面落实促进中部地区崛起规划,加快"三基地、一枢纽"建设步伐,研究出台中部地区城市群发展的指导意见、皖江城市带承接产业转移示范区规划,推动设立我国第一个国家级产业转移示范区,武汉城市圈、长株潭城市群、中原城市群、鄱阳湖生态经济区、太原城市圈的辐射带动作用进一步增强。

4. 鼓励东部地区产业结构升级和自主创新,促进深圳等经济特区、上海浦东新区、天津滨海新区加快改革开放步伐,颁布实施促进长江三角洲、海南国际旅游岛等地区发展的规划与政策,启动开展山东、浙江、广东等地的海洋经济试点,积极研究新区新城规范发展的相关政策。

5. 进一步加大对革命老区、民族地区、边疆地区和贫困地区发展的扶持力度。2010年,安排中央以工代赈投资55亿元和易地扶贫搬迁试点资金20亿元,易地扶贫搬迁人口87万人,又有909万农村贫困人口脱贫。

6. 编制完成《全国主体功能区规划》,报请国务院审议通过并发布实施,开展省级主体功能区规划编制指导和衔接工作。

四、坚持节能减排,加快推进"两型"社会建设

2010年是实现"十一五"节能减排目标的决战之年。发展改革系统按照国务院的部署,紧紧围绕强化责任、增加投入、完善政策,进一步加大工作力度,建设资源节约型、环境友好型社会。

(一)强化责任,加强督查

1. 国家发改委会同有关部门,开展2009年省级政府节能目标责任现场评价考核,并将考核结果向社会公布。落实国务院节能减排工作安排的部门分工。

2. 组织开展节能减排专项督察,检查各地区贯彻落实国务院节能减排工作电视电话会议和国务院12号文件精神情况,提出有针对性的应对措施。

3. 对重点地区落实国家电价政策进行直接检查。国家发改委会同有关部门,下发清理对高耗能企业优惠电价等问题、立即组织开展全国电力大检查的通知,全面清理对高耗能企业的用电价格优惠,并组织省(自治区、直辖市)采取跨区交叉的办法,对高耗能企业电价执行情况和上网电价执行情况进行全面排查。

(二)增加投入,加大扶持

1. 利用中央预算内投资、财政专项资金等对重点省区在节能减排重点工程、淘汰落后产能、节能能力建设等方面给予重点倾斜支持。全年用于节能减排方面的中央预算内投资333亿元,中央财政专项资金518亿元,分别比上年增长1.4倍和73.0%。

2. 继续支持十大重点节能工程,形成节能能力3 310万吨标准煤。实施节能产品惠民工程,推广高效节能空调近3 000万台、节能汽车100多万辆、高效照明产品1.6亿只。组织开展国家"城市矿产"示范基地建设和半导体照明应用示范工程,启动实施新能源汽车示范推广试点。

3. 加强生态建设和环境保护。进一步巩固退耕还林、退牧还草成果,全年新增造林面积592万公顷,实施退牧还草666.7万公顷,综合治理水土流失面积4.2万平方公里。制定出台全国水资源综合规划,积极推进"三河三湖"、黄河中上游、三峡库区及上游、渤海、松花江、丹江口库区及上游等重点流域污染治理,全面实施太湖流域水环境综合治理总体方案。支持城镇污水垃圾处理设施建设,全年新增城镇污水日处理能力1 900万立方米、城市生活垃圾日处理能力6.8万吨,城市污水处理率、城市生活垃圾无害化处理率分别达到76.9%和72.5%,比上年提高1.6个和1.2个百分点。

（三）完善政策，形成体系

1. 出台《固定资产投资项目节能评估和审查暂行办法》，将节能评估和审查作为项目审批、核准以及开工建设的前置条件，严格控制“两高”和产能过剩行业扩大产能项目。

2. 会同有关部门，研究提出加快推行合同能源管理促进节能服务产业发展的意见、推进再制造产业发展的意见，出台废弃电器电子产品处理目录，发布支持循环经济发展的投融资政策。

与此同时，继续实施应对气候变化国家方案，积极推进低碳技术创新，在五省八市组织开展低碳城市试点。成功举办联合国气候变化谈判天津会议，积极开展和参与全方位的国际交流与合作，推动我国在适应和减缓气候变化方面取得新的成效。

五、坚持改革开放，增强发展的动力和活力

在经济体制改革方面，国家发展改革委认真履行改革的总体指导和综合协调职能，研究提出了2010年深化经济体制改革重点工作的意见，会同或配合有关部门，积极推进重点领域和关键环节改革并力争取得新突破，特别是切实抓好自身牵头的资源性产品价格、投资体制、医药卫生体制、综合配套等方面的改革。地方发展改革部门认真落实中央确定的改革方案，积极推进重点领域和关键环节改革，为创新体制机制积累了许多好的经验。

（一）继续推进资源性产品价格改革

1. 推进电力、天然气、成品油等能源价格改革。简化销售电价分类结构，继续推进生物质发电等可再生能源价格形成机制改革，开展大用户与发电企业直接交易试点；出台天然气出厂价格调整方案，逐步理顺天然气与可替代能源的比价关系；继续完善成品油价格形成机制，根据国际市场原油价格变化情况和国内经济形势，先后4次有升有降地调整了成品油价格。

2. 稳步推进水价改革，在有条件的地方实行居民用水阶梯价格制度，推进农业节水与农业水价综合改革。

3. 推行城市污水、垃圾及医疗废物等处理收费制度，研究建立危险废物处理保证金制度。继续推进排污权交易试点，完善排污费征收使用管理制度等。

（二）深化投资体制改革

制定出台实行政府重大投资项目公示工作的指导意见，进一步落实和完善政府重大投资项目公示制。发布2010年中央投资项目后评价计划，扩大后评价范围，加强对项目单位和承担后评价任务工程咨询机构的指导和协调。

（三）统筹推进医药卫生体制改革

围绕“保基本、强基层、建机制”，认真履行国务院医改领导小组办公室的各项职责，会同地方和部门，深入推进医药卫生体制五项重点改革。基本医疗保障制度已覆盖城乡居民。国家基本药物制度在60.0%的政府办基层医疗卫生机构实行，群众基本用药负担明显减轻。公立医院改革在16个国家试点城市及37个省级试点地区积极探索并不断深化，出台了进一步鼓励和引导社会资本举办医疗机构意见。启动实施以全科医生为重点的基层医疗卫生队伍建设规划，面向中西部乡镇卫生院免费定向培养的医学生已正式入学。

（四）有序推进全国综合配套改革试点

在推动上海浦东新区、天津滨海新区等综合配套改革试验区改革试验的同时，报请国务院批准沈阳经济区为国家新型工业化综合配套改革试验区，山西省为国家资源型经济转型综合配套改革试验区，国家级综合配套改革试验区增加至9个，全国综合配套改革试点区域布局更趋合理。

（五）加强法制建设

加强立法、执法、普法的组织协调，深入实施立法规划和年度立法计划，研究提出国家发展改革委行政执法基本规范及法律风险防范指引，认真办理行政复议案件。顺利完成“五五”普法检查验收。落实中央关于工程建设领域突出问题专项治理工作部署，取得积极成效。

（六）在对外开放方面，坚持实施互利共赢开放战略

国家发改委会同或配合有关部门，进一步提高开放型经济发展水平。

优化对外贸易结构。加强对“两高一资”产品出口调控，取消406个税号产品的出口退税，将44

个税号产品列入加工贸易禁止类目录。增加国内紧缺的原材料、高载能产品、先进技术及关键零部件进口，贸易不平衡状况得到改善。

2. 优化利用外资结构。研究起草进一步做好利用外资工作的意见，启动修订《外商投资产业指导目录》，引导外资投向高端制造业、高技术产业、现代服务业、新能源、节能环保产业和中西部地区。做好外债全口径管理工作。

3. 加强境外投资指导。建立"走出去"部际联席会机制，研究起草新形势下境外投资指导意见，修改完善《境外投资条例》，鼓励和支持有条件的企业开展境外投资合作，协调推动一批境外重点投资项目取得新进展。

六、坚持改善民生，推动社会事业全面发展

切实把民生工作摆在更加突出的位置，大力发展社会事业，认真解决就业、住房等事关人民群众切身利益的实际问题。

(一)社会事业方面

1. 认真落实国家中长期教育改革和发展规划纲要、人才发展规划纲要。继续组织实施中西部农村初中校舍改造、全国中小学校舍安全、中等职业教育基础能力建设、中西部地区特殊教育学校建设、新疆学前双语幼儿园建设等重大教育工程，启动了农村边远艰苦地区学校教师周转宿舍建设、中西部农村学前教育推进工程试点和民族院校建设，规范中小学服务性收费、代收费行为。全年改造农村中小学校舍1 325万平方米，建设中等职业学校校舍212万平方米。

2. 继续推进医疗卫生服务体系建设。全面完成重点中医院建设任务，完善以县医院为重点的基层医疗卫生服务体系，启动精神卫生服务体系建设。支持建设和改造了891所县级医院、1 620所中心乡镇卫生院、1 228所社区卫生服务中心和116所精神卫生防治机构。配合有关部门，研究制定进一步加强艾滋病防治工作的意见、全国地方病防治规划(2011—2015)等重点防治规划。

3. 加强公共文化服务体系和重点旅游景区基础设施建设。稳步推进广播电视村村通工程、乡镇综合文化站建设、西新工程、农村电影放映工程和文化资源信息共享工程等重点文化惠民工程，20户以上已通电自然村的广播电视村村通基本实现。国家博物馆、国家话剧院等重大文化工程进展顺利，全国免费开放的公共博物馆、纪念馆和爱国主义教育基地达到1 743家。大力推动红色旅游发展。加大自然和文化遗产保护力度，有效改善了文化和自然遗产保护的基础设施条件。

(二)就业和社保方面

继续实施积极的就业政策，支持基层公共就业和社会保障服务设施建设，在中西部地区建设162个县级服务中心和610个乡级服务中心。

(三)住房保障方面

国家发改委会同有关部门，认真落实房地产市场调控政策，研究提出促进房地产市场长期稳定健康发展的政策措施。大规模推进保障性安居工程建设，进一步提高中西部地区新建廉租住房和农村危房改造中央补助标准，加快发展公共租赁住房，并将其纳入保障性安居工程建设规划。2010年，全国保障性住房和棚户区改造住房开工590万套，超过年初确定的计划目标10万套，其中，保障性住房322万套，各类棚户区改造268万户；全年基本建成保障性安居工程住房370万套。

(四)灾后恢复重建方面

全力抓好汶川、玉树、舟曲灾后恢复重建，汶川地震灾后恢复重建实现"三年任务两年基本完成"目标，认真履行青海玉树、甘肃舟曲灾区基础设施恢复和保障职能，制定并实施灾后恢复重建总体规划。

与此同时，按照党中央、国务院的安排部署，国家发改委坚持立足当前、着眼长远，在各地区、各部门的大力支持下，围绕编制"十二五"规划《纲要》，开展一系列扎实有效的工作。

1. 起草"十二五"规划《纲要》。根据党的十七届五中全会通过的中央"十二五"规划《建议》精神，在党中央、国务院领导下，各部门广泛参与，集中全社会以及海外侨胞的智慧，认真开展《纲要》编制工作。

2. 采取多种形式广泛听取地方、部门和专家的意见建议。利用互联网等方式，在全社会发起"共绘蓝图，我为'十二五'规划建言献策"活动，收到的6万多份意见建议已尽可能吸纳到《纲要(草案)》中。

抓紧推进战略性新兴产业、重大科技基础设施、自主创新能力、交通运输体系、社会事业、重点领域改革等专项规划的研究制定。

（撰稿：张路鹏）

2010年中国宏观经济运行状况综述

国家发展和改革委员会经济运行局

2010年，国内外经济环境复杂多变。国际上，美国经济持续低迷，日本经济增长步伐缓慢，欧洲债务危机接连频发，世界经济复苏艰难；国内遭遇异常天气，旱涝冷冻灾害交替发生，对国民经济产生严重不利影响，特别是前三季度经济增长速度逐渐回落，9月份开始物价上涨速度加快，对宏观经济运行构成巨大威胁。对此，国家进一步加强和改善宏观调控和运行调节，及时采取相应对策措施，坚持实施应对国际金融危机的一揽子计划，加快转变经济增长方式，积极调整经济结构，着力扩大国内需求，强化价格调控和监管，有效巩固应对金融危机所取得的成果，宏观经济运行总体状况良好，并进一步实现回升良好态势，各项社会事业取得新的进展。

一、国民经济保持平稳较快增长

2010年，在一系列宏观政策的调控下，国民经济在上年回升向好的基础上继续巩固发展，增长速度由逐步回落转为趋于平稳。其中，一季度实现国内生产总值81 622亿元，增长11.9%；二季度实现国内生产总值91 993亿元；增长10.3%；三季度实现国内生产总值96 619亿元，增长9.6%；四季度实现国内生产总值127 749亿元，增长9.8%；全年累计实现国内生产总值397 983亿元，按可比价格计算，比上年增长10.3%，增速比上年加快1.1个百分点，继续保持平稳较快增长态势。

在全年国内生产总值中，第一产业增加值40 497亿元，增长4.3%，占国内生产总值的比重为10.2%，对经济增长的贡献率为10.7%，拉动经济增长1.1个百分点；第二产业增加值186 481亿元，占国内生产总值的比重为46.8%，对经济增长的贡献率为46.1%，拉动经济增长4.8个百分点；第三产业增加值171 005亿元，占国内生产总值的比重为43.0%，对经济增长的贡献率为43.2%，拉动经济增长4.5个百分点。

二、粮食产量创历史最高水平

2010年的气候条件是近年来较为严峻的，低温、干旱、洪涝灾害连续不断。面对恶劣的气候环境，党中央、国务院及时部署抗灾减灾，进一步强化扶农惠农政策措施，加大资金投入力度，农业生产取得预期效果。在夏粮和早稻相继减产的情况下，秋粮大幅度增产，全年粮食再获丰收，总产量达到54 641万吨，比上年增产1 540万吨，增长2.9%，实现半个世纪以来连续7年增产，并创历史最高水平。其中，夏粮产量12 310万吨，减产37万吨，下降0.3%；早稻产量3 132万吨，减产191万吨，下降6.1%；秋粮产量39 199万吨，增产1 795万吨，增长4.8%。

在粮食增产的同时，其他主要农产品产量与上年相比有增有减。其中，棉花产量597万吨，减产38万吨，下降6.3%；油料产量3 239万吨，增产85万吨，增长2.7%；糖料产量12 045万吨，减产225万吨，下降1.9%。与“十一五”的2005年相比，棉花增产25.8万吨，年均增长0.9%；油料增产162万吨，年均增长1.0%；糖料增产2 593万吨，年均增长5.0%.

三、工业生产持续快速增长

2010年，工业生产继续保持向好发展态势，调整结构、自主创新、区域格局、淘汰落后等方面成效显著。全年全部工业实现增加值160 030亿元，比上年增长12.1%，增幅比上年上升3.8个百分点。其中，规模以上工业增加值增长15.7%，增幅上升4.7个百分点。在规模以上工业中，国有及国有控股企业增长13.7%，集体企业增长9.4%，股份制企业增长16.8%，外商及港澳台商投资企业增长14.5%，私营企业增长20.0%。

在规模以上工业中，轻工业增长13.6%，重工业增长16.5%。其中，食品加工业增长15.0%，纺织业增长11.6%，通用设备制造业增长21.7%，专业设备制造业增长 20.6%，交通设备制造业增长 22.4%（汽车制造业增长 24.8%），铁路运输设备制造业增长 25.4%，通信、计算机及其他电子设备制造业增长 16.9%，六大高耗能行业增长 13.5%。

与上年比，工业增加值占国内生产总值的比重为 40.2%，基本持平。其中，高技术制造业占规模以上工业增加值的 8.9%，装备制造业占 29.6%，两者相加超过六大高能耗行业，占 30.3% 的比重。工业仍然是拉动经济增长的主要动力，对经济增长的贡献率为 39.6%，拉动经济增长 4.1 个百分点。在工业增长中，地区之间互动发展，区域布局逐步趋于合理，其中，东部地区增长 16.7%，中部地区增长 21.9%，西部地区增长 20.3 %，东北地区增长 17.8%。

四、交通运输业保持稳定增长

2010 年，在社会各方面需求不断扩大的情况下，交通运输持续增长，各种运输方式全面发展，为国民经济、人民生活、物流配送等作出了重要贡献。全年各种运输方式总里程达到 704.3 万公里，比“十一五”的 2005 年增长 26.1%，平均增长 4.7%。

全年货物运输总量 320.3 亿吨，比上年增长 13.4%。其中，铁路货运量 36.4 亿吨，增长 9.3%；公路货运量 242.5 亿吨，增长 14.0%；水路货运量 36.4 亿吨，增长 14.0%；民航货运量 5 574 万吨，增长 25.1%；管道货运量 4.9 亿吨，增长 10.3%。全年货物运输周转量 137 329 亿吨公里，比上年增长 12.4%。其中，铁路 27 644.1 亿吨公里，增长 9.5%；公路 43 005.4 亿吨公里，增长 15.6%；水路 64 305.3 亿吨公里，增长 11.7%；民航 176.6 亿吨公里，增长 39.9%；管道 2 197.6 亿吨公里，增长 8.7%。

全年旅客运输总量 327.9 亿人，比上年增长 10.2%。其中，铁路 16.8 亿人，增长 9.9%；公路 306.3 亿人，增长 10.2%；水路 2.2 亿人，下降 0.7%；民航 2.7 亿人，增长 15.8%。全年旅客运输周转量 27 779.2 亿人公里，比上年增长 11.9%。其中，铁路 8 762.2 亿人公里，增长 11.2%；公路14 913.9 亿人公里，增长 10.4%；水路 71.5 亿人公里，增长 3.1%；民航 4 031.6 亿人公里，增长 19.4%。

五、内外需求在经济之中的作用更加协调

2010 年，国内消费需求延续上年快速增长态势，热点消费和城镇消费更加呈现快速增长势头。全年实现社会消费品零售总额 154 554 亿元，比上年增长 18.4%，扣除价格因素，实际增长 14.8%。其中，城镇消费品零售额 133 689 亿元，增长 18.8%；乡村消费品零售额 20 865 亿元，增长 16.1%；城乡消费占社会消费总额的比重分别为 86.5% 和 13.5%，城镇高于乡村 6.4 倍。在热点消费中，汽车类消费增长 34.8%，家电和音像器材类消费增长 27.7%，家具类消费增长 37.2%，金银珠宝类消费增长 46.0%，凸显出消费热点持续旺盛，消费结构升级步伐加快。

2010 年固定资产投资在增速回落的情况下，仍然保持较快增长，投资结构继续得到改善。全年全社会固定资产总额 278 140 亿元，比上年增长 23.8%，增速比上年回落 6.2 个百分点，扣除价格因素，实际增长 19.5%。其中，东部地区投资额 115 970 亿元，增长 21.4%，占投资总额的 41.7%；中部地区投资额 62 897 亿元，增长 26.2%，占投资总额的 22.6%；西部地区投资额 6 187.5 亿元，增长 24.5%，占投资总额的 22.2%；东北地区投资额 30 726 亿元，增长 29.5%，占投资总额的 11.0%。全年城镇投资额241 415 亿元，比上年增长 24.5%；农村投资额 36 725 亿元，增长 19.7%。在城镇投资中，第一产业投资额 3 966 亿元，增长 18.2%；第二产业投资额101 048 亿元，增长 23.2%；第三产业投资额 136 401 亿元，增长 25.6%，其中基础设施投资额64 826 亿元，增长 16.7%，占城镇投资额的 26.9%。在应对国际金融危机冲击的一揽子 40 000 亿元投资中，保障性安居工程、农村民生工程和社会事业投资占 43.7%，自主创新、结构调整、节能减排和生态建设投资占 15.3%，重大基础设施建设投资占 23.6%，灾后恢复重建投资占 14.8%。

2010 年外需恢复迅速，增长速度达到金融危机前的水平。全年货物进出口总额 29 728 亿美元，比上年增长 34.7%。其中，出口 15 779 亿美元，增长 31.3%；进口 13 948 亿美元，增长 38.7%。进出口总额和出口、进口额都由上年的全部下降恢复为全部二位数增长。进出口相抵，出口大于进口 1 831 亿美元，比上年减少 130 亿美元，下降 6.4%。

初步测算,2010 年内需在内外总需求中的比重为 97.4%,对经济增长的贡献率为 92.2%,拉动经济增长 9.5 个百分点。其中,投资的比重为57.4%,贡献率为54.4%,拉动 5.6 个百分点;消费的比重为40.0%,贡献率为 37.8%,拉动增长 3.9 个百分点。外需在内外总需求的比重为 2.6%,对经济增长的贡献率为7.8%,拉动经济增长0.8 个百分点。国内需求大幅增加,有效弥补外需缺口,显示出拉动经济的强劲促进作用,使内外需求对经济增长的贡献更趋协调。

六、结构调整取得新进展

2010 年,进一步加大经济结构调整力度,结构优化升级成效显著,经济增长由主要依靠工业拉动向三次产业协调拉动转变。其中,第一产业占国内生产总值的比重由 2005 年的 12.1% 到 2010 年的10.2%,下降 1.9 个百分点,比上年下降 0.4 个百分点;第二产业占国内生产总值的比重由 47.4% 到46.8%,5 年累计下降0.6 个百分点,与上年持平;第三产业占国内生产总值的比重由 40.5% 到 43.0%,5 年累计上升 2.5 个百分点,比上年上升 0.4 个百分点。显示出第一产业比重明显下降,第二产业比重略有下降,第三产业比重较大上升,充分说明服务业发展加快。

2010 年产业结构调整步伐明显加大。装备制造业和高技术产业加快发展,占规模以上工业增加值的比重分别达到 23.6% 和 8.9%,规模扩大,实力增强。高耗能行业占规模以上工业增加值 30.3%,所占比重明显下降,优胜劣汰成效显著。截至年末,全国前 10 个钢铁企业的集中度达到 48.6%,前 20 个水泥企业产量占 45.0%,大型企业集团平板玻璃产能占 73.0%,35 个化纤企业占产能的 50.0%;淘汰炼铁落后产能 11 172 万吨,炼钢产能 668.3 万吨,炼焦产能 10 583 万吨,铁合金产能 66.3 万吨,水泥产能33 000 万吨,玻璃产能 3 800 万重量箱,造纸产能1 030 万吨,关停小火电机组 7 210 万千瓦。

2010 年基础设施建设明显加快,主要生产能力增加较多。新增发电机组容量 9 118 万千瓦,22 万伏瓦以上变电设备 25 816 万千伏安;新建铁路投产里程 4 986 公里,年末累计运营里程 9.1 万公里,位居世界第二,其中,高速铁路里程 1 554 公里,年末累计达到 8 358 公里,居世界第一;新建铁路复线投产里程 3 747 公里,电气化铁路投产里程 5 948 公里,年末电气化铁路累计运营里程 4.2 万公里,占铁路运营总里程的 46.2%;新建公路 104 457 公里,年末总里程达到 398.4 万公里,其中,高速公路 8 258 公里,年末累计 7.4 万公里;另外,还新增港口万吨级码头泊位吞吐能力 37 202 万吨,新增光缆线路长度 166 万公里,新增数字蜂窝移动电话交换机容量 433 万户。

七、科技创新步伐加快

2010 年,中央财政加大资金投入力度,支持重大科技专项实施,推动建设各具特色和优势的创新体系,加快科技创新步伐,节能与新能源汽车、信息技术、航天工程、生物医药等领域取得新成果,部分领域达到国际领先水平,特别是嫦娥二号卫星成功发射,促进了我国探月工程的进一步发展。2010 年我国还成功承办了技术创新成果含量较高的上海世界博览会,第一次承办就创造了参观人数最多、参展国家和组织最多、园区面积最大等多项世界纪录。

2010 年,以企业为主体,市场为导向、产学研相结合的技术创新体系进一步发展,特别是以建立企业技术中心为主要形式的企业技术创新体系建设不断得到加强。到年末,国家认定的企业技术中心达到 729 家,是“十一五”期初的 2 倍;研发经费投入 1 800 亿元,为“十一五”期初的 4.2 倍,促进了企业技术创新能力的进一步增强。

2010 年,研究与试验发展经费投入 6980 亿元,比上年增加 20.3%,为“十一五”期初的 2.8 倍,占国内生产总值的 1.8%,比“十一五”期初增加 0.4 个百分点;全年受理境内外专利申请 122.2 万件,其中境内 108.4 万件,占 88.7%;全国共签订技术合同 23 万项,合同成交额 3 906 亿元,比上年增长 28.5%。

八、节能减排目标成功实现

2010 年,继续坚持淘汰落后产能,积极推进节能减排和环境保护,进一步取得实效,如期实现“十一五”制定的目标任务,其中污染排放目标超额完成。截至年末,淘汰的电力、煤炭、钢铁、有色、建材等高能耗行业落后生产能力占全部落后产能的50.0%，高能耗行业生产增速明显回落。在规模以上工业中，六大高能耗产业增长13.5%。其中，非金属矿物制品业增长20.3%，化学原料及化学制品制造业增长15.5%，有色金属冶炼及压延加工业增长13.2%，黑色金属冶炼及压延加工业增长11.6%，电力热力生产和供应业增长11.0%，石油加工、炼焦及核燃料加工业增长9.6%。高能耗行业占规模以上工业增加值的30.3%，比重明显下降。"十一五"累计节能近4亿吨标准煤，对全社会节能的贡献度超过60.0%。

2010年，全国能源消耗总量32.5亿吨标准煤，比上年增长5.9%，增速低于经济增长4.4个百分点。其中，煤炭消费量增长5.3%，原油消费量增长12.9%，天然气消费量增长18.2%，电力消费量增长13.1%。全国万元国内生产总值能耗比上年下降4.0%，实际消耗能源由2005年的1.2吨标准煤下降到1吨标准煤以下，下降20.0%左右。但统计数据表明，我国是世界上能源消耗的第二大国，主要能源对外依存度较大，如全年进口原油2.4亿吨，比上年增长17.0%，对外依存度超过55.0%，比上年上升3个百分点，成为仅次于美国的第二大石油进口国和消费国。

2010年，继续加大污染减排力度，在经济增速和能源消费总量超过预期的情况下，二氧化硫减排目标提前一年实现，化学需氧量减排目标提前半年实现，污染减排任务超额完成，环境质量持续好转。全年二氧化硫排放量比2005年下降14.0%，化学需氧量排放量下降12.0%。污染排放减少，环境质量改善，全年七大水系水质改善到Ⅰ-Ⅲ类的比例为59.6%，比2005年提高18.6个百分点；城市中空气质量达到二级及以上标准的比例为82.7%，比2005年提高22.4个百分点。

九、城乡居民收入持速增长

2010年，我国城乡居民收入均呈现持速增长态势，其中农村居民收入增长速度自1998年首次超过城市。

全年城镇居民家庭人均总收入21 033元，比上年增长11.5%，其中城镇居民人均可支配收入19 109元，增长11.3%，扣除价格因素，实际增长7.8%。在城镇居民家庭人均总收入中，工资性收入增长10.7%，转移性收入增长12.8%，经营净收入增长12.1%，财产性收入增长20.5%。

2010年农村居民人均纯收入5919元，比上年增长14.9%，扣除价格因素，实际增长10.9%。其中，工资性收入增长17.9%，家庭经济纯收入增长12.1%，财产性收入增长21%，转移性收入增长13.8%。

城乡居民收入增加，促进消费特别是热点消费大幅度增长。在全年商品房销售中，商品住宅销售面积达93 052万平方米，比上年增长8.0%。到年末，全国民用汽车保有量9 086万辆，比上年末增长19.3%。其中，私人汽车保有量6 539万辆，增长25.3%，占民用保有量的72.0%；在民用汽车中，民用轿车4 029万辆，增长28.4%，占民用保有量的44.3%，其中私人轿车3 443万辆，增长32.2%，占民用轿车的85.5%。全年国内出游人数达到21亿人次，比上年增长10.6%；出境旅游人数5 739万人次，增长20.4%。全年家用电器下乡，累计销售产品7 718万台，比上年增长1.3倍；销售额1 732.3亿元，增长1.7倍。

十、社会保障事业成就显著

2010年，加大就业政策力度，积极扩大就业面，就业状况是国际金融危机以来最好的一年。全年城镇新增就业1 168万人，比上年增加66万人，增长6.0%；年末城镇登记失业率为4.1%，比上年末下降0.2个百分点。全国农民工总量达24 223万人，比上年增长5.4%。其中，外出农民工15 335万人，增长5.5%；本地农民工8 888万人，增长5.2%。

2010年社会保障水平继续提高，社保覆盖面进一步扩大。截至年末，全国基本养老保险参保人数25 673万人，比上年末增加2 123万人，增长9.0%；基本医疗保险参保人数43 206万人，增加3 059万人，增长7.6%；失业保险参保人数13 376万人，增加660万人，增长5.2%；工伤保险参保人数16 173万人，增加1 278万人，增长8.6%；生育保险参保人数12 306万人，增加1 430万人，增长13.2%。全国有2 678个县(市、区)开展新型农村合作医疗，参合率达96.3%；列入国家新型农村社会养老保险试点地区参保人数10 277万人。年末，全国领取失业保险金人数达到209万人。

2010年全国有2 311.1万城市居民得到政府最低生活保障,比上年减少34.5万人;有5 228.4万农村居民得到政府最低生活保障,比上年增加468.4万人;还有554.9万农村居民得到政府五保救济,比上年增加1.5万人。按2010年农村贫困标准1 274元测算,年末农村贫困人口2 688万人,比上年末减少909万人。

十一、物价基本上控制在预期目标范围

2010年,受国内外多种因素影响,工业品出厂价格和居民消费价格呈现不同程度上涨。与上年相比,工业品出厂价格上涨5.5%,居民消费品价格上涨3.3%,都出现逐季上涨趋势,特别是居民消费价格逐季较快上涨,其中一季度上涨2.2%,二季度上涨2.9%,三季度上涨3.5%,四季度上涨4.7%。

工业品出厂价格上涨,主要受原油、钢材、煤炭和有色金属等重要生产资料价格持续上涨和上年基数较低的影响,其中5月份涨幅高达7.1%。在工业品出厂价格中,生产资料价格上涨6.6%,拉动工业品出厂价格上涨5个百分点;生活资料价格上涨2.0%,拉动工业品出厂价格上涨0.5个百分点。

居民消费价格上涨,主要受食品和居住价格不断上涨的影响。其中,食品类价格上涨7.2%,占居民消费价格涨幅的69.7%,影响居民消费价格上涨2.3个百分点;居住价格上涨4.5%,占居民消费价格涨幅的21.2%,影响居民消费价格上涨0.7个百分点。

十二、各类自然灾害对国民经济造成不利影响

2010年,各类自然灾害频繁发生,造成较大经济损失。全国直接经济损失高达5 340亿元,比上年增加1.1倍。其中,洪涝、滑坡、泥石流灾害造成损失3 505亿元,增加4.4倍;旱灾造成损失757亿元,下降31.2%;低温、冷冻、雪灾造成损失318亿元;海洋灾害造成损失149.4亿元,增加49.1%;地震灾害造成损失235.7亿元。

2010年,国民经济和社会事业发展取得了举世瞩目的伟大成就,不仅实现了我国"十一五"规划的目标任务,也为世界经济的恢复和发展作出了重要贡献,并为国家"十二五"时期的改革发展打下了坚实基础。

(撰稿:谢文乔)

2010年中国产业布局与结构调整综述

中华人民共和国工业和信息化部产业政策司

2010年,是"十一五"规划的最后一年。在相关政策扶持和市场机制驱动的共同作用下,中国产业结构调整和产业布局优化步伐进一步加快,在淘汰落后生产能力、促进企业兼并重组、推动产业转移、发展战略性新兴产业等方面都取得了新的进展。

一、淘汰落后生产能力任务超额完成

2010年2月6日,国务院印发《国务院关于进一步加强淘汰落后产能工作的通知》(国发〔2010〕7号),强调要深刻认识淘汰落后产能的重要意义,提出淘汰落后产能的总体要求和目标任务,要求分解落实目标责任,强化政策约束机制,完善政策激励机制,健全监督检查机制,切实加强组织领导。

2010年5月26日,工业和信息化部向各省、自治区、直辖市人民政府下达2010年18个工业行业淘汰落后产能目标任务。其中:炼铁3 000万吨,炼钢825万吨,焦炭2 127.7万吨,铁合金144万吨,电石71.8万吨,电解铝33.9万吨,铜冶炼11.7万吨,铅冶炼24.3万吨,锌冶炼11.3万吨,水泥9 155万吨,玻璃648万重量箱,造纸432万吨,酒精67.7万吨,味精18.9万吨,柠檬酸1.7万吨,制革1 199.8万标张,印染31.3亿米,化纤55.8万吨。18个工业行业淘汰落后产能共涉及企业2 087家。其中,涉及企业较多的行业有:水泥762家,造纸279家,印染201家,焦炭192家,炼铁175家,铁合金143家,制革84家;涉及企业较多的地区有:河南省230家,山西省226家,浙江省180家,河北省165家,云南省165家,贵州省128家。

2010年8月5日，在各省（自治区、直辖市）公告淘汰落后产能企业名单的基础上，工业和信息化部在网站上公告18个工业行业淘汰落后产能企业名单。2010年10月13日，工业和信息化部在征求各地工业和信息化主管部门和国务院有关部门意见的基础上，研究制定并发布《部分工业行业淘汰落后生产工艺装备和产品指导目录（2010年本）》（工产业〔2010〕第122号），进一步完善落后产能的界定标准。环境保护部、工业和信息化部提高部分高能耗、高排放行业的行业准入条件和建设项目环境准入条件，发布钢铁等一批国家排放标准，有色金属等5项国家能耗限额标准，国家发改委、工信部停止审批、核准、备案“两高”和产能过剩行业扩大产能项目，并加大对新上和改扩建项目的节能评估和审查力度。国土资源部、环境保护部要求对国家明令淘汰、不符合产业政策的建设项目不予批准用地和环境评价。国家安全监管总局要求严格安全许可证审核。国家质检总局要求严格生产许可审查，修订水泥、钢筋等生产许可证审查实施细则。国家发改委、电监会、能源局提高电价加价标准，对能源消耗超过单位产品能耗限额标准的实行惩罚性电价。财政部积极安排资金支持经济欠发达地区淘汰落后产能。人民银行、银监会出台进一步做好支持淘汰落后产能金融服务工作的意见，建立健全金融支持淘汰落后产能的长效机制。人力资源和社会保障部指导督促各地做好淘汰落后产能企业职工安置工作，要求各地妥善处理职工劳动关系、社会保障关系的转移接续和下岗职工再就业。监察部会同有关部门开展淘汰落后产能、节能减排、电价政策、环境保护法律法规等工作检查，督促淘汰落后产能政策措施的落实。

各地高度重视淘汰落后产能工作，认真落实国务院的部署和要求，制定推进本地区淘汰落后产能工作的指导意见和实施方案，成立省级政府淘汰落后产能工作协调小组或相应机构。各省（自治区、直辖市）将国家下达的淘汰落后产能目标任务及时分解到县（市），落实到企业。部分省（自治区、直辖市）政府与各地市政府签订淘汰落后产能目标责任书。各地积极落实和完善差别电价等相关政策措施，加强检查考核，确保目标任务的完成。一些地区安排专项资金，支持淘汰落后产能工作。有的地区制定本地区淘汰落后产能工作检查验收办法，将年度目标任务完成情况纳入地（市）政府年度工作考核体系。经过各方面的共同努力，2010年我国淘汰落后产能任务全面完成，绝大部分行业超额完成。淘汰落后产能任务的完成，对实现“十一五”节能减排目标，调整优化产业结构，转变经济发展方式发挥了重要作用。

二、企业兼并重组取得积极进展

促进企业兼并重组是调整优化产业结构的重要内容，是提高企业规模效益和优化资源配置的重要举措。2010年是我国企业兼并重组取得重要进展的一年。2010年8月28日，国务院印发《国务院关于促进企业兼并重组的意见》（国发〔2010〕27号），《意见》明确促进企业兼并重组的主要目标和基本原则，要求发挥企业的主体作用，坚持市场化运作，促进市场有效竞争，维护企业与社会和谐稳定，以汽车、钢铁、水泥、机械制造、电解铝、稀土等行业为重点，推动优势企业实施强强联合、跨地区兼并重组、境外并购和投资合作，提高产业集中度，促进规模化、集约化经营，加快发展具有自主知识产权和知名品牌的骨干企业，培养一批具有国际竞争力的大型企业集团，推动产业结构优化升级。《意见》强调，要消除企业兼并重组的制度障碍，包括清理限制跨地区兼并重组的规定、理顺地区间利益分配关系和放宽民营资本的市场准入等。《意见》提出，要在落实税收优惠政策、加强财政资金投入和加大金融支持力度等方面，加强对企业兼并重组的引导和政策扶持。《意见》是规范我国企业兼并重组的纲领性文件，是新世纪以来国务院关于促进企业兼并重组的第一个全面系统的文件。

在国务院对企业兼并重组进总体规划和部署的同时，一些重要行业的企业兼并重组的目标和相关政策进一步明确。为严格保护和合理开发煤炭资源，淘汰落后产能，调整优化煤炭产业结构，提高煤炭生产集约化程度和生产力水平，促进煤炭工业持续稳定健康发展，2010年10月16日，印发《国务院办公厅转发发展改革委关于加快推进煤矿企业兼并重组若干意见的通知》（国办发〔2010〕46号）。《通知》明确了煤矿企业兼并重组的主要任务和要求及推进煤矿企业兼并重组的策措施，强调要通过兼并重组，全国煤矿企业数量特别是小煤矿数量明显减少，形成一批年产 5 000 万吨以上的特大型煤矿企业集团，煤矿企业年均产能提高到 80 万吨以上，特大型煤矿企业集团煤炭产量占全国总产量的比例达到 50.0% 以上；煤矿技术装备水平明显提升，安全生产条件明显改善，煤炭资源回采率明显提高，环境保护与治理得到加强，煤炭开发秩序进一步规范，形成以股份制为主要形式、多种所有制并存的办矿格局。在钢铁工业方面，2010 年 6 月 4 日，印发《国务院办公厅关于进一步加大节能减排力度加快钢铁工业结构调整的若干意见》（国办发〔2010〕34 号），《若干意见》提出，支持优势大型钢铁企业集团开展跨地区、跨所有制兼并重组，鼓励各省、自治区、直辖市人民政府继续推动本地区钢铁企业的兼并重组，进一步提高我国钢铁产业集中度，培育形成 3 ~ 5 家具有较强国际竞争力、6 ~ 7 家具有较强实力的特大型钢铁企业集团。力争到 2015 年，国内排名前 10 位的钢铁企业集团钢产量占全国产量的比例从 2009 年的 44.0% 提高到 60.0% 以上，推动钢铁工业结构调整迈上一个新的台阶。《若干意见》要求抓紧完善和落实促进钢铁企业兼并重组的政策措施，在项目审批、土地供应、贷款授信、资本市场融资以及安排国有资本经营预算支出等方面，加强对企业兼并重组的支持。对国有钢铁企业因重组出现阶段性经营绩效下降和负债率上升等情况，国有资产监管机构要在确定年度考核和任期考核目标中作相应调整。

在各方面的共同努力下，2010 年我国重要行业企业兼并重组取得了积极进展。钢铁工业的鞍钢与攀钢实现联合重组，本钢兼并北台钢铁，首钢兼并通钢，天津 4 家钢铁企业联合成立天津渤海钢铁有限公司，河北钢铁集团对省内 12 家民营钢铁企业进行重组等。通过联合重组，产业集中度有较大提高，2010 年粗钢产量排名前 10 位的钢铁企业产量占全国比重 48.6%，比 2009 年提高 5.1 个百分点。汽车工业的广汽集团与浙江吉奥控股集团有限公司吉奥控股合资设立广汽吉奥汽车有限公司，长安汽车集团对哈飞、昌河汽车的业务整合稳步推进，比亚迪股份有限公司与德国汽车巨头戴姆勒股份公司、上海汽车集团股份有限公司与美国通用汽车公司、长安汽车（微博）集团和法国标致雪铁龙集团、东风汽车公司与台湾裕隆汽车集团等进行不同形式联合。兼并重组促进了汽车工业大企业发展和产业集中度的提高。2010 年，上汽、东风、一汽和长安 4 家汽车生产企业（集团）产销规模均超过 200 万辆，其中汽车销量突破 300 万辆，4 家企业（集团）2010 年共销售汽车 1 122 万辆，占汽车销售总量的 62.1%。我国汽车销量前 10 名的企业集团共销售汽车 1 559.6 万辆，占汽车销售总量的 86.3%，比 2009 年略有上升。建筑材料工业前 60 家水泥企业熟料产量占总产量的半数以上，前 20 家水泥企业年熟料生产能力达到 45.0%，大型企业集团平板玻璃产量占全国总量 73.0%，大中型技术玻璃企业生产量占技术玻璃生产总量 72.0%。

三、区域间产业转移进展良好

产业转移是优化生产力空间布局、形成合理产业分工体系的有效途径，是推进产业结构调整、加快经济发展方式转变的必然要求。为进一步指导中西部地区有序承接产业转移，完善合作机制，优化发展环境，规范发展秩序，2010 年 8 月 31 日，国务院印发《关于中西部地区承接产业转移的指导意见》（国发〔2010〕28 号）。《指导意见》在总体要求、因地制宜承接发展优势特色产业、促进承接产业集中布局、改善承接产业转移环境、加强资源节约和环境保护、完善承接产业转移体制机制、强化人力资源支撑和就业保障和加强政策支持和引导等方面提出明确要求。《指导意见》的出台，不仅有利于中西部地区发挥资源丰富、要素成本低、市场潜力大的优势，积极承接国内外产业转移，加速中西部地区新型工业化和城镇化进程，促进区域协调发展，而且有利于推动东部沿海地区经济转型升级，在全国范围内优化产业分工格局。

2010 年 1 月，国务院正式批复《皖江城市带承接产业转移示范区规划》。明确将皖江城市带承接产业转移示范区定位为合作发展的先行区、科学发展的试验区、中部地区崛起的重要增长极、全国重要的先进制造业和服务业基地。作为首个获批复的国家级承接产业转移示范区，皖江城市带承接产业转移示范区是国家实施区域协调发展战略的又一重大举措，对于探索中西部地区承接产业转移新途径和新模式、深入实施促进中部地区崛起战略具有重要意义。2010 年 7 月，工信部发布《关于推进纺织产业转移的指导意见》，对东部地区加速产业升级步伐、发展纺织服装高端制造业、因地制宜推进纺织产业转移，中部地区利用产业基础优势发展特色产业、发挥比较优势发展终端产品制造业，西部地区加快资源优势向产业优势转化、发展民族艺术和民间工艺特色产业，以及东北地区加快发展优势产业做出了部署。10 月，国家发改委批准《广西桂东承接产业转移示范区规划方案》，根据发展规划，桂东承接产业转移示范区主要包括毗邻广东的 4 个市：梧州、贵港、贺州和玉林，国家有关部门和广西自治区将为广西桂东承接产业转移示范区建设提供相关政策支持，重点承接装备制造业、原材料产业、轻纺化工、高技术产业、现代农业、现代服务业等六大产业转移。

在国家相关政策的推动下，各地产业转移步伐明显加快。河北省多个县市为承接北京产业转移，纷纷出台举措，通过打造工业园区承接北京的高新技术、休闲旅游、现代服务、高端食品制造等产业转移。安徽省、河南省等中部地区制定优惠政策，承接东部地区产业转移。上海、杭州、温州、宁波等地电子、信息、汽车及零部件制造业的企业开始向西部地区转移，在陕西省等西部地区投资设厂。新疆生产建设兵团抓住东部地区棉纺织产业转移和国家纺织工业调整振兴的机遇，出台优惠政策，安排专项资金，加大扶持力度，承接东部纺织产业转移。2010 年续建和新开工棉纺织项目总投资超过 50 亿元，总规模超过 140 万锭棉纺、1 400 台织机、2 万吨染色棉、2 000 万米色织布。

四、明确发展战略性新兴产业的内容和政策措施

2010 年 10 月 10 日，国务院印发《国务院关于加快培育和发展战略性新兴产业的决定》（国发〔2010〕32 号）。包括：节能环保产业、新一代信息技术产业、生物产业、高端装备制造产业、新能源产业、新材料产业、新能源汽车产业。《决定》提出的战略性新兴产业发展目标是：到 2015 年，战略性新兴产业形成健康发展、协调推进的基本格局，对产业结构升级的推动作用显著增强，增加值占国内生产总值的比重力争达到 8% 左右。到 2020 年，战略性新兴产业增加值占国内生产总值的比重力争达到 15.0% 左右，吸纳、带动就业能力显著提高。节能环保、新一代信息技术、生物、高端装备制造产业成为国民经济的支柱产业，新能源、新材料、新能源汽车产业成为国民经济的先导产业；创新能力大幅提升，掌握一批关键核心技术，在局部领域达到世界领先水平；形成一批具有国际影响力的大企业和一批创新活力旺盛的中小企业；建成一批产业链完善、创新能力强、特色鲜明的战略性新兴产业集聚区。再经过 10 年左右的努力，战略性新兴产业的整体创新能力和产业发展水平达到世界先进水平，为经济社会可持续发展提供强有力的支撑。《决定》在强化科技创新、营造良好市场环境、深化国际合作、加大财税金融政策扶持力度、推进体制机制创新等方面，提出发展战略性新兴产业的政策措施。《决定》的出台，必将对我国加快战略性新兴产业发展、推动产业结构优化升级和转变经济发展方式发挥重要作用。

（撰稿：　辛仁周）

2010 年中国大企业发展综述

中国企业联合会　中国企业家协会课题组

2010 年 9 月，中国企业联合会、中国企业家协会参照国际上的通行做法，连续第 9 年向社会发布中国企业 500 强，连续第 6 年发布中国制造业企业 500 强和中国服务业企业 500 强。以上 3 个企业 500 强榜单包括了我国不同产业、不同地区及各种所有制大企业共计 1 073 家。其中制造业企业 500 强和服务业企业 500 强分别有 294 家和 133 家入围中国企业 500 强。

一、2010 年中国大企业发展的主要特征

以中国企业 500 强、中国制造业企业 500 强和中国服务业企业 500 强为代表的中国大企业在保持发展步伐的同时，也显现出一些新的特点。

（一）2010 中国 500 强企业持续成长

2010 中国 500 强企业的发展与前几年“单边飘

红"的特点有所不同。一方面,规模虽然继续扩张,但增长势头有所放缓;另一方面,利润出现明显下滑,许多经营指标都有下跌。

1. 营业收入增长势头有所放缓,入围门槛提高幅度下降。2010 中国企业 500 强的营业收入总额达到 276 300 亿元,比上年提高 6.2%,增速比上年降低 13.5 个百分点;资产总额达到 912 900 亿元,比上年提高 23.1%,增速比上年增加 3.9 个百分点。制造业企业 500 强的营业收入达到 132 200 亿元,比上年提高 2.2%,增幅比上年减少 25.3 个百分点;总资产达到 116 800 亿元,比上年增长 25.3%,增速比上年减少 6 个百分点。服务业企业 500 强营业收入总额达 116 300 亿元,比上年增长 4.9%,增速比上年降低 15.9 个百分点;总资产达到 734 600 亿元,比上年大幅提高 23.9%,增速比上年降低 2.2 个百分点。因此,2010 年中国 500 强企业的特点之一是营业收入的增幅小于资产增幅。这说明 2009 年中 500 强企业投资的步伐并未放慢。

2010 中国企业 500 强的入围门槛从上年的 105 亿元上升为 111 亿元,入围门槛再次提高 6 亿元大关;制造业企业 500 强的入围门槛为 41.6 亿元,比上年减少 7 亿元;服务业企业 500 强入围门槛为 9.9 亿元,比上年减少了 2.1 亿元。

2. 企业利润下降势头得到扭转,经济效益明显改善。2010 中国 500 强企业在规模扩张的同时,净利润同步增长。2010 中国企业 500 强共实现净利润 15 000 亿元,比上年增长 24.7%;制造业企业 500 强共实现净利润 5 244.5 亿元,比上年增长 26.5%;服务业企业 500 强实现利润总额 8 593.7 亿元,比上年降低 22.1%。

2010 中国企业 500 强的收入利润率为 5.4%,比上年提高 0.7 个百分点;净资产收益率为 9.4%,比上年提高 0.5 个百分点。制造业企业 500 强收入利润率为 4.0%,比上年提高 0.8 个百分点;净资产收益率为 10.7%,比上年提高 0.8 个百分点。服务业企业 500 强的收入利润率为 7.4%,比上年提高 1.0 个百分点;净资产利润率为 9.6%,比上年提高 0.2 个百分点。

3. 资本密集程度进一步提升,劳动生产率有所提高。企业的资本 - 劳动比率反映企业的资本密集程度和生产资料的利用效率。数据显示,2010 中国企业 500 强的资本密集程度进一步提高。2010 中国企业 500 强的人均资产为 336 万元,比上年增加 52 万元;制造业企业 500 强人均资产为 129 万元,比上年增加 19 万元;服务业企业 500 强人均资产为 630 万元,比上年增加 90 万元。从经济发展的阶段看,大企业成长的资本密集程度不断提高反映出我国仍处于工业化后期的资本深化阶段。

从反映劳动生产率的人均营业收入指标看,2010 中国企业 500 强比上年继续提升。2010 中国企业 500 强人均营业收入为 100 万元,比上年增加 2 万元;制造业企业 500 强人均营业收入为 124 万元,比上年增加 1 万元;服务业企业 500 强人均营业收入为 96 万元,与上年持平。

(二)在世界 500 强中的比重继续攀升,绩效指标首超世界和美国企业 500 强

经过长期高速发展,加之受国际金融危机的影响相对较轻,2010 中国企业 500 强的相对规模进一步扩张,经营绩效指标不仅有效地缩小了与世界和美国企业 500 强的差距,而且一举首次超过世界和美国企业 500 强。

1. 在世界企业 500 强中的比重进一步升高。2010 世界企业 500 强中共有 54 家中国公司入围,其中内地公司 43 家,台湾地区公司 6 家,香港地区公司 3 家。尽管受到国际金融危机的不利影响,但中国内地 500 强企业进入《财富》世界 500 强的数量继续保持迅速增加的态势,创下入榜数量的最大增幅,比上年净增 9 家。继上一年度新增 8 家企业入围之后,东风、华为、中国北方等 9 家中国 500 强企业成为最新的世界 500 强企业。值得注意的是,2009 年首次上榜的联想集团,由于遭受公司成立以来最大规模的亏损,又成为 2010 年唯一下榜的中国企业,而新入榜的华为成为 2010 年中国内地唯一上榜的高科技民营企业。

中国入围企业的数量和营业收入占世界企业 500 强的份额分别为 8.6% 和 8.1%,比上年提高 1.8 和 1.84 个百分点。中国入围企业的利润在世界 500 强中所占份额高达 12.4%,比上年提高 1 个百分点,明显改变了以往中国企业盈利能力不佳的形象。美国有 140 家企业入围世界 500 强,比上年减少 13 家。与 2002 世界企业 500 强相比,美国入围企业数减少 59 家,中国入围企业数则增加 23 家。

在世界企业500强的51个行业中，34家中国500强企业分布于其中的15个行业，比上年增加3个行业。部分企业也取得较好的行业名次。其中，工程建筑业5家，银行业5家，金属业5家，电信业3家，炼油行业、贸易业、汽车业、公用事业各2家，保险（股份）、海运、采矿原油生产、生产性服务、电力、商业服务、航空、国防各1家。中国石化名列第9位，比上年提升7位，为中国公司在世界企业500强中的最好名次。除2家企业的名次下降之外，其他中国企业在世界500强中的名次都有较大幅度提升，中国铁建提升了104名，成为名次提升最快的企业，中国铁路工程、中国建筑工程、中海油的排名提升都在90位以上，中化集团、中国交通建设、中国五矿的排名提升都在80位以上。

2. 相对于世界和美国企业500强的规模继续提升。

2010世界企业500强的营业收入为230 900亿美元，较上年度下降6.6%，增幅回落6.4个百分点；2010美国500强企业营业收入为106 900亿美元，比上年仅增长0.8%，增长速度回落6.3个百分点。

2010中国企业500强的营业收入总额折合成美元为36 805亿美元（汇率按照1美元=7.0696元人民币，下同），相当于世界企业500强的14.6%，比上年继续缩小2.0个百分点差距；相当于美国企业500强的34.4%，又比上年缩小6.2个百分点差距。因此，与2002中国企业500强营业收入仅相当于世界企业500强的5.3%，相当于美国企业500强的10.0%相比，2010中国企业500强相对于世界和美国企业500强的规模有了大幅度的提升。

3. 经营绩效首超世界和美国企业500强。

2010世界企业500强的净利润总额为8 220亿美元，较上年下降48.3%，增幅下降52.2个百分点；2010美国企业500强净利润仅为989亿美元，较上年大幅缩水84.7%，创下该榜单问世55年以来的最糟糕纪录；2010中国企业500强净利润折合成美元为1 706亿美元，加上汇率变动影响，较上年下降12.4%（与本币计算略有不同）。由此看出，中国企业500强的利润指标显著好于世界和美国企业500强。

2010中国企业500强收入利润率、净资产收益率均超过世界和美国企业500强。中国企业500强收入利润率为4.7%，比上年减少1.7个百分点；世界企业500强为3.3%，比上年降低3.5个百分点；美国企业500强的收入利润率在金融危机的重创下降为0.9%，比上年降低5.2个百分点，创下数十年来的历史低点。中国企业500强净资产收益率为8.9%，比上年减少3.3个百分点；世界企业500强为8.2%，比上年下降6.1个百分点；美国企业500强为2.3%，比上年下降10.6个百分点。中国企业500强的收入利润率、净资产收益率首次超过世界企业500强，远远高于美国企业500强，说明在国际金融危机深度发展的形势下，美国500强企业受到的冲击远远大于中国500强企业。

4. 产业分布的差异基本不变。

在企业数量方面，2010中国企业500强中的制造业企业、服务业企业、其他产业分别是294家、133家和73家，分别占500强企业总数的58.8%、26.6%和14.6%；与上年相比，制造业企业数量增加1家，服务业企业减少5家，其他产业增加4家。2010世界企业500强中的制造业企业、服务业企业、其他产业分别是157家、227家和116家，分别占500强企业总数的31.4%、45.4%和23.2%；与上年相比，制造业企业增加5家，服务业企业减少44家，其他产业增加39家。美国企业500强中制造业企业、服务业企业、其他产业分别是170家、259家和71家，依次占500强企业总数的34.0%、51.8%和14.2%。与上年相比，制造业企业增加16家，服务业企业减少11家，其他产业减少5家。

在营业收入方面，中国企业500强的制造业企业所占比重最大，为43.9%；服务业企业次之，为37.6%；其他产业为18.5%。制造业企业、服务业企业收入比重比上年略有增加。世界企业500强的服务业企业所占比重最大，为44.5%；制造业企业为27.3%，其他产业为28.2%。美国企业500强的服务业企业占53.2%，制造业企业占27.6%，其他企业占19.2%。世界和美国企业500强均是服务业企业比重有所下降。但总的来看，中国企业500强偏重于制造业、世界和美国企业500强偏重于服务业的格局未发生改变。

（三）在国民经济中发挥的作用进一步增强

大企业是一国经济的“中流砥柱”。2010中国500强企业在国民经济中的优势地位得到巩固，发挥的作用进一步增强。

1. 财税贡献占显著地位。

纳税是大企业对国民财富贡献的一个直接反映,中国500强企业对国家税收一直有突出贡献。2010中国企业500强纳税总额21 200亿元,占全国税收总额(59 500亿元)的35.6%。十分有意思的是,这一比例已经连续保持了4年。其中,有44家企业的纳税总额超过100亿元,有两家公司纳税破千亿元大关。2010中国制造业企业500强纳税总额为8 515.2亿元,占全国税收总额的15.7%,比上年提高1.4个百分点;2010中国服务业企业500强纳税总额为6 467.4亿元,占全国税收总额的11.9%,比上年减少0.6个百分点。

2. 自主创新能力不断提升。

2010中国企业500强有426家企业填报了研发数据,平均研发费用为6.8亿元,比上年增长21.0%,平均研发投入的比例为1.3%,比上年略有增长。其中,研发投入超过10.0%的有4家,在5.0%~10.0%之间的为18家,在3.0%~5.0%之间的有51家。从上报数据的420家企业看,2010中国企业500强每家企业平均拥有专利332项,其中发明专利115项。而在上年度上报数据的450家中国企业500强中,每家企业的平均专利数为302项,其中发明专利是76项。中国企业500强的专利数和发明专利数有大幅提高,特别是发明专利,增幅达到51.3%,这说明企业更注重专利,特别是发明专利。2010中国制造业企业500强中有458家申报研发投入数据,平均研发费用为5.3亿元,比上年增长16.9%,平均研发投入的比例为2.0%,比上年低0.2个百分点。从上报拥有专利数据的451家企业看,2010中国制造业企业500强平均拥有专利302项,其中发明专利109项。

3. 注重主营业务成长。

从上报主营业务的465家企业的数据看,2010中国企业500强中有36家企业的第一主营业务收入比例为100.0%,有258家企业的第一主营业务收入比例在80.0%~100.0%之间;有112家企业的第一主营业务收入比例在50.0%~80.0%之间;仅有59家企业的第一主营业务收入比例低于50.0%。统计显示,有66.7%的企业第一主营业务收入的比例在80.0%以上,这一数字高于上年57.8%的水平,它反映出我国大企业在规模扩张中更加注意发展的路径选择,"归核化"特征突出,这一点与前几年的趋势基本相一致。

4. 并购重组保持活跃。

2010中国企业500强中有146家企业进行了并购或资产重组,共并购重组644家企业。相比之下,2008中国企业500强中有158家企业进行并购或资产重组,共并购重组544家企业。虽然进行并购的企业数量较2008年有所减少,但被并购重组的企业数量有了较大幅度的增长,这说明企业对待并购重组更加理性,而且进行并购企业的资源整合能力有一定加强。上述2010中国企业500强的总资产猛增也证实了这一点。并购重组的日益活跃是这些年中国企业500强成长的重要特征。即使在金融危机的背景下,中国大企业也没有放慢并购的步伐,一些企业已经开始到海外并购。

5. 集团公司控制力不断加强。

统计显示,2010中国企业500强共有30 785家子公司和5 678家参股公司,这两个数字(特别是子公司数目)都高于2008中国企业500强18 200家、5 400家及2007中国企业500强17 409家、4 809家的规模。这个趋势对于中国企业500强来说,近几年也是一致的。它表明,我国企业500强的资本运营能力和调控能力进一步增强。同时也表明,我国企业500强通过其子公司和参股公司整体上对国民经济的控制力、影响力和带动力在不断加大。

(四)基本结构相对稳定,结构调整有所进展

进入新世纪以来,中国经济在高速发展过程中又回到重化工业的轨道上。由于工业化、城镇化发展的需要,这种趋势一直在加深。因此,中国企业500强的产业分布色彩一直"较重"。随着我国所有制政策和区域经济政策的不断调整,中国企业500强的所有制结构和地区结构在总体稳定的情况下也有所变化。

1. 传统行业仍占较大比重,"重化工"特征依旧。

2010中国企业500强共分布在75个行业中,企业数量排在前5位的行业是:黑色冶金及延压加工业的企业最多,有65家入围,占总数的13.0%,排列在第2~5位的分别是建筑业33家,煤炭采掘及采选业26家,一般有色冶金及压延加工业21家,电力、电气、输变电等机械、设备、器材、元器件和线缆制造业18家，这5个行业500强企业数量占总数的32.6%。

从营业收入看，排在前5位的行业是黑色冶金及延压加工业，银行业，建筑业，石化产品、炼焦及其他燃料加工业，石油、天然气开采及生产业，其营业收入占500强营业收入总额的36.8%。其中，黑色冶金及延压加工业的营业收入占据500强企业的11.4%，是500强营业收入最多的行业。

2. 国企仍居控制地位，私营企业稳步成长。

2010中国500强企业的所有制结构分为国有、集体、私营、外资4种类型。从所有制结构来看，国有及国有控股企业的比重仍然最大，继续保持着绝对主导的地位。中国企业500强中，国有及国有控股企业共有331家，占总数的66.2%；实现营业收入220 000亿元，占营业收入总额的84.6%；实现净利润为10 000亿元，占净利润总额的86.9%。中国制造业企业500强中，国有及国有控股企业为224家，占总数的44. 8%；实现营业收入86 944.4亿元，占营业收入总额的67.2%；实现净利润为2 587.6亿元，占净利润总额的62.4%。中国服务业企业500强中，国有及国有控股企业共有企业282家，占全部企业的56.4%；实现营业收入97 984亿元，占营业收入总额的88.4%；实现净利润为6 426亿元，占净利润总额的91.3%。与2008中国500强企业相比，中国企业500强中的国有及国有控股企业数目没有变化，中国制造业企业500强中减少5家，中国服务业企业500强中增加4家。

2010中国企业500强中，私营企业共有104家，占总数的20.8%；实现营业收入24 000亿元，占营业收入总额的9.2%；实现净利润932.9亿元，占利润总额的7.8%。中国制造业企业500强中，私营企业共有185家，占总数的37.0%；实现营业收入26 128.6亿元，占营业收入总额的20.2%；实现净利润1 058.2亿元，占净利润总额的25.5%。中国服务业企业500强中，私营企业共有151家，占总数30.2%；实现营业收入8 261亿元，占7.5%；实现净利润总额为303亿元，占净利润总额的4.3%。与2008中国500强企业相比，中国企业500强中的私营企业增加6家，中国制造业企业500强中增加26家，中国服务业企业500强中减少1家。

应当看到，随着中国国有企业改革深化，国有企业产权结构和经营机制发生了很大变化，经营业绩也有明显提高，国有企业虽然继续居于主导地位，但相对规模一直延续着下降的趋势，而私营企业比重尽管不大，却呈现稳步成长。这一点在制造业领域中表现得更为明显，这与制造业中市场竞争更加充分有一定相关性。值得注意的是，2010中国服务业企业500强中，国有及国有控股企业所占比重比上年略有上升，这种趋势在近年来的变化中尚属少见。

3. 东部地区企业依然占魁首，中西部地区企业持续增加。

与2008年相比，2010年入围500强的企业仍然大多数来自东部地区，但是比例有所下降，东北地区比例有所降低，中部和西部地区比例有所上升。具体来说，全国共有29个省、自治区、直辖市的企业进入2010中国企业500强，只有西藏、宁夏没有企业入围。其中东部地区有348家企业，比上年减少8家，占69.6%；中部地区有65家企业，比上年增加6家，占13.0%；西部地区有61家企业，比上年增加4家，占12.2%；东北地区有26家企业，比上年减少2家，占5.2%。中国制造业企业500强中，只有宁夏、西藏没有企业入围。其中，东部地区有345家企业，比上年减少12家，占69.0%；中部地区有57家企业，与上年持平，占11.4%；西部地区有66家企业，比上年增加9家，占13.2%；东北地区有32家企业，比上年增加3家，占6.4%。中国服务业企业500强中，除贵州、西藏、宁夏外，其余的28个省、自治区、直辖市均有企业入围。其中，东部地区共有367家，比上年减少1家，占73.4%；中部地区有63家，比上年增加10家，占12.6%；西部地区有52家，比上年增加1家，占10.4%；东北地区有18家，比上年减少10家，占3.6%。

二、中国大企业发展中存在的主要问题

改革开放30年来，中国企业从计划经济体制下政府的附属物逐渐成长为社会主义市场经济的行为主体，企业规模不断扩大，管理水平不断提高；尤其大企业发展取得长足进展，从1989年中国银行成为我国第一家进入世界500强的企业，到2010年中国内地已经有34家企业进入世界500强。同前几年

的情况相比，中国内地入围企业的数量和营业收入比重均出现明显上升，并且首次超越了英国企业在世界500强的比重，而且与法国、德国的距离已大为减小。这也从另一个侧面有力地印证了中国经济的快速发展和综合实力的提高。

在看到我国大企业高速发展的同时，也必须正视大企业所经历的严峻挑战。从企业内部成长看，我国许多大企业也或多或少出现了“大企业病”；从企业的外部对比看，部分企业的内部管理水平、经营效率和风险控制能力都与同行业国际巨头还存在较大差距。差距很明显，问题很突出。

（一）企业步入高成本时代

近年来，随着大企业的高速成长，其经营的外部环境也在不断发生变化，最大的变化莫过于经营成本的上升。众所周知，我国工业长期高速发展的背后，是以低劳动力成本和诸多要素低价作为主要竞争手段的。统计数据显示，近些年工业企业的工资年增幅在10.0%左右，而净利增幅却高达30.0%左右，这意味着企业盈利能力的增强某种程度上是靠挤压劳动力成本获得的。这种情况在经济起步期为完成原始的资本积累是可以理解的。但是随着经济的增长，我国工业一直以来享受的“低成本红利”正在逐渐消失。劳动要素成本的上升、土地价格和土地使用税的提高以及各种资源、原材料价格的上升等因素都一再推高了生产经营成本。

从世界范围内看，中国已经不再是生产成本最低的制造业基地了。美国全球企业顾问公司 Alix Partners 跟踪调查过去3年里各国劳动力成本、汇率、交通以及原材料成本的变化，将中国、印度、巴西和墨西哥制造业成本进行了对比。它的报告显示，各种成本的巨大变化已经让中国跌下榜首，如今是墨西哥第一，印度第二，中国落到第三。报告援引 Alix Partners 一名高管的话说，从前，选择在中国从事劳动密集型产业及外包可以节省30.0%以上的成本，“但现在这一状况已不存在”。最近跨国企业纷纷采取“中国+1”或“中国+2”战略，在东南亚新兴市场投资建厂，进行多元发展。中国已不再是制造业投资的唯一圣地。在珠三角、长三角等地已经出现企业（包括一些规模以上的企业）外迁现象。《印度经济时报》指出，失去“全球生产成本最低国地位”，对中国应对金融危机而言是一大打击。高成本时代已不可避免地到来了，这说明中国工业所面临的市场和政策环境已全面改变。中国工业特别是制造企业要想实现持续发展就必须着手“另辟蹊径”。

（二）应对外部冲击的能力亟待提升

在欣喜于大企业成长的同时，必须指出，进入中国企业500强的许多大企业事实上仍然是“大”而不“强”，其“爆炸式”发展更多的是受益于宏观经济高速增长的“水涨船高”式成长，绝大部分企业的发展与宏观经济周期密切相关。多数企业自身内在的成长能力并未同步提升，缺少核心竞争能力，企业抗击外界扰动的能力还较弱。在2008年国际金融危机的冲击下，中国少数几个行业都出现了“全行业亏损”局面，包括铁路运输业、民航运输业、电力生产业；其中铁路业共有16家铁路局进入2010中国企业500强，却有12家亏损，行业亏损额达到193亿元；民航业有6家企业进入500强，却仅有海航和深圳航空2家企业盈利，行业亏损额达到145亿元；电力生产业有10家企业进入500强，前五大发电企业全部亏损，行业亏损额达到240亿元。受国际金融危机影响，中国钢铁工业在2008年9月至2010年5月也出现了全行业亏损。此外，一些2008中国500强企业也跌出2010年排行榜，一些国内知名企业出现亏损局面。因此，中国大企业成长目前还属于典型的速度经济型，发展速度越高越景气，一旦遇到外部干扰，业绩水平特别是利润就会明显下滑。因而，中国大企业应对市场经济中的经济波动和外部冲击的能力还需要加强，尤其大型国有企业应该加强“自生能力”建设，建立适应市场经济原则的内部管理机制，提高市场竞争能力。

（三）部分国有企业市场化发育程度不高

与世界500强企业相比，中国大企业尤其是国有企业的市场化程度不高，一些企业从诞生、成长到壮大，都没有经过严酷的市场竞争考验，直接制约了这些企业的市场竞争能力和开拓能力。主要体现在四个方面：一是部分国有大型企业主要是由行政力量直接推动产生，重组效果有待观察。在国际金融危机背景下，企业间的并购重组成为国家产业政策和“潮流”，地方政府尤其有热情推进本行政区域的同类企业合并重组，一些“人造大企业”快速诞生。

这一过程中，行政命令和长官意志发挥了作用，同时存在地方保护主义阻碍资源在全国范围内优化配置的情况。这些企业有一个特点：没有经过激烈的市场竞争，他们的合并重组不一定能产生“1 + 1 > 2”的协同效应，其并购效果需要少则 2 年、多则 5 ~ 10 年的中长期观察。二是部分企业继续依靠开发或经营垄断性资源生存。这些企业缺少面对市场竞争的动机和能力。三是少数行业仍然“政企合一”，经营效率低下。如铁路运输业在 2008 年出现 75.0% 企业亏损的全行业亏损局面，而同样在国际金融危机背景下，全世界有 3 家铁路企业进入世界 500 强，且全部实现盈利。四是许多国有大企业与政府的关系模糊，治理结构复杂，还未真正成为市场经济主体。

（四）大企业与中小企业未形成共生的竞合关系

大企业并不是孤立存在的。一方面，大企业和中小企业之间存在一定程度的竞争关系，但是这种竞争关系可能存在产品结构、质量结构、价格结构等方面的差别；另一方面，大企业和中小企业之间还存在着互利共生的合作关系，一个行业内应该是大中小企业并存、共生的产业组织结构。我国许多大企业还没有与中小企业形成互利共生的竞合关系。以钢铁企业为例，我国钢铁工业中存在规模庞大的大企业，也存在上千家规模不等的中小企业，前者主要是国有企业，后者主要是民营企业。由于体制约束，我国大小钢铁企业之间并没有形成良好的合作关系，反而在铁矿石进口等方面形成具有铁矿石进口资质的国有大钢铁企业向没有进口资质的中小企业高价“倒卖”铁矿石并从中获取暴利的关系。利益的不一致使得我国在国际铁矿石价格谈判中不能集中力量，更由于谈判代表由于不能代表所有钢铁企业利益而出现中小企业的所谓“背叛”行为。事实上，在许多行业中都存在大企业与中小企业之间的利益争夺现象。一方面，大中小企业之间的竞争有利于大企业提高内部管理水平和经营效率，另一方面也有利于中小企业通过学习机制和后发优势实现快速成长，最终实现大企业成长的可持续发展。但是如果大企业完全不顾中小企业的利益，不与中小企业建立互利共生的合作关系，那么这种产业组织结构下的大企业就可能出现不可持续成长问题。

（五）企业间的并购重组困难重重

从历史经验看，经济危机时期都是企业间实施兼并重组的大好时机，许多如今在世界上具有龙头地位的跨国企业都是在经济危机时期通过企业间并购重组而诞生。此次国际金融危机对中国实体经济产生了强烈的外部冲击，进而从多个渠道影响到我国多个产业的企业运行，使许多产业的企业出现经营困难、全行业亏损甚至破产。但是国内企业实施并购重组还存在一些障碍，原因有：一是市场化竞争还不充分。中国的城市化、工业化进程都还有很大的空间，全国统一的大市场还未形成，大多数产业的企业都还有很大的市场发展空间，因而并购重组不一定是最优选择。二是企业同质化严重，并购整合互补性不强。这是中国计划经济和政府间竞争的遗留问题，各地区的产业结构、企业结构雷同，同行业企业间重组很难产生互补效应。三是中国还缺少能够为企业间并购重组提供支持的融资平台和中介组织，尤其是证券市场缺少融资能力，投资银行和私募股权基金等中介组织发育不足严重制约了这一进程。四是一些地方政府考虑地方利益的地方保护主义，一定程度上阻碍了企业资源在全国范围内的优化配置。

（六）多数企业跨国经营能力较弱

2010 中国企业 500 强只有 220 家企业填写了“海外收入”数据，其中前 100 位企业的平均国际化程度（海外收入占营业收入比）为 35.2%，但是企业间国际化程度差别极大，其中国际化程度介于 50.0% ~ 100.0% 之间的有 9 家，占 9.0%；介于 30.0% ~ 50.0% 的有 5 家，占 5.0%；介于 10.0% ~ 30.0% 的有 30 家，占 30.0%；低于 10.0% 的有 56 家，占 56.0%。国际化程度在 30.0% 以下的企业占 86.0%。这说明，中国大多数大企业的主要目标市场都在国内，大多数企业尚未走出国门，尚未在全球范围内实施资源配置。其主要原因是中国大企业的跨国经营能力较弱，主要体现在：一是中国大企业主要依靠我国的低成本优势融入全球价值链，但大都处在全球产业链低端，企业要实现跨国经营就要实现经营业务高端化，必然对产业链高端的国际巨头产生冲击，国际巨头必然阻止国内企业进入高端市场。二是中国大企业对国外企业在市场经济条件下的运行方式缺乏深入了解，实施跨国并购经常遇到不“知己知彼”的情况。三是中国大企业自身的经营管理水平有限,资源整合能力不高,尤其是一些国有大型企业长期在国家政策保护下运行,自身的管理水平和经营效率并不高,更缺乏对市场经济的深入体会,一些民营企业由于长期在低成本环境下运行,也缺少通过集约化经营提高竞争力的能力。四是中国大企业大都是产业资本,不善于利用金融资本实现企业扩张和竞争力提高,而国外大企业通常都有深厚的金融资本背景,在全球市场中与之竞争,中国大企业经常遇到融资瓶颈。五是缺乏具有国际影响力的品牌,包括进入世界500强的30多家大企业集团,大都并非依靠国际市场竞争能力、营销能力、技术创新能力等进入的,绝大多数都还没有创造一个全球性的企业品牌。六是缺乏国际化人才。

(七)企业家市场和群体还未发育成熟

企业家是大企业成长和壮大的必备要素,而企业家在任何国家都属于稀缺人力资源。对我国来讲,更缺少能够带领企业做大做强做久的优秀企业家。其中主要原因之一是我国尚未形成能够有效配置企业家人力资源的企业家市场。由于企业家的才能并不能按照市场价格确定报酬,企业家也就无法根据才能和声誉在企业之间流动,企业家之间也无法建立良好的学习和合作机制,因而直接影响了我国具有全球影响力的企业家的诞生。

(八)企业信息化还存在误区

随着信息化、网络化的快速发展,中国大企业只有从“企业信息化”变成“信息化的企业”才能适应时代的要求。中国大多数企业的信息化建设任务尚未全面完成,仍停留在只注重硬件建设上,表现在信息化建设没有从自己的经营战略出发,不能统一规划IT的技术架构和应用架构。一些企业甚至没有对现有业务流程进行再造,根本做不到信息集成和共享,结果出现企业信息系统的“孤岛”现象。中国企业在信息化硬件建设上,还存在投入不足的问题。一份问卷调查显示,中国多数大企业与发达国家大企业在信息化上的投入占总资产8.0%~10.0%的水平相比还有很大差距。中国大企业利用网络进行商业服务的层次较低。虽然企业开通了网站、邮箱,但是更多的是一种企业形象宣传,而不是真正利用网络资源进行商务活动。事实上,以计算机网络为平台的电子商务活动,不仅是信息化建设的问题,还需要企业的信息系统、物流系统、支付系统等进行全面改革和流程再造。中国大多数企业还没有这种紧迫感。

(九)企业发展依然面临体制性障碍

尽管中国企业的管理体制已经发生重大而积极的变化。但必须看到,中国大企业发展还面临诸多体制机制性障碍。一是中国不同所有制企业之间存在体制性的不平等竞争现象。表现在部分大型国有企业继续在若干领域实施垄断经营,民营企业尽管有“非公36条”支持,但依然面临很高的市场准入障碍;国有企业可以从产业振兴规划等产业政策中得到较多的政府支持和补贴,民营企业则很难享受到这一待遇;国有企业在投资、技术创新、并购等方面都能得到体制内的支持,等等。这种存在于国企和民企之间的“鸿沟”直接影响到国有企业的市场竞争能力、技术创新动力和管理效率,也影响到民营企业的发展。二是我国“条块分割、独立运行”的技术创新管理体制已经影响到中国企业的产学研结合进程和技术创新能力。产学研结合的本质是资本、劳动、技术等生产要素的相互配合。中国的企业、大学、研究机构、金融机构等分别受不同的行政部门管理,条块分割,结果是许多大企业进行技术创新总是处于“孤立无援”的境地。三是中国还未建立起一套真正有助于高技术企业创业和成长的融资体制。无论国有企业、民营企业,无论大企业还是小企业,进行技术创新都离不开资金融通。中国风险投资产业规模小、证券市场融资能力弱、商业银行竞争不足等因素都直接影响到中国企业的进一步壮大。四是近年来中国大企业遇到的技术创新标准化问题十分突出。一方面,中国成为制造业“世界工厂”,但中国制造产品却在国外市场频频遭受技术壁垒限制;另一方面,在高技术领域,国际间企业的竞争已经演变为标准的竞争。标准就是话语权、定价权。但中国标准化体制仍是以政府单一主导的标准化管理体制,企业参与的少,在封闭环境下制定的标准多。单纯由政府部门或其事业单位制定的标准很多没有得到真正贯彻,说明这种体制已经不能适应中国企业在深层次上参与国际竞争的要求。

2010年中国国有经济及中央企业经济运行情况综述

国务院国有资产监督管理委员会综合局

2010年，全国国有企业认真贯彻落实党中央、国务院关于加快转变经济发展方式、调整优化经济结构的重大战略部署和宏观调控政策，大力推进经济布局和结构调整，加快深化改革重组，加快积极履行社会责任，努力壮大国有经济，为促进国民经济平稳较快发展作出了重要贡献。

一、国有经济稳步较快发展

截至2010年底，中央79个部门（单位）所属企业、124家中央企业和36个省级单位（自治区、直辖市、新疆生产建设兵团及计划单列市）所属的非金融国有及国有控股企业（简称“全国国有企业”）共计124 455户。2010年，全国国有企业灵活应对复杂的国际国内经济形势，继续深化改革，积极调整结构，奋力开拓市场，切实加强管理，努力降本增效，强化自主创新，经济运行总体上保持了平稳较快增长态势。

（一）全国国有企业户数有所增加，布局结构进一步优化

全国国有企业重组整合步伐加快，国有经济布局结构进一步优化，国有企业市场竞争力、经营运行活力、抵御风险能力、科技研发能力不断提高，较好的发挥了在国民经济中的主导作用。2010年，全国国有企业共计124 455户，比上年增加9 340户。其中，中央部门管理企业7 098户，中央企业（含二、三级子企业）23 738户，地方国有企业93 619户。全国国有企业努力落实党中央、国务院国关于保民生、保就业、保稳定的政策措施，从业人员及人均工资均有所增长，为保障民生、稳定就业、促进和谐作出了积极贡献。全国国有企业年末从业人员为3 760.7万人，同比增长1.4%；年末职工人数为3 599万人，同比增长2.0%。实际发放工资总额16 926亿元，同比增长20.0%，人均职工工资4.6万元，同比增长17.7%。

（二）国有资产总量持续增加，带动力进一步增强

随着国资监管机构的进一步健全和监管制度的逐步完善，国有资产保值增值责任进一步落实，国有资产总量继续保持较快增长，对社会资本的带动能力进一步增强。截至2010年底，全国国有企业资产总额686 186.5亿元，同比增长22.0%；所有者权益（净资产）总额245 379.7亿元，同比增长20.6%，其中，归属于母公司所有者权益为195 339.6亿元，同比增长19.9%，少数股东权益为50 040.1亿元，同比增长23.3%；合并国有资产总量为187 492.9亿元，同比增长19.0%；平均资产负债率为64.2%，比上年上升0.4个百分点；国有资本保值增值率为106.9%，较好地完成了国有资本保值增值的任务。

（三）经济效益保持较快增长，经营活力进一步增强

全国国有企业加大市场开拓力度，加强内部管理，调整产业结构，努力降本增效，优化资源配置，加强风险管控，经济效益保持平稳较快增长，经营活力进一步增强。2010年，全国国有企业实现营业收入319 571.8亿元，同比增长31.5%；实现净利润16 812.9亿元，同比增长43.7%；归属于母公司所有者的净利润11 593.1亿元，同比增长39.5%；上缴税金总额28 890.4亿元，同比增长27.1%；平均净资产收益率为7.4%，比上年提高1.2个百分点；平均总资产报酬率为4.4%，比上年提高0.4个百分点。124 455户全国国有企业中，盈利企业80 933户，盈利面65.0%，比上年扩大8.1个百分点；亏损企业43 522户，亏损面35.0%，比上年缩小8.1个百分点。

（四）企业集团资产规模扩大，竞争能力进一步提升

全国国有企业不断完善产业链结构，逐步加强集团管控，积极实施“走出去”战略，企业集团规模不断扩大，市场竞争能力进一步增强。2010年，全国国有企业实现工业总产值189 927.3亿元，同比增长37.6%；实现工业增加值71 688.2亿元，同比增长37.0%；固定资产投资总额为50 583.4亿元，同比增长9.6%。截至2010年底，中国邮政、中国石油、国家电网、中国石化、中国移动资产总额超过

10 000 亿元。全国国有企业控股的上市公司资产规模不断扩大。截至 2010 年底,全国国有控股上市公司资产总额 185 870.4 亿元,同比增长 24.2%,占全国国有企业的 27.1%;所有者权益(净资产)总额 78 693.4 亿元,同比增长 17.3%,占全国国有企业的 32.1%。

(五)科技投入持续增长,创新能力进一步提高

全国国有企业加大科技创新投入,健全技术创新体系,完善科技发展规划,科技创新成果更加显著,自主创新能力进一步增强。2010 年,全国国有企业科技资金来源 4145.5 亿元,同比增长 25.3%。其中,政府拨款 749.6 亿元,同比增长 44.7%;企业自筹资金 2 963.6 亿元,同比增长 36.2%。科技支出合计 4 285.1 亿元,同比增长 33.6%。其中,研究开发费用支出 3 283.7 亿元,同比增长 26.4%。购买新技术、科研设备等支出 364.7 亿元,同比增长 45.4%;其他科技支出 636.7 亿元,同比增长 76.9%。拥有的自主知识产权专利 153 347 项,其中当年新增专利46 687 项。

(六)履行社会责任能力进一步增强,节能环保和安全生产投入进一步加大

全国国有企业积极履行社会责任,加大了对安全生产、环境保护及生态建设和节能减排的投入力度,较好地维护了国有企业的形象,社会影响力进一步扩大,实现了企业与社会、环境全面协调可持续发展。安全生产费用的投入不断加大。2010 年,全国国有企业当年提取的安全生产费用 1 052.2 亿元,同比增长 24.7%;当年支出的安全生产费用 934.9 亿元,同比增长 26.4%。节能减排工作取得积极进展,当年支出的节能减排费用 402.1 亿元,同比增长 7.4%。环境保护及生态建设得到加强,当年支付的环境保护及生态恢复支出 368.1 亿元。

二、中央企业经济运行平稳较快增长

2010 年,中央企业认真贯彻落实党中央、国务院的各项决策部署,积极应对国际国内错综复杂的经济形势,抓住宏观经济回升向好的有利时机,进一步巩固和扩大应对金融危机的成果,做强主业增实力,调整优化上水平,加快转变发展方式,改革发展取得了积极成效,中央企业生产经营总体实现了平稳较快增长。

(一)中央企业基本情况

1. 户数、人员情况。

中央企业户数进一步减少,各级子企业有所增加。截至 2010 年底,国资委监管的中央企业共计 124 家,比上年减少 9 家,124 家中央企业拥有各级子企业 33 505 户,同比增长 7.5%,其中,纳入合并范围的子企业 31 916 户,未纳入合并范围的子企业 1 589 户。中央企业从业人员小幅增加,人均工资实现较快增长。2010 年,中央企业年末从业人员 1 211.8 万人,同比增长 4.6%;年末职工人数 1 199.9 万元,同比增长 3.6%;2010 年,中央企业实际发放工资 7 223.4 亿元,同比增长 18.5%;职工人均工资 6.1 万元,同比增长 17.3%。

2. 资产、负债情况。

中央企业资产大幅增加,资产负债率有所上升。截至 2010 年底,中央企业资产总额为 244 327.9 亿元,同比增长 16.0%;所有者权益(净资产)总额为 95 770.9 亿元,同比增长 14.1%,其中,归属于母公司所有者权益为70 995.2 亿元,同比增长 12.7%;少数股东权益为 24 775.7 亿元,同比增长 18.0%;合并国有资产总量 71 033.9 亿元,同比增长 12.9%;平均资产负债率为 60.8%,比 2009 年上升 0.7 个百分点。逐步完善国资监管制度,较好地完成了国有资本保值增值任务。2010 年,中央企业国有资本保值增值率为 108.9%,高于全国国有企业 2.0 个百分点。

3. 收入、效益情况。

中央企业收入实现大幅增长,经济效益显著提升。2010 年,中央企业实现营业收入 167 881.5 亿元,同比增长 33.0%;实现净利润 8 537.9 亿元,同比增长 43.1%;归属于母公司所有者净利润 5 549.5 亿元,同比增长 39.1%;平均净资产收益率为 9.5%,比上年上升 1.9 个百分点;平均成本费用利润率为 7.2%,比上年上升 0.4 个百分点。中央企业盈利面进一步扩大。在 124 家中央企业中,盈利企业 122 家,盈利面 98.4%,比上年扩大 5.2 个百分点,盈利企业盈利额 11 392.3 亿元;亏损企业 2 家,亏损面 1.6%,比上年缩小 5.2 个百分点,亏损企业亏损额 15.6 亿元。中央企业应缴税金突破万亿元,

超过百亿元的企业有所增加。截至2010年底,中央企业应缴税金总额为14 863.3亿元,应缴税金超过百亿元的企业有25户。有3家中央企业应缴税金超过1 000亿元。其中,中国石油应缴税金3 191亿元;中国石化应缴税金2 828.2亿元;中国海油应缴税金1 069亿元。

4. 上市公司情况。

中央企业上市公司总体呈增长态势。截至2010年底,91家中央企业上市公司共计337户,同比增长8.0%。其中,境内上市公司269户,同比增长9.3%;境外上市公司68户,同比增长3.0%。上市公司资产总额125 774亿元,同比增长18.3%,占中央企业的比重为51.5%。实现营业收入100 631.1亿元,同比增长36.2%,占中央企业的比重为59.9%;实现净利润7 466.8亿元,同比增长41.3%,占中央企业的比重为87.5%;归属于母公司所有者的净利润6 851.2亿元,同比增长40.7%。

5. 境外单位情况。

中央境外单位资产和效益稳步增长。截至2010年底,99家中央企业在境外和港澳地区设立单位4 322户,其中,境外子企业3 070户,境外机构1 252户。2010年末,中央企业境外经营单位资产总额26 649.3亿元,同比增长30.3%;负债总额18 558.9亿元,同比增长39.5%;所有者权益8 089.2亿元,同比增长13.1%,其中,归属于母公司所有者权益7 091.8亿元,少数股东权益997.5亿元;实现营业收入28 977.1亿元,同比增长50.4%;实现净利润781.9亿元,同比增长65.1%;平均职工人数为17.2万人,人均工资14.6万元。

6. 重点监测指标情况。

2010年,受宏观经济持续回升影响,中央企业重点监测指标增长较快。重点监测的26项生产指标中,有21项连续12个月实现同步增长,年增长率高于20.0%的有13项。其中,造船承接新船订单、房地产施工面积、造船完工量同比增幅超过50.0%,分别为119.9%、68.9%和66.0%;机车订单额、汽车销量、汽车产量、进口额、航空运输总周转量同比增幅超过30.0%,分别为45.5%、43.3%、42.4%、40.5%和34.0%。氧化铝产量、建筑企业新签合同额、重型设备新签合同额、航空旅客运输周转量、发电量同比增幅超过20.0%,分别为29.6%、29.3%、25.0%、23.2%和23.0%。

(二)中央企业经济运行保持稳健增长

1. 中央企业主要产品产量保持较快增长。

中央企业加大市场开拓力度,加强内部管理,优化资源配置,主要产品产量保持较快增长态势。一是能源产销保持旺盛增长。原油产量25 318万吨(含海外权益产量),同比增长9.9%;成品油产量22 927.1万吨,同比增长10.2%;成品油销售量26 303.6万吨,同比增长16.4%;天然气产量1 115.3亿立方米,同比增长18.9%;天然气销量916.4亿立方米,同比增长15.8%;原煤产量63 243.5万吨,同比增长12.6%;商品煤销量65 407.8万吨,同比增长17.5%;发电量27 404亿千瓦时,同比增长23.0%;售电量32 946.9亿千瓦时,同比增长17.6%。二是原材料产销保持稳定增长。钢材产量12 330.4万吨,同比增长19.0%;钢材销售量12 259.1万吨,同比增长17.1%;乙烯产量1 280.5万吨,同比增长32.0%;合成橡胶产量193.1万吨,同比增长15.5%;纯碱产量396.6万吨,同比增长17.4%;化学农药产量12.3万吨,同比增长5.1%;水泥产量19 810.7万吨,同比增长41.2%;石膏板产量67 493.8万平方米,同比增长40.7%;氧化铝产量1 089.8万吨,同比增长29.6%。三是造船、机车、重型设备订单大幅回升。造船完工量3 232.2万吨,同比增长66.0%;承接新船订单金额1 234.5亿元,同比增长119.9%;签订订单合同金额1 289.5亿元,同比增长45.5%;重型设备企业订单金额435.1亿元,同比增长25.0%。四是交通物流实现快速增长。航空运输总周转量415.6亿吨公里,同比增长34.0%,其中,客运总周转量292.6亿吨公里,同比增长30.8%,货物运输总周转量122.9亿吨公里,同比增长42.3%;水运企业运输总周转量30 358亿吨海里,同比增长11.8%,实现货运收入1 535亿元,同比增长38.5%。

2. 中央企业转变发展方式取得初步成效。

中央企业结构调整和产业升级取得扎实成效,战略性新型产业发展取得初步进展,发展质量和效益显著提升,在转变方式、调整结构方面取得了初步成效。一是结构调整取得扎实成效。2010年,中央企业淘汰落后产能迈出实质性步伐,中央企业重组整合力度不大加大,整体上市步伐不断加快。截至

2010年底,中央企业户数减少至124家,控股境内外上市公司337户,上市公司资产总额、净资产、营业收入占中央企业的52.9%、68.1%和59.7%。二是战略新型产业发展取得初步进展。在新一代信息技术产业方面,中央企业已经取得了TD-LTE技术主导权;在高端装备制造产业方面,中央企业已经承担了大型客机、高速列车等我国绝大多数重大装备的研发生产任务;在新能源产业方面,中央企业主导着新一代核能技术的研发,并完全拥有自主知识产权的风机核心技术;在新能源汽车方面,中央企业组建了电动车产业联盟,自主研发的新能源汽车整车产品已经相继问世。三是兼并重组力度不断加大。中央企业按照战略有机协同、资源有效配置的原则,大力推进中央企业兼并重组和资源整合力度,中央企业主业投资制度进一步完善,国有资本进一步向国民经济命脉的行业和关键领域集中,管理链条进一步压缩,企业兼并重组取得积极成效。

3. 中央企业经济运行质量进一步提高。

2010年,中央企业继续深化体制改革和机制创新,积极推进精细化管理,加大资源整合力度,加强企业短板管理,运行质量得到显著提高。一是盈利能力显著提升。中央企业净资产收益率(含少数股东权益)为9.5%,比上年提高1.9个百分点;净资产收益率(不含少数股东权益)为8.3%,比上年提高1.6个百分点;总资产报酬率为6.1%,比上年提高0.8个百分点;营业利润率为6.4%,比上年提高0.4个百分点;成本费用总额占营业收入比率为93.9%,比上年降低0.6个百分点。二是资产质量明显改善。中央企业总资产周转率0.7次,比上年提高0.1次;流动资产周转率为2.0次,比上年提高0.2次;存货周转率5.2次,比上年提高0.5次;应收账款周转率14.3次,比上年提高1.2次。三是债务风险指标得到改善。中央企业已获利息倍数为5.6,比上年提高0.9;短期借款占全部借款的比率37.7%,比上年降低0.9个百分点;带息负债比率为49.7%,比上年降低0.5个百分点;或有负债比率为2.7%,比上年降低0.8个百分点。四是经营增长指标大幅提高。中央企业营业收入增长率33.1%,比上年提高26.8个百分点;主营业务收入增长率为33.1%,比上年提高26.7个百分点;营业利率增长率为41.4%,比上年提高3.9个百分点;利润增长率39.0%,比上年提高20.7个百分点。五是发展质量和效益显著提升。2010年,中央企业资产总额达到244 000亿元,营业收入达到168 000亿元,净利润达到8 500亿元,2010年美国《财富》杂志公布的世界500强中,中央企业占30家,影响力进一步扩大。

4. 中央企业科技创新能力进一步增强

中央企业不断完善科技体系,科技投入逐年增加,人才队伍不断充实,研发能力显著增强,自主知识产权数量大幅增加。一是中央企业科技投入逐年增加。2010年,中央企业科技投入支出合计2 993.1亿元,同比增长25.3%,其中,研究开发费用支出合计2 362.2亿元,同比增长22.0%;购买新技术、科研设备等支出204.7亿元,同比增长18.5%;其他科技支出426.3亿元,同比增长51.9%,并初步建立了科技投入稳步增长的长效机制。二是人才队伍不断充实。中央企业培养和凝聚了一支高素质的科技人才队伍。截至2010年底,中央企业拥有两院院士217人,科技活动人员和研究人员分别达到129.8万人和53.5万人,分别占中央企业职工总数的10.7%和4.4%。一大批青年科技人才在实践中快速成长,成为科研工作的主要力量。三是研发能力显著增强。中央企业建成并拥有了一大批国家级科研机构。在国家建设的重点实验室中,中央企业获批建设47家,占国家总数的49.0%。一批企业充分发挥自身优势,积极帮扶中小企业,起到了良好的示范带动作用,发挥了科技创新的骨干作用。四是自主知识产权数量大幅增加。截至2010年底,中央企业拥有的自主知识产权专利数量达到96 123项,其中,本年度新增专利数量27 977项,中央企业成为推动行业技术进步和技术创新的主力军,在国家技术创新体系中承担着重要任务,起着举足轻重的作用。

5. 中央企业"走出去"成效显著。

中央企业积极贯彻党中央提出的"走出去"战略,不断提升企业的国际化经营水平,"走出去"的步伐不断加快,境外经营规模、效益大幅提升。一是境外经营规模迅速扩大。截至2010年底,中央企业有99户在境外和港澳地区设立单位4 322户,资产总额达到26 649.3亿元,实现营业收入28 977.1亿元。其中,中国石油纯境外单位资产和营业收入超过5 000亿元,分别占总资产和总营业收入的19.3%和41.9%。二是境外业务积极效益更加明显。2010 年,境外业务利润总额达到 1 100 亿元,境外业务经营成为中央企业新的业务利润增长点。2010 年,中国化工 2006 年收购的法国安迪苏公司,企业价值已经增长 8 倍,取得了良好的投资收益。三是对外投资和工程承包快速发展。2010 年,中央企业对外直接投资增加至 499 亿美元,占全国非金融类企业对外直接投资总额的 84.0%。境外承包营业额增加至 538 亿美元,占全国的 60.0%。2010 年,海外权益原油产量 6 261.5 万吨,同比增长 20.3%;天然气海外权益产量 160.9 亿立方米,同比增长 73.9%;建筑企业海外工程营业额 1 404.7 亿元,同比增长 18.4%;海外工程数量 3 519 个,同比增长 60.8%。四是境外工程项目技术含量不断提高。中央企业在世界各地建设了一批技术居国际领先的大型工程项目。由中国水电工程顾问集团设计、中国水利水电建设集团公司建设的尼罗河全长 9 800 米的世界级大坝,在国际筑坝和水电建设界产生重大影响力。

6. 中央企业积极履行社会责任。

中央企业在自身经营发展过程中,积极履行社会责任,加强安全生产和节能减排管理,加大对外捐赠和环境保护支出,积极维护企业社会形象。一是安全生产工作取得积极成效。中央企业牢固树立科学发展理念,认真落实企业主体责任,建立健全安全管理体系,不断夯实企业发展基础,安全生产形势总体平稳,为和谐发展作出了积极贡献。2010 年,中央企业安全生产形势总体保持稳定并趋于好转,事故起数和死亡人数趋于下降,一些企业事故多发势头得到遏制。2010 年,中央企业百亿元销售收入较大以上安全事故死亡率为 0.15,中央煤炭企业百万吨死亡率为 0.075,达到中等发达国家水平。二是节能减排工作成效显著。中央企业节能减排保障机制初步建立,产业及能源结构趋于优化,科技创新的支撑作用得到加强,循环经济模式逐步推进,管理水平扎实提高,全社会节能减排带动作用显著增强。截至 2010 年底,中央企业万元产值综合能耗(按可比价计算)比 2009 年下降 5.8%;二氧化硫排放量比 2009 年减少 1.2%;化学需氧量排放量比 2009 年减少 7.9%,为完成国家节能减排目标作出了积极贡献。三是加大对外捐赠支出力度。中央企业积极履行社会责任,加大对外捐赠支出力度,树立了良好的共和国长子形象。2010 年,中央企业对外捐赠支出总额为 453 943 亿元,同比增长 32.8%,其中,救济性捐赠 130 325.1 亿元,公益性捐赠 283 533.6 亿元。四是加大安全生产、环境保护及生态恢复和节能减排支出。中央企业为保证可持续发展,不断加大安全生产、环境保护和节能减排支出。2010 年,中央企业提取的安全生产费用 548.8 亿元,同比增长 28.3%;支出的安全生产费用 451.4 亿元,同比增长 30.3%;支付的环境保护及生态恢复支出 233.5 亿元,同比下降 26.3%;支出的节能减排费用 299.2 亿元,同比增长 24.2%。

(三)存在的矛盾和问题

2010 年,中央企业经济运行总体平稳健康,但国际国内不稳定、不确定的因素还很多,中央企业经济运行还存在着一些值得关注的矛盾和问题。

1. 部分企业经营风险不断加大。

中央企业在快速发展过程中,部分企业缺乏有效的风险防范机制和措施,经营风险不断加大。一是中央企业部分债务风险指标较上年有所上升。2010 年,中央企业平均资产负债率为 60.8%,比上年上升 0.7 个百分点;抵押资产占总资产比率 2.7%,比上年增加 1.0 个百分点;现金流动负债比率为 19.3%,比上年降低 1.1 个百分点;二是中央企业存货和应收账款增长较快。2010 年,存货增长率为 25.6%;应收账款增长率为 19.4%;应收账款周转率为 19.4%,比上年降低 4.9 个百分点。

2. 部分企业成本费用增长过快。

受能源、原材料和人工成本快速上涨影响,部分中央企业成本费用增长较快,严重影响企业盈利水平。一是燃料成本快速上涨。2010 年,中央电力企业燃料成本为 4 522.9 亿元,同比增长 38.2%;水运企业燃油成本为 332.3 亿元,同比增长 33.1%;航空用油消耗支出 680.7 亿元,同比增长 47.4%。二是期间费用增长较快。2010 年,中央企业销售费用 5 097.3 亿元,同比增长 19.6%;管理费用7 051.6 亿元,同比增长 17.7%;财务费用2 073.8 亿元,同比增长 12.5%,其中利息支出 2 466.4 亿元,同比增长 11.5%。三是人工成本涨幅较大。2010 年,中央企业全年实际发放工资总额 7 317.6 亿元,同比增长 20.0%。

3. 部分行业安全生产形势严峻。

中央企业安全生产形势依然十分严峻，一些领域和部分企业安全生产事故多发、频发的势头仍未得到完全遏制，重特大事故仍时有发生，安全生产形势不容乐观。2010 年，中央企业发生特别重大安全事故 4 起，死亡 114 人；发生重大安全生产事故 4 起，死亡 41 人；发生较大生产安全事故 21 起，死亡 100 人。较大及以上安全生产事故共 29 起，死亡人数共 255 人；同比事故起数增加 1 起，死亡人数增加 102 人，分别增加 3.6% 和 66.7%。煤炭行业和建筑行业占事故起数和死亡人数的大部分，安全生产形势仍然较为严峻。

（撰稿：陈国栋）

2010 年中国国有大型企业改革重组情况综述

国务院国有资产监督管理委员会企业改革局

2010 年是“十一五”规划的收尾之年，也是我国经济从国际金融危机影响中趋稳向好的一年，以中央企业为代表的国有大型企业改革重组取得了丰硕成果。

一、中央企业布局结构调整工作稳步推进

“十一五”期间，国务院国资委不断优化国有经济布局和结构，积极稳妥推进中央企业重组，中央企业布局结构不断优化，国有资本不断向重要行业和关键领域和企业主业集中。截至 2010 年底，中央企业户数已调整到 122 户，一些重要行业重组取得进展，先后完成电信、航空工业、民航、医药等行业重组，中央企业 80.0% 的资产集中在石油石化、电力、军工、通信、交通运输、矿业等重要行业和关键领域。中央企业进入世界 500 强的户数，2003 年国资委成立时为 6 家，2006 年“十一五”期初为 13 家，2010 年为 30 家。30 家世界 500 强中央企业的资产总额、营业收入和利润总额分别占到全部中央企业的 70.1%、74.5% 和 77.0%。

2010 年，国务院国资委积极落实产业调整振兴规划，充分尊重企业意愿，加快推进中央企业兼并重组，优化资源配置，不断延伸和完善产业链，鞍山钢铁集团公司和攀枝花钢铁集团公司、中国东方航空集团公司和上海航空公司联合重组，上海医学工程研究院、中国出国人员服务公司并入中国医药集团总公司，新时代集团公司分拆并入中国节能投资公司和中国保利集团公司，上海船舶研究所并入中国海运（集团）总公司。

切实转变重组工作的思路和重点。把注意力从推动规模较小竞争力较弱企业重组转向推动有较强竞争力企业进一步“做强做优”；从重视数量的减少转向注重重组质量与效果，成熟一户推进一户，务求实效；从关注并购重组的操作转向更加关注企业并购后的内部资源整合与优化。

二、中央企业公司制股份制改革工作成效显著

“十一五”期间，按照党的十七大、十七届三中、四中全会精神，国务院国资委大力推进中央企业公司制股份制改革，中央企业及其下属子企业的公司制股份制改制面已由 2002 年的 30.4% 提高到 70.0%；共有 52 家中央企业控股的股份公司首次公开发行股票并上市，募集资金总额 5 725.9 亿元。截至 2010 年底，中央企业为实际控制人且持股比例在 20.0% 以上的上市公司共有 322 家，其中境内上市公司 228 家，境外上市公司 94 家（含 27 家 A + H 股公司）；实现主营业务整体上市的中央企业 43 家，除 2 家电网企业、10 家军工集团外，包括石油石化、通信、交通运输、冶金等行业在内，涉及国家安全和国民经济命脉的重要行业和关键领域的中央企业基本实现了主业资产整体上市。中央企业控股的上市公司已成为我国资本市场的重要组成部分。

2010 年，11 家中央企业控股的股份公司首次公开发行股票并上市，中国第一重型集团公司、中国西电集团公司等一批企业实现主业资产整体上市，中国五矿集团公司、中国核工业建设集团公司等一批企业完成整体改制工作。

三、中央企业规范建设董事会工作进展顺利

为推动建立健全现代企业制度，完善公司治理结构，2004 年，经国务院同意，开始在中央企业开

展建立规范的董事会试点工作。“十一五”期间，试点工作不断完善规章制度，落实董事会职权，建立健全董事会运作基本制度，规范的董事会享有《公司法》规定的有关职权，并行使国资委赋予的部分出资人职权；引入外部董事制度，外部董事在企业董事会中占多数，经理层除总经理外其余人员原则上不进入董事会。中央企业的民主决策、科学决策水平不断提高。

截至2010年底，建设规范董事会企业扩大到30家，董事会规范运作的制度进一步完善，各专门委员会开始正常运行。外部董事队伍建设进一步加强，外部董事认真履行职责，积极参与决策。与过去相比，试点企业的决策权和执行权基本分开，董事会的风险意识普遍增强，决策更加科学，管理层的责任感和使命感进一步提高，董事会在科学决策、风险防范和加强管理等方面的作用进一步显现。

四、扎实推进中央企业内部制度改革，完善激励约束机制

中央企业分红权激励试点工作取得突破。2010年2月财政部、科技部印发《中关村国家自主创新示范区企业股权和分红激励实施办法》后，结合中央企业实际，制定并印发《关于在部分中央企业开展分红权激励试点工作的通知》，确定了分红权激励试点的基本原则、基本条件、激励方式、激励方案的制订与审批、激励方案的考核与管理、试点工作的组织等。同时，选择24家创新型企业进行试点。

中央企业劳动用工、收入分配等内部改革取得新进展。中央企业普遍推行公开竞聘、末位淘汰和新的用工制度，积极营造重能力、重业绩、重创新的氛围。新兴铸管集团总部机关和所属企业面向全社会公开招聘中高级经营管理人员，总部招聘的60多人中，80.0%以上来自集团外部。中铝公司严格实行月考核月兑现，收入分配向关键技术岗位和一线操作员工倾斜。

市场化选聘高级经营管理者。自2003年以来，中组部、国务院国资委连续6年面向海内外公开招聘央企高管，累计从9234名应聘人员中录用111人，包括2名中央管理的企业正职、2名国务院国资委党委管理的企业正职。公开招聘一方面扩大了选人用人视野，营造了公平竞争环境，使优秀人才得以脱颖而出；另一方面，发挥了组织人事部门与企业家、人力资源专家共同选人的优势，为企业选拔、发现和储备了一批不同层次的优秀人才。中组部、国务院国资委公开招聘央企高管还产生了积极的示范带动效应，促进了中央企业系统的市场化选聘进程，推动了国有企业人事制度改革。

五、积极推进中央企业辅业剥离重组工作

电网主辅分离工作取得重大进展。电网主辅分离改革是国务院2002年5号文件明确的一项重要任务，也是继续深化电力体制改革的一项重要举措。国务院领导同志对该项工作高度重视，要求加快推进。2010年，在国务院国资委和有关部门及企业的共同努力下，该项工作取得实质性进展。9月3日，电力体制改革工作小组通过国资委制订的方案。国务院同意了方案，并明确由国务院国资委负责组织实施。

针对中央企业非主业资产中宾馆酒店总体经营资质低下、经济效益差、大部分严重亏损，长期依靠主业补贴维持运转的现状。为推动中央企业突出主业、优化资源配置，2010年1月，国务院国资委印发《关于开展中央企业非主业宾馆酒店资产分离重组工作有关问题的通知》。考虑到该项工作存在的实际困难等情况，2010年底，国务院国资委就中央企业非主业宾馆酒店分离重组的工作思路做了进一步调整，按照成熟一家分离一家的原则，稳妥推进。同时，为规范房地产市场秩序，抑制房价的超常增高，2010年，国务院国资委积极推动中央企业非主业房地产业务的分离重组。

六、引导中央企业履行社会责任，节能减排、自主创新

作为提高中央企业社会影响力和市场知名度的重要途径，国务院国资委引导中央企业把履行社会责任融入发展战略，融入日常经营管理，制定《关于中央企业履行社会责任的指导意见》和《关于加强中央企业企业文化建设的指导意见》等文件，大力推动中央企业履行社会责任意识建设，增强了中央企业的诚信意识和责任意识。许多中央企业积极推进社会责任工作体系和制度建设，中国远洋运输（集

团)总公司、中国移动通信集团公司探索建立社会责任指标体系,47家企业编制发布社会责任报告或可持续发展报告,"讲诚信、负责任"成为企业核心价值观的重要内容,赢得社会的赞誉,进一步树立了中央企业富有责任感和使命感的良好形象,增强了企业软实力,促进了企业可持续发展。

节能减排和自主创新是履行社会责任的重要内涵。中央企业认真贯彻落实国务院有关节能减排的一系列方针政策,结合自身业务特点,建立领导体制,落实工作责任,大力推进节能减排和环境保护工作。电力企业积极发展风电、太阳能等新能源产业;建材企业积极发展新型建材、新型房屋和新能源材料;电信企业共同推进电信基础设施共建共享。初步测算,"十一五"期间中央企业万元产值(可比价)综合能耗下降超过20.0%;二氧化硫排放量减少38.0%左右,化学需氧量减少33.0%左右,全面完成"十一五"节能减排目标。中央企业积极发挥科技创新引领作用,普遍加大研发投入,努力突破制约企业发展的关键技术,抢占市场竞争的制高点,在一些重大项目方面取得新的突破。探月工程嫦娥二号任务取得圆满成功。大庆油田持续稳产高效勘探开发技术获得重大突破。中国南车集团公司、中国北方机车车辆工业集团公司实现引进消化吸收再创新,列车制造技术达到国际领先水平。

中央企业在保障国家重大活动、抗击严重自然灾害中发挥了关键作用。12家中央企业承建的上海世博会6个企业馆以安全有序的运营、细致周到的服务和极具特色的展项,赢得各方面的高度评价和广泛赞誉。建筑、电力企业克服高寒缺氧、交通不便等困难,在青海玉树恢复重建中发挥了重要作用。中央企业积极参与社会公益事业,参与援疆援藏、扶贫和西部大开发,为促进区域经济协调发展作出了贡献。

七、进一步加强中央企业内部管理,提高集团管控能力

2010年,扎实推动中央企业深入开展包括全面风险管理在内的强化基础管理工作。中央企业建立健全抵御风险能力进一步增强。招商局集团有限公司全面梳理风险控制制度、职责分布、流程与工具,建立健全全面风险控制体系。许多中央企业进一步明确集团总部职能定位,调整组织架构,增强总部的战略规划和管控能力。许多中央企业通过推行全面预算管理,加强资金集中管控,积极拓展融资渠道,有效降低财务费用。中央企业全面推行经济增加值考核,资本成本管控和价值创造意识显著提高。许多中央企业完善全成本控制体系,大力推进精细化管理,有效降低了成本。一批中央企业注重对新并购企业的业务整合、管理整合和文化融合,集团凝聚力和管控能力进一步增强。中央企业积极实施信息化登高计划,信息化管理水平进一步提升。港中旅集团建立统一信息平台,强化信息化手段,推进集团集约化和协同发展。

2010年,国务院国资委继续推动中央企业压缩管理层级。一批中央企业通过进一步压缩管理层级,企业组织结构得到优化。国家电网公司大力实施电网建设、运行等核心业务专业化和人财物等核心资源集约化管理,主营业务管理层级进一步压缩。中国电子科技集团公司通过减层级、缩链条,企业户数缩减40.0%。中国航天科工集团公司清理整合子企业,实现6家二级单位房地产业务的全部退出。

针对部分中央企业上市公司数量多、规模小、效益差、层级远并存在同业竞争的情况,2010年国务院国资委引导推动中央企业合理搭建融资平台,加快同类业务上市公司之间的重组整合,提高中央企业集团层面的管控与融合能力。

八、探索规范、有效地履行多元投资主体公司股东职责

在国务院国资委监管的中央企业中有5家由国务院国资委直接持股的多元投资主体公司。随着改革的深化,国资委监管并直接持股的多元投资主体公司会逐步增多,通过参加股东会议等方式,履行股东职责,已经成为国务院国资委的重要任务之一。为了使国务院国资委能够依法、高效地履行好股东职责,2010年,国务院国资委根据《国资委履行多元投资主体公司股东职责暂行办法》(国资发改革〔2009〕322号)的规定,对国务院国资委履行股东职责的履职方式,内部职责分工,公司股东会议议题的内部审核程序以及对公司股东会议相关事项的管理等方面,进行规范,为国务院国资委规范履行多元投资主体公司股东职责、行使股东合法权力、探索国务

院国资委直接持有整体上市中央企业股权工作进行有益探索。

九、通过国有资产经营公司试点，探索国有企业调整重组的新途径

2005 年国务院国资委启动国有资产经营公司试点工作，选择国家开发投资公司和中国诚通控股集团有限公司进行试点，探索以资产经营公司为操作平台，推进不良资产的处置、困难企业的退出和整体上市后存续企业的改革重组。5 年来，经国务院国资委批准或报请国务院同意，通过托管、划转等方式，2 家试点企业先后对中国寰岛（集团）公司、中国唱片总公司、中国包装总公司等 7 家中央企业以及 1 家中央企业所属的 8 家困难子企业，实施调整重组。发挥资产管理公司试点企业的平台作用，实施先托管再重组，是中央企业重组的一种新途径、新方法，效果好。

在进行资产经营公司试点的同时，国务院国资委启动组建新的国有资产经营公司工作。2009 年，向国务院报送《关于设立中国国新控股有限责任公司的请示》。2010 年 3 月，国务院正式批准设立中国国新控股有限责任公司；2010 年 12 月该公司正式挂牌成立。该公司的组建，对下一步推进中央企业布局结构调整、加快中央企业公司制股份制改革步伐、探索国有资产管理体制创新构建了新平台。

（撰稿：毛元斌）

2010 年中国中小企业发展综述

中华人民共和国工业和信息化部中小企业司

2010 年，党中央、国务院高度重视中小企业发展，先后就促进中小企业发展作出一系列重要决策部署，各地方、各部门认真贯彻落实《中小企业促进法》和《国务院关于进一步促进中小企业发展的若干意见》（简称国发 36 号文件）等政策法规，积极采取有效措施，不断改善发展环境，中小企业获得迅速发展。截至 2010 底，我国中小企业数已达到 4 590 多万户，占全国企业总数的 99.8%。其中，工商注册1 137 万多家；个体工商户 3 453 万户。中小企业创造的最终产品和服务价值相当于国内生产总值的 63.0% 左右，缴税额为国家税收总额的 53.5%，提供商品进出口额占 67.0%，提供近 80.0% 的城镇就业岗位；中小企业发明专利占 66.0%，技术创新成果数占 75.0%，新产品开发数占 80.0% 以上。中小企业已经成为国民经济和社会发展的重要组成部分，大企业强国、小企业富民。

一、2010 年中小企业运行基本情况

（一）中小工业企业生产增速保持平稳

1. 中小工业企业增加值同比增长 17.5%。

全年规模以上中小工业企业工业增加值同比增长 17.5%，增速较 1—11 月持平，较前三季度回落 0.3 个百分点，较上半年回落 1.2 个百分点，较上年同期加快 3.9 个百分点。12 月工业增加值同比增长 16.1%，增幅较上年同期回落 1.9 个百分点，较上月加快 0.7 个百分点。

2. 中小工业企业产销率 97.65%。

全年规模以上中小工业企业产销率 97.7%，较上年同期（97.3%）提高 0.3 个百分点，较 1—11 月（97.4%）提高 0.3 个百分点，较前三季度（97.4%）提高 0.2 个百分点，较上半年（97.2%）提高 0.4 个百分点。

12 月，全国规模以上中小工业企业产销率 98.7%，较上年同期（99.43%）下降 0.7 个百分点，较上月（97.4%）提高 1.3 个百分点。

（二）非国有企业外贸进出口总额同比增长 47.1%

全年全国进出口总额 29 727.6 亿美元，同比增长 34.7%，增幅比上年同期加快 48.5 个百分点，比 1—11 月回落 5.2 个百分点。

全年非国有企业（不含外商投资企业）进出口总额7 505.5 亿美元，同比增长 47.1%，增幅比上年同期加快 52.6 个百分点，比 1—11 月回落 1 个百分点，比前三季度回落 0.4 个百分点，比上半年回落 5.3 个百分点。其中，出口 4 812.7 亿美元，同比增长 42.2%；进口 2 692.8 亿美元，同比增长 56.6%。

(三)非国有投资同比增长 29.4%,比上年同期加快 1.4 个百分点

全年城镇固定资产投资 241 400 亿元,同比增长 24.5%,增速比上年同期回落 6 个百分点,比 1—11 月回落 0.4 个百分点。

全年非国有投资 139 300 亿元,同比增长 29.4%,增速比上年同期加快 1.4 个百分点,比 1—11 月回落 0.1 个百分点。

(四)中小企业销售收入同比增长 33.47%

1—11 月,全国规模以上中小工业实现销售收入425 500 亿元,同比增长 33.5%,增幅较上年同期加快 21.8 个百分点,较 1—8 月回落 0.6 个百分点。

1—11 月,全国规模以上非公有制工业企业实现销售收入 426 600 亿元,同比增长 32.8%,增幅较上年同期加快 22.4 个百分点,较 1—8 月回落 0.6 个百分点。

(五)税金总额增速加快

1—11 月,规模以上中小工业企业上缴税金总额 14 707.8 亿元,同比增长 28.3%,增幅较上年同期加快 14.1 个百分点,较 1—8 月提高 2.8 个百分点。

1—11 月,全国规模以上非公有制工业企业上缴税金总额 11 991 亿元,同比增长 30.1%,增幅较上年同期加快 19.5 个百分点,较 1—8 月提高 2.1 个百分点。

(六)中小企业实现利润同比增长 50.5%

1—11 月,全国规模以上中小工业企业实现利润25 944.4 亿元,同比增长 50.5%,增幅较上年同期加快 32.3 个百分点,增幅较 1—8 月回落 3.2 个百分点。

1—11 月,全国规模以上非公有制工业企业实现利润总额 24 986.1 亿元,同比增长 46.6%,增幅较上年同期加快 33.4 个百分点,较 1—8 月回落 4.2 个百分点。

(七)中小企业数量增加,从业人员人数增长

截至 11 月底,全国规模以上中小工业企业 44.9 万户,同比增长 7.1%,比上年同期(42 万户)增加 3 万户,比 1—8 月底(43.8 万户)增加 1.1 万户;从业人员7 056.2 万人,同比增长 8.6%,增幅较 1—8 月提高 0.8 个百分点,比 8 月底(6 858.2 万人)增加 198 万人;比上年同期(6 494.9 万人)增加 561.3 万人,增幅较上年同期提高 7.5 个百分点。

1—11 月,全国规模以上非公有制工业企业 41.4 万户,同比增长 11.0%,比上年同期(37.3 万户)增加 4.1 万户,比 8 月底(40.3 万户)增加 1.1 万户;从业人员 6 891.8 万人,同比增长 9.9%,增幅较上年同期提高 9.1 个百分点,比上年同期(6 271.8 万人)增加 620 万人,比 8 月底(6 682.2 万人)增加 209.7 万人。

(八)中小企业发展面临新的情况和问题

2010 年,中小企业发展不平衡、不协调、不可持续的问题仍然突出。国际金融危机影响深远,部分深层次的体制机制障碍仍然存在,中小企业发展面临一些新的情况和问题,主要是:一是劳动力成本明显提高;二是原材料价格普遍上涨;三是人民币持续升值;四是国际贸易保护主义明显抬头;五是中小企业负担依然较重;六是小企业融资难度加大;七是转变经济发展方式,产业结构调整任务艰巨。

中小企业主要集中在传统产业,技术和管理水平较低、创新能力较弱、缺乏品牌,在部分行业产能过剩、布局雷同现象突出;有的资源利用率低、环境污染重、安全隐患多。转变发展方式和调整优化经济结构是我国的战略任务,节能减排、淘汰落后、兼并重组、加强质量安全管理等工作力度加大。中小企业继续走过度依靠低价竞争,一味拼资源、拼土地、拼环境的老路显然难以为继,在企业成本上升的情况下调整结构将更为艰巨。临近年底,一些地方为完成节能减排任务,强制拉闸限电,影响了中小企业正常的生产经营。

此外,长期以来制约中小企业发展的一些老问题没有得到根本解决。如:中小企业政策体系不够完善;社会化服务体系建设滞后,公共服务有待加强;非公有制经济进入垄断行业和领域还存在一些障碍等。

二、2010 年促进中小企业发展主要工作

2010 年是继续应对国际金融危机、保持经济平稳较快发展、加快转变经济发展方式的关键一年,是全面实现“十一五”规划目标、为“十二五”发展打好基础的重要一年。一年来,全国各级中小企业管理部门深入学习实践科学发展观,全力贯彻落实国发 36 号文件,积极促进中小企业加快转变发展方式,

努力营造有利于中小企业发展的良好环境，不断巩固和扩大应对国际金融危机冲击取得的阶段性成果，中小企业继续保持回升向好的态势，实现了平稳较快发展。

（一）贯彻落实国发36号文件，着力改善发展环境

以贯彻落实国发36号文件为主线，抓紧16项部门工作分工的细化和落实。充分发挥国务院促进中小企业发展工作领导小组及其办公室的作用，加大政策协调力度，多次召开领导小组办公室会议，研究制定配套文件。及时汇总印发有关部门贯彻落实国发36号文件的进展情况和工作重点，明确部门责任，分解落实任务。通过《中小企业》简报，及时反映中小企业发展情况，交流领导小组各成员部门以及各地方扶持中小企业发展的经验和好的做法。29条政策意见和16项主要任务分工的贯彻落实均取得积极进展，主要财税政策已经兑现。截至12月底，有关部门出台18个配套文件。从减免税费、实施缓缴社会保险或降低费率、扶持中小企业公共服务平台、担保体系建设等方面提出了具体措施。指导中小企业“十二五”发展的两项重要规划即中小企业成长规划和中小企业服务体系建设规划初稿编制工作完成。此外，山东等11个省（直辖市）出台贯彻落实国发36号文件的具体政策和实施办法，其他地区也正在抓紧制定相关文件。

修订中小企业划型标准，明确对小型和微型企业的扶持政策。成立由工信部和国家统计局领导任组长的中小企业划型标准修订工作组。根据国民经济行业分类，分指标、分区间开展测算工作，测算数据达26万多个。研究提出按照中型、小型、微型三档划分，覆盖全行业的中小企业划型标准修订意见，待新的国民经济行业划分标准颁布后正式发布。

按照温家宝总理和张德江副总理批示精神，进一步抓好“非公36条”贯彻落实工作。向发展改革委、财政部等30多个单位发函，了解和督促贯彻落实工作，并提出建议上报国务院。贯彻落实“非公36条”和《国务院关于鼓励和引导民间投资健康发展的若干意见》，制定印发部内分工方案。

开展减轻企业负担专项治理工作，加强对中小企业的权益保护。印发《关于做好减轻企业负担工作的指导意见》和《2010年减轻企业负担专项治理工作实施意见》，将减轻中小企业负担列入2010年主要工作任务和专项治理范围。召开全国减轻企业负担专项治理工作电视电话会议，组织减负督查组，全面清理整顿涉及中小企业的收费，进一步规范执收行为。

加强政策宣传力度，营造良好社会氛围。制定中小企业宣传工作方案。通过在线访谈、新闻发布会、媒体见面会等多渠道宣传中小企业政策，及时发布政策解读。“两会”期间，李毅中部长围绕“工业结构升级和中小企业发展”接受中外记者的集体采访；协调经济日报等媒体开设中小企业专栏。李毅中部长连续在经济日报发表《努力做好促进中小企业发展的各项工作》和《着力促进中小企业转变发展方式》署名文章，引起社会广泛关注；组织中央媒体对“非公36条”颁布5周年、玉树地震灾区中小企业恢复重建工作、中博会、APEC技展会、服务体系建设成就等新闻热点进行宣传报道，帮助中小企业及时了解国家政策，引导全社会关注中小企业发展。

（二）采取有效措施，切实缓解融资困难

加强和改善金融服务。进一步落实工信部与工、农、中、建四大国有商业银行签订的加大对中小企业信贷支持的合作框架。印发《关于做好中小企业金融服务工作的通知》，促进地方中小企业管理部门与四大行分行系统对接与合作联动；协调有关部门出台《关于进一步做好中小企业金融服务工作的若干意见》，进一步完善信贷政策，对小企业金融服务实施差异化监管，积极引导银行业金融机构按照小企业信贷工作“两个不低于”的要求，合理增加对小企业的信贷投放，加大了对符合国家产业政策和环保政策的中小企业的信贷投放力度。国有商业银行和股份制银行基本建立小企业金融服务专营机构；协调财政部放宽了金融机构对中小企业的呆账核销条件，允许金融机构中小企业贷款损失准备金按一定比例税前扣除；协调银监会、人民银行对符合条件的中小商业银行取消分支机构准入数量限制，鼓励股份制商业银行、城市商业银行到县城、大的集镇设立分支机构。截至2010年末，主要金融机构及农村合作金融机构、城市信用社和外资银行小企业人民币贷款（含票据贴现）累计72 700亿元，占全部企业贷款的24.1%；新增贷款18 000亿元；比同期全部企业贷款增速快10.4个百分点，小企业贷款实现“两个不低于”目标，有效地缓解了中小企业融资难问题。

拓宽融资渠道。工业和信息化部和财政部等六

部门共同印发《关于加强知识产权质押融资与评估管理支持中小企业发展的通知》,鼓励和引导商业银行等金融机构和各类担保机构开展知识产权质押融资业务,支持中小企业创新发展;有关部门,积极推进中小企业上市育成工作。证券公司代办股份系统为非上市股份有限公司提供股份报价转让服务试点稳步推进;召开全国中小企业新型融资方式工作座谈会,及时总结和推广小企业集合债、集合信托、集合票据等创新型直接融资方式。

完善信用担保体系。工业和信息化部和财政部共同印发《中小企业信用担保资金管理办法》,2010年安排10亿元信用担保资金,对663家担保机构开展的中小企业贷款担保业务及降低收费标准给予补助;根据《关于中小企业信用担保机构免征营业税有关问题的通知》,会同税务总局对77家中小企业信用担保机构给予营业税免税政策;进一步完善鼓励和扶持中小企业信用担保机构发展的政策措施,出台《关于加强中小企业信用担保体系建设工作的意见》《融资性担保公司管理暂行办法》和《关于中小企业信用担保机构有关准备金税前扣除问题的通知》。

(三)加大财政扶持力度,加快转变发展方式

加强技术改造和技术创新。在中小企业发展专项资金中安排15亿元重点支持中小企业加强专业化生产,发展新兴产业,引导中小企业集聚发展,提高产品质量和节能减排水平,支持物流、信息等生产性服务业,共支持1 131个固定资产投资类项目;在中央预算内企业技术改造专项投资中,继续安排30亿元支持中小工业企业特别是小企业技术改造;工业和信息化部会同知识产权局印发《关于实施中小企业知识产权战略推进工程的通知》和《关于实施中小企业知识产权战略推进工程首批实施单位的通知》,加快培育一批拥有自主知识产权、知名品牌和较强竞争力的中小企业,促进中小企业转变发展方式。

深入开展节能减排工作。工业和信息化部印发《关于进一步加强中小企业节能减排工作的指导意见》,进一步强化中小企业节能减排监督管理,推动中小企业节能减排技术进步,建立健全促进中小企业节能减排的政策激励和约束机制。

支持中小企业走"专、精、特、新"和与大企业协作配套的路子。研究制定2010年中小企业与军工企业合作工作计划,召开中小企业与军工企业合作项目推介会。在中国中小企业信息网发布《军用技术转民用目录》,推动中小企业与军工企业的合作;印发《关于推进中小企业质量建设的若干意见》,鼓励在政策、技术、资源等方面加强对中小企业质量工作的指导和扶持。建立和认定一批中小企业质量检测公共服务平台,完成300名中小企业全面质量管理普及教育教师的培训。

大力促进两化融合。继续实施中小企业信息化推进工程,继续开展研发、管理和电子商务信息化服务平台试点。在两化融合试验区开展中小企业信息化示范项目试点,引导中小企业走新型工业化道路。

(四)加强服务体系建设,夯实长远发展基础

加强中小企业公共服务平台建设。工业和信息化部会同有关部门出台《关于促进中小企业公共服务平台建设的指导意见》和《国家中小企业公共服务示范平台管理暂行办法》,推动形成社会化、市场化、专业化的中小企业服务体系。在中小企业集聚的区域和行业建立、充实和完善一批服务平台,重点培育国家中小企业公共服务示范平台。支持认定99个国家中小企业公共服务示范平台;中央财政整合设立中小企业服务体系发展专项资金,增加专项资金规模,支持中小企业公共服务机构改善服务设施和环境条件,鼓励开展中小企业培训、信息、技术、创业等服务业务,安排2.5亿元支持公共服务平台建设项目和服务业务项目119个;将中小企业信息网建设规划纳入到工信部"十二五"国家重大信息化工程建设规划,研究提出提高技术水平与服务能力的规划思路和建设内容。

引导中小企业提高经营管理水平。组织实施中小企业管理提升计划,对管理提升项目和企业管理咨询给予资金支持;工业和信息化部与有关部门联合召开全国企业班组工作座谈会。联合下发《关于开展向"王海班"学习活动的决定》和《关于加强班组建设的指导意见》;继续实施中小企业银河培训工程。配合中组部将中小企业银河培训工程纳入《国家中长期人才发展规划纲要(2010—2020年)》,完成25万成长型中小企业经营管理者培训。工业和信息化部印发《关于指导工业领域中小企业加强安全生产培训工作的通知》。对银河培训工程信息化平台进行改版,加强对培训质量的监督检查,提高培训资源共享水平;继续开展中德中小企业管理人员培训合作项目。

加强统计分析工作。印发《关于进一步加强中小工业企业统计监测分析工作的通知》,按季度开展中小工业企业生产经营状况监测分析,加强对规模以下企业的抽样统计分析工作。中小企业生产经营运行监测平台已进入正常运作,每月对全国2 000家重点监测的中小企业基本情况和生产经营数据进行监测分析。

(五)深化国际交流合作机制,支持中小企业开拓市场

继续完善和亚欧会议中小企业部长级会议及有关国家、国际组织中小企业交流合作机制。组团出席APEC中小企业工作组会议和APEC中小企业部长会议。李毅中部长出访瑞典,与瑞典签署中瑞中小企业合作备忘录。组织召开第四次中韩中小企业事务级会议,签署《中韩中小企业合作备忘录》。组织召开第二次中欧中小企业政策对话会。成立中欧、中法中小企业合作项目工作组,进一步深化与欧盟的沟通协调。

支持中小企业开拓市场。成功举办第七届中博会、第六届APEC技展会等重要展会。其中中博会展会面积超过10万平方米,参展企业近3000家。有来自35个国家和地区的近800家企业和机构参展。达成成交意向130亿元,合同成交4.3亿元。第六届技展会成果丰硕,签约128个项目,总投资34.8亿元,现场成交金额6.7亿元。国内贸易成交额达26.3亿元,出口成交额近1.9亿美元。组织召开中国苏州(国际)中小企业交易会、东西部中小企业合作项目推介会和部分省市中小企业投资项目推介会。

(撰稿:王建翔)

2010年中国民营企业发展综述

中国民(私)营经济研究会

2010年,中国民营经济逐步走出国际金融危机的影响,为推动我国经济平稳较快发展作出了积极贡献。民营企业在企业数量、注册资本金、城镇固定资产投资、工业增加值、税收、出口额、就业、产业分布、提高企业素质等诸多方面明显高于全国平均水平。

一、2010年中国民营企业面临的形势与环境

(一)民营经济发展面临的挑战

从国际看,受金融危机影响,贸易摩擦和贸易壁垒在较长时期内存在甚至增多,发达国家为刺激经济采取定量宽松货币政策在较长时期内助推汇率和国际大宗商品价格的波动,这些都对我国民营企业特别是出口型民营企业的生产经营带来较大困难和风险;发达国家出于政治、经济、安全等方面因素的考虑,对来自新兴发展中大国的投资和收购兼并活动,特别是对能源资源领域和重要产业的跨国并购采取了诸多限制措施;对部分新兴和发展中国家购买先进技术和设备有选择性地进行封锁和限制,这些对我国民营企业“走出去”,以及利用国际先进技术和设备加速实现结构调整、转型升级带来不利影响。

从国内看,原材料价格持续上涨,输入型通胀压力显现,使企业生产经营成本增加;劳动用工存在结构性矛盾,劳动力要素成本显著上升,部分企业急需的人才匮乏,使企业用工难度增大;民营企业的税负依然较重,融资难题仍未得到有效解决,制约了民营企业调结构、转方式的步伐。就更长期而言,在我国经济结构调整的过程中,国家将抑制部分行业盲目扩张和无序发展、大量淘汰落后产能,企业间的兼并重组更加频繁,这对那些规模小、技术工艺落后的民营企业带来生存压力;绿色经济的发展,低碳技术的应用,对于在传统产业节能减排、技术改造尚未完成的民营企业来讲,无疑会带来巨大压力。

(二)民营企业发展面临的机遇

从企业自身看,转变发展方式过程中的巨大压力,将转化为推动企业加速转型升级的巨大动力,这种外在的“倒逼”机制,将促使民营企业不断加大研发投入力度,提高自主创新能力;加速淘汰落后产能,着力提升企业核心竞争力;创新企业文化建设,注重人才培养和储备,提高经营管理水平,努力提升自身素质,从而根本扭转民营经济长期以来形成的外延型、粗放型的经济增长方式。

从外部环境看,已经形成有利于民营企业加速实现转型升级的宏观政策导向。我国工业化、城镇化的加速推进,新农村建设的快速发展,国家区域经

济发展战略的深入实施，为民营企业特别是中小型民营企业寻找商机、开拓市场提供了广阔空间；《国务院关于鼓励和引导民间投资健康发展的若干意见》的深入贯彻落实，将有助于进一步打破垄断，为民营企业特别是大型民营企业进入重点行业和领域带来新的契机；促进民营企业发展系列政策措施的实施，努力扩大就业，鼓励发展劳动密集型产业、服务业、新型消费业、小型微型企业等优惠政策，为民营企业发展营造了良好环境；我国对外开放向广度、深度不断拓展，国际经济结构调整和产业转型升级，为有条件的民营企业加快"走出去"步伐，发展跨国企业，打造世界品牌，充分利用国际市场、资金、人才、技术优势做强做大提供了有力支撑。

（三）民营企业发展的政策环境

2010 年，民营企业不仅稳步回升向好，而且再次展现出有"更大作为"。

据不完全统计，一年来出台直接针对民营企业发展的相关文件有 17 个，对民营企业发展有重大或较大影响的相关文件 34 个，几乎涉及除计生部门之外的中央、国家所有部委，足以说明民营企业发展事关全局、各有关方面关切之广。其中，反响最为强烈的主要是三个文件，即三个"第一"：一是胡锦涛总书记第一次专门就非公经济发展和工商联工作发表重要讲话；二是国务院出台第一份专门针对民间投资健康发展的综合性政策文件《国务院关于鼓励和引导民间投资健康发展的若干意见》（国发〔2010〕13 号文，简称"民间投资 36 条"）；三是中共中央、国务院第一次专门就工商联工作联合下发指导性文件，即《中共中央、国务院关于加强和改进新形势下工商联工作的意见》（中发〔2010〕16 号文，简称"16 号文件"）。

毫无疑问，2010 年 5 月 7 日，国务院颁布的"民间投资 36 条"是 2010 年非公经济政策的重头戏。该文件以极其清晰的文字明确指出：要鼓励和引导民间投资进入基础产业和基础设施、市政公用事业、社会事业、金融服务、商品批发和现代物流、国防科技工业等六大领域 18 个行业。这是改革开放以来我国出台的第一部专门针对民间投资发展、管理和调控方面的综合性政策文件，是国务院"非公经济 36 条"和"中小企业 29 条"文件内容的继续和发展，对于创造公平竞争、平等准入的市场环境，进一步拓宽民间投资的领域和范围，充分发挥国有经济和民营经济各自的积极性，推动市场经济体制在发展中不断完善，保持我国经济平稳较快发展，必将产生重大而深远的影响。

二、2010 年中国民营企业发展的主要绩效与问题

（一）民营企业数量持续增长[1]

截至 2010 年底，登记注册的私营企业已达 818.9 万户，较 2009 年底增加 78.7 万户，增长 10.6%；个体工商户已达 3 406.5 万户，较 2009 年底增加 209.2 万户，增长 6.5%（见表 1）。2006—2010 年，个体工商户的数量持续增加，增长率从持续上升到略有回落；私营企业数量持续增加，其增长率在 2006—2009 年连续 4 年增长后，2010 年有所下降。

2006—2010 年个体、私营企业户数及增长率

表 1

年　份	私营企业户数（万户）	增长率（%）	个体工商户户数（万户）	增长率（%）
2006	544.14	15.3	2 595.6	5.3
2007	603.05	10.8	2 741.5	5.6
2008	657.42	9.0	2 917.3	6.4
2009	740.15	12.6	3 197.4	9.6
2010	818.88	10.6	3 406.5	6.5

说明：1. 表中历年私营企业户数均包含分支机构数量。

2. 资料来源于：《中国民营经济发展报告（2009—2010）》及国家工商总局。

1　注：本文民营企业用私营企业和个体工商户总和代替。

（二）民营企业注册资金规模继续增加

截至 2010 年，私营企业注册资金已达 177 300 亿元，较 2009 年底增长 30 900 亿元，增长 21.1%，户均注册资金达 216.5 万元，增长 9.5%。个体工商户注册资金已达 12 700 亿元，较 2009 年底增加 1 843.4 亿元，增长 17.0%，户均注册资金达 3.7 万元，增长 8.8%（见表 2）。截至 2010 年底，虽然私营企业和个体工商户注册资金绝对值均保持 16.0% 以上的增长速度，但增长率出现了较大幅度的回调。

2006—2010 年个体私营企业注册资金数额及增长率

表 2

年份	私营企业注册资金（亿元）	增长率（%）	户均注册资金（万元）	个体工商户注册资金（亿元）	增长率（%）	户均注册资金（万元）
2006	76 000	24.0	139.7	6 468.8	11.3	2.5
2007	93 900	23.6	155.7	7 350.8	13.6	2.7
2008	117 400	25.0	178.6	9 006.0	22.5	3.1
2009	146 400	24.7	197.8	10 856.6	20.6	3.4
2010	177 300	21.1	216.5	12 700.0	17.0	3.7

说明：1. 表中历年私营企业户数均包含分支机构数量。

2. 资料来源于：《中国民营经济发展报告（2009—2010）》及国家工商总局。

（三）民营企业投资依然保持增长态势

截自 2010 年底，全国城镇固定资产投资累计完成 241 415 亿元，同比增加 47 276 亿元，增长 24.4%。其中，国有及控股企业累计完成投资 102 130 亿元，同比增长 15 594 亿元，增长 18.0%；外商及港澳台投资 15 833 亿元，同比增加 1 722 亿元，增长 6.6%（见表 3）。国有及国有控股企业、外商及港澳台投资比重继续逐年下降，而民营经济投资比重持续上升，已经接近总量的一半。

2006—2010 年经济类型城镇固定资产投资变化情况

表 3

年 份	指 标	全国总计	国有及国有控股	外商及港澳台商投资	民营经济
2006	绝对值（亿元）	93 368.7	44 823.9	9 925.3	38 619.5
	增长率（%）	24.3	15.9	17.8	38.0
	比 重（%）	100.0	48.0	10.6	41.4
2007	绝对值（亿元）	117 464.5	52 229.4	12 192.7	53 042.4
	增长率（%）	25.8	16.5	22.8	37.3
	比 重（%）	100.0	44.5	10.4	45.1
2008	绝对值（亿元）	148 738.3	63 997.8	14 179.2	70 561.3
	增长率（%）	26.6	22.5	16.3	33.0
	比 重（%）	100.0	43.0	9.5	47.5
2009	绝对值（亿元）	194 139.0	86 536.0	14 111.0	93 492.0
	增长率（%）	30.5	35.2	-0.5	32.5
	比 重（%）	100.0	44.6	7.3	48.2
2010	绝对值（亿元）	241 415.0	102 130.0	15 833.0	123 452.0
	增长率（%）	24.4	18.0	12.2	32.0
	比 重（%）	100.0	42.3	6.6	51.1

资料来源：根据《中国民营经济发展报告（2009—2010）》及国家工商总局有关数据计算整理。

（四）民营工业企业增加值增速恢复上升

截至2010年底，全国规模以上工业企业增加值同比增长15.7%。其中私营企业增速达到20.0%，横向比较，高于全国4.3个百分点，高于国有及国有控股企业6.3个百分点；纵向比较，私营企业增速较2009年增加1.3个百分点（见表4）。私营工业企业工业增加值增速始终高于全国平均速度。

2006—2010年规模以上工业企业工业增加值增长速度

表4 单位：%

分类 \ 年份	2006	2007	2008	2009	2010
工业增加值	16.6	18.5	12.9	11.0	15.7
在总计中：					
国有及国有控股企业	12.6	13.8	9.1	6.9	13.7
股份制企业	17.8	20.6	15.0	13.3	16.8
外商港澳台投资企业	16.9	17.5	9.9	6.2	14.5
私营企业	24.4	26.7	20.4	18.7	20.0

说明：1. 资料来源于：《中国民营经济发展报告（2009—2010）》及国家工商总局。

2. 工业增加值增长速度按可比价计算。

（五）民营企业税收贡献增速放缓

截至2010年11月，私营经济完成税收总额7 478亿元，同比增长17.2%，纵向较2009年增长率增加8.6个百分点；个体经济完成税收总额2 554.4亿元，同比增长15.7%，纵向较2009年增长率增加6.5个百分点。横向比较，私营经济和个体经济完成税收总额增长率均明显高于国有-1.7%的水平（见表5、表6）。

2006—2010年中国民营经济税收状况

表5

年份	全国税收收入（亿元）	私营经济		个体经济		民营经济	
		绝对数（亿元）	占比（%）	绝对数（亿元）	占比（%）	绝对数（亿元）	占比（%）
2006	37 636.3	3 505.2	9.3	1 194.7	3.2	4 699.9	12.5
2007	49 449.3	4 771.5	9.6	1 484.3	3.0	6 255.8	12.7
2008	57 862.4	5 873.7	10.2	1 988.7	3.4	7 862.4	13.6
2009	63 103.7	6 378.2	10.1	2 207.9	3.5	8 586.0	13.6
2010年1—11月	71 918.8	7 478.0	10.4	2 554.4	3.6	10 032.4	13.9

资料来源：《中国民营经济发展报告（2009—2010）》。

2006—2010年1—11月全国各种经济成分税收总额及增长率

表6 单位：亿元，%

年份	国有企业		内资民营企业		私营企业		个体经济		外资经济		全国	
	税收	增长率	税收	增长率	税收	增长率	税收	增长率	税收	增长率	税收	增长率
2006	8 061.7	7.7	21 624.2	27.0	3 505.2	28.6	1 194.7	—	7 950.4	25.2	37 636.3	21.9
2007	9 512.1	18.0	30 031.4	38.9	4 771.5	36.1	1 484.2	24.2	9 905.8	24.6	49 449.3	31.4
2008	10 001.0	5.1	33 772.2	12.5	5 873.7	23.1	1 988.7	34.0	11 960.9	20.7	57 862.4	17.0

续表

年份	国有企业		内资民营企业		私营企业		个体经济		外资经济		全国	
	税收	增长率	税收	增长率	税收	增长率	税收	增长率	税收	增长率	税收	增长率
2009	9 834.0	-1.7	39 784.2	17.8	6 378.2	8.6	2 207.9	11.0	13 485.6	12.7	63 103.7	9.1
2010 年 1—11 月	10 789.1	19.6	—	—	7 478.0	29.1	2 554.4	33.1	15 201.9	21.2	71 918.8	22.9
年均增长率	—	6.8	—	27.5	—	45.3	—	12.7	—	23.4	—	19.5

说明：1. 2006 年个体经营税中不含利息所得税，统计口径与前期不同，故未与前期数据进行比较。

2. 由于缺乏 2010 年 1—11 月的内资民营企业税收总额，故空缺。

3. 资料来源：《中国民营经济发展报告(2009—2010)》。

三、2010 年中国民营企业发展的新推进

(一)民营企业更加积极稳妥“走出去”

2010 年，我国民营企业出口总额达 4 812.7 亿美元，高于国有企业出口总额 1 倍以上，较 2006 年增长 125%，年均增长 26.4%；占全社会出口总额的 30.5%，较 2006 年提升 8.4 个百分点。民营经济已经成为我国对外贸易的重要主体(见表 7)。“十一五”时期，民营经济“走出去”集中体现出三个特点：一是海外投资不再局限于非洲、拉美等欠发达地区，而是在包括大洋洲、北美、欧洲、日韩等众多国家和地区开展业务；二是通过收购海外能源矿产资源，来满足国内对能源资源持续增长的需求成为新趋势；三是通过收购处于世界领先地位的国际著名品牌，民营企业在开拓海外市场、引进先进人才和技术的同时，也展现了中国民营经济走向世界的强烈愿望。这些成绩的取得，标志着民营企业利用两个市场、两种资源能力的不断提升，标志着“走出去”已经成为我国民营企业重要发展战略模式。

2006—2010 年中国各类企业出口情况

表 7

年份	全国出口总值	国有企业		外资企业		民营企业	
		金额(亿美元)	比重(%)	金额(亿美元)	比重(%)	金额(亿美元)	比重(%)
2006	9 690.7	1 913.5	19.7	5 638.3	58.2	2 139.0	22.1
2007	12 180.2	2 248.1	18.5	6 955.2	57.1	2 976.8	24.4
2008	14 285.5	2 572.3	18.0	7 906.2	55.3	3 807.0	26.6
2009	12 016.6	1 909.9	15.9	6 722.3	55.9	3 384.4	28.2
2010	15 779.3	2 343.6	14.9	8 623.1	54.6	4 812.7	30.5

资料来源：《中国民营经济发展形势分析报告(2010—2011 年度)》。

(二)民营企业扩大就业的贡献更加突出

截至 2010 年 9 月底，个体私营企业从业人员总数已达 16 166.3 万人，较 2009 年增加 973.9 万人，增长 6.4%(见表 8)，就业容量随着民营企业户数的不断增加而扩大，为大量城镇无业人员、农村剩余劳动力、高校毕业生、国企分流人员等群体及时创造了众多就业岗位，已成为社会就业的主渠道。

2006—2010 年个体私营企业从业人员数量变化情况

表 8

年份	私营企业		个体工商户		个体私营企业	
	从业人员(万人)	增长率(%)	从业人员(万人)	增长率(%)	从业人员(万人)	增长率(%)
2006	6 586.3	13.1	5 159.7	5.3	11 746.0	9.5
2007	7 253.1	10.1	5 496.2	6.5	12 749.3	8.5
2008	7 904.0	9.0	5 776.4	5.1	13 680.4	7.3
2009	8 607.0	8.9	6 585.4	14.0	15 192.4	11.1
2010.9	9 183.9	6.7	6 982.4	6.0	16 166.3	6.4

资料来源:《中国民营经济发展形势分析报告(2010—2011 年度)》。

(三)民营经济产业分布涉及领域更加宽泛

截至 2010 年 9 月底,我国登记注册的私营企业在第一产业、第二产业和第三产业的户数占比分别为 2.2%、29.2% 和 68.6%,注册资金占比分别为 2.1%、34.4% 和 63.5%。分行业比较 2006—2009 年私人控股占全部城镇固定资产投资比重,3 年间增长较为显著的两个行业是信息传输、计算机服务和软件以及科学研究、技术服务和地质勘查业,分别增长 4.0 和 10.3 个百分点,充分表明民营经济在新兴技术领域取得了高速发展;2009 年虽然金融业占比仅为 13.9%,但 3 年间实现了 5.6 个百分点的增长,充分表明民营资本在我国正在较快进入金融业。16 个行业 3 年间保持正增长,充分表明民营资本在全行业的投资规模在不断扩大;出现负增长的租赁和商务服务业、房地产业、建筑业是民营经济在"十一五"初期发展较为成熟的产业,在总投资占比 3 年增长 5.7 个百分点的情况下,这 3 个行业投资占比的缩减也从一个侧面说明了民营资本正在向更多领域拓展(见表 9)。

2006—2009 年分行业私人控股占全部城镇固定资产投资的比重

表 9　　单位:%

指标	2006 年	2007 年	2008 年	2009 年
全国总计	35.7	39.5	40.5	41.4
农、林、牧、渔业	30.0	33.4	40.1	40.3
采矿业	23.0	26.2	29.6	34.5
制造业	52.8	57.3	60.4	67.0
电力、热力的生产和供应业	11.5	12.9	13.6	13.6
建筑业	38.5	33.3	32.0	31.7
交通运输、仓储和邮政业	4.8	5.9	7.5	7.6
信息传输、计算机服务和软件业	4.6	4.0	7.8	8.6
批发和零售业	63.1	65.6	67.3	71.5
住宿和餐饮业	63.5	64.3	66.6	71.8
金融业	8.3	9.5	9.6	13.9
房地产业	60.5	61.7	56.3	54.8
租赁和商务服务业	35.0	32.0	36.3	32.9
科学研究、技术服务和地质勘查业	15.2	18.5	24.7	25.5
水利、环境和公共设施管理业	5.9	6.1	6.6	6.7
居民服务和其他服务业	52.8	55.2	61.6	55.2
教育	10.3	10.7	12.3	11.0
卫生、社会保障和社会福利业	10.6	10.9	11.8	11.4
文化、体育和娱乐业	22.3	20.0	23.8	29.4
公共管理和社会组织	4.2	4.0	5.9	5.8

资料来源:《中国民营经济发展形势分析报告(2010—2011 年度)》。

（四）民营企业更加注重提高经营管理水平

随着企业规模的不断扩大，资金来源的日趋多元，股份制已成为在民营企业占主导地位的经营模式。一些较为成熟的大型民营企业，已形成一套完整的、兼具行业和地区特点的经营管理模式，由股东代表大会、董事会、监事会和高级经理人员组成相互支持又相互制衡的公司治理结构，对企业长期健康发展起到了基础性作用。“十一五”期间，我国登记注册的私营企业比重逐年提升且增速不断加快。2010年全国第九次私营企业抽样调查显示，样本企业中有股东大会的占57.1%，有董事会的占57.8%，有监事会的占32.0%，有工会的占41.8%，有职工代表大会的占31.7%，企业决策权不取决私营企业主本人的占63.1%，有14.2%的企业聘请了职业经理人。

（撰稿：朱小群　朱向群等）

2010年中国吸收外商直接投资综述

中华人民共和国商务部研究院

2010年，受全球经济复苏以及中国宏观经济快速增长的带动，中国吸收外商直接投资平稳较快回升。全年全国非金融领域新批设立外商投资企业27 406家，同比增长16.9%；实际使用外资金额1 057.4亿美元，同比增长17.4%，首次突破1 000亿美元，创历史新高，扭转了2009年下降2.6%的局面。截至2010年12月，全国共批准外商投资企业710 641家，实际使用外资金额10 511.8亿美元。

一、2010年中国吸收外资的主要特点

2010年在全球金融危机的背景下，为保持对外商投资的吸引力，中国政府不断改善投资环境，中国吸收外资登上新台阶，规模和质量全面提升，外资结构明显改进：产业结构继续优化；中西部吸收外资进一步增强；平均项目规模不断提升；主要外资来源国对华投资出现增长；直接投资和独资依旧是外商对华投资的主要方式。

（一）投资环境不断完善

2010年，中国政府结合国际金融危机应对工作，出台一系列加强外资管理体制机制建设、优化投资环境的政策措施，进一步扩大了对外开放，为中外投资者创造更好的合作机会。2010年4月，国务院下发了9号文《关于进一步做好外资工作的若干意见》（简称《若干意见》），从优化利用外资结构、引导外资向中西部地区转移和增加投资、促进利用外资方式多样化、深化外商投资管理体制改革、营造良好的投资环境等五方面工作提出20项具体支持政策，吸收外资领域进一步扩大。《若干意见》规定，要修订《外商投资产业指导目录》，鼓励外资投向高端制造业、高新技术产业、现代服务业、新能源和节能环保产业。2010年，商务部会同相关部门进一步主动扩大旅行社、医疗机构、网络销售等领域的开放，鼓励积极有效合理利用外资。2010年，中国加大产业梯度转移和沿边开放战略的实施力度，出台了《中共中央国务院关于深入实施西部大开发战略的若干意见》《国务院关于中西部地区承接产业转移的指导意见》等一系列政策文件，积极鼓励外商投资中西部。中国政府进一步大幅下放外商投资审批权限，减少审批层级，提高了审批效率和投资便利化。2010年6月，为落实《若干意见》，商务部出台《关于下放外商投资审批权限有关问题的通知》，将鼓励类、允许类总投资3亿美元以下和限制类总投资5 000万美元以下外商投资企业设立及其审批事项，服务业领域外商投资企业设立和变更事项等六大类审批权限下放至省级人民政府；7月，国务院出台《关于第五批取消和下放管理层级行政审批项目的决定》，取消或改革了外商投资企业设立境内分公司、进口设备清单等五大类外资审批制度。

（二）服务业吸收外资大幅增长，产业结构持续优化

中国外商投资产业构成显著改善，服务业吸收外资大幅增长。2010年全年，服务业新设立外商投资企业14 852家，同比增长21.6%，实际使用外资金额499.6亿美元，同比增长29.6%，占同期全国非金融领域新设立企业数和实际使用外资金额的比重为54.2%和47.3%，分别比同期制造业占中国外资总额的比重高13.9个百分点和0.4个百分点；制造业新设立企业11 047家，同比增长13.1%，实际使用外资金额495.9

亿美元,同比增长6.0%,占同期全国非金融领域新设立企业数和实际使用外资金额的比重为40.3%和46.9%;外商投资农、林、牧、渔业新设立外商投资企业929家,同比增长3.7%,实际使用外资金额19.1亿美元,同比增长33.8%,占同期全国新设立外商投资企业数和实际使用外资金额的比重为3.4%和1.8%。

第一、三产业吸收外资投向现代农业、金融服务和民生服务领域明显增多。2010年,金融业实际使用外资金额为11.2亿美元,同比增长146.3%,高出同期全国外资增幅128.9个百分点;卫生、社会保障和社会福利业实际使用外资金额为9 017万美元,同比增长110.5%,高出同期全国外资增幅93.1个百分点;水利、环境和公共设施管理业实际使用外资金额为9.1亿美元,同比增长63.4%,高出同期全国外资增幅46个百分点。吸收外资最多的制造业行业有通信设备、计算机及其他电子设备制造业、电气机械及器材制造业、通用设备制造业、化学原料及化学制品制造业(见表1)。

2010年中国吸收外资分行业情况

表1

行业名称	项目(企业)个数		实际使用外资金额	
	本年累计(个)	同比增长(%)	本年累计(万美元)	同比增长(%)
总　计	**27 406**	**16.9**	**10 573 524**	**17.4**
农、林、牧、渔业	929	3.7	191 195	33.8
采矿业	92	-7.1	68 440	36.7
制造业	11 047	13.1	4 959 058	6.0
电力、燃气及水的生产和供应业	210	-11.8	212 477	0.6
建筑业	276	25.5	146 062	111.2
交通运输、仓储和邮政业	396	0.3	224 373	-11.2
信息传输、计算机服务和软件业	1 046	-3.2	248 667	10.7
批发和零售业	6 786	33.1	659 566	22.4
住宿和餐饮业	579	15.3	93 494	10.8
金融业	85	63.5	112 347	146.3
房地产业	689	21.1	2 398 556	42.8
租赁和商务服务业	3 418	19.3	713 023	17.3
科学研究、技术服务和地质勘查业	1 299	21.9	196 692	17.5
水利、环境和公共设施管理业	143	-21.9	90 859	63.4
居民服务和其他服务业	217	4.8	205 268	29.4
教　育	12	-40.0	818	-39.4
卫生、社会保障和社会福利业	12	-33.3	9 017	110.5
文化、体育和娱乐业	168	6.3	43 612	37.3
公共管理和社会组织	2	—	—	-100.0

资料来源:商务部。

说明:此表数据未包括银行、保险、证券领域吸收外商投资数据。

(三)中西部对外资吸引力加大,区域布局进一步改善

2010年,东部依旧是中国外商投资的主要集聚地,但随着中西部地区基础设施、投资环境的进一步改善,外商投资区域布局不断改善。2010年全年,在非金融领域,东部地区新设立外商投资企业22 992家,实际使用外资金额898.5亿美元,同比增长15.8%,占全国外资总额的比重为85.0%,比上年比重下降1.2个百分点;与此同时,中部地区新设立外商投资企业3 056家,实际使用外资金额68.6亿美元,同比增长28.6%,占全国的6.5%,比上年增加0.6个百分点;西部地区新设立外商投资企业

1 358 家，实际使用外资金额 90.2 亿美元，同比增长 26.9%，占全国的 8.5%，比上年增加 0.6 个百分点。中西部吸收外资增幅明显高于全国平均水平，中西部地区吸收外资呈加速增长之势（见图 1）。

（四）外商平均项目规模不断增加

中国政府注重政策引导，提升外资质量，外商平均项目规模进一步提升。2010 年中国外商平均项目规模达到 385.8 万美元，比上年平均项目规模略有增长，但远高于 1983—2007 年的平均项目规模 125.9 万美元，说明近几年中国外资质量得到了较大幅度的提升（见图 2）。

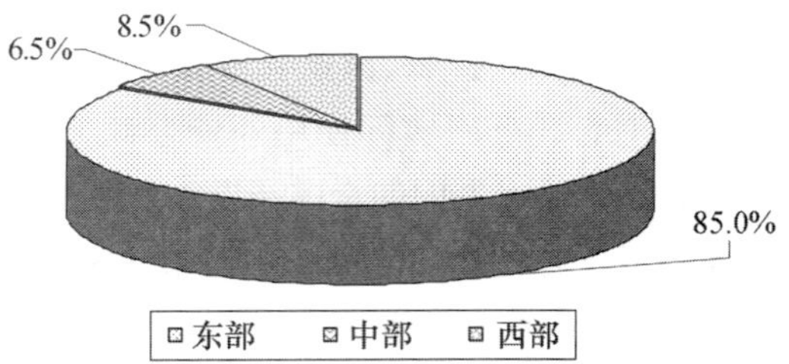

图 1　2010 年中国东中西部实际吸收外资占比

资料来源：商务部外资统计。

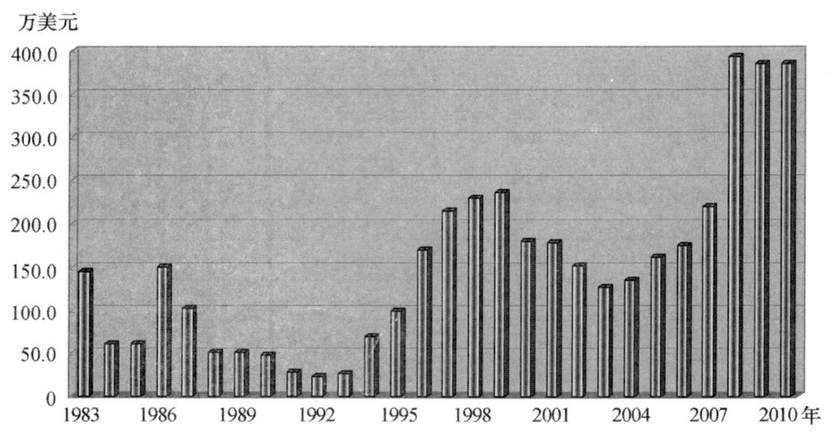

图 2　1983—2010 年中国吸收外资平均项目规模

资料来源：商务部外资统计

（五）外资来源集中在亚洲尤其是香港，欧美投资增幅低于平均水平

2010 年全年，亚洲 10 个国家或地区（香港、澳门、台湾省、日本、菲律宾、泰国、马来西亚、新加坡、印尼、韩国）对华投资新设立企业 22 058 家，同比增长 20.4%，占当年中国新设外商投资企业总数的 80.5%；实际投入外资金额 881.8 亿美元，同比增长 20.6%，占当年中国实际吸收外资总额的 83.4%，高于上年比重 16.9 个百分点。美国对华投资新设立企业 1 576 家，同比下降 0.8%，实际投入外资金额 40.5 亿美元，逆转了上年的降幅，同比增长 13.3%，低于平均增幅 4.1 个百分点。欧盟 27 国对华投资新设立企业 1 688 家，同比增长 7.0%；实际投入外资金额 65.9 亿美元，同比增长 10.7%，低于平均增幅 6.7 个百分点。

香港是对华投资最大的地区，并且集中度进一步提升。2010 年中国从政策上进一步推动港澳企业到内地投资。通过内地与港澳关于建立更紧密经贸关系的安排补充协议六及其框架下的一系列政策，内地在服务贸易领域进一步放宽了对港澳投资者的市场准入条件，并在加强金融合作、贸易投资便利化、专业资格互认等方面加强合作。内地与香港地区的经济联系更加紧密。2010 年香港实际对华投资额为 674.7 亿美元，同比增长 46.4%，占中国实际吸收外资总额的 63.8%，比上年增加 12.6 个百分点。其次分别是台湾省（67 亿美元）、新加坡（56.6 亿美元）、日本（42.4 亿美元）、美国（40.5 亿美元）、韩国（26.9 亿美元）、英国（16.4 亿美元）、法国（12.4 亿美元）、荷兰（9.5 亿美元）和德国（9.3 亿美元），前 10 位国家或地区实际投入外资金额占中国实际使用外资金额的 90.1%（见表 2）。

排名前10位的中国外商投资来源国或地区

表2

排名	国家/地区	2010年实际投资额(亿美元)	同比增长(%)	占中国实际外资比重(%)
1	香港	674.7	46.4	63.8
2	台湾省	67.0	256.4	6.3
3	新加坡	56.6	57.2	5.4
4	日本	42.4	3.4	4.0
5	美国	40.5	53.8	3.8
6	韩国	26.9	-0.4	2.5
7	英国	16.4	141.2	1.6
8	法国	12.4	90.8	1.2
9	荷兰	9.5	28.4	0.9
10	德国	9.3	-23.8	0.9

资料来源:商务部外资统计。

(六)独资是外商进入的主要方式,外资并购增幅较大

在2010年全国新增非金融类外商直接投资中,外商独资仍是主要方式,新设企业22 085家,同比增长17.8%;实际吸收外资809.8亿美元,同比增长17.9%,占总量的76.6%,比上年上升1.8个百分点(见表3)。

2010年中国吸收外商直接投资分方式情况

表3

方式	项目数		实际吸收外资金额	
	企业(个数)	比重(%)	金额(亿美元)	比重(%)
总计	27 406	100.0	1 057.4	100.0
中外合资企业	4 970	18.1	225.0	21.3
中外合作企业	300	1.1	16.2	1.5
外资企业	22 085	80.6	809.8	76.6
外商投资股份有限公司	51	0.2	6.5	0.6
合作开发	—	—	—	—
其他	—	—	—	—

资料来源:商务部外资统计。

外资并购强劲反弹。2010年在中国发生的外资并购无论从项目数量还是从实际吸收外资金额来看,与上年相比都有较大提高。2010年中国共批准外资并购案1 134个,同比增长31.4%,占全国新设外商投资企业数的4.1%,高于上年0.5个百分点;实际使用外资32.6亿美元,同比增长50.7%,占全国实际使用外资的3.1%,高于上年0.7个百分点。

(七)外商投资企业进出口相对放缓

2010年,中国外商投资企业进出口总值16 003.1亿美元,同比增长31.5%,增幅低于全国平均水平3.2个百分点,占全国进出口总值的53.8%,所占比重低于上年1.4个百分点。其中,出口8 623.1亿美元,同比增长28.3%,增幅低于全国平均水平3.0个百分点,占全国出口总值的54.7%,所占比重相比下降1.3个百分点;进口7 380亿美元,同比增长35.4%,增幅低于全国平均水平3.3个百分点，占全国进口总额的 52.9%，所占比重下降 1.3 个百分点。同时，外商投资企业外贸顺差出现下降，2010 年顺差额为 1 631 亿美元，同比下降 16.8%。

二、中国吸收外资面临的机遇和挑战

全球金融危机后，国际政治和世界经济贸易投资格局处于深刻调整变革时期。新兴经济体群体性崛起，世界多极化趋势更加明显，发展理念和模式更趋多样化。中国国内要素成本进入集中上升期，资源、环境约束加大，对外商投资从量到质的转变更加迫切，吸收外资机遇与挑战并存。

（一）机遇

1. 全球经济和直接投资格局新变化凸显中国优势。

危机后，新兴经济体在世界经济和全球直接投资中占据越来越重要的地位。来自联合国贸易和发展组织的数据显示，2010 年全球流入发展中和转型经济体的 FDI 强劲反弹，首次超过了全球外国直接投资总流量的一半，达到 53.0%。中国安定、社会稳定、国内市场潜力巨大、基础设施和产业配套较为完备、生产要素成本低廉等优势依然存在，同时危机后由于发达国家经济增长缓慢，中国优势凸显，对跨国公司产生了巨大的吸引力。首先，危机后中国经济回升速度和幅度均远远领先于发达国家和其他新兴经济体，拉动了全球经济的逐步回暖，也是未来世界经济增长的重要源头。随着中国经济实力和引领世界经济的影响力日益加强和深入，跨国公司更加重视对华投资，据联合国贸发会议的调查显示，2010—2012 年，中国依旧是最受跨国公司青睐的投资国。此外，由于主要发达国家经济在危机后呈现中低速增长，发达国家的跨国公司在向发展中国家转移生产能力的过程中，更加侧重市场。中国正积极地促进经济发展方式的转变，将扩大内需，特别是消费需求放到首要位置，其庞大未开发的内需市场将产生巨大的磁场，吸引更多的跨国公司来华投资，引发寻求市场的外商投资出现快速增长。2010 年中国吸收外资位居全球第二，发展中国家第一。

2. 科技创新和产业升级有助于中国外资质量提升。

国际金融危机造成的压力正在转化为新一轮科技创新的动力。为应对国际金融危机、气候变化和传统能源价格上涨，发达国家和跨国公司纷纷做出先导性战略安排，大幅度增加科技投入，以绿色、智能和可持续为特征、以信息技术和新能源革命为主导的科技创新及产业发展，将成为未来世界经济发展的新引擎。美国、欧盟、日本等发达国家努力寻求推动经济增长的新动力，纷纷加大在新能源和节能环保等领域的研发。新能源、节能减排等低碳技术和行业成为跨境投资新热点。未来跨国公司产业内分工和贸易将出现新一轮优化升级，为中国吸引发达国家产业链中上游投资创造了条件。全球新技术革命的启动，为中国发展绿色低碳经济，提升产业结构，与更多国家开展先进技术合作带来了更多机遇。同时发达国家大力发展绿色经济、低碳经济等，可能导致传统产业加快向外转移，为中国传统产业改造升级带来机遇。此外，发达国家在制造业升级改造过程中将产生大量服务外包需求，研发、营销、物流等环节向外转移步伐明显加快，将给中国服务业的发展带来良机。

3. 服务外包的稳步发展将加快中国服务业吸收外资。

由于受国际金融危机影响，跨国公司更注重节约运营成本，服务外包呈现了旺盛的生命力。而中国服务外包主要集中在日韩市场，在欧美所占市场份额不大，危机给其发展带来的负面影响是间接的，也是相对有限的。相反，国际服务外包的整体表现优于整个宏观环境，给中国服务外包发展带来了新机遇。这是因为中国发达的制造业为服务外包的发展奠定了深厚的产业基础；国内人才充足、科研力量较强、成本低，危机后比较优势更加凸显；危机后印度、爱尔兰等国服务外包增速明显放缓，尽管这些国家在外包领域仍占据不可动摇的龙头地位，但寻求外部合作的意愿日益趋强，积极加强与中国的合作。更重要的是，危机导致发达国家服务外包中高端人才的大量过剩，中国稳定的宏观经济和广阔的市场为他们提供了更多的发展机会，这些人才大量向中国集聚。因此，牢牢把握这一机遇，引进人才，大力承接国际服务外包，有利于转变对外贸易增长方式，提高中国服务业吸收外资，优化外商投资结构。

4. 中国政府将继续采取措施优化投资环境，提升外资质量。

把引进外资同提高自主创新能力、促进区域协调发展相结合，以引进资金为主转向引进品牌、技术、人员和管理为主转变是今后中国吸收外资的主要任务。中国政府为提升外资质量和水平，在以下几方面会着力改善投资环境：一是会尽快出台《外商投资产业指导目录》，引导外资投向高新技术、节能环保等战略性新兴产业，扩大服务业开放领域，积极稳妥推进服务业对外开放；二是丰富外商投资方式，拓宽引资渠道。鼓励外国投资者设立股权投资企业，引导外商投资合伙制企业良性发展，完善外商投资企业股权出资的法律政策，建立健全外资并购安全审查机制，使并购安全审查和相关规定更加法制化、透明化；三是要注重完善投资软环境，深化外资管理体制改革，进一步下放审批权限，为外商创造稳定、透明、规范、高效的行政环境。

（二）挑战

1. 中国吸收外资将面临更激烈的竞争环境。

危机后，为促进经济增长，许多国家加大引资力度，通过加强国际投资合作、放宽外资准入限制、加大政策优惠力度等方式吸引跨国投资。中国吸收外资将明显面临更加激烈的竞争环境。在高端领域，中国面临主要发达国家的竞争，危机后，为抢占未来经济的制高点，发达国家加快在低碳经济、科技研发等高附加值产业领域的研发，其外资促进机构和财政部门给予的优惠政策力度也会较大，加上完善的商业环境，极有可能引发跨国公司将研发部门撤回国内或转到其他发达国家投资，同时，面对严重的失业问题，发达国家提出产业回归和“制造业再造”，吸引本国企业海外资金回流。同时，中国劳动密集型产业吸引外资越来越多地面临来自周边发展中国家的挑战，如越南、马来西亚、印度尼西亚等国均加大招商引资的力度，而中国尤其是沿海地区受要素成本上升的影响，比较优势正逐渐弱化。中西部地区由于外资政策调整影响以及本身投资环境的缺陷，对低端外资的吸引力还远远不够。此外，与其他发展中国家和新兴经济体相比，中国对高新技术等鼓励类外资的政策吸引不足。

2. 贸易保护主义的抬头将影响外商在中国投资的信心。

中国经济增长方式从投资、进出口拉动转向投资、内需拉动并实现产业升级预计将是一个相对漫长的过程，因此出口在较长一段时间内将仍是推动中国经济发展的主力。国际危机的发生引发了全球贸易保护主义的抬头，而中国作为世界第一大出口大国，遭遇了更多的贸易壁垒。据中国商务部统计，2010 年，中国出口产品共遭受 66 起贸易救济调查，涉案总金额约 71.4 亿美元。其中，反倾销案件 43 起、反补贴案件 6 起、保障措施案件 16 起、特保案件 1 起。同时，技术性贸易壁垒、进口限制等各类贸易壁垒措施对中国产生的不利影响依然严重。知识产权海外纠纷进一步增多，美国对中国出口产品共发起 19 起 337 调查。危机后，中国的贸易摩擦将出现了常态化，部分发达国家将更多通过打压中国外贸出口，来遏制中国国际竞争力和影响力的提升。因此，中国的进出口贸易特别是出口贸易将受到更多的贸易壁垒和贸易保护主义的影响，而一直以来外商企业是中国进出口贸易的主体，因此，危机后贸易保护主义的抬头在很大程度上将影响到外商企业对华投资。同时人民币持续保持渐进升值趋势，带来出口企业成本上升，对出口导向型外商企业尤其是利润率较低的外商加工贸易企业影响较大。

3. 中国吸收外资存在许多结构性问题。

2010 年虽然中国吸收外资水平提升较快，但外商直接投资在产业分布、区域分布、来源分布和投资方式不均衡等结构性问题还很明显。从产业分布看，2010 年服务业吸收外资占当年中国吸收外资总额超过制造业吸收外资的比重，但其中将近一半（48.0%）的外商投资是流向房地产这样的高利润行业，2010 年中国房地产实际吸收外资总额达到 239.9 亿美元，同比增幅为 42.8%，依旧占据服务业吸收外资的第一大行业，直接影响中国房地产宏观调控政策。从区域分布来说，外商投资绝大部分还是投向东部地区，占中国吸收外资的比重达到 85.0%。同时，来自美国、欧盟的外商投资增幅较慢，外资来源越来越集中在香港等地；外商独资和绿地投资依旧是外商投资中国的主要方式，并购等投资方式没有大的突破。这些结构问题严重影响到中国利用外资的质量，也是未来中国吸收外资需要着重解决的问题。

（撰稿：聂平香）

2010 年中国企业境外投资与境外企业发展综述

中华人民共和国商务部研究院

中国境外直接投资起步虽晚但发展迅速，已经成为最为重要的对外经济合作方式，为促进中国经济对外开放、中国企业国际竞争力提升，以及中国与东道国互利共赢发挥着愈发明显的推动作用。对外承包工程起步较早，是中国企业最早涉足国际市场的一种重要形式。

一、2010 年中国企业境外直接投资

2010 年，中国企业把握后金融危机的机遇，获得了较快发展。据商务部统计，2010 年我国境内投资者共对全球 129 个国家和地区的 3 125 家境外企业进行直接投资，累计实现非金融类对外直接投资(下同)590 亿美元。

(一)对外投资流量总体规模触底回升

2010 年，我国企业对外直接投资跳出上年的缓慢增长步伐，再度提速(见图 1)。从投资额看，由于基数较低和统计口径有所调整，我国非金融类对外直接规模呈现高速增长态势。2003—2010 年的 7 年间，投资流量增长 19.7 倍，年均增长率高达 54.1%。

随着基数的不断增大，年度同比增速有所下降。受金融危机影响，2009 年我国企业对外直接投资的增速陡降，从上年的 57.9% 降至 14.2%，降幅达 43 个百分点。2010 年，企业的对外直接规模在基数扩大的情况下再度加速，同比增速达到 23.4%，比上年加快近 10 个百分点。

(二)经济发达地区仍是对外投资主力

经济发展水平较高地区的企业，在产业链上有向上下游发展的动力，需要开拓更为广阔的国际市场。与中央企业相比，地方企业的规模仍相对较小，590 亿美元的对外直接投资中，地方企业的投资额为 163.2 亿美元。从地域分布上，各省份分布也不均匀(见图 2 和表 1)。

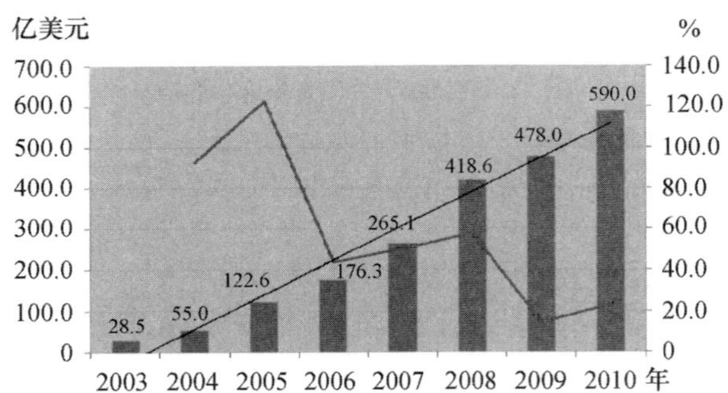

图 1 2003—2010 年中国非金融类对外直接投资流量

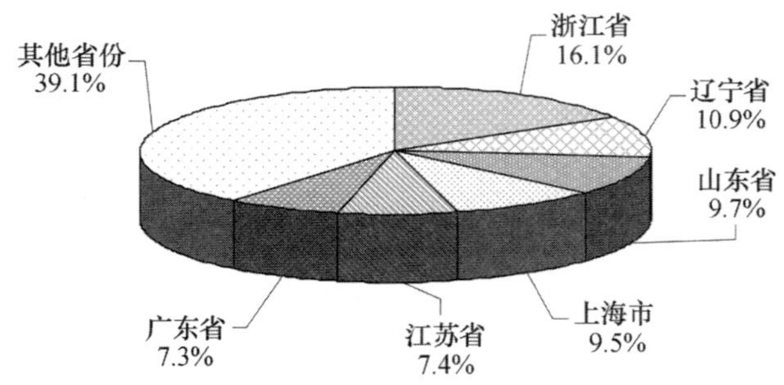

图 2 2010 年中国非金融类对外直接投资省市占比排序

2010 年中国非金融类对外直接投资按省市区排名

表 1

序 号	省(自治区、直辖市)	当年直接投资流量(万美元)
1	浙江省(含宁波市)	262 139(52 351)
2	辽宁省(含大连市)	177 429(135 058)
3	山东省(含青岛市)	158 750(51 674)
4	上海市	155 811
5	江苏省	120 105
6	广东省(含深圳市)	119 577(46 009)
7	安徽省	80 967
8	北京市	69 383

续表

序 号	省(自治区、直辖市)	当年直接投资流量(万美元)
9	福建省(含厦门市)	47 681(21 016)
10	云南省	47 406
11	河北省	42 712
12	重庆市	39 882
13	新疆维吾尔自治区(含新疆生产建设兵团)	37 346(6 682)
14	四川省	34 351
15	湖南省	31 135
16	天津市	30 925
17	陕西省	28 920
18	海南省	22 477
19	江西省	21 280
20	吉林省	18 041
21	黑龙江省	17 314
22	广西壮族自治区	17 249
23	河南省	15 618
24	湖北省	13 832
25	甘肃省	10 132
26	内蒙古自治区	3 973
27	山西省	3 863
28	宁夏回族自治区	3 080
29	贵州省	510
30	青海省	110
31	西藏自治区	29

浙江、辽宁、山东、上海、江苏和广东分列对外投资省、自治区和直辖市的前6位,6省市企业在2010年的对外直接投资流量均超过10亿美元,分别达到26.2亿美元、17.7亿美元、15.9亿美元、15.6亿美元、12.0亿美元和12.0亿美元,合计占当年地方企业对外直接投资总量的3/5强,达到60.9%。

2010年,计划单列市中,大连的非金融对外直接投资流量最高,达到13.5亿美元。宁波、青岛、深圳和厦门的同期投资流量分别为5.2亿美元、5.2亿美元、4.6亿美元和2.1亿美元。

(三)优势产业对外直接投资步伐加快

充分利用海外市场和资源的投资,以及发挥企业自身优势的投资是企业国际化的两种主要动因。2010年,两类动因支撑下的对外直接投资都获得了较快发展。

资源类对外直接投资仍然是中国企业“走出去”中重要的产业领域。油气资源领域,2010年3月,中石化以24.6亿美元对价收购集团位于安哥拉的油块资产;4月,出价约46.5亿美元购买美国康菲石油加拿大油砂公司9.03%股份;10月,以71.1亿美元对价认购西班牙雷普索尔巴西公司40.0%股份;12月,以24.5亿美元收购OXY阿根廷子公司100%股份及其关联公司。2010年3月,中海油斥资31亿美元与阿根廷石油公司BEH将Bridas公司改组,双方各持股50.0%;10月,中海油以10.8亿美元价格购入美国切萨皮克能源公司鹰滩页岩油气项目共33.3%的权益;11月底,中海油通过Bridas公司以约70.6亿美元的价格从BP手中收购泛美能源60.0%权益。矿产资源领域,武汉钢铁集团在2月完成对巴西铁矿石生产企业MMX公司的收购;5月,武钢对马达加斯加和利比利里亚铁矿项目的收购获得批准，正式进入非洲铁矿市场；7 月，武钢收购加拿大铁矿石公司 CLM 近 20.0% 股权，收购澳大利亚 CXM 公司完成矿权交割；11 月，武钢与加拿大矿业公司 Adriana 资源公司达成初步合作协议。农业资源领域，光明乳业发起系列对外收购，7 月中旬，以 3.8 亿元人民币购得新西兰 Synlait 乳业公司 51.0% 的股权；9 月底，与英国联合饼干公司进行并购的排他性谈判，拟出价约 208 亿元（31.6 亿美元）；12 月，又宣布与美国维生素零售连锁店健安喜（GNC）的谈判接近达成协议，预计收购价格在 25 亿 ~30 亿美元之间。

在汽车、家用电器等具有较强竞争优势的传统产业，中国企业"走出去"的步伐加大。汽车产业，2010 年 3 月，浙江吉利控股以 18 亿美元获得福特旗下品牌沃尔沃，创下中国收购海外整车资产的最高纪录；4 月，比亚迪在美国洛杉矶宣布将把北美总部落户落户于此，主要负责新能源汽车、太阳能电池、储能电站的发展；长安汽车和江淮汽车都在意大利和日本设立研发中心；11 月，上海汽车集团宣布参与美国通用汽车 IPO 项目。通用此次发行规模为 1980 年以来全球最大的一起 IPO，而上汽集团通过旗下全资子公司上海汽车香港投资有限公司总计出资约 5 亿美元，约占美国通用汽车总股本的 1.0%，以投资者身份开展与通用集团的合作。家电和纺织产业，受人民币升值、国内劳动成本不断上升及原材料价格持续高涨影响，以拓展海外市场、利用海外劳动力资源为动因的对外投资增加较快。只是由于中国企业在上述两个行业具有较强的全球竞争优势，对外投资多为新建厂房的绿地投资，规模偏小但数量不少。

二、2010 年中国企业对外承包工程

据商务部统计，2010 年，我国对外承包工程业务继续保持增长。其中，完成营业额 922 亿美元，同比增长 18.7%；新签合同额 1 344 亿美元，同比增长 6.5%。截至 2010 年底，我国对外承包工程累计完成营业额 4 356 亿美元，签订合同额 6 994 亿美元。

（一）对外承包工程业务增速呈放缓趋势

入世以来，我国对外承包工程业务增长较为明显（见图 3）。2001—2010 年间，对外承包工程的新签合同额和完成营业额的年均增速较为接近，分别为 29.6% 和 29.7%。新签合同额在 2006 年前与完成营业额的差距不大，比值约为 1.4 左右；但在 2006 年后，随着完成营业额的快速增长，新签合同额的增加更为明显，比值一度达到 2 以上；随后，该项比值逐渐下降，2010 年二者的比值重新回到 1.5。

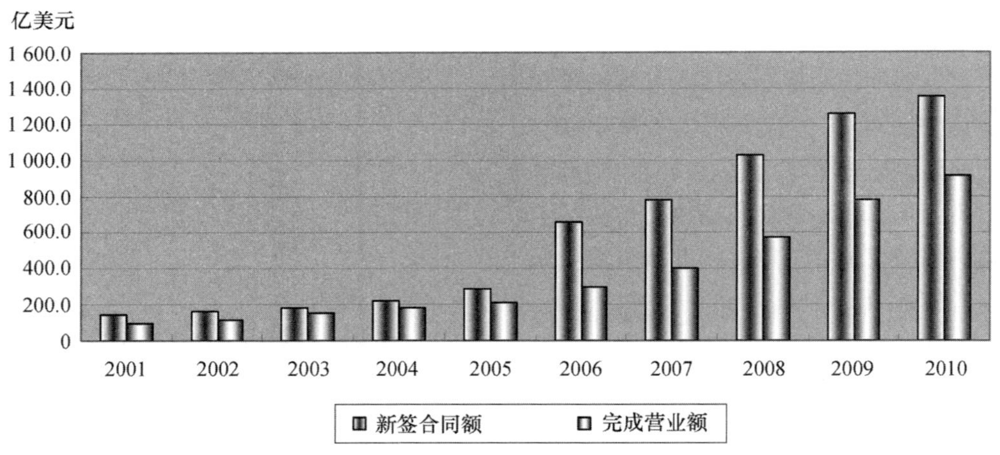

图 3　2001—2010 年中国对外承包工程新签合同额和完成营业额

（二）对外承包工程业务额集中程度较高

对外承包工程经过多年发展，已经初步形成了规模庞大、业务能力突出的企业队伍。大型企业在行业中的市场开拓和占有水平、业务承接和完成能力都较为突出。2010 年，我国对外承包工程企业 50 强的新签合同额和完成营业额分别占当年全部业务额的 74.6% 和 65.1%（见图 4）。50 强企业的业务集中程度也比较高，前 10 位企业的新签合同额和完

成营业额接近或达到50强的一半。

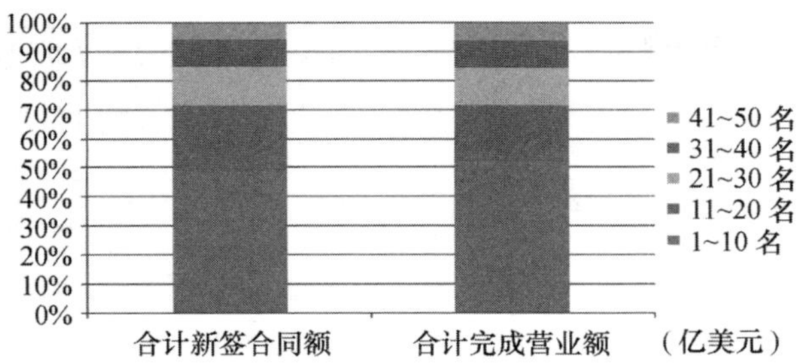

图4　中国对外承包工程企业前50名业务额分布

(三)国有对外承包商总体优势仍较明显

我国的对外承包工程受发展历程决定,国有承包商较早接触国际市场,与我国政府对外经济合作业务联系较为紧密,在市场中占有较大比重。表2显示,对外新签合同额的10强中,除了华为技术有限公司外均为国有或国有控股的承包企业。表3中按照完成营业额的10强中,中信建设、上海振华重工等民营企业也历然在目。对外承包工程的市场门槛相对不高,企业数量众多,但品牌的叠加效应以及海外经验和工程布局的支撑力仍然是企业做大做强海外业务的重要条件。必须看到,海外工程存在外生性和内生性同时存在的特性。除了被动获得其他订单外,企业自身创造的订单也是保持发展的关键因素之一。作为民营企业的华为海外市场拓展迅速,为其带来了大量海外建设订单,使其保持了新签合同额和完成营业额两项第一。

2010年中国对外承包工程业务新签合同额前10家企业

表2

序号	企业名称	新签合同额(万美元)
1	华为技术有限公司	830 604
2	中国水利水电建设集团公司	669 127
3	中国建筑工程总公司	526 094
4	中国中铁股份有限公司	480 000
5	中国土木工程集团公司	465 370
6	中国葛洲坝集团股份有限公司	456 834
7	中工国际工程股份有限公司	404 451
8	山东电力建设第三工程公司	404 400
9	中国电工设备总公司	348 472
10	上海电气集团股份有限公司	344 374

2010年中国对外承包工程业务完成营业额前10家企业

表3

序号	企业名称	完成营业额(万美元)
1	华为技术有限公司	692 316
2	中国建筑工程总公司	487 172
3	中国水利水电建设集团公司	401 685
4	中国石油工程建设(集团)公司	329 606
5	中信建设有限责任公司	325 287
6	中国电工设备总公司	215 421
7	中国港湾工程有限责任公司	210 020
8	上海振华重工(集团)股份有限公司	161 561
9	上海建工(集团)总公司	161 179
10	山东电力建设第三工程公司	157 988

(四)东部地区地方企业的业务量占比较大

由于中央企业在业务市场中仍占据主要位置,地方对外工程承包企业在我国对外承包工程业务中的比例总体不高。2010年,除台湾外的30个省、自治区和直辖市企业在我国对外承包工程业务中的比重分别为62.4%和54.4%。从企业所属的地区分布来看,东部经济发展水平较高地区企业的对外承包工程业务额所占比重较高(见表4),企业新签合同额排名前10位的省、自治区和直辖市分别为上海、山东、广东、湖北、四川、江苏、河北、北京、浙江和河南,合计占到地方企业新签合同额的75.8%;而完成营业额排名前10位的省、自治区和直辖市几乎相同,只是天津取代河南入选前10名,来自前10位省份的企业合计占到地方企业完成营业额的比重更高,达到82.5%。

2010年,计划单列市中,由于华为位于深圳,深圳企业的对外承包工程新签合同额最高,达到92.4亿美元。宁波、青岛和大连的新签合同额分别为7.3亿美元、5.9亿美元和3.2亿美元。深圳企业的对外承包工程完成营业额也最高,达77.4亿美元。宁波、青岛、大连和厦门企业的完成营业额分别为10亿美元、9.8亿美元、6.1亿美元和70万美元。

2010 年中国对外承包工程完成营业额按省市区排名

表 4

序 号	省(自治区、直辖市)	完成营业额(万美元)	新签合同额(万美元)
1	广东省(含深圳市)	820 815(774 356)	986 740(924 301)
2	上海市	689 616	1 010 276
3	山东省(含青岛市)	523 767(98 272)	1 008 411(59 538)
4	江苏省	516 738	544 726
5	四川省	399 299	684 878
6	湖北省	381 301	765 531
7	河北省	285 351	294 596
8	浙江省(含宁波市)	275 057(100 022)	241 543(73 368)
9	天津市	245 205	173 753
10	北京市	222 514	251 114
11	河南省	207 085	237 489
12	安徽省	192 729	151 147
13	辽宁省(含大连市)	132 250(61 402)	172 372(31 585)
14	湖南省	109 065	62 645
15	黑龙江省	105 093	17 601
16	江西省	104 334	135 697
17	云南省	99 194	106 102
18	陕西省	81 022	88 786
19	山西省	71 999	47 517
20	新疆维吾尔自治区	62 945	46 948
21	广西壮族自治区	56 429	61 019
22	重庆市	35 987	79 035
23	新疆生产建设兵团	30 769	8 418
24	吉林省	26 364	38 178
25	福建省(含厦门市)	23 531(70)	8 607(0)

注:表中未列省区暂无此项业务。

三、2010 年中国对外劳务合作

2010 年,中国对外劳务合作业务在困境中艰难发展,新签合同额出现较大增幅,为未来劳务合作业务发展奠定基础;外派劳务人数和年末在外人数均有所增长,劳务输出仍然处于上升周期。

(一)对外合作业务进入平稳发展期

对外劳务合作业务受入世国际市场发展机遇推动,自 2001 年以来我国对外劳务合作的新签合同额和完成营业额均保持持续增长(见图 5)。但这一增势到 2009 年受经济危机影响出现停滞和萎缩。2010 年,我国对外劳务合作完成营业额 89 亿美元,与上年基本持平;新签合同额 87.2 亿美元,同比增长 16.8%。

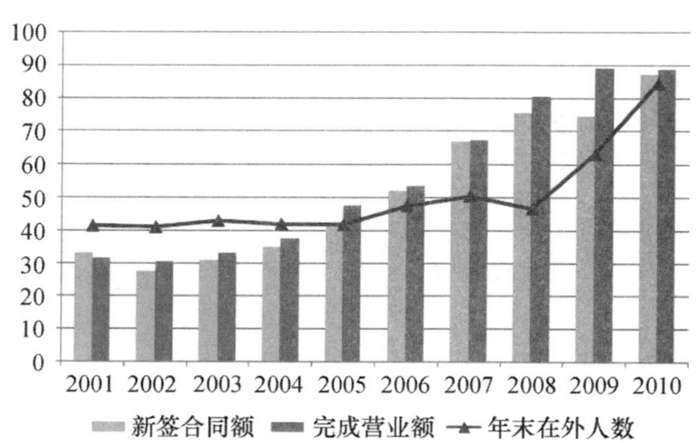

图 5 2001—2010 年中国企业对外劳务合作新签合同额和完成营业额(亿美元)

作为人口和劳动力大国,对外劳务合作是中国具有一定比较优势的领域。2001—2010 年间,除 2008 年暂时下滑外,年末派出人数基本保持稳中有升的发展态势。2010 年,我国全年累计派出各类劳务人员 41.1 万人,同比增长 4%,年末在外各类劳务人员 84.7 万人,较上年同期增加 6.9 万人。

入世10年是中国对外劳务合作发展最快的时期。截至2010年底,我国对外劳务合作累计完成营业额736亿美元,签订合同额760亿美元,累计派出各类劳务人员543万人。而2001—2010年对外劳务合作的新签合同额和完成营业额分别占69.2%和76.2%。

(二)各省企业派出劳务受危机影响不同

与对外承包工程业务相比,对外劳务合作的集中度相对较低,央企的外派劳务业务量不多,各省企业从事的业务比重较高。2010年,各省、自治区、直辖市的对外劳务合作新签合同额和完成营业额分占全国的84.3%和83.2%。经济危机对劳务派出构成不利影响,但各省、自治区、直辖市因派出劳务目的地存在差异,对外劳务合作业务所受影响不同(见表5)。2010年,派出人数占前五位的省份为山东、江苏、河南、广东和湖北,派出人数均超过2万人;排名前13位的省份的派出人数均超过1万人。按照年末在外人数统计,排名前五位的分别是山东、江苏、吉林、河南和广东,年末在外人数均超过3万人。

2010年中国派出各类劳务人员按省市区排名

表5

序 号	省(自治区、直辖市)	派出人数(人)	年末在外人数(人)
1	山东省(含青岛市)	47 300(6 393)	101 913(15 559)
2	江苏省	34 576	96 336
3	河南省	32 435	56 291
4	广东省(含深圳市)	24 788(0)	38 455(135)
5	湖北省	22 372	29 478
6	福建省(含厦门市)	19 182(5 803)	24 240(7 394)
7	辽宁省(含大连市)	18 291(11 784)	41 448(19 620)
8	吉林省	15 972	66 566
9	上海市	15 910	26 847
10	浙江省(含宁波市)	13 446(1 664)	26 261(4 257)
11	安徽省	12 631	20 236
12	北京市	11 770	22 499
13	云南省	11 275	17 189
14	湖南省	9 727	20 370
15	河北省	8 761	13 324
16	陕西省	7 638	8 553
17	天津市	7 066	12 683
18	四川省	5 876	21 983
19	新疆维吾尔自治区	5 122	3 077
20	广西壮族自治区	4 723	5 958
21	江西省	4 694	14 615
22	新疆生产建设兵团	3 813	4 665
23	黑龙江省	3 166	12 885
24	重庆市	1 790	4 066
25	山西省	1 224	6 147
26	贵州省	977	1 789
27	内蒙古自治区	931	4 706
28	甘肃省	922	911
29	宁夏回族自治区	453	692
30	青海省	57	51
31	海南省	0	2

注:表中未列省区暂无此项业务。

(撰稿:周　密)

行业发展概况

2010 年中国电力行业发展综述

中国电力企业联合会

2010 年，全国电力需求总体旺盛，全社会用电量呈现一季度高速增长、4—8 月回稳、9 月后回落的态势，全年用电量达 41 999 亿千瓦时，比上年增长 14.8%。基建新增装机连续 5 年超过 0.9 亿千瓦，年底发电装机容量 9.7 亿千瓦，比上年增长 10.6%。电源结构继续优化，水电装机容量突破 2 亿千瓦，非化石能源发电装机容量所占比重持续提高，火电发电量比重明显下降。全国电力供应能力总体充足，电力供需总体平衡，华北、华中、华东和南方电网受电煤供应不足和气温变化影响，部分地区部分时段电力供需偏紧，通过加大跨区跨省电力交易，有效缓解了电力供需矛盾，确保了电力有序供应。电网规模 5 年实现总体翻倍，全年累计利用小时比上年有所回升，电力技术应用继续实现突破，电力行业节能减排成效显著。煤价持续高位并继续攀升导致火电厂经营困难、经营压力加大。

一、2010 年全国电力供需情况

（一）电力投资和新增能力的结构继续优化

2010 年，全国电力工程建设保持较大规模，累计完成投资 7 417 亿元，比上年下降 3.7%。其中，电源工程建设完成投资 3 969 亿元，比上年增长 4.4%，水、火电投资同比下降，核、风电投资保持较大规模；电网工程建设完成投资 3 448 亿元，比上年下降 11.6%。

新增发电生产能力结构继续优化。全国电源基建新增生产能力 9 124 万千瓦，保持较大规模。新投产火电机组比重连续 4 年下降。新投产百万千瓦机组 11 台，新投产单机容量 60 万千瓦及以上机组容量比重高达 58.1%。新增并网风电 1 457 万千瓦，并网太阳能光伏发电 19.5 万千瓦，新增装机容量中，水、核、风、太阳能等清洁能源发电装机容量所占比重达到 36.1%，比上年提高 4.2 个百分点。全国共关停小火电机组 1 690 万千瓦，超过关停目标 690 万千瓦。

（二）电力技术取得重大突破

世界首台百万千瓦超超临界空冷发电机组宁夏灵武电厂投产，世界首台 60 万千瓦超临界循环流化床锅炉在四川白马电厂安装建设，全球最大的捕集能力为每年 12 万吨的燃煤电厂二氧化碳捕集项目在上海石洞口二厂投运，华能天津 IGCC 电站示范工程项目建设全面推进。清洁能源发电设备自主研发成果斐然。世界上首批 4 台 AP1000 核电机组已经全面进入主体工程建设阶段；我国自主开发的首台百万千瓦级核电站全范围模拟机在福建宁德核电站正式投入使用；国内首台自主研发并拥有全球自主知识产权的 5 兆瓦风电机组正式出厂；首座 10 兆瓦光热发电试验示范项目在甘肃开工。

电网技术实现重大突破。代表当今世界直流输电技术最高水平的云南至广东、四川向家坝至上海 ±800 千伏特高压直流输电工程分别顺利投产，晋东南至荆门 1 000 千伏特高压交流试验示范工程通过国家验收。呼伦贝尔至辽宁 ±500 千伏直流输电工程、宁夏至山东 ±660 千伏直流极 Ⅰ 系统以及新疆与西北 750 千伏联网等一批跨区跨省重点工程建成投运，青藏电网联网工程开工建设。我国具备了全套特高压设备制造能力，在世界电网科技领域实现了“中国创造”和“中国引领”。在智能电网的理论研究及清洁能源接入等领域取得一大批成果，总体处于世界领先水平，上海世博园智能电网综合示范工程建成并投入使用，中新天津生态城和广州中新知识城 20 千伏智能电网示范区开工建设。

（三）供应和输配能力增强，设备利用小时与上年基本持平

2010 年底，全国全口径发电设备容量 9.7 亿千瓦，比上年增长 10.6%，发电装机规模连续 15 年居世界第 2 位。其中，水、火电分别比上年增长 10.1%、9.0%；核电 1 082 万千瓦，比上年底增加 174 万千瓦；并网风电容量 2 958 万千瓦，比上年增长 68.1%。与上年相比，核电、风电占全国全口径发电设备容量的比重分别提高 0.1 个百分点和 1.1 个百分点，而水电、火电所占比重分别降低 0.1 个百分点和 1.1 个百分点。我国电网规模居世界第 1

位，全国220千伏及以上输电线路回路长度44.6万千米，220千伏及以上变电设备容量19.9亿千伏安，分别比上年增长10.9%和16.4%。

发电量总体保持较高水平，火电发电量比重明显下降。2010年，全国全口径发电量42 278亿千瓦时，比上年增长14.9%。其中，水、火电分别比上年增长20.1%、13.5%，核电增长6.7%，并网风电增长78.9%。分月来看，2010年全国规模以上电厂发电量月度增速总体处于下降趋势，前5个月发电量增速较高，6—8月基本稳定在12.0%左右，9月后，各月发电量增速低于10.0%。

2010年，全国6 000千瓦及以上电厂发电设备利用小时4 650小时，比上年提高104小时。其中，水电3 404小时，比上年提高76小时；火电5 031小时，比上年提高166小时；核电7 840小时；风电2 047小时。各月利用小时总体呈下降趋势，只在7、8、12月受季节性因素设备利用小时有所提高。

（四）特高压在跨区跨省送电中的作用突出

2010年，全国跨区域送电量完成1 492亿千瓦时，比上年增长21.7%，增速比上年提高8.2个百分点。新增输变电线路作用突出，四川向家坝至上海直流、宝鸡至德阳直流和宁东至山东直流分别累计送电63.6亿千瓦时、63.1亿千瓦时和19.8亿千瓦时。大范围电网资源优化配置作用增强，特别是上半年，通过晋东南—湖北荆门的“长南一线”特高压输电线路，完成华北送华中51亿千瓦时，极大地缓解了枯水期华中地区紧张的供电形势。

上半年西部地区特大干旱造成水电出力下降，贵州省水电出力比重下降、电煤供应偏紧使火力发电受限、送出西电有所调减，导致南方电网“西电东送”完成1 117亿千瓦时，比上年减少3.4%，累计送电持续负增长。2010年，全国跨省输出电量平稳增长，达5 879亿千瓦时，比上年增长12.1%。

（五）全社会用电量各月总体低速稳定增长

2010年，全国全社会用电量41 999亿千瓦时，同比增长14.8%，增速比上年提高8.3个百分点。各月用电量增速自第二季度开始总体呈下降的趋势，总体低速稳定增长。2010年，第一产业用电量976亿千瓦时，同比增长3.9%；第二产业用电量31 450亿千瓦时，同比增长15.9%，第二产业用电增长对全社会用电增长的贡献率比上年大幅提高；第三产业及城乡居民生活用电量总体保持稳定增长。2010年，全国电力消费弹性系数为1.4。

（六）重工业用电量受国家宏观调控及节能减排等政策影响明显

2010年，全国工业用电量30 967亿千瓦时，比上年增长15.7%，分月份看，各月用电增速总体呈现上半年增速较高、下半年逐步放缓的趋势，但第四季度工业用电量规模持续回升。重工业用电量受国家宏观调控及节能减排等政策影响明显，用电增速大幅下降，是全社会用电量下半年增速回落的最主要原因。重点行业用电明显恢复，化工、建材、黑色金属冶炼、有色金属冶炼四大行业合计用电量13 454亿千瓦时，同比增长16.2%，比上年提高11.9个百分点，但重点行业用电量各月增速持续下降，继续增加的动力有所减弱。通用专用设备制造业和交通运输、电气、电子设备制造业用电量形势持续相对较好，占全社会用电量比重均比上年明显提高。

（七）电力企业总体盈利，分布不均，亏损面仍然较大

2010年电力企业资产总额有所增加，利润总额上升，经营情况总体好于上年。其中，电网企业经营利润比上年有所增加，水电企业经营状况明显好转，但火电企业利润与上年相比仍有明显的下降，资产负债率和企业亏损额继续上升，可持续发展能力仍然较弱。

2010年1—11月，电力行业利润总额1 419亿元，比上年增长71.2%。其中，电网企业实现利润总额592亿元，比上年增加561亿元，利润最多的几个省份均分布在东部地区。水电企业利润总额371亿元，比上年增长78.3%，其中湖北水电企业实现利润总额128亿元，占全国水电企业利润总额的34.5%。受同期煤炭价格涨幅较大影响，火电企业利润总额280亿元，比上年同期下降38.7%，盈利的火电企业主要集中在东部地区，其中广东、江苏、浙江三省火电企业利润总额合计达到286亿元，超过全国火电企业利润总额，而中部地区火电企业亏损严重。核电企业利润总额111亿元，比上年同期增长14.3%；其他能源发电企业（主要是风电、生物质

能发电等）利润总额 65 亿元，比上年同期增长 79.8%。

（八）节能减排效果显著

电力行业积极加大科技创新，推进节能减排，电力生产及输送环节能源效率继续提高。2010 年，全国 6 000 千瓦及以上火电机组供电标准煤耗每千瓦时 333 克，比上年降低 7 克；全国线损率为 6.5%，比上年下降 0.2 个百分点；全国发电厂用电率 5.4%，比上年下降 0.3 个百分点。2010 年，全国电力二氧化硫排放 926 万吨，比上年下降 2.3%。截至 2010 年底，全国已投运烟气脱硫机组超过 5.6 亿千瓦，约占全国煤电机组容量的 86.0%；已投运烟气脱硝机组容量约 9 000 万千瓦，约占煤电机组容量的 14.0%；在建、规划（含规划电厂项目）的脱硝工程容量超过 1 亿千瓦。

二、对电力供需问题的认识与建议

（一）加大电煤等要素协调，做好电力供应保障工作

全国已建立了煤电油气运部级协调机制，随时对重大问题进行协商，采取措施，保证运转正常。从总体上来看，煤电油气运保障比较平稳，但由于铁路、公路运输的压力和紧张局面客观存在，特别是在气候异常时电煤供应尤为较紧。因此，必须完善电煤供应应急预案，加大煤电运等要素协调，全力做好电力供应保障工作。

建议加快电网重点工程建设和投运，提高电网整体供电能力特别是跨省跨区支援能力；加强设备巡检，确保设备正常运转；针对寒潮、冰冻等天气和突发事件，及时建立完善的预警机制，以提高应对突发事件的处置能力；建议政府有关部门牵头协调做好电煤储备及其相应的运力调配等准备工作，保证电煤供应，缓解电力供需紧张局面。优化水电运行方式，充分运用大型水库调节能力，提高水能利用效率。完善省间送电协议及违约约束机制，强化合同及协议制定的严肃性。

（二）加快电网建设，在全国范围内实现资源优化配置

经过多年的发展，我国电源电网发展已经取得很大成就，电源、电网规模分别跃居世界第二和第一位，从总量上看已经基本可以满足国民经济发展的需要。但是我国能源资源分布与需求存在逆向分布以及能源结构性的矛盾，造成“三北”地区风电消纳矛盾突出，西南水电比重较大的地区电力供应“丰松枯紧”，水电外送季节性压力较大，由此增加了电煤铁路运输以及电网运输的压力，也造成各区域发电装机能力有效利用率下降，发电装机总量与最高用电负荷差距加大，迫切需要大范围、错时段进行煤电、水电、风电的调度配置。

因此，必须根据我国国情，采取多种措施从全国范围内解决资源的平衡与优化配置问题。一是要充分利用好现有跨省跨区电网，扩大跨省跨区电量支援调配，最大限度地利用各区域电力结构特点，错峰缓解各省电力紧张局面；二是进一步完善区域 500 千伏和 750 千伏主干网架，进一步扩大区域平衡能力；三是要充分肯定西电东送战略对大范围资源优化配置的重要贡献，根据全国资源优化配置的新形势，加快推进特高压电网建设，根本解决全国资源优化配置和电力电量平衡的问题，实现电网资源配置能力更强、范围更广、经济运行效率更高、安全水平更高、科技水平和智能化水平全面提升。

（三）尽快落实煤电联动政策，进一步疏导电价

近年来，“市场煤、计划电”的体制性矛盾依然突出，电力企业已难以承受煤价频繁上涨和电价调整滞后造成的刚性成本增加，火电行业严重亏损。煤炭价格是火电企业成本的主要因素，已占到 70% 左右，自 2003 年以来，我国煤炭价格持续上涨，秦皇岛5 500 大卡煤炭累计上涨超过 150%，而销售电价涨幅仅上涨 32.0%。自 2004 年国家发改委颁布煤电价格联动机制以来，国家共实行 4 次煤电价格联动，但还有较大缺口。由于持续亏损，发电企业偿债能力削弱，融资难度不断加大，资金链断裂的风险显著增加，保障电力、热力供应的能力大为下降。

建议采取切实可行的措施抑制煤价、疏导电价。一是充分发挥政策监管与导向作用，抑制到厂电煤价格上升的各种跟风、炒作因素。二是在合理的电价机制形成过程中，继续坚持煤电联动的原则和机制，同时解决热电价格长期倒挂的问题。三是加大需求侧管理力度，发挥价格对需求的引导调节作用；理顺各种终端能源之间的比价关系，引导用户合理

消费各种能源。四是加快资源性产品价格机制改革步伐,尽快研究符合市场规律、适应我国国情的科学合理的电价形成机制。

(四)科学制定"十二五"电力发展规划

随着"十二五"期间我国经济社会快速发展,电力需求将持续增长,预计2015年全社会用电量将达到62 700亿千瓦时左右,"十二五"年均增长8.5%左右,需要充分保障电力供应;同时,落实我国政府"2020年我国非化石能源在一次能源消费中比重达到15.0%左右和单位GDP二氧化碳排放量比2005年下降40.0% ~45.0%"的两项承诺,需要电力工业加快开发绿色能源,改善能源结构。

为构建安全、经济、绿色、和谐的现代电力工业体系,满足经济社会科学发展的有效电力需求,需要科学制定"十二五"电力发展规划。建议一是强化电力工业统一规划,建立科学的电力规划管理机制。建立健全政府电力规划管理体系,建立规划依法上报、审批和公布制度,完善电力规划研究协作体系和滚动调整机制。二是积极改善生态环境,促进绿色电源发展。尽快批准建设一批大中型水电项目,开放核电投资市场,加快核电建设,扶持推进风电、太阳能等可再生能源产业化,积极推进煤电一体化。三是加快推进智能电网建设,加快研究制定新能源、特高压电网、智能电网等技术标准。四是采取切实有效措施,积极促进节能减排。适当提高电价水平,用经济调节手段促进节能减排;制定严格的节能减排标准,培育节能减排商业模式,促进节能减排技术创新和推广。

(撰稿:王永干)

2010年中国医药工业企业发展综述

中国医药企业管理协会

随着医药卫生体制改革的全面推进和不断深化,2010年中国医药工业继续保持平稳较快增长,产业结构调整逐步推进,产业总体呈现持续向好态势。

一、医药工业继续保持高速平稳增长

化学药品产值最大、中药饮片增速最快。2010年全年,中国医药工业总产值达12 426.7亿元,同比增长24.2%;实现利润1 407.3亿元,同比增长32.8%。各子行业与上一年度相比均实现不同程度的增长,其中:化学药品(含化学原料药)实现工业总产值最大为5 906.3亿元,同比增长21.9%(化学原料药2 432.2亿元,同比增长23.5%);中药饮片实现工业总产值667.8亿元,同比增长42.3%,增速领先各子行业。中成药实现工业总产值2 613.8亿元,同比增长27.2%;生物生化制品实现工业总产值1 346.5亿元,同比增长24.2%;医疗仪器设备及器械实现工业总产值1 173.6亿元,同比增长21.4%;卫生材料行业实现工业总产值640.9亿元,同比增长21.9%;制药设备实现工业总产值77.8亿元,同比增长27.2%。见图1。

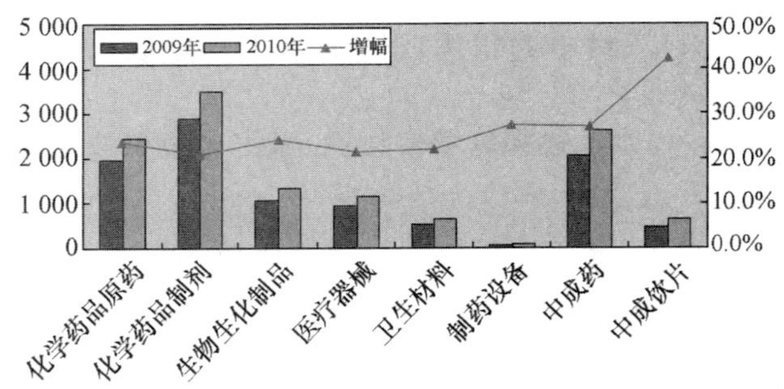

图1 2009—2010年中国医药工业子行业工业总产值变化情况

股份制企业份额最大,其他经济成分增长较快。从经济类型角度来看,2010年几大经济类型企业所占医药工业比例变化不大(见图2、图3),股份制经济依然占据最大份额,占比为40.4%(产值5 022亿元,同比增长23.2%),其次为外商及港澳台经济,占比为29.7%(产值3 693.2亿元,同比增长18.7%)、其他经济占比为25.7%(产值3 189.5亿元,同比增长33.9%)。国有经济、集体经济占比较小,分别为3.2%(产值388.6亿元,同比增长15.4%)、1.1%(产值133.4亿元,同比增长31.9%)。

中小企业数量居多,大型企业产值较高。我国医药工业企业规模分布呈"金字塔"形态。2010年我国医药工业共有7 782家企业,较上一年增加318

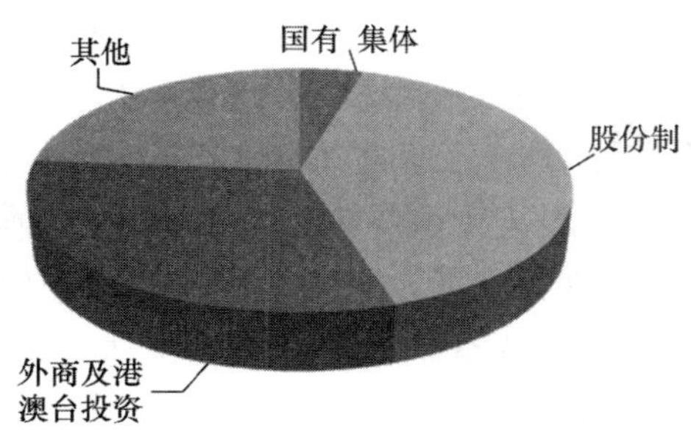

图 2　2009 年中国医药工业经济结构

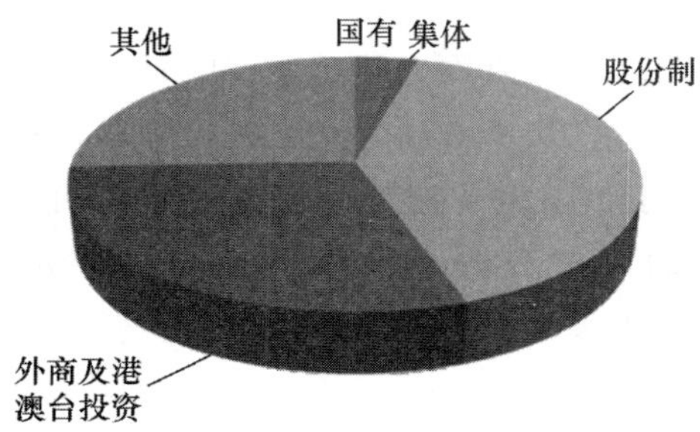

图 3　2010 年中国医药工业经济结构

家,增幅为 4.3%。其中:大型企业 101 家,占比 1.3%,较上一年增加了 15 家;实现产值 2 924.2 亿元,同比增长 34.6%,占比为 23.5%,较上一年增长 1.8 个百分点。中型企业 1 164 家,占比 15.0%,较上一年增加 86 家;实现产值 4 652.1 亿元,同比增长 17.1%,占比为 37.4%,较上一年减少 2.3 个百分点。小型企业 6 517 家,占比 83.7%,较上一年增加 217 家;实现产值 4 850.4 亿元,同比增长 25.6%,占比为 39.0%,较上一年增长 0.4 个百分点。

二、医药工业实现主营业务收入、利润双双平稳较快增长

2010 年中国医药工业企业主营业务收入达 12 072.7 亿元,同比增长 25.4%;实现利润 3 621.9 亿元,同比增长 24.7%。化学药品行业实现主营业务收入、利润最高,分别为 5 866.6 亿元、1 843.4 亿元,同比增长分别为 24.1%、24.0%。中成药行业实现主营业务收入 2 473.5 亿元,同比增长 27.8%;利润 851.4 亿元,同比增长 24.1%。;生物生化制品行业实现主营业务收入 1 260.8 亿元,同比增长 23.1%;利润 383.9 亿元,同比增长 33.6%。医疗器械行业实现主营业务收入 1 140.9 亿元,同比增长 22.4 亿元;利润 270.7 亿元,同比增长 14.8%。卫生材料行业实现主营业务收入 623.5 亿元,同比增长 22.4%;利润 133.7 亿元,同比增长 23.6%。制药设备行业实现主营业务收入 73.4 亿元,同比增长 27.9%;利润 16.7 亿元,同比增长 28.7%。中药饮片行业实现主营业务收入 633.9 亿元,同比增长 43.6%;利润 122 亿元,同比增长 38.9%。

化学药品行业主营业务收入、利润最高,而中药饮片行业主营业务收入、利润增长较快。见图 4。

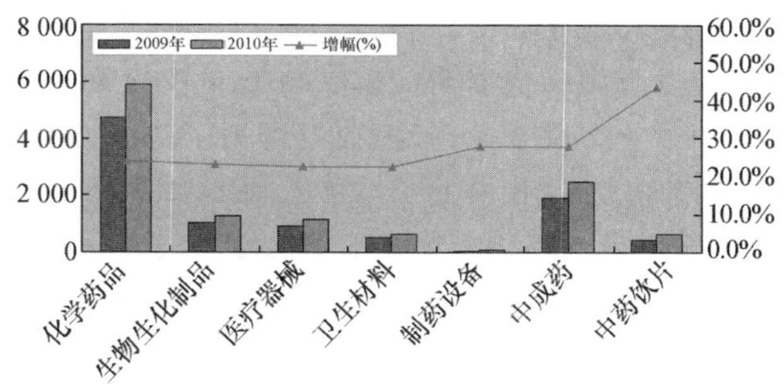

图 4　2009—2010 年我国医药工业七大子行业主营业务变化情况

三、医药工业企业经营效益有所好转

全行业资产总额增速平稳。2010 年我国医药工业资产总额达 11 804.7 亿元,较上一年同比增长 18.9%。七大子行业资产均实现不同程度的增长,中药饮片行业增长最高达 29.7%,卫生材料行业增长较低为 8.0%。化学药品行业依然是行业龙头,资产总额达 5 909.1 亿元,较上一年增长 20.2%,高于行业平均水平。

负债增长低于资产增长,行业整体负债率有所下降。2010 年我国医药工业负债总额为 5 205.1 亿元,同比增长 13.3%;资产负债率为 44.1%,同比下降 2.2 个百分点。中药饮片行业资产负债率较高达 50.7%,医疗器械行业资产负债率较低为 40.1%。中药饮片行业负债增长较快达 32.1%,医疗器械行业负债增长较慢为 5.9%。七大子行业中,中药饮片行业成为资产增长、负债增长两项指标的领跑者。

产品销售轻微下滑。2010 年我国医药工业产品销售整体下滑,但幅度不大。工业产品销售率总体为 95.2%,较上一年下降 0.5 个百分点。制药设备下降最大为 0.1%,卫生材料下降较小为 0.2%。化学药品下降 0.6%;生物生化制品下降 0.5%;中

成药下降 0.4%;医疗器械下降 0.5%;中药饮片下降 0.4%。

成本费用利润率有小幅上升。2010 年我国医药工业总体成本费用利润率为 13.1%,较上一年增长 0.8 个百分点,显示企业经营效益略有好转。除医疗器械行业下降了 1.3 个百分点外,其余子行业均实现小幅上升,制药设备行业增长最大为 2.8%。化学药品行业增长 0.7%;生物生化制品行业增长 1.2%;中成药增长 1.3%;卫生材料行业增长 1.2%;中药饮片增长 1.5%。

企业亏损情况有所缓解。2010 年我国医药工业共计 7 782 家企业,亏损面总体为 13.3%,约有 1 034 家企业亏损,与上一年相比,下降 2.3 个百分点,各子行业亏损情况均有不同程度的缓解。亏损面最大的是中成药行业,亏损面达 17.9%,但与 2009 年相比,已下了 3.7 个百分点;亏损面较低的是中药饮片行业为 7.3%。化学药品行业亏损面为 14.8%;生物生化制品行业亏损面为 11.5%;医疗器械行业亏损面为 12.7%;卫生材料行业亏损面为 8.4%;制药设备行业亏损面为 8.6%。

创新能力有待提高。2010 年,我国医药工业新药研究开发费用共计 9.6 亿元,同比增长 16.1%。但研究开发费用占医药工业总产值的比例仅为 0.08%,研发投入比例较低。股份制企业、外商及港澳台企业新药研究开发费用投入显著高于国企、集体、其他经济成分企业。可见,我国医药工业的研发投入整体较低,创新能力有待提高。

四、医药工业的区域发展格局变化微小

工业总产值方面。2010 年 10 强还是江苏、山东等省、直辖市,未有新贵(见表 1)。排名第 10 的北京市医药工业总产值已突破 450 亿元,比上年第 10 位增加 93.1 亿元,增幅为 25.5%。江苏、山东、广东三省依然保持前三甲的位置,医药工业大省的地位稳固,但江苏簇超越山东省排名第一,成为新的医药工业领头羊。山东省与江苏省相差仅为 5.3 亿元;广东省紧随其后;浙江、河南、吉林、四川、上海、江西、北京等省、直辖市榜上有名。

医药工业总产值 10 强排名情况

表 1

排　序	2009 年		排　序	2010 年	
	地　区	工业总产值(亿元)		地　区	工业总产值(亿元)
1	山东省	1 389.2	1	江苏省	1 652.3
2	江苏省	1 270.1	2	山东省	1 647.0
3	广东省	752.3	3	广东省	950.2
4	浙江省	704.1	4	浙江省	824.4
5	河南省	560.5	5	河南省	722.6
6	四川省	510.0	6	吉林省	600.6
7	吉林省	460.3	7	四川省	579.5
8	上海市	438.8	8	上海市	514.9
9	北京市	394.2	9	江西省	496.2
10	江西省	365.5	10	北京市	458.6

主营业务收入方面。2010 年 10 强中,江西成为新的 10 强省,而北京市未能保持前 10 的实力(见表 2)。前三甲依然是江苏、山东、广东三省,江苏省超越山东省排名第一,广东省位列第三。10 强排名略有变动。

医药工业主营业务收入 10 强排名情况

表 2

排　序	2009 年		排　序	2010 年	
	地 区	主营业务收入(亿元)		地 区	主营业务收入(亿元)
1	山东省	1 339.9	1	江苏省	1 623.0
2	江苏省	1 268.5	2	山东省	1 599.7
3	广东省	700.2	3	广东省	884.7
4	浙江省	666.2	4	浙江省	785.3
5	河南省	514.5	5	河南省	685.6
6	四川省	451.7	6	四川省	561.1
7	上海市	444.7	7	上海市	513.3
8	北京市	390.1	8	河北省	509.0
9	吉林省	383.1	9	吉林省	504.2
10	河北省	368.6	10	江西省	493.5

利润总额方面。2010 年 10 强省市依然是山东、江苏、广东等省、直辖市(见表 3),10 强门槛已突破 50 亿元。山东省继续保持领先地位,10 强排名略有变动。

医药工业利润 10 强排名情况

表 3

排　序	2009 年		排　序	2010 年	
	地　区	利润总额(亿元)		地　区	利润总额(亿元)
1	山东省	133.0	1	山东省	189.4
2	江苏省	127.8	2	江苏省	168.3
3	广东省	97.7	3	广东省	117.6
4	浙江省	86.9	4	浙江省	98.3
5	北京市	66.6	5	河南省	84.2
6	河南省	61.8	6	北京市	72.0
7	上海市	54.5	7	上海市	70.2
8	河北省	46.2	8	四川省	64.0
9	四川省	44.4	9	吉林省	54.1
10	吉林省	41.8	10	河北省	52.9

五、医药工业企业十强风云变幻

2010 年,我国医药工业发生许多巨大变化,企业兼并重组频发,大型企业集团纷纷组建成立。华润医药、上海医药、国药集团等央企领衔医药工业兼并重组浪潮,推动了新一轮的医药工业结构改革。谨以资产总额、主营业务收入、利润总额等三个指标来展现医药工业十强变化。

资产总额方面。2010 年 10 强变化较大,上海复星医药、中国医药集团、上海医药集团跻身三甲(见表 4)。从统计数据看,几大集团公司均有大量新并入企业,如中国医药集团已囊括原中国生物技术集团旗下 10 几个公司。四川科伦药业从 2009 年的第 20 位跃进到第 10 位,显示企业在过去一年的飞速扩张与发展。10 强企业的变化见证了中国医药工业的飞速发展和行业结构的变化。

2010 年医药工业资产总额 10 强变化情况

表 4

排　序	2009 年	排　序	2010 年
	企业名称		企业名称
1	天津金耀集团有限公司	1	上海复星医药(集团)股份有限公司
2	华北制药集团有限责任公司	2	中国医药集团总公司
3	哈药集团有限公司	3	上海医药(集团)有限公司
4	石药集团有限公司	4	石药集团有限公司
5	上海复星医药(集团)股份有限公司	5	哈药集团有限公司
6	中国医药集团总公司	6	华北制药集团有限责任公司
7	东北制药集团股份有限公司	7	威高集团有限公司
8	太极集团有限公司	8	扬子江药业集团有限公司
9	扬子江药业集团有限公司	9	齐鲁制药有限公司
10	威高集团有限公司	10	四川科伦药业股份有限公司

主营业务收入方面。2010 年,扬子江药业集团、修正药业集团、哈药集团依然保持前三甲位置,但修正药业集团超越哈药集团位居第二位,扬子江药业蝉联榜首(见表 5)。上海医药集团重组后跃居第四位、云南白药集团从 2009 年第 40 位跃居第 9 位,发展迅速。

2010 年主营业务收入 10 强变化情况

表 5

排　序	2009 年	排　序	2010 年
	企业名称		企业名称
1	扬子江药业集团有限公司	1	扬子江药业集团有限公司
2	哈药集团有限公司	2	修正药业集团股份有限公司
3	修正药业集团股份有限公司	3	哈药集团有限公司
4	石药集团有限公司	4	上海医药(集团)有限公司
5	杭州华东医药集团有限公司	5	石药集团有限公司
6	威高集团有限公司	6	杭州华东医药集团有限公司
7	东北制药集团股份有限公司	7	华北制药集团有限责任公司
8	华北制药集团有限责任公司	8	威高集团有限公司
9	太极集团有限公司	9	云南白药集团股份有限公司
10	天津金耀集团有限公司	10	东北制药集团股份有限公司

利润总额方面。2010 年,中国医药集团、哈药集团、扬子江药业集团位居前三甲,中国医药集团超越哈药集团夺得榜首(见表 6)。山东步长制药从 2009 年第 14 位跃居第 4 位,发展势头强劲。上海医药集团、新和成控股集团等企业成为利润 10 强新贵。

中国医药工业利润总额10强变化情况

表6

排序	2009年 企业名称	排序	2010年 企业名称
1	哈药集团有限公司	1	中国医药集团总公司
2	中国医药集团总公司	2	哈药集团有限公司
3	浙江医药股份有限公司	3	扬子江药业集团有限公司
4	扬子江药业集团有限公司	4	山东步长制药有限公司
5	上海复星医药(集团)股份有限公司	5	上海医药(集团)有限公司
6	石药集团有限公司	6	威高集团有限公司
7	齐鲁制药有限公司	7	新和成控股集团有限公司
8	威高集团有限公司	8	齐鲁制药有限公司
9	华北制药集团有限责任公司	9	浙江医药股份有限公司
10	华润三九医药股份有限公司	10	石药集团有限公司

六、医药进出口增速稳步回升

2010年,中国医药产业进出口呈平稳增长态势,出口相对活跃,累计进出口总额约602亿美元,比上年同期增长24.6%。其中出口397.3亿美元,增长24.9%;进口204.6亿美元,增长约24.0%。贸易顺差达到192.7亿美元,顺差占进出口额比重为32.0%,与上年基本持平。

发达国家仍是中国医药主要出口市场,欧、美、日占我国医药出口54.4%,合计增幅为21.7%。新兴医药市场快速发展,市场多元化成效明显,我国对东盟、印度、巴西、俄罗斯医药出口分别为35.8、33.9、8.96和6.3亿美元,同比分别增长29.2%、34.6%、30.0%和39.2%。

西药制剂、诊疗设备出口能力增强,中国医药产品在国际市场的竞争力进一步提高。2010年西药制剂出口约15亿美元,增长31.2%;诊疗设备出口45.4亿美元,同比增长25.6%。原料药出口摆脱金融危机影响,产品价格有所回升,出口量保持稳定增长,累计出口203亿美元,增长26.2%,占医药出口比重51.1%,平均价格回升2.3%,全球市场占有率进一步提高。

七、资产投资平稳增长

2010年1—11月,中国医药产业累计完成固定资产投资总额达1 753.3亿元,同比增长28.8%。分行业看,对固定资产投资增幅贡献较大的是医疗仪器设备及器械制造业、化学药品制剂制造业。一方面,鼓励医疗器械本地化政策的实施,推动了对医疗器械行业的持续投入;另一方面,即将实施新版GMP,促使企业制剂制造行业资金投入大幅提升。此外,制药工业水污染物排放新标准的全面实施、重大新药创制专项经费逐步到位,企业新药投入加大等,均带动了固定资产投资的上升。

八、结　语

2010年医药行业波澜起伏,极不平静。新医改方案的实施、基本药物政策的全面落实、经济结构的调整等一些列政策措施密集出台,推动着医药产业的新一轮变革发展。1—12月医药工业延续良好的发展势头,继续保持快速、稳定的增长。生产、销售保持快速增长,但是产销率略有下降;成本费用利润率小幅上升,经济效益有所好转。各子行业中中药饮片行业发展势头强劲,化学原料药行业、化学药品制剂、中成药工业仍然保持三大子行业的优势地位,生物生化制品行业蓄力待发。医药进出口呈平稳增长态势,出口相对活跃;西药制剂、诊疗设备出口能力增强;原料药产品价格有所回升,出口量保持稳定增长;中成药出口比较欠佳。医药工业分布优势区域依然集中在东部地区。医药产业固定资产投资增长加快，与新版 GMP 的推行不无关联。企业兼并重组加快，大型企业集团纷纷组建成立，资产总额、主营业务收入、利润总额等指标统计排名发生较大变化。随着法律法规体系的逐步完善、制造标准的不断提高，将加快中国医药工业整体素质提升，国际竞争力增强。

（撰稿：秦　麦）

2010 年中国煤炭工业发展综述

中国煤炭工业协会

2010 年受宏观经济继续保持恢复性增长、相关下游行业高需求拉动，煤炭工业继续保持向好发展势头。煤炭经济继续高位运行，煤炭产、运、需同步增长，大型煤炭企业盈利水平呈上升态势，进出口持续增长期中进口占主导地位，煤炭价格存在短时波动但总体继续上涨。经济运行质量和效益继续向好的方向发展。

一、2010 年煤炭工业主要指标过错成情况

（一）原煤产量继续保持较快增长

据国家统计局统计，2010 年全国原煤产量完成 32.4 亿吨，同比增加 1.9 亿吨，增长 8.9%。

原煤产量靠前的 10 省（自治区）分别是：内蒙古（78 700 万吨）、山西（74 000 万吨）、陕西（36 100 万吨）、河南（17 900 万吨）、贵州（16 000 万吨）、山东（14 900 万吨）、安徽（13 100 万吨）、河北（10 200 万吨）、新疆（10 100 万吨）、云南（9 800 万吨）。其中原煤产量靠前的 10 家企业分别是：神华集团（35 700 万吨）、中煤集团（15 400 万吨）、山西焦煤集团（10 200 万吨）、陕西煤化集团（10 000 万吨）、大同煤矿集团（10 000 万吨）、河南煤化集团（7 400 万吨）、潞安矿业集团（7 100 万吨）、冀中能源集团（7 000 万吨）、淮南矿业集团（6 600 万吨）、阳泉煤业集团（6 100 万吨）。

（二）煤炭进出口总额再创新高

2010 年，我国煤炭进出口 18 381 万吨、进出口总额 192 亿美元。其中，进口煤炭 16 478 万吨，同比增长 30.9%，进口总额 169 亿美元，同比增长 60.1%；出口煤炭 1 903 万吨，同比减少 15.0%，出口总额 23 亿美元，同比减少 5.2%。

（三）大型企业盈利水平大幅度提高

2010 年大型煤炭企业（从业人员 2 000 及以上、销售额 3 亿元以上、资产总额 4 亿元及以上）实现盈利约 1 658 亿元，同比增加 49.6 亿元，上升 37.2%。其中前 10 家企业分别是：神华集团（575.2 亿元）、中煤集团（121.0 亿元）、河南煤化集团（82.1 亿元）、兖矿集团（77.7 亿元）、陕西煤化集团（66.3 亿元）、新汶矿业集团（60.3 亿元）、山西焦煤集团（50.6 亿元）、枣庄矿业集团（46 亿元）、晋城无烟煤集团（45.0 亿元）、潞安矿业集团（45 亿元）。

（四）煤矿技术装备水平取得新的突破

具有完全自主知识产权的电牵引采煤机总功率达到 2 500 千瓦、重型刮板输送机总装机功率达到 31 000 千瓦、强力液压支架最大支撑高度达到 7 米、工作阻力达到 17 000 千牛，主要经济技术指标处于世界前列。年产千万吨综采成套装备顺利下井进行工业性试验。

（五）煤矿安全生产形势持续好转

2010 年全国煤矿生产共发生死亡事故 1 403 起、死亡 2 433 人，同比减少 213 起、198 人，分别下降 13.2% 和 7.5%。原煤生产百万吨死亡率为 0.749，下降 16.0%，实现历史性突破。

（六）煤矿瓦斯抽采与利用取得新进展

2010 年全国煤矿共完成煤层气（煤矿瓦斯）抽采量 88 亿立方米、利用量 36 亿立方米，同比分别增长 18.9% 和 42.3%。其中，井下瓦斯抽采量 73.5 亿立方米、利用量 25 亿立方米，同比分别增长 14.8% 和 31.5%；地面煤层气产量 14.5 亿立方米、利用量 11 亿立方米，同比分别增长 44.0% 和 89.0%。

二、2010 年煤炭业存在问题

尽管 2010 年煤炭工业基本实现了产需较为平衡协调发展，煤炭经济继续保持高位运行，但是从贯

彻落实科学发展观的角度分析，仍存在一些制约煤炭工业健康和可持续发展的大问题。

一是受能源需求强劲拉动，煤炭行业投资热情持续高涨，给未来带来一定的不确定性，甚至可怕后果。2010 年煤炭采选业固定资产投资 3 770.3 亿元，同比增长 23.3%，虽然回落 2.3 个百分点，但是仍远高于相关行业，如电力、热力生产与供应业投资增长 6.6% 水平，已经是保持连续 10 年的高增长。加剧了产能过剩风险。新增加煤矿产能 60% 以上集中在我国生态环境极其脆弱的西北地区，环境承载能力非常有限，尤其新疆也兴起一轮煤炭大开发热潮，短期内既不能外运，也不能有效就地利用，后果令人担心。

二是行业结构不合理、发展方式转变缓慢。30 万吨以下小煤矿仍占全国煤矿总数 80.0% 以上，而产量不足 30.0%，且普遍管理水平较低、技术装备落后、安全保障程度低。全行业原煤入洗率不足 50.0%，增加了无效运输。企业增收仍立足在扩大原煤生产上，经济发展方式转变缓慢。

三是过去 10 年时间，全国原煤产量由 10 亿吨左右，急剧增加到 30 多亿吨，造成煤矿专业技术人员极度匮乏，甚至一座千万吨矿井连一个高级工程师也没有，间接导致煤矿技术管理体系不健全，事故难以避免。

这些问题，有的是多年积累形成的，有的是近几年新出现的，需要全行业认真贯彻落实科学发展观，在各级政府部门的大力支持和煤炭企业的共同努力下，逐步认真加以解决，从而实现煤炭工业科学和可持续发展。

（撰稿：汤家轩）

2010 年中国机械工业发展综述

中国机械工业联合会

2010 年，是“十一五”规划收官之年。中国机械工业取得新发展、新跨越，续写了大发展的新篇章。

一、产业规模持续扩大

2010 年中国机械工业经济运行全面向好，全年主要经济指标增幅与运行质量优于全国工业。

（一）工业总产值

2010 年中国机械工业总产值和销售产值分别为 143 800 亿元和 140 600 亿元，同比分别增长 33.9% 和 34.3%。从 3 月开始，机械工业进入月产万亿元的新时期，12 月产值近 15 000 亿元。

2010 年机械工业总量规模 143 800 亿元，相当于“十五”末 2005 年的 3.4 倍，“十一五”平均年增长 28.1%，比“十一五”规划预期目标 12.0% 高 16 个百分点；比高速发展的“十一五”期间年均增长 23.5% 还要高 4.6 个百分点。特别是 2010 年的产值恰好为 20 世纪末的 2000 年的 10 倍，10 年 10 倍，扣除价格因素影响，仍有 9 倍多；21 世纪以来的 10 年，机械工业年均增长 25.9%。在如此大的基数上，获得如此高的增速，是中国机械工业创造的奇迹，实现新发展、新跨越、新篇章。

（二）工业增加值

初步测算，2010 年机械工业完成工业增加值超过 37 400 亿元，同比增长 21.1%，比全国工业的增加值增速 15.7% 高 5.4 个百分点。相当于“十一五”期末 2005 年（11 011 亿元）的 3.4 倍，“十一五”平均年增 27.7%，比“十五”时期的 24.5% 高 3.2 个百分点。从 2003 年开始连续 8 年以两位数的高速发展，这是“中国机械工业速度”，其他国家难以达到。

工业增加值在全国工业中的比重，2010 年为 19.4%，为同期国内生产值的 9.3%。比“十一五”末 2005 年的 16.3% 提高 3.1 个百分点，在全国工业各行业中均居首位。

（三）企业

2010 年 1—11 月机械工业规模以上企业数 105 200 个，2005 年为 55 800 个，“十一五”期间增加近 5 万个。“十五”、“十一五”末机械工业企业数分别为同期全国工业企业数的 1/5 和 1/4。

（四）从业人员

2010 年 1—11 月，机械工业规模以上企业从业人员（平均）人数 17 521 800 人，占全部工业规模以上企业从业人员 90 632 900 人的 19.3%；比机械工业 2005 年 11 569 600 人增加 5 952 200 人，增长 51.5%，年均增长 8.7%。

（五）资产总额

2010 年 1—11 月，机械工业规模以上企业拥有资产 103 900 亿元，同比增长 25.3%，比同期全国工业增长 19.7% 的增速高 5.6 个百分点；占全国工业的比重连年提高，从"十五"末 2005 年的 15.6% 提高到 2010 年的 18.8%，5 年提高 3.2 个百分点；资产总量，2005 年为 38 200 亿元，2010 年达 103 900 亿元，5 年增加 65 700 亿元，提高 2.7 倍，平均年增 22.2%。

综合起来看，"十一五"期间机械工业高速发展，在生产超高速发展的同时，人力、物力高速集聚显然留下了雄厚的实力基础，有待今后大力开发。

二、主要产品产量稳居世界前列

中国机械工业产品产量进居世界第 1 位的，在"十一五"期间逐年增加。至 2010 年，按大类计为世界第一产量的产品比较普遍。

电力设备。"十一五"期间发电设备年产量都超过亿千瓦，占世界产量的一半以上；电动机、变压器、电线电缆产量都是世界前列。

汽车、摩托车。汽车，2009 年 10 月全国汽车产量 1 000 万辆，是全球继美国、日本之后，第 3 个连续年产汽车 1 000 万辆的国家，2009 年开始，已进居世界第 1 位。摩托车，20 世纪 90 年代开始，年产量已占全球一半以上。

农机。大中型拖拉机、联合收割机、大中型农机具均位居世界首位，其他中小型农机具更是如此。

工程机械。快速发展，混凝土机械、装载机及行走起重机械的产量和质量都居世界第 1 位。

仪器仪表及文办设备。测温、测压、测流量等专用仪表、简易设备表和复印机、数码相机等都占全球产量一半以上。

机床。无论产量或销售值，均居世界第一位。

但细分目录、从产品性能、水平比较，在国际上并不全优，还须加大赶超力度（见表 1）。

中国机械工业"十一五"期间技术经济发展情况

表 1

指标名称	单　位	全国工业	机械工业		在全国工业中的比重（%）	2010/2005 年（倍）	"十一五"年均增长（%）
		2010 年	2005 年	2010 年			
一、主要经济指标							
企业数	万　个	45.3	5.6	10.5	23.2	1.9	13.5
工业增加值	亿　元	—	11 011.9	37 400.0	19.4	3.4	27.7
工业总产值	亿　元	707 772.0	41 787.0	143 847.0	20.3	3.4	28.1
* 主营业务收入	亿　元	624 450.5	40 779.6	125 493.0	20.1	3.1	25.2
* 利润总额	亿　元	38 827.9	2 196.3	8 983.9	23.1	4.1	32.5
* 税金总额	亿　元	27 100.9	1 531.9	4 234.2	15.6	2.8	22.6
* 资产总额	亿　元	568 193.5	38 126.2	13 868.7	18.3	2.7	22.2
* 从业人员	亿　元	9 063.3	1 157.0	1 752.2	19.3	1.5	8.7
外贸进出口总额	亿　元	29 727.6	2 228.7	5 128.3	17.3	2.3	18.2
出口额	亿　元	15 779.3	1 044.6	2 584.8	16.4	2.5	19.9
进口额	亿　元	13 948.5	1 184.1	2 553.5	18.3	2.2	16.6
顺逆差	亿　元	1 831.0	-139.5	31.4	1.7	—	—
二、重要产品产量							
发电设备	万千瓦		9 200.0	12 264.2		1.3	5.9
汽　车	万　辆		570.5	1 826.5		3.2	26.2

续表

指标名称	单位	全国工业	机械工业		在全国工业中的比重(%)	2010/2005 年(倍)	“十一五”年均增长(%)
		2010 年	2005 年	2010 年			
轿车	万辆		277.0	957.6		3.5	28.2
大中型拖拉机	万台		16.3	38.4		2.4	18.6
机床	万台		51.1	25.6		1.5	8.1
数控机床	万台		6.0	22.4		3.8	30.3

三、经济运行质量良好,效益、效率高涨

“十一五”时期,机械工业经济运行质量稳定提高,2010 年各项经济效益指标都是历史较好水平。

利润。2010 年前 11 个月,规模以上企业实现利润总额 8 983.9 亿元,是历史最高水平,同比增长 52.7%,大大超过预期水平。“十一五”机械工业利润总额年均增长 32.5%,大大高于同期产值和主营业务收入年均增速 28.1% 和 25.2% 的水平。

税金。2010 年前 11 个月,规模以上企业上缴税金 4 234.2 亿元,是历史最高水平,同比增长 31.0%,为国家财政作出积极贡献。

经营质量总体提高,主营业务收入利润率,2010 年达 7.2% 的高度,高于全国工业 6.2% 的 0.9 个百分点。

经营质量提高,但人力资源和物力资源的利用率还有提高空间。增加值率,2005 年为 26.4%,2010 年达 26.0%,远低于西方工业国家普遍在 40.0% 以上的水平;劳动生产率,2005 年为年人均 9.5 万元,2010 年达 21.3 万元年人均,折合成美元(按汇率 6.45 折算),分别只有年人均 1.5 万美元和年人均 3.3 万美元,与西方工业国家年人均 20 万美元以上差距很大。

四、结构调整与发展方式转变取得新进展

产品结构不断优化。首先是高端重大成套技术装备加快发展,替代了落后工艺装备,促进了国民经济产业升级、工业素质明显提高;其次是新领域、新类型产品的开拓。

需求结构的协调性增强。本土需求已占机械工业市场近 90.0%,内需稳定增长,保证了机械工业的稳定发展。

推进发展方式的转变。首先是生产经营由重“量”转向重“质”,特别关注效益的提高;第二是发展现代制造服务业,从生产型制造向服务型制造转变,从卖产品向卖服务转变;第三是实现信息化与工业化融合,提升机械工业自主创新能力,提高产品附加值和核心竞争力。

五、机械工业大发展,为国民经济建设作出重要贡献

“十一五”时期,中国机械工业服务国民经济建设、服务市场的能力有很大改善。如电工电器制造行业,无论是节能减排的发电设备制造、解决长途电力输送的特高压交直流输变电设备,还是低耗高效的量大面广的电器产品制造,与“十五”比较,都有很大提高,电力建设和供电、用电设备完全可以满足国内需要。又如重型机械制造业,现代化大型钢铁企业的大型连轧机、特厚板轧机等高端装备,千万吨级露天矿和井下矿开采设备等都能制造。“十一五”期间,机械工业为国家经济建设和人民生活提供了大量机械产品(见表 2)。

中国机械工业“十一五”期间提供的机械产品

表 2

用途	名称	单位	数量
人民文化生活	数码相机	亿台	3.9
农业生产	大中型拖拉机	万台	144.0
	小型拖拉机	万台	992.0

续表

用　途	名　称	单　位	数　量
工业各行业建设	发电设备	亿千瓦	6.3
	采矿设备	万　吨	1 480.0
	金属轧制设备	万　吨	272.0
	石油化工专用设备	万　吨	390.0
交通运输服务	汽　车	万　辆	3 930.0
	其中:轿车	万　辆	3 100.0
	摩托车	亿　辆	1.3
机械工业自己装备及配套	金属切割机床	万　台	326.0
	其中:数控机床	万　台	71.8
	滚动轴承	万　套	650.0

机械工业为国家经济建设提供装备的能力不断提高,初步计算,“十一五”期间国产设备满足国内市场的自给率为 86.2%,比“十五”的 77.9% 提高 8.3 个百分点。

六、国际地位稳步提高,国际影响持续扩大

“十一五”时期,特别是 2010 年,机械工业经济技术发展又迈上了一个新台阶,国际地位稳步提高,国际影响持续扩大。2010 年,中国机械工业生产总量已居世界首位;制造技术开始由制造走向创造迈步;众多机械工业重要产品技术水平和产量水平居世界前列,对推动世界机械工业复苏作出了重要贡献。

(一)生产规模在世界机械工业中居重要地位

据有关数据,2010 年中国机械工业销售收入约 20 000 亿美元,占全球机械工业的 24.0% 左右,位列全球第一(见表 3)。

2010 年中国机械工业在世界机械工业销售额排位

表 3

排　位	国　别	销售额（亿美元）	在总量中比例（%）
	全世界总计	83 300	100.0
1	中　国	20 611	24.0
2	日　本	13 078	16.0
3	美　国	11 970	14.0
4	德　国	7 932	9.0
	以上小计	52 000	63.0

(二)造就一批具有国际竞争力的超大规模机械制造企业

进入《财富》杂志“世界 500 强”企业的行列,是机械工业企业渴望的事情。依据 2010 年营业额,中国机械企业进入全球 500 强的企业已有 4 席;东风汽车(排位 145 名)、上海汽车(排位 151 名)、一汽(排位 197 名)、国机集团(排位 435 名)。

国机集团以 2010 年 224.9 亿美元的营业额首次入榜,成为除汽车企业之外,中国机械工业首个“世界 500 强”企业。

一批机械工业企业在国际同行业中具有较强竞争力。

机床行业,沈阳机床集团、大连机床集团都进入世界机床行业前 10 强。

电工行业,哈尔滨、上海、东方三大发电设备集团,各集团年产发电设备 3 000 万千瓦左右,都在制造超超临界压力 1 000 兆瓦发电机组、700 兆瓦特大型水电机组,并都在研制 1 000 兆瓦特大型水电机组、700℃超超临界机组等更高端的发电设备,三企业的规模和水平,仅略次于通用电气、西门子、阿尔斯通等全球三大电气设备制造集团。西电公司、特变电工、新东北电工及保定、平顶山等一批输变电设备制造公司,是研制完成世界第一条 1 000 千伏交流和 ±800 千伏直流输变电线路设备的主力制造厂家。

重型机器行业,一重、二重、太重、中信、大重、上重等一批国家级重型机器制造企业,有的实力直指德国西马克(SMS)、日本日立、新日铁等公司,拥有世界水平的大型铸锻能力,多年来,制造了一批现代化大型冷热连轧板机、连铸设备,鞍钢精品钢材基地、首钢

搬迁基地建设所需的装备,基本由国内供应;冶金装备的国内市场占有率2008年达82.9%,2010年更高。

石油化工设备行业、工程机械行业、农机行业等发展了一些高端装备,都拥有一批高水平的世界级企业。

中国机械工业发展极为迅猛,至2010年,已具有较强的国际竞争实力。但客观看,在品牌和核心技术等方面,与国际同行相比仍显不足。机械工业由大到强,已有很大进展,但要在国际竞争中占有强势地位,还有很多工作要做。

(撰稿:黄开亮)

2010年中国钢铁行业运行情况综述

中国钢铁工业协会

一、2010年行业运行基本情况

2010年,中国钢铁行业积极克服生产经营中各种困难,努力降低成本,消化大量减利因素,大力开发新产品,积极推进技术进步和管理创新,经济效益有所改善,经济运行总体呈现恢复性增长的良好运行态势。与此同时,结构调整取得显著进步,节能减排进展明显,企业联合重组进程加快,上下游产业链建设得到加强。

(一)钢铁生产保持适度增长,下半年粗钢表观消费呈下降趋势

全年钢产量达到62 665万吨,增加5 308万吨,增长9.3%;生产生铁59 021万吨,比上年增加4 079万吨,增长7.4 %;生产钢材(含重复材)79 627万吨,增长14.7%。

上半年平均日产粗钢178.6万吨,相当于年产粗钢6.5亿吨的水平,呈高增长的态势。但下半年,粗钢日产水平已经降到164.8万吨,仅相当于年产粗钢6亿吨水平。

全年国内市场粗钢表观消费量59 939.6万吨,同比增加2 863.1万吨,增长5.0%。1月国内市场粗钢表观消费量同比增长27.4%,以后逐月下降,5月降至10.0%,6—10月基本呈负增长态势,反映出生产高增长已经超出国内市场消费增长的需要(见表1~表5)。

2006—2010年中国粗钢、生铁、钢材生产情况

表1 单位:万吨

产　品	2006年	2007年	2008年	2009年	2010年
粗　钢	41 915	48 929	51 234	57 707	62 665
生　铁	41 245	47 652	48 323	56 863	59 022
钢　材	46 893	56 561	61 379	69 341	79 627

数据来源:中国钢铁工业协会《中国钢铁统计(2010)》《中国钢铁工业统计月报》(2010年12月)。

(1)其中2006—2009年为国家统计局年报数据,2010年为快报数据;

(2)国家统计局发布的《2010年国民经济和社会发展统计公报》中,粗钢产量为62 695.9万吨,增长9.6%,钢材产量为79 775.5万吨,增长14.9%;

(3)钢材产量包含重复材。

2006—2010年中国粗钢产量增加情况

表2 单位:万吨

指　标	2006年	2007年	2008年	2009年	2010年
粗钢产量	41 915.0	48 929.0	51 234.0	57 707.0	62 665.0
增加量	6 591.0	7 014.0	2 305.0	6 473.0	4 958.0
年增长(%)	18.7	16.7	4.7	12.6	8.6

数据来源:中国钢铁工业协会《中国钢铁统计(2010)》《中国钢铁工业统计月报》(2010年12月),2006—2009年数据为国家统计局年报数据,2010年为快报数据。* 根据快报数据2010年粗钢产量与2009年同口径相比,粗钢产量增加5 309万吨,增长9.3%,本报告涉及2010年粗钢产量及增长率均采用这一数据,特此说明。

2006—2010 年全球产钢前 10 位国家

表 3　　单位:百万吨

年份	第 1 位	第 2 位	第 3 位	第 4 位	第 5 位	第 6 位	第 7 位	第 8 位	第 9 位	第 10 位
2006	中国	日本	美国	俄罗斯	印度	韩国	德国	乌克兰	意大利	巴西
	419.2	116.2	98.6	70.8	49.5	48.5	47.2	40.9	31.6	30.9
2007	中国	日本	美国	俄罗斯	印度	韩国	德国	乌克兰	巴西	意大利
	489.3	120.2	98.2	72.4	53.1	51.5	48.6	42.8	33.8	31.5
2008	中国	日本	美国	俄罗斯	印度	韩国	德国	乌克兰	巴西	意大利
	512.3	118.7	91.3	68.5	55.1	53.6	45.9	37.3	33.7	30.6
2009	中国	日本	俄罗斯	美国	印度	韩国	德国	乌克兰	巴西	土耳其
	567.8	87.5	59.9	58.1	56.6	48.6	32.7	29.8	26.5	25.3
2010	中国	日本	美国	俄罗斯	印度	韩国	德国	乌克兰	巴西	土耳其
	626.7	109.6	80.6	67.0	66.9	58.5	43.8	33.6	32.8	29.0

数据来源:国际钢铁协会,其中 2010 年数据为 2011 年 1 月公布的统计数据。

2010 年全球产钢前 10 位国家粗钢产量增长率

表 4　　单位:百万吨, %

年份	第 1 位	第 2 位	第 3 位	第 4 位	第 5 位	第 6 位	第 7 位	第 8 位	第 9 位	第 10 位
产量	中国	日本	美国	俄罗斯	印度	韩国	德国	乌克兰	巴西	土耳其
	626.7	109.6	80.6	67.0	66.9	58.5	43.8	33.6	32.8	29.0
增长率	9.3	25.2	38.5	11.7	6.4	20.3	34.1	12.4	23.8	14.6

数据来源:国际钢铁协会 2011 年 1 月公布的数据。日本、美国等粗钢产量 2010 年高速增长,主要是由于受国际金融危机影响,2009 年粗钢产量大幅基数较低所致。

2006—2010 年中国粗钢产量居前 5 位的省市

表 5　　单位:万吨

年份	第 1 位	第 2 位	第 3 位	第 4 位	第 5 位
2006	河北省	江苏省	山东省	辽宁省	山西省
	9 096	4 205	3 715	3 687	1 949
2007	河北省	江苏省	山东省	辽宁省	山西省
	11 047	4 862	4 394	4 141	2 515
2008	河北省	江苏省	山东省	辽宁省	山西省
	11 523	4 861	4 458	4 056	2 346
2009	河北省	江苏省	山东省	辽宁省	山西省
	13 978	5 630	4 975	4 800	2 649
2010	河北省	江苏省	山东省	辽宁省	山西省
	14 458	6 243	5 256	5 202	3 048

数据来源:中国钢铁工业协会《中国钢铁工业统计月报》(2010 年 12 月)、《中国钢铁工业统计年报(摘要)》。其中 2006—2009 年数据为年报数据,2010 年为月报数据。

(二)钢材出口前高后低,进口明显下降

2010 年出口钢材 4 256 万吨,钢锭、钢坯 14 万吨,折合粗钢出口 4 542 万吨;进口钢材 1 643 万吨,钢锭、钢坯 67.8 万吨,折合进口粗钢 1 815.7 万吨;合计折合净出口粗钢 2 725.9 万吨,比 2009 年的 280.3 万吨增加 2 445 万吨。这意味着上年增产钢中近46.0%是用于出口。

纵观全年钢材进出口情况，呈现明显的前高后低趋势，上半年钢铁产品出口大幅度增长，主要是由于全球经济恢复性增长和国际市场钢材价格上涨，与国内市场价差扩大，下半年受国家钢材出口退税政策调整和国际市场需求下降影响，钢材出口数量连续呈下降趋势，12月同比下降14.5%。

（三）钢材需求旺盛，价格波动运行

全年钢材综合价格平均指数（钢铁协会价格指数CSPI）为119点，同比上升16.2点，升幅15.8%。其中：长材122.2点，上升15.2%；板材118.1点，上升17.3%。

从全年各月走势情况看，1—4月，国内市场钢材价格逐月上升，4月末钢材综合价格指数达到上半年最高点127.5点，比年初上涨20.7%。5—7月，钢材价格由升转降；8—9月，钢材价格有所回升；10月价格保持平稳；11—12月呈现持续上涨走势。至12月末，钢材综合价格指数升至全年最高点128.3点，与上年同期相比，年末钢材综合价格指数同比上升22.6点，升幅21.4%。

（四）努力消化原燃料成本上升因素，企业经济效益有所好转

受钢铁原燃料价格上涨影响，钢铁企业原燃料采购成本大幅上升。据对标挖潜数据统计，2010年钢铁企业炼焦煤平均采购成本比上年同期上升26.5%，喷吹煤上升22.1%，冶金焦上升12.8%，国产铁精矿和进口富矿粉分别上升46.5%和45.2%。致使炼钢生铁平均制造成本同比上升23.1%，钢材单位制造成本同比上升20.0%左右。

钢铁企业采取各种有效措施，保持了经济效益的好转。全年会员企业累计完成销售收入30 869亿元，同比增长33.6%，实现利税1 599亿元，同比增长27.4%，实现利润897亿元，同比增加307亿元，增长52.0%，但销售利润率仅为2.9%，仍处于较低水平。

二、“十一五”中国钢铁行业取得的成绩和存在的问题

“十一五”是我国钢铁工业发展史上极不平凡的5年，既是快速发展，为我国经济发展作出巨大贡献的5年，也是加快结构调整，转变发展方式，综合竞争力不断提高，向钢铁强国转变奠定坚实基础的5年，但同时也是发展“瓶颈”日益凸显的5年。

（一）满足国民经济发展需求，粗钢产量5年跨越三个台阶

继“十五”我国粗钢产量突破2亿吨、3亿吨之后，“十一五”时期，在强劲的市场需求拉动下，2006年粗钢产量跨越4亿吨台阶；2008年跨越5亿吨台阶；2010年又跨越6亿吨台阶。“十一五”时期，钢铁工业有力地支撑了国民经济持续健康发展，为保增长作出了巨大的贡献。

（二）钢铁工业装备大型化、现代化取得重大进展

5年间，1 000立方米以上大型高炉由2005年的88座，增加到2010年底的260座，已占全国炼铁总产能的52.0%。其中宝钢4 966立方米、首钢京唐5 500立方米和沙钢5 800立方米高炉进入世界特大型高炉之列。

100公称吨位以上转炉由2005年80座，增加到2010年底的200多座，50吨级以上电炉80多座，占全国炼钢总产能的比重上升到51.0%。

为提高产品质量，钢铁企业投入大量资金，配备铁水预处理、二次精炼设施，配套采用在线检测分析系统等措施。2009年精炼比达到66.8%，确保了产品质量的提升，部分钢材产品的实物质量达到或接近国际先进水平。

（三）产品市场占有率不断提高，竞争力明显增强

在统计的22大类钢材品种中，2005年有9类钢材品种国内市场占有率达到95.0%，2010年则有18类钢材达到这一比例。

过去的5年，特别是2010年，钢铁工业紧随下游行业快速发展和优化升级的步伐，通过产品结构调整和新产品开发，满足了奥运工程、西气东输二线、三峡水电站、高铁及核电站建设，以及上海世博会、广州亚运会等重点领域和重大工程的要求。

铁路。时速350公里高速钢轨全部实现国产化。

电力。具有自主知识产权的高档取向硅钢实现

批量生产并已替代进口用于50万伏以上等级的超高压大型变压器，标志着我国已掌握了高端取向硅钢技术，成为世界上少数能生产这一级别产品的国家之一；核电用钢方面，宝钢、鞍钢、舞钢等开发的包括核电蒸汽发生器用690U型管，核反应堆安全壳、核电常规岛主设备及其配套系列用钢，已在核电建设中得到应用。

石油化工。X80级管线钢基本实现国产化，并成功试制生产出X120级管线钢；低温用钢研发取得重大突破，太钢、鞍钢、南钢等企业相继开发出LNG工程用低温钢板并通过相关部门的认证，其中太钢生产的钢板用于建造大型低温储罐和低温压力容器。

汽车。宝钢高强度钢板专用生产线建成投产，开发品种最高强度级别达到1 470 MPa；鞍钢开发的低碳低硅无铝（低铝）钢板应用于一汽马自达、奔腾系列，实现了轻量化，产品综合性能处于国际先进水平；72A、82A帘线钢达到国际先进水平，并通过世界著名钢帘线生产厂家的质量认证。性能优越的汽车板满足了汽车工业超常增长的需要，2010年汽车产量比上年增加500多万辆，几乎都是依靠国产汽车板满足的。

桥梁。武钢生产的第五代桥梁钢在芜湖长江大桥、京沪高铁南京大胜关铁路桥、杭州湾大桥等60余座大型及特大型铁路、公路及跨海钢结构桥梁上应用。

冶金工程。首钢京唐5 500立方米高炉以及宝钢、鞍钢、沙钢、太钢、马钢等20多家钢厂的大型高炉建设，全部采用了国产高炉炉壳钢板，累计用量达数十万吨。

与此同时，高质量家电面板广泛用于各类家电产品，节镍或低镍的铁素体和双相不锈钢占国产不锈钢的30.0%以上；用于大飞机项目的模锻压机制造所需特厚板填补了国内空白。

在产品质量取得重大进步的同时，汽车用钢、管线钢、硅钢、船板、钢轨等关键钢材产品的生产能力有了极大的提高，与2005年相比产量增加一倍。2010年，新产品开发工作取得突出进展，特别是在重点领域所需关键钢材品种开发有了重大突破，实现了自主生产供应，减少了对进口钢材的依赖。

（四）自主创新能力提升，创新体系逐步完善

“十一五”时期，钢铁工业技术水平和自主创新能力显著提高，在工艺技术与装备、新产品开发等方面涌现出一批具有自主知识产权的高水平成果。

大力推广的高效低成本冶炼、新一代控轧控冷、性能预测与控制及一贯制生产管理等关键工艺技术，促进了钢铁工业资源能源的利用效率，降低了生产成本。

真空精炼、大方坯连铸、宽带钢冷连轧机组以及取向硅钢工程自主集成建设等装备技术的国产化，标志着我国钢铁工业已具备主要工序核心装备与关键工艺的自主集成能力。

鞍钢鲅鱼圈、首钢京唐工程标志着我国钢铁工业具备自主设计、制造、建设世界一流水平的千万吨级钢厂的能力。

（五）节能环保投入加大，节能减排取得明显成效

“十一五”时期，钢铁企业在节能环保、污染治理及废弃物综合利用等方面的投入不断加大，其中2009年会员企业仅污染防治投入占固定资产总投资比重就达到8.9%，比2005年提高2.7个百分点。

2005年以前我国建成投产的干熄焦装置仅有20套，2010年投产运行的干熄焦装置达104套，生产能力占我国炼焦总产能4.5亿吨的22.5%，其中会员钢铁企业焦化干熄焦率从2005年不足30.0%提高到2010年的80.0%；在已实施余压发电TRT节能改造的655座高炉中，2005年以前仅有49座高炉配套干式除尘TRT，到2010年底则达到550座。

经过努力，钢铁行业主要节能减排指标达到或高于《钢铁产业发展政策》的目标要求，与世界先进水平的差距大幅缩小，其中部分指标达到世界先进水平；以宝钢、武钢青山厂区、济钢为代表的一批具有国际先进水平的行业清洁生产环境友好型企业，唐钢、太钢等一批钢铁企业以绿色环保的崭新形象展示在世人面前。

（六）兼并重组步伐加快，培育具有较强国际竞争力特大型钢铁企业集团的格局基本形成

过去5年是钢铁行业兼并重组进展最快的5年。跨省市兼并重组取得突破性进展，宝钢、鞍钢、武钢、首钢、沙钢通过兼并重组竞争力明显增强；区域内重组方面，河北、山东、天津3省市大型钢铁企业实现了省市内强强联合;本钢重组北台钢铁组建新本钢。与此同时,河北钢铁集团在探索跨所有制的联合重组方面也取得进展。

通过兼并重组使优势企业的规模迅速扩大,2005年中国粗钢产量超过1 000万吨的企业只有8家,其中最大的粗钢产量只有2 000多万吨,而到2010年已经有7家企业粗钢产量超过2 000万吨,最大的企业粗钢产量超过5 000万吨。2010年,中国前5家钢铁企业粗钢产量占全国比重为32.6%,前10家为48.6%,比2005年分别提高11.7和13.9个百分点。

与此同时,一批企业通过大规模技术改造,品种质量不断优化,企业竞争力明显增强。太钢通过5年的努力现已经成为世界上最大的、技术先进的不锈钢企业。

(七)有效抵御国际金融危机影响

2008年下半年受国际金融危机影响,中国钢铁业面临着需求急剧下降,出口大幅度减少,库存大量增加,生产成本与产品销售价格倒挂,生产企业大面积亏损的严峻局面。广大企业采取各种措施积极应对,一是认真履行社会责任,许多企业从领导干部做起带头降薪,并按"减薪不裁员,歇岗不失业"原则,不让一个职工下岗失业;二是加强管理,降低成本,减少非生产性开支;三是积极进行产业结构调整,努力研发新产品。许多企业的新产品正是在这一困难时期诞生的。由于国家一系列刺激经济政策出台,并在全行业的共同努力下,使钢铁工业逐步克服了国际金融危机的不利影响。

(八)钢铁工业发展的"瓶颈"制约日益突出

粗放式发展也带来了铁矿石供应受制于人,进口铁矿石等原材料价格暴涨,企业不堪重负;资源能源环境压力进一步加大;重复建设未能有效遏制,淘汰落后进展缓慢,产业优化布局几无进展;国内市场需求趋缓,钢材出口难度加大;原燃料价格不断上涨推动钢铁企业成本大幅上升,行业盈利水平较低,运行质量有待提高。

这些矛盾和问题困扰着中国钢铁工业,必须开始冷静思考未来中国钢铁工业究竟如何转变发展方式这一重大战略问题。

(撰稿:王德春)

2010年中国石油和化学工业发展综述

中国石油和化学工业联合会

2010年,在国务院《石化产业调整和振兴规划》、中国石油和化学工业联合会《石油和化工产业结构调整指导意见》和《石油和化工产业振兴支撑技术指导意见》的引导下,通过大力推动产业结构调整和发展方式转变,行业经济摆脱了危机时的剧烈震荡,实现了平稳较快发展的预期目标。经济规模明显扩大,产业结构不断优化,经济运行的质量进一步提高。结构调整取得新进展;科技创新有新突破;对外开放提高到新水平;节能减排取得新成效;园区建设成为新亮点;石油和化工行业综合实力显著增强。

一、经济规模迅速扩大,跨入世界生产和消费大国前列

2010年,石油和化工行业经济成效显著。截至年末,全行业规模以上企业3.7万家,实现总产值88 800亿元,同比增长34.1%,占全国规模工业总产值比重的12.7%;2010年,全行业完成固定投资11 500亿元,同比增长13.8%;进出口总额4 587.8亿美元,同比增长40.3%,其中,进口3 244.6亿美元,出口1 343.2亿美元,分别增长42.3%和35.7%。2010年1—11月,全行业利润总额6 308.9亿元,同比增长50.0%,占全国规模工业利润总额的16.3%;上缴税金6 205.9亿元,同比增长35.9%;主营业务收入78 600亿元,增长35.1%;资产总计67 500亿元,增长18.1%。各项经济指标均创历史最好水平(见下图)。

(一)主要产品产量大幅增长

2010年,全国原油产量突破2亿吨,达2.03亿吨,同比增长6.9%,创新世纪以来最大增幅;天然气产量945亿立方米,增长12.1%,增速比上年加快4.4个百分点。2010年,全国原油加工量4.2亿吨,同比增长13.4%;成品油(汽、煤、柴油合计,下同)

产量2.5亿吨，增长10.0%，其中汽、柴油产量分别为7 675.3万吨和1.6亿吨；燃料油产量2 115.4万吨，同比增长11.6%；石脑油2 527.3万吨，同比增长44.3%。

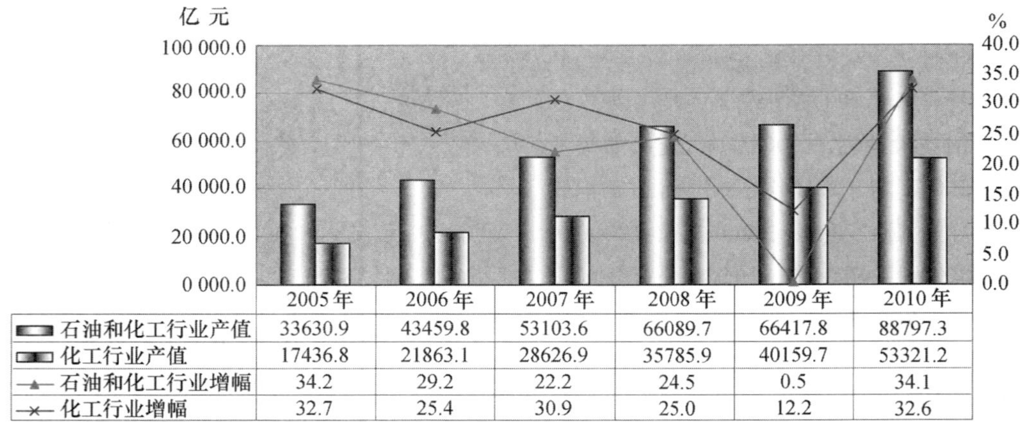

2005—2010年石油和化工行业总产值增长走势

2010年，我国化肥产量6 620万吨，同比增长2.5%；合成氨产量4 963.2万吨，同比下降2.4%。其中，尿素产量2 516.3万吨，磷肥产量1 701.4万吨，钾肥产量397万吨，磷酸铵产量（实物量）2 330万吨。我国农药产量234.2万吨（折纯），同比增长20.4%。

2010年，我国乙烯产量1 419万吨，增长31.7%；纯苯产量553.1万吨，增长18.7%；甲醇产量1 574.3万吨，增长26.2%；硫酸产量7 060.1万吨，增长18.7%；烧碱产量2 086.7万吨，增长12.8%；涂料产量966.6万吨，增长22.8%；化学试剂产量610.7万吨，增幅高达58.8%；合成树脂产量4 361万吨，增长18.3%；合成纤维单体产量1 373.8万吨，增长17.3%；轮胎产量7.8亿条，增长19.8%（见表1）。

2010年中国主要石油和化工产品产量的世界排名

表1

产品	2000年（万吨）	2005年（万吨）	2010年（万吨）	世界排名
原油加工量	20 238.0	28 622.0	42 286.8	2
乙烯	470.0	755.0	1 418.9	2
合成树脂	1 079.5	2 141.9	4 360.9	1
其中：PE	300.0	529.0	985.8	2
PP	324.0	522.9	916.8	1
PVC	264.6	649.2	1 130.1	1
ABS	29.9	75.0	200.0	1
PS	127.4	251.2	376.0	1
合成纤维	650.0	1 518.0	2 852.7	1
其中：涤纶	518.0	1 283.0	2 513.4	1
锦纶	40.3	71.7	161.8	1
合成橡胶	83.6	163.2	310.0	1
其中：丁苯橡胶	29.1	51.4	94.1	1
丁二烯橡胶	31.4	39.9	64.9	1
PTA	202.0	556.0	1 455.4	1
甲醇	199.0	536.0	1 574.3	1

续表

产品	2000年(万吨)	2005年(万吨)	2010年(万吨)	世界排名
醋酸	86.5	137.0	383.9	1
烧碱	668.0	1 240.0	2 086.7	1
纯碱	834.0	1 421.0	2 029.3	1
硫酸	2 365.0	4 462.0	7 060.1	1
浓硝酸	68.5	167.4	235.6	1
盐酸	442.1	658.2	839.0	1
电石	340.0	895.0	1 462.3	1
合成氨	3 364.0	4 596.0	4 963.2	1
化肥	3 091.3	4 802.5	6 619.8	1
其中:氮肥	2 398.0	3 579.0	4 521.1	1
磷肥	663.0	1 075.0	1 701.4	1
农药	64.8	104.0	234.2	1
涂料	184.0	383.0	966.6	1
染料	39.0	64.0	160.1	1
轮胎(万条)	12 158.0	31 820.0	6 672.2	1

(二)化工总量世界第一

2010年,我国化学工业产值跨上50 000亿元台阶,达52 300亿元,按汇率计算已突破7 700亿美元,超越美国(7 340亿美元),化工经济总量跃居世界第一。这是我国化学工业历史性的跨越,具有里程碑的意义。

(三)管道建设上新台阶

截至2010年底,我国油气管道总长达约78 000千米。其中,天然气管道40 000千米,原油管道20 000千米,成品油管道18 000千米。2010年9月中缅油气管道工程开工,中俄原油管道工程竣工。中国与中亚石油储量第一大国哈萨克斯坦的石油管道建设已开花结果,2010年进口中亚气44亿立方米。标志着我国陆上西北、东北、西南和海上四大能源进口通道的战略格局基本形成。

(四)石油储备建设快速推进

国家战略石油储备二期建设进展顺利,预计2012年全面完工后,总储备能力可达2.7亿桶。国有资本、民间资本和境外资本积极参与商业储备建设,至2010年底,我国石油战略储备和商业储备能力分别达到1.8亿桶和1.7亿桶,初步形成约36天消费量的储备能力。

(五)对外贸易大幅增长

2010年,在复杂的世界经济环境中,在国际贸易摩擦频发、贸易保护主义盛行的情况下,石油和化工行业对外贸易仍然取得了重大进展,进出口总额创历史新高,增幅达40.3%。其中进口总额增幅为42.3%,出口总额增长35.7%(见表2)。

2006—2010年中国石油和化工行业进口、出口额增长情况

表2

	2006年	2007年	2008年	2009年	2010年
进口总额(亿美元)	1 794.0	2 180.1	2 948.3	2 280.6	3 208.3
同比增长(%)	22.1	20.9	35.2	-22.6	40.7
出口总额(亿美元)	663.3	1 017.8	1 312.9	990.1	1 332.5
同比增长(%)	17.1	34.9	29.0	-24.6	34.6

二、结构调整取得新进展,产业集中度不断提高

一是经济增长的结构明显优化。传统高能耗行业在经济增长中的比重下降,精细化工、专用化学品比重上升。2010 年,无机化工原料产值占化工行业比重为 4.4%,比 2005 年下降 2 个百分点;化肥行业产值比重为 11.0%,下降 3 个百分点。2010 年,专用化学品产值占化工行业比重达 25.5%,比 2005 年大幅提高 7 个百分点。二是产品结构调整加快。2010 年,我国离子膜烧碱比重达到 59.7%,比 2005 年提高 30.2 个百分点;轮胎子午化率 46.8%,比 2005 年提高 2 个百分点;高浓度磷复肥比重达到 76.6%,比 2005 年提高 16.2 个百分点;产品结构逐渐向功能化、差异化和高端化方向发展。三是企业组织结构继续改善,产业集中度进一步提高。近年,行业重大并购活动有:中海油兼并中国化工供销(集团)总公司、中国化工建设总公司兼并湖北大峪口化工有限公司;沈阳化工研究院、浙江省石化建材集团并入中国中化集团公司;中国化工集团兼并河北盛华有限责任公司及一批地方企业等。通过推动兼并重组,企业资产得到优化,整体实力大大增强。2010 年末,全国形成了 20 个千万吨级以上炼油基地,约占全国原油加工总能力的 50.0%;5 个百万吨乙烯基地,约占乙烯总能力的 1/3。此外,还形成了云、贵、鄂三大磷肥产业区和青海、新疆钾肥生产基地(见表 3)。

近几年中国部分石油和化工产品结构变化情况

表 3

项　目	2000 年	2005 年	2010 年
柴汽比	1.7	2.1	2.1
尿素占氮肥比重(%)	58.9	55.8	55.7
磷肥占化肥比重(%)	20.8	22.0	25.7
高浓度磷复肥占磷肥比重(%)	35.3	60.4	76.6
钾肥占化肥比重(%)	2.5	4.8	6.0
杀虫剂占农药比重(%)	61.3	41.8	31.9
除草剂占农药比重(%)	18.0	28.6	45.0
杀菌剂占农药比重(%)	10.6	10.1	7.1
烧碱中离子膜烧碱所占比重(%)	17.5	29.5	59.7
轮胎中子午胎所占比重(%)	26.2	44.8	46.8

三、科技创新成果显著,突破一批共性、关键技术

2010 年度全行业共有 325 个项目被中国石油和化学工业联合会授予科学技术奖,创“十一五”年度成果获奖数量最高纪录。其中,一批独创技术设备,达到世界领先水平。中国石油大学(华东)开发的具有自主知识产权的双梯形缝防砂筛管及其微细等离子加工技术,破解了疏松砂岩油气藏开采的世界性难题;华东理工大学和上海慧源实业有限公司联合开发的具有自主知识产权的二氧化碳资源化绿色利用的关键工程技术,突破了欧美等国家仅靠捕集和封存二氧化碳从而实现二氧化碳减排的传统方式,使二氧化碳最终被合成为绿色化学品;蓝星(北京)化工机械有限公司自主开发的膜极距复极式离子膜电解槽,达到世界先进水平等。

2010 年,在新型煤化工技术、新催化技术、新分离技术、生物化工技术、自动控制与信息技术、纳米技术、新型环保与节能技术等重大关键共性技术方面,取得一系列突破性成果。其中,国内首套 HT－L 粉煤加压气化炉—“航天炉”和多喷嘴对置式水煤浆气化等技术开发成功,打破国外煤制气技术的垄断,使我国煤化工领先国际水平;生物技术处理高浓度有机废水、生物法脱除炼油化工生产废水氨氮等技术的突破,把我国污水治理推向新的高度;大型装备自主化也取得实质性进展。炼油、乙烯关键设备自主化水平大幅提高,千万吨级炼油装置设备自主化率超过 90.0%,百万吨级乙烯装置自主化率达 85.0% 以上;12 000 米特深井钻机、大口径高钢油气输送管道、百万吨级海上浮式生产储油系统等已达到或接近国际先进水平;30 万吨合成氨、50 万吨尿素装置自主化率达 94.0% 以上。

四、对外开放持续深化,国际交流与合作日益扩大

2010 年,海外油气产量再上新台阶。中石油公司 2010 年海外油气作业产量达到 8 673 万吨,较 2009 年增长 13.9%。其中,原油作业产量达到 7 582 万吨,较 2009 年增加 620 万吨;天然气作业产量达到 137 亿立方米,较 2009 年增加 55 亿立方米。中石油海外油气业务布点已初步完成。2010 年我国石油公司权益油产量首次突破 6 000 万吨,同比增长约 15.0%。

2010年我国三大油气公司均有较大规模的收购行动,并购金额合计超过300亿美元,创历史新高,占同期全球上游并购的20.0%。中石油继续扩大海外业务规模,中石化、中海油加快海外布局。中石化先以46.5亿美元收购康菲公司加拿大油砂项目9.0%的权益,又以71亿美元收购雷普索尔巴西业务40.0%的股权。中海油海外两次累计斥资70亿美元收购阿根廷地区油气资产。中石油联手壳牌公司以32.6亿美元的价格收购澳大利亚煤层气生产企业ARROW公司100%的股权。2010年度以销售收入计算的世界500强企业中,中石化位居第7位,中石油位居第10位,中国中化位居第203位,中海油位居第252位,中国神华位居第356位。

2010年,中国化学工程集团公司海外工程承包也取得历史性突破,新签海外合同91亿元,占新签合同总额的20.0%,实现海外合同收入42亿元,在全球工程建设领域排名由上年的第68位,跃升至第55位。截至2010年底,我国共有外商石油和化工企业5 232家(其中外资企业3 061家,港澳台资企业2 171家),投资总额1 035.1亿元,比2005年增长54.7%。世界知名跨国公司均已进入我国市场,业务范围几乎涵盖所有石油和化工领域。

五、认真履行社会责任,节能减排成效明显

2009年,全国石油和化学工业万元增加值平均能耗为3.6吨标准煤,比2005年下降13.5%。其中,原油加工每吨耗标油72.8千克,下降7.0%;乙烯每吨耗标油637.1千克,下降7.7%;合成氨每吨耗标煤1 426千克,下降5.1%;烧碱每吨耗标煤534.3千克,下降17.9%;电石每吨耗标煤1 018.1千克,下降14.0%。行业环保治理水平明显提高,污染物排放继续得到有效控制。至2008年,全行业化学需氧量排放量62.4万吨,比2005年下降19.9%;氨氮排放量11.7万吨,比2005年下降51.7%;二氧化硫排放量185.1万吨,比2005年下降10.5%。主要污染物排放量均提前完成了"十一五"国家规划目标。石油和化工行业开展"质量兴业"系列活动。发布《石油和化工行业知名品牌管理办法》。批准72家企业的82个产品为2010年度行业知名品牌产品,72家企业联合签署《质量信誉承诺倡议书》。

六、园区建设成为新亮点,推动产业迈上新台阶

至2010年,全国已建成60多家具有先进管理水平和地区产业特色的化工园区。长三角、珠三角、环渤海三大石化产业集聚区域不断成熟壮大,成为行业发展的支撑点。随着国家中西部发展战略的实施,给地区园区建设带来机遇。陕西、宁夏、内蒙古、新疆、湖南等省、自治区依托本地资源,发展石油和化工产业,涌现出一批具有较高水平、鲜明地方特色的化工园区,如陕西榆林重化工基地、岳阳石油化工园区、宜昌精细化工园区等。园区建设成为促进地区经济发展,推动产业升级的重要力量。

(撰稿:赵志平)

2010年中国轻工业发展综述

中国轻工业联合会

2010年,中国轻工业继续应对国际金融危机,实施《轻工业调整和振兴规划》,推动结构调整,加快发展方式转变,进一步发挥行业组织作用,推动轻工业平稳较快发展。在全行业共同努力下,轻工业延续恢复性增长的趋势。

一、行业运行趋于常态

2010年轻工行业规模以上企业累计完成工业总产值138 660.2亿元,同比增长29.9%。1—11月份,轻工规模以上企业累计实现利税10 247.7亿元,同比增长32.8%,其中实现利润6 748.7亿元,同比增长37.1%,全行业平均利润率为5.4%,比2009年提高约0.8个百分点;轻工规模以上亏损企业数和亏损额双双减少,就业人数增加8.9%,达到2 303万人。轻工规模以上企业数占全国共有企业总数29.1%,资产总额占全国工业企业总量的14.3%,从业人员占全国工业企业总量的25.4%,利润占全国的17.4%。内需拉动成为轻工发展的重要因素,轻工行业通过调整,规模以上企业销售产值增加部分86.9%源于国内消费。出口交货值占销

售产值比重连续3年下降，达到15.6%，比2008年下降3.9个百分点。累计出口3 554.7亿美元，增长29.1%，超过2008年国际金融危机爆发前的水平，出口产品量价齐升。进口产品增幅高于出口增幅2.0个百分点，累计贸易顺差2 603.8亿美元，同比增长28.4%。出口结构优化，一般贸易比重增加，达到59.2%，比上年增加2.8个百分点；新兴市场出口额增速较快，高于轻工行业出口平均增速，对美、欧、日出口比重下降0.6~1.1个百分点；出口产品中初级产品、原料资源性产品比重逐年降低，技术密集和深加工等高附加值产品比重逐年增加（见表1、表2、表3）。

2010年中国轻工行业主要经济指标

表1

指　标	单　位	2010年	同比增长（%）
一、全国轻工业规模以上工业企业产销总值			
汇总企业单位数	万　个	13.2	—
工业总产值（当年价格）	亿　元	138 660.0	29.9
其中：新产品产值	亿　元	9 081.0	32.6
工业销售产值（当年价格）	亿　元	135 426.0	30.4
其中：出口交货值	亿　元	20 973.0	24.5
工业产品销售率	%	97.7	0.4
出口交货值占工业销售产值比重	%	15.5	-4.4
新产品产值占工业总产值比重	%	6.6	2.1
二、全国轻工行业主要商品海关进出口总值			
轻工行业主要商品进出口总值	亿美元	4 506.0	29.5
其中：出口总值	亿美元	3 555.0	29.1
进口总值	亿美元	951.0	31.1
进出口差额（+出超、-入超）	亿美元	2 604.0	28.4
出口占进出口总值比重	%	78.9	-0.3
进口占进出口总值比重	%	21.1	1.3

2010年全国轻工行业主要产品产量

表2

产品名称	单　位	全年产量累计	同比增长（%）
原　盐	吨	62 746 922	8.4
成品糖	吨	11 029 100	-17.6
糖　果	吨	1 798 413	19.3
糕　点	吨	1 503 742	39.9
饼　干	吨	4 557 754	26.6
速冻米面食品	吨	2 978 585	19.1
方便面	吨	6 881 102	22.9
乳制品	吨	21 593 939	11.2
其中：液体乳	吨	18 455 900	11.1
罐　头	吨	9 183 540	16.1
味精（谷氨酸钠）	吨	2 564 387	2.7
酱　油	吨	5 957 273	4.5

续表

产品名称	单　位	全年产量累计	同比增长(%)
食品添加剂*	吨	853 230	—
发酵酒精(折96度,商品量)	千　升	8 259 337	10.8
饮料酒	千　升	56 739 006	9.5
其中:白酒(折65度,商品量)	千　升	8 908 343	26.8
啤　酒	千　升	44 830 449	6.3
黄　酒	千　升	1 341 355	10.9
葡萄酒	千　升	1 088 800	12.4
软饮料	吨	99 836 647	12.9
其中:碳酸饮料	吨	12 652 426	0.8
果汁和蔬菜汁饮料	吨	17 621 708	27.5
包装饮用水类	吨	42 496 092	22.4
冷冻饮品	吨	2 455 766	5.6
精制茶	吨	1 429 274	21.6
羽绒服	万　件	27 874	21.3
轻　革	平方米	749 344 864	15.3
皮革鞋靴	万　双	419 308	18.9
皮革服装	件	62 367 659	13.2
天然皮革手提包(袋)、背包	万　个	77 838	15.0
天然毛皮服装	件	3 115 930	31.1
家　具	件	770 328 320	27.8
其中:木质家具	件	260 727 122	26.4
软体家具	件	47 309 660	16.8
金属家具	件	423 811 877	31.3
纸浆(原生浆及废纸浆)	吨	22 319 148	13.3
机制纸及纸板	吨	100 359 279	11.4
其中:未涂布印刷书写用纸	吨	8 768 911	1.7
其中:新闻纸	吨	4 285 006	-3.9
卫生用纸原纸	吨	2 848 871	25.1
箱纸板	吨	15 786 641	10.4
纸制品	吨	48 458 195	20.7
其中:瓦楞纸箱(纸箱)☆	吨	28 394 598	23.3
本　册	万　本	1 241 748	9.6
木杆铅笔	万　支	1 806 502	16.1
室内健身器材	台	10 050 141	22.5
玩　具	千　元	68 697 387	29.7
油　墨	吨	589 973	16.5
肥(香)皂	吨	966 838	9.5
合成洗涤剂	吨	7 300 654	4.6
其中:合成洗衣粉	吨	3 926 213	-1.7
香　精	吨	370 074	18.7
牙膏(折65克标准支)	万　支	747 458	0.6
火柴(折50支标准盒)	件	10 020 328	—

续表

产品名称	单　位	全年产量累计	同比增长(%)
塑料制品	吨	58 303 809	21.1
其中:塑料薄膜	吨	7 989 733	15.6
其中:农用薄膜	吨	1 571 631	27.7
塑料板、片	吨	3 855 685	16.8
塑料制管子及其附件	吨	8 402 068	37.1
塑料丝、绳及编织品	吨	7 119 556	23.1
塑料人造革、合成革	吨	2 146 235	16.8
泡沫塑料	吨	2 200 273	15.6
塑料包装箱及容器	吨	3 430 785	20.4
日用塑料制品	吨	6 458 553	19.0
日用玻璃制品	吨	14 352 956	22.8
玻璃包装容器	吨	5 578 461	13.5
玻璃保温容器	万　个	57 066	-7.7
卫生陶瓷制品	件	174 094 088	21.7
日用陶瓷制品	万　件	2 712 367	31.3
搪瓷制品	吨	615 422	12.0
不锈钢日用制品	吨	2 508 592	11.6
锁　具	万　把	195 050	13.3
衡器(秤)	台	43 041 242	25.9
家用燃气灶具	台	28 518 839	5.1
家用燃气热水器	台	16 918 245	18.8
缝纫机	台	12 282 798	26.3
两轮脚踏自行车	辆	59 018 401	10.3
电动自行车	辆	11 367 896	29.7
铅酸蓄电池	千伏安时	144 166 775	17.3
碱性蓄电池	只(自然只)	799 307 923	15.2
锂离子电池	只(自然只)	2 686 985 685	20.3
原电池及原电池组(折R20标只)	万　只	3 314 300	10.1
太阳能电池*	千　瓦	5 952 266	—
灯具及照明装置	套(台、个)	2 275 943 775	20.0
电光源	万　只	1 866 007	18.8
其中:灯　泡	万　只	332 215	19.1
荧光灯	万　只	369 765	4.0
家用洗衣机	台	62 081 302	27.1
家用吸尘器	台	75 965 460	18.5
家用电冰箱	台	73 008 400	23.1
家用冷柜(家用冷冻箱)	台	17 098 728	23.5
家用电风扇	台	161 345 944	9.7
房间空气调节器	台	108 995 800	34.9
家用吸排油烟机	台	19 272 843	10.6
家用电热水器	台	18 914 973	28.8
微波炉	台	67 816 905	12.3

续表

产品名称	单　位	全年产量累计	同比增长(%)
电饭锅	个	170 863 267	15.3
家用电热烘烤器具	个	170 268 930	18.4
电冷热饮水机	台	17 862 845	2.6
钟	只	188 370 577	22.6
表	只	146 316 516	17.5
眼镜成镜(眼镜)	副	646 568 848	14.8
伞类制品	把	1 052 773 349	16.2

注：* 是 2010 年产量统计新增产品，数据仅供参考。

2010 年全国轻工行业主要商品海关出口进口值

表 3

商品分类名称	累计出口值		累计进口值	
	金额(万美元)	同比增长(%)	金额(万美元)	同比增长(%)
全国轻工行业出口、进口总计	35 546 540	29.1	9 508 520	31.3
纸浆、纸及纸制品	843 069	27.3	1 388 089	25.6
日用机械	970 732	26.2	293 952	45.9
日用硅酸盐	1 070 661	36.0	63 408	37.9
日用化学产品	1 306 797	22.7	988 458	14.3
制　盐	8 183	26.7	12 888	86.5
食品、饮料	3 557 025	25.4	2 679 153	28.9
皮革、毛皮及其制品	3 442 703	33.3	587 316	34.0
木制品及其他天然植物制品	162 238	5.4	3 106	15.7
家　具	3 372 388	30.0	173 970	34.2
文教体育用品	3 634 432	12.4	171 441	7.6
工艺美术品	1 776 433	35.5	132 944	39.5
塑料制品	4 466 668	34.1	1 675 100	45.0
金属制轻工行业相关产品	2 802 121	42.3	206 772	33.4
家用电器	3 969 549	30.0	281 225	27.3
照明器具	1 885 708	33.0	282 962	40.7
衡器及其零配件	85 347	23.2	9 481	13.0
日用杂品	1 260 059	31.5	126 857	31.9
轻工机械	281 562	38.1	421 228	49.2
其他轻工行业相关产品	850 865	22.7	10 170	127.3

二、反映行业诉求，引导行业发展

反映诉求。年初，专题向中央领导汇报，国务院负责同志在反映轻工业运行情况和面临问题、糖业生产、制笔核心技术、电池行业关键技术、城镇集体工业资产监管、集体企业职工社保等问题的报告上作了重要批示和指示。有关部委很快对批示做出安排部署，有的问题已经解决。针对轻工经济运行中的共性和突出问题，及时向商务部、工信部、财政部、国家发改委等部门反映行业和企业诉求。就盐业体制改革的有关问题向国办、国家发改委负责同志反映行业意见，向国务院国资委报送《中美轻工商品贸易现状及应对措施》。《人民币汇率调整对轻工产品出口影响研究》提出的测算方法被财政部肯定并在其他行业中选用，测算的结果成为汇率调整政策的重要参数。

引领行业。在制定国家及轻工业“十二五”规划中，深入分析“十二五”时期面临的机遇和挑战，认真学习贯彻《中共中央关于制定国民经济和社会发展第十二个五年规划的建议》和《轻工业调整和振兴规划》的精神，研究确定了轻工行业“十二五”期间的重点任务和政策措施。积极开展行业调研对轻工行业进行情况摸底，并且多次听取和组织分析研究行业运行情况。主动承担研究课题，先后完成了《“十二五”轻工业培育新的增长点促进行业结构升级对策研究》《轻工重点行业“十二五”节能规划前期研究》《积极应对贸易摩擦维护轻工产业安全问题的研究》等多项政府部门委托课题，为“十二五”规划编制工作打下了基础。同时在部分省市和产业集群中开展行业运行和“十二五”规划设想的调研。组织制定的轻工业“十二五”规划指导意见上报工信部及国家发改委，在国家发改委起草的国民经济和社会发展第十二个五年规划中得到反映。还积极参与了工信部“‘十二五’轻工业发展规划”编制工作。按照国家发改委、工信部的总体要求，积极组织开展“轻工业‘十二五’规划指导意见”的编制，40多个专业协会和有关部门投入工作。家电、皮革、饮料、造纸、塑料等40多个专业规划有的已经完成。

受国家有关部委委托参与制定有关轻工业发展的规划和政策。受国家发改委和工信部委托，完成《轻工业调整和振兴规划贯彻落实情况及下一步工作重点》起草工作，组织并完成《轻工重点行业布局研究》《产业结构调整指导目录(2005)年本》修订、《境外投资产业指导目录(2006)年本》修订，参与国家发改委《无极荧光灯技术创新和产业化》的制定。受财政部委托，完成“人民币汇率调整对轻工产品出口影响”的研究。配合商务部制定《加工贸易转型升级》，受商务部委托，完成《新能源革命条件下产业安全体系建设》课题研究。参与工信部《国家产业技术发展指南》《行业知识产权现状研究报告》《轻工行业知识产权现状研究报告》，《工信部与行业协会联系会议制度方案》的制定工作。受工信部委托，完成《传统工艺美术园区发展现状调查分析报告》《传统工艺美术保护条例(修订)》和《传统工艺美术保护条例实施细则(修订)》的起草工作。受国务院法制办委托，完成《行业协会税收、薪酬制度研究》等立法调研项目。参与国务院关税税则委员会办公室2011年关税调整的有关工作，组织10个行业协会提出增列税目建议和调整进出口暂定税率建议。参与食品安全诚信体系建设工作，参与工信部和河南省政府举办的“中国郑州2010产业转移系列对接活动”。受地方政府委托，参与制定地方轻工业发展规划和论证工作。受河南省发改委委托，完成《河南省轻工业调整振兴规划》的制定。受大连市经信委委托，完成《大连市轻工业“十二五”发展规划》的制定。受新疆轻工业行管办委托，组织并完成对《新疆维吾尔自治区轻工业第十二个五年规划》的论证工作。受宁夏政府委托，组织编制《宁夏“十二五”发展规划建议》。

三、积极开拓市场

中国轻工业联合会及各行业协会认真组织人民币汇率、出口退税率等宏观政策对轻工影响的研究，加强对经济运行的分析，为企业稳定、开拓国内外市场提供相关信息和协调服务。

加强轻工专业市场建设。召开第三次轻工专业市场建设座谈会，交流轻工专业市场发展情况和今后工作思路，搭建行业与专业市场间的平台。以中国皮革协会为试点，在全行业学习推广《皮革专业市场管理技术规范》，进一步推动轻工专业市场健康发展。

开拓农村市场。家电协会开展“2010年中国家电下乡百强县市巡展”，在二、三、四级市场掀起家电消费的新热潮。通过推动家电企业主动靠近农村市场，引导企业探索深度开发农村市场的手段，创新引导县域市场消费的模式。

提升轻工专业展会水平。中轻联与大连市政府共同主办中国国际啤酒节，影响力不断提升，有30余家中外啤酒厂商及企业携400余种啤酒品牌参加展示，参展中外游客145万人次；与哈尔滨市人民政府共同主办的2010“中国·哈尔滨之夏国际啤酒节”在数量、规模、内容上均超过往届，成为哈尔滨之夏旅游文化节的亮点；与宁波市人民政府主办的第八届中国国际家居博览会，有 20 余家国际采购集团和 30 多个商贸组织进行采购，成为较好的产销平台。

积极组织企业参加在华和在国外举办的各类专业国际展览会，努力拓展新的展会项目。2010 年共举办境内展览会 6 个，参展企业数 9 370 个，展出面积 340 000 平方米，其中境外参展商展出面积 52 000 平方米。参加境外展览 9 个，参展企业数 351 个，展出面积 3 825 平方米，贸易成交合同金额 4 726 万美元。

推动国际经贸合作。组织企业参加在国外举办的各类专业国际展览会，积极拓展新的展会项目。中轻联和法国中央大区政府建立的中法夏斗湖经贸合作区于 6 月召开了管理委员会第二次会议，提出建设产、学、研一体化的一区多园式生态高新园区的规划。园区项目得到法国中央、大区和地方政府的大力支持，在法国产生了一定的影响力。11 月组织 10 余家意向入园企业随商务部团出访法国，并签署 3 个合作区项目。

四、推进节能减排和科技进步

积极推动产学研体系建设，发布《中国轻工业联合会产学研联动机制指导意见》。组织报送造纸装备、食品包装装备、制糖和家电技术创新战略联盟组建方案。参加科技部首批技术创新服务平台试点工作，组织申报“日用化工产业技术创新服务平台”。向科技部报送家电、造纸、陶瓷、塑料、轻机、缝制机械、日化、皮革和食品等 11 个行业的科技发展需求情况。申报“十二五”科技支撑计划项目 6 个，其中 5 个项目已经通过科技部专家咨询。组织开展 2010 年度中国轻工业联合会科学技术奖励工作，推荐 5 个项目申报 2010 年度国家科学技术奖。

组织电池、皮革、塑料和洗涤用品行业协会向国家发改委上报 23 个产业化项目，其中 10 个项目得到中央预算内资金支持，3 个项目得到技改资金支持。受工信部委托组织完成酿酒、发酵、造纸、皮革和制糖等 5 个行业清洁生产推行方案、35 个清洁生产示范项目的专家评审，其中发酵、造纸、酿酒等 3 个行业的 4 个项目获得 3 200 万元的国家拨款支持。向国家发改委推荐 23 项实用可推广的节能技术。向工信部报送 5 家“资源节约型和环境友好型”、8 家“两化融合，促进节能减排”示范企业，酿酒、制糖、造纸、发酵 4 个行业的 5 家企业获批。

组织造纸、发酵、皮革、酿酒等相关行业积极配合工信部调研，进行可行性分析，确定落后产能的淘汰标准和任务。在工信部发布的关于下达 2010 年工业行业淘汰落后产能目标任务中，明确提出造纸、酒精、味精、柠檬酸和制革的淘汰落后产能任务分别为 432 万吨、67.7 万吨、18.9 万吨、1.7 万吨和1 200 万标张。这些落后产能的淘汰将进一步优化产业结构，提高行业整体清洁生产，节能减排水平。

完成工信部组织的轻工重点行业“十二五”节能规划前期研究课题。积极开展由工信部组织的《生产行业节能减排技术评估与应用研究》和科技支撑项目中“轻工行业节能减排技术筛选与评估”课题。

中轻联和自行车协会联合主办“低碳行动，骑行中国 2010 北京—深圳自行车骑行活动”，通过 47 天的骑行活动，广为宣传低碳减排政策，推广低碳生活理念，产生了良好的社会效果。

五、开展标准制修订和质量工作

根据国家标准化管理委员会下达的国家标准制、修订计划和工信部下达的行业标准制、修订计划，共组织完成国家标准 124 项，行业标准 248 项。完成轻工国家标准化体系的编写，开展工业标准体系分析报告编制工作，配合工信部完成上报《食品工业企业诚信管理体系（CMS）及实施要求》《食品工业企业诚信评价准则》两项行业标准。

根据国家标委会要求，组织筹建有关轻工全国标准化技术委员会工作，组建“全国口腔护理用品标委会”及分标委会，全国金属餐饮具标委会。组织完成洗涤用品、玻璃仪器、玩具标委会换届工作。完成 7 个轻工产品质量监督检测中心（站）的复查评审工作。

组织召开食品安全工作会议和中英食品安全检测监管安全论坛，收到了良好效果。

（撰稿：李培松）

2010年中国纺织工业经济运行综述

中国纺织工业协会

2010年，中国纺织工业面临的国内外市场环境较2009年明显改善，国际市场逐步好转，内需市场持续旺盛，为我国纺织工业提供了较好的发展条件。但与此同时，原料价格上涨、人民币升值等一系列制约因素也增加了行业发展的压力。纺织全行业坚持加快结构调整和产业升级，发展方式得到优化，经济运行质量稳步提高，有效化解了各种外部风险，产销、效益、投资等经济指标均实现稳定增长，运行态势总体良好。

一、2010年中国纺织行业经济运行特点

（一）生产实现稳定增长，产销衔接良好

根据国家统计局快报数据，2010年，纺织行业5.6万户规模以上企业累计完成工业总产值47 611.7亿元，同比增长27.5%，增速较2009年提高17.2个百分点；完成工业销售产值46 597.3亿元，同比增长27.5%，增速较2009年提高16.9个百分点，行业产值增长已经从金融危机的影响中得到较为明显的恢复（见图1）。全年规模以上企业产销率达到97.9%，与2009年持平，行业产销衔接基本良好。

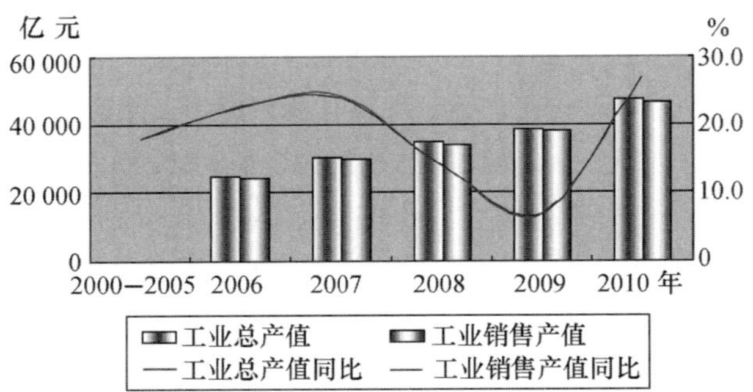

图1 纺织工业规模以上企业总产值、工业销售产值及增长情况

资料来源：国家统计局、中国纺织工业协会统计中心。

分月份看，行业产值在上半年增长整体较为平稳，下半年，随着国内原料价格快速上涨，中间投入大幅增加，带动行业产值也随之呈现出加速增长的态势（见图2）。

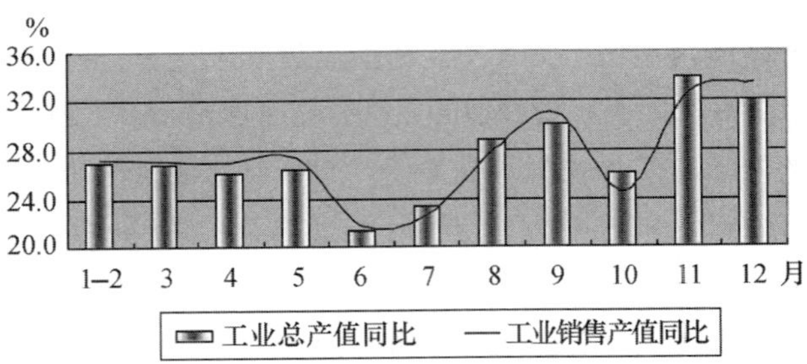

图2 2010年纺织工业规模以上企业总产值、工业销售产值按月同比增长情况

资料来源：国家统计局、中国纺织工业协会统计中心。

主要大类产品产量均实现稳定增长，其中中下游产品在市场需求带动下，产量增速提高较快。全年规模以上纺织企业化纤产量达到3 089.7万吨，同比增长15.6%，增速较2009年提高1.3个百分点；纱产量达到2 716.9万吨，同比增长13.7%，增速较2009年提高1.0个百分点；布产量达到655.5亿米，同比增长19.5%，增速较2009年提高14.2个百分点；服装产量达到285.2亿件，同比增长18.6%，增速较2009年提高11.7个百分点（见图3、表1）。

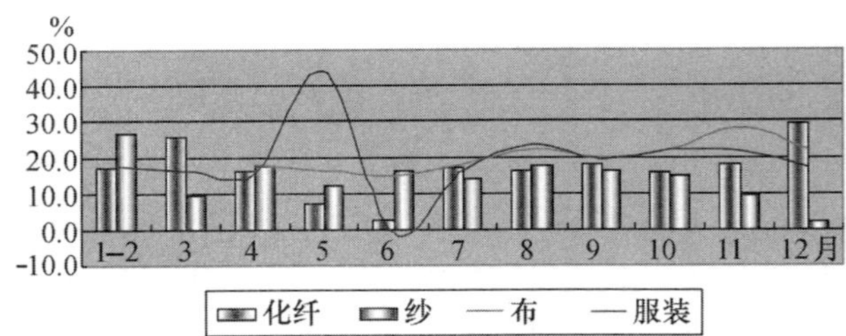

图3 2010年纺织工业规模以上企业化纤、纱、布、服装产量按月同比增长情况

资料来源：国家统计局、中国纺织工业协会统计中心。

（二）内需市场保持旺盛，行业内销持续向好

2010年，国家围绕改善民生、扩大内需采取了一系列措施，在政策助推下，我国内需市场较为旺盛，消费增长较2009年有所加速（见图4）。2010年，全社会消费品零售总额累计同比增长18.4%，比2009年加快2.9个百分点，其中限额以上服装鞋帽、针纺织品零售额同比增长24.8%，高于同期社

会消费品零售总额增速 6.4 个百分点，且比 2009 年加快 6 个百分点。

2010 年纺织行业规模以上企业主要大类产品产量

表 1

产品名称	单　位	2010 年产量	同比增长(%)	比 2009 年增减(百分点)
化学纤维	万　吨	3 089.7	15.55	1.24
纱	万　吨	2 716.9	13.74	1.03
布	亿　米	655.5	19.45	14.18
印染布	亿　米	601.7	12.15	4.47
毛机织物	亿　米	5.7	14.14	19.13
苎麻布	亿　米	3.1	27.88	-3.29
生　丝	万　吨	16.2	-4.55	-12.66
棉　被	万　条	8 540.0	22.27	8.98
无纺布	万　吨	175.8	24.23	-5.02
服　装	亿　件	285.2	18.60	11.66

注：本表格中数据为快报数据。

资料来源：国家统计局、中国纺织工业协会统计中心。

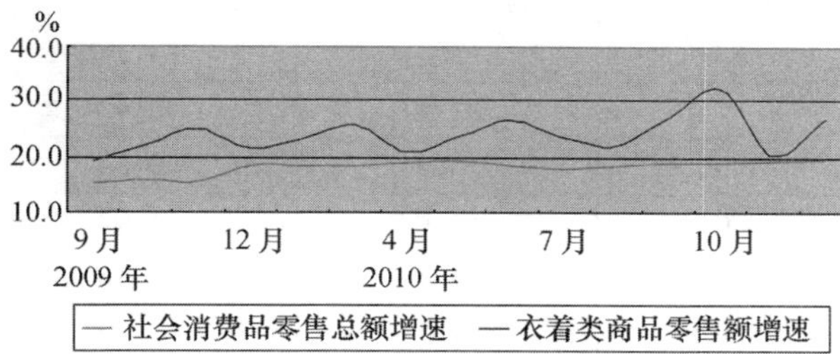

图 4　中国规模以上企业内需消费按月同比增长情况

资料来源：国家统计局。

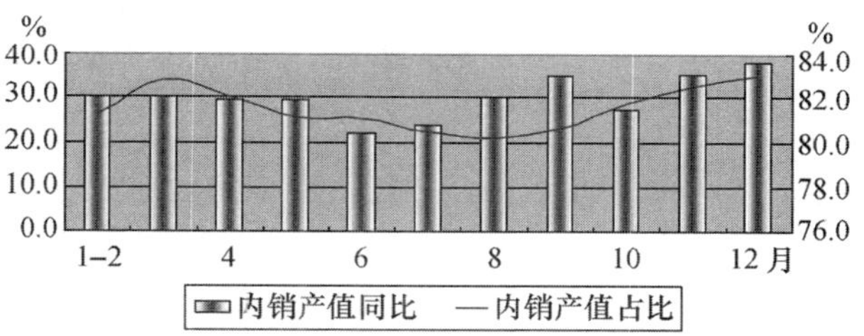

图 5　2010 年纺织工业规模以上企业内销产值按月同比增长情况

资料来源：国家统计局、中国纺织工业协会统计中心。

在内需市场拉动下，纺织行业内销实现稳定较快增长。2010 年，规模以上纺织企业内销产值达到 39 233.2 亿元，同比增长 30.2%，增速较 2009 年提高 15.5 个百分点，高于规模以上企业出口交货值 13.4 个百分点；全年行业内销产值占工业销售产值的比重达到 81.5%，比 2009 年提高 1.7 个百分点（见图 5）。

（三）出口较快增长，出口竞争力继续提升

2010 年以来，伴随着全球经济逐步复苏，国际市场需求较上年明显好转，带动行业出口恢复增长。2010 年，全行业共出口纺织品服装 2 120 亿美元，同比增长 23.8%，增速较 2009 年提高 33.4 个百分点。由于 2009 年行业出口受到金融危机影响出现负增长，2010 年行业出口具有明显的恢复性增长特征，如扣除 2009 年负增长的部分，行业出口总额实际上仅比 2008 年底增长 11.8%（见图 6）。

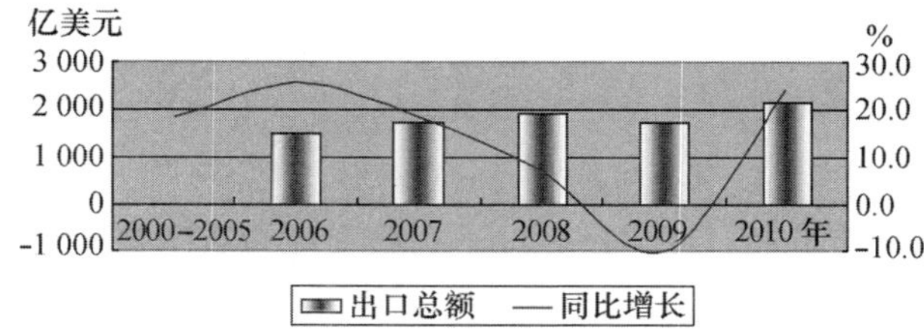

图 6　纺织品服装出口总额及同比增长情况

资料来源：中国海关、中国纺织工业协会统计中心。

出口产品中，纺织品出口额为 825.2 亿美元，同比增长 28.4%，增速较 2009 年提高 36.4 个百分点；服装出口额为 1 294.8 亿美元，同比增长 21.0%，增速较2009年提高31.6个百分点。其中，服装出口除一季度受春节季节性因素影响波动较大外，全年增长整体较为平稳。纺织品出口增速则经历了“前高后低”的变化，上半年在国际市场需求逐步好转、部分发展中国家纺织服装加工业需求加大的情况下，我国化学纤维、纱线、织物等上游产品出口增长较快，下半年则由于原料价格快速上涨，出口增速有所减缓(见图7)。

主要出口市场中，我国对美国和欧盟出口纺织品服装的增速分别达到27.9%和23.6%，体现出我国出口纺织服装产品在传统的发达国家市场上仍然具有较强的国际竞争力。根据相关统计数据，2010年，我国出口纺织品服装的总金额在美国进口中所占的份额已经达到41.0%，比2009年提高2个百分点。而我国对东盟、土耳其出口纺织品服装的增速分别达到35.9%和73.9%，出口产品中约70.0%是纺织纱线和织物，体现出我国与新兴经济体之间的纺织产业链合作关系日益紧密，发展中市场在我国纺织行业出口中所占的地位也日益重要，行业出口市场正在进一步多元化(见表2)。

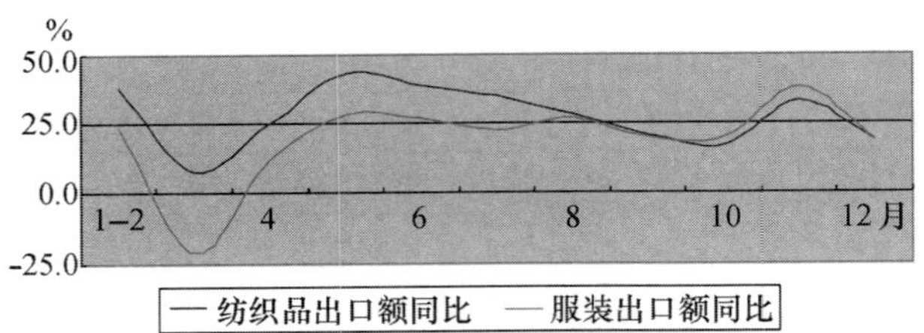

图7　2010年纺织品、服装出口额按月同比增长情况

资料来源：中国海关、中国纺织工业协会统计中心。

2010年中国对主要市场出口纺织品服装情况

表2

国家或地区	出口额(亿美元)	同比增长(%)	比2009年增减(百分点)	占全行业比重(%)	比2009年增减(百分点)
欧　盟	458.1	23.6	30.7	21.6	-0.03
美　国	355.9	27.9	24.5	16.8	0.54
日　本	232.5	5.3	5.0	11.0	-1.92
香　港	149.9	7.1	20.0	7.1	-1.10
东　盟	149.5	35.9	38.0	7.1	0.63
非　洲	111.0	24.3	26.5	5.2	0.03
韩　国	54.6	30.6	55.4	2.6	0.13
澳大利亚	39.4	24.1	31.1	1.7	0.01
加拿大	38.7	17.2	30.2	1.8	-0.10
土耳其	18.6	73.9	92.0	0.9	0.25
墨西哥	13.7	50.6	85.0	0.7	0.11
台　湾	11.5	56.1	66.8	0.5	0.11
澳　门	4.6	20.7	72.5	0.2	-0.01

资料来源：中国海关、中国纺织工业协会统计中心。

(四)运行质量继续加强，盈利能力有所提高

2010年，纺织行业结构调整和产业升级步伐继续加快，促进行业运行质量稳步提升。2010年，规模以上纺织企业新产品产值同比增速达到39.4%，比2009年提高25.8个百分点，且高于同期工业销售产值增速12.0个百分点，产品创新继续对行业发展发挥突出贡献作用(见图8)。

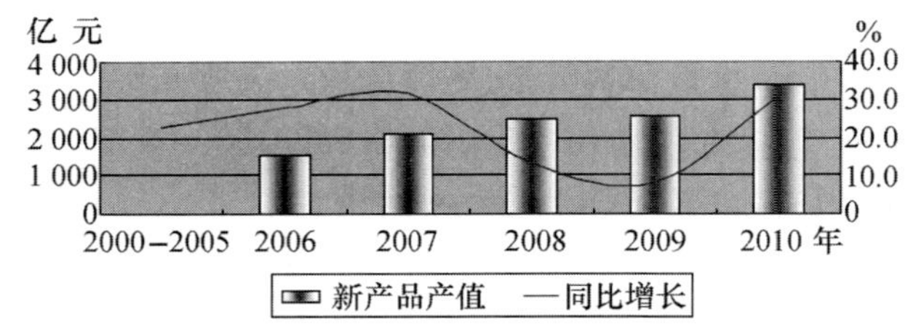

图8　纺织行业规模以上企业新产品产值及同比增长情况

资料来源：国家统计局、中国纺织工业协会统计中心。

（五）投资保持稳定增长，区域结构调整步伐继续加快

2010 年，纺织行业产销及盈利状况良好对市场信心起到积极促进作用，行业新增投资实现稳定增长。全年纺织行业 500 万元以上项目固定资产投资总额达到 4 036.7 亿元，同比增长 30.1%，增速较 2009 年提高 16.3 个百分点；新开工项目 8 342 个，同比增长 7.9%，增速较 2009 年下降 17.9 个百分点（见图 9）。

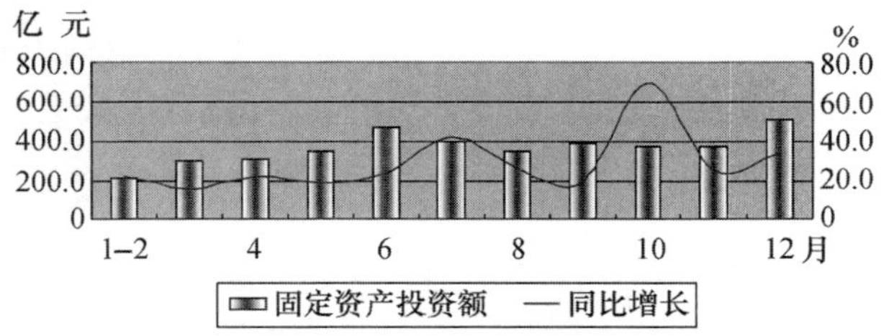

图 9　2010 年纺织行业 500 万元以上项目固定资产投资额按月同比增长情况

资料来源：国家统计局、中国纺织工业协会统计中心。

从新增投资的区域结构来看，2010 年，中部地区纺织企业固定资产投资额达到 1 486.8 亿元，同比增长 46.7%，西部地区投资额为 374.2 亿元，同比增长 44.3%。中、西部投资增速分别较东部地区（19.0%）高出 27.7 和 25.3 个百分点；占全行业投资总额的比重分别为 36.8% 和 9.3%，较上年分别高出 4.2 和 0.9 个百分点（见图 10）。中、西部纺织企业投资较快增长反映出我国纺织行业区域结构优化调整的步伐仍在继续加快，且中西部企业对行业发展的贡献度在未来也将进一步提高（见图 10）。

二、2010 年纺织行业运行中存在的主要问题

2010 年，得益于行业结构调整的推进以及国内外市场的改善，纺织行业经济运行态势整体良好，但同时各项运行指标的较快增长也与 2009 年基数偏低有较大关系。实际上，2010 年纺织行业的外部发展环境仍然发生较多变化，行业也面临一系列问题。

（一）原料价格大幅上涨

2010 年，受到市场回暖、行业需求扩大以及游资炒作等多重因素影响，国内棉花价格呈现一路上涨的走势。特别是 9 月以来，受到天气影响，新棉减产，国内棉花价格上涨明显加速，不断创下历史新高。2010 年底国内 328 级棉花现货价格超过 27 500 元/吨，比年初提高 80.0% 多，全年均价同比涨幅也超过 50.0%。与此同时，在石油价格上涨推动、棉价拉动等因素影响下，国内主要化纤原料及化学纤维价格也较 2009 年显著提高，其中化纤原料 PTA、EG 价格涨幅均超过 20.0%，涤纶短纤、粘胶短纤等化纤产品价格涨幅也普遍在 30.0% 以上。

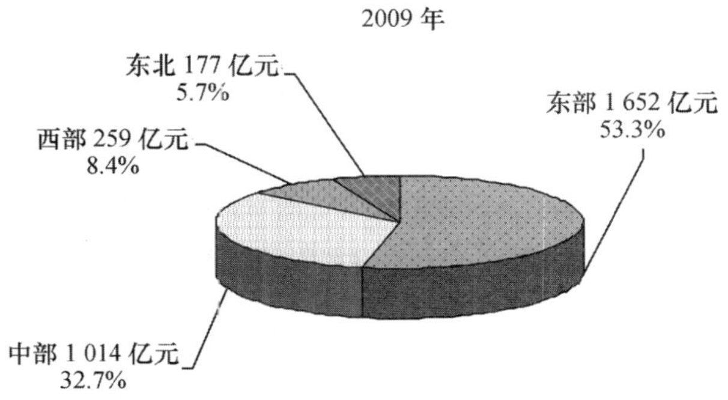

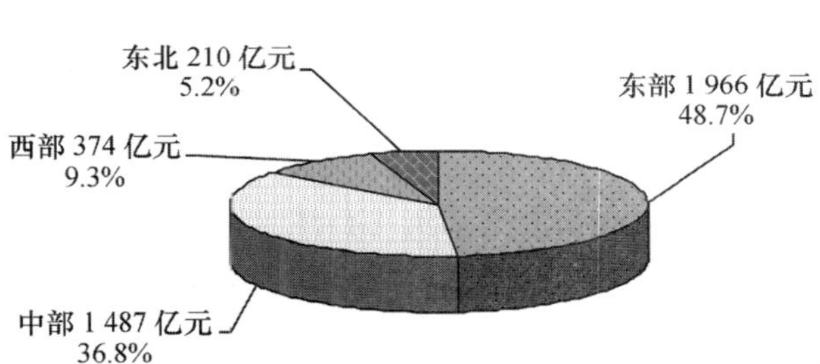

图 10　纺织行业 500 万元以上项目固定资产投资按地区投资额及占全国比重情况

资料来源：国家统计局、中国纺织工业协会统计中心。

原料价格持续上涨并通过产业链不断传导，使整个纺织产业都面临了不断加大的成本压力。而纺织品服装属于日常生活必需品，消费者对于价格的变化反应非常敏感，因此国内外终端市场消费价格上升的空间都比较有限。2010 年，国内衣着类工业品出厂价格仅上涨 2.0%，纺织品服装出口价格上涨 8.0%，远远不能覆盖原料价格上涨的幅度，成本压力几乎无法向消费终端分散，对企业的生产经营造成了突出的负面影响。

（二）生产要素成本压力日益突出

2010 年以来，由于市场回暖、用工需求增加，东南沿海地区纺织企业面临着较为严重的用工短缺现象，企业普遍通过上调工资来缓解用工困局，用工成本大

幅增加。根据中国纺织工业协会2010年组织的《企业经营者跟踪调查》结果显示，超过70.0%的样本企业通过提高工资来应对劳动力紧缺。自2007年以来，规模以上纺织工业人均工资持续以高于20.0%的速度增长，估计2010年行业人均工资涨幅仍在20.0%以上，对企业的盈利状况形成较大压力（见图11）。

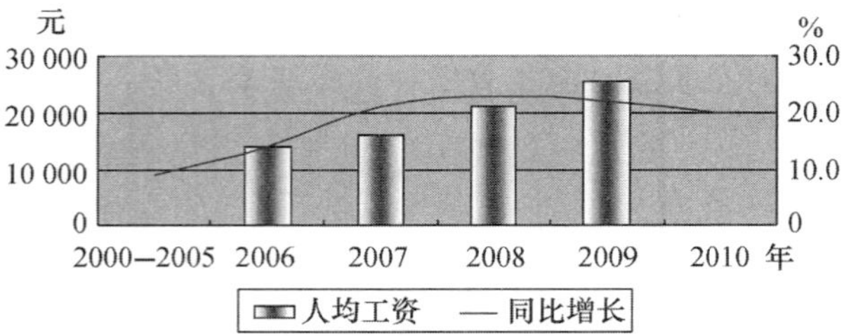

图11　纺织行业规模以上企业人均工资及同比增长情况

资料来源：国家统计局、中国纺织工业协会统计中心。

燃料动力等生产要素价格也持续上涨。根据国家统计局数据，2010年国内工业企业的燃料动力购进价格指数同比上涨16.3%，根据中国纺织工业协会的《企业经营者跟踪调查》结果，近半数样本企业表示生产要素价格的持续高涨成为2010年影响纺织行业运行的最突出问题。

（三）人民币升值加大出口压力

金融危机以来，人民币汇率一直维持较为稳定的走势，为纺织行业创造了较为宽松的外部环境。但2010年6月19日，央行宣布"进一步推进人民币汇率形成机制改革、增强汇率弹性"，人民币再次进入升值通道，到年底累计升值幅度接近3.0%。人民币持续升值将增加出口企业的结汇损失，并影响企业报价和接单。根据中国纺织工业协会2010年上半年组织的《企业经营者跟踪调查》，八成以上的纺织企业能承受3.0%以下的升值幅度，其中近半数企业仅能承受1.0%以内的升值，因此2010年的升值幅度基本已经达到广大企业所能承受的极限，很多出口企业都感受到较大压力。

（四）国际市场需求恢复有限

2010年，国际市场从金融危机后的低谷回升以及进口商库存短期需求增加等因素对纺织行业出口回升起到积极的带动作用。但与此同时，欧盟主权债务危机等新的不利因素显现，美、欧、日等发达经济体的就业情况改善缓慢，失业率持续处于历史高位，也制约了消费需求的复苏速度，国际市场需求尽管较2009年明显好转，但恢复仍然比较有限。2010年，行业出口主要是在2009年低基数基础上的恢复性增长，生产成本提高推动的出口价格上升也是带动出口总额较快增长的重要原因。统计数据显示，2010年，我国共出口服装295.5亿件，比2009年增长13.7%，服装出口数量增速低于金额增速约7个百分点；而且，行业在2008年的服装出口量为295.5亿件，这表明2010年的国际市场需求仅仅是恢复到金融危机前的水平，并没有比危机前有新增长。

（撰稿：孙淮滨　赵明霞）

2010年中国建材工业发展综述

中国建筑材料联合会

进入新世纪以来，中国经济持续快速发展，全社会固定资产投资高速增长，房地产业、建筑业和装饰装修业呈高速发展态势。在国民经济发展的强劲带动及"由大变强、靠新出强"的建材跨世纪发展战略引领下，"十一五"期间，建材工业在结构调整、生产技术和工艺装备水平提高方面取得了长足进步，"十一五"是建国60多年来我国建材工业发展最快的时期之一，也是发展水平最高、发展质量和发展效益最好的五年，在转变发展方式、实现"由大变强"方面迈出了坚实的一步。

一、"十一五"建材行业发展取得的主要成就

"十一五"期间，建材工业总体保持快速增长，工业增加值年均增长26.1%；完成主营业务收入27 000亿元，实现利润总额2 000亿元，年均分别增长31.2%和31.4%（见图1）。

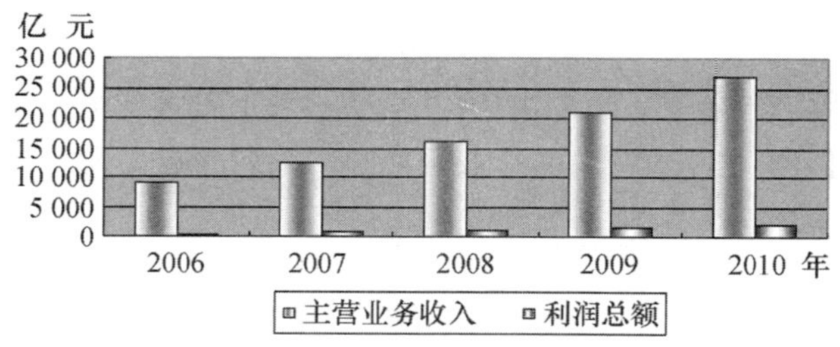

图1　2006—2010年建材工业主要经济指标

主要建材产品产量保持高速增长。2010 年水泥产量 18.8 亿吨，平板玻璃产量 6.6 亿重量箱，建筑陶瓷产量 80.8 亿平方米，卫生陶瓷产量 1.6 亿件；“十一五”期间，水泥、平板玻璃、建筑陶瓷和卫生陶瓷产量年均增长分别为 11.7%、10.3%、14.2% 和 21.3%（见表 1）。

2006—2010 年主要建材产品产量及年均增速

表 1

年　份	水　泥（万吨）	平板玻璃（万重量箱）	陶瓷砖（亿平方米）	卫生陶瓷（件）
2006	12.4	4.7	50.2	13 100.0
2007	13.6	5.3	56.0	15 900.0
2008	14.2	6.0	61.9	15 500.0
2009	16.4	5.9	68.8	15 800.0
2010	18.8	6.6	80.8	16 200.0
年均增速（%）	11.7	10.4	14.2	21.3

数据来源：2006—2009 年水泥和平板玻璃数据来自《中国统计年鉴》；其他数据来自中国建材联合会。

产业结构调整取得重大进展，建材主要产品结构不断优化。“十一五”期间，建材工业累计淘汰落后水泥生产能力 4 亿吨，落后平板玻璃生产能力 1.5 亿重量箱。2010 年新型干法水泥熟料产量比重达到 80.0%，比 2005 年提高 41 个百分点；浮法玻璃比重达到 86.0%，比 2005 年提高 7 个百分点，优质浮法和特殊品种玻璃占我国浮法生产能力的比重上升为 33.0%，浮法线单线最大规模达到 1 000 T/D；新型墙材比重 60.0%，比 2005 年提高 18 个百分点；玻纤池窑拉丝比重为 84.8%，比 2005 年提高 15.3 个百分点。

产业组织结构进一步优化。2010 年，前 10 家水泥企业产量 4.7 亿吨，占全国水泥产量的 25.0%，较 2005 年的 15.3% 增加 9.7 个百分点，并有 2 家企业水泥产能超过 1 亿吨；前 10 家玻璃企业浮法玻璃产能占全国总产能的 60.0%，比 2005 年上升 10 个百分点。中国建材、安徽海螺、中国中材、北京金隅等 8 家大型建材企业集团进入中国企业 500 强序列，市场资源配置得以优化，区域市场竞争更趋有序。

主要行业技术、装备水平接近或达到世界先进水平。我国已全面掌握大型新型干法水泥、大型浮法玻璃、大型玻纤池窑拉丝等生产工艺技术，并具备成套装备的生产制造能力。新型干法水泥在预分解窑节能煅烧工艺、大型原料均化、节能磨粉、自动控制和环境保护等方面，从设计到装备制造都迅速赶上世界先进水平；新一代洛阳浮法玻璃技术全面达到国际先进水平，电子工业用 0.55 毫米、0.7 毫米超薄浮法玻璃产品拥有自主知识产权，产品质量达到国际先进水平；大规格建筑陶瓷薄板的研制与开发取得突破性进展，多晶硅石英陶瓷坩锅研发成功并实现产业化；12 万吨超大型玻纤池窑及全氧燃烧技术，达到国际领先水平。水泥、玻璃等行业在全国制造业中率先实现产品出口向成套技术装备出口的跨越。

节能减排成效显著，循环经济发展模式稳步推进。2010 年建材工业万元增加值综合能耗为 3 吨标煤，与 2005 年相比下降 52.6%。2009 年建材行业粉尘排放量 406 万吨，较 2005 年减少 43.2%；二氧化硫排放量由 2005 年的 184.1 万吨降低到 2009 年的 165 万吨，下降 10.4%。

建材工业纯低温余热发电得到大面积推广。到 2010 年底，水泥行业已投入运行的纯低温余热发电机组累计约有 700 座，总装机容量超过 4 800 兆瓦；平板玻璃行业 20 座熔窑余热发电机组投入运行，装机容量 142 兆瓦。“十一五”期间建材工业利用纯低温余热发电技术累计发电将达到 177 亿千瓦时。

建材工业利用各类工业固体废弃物 2010 年达 6 亿吨，其中粉煤灰的综合利用量占全国的 30.0% 以上，煤矸石的利用量占全国的 50.0% 以上，电厂脱硫石膏也得到有效利用。

我国已基本掌握水泥窑处置工业废弃物无害化处理的关键技术，利用水泥窑协同处置工业废弃物、有毒有害废弃物、城市垃圾、污泥等综合利用工程陆续启动，逐步形成完整的具有自主知识产权的技术体系。同时，以可燃性废弃物替代燃料的工作也在积极推进中。

对外开放水平进一步提高。“十一五”期间，建材进出口贸易额大幅提高，出口成为拉动行业发展的重要因素之一。2010 年建材及非矿产品出口额 193 亿美元，“十一五”时期年均增速达到 17.3%。

以新型干法水泥和浮法平板玻璃技术为依托，参与国际工程服务领域竞争，带动了成套生产装备与技术出口。我国已具备向包括发达国家在内的国家和地区出口具有自主知识产权的水泥成套技术装备，并承包全部工厂建设工程的能力，占国际水泥工程建设市场份额的 40.0% 以上。同时，发达国家和地区的先进企业来华独资或合资兴办企业，港台企业也纷纷进入大陆，推动了我国建材工业发展水平的不断提高。

二、2010 年建材行业运行特点

(一)生产快速增长

2010 年建材工业生产实现快速增长，工业增加值同比增长 27.9%。2010 年水泥产量 18.8 亿吨，平板玻璃产量 6.6 亿重量箱，陶瓷砖产量 80.8 亿平方米，卫生陶瓷产量 1.6 亿件，分别同比增长 14.0%、15.6%、18.8% 和 4.3%（见图 2、表 2）。

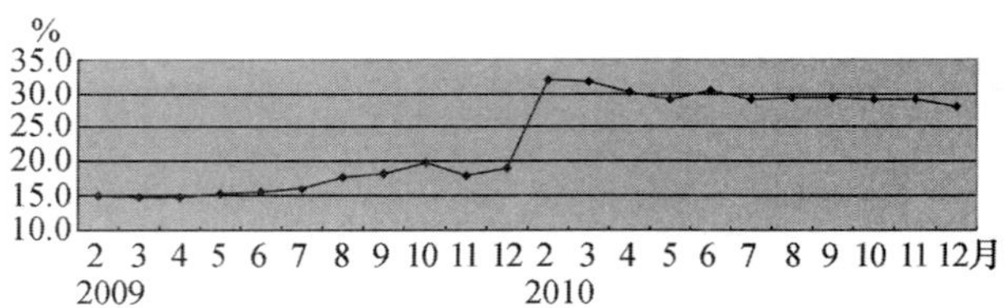

图 2　2009—2010 年各月建材工业增加值增速

2010 年建材工业主要产品产量

表 2

指标名称	单位	12 月	同比增长(%)	本年累计	同比增长(%)	产品销售率(%)			
						本月	上年同期	本年累计	上年同期
水泥熟料	万吨	10 860.0	7.4	117 899.0	8.6	96.8	97.3	97.8	97.7
其中：预分解窑熟料	万吨	8 939.0	18.1	95 187.0	18.9	96.2	97.6	97.6	97.7
水泥	万吨	17 044.0	15.3	187 598.0	14.2	96.7	97.0	97.5	97.7
水泥排水管	千米	5 549.0	32.3	43 424.0	18.5	102.1	102.6	99.0	98.3
水泥压力管	千米	278.0	87.3	4 750.0	58.0	130.4	104.8	98.1	98.7
水泥电杆	万根	85.0	11.2	845.0	6.2	101.4	102.6	99.5	99.1
商品混凝土	万立方米	6 135.0	27.0	60 343.0	32.3	99.7	98.3	98.9	98.4
水泥混凝土桩	万米	2 684.0	5.3	29 659.0	21.0	102.1	97.7	98.8	98.3
砖	亿块	321.0	35.1	3 107.1	29.9	99.6	98.7	98.1	97.7
瓦	亿片	8.0	38.5	81.4	38.9	101.7	96.6	99.2	99.2
大理石板材	万平方米	579.0	66.7	5 477.0	40.0	99.2	103.4	98.0	98.5
花岗石板材	万平方米	2 136.0	-0.1	30 826.0	16.6	96.1	96.0	96.6	97.4
石膏板	万平方米	27 304.0	63.4	208 473.0	15.5	95.5	91.2	98.1	98.2
平板玻璃	万重量箱	5 861.0	15.0	66 082.0	15.1	97.2	102.1	97.9	99.5
中空玻璃	万平方米	440.0	23.4	3 863.0	13.0	99.8	97.5	98.2	96.2
钢化玻璃	万平方米	2 668.0	51.3	22 434.0	41.4	94.5	94.8	97.3	96.9
夹层玻璃	万平方米	518.0	36.7	4 920.0	28.7	95.9	90.6	97.4	94.7
陶瓷砖	万平方米	70 822.0	12.3	807 566.0	18.8	95.7	98.0	96.0	97.2
其中：瓷质砖	万平方米	45 378.0	10.5	526 546.0	20.3	95.8	97.5	96.0	97.3
陶质砖	万平方米	17 043.0	29.6	192 384.0	21.6	95.1	101.3	95.6	96.5
卫生陶瓷	万件	1 415.0	-0.5	16 134.0	7.9	99.2	99.1	98.5	98.1
玻璃纤维纱	万吨	21.7	17.5	256.6	27.3	100.9	99.5	99.4	97.5
建筑涂料	万吨	32.7	8.8	351.8	23.7	97.6	98.8	98.8	98.6
水泥专用设备	万吨	6.4	-9.2	116.1	40.7	122.2	101.5	96.7	96.5

（二）固定资产投资增速持续回落

2010 年建材工业完成固定资产投资 6 625 亿元，同比增长 23.9%，增速比上年同期回落 24.5 个百分点，比年初 39.7% 的增速下降 15.8 个百分点，降至 2006 年以来的最低水平（见图 3、表 3）。

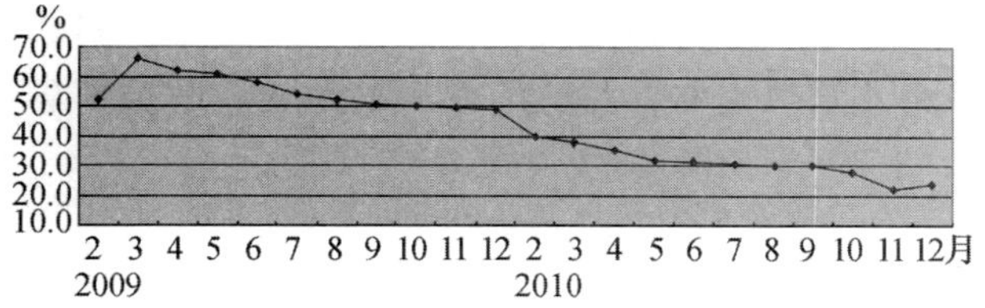

图 3　2009—2010 年各月建材固定资产投资增速

2010 年建材工业分地区固定资产完成情况

表 3

地区名称	本年累计（亿元）	增长率（%）
北　京	7.1	37.2
天　津	72.3	111.0
河　北	488.4	26.2
山　西	135.5	26.1
内蒙古	248.2	11.6
辽　宁	399.0	29.2
吉　林	238.0	1.4
黑龙江	204.4	89.0
上　海	5.0	-23.9
江　苏	318.9	32.8
浙　江	57.9	0.0
安　徽	400.7	23.0
福　建	158.3	42.4
江　西	430.4	35.9
山　东	460.7	24.9
河　南	694.6	5.6
湖　北	338.1	34.8
湖　南	373.2	44.5
广　东	171.0	66.8
广　西	330.5	65.9
海　南	20.2	125.4
重　庆	131.4	5.5
四　川	321.7	-15.1
贵　州	105.5	14.8
云　南	114.6	34.2

续表

地区名称	本年累计（亿元）	增长率（%）
西　藏	3.3	37.8
陕　西	180.2	1.0
甘　肃	73.0	30.3
青　海	29.4	14.7
宁　夏	33.5	-25.4
新　疆	79.9	74.2

（三）进出口实现恢复性增长

随着国际市场的缓慢复苏，建材主要商品出口全面恢复增长，2010 年建材商品出口 193.4 亿美元，同比增长 27.6%，比上年同期增加 45.5 个百分点。其中，建筑卫生陶瓷、建筑技术玻璃和玻璃纤维及制品出口保持 30.0% 以上的增长。同时，受国内经济稳定增长，市场需求持续增加的拉动，建材商品进口也保持了较快增长态势，建材商品进口 122 亿美元，同比增长 58.7%（见图 4、表 4）。

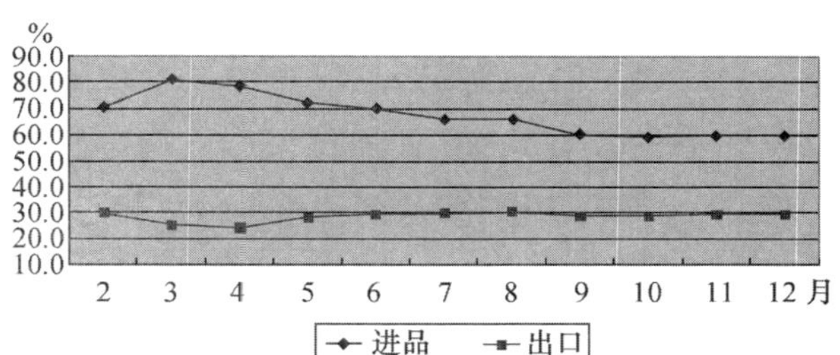

图 4　2010 年建材工业各月累计进出口增速

（四）产品出厂价格稳中有升

2010 年 12 月建材产品出厂价格比上年同期上涨 7.1%。其中，水泥出厂价格经历了平稳波动和较快上涨两个阶段，前 8 个月基本保持在 275 元/吨左右，自 9 月呈持续较快上涨态势，12 月达到 322 元/吨，比上年同月高 43 元，全年平均比上年同期上涨 4 元。平板玻璃出厂价格相对平稳，自 7 月结束了上半年的持续回落态势，12 月份全国平均出厂价每重量箱 79.2 元，比上年同期上涨 10.5 元。

（五）产业结构继续改善

2010 年建材工业先进生产力的发展进一步加快，水泥和平板玻璃产业结构继续改善。新型干法水泥熟料产量同比增长 18.4%，比重达到 81.0%，比 2009 年上升 7.4 个百分点；浮法玻璃产量增速高于普通玻璃,比重达到87.0%,比上年上升1.5个百分点。先进生产工艺比重的提高,极大地促进了建材产品能耗下降。吨水泥熟料烧成耗标煤从2005年的144千克标准煤下降到2010年的115千克标准煤,下降幅度20.0%。每重量箱平板玻璃综合能耗从2005年的19.5千克标准煤下降到2010年的14.5千克标准煤,下降幅度25.7%。2010年建材工业中低能耗行业增加值比重达到43.1%,比"十五"末期的2005年提高8个百分点。建材工业中的玻璃纤维增强塑料、建筑用石、云母和石棉制品、隔热隔音材料、防水材料、土砂石开采、技术玻璃、水泥制品等行业万元增加值综合能耗低于1吨标准煤。能源消耗仅占建材工业能耗总量6.5%。低能耗高附加值产业的发展摊薄了建材工业单位产品能耗,2010年建材工业万元增加值综合能耗3吨标准煤,比"十五"末期的2005年下降52.6%。

2010年建材及非金属矿主要商品情况

表4

分类和商品名称	单位	出口数量		出口金额(万美元)	
		累计数量	增长率(%)	累计金额	增长率(%)
出口总计		—	—	1 933 831	27.6
采选品		—	—	332 704	34.0
制　品		—	—	1 601 127	26.4
建筑用石	万吨	1 259.8	12.1	412 253	15.0
其中:荒　料	万吨	56.2	46.8	2 744	9.2
花岗石类制品	万吨	804.1	5.3	256 315	8.5
大理石类制品	万吨	181.6	30.9	115 745	30.0
建筑卫生陶瓷	万吨	1 517.6	—	463 007	31.2
卫生陶瓷	万吨	90.2	17.4	77 897	16.7
陶瓷砖	万吨	1 427.4	—	385 110	34.6
建筑技术玻璃	万吨	371.0	—	316 076	37.6
其中:平板玻璃	万吨	179.5	7.5	65 232	27.4
其他建筑玻璃	万吨	73.8	21.5	77 916	41.6
钢化玻璃	万吨	73.2	—	77 209	63.4
夹层玻璃	万吨	32.9	—	53 825	18.2
导电玻璃	吨	10 268.0	25.7	9 334	40.4
玻璃纤维及制品	万吨	122.2	24.5	177 223	36.2
其中:玻璃纤维纱	万吨	57.8	21.7	55 753	31.9
玻璃纤维织物	吨	772.0	16.4	20 276	35.1
水泥和水泥熟料	万吨	1 616.3	3.5	72 307	5.2
水　泥	万吨	982.7	15.8	49 608	16.6
水泥熟料	万吨	633.6	-11.1	22 699	-13.2
水泥制品	万吨	202.7	11.1	52 063	30.8
其中:水泥构件	万吨	96.9	15.9	12 036	9.5
石膏制品和保温材料	万吨	113.1	9.3	44 296	14.2
石棉制品	吨	63 026.0	16.2	33 498	44.8

(六)利润总额大幅增长

2010年建材行业盈利水平大幅提高。建材工业实现销售收入2.7万亿元,同比增长31.2%,比上年同期增加8.6个百分点;实现利润超过2 000亿元,增长31.4%,比上年同期增加8.9个百分点。

(撰稿:谷东玉)

2010年中国有色金属工业发展综述

中国有色金属工业协会

2010年，在党中央宏观调控政策指引下，经过广大干部、职工的共同努力，我国有色金属工业由回升向好转为平稳较快发展。2010年有色金属工业增加值按可比价格计算增长12.7%，占全国GDP的比重由2005年的1.2%，增加到2.0%。

一、有色金属工业生产持续较快增长

2010年，全国10种有色金属产量3 135万吨，比上一年净增加530.6万吨，增幅达20.4%。其中，精炼铜457万吨，比上年增长11.3%；原铝1 619万吨，比上年增长26.1%；铅420万吨，比上年增长13.3%；锌516万吨，比上年增长18.5%。

10种有色金属产量居前10位的省、自治区依序分别为：河南506.3万吨，占全国总量的16.2%；云南251.3万吨，占8.0%；湖南249.3万吨，占8.0%；山东234.5万吨，占7.5%；内蒙古228.2万吨，占7.3%；甘肃191.7万吨，占6.1%；青海170.6万吨，占5.4%；安徽143.1万吨，占4.6%；广西139.7万吨，占4.5%；山西129.1万吨，占4.1%。

10个省、自治区的10种有色金属产量达2 243.7万吨，占全国总产量的71.6%。

2010年，全国规模以上企业生产6种精矿金属含量698万吨，同比增长23.3%。其中，铜精矿金属含量115.6万吨，同比增长10.7%；铅精矿金属含量185.1万吨，同比增长15.4%；锌精矿金属含量370万吨，同比增长11.3%。

2010年，全国氧化铝产量2 895万吨，比上年增长21.7%。其中，河南955.3万吨，占全国总量的33.0%；山东897.4万吨，占全国总量的31.0%；广西528.8万吨，占全国总量的18.3%；山西362.4万吨，占全国总量12.5%；贵州134.7万吨，占全国总量的4.7%；重庆16.9万吨，占全国总量的0.6%。

铜材、铝材产量持续快速增长。2010年铜材产量为1 009.3万吨，同比增长15.5%。铜材产量位居前10位的省、自治区、直辖市依序分别为：浙江197.5万吨，占总产量的19.6%；江苏171.6万吨，占17.0%；江西168.8万吨，占16.7%；广东12.4万吨，占12.4%；安徽99.9万吨，占9.9%；河南45.6万吨，占4.5%；上海39.3万吨，占3.9%；湖南27.3万吨，占2.7%；山东26.5万吨，占2.6%；内蒙古26万吨，占2.6%。2010年铝材产量为2 026万吨，同比增长27.2%。铝材产量位居前10位的省、自治区、直辖市依序分别为：广东496.9万吨，占全国总产量的24.5%；河南352万吨，占17.4%；山东212.9万吨，占10.5%；江苏156.8万吨，占7.7%；浙江137.2万吨，占6.8%；重庆92.4万吨，占4.6%；福建79.7万吨，占3.9%；辽宁76.2万吨，占3.8%；湖南56.7万吨，占2.8%；广西41.3万吨，占2.1%。

二、有色金属企业经济效益大幅度回升

2010年1—11月，规模以上有色金属工业企业（不包括独立黄金企业）实现主营业务收入27 122.4亿元，同比增长45.1%；实现利润1 145.5亿元，同比增长89.1%。其中，国有控股企业实现利润288.4亿元，占25.2%；集体控股企业实现利润97.1亿元，占8.5%；私人控股企业实现利润602.7亿元，占52.6%；港澳台商控股企业实现利润74.4亿元，占6.5%；外商控股企业实现利润61.9亿元，占5.4%；其他企业实现利润21亿元，占1.8%。2010年底，有色金属工业企业资产总额达到21 004.6亿元，同比增长18.0%。其中，国有控股企业资产总额为8 910.5亿元，占资产总量的42.4%；集体控股企业资产总额为1 175亿元，占5.6%；私人控股企业资产总额为8 281亿元，占39.4%；港澳台商控股企业资产总额为1 112.2亿元，占5.3%；外商控股企业资产总额为1 152.3亿元，占5.5%；其他企业资产总额为373.7亿元，占1.8%。2010年规模以上有色金属工业企业实现主营业务收入30 000亿元，实现利润约1 300亿元。

三、有色金属外贸总额创历史新高

2010年，有色金属进出口贸易总额为1 203.4

亿美元，比上年增长 43.7%，创历史新高。其中，进口额为 920.8 亿美元，增长 38.5%；出口额 282.6 亿美元，增长 63.7%。

1. 铜产品进口量大幅度增长。2010 年，进口铜精矿实物量 646.8 万吨，同比增长 5.5%；进口粗铜 39.9 万吨，同比增长 74.9%；进口铜材 91.1 万吨，同比增长 10.6%；进口铜废碎料实物量 436.4 万吨，同比增长 9.2%。

2. 未锻轧铝、铝材均由净进口变为净出口。2010 年，中国净出口未锻轧铝 38.9 万吨，净出口铝材 159 万吨。

3. 未锻轧铅由净出口变为净进口。2010 年，中国进口未锻轧铅 6.2 万吨，出口未锻轧铅 2.6 万吨，净进口未锻轧铅 3.7 万吨。

4. 未锻轧锌、锌精矿均由净出口变为净进口。2010 年，中国进口未锻轧锌 47.8 万吨，出口未锻轧锌 4.3 万吨，净进口未锻轧锌 43.4 万吨。2010 年净进口锌精矿实物量 324.1 万吨。

四、完成固定资产投资大幅度增长

2010 年，有色金属工业（不包括独立黄金企业）完成固定资产投资 3 627.9 亿元，比上年增长 33.5%，增幅比上年上升 17 个百分点。其中，国有控股固定资产完成投资 960.6 亿元，占 26.5%；私人控股固定资产完成投资 2 193.8 亿元，占 60.5%。

五、产业结构调整取得积极进展

2010 年，按要求完成淘汰落后产能任务。煤（水）电铝一体化的铝产能进一步提高，铝电解直购电试点开始实施，铝电解产能开始有序向能源丰富的西部地区转移。产业集中度进一步提高，精炼铜排前 10 位企业产量占总产量的比例达到 76.0%，所占比例比 2005 年增加 2.4 个百分点，比 2000 年增加 13.3 个百分点；电解铝排前 10 位企业产量占总产量的比例达到 67.0%，所占比例比 2005 年增加 22.5 个百分点，比 2000 年增加 26.1 个百分点。

六、企业节能减排成效显著

2010 年，铝锭综合交流电耗为 13 979 千瓦时/吨，比上年下降 192 千瓦时/吨；氧化铝综合能耗为 632.4 千克标煤/吨，比上年下降 3.7%；铜冶炼综合能耗为 360.3 千克标煤/吨，比上年下降 2.4%；铅冶炼综合能耗为 453.5 千克标煤/吨，比上年下降 4.4%；电解锌综合能耗为 946.6 千克标煤/吨，比上年下降 1.1%。

七、科技进步取得新成果

2010 年，“新型阴极结构铝电解槽系列生产节能技术”取得重大突破并用于生产；“低温低电压铝电解节能技术”和“氧气底吹铜冶炼”国家“十一五”科技支撑项目取得较大突破；液态高铅渣直接还原技术取得重大创新成果并用于生产；350 公里/小时高速列车用车体型材替代进口全部实现国产化，新世纪以来尤其是“十一五”时期，有色金属企业技术装备水平明显提高，一些装备达到世界先进水平。有色金属矿产勘查、采选技术进步明显，并取得了一大批科研成果。

八、企业兼并重组取得明显进展

2010 年，中国五矿集团与湖南有色控股集团战略重组后，又与郴州市签署战略合作框架协议。中铝公司与江西、青海、新疆等地区，云南冶金集团与宝钢集团资源有限公司，白银有色集团与甘肃有色地勘局、西藏工布江达县洪城矿业等分别签订战略合作协议。新年伊始，中色矿业集团对大冶有色金属集团以增资扩股方式，实现强强联合，接着又重组赤峰大井子矿业公司。新世纪以来尤其是“十一五”时期中国铝业公司、中国五矿集团、中色矿业集团、中国电力投资公司、中国冶金科工集团等企业抓住机遇，大力开展资本运作，先后兼并重组多家企业，迅速壮大了自己的实力。

九、有色金属境外资源开发取得积极进展

2010 年，中国铝业公司与力拓集团联合开发力拓持有的储量超过 50 亿吨的几内亚西芒杜铁矿。中国有色矿业集团投资建设的赞比亚中国经济贸易合作区取得新进展，谦比希 15 万吨铜冶炼项目，2010 年粗铜产量超过设计能力，二期扩建工程开工建设。成功收购赞比亚、澳大利亚、英国的 3 家矿业公司。铜陵有色集团与中国铁路建设股份公司，共

同投资设立的中铁建铜冠投资有限公司，并收购加拿大科里安特资源公司96.9%的股份。“十一五”期间，我国有色金属境外资源开发取得重大突破。中国铝业公司成功收购力拓英国公司12.0%的股份，成为力拓单一最大股东，收购加拿大秘鲁铜业公司91.0%的股份。中冶集团在巴新的瑞木镍钴项目即将建成投产，与江铜通过国际竞标直接获得阿富汗艾娜克铜矿项目。金融危机爆发后，中国五矿集团成功收购澳大利亚OZ公司，并取得了良好回报。中金岭南公司以较低的价格收购澳大利亚PEM上市公司50.1%的股权。中国电力投资公司几内亚氧化铝项目即将开工建设。山东信发集团、南山铝业和重庆博赛矿业公司以不同方式在境外获得大量铝土矿资源。

十、有色金属企业融资成效显著

2010年，有色金属企业在深圳中小板块融资活跃。从国内股票市场融资111.1亿元人民币。有色金属板块总市值从2009年末的10 300亿元，上涨至2010年末11 600亿元。“十一五”期间，有色金属企业在A股市场共募集资金833亿元。在香港股市共募集资金346亿港元。

（撰稿：李宴武）

2010年中国电信业发展综述

中华人民共和国工业和信息化部信息中心

2010年，中国电信业以科学发展观为主导，围绕加快转变发展方式的主线，积极推动行业转型发展，3G网络建设和业务发展稳步推进，移动互联网业务蓬勃发展，市场竞争格局进一步优化，全行业回升调整趋势明显，总体继续保持平稳健康运行，在推动两化融合和支撑国民经济社会发展中发挥重要作用。

一、行业发展总体情况

2010年，全国基础电信企业累计完成电信业务总量10 181.7亿元，同比增长17.4%[①]。实现电信业务收入9 079.1亿元，同比增长6.4%，比GDP增速低3.9个百分点。行业利润总额达到1 458.5亿元，同比下降9.6%，收入利润率从上年的20.3%下降至16.1%。完成固定资产投资3 021.6亿元，同比下降19.9%，投资收入比从上年的44.2%下降至33.3%。

2010年，全国电话用户净增9 239.9万户，总数突破11亿户（115 334.4万户），同比增长8.7%。其中，移动电话用户净增11 178.9万户，达到85 900.3万户，同比增长15.0%；固定电话用户减少1 939万户，达到29 434.2万户，同比下降6.2%。全国互联网网民数净增7 300万人，达到45 700万人[②]，同比增长19.1%。基础电信企业固定互联网宽带接入用户净增2 231.4万户，达到12 629.1万户，同比增长21.5%。固定电话普及率、移动电话普及率和互联网普及率分别达到22.1部/百人、64.4部/百人和34.3%。

2010年，全国光缆线路长度净增166.8万公里，达到996.2万公里。局用交换机容量减少2 728.3万门，达到46 537.3万门。移动电话交换机容量净增6 200.2万户，达到150 284.9万户。移动电话基站净增28.7万个，达到139.8万个。基础电信企业互联网宽带接入端口净增4 945.5万个，达到18 781.1万个。互联网国际出口带宽增至1 098 957 Mbit/s[③]。

2010年，全国增值电信企业达到20 071家，实现收入1 223.6亿元，同比增长41.6%。其中，跨地区增值电信企业达到2 063家，实现收入234.9亿元，同比下降17.3%；省内增值电信企业达到18 008家，实现收入988.7亿元，同比增长70.4%。2006—2010年电信业主要指标发展情况见下表。

① 电信业务总量及其增速根据2010年电信业务不变单价测算。

② 数据来源于CNNIC发布的《中国互联网络发展状况统计报告（2011.1）》。

③ 数据来源于CNNIC发布的《中国互联网络发展状况统计报告（2011.1）》。

2006—2010 年电信业主要指标发展情况

指标名称	单位	2006 年	2007 年	2008 年	2009 年	2010 年	平均增长率(%)
一、综合指标							
电信业务总量	亿　元	4 954.7	6 311.1	7 552.4	8 674.6	10 181.7	21.3
电信业务收入	亿　元	6 491.8	7 398.6	8 148.0	8 544.1	9 079.1	8.0
电信固定资产投资	亿　元	2 214.0	2 370.1	3 068.0	3 773.1	3 021.6	
二、电信用户							
固定电话用户	万　户	36 778.6	36 563.7	34 035.9	31 373.2	29 434.2	-3.4
移动电话用户	万　户	46 105.8	54 730.6	64 124.5	74 721.4	85 900.3	16.9
互联网宽带接入用户	万　户	5 085.3	6 641.4	8 287.9	10 397.8	12 629.1	27.6
互联网网民数	万　人	13 700.0	21 000.0	29 800.0	38 400.0	45 700.0	32.7
三、电信业务使用情况							
固定本地电话通话量	亿　次	7 008.0	6 771.4	6 185.9	5 401.8	4 369.1	-10.0
固定长途电话通话时长	亿分钟	1 742.6	1 756.7	1 655.8	1 314.6	1 068.9	-8.3
移动电话通话时长	亿分钟	16 870.7	23 061.3	29 355.6	35 351.0	43 261.2	28.2
移动短信业务量	亿　条	4 295.4	5 945.8	6 996.9	7 726.5	8 277.5	22.1
四、通信能力							
光缆线路长度	万公里	428.0	577.7	677.8	829.5	996.2	19.6
局用交换机容量	万　门	50 279.9	51 034.6	50 863.2	49 265.6	46 537.3	-0.3
移动电话交换机容量	万　户	61 032.0	85 496.1	114 531.4	144 084.7	150 284.9	25.5
移动电话基站数	万　个	44.2	54.6	69.0	111.1	139.8	31.0
互联网宽带接入端口	万　个	6 486.4	8 539.3	10 890.4	13 835.7	18 781.1	31.0
互联网国际出口带宽	Mbit/s	256 696.0	368 927.0	640 287.0	866 367.0	1 098 957.0	51.9
五、通信服务水平							
固定电话普及率	部/百人	28.1	27.8	25.8	23.6	22.1	—
移动电话普及率	部/百人	35.3	41.6	48.5	56.3	64.4	—
互联网普及率	%	10.5	16.0	22.6	28.9	34.3	—
已通电话的行政村比重	%	98.9	99.5	99.7	99.9	100.0	—
六、增值电信企业							—
增值电信企业个数	个	18 231.0	19 857.0	20 195.0	19 558.0	20 071.0	—
增值电信企业收入	亿　元	560.1	432.8	640.5	8 64.2	1 223.6	—

二、电信市场运行特点

（一）行业整体呈现恢复性增长态势，市场规模持续扩大

2010 年，随着全球金融危机不利影响的逐渐减弱，我国宏观经济整体持续向好，以及行业内 3G 进程加快、移动互联网蓬勃兴起和宽带业务快速发展等，我国电信业发展速度呈现明显回升态势。2010 年，全国电信业务总量和电信业务收入分别同比增长 17.4%、6.4%，增速均比上年提高 2.5 个百分点，基本恢复到 2008 年的增长水平。2006—2010 年电信业务收入和电信业务总量增速见图 1。

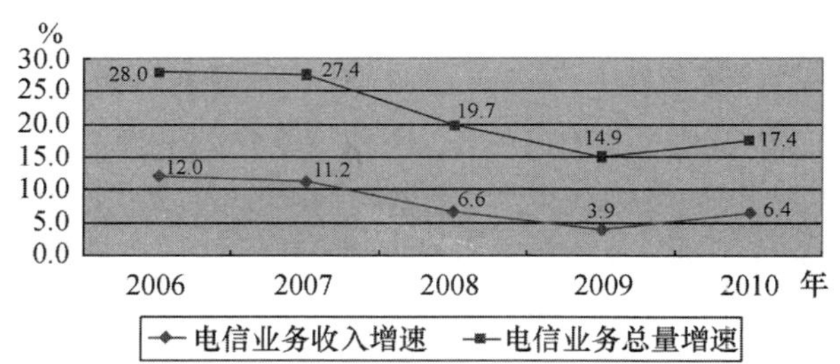

图 1　2006—2010 年电信业务收入和电信业务总量增速比较

(二)移动和宽带净增用户再创新高,固定用户下降趋缓

2010 年,全国移动电话用户净增 11 178.9 万户,基础电信企业固定互联网宽带接入用户净增 2 231.4 万户,均刷新年度净增用户数的历史纪录。2006—2010 年净增移动电话用户和互联网宽带接入用户见图 2。

2010 年,全国固定电话用户减少 1 939 万户,达到 29 434.2 万户。其中,城市电话用户减少 1 531.9 万户,达到 19 658.1 万户;农村电话用户减少 407.1 万户,达到 9 776.1 万户。固定电话用户中,无线市话用户减少 1 736.2 万户,达到 2 863.2 万户,在固定电话用户中所占的比重从上年的 14.7% 下降到 9.7%;传统固定电话用户减少 202.8 万户,达到 26 571 万户。基础电信企业大力推进全业务运营,捆绑销售成为重要的营销方式。融合性业务用户达到5 526.2 万户,同比增长 92.3%,对保持传统固定电话用户规模的稳定发挥了重要作用。2006—2010 年无线市话用户所占比重见图 3。

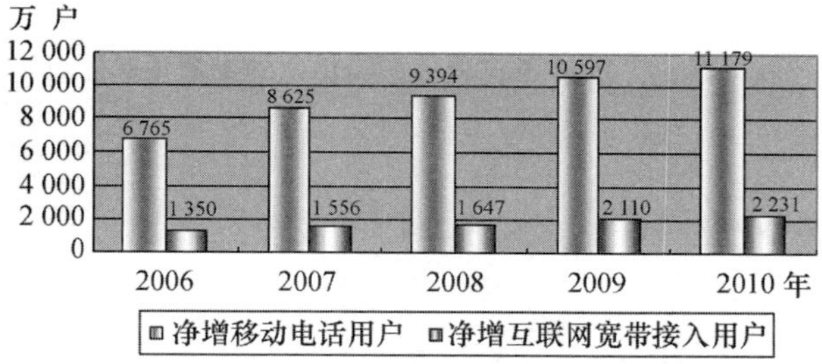

图 2　2006—2010 年净增移动电话用户和互联网宽带接入用户

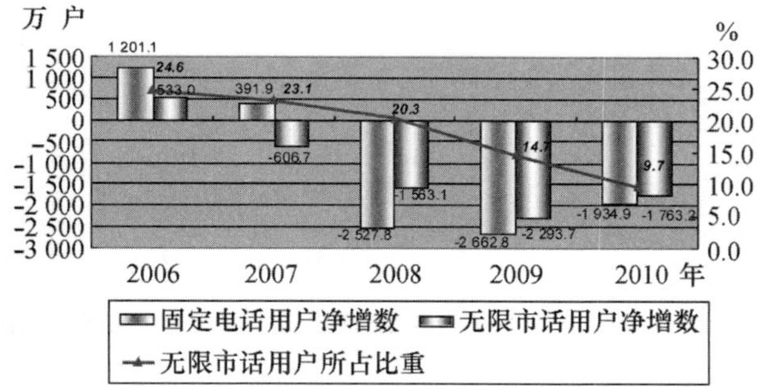

图 3　2006—2010 年固定电话用户净增数和无线市话用户净增数及所占比重

(三)话音业务增速较缓,话音市场快速移动化

2010 年,全国基础电信企业话音业务总量累计完成 5 854.7 亿元,同比增长 15.4%,比电信业务总量增速低 2.0 个百分点。实现话音业务收入 5 180.7 亿元,同比增长 2.0%,比电信业务收入增速低 4.4 个百分点,在电信业务收入中所占的比重从上年的 58.3% 下降到 57.1%。

与国际电信市场发展趋势一致,我国话音市场不断移动化。2010 年,全国固定电话用户、通话量、话音收入分别同比下降 6.2%、19.0%、20.9%,而移动电话用户、通话量、话音收入分别同比增长 15.0%、23.8%、9.0%。我国话音市场呈现"3·4·5"局面,即固定电话用户约为移动电话用户的 1/3,固定通话量约为移动通话量的 1/4,固定话音收入约为移动话音收入的 1/5。我国话音业务市场构成情况见图 4。

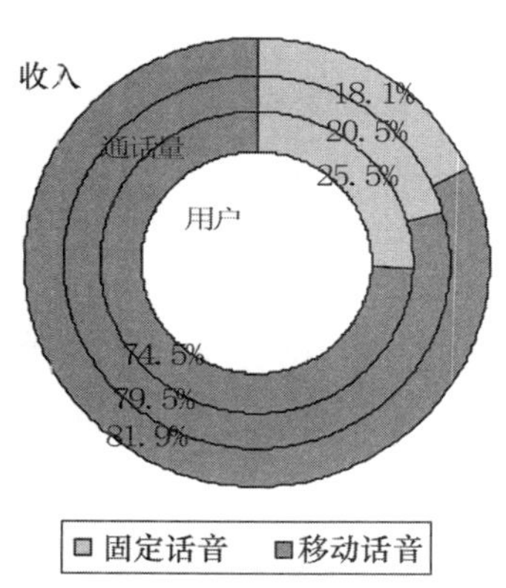

图 4　2010 年中国话音业务市场构成情况

(四)非话音业务推动行业收入稳定增长,移动短信业务发展速度进一步放缓

2010 年,全国基础电信企业非话音业务总量累计完成 4 327 亿元,同比增长 20.2%,比电信业务总量增速高 2.8 个百分点。实现非话音业务收入3 898.4 亿元,同比增长 12.9%,比电信业务收入增速高 6.5 个百分点,在电信业务收入中所占的比重从上年的 41.7% 上升到 42.9%,对行业收入增长的贡献率达到 81.5%。非话音业务当中,移动增值业务和固定宽带接入业务发展最为显著,分别实现收入 1 581.8 亿元、885.7 亿元,同比增长 12.5%、17.5%。非话音业务收入占比变化情况见图 5。

移动增值业务当中,移动个性化回铃业务用户达到 57 408.2 万户,渗透率达到 66.8%;移动短信

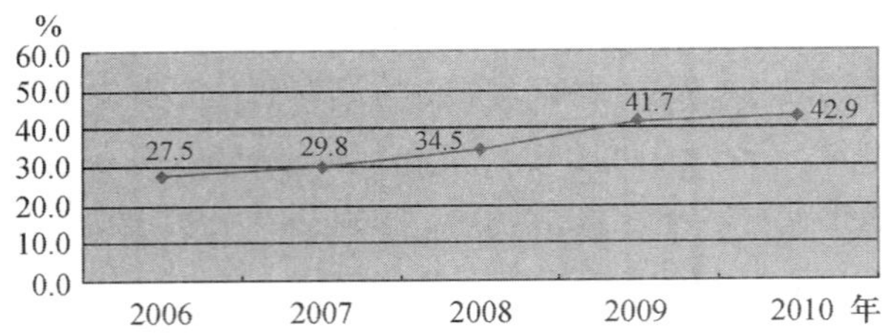

图 5　2006—2010 年非话音业务收入占比变化情况

业务用户达到 70 231.6 万户，渗透率达到 81.8%；移动彩信业务用户达到 18 037.1 万户，渗透率达到 21.0%；手机报业务用户达到 11 189.7 万户，渗透率达到 13.0%。移动短信业务收入和业务量分别同比增长 2.9%、7.1%，增速分别比上年下降 3.3、2.1 个百分点。主要移动增值业务发展情况见图 6。

（五）3G 及移动互联网业务加速发展，对行业发展的推动作用日益明显

2010 年，基础电信企业累计投入 3G 投资 1 059.5 亿元，新建 3G 基站 17.2 万个，达到 45.9 万个，3G 网络覆盖范围大幅延伸。中国移动 TD－SCDMA 网络经过三期网络建设和不断优化，网络 KPI 指标不断提升，网络质量已经基本接近 GSM 网络水平，中国联通 WCDMA 和中国电信 CDMA2000 网络质量也达到较高水平。

2010 年，3G 移动电话用户净增 3 472.9 万户，达到 4 705.1 万户，同比增长 2.8 倍，在移动电话用户中所占的比重从上年底的 1.6% 上升到 5.5%。从各月 3G 移动电话用户净增数看，总体呈现逐步加快的态势，在全部移动电话用户净增数中所占的比重从 1 月的 16.9% 上升到 12 月的 51.2%，3G 移动电话用户已成为移动电话用户增长的主要来源，3G 业务日益成为拉动移动通信乃至全行业增长的重要力量。2010 年 3G 移动电话用户增长情况见图 7。

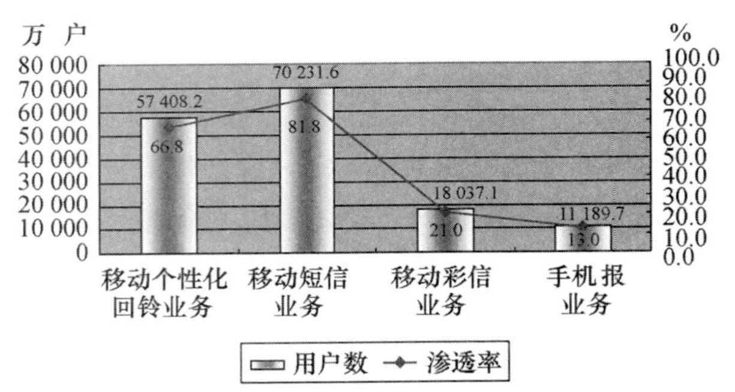

图 6　2010 年主要移动增值业务发展情况

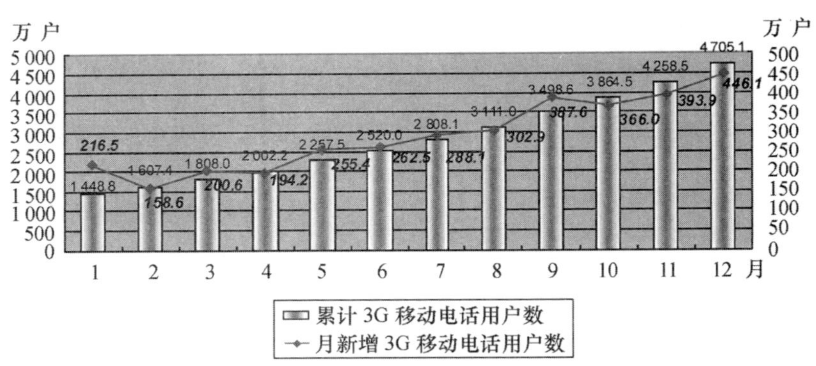

图 7　2010 年各月 3G 移动电话用户增长情况

2010 年，手机阅读、手机支付、手机视频、手机游戏等移动互联网业务需求日趋增加，驱动移动互联网用户和收入规模急剧增长。移动互联网用户净增 13 811.2 万户，达到 51 520.8 万户，同比增长 36.6%，在移动电话用户中的渗透率从上年底的 50.5% 上升到 60.0%。实现移动数据及互联网业务收入 553 亿元，同比增长 75.2%，对移动通信收入总量和增量的贡献率分别达到 8.8% 和 36.9%，逐渐成为推动行业结构调整的重要新兴力量。

（六）整体市场格局略有改善，移动通信市场格局明显优化

2010 年，3 家基础电信企业的收入增速相对均衡，改变了上年只有中国移动一家实现增长的局面。中国电信、中国移动、中国联通的收入市场份额分别为 25.3%、56.2%、18.5%，中国移动比上年下降 0.1

个百分点，收入市场集中度指数（HHI[①]）从上年的4 151下降到4 094，整体市场格局略有改善（见图8）。

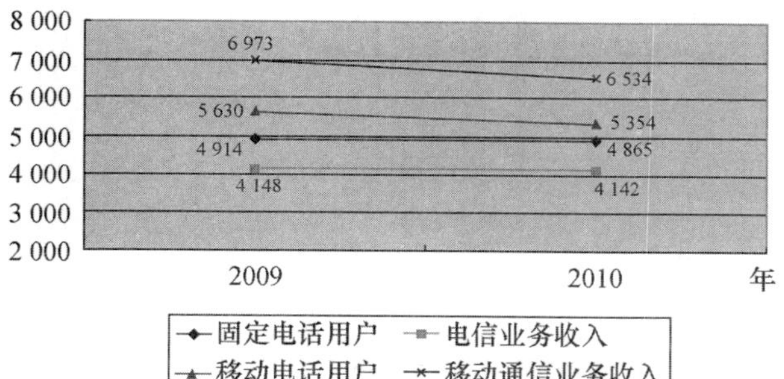

图8 2009—2010年电信用户和收入市场集中度指数

从移动通信市场看，3G移动电话用户的规模发展，对改善移动通信市场格局起到明显的推动作用。2010年，中国电信、中国移动和中国联通净增3G移动电话用户的市场份额分别为23.7%、43.7%、32.6%，基本形成三分天下的局面，明显优于移动电话用户整体市场格局。中国移动的移动通信收入和电话用户增速均低于其他2家企业，收入和用户市场份额分别比上年下降3.0和2.2个百分点。移动通信收入和电话用户的市场集中度指数分别从上年的6 973、5 630下降到6 534、5 354，移动通信市场格局明显优化（见图9）。

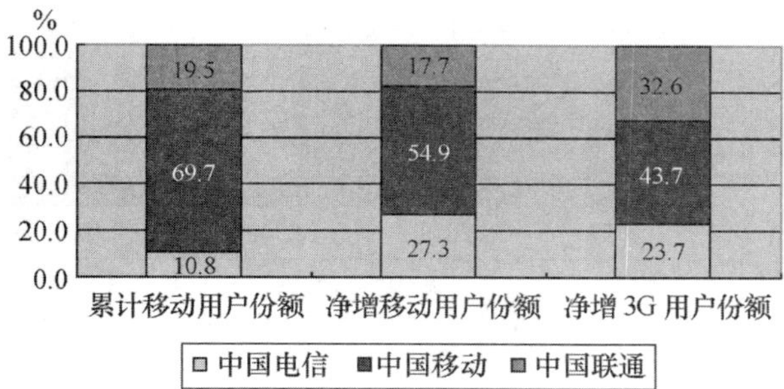

图9 2010年净增3G用户、净增移动用户及累计移动用户市场份额

（七）电信综合价格水平持续下降，行业收入利润率快速下滑

2010年，移动长话一费制、固定本地区间通话费上限下调等政策相继出台，电信综合价格水平同比下降9.3%，让广大用户获得了实惠。其中，固定通信业务下降5.6%，移动通信业务下降10.5%；话音业务下降11.6%，非话音业务下降6.1%。

2010年，我国居民消费价格指数（CPI）同比上涨3.3%，电信综合价格水平的大幅下降，为抑制CPI指数过快上涨发挥了积极而重要的作用。

由于电信市场竞争激烈，电信成本费用快速上升，利润进一步摊薄。2010年，电信业务成本、营业费用和管理费用分别同比增长8.2%、11.4%和7.6%，均高于电信业务收入的增速。实现电信利润总额1 458.5亿元，同比下降9.6%，行业收入利润率连续3年下滑，达到16.1%（见图10、图11）。

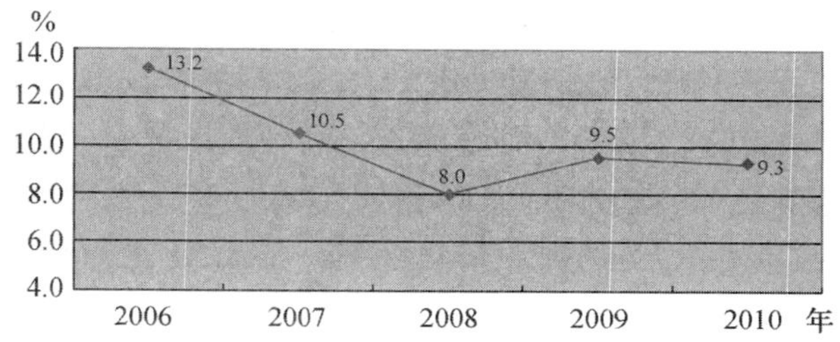

图10 2006—2010年电信综合价格水平下降情况

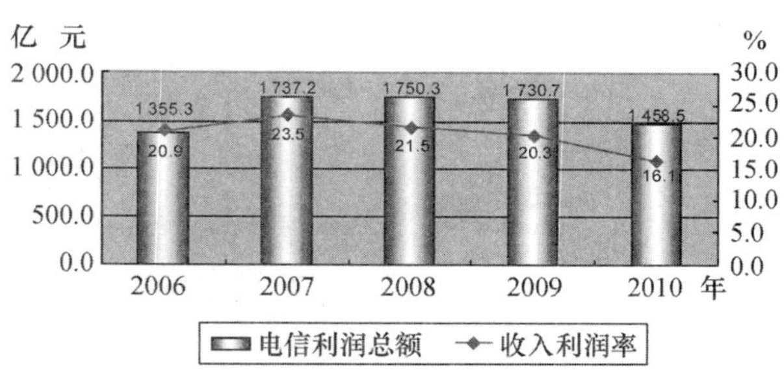

图11 2006—2010年电信收入利润率变化情况

（八）电信投资连续3年超3 000亿元，移动通信、互联网及数据通信、传输是主要投资方向

2010年，电信固定资产投资完成额虽然同比下降19.9%，但仍然达到3 021.6亿元，连续3年超过3 000亿元。行业投资收入比降至33.3%，接近10年以来的最低水平，有利于提高行业的抗风险能力（见图12）。

① 市场集中度指数（HHI）是度量市场垄断（竞争）程度的市场结构性指标。其计算公式为：$HHI=\sum_{i=1}^{n}\left(\frac{SCALE_i}{\sum_{j=1}^{n}SCALE_j}\right)\times 10\ 000$

其中，n为企业的个数，$SCALE_i$为第i个企业的规模。

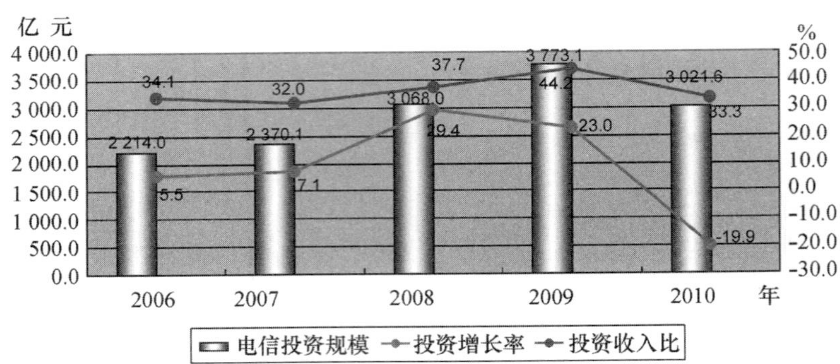

图 12　2006—2010 年电信固定资产投资情况

为适应移动电话用户和互联网宽带接入用户持续快速增长的需要，移动通信、互联网及数据通信、传输等方面成为行业投资的重点。2010 年，上述三项投资额分别达到 1 265.2、405.8、462.3 亿元，在全部投资中所占的比重分别为 41.9%、13.4%、15.3%（见图 13）。相应的通信能力得到较快增长，全国移动电话交换机容量净增 6 200.2 万户，达到 150 284.9 万户，同比增长 4.3%；互联网宽带接入端口净增 4 945.5 万个，达到 18 781.1 万个，同比增长 35.7%；光缆线路长度净增 166.8 万公里，达到 996.2 万公里，同比增长 20.1%。

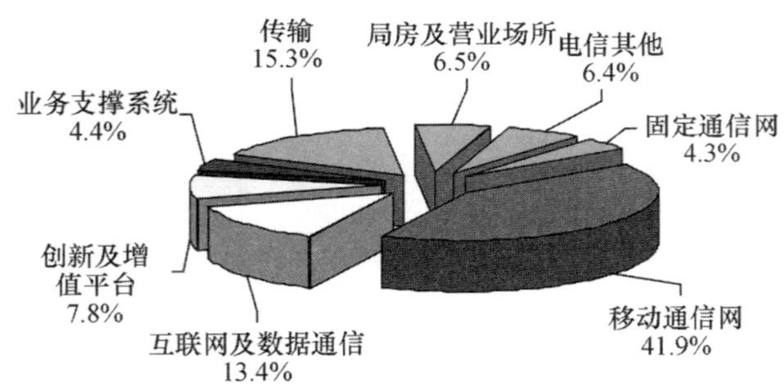

图 13　2010 年电信固定资产投资结构

（九）增值电信企业收入快速增长，互联网应用的主导地位增强

2010 年，全国增值电信企业达到 20 071 家，实现收入 1 223.6 亿元，同比增长 41.6%，远远高于基础电信企业的收入增速（6.4%）。其中，信息服务业务收入 945.8 亿元，同比增长 42.0%；因特网接入服务业务收入 72.3 亿元，同比增长 18.3%；呼叫中心业务收入 62.6 亿元，同比增长 6.1%；因特网数据中心业务收入 31.5 亿元，同比增长 41.0%。

2010 年，搜索引擎、网上购物、网上银行、网上支付等生产性互联网应用使用率进一步提高，而网络游戏、网络音乐、网络视频等典型娱乐性互联网应用使用率呈现下降趋势。2010 年第二季度，我国上市互联网企业[①]的生产性应用收入首次超越了娱乐性应用收入。

2010 年，增值电信企业的互联网信息服务收入规模达到 658.3 亿元，同比增长 80.4%，在增值电信企业收入中所占的比重从上年的 42.2% 提高到 53.8%（见图 14）。互联网信息服务不仅成为增值电信业务市场中增长最快、影响最广的领域，也拉动行业加速从以话音价值为主向以互联网价值为主转移。

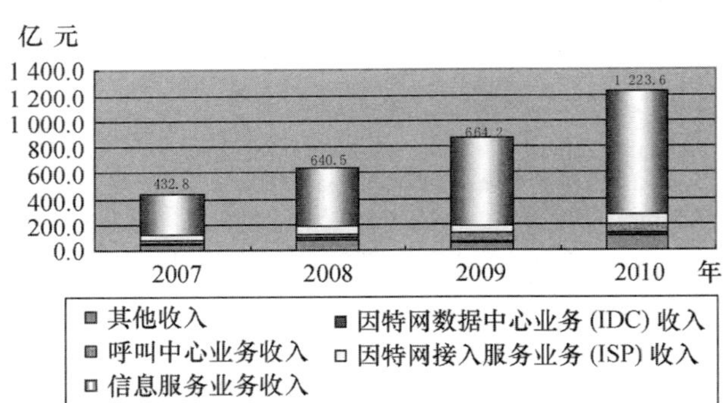

图 14　2007—2010 年增值电信企业收入发展情况

（十）全面完成"十一五"农村通信发展规划目标，通信服务水平进一步提升

2010 年，我国电信业围绕社会主义新农村建设和城乡统筹发展战略目标，从建设基础设施、推广信息服务两方面，大力发展农村信息通信，消除城乡数字鸿沟，以信息化手段促进农村经济社会发展。

① 指 2010 年底上市的 32 家互联网企业。

通信基础设施覆盖进一步延伸。2010 年,采用卫星移动通信技术手段,免费提供 1 278 套海事卫星电话终端设备,为川青藏高原极端偏远、无电无路的1 060 个行政村新开通电话,为 1.5 万个 20 户以上自然村新开通电话。至 2010 年底,实现全国范围内 100% 的行政村通电话,100% 的乡镇通互联网(其中 98.0% 的乡镇通宽带),94.0% 的 20 户以上自然村通电话。此外,已有 19 个省份实现所有自然村通电话,75.0% 的行政村基本具备互联网接入能力。全面实现了"村村通电话、乡乡能上网"的"十一五"农村通信发展规划目标。

农村信息服务平台持续完善。2010 年,"信息下乡"进展明显,对"农信通"、"信息田园"、"金农通"等全国性农村综合信息服务平台进行了不同程度的系统升级与扩容,平台业务种类、信息资源进一步丰富,基本具备农民务工撮合、农产品销售、农技咨询等主要功能。至 2010 年底,涉农互联网站接近 2 万个,建成乡镇信息服务站 20 229 个、行政村信息服务点 117 281 个,网上建成乡镇涉农信息库 14 137 个、村信息栏目 135 478 个,全国近一半乡镇建成乡镇信息服务站和县、乡、村三级信息服务体系。

2010 年,我国通信服务水平进一步提升,移动电话普及率达到 64.4 部/百人,比上年提高 8.1 部/百人;互联网普及率达到 34.3%,比上年提高 5.4 个百分点。北京、上海、广东、浙江等 4 省市的移动电话普及率达到或接近 100 部/百人,分别为 121.4、122.9、99.9、97.4 部/百人(见图 15)。

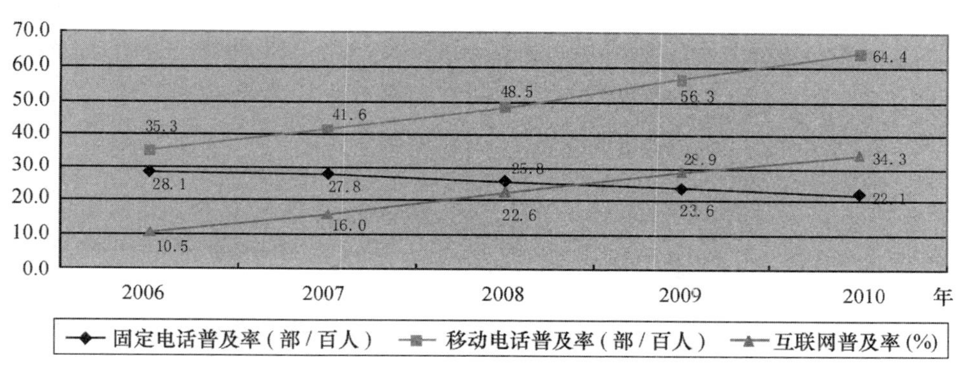

图 15 2006—2010 年通信服务水平发展情况

三、行业监管取得积极进展

(一)三网融合试点工作启动,监管政策调整蓄势待发

2010 年,国家推出三网融合新政,进入第一阶段双向试点工作。试点目标是推动广电、电信业务双向阶段性进入。2010 年 1 月 13 日,国务院常务会议指出:三网融合对于促进信息和文化产业发展,提高国民经济和社会信息化水平,满足人民群众日益多样的生产、生活服务需求,拉动国内消费,形成新的经济增长点,具有重要意义。但三网融合试点进展慢于预期,各地试点方案尚待批复,监管政策仍需调整。

(二)手机实名制和携号转网先后启动,消费者权益不断提升

号码携带和手机实名制有利于提升用户的选择权和安全保障权,切实保护消费者权益。2010 年,我国电信行业监管政策紧跟国际趋势,推动实施号码携带和手机实名制。2010 年 10 月 18 日,工业和信息化部发布通知,决定于 2010 年 11 月 22 日零时正式启动天津、海南本地网面向移动电话用户的号码携带试验,标志携号转网试点正式启动。与此同时,我国手机实名制已进入实施的第一阶段——新增用户实名登记阶段。

(三)顺应互联网发展需要,互联网监管迈出坚实步伐

2010 年,我国互联网监管顺应发展需要,在建立多部门协调监管体系上迈出实质性步伐。在加强互联网基础管理方面,工业和信息化部起草《互联网信息服务市场秩序监督管理暂行办法》,完成《信息安全条例》(报送稿),颁布《数字接口内容保护系统技术》,实施《通信网络安全防护管理办法》,出台

《进一步落实网站备案信息真实性核验工作方案(试行)》,加强网站域名、IP 地址、登记备案和接入管理。2010 年,互联网重大事件的出现和处理,对建设我国特色的互联网监管体系产生了重要的推动作用。

(四)通信网络与信息安全工作有序展开,对保障国家安全和社会稳定作出新贡献

2010 年,电信业认真贯彻落实党中央、国务院有关精神和部署,圆满完成上海世博会、广州亚运会、国家领导人在线访谈等重大活动的网络安全保障工作。发挥行业技术优势,协助重要信息系统运行单位开展风险评估和加固工作,组织对重要信息系统进行密切监测,协助应对网络攻击、域名劫持等网络安全事件。加强公共网络安全环境治理,在重要节点开展木马和僵尸网络集中治理行动,有效减少了发生大规模网络攻击的风险。

(五)共建共享与节能减排成效明显,助推两型社会建设取得新进展

截至 2010 年底,电信业累计减少新建基站站址及配套环境(含铁塔)超过 9.9 万个,减少传输线路(含杆路)超过 18.3 万公里,节约投资超过 200 亿元,在减少重复建设和保护资源环境方面取得明显成效。2010 年,电信业综合耗电增速降低 14.7 个百分点,单位业务总量综合能耗同比下降 4.4%。此外,随着通信网络技术和业务应用向各领域渗透的加强,有效地改善了资源和能源的利用效率,减少其他行业的排放,成为整个经济社会实现节能减排和绿色发展的关键手段和现实路径。

(撰稿:黄长征)

2010 年中国房地产业发展综述

中国房地产协会

2010 年,对于中国房地产业是极不平静的一年。年内房地产调控政策频出,市场交易量和交易价格起起伏伏。

2010 年也是不少房地产企业再创辉煌的一年。年内房地产投资金额、商品房销售面积和销售金额都再创历史新高。有近 40 家企业年销售额在百亿元以上,万科年销售额首次突破千亿元大关。在不断满足社会需求的同时,实现了经济和社会效益的双推进。

一、2010 年中国房地产业总体情况

(一)全年投资增幅处于高位趋缓态势

2010 年以来,不断走稳的宏观经济形势、部分城市房价仍快速上涨以及住房保障加快推进等方面因素,都增强了房地产市场的预期,促使房地产企业加大了开发力度,房地产投资依旧保持稳定快速增长的态势(见图 1)。

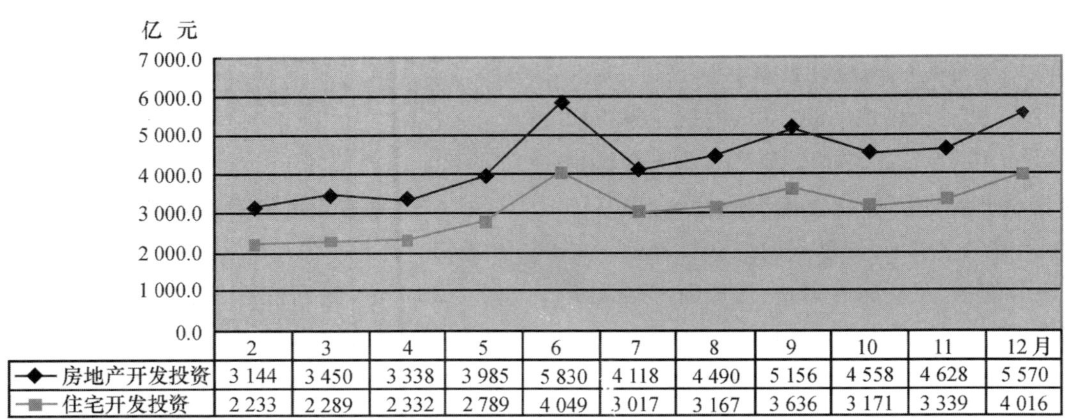

	2	3	4	5	6	7	8	9	10	11	12月
房地产开发投资	3 144	3 450	3 338	3 985	5 830	4 118	4 490	5 156	4 558	4 628	5 570
住宅开发投资	2 233	2 289	2 332	2 789	4 049	3 017	3 167	3 636	3 171	3 339	4 016

图 1　2010 年全国房地产开发投资情况

2010 年,全国房地产开发完成投资额为 48 267 亿元,同比增长 33.2%。其中,经济适用房投资下降 5.9 个百分点,别墅与高档公寓的投资比重增幅较大。从房地产开发投资额同比增幅看,各行各业的资金仍在继续涌入房地产行业。

2010 年,全国房地产开发企业商品住宅投资额为 34 000 亿元,同比增长 32.9%,占房地产开发投资的比重为 70.5%;办公楼开发投资额同比增长 31.2%,占房地产开发投资额的比重为 3.7%;商业营业用房开发投资额同比增长 33.9%,占房地产开发投资额的 11.5%。由此看出,办公楼和商业营业用房的投资仍保持较快的增长幅度。

从房地产开发企业投资区域分布看,东部地区房地产开发企业投资为 28 009 亿元,同比增长 32.7%,占全国比重为 58.0%,较 2009 年下降约 0.2 个百分点;中部地区房地产开发企业投资为 10 517 亿元,同比增长 32.4%,占全国比重为 21.8%,较 2009 年下降 0.1 个百分点;西部地区房地产开发企业投资为 9 741 亿元,同比增长 36.3%,占全国比重为 20.2%,较 2009 年提高 0.3 个百分点。从同比增速上看,西部地区投资增速最快,高于全国平均水平约 2.1 个百分点(见表 1)。

2008—2010 年房地产开发投资结构

表 1

指　标	2008 年	2009 年	2010 年
房地产开发投资额(亿元)	30 579.8	36 231.7	48 267.1
其中:住　宅(亿元)	22 081.3	25 618.7	34 038.1
住宅占比(%)	72.2	70.7	70.5
办公楼(亿元)	1 111.6	1 378.0	1 806.6
办公楼占比(%)	3.6	3.8	3.7
商业营业用房(亿元)	3 200.2	4 171.6	5 598.8
商业营业用房占比(%)	10.5	11.5	11.6
其　他(亿元)	4 186.8	5 063.4	6 823.5
其他占比(%)	13.7	14.0	14.1

资料来源:国家统计局。

(二)土地开发面积小幅增长,购置面积创历史新高

2010 年,全国土地开发投资总额为 1 729.2 亿元,同比增长 2.9%,占全部房地产投资总额的 3.6%,所占比重较 2009 年下降 1 个百分点;全国土地购置和土地开发表现出较明显的差异,全年土地购置面积为 40 969.5 万平方米,同比增长 28.4%;完成土地开发面积为 21 253.7 万平方米,同比下降 7.7%;在全国土地购置面积上涨以及土地价格上涨的推动下,2010 年土地购置费用出现大幅上涨,土地购置费用总额同比增长 65.9%,创下历史新高(见表 2)。

2010 年全国房地产开发投资情况

表 2

主要指标	房地产开发投资(亿元)		比上年同期增长(%)	比重(%)	
	自年初累计	上年同期		自年初累计	上年同期
投资完成额	**48 267.1**	**36 241.8**	**33.2**	**100.0**	**100.0**
其中:土地开发投资	1 729.2	1 679.8	2.9	3.6	4.6
住　宅	34 038.1	25 613.7	32.9	70.5	70.7
经济适用房	1 067.4	1 134.1	-5.9	2.2	3.1

续表

主要指标	房地产开发投资(亿元)		比上年同期增长(%)	比重(%)	
	自年初累计	上年同期		自年初累计	上年同期
别墅、高档公寓	2 827.4	2 073.3	36.4	5.9	5.7
办公楼	1 806.6	1 377.2	31.2	3.7	3.8
商业营业用房	5 598.8	4 180.7	33.9	11.6	11.5
土地购置费	9 992.1	6 023.7	65.9	20.7	16.6

(三)施工、新开工和竣工面积均呈回落

2010年,全国商品房施工面积同比增长26.6%。其中,商品住宅施工面积同比增长25.3%;办公楼施工面积同比增长21.4%;商业用房施工面积同比增长29.2%。受房地产调控不断加码、后期政策的不确定性等诸多因素的影响,企业放缓了施工进程,全年施工面积累计同比增幅逐季走低(见表3)。

2010年房地产开发和销售主要指标完成情况

表3　　单位:亿元,万平方米,元/平方米

指 标	绝对数	比上年增长(%)
投资完成额	48 267	33.2
其中:商品住宅	34 038	32.9
其中:90平方米以下住宅	10 665	27.4
房屋施工面积	405 539	26.6
其中:商品住宅	314 943	25.3
房屋新开工面积	163 777	40.7
其中:商品住宅	129 468	38.8
房屋竣工面积	75 961	4.5
其中:商品住宅	61 216	2.7
商品房销售面积	104 349	10.1
其中:商品住宅	93 052	8.0
商品房销售金额	52 479	18.3
其中:商品住宅	43 953	14.4
商品房销售均价	5 029	7.1
其中:商品住宅	4 724	5.6

数据来源:国家统计局。

全国商品房新开工面积同比增长40.7%。其中,商品住宅新开工面积同比增长38.8%;办公楼新开工面积同比增长28.6%;商业营业用房新开工面积同比增长40.6%。全年新开工面积增幅呈现高位回落走势(见图2)。

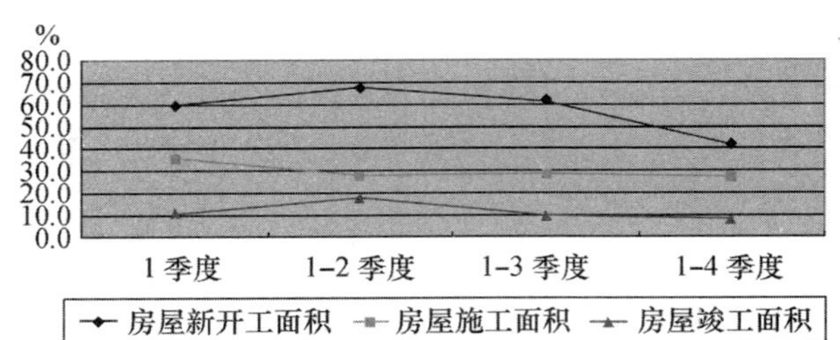

图2　2010年房屋新开工、施工、竣工面积累计同比增幅

数据来源:国家统计局。

全国商品房竣工面积同比增长4.5%。其中,商品住宅竣工面积同比增长2.7%;办公楼竣工面积同比增长5.8%;商业营业用房竣工面积同比增长16.2%。从全年走势看,全国商品房竣工面积呈减速低位增长。

(四)销售面积和销售金额呈高位趋缓

2010年全国商品房销售面积同比增长10.1%,商品房销售金额同比增长18.3%。其中,全国商品住宅销售面积同比增长8.0%,商品住宅销售金额同比增长14.4%;全国办公楼销售面积同比增长21.9%,办公楼销售金额同比增长31.2%;全国商业营业用房销售面积同比增长29.9%,商业营业用房销售金额同比增长46.3%。从全年的走势看,商品房销售面积和销售金额均呈现同比增速呈现高位趋缓迹象(见图3)。

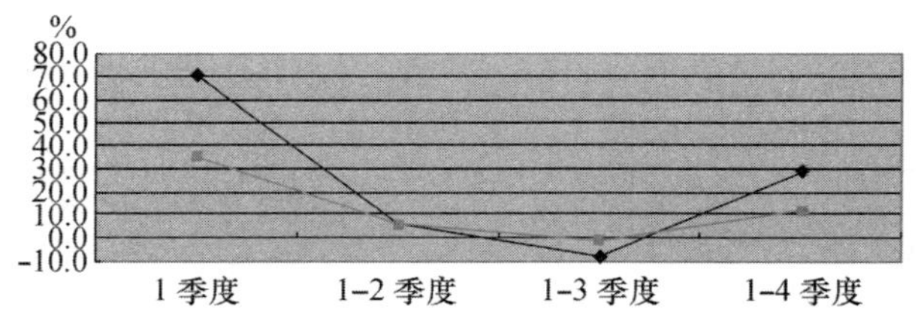

图3　2010年商品房销售面积、商品住房销售面积季度同比增幅

数据来源:国家统计局。

全年各类保障性住房和棚户区改造住房开工590万套，基本建成370万套。

（五）房屋销售价格指数环比逐月走低

全国70个大中城市房屋销售价格同比指数2010年1—4月呈现逐月递增态势，4月为全年最高点。此后房屋销售价格同比指数逐月回落，12月106.4，为全年最低点（见图4）。

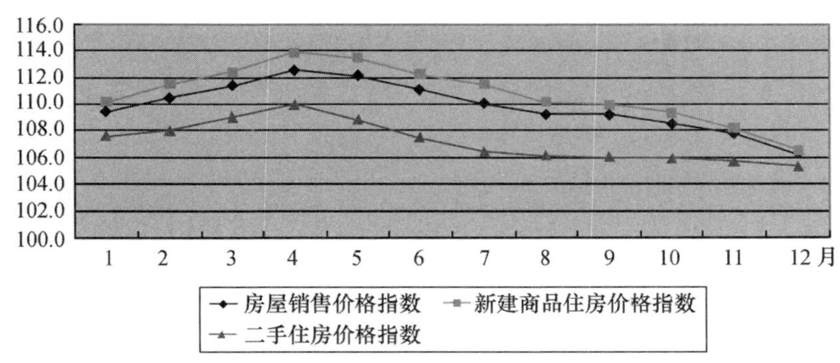

图4　2010年全国房屋销售、新建商品住房和二手住房价格同比指数

数据来源：根据国家统计局数据整理。

全国70个大中城市房屋销售价格环比指数1月和4月为全年高点。6月为全年价格唯一负增长的月份。此后各月价格环比指数均处于低增长阶段，在100.0和100.5之间波动。

（六）开发企业和从业人员数量呈下降态势

受我国房地产宏观政策调控的影响，自2008年起，我国房地产开发企业和从业人员的数量逐渐呈下降趋势。2009年底，全国房地产开发企业数量为80 407个，同比减少8.0%；平均从业人员数量为194.9万人，同比减少7.2%。到2010年年底，开发企业和从业人员数量进一步下降。从一个侧面反映出企业集中度进一步提高（见表4）。

2006—2009年房地产开发企业（单位）主要指标

表4

指　标	2006年	2007年	2008年	2009年
企业个数（个）	58 710.0	62 518.0	87 562.0	80 407.0
内　资	53 268.0	56 965.0	81 282.0	74 674.0
#国　有	3 797.0	3 617.0	3 941.0	3 835.0
集　体	1 586.0	1 430.0	1 520.0	1 361.0
港、澳、台投资	3 519.0	3 524.0	3 916.0	3 633.0
外商投资	1 923.0	2 029.0	2 364.0	2 100.0
平均从业人数（万人）	160.1	172.0	210.0	194.9
内资企业	144.2	154.1	190.6	176.4
#国　有	13.2	12.1	12.8	12.4
集　体	3.8	3.5	3.0	2.9
港、澳、台投资企业	9.8	10.0	10.9	11.0
外商投资企业	6.1	7.8	8.5	7.6

数据来源：国家统计局。

(七)资金来源总额稳定增长

2010年,我国人民币贷款增加79 500亿元。全国房地产开发投资资金来源总额呈现稳定增长态势。截至2010年12月底,房地产市场开发投资资金来源总计达72 494亿元,同比增长26.9%,较上年同期增加15 367亿元,其中其他资金来源渠道总额达32 454亿元,占全部资金来源总额44.8%,较上年同期增加4 994.5亿元。

2010年,中国房地产企业资金来源结构进一步得到优化,对于商业银行信贷和销售回款的依赖度呈现大幅度减少态势。即国内贷款12 540亿元,增长10.3%,增幅同比回落38.2个百分点;利用外资同比增长66.0%,上年同期为负增长35.3%;自筹资金同比增长48.8%,增幅同比提高31.9个百分点;定金及预收款同比增长17.3%,增幅同比回落45.8个百分点。

从全年看,到位资金增速有所回落,利用外资增速大幅提高,自筹资金增速平稳,其他各项资金增速均呈现回落态势。纵观全年,国内贷款增幅趋缓,国家信贷紧缩政策成效渐显;而企业销售业绩良好,自筹资金大幅增加(见表5)。

2007—2010年房地产开发资金来源构成

表5

年份	资金合计(亿元)	国内贷款(亿元)		利用外资(亿元)		自筹资金(亿元)		定金及预付款(亿元)	
		总额	占比(%)	总额	占比(%)	总额	占比(%)	总额	占比(%)
2007年	37 257	6 961	18.7	650	1.7	11 772	31.7	10 628	28.5
2008年	38 146	7 257	19.0	726	1.9	15 081	39.5	9 286	24.3
2009年	57 128	11 293	19.8	470	0.8	17 906	31.3	15 914	27.9
2010年	72 494	12 540	17.3	796	1.1	26 705	36.8	19 020	26.2

(八)国房景气指数呈下探走势,但开发景气指数仍较乐观

2010年我国国房景气指数整体呈现下行的走势,3月为全年高点105.9,自4月开始连续6个月逐月下跌,虽然10月出现小幅回弹,但此后又开始继续下行。到12月为101.8。反映出在2010年房地产调控政策密集的情况下,我国房地产业快速发展的势头有所遏制。

2010年,全国房地产开发延续2009年的景气态势,前3个月景气指数逐月提高。随着4月之后一系列调控措施的不断出台,商品房销售面积和销售额均出现回落,企业资金来源也出现了高位回落的态势。但全国房地产开发景气状况仍处于景气区间,表明房地产开发景气状况仍然比较乐观。

二、房地产企业市场表现

(一)拿地热情不减

在中国现行的商业盈利模式下,土地储备的多少和融资渠道的宽窄是衡量房地产开发企业的两个重要指标。土地储备不足,将无法使连续滚动开发的模式优势降低成本;融资渠道的宽窄将导致流动资金的不畅。相对而言,央企在土地市场的表现尤为活跃。而由于民营企业融资渠道相对偏窄,而且成本也偏高,因此在市场上拿地相对来说比较谨慎。

2010年房地产企业拿地总额排行

表6

排名	企业名称	拿地总价(亿元)	总规划面积(万平方米)	楼面地价(亿元)
1	万科集团	659.2	2 806.6	2 349
2	保利地产	513.7	1 736.0	2 959

续表

排　名	企业名称	拿地总价（亿元）	总规划面积（万平方米）	楼面地价（亿元）
3	绿地集团	282.8	1 311.2	2 156
4	恒大地产集团	249.4	3 567.5	699
5	大连万达	229.4	1 170.2	1 960
6	远洋地产	220.1	275.9	7 975
7	中冶置业	208.8	356.2	5 862
8	中海地产	195.1	582.9	3 347
9	绿城中国	171.4	460.8	3 720
10	龙湖地产	159.3	864.1	1 844

资料来源：CREIS 中指数据。

纵观2010年的土地市场，调控新政虽然越来越严厉，但由于大多数有实力的房地产企业的销售业绩较为理想，一定程度上为其拿地提供了有力的资金保障，造就了土地市场的热闹场面。低溢价率和底价成交率都保持较高水平，高溢价率相对少见。政策敏感性较低的三四线城市和极具成长性的区域优势正在呈现，大型房地产企业土地布局重心的正在发生转移。

（二）企业融资成本增加，形式多样化

2010年受三轮房地产调控，面临银行及资本市场的双重紧缩，房地产企业在国内的融资渠道遭遇诸多不畅，企业开始加速开拓新的融资途径以解决自身的资金压力。先前以银行贷款和股权融资为主的模式因受到政策限制而显著回落，而信托融资和海外融资成为新的主要渠道。2010年，重点房地产企业完成融资2 152.5亿元人民币，其中银行授信融资占55.0%，达1 165亿元。全年获得银行授信的房地产企业数量仅7家获大额银行授信，总额度约870亿元。

2009—2010年逾40家上市房地产企业公布增发预案，但没有一家上市房地产企业成功从国内资本市场获得融资。世茂股份、冠城大通、招商地产、华业地产及苏宁环球等多家企业纷纷宣布，因受经济环境和政策调控影响，资本市场地产板块调整明显，股价大幅下调，公司撤销了非公开发行股票的方案。在发行公司债、配售融资等方面，房地产企业也明显逊于前一年的表现。

2010年部分房地产企业信托融资情况

表7　　单位：亿元

序　号	企业名称	融资资金（亿元）
1	福星股份	20.0
2	城投控股	< =20.0
3	亿城股份	12 ~ 13
4	嘉凯城	10.0
5	上实发展	10.0
6	中南建设	5.0
7	中航地产	4.6
8	新城地产	4.4
9	中华企业	3.5

数据来源：根据各上市公司公告整理。

房地产信托在2010年急剧膨胀，房地产上市企业从房地产信托中获取了大量资金。据统计，2010年样本沪深上市房地产企业通过信托渠道融资总额达439.4亿元，是2009年的6.2倍。

在国内融资受阻的情况下，有条件的内地房地产企业纷纷转寻境外融资，在香港掀起了一股融资潮。恒盛地产向渣打银行借贷1亿美元的商业贷款，宝龙地产宣布发行2亿美元的5年期优先票据。此外，方兴地产、龙湖地产、远洋地产、恒大地产、碧桂园等在港上市的企业还有配股和发债等更多选择，但融资成本相对很高。内地房地产在港融资的利率普遍水平达10.0% ~15.0%（见图5）。

2010年房地产企业在国内贷款和定金及预收账款方面的压力正在逐步显现，随着信托平台收紧，稳健的倾向政策基调将使房地产企业融资环境变得

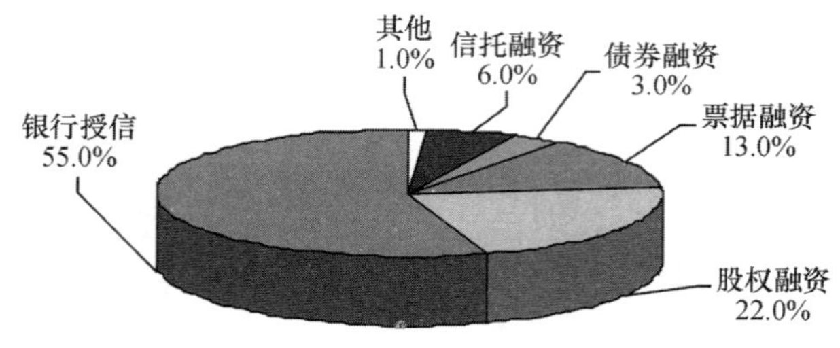

图 5 2009 年重点企业融资形式

更加紧张。房地产企业将加大力度，全方位融资，私募、房地产业基金、股权投资、企业并购重组、合作开发等案例逐渐增多。

（三）企业向下线城市进军，商业地产渐成风潮

2010 年，不少房地产企业正从以往的单一业态开发模式向多元化，集住宅、商业、办公、旅游等地产业态整合协同模式转变，如万科、保利、金地等企业；以土地资源集聚方式建立竞争优势的模式，向以管理、投资、战略整合方向发展的模式转变；以某个城市的布局地域为主要开发区域的模式，向点面结合模式转变，如建业、中华企业、嘉凯城等企业；以单一或数个一线城市为主导的模式，向二三线城市逐步拓展的模式转变，如绿地集团、远洋地产、城开集团。

2010 年万科共获取 106 块土地，大多数位于二、三线城市，其中商业地块的比重正在逐步加大。

新世界中国地产加大对二、三线城市的投资，参与中心旧城改造、建造城市商业地标、发展大型住宅区、建造及经营休闲度假式物业等。

远洋地产明确了主业纵深格局的战略导向，2010 年在多个城市发展 30 个以上的商业项目，打造远洋全新的商业地产格局。

保利地产在商业地产方面则瞄准大规模的综合体项目，尤其是一些包含旅游、文化、会展等目的性消费商业的综合体项目。

富力形成相对清晰的商业地产选址、开发、运营和招商模式，依托大型居住社区开发区域性商业中心、依托大型居住社区开发酒店、在 CBD 核心位置开发写字楼。

2010 年以来包括万科、远洋、华润、绿地、保利等在内的诸多国内知名的大型房地产企业都频繁参与各地保障性住房建设，而绿城集团甚至成立专门的公司主导运营，更多地进入保障房领域已成为各大主流开发企业的共识。

（四）企业集中度日趋提升

2010 年宏观调控政策的压力，更促进了中国房地产企业的优胜劣汰，行业集中度也得到了进一步提高。金融机构出于自身安全性和收益性的考虑，也更倾向于向开发和销售能力都较强的知名房地产企业提供有力的资金支撑。

2010 年房地产企业的销售金额同比有大幅提升，销售金额前 10 名的企业，合计销售金额为 5 319 亿元，较上年同期上涨 48.0%。从企业集中度来看，前 10 名的企业销售金额集中度为 12.2%，较 2009 年增加 2.8 个百分点。

在重点城市中，企业集中的趋势同样明显。对重点城市销售金额、销售面积的企业集中度进行考察可发现，重点城市销售金额前 10 名企业的市场占有率普遍在 40.0% 以上，其中尤以杭州、广州最为集中（见表 8）。

2007—2010 年销售额前 10 名企业销售集中度情况

表 8

年　份	全国商品住宅销售金额（亿元）	前 10 名企业商品住宅销售金额（亿元）	集中度（%）
2010 年	43 652	5 319	12.2
2009 年	38 153	3 588	9.4
2008 年	21 196	1 967	9.3
2007 年	25 566	1 763	6.9

数据来源：国家统计局；中国房地产决策咨询系统（CRIC）。

注：集中度 = TOP10 企业销售金额/全国住宅销售金额。

（五）多数房地产企业超额完成全年销售目标

从2010年销售榜单看，万科最终以1 026亿元的销售业绩位居首位，该数据与万科2009年全年630亿元的销售金额相比，增幅高达63.0%。已经远远超出了全年的销售目标820亿元。在调控组合拳频频发力之年，万科之所以能够取得如此佳绩，主要在于其始终坚持主流住宅建设、快速周转和战略纵深的发展策略（见表9）。

2010年中国房地产开发销售金额和销售面积前20名企业

表9

排名	企业名称	2010年住宅销售金额（亿元）	排名	企业名称	2010年住宅销售面积（万平方米）
1	万科	1 026	1	万科	847
2	保利	660	2	恒大	831
3	绿地	650	3	绿地	743
4	中海外	578	4	保利	723
5	恒大	527	5	碧桂园	600
6	绿城	522	6	中海外	530
7	万达	369	7	万达	278
8	龙湖	336	8	雅居乐	264
9	碧桂园	330	9	龙湖	258
10	富力	321	10	绿城	255
11	雅居乐	295	11	世纪金源	252
12	中信	282	12	富力	247
13	金地	280	13	金地	233
14	世茂	269	14	中信	224
15	华润	226	15	华润	223
16	远洋	214	16	世茂	220
17	复地	172	17	中铁	185
18	招商	143	18	金科	165
19	新城	140	19	远洋	164
20	星河湾	135	20	新城	162

三、新形势下企业进行战略调整

（一）房地产市场风险加剧，项目合作成为重要开发方式

面对日益高企的地价及建材原料，房企开发项目投入越来越大，为应对有所带来的资金与风险，企业间合作的项目渐趋频繁。大企业在此背景下通过建立利益共同体逐渐形成行业寡头。比如，万科与多家国企进行合作，绿城、富力则通过输出品牌，获取资本支撑；九龙仓与规模性企业合作，规避市场风险。

企业选择合作开发往往可以互通有无，最终达成双赢。企业可以通过引入合作伙伴分摊风险，并可投入到资金需求较大、同时具有潜力的项目；另外，房企各具特色，各有所长，通过合作能够发挥企业长处、达到资源共享，使得项目合作能够成为企业转型或者扩张的一柄利器。

（二）各大房企增加商业地产比重，尤其青睐城市综合体

房企逐渐重视商业地产价值，万科、华润、保利等企业均加大商业地产投资比例至20%或以上。就在三季度，面对频繁的楼市调控，龙湖地产公开宣布转战商业地产，聚焦多业态的城市综合体也成为近期的投资热点。无独有偶，自9月底以来，先后有世茂集团、大连万达集团、华瑞置地、绿地等企业与

政府签署协议,投资重金打造城市综合体项目。

综合看来,住宅市场的政策频出让商业地产备受关注。作为此轮调控下的避风港,众多开发企业将重金纷纷投向商业项目尤其是城市综合体的开发,在土地储备上也开始增加商业比例。而随着一批商业、酒店、公寓等商用性质产品的扎堆开工和上市,未来商业地产竞争格局或将逐步升级。

(三)旅游地产、养老地产逐渐成为房企新业务方向

住宅市场饱受宏观调控之困,商业地产又面临激烈的竞争,很多企业都在扩大房地产发展领域的内涵,寻找新的机遇。对于资金实力雄厚的企业而言,旅游地产是个不错的选择。万达、龙湖、万科、世茂等企业于年内纷纷增加旅游地产项目规模。这两年炙手可热的海南,就吸引了香港新世界、万科、富力、雅居乐、中粮、中信、海航、山东鲁能等开发商,扎堆进军当地的旅游地产开发,此次"国际旅游岛"定位又为其带来了新契机。而在杭州的千岛湖以及成都等地,开发旅游地产的房企也纷纷在上演"围城计"。

大型房企纷纷开始关注养老地产,其原因在于养老房市场的需求量正逐年膨胀。国家统计局2009年底数据显示,我国60岁及以上人口约占总人口的12.1%。据测算,2033—2035年中国老年人口将达到3亿人,我国人口老龄化正加速进行。随着老年人占总人口比例的不断提升,其养老问题、尤其是老年人口居住问题就将逐渐显现;通常来说,养老有"社会养老"和"居家养老"两类,由于传统观念的影响,以老年福利院为代表的"社会养老"在我国被接受程度有限,而体量越来越庞大的老年人"居家养老"需求,无疑正吸引着房地产行业介入其中,开发建设符合老年人需求的老龄社区将成为未来开发商新的发展点。

(四)部分企业与著名酒店运营商达成战略联盟

世茂房地产、恒大及华润置地等企业纷纷表示将加大酒店业务的投入。与著名酒店运营商达成战略联盟将帮助企业迅速拓展酒店业务。

雅高、喜达屋、洲际等酒店运营商,运营经验丰富,可以提升企业物业溢价,同时帮助企业快速实现产品线布局。就国内酒店企业的经营水平来看,与国际著名酒店管理公司还是存在着一定差距的。不仅是服务水平本身,酒店品牌、服务理念等各方面,拥有国际著名管理品牌的酒店无疑更能吸引投资者和消费者,对于提升产品的整体知名度和档次也有着更大的作用。

(五)大型房企加入保障房建设已成趋势

通过公开挂牌方式来低价获得优质土地的机会正逐渐减少,同时融资渠道的不畅通和融资成本的上涨,进一步迫使企业选择通过保障房项目获得土地储备。国家政策面对住房保障的重视程度越来越高,根据政府规划,2010—2012年期间全国保障性住房计划建设1 880万套。为达成这一目标,地方政府对于参建保障房建设的企业拿商品房用地必会给予相应的优惠,更多地加入保障房建设对于开发企业来说是未来的必然趋势。

2010年以来包括万科、远洋、华润、绿地、保利等在内的诸多国内知名的大型房企都频繁参与各地保障性住房建设,而绿城集团甚至成立专门的公司主导运营,更多地进入保障房领域似乎已成为各大主流开发企业的共识。

(六)三、四线城市刚性需求大,成企业未来布局重点

2010年,中国三、四线城市的销售面积占比从上年的17.0%增长到20.0%,而一线城市销售面积占比则降低至16.0%;三、四线城市的销售金额达到16.0%,同比增加3.0%,一线城市的比重则下降9个百分点至30.0%。上述情况表明,房地产企业从一、二线城市进军三、四线城市的意图和效果明显。

造成上述现象的原因是三、四线城市的房地产原本就发展滞后,具有后发优势;受房地产政策调控的影响小;开发成本相对较低;三四线城市也非常欢迎具有品牌优势的大型房地产企业入驻,提供了一些政策上的支撑。

(撰稿:李战军)

2010年中国物流业发展综述

中国物流与采购联合会

2010年我国物流业运行态势总体良好，物流需求显著增加，运行效率有所提高，为保证国民经济平稳较快发展发挥了重要的支撑和保障作用。

从几个主要运行指标来看：一是社会物流总额较快增长。2010年全国社会物流总额实现1 254 000亿元，同比增长15.0%，增幅比上年提高3.7个百分点。二是物流业增加值稳步上升。2010年全国物流业增加值为27 000亿元，同比增长13.1%，增幅比上年提高2.5个百分点。物流业增加值占GDP的比重为6.9%，占服务业增加值的比重为16.0%。三是社会物流总费用与GDP的比率稳中有降。2010年全国社会物流总费用71 000亿元，同比增长16.7%。社会物流总费用与GDP的比率为17.8%，同比下降0.3个百分点，比2005年下降0.5个百分点。对比计算，等于新增近2 000亿元的经济效益。

一、物流业发展的政策环境进一步改善

2010年，各部门、各地方为贯彻国务院《物流业调整和振兴规划》（国发〔2009〕8号），加大对物流业的支持力度。在中央政府层面，国家发改委、商务部、财政部等设立专项资金，支持商贸、物流等服务业聚集功能区的建设和升级改造。国家发改委、国家税务总局扩大税收试点，公布第6批106家试点物流企业名单。交通运输部、国家发改委启动甩挂运输试点，明确提出对甩挂运输车辆实行通行费优惠。铁道部推进铁路货运网络建设，创新铁路货运组织方式，进一步完善铁路物流产品服务体系。工业和信息化部开展物流信息化典型发现和试点示范工作。海关总署在出口货物分类通关改革试点的基础上，在全国海关进一步深化分类通关改革。国家邮政局出台多项规章制度，加强行业监管工作。国务院《物流业调整和振兴规划》要求编制的专项规划《农产品冷链物流发展规划》和《全国物流标准专项规划》分别由国家发改委和国家标准委牵头编制出台。

与此同时，地方政府积极跟进。通过地方立法，出台政策，设立专项资金，扶持重点物流企业和项目等办法，积极支持物流业发展，物流业发展的政策环境进一步改善。

二、物流基础服务供需两旺

（一）公路货运市场

2010年，公路货运市场上，中小企业占绝大多数的局面没有改变，但在市场竞争的推动下，公路快运加快推广，货运模式开始转型。公路货运企业加快延伸服务，增强门到门配送、仓储等服务能力，为客户提供一体化服务。

（二）铁路货运市场

“十一五”期间，我国铁路建设全面提速，高速铁路营业里程已达8 358公里，在建高铁1.7万公里。已经运营的高铁可使既有线增加图定货物列车83对，年增货物运输能力2.3亿吨。随着高速铁路陆续开通，将使既有铁路运能得到大幅释放。铁道部门组织开发了限时运达、水铁联运、空铁联运、公铁联运、国际联运等特色产品。

（三）航空货运市场

2010年，我国航空货运市场增速明显高于全球平均水平。一是申请筹建的友和道通航空公司与顺丰航空有限公司得以开航，国内航空货运市场出现了新的竞争主体；二是各家公司都根据2010年的航空货运发展情况调整相应的运力引入计划，机队规模增长较快。

（四）水运市场

港口货物吞吐量稳步回升。全年规模以上港口完成货物吞吐量80.2亿吨，比上年增长15.0%。2010年上海港集装箱吞吐量完成2 905万标准箱，首次跃居世界第1位。我国已有22个港口进入亿吨大港行列。世界排名前20位的亿吨大港和集装箱大港，中国大陆分别占12个和9个。内河水运迎来发展机遇，到2010年末，全国内河货运运力可达

6 500 万载重吨,是"十五"末的 1.5 倍;货运船舶平均吨位可达 480 吨,是"十五"末的 1.9 倍。

(五)仓储市场

2010 年,仓储业各项经济指标均取得较高增长速度。据中国物资储运协会对全国 60 个大型仓储企业的调查,54 家企业盈利,实现主营业务收入 234.5 亿元,比上年增长 22.1%;实现利润总额 4.7 亿元,比上年增长 22.5% ,收入利润率为 2.0%,比上年略有增加;完成货物吞吐量 8 430 万吨,同比降低 1.5%;期末社会库存 438 万吨,比上年减少 45 万吨;货物周转次数 9.6 次,比上年增加 0.4 次。

(六)快递市场

据中国快递协会统计,2010 年,全国规模以上快递服务企业业务量累计完成 23.4 亿件,同比增长 25.9%;业务收入累计完成 574.6 亿元,同比增长 20.0%。初步测算,全国日均快递业务量突破 1 000 万件。全国邮政管理部门共受理快递经营许可申请 5 990 件,颁发经营许可证 4 898 件,获证企业占快递市场 90.0% 以上的份额。

三、物流企业加速成长

据中国物流与采购联合会发布的"2010 年中国物流企业 50 强排名"显示,前 50 强物流企业主营业务收入达 4 506 亿元,比 2005 年增长 26.0%。其中,中国远洋运输(集团)总公司主营业务收入超过千亿元,中国外运长航集团有限公司等 9 家企业主营业务收入超过百亿元。所有 50 强企业主营业务收入均超过 10 亿元,排名第 50 名的物流企业主营业务收入达到 12.2 亿元,同比增加 4.6 亿元。

从 2005 年开始,中国物流与采购联合会依据《物流企业分类与评估指标》国家标准开展 A 级物流企业评估工作。到年底,全国拥有 A 级物流企业 1 061 家,其中,5A 级企业 76 家,4A 级企业 330 家,3A 级企业 450 家,2A 级企业 195 家,1A 级企业 10 家。A 级物流企业已覆盖除西藏外大陆的所有地区,涉及国有、民营、外资企业,吸纳了各领域、各行业、各地区的代表性企业,初步形成了我国物流企业的核心群体。

四、企业物流整合联动

制造企业物流外包需求增长。据国家发改委、国家统计局和中国物流与采购联合会发布的《2010 年全国重点企业物流统计调查报告》显示,在企业货运总量中,委托代理货运量占货运总量的 57.4%,同比提高 7.6 个百分点。其中,工业企业委托代理货运量占货运总量的 57.2%,批发和零售业企业委托代理货运量占货运总量的 58.5%。

调查企业汇总数据显示,2009 年工业、批发和零售业企业物流成本比上年增长 8.2%,增幅低于销售总额增长 0.7 个百分点,表明企业物流效率有所提高。其中,运输成本同比增长 1.8%,增幅同比回落 28.9 个百分点;保管成本增长 11.9%,增幅同比回落 24 个百分点。在保管成本中,配送成本、仓储成本、货物损耗成本和利息成本同比增长 17.4%、7.2%、2.4% 和 3.6%,增幅均有较大回落。此外,物流管理成本增长 10.7%,增幅同比提高 2.1 个百分点。受企业物流成本增幅减缓,物流效率有所提高等因素影响,2009 年工业、批发和零售业企业物流成本费用率为 9.0%,同比下降 0.3 个百分点。其中,工业企业物流成本费用率为 9.8%,下降 0.1 个百分点;批发和零售业企业物流成本费用率为 8.1%,下降 0.2 个百分点。

五、行业物流专业配套

(一)农业物流

农业物流在政策推动下较快发展。2010 年 1 月,中央一号文件明确提出:发展农产品大市场、大流通,加大力度建设粮棉油糖等大宗农产品仓储设施,完善鲜活农产品冷链物流体系。到 2010 年年底,商务部开展的"万村千乡市场工程"连锁化农家店达 52 万家,覆盖全国 80% 乡镇和 65.0% 行政村。2010 年中央财政安排专项资金,支持农产品现代流通综合试点,在 8 省市 31 个市县推进"农超对接"等农产品市场体系建设。根据《2010 年流通领域猪肉质量安全监测方案》的安排,食品质量安全与可追溯体系建设迈开步伐。

(二)钢铁物流

钢铁物流形成了多元化的经营模式:一是贸易

加物流的模式;即一些具有资金实力的大型流通企业开始探索供应链集成供应模式。即从原材料采购与供应为源头,为钢铁企业提供原材料采购、仓储转运、流通加工、信息服务、集成配送的全程物流服务模式;二是物流加金融的模式;即一些具有仓储物流条件的物流企业开始发展仓单质押等物流金融业务,延伸了物流增值链;三是贸易加流通加工的模式;即一些与最终客户联系密切的企业开始发展流通加工与配送服务,拓展了钢铁物流业务领域。钢铁电子商务打破区域界限,使从生产、流通到终端用户的供应链变短,成本降低,流通效率提高。新建设的钢铁物流园区(中心、基地)通过对现有钢铁物流市场的规划布局调整,提供多元化服务,除进行传统贸易外,还具有仓储、剪切加工、运输配送、物流金融、信息处理、保税物流、中转分拨等功能,成为满足供需双方交易的有效平台。

(三)汽车物流

汽车产销的繁荣为我国汽车物流行业带来成长机遇。目前,80.0%以上的汽车物流市场份额集中在十余家大型企业。这些物流公司与国内主流汽车制造企业形成了稳定的合作关系。同时,整车物流和零部件物流两大领域继续高速发展,行业售后服务备件物流和商用车物流两个细分市场进入快速整合阶段。随着能源价格的持续上涨,目前主导的公路运输模式开始引入水路、铁路资源,走多式联运的道路,但公路运输仍然占据80.0%以上的汽车物流运输市场。

(四)医药物流

医药物流投资门槛提高。2009年12月,国家药监局发布了新版GSP标准的征求意见稿。新版GSP对现代医药物流企业资质提出了明确的规定,提高了投资医药物流行业的进入门槛,对现有医药流通企业的业务量、投资能力也提出更高的要求。新版GSP在硬件建设上首次明确提出,医药物流企业必须满足“仓储作业面积不少于10 000平方米、自动仓库堆垛机不少于5台;高架仓库总高不低于8米,货架不少于3层,货架层高不低于1.5米,托盘货位不少于2 000个,货架叉车不少于2台;拆零拣选应选用数码拣选系统(DPS至少300枚)或无线射频技术(RF至少20台)等”。受GSP新规(征求意见稿)、基本药物招标配送制度引导和影响,由医药企业自行投资兴建现代化物流中心的新一轮物流项目方兴未艾。

(五)冷链物流

规划出台提振行业信心。2010年7月,国家发改委印发《农产品冷链物流发展规划》,规划全面分析了农产品冷链物流发展的现状以及面临的形势,并提出了今后5年冷链物流发展的具体目标:果蔬、肉类、水产品冷链流通率分别提高到20.0%、30.0%、36.0%以上。为完成这个目标,国家发改委还制定了相应的七项任务、八大工程以及七项保障措施等,并对一些重点项目予以扶持。8月,为应对蔬菜价格上涨、供应紧张的现状,国务院下发《关于进一步促进蔬菜生产保障市场供应和价格基本稳定的通知》。11月,为稳定物价,国务院出台稳定物价的16项措施,再一次强调加强农产品收储制度建设、冷链物流建设和绿色通道建设。其中,全国收费公路对于整车合法装载鲜活农产品车辆实行免费政策,从12月1日开始实施。

(六)电子商务物流

电子商务物流规模快速上升。中国互联网络信息中心(CNNIC)发布的《第27次中国互联网络发展状况统计报告》显示,截至2010年12月底,我国网民规模达到4.6亿人,较2009年底增加7 330万人。电子商务类互联网应用则成为我国互联网经济发展最快的主力军。2010年,网络购物用户年增长48.6%,是用户增长最快的应用。据艾瑞咨询统计,2010年中国电子商务全年交易规模达48 000亿元,同比增长33.5%。在市场细分行业构成中,针对企业级用户的B2B类电子商务交易额占比88.3%,针对个人消费者的B2C类电子商务交易额占比11.7%。中小企业的B2B仍然是电子商务交易中最主要的组成部分。电子商务的快速发展,对物流、交易、售后服务等配套服务体系提出了更高的要求。

六、区域物流加强合作

(一)产业集群带动区域物流集聚

近年来,国务院密集批复上升为国家战略的区域经济发展规划，加大区域经济统筹协调力度。西部大开发、东部率先发展、中部崛起、东北振兴等总体战略，以及“哈（尔滨）、大（庆）、齐（齐哈尔）”、“长（沙）、株（洲）、湘（潭）”、“广（州）佛（山）同城”，“郑（州）汴（开封）一体化”“长三角”等区域发展战略，催生了物流业集聚区的形成和快速发展。此外，中国的城镇化建设也促进了物流业集聚。由于政府在城镇化规划和建设上的力度不断加大，势必对物流业集聚区的形成产生重大影响。

区域物流中心加快形成。2010 年，上海国际航运中心建设各项工作全面推进，在优化航运集疏运体系、完善航运服务功能、建设国际航运发展综合试验区等方面，取得了一定进展。航运发展综合实验区免征营业税政策等建设上海国际航运中心的十大配套措施逐步到位，国际航运中心建设全面提速。天津着力打造国际物流中心“桥头堡”，天津滨海新区先后建设了保税物流园区、空港国际物流园区、泰达普洛斯国际保税物流园（开发区保税物流中心）、天津港散货物流中心和集装箱物流中心，东疆保税港区，正在加速形成现代立体物流网络。此外，成都、重庆、郑州、西安等城市也提出打造区域物流中心的目标。

（二）区域物流一体化全面推进

长三角地区物流一体化持续推进。自 2007 年两省一市签署《长三角区域大通关建设协作备忘录》以来，两省一市政府及各口岸部门全面落实《备忘录》的各项要求，使大通关建设协作的综合效应进一步放大，“属地申报、口岸验放”、“出口商品直通放行”、“产地监装、口岸快速验放”等通关新模式给进出口企业带来了极大便利。12 月，长三角区域大通关协作第三次联席会议在嘉善召开，两省一市签署《关于长三角区域海事大通关建设合作备忘录》和《关贸紧密合作机制备忘录》，对下一步加快大通关建设作了进一步部署。11 月，现代物流联动发展大会在上海举行，回顾总结长三角地区一年来物流发展情况和江、浙、沪区域物流合作及联动发展的新进展。

珠三角地区物流合作走向深入。8 月，第六届泛珠三角区域合作与发展论坛暨经贸洽谈会在福州召开，合作各方共同签署《加强泛珠区域综合交通大通道建设合作备忘录》。根据《合作备忘录》，各方将在泛珠三角区域综合运输大通道建设、泛珠三角区域交通规划衔接、规范统一的交通运输市场、信息技术和科技创新、提升区域交通运输安全应急保障能力等方面加强合作。

西部地区物流合作开始起步。11 月，第六次西南“五省八方”铁路运输协调联席会议在昆明召开，会议签订《滇桂黔川渝铁路运输战略合作协议》。按照协议，企业在滇、桂、黔、川、渝 5 省（自治区、直辖市）内运输煤炭、焦炭、磷矿、铁矿、铝土等物资将享受同等待遇。

东北地区物流取得实质性进展。11 月，辽宁、吉林、黑龙江、内蒙古出入境检验检疫局在沈阳签署《关于加强区域合作 促进通关便利化合作备忘录》，四局将进一步加强区域协作，共同促进东北地区口岸与腹地及内地干港的便捷通关，携手服务东北老工业基地外向型经济发展。

（三）跨区域物流合作取得进展

北部湾物流合作受到关注；粤港澳物流合作不断深入；大陆桥物流合作潜力巨大；东北亚物流合作取得突破；海峡两岸物流合作启动。

七、基础设施加紧建设

（一）综合运输体系初具规模

1. 公路路网格局基本形成。截至 2010 年底，全国公路网总里程达到 398.4 万公里，5 年新增 63.9 万公里。高速公路由“十五”期末的 4.1 万公里发展到 7.4 万公里。“五纵七横”12 条国道主干线提前 13 年全部建成，西部开发 8 条省际通道基本贯通。

2. 铁路建设高速推进。全年完成基建投资 7 091 亿元，一批重点项目建成投产。截至 2010 年底，全国铁路营业里程达到 9.1 万公里。规划中的 18 个铁路集装箱中心站，已有 9 个建成投用。

3. 水运网络初步形成。2010 年，全国港口拥有生产用码头泊位 31 429 个，其中万吨级及以上泊位 1 554 个，比上年底分别增加 379 个和 138 个。

4. 民航设施初具规模。“十一五”时期，民航基础设施五年投资 2 500 亿元，相当于前 25 年民航建设资金的总和。定期航班机场达到 176 个，初步形成了规模适当、功能完善的机场体系。

5. 综合运输体系逐步完善,多式联运快速发展。

(二)物流园区热度不减

物流园区需求潜力巨大。一是随着国内企业积极寻求产业结构升级和布局转移,开始将生产制造基地由一线城市向二、三线城市搬迁,企业为保证生产服务能力必然需要更多的生产和仓储设施。二是基于对中国宏观经济和消费市场的良好预期,许多知名第三方物流企业、货运代理公司以及大型零售企业继续加快在中国市场的扩张步伐,逐步深入到二、三线城市开拓市场和扩充业务,需要物流仓储设施和配送中心支持。三是中国对外贸易继续保持快速增长,大量资源性原材料的进口和加工制成品的出口,都需要仓储设施和物流园区提供支撑服务。四是电子商务的发展以及网络购物的大众化,推动物流业务量显著增长,形成对物流仓储和园区的旺盛需求。外资地产开发企业凭借其雄厚的资金实力和先进的技术加快布局中国市场,国内商业地产开发企业开始涉足物流地产,网络化布局初步显现。

八、物流装备高速增长

(一)叉车生产与销售出现“爆发式”增长

中国叉车行业自2010年一季度开始进入产销两旺的爆发增长阶段,产销总量比上年同期增长6.0%以上,与历史上产销最高年份的2008年相比,也有了较大增长,创出了历史新高。

(二)托盘与货架快速增长

托盘与货架行业也是在2010年一季度出现快速增长,二季度继续保持快速增长势头,三季度增速环比有所下降,但仍保持较快增长,全年同比增长26.0%以上。

(三)物流装备业热点频现

2010年中国物流装备业需求热点较多,主要体现在医药物流、电子商务物流、服装物流、冷链物流等方面,这些热点市场机遇较大,具有可持续发展特征,为物流装备业今后的快速发展提供了需求基础。

九、物流信息化创新发展

(一)企业信息化成效初显

中国物流与采购联合会发布的《2010年物流信息化调研报告》显示,约78.2%的企业建立独立的IT部门;80.0%的企业拥有专职的信息系统管理和维护人员;约70.5%的企业建立自己的管理信息系统。

(二)公共信息平台仍需加强

我国物流公共信息平台的建设情况不容乐观。根据调查显示,17.9%企业经常使用公共信息平台,但大部分企业是与银行和客户进行联网。企业希望建立和使用的信息平台是物流公共信息平台。

(三)物联网技术拉开应用序幕

物流行业物联网应用主要体现在三个方面:一是物流技术装备智能化。2010年我国物流技术装备市场不断涌现传统物流装备与现代物联网感知相结合的新型产品,如带感知芯片的周转箱等;二是物流信息系统的网络化。2010年我国部分物流企业的物流信息化优秀案例表明,物流行业基于物联网技术的局部智能系统在企业的物流管理方面取得了显著效果;三是智能追溯系统获得大发展,食品、药品的RFID双向追溯系统得到普及应用。

(四)关键技术逐步推广

针对提高运输组织效率、保障交通运输安全、提升公共信息服务水平等物流业发展需求,国家有关部门在综合枢纽智能管理与建设、多式联运与甩挂运输、智能化集装箱运输、港口集疏运体系、跨国运输、重点营运车辆和船舶实时监管、电子不停车收费、治理超限超载监控网络以及交通运输信息资源整合等方面开展了一系列关键技术的研究,加快了科技成果的推广应用。

十、基础工作稳步推进

(一)物流统计工作

中国物流与采购联合会按月度发布的制造业、非制造业采购经理指数(PMI),已经成为政府部门加强宏观调控的重要依据,在国内外具有广泛的影响力。联合会定期开展的物流统计分析报告、生产资料市场流通统计分析报告，不仅得到政府部门的充分肯定和大力支持，也成为企业经营决策的重要参考依据。

（二）物流标准化工作

国家标准委、国家发改委等 11 个政府部门 2010 年 6 月联合颁发《全国物流标准专项规划》。这个《专项规划》确定近期内物流标准化工作的指导思想、主要目标，建立由通用基础、公共类物流、专业类物流构成的新的物流标准体系框架，提出 13 个重点物流领域标准修订计划项目。

（三）企业评估认证、诚信、示范评审工作

按照《物流企业分类和评估指标》国家标准，2010 年中国物流与采购联合会开展第十、第十一两批 A 级物流企业的评估工作。按照《物流企业信用评级管理办法》，中国物流与采购联合会评审出 A 级物流信用企业累计已有 125 家。2010 年，经中国物流与采购联合会评审命名，共有 19 家优秀物流企业和具有特色的物流企业获得中国物流示范基地和中国物流实验基地称号，全国共有 70 家企业获此称号。

（四）物流教育培训工作

截至 2010 年底，全国共有 200 余所大学开展物流研究生的培养；经教育部批准开设“物流管理”和“物流工程”专业的本科院校数量已达 378 所；开设物流专业的高等职业院校 824 所；开设物流专业的中等专业学校超过 1 000 所。不同学历层次的物流专业在校生突破 100 万人。在物流师培训和考试方面，累计获得各级物流师资格证书的约有 12 万人。

（五）学术研究和科技创新工作

2010 年新评出“中国物流与采购联合会科学技术奖”获奖项目 55 项。2010 年的中国物流学术年会参会代表超过 1 000 人，设立分论坛 20 个，共收到参评论文 881 篇，参评课题 186 个，参评优秀案例 103 个，累计设立产学研基地 87 个。

（撰稿：贺登才）

2010 年中国民航业发展综述

中国航空运输协会

2010 年是“十一五”收官之年，中国民航 57 万干部职工团结奋斗，各项工作取得了令世人瞩目的业绩。

一、提出建设民航强国战略目标

2010 年 1 月 23 日，全国民航工作会议在北京召开，中共中央政治局委员、国务院副总理张德江出席会议并作重要讲话《注重质量效益，确保持续安全，努力促进我国民航事业科学发展》；局长李家祥作了《中国民航人要为建设民航强国而努力奋斗》的讲话。2 月 15 日，民航局印发《建设民航强国的战略构想》，提出用 20 年时间实现由民航大国向民航强国的历史性转变，即到 2030 年，全面建成安全、高效、绿色的现代化民用航空体系，成为世界民航发展的引擎。

《建设民航强国的战略构想》，勾勒了建设民航强国的指导思想、基本原则和战略目标，确定了航空运输、通用航空、机场、空管、保障和政府服务六大系统的战略任务，围绕目标和任务，一是要实施持续安全战略，坚决贯彻“安全第一、预防为主、综合治理”的方针，提高持续安全的综合保障能力，使中国民航的安全水平居世界领先地位。二是要实施大众化战略，加密机场布局，提高航线网络通达性，完善地面交通衔接，提升出行方便性和效率。三是要实施全球化战略，适应全球化趋势，加大力度“走出去”；扩大和深化对外合作，把更多好的东西引起来，实现吸收消化和再创造。

二、航空安全形势总体平稳

2010 年，航空安全形势总体平稳，全行业没有发生空防安全事故、重大航空地面事故和特大航空器维修事故。厦航、山东航和中货航等 20 多家航空公司没有发生事故和事故征候。国际、东方、南方等

航空公司事故征候率下降。2010 年严重事故征候万时率为 0.033，同比下降 5.7%。

8 月 24 日 21 时 36 分，河南航空公司（原名鲲鹏）B3130 号 EMB190 型飞机执飞 VD8387 哈尔滨至伊春航班任务，降落时失事。机上人员 96 人，54 人生还，42 人遇难。事故发生后，胡锦涛总书记、温家宝总理作出重要批示，张德江副总理赶赴事故现场指导工作并向遇难人员家属表达慰问。遵照中央领导指示，全行业开展安全大检查，查找和消除事故隐患，迅速稳定安全态势。

"十一五"期间，民航累计完成运输飞行 2 033 万小时，运输百万小时重大以上事故率为 0.05，较"十五"降低 74.0%。从 2004 年 11 月 22 日到 2010 年 8 月 23 日，运输航空连续安全运营 2 102 天，2 150 万小时，创造新中国民航建立以来最长的安全周期。

三、航空运输"十一五"圆满收官

2010 年，民航运输生产实现新突破，全行业完成运输总周转量 538.5 亿吨公里，比上年增加 111.4 亿吨公里，增长 26.1%。其中旅客周转量 359.6 亿吨公里，比上年增加 58.7 亿吨公里，增长 19.5%；货邮周转量 178.9 亿吨公里，比上年增加 52.7 亿吨公里，增长 41.7%。"十一五"期间航空运输总周转量年均增长 15.6%。

2010 年，国内航线完成运输周转量 345.5 亿吨公里，比上年增加 48.4 亿吨公里，增长 16.3%，其中港澳台航线完成 11.6 亿吨公里，比上年增加 2.7 亿吨公里，增长 29.8%；国际航线完成 193 亿吨公里，比上年增加 63 亿吨公里，增长 48.5%（见下图）。

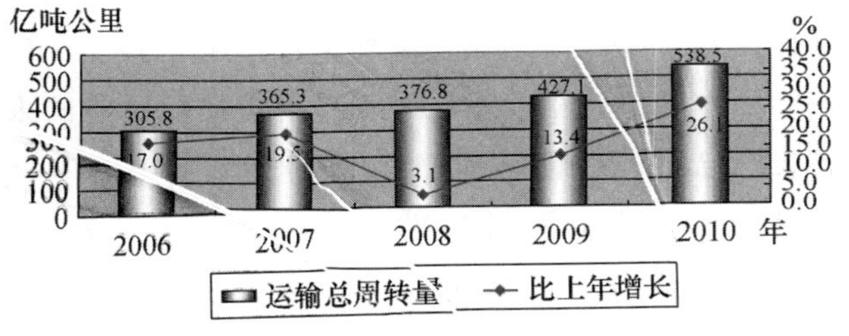

图 1　2006—2010 年民航运输总周转量

通用航空完成逾 35 万飞行小时，比 2005 年飞行小时翻一番以上。

全行业 5 年实现利润 557 亿元，比"十五"增长 4.6 倍。为国家贡献利税超过 1 000 亿元，还为国家捐出巨资用于社会救灾慈善。

"十一五"新增运输机场 33 个，达到 175 个。迁建、改扩建和完善机场 78 个。民航机场已覆盖全国 91.% 的经济总量、76.0% 的人口和 70.0% 的县级行政单位。空管系统现代化建设获重大进展。民航信息化、供油系统保障能力显著提高。

对外关系和国际民航合作获得新发展。截至 2010 年，中国与其他国家或地区签订双边协定 112 个，比"十五"末增加 13 个。中国航空公司的国际定期航班通航 54 个国家、110 个城市。

对港澳台关系获突破性发展。截至 2010 年底，定期航班通往香港的境内城市 43 个，通往澳门地区的境内城市 5 个，通往台湾省的境内城市 32 个。

四、有力保障上海世博会成功举办

百年一遇的世界博览会于 2010 年 5 月 1 日—10 月 31 日在上海举办，246 个国家和国际组织参展，展期 184 天，国内外参观者 7 308 万人，办成了参展人数、参展国家和地区最多的一届成功、精彩、难忘的盛会。民航作为综合运输体系的重要组成部分，全系统高度重视、充分准备、严密组织和精准实施，出色地完成了世博会的运输保障任务。世博会期间，上海浦东、虹桥两个机场共起降飞机 29.4 万架次，同比增长 16.3%；完成旅客吞吐量 3 999 万人次，同比增长 31.5%；完成货邮吞吐量 191.8 万吨，同比增长 22.0%。此外，还保障要客 5 967 批次，共计 3.999 万人次；专机 271 架次，包机 8 550 架次，公务机 490 架次。

中国东方航空公司作为上海世博会全球合作伙伴和唯一航空承运人，展会期间共保障航班 23.5 万多班，运送旅客 3 385 万人次；同时，以赞助商名义共以现金和机票方式出资 4 500 万元，以参展商名义和中国航空工业集团公司共同主办"中国航空馆"，是世博会开办以来第一个航空展览馆，并成为本次博览会的热门场馆之一；作为服务商，东航和上航旅业公司承担了全部要客接待任务。

在全国世博总结表彰中，民航华东管理局、东航世博工作领导小组、上海国际机场股份有限公司航站管理部等 6 个先进集体和 8 名先进个人获中共中央、国务院的表彰奖励。

在11月举办的第16届广州亚运会和残运会期间，民航为“两会”的航空运输保障做了大量工作，白云机场迎来送往7 145个涉亚航班、保障专机和要客航班近200班，接待亚(残)运会成员5.5万人；中国南方航空公司出色完成了运送亚(残)运会火种、大熊猫和许多驻华使节、要客的航班任务，航班正常率100%。广州亚组委称赞民航实现了“确保安全、优质服务、进出顺畅”的保障目标。

五、积极承担抢险救灾和紧急运输任务

2010年4月14日7时49分，青海玉树发生7.1级强烈地震，电力中断！通信中断！道路中断！地处青藏高原三江源地区的各族同胞亟待救援！民航系统按照党中央、国务院的指示精神和民航局的统一部署，第一时间启动应急响应机制，集中力量办急事，团结各方渡难关，发挥航空运输快速机动的优势，一场大爱无疆的民航大救援迅速展开。首先，玉树和西宁机场、民航西北管理局和东方航空公司立即启动应急预案，使地震发生3小时玉树机场重新开放，8小时内第一批救灾指挥人员、第一支专业救援队伍和第一批救灾物资和设备由民航运到灾区，架起了抗震救灾的天路，打通了联系地震灾区的空中生命线。随即，中国国际、南方和海南等航空公司也投入抗震救灾，在震后72小时内，通过民航，1 100名重伤员被快速转运，206吨救灾急需物资运抵玉树，为挽救生命赢得了宝贵时间，为抢险救灾立了头功。至5月7日，民航共执行救灾飞行614架次，其中专机任务16架次；运送各类抗震救灾人员1.4万人次，物资及设备1 406吨，转运伤员4 459人；执行航空摄影、遥感探测任务8架次，圆满完成各项任务，获得了灾区群众的一致好评。国务院副总理回良玉在玉树指挥抗震救灾时说：“幸亏有了玉树机场，民航立了大功！”在8月19日中共中央、国务院和中央军委隆重举行的抗震救灾表彰大会上，民航6个单位被授予“全国抗震救灾英雄集体”荣誉称号，6位个人被授予“全国抗震救灾模范”称号。为了增大玉树机场的起降能力，为玉树灾后重建作出贡献，民航又于4月18日开始启动机场扩建及夜航设施建设，7月8日机场应急工程顺利交付使用，成为全天候保障能力的4C级机场。

在8月7日发生的甘肃舟曲特大泥石流灾害的抢险救灾中，民航多个单位发挥了不可替代的空中救援作用。还有，1月12日，地处拉丁美洲的海地发生7.3级地震，首都太子港几成废墟，我驻海地维和部队8名警察遇难，急需向海地运送抗震救灾人员、医疗队伍、救援物资，和运回遇难维和警察遗体；随后，智利又发生8.8级特大地震，引起国际社会的极大震动和我国政府的极大关注，大批紧急救援物资急需运往智利；6月，吉尔吉斯斯坦发生社会骚乱，造成大量人员伤亡，我滞留在吉经商、援建的1 300多位同胞急需回国；8月，巴基斯坦遭遇特大洪灾，我承建的巴基斯坦水电站工程近300名工程人员受困和少数人员失踪，急需转移和撤离回国；我在黎巴嫩、苏丹等国参加联合国维和任务的警察部队调防。在这些紧急事件发生后，民航随即启动应急预案，发挥空中救助优势，圆满完成任务，续写抢险救灾和紧急运输传奇。

六、全力推进新疆民航实现跨越式发展

党中央新疆工作座谈会5月中旬召开后，民航局积极贯彻落实，5月21日，民航局发布《促进新疆民航事业发展的若干意见》。6月18日，新疆维吾尔自治区人民政府和民航局在乌鲁木齐召开全国民航推进新疆民航跨越式发展专题会。会上，双方签署《加快推进新疆民航跨越式发展会谈纪要》。双方共同表示，在新疆构建疆内枢纽机场、支线机场和通用航空机场三个层次的机场体系，形成“两网两路”航线网，即在南疆和北疆分别构建两个支线运输网络，以乌鲁木齐机场为枢纽，构建连接国内东部的国内航路和连接中亚西亚的西部国际航路。

7月2日，新疆自治区党委书记张春贤专门听取有关方面就如何加快发展新疆民航的汇报。民航各单位为了快速落实《加快推进新疆民航跨越式发展会谈纪要》精神，提前为对口援助新疆产生的人流、物流搭建便捷快速通道，出台优惠政策，加大协作力度，会谈纪要签署40天内，19省市对口支援新疆建设的地区市县航线全部开通。其中新辟航线7条，内地城市直达疆内支线机场航线4条，平均加密航班每周124班次。如哈尔滨经济南至乌鲁木齐航线、石家庄经西安至库尔勒航线、上海经乌鲁木齐至喀什航线，南方航空于7月15日开通最长国内航线

广州经乌鲁木齐至喀什航线，空中飞行时间6小时30分钟。新开的国际航线有乌鲁木齐至德黑兰、广州经乌鲁木齐至莫斯科、上海经乌鲁木齐至法兰克福等。截至年底，运营新疆航线的航空公司有41家，其中国内航空公司22家，国际和地区性航空公司19家；运营航线120条，其中国内航线90条，国际航线30条。在各方的共同努力下，2010年，新疆区内机场旅客吞吐量1 169.9万人次，货邮吞吐量10.2万吨，分别比2009年增长41.9%、23.6%，实现第一步跨越式发展。

七、与地方政府共同实施优先发展民航战略

继2009年和辽宁、广东等省、直辖市、自治区政府签署加快发展各地民航事业的会谈纪要后，从2010年初民航局出台《关于促进西藏民航事业发展的若干意见》，到6月18日与新疆维吾尔自治区人民政府签署《加快推进新疆民航跨越式发展纪要》，6月30日与四川省人民政府签署《加快推进四川民航发展的会谈纪要》，再到10月26日与陕西省人民政府签署《加快推进陕西民航发展会谈纪要》，12月9日与青海省人民政府签署《加快推进青海民航发展的会谈纪要》，12月23日与湖南省人民政府签署《加快推进湖南民航发展会谈纪要》，民航局与中西部五个省、自治区政府进行协商合作，签署会谈纪要，旨在贯彻中央提出的促进中部地区崛起，推进新一轮西部大开发战略和区域经济良性协调发展方针，并以此带动中西部欠发达地区的社会进步和经济发展，逐步实现不同区域基本公共运输服务均等化，缩小地区发展差距，同时进一步发挥民航业是地区发展先导性产业的作用。

会谈纪要着重规定在资金投入、航线开辟、建设用地、政策优惠等方面双方加大支持力度；同时规定建立协调解决民航发展、改革和建设中重大问题的协商机制。这些会谈纪要签署均取得了良好的成效。一是一批新机场和机场改扩建工程顺利开工。二是客货吞吐量增长加快，如新疆乌鲁木齐机场2010年旅客吞吐量914.8万人次，同比增长39.1%；西藏自治区机场吞吐量154万人，同比增长16.3%。

八、加快中西部机场建设

遵照中央加快中西部建设，促进区域协调发展和公共服务均等化指示，民航固定资产投资除重点投向上海虹桥、重庆江北、西安咸阳、成都双流等枢纽机场改扩建和空管系统外，另一个重点是加快中西部机场建设。2010年竣工投产和新运营9个机场，是新中国民航建立以来投产运营新机场最多的一年。其中包括世界第二高海拔机场——西藏阿里昆莎机场和世界最低海拔机场——新疆吐鲁番机场，以及西藏日喀则和平、新疆博尔塔拉蒙古自治州博东机场，还有宁夏固原、内蒙古二连浩特、重庆黔江、江苏淮安、河北唐山机场。

全年总投资646.5亿元，同比增长8.7%。其中机场系统完成投资441.5亿元，同比增长3.4%；空管系统完成投资19亿元，同比减少37.9%；民航信息、科教等方面完成投资186亿元，同比增加36.0%。

阿里昆莎机场，位于西藏阿里地区首府狮泉河镇，距拉萨空中距离1 100公里，海拔4 274米，跑道长4 500米，宽60米，飞行区等级4D，航站楼3 969平方米。2007年5月动工，2010年7月1日通航。由于阿里机场地处喜马拉雅山脉和冈底斯山脉围成的山谷地带，航路上峰壑横亘，天气复杂多变，每年8级以上大风达120天，加上温差大、海拔高，可供选择备降机场少，这些综合难度叠加，使阿里机场成为我国最难飞的高原机场。

吐鲁番机场，位于新疆吐鲁番市西北约10公里，距乌鲁木齐直线距离165公里，低于海平面155米，年降水量仅16毫米，且冬季无降雪。跑道长2 800米，宽45米，飞行区等级4D，航站楼5 300平方米。2009年5月动工，2010年7月9日通航。机场建成通航，将发挥吐鲁番旅游资源优势和矿产资源优势，加快地区经济发展和完善新疆自治区综合交通运输体系，同时可作为乌鲁木齐机场的备降机场，增强乌鲁木齐机场在中亚地区的航空地位。

九、行业盈利大幅增长创历史新高

2010年是中国民航经济效益最好的年份，全行业实现利润434亿元，同比增长255.7%。其中航空公司盈利351亿元，机场盈利51亿元，服务保障企

业盈利32亿元，同比分别增长374.3%、70.0%和77.8%。

航空公司盈利大幅增长创历史新高，是多种利好因素叠加的结果。一是社会稳定，经济持续发展，拉动航空运输加快增长。2010年国内生产总值增长10.3%，全年货物进出口总额增长34.7%，全年对外工程承包完成额增长18.7%，全国国内旅游人数增长10.6%，入境外国旅游者增长19.1%，国内居民出境游人数增长20.4%。二是上海世博会、广州亚运会的拉动作用，使空运市场活力增强，全年运输量均衡增长，实现淡季不淡、旺季更旺。三是在各国应对国际金融危机采取的多项计划的促进下，全球经济恢复增长。据国际货币基金组织测算，2010年全球经济增长5.0%，其中发达国家经济体为3.0%，新兴市场和发展中经济体为7.3%。四是国际油价稳定且处于中位运行。据国际航协统计，2010年全球航空煤油平均销售价为720.4美元/吨，同比上涨27.2%。国内航空煤油销售价略高于国际价格，但趋势相同；同时国内延续航空公司征收燃油附加费政策。五是实行宏观调控政策，控制运力过快增长，使行业航班客座率、载运率达近年最好水平，其中客座率80.2%，同比提高3.9个百分点；载运率71.6%，同比提高4.4个百分点，加上飞机日利用率同比提高0.11小时，达9.4小时。运输效益指标的提高，说明宏观调控发挥了作用，以往供大于需的状况得到改善，市场供需趋于平衡。六是竞争格局改善，航空公司议价能力提升，收益水平提高。2010年全行业运输收入为5.30元/吨公里，比上年每吨公里增加收入0.53元，仅此一项增加收入285亿元。七是企业改善经营管理，降低了成本。八是国家采取注资、减税、减收基金和对部分航线及中小机场进行财政补贴等政策，支持航空公司和机场业发展。

中国民航有效应对国际金融危机和一系列重大风险的挑战，胜利完成“十一五”规划的主要目标和任务，为进入“十二五”奠定了良好基础，使中国民航迈入新的增长周期。

（撰稿：刘功仕）

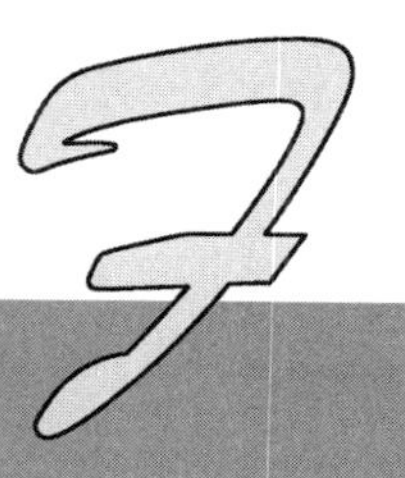

企业管理综述

2010 年中国企业管理创新综述

中国企业联合会管理现代化办公室

2010 年,世界经济在金融危机中复苏,中国经济依然保持着强劲的发展势头,GDP 增速达 10.3%,规模以上工业增加值比上年增长 15.7%。中国经济的持续快速发展与企业活跃且有效的管理创新活动密不可分。

国家级企业管理创新成果是由原国务院企业管理指导委员会、国务院生产委员会批准开展的一项全国性活动,全面反映了我国企业各项管理工作的新进展,代表了我国企业管理的先进水平和发展趋势。2010 年,全国企业管理现代化创新成果审定委员会受理成果 435 项,评出国家级管理创新成果 184 项,占申报总数的 42.0%,其中一等成果 32 项。

从国家级企业管理创新成果的情况看,2010 年中国企业管理创新活动呈现出覆盖面大、程度深、效果好的新特点。

一、开展管理创新活动的企业数量更多、涉及范围更广

2010 年,中国企业管理创新活动进入一个新阶段。一是开展管理创新活动的企业数量更多。2010 年,全国企业管理现代化创新成果审定委员会受理全国性、各省级推荐单位和中央企业、中国 500 强企业推荐的成果 435 项,创历史新高,比 2009 年的 335 项整整多出 100 项,增加近 30.0%。同时,各推荐单位自身系统内受理的成果申报数量也大幅增加,如钢铁协会受理 180 多项,中电联受理 500 多项,河北省受理 300 多项,中国石化集团受理 200 多项等。

二是开展管理创新活动的企业范围更广。从地区来看,2010 年国家级管理创新成果申报企业覆盖全国 28 个省、自治区、直辖市,个别地区虽然没有申报成果,但是依然开展了大量的管理创新活动。也就是说 2010 年全国所有地区的企业都开展了管理创新活动。从行业来看,2010 年国家级管理创新成果企业来自于钢铁、电力、通信、石油、建材、轻工、煤炭、机械、交通、金融等各个行业。从企业所有制性质看,2010 年国家级管理创新成果涵盖国有及国有控股、民营、外商投资等各种性质的企业。

二、管理创新内容既涉及管理活动的各个领域又有所侧重

从 2010 年评出的 184 项成果看,管理创新内容涉及众多方面。从管理学范畴看,可将 184 项成果分为十大部分,即战略转型与商业模式创新、跨国经营与重组整合、财务管理与风险管控、精益生产与工程项目管理、信息平台建设与数字化管理、技术创新与绿色管理、人才开发与绩效管理、管理变革与系统优化、营销服务与供应链管理、基础管理与安全运营。

从各部分成果数量来看,排在前 3 位的是财务管理与风险管控(25 项)、基础管理与安全运营(23 项)、战略转型与商业模式创新(22 项),共 70 项成果,占成果总数的 38.0%。这说明这三个部分内容是 2010 年度最受企业关注的管理创新领域;排在后 3 位的是跨国经营与重组整合(11 项)、信息平台建设与数字化管理(11 项)、营销服务与供应链管理(14 项),共 36 项成果,占成果总数的 19.6%。这说明这三部份内容虽然是 2010 年企业管理创新较为关注的领域,但是关注度仍然低于其他管理领域。

从各部分成果质量来看,即从各部分获得一等成果数量来看,排在前 3 位的是战略转型与商业模式创新(6 项)、技术创新与绿色管理(5 项)、财务管理与风险管控(5 项),共 16 项,占一等成果总数的 50.0%。这反映了 2010 年中国企业在这三个方面取得了很好的成就,特别是战略转型与商业模式创新、财务管理与风险管控这两块内容,既是 2010 年企业关注最多的领域,也是 2010 年企业管理实践取得成就最大的领域。排在后 3 位的是基础管理与安全运营(1 项)、精益生产与工程项目管理(1 项)、信息平台建设与数字化管理(1 项)三部分,每部分只有一项成果入围一等,三部分一等成果占一等成果总数的比例不足 10.0%。这反映了中国企业 2010 年在这三个方面做得不是很好,特别是信息平台建设与数字化管理,不仅是总数最少的,一等成果数量

也是最少的。这折射出中国企业在信息化方面喊得多、做得少,这在已经进入信息化时代的今天是一个值得我们思考的课题。

三、企业管理创新数量和质量与区域经济、企业效益呈正相关性

企业是社会财富的主要创造者,企业管理水平高低直接关系到企业价值创造能力。从这个角度看,一个地区企业管理创新活动开展情况直接关系到该地区的经济发展状况。衡量企业管理创新活动开展状况的指标主要是管理创新活动的数量和质量,因此企业管理创新数量和质量与区域经济呈正相关性。2010 年国家级管理创新成果与中国 GDP 的数据关系可以为这一结论提供佐证。

2010 年 GDP 前 10 位的省市有广东、江苏、山东、浙江、河南、河北、辽宁、四川、上海、湖南,10 个省、直辖市 GDP 总量约占全国 GDP 总量的 60.0%,而这 10 个省市创造的成果总数共 83 项,约占全部成果总数的 45.0%。这两个比例都远高于 32.0%(10 个省、直辖市占 31 个省、自治区、直辖市的比例)。

成果企业最多的 10 个省、直辖市有:北京(38 项)、河北(15 项)、山东(14 项)、辽宁(10 项)、河南(9 项)、上海(9 项)、陕西(9 项)、江苏(8 项)、重庆(7 项)、浙江(7 项),这 10 个省、直辖市中有 7 个省、直辖市也在 GDP 前 10 位的名单中,另外 3 个分别是北京、重庆和陕西,北京是首都,是中国最发达的地区之一,集聚着大批中央企业总部和跨国公司,其经济总量虽然排在全国第 13 位,但是企业总体质量在全国名列前茅,因此管理创新成果企业总数名列全国前茅也无可厚非。重庆是直辖市,是西部经济中心,陕西是西部最发达省之一,他们的管理创新成果总数进入前 10 位也不无道理。

当然,成果数量与 GDP 不是严格一一对应关系,其主要原因有两条:一是一个地区的 GDP 并非完全由企业创造,比如政府直接投资等;二是企业的效益并非完全由管理水平决定,还与外部环境、企业技术水平等很多其他因素有关;三是国家级管理创新成果申报、评审并非十分完美,中间也存在一些误差等。虽然他们之间不是严格一一对应关系,但是从以上数据基本可以看出他们之间是一种正相关性关系。

此外,企业管理创新活动状况还与企业效益呈正相关性。研究表明,管理创新与企业效益是一种良性互动、螺旋上升的关系:企业管理创新水平越高,企业效益往往越好;企业效益越好,企业往往越愿意而且能够开展管理创新活动。国家级管理创新成果也可为此研究提供进一步的数据支持。

近年来,中央企业发展迅猛,其资产总量、销售规模、盈利能力、技术水平等方面都已走在其他企业前列。因此他们的管理创新活动也应该同样走在其他企业前面。2010 年 184 项成果创造企业中,中央企业 111 家,占成果企业总数的 60.0%,其中一等成果 18 家,占一等成果企业总数的 56.3%。

此外,如果企业效益与管理创新状况呈正相关性,那么大型企业的管理创新活动要明显优于中小企业,管理创新成果情况正好印证了这点。2010 年成果创造企业中,大型企业 157 家,占成果企业总数的 85.3%,中小企业 27 家,占成果企业总数的 14.7%。

四、管理创新内容呈现出统领性与相融性特征

管理是通过激发人的积极性、整合资源等实现组织目的的活动,管理在组织中发挥着导航器、梳理机、粘结剂等作用,引导者企业的发展方向,梳理企业各种元素使之有序排列、组合并粘结在一起,以便使得企业成为有效运转的组织。

2010 年的企业管理创新在充分体现企业管理本质的基础上,更加体现出统领性与相融性特征。统领性特征主要表现在通过战略管理引领企业发展方向,统领企业所有活动。

战略管理引领企业朝着更远更高目标前进。中国南车集团公司以“赶超世界一流”的战略目标引领企业发展方向,并将这一战略目标分解成四个具体战略,分阶段实施,即:“归核”战略——通过整合重组将业务集中到资源和能力具有竞争优势的轨道交通装备领域;“强核”战略——借引进国外先进技术之力缩短与国际领先企业的技术差距,借资本市场之力实现管理提升和产业升级;“造核”战略——依靠自主创新实现技术领先,凭借精益管理、集团品牌塑造形成差异化优势,培育核心能力;“扩核”战略——利用轨道交通装备专有技术优势,向相关产

业延伸,培育未来“种子”业务。通过10年成功实践,中国南车在企业战略的统领下全面提升了核心竞争能力,企业综合实力跨入了世界轨道交通装备制造业的前列。

战略管理引领企业根据环境变化及时作出全局性调整。我国依靠廉价的生产要素和较低的环境成本的发展模式将逐步成为历史,企业必须实施做出战略调整,实现由产业链低端向高附加值领域转型升级。上海纺织控股(集团)公司作为拥有悠久历史和市场影响力的传统国有纺织企业,通过调整产品结构、经营业态、运营模式、体制机制等,成功实现从制造带动向服务带动的战略转型,从低端经营向以科技和时尚为导向的高端经营转型。卫华集团有限公司原是生产配件和轻小型起重机的中小企业,为了提升产品附加价值,大力推进产品系列化和产业链上下游延伸,发展高端产品,提升价值链管控能力,并通过体制机制创新、技术创新和管理创新的有效结合来推动企业转型升级。邯郸钢铁集团有限责任公司曾以低成本战略闻名全国,但是在钢铁行业产能过剩、国家经济结构急需调整的情况下,必须转变经营模式,实现由低成本向高技术发展模式转变。

相融性特征的理论基础是管理的粘结剂作用。2010年相融性特征主要表现在管理创新使得管理活动与其他活动相融、管理活动的不同内容之间相融。

管理创新使得管理与技术更好地融合在一起,形成推动企业进步的一股合力。2010年国家级管理创新成果中一批技术创新成果就是这方面的典型。中国北车集团公司作为我国轨道交通运输装备制造行业的领军企业,将管理创新与引进消耗吸收再创新、集成创新和原始创新相结合,形成了拥有自主知识产权且世界领先的高铁技术。中国航天科工集团第三总体设计部应用数字样机、多学科协同设计等虚拟产品研发技术,实现产品、过程、资源有机集成,建立飞航武器数字化集成研发平台,在现有技术体系的基础上,不断填补飞航技术体系上的空白。

管理创新使得精益管理与现代科技有效融合,为生产制造注入了新的内容,提升了企业制造水平和市场响应速度。中航工业郑州飞机装备有限责任公司顺应现代生产运作管理发展趋势,将现代科学技术、管理理论与航空装备制造业多品种小批量生产特性相结合,建立起依托信息技术的、能够改变产品类别和生产批量的柔性生产系统,实现了多品种、小批量产品流水化、柔性化制造。

管理创新使得社会责任管理与企业经营有机融合,从而将企业的社会责任管理内化成企业的日常经营活动。上海日立电器有限公司将社会责任理念有效融合到企业价值观、战略规划、企业文化和经营管理系统中,并抓住产品和员工两个重点,实施绿色制造,建立员工尤其是劳务工职业发展和关爱机制,确保社会责任管理落地,实现了全员、全过程、全方位履行社会责任。

管理创新使得企业不同种类的管理活动相互融合为一整体,特别是将战略管理与各种职能管理相融合,出现了战略成本管理、战略人力资源管理、战略采购、战略财务资源管理等。鞍钢集团矿业公司为了提升国产铁矿石竞争力和鞍钢集团核心竞争力,把降低成本工作提升至企业长远发展的战略层面,推行战略成本管理,并通过预算管理、工序标准、物流管控和信息化建设等,将战略成本管理贯彻于企业价值链所有环节,实现战略成本管理有效落地。中国蓝星集团公司把采购管理变革作为集团管控模式转型的切入点和突破口,以信息技术为手段,采用先进管理工具和方法,大力推进战略采购管理。中国五矿集团公司从战略高度开展财务管理工作,并将财务资源视为战略性资源,发挥其在企业生产经营活动特别是投资并购、资产重组活动中的战略性作用。

(撰稿:刘　刚)

2010年中国工业企业技术创新状况分析

中国企业联合会企业技术创新办公室

2010年,中国工业企业R&D投入不断增加,创新活动开展活跃,创新体系建设进一步推进,专利申请和授权数量不断增加,新产品销售收入比例不断提高,企业创新能力进一步增强。本文根据国家统计局最新公布的数据,对中国大中型工业企业[1] 2010 年技术创新状况进行了简要分析。

一、基本数据分析

1. 从大中型工业企业 R&D 经费来源情况来看。2010 年[2]来自政府的资金为 175.1 亿元,来自企业资金为 3 759.2 亿元,来自国外资金为 45.9 亿元,来自其他渠道的资金 35.2 亿元,分别占其 R&D 经费内部支出总额的 4.4%、93.6%、1.1%、0.9%。与 2009 年[3]相比,政府资金与国外资金比例略有增加。从 R&D 经费内部支出情况来看,内部支出主要用在了日常性支出,达到了 87.5%,其中人员劳务费占 27.7%;资产性支出占 12.5%。从 R&D 经费外部支出情况来看,用在境内研究机构、境内高校和境外支出的比例分别为 38.0%、18.9%、20.1%,与上年相比,分别下降 0.4%、1.6%、0.6%。2010 年 R&D 经费内部支出与外部支出的比例为 14∶1,比 2009 年的 13∶1 有所提高,见表 1。

大中型企业 R&D 经费支出情况统计

表 1

分类	2009 年		2010 年	
	数量(亿元)	所占比例(%)	数量(亿元)	所占比例(%)
R&D 内部支出	3 210.2	—	4 015.4	—
经费来源分				
政府资金	136.8	4.3	175.1	4.4
企业资金	3 010.0	93.7	3 759.2	93.6
国外资金	28.5	0.9	45.9	1.1
其他资金	34.9	1.1	35.2	0.9
按支出用途分				
1. 日常性支出	2 821.8	87.9	3 514.5	87.5
#人员劳务费	808.9	28.7	974.9	27.7
2. 资产性支出	388.4	12.1	500.9	12.5
#仪器和设备	366.4	94.3	477.5	95.3
R&D 经费外部支出	249.8	—	275.1	—
#对境内研究机构支出	95.9	38.4	104.5	38.0
对境内高等院校支出	51.1	20.5	52.1	18.9
对境外支出	51.8	20.7	55.2	20.1

2. 从大中型工业企业技术创新活动开展情况来看。2010 年我国大中型工业企业数量为 45 536 个,其中有研发机构的企业数量为 12 568 个,占其 27.6%,开展 R&D 活动的企业数量为 12 889 个,占其 28.3%。与 2009 年[4]相比,绝对数量有所增加,但占当年大中型企业总量的比例,却都有不同程度的下降。从 R&D 人员情况来看,2010 年我国大中

〔1〕 大中型工业企业是指同时满足从业人员年平均人数在 300 人及以上、年主营业务收入在 3 000 万元及以上、资产总计 4 000 万元及以上的工业企业。

〔2〕 本文数据主要参考国家统计局和国家发展与改革委员会合编的《2011 工业企业科技活动统计资料》(中国统计出版社,2011),未加注明的统计数据均出自此书。

〔3〕 本文 2009 年的数据均出自国家统计局和国家发展与改革委员会合编的《2010 工业企业科技活动统计资料》(中国统计出版社,2010)。

〔4〕 本文 2009 年的数据均出自国家统计局和国家发展和改革委员会合编的《2010 工业企业科技活动统计资料》(中国统计出版社,2010)。

型工业企业 R&D 人员数量及占年末从业人员数的比例为 3.3%，比 2009 年略有提高，见表 2。

大中型企业开展技术创新活动情况

表 2

分　类	2009 年		2010 年	
	数量(个/人)	所占比例(%)	数量(个/人)	所占比例(%)
大中型企业数量	40 792	—	45 536	—
有 R&D 活动的企业	12 434	30.4	12 889	28.3
有研发机构的企业	11 741	28.8	12 568	27.6
年末从业人员数	47 624 144	—	53 376 040	—
R&D 人员数量	1 518 991	3.2	1 758 543	3.3

3. 从大中型工业企业技术创新产出情况来看，新产品开发项目数、新产品开发经费支出、新产品产值和销售收入的绝对值都比 2009 年有所提高，分别达到 159 637 件、4 420.7 亿元、73 606.3 亿元、72 863.9 亿元。从专利申请和授予情况来看，2010 年专利申请数、发明专利申请数、有效发明专利数分别为 198 890 件、72 523 件、113 074 件，比 2009 年分别提高了 19.3%、15.1%、38.6%。大中型企业形成行业或国家标准的数量也达到了 14 532 件，比 2009 年增加了 4.9%，见表 3。

大中型企业技术创新产出情况

表 3

内　容		2009 年	2010 年
新产品开发及生产情况	新产品开发项目数(件)	152 770.0	159 637.0
	新产品开发经费支出(亿元)	3 654.6	4 420.7
	新产品产值(亿元)	58 714.4	73 606.3
	新产品销售收入(亿元)	57 978.1	72 863.9
自主知识产权及相关情况	专利申请数(件)	166 762.0	198 890.0
	发明专利申请数(件)	63 011.0	72 523.0
	有效发明专利(件)	81 592.0	113 074.0
	形成国家或行业标准数(件)	13 854.0	14 532.0

二、取得的主要进展

1. 技术创新体系建设方面。我国以企业为主体、市场为导向、产学研相结合的技术创新体系不断发展，以建立企业技术中心为主要形式的企业技术创新体系建设不断加强，工业企业技术创新主体地位有所提高。据统计，在第 17 批国家级企业技术中心通过有关部门认定后，至 2010 年，我国累计认定的国家级企业技术中心已有 729 家、省级企业技术中心达 5 532 家。2010 年，国家认定的企业技术中心投入研发经费总计达 1 800 多亿元，占全社会研发经费投入总量的 1/4 强[1]。2010 年大中型工业企业在固定资产设备购置中的仪器和设备采购费为 477.5 亿元，相对于 2009 年的 366.4 亿元增长了 30.3%，有了较大幅度的提高，技术创新设备条件有所改善。

2. 技术创新经费投入方面。2010 年我国各类企业投入 R&D 经费 5 185.5 亿元，比上年增长

李胤 . 2010 年我国科技事业成绩斐然[N]. 中国信息报，2011.5.26。

22.1%;政府属研究机构投入1 186.4亿元,增长19.1%;高等学校投入597.3亿元,增长27.6%。企业、政府属研究机构、高等学校经费所占比重分别为73.4%、16.8%和8.5%。[1]我国大中型工业企业科技活动经费从2009年的3 640亿元,提高到2010年的4 290.5亿元,增长17.9%,R&D经费投入强度(R&D经费与主营业务收入之比)为1.0%。分产业部门看,R&D经费投入强度最高的行业是专用设备制造业,其次为医药制造业、通用设备制造业、电气机械及器材制造业和仪器仪表及文化、办公用机械制造业,见表4。[2]

R&D投入强度前5名

表4

行　业	R&D投入强度(%)
专用设备制造业	2.04
医药制造业	1.82
通用设备制造业	1.59
电气机械及器材制造业	1.59
仪器仪表及文化、办公用机械制造业	1.50

3. 技术创新人力资源投入方面。2010年,我国工业企业R&D人员数量为175.9万人,相比2009年提高15.8%;研究人员由2009年67万人提高到2010年70.4万人,增加5.0%;R&D人员全时当量为1 369 908人年,相比2009年提高18.2%;我国工业企业创办的研发机构的工作人员数量由2009年127.9万人增加到2010年148.5万人,增长16.1%。其中硕士研究生以上学历的人员由2009年15.1万人增加到2010年17.8万人,增长17.9%。表明我国工业企业技术创新人力资源从数量和质量方面都有所提高。

4. 自主知识产权方面。我国工业企业专利申请数由2009年16.7万件增长到2010年19.9万件,增长19.3%;有效发明专利由2009年8.2万件增长到2010年11.3万件,增长幅度为38.6%;形成国家或行业标准数由2009年13 854项增长到2010年14 532项,增长幅度5.0%;2010年,我国国内发明专利申请中职务发明的比重达到76.5%,其中企业申请在职务发明中比重达到69.2%,接近七成。[3]表明企业知识产权创造主体地位进一步加强。

5. 新产品开发方面。2010年我国工业企业新产品开发项目达16万项,新产品开发经费支出达4 420.7亿元,新产品产值达73 606.3亿元,新产品销售收入达72 863.9亿元,分别比上年增长4.5%、21.0%、25.4%、25.7%,并取得了一批具有世界先进水平的重大科技成果。许多新产品不仅具有国际先进水平,而且对引领行业技术进步方向、支撑企业发展都具有重要意义。

三、存在的差距及不足

2010年,我国工业企业技术创新能力进一步增强,在诸多方面都取得了显著的成绩,但在技术创新活动程度、人力资源投入、消化吸收强度、基础研究等方面仍存在不足,与欧美日等创新型国家相比,也还有一定的差距。

1. 技术创新活动方面。2010年,我国工业企业拥有技术开发机构16 717个,占全国技术开发机构总数的55.0%。由此可以看出,我国工业企业有着较为广泛的技术创新组织基础。但是,就企业组织内部来看,我国企业拥有的技术开发机构比重却较低。2009年,我国大中型工业企业中有技术开发机构的企业数占大中型工业企业数的28.8%,2010年此比例有略为下降的趋势仅为27.6%,表明大部分企业的技术创新活动仍处于一种松散状态。有科技活动企业所占比例也由2009年的30.4%下降到2010年的28.3%,我国大中型工业企业技术开发机构及活动在一定程度上处于萎缩状态。

2. 人力资源投入方面。虽然我国企业R&D人员增长较快,但与发达国家相比,我国的差距依然十分明显。目前,我国企业的R&D人员占全国R&D人员的比例已达60.0%以上[4],属于企业研究机构主导型,但是相比美国企业的R&D人员占全国

〔1〕 http://www.sts.org.cn/nwdt/gndt/document/2011/201110103.htm 访问时间2011年11月29日。

〔2〕 http://www.sts.org.cn/nwdt/gndt/document/2011/201110104.htm 访问时间2011年11月29日。

〔3〕 国家知识产权局规划发展司.《专利统计简报》[R].2011年第1期总第100期。

〔4〕 国家统计局、科学技术部.中国科技统计年鉴-2010[M].中国统计出版社,2010。

R&D 人员的比例达 75.0% 以上，我国企业 R&D 人力投入还是相对较弱，从而在一定程度上制约了工业企业技术创新。

3. 技术创新经费方面。从 R&D 经费占产品销售收入的比重看，在以企业为技术创新主体的发达国家，其企业对 R&D 的投入一般都占其销售额的 3.0% 左右，高技术企业对 R&D 经费的投入则占其销售额的 5.0% 以上，而世界 500 强企业一般要占 5.0% ~10.0%。[1] 而我国 2010 年大中型工业企业 R&D 经费投入强度仅为 1.0%。由此看来，企业技术创新资金投入的比重明显不足，从这个角度讲我国工业企业还不是真正的技术创新的主体，甚至地位还有略为下降趋势。从 R&D 经费的使用看，目前我国企业所占的份额虽已超过 60.0%，但是美国、日本、德国、瑞典等国家的 R&D 经费使用中企业都占到 70.0% 以上。[2] 与这些工业发达国家相比，我国的这一比例还比较低。由此可以看出，我国企业 R&D 活动中的主体地位仍是不够稳固的。

4. 技术消化吸收强度方面。从企业对技术的消化吸收看，消化吸收强度不够。日本和韩国成功的经验是在技术引进的同时也大幅度增加了消化吸收的投入，这两国技术引进与消化吸收的比例大致保持在 1∶8 的水平。而 2010 年我国大中型工业企业技术引进与消化吸收的比例仅为 1∶0.43，与日本韩国相比差距较大。2010 年，我国工业企业技术引进费高达 386.1 亿元，技术消化经费支出仅为 165.2 亿元。[3] 这种投入不足和投入不合理现象的并存，说明我国企业二次创新能力较为缺乏。

5. 基础研究方面。从企业在 R&D 经费支出中基础研究所占比例看，我国企业基础研究比例明显过低。基础研究是自主创新的基础，是技术产生与转化的原动力，是自主创新实现可持续发展的重要保障。根据对各国不同发展阶段数据的比较，企业基础研究、应用研究、试验发展之间有一个相对稳定的比例，大致为 1∶2∶5。美国等发达国家的企业过去 30 年间基本稳定在这一比例，这或许是 R&D 三类活动相互依存的内在关系。而我国企业研发经费分配中，基础研究、应用研究、试验开发研究三者所占比例大致保持在 1∶3∶14。[4] 基础研究的薄弱导致我国企业的自主创新缺乏理论基础，从而无法导源出前沿性的科技创新成果。

6. 企业发明专利方面。2010 年，我国国内发明专利申请中，企业发明专利申请比重超过一半，达到 52.9%。但与发达国家相比，企业发明专利所占比例仍比较低。美国专利商标局公布的统计数据显示，2010 年美国授权企业发明专利数占当年发明专利授权总量的 91.9%。[5] 表明我国企业自主创新能力还不强，还没有成为国家自主创新的主体。

（撰稿：张文彬　常　杉）

2010 年中国企业社会责任与诚信建设综述

中国企业联合会雇主工作部

2010 年，中国企业社会责任受到的关注程度不断提升，社会各界对社会责任的认识不断深化，企业履行社会责任更加明确，监督和保障机制更加健全，影响范围更加广泛和深入，越来越多的企业和社会责任机构活跃在国际舞台，中国企业社会责任理念和实践日益成为全球可持续发展的重要组成部分。

一、中国企业诚信和社会责任的新发展

（一）国家高度重视企业社会责任和诚信建设工作

企业履行社会责任既是贯彻科学发展观，也是构建社会主义和谐社会的重要举措，党中央、国务院高度重视企业社会责任工作。

〔1〕 国家知识产权局规划发展司.《专刊统计简报》[R].2011 年第 1 期总第 100 期。

〔2〕 科学技术部发展计划司. 中国 R&D 经费支出特征及国际比较[R].2009.7。

〔3〕 国家统计局、科学技术部. 中国科技统计年鉴 -2010[M]. 中国统计出版社，2010。

〔4〕 刘敏 李永忠. 我国企业自主创新困境探究[J]. 人民论坛学术前沿，2011.9.30（340）。

〔5〕 http://news.cntv.cn/20110914/102134.shtml 访问时间 2011 年 11 月 26 日。

2010年1月,胡锦涛总书记在上海市考察工作时强调,要把加快经济发展方式转变作为深入贯彻落实科学发展观的重要目标和战略举措,进一步推进节能减排和环境保护,在转变经济发展方式上取得突破性进展。同年3月,胡锦涛总书记表示,希望广大民营企业切实把企业利益与社会利益统一起来,各级党委和政府也要为民营企业履行社会责任创造更好环境和条件。同年4月,胡锦涛总书记在2010年全国劳动模范和先进工作者表彰大会上强调,要健全以职工代表大会为基本形式的企事业单位民主管理制度、厂务公开制度,组织职工依法实行民主选举、民主决策、民主管理、民主监督,促进充分就业,改善就业环境,提高就业质量,不断增加劳动者特别是一线劳动者的劳动报酬。

2010年2月,国务院总理温家宝在与广大网友在线交流时指出,一些国家的一些企业见利忘义,为了自身利益而损害整体利益,企业家的身上应该流淌着道德的血液。对于我们的企业来讲,对于整个社会来讲,道德问题十分重要。

2010年2月,国家副主席习近平在出席2010经济全球化与工会国际论坛上表示,中国工会通过积极倡导在中国各类企业开展以保岗位、保工资为主要内容的"共同约定行动",既动员职工立足本职,为企业发展献计出力,又促使企业履行社会责任,尽量不裁员、不减薪,少裁员、少减薪。同年3月底,国家副主席习近平在斯德哥尔摩举行的中瑞企业合作与创新论坛发表演讲时指出,两国政府部门应该继续为双向投资合作提供支持和协助,利用经贸联委会等现有促进机制帮助企业适应经济环境变化,拓宽投资领域,创新投资模式,引导企业履行社会责任。

(二)各个部门加强推动企业社会责任和诚信建设

2010年,国家有关部门积极研究制定政策举措,环保、质检、安监等部门加强执法监督,上海、山东、浙江等地区相继出台指导意见、地方标准。政府部门从各自的职能出发,完善相关政策,健全激励约束机制,引导支持企业正确履行社会责任。

2010年5月26日,由国家发改委、工业和信息化部、民政部、国务院国资委指导,中国工业经济联合会主办的"2010中国工业经济行业企业社会责任报告发布会"在北京召开。大会联合中国煤炭、机械、钢铁、石化、轻工、纺织、建材、有色金属、电力、矿业10家工业行业协会(联合会)共同集中发布40多家企业社会责任报告,推进社会责任信息披露,提升中国工业企业及工业协会社会责任管理实践水平。

2010年7月,商务部、中宣部、发展改革委、工业和信息化部、卫生部、海关总署、税务总局、工商总局、质检总局、广电总局、食品药品监管局、外汇局、贸促会、中国企业联合会、消费者协会等14个部门联合下发《关于继续开展2010年"诚信兴商宣传月"活动的通知》,在全国范围开展"诚信兴商宣传月"活动。开展5年来,各地区、各部门结合实际开展了内容丰富、形式多样的宣传教育活动,在推动诚信宣传教育工作,提高企业和公民诚信意识,促进社会信用体系建设等方面取得了积极成效,宣传效果逐渐显现,社会认知度不断提高。按照要求,中国企业联合会继续开展企业信用评价,开发和建设中国企业诚信网,引导企业加强诚信制度建设;总结典型成功案例,宣传推广先进经验;持续开展企业诚信建设和信用管理课题研究。

2010年5月,香港社会服务联会(社联)最近推出了《香港中小企业企业社会责任指引》,协助中小企业履行企业社会责任。

(三)中国企业社会责任的国际参与明显增强

据商务部统计,2010年中国累计实现非金融类对外直接投资590亿美元,同比增长36.3%。截至2010年底,中国累计非金融类对外直接投资2 588亿美元。收购领域主要涉及采矿业、制造业、电力生产和供应业、专业技术服务业等。中国企业对外投资合作进入全面发展的新时期,同时,海外中资企业越来越重视承担起社会责任,向着负责任的跨国大企业迈进。中国企业的对外合作不仅为自身发展增添了动力,也为建设和谐世界作出了贡献。越来越多的海外中资企业关心当地社会利益,实施本地化经营,注重可持续发展,在投资地促进就业、增加税收、培养人才、改善民生、保护环境等方面受到各方的肯定和欢迎。

随着社会责任理念、原则、管理工具和审验标准等在全球迅速发展,包括全球契约、全球可持续发展报告组织和一些承担责任报告审验的国际第三方认证机构纷纷落户中国。截至2010年底,已有213家企业和组织加入联合国全球契约组织，其中企业190家，包括中石化在内的18家大型国有企业。2010年6月，在全球契约纽约领导人峰会上，中国代表团的出席和发言可谓是中国社会责任群体代表的一次整体亮相。

在国际标准化组织历时10年的开发社会责任标准指南ISO 26000的修订过程中，中国专家作为主要参与方，提出"尊重差异化原则"的提议被主席团接受。这一切也正表明，社会责任在全球的发展不能够忽略中国这个世界上最大的新兴经济体。

（四）企业创新实践，积极履行社会责任

1. 企业社会责任和诚信建设的内涵不断延伸。一是企业更加重视诚信建设，诚信体系建设取得积极进展。诚信建设已成为企业核心竞争力之一，许多行业企业制定了诚信建设目标，建立诚信管理体系，开展相关宣传培训。截至2010年5月，已有近4 000家企业被评为行业信用评价A级以上企业。

二是产品质量不断提升和安全生产状况的稳定好转。企业质量意识持续加强，品种、质量、服务得到提升和改善，创建了一批自主品牌。企业安全管理和监督进一步加强，2010年事故总量、死亡人数同比分别下降4.2%和4.4%。

三是企业加快转变方式、调整结构，增强自主创新能力。企业注重社会效益和民生利益，主动采用国际先进技术和标准的比重加大，产业结构、产品结构进一步优化。淘汰落后、兼并重组步伐加快，技术水平、专业化水平明显提升。不少企业自觉加大研发投入，创新能力和新产品开发能力不断增强。

四是自觉开展节能降耗和减排治污。近年来，行业和企业从全局和长远利益出发，在国家有关政策的支持下，加大资金投入，强化目标责任，大力推进节能减排。"十一五"时期全国单位工业增加值能耗累计下降26.0%，全国工业二氧化硫排放量减少20.0%，化学需氧量排放量减少25.0%。

五是进一步规范劳动关系。企业贯彻执行《劳动合同法》等一系列维护劳动者权益的法律法规，劳动关系三方协调机制不断推进。到2010年底，全国规模以上企业劳动合同签订率达到97.0%。企业普遍建立了社会保障体系，还开展了一些针对特殊群体的专项援助计划。

六是企业广泛参与社会公益。在抗击汶川、玉树等特大地震自然灾害中，企业以多种方式作出重大贡献。近年来，企业已经成为国内慈善事业的主要捐赠体，在支持老少边穷地区、救助弱势群体等社会活动中涌现出一批令社会称道的优秀企业和企业家。

2. 企业社会责任的实践更加深入。中国企业社会责任实践进入了稳定发展阶段。根据社科院发布的企业社会责任基准报告，2007—2010年这4年中，中国企业社会责任实践的平均得分率分别为50.8、52.3、61.3、69.4，表明中国企业社会责任实践进入一个稳定的发展阶段。

在构成企业社会实践的四个方面当中，战略与治理、利益相关方的关系、社会责任信息披露保持稳定。企业在社会责任实践中越来越重视将社会责任与企业日常运营相结合，参与评估的企业越来越重视与日常运营相结合。在继续推动对社区、社会组织、政府的利益相关方履行责任的同时，对员工、客户、供应商等直接利益相关方的重视程度有所增加。

社会责任信息披露，特别是社会责任报告日益受到企业的重视。在中国2010年发布的706份社会责任报告中，企业社会责任报告内容更加丰富，绝大多数报告披露了经济、社会、环境和社会责任管理方面的绩效。

二、企业社会责任和诚信建设面临的新问题和挑战

（一）新时期的发展对企业履行社会责任提出更高要求

随着经济化和城镇化的推进，社会结构变动，人民生活水平的提高，社会矛盾增多，利益关系和利益诉求日趋复杂，市场秩序、产品质量、安全生产、劳资关系等问题逐步凸显。一些企业社会责任意识淡薄，社会责任缺失，经营活动中的不良行为时有发生。中国经济整体发展水平得到了较大的提升，但不平衡、不协调、不可持续问题依然突出。发展方式粗放，资源环境难以支撑；产业结构不合理，部分行业产能过剩、重复建设现象明显；自主创新能力薄弱，缺乏核心关键技术和自主品牌。"十二五"期间，要促进企业由大变强，迫切要求行业企业坚持科学发展，加快转方式、调结构，提升发展质量和效益；坚持走中国特色新型工业化道路，建立结构优化、技

术先进、清洁安全、附加值高、吸纳就业能力强的现代产业体系。

国内外与社会责任有关的倡议、指南等不断涌现。2010 年 11 月,国际标准化组织正式发布 ISO 26000《社会责任指南》,许多跨国公司也制定针对自身和供应商的经营守则,督促企业履行社会责任。企业竞争已由主要依靠经济要素竞争,向以经济要素和社会责任相结合的综合竞争转变。金融危机以来,围绕市场、技术、标准等的竞争更加激烈,全球贸易保护主义倾向抬头,企业面临的国际压力与日俱增。"十二五"规划《纲要》明确提出,"'走出去'的企业和境外合作项目,要履行社会责任。"这些因素的变化都对企业履行社会责任提出了更高的要求。

(二)重点行业的重大诚信问题突出

总体上看,中国企业社会责任实践取得了一定进展,但仍然存在一些突出问题。近几年来,中国经济领域诚信问题层出不穷,如一些工业企业经营思想不端正,违规行为多有发生;质量信誉意识不强,甚至出现质量事件;安全生产事故总量仍然较大,重特大事故时有发生;节能减排面临形势仍然十分严峻;劳动者权益受损现象依然突出。

特别是食品安全领域的失信问题较为突出。近年来相继发生"毒奶粉"、"瘦肉精"、"地沟油"、"染色馒头"等事件,这些恶性的食品安全事件足以表明,诚信的缺失、道德的滑坡已经到了何等严重的地步。以食品行业为例,虽然中国食品安全形势总体是稳定的,但食品安全事件时有发生。国家食品安全办公室数据显示,全国共有食品生产企业 40 多万家、食品经营主体 323 万家、餐饮单位 210 万家、农牧渔民 2 亿多户,小作坊、小摊贩、小餐饮更是数量巨大。2010 年全国各级监管部门共主动检查各类食品生产经营单位3 500 多万户次,还有大量针对小摊贩、小作坊、小餐饮的检查次数无法准确统计,共查处 13 万起大大小小的食品安全违法违规案件。

(三)企业社会责任发展总体水平还不高

企业社会责任实践正经历着从提高社会责任意识向重视社会责任实践的一个转变过程,不同类型企业的社会责任实践呈现出不同的特点。一是处于不同发展阶段的企业,对社会责任的认识和开展社会责任实践的能力有所不同,行业领先企业在社会责任各个领域的表现均要好于成长型企业;二是不同所有者的企业在社会责任实践中各有优势和特点,国有企业在总体上居于领先地位,其次为外资及港澳台企业,民营企业的总体得分相对偏低。

不同地区、不同行业企业的社会责任实践存在着明显的差异。据社科院的一份调查显示,东部地区企业占样本的主体,占样本总数的 86.4%,中西部企业仅占 13.6%,企业样本有进一步向东部集中的趋势,尽管参评企业样本所分布的企业逐渐趋向均衡,但制造业、二级产业和建筑业三个行业占样本的比重在 60.0% 以上,其他行业的企业相对偏少。

2010 年,企业在社会责任的领域组织化程度虽然略有提升,但总体依然不高,部分企业重视社会责任管理考核指标,但差异较大,多数企业尚未形成完整的社会责任指标体系。社会责任管理依然落后于社会责任实践,并且处于起步阶段。

(撰稿:马　超)

2010 年中国企业家队伍发展状况综述

中国企业家成长与队伍建设研究课题组

改革开放以来,随着中国社会主义市场经济体制的逐步建立和经济的快速发展,中国企业家队伍不断发展壮大。为了解中国企业家队伍成长和发展状况,促进企业家队伍健康成长,中国企业联合会、中国企业家协会和中国企业管理科学基金会在多年来关注和推动中国企业家队伍健康成长的基础上,2009 年,成立中国企业家成长与队伍建设研究课题组,在全国各地企业联合会、企业家协会的大力支持和帮助下,于 2010 年初,组织开展"中国企业家成长及队伍建设情况调查"专题研究。

本次调查研究主要是通过问卷调查的方法进行,调查的企业家有 1 360 多位。其所在企业主要涉及制造业、交通运输仓储和邮政业、建筑业、采矿业、房地产业、批发和零售业、租赁和商贸服务业、信息传输计算机服务和软件业、住宿和餐饮业等 14 个行业，以上行业的企业所占比重分别为 47.3%、8.0%、7.7%、7.1%、7.1%、6.6%、4.9%、3.6%、3.6%。从企业家所在企业所有制性质看，国有独资及控股企业占 43.0%，集体企业占 5.3%，民营企业占 44.4%，中外合资企业占 4.5%，外商独资企业占 1.4%，港澳台投资企业占 1.4%（见表 1）。

企业家所在企业基本情况

表 1

分　类	行业、性质、规模、地区	占　比(%)
按行业分	农林牧渔业	1.9
	采矿业	7.1
	制造业	47.3
	电力燃气及水生产和供应业	2.7
	建筑业	7.7
	金融业	3.3
	信息传输计算机服务和软件业	3.6
	批发和零售业	6.6
	住宿和餐饮业	3.6
	交通运输、仓储和邮政业	8.0
	房地产业	7.1
	租赁和商贸服务业	4.9
	水利、环境和公共设施管理业	0.3
	科学研究、技术服务和地质勘查业	1.4
	其　他	8.0
按所有制性质分	国有独资及控股	43.0
	集体企业	5.3
	民营企业	44.4
	中外合资企业	4.5
	外商独资企业	1.4
	港澳台投资企业	1.4
按规模分	特大型企业	11.5
	大型企业	34.4
	中型企业	37.9
	小型企业	16.2
按地区分	东部地区	45.8
	中部地区	33.1
	西部地区	10.3
	东北部地区	10.8

从企业家所在企业的规模看，特大型企业①、大型企业、中型企业和小型企业分别占 11.5%、34.4%、37.9%、16.2%。特大和大型企业中，国有独资及控股企业占多数，分别占 61.1% 和 74.4%，而民营企

① 本调查报告中，国有企业包括国有独资企业和国有控股企业。

业分别占25.4%和25.6%；中小型企业中，民营企业占更大比例，在中型企业中，民营企业占52.9%，国有独资及控股企业占31.9%，小型企业中，民营企业占83.1%，国有独资及控股企业占10.2%。从地区分布看，东部地区、中部地区、西部地区和东北部地区企业家分别占45.8%、33.1%、10.3%、10.8%（见表1）。

在本次调查的企业家中，男性和女性企业家分别占87.9%和12.1%；年龄在35岁以下、35～45岁、45～55岁、55岁以上分别占6.8%、22.2%、45.2%、25.8%；在被调查的企业家中，担任董事长或董事会（局）主席的占56.1%，首席执行官或总裁占3.3%，总经理占25.9%，经理（厂长）占9.0%，还有6.0%被调查者担任企业党委书记或副总经理等职务（见表2）。

调查的企业家基本情况

表2

分　类	性别、职务、年龄、学历	占　比（%）
按性别分	男	87.9
	女	12.1
按担任职务分	董事长或董事局主席	56.1
	首席执行官或总裁	3.3
	总经理	25.9
	经理（厂长）	9.0
	其　他	6.0
按年龄分	35岁以下	6.8
	35～45岁	22.2
	45～55岁	45.2
	55岁以上	25.8
按学历分	高中、中专以下	4.1
	大　专	24.1
	大学本科	34.2
	研究生及以上	37.6

调查表明，随着中国企业家队伍发展壮大，企业家队伍年龄结构更加合理，文化水平明显提高，知识结构更趋专业化。企业家队伍经营管理职业经历和经验日趋丰富，市场化任职方式成为企业经营管理者任职的主要方式。

调查表明，中国企业家队伍专业素质和能力进一步提高。企业家在经营管理过程中，管理上更加重视制度化管理和发挥管理团队的作用；战略管理、企业文化、企业持续发展问题和企业内部管理是企业家比较重视和关注的问题；提高管理能力方面，多数企业家表示主要是提高自身创新能力和市场开拓能力。在提高企业家职业道德素质方面，多数企业家认为，重在提高诚信意识和社会责任意识；在创新、把握机会、承担风险和挑战意识等企业家精神中，勇于创新和敏锐把握机会被认为是更能体现中国企业家精神特征的两个方面。

在企业家激励方面，激励导向的薪酬制度比较普遍建立，但适应市场化发展要求，促进企业家队伍成长的激励机制还需要进一步加强和完善。调查发现，绝大多数企业家工作报酬与经营绩效挂钩，风险收入成为企业家主要收入来源，收入水平逐步提高。但是，总体上，企业家对收入水平满意程度不高，认为没有能够充分体现企业家的贡献。同时，薪酬制度、收入水平、对收入水平的满意程度等方面国有企业[①]与民营企业存在不同。国有企业以年薪制为主，少数实行了股权、期权激励，而实行股权、期权激励的企业中，民营企业占有的比例较高，民营企业企业家对收入水平的满意程度要高于国有企业。

建立更有利于企业家创业和经营企业的市场环境，多数企业家认为最主要的是进一步转变政府职能和建立规范的市场竞争秩序。体制和机制制约多数企业家认为是影响中国企业家队伍成长的最主要因素。对完善企业家成长市场环境和影响企业家成长因素的看法，具有明显的所有制特征，民营企业更强调平等的发展环境、良好的社会环境和更大的发展空间，国有企业更关注体制机制和激励机制的改革完善。

调查表明，促进企业家队伍成长，要进一步改善企业家成长社会环境，特别是要提高企业家社会地位，加强对企业家权益的保护。

一、中国企业家队伍整体水平提高，结构进一步优化

（一）文化程度明显提高，知识结构更趋专业化

在本次调查的企业家中，高中、中专以下文化程

① 本调查报告中，国有企业包括国有独资企业和国有控股企业。

度占4.1%，大专文化程度占24.1%，大学本科文化程度占34.2%，研究生及以上的占37.6%，其中，有7.2%的被调查者在国外有学历教育经历，9.2%的有3个月以上较长时期国外教育培训经历，26.9%有3个月以内国外短期教育培训经历。与中国企业家调查系统2005年有关调查结果相比，大学本科文化程度和研究生以上学历所占比例分别提高6.8和21.2个百分点，而高中、中专及以下和大专文化程度所占比例分别下降13.4和14.6个百分点（见表3）。企业家队伍文化程度明显提高。

从知识结构看，在调查的企业家中，最高学历学习专业以管理类和经济类为主，两者所占比例分别为50.7%和25.8%，而文史哲法律类专业占4.7%，理工农医类专业占18.6%，其他类占2.2%。与以往有关调查结果相比，管理类专业所占比例增加，文史哲法律类和理工农医类专业所占比例下降（见表4）。

企业家队伍文化水平情况

表3

项　目	高中、中专及以下占比（%）	大　专占比（%）	大学本科占比（%）	研究生及以上占比（%）
2010年有关调查	4.1	24.1	34.2	37.6
2005年有关调查①	17.5	38.7	27.4	16.4

企业家最高学历学习专业情况

表4

项　目	管理类占比（%）	经济类占比（%）	文史哲法律类占比（%）	理工农医类占比（%）	其　他占比（%）
2010年有关调查	50.7	25.8	4.7	18.6	2.2
2005年有关调查②	48.2	34.0	6.8	24.7	11.7
2000年有关调查	38.2	24.1	5.8	23.4	4.7

（二）具有比较丰富的企业经营管理职业经历和经验

调查发现，多数企业家担任企业经营管理者时间比较长，大部分也都是从企业成长起来的。在被调查企业家中，担任企业主要经营管理人员时间在15年以上的占45.0%，10～15年的占22.7%，5～10年的占24.0%，5年以下的占8.3%。其中，6.6%的被调查企业家有在外国企业或跨国公司工作的经历（见表5）。从被调查企业家担任企业主要经营管理人员前的职业身份看，来自企业的占66.3%，其中49.4%来自企业中低层管理人员，16.9%来自企业技术人员；而来自党政干部的占20.7%，来自科研机构、高校或其他事业单位人员的占5.5%，来自其他行业和领域的占7.5%（见表5）。

企业家任职前后情况

表5

任职后		任职前	
年　限	占比（%）	职　业	占比（%）
5年以下	8.3	党政干部	20.7
5～10年	24.0	企业中低层管理人员	49.4

① 参见中国企业家调查系统有关资料。

② 2000年，2005年有关调查结果参见中国企业家调查系统有关资料。

续表

任职后		任职前	
年　限	占比(%)	职　业	占比(%)
10～15年	22.7	企业技术人员	16.9
15年以上	45.0	科研高校或事业单位人员	5.5
		其　他	7.5

(三)董事会选(聘)任成为企业经营者任职的主要方式

调查发现,随着现代企业制度的不断建立和完善,企业家任职方式趋于市场化,董事会选(聘)任是企业经营者任职的最主要形式。从调查的情况看,在调查的企业经营者中,45.8%是通过董事会选(聘)任的方式成为企业经营管理者,16.3%是通过创业的方式成为企业经营者,通过上级主管部门任命的占35.8%,其他方式的占2.1%(见图1)。

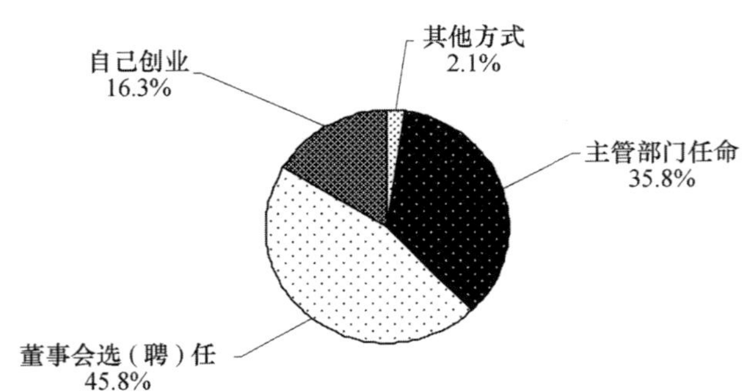

图1　企业家任职方式

二、企业家队伍专业素质和能力不断提高,企业家要重视创新能力和管理能力的提高

(一)管理方式上重视制度化管理和发挥团队的作用

调查发现,就管理工作中主要采用或倾向的管理方式,注重制度化管理的企业家占83.2%,重视发挥团队作用的占80.3%,重视管理层的沟通和决策参与的占54.0%,重视培养中层管理人员的占43.8%,决策以最高管理者集中决策为主和管理者本人直接管理的分别占14.6%和5.8%。并且,管理中采取或倾向于管理者集中决策和直接管理的以中小型企业为主,分别占60.0%以上的比例。这说明,管理工作中企业家特别是大型企业企业家比较重视制度化管理和发挥团队的作用,反映了随着中国企业发展,企业管理向制度化、规范化的转变。

(二)战略管理、企业文化、企业持续发展问题和企业内部管理是企业家比较重视和关注的问题

在调查中,67.0%的企业家把战略管理作为企业经营管理的着力点,54.4%的企业家把企业文化建设作为企业经营管理的着力点。同时,企业家对组织结构与运行效率、人力资源开发也比较重视,所占比例分别为42.3%和41.5%。从企业家投入较多精力的工作看,调查发现,寻找企业新的发展机会最为企业家所看重,所占比例达到64.6%,其他企业家投入精力较多的工作中,企业内部管理、市场开拓与销售也占有较大比重,分别为40.6%和40.1%。以上三个方面工作所占比例明显高于其他工作。

(三)提高自身经营管理能力,多数企业家认为要提高创新能力和市场开拓能力

企业家能力包括多方面内容,就企业家对自身能力的认识看,要进一步提高企业经营管理能力,主要是提高创新能力和市场开拓能力。调查中,对自身经营管理能力提高,66.9%的企业家认为要提高创新能力,43.3%的企业家认为要提高市场开拓能力。这两项能力所占比例高于其他方面所占比例10个以上百分点,尤其是创新能力所占比重,更是明显高于其他方面。其他方面依次为决策能力(30.5%)、管理能力(27.8%)、用人能力(23.1%)、攻关能力(21.9%)、组织能力(8.9%)和协调能力(8.6%)(见图2)。从企业家对企业发展和管理方面有关工作的满意程度看,在持续发展、创新能力、市场开拓能力、管理水平、管理团队建设、管理体系建设六个方面,对创新能力和市场开拓能力的满意程度相对也比较低,也说明了提高这两方面能力的必要性(见表6)。

（四）树立诚信意识和社会责任意识被认为是提高企业家队伍职业道德素质最为重要的两个方面

企业家队伍职业道德素质是广为社会关注的一个方面。在调查中，多数企业家认为提高中国企业家队伍职业道德素质最主要是要增强诚信意识、树立社会责任观念。其中，认为提高中国企业家道德素质最为重要的是增强诚信意识的比例达64.8%，认为是要增强企业家社会责任意识的比例达60.7%，分别比其他方面高出20个以上百分点。认为提高企业家队伍职业道德素质最为重要的是增强法制观念、奉献精神、责任意识和敬业精神的分别占40.7%、16.1%、29.2%和21.0%（见图3）。

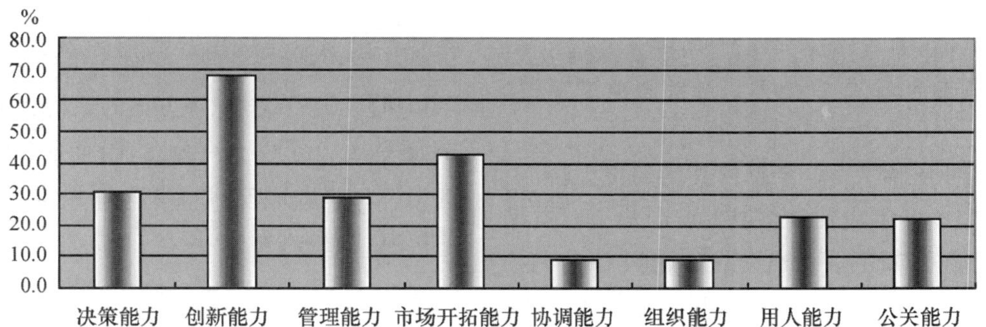

图2　企业家对提高自身能力的认识

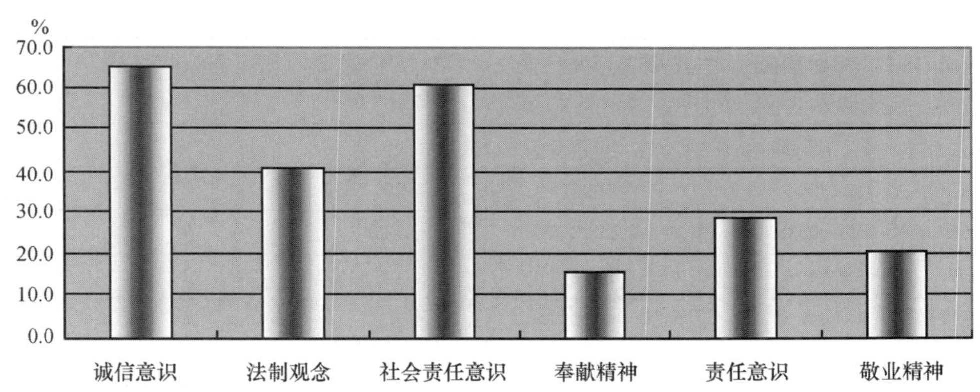

图3　企业家对提高职业道德素质的认识

企业家对企业发展和管理工作的满意程度

表6

分　类	持续发展占比（%）	创新能力占比（%）	市场开拓占比（%）	管理水平占比（%）	管理团队建设占比（%）	管理体系建设和效率占比（%）
满　意	24.7	14.9	14.8	10.9	17.1	10.6
比较满意	60.6	57.1	55.6	62.7	62.2	59.5
一　般	13.0	25.5	26.3	23.2	18.2	26.9
不满意	1.6	2.4	3.3	3.3	2.4	3.0

（五）企业家对企业发展满意程度高于对管理水平满意程度

调查发现，虽然随着企业改革发展，企业家管理水平和能力不断提高，但就企业发展与管理来看，企业家对企业持续发展的满意程度要高于对管理水平的满意程度。其中，对企业持续发展感到满意和比较满意的企业家分别占24.9%和60.6%，两项合计占85.3%；而对管理水平感到满意和比较满意的所占比例分别为10.9%和62.7%，合计占73.6%，比持续发展满意程度低11.7个百分点。同时，企业家对管理团队建设、管理体系建设和效率的满意程度也不高，这两方面感到满意和比较满意的企业家分别合计占79.3%和70.1%，也明显低于对企业发展的满意程度(见表6)。这既反映了中国企业快速发展的状况，也在一定程度上反映了企业在发展过程中"重发展、轻管理"的现象。

(六)对勇于创新、敏锐把握机会等企业家精神比较认同

企业家精神反映了企业家群体共同的行为特征和价值取向，是企业家成长和企业发展的动力源泉。在创新、把握机会、敢于承担风险、挑战意识等企业家精神基本方面，被调查企业家认为最能体现中国企业家精神的特征是勇于创新的所占比例最高，达到47.5%，认为是敏锐把握机会的占32.8%，而认为是敢于承担风险和挑战意识的分别占16.1%、15.0%。这表明，中国企业家对创新、敏锐把握机会企业家精神比较认同。从地区情况看，不同地区对企业家精神的认同存在细微差异，东部地区企业家对敏锐把握机会的认同感最高，中部地区企业家对创新认同感最高，西部和东北部地区企业家对承担风险认同度最高。民营企业在敏锐把握机会、敢于承担风险和挑战意识等方面的认同程度都要比国有企业高出10个以上百分点，国有企业更多地认为体现中国企业家精神的是事业心和敬业精神、责任感和使命感等(见表7)。

不同所有制性质和地区企业对企业家精神的认识

表7

分类	勇于创新占比(%)	敏锐把握机会占比(%)	敢于承担风险占比(%)	挑战意识占比(%)	企业所占比例占比(%)
东部地区	47.7	50.8	49.7	46.3	45.8
中部地区	33.9	29.2	23.3	31.7	33.1
西部地区	7.0	9.2	11.9	10.1	10.3
东北部地区	11.4	10.8	14.1	11.9	10.8
国有企业	42.5	40.0	37.3	41.8	43.0
民营企业	43.7	50.8	49.2	52.7	44.4

三、激励导向的企业家薪酬制度逐步建立，企业家队伍激励约束机制还需要进一步加强和完善

企业家激励约束机制是现代市场经济条件下建立现代企业制度、完善法人治理结构的一个突出的重要问题，有效的激励约束机制要体现企业家在企业中的特殊地位和作用。在企业家激励机制中，报酬激励是最基本和最重要的内容，也是激励机制的关键。调查发现，中国企业家报酬激励方面具有以下特点。

(一)企业家工作报酬与经营绩效挂钩，风险收入成为企业家主要收入来源

被调查的多数企业家都实行了与经营业绩挂钩的、具有更强激励导向的薪酬制度，奖金、年薪、股权期权成为企业家薪酬的主要形式。在调查中，企业家薪酬中主要是奖金形式的占59.3%，年薪的占54.2%，股权、期权的占24.6%。同时，调查发现，在薪酬制度中实行股权、期权的主要是非国有性质企业，其中，民营企业占69.0%，国有独资及控股企业占9.2%，而在年薪制中，国有独资及控股企业占50.5%，民营企业占38.5%。在实行奖金形式中，国有独资及控股企业和民营企业所占的比例分别是40.5%和46.2%。

(二)企业家薪酬激励力度加大，收入水平逐步提高

在这次调查中，被调查企业家年收入在50万元以内的占75.6%，其中20万以下的占33.9%，在20万~50万元的占41.7%，年收入在50万元以上的占

24.4%（见图4）。与以往的有关调查相比，企业家收入水平提高。如与中国企业家调查系统2005年有关调查相比，年收入在20万元以下占有的比重下降，年收入在20万元以上占有的比重上升，其中年收入在20万～50万元的比重提高28.7个百分点，年收入50万元以上占有的比重提高11.4个百分点[①]。

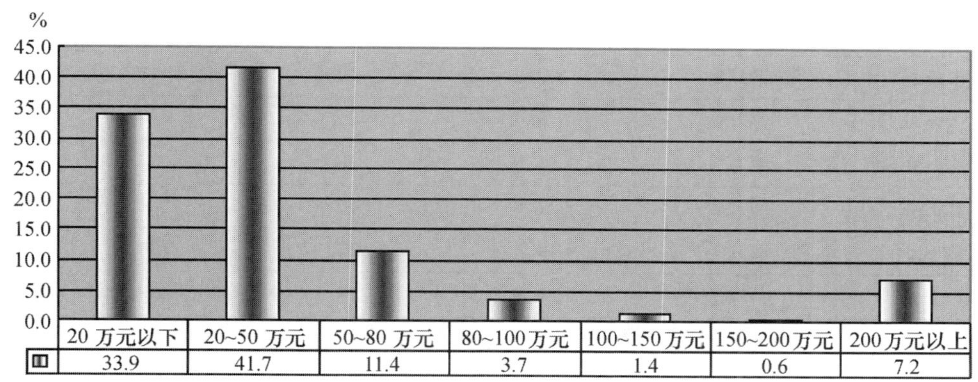

图4　企业家年收入情况

（三）民营企业与国有企业在企业家收入水平方面存在差异

在调查中，在国有独资及国有控股企业任职的企业家年收入水平在20万～50万元，50万～80万元区间占有较大比例，分别占52.4%和47.5%；民营企业企业家在20万元以下和80万元以上较高收入区间占有较大比例，在80万～100万元年收入水平上，国有企业占23.1%，民营企业占46.2%；在100万元以上年收入水平上，国有企业占12.1%，而民营企业占75.6%。虽然民营企业在20万元以下收入水平上占较大比例，但与企业规模情况结合来看，占小企业数量83.1%的民营企业仅占50.0%，而占小企业数量10.2%的国有企业占40.7%（见表8）。所以，调查认为，一般情况下，如果把企业规模因素作为影响企业家收入水平的一个因素。排除规模因素的影响，总体上看，民营企业企业家收入水平要高于国有独资及控股企业企业家。

（四）企业家薪酬水平具有比较明显的地区差异

从调查的情况看，总体上，企业家薪酬水平东部地区比较明显高于其他地区，如东部与中部相比，收入水平越高的区间，东部地区占有的比重越大，在20万元以下、20万～50万元、50万～80万元、80万～100万元、100万元以上5个收入区间，中部地区的比重分别为45.4%、27.1%、30.0%和23.1%和18.2%，而东部地区则分别为25.2%、55.3%、55%、53.8%和57.6%，收入水平地区差异比较明显（见表8）。

不同收入区间不同所有制性质和地区企业家所占比例

表8

分类		20万元以下占比（%）	20万～50万元占比（%）	50万～80万元占比（%）	80万～100万元占比（%）	100万元以上占比（%）
按性质	国有企业	40.7	52.4	47.5	23.1	12.1
	民营企业	50.0	33.8	32.5	46.2	75.6

① 收入水平的提高不排除本次调查与企业家调查系统2005年调查由于样本企业规模结构差异带来的影响。以上所述两次调查，样本企业在企业规模结构上存在明显差异，企业家调查系统2005年有关调查中，小型企业占38.9%，本次调查小型企业占16.2%。

续表

分类		20万元以下占比(%)	20万~50万元占比(%)	50万~80万元占比(%)	80万~100万元占比(%)	100万元以上占比(%)
按地区	东部地区	25.2	55.3	55.0	53.8	57.6
	中部地区	45.4	27.1	30.0	23.1	18.2
	西部地区	11.8	9.2	10.0	15.4	6.1
	东北部地区	17.6	8.4	5.0	7.7	18.2
按类型	小型企业	23.7	11.9	8.1	7.7	24.2
	中型企业	50.1	27.8	40.6	23.1	42.4
	大型企业	23.7	48.4	23.2	30.8	21.2
	特大型企业	2.5	11.9	28.1	38.5	12.1

(五)多数企业家对现行薪酬水平评价不高

调查中,占59.3%的企业家认为现行薪酬制度没有能够充分体现企业家的贡献,其中认为现行薪酬制度部分反映企业家贡献的占47.8%,认为与企业家贡献有较大差距,明显低于企业家贡献的占11.5%,40.7%的被调查企业家认为现行薪酬制度基本反映了企业家的贡献。

调查发现,国有独资及控股企业的企业家对现行薪酬制度的评价比民营企业的要低。从地域来看,不同地区之间也存在差异,东部地区企业家对薪酬满意程度最高,认为现行薪酬制度基本反映了企业家贡献占被调查东部地区企业家的44.8%,而东北部地区、中部地区、西部地区仅分别占本地区被调查企业家的33.3%、33.6%和35.1%,与东部地区相比低10个百分点左右(见表9)。

国有企业和民营企业对薪酬制度和企业家贡献的看法

表9

分类	基本反映企业家贡献占比(%)	部分反映企业家贡献占比(%)	明显低于企业家贡献占比(%)
所占比例	40.7	47.8	11.5
国有企业所占比例	34.0	50.3	48.8
民营企业所占比例	51.0	37.4	41.4

(六)企业家监督约束机制需要进一步完善

对于中国企业经营者约束监督机制,66.4%的企业家认为效果一般,5.5%的企业家认为效果比较差,只有28.1%的企业家认为效果比较好。

完善约束机制,主要是加强企业家自身修养,强化自我约束;完善企业内部治理机制,发挥好企业内部制度的约束作用;健全法律法规,依法约束企业家行为。调查发现,形成对企业家的有效约束,60.7%的企业家认为需要加强企业家自身修养,52.5%的企业家认为要加强和完善企业内部治理机制,53.8%的企业家认为要加强法律法规的约束,对政府部门和社会舆论的约束作用企业家评价比较低。完善对企业家监督制度,55.5%的企业家认为要加强经营业绩考核制度,45.0%的企业家认为要加强经营责任追究制度,36.7%的企业家认为要加强任期经济责任审计制度,12.2%认为要加强经营者任职资格制度(见表10)。

企业家对完善约束监督机制的看法

表 10

约束机制	占比(%)	监督制度	占比(%)
自身修养	60.7	经营业绩考核制度	55.5
企业内部治理机制	52.5	经营责任追究制度	45.0
法律法规	53.8	经济责任审计制度	36.7
政府部门	13.2	经营者信用记录制度	30.9
社会舆论	11.8	经营者任职资格制度	12.2
其　他	0.3	其　他	0.6

四、进一步完善企业家成长社会环境，要重视提高企业家社会地位和加强企业家权益保护

良好的社会环境是促进企业家成长的重要因素，在全社会形成尊重、重视、支持企业家的良好氛围，对企业家的成长是十分必要的。本次调查了解了企业家对企业家社会地位、舆论环境、政治地位以及企业家权益保护的看法。总体上看，促进中国企业家队伍的成长，需要进一步改善企业家成长的社会环境。

（一）对企业家目前社会地位认可程度不是很高

就企业家对社会地位的看法，调查中，认为企业家社会地位比较高，社会比较认可的占 41.3%，认为企业家地位一般，社会对企业家认识不够的占 50.3%，对企业家社会地位评价较低的占 8.4%；在另一项关于完善企业家激励制度的调查中也发现，52.1% 的被调查企业家认为要提高企业家的社会地位，占有比例最高，这也从另一角度反映了企业家社会地位状况。

（二）企业家对目前社会舆论环境总体上满意程度比较高

调查中，对于社会舆论对企业家群体总体评价，17% 的企业家认为社会舆论能够充分肯定企业家的作用，有利于企业家的发展，52.8% 的认为正面评价较多，比较客观，两项合计占 69.8%；认为社会舆论对企业家的作用没有充分认识，评价一般，没有起到应有的作用的占 24.4%，认为不能全面反映企业家情况，负面评价较多，不利于企业家成长的占 5.8%。

（三）企业家对企业家政治地位比较满意

调查中，对企业家政治地位满意和比较满意的分别占 12.1%、47.9%，合计占 60.0%，而认为企业家政治地位一般和不满意的分别占 36.4% 和 3.6%。

（四）企业家对企业家权益保护情况不甚满意

市场经济是法制经济，促进企业家队伍成长，企业家权益必须要有法律的保护。从调查的情况看，只有 37.8% 被调查企业家认为中国有关法律法规、政策能够较好保护企业家权益，53.5% 的企业家认为对企业家权益的保护不够，有 8.7% 的被调查企业家认为企业家权益保护基本是空白。促进企业家队伍成长，要完善有关企业家权益保护的法律、制度，切实保护企业家合法权益。

五、建立更有利于企业家创业和经营企业的市场环境，促进企业家队伍成长要加强体制机制创新

（一）完善企业家成长市场环境，企业家最为关注政府职能转变和建立规范的市场竞争秩序

在企业家成长的市场环境方面，调查发现，企业家对转变政府职能和建立规范的市场竞争秩序的要求最高，所占比例分别为 60.5% 和 59.7%，在所有 10 个方面的问题中位居前两位，明显高于其他方面的因素（见表 11）。并且不论是在国有企业还是在民营企业任职的企业家，对政府职能转变和建立规范的市场竞争秩序都最为期待。

对建立更有利于企业家创业和经营企业的市场环境需要采取措施的看法

表 11

措施	占比(%)	国有企业占比(%)	调查的国有企业占比(%)	民营企业占比(%)	调查的民营企业占比(%)
转变政府职能	60.5	44.3	62.0	41.2	55.8
减少市场准入和限制	20.0	24.7	18.2	60.3	27.0
加大金融支持	33.7	31.7	26.7	54.5	41.1
产权制度改革	22.5	58.5	30.4	29.3	14.7
对创业的政策支持	40.3	38.1	35.4	51.0	46.0
建立规范的市场竞争秩序	59.7	45.4	62.7	42.7	57.1
减少对市场活动的过度干预	18.9	50.7	22.2	36.2	15.3
减少创业和经营企业行政管制和限制	14.2	42.3	13.9	51.9	16.6
减轻企业负担	41.4	38.4	36.7	49.0	45.4
确立企业平等的法律地位和公平竞争	39.2	41.3	37.3	49.7	43.6

在其他因素中,建立更有利于企业家创业和经营企业的市场环境,企业家对减轻企业负担、加大对创业的政策支持力度、确立企业平等的法律地位和公平竞争、加大对企业的金融支持等方面的问题也比较关注,调查中,以上问题所占比例分别为41.4%、40.3%、39.3%和33.7%。而产权制度改革、减少市场准入和限制、减少对市场活动的过度干预、减少创业和经营企业行政管制和限制等因素所占比例相对较低,依次为22.5%、20.0%、18.9%和14.2%(见表11)。

(二)当前影响中国企业家队伍成长的主要因素是体制机制制约、激励问题和宏观经济环境不确定性

调查中,就影响企业家队伍成长的激励问题、发展空间、社会环境、体制机制制约、企业家素质、宏观经济环境等问题,50.1%的企业家认为影响中国企业家队伍成长的最主要因素是体制和机制制约,34.1%的企业家认为是企业家激励不足,29.6%的企业家认为是宏观经济环境的不确定性。这三个方面被认为是影响中国企业家队伍成长的最主要因素,其中,又以体制和机制制约最为突出。这三个方面所占比重至少要高于其他方面10个百分点以上。而认为是发展空间有限、社会环境不利、企业家素质低的分别占19.4%、15.8%和10.4%。

(三)对完善企业家成长市场环境和影响中国企业家队伍成长主要因素的看法,国有企业企业家与民营企业有比较明显差异

民营企业家更为关注企业公平竞争市场环境建立。调查结果显示,改善企业家成长市场环境方面,在减少市场准入和限制、加大金融支持力度、减少创业和经营企业行政管制和限制、加大对创业的政策支持力度等因素中,民营企业占有较大比重,明显高于国有企业,分别高于国有企业35.6、22.8、9.6、12.9个百分点(见表11)。在对影响中国企业家成长最主要因素的看法中,在发展空间有限、社会环境不利、宏观经济环境不确定性方面,民营企业所占比例高于国有企业,分别高5.8、51.8和19.1个百分点(见表12)。促进中国企业家队伍不断成长,要结合中国经济发展情况,进一步为民营企业发展提供良好的环境和条件。

企业家对影响中国企业家队伍成长最主要因素的认识

表 12

	占比(%)	国有企业占比(%)	调查的国有企业占比(%)	民营企业占比(%)	调查的民营企业占比(%)
企业家激励不足	34.1	52.9	40.5	35.5	25.6
发展空间有限	19.4	39.1	17.1	44.9	19.0

续表

	占比(%)	国有企业占比(%)	调查的国有企业占比(%)	民营企业占比(%)	调查的民营企业占比(%)
社会环境不利	15.8	21.4	7.6	73.2	25.2
体制和机制制约	50.1	49.4	55.7	36.0	39.3
企业家素质低	10.4	27.0	6.3	54.1	12.3
宏观经济环境不确定性	29.6	33.3	22.2	52.4	33.7

在调查中，国有企业的企业家在产权制度改革、减少对市场活动的过度干预等建立更有利于企业家创业和经营企业的市场环境因素中，占有的比重分别为58.5%和50.7%，分别高于民营企业29.2和14.5个百分点(见表11)。在对影响中国企业家成长最主要因素的看法中，在体制和机制制约、企业家激励不足等因素中，国有企业企业家占有更大比例，分别比民营企业高13.4和17.4个百分点(见表12)。促进中国企业家队伍成长，要切实确立和保障企业市场经营主体地位，进一步完善国有企业经营者激励约束机制。

(撰稿：邵红亚　于　武)

2010年中国企业思想政治工作和企业文化建设综述

中国思想政治工作研究会

2010年是深入贯彻落实党的十七大和十七届四中全会精神，迎接国际金融危机挑战，完成"十一五"规划，实现全面建设小康社会"三步走"第一步战略目标的关键一年。各级企业党组织和广大政工干部在党中央的坚强领导下，高举中国特色社会主义伟大旗帜，坚持以邓小平理论和"三个代表"重要思想为指导，深入贯彻落实科学发展观，按照高举旗帜、围绕大局、服务人民、改革创新的总要求，唱响主旋律，打好主动仗，巩固和发展积极健康向上的工作态势，不断创新企业思想政治工作和企业文化建设，对促进改革发展、维护社会稳定发挥了积极作用，为做好"十二五"的各项工作奠定扎实基础。

一、认真学习宣传党的十七届五中全会精神，明确"十二五"时期的主要工作思路

(一)认真学习宣传党的十七届五中全会精神

2010年10月，党的十七届五中全会召开，这是在我国改革发展关键时期召开的一次十分重要的会议。全会通过的《关于十二五规划的建议》是指导"十二五"期间我国经济社会发展的纲领性文件。各级企业党组织和广大党员把认真学习贯彻全会精神作为一项重大政治任务，迅速掀起学习贯彻全会精神热潮，以饱满的热情和有效的作为深入推动创先争优活动，在全面建成小康社会新征程上争科学发展之先、创和谐社会之优，为实现"十二五"时期发展目标、开创科学发展新局面提供强大政治动力和坚强组织保证。中国银行各级党组织围绕贯彻落实总行战略规划和"调结构、扩规模、防风险、上水平"工作方针，逐步深入推进创先争优活动开展。北京分行以全面推进IT蓝图上线工作为载体，开展"让党徽在IT蓝图中闪光"活动，设立"党员示范岗"，鼓励党员争做推进IT蓝图建设的"五个先锋"。云南分行142个党组织、1 432名党员，围绕破解不适应不符合推动科学发展的问题作承诺，下大力气解决执行力不够强、工作落实不够到位等问题，共作出承诺1 800多条。四川省资阳市全市非公企业设立100多个"党员示范岗""党员示范车间""党员示范班组"，开展各类岗位竞赛、技能练兵项目50多个；党员干部为企业经营提出合理化建议1 000余条，开展技术革新项目500多个，为企业带来直接经济效益超过1亿元。晨风工业公司党委围绕企业生产技术革新需要，成立党员技术攻关队，开展"创岗建区"活动，有力地推动企业又好又快发展。

(二)积极开展创建企业学习型党组织主题活动

2010年,各级企业党组织切实把创建学习型党组织的任务作为企业思想政治工作的重点,坚持工作落到实处,推动工作创新。引导广大企业党组织通过举办研讨班、集中培训、开展知识竞赛等多种形式,利用企业厂报(刊)、政工网站、基层党校等宣传教育阵地,深入推进马克思主义中国化、时代化、大众化,推动党的理论创新成果更加深入人心。不断创新方法、完善途径、拓展阵地、健全制度,通过推荐重点阅读书目,组织经验交流,宣传先进典型,加强指导检查等方式,深入开展社会主义核心价值体系学习教育,用中国特色社会主义理论体系武装广大企业党员。特别是中央企业,围绕党和国家工作大局,按照科学理论武装、具有世界眼光、善于把握规律、富有创新精神的要求,以党委(党组)中心组学习为龙头,以抓好学习型领导班子建设为关键,以抓好组织基层党员学习与培训为基础,组织全体党员干部学以致用,提高思想政治水平和业务素质,加快发展方式转变,做强主业增实力、科学发展上水平,不断提升企业核心竞争力。央企党组织积极把推进学习型党组织建设与巩固先进性教育活动成果结合起来,与巩固扩大学习实践活动成果结合起来,与开展争创"四好"班子、"四强"党组织、争做"四优"共产党员等"争先创优"活动结合起来,促进央企队伍整体素质的提高。

(三)扎实推进中央企业创先争优活动

2010年5月,中央企业创先争优活动开始动员部署,各企业紧密结合央企实际,突出央企特色,把创先争优活动作为学习实践活动的继续和延伸,呈现出组织创先进、党员争优秀、企业上水平、职工提素质的良好局面。一是构建企业科学发展的长效机制。各中央企业把创先争优融入到企业生产经营的各项工作中,融入到企业改革发展的全过程,深入研究和解决事关企业科学发展的全局性、战略性、前瞻性问题,把党员干部的劲头凝聚在"干"字上,企业发展的方向和目标进一步明确。中国建筑以凝心聚力、助推发展,争创"十百千"标兵为主线,着力在制定企业发展战略、提升集团管控水平、创新可持续发展模式、实施国家"走出去"战略等八个方面创先争优。兵器装备集团积极引导各级党组织和广大党员"讲政治、讲正气、讲奉献、讲和谐",在加快经济结构调整、转变发展方式、全面完成生产经营任务中创先争优,1—9月实现利润同比增长79.8%,经济增加值同比上升69.9%。二是充分发挥中央企业在国民经济发展中的支撑和引领作用。各中央企业牢记历史的责任和光荣的使命,在积极履行政治责任、经济责任、社会责任中创先争优,努力增强企业核心竞争力,打造世界一流企业,在多项重大任务完成等方面发挥了"脊梁"和"顶梁柱"作用,彰显了中央企业报效祖国、奉献社会的良好形象。国家电网瞄准"建设世界一流电网、国际一流企业"的战略目标,以创建电网先锋党支部为载体,在转变电网发展方式和公司发展方式、提升自主创新能力、履行社会责任中创先争优,在世博保电、抗洪救灾、玉树地震抢险救援和恢复重建等重大考验面前勇担大任。中国联通把抗洪抢险、抗震救灾作为创先争优的重要阵地,第一时间组织精干力量,成立网络优化队伍,调集通信应急物资,圆满完成抗灾救灾通信保障任务。三是整合提升创新经常性党建工作。中央企业把创先争优活动与经常性党建工作融为一体,抓基层、打基础,通过创先争优活动整合、提升、深化、创新经常性党建工作,激发了党建工作活力。中国电信着力打造"领导班子好、党员队伍好、工作机制好、工作业绩好、群众反映好"的优秀团队,通过完善制度、严格标准、引入竞争、强化培训、科学考核、加强监督等手段,提高选人用人公信度。

二、牢固树立以人为本的理念,注重员工成长和企业发展有机结合

2010年,越来越多的的企业领导开始自觉实践科学发展观的核心——以人为本。各级企业遵循以人为本的原则,尊重员工的价值、尊重员工的地位,注重处理好人与人之间的关系,建立起规范、公正、合理的工作与生活秩序,促使企业发展与员工的成长互动。

(一)充分尊重职工的主体地位和价值

随着改革开放的深入推进,企业思想政治工作者对人的认识在不断深化,对人的态度也在变化,逐步摒弃了过去那种"把职工积极性调动起来干活儿,思想政治工作就完成了任务"的认识,高度重视职工的主体地位和在企业发展中的价值,尊重人、爱护人、理解人、激励人,尊重企业职工的主人翁地位。

在北京市国资委的一次问卷调查中，74.0%的被访者对自己所在企业厂务公开的情况给予了正面和肯定的评价。在参与企业经营管理方面，69.5%的被访者认为所在企业员工向领导反映情况的渠道是畅通的；57.5%的被访者参加过对企业领导人的民主测评和选举；对所在企业职代会在维护职工权益的评价，72.9%的被访者给予了积极的肯定；对企业来京务工人员的待遇，83.9%的被访者给予了肯定。面对激烈的市场竞争，各级企业党组织支持行政大胆启用人才，让有本事的人走上领导管理岗位，不管年龄、不管学历、不管性别，只要德才兼备，都会得到重用。员工才能的施展，带来了企业发展和员工自身发展的双重效益。

（二）千方百计为员工的身心健康服务

随着现代企业制度的建立，企业管理更加精细严格，企业内部的竞争也不断加剧。在这种情况下，企业纷纷把对员工进行人文关怀和心理疏导作为思想政治工作重要内容来做。一是为职工创造良好的生产、生活环境。2010年，北京市的大多数企业经过搬迁、改造、重组，企业生产硬件有了极大提升，这些企业党委在企业发展的同时，争取更多地为职工创造温馨舒适的生产、生活环境。有的企业在工作场地边上办起了"职工之家"，职工在工余时间可休息娱乐。有的企业利用改造生产设备的时机，采用"人体工程学"原理改造工位环境，让职工工作时更舒适、更便捷。有的企业根据三班倒的特点，为倒班职工建立不固定床位，随时可供职工休息，附近还设立图书馆、阅览室、电视厅、乒乓球室、棋牌室等，让人有回家的感觉。二是为职工提供心理咨询服务。中国石油大庆油田采油一厂开展油田思想政治工作"心理疏导"长效机制研究，提出了以组织、运行、评估为内容的油田思想政治工作心理疏导的有效方法，增强了思想政治工作的时代感、针对性与实效性。中国移动在基层员工中广泛开展心理咨询，进行心理疏导，理顺了情绪，为企业发展营造了和谐氛围。北京移动公司党委采用"EAP"心理疏导模式，为职工提供心理健康服务。通过"认知优化"、"心智模式"重构、"行为转变"等步骤，帮助员工进行心理品质的提升，催化行为转变，实现了工作绩效、服务质量、团队效能、组织氛围和生活品质的系统提升。

（三）注重员工素质的不断提升

2010年，更多的企业把提高员工综合能力和文化素质作为思想政治工作的重要任务，通过学习型企业建设，努力满足员工发展中的这一根本需求。根据企业的发展需要，许多企业每年都逐部门、逐岗位对人员需求情况进行调整核定，并针对具体情况进行分类，制订科学合理的人力资源需求计划。加强专业技术人才队伍建设，重点抓好岗位技能的再认定和培训工作。同时，鼓励员工提升学历教育，学历、职称直接与工资挂钩，强调学以致用、专业对口。北京电力公司每年按照专业化要求，以岗位所需知识、技能和职业素质为标准，分层次、多渠道开展对管理人员和技能人员以及劳务派遣人员培训，形成全员学习、终身学习、自觉学习的良好风气。同时，公司为培养和储备高级管理人才，选送部分优秀中青年干部进行EMBA管理、赴国外专业培训。此外，如地铁公司、自来水公司、北京医药集团、首钢总公司、同仁堂集团、城建集团等一些企业采取各种措施，努力提升员工的道德修养、文化素质、专业技能、身心素质等，把持续提升人的综合素质作为企业长远发展的战略任务，都收到了很好的效果。

三、加强人文关怀和心理疏导，在创新企业思想政治工作方法上进行新探索

2010年，各级企业的思想政治工作在继承发扬理论武装、主题教育、典型示范、舆论引导等传统做法的同时，探索形成了许多富有成效的新方法。

（一）人文关怀法

很多企业注重坚持以人为本，加强人文关怀。中国石油天然气集团公司、中国移动北京公司等建立"双通道"制度和职工建立专业等级评定制度，为职工开辟个人发展进步的通道，保障职工的发展权利。上海汽车工业（总公司）集团党委注重开展职工教育培训，开展"人人成为经营者"活动，举办党建、管理、业务、技能等各种培训班，职工群众整体素质明显提高。五粮液集团公司秉持职工利益无小事的人本理念，把企业发展成果惠及广大职工，努力做到职工收入水平和福利待遇与企业生产经营发展水平同步提高；公司还专门出台文件，建立关心弱势群体机制，设立特困职工扶助基金，确保特殊困难职工

吃得上饭，穿得起衣，看得起病，有地方住，有工作干，子女上得起学，不断提升职工的幸福指数。

（二）心理疏导法

实施心理疏导成为企业开展思想政治工作的重要举措。海信集团建立了职工思想动态分析制度，安排专人负责职工思想动态信息收集，建立职工思想动态信息网络，密切关注职工思想变化，主动做好心理疏导工作。山东铝业公司通过开展心理疏导专题培训，缓解职工心理压力，促进职工心理健康。青岛纺织总公司通过职工座谈会、帮扶结对子、领导和职工对话等形式，积极搭建企业领导与职工双向沟通的平台，听取职工的意见和建议，取得职工的理解和信任。一些企业还把心理干预机制引入思想政治工作，如上海宝钢集团对部分党支部书记开展"员工心理辅导师"培训，鼓励支持基层党支部书记学习运用心理学知识开展思想政治工作，提高开展职工群众思想工作的能力和水平。

（三）网络覆盖法

很多企业充分运用网络、电视、多媒体技术、3G手机等开展思想政治工作，努力扩大覆盖面。上海市国资委先后组织十几家直属企业党委书记、董事长在上海"东方网"与网民在线沟通，宣传国企改革发展的成就，点击率达到百万人次。上海宝钢集团建立覆盖全体职工的网络交流平台——"桥"论坛。"桥"论坛运行1年多，注册职工已超过2.4万人，登录论坛的总人数突破260万人次。沈阳印钞造币公司在内部局域网上搭建学习系统，专门研发相关软件、及时更新学习内容、灵活安排学习时间、科学评估学习效果，取得良好成效。安徽江淮汽车集团公司借助网络推进学习实验室建设，打通部门间的"隔墙"，实现了企业内部网络的无障碍和良性互动。

（四）制度保障法

把思想政治工作纳入企业管理制度框架是思想政治工作取得良好成效的有力保障。山东铝业公司将ISO 9000标准的管理思想导入企业思想政治工作，形成了职责明确、程序严谨、落实有力、运转灵活的思想政治工作运行机制。中国新兴建设集团总公司实行党务政工人员与行政管理人员轮岗交流制度，并将党支部书记任职资格标准化，考核考试合格后才能任职。华电青岛发电有限公司建立党支部工作质量评价办法、党风廉政建设责任制考核办法、精神文明建设责任制考核奖惩办法等一套科学合理的党建和思想政治工作管理目标考核体系，与企业生产经营管理工作同部署、同推进。

四、建设先进的企业文化，丰富加强和改进思想政治工作的有效途径

2010年，各企业坚持以企业文化建设作为加强和改进思想政治工作、提升企业核心竞争力的重要途径和抓手，采取一系列措施，大力推动企业文化建设，以更好地促进企业改革发展、做强做大。各企业坚持把企业文化作为改革发展的助推器，作为凝聚职工力量、激发职工积极性和创造性的更高层次管理，进一步确立企业文化建设在企业发展中的战略地位，普遍制定企业文化建设规划，建立健全工作体制机制，加大软硬件投入，加强分类指导和评价工作，强化监督检查和过程管理，深入推进企业文化建设。着眼于增强企业核心竞争力，确立企业使命、愿景，培育核心价值观，创新经营理念，弘扬企业精神，形成了具有时代精神、各具特色的企业文化。中国石油继承和发扬大庆精神、铁人精神，航天科技大力弘扬载人航天精神，东方电气集团弘扬东汽精神，南方电网贯彻"南网方略"，中国大唐打造"同心文化"，中粮集团建设"忠良文化"，为企业发展注入了强大精神动力。

（一）企业价值理念体系进一步完善，员工团结奋斗的共同思想基础不断巩固

各企业进一步明晰了企业使命、愿景和核心价值观，企业价值理念符合时代要求，体现企业特色，具有丰富管理内涵，反映职工愿望和要求，成为引领企业发展、凝聚职工力量的强大精神支柱。员工的职业道德和职业行为进一步改进规范，思想观念和精神面貌发生了深刻变化，劳动光荣、知识崇高、人才宝贵、创造伟大的时代新风深入人心，自尊、自信、自立、自强的精神成为员工意识的主导，爱岗敬业、追求成功、致力发展、做强做大成为员工的职业追求，从而为促进企业改革发展提供了不竭动力。

(二)强化责任意识,正确履行社会责任的自觉性进一步增强

通过企业文化建设,各企业不断强化诚信经营、服务社会,强化回馈社会、回报股东、关爱职工的意识,努力创建资源节约型、环境友好型、本质安全型企业,积极主动履行社会责任。无论是节能减排、保护生态和环境,还是扶贫开发、帮贫济困,赈灾救危、助学兴教,各企业都积极踊跃,不断丰富责任感、道德感和正义感的企业形象,赢得了社会赞誉,成为全社会企业的榜样,也进一步增强了企业的软实力。

(三)企业文化建设作为重要载体,促进了企业党建思想政治工作的创新

各企业把理想信念教育、形势任务教育、法律法规教育与企业精神和经营理念教育、职业道德教育有机结合起来,赋予了企业党建思想政治工作和精神文明建设新的工作内容和表现形式,拓展了工作领域和空间,丰富了工作手段和方法,使企业党组织发挥政治核心作用、做好思想政治工作更加体现了职工的实际愿望和要求,有力增强了党组织的吸引力、凝聚力和号召力,增强了思想政治工作的针对性、实效性和时代感。

(四)企业文化建设贯穿于生产经营管理全过程,促进了企业管理水平的提升

各企业紧密结合经营管理实践,积极开展廉洁文化、安全文化、服务文化、质量文化、营销文化、品牌文化建设,把价值理念融入企业规章制度、工作流程和行为规范之中,既丰富和发展了企业文化,又极大地促进了价值理念与经营管理的深度融合,提升了企业管理水平,改善了企业形象,提高了市场竞争力。企业文化日益成为一种重要的力量,有力地提升了中央企业的整体素质和竞争能力,成为推进改革、加快发展、保持稳定的有力支撑和重要保证。

五、以迎接建党90周年为契机,大力推动企业思想政治工作和企业文化建设改革创新

(一)《关于加强和改进新形势下国有及国有控股企业思想政治工作的意见》正式下发

2010年11月底,中共中央办公厅、国务院办公厅转发《中央宣传部、国务院国资委关于加强和改进新形势下国有及国有控股企业思想政治工作的意见》(简称《意见》),并发出通知,要求各地区各部门结合实际认真贯彻执行。《意见》的下发,是发扬党的优良传统、做好新形势下国有及国有控股企业(简称"国有企业")思想政治工作的迫切要求;是坚持工人阶级的主人翁地位、充分调动干部职工主动性创造性的内在需要;是提升国有企业核心竞争力、推动企业又好又快发展的重要保证;为推动社会主义核心价值体系建设、构建社会主义和谐社会指明了方向。

各国有及国有控股企业纷纷认为,《意见》具有很强的指导性、针对性和可操作性,为今后开展工作提供了重要遵循和保障。一定把贯彻落实《意见》作为今后一个时期加强宣传思想文化工作的一项重大任务,充分认识加强和改进新形势下国有企业思想政治工作的极端重要性,把企业思想政治工作列入重要议事日程,摆在更加突出位置。坚持做到党委(党组)学习中心组和各级领导干部带头学习、带头贯彻;根据《意见》要求落实责任,研究制定具有可操作性的实施办法;认真总结梳理改革开放以来特别是"十一五"时期国有企业思想政治工作的成功做法与经验,注意研究解决贯彻落实《意见》过程中遇到的新情况新问题;采取多种形式、利用各种载体,广泛宣传《意见》精神,营造贯彻落实《意见》的浓厚氛围。

(二)举办第六届中国企业文化论坛

2010年10月29—30日,第六届中国企业文化论坛在河北省石家庄市召开。本届论坛主题是:加强人文关怀,构建社会主义精神家园。来自23个省(自治区、直辖市)党委宣传部、政研会负责同志和22个行业(系统)政研会负责人及企业代表共150余人出席论坛。本届论坛恰逢兴起学习贯彻五中全会精神高潮之际,主题鲜明,内容丰富,针对性强,生动民主,气氛热烈,是一届讲究实效、充分展示成果的论坛。中共中央政治局委员、中央书记处书记、中宣部部长刘云山为论坛发来贺信。中宣部副部长申维辰作大会主旨讲话,中宣部原常务副部长、中国政研会顾问徐惟诚在闭幕式上讲话,全国政协常委、中宣部原副部长、中国政研会副会长高俊良主持开幕式。论坛期间,大庆石油、鞍钢集团、冀中能源、开滦集团、中建三

局、中国化工集团、青岛港集团、太钢集团、中国一汽、石家庄供电公司、辽河油田等代表先后在大会上发言。

刘云山同志在贺信中指出,文化是一个民族的精神和灵魂,是一个国家发展和民族振兴的强大力量,企业是推动经济社会发展的重要经济组织,也是实现人们价值追求的重要社会组织,构建先进的企业文化、推动建设中华民族共有精神家园是企业思想政治工作和中国特色企业文化建设的重要职责。要始终以邓小平理论和"三个代表"重要思想为指导,深入贯彻落实科学发展观,扎实做好马克思主义中国化最新成果的宣传普及,引导干部职工坚持中国特色社会主义理论旗帜、道路、体系不动摇,要广泛开展理想信念教育、国情教育和形式政策教育,大力弘扬以爱国主义为核心的民族精神和以改革创新为核心的时代精神,深入进行职业道德和职业精神教育,更好地把社会主义核心价值体系和要求融入企业思想政治工作和企业文化建设的全过程,转化为企业经营发展的价值理念,转化为企业干部职工的自觉追求,要坚持与时俱进,大力改革创新,积极适应企业发展环境的新变化和干部职工精神文化生活的新需求,不断增强企业思想政治工作和企业文化的吸引力、感染力。

论坛认为,企业文化本质上是一种精神认同,是企业软实力的集中体现。员工只有对企业产生了认同感,才能更好地发挥个人的创造力。新形势下企业的转型发展对企业文化建设工作提出新的更高的要求,要努力建设中国特色的优秀企业文化,践行社会主义核心价值体系,注重文化建设的历史传承和改进创新。坚持以人为本,使企业文化建设的成果惠及全体干部职工,更加注重人文关怀和心理疏导,促进人的全面发展,不断开拓创新企业思想政治的新阵地,为企业和谐发展提供保障。

(三)举办2010年"国有大中型企业党委负责人研修班"

2010年9月13—17日,2010年"国有大中型企业党委负责人研修班"在全国宣传干部学院怀柔校区举办。来自全国32个省、自治区、直辖市和新疆生产建设兵团、33个行业(系统)的国有大中型企业党委书记、宣传部长和政研会负责人共197人参加研修班。此次研修班达到良好的预期效果。一是统一了思想。通过研修学习,大家进一步认识到,思想政治工作是经济工作和其他一切工作的生命线,在党和国家全局工作中具有不可替代的重要地位。大家一致认为,尽管面临很多困难,但是,思想政治工作的地位,在任何时候任何情况下都不能动摇。要积极应对新的形势和挑战,增强紧迫感,进一步发挥思想政治工作的重要优势,为经济社会发展提供强大精神动力和思想保证。二是深化了认识。通过研修学习,大家普遍认为,对思想政治工作的科学内涵、作用、原则有了进一步认识,加深了对思想政治工作重要宗旨、重要原则的理解,更进一步地认识到思想政治工作是一门科学,具有自身独特的、必须遵循的客观规律、基本原则,有系统而科学的方法,有长期以来形成的宝贵经验,必须在今后工作中结合新形势新要求来加以贯彻落实。三是增强了信心,鼓舞了士气。在学习讨论中,大家一致表示,聆听领导的讲话和专题报告,充分感受到中央对思想政治工作、对思想政治工作者的重视,受到很大鼓舞,普遍认为一定要增强责任意识,立足本职,立足基层,为思想政治工作尽一份力、做一份贡献。

(撰稿:任　慧)

2010年"全国企业文化示范基地"综述

中国企业联合会企业文化建设委员会

企业文化兴起于20世纪80年代的美国,整个80—90年代,企业文化都备受理论界的关注,甚至被称为管理的企业文化时代。在实践层面,企业文化也受到了企业的重视。尤其是从21世纪开始,中国的许多企业都认识到了企业文化的作用,相继开始投入企业文化的建设工作。实践工作需要理论的指导,但企业文化理论研究成果对企业文化建设的指导作用十分有限,加之企业的管理者们大多对企业文化的理解还停留在表面,导致实践层面的企业文化建设存在诸多问题,如:企业文化体系不完整,企业文化和经营管理相分离等,有些企业所谓的企业文化只是一些经营宗旨、企业精神的片段,而且有些企业把企业文化只是作为形象工程，拿来装装门面，做做宣传，并没有真正认识到，企业文化是一种渗透在企业一切活动中的东西，它是企业的美德所在。在这种情况下，企业文化建设这个主题不再只是企业的诉求和关注点，而是被各种管理部门乃至国家有关部委认识和重视。标志事件是2005年国务院国资委发布的《关于加强中央企业企业文化建设的指导意见》（国资发〔2005〕62号），这不仅表明国务院国资委已将加强中央企业的企业文化建设摆上重要日程，而且表明国务院国资委既重视从经济上搞活并增强中央企业的硬实力，又重视从文化上激活和提升企业的软实力，极具战略远见和实践意义。

中国企业联合会作为以企业、企业家服务为宗旨的组织也积极地在企业中开展企业文化建设推进工作。从2002年开始，中国企联每年评选出一批全国企业文化优秀成果；从2005年开始，每年从优秀成果中选出一批健康向上、独具特色、具有代表性、借鉴性、示范性的优秀企业文化典型作为“全国企业文化示范基地”，以此引导广大企业学习“示范基地”企业文化建设的经验和方法，从而进一步深化和提高我国企业文化建设的理论和实践发展水平。已有天津港（集团）有限公司等25家企业被中国企业联合会、中国企业家协会授予“全国企业文化示范基地”荣誉称号。其中，联想控股有限公司、杭州钢铁集团股份有限公司、阳光保险集团股份有限公司、枣庄矿业（集团）有限责任公司、华电国际邹县发电厂等5家企业在2010年荣获“全国企业文化示范基地”荣誉称号。

中国企联会长王忠禹出席全国企业文化（联想控股）现场会，并发表重要讲话；中国企联常务副会长兼理事长李德成出席全国企业文化（阳光保险）及（杭钢集团）现场会并致辞。中国企联执行副会长尹援平出席5家示范基地现场会活动。这5家企业建立了具有时代特征、企业特点和中国特色的企业文化体系，不同程度反映了企业文化建设现状，体现了企业文化发展趋势。

一、把握先进文化方向，培育核心价值体系

企业核心价值体系受中国特色社会主义核心价值观体系的指导，是一个企业对国家、社会、企业相关利益者的价值所在，为企业相关利益者提供共同的价值导向、共同信仰和行为准则，是企业文化最本质、最核心的内容，是企业健康和谐的保障，是企业可持续发展的根基。随着社会主义核心价值观体系的提出，企业已深刻认识到培育和完善企业核心价值体系是企业基业长青的必然要求，核心价值体系决定着企业战略发展，甚至兴衰成败。在实践中，广大企业以科学发展观为指导，着力构建与社会主义核心价值观体系要求相符合，与企业发展战略相适应，具有企业自身特点的核心价值体系，并自觉地贯穿到企业的战略、生产、经营、管理等各个方面，形成以市场为导向，以价值为追求，以共享成功为目标的主流意识，逐步建立起价值导向型管理模式。联想的核心价值观是：企业利益第一，求实进取，以人为本。当遇到价值判断和利益取舍时，所有人应当将企业利益放在第一位，围绕企业的生存、发展和企业的愿景来思考。经过20多年发展，联想已成为振兴我国民族产业、打造自主品牌和成功实施国际化与多元化发展战略的杰出典范。阳光保险集团股份有限公司创建之初就制定了《阳光之道》，其中涵盖了公司愿景、使命、核心价值观以及企业精神等核心理念，同时还包括其他管理政策等内容，并坚持以此来衡量、判断企业发展是否符合企业的长远利益与最高追求，使企业无论经受何种考验、经历怎样的市场变化和采取什么样的经营对策，都不会背离企业发展的初衷和偏离企业的根本宗旨。在短短的5年时间里，阳光保险得以迅速成长壮大，并取得骄人成绩。杭钢集团通过总结提炼出的“以钢铁意志做人、建业、报国”的企业精神，“是钢铁就要成脊梁”的企业价值观，以及“创造财富、贡献社会、造福员工”的企业宗旨，构成支撑企业发展战略的核心价值体系，引领杭钢集团完成战略转型，为有效解决企业发展过程中的一系列重大问题提供持续不断的智力支持。对5家示范基地企业的企业文化内涵进行梳理，具体内容见下表。

2010 年企业文化示范基地企业文化内涵一览表

企业名称	内涵项目	企业文化内涵
联想控股	价值观	企业利益第一，求实进取，以人为本
	联想之道	说到做到，尽心尽力
	管理三要素	搭班子，定战略，带队伍
	思想方法	目的要清楚，分阶段实现目的和及时复盘
杭钢集团	价值观	是钢铁就要成脊梁
	企业精神	以钢铁意志做人、建业、报国
	企业宗旨	创造财富、贡献社会、造福员工
	企业道德	诚信、双赢
阳光保险	价值观	追求创造价值
	企业使命	为客户创造价值，使员工富有成就，为社会营造和谐，让股东获得厚报
	企业精神	战胜自我
	企业愿景	打造最具品质和实力的保险公司
枣矿集团	企业精神	诚信、勤俭、严实、创新
	企业作风	敢打必胜，超越自我
	备　注	枣矿集团把企业文化定位为管理文化，形成了以三基（基础、基层、基本功）、三化（准军事化管理、市场化运作、精细化考核）、三个亮点（质量标准化、文化铸魂、环境综合治理）为主要内容的三三三管理文化
邹县发电厂	价值观	尽责、诚信、竞优、和谐
	企业宗旨	以人为本、安全第一、效益至上
	企业精神	敢为人先、永争第一
	企业愿景	大而强，和而善

二、企业文化融入经营管理，文化驱动作用不断增强

企业更加重视将企业文化与企业战略、经营管理紧密结合，渗透到日常运营管理和工作流程全过程中，结合自身管理升级的方向和重点，切实解决好文化和管理“两层皮”的问题，保证文化因素与企业发展能力相匹配，形成有效文化驱动力，促进企业持续发展。联想从创业阶段提出的以“联想天条”为主线的绩效文化，到快速发展时期建立的以“求实进取”为基准、以“管理三要素”为核心的战略管理思想体系，再到如今为适应国际化竞争和多元产业发展需要，融合提炼形成的以“联想之道”为基点的“主人文化”，联想文化在不断升华中促进了企业战略管理的升级。杭钢集团积极推行“5S”管理、“三工”评价和“零距离”服务等现代化的新型管理模式，不断完善企业制度化、标准化、流程化的管理，将价值理念与经营管理深度融合，为企业创造卓越绩效提供了有力保证。枣矿集团创建“三三三”管理文化模式，与目标管理、安全管理、质量管理、现场管理、品牌管理等实现了无缝对接，与管理理念、管理模式、管理方法、管理工具、管理流程实现了良性互动，进一步提高了员工队伍素质和管理水平。邹县发电厂将“竞和”文化融入安全生产、人资管理、运营管理、政治工作等体系管理的各个模块，提炼形成了具有邹电个性和时代特色的“三级联动”、“五位一体”等一系列科学规范的管理制度和党政工团齐抓共管、职工广泛参与的企业文化建设机制。

三、善于运用文化思维，不断自我更新文化

企业文化要适应环境，而环境是不断变化着的，那么企业文化也要相应变革、更新。因此，企业要根据自身发展环境的变化和发展方式的转变，不断丰富和发展企业文化内容，并赋予新的内涵，使之与时代发展相适应，与企业发展相适应，推进企业健康发展。杭钢集团在继承传统优秀文化的基础上，紧扣时代发展主题，倾力打造“科技杭钢、绿色杭钢、和谐杭钢”，树立“诚信双赢”的企业道德，赋予了杭钢文化新的使命与责任，使杭钢集团始终保持着与时俱

进的良好状态。枣矿集团在130多年的历史发展中积累了深厚的民族文化底蕴，进入21世纪以来又以全新的文化视野不断总结提炼，对原有文化进行整合和创新，大力实施文化铸魂、文化强企发展新战略，建立了符合东部地区历史老矿发展特点和要求的独特企业文化模式，成功实现了战略转型，从矿老人多的资源枯竭型煤炭企业发展成为跨行业、跨国界、跨所有制的大型企业集团。邹县发电厂在传承儒家文化的基础上，从创业初期的“拼搏”文化到规模迅速扩张时期的“争先”文化，直到21世纪初提出的“竞和”文化，邹县发电厂从没有停止企业文化的创新步伐，邹县发电厂根据不同发展阶段创建的核心价值体系，使企业文化随着企业发展得到不断的丰富、完善，为企业持续发展提供了强有力的支撑。

四、积极承担社会责任，提升企业良好形象

自觉履行社会责任已成为企业共识，把它作为企业文化一项重要内容来抓，看作是企业发展内在要求和重要动力。企业在做好自身的前提下，在发展绿色经济、保护生态环境、关爱员工、节能减排、建设资源节约型、环境友好型企业方面进行积极实践，并注重把履行社会责任转化为企业进一步发展的机会。阳光保险以“为客户创造价值，使员工富有成就，为社会营造和谐，让股东获得厚报”为使命，将关爱贯穿于客户服务和员工成长全过程，为上千万个企业和个人提供保障服务，解决就业4.5万人。枣矿集团秉承“黑色变绿色”的环境理念，以打造节能环保生态绿色文明新矿山作为主攻方向，开展清洁生产，创建了“无尘化矿井”，塑造了“井下人文景观好、地面自然形态美”的新型煤炭企业形象，提升了循环经济规模和档次，形成了“低投入、高产出、低消耗、少排放、能循环、可持续”的绿色产业集群发展模式，同时增强了参与国内外市场竞争独有的品牌优势。杭钢集团以“创造财富、贡献社会、造福员工”为宗旨，始终坚持把加强社会责任建设摆在突出位置，在加强综合利用、控制总量排放、推进清洁生产和循环利用等方面，取得了显著成就，钢铁产业实现废水零排放，各项环保指标一直优于国内同类型企业，厂区环境明显改善，并出资200万元设立浙江大学“春晖助学工程——杭钢奖助学金”，资助品学兼优的贫困学生，还承担了杭州市医疗固体废弃物和有毒铬渣无害化处理任务，有效解决了困扰政府和市民多年的城市环保难题。“绿色杭钢工业游”被杭州市列为首批国际化旅游景点，成为宣传“文化杭钢”、“绿色杭钢”、“和谐杭钢”的重要窗口。

五、坚持以人为本原则，促进企业文化落地

企业紧紧抓住“以人为本”这一中国特色为根本内容进行企业文化建设，坚持人才强企战略，坚持把员工的全面发展作为企业发展的最高目标，坚持人力资源是企业第一资源，把“尊重人，依靠人，培养人，关心人，激励人”作为文化管理的全部内容，大力营造人文环境，实现员工由社会人向企业人的角色转变，建立与企业人力资源能力相适应的企业文化，使员工认同企业核心文化价值体系，进而体现在企业管理的各个环节中，有效实现企业文化落地。联想将“个人的追求融入到企业的长远发展之中”作为文化目标，追求个人价值观与企业价值观同化，并形成心理“契约”，实现员工与企业的共同成长。杭钢集团坚持把文化建设与班组建设、厂务公开、民主管理和党建、思想政治工作结合起来，使员工更加积极主动地参与管理，自觉践行“尽心尽职、守法守信、勤学勤为、创效创新”的行为规范，并贯穿到生产经营的各个环节。枣矿集团始终坚持把“以人为本”思想理念作为“三三三”管理文化模式的重要支撑，充分发挥人的主体作用，从关爱员工、凝聚人心出发，增强了广大员工的认同感和归属感，激发了全体员工的积极性、主动性和创造性，既落实了全心全意依靠职工办企业的要求，又有效促进了大集团发展战略的顺利推进。阳光保险推行“机构筹建，文化先行”的不二法则，各分公司开业，除了要通过当地保监局的验收，也要通过总公司的二次验收：“公司文化要与当地市场、当地发展战略结合，当地管理思想也要与公司管理思想结合，这种结合要经过总公司认可，验收通过后分公司才允许开业”，文化先行为阳光文化的一致性和有效性提供了有力保障。

（撰稿：迟惠玲　王吉伟）

2010年中国企业信息化建设综述

中国电子信息产业发展研究院

随着中国政策法治环境建设的逐步完善，技术标准环境建设更趋完善，以及财税政策支持力度不断加大，中国企业信息化建设取得显著成效。

一、中央企业信息化发展取得明显成效

中国央企的信息化水平普遍较高，往往在计算机辅助设计（CAD）、计算机辅助工程分析（CAE）、计算机辅助工艺过程设计（CAPP）、计算机辅助制造（CAM），以及企业资源管理（ERP）和供应链管理等方面都是行业的领袖。信息化不但降低了生产成本，提高了制造精度，缩短了设计和生产周期，还在企业节能降耗、减污减排等方面都有宝贵经验，很多企业已开始用信息化为战略决策提供支撑。

2010年，国务院国资委部署中央企业信息化要重点做好的10项工作，其中包括落实信息化发展“登高计划”、信息化D、E级企业要确保2010年全部达到C级以上、重组企业努力提升信息化整体水平、加快信息系统优化升级、加强信息系统安全等级保护工作、持续推进中央企业使用正版软件工作、借鉴信息化示范工程经验、构建中央企业信息化战略合作机制、加强信息化制度建设、做好企业信息化“十二五”规划等，取得了明显成效。

二、中小企业信息化建设成效显著

信息化的倍增效果明显，企业的市场竞争力不断增强。我国中小企业的信息化应用能力也不断提高，特别在市场和营销方面。

（一）信息化投入

2010年，中小企业信息化投资规模约为2 300亿元，其中硬件投入约为60.0%，软件约为15.0%，IT服务约为25.0%。超过七成的企业对信息化的投入在50万元左右（见图1）。

（二）各类信息化系统应用率

据调查，财务管理软件、企业门户网站、办公自动化系统是中小企业信息化应用最广泛的三类信息系统（见图2）。

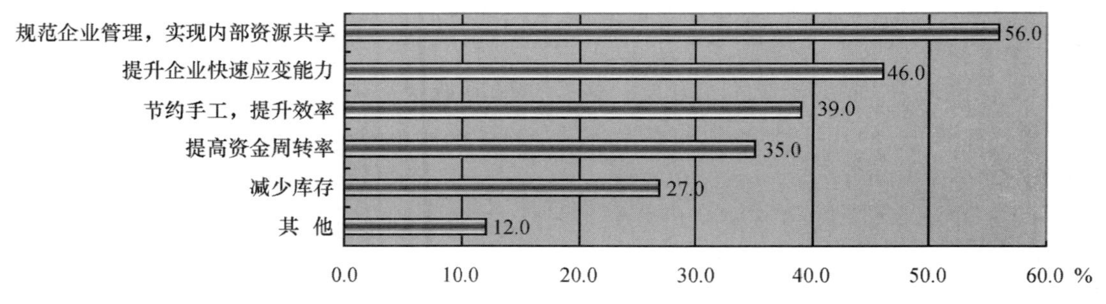

图1　中国中小企业信息化投资目标占比

数据来源：《中国中小企业信息化发展白皮书》2010.12。

据调查，82.0%的企业信息化水平能够适应生产经营的需要。50.0%的企业信息化处于单项应用，只有5.0%的企业信息化处于全面集成应用阶段，中小企业信息化正从单项应用向集成应用过度。86.4%的企业应用了ERP系统，主要来自用友、金碟、鼎捷，对应用效果满意的占79.0%（见图3）。

（三）管理信息化

总体来说，信息化对中小企业管理的支持程度比较好，但在市场营销、客户服务、研发设计、生产制造等方面的支撑程度还比较差。有关调查显示，中小企业应用信息系统比例最高的是财务管理软件，达到48.6%。同时，中小企业对网络安全产品、进销存管理系统、办公自动化、内部网络建设的应用需

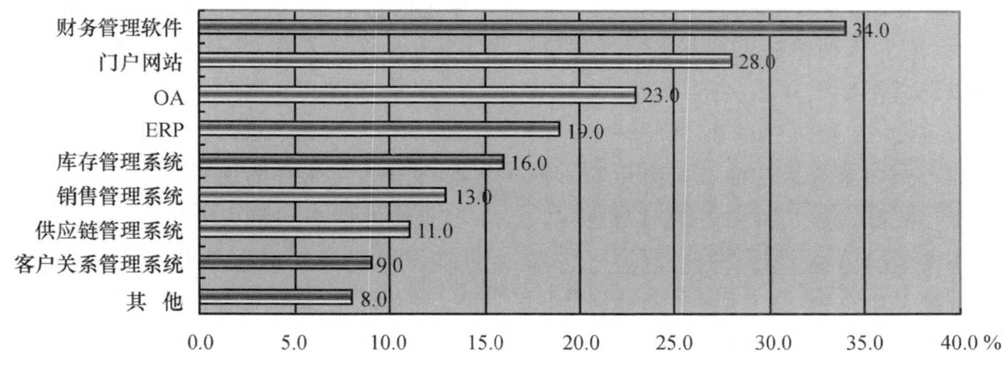

图 2　中国中小企业信息化系统应用现状

数据来源:中国中小企业信息化发展白皮书,2010. 12。

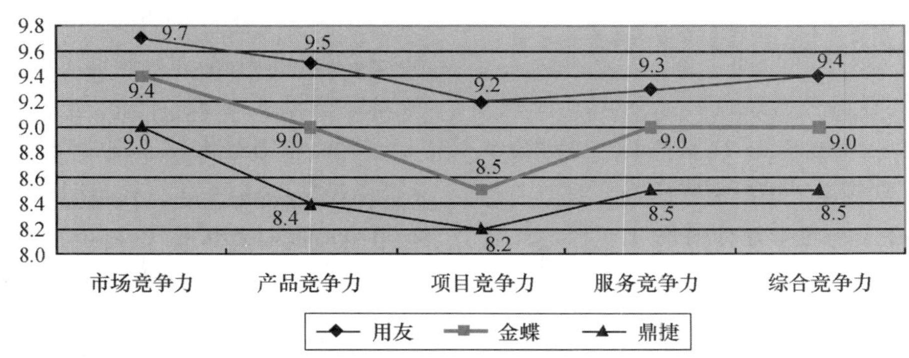

图 3　2009 年中国中小企业 ERP 市场主要厂商竞争力评估

数据来源:赛迪顾问　2010. 02。

求也越来越广泛,分别达到 43. 9% 、38. 0% 、33. 5% 和 30. 0% 。支持决策系统、生产制造系统和电子商务系统的应用也发展较快,分别为 9. 1% 11. 2% 和 11. 6% 。随着信息化的深入推进,移动信息化应用、人力资源管理系统、分销系统等也将逐渐成为中小企业信息化建设的热点。

(四)研发信息化

据调查,中小企业采用的 CAD 软件主要是 AutoCAD,占 80. 8% 。采用的 PDM/PLM 软件主要来自北京数码大方科技有限公司、上海思普公司、南京东大软件公司。在应用效果方面,31. 6% 的企业对 PDM/PLM 软件很满意或比较满意(见图 4)。

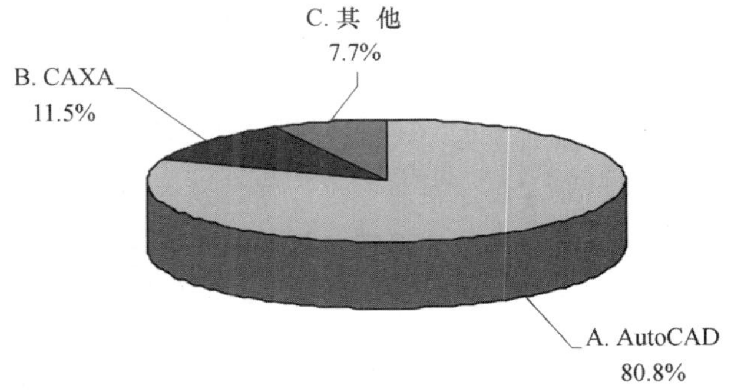

图 4　中小企业使用的 CAD 系统厂商分布

数据来源:《中国中小企业信息化服务市场调查和研究报告 2010》。

(五)互联网接入

在互联网接入方面,超过 90. 0% 的中小企业具有互联网接入能力。大约 15. 0% 的企业通过 100 兆以上宽带接入互联网,50. 0% 的企业通过 100 兆以下、10 兆以上宽带接入互联网,通过 10 兆以下宽带接入互联网的企业占 35. 0% 。据调查,中国电信在中小企业网络方面的市场占有率最高。约 77. 0% 的中小企业租用中国电信的网络链路;租用中国联通的占 18. 0% ;租用中国移动的占 5. 0% 。

(六)信息安全

在信息安全方面,一般中小企业采取的措施较为简单。据调查,在信息安全方面,90. 5% 的中小企业采取防病毒措施,47.6%的中小企业采取防火墙措施,9.5%的中小企业分别采取入侵检测和加密措施。中小企业的信息安全产品主要来自瑞星、金山、天融信(见图5)。

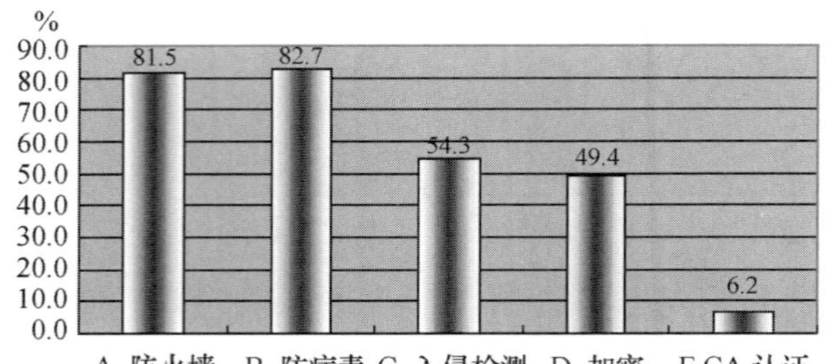

图5 中小企业采取的信息安全措施

数据来源:《中国中小企业信息化服务市场调查和研究报告2010》。

三、企业电子商务发展情况

(一)中国电子商务发展总体情况

近年来,中国电子商务市场一直保持稳定发展的势头,电子商务交易额持续高速增长。全球金融危机以来,中国电子商务并未受到影响,相反却在金融危机中爆发出更强的生命力和适应力。截至2010年12月,中国电子商务市场交易额已逾45 000亿元,同比增长22.0%。其中,B2B电子商务交易额达到38 000亿元,同比增长15.8%。网上零售市场交易规模达5 131亿元,同比增长97.3%,约占全年社会商品零售总额的3.0%(见图6)。

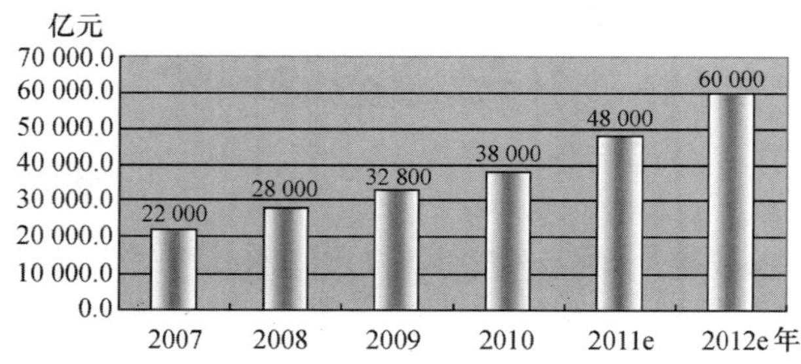

图6 2007—2012年中国B2B电子商务市场交易规模

数据来源:中国电子商务研究中心。

在各地政府的重视下,区域电子商务发展面临更好的政策环境。传统企业利用开放的服务平台,成为驱动产业结构升级的重要手段。简单的价格竞争将被差异化的服务竞争所取代。互联网产业融合趋势加强,电子商务成为互联网应用平台进行价值转化的突破口,而且电子商务的外延在不断扩散。

(二)中央企业电子商务应用水平

中央企业多采用B2B模式应用电子商务,利用B2B电子商务平台的采购管理、销售管理、供应商与客户管理、报表管理、业务监控、信息查询与分析等主要功能。对于组织机构复杂、分公司林立的国企来说,电子商务提供了集中与统一的理念和管理模式,包括营销政策、市场开拓、销售业务、物流优化及品牌战略的统一,改变了央企下属企业各自为战的局面,实现了在统一的电子商务平台上的购销合作和整体对外。因此,大幅降低生产、销售以及沟通成本,大大提升了效率。

例如,中国石化自上线物资采购电商网站和石化产品销售电商网站以来,网上采购成交规模以年均60.0%的速度增长,其中2008年实现在线采购金额1 612亿元,网上注册供应商从300家发展到20 045家。中国石化生产建设所需的大宗重要、通用物资已经全部实现网上电子化采购。而在石化产品销售电商网站上,每天平均登录5 000人次,日均生成订单2 000多个。石化产品80.0%实现了在线销售。截至2008年,电商网站共为中石化累计节约采购资金223亿元。

宝钢自电子商务上线以来,收入逐年翻番,2008年宝钢营收2 468.4亿元,利润总额238.1亿元,其中大部分交易的实现均来自于网上。而对于中航信的电子客票系统,采用IATA标准可为航空公司单张电子客票节约5~6美元。到2008年该系统广泛应用后,共出票15 758.3万张,为航空公司节省资金总额为55.2亿元。

(三)中小企业电子商务应用水平

中小企业电子商务的应用水平还比较低。在被调查的中小企业中,15.9%的中小企业经常应用电子商务,48.8%的中小企业偶尔应用电子商务,28.0%的中小企业还没有应用电子商务(见图7)。

中小企业主要在销售和售后服务环节应用电子商务。54.4%的中小企业的电子商务交易额占总交易额的比例在5.0%以下,80.0%中小企业的电子商务交易额占总交易额的比例在40.0%以下(见图8)。

中小企业对电子商务最大的顾虑是信息安全问题和诚信问题（见图 9）。

（四）企业电子商务服务商

中国电子商务研究中心的调查数据显示，2010 年，我国 B2B 电子商务服务企业达 9 200 家，同比增长 21.3%。B2B 电子商务企业营收达到 95.5 亿元。同比增长 35.0%（见图 10）。

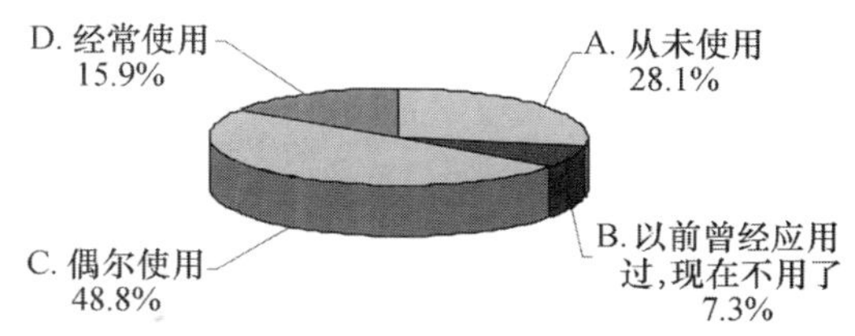

图 7　中小企业电子商务应用情况

数据来源：《中国中小企业信息化服务市场调查和研究报告 2010》。

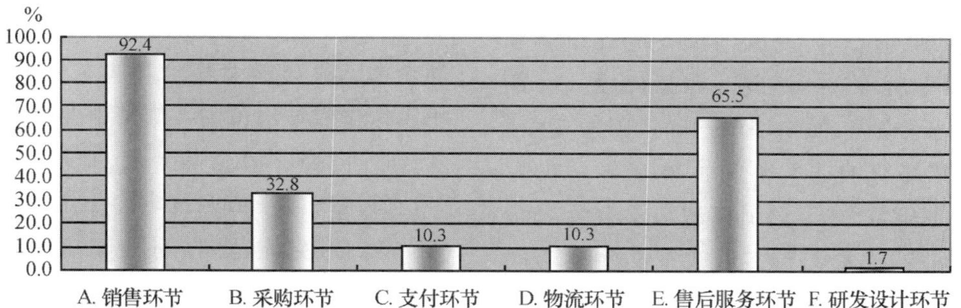

图 8　中小企业应用电子商务的主要环节

数据来源：《中国中小企业信息化服务市场调查和研究报告 2010》。

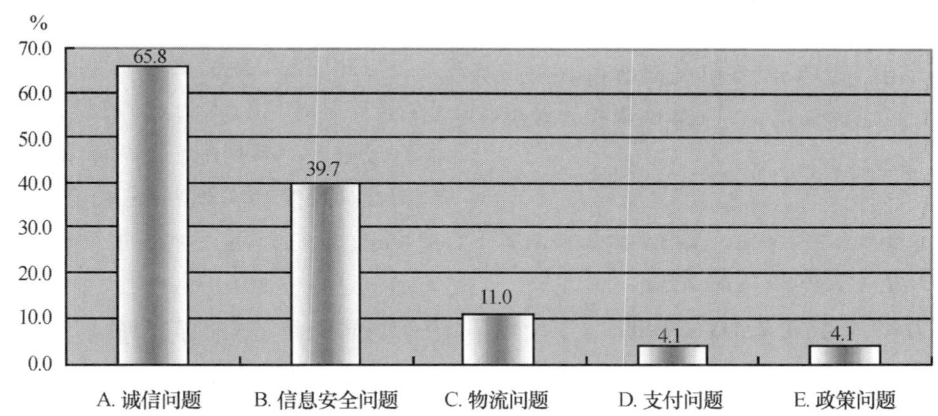

图 9　中小企业对电子商务的顾虑因素

数据来源：《中国中小企业信息化服务市场调查和研究报告 2010》。

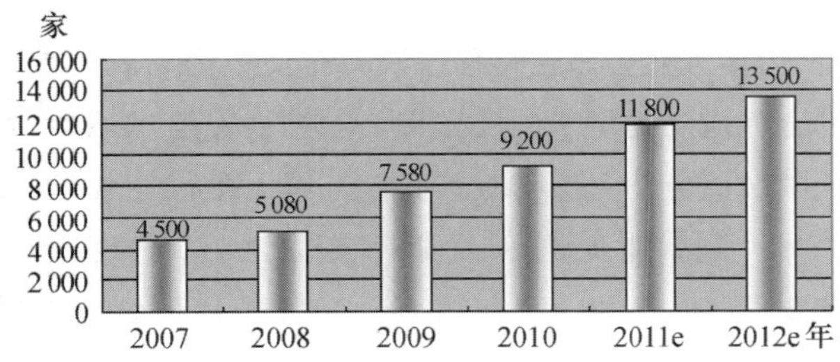

图 10　2007—2012 年 B2B 电子商务服务商规模

数据来源：中国电子商务研究中心。

在 B2B 的发展历程中，以中小企业为主要客户的电子商务服务市场发挥了普及、培育、提供应用平台和商务服务等一系列作用，推动了我国电子商务的快速发展。

2010 年，我国主要 B2B 服务商市场份额为阿里巴巴 63.5%，环球资源 7.3%（见图 11）。

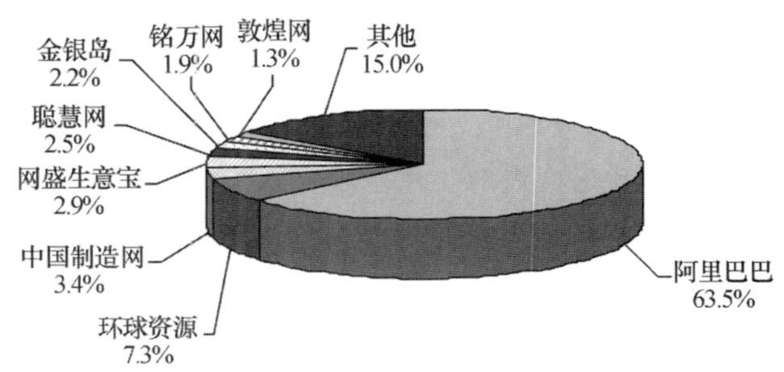

图 11　2010 年中国 B2B 企业市场占有率

数据来源：中国电子商务研究中心。

（撰稿：黄　蕾）

2010年中国企业劳动关系状况综述

中国企业联合会雇主工作部

2010年世界经济总体上保持了复苏的势头，但总体呈现前高后低的态势，受欧洲债务危机和全球就业不足等因素的影响，经济复苏明显放缓。世界经济复苏基础仍不稳固，面临许多不确定因素，这对于我国劳动力市场影响非常不利。2010年是我国“十二五”规划的开局之年，党中央和国家有关部门高度重视就业问题，先后出台多项政策文件推动扩大就业、提高就业质量、改善就业服务，积极推动建立正常的工资增加机制，进一步扩大社会保障的覆盖面。广大企业继续深入贯彻落实科学发展观，采取积极措施应对当前经济形势对企业造成的不利影响，积极加强劳动用工管理水平，积极推动和谐企业建设，企业劳动关系总体稳定，为构建和谐社会做出了积极的贡献。

一、劳动立法体系日趋完备，其他劳动关系立法有序推进

2010—2011年度是中国的社会保险立法年，一批重要的社会保险法律、行政法规、部门规章和政策性文件陆续出台。首先，社会保险领域的基本大法《社会保险法》于2010年10月28日出台，并于2011年7月1日起施行，该法也是进入21世纪以来我国新劳动立法中四个主干性法律中最后出台的一部(其他三部分别是《劳动合同法》、《就业促进法》和《劳动争议调解仲裁法》)，因此也标志着现阶段劳动立法体系化更新的工作基本完成。我国的劳动立法从大规模制定阶段走向精细化完善阶段。《社会保险法》在广覆盖、保基本、多层次、可持续的方针下规定了基本养老保险、基本医疗保险、工伤保险、失业保险、生育保险等社会保险制度，以保障公民在年老、疾病、工伤、失业、生育等情况下依法从国家和社会获得物质帮助的权利。同时，该法对于社会保险费用的征缴、社会保险基金的建立和管理、社会保险业务的经办以及社会保险各个环节(以社会保险基金管理为重点)的监督作了全面的规定。随后，社会保险领域另一部重要的行政法规《工伤保险条例》的修改工作也历经五载，终于在2010年12月20日出台，并于2011年开始生效实施。原《工伤保险条例》在2004年1月出台伊始即面临修订的要求，但直到2010年底才修订完成，这在一定程度上说明了近十年来劳动关系领域许多内容的急剧变化，也说明了同时期劳动关系立法工作任务的复杂艰巨性。新条例主要在以下几个方面做出新规定：(1)扩大了工伤保险适用范围。规定事业单位、社会团体，以及民办非企业单位、基金会、律师事务所、会计师事务所等组织应当依照规定参加工伤保险。(2)调整了扩大工伤认定范围。将上下班途中的工伤认定范围扩大到机动车、非机动车的交通事故和城市轨道交通、客运轮渡和火车事故伤害。(3)简化了工伤认定程序。(4)提高了工伤保险待遇；(5)增加了基金支出项目；(6)加大了强制力度。

与此同时，为了更好地实施《社会保险法》和《工伤保险条例》，人力资源和社会保障部正在陆续制订或修改一系列配套的规章和政策性文件。其中包括社会保险法实施办法、社会保险法申报缴纳管理规定(暂行办法)、企业工伤保险费缴纳办法等。再加上已经于2010年3月提前颁布的《关于推进工伤保险市级统筹有关问题的通知》，为两部法律/法规的有效贯彻落实提供了坚实的保证。

此外，在2010年1月1日和7月1日，《城镇企业职工养老保险关系转移接续暂行办法》、《流动就业人员基本医疗保障关系转移接续暂行办法》先后生效施行，为促进社会保险转移接续的简便顺畅和就业市场的合理流动提供了制度支持。除社会保险领域外，其他领域的劳动立法与政策制订工作也在有序推进中。

一是就业促进和就业平等立法与政策。2010年3－5月，人社部先后发布了《关于加强就业援助工作的指导意见》、《关于进一步加强基层劳动就业和社会保障公共服务平台和网络建设的指导意见》和《关于进一步加强基层就业平台工作若干意见的通知》，为充分发挥就业援助和公共就业服务平台的作用提供政策指导。2010年2月10日，人社部、教育部和卫生部联合下发《关于进一步规范入学和就业体检项目，维护乙肝表面抗原携带者入学和就业

权利的通知》,为乙肝表面抗原携带者的平等就业权利提供了制度保障。

二是劳动关系立法与政策,2010 年 4 月 30 日,国家三方(人社部、全总和中国企联)联合发布了《关于印发全面推进小企业劳动合同制度实施专项行动计划的通知》,确立了 2010—2012 年在小企业推广劳动合同制度的目标任务——用三年时间基本实现小企业与劳动者普遍依法签订劳动合同。5 月 5 日,国家三方又发布《关于深入推进集体合同制度有效实施彩虹计划的通知》,确立了力争到 2012 年基本在各类已建工会的企业中全面实现集体合同制度。

三是劳动争议立法与政策。2010 年 9 月 13 日,最高人民法院发布了《关于审理劳动争议案件适用法律若干问题的解释(三)》,自 2010 年 9 月 14 日施行。该解释与最高院此前发布的两个对于劳动争议的司法解释形成了一个比较完整的劳动关系法律适用诠释体系,为劳动诉讼的有序合理进行提供了保证。而人力资源部则于 2010 年 1 月颁布实施《劳动人事争议仲裁组织规则》,该规则与此前颁布的《劳动人事仲裁办案规则》一起构成了对《劳动争议调解仲裁法》仲裁程序的有力补充。此外,《职业技能培训与鉴定条例》、《企业工资条例》、《人力资源市场管理条例》等一批重要的劳动法规也在紧张有序的制订过程中。

二、劳动力市场和就业形势比去年有所缓和,但结构性矛盾仍然存在

2010 年我国总体就业形势比上年有所缓解,劳动力市场总体供求总量都有所增长,全年城镇新增就业人员 1 168 万人,比去年增加 62 万人,但仍然没有达到金融危机前的水平。由于各级政府比较重视困难就业群体的就业,城市困难群体就业呈现明显增长。2010 年实现就业困难人员再就业 165 万人,547 万下岗失业人员实现再就业,比 2009 年增长了 6.4%。2010 年全国农民工总量为 24 223 万人,其中外出务工的农民工 15 335 万人。外出务工人员的数量和新增外出务工人员数都比 2009 年有很大提高。由于近年来产业结构升级,市场对高校毕业生的需求上升,2009 届和 2010 届大学毕业生就业率连续呈现上升趋势。2010 年大学生就业是国际金融危机以来最好的一年,应届毕业大学生 631 万,毕业半年后的全国总体就业率达到 89.6%,比 2009 届全国总体水平上升了 3 个百分点。

根据中国人力资源市场信息监测中心对全国 116 个城市公共就业服务机构市场供求信息显示,2010 年城市劳动力需求增长稍高于劳动力供给,岗位空缺与求职人数的比率为 1.01,比 2009 年有所提高。从趋势看,第三产业的用人需求比重呈下降趋势,第二产业的用人需求稳步上升。分行业看,制造业需求旺盛,呈现不断上升趋势,批发零售、住宿餐饮业、社会服务业需求比重下降。从职位供求看,生产运输设备操作工、商业和服务业人员、专业技术人员的用人需求旺盛,办公室文员明显供过于求。

2010 年是我国“十二五规划”的开局之年,“十二五规划纲要”明确提出要坚持把促进就业放在经济社会发展的优先位置,提高就业质量,努力实现充分就业。2010 年的劳动力市场政策也集中体现了这一思想,2010 年中央一号文件中专门提及努力促进农民就业创业,要求加快建立覆盖城乡的公共就业服务体系,加大农民外出务工就业指导和服务力度。2010 年劳动立法也主要体现了加大对劳动者权益保护,立法较集中于社会保险和工伤保护。《社会保险法》加大了保护劳动者参加和享受社会保险的合法权益的力度。对《工伤保险条例》进行的修订,进一步完善了我国的工伤保险制度。人社部出台的部颁规定:《工伤认定办法(修订)》、《非法用工单位伤亡人员一次性赔偿办法(修订)》、《部分行业企业工伤保险费缴纳办法》也是针对加强工伤保护。此外,人社部还出台了《劳动人事争议仲裁组织规则》、《人力资源社会保障行政复议办法》,进一步针对健全劳动争议处理的机制和制度建设。

2010 年我国劳动力市场也存在一些问题。一是劳动力市场分割的状态没有发生根本性的改变,一级市场和二级市场间分割明确,在收入水平、工作条件、工作时间、福利待遇等方面的差距仍然较大。城市就业市场仍然存在歧视农村劳动力的各种壁垒。二是劳动力市场结构性矛盾仍然突出,缺工现象比较普遍。春节前后东部沿海城市和部分中西部城市都出现招工难问题,制造业中小企业招工压力较大,而人员流动大,留人难的现象也是企业普遍反映的问题。2010 年缺工出现的新情况表现在,内陆和沿海地区在用工上已经开始出现了竞争。劳动力市场的结构矛盾还表现是对青壮年劳动力的供需旺

盛,用工缺口增大。同时,市场对熟练工和技工的需求始终没有得到缓解。虽然当前企业的用人需求仍以普工为主,但对于具备一定级别的技术工人的需求缺口始终不能得到弥补,技术工人的求人倍率从2001年以来一直维持在高位。三是劳动力成本持续上升,外出务工人员工资明显提高。2010年,全国城镇非私营单位在岗职工年平均工资比2009年同比增长13.5%。我国劳动力成本持续长期增长的势头十分明显,2001—2010年间职工工资年均递增率为14.7%,这十年里的前5年的年均增长率为14.4%,后5年年均增长率增加为18.1%。2010年,外出务工人员就业相对集中的中国两大制造业中心“珠三角”和“长三角”,劳动力成本上涨了20.0%~25.0%。劳动力成本的持续上升给我国制造业企业带来了较大的人工成本压力,在一定程度上削弱了我国制造业的国际竞争力。

三、企业集体合同制度不断推进,中小企业劳动合同逐渐规范

“十一五”时期,我国劳动合同制度进一步完善并得到普遍实行。到2010年,我国劳动合同签订率比“十五”期末提高近20.0%,带动社会保险参保人数明显增加,劳动合同短期化现象明显减少。2010年底,全国规模以上企业劳动合同签订率达到97.5%。

一是加强集体协商主体建设。各地认真落实“两个普遍”要求,加大基层工会组织建设力度,进一步扩大基层工会组织覆盖面,大力推进非公有制企业组建工会。据统计,2011年第二季度全国29个省(自治区、直辖市)工资集体合同覆盖企业150.9万家,覆盖职工10 767.8万人,与2010年相比分别增长31.4%、24.3%。

二是各地积极开展集体协商“要约行动”。北京市突出工作重点,首先在以下“五类”企业中开展工资集体协商。四川省开展了主题为“要约协商、工资共决”的工资集体协商“百日攻坚”行动,工资集体协商工作取得明显突破。海南省积极引导注册会计师行业和酒店与餐饮行业分别签订了行业工资专项集体合同。湖北省武汉市人力资源社会保障部门积极搭建协商平台,全程参与指导武汉市商贸金融烟草工会联合会代表职工方、武汉餐饮业协会代表企业方,经过多轮协商,签订了餐饮行业工资专项集体合同。

三是指导企业规范集体协商程序。广东省制定印发了企业工资集体协商指引,对协商代表推选、协商要约发出与回应、协商会议召开、集体合同签订及报送审查等环节提出了具体操作步骤和方法,并深入企业发送集体协商要约书、集体合同送审表、协调处理协议书等格式文本,提供法规政策咨询服务。湖北省制定印发了工资集体协商工作标准,规范集体协商程序。

四是做好集体合同审核备案工作。江苏省制定了集体合同审查办法,对协商主体资格、签约程序、合同内容等作了明确规定,并配发了集体合同受理单、集体合同审查办理书、集体合同审查意见书等文书。安徽省马鞍山市制定了集体合同审核备案业务指南和工作流程图,方便企业报备,规范审核备案工作。五是推动地方立法,完善集体合同制度。劳动合同法施行以来,海南、黑龙江、安徽、浙江、福建等省协调劳动关系三方积极向省人大常委会提出制定集体合同地方法规的建议,并配合做好立法调研和起草工作,先后制定颁布或重新修订公布了集体合同条例。

各地中小企业劳动合同不断规范。根据调查统计和督查调研,截至2010年底,多数地区小企业劳动合同签订率达65.0%左右,全国经人力资源社会保障部门审查的当期有效集体合同92.1万余份,覆盖职工1.14亿人。深入开展调查摸底,加强对小企业实施劳动合同制度的指导和服务。

一是对小企业劳动用工情况进行调查摸底。各地通过印发小企业用工情况调查表、召开小企业经营者座谈会、发放调查问卷、实地暗访等形式,全面了解小企业的户数、职工人数以及劳动合同签订、工资支付、劳动用工备案等底数,为进一步加强小企业劳动用工管理提供依据,增强了专项行动的针对性和实效性。

二是采取多种形式加强对小企业实施劳动合同制度的指导和服务。江苏省建立了定点联系企业制度,以职工人数多、争议纠纷多、举报投诉多的小企业为重点,组织开展现场辅导和重点帮扶活动。江西省重新修订并公布了劳动合同示范文本,供广大小企业和劳动者参考使用,对小企业自行拟定的劳

动合同文本进行审核,提出修改意见,还免费向小企业发放专门供农民工使用的简明劳动合同文本。江苏、浙江等省对符合条件的小企业,积极帮助其申请缓缴社会保险费、申领社会保险补贴、岗位补贴、在岗培训补贴等扶持款项;对符合条件的小企业申请实行特殊工时工作制提供便利。

四、深化企业工资分配制度改革,建立职工工资正常增长机制

工资是劳动关系的核心问题,是法律规定的劳动合同中必须明确的内容,也是最易引发劳资冲突的焦点问题。当前,工资分配领域的矛盾日益突出,已成为影响我国经济健康发展以及和谐社会建设的重要问题,引起了社会各界的高度关注。2010 年,围绕建立职工工资正常增长机制和支付保障机制为重点,从应对危机中走向跨越危机,以扩大劳动合同覆盖面、增加一线职工工资、改善劳动条件为重点,稳中求进,重抓落实,取得了新的成效。

2010 年,在深化企业工资分配制度改革方面,主要按照"调高、扩中、提低"的总体目标任务,重点解决好行业企业间以及企业内部负责人与普通职工收入差距过大问题,建立企业职工工资正常增长机制,促进竞争行业、私营企业职工工资特别是一线职工工资合理增长,逐步提高劳动报酬在初次分配中的比重。根据城镇居民消费价格指数、社会平均工资增长、经济发展水平以及就业状况,适时合理调整最低工资标准,使最低工资增长幅度不低于当地社会平均工资增长幅度。随着我国经济形势的不断好转,全国 30 个省份调整了最低工资标准,月最低工资标准最高档平均为 870 元,增长幅度为 24.0%。月最低工资标准最高的是上海市为 1 120 元,小时最低工资标准最高的是北京市为 11 元。指导全国 29 个地区发布了当地的工资指导线。部署开展了企业薪酬调查第二次试调查,将调查范围扩大到 8 个省份。中央企业负责人薪酬分配初步得到规范。2010 年 9 月有关部门制定下发了《规范中央企业负责人薪酬管理的指导意见》,明确了坚持市场调节与政府监管相结合;坚持激励与约束相统一;坚持短期激励与长期激励相兼顾;坚持负责人薪酬增长与职工工资增长相协调;坚持完善薪酬制度与规范补充保险、职务消费等相配套的原则。确定了薪酬结构和水平,使中央企业负责人薪酬分配制度逐步完善,部分企业负责人薪酬水平增长过快的矛盾初步得到缓解。同时,加大了对高收入企业的调控力度。

2010 年全国 29 个省份发布了企业工资指导线,人力资源市场工资指导价位制度和行业人工成本信息指导制度继续得到较好落实。积极推进企业薪酬调查和信息发布制度建设,在 8 个省份对 6 个行业开展了第二次试调查,完善了调查方法和软件系统,为全面试运行创造了条件。山东、上海分别发布了 3 930 个和 2 203 个职业(工种)工资指导价位信息。天津重点加强对工资收入较低企业的指导,促进企业合理提高职工工资。企业职工工资支付保障制度建设取得新进展。针对工程项目管理中的问题导致农民工"讨薪难",有关部门制定下发了《关于加强建设工程项目管理解决拖欠农民工工资问题的通知》。2010 年底 2011 年初共为约 129.2 万农民工追回被拖欠工资及赔偿金 29.4 亿元,基本实现了"两节"期间农民工工资无拖欠。建立企业职工工资正常增长机制,重点是需要加快推进工资集体协商制度建设。人力资源社会保障部、全国总工会、中国企业联合会在全国部署开展了推进集体合同制度实施的"彩虹计划",推进工资集体协商,通过充分发挥集体协商对推动企业职工工资正常增长的促进作用。

2010 年企业分配制度也存在一些问题。不同行业、不同所有制企业之间工资收入差距拉大,部分垄断行业职工工资水平和国有企业高管人员收入偏高、增长较快,私营企业职工、农民工工资水平偏低、增长较慢。部分企业拖欠克扣工资现象仍有发生。一些企业不能严格执行国家劳动标准,职工超时加班、不按规定支付加班费现象仍然较多,休息休假权得不到较好落实;高危等特殊行业的部分企业工作场所劳动条件差,对劳动者缺乏必要的劳动保护。

五、社会保险立法基本完备,社会保险事业稳步推进

2010 年以来,《社会保险法》的颁布实施为标志着我国社会保障事业发展进入法制化轨道。国家财政对社会保险的转移支付力度逐年加大,社会保险覆盖范围进一步扩大,社会保险基金规模迅速增长,社会保险待遇水平稳步提高,经办管理和服务水平

不断提升。企业等用人单位是贯彻实施社会保险法律法规的重要主体,企业缴费是社会保险筹资的主要渠道,同时参保缴费也越来越成为影响企业劳动关系和谐稳定的重要因素。

2010 年,《社会保险法》及相关配套规章密集出台,各项社会保险覆盖范围继续扩大,参保人数和基金规模持续增长。全年五项社会保险(不含新型农村社会养老保险)基金收入合计 18 823 亿元,比上年增长 2 707 亿元,增长率为 16.8%。基金支出合计 14 819 亿元,比上年增长 2 516 亿元,增长率为 20.5%。国家新型农村社会养老保险和城镇居民社会养老保险两项试点工作,填补了我国基本养老保险制度空白,使包括几亿农民在内的全体中国人民老有所养的目标从制度层面首次成为现实。

2010 年 1 月 1 日起,全国实施统一的养老保险关系转移接续政策,城镇企业职工基本养老保险关系实现“全国流通”,极大地调动了职工的参保积极性,有力地维护了流动人员特别是参保农民工的社会保障权益。第一次实现了全国社保平台和信息网络的横行联系与对接,为全国社保信息系统建设特别是社保卡的普遍应用创造了条件。第一次实现了统筹基金跨省调度,为今后实现基本养老保险全国统筹目标奠定了基础。全国所有城市都开展了城镇居民医疗保险工作,我国以职工基本医疗保险制度、城镇居民医疗保险制度和新型农村合作医疗为支柱,以城乡医疗救助和商业保险为补充的多层次医疗保障体系全面建立,对解决群众看病难、看病贵问题,促进社会经济协调发展起到了积极的作用。

2010 年 12 月,国务院修订颁布了新的《工伤保险条例》,成为《社会保险法》颁布后的第一部修订的配套法规,使工伤预防、工伤补偿和工伤康复三位一体的法律制度框架最终形成,从而使我国的工伤保险制度实现了由单纯的事后补偿向事前积极预防的转变,由治疗性康复向以职业康复为核心、促进工伤职工回归社会的工伤康复的转变。

新的社会保险体系突出强调了对劳动者社会保险权益的保护,进一步强化了用人单位参加社会保险和缴纳社会保险费的法律义务。一是用人单位要依法参加五项社会保险;二是用人单位要按规定办理社保登记;三是用人单位要按规定申报缴费数额;四是用人单位要按时足额缴纳社会保险费;五是用人单位在与职工解除或终止劳动关系时,要出具解除或终止劳动关系的证明;六是接受本单位职工对社会保险缴费情况的监督;七是向相关行政部门提供社会保险数据和资料。为了保证社会保险制度正常运行,维护劳动者的社会保险权益,《社会保险法》对用人单位不按规定办理社会保险登记、欠缴职工社会保险费等违法行为规定了严格的法律责任,加大了处罚的力度。这就需要用人单位知法、守法,自觉履行社会保险缴纳义务,提高用人单位自身劳动管理水平,努力构建和谐稳定的劳动关系,促进企业健康可持续发展。

六、深入推进协调劳动关系三方机制,发展和谐劳动关系

2010 年,国家三方全面贯彻党的十七大和十七届三中、四中、五中全会精神,立足后金融危机时期我国经济回升向好的新阶段,适应加快经济发展方式转变和经济结构调整的新要求,围绕发展和谐劳动关系的总体目标,充分发挥三方合力,积极推进各项重点工作。召开了国家三方第十五次会议,原则通过了《关于进一步完善协调劳动关系三方机制的意见》和谐劳动关系创建活动文件稿,进一步加强了协调劳动关系三方机制自身的组织体系建设。目前,全国共建立各级三方组织 1.4 万多家,各地县级以上普遍建立了协调劳动关系三方机制。

做好劳动关系重大问题应对工作。2010 年,部分企业职工要求提高工资待遇、改善劳动条件的诉求日益强烈,一些地区因此引发的集体停工等群体性事件增多,劳动关系冲突性增强。针对这些劳动关系领域出现的新情况,国家三方积极加强对劳动关系形势的分析研判,通过召开会议专题研究、联合发文进行引导、集中督查实地指导等措施,妥善处理了深圳富士康公司职工连续跳楼、湖南宁远县电力局工人断指等重大劳动关系事件,较好地维护了劳动关系和谐与社会稳定。

积极推动劳动立法工作。国家三方积极参与劳动立法工作,推动相关立法步伐。参与了《社会保险法》《刑法修正案(八)》《工伤保险条例》《女职工劳动保护条例》《职业病防治法(修订)》《职业技能培训与鉴定条例》《最高人民法院关于审理劳动争议案

件适用法律若干问题的解释(三)》等法律法规的制订、修改工作。人力资源社会保障部制定出台了《劳动人事争议仲裁组织规则》,会同相关部门继续做好《企业工资条例》《企业民主管理条例》《特殊工时管理规定》《企业裁减人员规定》《劳务派遣规定》《贯彻实施劳动合同法若干规定》《企业劳动争议调解办法》《职工档案管理规定》等法规规章草案的起草论证工作。

推动《劳动合同法》稳步贯彻实施。在巩固大中型企业劳动合同签订率、继续实施农民工劳动合同签订"春暖行动"的基础上,国家三方联合下发了《全面推进小企业劳动合同制度实施专项行动计划》,开展了小企业劳动合同制度实施专项行动,督促各类小企业与劳动者普遍依法签订劳动合同。2010 年底,国家三方组成联合调研督查组,赴河南、安徽、四川、甘肃等部分地区对专项行动开展情况进行专项调研和检查。各地三方采取切实有效措施,深入推动小企业劳动合同制度实施专项行动的开展。

深入推进集体合同制度实施"彩虹计划"。2010 年 5 月,国家三方联合下发《关于深入推进集体合同制度实施"彩虹计划"的通知》,进一步明确推进集体合同制度实施。各地三方根据国家三方统一部署,结合本地实际制定了具体工作方案,明确了实施步骤、督促检查、考评验收等措施。天津、安徽、浙江、黑龙江、福建、云南制定或修订了集体合同相关地方性法规,对集体协商尤其是工资集体协商做出了具体规定,为推动集体合同制度实施提供了坚实的法律保障。目前,全国签订有效集体合同 70 多万份,覆盖近亿职工。

进一步加大劳动争议调解仲裁法实施力度。国家三方会同司法部组成联合督查组分赴河北、辽宁等地对贯彻落实《关于加强劳动人事争议调解工作的意见》等情况进行督查调研,并召开督查情况总结会对明年开展的有关工作进行了研究部署。各级三方通过召开联席会议、共同办案等形式,在劳动争议仲裁工作中认真贯彻三方参与原则,妥善处理了大量尤其是集体、重大、复杂案件,切实维护了劳动争议当事人合法权益。2010 年,各级调解仲裁机构共处理争议案件 128.7 万件。

继续深化和谐劳动关系创建活动。国家三方下发了《关于推荐劳动关系和谐企业与工业园区的通知》,对各地推荐模范劳动关系和谐企业与工业园区进行了部署。同时,积极筹备召开全国创建劳动关系和谐企业与工业园区活动表彰暨经验交流会,制定会议方案,并向国务院报送了全国和谐劳动关系创建活动情况开展情况的报告。国家三方还联合在福建、山西等地召开座谈会,就和谐劳动关系创建活动工作情况进行调研,对《关于进一步深化和谐劳动关系创建活动的意见》进行了修改完善,目前意见已基本成熟。各地依托三方机制,继续巩固和扩大创建活动成果,推动劳动关系双方互利合作,增强企业与职工的凝聚力。

2010 年中国资源节约和环境保护工作综述

国家发展和改革委员会资源节约和环境保护司

2010 年,是实现"十一五"节能减排目标的决战之年。面对年初高耗能行业快速增长、能耗强度不降反升,异常严峻的节能减排形势,国家发展改革委以科学发展观为指导,以确保实现"十一五"节能减排目标为首要任务,按照国务院的要求,实施更加有力的政策措施,强力推进节能减排,大力发展循环经济,加大环境保护力度,各项工作取得积极进展。

一、以实现"十一五"节能减排约束性指标为首要任务,强力推进节能减排

(一)加强宏观指导

研究提出并由国务院印发《关于进一步加大工作力度确保实现"十一五"节能减排目标的通知》(国发〔2010〕12 号)。根据 12 号文件,梳理出 114 项工作任务,由国务院办公厅印发了主要任务分工方案的通知。配合召开国务院节能减排工作电视电话会议,温家宝总理出席会议并作了重要讲话,动员和部署加强节能减排工作。针对个别地区出现的停限居民用电等错误做法,两次向各地节能主管部门

下发紧急通知，提出整改要求，并到部分地方进行检查。

（二）强化目标责任考核

会同有关部门开展2009年省级政府节能目标责任现场评价考核，评价考核结果经国务院审定后向社会公告。会同环保部研究提出“十一五”节能减排奖励办法，并报国务院。督促各地开展千家企业节能目标责任评价考核，汇总审核考核情况，公告考核结果。会同国资委将中央企业节能减排任务完成情况作为企业经营业绩考核的重要内容。

（三）开展节能指标完成情况预测预警

定期召开节能减排形势分析座谈会，跟踪各项重点工作进展情况，督促各地制定节能预警调控方案。从7月份开始，每月发布各地区节能目标完成情况“晴雨表”，对各地打好节能减排攻坚战起到重要的促进作用。

（四）建立固定资产投资项目能评审查制度

研究提出并以国家发改委主任令发布《固定资产投资项目节能评估和审查暂行办法》，将能评作为项目核准、审批、备案的前置条件。制定委内工作规则，理顺委内分工和工作程序。督促指导国家节能中心组织制定节能评估指南、评审规则等配套文件。提出项目能评信息登记系统、节能评审委托函、节能审查意见样本等。

（五）加快实施节能重点工程

2010年安排中央资金71.9亿元，其中预算内投资32.7亿元，财政奖励资金39.2亿元，支持十大重点节能工程和节能管理能力建设，形成3 310万吨标准煤的节能能力。切实加强投资项目管理，对扩大内需中央投资项目进行抽查，对中央春季检查组发现问题的项目的整改落实情况进行复查。

（六）加快推广高效节能技术和产品

发布《国家重点节能技术推广目录》（第三批），包括煤炭、电力、钢铁等11个行业30项高效节能技术。继续实施节能产品惠民工程，延长并调整高效节能空调补贴推广政策，发布4批节能汽车推广目录和1批高效电机推广目录。安排中央财政专项资金约140亿元，推广高效节能空调近3 000万台、高效照明产品1.5亿只、节能汽车80多万辆，拉动消费需求1 500多亿元。发布第八批《节能产品政府采购清单》。

（七）推动重点领域节能减排

组织开展能源管理师试点，发布能源利用状况报告。发布4个半导体照明产品技术指南，会同住房城乡建设部、交通运输部组织开展半导体照明产品应用示范工程，通过招标和专家评审选择提出50个示范工程。积极推进公共机构节能和建筑节能。与国管局联合印发《关于进一步加大工作力度确保实现公共机构节能减排目标的紧急通知》，要求确保各项用能指标在2009年基础上降低5.0%；研究提出《节约型公共机构示范单位建设工作方案》，拟在机关、学校、医院、科技馆、文化馆、体育馆树立一批典型示范的节约型公共机构。启动车船路港千家企业低碳交通运输专项行动。配合交通运输部推进甩挂运输试点工作。

（八）促进节能服务产业发展

研究提出并由国务院转发《关于加快推行合同能源管理促进节能服务产业发展的意见》，与财政部制定合同能源管理项目财政奖励资金管理暂行办法。安排中央财政专项资金20亿元，支持节能服务公司采用合同能源管理方式开展节能改造项目。发布第一批461家节能服务公司备案名单。

（九）强化节能标准标识认证

推动制（修）订再生铅、氧化铝等5种高耗能产品能耗限额强制性国家标准和房间空调、平板电视、打印机等用能产品能效标准，两项标准分别达到27项和38项。发布第6、7批能效标识产品目录，将电力变压器、通风机、微波炉、平板电视机纳入能效标识管理范围，能效标识已覆盖23种终端用能产品。新扩展机房空调、道路照明系统两类产品的节能认证工作。

（十）加强监督检查

配合国务院督查组对18个重点地区贯彻落实国务院12号文件情况进行节能减排专项督查。结合督查对各地节能目标完成情况进行预考核，对完成节能目标有困难的地区，加强督察和指导。配合全国人大常委会组成4个检查组，对8个重点地区开展节约能源法执法检查。

二、以示范试点和典型带动为依托，加快促进循环经济形成较大规模

（一）深化国家循环经济试点

经国务院同意，批复青海柴达木循环经济试验区总体规划。批复深圳市、青岛市等循环经济试点实施方案。组织循环经济专家行活动，总结评估两批178个国家循环经济试点单位，凝练出66个循环经济发展模式案例。请李克强副总理考察循环经济试点企业，主持召开循环经济工作座谈会并作重要讲话。

（二）开展“城市矿产”示范基地建设

会同财政部印发了《关于开展城市矿产示范基地建设的通知》，安排中央财政专项资金10亿元，启动实施天津子牙循环经济园区等7家首批国家“城市矿产”示范基地建设项目，支持75个示范基地配套基础设施和循环利用产业化项目。项目建成后，可形成年加工再生铜51万吨、废钢铁67万吨、再生铝32万吨、再生塑料120万吨的能力。

（三）推动再制造产业发展

会同11个部门印发《关于推进再制造产业发展的意见》。会同工商总局印发《关于启用并加强汽车零部件再制造产品标志管理与保护的通知》，规范再制造产品进入市场。会同中国工程院召开全国再制造技术与经验现场交流会，交流推广再制造技术和典型经验。成立发改委牵头10个部门组成的《再制造产品目录》编制工作组，明确再制造产品范围。

（四）推进餐厨废弃物资源化利用

会同住房城乡建设部、财政部、环境保护部、农业部，选择部分城市（区）开展城市餐厨废弃物资源化利用和无害化处理试点，探索我国餐厨废弃物处理问题的有效解决途径。配合国务院出台《关于加强地沟油整治和餐厨废弃物管理的意见》，落实国办“关于研究地沟油问题的工作意见”。

（五）完善促进循环经济发展的经济政策

会同人民银行、银监会、证监会联合发布《关于支持循环经济发展的投融资政策措施意见的通知》，提出规划、投资、产业、价格、信贷、债权融资产品、股权投资基金、创业投资、上市融资、利用国外资金等方面支持循环经济发展的具体措施。会同财政部设立循环经济发展专项资金，研究起草《循环经济发展专项资金使用管理办法（草案）》。

（六）开展循环经济统计和标准化试点

组织有关部门和专家研究循环经济统计评价指标体系，向李克强副总理报送“关于建立循环经济指标体系工作进展情况的报告”。会同统计局选择山西等省市开展循环经济统计试点，推动建立反映循环经济发展成效的评价指标体系及统计制度。会同国家标准委开展两批循环经济标准化试点。

（七）大力推进资源综合利用

落实国务院领导批示精神，研究提出关于我国大宗工业固体废物综合利用有关情况的报告、关于脱硫石膏综合利用有关情况的报告。对利用脱硫石膏改良盐碱地问题进行调研。编制并发布《中国资源综合利用技术政策大纲》，公布了257项先进适用技术。开展资源综合利用电厂认定工作，调查分析资源利用优惠政策执行情况，抓紧完善资源综合利用企业所得税优惠目录。组织起草《关于加快推进废旧轮胎综合利用的意见（代拟稿）》。

（八）推进废弃电器电子产品回收处理

研究提出并经国务院批准，发布《废弃电器电子产品处理目录》（第一批）、《制定和调整废弃电器电子产品处理目录的若干规定》。会同海关总署等部门，研究起草《废弃电器电子产品处理目录适用海关商品编号》（2010年版）。开展专题调研，向国务院呈报我国废弃电器电子产品回收处理有关情况的报告。

（九）治理商品过度包装

会同质检总局等相关部门起草《限制商品过度包装条例（送审稿）》，已报送国务院法制办。组织有关部门重点对月饼包装执行国家标准情况进行抽查。协调相关部门制定《限制商品过度包装要求 食品和化妆品》国家标准。加大宣传力度，在中央电视台焦点访谈栏目制作播出治理商品过度包装专题节目，在北京市公交、地铁等移动电视上播出公益广告。

（十）巩固“限塑”成果

会同商务部、工商总局、质检总局组成4个检查

组，对湖南等12个省市执行“限塑令”情况进行检查。组织制作《“限塑”两年之路》专题节目，在中央电视台新闻频道播出；协调北京市在公交、地铁播放限制生产销售使用塑料购物袋的公益广告。

（十一）推进“禁实”工作

结合节能目标责任评价考核，对承担三批禁止使用实心粘土砖任务的省（自治区、直辖市）完成情况进行检查。会同有关方面提出玉树灾区重建主要建材保障情况的建议。

（十二）加强节水工作

公布2009年度各地区万元工业增加值用水指标完成情况。对全国主要矿区开展矿井水利用情况调研。组织召开全国海水淡化产业发展座谈会。着手起草《国务院关于加强海水淡化及综合利用工作的意见（代拟稿）》。落实温家宝总理批示精神，开展洗浴行业用水情况调查，研究提出解决方案。

（十三）组织实施循环经济和资源节约重大示范项目

安排中央预算内投资21.7亿元，支持大宗固体废物综合利用、机电产品再制造、餐厨废物资源化利用、再生资源利用、矿井水利用及海水淡化和综合利用等示范项目，带动社会投资270亿元。项目实施后，资源循环利用量达5 500多万吨，形成节水能力5.8亿吨。

三、以解决群众关心的突出环境问题为重点，进一步加强环境保护

（一）加快城镇环境基础设施建设

落实国务院领导批示，与住房城乡建设部、环保部共同起草并向国务院报送《关于进一步加强城市生活垃圾处理工作的意见》，联合印发《生活垃圾处理技术指南》。安排中央预算内投资145亿元，支持1 300个城镇污水垃圾处理设施项目，带动社会投资800多亿元，项目全部建成后，可新增污水管网5.6万公里，污水处理能力约1 900万吨/日，垃圾处理能力约10万吨/日。

（二）推进突出环境问题综合治理

开展湘江流域重金属污染调研，组织编制《湘江流域重金属污染治理实施方案》，并上报国务院。安排中央预算内投资19亿元，支持湘江重金属污染治理、尾矿库隐患治理、铬渣污染综合整治、黄河中上游等重点流域工业点源治理以及非电行业烟气脱硫示范。项目实施后，年削减COD约12万吨，无害化处理铬渣460万吨。配合有关部门开展整治违法排污企业保障群众健康环保专项行动。

（三）全面推行清洁生产

配合全国人大常委会开展清洁生产促进法执法检查，研究《清洁生产促进法》修订工作。组织实施清洁生产示范工程。加强清洁生产职能协调，明确并巩固了国家发改委的牵头地位。会同环境保护部召开全国清洁生产工作会议，总结各地区、各领域推进清洁生产的主要做法和经验，安排部署下一阶段工作。

（四）发展节能环保产业

参与起草培育和发展战略性新兴产业的决定和规划。会同环境保护部联合发布《当前国家鼓励发展的环保产品（设备）目录（2010年版）》。与财政部、税务总局联合制定《环境保护节能节水项目企业所得税优惠目录（试行）》。

四、以编制专项规划和基础工作为重点，加强重大问题研究

（一）研究建立中国资源环境主要统计指标体系

在广泛调研和征求意见的基础上，研究提出中国资源环境主要统计指标体系，包括资源、环境、生态和应对气候变化四大类共99个（类）指标。向国务院常务会汇报《关于建立中国资源环境主要统计指标体系的意见》。会议指出，指标体系的建立工作已经取得阶段性成果，先在内部实行，供党中央、国务院和有关部门在工作中参考。

（二）研究提出“十二五”单位GDP能耗指标地区分解方案

多次召开“十二五”节能指标分解思路和方法座谈会，听取有关地方和专家意见，对各地指标分解进行深入研究，充分考虑各地区经济发展水平、产业

结构和节能潜力，采取差别化政策，提出“十二五”节能指标地区分解方案，已经发改委党组会议讨论通过，得到绝大部分地区的认可。

（三）着手编制“十二五”专项规划

按照国务院同意的“十二五”专项规划编制方案，着手编制节能减排、节能环保产业、循环经济、城镇污水处理设施建设和城镇垃圾处理设施建设等5个专项规划。目前，节能环保产业发展规划已通过专家论证，其他规划已有初稿和编制方案，正抓紧编制和修改完善中。

（四）开展资源产出率研究

研究确定国家层面资源产出率计算方法和基于省域层面资源产出率的理论方法，开展与国家层面资源产出率相衔接的省域资源产出率的研究。对1978—2009年间的全国资源产出率进行测算和分析。会同国家统计局设计以主要资源及资源产品消耗为主要内容的统计报表和数据直报系统。推动将资源产出率纳入“十二五”规划纲要（草案）。

五、以提高全民节能环保意识和树立良好国际形象为宗旨，加大宣传力度，扩大国际交流与合作

（一）开展节能减排全民行动

会同中宣部制定了节能减排宣传方案，整理提供节能减排新闻线索，请新闻单位加强宣传报道力度，为打好节能减排攻坚战营造浓厚舆论氛围。组织开展“节能减排进世博”、节能减排文艺作品征集、第四届全国节能减排（建设节约型社会）主题招贴设计大赛等形式多样的宣传活动。

（二）组织2010年节能宣传周活动

会同13个部委联合下发《关于2010年全国节能宣传周活动安排意见的通知》，组织开展以“节能攻坚、全民行动”为主题的第20个全国节能宣传周。会同有关部门举办节能环保展览会，启动高校节能行动，组织交流会和研讨会，开展公共机构节能宣传、资源再生利用宣传，印制张贴宣传画，发放公益宣传材料。李克强副总理致信全国节能宣传周主办单位，肯定节能宣传周活动取得的成效。

（三）开展循环经济宣传培训

结合循环经济专家行活动，对循环经济试点典型经验进行集中宣传报道，组织开展循环经济专家院士看世博活动。在两会新闻中心组织开展再制造专题集体采访；国务院批复《柴达木循环经济总体规划》后，及时召开新闻发布会。提高社会各界对发展循环经济重要性的认识，树立循环经济的新观念、新思维。

（四）广泛开展国际和地区间交流合作

举办第五届中日节能环保综合论坛，启动第二轮赴日节能培训，推动中日循环型城市合作以及节能环保签约项目的实施。组织第二期赴韩节能研修。推动中日韩循环经济示范基地筹建工作。推进中美能效行动计划务实合作。召开中德环保技术和循环经济工作组会议，继续落实中德清洁生产合作项目。建立和推进海峡两岸LED照明合作常态化交流。推进中国终端能效项目、世行节能促进项目等国际合作项目。积极参与制订国际能效合作有关工作。

在各地区、各部门的共同努力下，2010年与2005年相比，全国单位GDP能耗下降19.1%，二氧化硫排放量减少14.3%，化学需氧量排放量减少12.5%，完成了“十一五”规划《纲要》确定的目标任务。

尽管2010年资源节约和环境保护工作取得了明显成效，但仍面临不少困难。一是“两高”行业增长仍然偏快。2010年前11个月，六大高耗能行业增加值同比增长13.8%，比经济增速高出3个多百分点。水泥等非金属矿物制品业11月同比增长18.0%，比上月加快1个百分点。二是反弹压力较大。为完成节能减排目标，有些地区采取超常规的措施，虽然短期内可使能耗有所下降，但由于长效机制不健全，稍有松懈，能耗和污染物排放很可能出现反弹。三是推进难度增大。“十一五”期间，持续加大节能减排工作力度和强度，重点耗能企业措施基本到位，“十二五”须有大的投入、重大技术和制度创新，才能确保目标实现。而且，新增污染物排放控制种类等目标任务，工作压力和难度都会进一步加大。

（撰稿：姚明宽）

2010年中国人力资源和社会保障工作综述

中华人民共和国人力资源和社会保障部政策研究室

2010年，是实施"十一五"规划的最后一年，是应对国际金融危机的关键之年，也是国内外经济形势最为复杂的一年。各级人力资源社会保障部门深入贯彻党的十七大和十七届三中、四中全会精神，认真落实中央经济工作会议和全国组织部长会议部署，坚持把民生为本、人才优先作为工作主线，继续以就业和社会保障为重点，深入推进人事制度改革，大力加强人才队伍建设，稳慎做好收入分配工作，努力构建和谐劳动关系，全面推进人力资源社会保障事业科学发展，各项工作都取得了显著成绩。

一、就业工作取得显著成效

(一)及时制定和实施更加积极的就业政策

坚持把就业工作摆在人力资源社会保障工作的首要位置，进一步落实更加积极的就业政策，会同有关部门研究制定新一轮促进就业税收优惠政策并启动实施；"五缓四减三补贴"、灵活就业人员社会保险补贴等政策执行期延长一年；以落实创业政策和创业型城市建设为重点，全面促进以创业带动就业；指导各地加大援企稳岗政策措施的贯彻落实力度，进一步做好东部七省市扩大失业保险基金支出范围试点工作，为完善积极就业措施提供了坚实的政策基础。

(二)统筹解决重点群体就业问题

继续把高校毕业生就业问题放在首位，组织公共就业人才服务专项活动，实施高校毕业生就业推进行动和就业见习计划，统筹推进"三支一扶"等高校毕业生服务基层项目，开展高校毕业生就业大调研；推进农村劳动力转移就业示范县建设，改善农村劳动力转移就业环境；开发公益性岗位，创建充分就业社区，积极帮助就业困难人员实现就业；及时研究制定重大自然灾害下灾区就业政策，做好汶川地震灾区的二次就业工作；各地也认真组织开展就业援助活动，积极扶持就业困难人员实现就业。

(三)着力加强公共就业人才服务

加强公共就业人才服务体系和能力建设，针对各类劳动者组织开展形式多样的就业服务系列专项活动；完善就业管理制度，实行全国统一样式、统一编号的《就业失业登记证》，推进实名制就业与失业管理，全面启动全国就业信息监测工作；在全国105个城市建立失业动态监测制度；不断加大人力资源市场监管力度；加快发展人才服务业，推进统一规范的人力资源市场建设。

(四)全面提高劳动者就业能力

国务院出台《关于加强职业培训促进就业的意见》，继续全力实施特别职业培训计划，以企业吸纳农民工培训、劳动预备制培训和创业培训为重点，全年共组织近1 800万人参加各类职业培训。

据统计，全年城镇新增就业1 168万人(为全年目标的130%)，下岗失业人员再就业547万人(为全年目标任务的109%)，其中就业困难人员就业165万人(为全年目标的165%)。四季度末城镇登记失业率为4.1%，比2009年底降低0.2个百分点，低于4.6%的控制目标。

二、社会保障体系建设取得重要突破

(一)社会保险法规制度建设取得重要突破

《社会保险法》正式颁布，工伤保险条例重新修订，为加强完善社会保障制度体系提供了法律保障，对于建立覆盖城乡居民的社会保障制度体系具有十分重要的意义。

(二)新型农村社会养老保险试点取得积极进展

首批新农保试点工作平稳推进，第二批扩大试点工作如期启动，全国有838个县和4个直辖市的大部分区县纳入国家试点，制度覆盖面达到24.0%，参保农民达到1亿多人。

(三)城镇职工基本养老保险制度进一步完善

养老保险关系转移接续办法平稳实施；2010年

调整增加的企业退休人员基本养老金全部发放到位;通过认真评估,进一步巩固了养老保险省级统筹成果;出台解决未参保集体企业退休人员基本养老保障等遗留问题的意见。

(四)医疗保险和生育保险稳步提高

医疗保障覆盖面和待遇水平稳步提高,统筹解决800万关闭破产企业退休人员和困难企业职工的参加医保问题;全国已有80.0%的地区开展城镇居民医保门诊费用统筹,90.0%的地区基本实现医疗费用即时结算,平稳实施医疗保险关系转移接续和异地就医结算工作。生育保险工作进一步加强。

(五)工伤保险工作取得重大进展

《工伤保险条例》重新修订,工伤预防、工伤补偿、工伤康复三位一体的制度体系基本确立,待遇水平大幅提高;大力实施“平安计划”二期,农民工参保人数超过6 200万人;积极稳妥开展工伤预防和工伤康复试点。

(六)社会保障基金监管和经办管理进一步加强

深化社保基金专项治理成果,开展医保基金管理情况检查,强化基金稽核和内控工作,进一步规范企业年金管理。大力推进社会保险经办工作专业化、信息化、标准化建设,努力夯实数据基础,提高管理效率和服务质量,确保各项社会保险待遇按时足额支付,全面完成全年扩面征缴计划。

截至12月底,全国参加城镇基本养老、基本医疗、失业、工伤和生育保险的人数分别达到2.6亿、4.3亿、1.3亿、1.6亿、1.2亿人。全年五项社会保险基金收入合计18 646.4亿元,支出合计14 810.9亿元。覆盖人数、基金收入均继续保持较快的增长速度。

三、人才队伍建设取得新成绩

(一)人才工作机制进一步健全

认真贯彻落实全国人才工作会议精神和国家中长期人才发展规划纲要。成立人力资源社会保障部人才工作领导小组,人才工作机制进一步健全。研究制定专业技术人才队伍建设中长期规划和高技能人才队伍建设中长期规划以及“专业技术人才知识更新工程”和“国家高技能人才振兴计划”两个重大人才工程的实施方案。

(二)专业技术人才队伍建设进一步加强

选拔近4 000名享受政府特殊津贴人员。新设博士后科研工作站516个。制定支持留学人员回国创业的意见和加强留学人员回国服务体系建设工作的意见,出台规范留学回国人员落户工作政策,组织实施留学人员回国创业启动支持计划、海外赤子为国服务行动计划,继续开展高层次留学人才回国资助试点工作和留学人员科技活动项目择优资助工作,加强留学人员创业园建设。配合中组部继续实施海外高层次人才引进计划,2009年分两批引进481名海外高层次创新创业人才,“千人计划”入选人才已达1 143人。“653”人才工程圆满结束,累计培养培训专业技术人才300万人次。继续开展新疆、西藏少数民族专业技术人才特殊培养工作和青海三江源人才培养工程,研究制定第四批新疆特培方案。全年共举办95期高研班,培训中高级专业技术人才6 000多人。职称制度改革进一步深化,指导吉林、山东、陕西完成中小学教师职称制度改革试点工作。

(三)高技能人才队伍建设进一步推进

组织开展全国职业技能竞赛系列活动,全国有近千万企业职工和职业院校学生参加。组织国家职业资格全国统一鉴定工作。开展优秀高技能人才评选表彰活动,选拔386名享受国务院政府特殊津贴高技能人才。启动国家职业分类大典修订工作。大力推进技工院校改革发展,印发《关于大力推进技工院校改革发展的意见》,开展职业培训政策、高技能人才师资和骨干技工院校校长等系列业务研修活动,启动“一体化”课程教学改革试点工作。

(四)引进国外智力工作成效显著

大力推动各领域、各地方引进高层次人才和紧缺人才,全年境外来中国大陆工作外国专家和港澳台专家约46万人次。在总量控制的基础上,切实提高出国(境)培训质量和效益。创新合作方式,开展不同层面的对外人才智力资源交流合作。加大引智精品工程和重点项目支持力度,促进成果的消化吸收并转为现实生产力。大力推进局省、部际合作，引智服务区域发展和行业发展能力不断增强。

（五）人力资源交流与合作成绩突出

干部对口支援力度不断加大，引导高校毕业生到农村基层支教、支农、支医和扶贫，区域人才合作机制不断完善。牵头承办第五届亚太经合组织人力资源开发部长级会议，胡锦涛主席出席会议并发表重要讲话，深刻阐述包容性增长理念，受到广泛赞誉。会同国新办起草新中国成立以来第一份中国人力资源状况白皮书，在国内外产生积极反响。

四、人事制度改革迈出新步伐

（一）公务员制度不断完善

出台公务员录用体检特殊标准和公安机关人民警察纪律条令等5部专项处分规章，研究制定了聘任制公务员管理试点办法，起草公务员转任规定、回避规定。加快推进分类管理试点工作。积极探索公开遴选试点工作，召开全国行政机关竞争上岗工作经验交流会。参照管理工作进一步规范。圆满完成2010年度各项考录工作，全国共录用17万名公务员。不断加大从基层和生产一线考录公务员的力度，省级以上机关录用有基层工作经历人员的比例2010年达到70.0%。成功组织承办2010年全国劳动模范、上海世博会、玉树抗震救灾、全国防汛抗旱暨舟曲抢险救灾、嫦娥探月工程等一系列表彰奖励活动，积极稳妥地开展授予省部级荣誉称号工作。拟定"十二五"行政机关公务员培训纲要。开展中央机关新录用公务员初任培训、处级公务员任职培训，完成公务员对口培训2 000余人。公务员纪律惩戒制度建设和公务员申诉工作进一步加强。

（二）事业单位人事制度改革稳步推进

配合国家法制办继续修改完善《事业单位人事管理条例（草案）》，会同有关部门研究修改《事业单位工作人员处分规定》。聘用制推行面不断扩大，全国聘用合同签订率达到90.0%。进一步推行公开招聘制度，召开全国事业单位公开招聘工作座谈会，会同中组部下发《关于进一步规范事业单位公开招聘工作的通知》。事业单位岗位设置管理工作在31个省、自治区、直辖市和新疆生产建设兵团全面推开，中央单位完成80.0%左右。积极配合有关部门推动事业单位分类改革和行业体制改革。开展事业单位人事制度改革业务培训。

（三）军转安置工作不断加强

落实中央关于做好军队转业干部安置工作的要求，圆满完成军转干部安置任务。中央单位开展统一考试服务试点工作取得明显成效，自主择业军转干部政策进一步完善，管理服务工作稳步推进，军转干部教育培训工作得到加强。

五、工资收入分配工作取得新进展

（一）公务员工资制度进一步完善

研究建立干部职务与职级并行制度和对基层实行工资倾斜的政策措施，调整西藏特殊津贴和艰苦边远地区津贴四至六类区标准，出台提高新疆机关事业单位工资收入水平的政策措施，积极解决一些部门特殊岗位津贴问题。继续做好规范公务员津贴补贴工作。认真开展公务员与企业相当人员工资水平调查试点工作，完成2010年中央级在京202家单位近4万人的工资统发工作。

（二）事业单位收入分配制度改革稳步推进

做好公共卫生与基层医疗卫生事业单位绩效工资组织实施工作，稳慎推进其他事业单位实施绩效工资工作，加强对义务教育学校实施绩效工资的督查，妥善解决中央事业单位退休人员待遇问题。

（三）企业工资分配工作不断加强

各地适时调整最低工资标准，全国有30个省份调整了最低工资标准，月最低工资标准最高档平均增长幅度为24.0%。认真落实规范中央企业负责人薪酬管理的意见，及时审核确定2009年中央企业负责人基本年薪基数，实施中央企业工资总额和水平双调控政策。稳步推进工资集体协商，落实工资指导线和人力资源市场工资指导价位制度，促进企业建立工资正常增长机制。切实加大保障农民工工资支付的工作力度，开展专项检查和督查，使元旦、春节期间农民工工资支付基本得到保障。

六、维护劳动者合法权益取得新成效

（一）农民工权益保障不断加强

落实全国人大常委会对转移农村劳动力保障农民工权益工作情况报告的审议意见。开展服务农民工的社会组织情况专题调研。配合有关方面积极稳妥推进户籍管理制度改革。进一步加强农民工培训工作。认真落实《国务院办公厅关于发展家庭服务业的指导意见》。加强农民工工作宣传，丰富农民工精神文化生活。

（二）稳步推进《劳动合同法》贯彻实施

开展农民工签订劳动合同"春暖行动"、小企业劳动合同制度实施专项行动、集体合同制度实施"彩虹计划"，指导各地进一步提高农民工劳动合同签订率，扩大集体合同制度覆盖面。

（三）做好劳动关系重大问题的研究应对工作

加强对劳动关系形势的分析研判，稳妥处置深圳富士康事件及部分企业职工要求加薪引发的集体停工事件。

（四）劳动人事争议调解仲裁工作取得积极进展

前三季度共立案受理争议案件44.3万件，比上年同期下降14.6%，仲裁结案率为87.4%。调解在争议处理中的基础性作用日益显现，仲裁院建设得到进一步加强。

（五）劳动保障监察执法力度不断加大

组织开展清理整顿人力资源市场秩序、整治非法用工打击违法犯罪和农民工工资支付保障等专项行动。依法及时查处了89件劳动保障重大违法案件。制定下发《跨地区劳动保障监察案件协查办法》。劳动保障监察"两网化"管理试点工作进展顺利，积极开展劳动保障监察"机构标准化、执法规范化、人员专业化"建设。

（撰稿：郑佳节）

企业论坛

企业“关键和谐指标（KHI）”人文管理模式的构建与实施

中国移动通信集团广东有限公司

党提出了以科学发展观统领经济社会发展全局，强调以人为本、全面协调、可持续发展等重要理念。企业是社会的重要组成部分，对构建和谐社会有着义不容辞的责任。

2006年，中国移动正式发布了《中国移动企业文化理念体系（2006版）》，提出了“正德厚生臻于至善”的核心价值观，近年来，中国移动广东移动（简称“广东移动”）将人文环境建设作为宣传贯彻企业文化的有力抓手，致力于实现“人与企业、人与人、人与社会”的平衡。

然而，企业和谐建设过程中所产生的企业价值认同、团队凝聚力和向心力等往往都是软任务、软指标、软实力，这些“软”的因素对企业发展具有长期性、战略性和根本性意义，但往往又难以衡量和推动。

怎样赋予这些“软任务”以硬性驱动力？

最有效的办法就是制定可量化、可测评的指标体系，并辅以完善的管理措施，广东移动创造性地提出了关键和谐指标（Key Harmony Indicator）人文管理模式（简称“KHI管理模式”），形成了企业KPI和KHI的“双轮驱动”格局。

一、臻于至善——KHI管理的背景缘起

（一）构建和谐企业是国家对大型央企的政治要求

国家在“十二五”央企改革发展思路中，将“和谐发展战略”列为五大发展战略之一，明确指出央企要以人为本，做和谐社会表率。广东移动KHI管理模式的提出，是积极践行和谐发展理念的重要举措。

（二）打造KHI管理模式是顺应社会潮流、建设幸福企业的实际需要

广东省省委书记汪洋表示，要通过制定幸福指数考核指标，督促各级党委、政府，把建设幸福广东的各项工作落到实处。建设幸福、和谐企业一样需要“看得见、摸得着”，需要一个指标体系、一套工具和一套手段。

（三）打造KHI管理模式是实现企业健康发展的实际需要

广东移动员工满意度调查发现：员工面临工作和思想压力，员工逶受竞争的压力和繁重的任务，同时期望公司各级管理者的人文关怀，成长进步。KHI管理模式有利于推动员工关怀内容及方式的创新，使公司对员工的激励持续有效，增强公司战略执行力。

二、慎思笃行——KHI管理的内涵做法

（一）KHI管理模式的文化渊源与理论渊源

广东移动在多年的经营管理中总结提炼出了“动和管理”的整体管理模式，其核心是在持续发展的“动态”中取得“和谐”，具体包括“现在与未来的和谐、人本与绩效的和谐、内部与外部的和谐”。广东移动的KHI管理模式，就是确保“人本与绩效和谐”的具体举措。

（二）KHI管理模式的指导思想

KHI管理模式以关键和谐指标（Key Harmony Indicator）（简称为“KHI”）为核心管理工具，通过指标测评增强和谐导向，促进各级管理者关注员工诉求，通过先进管理手段实现员工关爱。此管理模式是一种方法论，具有普适性。

（三）KHI管理模式的实施架构

总体来看（见图1），从KHI定位上，探索管理实践思路；从KHI效用上，形成KPI与KHI“双轮驱动”；从KHI指标设计上，完善人文管理模式框架。“和谐、共赢、责任”是企业管理的核心理念，重点在于关注员工幸福感、敬业度、企业社会责任心，聚焦于员工工作状态、团队互动交流、价值成长以及企业与社会发展过程中产生的多层面人际关系。

三、KHI管理模式指标体系设计

（一）KHI指标体系的理论推衍

KHI指标体系以“和谐、共赢、责任”为三大核心理念，指出“和谐、共赢、责任”三者其实关注三个维度：自我、人人、人企。各维度员工关注不同内容。每个维度员工存在着不同的诉求，归纳起来，主要为三大管理诉求：敬业度、幸福感和责任感。为此，三大管理诉求客观上形成了KHI指标的基本需求。

（二）KHI指标体系的设计框架

广东移动KHI指标体系从三个诉求出发，重点关注“人本氛围、团队建设、成长环境、社会责任”四大管理维度，形成了完善的框架结构（见图2）。

（三）KHI指标体系的内容设计

为了确保KHI的可测量、可评估，在四大管理维度之下，需要形成具体的测评指标。指标体系内容的设计主要遵循“重导向、可测评”的原则，内容来源主要为深圳分公司试点的成功经验、卓越班组建设的实践成果、盖洛普的Q12理论以及员工满意度调查结果。

（四）KHI管理模式指标体系

KHI指标根据“操作简便性、设计科学性和现

图1 KHI管理模式的实施架构

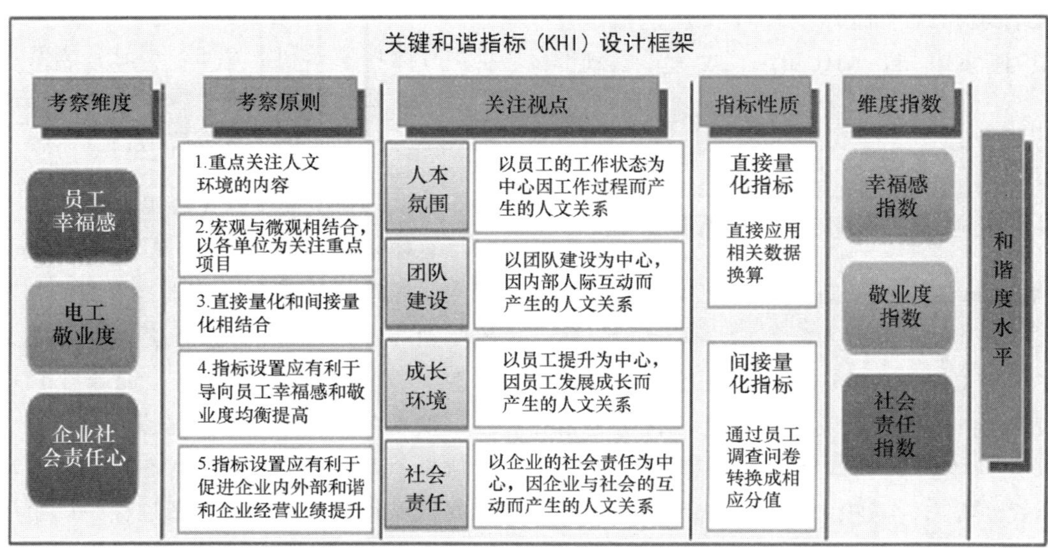

图2 关键和谐指标（KHI）设计框架

实针对性”的原则，形成四个维度18个指标的指标体系。其中，2个指标为直接量化指标，其余16个指标为间接量化指标，通过问卷调查折算量化。所有的指标都赋予一定的权重。

（五）指标测评方法

（1）测评步骤。包括提取直接量化指标数据，员工实名制问卷调查，统计与计算，测评结果通报，适度挂钩，出具测评报告。

（2）评分标准。和谐度水平划分为5个档次：分值≥90分，则企业和谐度为很和谐；90分>分值≥80分，则为和谐；80分>分值≥70分为比较和谐；70分>分值≥60分为基本和谐；分值<60分，表示企业和谐度不和谐，和谐人文环境亟须改善。

间接量化指标得分计算如下：

第一步，网上实名制问卷调查并获取调查结果。问卷中每个问题有“-2、-1、0、1、2”五个选项，分别对应20、40、60、80、100共5个原始分，根据问卷结果计算分值。

第二步，指标换算。

$$\text{指标得分}=\frac{\text{该指标下所有问题的原始分的平均值}\times\text{该指标的权重分值}}{100}$$

四、KHI管理模式的实施

（一）试点先行，在深圳分公司成效显著

2007年7月，深圳分公司开始试点《关键和谐指标（KHI）测评管理办法》，三年试点期间，每个部门每年年初根据《指标体系》制定人文环境建设实施方案，努力营造微观和谐人文环境。

（二）全省推广，完善制度与支撑

2010年，广东移动对KHI体系进行了系统优化，搭建“关键和谐指标（KHI）项目测评分析系统”，联合职能部门多次展开专题讨论，多渠道征集员工建议，再进一步精简KHI指标，最终全省统一发布《关键和谐指标（KHI）测评管理办法》，正式在全省实施推广。2010年以实名制问卷调查形式，在全省开展评测，把脉公司和谐度。

（三）绩效挂钩，创新执行

开展系统培训，模拟测评；实施季度/年度常态化测评；与部门奖项及管理者适度绩效挂钩。根据直接量化指标数据和问卷调查结果，计算各单位和谐度得分，在一定范围内进行公布，并按照《KHI测评管理办法》规定实施挂钩。

（四）多措并举，营造氛围

第一，公司领导高度重视，明确KHI管理战略定位。第二，职能部门积极响应，人文建设责任共担。第三，全省落地实施，地市各展风采。全省21地市公司以“一地一主题、一地一亮点”的思路，落地实施KHI管理，提升员工的凝聚力。其中，广州分公司创新推出了“幸福100——‘行政无小事，你我共参与’活动”；深圳分公司推进员工福分提升计划等工作，提升员工幸福指数；东莞分公司搭建了“和谐动力 活力东莞”员工活力提升项目，以“沟通下午茶”和“员工服务热线”两大沟通机制，营造和谐团队氛围。

概括起来，KHI测评管理呈现现实针对性、结构系统性、分类指标性、指标导向性、量化测评性、操作简便性、持续优化性七大特点，充分考虑背景分析，紧贴企业发展导向和员工关注问题。

五、正德厚生——KHI管理的应用成效

（一）企业管理模式实现三个转变

从关注事到同时关注人；从关注外部环境到同时关注内部和谐；从关注当前经营业绩到同时关注持续发展动力。

（二）凝聚企业文化力量，实现软实力转变为硬效力

广东移动通过KHI管理进一步凝聚文化，各级管理者营造团队和谐氛围的积极性、主动性和创造精神持续提升，将KHI指标作为评价企业管理实际行动的标尺与指南，打造可量化、可测评、可考核、可提升的常态化激励模式，使KHI指标实现软着落，软任务找到硬方法。

（三）党群工作从边缘化往本体化转变，价值有效增强

在推动 KHI 管理实施过程中，广东移动党群工作围绕 KHI 管理实施为工作统领，将党建、企业文化内部宣传贯彻等各项工作有机整合起来，相得益彰，党群工作本体化特色有效彰显出来。

（四）率先传播幸福理念，树立和谐央企典型

广东将建设“幸福广东”作为“十二五”规划目标，在 KHI 管理中，广东移动开展“全省十大最受员工欢迎事件”评选活动，经全省员工投票，其中“和谐动力”计划、推行 KHI 管理模式，当选为 2010 年度全省十大最受员工欢迎的事件中的第 2 名。

六、赢得优良的企业和谐绩效

KHI 管理模式在全省落地一年多以来，有效实现企业软实力向硬效力的转变。公司整体运营收入逐年提升，全省 21 地市公司均呈现上升势头。2010 年 9 月，广东移动（含省公司 29 个直属单位、6 个中心、21 个地市公司）近 4 万名员工分批组织 KHI 首次模拟测评，把脉公司和谐度，参与率达到 95.9%，本次测评全省和谐度总体得分为 82.2 分，根据企业和谐度标准，公司在整体上处于“和谐”状态。

（一）员工关爱感知显著提升

2011 年，广东移动推出“感谢员工，成就有你”主题活动，深化推进 KHI，全省关怀员工项目超过 500 项。在活动中，员工纷纷写下感言，表示推行“KHI”管理后，员工与企业的关系不单是工作关系，更多的是“家”的关系。这样的管理更能增加公司内部的融洽程度，也更能增进员工对公司的向心力。

（二）实现特色人文管理格局

以公司总经理微博为标志的情感管理氛围逐渐浓厚，员工关怀项目达到无微不至，关怀范围延伸至新老员工、社会化员工以及乡镇服营厅员工，各级管理者积极发挥共担意识，通过季度自测、年度测评等机制，将 KHI 指标转变为具体行动，有效提升了员工感知度。

（三）赢得社会各界良好评价

在 KHI 推进活动中，社会各界人士给予良好评价，美国管理学家心理资本的鼻祖 Fred Luthans 教授评价，广东移动能根据需要把新想法和员工心理资本增值（PCA）概念引入公司管理中，说明广东移动是一个开放型的先进企业。

广东移动实践探索形成了 KHI 企业管理创新的模式，在企业管理中，以 KPI 来管理业绩，以 KHI 提供企业持续发展的动力，KPI 与 KHI 是企业管理的“双轮驱动”，KPI 推动员工更有价值、更有绩效，而 KHI 则使员工更加幸福、更有尊严。KHI 是管理方法，也是一项重要管理手段，KHI 测评管理办法在全省的普及运用，有利于企业和谐环境的持续改进。打造一个和谐的人文环境，KPI 和 KHI 相互促进，互为依存，共同发展，这既是广东移动“动和管理”之道，也是企业实现科学发展的必然选择。

坚持自主创新　践行创新型国家战略　发展战略性新兴产业　促进民族产业转型升级

大唐电信科技产业集团

大唐电信科技产业集团（即电信科学技术研究院，简称“大唐电信集团”）是一家专门从事电子信息系统装备开发、生产和销售的大型高科技中央企业，拥有国内无线移动通信和集成电路领域最雄厚的科研开发和技术创新实力。多年来，大唐电信集团坚持自主创新，掌握了一批电子信息通信领域内的关键核心技术，拥有一系列具有完全自主知识产权的重大技术创新和突破，在无线移动通信、集成电路、信息安全及物联网等战略性新兴产业等领域的技术产业水平居国内外领先水平，已成为我国无线移动通信科技自主创新的主力军和践行创新型国家战略的典范。特别是，大唐电信集团依托 TD－SCDMA（简称“TD”）核心技术优势，把握高科技成果转化的一般规律，成功推动实现自主创新 TD 的产业化和市场化商用，探索走出了一条“技术专利化、专利标准化、标准产业化、产业市

场化、市场国际化”的高科技成果转化科学发展道路。

一、持续引领移动通信产业发展

谁掌握核心技术标准，谁就掌握竞争的制高点；谁掌控产业发展主动权，谁就掌控市场竞争的主导权。由于科技水平的落后，我国在第一代和第二代移动通信系统标准的研发上远远落后于发达国家，移动通信1G和2G时代的移动通信产业主要由欧美垄断，我国使用的标准也均为欧美标准，这不仅意味着国家通信安全存在隐患，而且还造成了包括专利费用在内的巨额财富外流，同时也不利于民族移动通信产业链的打造。为此，大唐电信集团始终致力于通过科技创新，着眼于国际标准竞争，成为全球无线移动通信国际标准的主导者。

（一）建设特色技术创新体系，夯实企业科学发展基础

大唐电信集团高度重视技术创新工作，自2006年起，就着手建设具有中央企业特色的技术创新体系，逐步形成以TD技术标准为主线，企业为主体，引领产业和市场为导向，依托国家级实验室和国家科技重大专项，促进产学研用相结合的具有中央企业特色的技术创新体系。

2008年，大唐电信集团获批建设“无线移动通信国家重点实验室”，是国家首批36家依托企业建设的国家级重点实验室之一。此外，集团还获得国家发改委批准，承建“新一代无线移动通信系统技术国家工程实验室”。近期，大唐电信集团整合内部创新资源，成立大唐无线创新中心，进一步增强集团在无线移动通信国际标准、前沿技术公共研发平台等方面的竞争力。同时，大唐电信集团承担着“核心电子器件、高端通用芯片、基础软件”国家科技重大专项一、“极大规模集成电路装备与成套工艺”国家科技重大专项二和“新一代宽带无线移动通信网”国家科技重大专项三的重大课题任务，以及国家电子信息产业调整与振兴规划中“TD 3G产业新跨越”和“集成电路升级”两个重大工程任务。

此外，大唐电信集团坚持“轻型研发”理念，大力加强与外部创新资源的整合力度，以低成本实现高水平的技术创新和应用创新，不断探索技术创新模式的转型。大唐电信集团先后与清华大学、北京大学、复旦大学、上海交大、中科院计算所等国内22所高校、院所签订战略合作协议，深入推进战略合作。

（二）持续引领移动通信国际标准，实现国际标准竞争新突破

自1998年代表我国政府提出TD-SCDMA第三代移动通信国际标准以来，大唐电信集团始终瞄准无线移动通信领域竞争前沿，不断提升自主创新能力，努力实现在TD技术标准研发上的突破，积极占据竞争的制高点，持续提升我国在无线移动通信领域内的掌控力和领导权。大唐电信集团在长期的国际标准竞争中，已成为全球4G国际标准的积极参与者和领导者，始终保持在TD-LTE国际标准提案及获批数量方面的全球第一位置。

2010年10月，在国际电联（ITU）重庆会议上，由大唐电信集团主导提出并拥有核心知识产权的TD-LTE-Advanced成功入选4G国际标准技术。此举进一步确立未来10年我国在全球无线移动通信产业中的地位，为深入推动我国无线移动通信产业结构调整与升级，持续提升科技创新能力，加快推动以4G为牵引的新一代信息技术等战略性新兴产业的发展，提升我国信息通信产业国际竞争力奠定坚实的基础。

（三）布局产业链高端，带动民族产业整体发展

为加快推动TD 3G及TD-LTE产业化进程，大唐电信集团积极完成在TD-LTE产业链上的核心芯片、成套系统设备、仪器仪表等高端环节的研发布局，并处于业内领先地位。近年来，大唐电信集团以集团产业发展战略为指引，先后成立大唐联芯科技公司，占据手机芯片设计与终端整体解决方案等产业高端环节；为促进自主技术服务于信息安全市场需求，专门成立大唐联诚公司，打造在信息安全领域发展的新平台和新窗口。

大唐电信集团秉承中央企业推动行业进步的使命，长期致力于推动产业联盟的发展，对国内通信企业开放核心专利技术，带动我国移动通信产业的结构调整与升级。通过密切分工合作，使民族企业占据了产业链的关键环节和高端环节，进而使我国

移动通信领域历史性地打造了一条涵盖核心网、无线子系统、终端、核心芯片、芯片制造、仪器仪表、增值业务、运营等环节的完整的民族移动通信产业链，强有力地提升了我国移动通信制造业整体竞争能力。

由于移动通信产业自身的带动性和与其他产业间的关联性，TD－SCDMA 以及 TD－LTE－A 的发展不仅带动相关配套产业的发展、促进手机等电子产品的消费，还能够促进增值业务等消费业务产品的发展，直接带动相当规模的消费持续快速增长，有利于增强我国第三产业实力，带动生产性服务业和生活性服务业发展，促进现代服务业快速增长；有利于促进实现我国由“通信大国”向“通信强国”、“电子大国”向“电子强国”的转变，通过电信业的发展调整国家产业结构向高技术、高附加值、低消耗转型，服务于我国经济增长方式的转变和产业结构的升级。

二、打造完整自主的集成电路产业链

集成电路产业是国民经济和社会发展的战略性、基础性和先导性产业，是培育和发展战略性新兴产业、推动信息化和工业化深度融合的核心与基础，更是加快转变发展方式、深入推动产业结构调整升级、保障国家安全的重要支撑，在我国经济社会发展中的战略地位日益突显。

借鉴国外发展经验，集成电路产业的持续发展需要以成套系统设备厂商为牵引，带动工艺技术升级与结构调整。其中，移动通信产业对集成电路产业的技术促进与产业带动作用日益显著。大唐电信集团在推动具有自主知识产权的、系统性技术创新的 TD－SCDMA 3G 和 TD－LTE－Advanced 发展过程中积累近万件专利，这为大唐电信集团在集成电路制造高端环节进行产业布局奠定了技术和产业基础。2008 年底，大唐电信集团结合国家战略与企业发展战略，经过科学决策，入资中芯国际集成电路制造有限公司（简称“中芯国际”），成为其第一大股东。

（一）科学论证，按照市场化原则完成战略入资

自 2007 年起，大唐电信集团充分听取了集成电路领域知名专家、行业内企业家及咨询机构的意见，跟踪了解中芯国际的发展情况，同时积极向有关部委了解相关政策规定。在项目的论证、运作过程中，积极发挥集体的智慧，广泛协调各方利益，争取项目实施的主动权；通过与中介机构、各利益相关方及管理层的沟通，把握公司在技术、管理、资金、产业布局等方面的客观情况与存在的问题，确保入资后顺利实施对公司治理。2008 年 11 月 7 日，大唐电信集团以所属大唐控股为平台，认购中芯国际定向增发的 19.9% 股份，成为中芯国际第一大股东。

（二）科学管理，发挥协同效应，推动技术产业升级

大唐电信集团积极发挥战略投资者和大股东作用，加强入资后的管理工作，推动中芯国际乃至我国集成电路产业的快速发展，为我国从集成电路的“消费大国”转变为“制造大国”，最终成为“创新强国”奠定基础。

一是优化公司治理与企业管理，着力提升公司业绩与市场价值，引导公司步入科学发展轨道。入资完成后，大唐电信集团通过向中芯国际董事会派出董事，按照市场规则，积极发挥董事会作用，促进优化公司经营管理团队，稳妥解决中芯国际与台积电之间的知识产权纠纷。在各股东的支持和经营团队的共同努力下，中芯国际自 2010 年 3 季度开始盈利，结束了连续 23 个季度的经营性亏损，实现了公司上市以来的首次全年盈利。

二是推动国家重大专项协同互动，缩短我国集成电路先进工艺与国际先进水平的差距。发挥大唐电信集团与中芯国际在产业协同方面各自的优势，加快推进集成电路与移动通信产业互动，提升我国先进集成电路工艺技术的研发水平。目前，中芯国际的 65 纳米工艺制程芯片已大规模量产，40 纳米工艺制程芯片计划于 2011 年底实现量产，28 纳米制程的芯片研发已经启动。这使得我国集成电路工艺技术相比国外先进工艺水平已缩短至一代左右。

三是积极打造自主产业链，实现带动我国产业结构调整与升级的战略目标。以战略入资中芯国际为契机，历史性地由我国企业为主导，打通移动通信和集成电路产业链，促进我国国内芯片设计与芯片制造环节的协同互动，带动我国集成电路产业，特别是芯片设计业的产业升级与国际竞争力提升。

四是加强人才引进与培养，为产业跨越式发展奠定基础。大唐电信集团牢牢把握“引得进，留得住，用得好”的原则，积极引进优秀人才，为中芯国际乃至我国集成电路产业的持续发展集聚和培养人才。通过入资中芯国际，大唐电信集团积聚了一批世界一流、国内领先的高层次人才。其中，引进博士近200名，之中有100余名博士从境外引进，大多数曾在世界500强或半导体领域内最为知名的领军企业工作。积极落实中央“千人计划”，创建海外高层次人才创新创业基地。

五是争取资本市场广泛支持，推动中芯国际科学健康发展。在保持中芯国际的“国际化”和“独立性”前提下，为支持中芯国际的技术引进和产能扩充，大唐电信集团通过增资全力支持中芯国际发展。2011年4月，中国投资有限责任公司向中芯国际投资，成为中芯国际的第二大股东，增强了国有经济对集成电路产业的控制力和影响力，以及中芯国际在我国推动集成电路产业发展中的战略地位和主导优势。

大唐电信集团成功战略入资中芯国际，切实发挥国有经济的综合优势，积极推进在事关国民经济和国家安全领域内的产业布局，有力地弥补了我国在集成电路高端工艺技术环节的缺失。同时，通过持有中芯国际上市股权，成功引进国际先进的集成电路工艺技术，成功开创了引进国外高端核心技术的新模式。此外，大唐电信集团与中国投资有限责任公司的联合投资，开创了中央企业作为战略投资者和主权基金作为财务投资者，承担国家战略使命，联合投资高新技术产业的新型发展模式。

三、参与促进物联网等新兴产业布局发展

大唐电信集团依托技术创新与产业基础优势，积极参与我国物联网、移动互联网等战略性新兴产业的发展，抢占新一轮经济和科技发展制高点。

（一）完善物联网产业环节，打造具有竞争力的解决方案

大唐电信集团着力于加强对物联网产业的顶层设计能力，拥有RFID芯片设计、GSM/GPRS工业模块、3G终端芯片、3G无线模块、TD－SCDMA网络设备、宽带无线接入、行业信息化平台软件等产品，成为国内屈指可数的覆盖了物联网产业链从芯片设计到感知层、网络层和应用层全套产品服务的高科技企业，并在煤炭、水利、油田等行业形成有竞争力的物联网应用解决方案。

目前，集团在M2M SIM卡、GSM/GPRS工业模块、TD无线模块等产品方面具有明显的市场竞争优势。同时，针对工矿企业生产安全和管理形成全套“矿业企业解决方案”，针对农业水利调度形成全套“水利行业解决方案”等。这些解决方案不仅涵盖了实时信息的采集、传输，而且通过信息化管理系统等多种应用系统，对信息进行处理加工和应用，切实提高行业管理的综合能力和管理水平。相关解决方案已经在神华集团下属数十个矿井、吉林前郭灌区等实现规模化应用。此外，集团正积极针对智能电网、煤炭矿业、水利、油田、应急联动等行业应用开发并大力推广整体解决方案。

（二）发挥TD产业优势，积极服务行业应用和政府项目

大唐电信集团在积极推动TD 3G规模应用基础上，大力推动TD行业应用产品的研发和产业化，不断填补我国TD技术在物联网行业应用的技术和产业空白。以行业应用和政府项目为切入点，整合资源，提升解决方案能力，拓展行业应用市场，参加物联网相关主要产业联盟和标准化组织，紧密跟踪标准进展。结合TD行业应用需求，通过技术研发和资本并购实现国内在传感器和RFID领域的核心技术突破和产业资源整合，不断促进TD技术和物联网相互融合，推动TD产业实现快速大规模的行业应用和推广。

面向“十二五”，大唐电信集团认真落实国家“十二五”规划，不断完善技术创新体系，整合内外部创新资源，着力提升现代企业管理水平，更好地承担国家重大专项和国家重点科技计划任务，努力实现在新一代信息技术等战略性新兴产业领域的关键技术突破，加快打造成为一家具有自主知识产权和国际竞争力的大型高科技中央企业，为我国科技进步与社会经济发展作出更大的贡献！

邮政企业工时管理体系建设

广西壮族自治区邮政公司

一、背　景

邮政企业属于劳动密集型企业。企业各生产环节中大量使用人力劳动，劳动生产率不高已成为了制约企业发展的重要因素。广西邮政历史遗留的企业冗员和结构性缺员的矛盾非常突出。据统计，广西邮政企业冗余人员有近500人，企业降本增效的压力很大。因此，构建一个以减少冗余工时为目标的企业工时管理体系，即通过信息化手段的应用，将信息化手段与人力资源管理结合起来，实现以减少冗余工时为目标的企业工时管理，以此来提高人力资源管理水平，推动企业发展方式的转变，显得尤为必要与迫切。

二、成果的内涵

人力资源的合理配置是保证企业健康平稳发展的前提和基础。广西邮政通过学习国外在工时管理方面的成功做法，在开展管理流程和生产流程优化过程中，根据邮政行业劳动密集型的特点，紧紧围绕增强企业核心竞争力和实现降本增效这两个核心，积极探索和实践有效的管理措施，减少企业冗余工时，提高企业工时利用率，建立了以减少冗余工时为目标的企业工时管理体系。

其主要创新点是：

（1）建立工时管理信息系统。它是一个集采集、整理和分析业务工时数据于一体的信息化业务分析系统，为企业管理者提供一个快速、直观的掌握网点班组业务、工时情况，并对业务发展、优化人力资源配置等进行深入分析的数据平台。

（2）实行工时动态的配置机制。着重根据网点业务量分布、人均产量、业务结构形成对比图表，为合理安排人员和工时结构、调整发展策略等提供参考依据，实施实时、动态的工时配置机制。

（3）建立以精细化工时管理为基础的激励机制。通过应用工时管理信息系统，实时生成各项报表，为核算员工薪酬提供基本条件，提高员工绩效统计和分析的效率，调动广大员工的工作积极性。

（4）完善冗余员工退出机制。以工时管理为基础，坚持“控制总量、减员增效”的原则，建立冗余人员退出机制，缓和企业内部矛盾，实现企业和谐发展。

三、主要做法

2008年下半年，广西邮政企业积极开展工时管理工作，形成由企业主要领导挂帅，人力资源部门组织协调，市场、网运等相关部门分工负责的联动工作机制，明确了以减少冗余工时为目标的工时管理工作的目标。同时通过建立工时管理信息系统，建立实时、动态的企业工时配置机制，建立以工时为基础的激励机制，完善企业冗余人员退出机制，来构建以减少冗余工时为目标的企业工时管理体系，提高企业工时利用率，为企业持续发展作出了积极的贡献。

（一）建立工时管理信息系统

2008年下半年，广西邮政企业通过对全区的工时情况摸底调研，掌握了全区邮政企业工时情况。针对企业工时管理粗放、工时管理手段落后等问题，于2008年12月开发完成工时管理信息系统，在全区各级企业内全面推广使用，积极推动工时管理工作向纵深开展。

工时管理信息系统实现的是将各方数据在满足分析的基础上进行汇总，归集形成多种业务分析数据库，以便捷的人机界面和图表输出功能实现各种统计功能。系统根据管理人员所需制作出不同时段多种数据图表。管理人员可准确掌握基层单位业务量变化的时间规律，据此为各单位有针对性地制定合理的动态排班计划并组织实施，做到“因量定岗”、“按量设人”。

（二）以工时管理信息系统为基础，实行工时动态配置机制

1. 调整营业时间，减少冗余工时。

在保证提供普遍服务的前提下，通过工时管理信息系统提供的业务量数据，分析客户流量信息和

网点业务量分布规律，调整网点营业时间，减少营业人员的冗余工时。

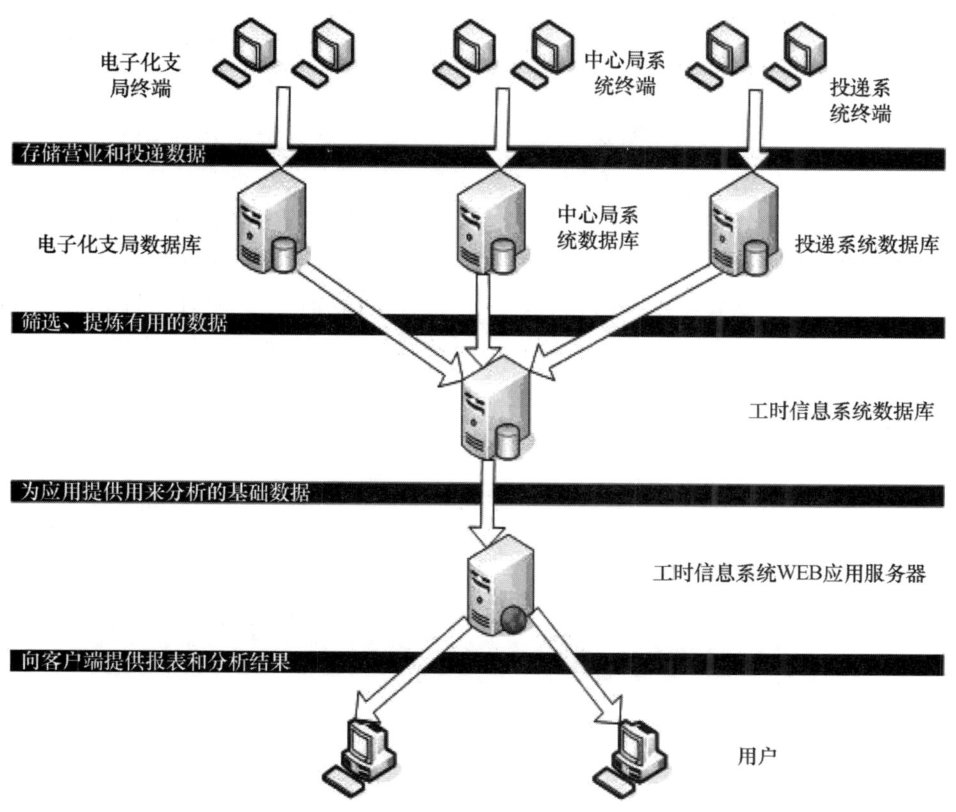

图 1　工时管理信息系统架构图

通过对不同类别网点的分析，把网点按业务收入、业务量等情况归纳为三类，按照业务量分布规律调整营业时间。

（1）地处城市主要街道的网点，交通便利，业务繁忙，按 10 件/小时的业务量标准来调整营业时间。中午 11：00～13：00 业务量相对较少，营业网点可根据实际情况减少营业台席。

（2）地处城市地区或乡镇政府所在地的网点，按 4 件/小时的业务量标准调整营业时间。中午 12：00～14：00 业务量较少，网点将营业时间设置为上午 9：00～12：00，下午 14：00～17：00，营业台席单设一个。

（3）地处城市郊区或偏远乡村，为实现邮政普遍服务而设置的网点，业务量平均接近 1 件/小时。网点营业时间应相应调整为上午 10：00～12：00，下午 13：00～16：00，或根据网点实际情况实行半营业半投递。

通过划分网点类型，运用工时管理信息系统查找网点业务量变化规律，对营业网点营业时间进行调整：营业网点减少营业班次，缩短营业时间；营业收入偏低的网点实行每周营业 5 天工作时间或半营半投作业。全区各单位共调整了 462 个网点的营业时间，占全区营业网点总数的 28.7%。通过调整全区网点营业时间，合理设置台席数量，全区减少了大量低效工时，使企业有限的人力集中在业务量高峰的时间段，提高了工时利用率。

2. 合理安排作业排班，减少冗余工时。

通过实时的工时统计数据，将以往以天为单位的出勤统计改为以小时为单位的工时统计，建立了员工工时台账，各单位准确掌握各基层单位生产排班和出勤情况，了解员工休息休假情况，为实现工时管理的精细化奠定了基础。

通过对工作量分析，根据基层单位的实际需要，按照客户流量、业务高峰低谷设置台席，各单位根据工时管理信息系统提供的业务量情况分析对基层单位进行工时排班指导，通过合理排班，员工月平均工时接近月制度工时，减少了低效工时，提高了员工的工时利用率。通过建立工时台账，各单位统筹安排员工作业休息，全区有320个网点优化了作业排班，营业人员休假率提高了15.0%，进一步提高了基层单位管理水平。

3. 调整投递作业组织，优化人力资源配置。

通过采集投递生产系统数据，工时信息管理系统为管理人员提供投递业务量的时间分布、段道平均值和人均值等数据。

根据工时管理信息系统提供的投递量数据，投递部门查找业务量忙闲规律，把以往以点交户的邮路测算标准改为以投递业务量作为标准，度量和优化投递段道设置。通过测算投递量的分布，合理设置投递能力方案，投递员一人负责两段邮路或多段邮路，提高了投递人员的工作效率；通过实行弹性的投递人员配置方法，投递人员在淡季实行减段投递作业，在保证服务质量的前提下安排投递人员休息、休假，在旺季实行全员上岗，实行满负荷的全段投递作业。广西邮政企业优化投递能力配置，根据投递量实行弹性的人员配置，不仅提高了投递人员的工时利用率，减少了投递人员的冗余工时，还增强了业务旺季的投递能力，有效保证了邮件的投递质量和时限。见图2。

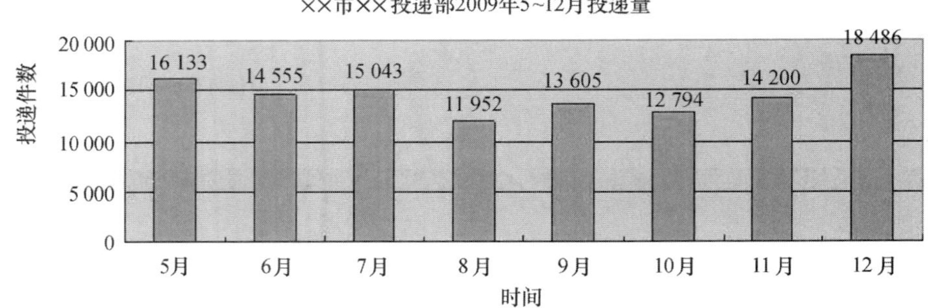

图2　市局和县局投递部月均投递量分布图（举例）

4. 推进流程优化，减少冗余工时。

各单位以工时管理信息系统应用为契机，在内部处理岗位大力推进工作量测算和流程优化工作。通过工时管理信息系统对内部处理工作流程的解析，积极应用报刊分拣前置、散件外走、集装箱运邮、精简邮路等优化流程手段。如通过集装箱运送邮件，无纸化封发，邮件数据集中封发，一次性传输，取消了纸质路单、清单和总包袋牌，减少了交接环节；营业封发步骤由原来的7项操作简化为1项，封发时间由人均30分钟缩短到1分钟，每年可节约工时2 554个小时，节约成本17万元。这些流程优化工程的施行，减少了内部处理环节，增强了邮件处理能力，减少了作业等待、中断等冗余工时。

（三）建立以精细化工时管理为基础的激励机制

通过应用工时管理信息系统，实时生成业务量、员工出勤工时等报表，为核算员工薪酬提供了基本依据，提高了员工绩效统计和分析的效率。

1. 以出勤工时作为绩效考核关键指标。

企业根据各类岗位的情况，提取绩效考核指标，实行以工时出勤率和业务指标相结合的绩效考核模式，同时还积极探索计件工资模式。人力资源部门根据绩效考核关键指标完成情况，通过对员工业务量、出勤工时的统计分析，计算核发员工薪酬。将出勤工时作为绩效考核关键指标，直接与员工的收入挂钩，促使员工更加关注自身出勤工时，自觉将出勤工时向月标准工时靠拢，员工收入也有了相应提高，进一步激发了员工的工作热情。

2. 将工时管理效果列入考核内容。

企业在考核办法中增加了工时管理相关内容，并占绩效考核相当比重。由于工时管理的效果直接与各级企业领导的绩效挂钩，各单位均把工时管理作为挖掘企业潜力的重要手段，层层考核，提高工时利用率和工时饱满率。通过把工时管理作为重要的工作考核内容，管理人员自觉加大了工时排班管控力度，参照信息系统数据，运用工时分析结果动态排班。2009年年底，全区各单位工时管理效果大幅提升，工时利用率和工时饱满率基本达到了90.0%。

（四）完善企业冗余人员退出机制

妥善安置冗余人员，完善企业冗余人员退出机制，是企业工时管理的重要内容，是稳定员工队伍、构建和谐企业的关键。但是安置冗余人员有一定难度：一是由于工作标准的提高和技术进步，对员工素质的要求提高，很难有合适的岗位安排那些年纪偏大、身体和素质不适应岗位要求的员工；二是有的员工在一个工作岗位上工作了多年，不愿意调换到新的岗位上，不愿意参加竞聘，人员调剂障碍大。简单的清退往往演变为严重的企业与员工的矛盾冲突，处理不好，影响企业稳定运行。

广西邮政企业以工时管理为基础，坚持“控制总量、减员增效”的原则，建立了冗余人员退出机制。

1. 引入竞争机制，实行全员竞争上岗。

实施流程优化和生产作业组织调整，以竞聘上岗，增强在岗职工的竞争意识和危机意识，实现劳动力投入效益最大化。在管理岗位，实行公开竞聘选拔；在生产岗位，在绩效考核的基础上，通过技能考试、综合考评、优化组合，选拔优秀人才到管理工作岗位。同时，通过进一步完善劳动合同管理，以劳动合同约定的方式，建立长效约束机制。2009 年，全区各单位共组织管理人员上岗竞聘 22 次，公开竞聘管理岗位 432 个；生产人员竞争上岗人数占全体生产人员的 32.0%；淘汰劳务用工 51 人；调整合同用工 37 人到内部处理岗位。

2. 盘活企业冗员。

充分盘活企业的冗余人员，是工时管理的重要内容。盘活企业冗员要做到“先调后配、先减后增、先核后批”。一是当业务发展需要增员时，先通过内部挖潜、内部调剂的方式解决，优先安排条件适合的冗余人员；二是为实现人员结构调整，提高队伍整体素质，在制订劳动力计划时，先测算安排冗余人员，再考虑满足业务发展需要增加人员，纠正只增不减的做法；三是当基层单位有招聘需求时，从严控制，从严审批，杜绝形成新的冗余人员。通过这几项措施，各单位盘活出大量冗员到急需的工作岗位上，有力地支持了企业的发展。

3. 加强技能培训。

广西邮政企业积极开展技能培训和练兵活动，完善了企业人员的技能津贴规定，鼓励员工努力学习业务技能，不断提升自身素质。2009 年，广西邮政企业加大了教育培训的投入力度，将计提比例从原来的全区工资总额的 1.5% 提高到 2%。同时，在相关技能津贴文件中规定，员工转岗后保留一年原岗位的技能津贴，打消员工转岗顾虑。2009 年，全区共举办各类培训班 1 400 期，培训员工 45 059 人次。通过大力开展技能培训和岗位练兵，提高了员工技能水平和劳动效率，使其为企业创造更多的效益。

4. 开展思想疏导工作。

为了做好冗余人员的转岗工作，各单位还积极开展思想教育，做好疏导工作。通过认真分析形势和企业现状，召开思想工作座谈会，充分听取员工意见，做好各项制度规定的解释工作，积极转变员工冗余就是要淘汰的思想，鼓励他们走上新的工作岗位。一些单位还专门组成了以人力、工会部门为主的思想工作小组，到班组、生产一线和员工面对面进行恳谈，有效化解了员工与企业的矛盾，重新激发了冗余员工的工作热情。

四、实施成效

通过加强工时管理，2009 年广西邮政企业共压缩冗余工时 10.4 万小时，约占全部冗余工时的 64.0%，盘活员工 296 人，降低人工成本投入 1 372万元，为企业增创效益 4 269 万元，在企业降本增效上取得了初步成效。

（一）提高工时管理水平，减少冗余工时

全区各单位根据工时管理信息系统提供的数据信息，共调整 462 个网点的营业时间，优化 320 个邮政营业网点的作业排班，月平均减少冗余工时8 684小时，工时利用率达到 87.0%，制度工时饱满率达到 91.0%；全区盘活营业人员、投递人员等各类人员 296 人，约占冗余人员的 60.0%。

（二）提升工作效率，提高企业效益

2009 年，广西邮政企业劳产率为 8.6 万元/人，比上年增长了 2.4%；2009 年，广西邮政企业业务收入完成 165 038 万元，比上年增长了 10.7%。

（三）保证普遍服务质量，创造良好的社会效益

2009年，在集团公司组织开展的邮政服务用户满意度测评活动中，广西邮政企业用户满意度为90.6分，高于全国平均水平；2009年，广西邮政通过以减少冗余工时为目标的企业工时管理，实现了边境地区人员的零增长，边境地区业务量增长了22.7%。2009年，广西邮政企业凭借优质的服务赢得了社会各界的尊重与信任，荣获了广西“百强企业”、“优秀企业”和广西“诚信企业”称号。

大型水电站建设招标监督管理实践

华能澜沧江水电有限公司

华能澜沧江水电有限公司是由中国华能集团公司控股和管理的大型流域水电企业。企业的主要任务是：本着“流域、梯级、滚动、综合”的原则对澜沧江流域水电站进行滚动开发，并积极参与其他流域水电开发，致力于为广大用户提供优质、清洁的能源，努力成为云南省“西电东送”、“云电外送”的重要骨干企业和建设以水电为主电力支柱产业的核心企业，成为中国南方电网和澜沧江－湄公河次区域最重要的水电开发运营企业。

一、大型水电站建设招标监督管理背景

（一）招标监督管理是保证工程建设顺利实施的需要

大型水电工程具有建设投资大、建设周期长的特点，以本企业为例，近5年来，每年基建投资规模都在100亿元以上，1 000万元及以上的土建、机电、物资招标项目每年不下100项。对招标投标活动的有效监督管理，是保证工程建设项目顺利开展的重要举措。建立一套招标监督管理办法，不仅是企业加强管理的内在需要，也是切实防范招标投标领域中的违法违纪行为，确保工程建设安全质量，推动工程建设健康发展的客观要求。

（二）招标监督管理是防范工程建设项目腐败和风险的需要

工程建设领域是腐败案件易发、多发的密集区，具体到招标投标领域，更是一个容易滋生和诱发腐败及不正之风的“雷区”。当前，国家正在下大力气治理工程建设领域的突出问题，其中一项重点就是进一步规范招标投标工作。强化招标监督管理，有利于促进招标投标管理，规范招标投标工作；有利于控制建设成本，保证工程质量；有利于维护市场秩序，打击违法违纪行为，防范工程建设领域的舞弊风险，确保国有资产的保值、增值。

（三）招标监督管理是克服传统招标监督管理弊端的需要

虽然招投标监督伴随着《招标投标法》的实施进行了10年，但是仍然存在难以深入下去的问题，具体表现有：招标监督内容深度不够，监督涉及面较窄；事后监督多，事中、事前监督少；监督人员“到场”不“到位”；没有监督规范和监督标准作保证；没有规范的监督记录，监督记录的鉴证功能基本丧失。

2008年以来，企业对招标监督工作进行大胆探索，在制度上、方法上、手段上进行创新，实现监督的程序化、规范化和标准化，达到对招标全过程有效监督的目的，有力地推动了工程建设的顺利进行。

二、大型水电站建设招标监督管理的内涵和主要做法

大型水电站建设招标监督管理的内涵概括为：认识到位，组织重视；建章立制，规范管理；严格程序，规范操作；授权充分，监督有力；抓住关键，严格把关；全程记录，便于追溯。

（一）加强组织领导，明确招标监督指导思想和原则

企业招标监督的指导思想是，加强反腐倡廉建设，促进企业员工廉洁从业，确保建设资金安全、高效投入，推动工程建设顺利进行。企业招标监督的原则是，坚持以国家法律法规为依据，通过标准化、流程化、规范化的全过程监督，保证招标投标

活动公开、公平、公正和诚实信用原则的贯彻落实，最大限度地避免人为因素对招标活动的干扰，实现招标结果的最优化。

成立招标领导小组，负责招标工作的领导、协调及招标项目决标等重大事项的决策，组长、副组长由企业主要负责人担任，组员由企业有关负责人担任。招标领导小组下设招标办公室，负责招投标日常工作，由企业分管领导担任办公室主任，成员由有关部门负责人和招标专责人员组成。

建立起由党组（党委）统一领导，纪检组（纪委）负责组织协调、与招标业务组织机构对应的招标监督组织机构。监督部门得到充分授权，在工作中保持相对的独立性，监督工作直接对企业党组（党委）负责，日常工作向企业主要领导、分管领导报告。企业监察审计部门履行招标监督管理的组织职能，统一管理本企业的招标监督工作，并配备专职监标员，对企业重大招标项目直接进行监督。各下属企业纪检机构负责本企业权限内招标项目的招标监督工作，配备有经过监标业务培训的监标员。

（二）优化招标监督流程

从规范招标监督流程入手，把招标活动的 6 个主要环节，即招标文件评审、开标前、开标、评标、定标、合同谈判及会审中的监督内容、程序和方法固定下来，实现招标监督工作的规范化、标准化和程序化。见招标监督流程图。

（三）完善招标监督制度

建立《合同管理办法》《建设项目管理办法》《招标管理实施细则》《机电物资零星采购管理办法》《统供物资管理办法》《招标工作管理手册》等招标管理制度，制定《招标监督管理实施细则》《招标工作纪律规定》等招标监督制度，并实行招标纪律事先告知和纪律承诺制，发布招标公告的同时，发布招标纪律条款及投标人纪律承诺书范本；开标前，现场宣读投标纪律要求；评标前，先组织评标专家及工作人员集中学习评标纪律规定，签订《纪律承诺书》，做到纪律警示在前、防范在先、操作过程透明。

编制监标作业指导书——《监标手册》，对招标监督涉及的法律法规、企业制度、作业范本进行汇集，全面解答监督什么（内容），如何监督（程序和方法），怎样监督（操作实务），监督依据（法规、制度）等问题，明确监督标准，固化监督程序，界定监督职责，直观描述招标监督各环节的监督内容、方法、程序，便于操作。

通过制度建设，使招标管理工作执行有依据、办事有程序、处理有标准。

（四）招标监督部门与相关部门的联动机制

围绕招标监督职能的发挥，建立内、外两个协作机制联动机制，工作常态化。

在企业内部，形成招标领导小组统一领导、主管部门制定制度、经办单位（部门）具体实施、监督部门独立监督的联动机制。招标主管部门负责项目的招标管理工作，制定管理制度，并组织实施和监督检查；招标经办单位（部门）负责管理权限（范围）内项目招标计划的制订、招标实施、合同签订、合同交底和招标全套资料存档；监督部门行使对招标活动全过程的监督职能，受理现场投诉与举报，查处违纪违规行为。

在企业外部，企业与当地检察机关和上级部门形成互动机制。实行重点招标项目报告制，招标金额达到 1 亿元及以上的项目和公路、建筑装饰等工程招标，向检察机关申请对其潜在投标人进行行贿犯罪档案查询，检察机关查询后以函的形式回复；招标金额达到 1 亿元及以上的项目，向上级监察部门报告备案。

（五）评标专家实行动态管理

制定《评标专家管理办法》，对评标专家的确定、专家的权利和义务进行了明确规定，并依法加强评标专家库的管理，适时更新、调整、充实评标专家库人员和专家库资料。对专家的监督与考核实行“不良记录制”，即不良记录 1 次的，取消本次评标专家资格；累计情节严重的，记录 2 次，取消其今后参加企业所有招标评标活动的资格。

（六）整合监督资源，落实监督责任

一是各种招标项目按项目性质（主体还是辅助）、金额大小，分别由企业招标领导小组、企业经营班子、下属企业班子定标，实行集体定标制度，实施决策监督；二是每年每个建设项目抽审部

分工程项目，从项目招标到工程竣工结算，实行审计监督；三是每年进行一次合同检查，检查招标、合同签订、合同执行全过程情况，实行事后再监督；四是凡建设单位主要负责人离任，均进行离任审计，实现了日常监督与专业监督和检查监督有机结合。

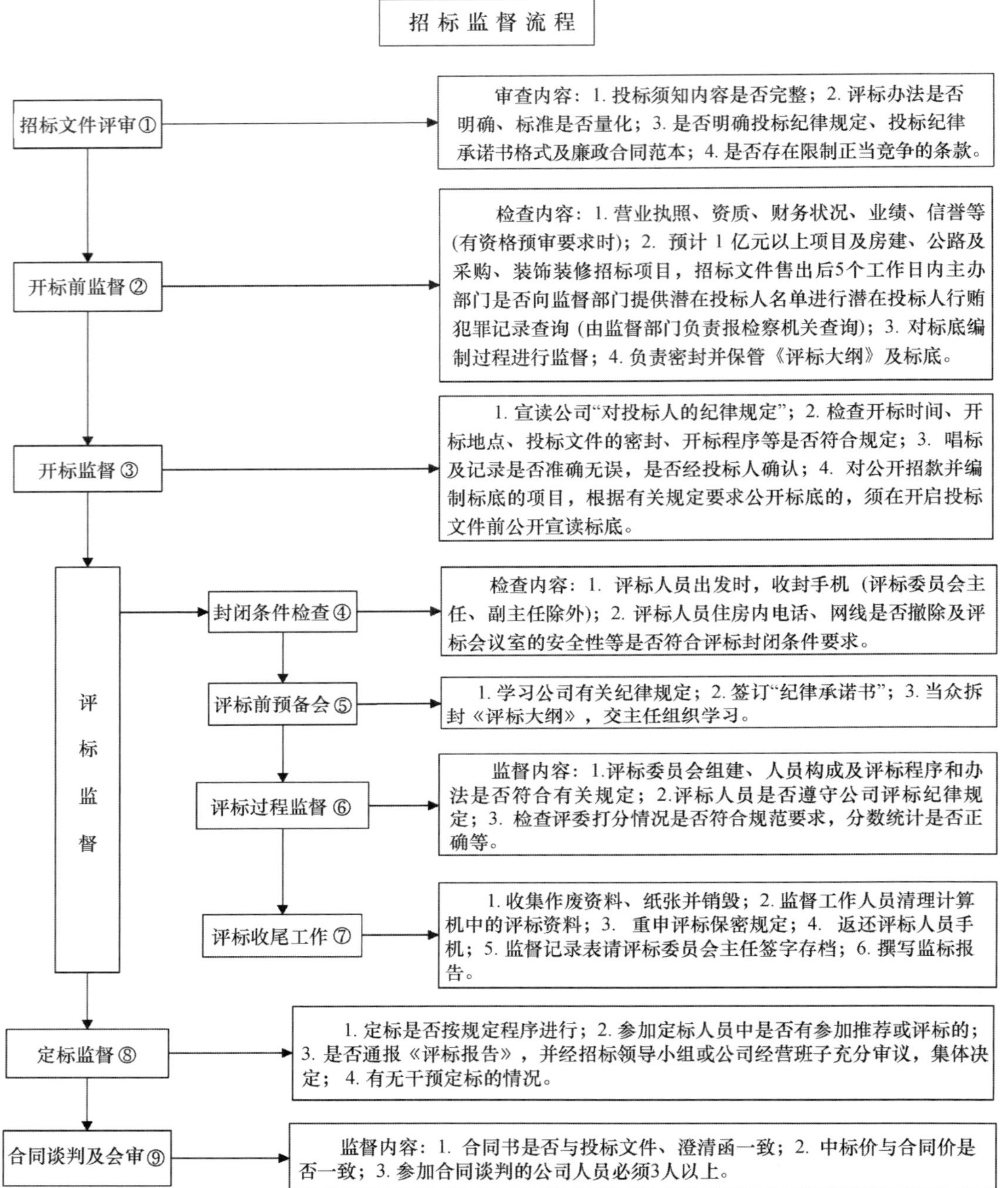

招标监督流程图

三、大型水电站建设招标监督管理效果

促进了招标与合同管理工作制度化、标准化、程序化，有力地推动了招标管理水平的提升，主要应用效果表现在：

（一）探索和建立了一套大型水电站建设招标监督管理的有效办法

（1）通过制度建设和机制创新，将复杂的招标管理问题简单化，使深入实施招标监督成为可能；严谨的招标程序和监督流程，使招标工作的公平、公正、公开原则得到落实；严格的招标监督工作，促使招标操作透明、规范，减少了人为因素的干扰，维护了招投标市场秩序，维护了各方的合法权益。

（2）紧扣招标程序和环节设计监标业务，实现了监标业务流程化，实现了全程参与、平行监督、行政监察与审计监督相结合。

（3）执行统一的监督标准，采用格式化的监督记录，客观、真实地进行监标过程记录，每一项监标工作完成后，及时完成全套监标记录资料的整理归档，监督记录文件与招标档案同期限保存，接受历史检验，实现招标活动的可追溯性。

（二）保证了建设项目的顺利实施

对工程招标实行严格监督，有利于节省投资，缩短工期，保证质量，有利于提高投资效益以及项目建成后的经济效益。企业从1999—2010年5月，完成基本建设投资674亿元。建成了漫湾水电站二期、景洪水电站、缅甸瑞丽江一级电站、小湾水电站（1~4号机）等建设项目，招标工作中没有发生重大失误以及造成经济损失和浪费。从目前企业建设工程项目看，有效的招标监督管理，促进了招标工作的顺利开展，推动了工程建设的顺利进行，并达到了节约建设投资、工期普遍提前的目的。如景洪水电站首台机组发电比可研设计工期提前6个月，小湾水电站首台机组发电比可研设计工期提前15个月，取得了巨大的经济效益。

（三）取得了突出的社会效益

规范的招标监督，为保护国家利益、社会公共利益提供监督保证，使招标投标各方当事人应当享有的基本权利得到保证。大型水电站建设项目是大型基础设施、公用事业等关系社会公共利益、公众安全的建设项目，建设主体为国家，建设资金来自人民群众创造的财富，来自于纳税人的贡献。对建设项目实行有效的监督，保障国有资金的合理使用，确保水电建设工程的质量、安全和资金，不仅是保护国家利益的需要，也是全社会成员的共同要求。

企业在招标工作中严谨的程序、规范的操作、严格的监督，为创造公平竞争的招标环境提供了保障，为全面促进企业招投标及合同管理水平的提升、推动工程建设的顺利进行奠定了坚实的基础，并有效遏制了招投标领域的违法违纪行为，强化了企业反腐倡廉手段。企业自成立以来，没有发生违法违纪案件，没有发生“工程上马、干部倒下”的情况，工程建设资金得到安全使用，工程建设质量、安全、进度得到可靠保证，企业资本保值增值率始终保持在100%以上，实现了国有资产的保值增值，实现了水电站工程建设项目的顺利建成，发挥出巨大的经济和社会效益。

（华能澜沧江水电有限公司党组成员纪检组长
工会主席　刘　峰）

转变发展方式　加快自主步伐
进一步推动东风事业科学发展

东风汽车公司

2010年是“十一五”规划的最后一年，也是东风汽车公司第一个中期事业计划“跨越计划”的收官之年。公司深入贯彻落实科学发展观，抢抓机遇，积极进取，全面推进“实现三个跨越、构建一方和谐”的事业进程，继续保持了又好又快发展的良好势头，高质量跨越200万辆，各项工作迈上一个新台阶。

一、经营高质量跨越200万辆新台阶

2010年，国内汽车市场总体保持高速增长，产销规模超过1 800万辆，同比增长32.4%，继续保持全球第一大汽车消费市场地位。

东风汽车公司抢抓机遇，全力抓好市场经营，汽车产销保持快速增长势头。生产汽车266.1万辆，同比增长40.0%；销售汽车261.5万辆，同比增长37.8%，高于行业增幅5.4个百分点。公司经营规模历史性迈上200万辆新台阶，产销规模位居行业第二。在市场竞争不断加剧的情况下，公司市场地位得到巩固提升，市场占有率较上年提升0.6个百分点，达到14.5%。

公司经营质量不断提高。全年实现销售收入3 451.2亿元，同比增长34.6%；盈利创历史最好

水平，实现利润295.7亿元，同比增长65.0%，利润增幅分别高于销量和销售收入增幅27.2个百分点和30.4个百分点。国务院国资委四项考核指标全面超额完成。

二、各项业务协调发展呈现新局面

经营呈现乘商并举。全年销售乘用车197.7万辆，同比增长36.6%；销售商用车63.8万辆，同比增长41.8%。乘商增幅分别高出行业3.4个百分点和11.9个百分点。乘用车业务继续保持快速增长，对集团销量和收益起到了强有力的支撑；商用车战略调整成果显现，拉动零部件、装备、辅业等关联业务和事业共同发展繁荣。

东风汽车有限公司优化商品结构，推进营销创新，加强生产组织，乘用车、商用车双双保持高速增长，销售汽车127.5万辆，提前跨越百万辆台阶。

东风日产乘用车公司不断提升品牌竞争力，优化销售结构，加快网络发展，7年销量以3倍于行业的速度增长，经营质量保持行业领先水平。

东风商用车公司强化战略性平台优势，深化分品系营销，最大限度发挥制造潜能，销量和利润均创历史最高水平，对十堰基地发展振兴发挥了强有力的带动作用。其中，东风柳汽事业实现新突破，产销迈上10万辆台阶，销售收入突破百亿元。

东风汽车股份公司抓好战略性新品投放，推进分品系营销，加大新业务拓展力度，本部和郑州日产均保持快速增长，取得了整体销量突破30万辆和郑州日产销量突破10万辆的好成绩，实现利润保持较好水平。

东风零部件公司把握商用车高产机遇，扎实开展精益管理和“质量年”活动，收益大幅度改善。

装备公司提升装备核心技术，加速零部件产品开发，加强内外市场开拓，各项经营目标全面完成。

神龙公司着力提升营销能力，抓好战略性新品投放，强化发展战略规划，销售汽车37.3万辆，事业实现稳健、健康发展。

东风本田汽车公司充分挖掘现有产品潜能，强化营销服务，经营保持稳健增长，销售汽车26万辆，实现利润再创新高。东风本田发动机公司、东风本田零部件公司精心组织生产，加强管理改善，经营质量保持较好水平。

东风悦达起亚公司深耕二、三级市场，加强品质改善，提升经营质量，销量和收益实现快速增长。

东风乘用车公司加强品牌宣传，推进网络布局，加强品质改善，积极培育市场，全价值链运营取得新的进展。

东风渝安抢抓市场机遇，加快能力提升，销量继续保持快速增长，销售汽车突破30万辆，行业地位进一步巩固。

十堰、襄樊两个管理部积极服务主业发展，全力做好服务保障，认真履行区域管理职能，较好地完成了预算目标，为公司整体利益和大局稳定作出了突出贡献。

东风实业公司优化业务布局，调整产品结构，深化体制机制改革，加快提升管理水平，经营实现快速改善，整体扭亏为盈。

东风特商、东风鸿泰、东风设计院、东风进出口、东风车城物流等单位认真扎实开展工作，也取得较好的成绩，为公司发展做出了积极贡献。

三、自主创新和自主品牌事业取得新成绩

研发能力建设得到加强。经过3年的建设，一期投入7.5亿元的集团技术中心新基地正式投入使用。各合资公司进一步加快了研发能力建设。

自主品牌事业发展提速。自主品牌乘用车事业实现良好起步。乘用车公司在成功投放东风风神三厢车的基础上，两厢车和混合动力版实现市场销售，后续商品正在积极准备之中。自主品牌乘用车发动机工厂正式开工建设。与此同时，东风小康、郑州日产、东风柳汽等事业单元自主品牌乘用车销量快速提升。在商用车领域，公司在重卡、中卡、轻卡、客车等领域的自主品牌车型不断丰富，商用车领先优势进一步提升。

合资体系自主品牌建设正式启动。各合资公司已将发展自主品牌纳入战略规划，从2011年开始，将有产品陆续投放市场。

四、老基地焕发新活力

公司更加关注老基地的发展振兴。推进了零部件事业形态调整和业务重组，增强了发展活力。以

优化资源配置为目标，对东风神宇与实业公司的经济型商用车事业资源进行了整合。适时启动了东风商用车整车和动力总成扩能建设，加快了东风小康十堰基地微车产能的提升，启动了股份公司轻型商用车新阵地建设、东风日产襄樊工厂扩能改造、神龙公司发动机工厂扩能建设，并着手对十堰、襄樊基地的工厂布局进行全面调整优化，为老基地新一轮大发展积蓄了能量。加大了新事业反哺老基地的力度，加大了对实业公司的支持力度，加大了对中心医院等辅业发展的关心和支持。十堰基地呈现出发展振兴的良好态势。

五、新事业发展取得新进展

与台湾裕隆成立合资公司，发展乘用车和新能源汽车，在“长三角”和华东地区开辟新的增长点。通过股份公司与山东凯马进行重组，为公司轻卡业务发展增添新的动力。启动了常州微车业务，公司微车事业再添新军。郑州日产第二工厂竣工，合理配置利用其产能，进一步发展壮大了东风在河南的事业。东风日产花都第二工厂、东风本田武汉第二工厂相继奠基，为后续发展积蓄了能量。

公司新能源汽车发展进入全面实施阶段。公司制定发布了节能与新能源汽车发展规划。未来5年，公司将陆续投入30亿元专项资金。公司新能源客车项目等重大项目正式启动。新能源汽车商业化步伐加快，混合动力大客车、风神S30混合动力轿车、天翼纯电动客车和物流车、锐骐纯电动皮卡等实现了商业化批量运营。公司共31个车型列入“节能产品惠民工程”节能汽车推广目录，扩大了市场销售。

六、干部员工队伍建设迈出新步伐

进一步加强领导班子和高管队伍建设。创建“四好班子”的长效机制。对23个企业的领导班子进行了调整，优化结构。深化干部人事制度改革，强化竞争选拔，提高了选人用人公信度和满意度。建立任期制和任期目标责任制，强化了对各级领导人员的绩效考核和考核结果的运用。

加大了高层次人才引进力度，加强高潜质人才队伍建设。启动了二、三级人才评审，推进公司人才体系建设。公司人才队伍进一步壮大。

深入开展劳动竞赛，加强员工培训，提高了员工队伍的整体素质。启动员工薪酬标准调整工作，员工收入普遍增长。关爱员工，加强对困难员工帮扶。成功举办了公司第九届运动会，增强了员工队伍的凝聚力。

七、安全生产、节能减排、社会责任工作为公司健康发展和形象提升做出新贡献

在高产中重视安全生产工作。落实安全生产责任制，在产量不断冲高的形势下，保持了公司安全生产总体形势的稳定，为公司高产提供了保障。

公司万元增加值能耗与2005年相比下降63.7%，COD排放量与2005年相比减排46.9%，二氧化硫排放量与2005年相比减排55.5%，完成了节能减排目标。

积极履行社会责任，进一步提升公司形象。公司在自身发展的同时，努力扩大当地就业、增加税收，带动地方经济发展。积极参与公益事业，组织了对云南旱区、玉树地震灾区、舟曲泥石流灾区的捐款捐物活动，继续开展对口支援、捐资助学等社会公益活动。建立健全了社会责任管理体系，强化了公司整体社会形象。

八、党的建设科学化水平得到新提高

2010年，公司党委以十七届四中全会精神为指导，紧紧围绕公司中心工作，有效促进公司党的建设科学化水平，努力把党组织的政治优势转化为企业的竞争优势。

一是认真组织宣传学习领会党的十七届四中、五中全会精神，在思想上、行动上与党中央保持高度一致，努力提高落实中央精神的执行力。

二是深入开展以“四强四优”为主要内容的创先争优活动。围绕公司中心工作，按照中央和国资委统一部署，周密策划，扎实推进，活动取得初步成效。公司创先争优活动做法及初步经验，以不同形式在中组部、国资委及湖北省国资委进行了交流。

三是积极推进学习实践活动整改项目落实。召

开了8次节点会，40个课题109个项目顺利关闭，建立了学习实践长效机制，巩固扩大了学习实践成果。

四是认真推进学习型党组织建设。制定和实施了学习型党组织建设办法，抓好中心组学习旁听检查和基层党支部书记轮训，提高了各级党组织服务保障企业科学发展的能力。

五是大力加强党内民主建设。坚持完善党代会制度，7个直属党委胜利召开党代会和党员大会，推进党务公开和领导班子任期制试点，有序铺开党代表任期制，12个基层党支部开展了党支部领导班子公推直选。

六是抓好党风廉政建设责任制落实。深入开展了反腐倡廉宣传月和警示教育活动，加快完善惩防体系建设，健全了“三重一大”集体决策制度，开展“小金库”专项治理，加强效能监察，保障了经营工作的健康运行。

七是进一步落实维稳责任，完善维稳工作基础，强化应急管理，保持了公司大局稳定。

过去的一年，公司工会、共青团组织在公司党委领导下，围绕生产经营中心任务积极开展工作，丰富员工生活，提高员工素质，凝聚员工力量，鼓舞员工士气，为公司发展发挥了积极作用。

2010年公司科学发展取得的新成绩，为公司“十一五”发展画上了圆满的句号，公司第一个中期事业计划“跨越计划”全面完成。“十一五”时期，是公司发展史上极不平凡的5年，是建设“永续发展的百年东风、面向世界的国际化东风、在开放中自主发展的东风”取得重大进展的5年，是“做强做大、优先做强”发展战略深入推进和取得重大成果的5年，是公司发展最快、质量最高、企业综合实力和素质显著增强的5年，是“十一五”规划目标全面达成、和谐企业建设取得新成就的5年，公司经营规模和质量实现了一次大跨越，谱写了东风改革发展新的辉煌篇章。

5年来，公司经营质量显著提升。公司产销持续增长，5年平均增长29.1%，快于行业3.4个百分点，产销规模接连跨过100万辆、200万辆台阶，实现了量的大跨越。在市场竞争不断加剧的情况下，公司市场地位得到巩固提升，市场占有率由2005年的12.7%提升至目前的14.5%，提高了1.8个百分点。公司在发展中坚持盈利性优先的方针，经营质量位居行业前列。利润总额接连跨过100亿元、200亿元。利润5年平均增长50.0%，高于同期收入平均增速27.1个百分点。在连续两个任期中，被国务院国资委授予“绩效进步特别奖”和“业绩优秀企业”。

5年来，公司事业结构显著优化。在巩固发展商用车业务同时，下大力气拓展乘用车业务，目前公司乘商比例与市场需求结构保持一致。中重轻型商用车实现全面升级换代，保持行业领先地位，微车跻身行业前三，乘用车产品组合更加均衡、丰富，自主品牌乘用车事业实现良好起步，新能源汽车商业化步伐加快。各合资事业快速健康发展，公司事业布局更加均衡，整体抗风险能力明显提升。辅业改革取得显著成绩，主业更加集中和强大。

5年来，公司自主创新能力显著提升。按照“自主创新、重点跨越、市场导向、活用资源”的总体战略，对研发体系进行重新优化，强化了总部研发能力，各合资公司研发能力也得到了提升。加强研发资源的集聚和基础建设，以市场为导向对研发流程进行优化，研发效率和效果明显提高。商用车研发保持行业领先优势，乘用车研发有了很大提升，军车研发保持全国领先，新能源汽车研发居国内先进水平。自主创新对公司发展的引领支撑作用得到充分体现。

5年来，公司管理基础显著加强。以主业海外上市为契机，进一步完善了法人治理结构。适应公司合资重组后的新体制，建立健全了覆盖全集团的管控制度和流程。吸收推广先进的管理理念和工具，公司上下市场中心意识牢固确立，内部管理对市场的敏感度明显提高，管理的精益化、透明化程度明显提高，管理的有效性明显提高。公司干部人才队伍综合素质显著提升，为各项事业的持续快速发展提供了有效的人才支撑。

5年来，公司和谐发展能力显著增强。坚持以人为本、和谐发展，各项事业实现全面、协调发展；统筹新老基地发展，新事业快速成长，老基地初步实现发展振兴；在企业快速发展的同时，让员工分享到企业发展成果，促进了企业与员工的和谐发展；加强节能减排工作，积极履行社会责任，促进了企业与环境、社会的和谐发展。

5年来，公司党组织的引领保证能力显著增强。在新形势下，推动党组织机构在集团范围内不断健全，党委发挥政治核心作用的途径、流程更加完善，党组织活动方式不断创新。集中深入开展党员先进性教育活动、学习实践科学发展观活动、创先争优活动等主题活动，党组织的凝聚力、战斗力进一步提升。公司党建经验在中组部、国务院国资委组织的会议上多次进行交流，产生了良好的示范效应。公司党组织参与合资企业重大问题决策的经验被中央组织部全国推广，在全国产生了重要影响。

回顾这5年的工作，东风汽车公司把握科学发展的大方向，正确处理各种关系，为公司在新的历史条件下发展积累了宝贵经验。

第一，正确处理好发展速度与质量、结构的关系，着力提高经营质量。过去5年，公司始终强调经营质量，坚持“做强做大、优先做强”的方针，正因如此，“十一五”公司各项事业才取得了长足的发展，公司抵御风险和抢抓机遇的能力才得到大力提升。注重提高经营质量、不盲目地追求发展速度并持续地改善产品和业务结构，是公司在市场竞争日趋激烈的情况下市场地位得到巩固提升的重要因素。这不仅是公司实践经验的总结，也是贯彻落实科学发展观的基本要求。

第二，把培育核心能力放在重中之重，不断夯实可持续发展的基础。公司能否又好又快地发展，能否可持续发展，关键在于公司是否具有核心能力。只有始终坚持把自主创新能力、人才竞争力、体制机制竞争力和管理科学化水平的提高作为公司建构核心能力的重中之重，才能不断提升公司的全面竞争力，促进企业健康发展、又好又快发展。

第三，坚持开放与自主的辩证统一，坚持在开放中自主发展。过去5年，公司实施积极主动的开放合作战略，进一步做强做大了合资事业，同时加速开展做强自主事业，做到了开放与自主相互促进，共同提高。只有坚持在开放中自主发展，并根据公司发展所处的不同阶段，不断改革创新，赋予其新的工作内涵和重点，东风的事业才能不断取得新的进步。

第四，注重以人为本、和谐发展。今天的东风公司是东风的建设者从十堰小山沟，在马灯精神的引领下艰苦创业和努力拼搏的结晶，凝聚着全体东风人的智慧与力量。东风事业波澜壮阔的前进历程告诉我们，把东风公司发展成为国际一流公司与建设成为和谐家园相统一，就能把全体东风人的智慧和力量充分发挥出来，就能在遇到任何艰难困苦时玉汝于成。只有让每一个东风人在东风事业发展中快乐学习、快乐工作、快乐生活、快乐成长，倍感尊重和骄傲，东风公司才能在发展过程中披荆斩棘，取得一个又一个胜利。

第五，注重发挥党组织的政治核心作用，为企业改革发展稳定提供强劲动力和有力保障。党对国有企业的领导、党组织发挥政治核心作用是国有企业的独特政治优势。公司过去5年的实践充分证明，充分发挥好党组织的政治核心作用，才能有效保证公司事业沿着科学发展的方向前进，才能有效把党组织政治优势转化为企业竞争优势，才能充分凝聚和团结各方面的力量为公司事业健康、持续发展而共同努力。

2010年中国海洋石油总公司发展综述

中国海洋石油总公司

2010年是中国海洋石油工业史上具有标志性意义的一年。一年来，中国海洋石油总公司（简称“中国海油”）深入贯彻落实科学发展观，将上产5 000万吨、建设“海上大庆油田”作为工作的重中之重，加快推进发展方式转变和产业结构调整，生产经营创历史最好业绩，综合实力和核心竞争力进一步增强，国际化发展取得重大进展，节能减排与安全环保工作扎实推进，科技创新及重大装备建设成果丰硕。

2010年12月19日，我国国内海上油气年产量突破5 000万吨油当量，成功建成了“海上大庆油田”，胡锦涛总书记等中央领导同志对此作出重要批示，对海洋石油工业发展给予充分肯定和热情鼓励，为海洋石油工业未来发展指明了前进方向。

一、总体发展情况

生产经营取得历史最好业绩。全年完成油气产量6 494万吨，比上年增长36.3%。油气产量实现"双突破"，即国内首次突破5 000万吨油当量大关，达到5 185万吨，增长32.1%；海外首次突破1 000万吨，达到1 309万吨，增长55.7%。其他主要产品产量也均实现大幅增长。全年实现营业收入3 548亿元，利润总额977亿元，上缴税费858亿元，期末总资产6 172亿元，净资产3 908亿元。经济增加值、总资产报酬率、净资产收益率、营业利润率、成本费用利润率等竞争力指标在央企中居前列。所属5家上市公司市场表现总体好于大市，市值稳步增长，中国海油核心资产市值在2010年12月14日达到1 061.98亿美元的历史最高值，进入全球石油公司总市值前10强行列。

社会形象和影响力稳步提升。中国海油在《财富》"世界500强企业"中的排名继续攀升，由318位升至252位，大幅跃升66位。在中央企业负责人经营业绩考核中，连续6年、两个任期被评为A级企业，并荣获"业绩优秀企业"称号和"节能减排特别奖"；荣获普氏"年度最佳能源企业"和"年度最佳能源生产商"称号，成为首家获此荣誉的中国能源企业，得到国际能源界高度认可；惠州炼油项目荣膺国际项目管理协会颁发的"国际项目管理卓越大奖最高奖项——特大型项目管理金奖"，这是全球首个获此荣誉的石油石化类项目，成为全球石油石化项目工程质量管理的标杆。

二、建成"海上大庆油田"

"海上大庆油田"建设是我国海洋石油工业发展重要成果，是我国石油工业发展重要里程碑，对于我国能源工业的发展具有重要而深远的意义。

"海上大庆油田"的成功建设，标志着我国成为世界海上石油生产大国，并在海洋石油勘探开发、海洋石油工程技术、大型装备建造等领域进入世界先进行列。我国海洋石油工业起点低、基础弱、起步晚。中国海油成立之前28年，我国海域油气年产量只有9万吨。改革开放拉开了我国海洋石油工业大发展的序幕。中国海油成立后，依靠国家政策扶持，依靠社会各界支持，通过对外合作走市场经济发展道路，经过28年的艰苦奋斗，尤其是"十一五"期间的跨越发展，我国海域油气生产能力实现了大幅提升。同时，海洋石油工业的技术水平、装备水平、作业能力和管理能力逐步达到亚洲同行前列，得到国际同行广泛认可。

"海上大庆油田"的成功建设，标志着我国建成了完整的海洋石油工业体系，用不到30年时间走完了发达国家海洋石油工业百余年的历程。由于海洋石油工业的高风险、高科技、高投入等特点，海洋石油工业的发展比陆地石油的发展更为艰难，更具挑战。我国海洋石油工业从一无资金、二无技术、三无现代海洋石油管理知识以及无装备起步，通过引进、消化、吸收、再创新，逐步建立了300米水深范围内的海上油气田勘探开发的成套技术体系、工程体系和装备体系，具备了在1 500米水深条件下作业的能力，并积极筹备向3 000米水深迈进，实现了我国海洋石油工业发展的历史性跨越。

"海上大庆油田"的成功建设，标志着海洋已成为我国最现实、最可靠的能源接替区之一，海洋石油工业将为我国能源供给提供更强有力的保障。海洋蕴藏着丰富的油气资源，海洋石油资源量约占全球油气总储量的45.0%。从陆地走向海洋、从浅海走向深海、从深海走向极深海，是世界石油工业发展的大趋势。我国海域油气资源总量约占全国总资源量的1/3，勘探开发潜力巨大。过去10年间，我国新增石油产量的53.0%来自海洋，2010年这一比例历史性地达到80.0%以上。目前，我国海域油气产量已占全国油气总产量1/4强，标志着我国石油工业陆海统筹、海陆并重的发展格局基本形成。未来，随着我国海域油气资源勘探开发巨大潜力的进一步挖掘，海洋石油工业在国家能源安全保障中的地位和作用将进一步加强和凸显。

"海上大庆油田"的成功建设，标志着海洋石油工业已成为拉动我国原材料、机电通讯、装备制造、船舶建造、海洋工程等相关行业发展的战略性新兴产业。海洋石油工业是高技术行业，具有高集成、跨学科、多领域的特点。随着海洋石油工业的跨越发展，我国相关领域的技术装备国产化进程不断加快。近30年来，海洋石油工业的发展促进了我国的FPSO建造产业的发展，使我国成为FPSO

建造大国和强国；海上平台导管架和组块用钢全部实现国产化；平台设备和管线生产基本实现国产化；通过 LNG 运输船和天然气液化工程技术装备的国产化，海洋石油工业的发展还带动了国内造船、装备制造等行业的发展。海洋石油工业正日益成为带动能力强、集成领域宽、附加价值高的重要战略性产业。

"海上大庆油田"的成功建成，标志着我国海洋石油工业自主创新能力实现了跨越式提升，海洋石油工业的国际竞争力和可持续发展能力不断增强。在对外合作过程中，在引进、消化、吸收与集成创新基础上，我国海洋石油工业加大自主创新力度，逐步建立起引领和支撑海洋石油工业高效高速发展的技术保障体系。目前，我国在海洋稠油勘探开发、海上提高采收率、海上边际油田开发、深水油田开发工程、重质油综合利用等领域的技术水平，已经处于国际先进行列。自主创新能力的跨越式提升，有力地推动了海洋石油产品结构的优化升级，有效地提升了我国海洋石油工业的国际地位、核心竞争力和可持续发展能力。

"海上大庆油田"的成功建设，标志着我国海洋石油工业的对外开放进入了新阶段，实现了从"引进来"到"走出去"的转变，进而向"全球资源整合"阶段的历史跨越。截至 2010 年底，我国海洋石油工业已经在海外 20 个国家拥有 20 多个项目，海洋石油专业技术服务也加快了"走出去"步伐，LNG 资源量的获取逐步增加，油气资源的国际贸易量不断提高，"全球布局、全球作业"格局基本成型，形成了多元化、国际化的能源供应格局。

"海上大庆油田"的成功建成，标志着海洋石油工业在维护我国海洋权益中能力不断增强。要加快海洋强国建设步伐，一方面需要建设一支强大的海军，捍卫"蓝色国土"安全；另一方面需要建设一支强大的海洋经济建设队伍，充分开发海洋资源。我国海洋石油工业在努力保障国家能源安全的同时，积极履行"屯海成疆"的特殊使命，充分发挥海洋油气资源开发"国家队"的作用，以和平方式宣示和维护国家主权和权益。

"海上大庆油田"的成功建成，在取得丰硕物质成果的同时，塑造了与"大庆精神"一脉相承又富有时代内涵的"海油精神"，积累了企业改革发展的成功经验，这是"海上大庆油田"建设中获得的宝贵财富。在取得丰硕物质成果的同时，我国海洋石油工业塑造了体现我国工人阶级优秀品质、继承我国石油工人光荣传统、展现海洋石油工人特有精神风貌，以"敢闯新路、勇担责任、善于学习、包容创新"为主要内涵的海油精神，锻造了一支具有高度责任感、使命感、牺牲精神、奉献精神和艰苦奋斗作风的海洋石油干部员工队伍，涌现出了"海上铁人"郝振山等在全国很有影响的先进典型。

三、油气勘探开发

2010 年在中国海域，公司自营勘探共获得 12 个新发现，并通过 18 口评价井成功评价了 12 个油气构造；合作勘探取得 1 个新发现并通过 5 口评价井成功评价了 3 个油气构造。新区新领域勘探、成熟区滚动勘探、深水勘探都取得重要成果。珠江口盆地原油发现取得历史性突破。渤海优质油田勘探继续向好，优质储量占总储量近 8 成。南海西部莺歌海天然气勘探实现突破，坚定了在南海寻找大气田的信心。

开发生产作业取得令人瞩目的成就。新油田陆续投产，对产量增长形成较大支持。2010 年共有 9 个新项目先后投产，且产量均达到或超过预期，为公司产量增长注入了新的动力。在生产油气田综合递减率得到有效控制，生产保持活力。通过对在生产油田进行深入的地质油藏研究，根据油藏情况部署调整井，形成了一套调整井部署方法。当年新投产调整井约 170 口，创历史新高，且产能绝大部分高于预期，为产量增长做出了贡献。优化注水、聚合物驱等措施效果显著，各油气田综合递减率维持在较低水平，部分油田实现零递减。在产油气田的平均生产时率约为 95.0%，表现超出预期。

四、专业技术服务、中下游、新能源及金融板块

专业技术服务板块努力提高服务能力，积极开拓国内外市场，大力调整产业结构，扎实推进技术

创新，竞争力大幅提升。油田服务业务努力提高经济效益，不断提升装备能力和技术服务能力，实现了持续健康发展。同时，以加大科技研发为切入点，加快发展方式转变，成功获得国家科技部“国家海洋高技术领域成果产业化基地”称号。海洋工程业务继续加强基础设施及装备建设，持续提高核心竞争力，珠海深水制造基地等主要投资项目有序推进。海油发展业务大力推进产业布局的“进”、“退”、“转”，加快产业结构调整，11 家专业公司利润全部过亿，对集团的价值贡献逐步增大。

中下游板块经营业绩大幅增长，集团规模竞争优势进一步增强，差异化发展成效显著。炼化与销售业务业绩斐然，产业整合和精细化管理迈入崭新阶段。炼油能力达到 3 350 万吨/年，其中重油处理能力达到 820 万吨/年。天然气及发电业务在资源获取、市场开拓、管线建设、技术创新等方面都取得新进展，在东南沿海的主导地位基本形成，进一步确立并巩固了在国内 LNG 行业的领军地位。LNG 接收能力达到 1 240 万吨/年，天然气管网总里程达到 2 493 公里，在海外锁定 LNG 资源量 5.2 亿吨。化肥业务在受金融危机冲击、行业普遍不景气的情况下，积极应对行业调整周期，取得了好于预期的业绩。

新能源板块大力发展风电、动力电池等主要业务，协同发展生物质能等可再生能源及二氧化碳综合利用项目，积极探索发展煤基清洁能源，为现代能源产业体系的构建做出了积极贡献。目前，已经形成 35 万千瓦风电装机容量，具备 33 万吨生物柴油加工能力和 5 亿只小电池、1 万套动力电池生产能力。

依托公司核心产业的高效高速发展，金融板块不断完善服务网络，大力拓展信贷业务，满足集团各单位多样化的融资需求，积极创新业务模式，提升了为集团提供综合金融服务的能力，实现了健康快速发展，走上了“以产带融、以融促产”的良性循环。

五、海外拓展

2010 年，海外并购取得突破性进展，国际化发展实现大幅跨越。上游油气业务完成了多项成功并购，主要突破包括：第一，公司成功进入资源丰富的南美洲和中东地区，建立了在南美洲发展的一个坚实平台；第二，公司首次涉足页岩油气项目，先后完成了对切萨皮克公司鹰滩、尼奥泊拉拉页岩油气项目 33.3% 权益的收购；第三，在液化天然气和非常规油气领域，公司的并购合作步伐加快。澳大利亚柯蒂斯 LNG 项目锁定了可观的长期资源量，并首次实现了 LNG 产业链的全流程参与。澳大利亚爱克索玛煤层气项目是在海外非常规油气资源开发领域的又一重大突破，公司将首次在海外主导勘探开发煤层气资源。

六、节能减排

2010 年，完成节能减排项目 253 个，完成投资 6.9 亿元，实现节能量 39.2 万吨标准煤，节能效果明显。石油烃、二氧化硫、化学需氧量等主要污染物排放均低于计划排放值。同时，在中央企业中率先发布气候变化应对政策及行动方案，率先启动温室气体排放盘查项目，率先开发建设节能减排管理信息系统；全面开展“绿色油田”、“绿色炼厂”、“绿色项目”活动，建立了完善的技术标准和管理规范。

七、安全环保

中国海油持续改进安全环保管理，安全生产形势总体平稳。未发生重大伤亡责任事故和重大责任事故。OSHA（美国职业安全与健康标准）职业安全记录处于良好水平。

在全球金融危机余波未平之际，BP 墨西哥湾深水钻井平台爆炸事故又引发了全球海洋石油工业行业的管理危机。公司上下把此次事故当成汲取教训和提升自身能力的机会，对事故展开全面跟踪、分析、研究与总结，采取一系列措施，从设备、技术、标准、管理制度、管理规范、安全标准、操作程序和应急预案等方面开展全方位的排查、梳理和完善，收到良好效果。“海上石油天然气开采事故应急联合演习”全面检验了公司应对重大安全环境事故应急预案的有效性，有效提升了公司安全生产管理和应急管理水平。

八、科技创新

2010年，公司继续着眼于海洋油气勘探开发生产需要开展科技创新，一些关键技术研究取得进展，一批重大科研成果在实践中得到应用并取得了显著成效。多元热流体稠油测试技术、海上钻探压裂技术获得成功，解放了大批低孔、低渗、低丰度储量。成功研制的核磁共振测井仪，主要技术指标达到国际先进水平，实现了测井技术高端领域的又一重大突破，打破了国外垄断，填补了国内空白。此外，公司加强深水油田开发的研究，包括“南海深水勘探开发关键技术与装备”等课题的研究进展顺利。“中国海洋油气勘探开发科技创新体系建设”荣获“国家科技进步企业类一等奖”，公司成为第一家获得此奖的国有企业，标志着公司实现了从集成创新向原始创新的跨越。

一批海上作业大型装备相继建成，总体装备能力得到加强。以“海洋石油981”深水半潜式钻井平台和“海洋石油201”深水铺管起重船为代表的深水重大装备顺利出坞，使公司深水战略的实施成为可能。

九、信息化建设

2010年，中国海油信息化工作取得新进展，为生产经营、安全环保和管理信息化提供了有力的支持保障。通过系统功能的深化开发、报表功能的持续改进、应用流程的不断完善，进一步提高了ERP系统的应用效果；公文管理系统、集团采办系统、主数据管理平台和节能减排系统等管理信息化应用广泛推进，为分析控制和决策支持提供了有效手段。MPLS云状网络项目的各项建设工作正式启动，一张结构清晰、接入规范、扩展灵活 、覆盖广泛、可控可管的云网逐步形成，为服务公司海内外业务中长期发展奠定了初步网络基础。

十、党建思想政治工作

根据中央统一部署，2010年，公司以“弘扬铁人精神，建设海上大庆油田”为主题，以加强基层党组织“四个过硬”和全体党员“五个表率”为基本要求，深入开展“创先争优”活动。活动中，把“创先争优”活动与“学习型党组织”建设活动相结合，与劳模评选表彰相结合，与“海油精神”的弘扬相结合，不断丰富政治优势转化载体和内涵，不断加强党建思想政治工作，为“海上大庆油田”建设提供了强大精神动力和组织保证。

十一、社会责任

2010年，中国海油继续履行好自身肩负的社会责任，进一步做好援藏援川、救灾、扶贫以及捐资助学等工作，全年实际投入26 151万元用于各项公益事业，取得良好社会效果，得到受援地区政府和社会各界高度赞誉和充分肯定。

（撰稿：中国海洋石油总公司　熊建国
审稿：中国海洋石油总公司办公厅调研室主任　韩志伟）

构建母子公司体制资金集中管理体系　全面提升集团公司整体资金价值

中国石油化工集团公司党组成员　副总经理　李春光

中国石油化工集团公司（简称“中国石化”）是在原中国石化总公司基础上，于1998年7月重组设立的特大型石油石化企业集团，是国家授权投资的机构和国家控股公司，现有二级成员企业39家，其中全资子公司及事业单位37家、控股子公司2家，三级及以下企业近千家，按业务类别分属石油天然气勘探开发、炼油化工、石油天然气与化工产品销售、石化工程设计与施工等六大业务板块。其中，石化股份公司是集团公司以独家发起方式于2000年2月设立的股份制企业，也是目前国内唯一在境内外四地——上海、香港、纽约、伦敦上市的中国企业，目前总股本867亿股，其中集团公司持有的国家股占75.8%。2010年度，中国石化实现营业收入19 690亿元，利税3 477亿元，其中利润1 052亿元；生产原油6 095万吨，天然气125亿立方米，加工原油2.1亿吨，销售成品油1.4亿吨；职工62.5万人。

经过多年发展，中国石化已成为中国最大的一体化能源化工公司之一，是中国最大的石油产品（包括汽油、柴油、航空煤油等）和主要石化产品（包括合成树脂、合成纤维单体及聚合物、合成纤维、合成橡胶、化肥和中间石化产品）生产商和供应商，也是中国第二大原油生产商，世界第二大炼油公司、第四大乙烯生产商，加油站数量位居世界第二，2010 年度《财富》全球 500 强企业排名第 7 位。

一、实施多法人母子公司体制资金集中管理的背景

资金是企业经营运作的“血液”。资金状况及其运行质量综合反映了企业的资源配置、经营质量和可持续发展能力。特别是对实施多级法人体制的大型集团公司而言，如何在妥善处理好集权与分权关系的基础上，切实提升集团总部对整体资金运行的综合掌控与统筹配置能力，不仅是强化集团财务管控，提高集团公司核心竞争能力的重要内容，也是充分发挥集团公司规模优势与协同优势的基本保证。中国石化由于产业特点、组织结构及其地理分布，特别是所面临竞争环境的影响，在着力探索多级法人组织结构与管理体制下的资金集中管理方面，更有其客观必要性。

（一）适应国内外市场竞争，缩短与先进企业差距的需要

中国石化设立以来，以建立现代企业制度为目标，以主辅分离、精干主业、着力打造上中下游一体化的石油石化产业链优势为主要内容，不断深化内部改革，持续推进组织结构的优化调整，基本建立起了符合现代企业制度的要求，以母子公司关系为代表、以产权关系为核心的集团公司管理体制基本框架，并相应建立起了比较系统完善的管理制度体系，对加快公司发展起到了显著作用。

但随着国家经济发展步伐的不断加快，特别是伴随着我国经济与世界经济的融合程度快速提高，一方面，国际大型石油石化公司先后进入中国市场，国内市场竞争日益激烈；另一方面，国内石油石化产品需求快速增长，中国能源企业积极参与国际能源市场竞争，通过取得海外油气资源确保国内能源供给的压力空前增加。面对经营环境与任务的变化，中国石化深切感到，与国际大型石油石化企业相比，中国石化的销售利润率、成本费用利润率，以及总资产报酬率相对较低，资产负债率相对较高，在盈利能力和价值创造能力，以及自身资金实力方面，均存在一定差距。

（二）提高资金整体运用效率，强化集团资金管控的需要

随着经营规模快速扩大，集团公司内外部资金结算量快速增加。2000 年，中国石化内部上中下游企业，以及不同核算级次企业之间的内部交易结算量仅 30 000 亿元左右，到 2010 年快速增加到 180 000 亿元，其中对集团外部资金收支流量由 2000 年不足 10 000 亿元快速增加到 65 000 亿元。其中分布在全国各地的自营加油站由 2000 年年底近 1 万座快速增加到 3 万余座，日均加油站现金收款额由 6.9 亿元快速增加到 25 亿元，公司年累计现金收款量由 2 500 亿元快速增加到 12 000 亿元。

公司的快速发展，对提高资金整体运用效率，加强集团资金管控提出了更高要求，但由于财务资金管理体制的不尽完善，管理手段的相对落后，导致集团总部的资金管控力度相对薄弱，资金统筹运用能力严重不足。首先是资金管理模式不统一，融资和资金分散、重复投资、账户众多等问题难以彻底遏制。截至 2007 年底，集团各企业仅境内银行账户就有 10 669 个，其中企业所属二级及以下账户近 8 000 个。资金使用中的低效率、不规范，甚至违规违纪现象时有发生。二是集团总部对整体资金运行的集中管控能力相对薄弱。日常资金使用分散在各企业并难以得到及时、有效的监控，而投资风险、融资担保和负债的最终清偿责任实际集中在集团总部，直接影响了集团整体利益。三是管理理念落后于发展需要。部分企业整体意识淡薄，缺乏现金流管理的压力和动力，集团公司组织架构应有的规模经济效应、协同聚合效应、集团内部专业化分工的交易成本节约与一体化运行效率没有得到充分体现，既影响了集团资金整体运行效率的提高，也严重阻碍了整体资金优势的充分发挥。

（三）防范资金运行财务风险，提高资金管理水平的需要

多年来，中国石化尽管在强化集团资金集中管理，推进集团公司资金统筹运作等方面付出了很大努力，但在资金管理手段和运行监管方式等方面，与国际化、现代化管理的要求相比，仍存在较大差距。一是管理手段落后于实际需要。资金集中还主要是按日归集、按需下拨和分散使用的层次，管理的时效性和精细化程度较差，需求申报与实际使用的信息不对称现象比较严重。二是资金内控力度有待提高。内控流程与实际业务不同步仍比较普遍，资金监管仍处于事前审批、事后监督状态，弱化了内控制度的实施效果。三是资金管理与会计核算存在脱节。资金信息与核算信息缺乏有效的相互集成，难以形成相互支撑、互为印证的严密对应关系，制约了资金管理的决策支持作用。

针对以上问题和不足，2007 年 9 月以来，中国石化针对国内外经营环境和任务的变化，明确提出了“建设具有较强国际竞争力的跨国能源化工公司”的发展战略目标，并从强化集团财务管控，发挥集团资金的聚合优势，不断提升核心竞争能力出发，明确提出，集团发展离不开高水平资金管理的支持，打造资金管理优势就是提升集团公司的整体竞争优势。中国石化要有效推进国际化经营，就必须全面实施集团资金集中管理，加快构建与国际化发展相适应的集团化财务集中管控体制。

二、多法人母子公司体制资金集中管理的内涵和主要做法

中国石化适应推进国际化经营和加快发展的需要，在全面展开多种经营和对外投资清理整顿工作，持续推进管理体制优化和组织结构调整，完善内控体系建设，加强财务预算管理的基础上，以强化集团总部对集团公司整体资金运行的全过程集中管控、全方位统筹运作、全要素分析评价为工作目标，在多法人母子公司体制下，充分运用现代信息网络技术，依托商业银行结算网络，运用银行总分账户的实现途径，以集团财务公司为资金平台，以集团资金管理信息系统为实施载体，以集团资金管理的标准化、网络化、流程化为主要措施，提升资金管理手段，变革资金业务处理方式，着力构建中国石化资金收入实时汇集、资金支付统筹安排、融资需求整体筹划、内部结算封闭运作、资金运行实时集中反馈的新型资金管控体系及其运行机制，发挥集团资金整体运作优势，全面提升集团公司资金管控水平及其运行效益，实现集团公司资金价值最大化。主要做法有：

（一）综合论证分析，科学确定集中管理的基本原则

构建多法人母子公司治理结构下的资金集中管理涉及集团公司资金管理理念、多法人资金管理体制及其组织运行机制、集团企业资金管理方法与资金业务处理方式创新等多个方面，是一项综合性很强的系统工程。工作过程中，面临着多方面的挑战与考验。首先，对多法人母子公司体制下的集团企业能否实施集团总部层面的资金集中管理，是否与国家现行监管规定，特别是与有关监管机构对股份公司保持财务独立性的强制性监管政策相冲突，是需要解决的突出问题；其次，由于集团财务公司尚不具备参与人民银行的联行清算职能，不具备直接代理企业办理对外资金结算的资格条件，因此对能否真正以集团内部金融机构为平台，实现各层级企业的资金收入实时高效汇集与集中高效支付，需要在实施途径与方法上加以妥善解决；三是由于中国石化所属法人企业及其组织结构层级较多、地理分布极其广泛，现有网络条件能否保证企业正常高效办理各类资金结算的需要，能否完全实现各类资金业务的网络化运作，也是需要充分论证的重要课题；四是管理责任集中、管理幅度极大拓宽、数据处理与分析工作量急剧增加，对集团总部的业务管理能力与工作效率、网络运维管理能力和应急反应效率，也提出了很大挑战和考验。

针对以上问题，中国石化以合法规范、安全高效为前提，拟定了如下实施原则，确保了集团资金集中管理的有效推进。

一是“三个不变”原则，即资金所有权、使用权、收益权不变。进入集团“资金池”的资金，只是存款地点的转移。对于集团成员企业，其存量资金只是由商业银行账户存款转变为集团财务公司账户存款；对集团内外部资金收付，只是由过去以商业银行账户为主要途径，转变为以财务公司为平台，集团内部结算实行封闭转账结算，集团外部以

银行总分账户为基本途径，经由财务公司统一对外支付；法人企业的短期闲置资金可进行内部委贷或进行其他增值运作；各层级资金管理单元的货币资金存款，仍然比照人民银行规定的利率实行存款计息管理。

二是统筹运作、分级管理原则。集团总部主要负责争取有关部门的政策支持、协调商业银行的配合，构建集团公司整体协调、上下一致的新型资金管理模式及其运行考核机制，并对各企业的资金运行信息进行集中监控和考核评价。各法人企业负责以集团财务公司为平台，利用集团资金信息系统提供的企业内部多级资金核算功能，以及统一设置的各类资金业务流程，全面强化企业层面的资金集中管理和统筹运作，实现集团现金流高度集中基础上的分级组织资金运行。

三是收支两条线原则。各企业及其下级单位的外部资金收入，均经由银行总分账户直接汇集到企业本部的财务公司收入账户；资金支出必须以预算为依据，通过企业本部的财务公司支出账户集中办理。

四是全额预算控制原则。要求各企业包括企业下属资金核算单元的一切资金收支，都必须以年度经营预算为依据，按时编制上报年度和月度资金预算，以及日资金计划，通过按年组织考核、按月组织运行、按日实施支付总额与分项计划控制的管理思路，严格实行以收定支管理和预算执行的刚性控制。

五是安全高效原则。集团总部通过发挥资金规模优势，加强现金流管理，严格控制资金的流向和流量，提高资金周转效率和使用效益。同时，通过健全资金管理制度，完善资金内控流程，统一业务处理规范，集中建设安全、可靠的资金信息系统，确保集团资金安全、高效运营。

六是坚持试点先行、逐步整体推进原则，以确保在资金管控模式、资金业务处理方法，特别是资金收入汇集与集中支付方式等方面，均具有较强创新色彩的中国石化资金集中管理工作安全、稳妥推进。

（二）设计资金集中管理组织运行架构，合理构建账户体系

在全面总结以往资金管理实践，充分借鉴国内外企业集团注重资金的聚合效应管理和价值管理，推行集团“司库”管理等先进经验基础上，中国石化根据所属企业及其组织层级较多、地理分布广泛、业务类型及运作特点各具特色的实际，在科学合理论证的基础上，精心组织了搭建中国石化资金集中管理体制及其组织运行机制的各项工作。

1. 明确职责分工，合理搭建资金集中管理的组织架构。

经过逐步探索，确立了4个层次，即以集团总部财务部门为决策支持层、以各企业财务部门及其结算中心为管理执行层、以企业所属资金核算单元为运行操作层、以集团财务公司“资金池”为服务运作层的立体化集团资金管理组织运行框架，明确了各层级的职责分工，统一开发建设了集团资金集中管理信息网络，统筹确定了现金收付路径及各类资金流程，为全面实施大型集团公司资金集中管理打下了较坚实的体制和组织运行基础。

4个层次包括了4个管理与组织运行层级及其职责分工：

一是集团总部财务部门为决策支持层。主要负责统筹规划和组织集团资金管理理念、管理运作方法与管理手段的创新，集中监控集团资金运行，进行集团资金风险管理，提高集团整体资金运行效率，统筹降低融资成本，提升集团资金价值。同时，负责统一银行授信、统一筹融资管理，统筹集团高风险业务管理；负责集团公司日常资金收支运行的监控分析与考核评价，组织集团内部交易结算的协调与仲裁；负责统一规划和建设集团资金管理网络，推进集团资金管理的标准化、信息化建设，为着力构建多级法人资金集中管控打下坚实基础，并负责汇总和下达集团总体的年、月、日资金预算，以及统筹集团内部资金平衡运作。

二是各法人企业本部财务部门作为管理执行层。负责组织、汇总和编制本企业的资金预算，并组织资金预算的执行；负责依托集团资金信息系统，以集团财务公司为平台，实施本企业的资金集中管理和资金高效运用，并全面实施企业内部资金有偿占用管理，对本企业的资金运行情况进行监督、分析和考核评价。

三是企业下属资金管理单元作为运行操作层。负责及时编制本单位的资金预算，根据上级批复的预算，组织日常资金运行和资金核算管理与占用管理，以保证生产经营的有序进行，并具体负责清收应收款项、控制各项资金占用等管理指标的落实。

四是集团财务公司作为执行服务层。负责集团“资金池”的日常运行管理和组织“资金池”资金的增值运作；负责为集团成员企业提供财务公司账户以及银行总分账户的开户服务；负责依据集团总部批复的资金收支预算，为成员企业办理集团内部封闭结算，并依托商业银行结算网络，运用银行总分账户的结算途径，集中代理成员企业办理对集团外部收付款的结算服务。同时，按照集团总部确定的融资安排，为成员企业提供内部融资和内部委存委贷融资服务。

通过明确以上4个层级的职责分工，中国石化基本搭建起既有利于集团总部统筹运作资金和实施集团资金运行的集中管控，又有利于明确各企业的资金管理责任与组织运行责任，同时有利于充分发挥集团内部金融机构作用的资金集中管理组织运行体系，较好地实现了集团资金集中管控与分级组织日常资金管理的有机结合。

2. 合理构建资金集中管理账户体系。

账户是资金运行的载体。搭建科学有效的资金结算账户体系，是全面实现集团资金集中管控的关键环节。经过充分论证，中国石化在认真总结以往管理实践的基础上，以统一开发建设功能完善、安全高效的资金信息系统为实施条件，着眼于高效组织各类资金业务的需要，以实现集团公司层面的现金流高度集中与各法人企业全面加强资金集中管理相结合为原则，探索形成了以银行总分账户体系为核心，以财务公司账户为资金结算的主渠道，以企业内部多级资金核算账户体系为基本运行途径，以商业银行账户为辅助结算手段，充分满足集团各层级管理需要的资金集中管控四类账户体系，有效保证了中国石化资金集中管控工作目标的实现。

一是以银行总分账户为资金收付的主要途径，为实现集团公司层面的资金集中收付奠定坚实基础。在集团所属企业众多，且组织层级较多、地理分布广泛的情况下，如何实现以集团内部金融机构为平台，跨集团内部不同企业法人、跨不同商业银行的资金实时汇集和集中支付，是中国石化构建新型资金集中管控体系过程中面临的首要问题。针对集团财务公司不属于银行金融机构、不具备直接代理企业办理对集团外部的资金结算资质、网点条件不具备完全覆盖中国石化所属各层级企业的条件等实际困难，经过反复论证，中国石化提出了通过构建商业银行总分账户体系，实现资金集中管控目标的基本构想。

中国石化运用银行总分账户的主要内容是：以网络条件比较先进、分支机构及结算网点众多、地域覆盖能力较强的大型商业银行为依托，在中国石化财务公司与有关合作银行建立财银直连网络接口的基础上，对商业银行现有以多级实体账户为基础，提供同一法人企业内部的“现金池”管理服务产品进行适当改造，将集团财务公司的商业银行账户设置为集团资金集中管理总账户，将集团成员企业的商业银行账户设置为集团资金集中管理分账户，通过建立财务公司的银行总账户与成员企业的银行分账户之间，以及成员企业的银行分账户与其财务公司账户之间的集合对应关系，形成集团资金集中管控的商业银行总分账户体系。

实际运行中，还通过与合作银行签署合作协议，并在商业银行网络系统进行固化配置的方式，明确企业的银行分账户只能接受财务公司总账户发出的付款指令，不能办理银行柜台付款和网银付款；分账户取得的资金收入，必须实时转入财务公司总账户，不能直接对其他账户转款。

通过以上改造，中国石化所属法人成员企业及其下属单位的银行分账户取得的资金收入，均能够以物理集中而非信息集中、以全额集中而非余额集中的方式，实时汇集到财务公司的银行总账户，并经由财银直连接口，将资金收入信息同步记入企业的财务公司账户。

企业办理对集团外资金支付时，通过集团资金信息网络实时提交到集团财务公司，经由财银接口同步发送给商业银行系统，并通过集团财务公司的商业银行总账户，以成员企业的商业银行分账户的开户名称办理对集团外资金支付，进而实现集团公司层面现金流实时汇集与集中支付的管理目标。

中国石化还明确规定，各法人企业及其下属独立核算的资金管理单元，原则上均需开立银行分账户。除经特别批准外，企业的所有对集团外资金收付，均需通过银行总分账户办理，并建立了资金收支集中度考核指标体系，以及相应的运行监控与分析制度，为高效实现集团资金集中管理目标提供了制度保证。

二是全面强化企业层面的资金集中管理，明确规定了财务公司账户的开立要求。

实践使中国石化认识到，提升集团整体资金集中管控水平，必须以全面加强企业层面的资金集中管理为基础。为此，中国石化明确规定，各法人企业应以集团资金信息网络为实施载体，建立和完善企业内部的资金核算体系，强化企业内部的以收定支管理，全面建立资金有偿使用机制，并实现企业层面的现金流集中收付。除确属必须外，企业下属单位原则上均不得单独开设财务公司收支结算账户。企业下属资金管理单元办理对集团内外部交易结算时，均应通过集团资金信息系统，以内部资金核算账户为依托，通过“委托上级付款”业务流程办理，各企业本部财务部门负责及时受理和审核下属单位的付款申请，并实时增加或扣减所属单位的内部资金存款。集团公司资金信息系统通过建立开户单位的银行分账户与其上级法人企业的财务公司账户，以及与企业下属单位资金核算账户之间的无缝衔接，有效实现了集团现金流实时高度集中，与法人企业及其下属资金单位高效办理对集团内外部资金收付的有机结合。

三是明确企业内部资金核算账户以及银行分账户的开立要求，为强化集团资金集中管控奠定运行基础。

为了在现金流高度集中收付的基础上，充分保证法人企业以及企业所属单位高效办理资金收支的需要，集团总部在集团资金系统设置了与集团公司多级法人管理体制相对应的组织层级框架，并明确规定，凡具备独立办理对企业外部资金结算的资格，属于企业内部单独会计核算主体的单位，均必须在集团资金信息系统开立与其组织结构层级相对应的单独资金核算账户，以用于法人企业组织内部资金核算、办理企业内部结算，以及履行经由法人企业本部办理对集团内外部收付款结算的需要。同时，根据实际需要，企业下属单位可开立专门银行分账户，集团总部负责根据企业的申请，集中维护银行分账户与资金核算账户的逐一对应关系，以实现各层级企业的外部资金收入能够进得来、分得清，以及出得去、分得清的需要。

四是明确银行账户的功能定位，确保资金集中管理工作目标的落实。

规范银行账户管理是实现集团资金集中管理目标的重要保证。集团总部统一制定了银行账户开立与使用管理办法，明确规定了各类账户的使用属性。对于确属必须，经集团总部批准予以保留的银行账户，原则上均定位为资金支出账户，不得自行办理资金收款业务，其资金只能来源于企业的财务公司转款，并实行存款余额与资金支付限额管理。同时，经批准保留的银行账户及其运行动态全部纳入系统管理。企业各类账户，包括银行结算账户的开立、变更、撤销、对账，均通过资金系统进行，并必须附有扫描上传的银行开户、变更、销户和对账单回执，集团资金系统自动对各类账户管理动态及其余额控制情况进行综合分析。系统有效的账户管理措施，对促进各项集中管理要求，确保账户使用的安全、规范起到了重要作用。

（三）梳理和再造资金业务流程，建立资金集中管理制度规范体系

统一资金管理流程是统一资金管理模式和实施载体的基本前提。中国石化从理顺总部与各企业之间、企业与下属单位之间、财务部门与业务部门之间的资金管理权责关系入手，按照权责对等、规范高效原则对资金管理流程进行了全面梳理。一是实现不同企业间的流程统一、管理模式统一。针对相同的业务，制定标准流程，并固化到资金信息系统，促使各层级企业共同执行。二是上下级业务流程的衔接统一。通过集团总部流程、企业流程、企业所属单位流程的无缝衔接，构成集团公司上下一致、整体协调的资金管理流程。三是财务管理流程与业务流程、内控流程的高度融合，即业务发起、复核、审批、执行与资金计划、内控监督、结算与核算融合为一个整体流程，使资金管理延伸到业务源头，贯穿于日常操作，渗透到每个操作节点，固化到每个岗位角色，以进一步夯实资金管理基础工作。

按照以上思路，中国石化财务部门共收集整理各层级企业的69类共700多个资金业务流程，反复梳理比较后，统一确定为包括账户管理、往来单位管理、授信额度管理、信用证与保函管理、账户对账管理、交易结算管理、贷款管理、票据管理等22大类、45个子流程，以及127个具体业务流程，统一编制流程设计文档，逐个业务流程设计操作节点及权限配置要求，经内控部门审核后全部固化到资金信息系统，按照操作人员登录，与岗位角色对应，按流程权限、业务节点权限、单位权限管理的思路，进行业务流程与操作权限的统一规范管理和刚性控制。

为建立集团资金集中管理的长效机制，确保工作落实，中国石化还组织专门力量，系统梳理和重新制定资金管理制度体系。先后制发集团公司《资金管理办法》《境外资金管理办法》《内部结算管理实施细则》及其《实施细则》，以及《资金集中管理达标考核办法》等20余件管理文件，并制发了10余项系统操作管理制度，形成了较为系统完善的资金集中管理规章制度体系，为工作的全面推进提供了可靠的制度依据。同时，还根据资金业务管理与操作环境的变化，重新修订资金内控流程以及相关控制节点和控制权限，做到内控制度与资金集中管理系统的高度融合，为确保资金安全操作提供了双重保障。

（四）争取政策支持、发展银企战略合作，为推进集团资金集中管理创造可靠的外部环境

一是取得中国人民银行的支持，获得运用银行总分账户实现中国石化资金集中管控目标的政策保障。2009年2月初，中国人民银行正式下达了《关于中国石油化工集团公司资金集中管理方案的批复》（银复〔2009〕3号），为中国石化资金集中管理模式的稳定实施提供了可靠的政策保障。

二是发展银企战略合作，取得合作银行在改造银行网络系统、组织系统操作培训，配合开立和测试银行总分账户等方面的大力支持。2009年初以来，中国石化先后与中国工商银行、建设银行、农业银行、中国银行签订了《战略合作协议》以及《现金管理服务协议》，并从确保分账户的规范开立与规范使用，提高账户基础参数配置与组织收付款测试的运行效率出发，约定总部对总部直接沟通，集中提交开户申请和反馈开户回执，定期召开工作协调例会，及时解决具体问题的工作方式，促进总分账户开立、测试与使用的规范高效进行，保证资金集中管控工作的顺利推进。

三是完善财务公司功能，确保集团资金集中管理平台的安全高效运行。针对集团财务公司网络环境落后、分支机构不足，以及管理理念和工作效率等方面的薄弱环节，中国石化财务公司首先从全面提升业务网络入手，引进国际跨国集团财务公司普遍采用的系统开发单位，结合中国石化的实际需要，开发建设具有中国大型企业集团特色，符合集团资金集中管理要求的新一代财务公司信息系统。同时，积极适应服务和提升集团资金集中管理的需要，通过加强同业合作，引进人才队伍，增设分支机构，健全和完善财务公司业务管理制度等措施，促进财务公司服务集团资金管理能力的全面提升，为推进和稳定实施集团资金集中管理提供了可靠的内部金融服务支持。

（五）科学设计信息系统平台，搭建功能完善、安全高效的操作载体

按照高起点规划、高系统化设计、高安全性开发的系统建设思路，中国石化充分利用现代信息网络技术，明确资金信息系统规划建设的总体思路和要求。

一是注重涵盖业务范围的全面性。以全口径、全流程、全要素为目标，设计开发包括系统基础数据管理、组织机构管理、流程管理、权限管理、账户管理、计划管理、资金结算、资金核算、授信管理、债务管理、票证管理、企业内部资金占用管理、账户对账管理、客户管理、运行监控、综合分析评价16个功能模块、127个业务流程的集团资金信息系统，基本涵盖集团总部及企业资金管理的全部内容和主要业务流程，为中国石化境内外资金业务全面实现网络化运行提供重要支持。

二是注重系统功能架构的实用性。为充分满足集团总部层面的资金集中与各层级企业高效组织资金管理的需要，按照“整体规划、统一标准、分别部署、高度集成”的系统建设思路，形成以集团组织架构为管理框架，以财务公司为资金平台，以“商业银行+集团财务公司+企业结算中心”功能架构为显著特点，以现金流高度集中与核算信息流无缝衔接为主要特色的集团资金管理信息网络，有效实现外部商业银行、集团“内部银行”与企业“内部银行”的有机融合，为集团总部强化资金集中管控与各法人企业，以及企业下属单位高效组织资金运行提供可靠的操作载体。

三是注重系统数据标准的统一性。在系统配置方面，采用系统数据库和应用服务器集中部署、系统运行数据集中处理的总部集中系统架构，各层级用户均采用统一身份认证，以操作人员实名登录总部平台进行业务处理。集团总部负责统一进行系统运行维护管理，各企业主要负责操作权限和单位权限管理。通过统一基础数据的标准化管理，为各类资金运行数据的集中、实时、高效处理，实现集团公司资金管理及其日常运行的标准化、流程化、规范化提供了可靠保证。

四是注重与相关业务系统的高度集成。通过财银直连和财企直连，实现集团"资金池"现金流与企业"内部银行"核算信息流，以及与各类资金业务流程的高度融合；通过与集团公司会计集中核算系统的一体化设计，实现资金信息系统与集中核算系统功能上相辅相成，业务上相互联动，信息上互为映射，共同构成集团财务管理的核心平台；通过与 ERP 系统、企业投资计划管理、合同管理等业务系统的集成，进一步增强了资金对各类业务运行的监督和控制作用。

五是注重依托资金信息系统提升现金流量管理。针对传统现金流量表编制方法的时效性、准确性、精细化程度较差，难以满足对资金运行情况进行多维度、多要素、全方位的综合分析的需要等问题，中国石化根据强化过程管理和要素分析的需要，以加强对企业日常资金使用与组织运行的有效监控和平衡分析为重点，统一设计客观准确、内容丰富、相互勾稽、层级清晰的资金管理分析报表体系，并依托资金管理信息系统强大的综合运算功能，按照真正以收付实现制为基础，以单据表单为源头，以资金流向为脉络的设计思路，拟定由资金信息系统按日进行"逐笔确认、直接回写、对应归集、直观表达"的现金流量表及其辅助报表自动生成与逐级汇总方法。通过与以权责发生制为基础的会计核算报表相互映证和互为补充，为各层级企业客观完整分析和评价其经营绩效，全面加强经营财务考核提供可靠依据。

六是注重系统使用的高安全性。系统设计和开发过程中，按照国家信息网络 3 级安全等级标准，充分考虑系统层安全、网络层安全、应用层安全，以及安全管理和运行监控的需要。在系统层建立可靠的容灾备份系统，确保 7～24 小时稳定运转，并建立实时自动备份、每日定时备份的双重数据保护机制；在网络层通过防火墙等进行静态防护，对关键业务采用专网专机防护，并建立安全检测、实时监控和审计体系；在应用层采用一般业务进行统一身份认证，关键流程节点使用专机认证加 USB Key 验证相结合的方式，并对资金业务处理的单据和流程信息进行加密和签名处理。同时，还取得国家公安部网络安全管理中心的支持，对中国石化资金系统的安全性进行全面测试和评估，确保系统安全有效运行。

（六）以香港投资公司为平台，推进境外资金"六集中"

适应中国石化国际化经营快速发展的需要，按照境内外资金集中管理、统一规划、分步实施的规定，逐步形成一套业务系统、两个资金平台、整体集中管控、本外币收支与筹融资协同运作的工作思路，取得国家外管局的支持，确定了以中国石化设立在香港的盛骏国际投资有限公司为平台，以境外资金集中管理信息系统为载体，依托跨国银行资金结算网络，实行境外资金跨境结算集中、超限额资金集中、集团内部结算集中、银行授信和保证业务集中、筹融资集中、银行账户信息监管集中"六集中"的基本思路。

经过努力，2009 年 6 月，与境内资金管理系统共用一个基础数据平台，能够提供多币种账户管理、多币种资金结算、多语言操作录入、多时区组织运行的中国石化境外资金集中信息管理信息系统开始实施企业上线，并同步展开整合境外银行授信、搭建境外银行总分账户体系、依托国际 SWIFT 组织实施境外银行账户信息集中监管等各项工作，形成了基本满足国际化经营的境外资金集中管理体系。

三、实施多法人母子公司体制资金集中管理效果

（一）构建了新型集团资金集中管理模式，促进了集团公司资金运营效率的显著提高

一是初步形成了上下一致、整体协调的集团公

司资金管理体制及其组织运行机制。通过强化资金管理模式、资金规章制度、操作运行载体、账户管理要求、资金收支计划、筹融资运作、业务处理流程等方面的"十个统一"，全面推进集团公司资金管理基础编码标准化、资金业务流程化、运行操作规范化、节点控制系统化、风险防范程序化，实现了集团公司内部资金管理理念、资金管理模式，以及管理方法和管理方式的高度统一，加强了资金管理基础工作，提升了集团公司资金安全的保障程度，全面提高了集团资金的统筹聚合能力，中国石化已基本确立了上下一致，高效运作、整体协调的资金管理体制及其组织运行机制。

二是创新了资金管理平台，提高了资金工作效率。以中国石化资金集中管理系统为实施载体，构建了以银行总分账户为实施途径，资金收入自动汇集、资金支出流程化运行、结算与核算同步处理、资金运行报表自动生成的全新资金管理组织运行模式，实现了各层级资金预算全过程线上管理，按预算分项目、分流向自动控制支出、集团内部以及企业内部交易封闭运行的管理目标，企业财务人员彻底告别了办结算、跑签认，填单据、跑银行，打报告、跑审批，做凭证、靠手工等传统操作模式，减轻了财务人员的工作强度，提高了资金运作效率，财会人员得到一定程度解放，从而有更多时间和精力参与生产经营管理，加强资金运行的综合分析与管理。

三是促进了资金管理观念转变，显著提高了资金运用效率。各企业依托资金系统强大的实时分析计算和资金运行报表自动生成功能，逐步接受了以收付实现制为基础，直观准确分析企业整体及局部的资金盈亏原因，全面建立资金有偿使用机制，实行资金收支平衡考核等管理理念与管理方法，集团公司上下初步实现了资金管理方式由定时归集、分散使用向实时汇集、集中支付的转变；资金管理对象由侧重总量与存量的静态管理向动态精细管理的转变；资金管理重点由侧重保障与支持向提升资金价值的转变。2010 年度，中国石化累计实现营业收入 19 700 亿元，同比增长 42.0%；实现利润 1 063亿元，同比增长 30.1%；流动资产周转 56 天，同比加快 10 天，均创历史最好水平。新型资金集中管理模式的效应初步显现。

（二）资金集中管控能力显著增强，提升了资金聚合协同效应

一是集团公司总体资金流量集中度迅猛增长。2010 年，中国石化各企业以财务公司为平台，共办理各类资金结算 614.6 万笔，累计金额 282 200 亿元，其中集团内部转账结算 44.6 万笔，累计金额 258 000 亿元；银行总分账户收款 499.2 万笔，累计金额11 600亿元；总分账户付款 70.8 万笔，12 600 亿元。各企业通过集团财务公司办理的对外资金收付占资金总流量的比重，由 2007 年以前的不足 5.0% 快速提高到 80.0% 以上，其中集团外部收款集中度达到 90.0%，对外付款集中度达到 93.7%。

二是货币资金余额集中度明显提高，为强化集团资金统筹运用创造了有利条件。2010 年度，集团财务公司及境外盛骏公司吸收的企业存款占集团合计货币资金余额的比例由 2007 年以前的 33.1% 左右提高到了 76.4%，其中境内人民币存款集中度达到 92.0%，境外资金集中度达到 68.3%。集团内部资金统筹运用程度大幅提高。集团内部金融机构向各企业提供的自营贷款与企业在内部金融机构存款的比例达到 1:1.3，中国石化的内生性融资能力显著增强，整体资金运用效率与效益大幅提高。

三是融资业务集中度显著提高，有效控制了融资成本。集团总部以统筹对外融资、组织总部转贷和集团内部委存委贷融资、安排财务公司自营贷款等形式提供的资金，占各企业付息债务总额的比重由 2007 年以前的 61.0% 提高到了 2010 年度的 97.5%。集团公司资金统筹运用能力大幅提升，对外融资规模得到了有效控制，融资成本显著下降，取得了显著的综合效益。

（三）构建起新型资金账户体系，发挥了管理效应

通过构建以企业内部资金核算账户为基础、以银行总分账户 + 财务公司账户为集团内外部资金结算的主渠道、以商业银行基本账户和专用账户为辅助结算手段的新型集团公司资金集中管理账户体系，实现了集团现金流高度集中与各层级企业高效组织资金运行的有机结合，为集团总部以及各级财务部门全面强化资金集中管理提供了有效手段。中国石化各层级企业的商业银行账户由 2007 年底的 1

万余个减少到了2010年底的4 495个，减少幅度达到145%，扣除加油站收款专用账户，企业日常结算账户由7 000多个减少到不足3 000个。通过全过程实施从银行账户的开立、变更、对账到销户的全生命周期在线监控管理，进一步提高了各类银行账户使用的规范性和安全性。

通过全面强化集团资金集中管控，实施集团总部统一银行授信和统一筹融资管理。一是集团公司内生性融资能力显著增强。通过有效聚集集团内部短期闲置资金，强化集团内部资金的统筹运用。2010年以来，除重大固定资产投资项目和海外油气资产收购融资外，中国石化基本实现了集团总部及成员企业的一般性融资需求主要靠集团内部统筹调剂解决。二是集团公司对外融资话语权显著增强，贷款筹措效率明显加快。2010年以来，在境内外币贷款头寸趋紧、境外资金市场波动极大的情况下，通过全面强化本外币融资集中管理，中国石化“走出去”外汇贷款筹措的效率大幅提高，有力保证了海外资源收购的顺利进行，确保了集团公司国际化经营战略的稳步实施。

油气开发企业基于员工自主性的岗位精细化管理

中国石油天然气股份有限公司吉林油田分公司松原采气厂

中国石油天然气股份有限公司吉林油田分公司松原采气厂（简称“松原采气厂”）是中国石油天然气股份有限公司吉林油田分公司（简称“吉林油田”）下属的唯一以天然气开发生产为主、集油气开发生产于一体的二级单位，成立于2006年9月1日，其前身为吉林油田前大采油厂，主营业务为天然气生产及净化处理、原油开发生产和油气田产能建设，厂部设在吉林省松原市。生产区域横跨吉林省5个市（县），管辖面积1万多平方公里，下设机关科室10个，机关附属单位6个，科研所2个，基层单位14个。全厂劳动用工总量1 170人，其中管理人员252人，专业技术人员82人，操作人员836人。

松原采气厂成立以来，油气产量逐年攀升，2006年油气产量当量实现20万吨，2009年油气产量当量突破75万吨并形成了百万吨生产能力，2010年末油气产量跨越100万吨，成为吉林油田第一大油气生产单位。

一、油气开发企业基于员工自主性的岗位精细化管理背景

油气开发企业由于地处野外，员工分散，制度的贯彻执行不力成了制约企业快速发展的瓶颈，管理难度很大。如何使员工做到自主管理，使各项规章制度得以完整、有效地执行，是新时期企业面临的重要课题。基于此，松原采气厂在原有的管理基础上，探索实践了基于员工自主性的岗位精细化管理。

（一）油气生产转型的历史要求

从2008年下半年开始，吉林油田面对油价下跌、原油限产等不利形势，提出了调整油气结构、做大做强天然气业务这篇文章的发展思路。松原采气厂作为吉林油田唯一的采气厂，承担着吉林油田增储上产的重任。

由于当时松原采气厂整体工作流程和管控体系还停留在相对原有的采油业务上，很难适应企业发展的需要，快速发展的天然气生产现场迫切需要有效的管理体系，使松原采气厂快速从采油到采气转型。这种转型，不仅仅是工艺流程的转型，而且是有深度的、持续有效的从管理行为到思维观念、价值观直到企业文化的彻底的本质上的转型。通过转变观念，提高素质，主动适应国家关于低碳环保、节能减排的要求，适应吉林油田大发展的要求。同时，提高队伍的职业化水平，也迫切需要标准的管理体系。

（二）企业科学发展的必经之路

企业发展的规律是按照经验管理、制度管理和文化管理三个阶段，三个阶段是循序渐进的，客观规律不可逾越。文化管理是企业管理的最高境界，也是自主性的岗位精细化管理追求的目标。精细化管理是当前阶段（制度管理）的基础，离开流程、制度谈精细化，很容易走向对员工和设备数量的依

赖；脱离标准谈自主，制度就是纸上谈兵，毫无逻辑可言。

因此，只有选择自主性的岗位精细化管理作为制度管理向文化管理过渡的桥梁，才能符合科学发展观，同时也是长岭气田实现科学、快速发展必然的、唯一的选择。

（三）解决当前企业管理短板的需要

作为吉林油田长岭气田开发的主战场，长岭天然气净化站在试运行阶段基层基础管理存在4个重要且急需解决的问题。一是工作流程和信息流程中关键节点的可控力度和深度不足。主要体现在员工、基层干部在交接班、周总结、简报以及向上级汇报这些关键点上记录含糊不清，容易造成生产安全管理混乱；日（周、月）生产报表过于复杂，只是所有数据（参数）的堆砌，关键数据体现不清晰；信息传递不流畅。例如，负责生产的基层主管人员每天需要花费大量的时间去看繁杂未精细过滤的报表，往往造成总在处理紧急的工作，没有时间和精力去考虑重要但不紧急的工作，每时每刻都忙忙碌碌，工作却抓不到点子上。二是员工训练体系系统化、实战化不强。由于长岭天然气净化站大多数员工是转岗过来的，员工在生产现场的操作粗糙，没有清晰有效的标准，再加之培训方法简单、枯燥，员工参与培训的积极性不高，导致素质提升缓慢、工作执行不到位。例如，岗位员工每次在生产现场巡检线路和点位，都发现这样的问题：张三依据的是张三的标准，李四做的是李四的标准。标准不统一，对问题的理解不统一，对于精细化管理的理解也会不统一。三是岗位职责不够清晰。这也是不少企业常常遇到的问题，对岗位说明不清晰，责任也就落实不到岗位，落实不到岗位也就落实不到具体的员工。例如，岗位员工上午8点交接班后，脱水岗的员工第一项工作是什么？巡检的频率是多少？和中控岗传递巡检信息的处理办法有哪些？这些都没有准确的规范，当然员工也就不知道怎么做，做到什么标准。四是管理干部的管理思想滞后。大部分管理干部的管理方式还停留在人盯人、事事冲在“前面”上，不懂得将问题分类的技巧，拿不出具体可行的办法，对深化管理的发展趋势认识不足。

随着长岭气田勘探开发的不断深入、生产现场管理的不断深化，需要持续注入创新的管理思想来适应当前的大发展。为此，松原采气厂必须依靠技术集成和管理上的不断创新来适应新的发展形势，探索并全面实施自主性的岗位精细化管理势在必行。

二、油气开发企业基于员工自主性的岗位精细化管理内涵和主要做法

基于员工自主性的岗位精细化管理是以岗位为基础，从工作流和信息流的标准制定入手，运用量化岗位职责、细化节点控制、规范工作流程、突出目视管理、强化监督考核的有效手段，达到员工逐步提升自我约束和自觉执行能力的目的。核心是用最简便、最简捷、最简单的方法解决复杂问题；关键是强化责任落实、提高管理水平；目标是增强员工自觉执行力，最终实现文化管理。基于员工自主性的岗位精细化管理是不断提升管理人员和操作人员的自我约束能力，为油气生产安全平稳受控提供有力支撑的科学管理方式。

主要做法是：

（一）转变观念，理清自主性的岗位精细化管理思路

一是改变员工的思维定势。思想决定行为。旧有的管理是人管人的单一的管理模式，即使制定了各项制度，由于职责划分不清和监督考核机制不力，导致员工的工作态度是，推一推动一动，不推则不动，游走在制度的边缘，而基层管理干部则针对每一个员工的如此心态和做法疲于奔命，实际上，此种管理依然停留在经验管理的阶段。基于此，在平气厂推行自主性的岗位精细化管理，为保证其彻底地贯彻实施。首先，成立了长岭气田自主性的岗位精细化管理领导小组，通过举办“管理人员和班组长自主性的岗位精细化管理知识培训班”，使员工的思维发生变化，由传统的现场经验型管理转向科学流程化管理。工作中，外聘管理实战专家，组织举办了《解决问题的七步法》、《调整心智模式，提升基层领导力》、《思维导图应用》等10个主题的培训，提升团队职业化管理水平，并且在辅导的过程中，通过专家和员工在管理理念上的不断碰撞，彻底改变员工的思维定势，达到对管理科学规律的深度认识。

通过以上训练，使基层管理干部和班组长认清了从前的管理误区，加深了对自主管理模式的认识。并且，通过专业化的分工，减少各级管理人员的工作量，发挥助手的作用，提高组织的效率，让管理人员认识到有分工就要有授权，没有授权的分工不是真正的分工；通过学会系统思考，自觉从整体、动态、本质的角度考虑问题，避免“一叶障目，不见泰山”；通过专注流程管理，运用科学的方法去分析当前业务流程，找出不合理的地方，提出可行的解决方案。

二是理清思路。在改变管理人员思维定势的同时，积极拓展管理思维，理清员工的工作思路。让员工看到现代企业的管理方式是什么样子，对照工作标准，看到自身工作差距，明白以往的工作标准和做法已经远远不能适应油气快速发展的要求，产生危机感、紧迫感，从心底感到适应企业发展必须从自身做起，管好自己该管的事，尽好自己的岗位职责，激发出员工自主管理的原动力，逐步让员工形成自主管理的思维方式，树立“岗位有我请大家放心”的全新工作理念。

三是调整操作岗位员工的工作心态。通过调整岗位员工的心态，使自主性的岗位精细化管理能够无障碍实施，具体从两个方面开展工作。

变员工被动参与为主动执行。工作职责的清晰，把员工从盲目接受指挥的状态中解放出来，开始主动去完成分内的工作，消除抵触情绪，自觉实践并适应新的管理模式。

使员工做岗位职责规定的事情。编制岗位说明书，对岗位职责进行界定，细化了职责内容和工作完成的周期，使员工的责任具体化，工作的方向性和目的性进一步明确。

（二）建立健全规章制度与流程

一是编制岗位说明书和绘制岗位工作流程图。基层管理人员与岗位员工共同反复研究，广泛征求员工意见和建议，针对41个站内岗位，编制岗位说明书41份和相应的岗位工作流程41份，岗位说明书分6部分，即基本信息、主要责任、工作内容、岗位权限、业绩指标和任职条件，将员工的工作性质清晰、直观、全面地展示出来。工作流程是工作内容的进一步细化，是按照时间和重要程度排序的工作总纲，使管理层和操作层都牢牢掌握该岗位的工作走向。两者的结合有效提升了员工对岗位职责和工作流程的认识，明白了“我是谁，我要做什么，我要怎么做”，明确了定位、目标、方法三者的辩证关系，使员工知道自己什么时间做什么，做到什么标准，而不再是上面各种命令、工作安排满天飞，下面盲目执行，造成上下沟通不畅。因为是员工亲自参与制定，等于是给自己量身定做工作规划，强化了主人翁意识，增强了责任感和使命感，员工从以往的等待、观望和排斥心态里走出来，心情愉快、尽职尽责地做好自己应该做的工作。

二是根据岗位说明书和工作流程图制定了《生产运行管理制度》、《安全管理制度》和《设备管理制度》等12项管理制度，对各个环节实行控制，分级管理，逐渐养成岗位员工对分管干部负责、分管干部对副职负责、副职对正职负责的层级负责网络，真正达到实时受控，为实现自主性管理奠定了坚实的基础。

三是形成了长岭气田自主性岗位精细化管理标准。对现场进行全面检查和调研，准确掌握普遍性问题，形成了各区域整理整顿标准、标准化精细管理点检标准，规范了标识使用，形成了能够指导标准化精细管理工作规范实施的《自主性岗位精细化管理推行手册》。在实际工作中，坚持每天开展10分钟标准化精细管理活动，使“整理、整顿、清扫、清洁、安全、素养”的6S成果得以保持。交接班时，干部员工对办公室或岗位操作区域进行彻底检查，发现问题及时整改，现场始终保持清洁有序。在具体工作中，开展了寻宝活动、定点摄影和红单作战。寻宝活动就是找出实际现场区域内的不要物和无责任者的死角，进行彻底整理的一种趣味性手段。定点摄影就是站在同一地点、同一高度，朝同一方向，用相机（或摄像机）将改善前、后情况拍摄下来，再将改善前、后的对比照片在目视板上揭示出来，便于资料保存和宣传，让员工看到改善的对比效果，鼓励员工积极改善，效果明显。红单作战就是在整理整顿工作基本结束时，为巩固提高工作成绩，继续深入找到问题点并下发红单，贴在岗位目视板上，让大家都明白并积极去改善，从而达到整理、整顿的真正目的。

通过开展寻宝活动、定点摄影和红单作战，达到每个细节都有人关注，每个问题都有相应程序解决，员工自我发现隐患能力增强，目视化把员工之间的工作做到无缝链接，规定动作更加规范。

四是规范现场管理，推行《自主性岗位精细化管理推行手册》。按照《自主性岗位精细化管理推行手册》，对现场管理进行了规范化的全面整顿，消除了原来难以根除的库房、抽屉等管理死角的脏、乱、差现象，对各区域非移动设施全部进行了定置标识，完成了设备操作区域的警戒线设置，并对现场流程标识按标准进行了规范。在现场定置管理上，对办公室的办公用品和个人用品进行了定置；对岗位值班室的公共用具和私人生活用品进行了整理和定置摆放；对资料进行了归档和分类摆放，要求干部员工在使用完这些物品后自觉归位。例如以前岗位员工填写资料后乱摆乱发，如果遇到要查找，很不方便。通过定置管理，极大地降低了资料查询难度。在现场警示管理上，对全站的机泵、配电柜、流量计等设备设施按标准设置了警戒线和警戒标语，以醒目的标识提示操作人员注意和规避操作风险。在实施中，长岭净化站巡检班班长田威感触最深，他感慨地说："我们站有很多转岗的员工，有了这些标识，就可以方便提醒员工，我也可以放心我们班的员工安全巡检了。"

（三）科学应用管理工具，循序渐进推进精细化管理

一是运用思维导图工具，精细量化职责，提高员工履职能力。思维导图就是写你所做的，做你所写的，将员工思维用图表的方式表示出来，形成可视化的图表，让所有员工清楚"干什么"。按照岗位工种分类，对41个岗位职责进行规范和明确，完善工作流程，编制岗位说明书41份，并制成示板悬挂于各岗位明显位置，时时提醒员工所肩负的责任。弥补了岗位说明书不能全部涵盖的管理缺失，规范了员工工作行为，进一步提高了员工的履职能力，保障了岗位职责的落实。

二是运用标准化作业程序工具，规范岗位节点标准，提高员工操作能力。标准化作业程序就是对各个岗位的流程、各个关键节点的控制和每台设备的操作规程进行规范，形成标准化操作程序，让所有员工清楚"怎么干"。标准化作业程序包括：管理、技术人员的工作流程图，操作员工的"6S点检"图和设备管理卡。工作流程图是把管理和技术人员的工作内容、方法步骤、时间运行、管理权限等以图表的形式加以规范，便于掌握和执行。"6S点检"是以图的形式绘出巡检最佳路线，以表的形式注明巡检关键点，保证员工只有规定动作，没有自选动作。设备管理卡就是把设备、装置的关键部位、运行参数及操作步骤予以明确，简明清晰，增强员工的操作能力，确保设备、装置的安全运行。

三是运用目视化管理工具，全面实施看板操作，提高员工的适应能力。目视化管理就是把"6S点检"的最佳路线、设备的性能、参数范围、操作步骤和工作流程等各项标准以示板的形式进行展现，简洁直观，让所有员工清楚"执行什么标准"。目前，共制作并现场布置"6S点检"示板12块，覆盖所有班组，制作设备管理示板58块，涵盖了所有的装置。不论是新、老员工，都能按图索骥，"看板"操作，把复杂问题简单化，提高了员工队伍由油转气过程中应对业务新、人员新、装置新的适应性。例如，2010年3月，增压单元操作工白香芝巡检发现二级入口缓冲器封头有水珠，立刻细心检查，发现是焊口处有10毫米长的裂纹，已经沿焊口切向延伸到母材，由于发现及时，排除了一起重大安全隐患。头发丝一样微小的隐患都逃不过员工的眼睛，"6S点检"标准和节点控制标准在这里发挥出了巨大的作用。

四是运用"ABC问题分类"管理工具，界定问题归属，提高员工应急处置能力。"ABC问题分类"就是把问题按岗位、班组和净化站三个层次划分，界定问题归属，明确责任主体，让员工清楚"出了问题谁负责"。C类问题由岗位员工解决，B类问题由班组解决，A类问题即时上报站队解决。明确不同层级各类问题处理权限，进一步夯实层级管理责任，提高问题处理速度，保证管理效果。ABC问题分类的有效实施，进一步明确了层级管理责任，一改过去"重问题的处理，轻问题的发现"的不良习惯，员工自我发现隐患、解决问题、校正纠错的能力不断增强，提高了安全隐患的排查、发现和处置效率。例如，2009年4月14日15点10分，长岭天然气净化站突然停电，由于站内提前将此事列为A类问题进行了上报，并进行了实景应急演练，全站上下准备充分。从停电到送电，各岗员工按岗位说明书的要求，坚守岗位，各司其责，来电后只用15分钟就完成了全站6口气井及其他设备的开启与转换，按提前1小时完成工作计算，避免损失24万元。

五是运用“三级复核”工具，检验标准执行效果，提高员工自觉完善能力。三级复核是通过岗位员工、班组长和值班干部的三重审核，实现岗位无缝衔接，让员工清楚“如何受控”。按照谁主管谁负责的要求，交接班员工必须进行严细认真的一级复核，避免问题遗留而承担责任，班组长巡检进行二级复核，值班干部抽查进行三级复核。通过三级复核，建立层级负责网络，形成层层负责、人人负责的良好工作格局，促进员工工作态度更严谨、处理问题更负责，增强员工队伍的自觉完善能力，为全面实施自主管理模式奠定坚实的基础。

（四）加强培训，提高员工素质与操作技能

在机制上求变。优化内部培训机制，确保合理工作流程的建立，使各项工作高效有序进行，减少工作的脱节和断流现象，进一步优化内部培训机制，对以前的培训模式进行了更新完善，紧贴员工培训需求，注重过程职责落实，强化培训效果复核，使培训工作更加专业。

在方式上求活。通过活化培训方式，改变过去计划培训的方式和基层员工被动接受培训的方法，重视对基层员工知识需求的调查，在科学调查分析的基础上活化制订培训计划，采取因人而宜、因岗而异、岗岗皆宜的培训方法，有针对性地开展培训工作，有效提升了员工接受培训的积极性。

在要求上求严。通过培训过程职责的落实使机关培训部门、基层技术员成为培训工作的一级负责人，各班组长是二级负责人，基层技术员和各班组长在培训后要把培训教案、签到表、培训效果调研表等培训资料上交机关培训部门审核，机关培训部门的培训计划要由主管领导进行审核。通过层级控制，保证了各级培训职责的落实。

在效果上求实。强化培训效果的复核，每月组织基层员工进行理论及实践考试以及对各班组长的民主测评，考试内容主要是当月培训的知识，按照考试的成绩和测评的结果对各班组长及机关培训部门进行相应的奖惩。通过客观的评价，对各级培训人员和培训管理人员的工作绩效实施公正的考核。针对生产系统制定的各类安全生产事故应急预案，按计划进行安全教育和培训，不断增强员工安全意识，通过定期进行安全检查，发现隐患及时整改。《安全生产责任制》《安全生产操作规程》和《安全监督检查考核与奖惩制度》，层层得到落实，安全生产工作走上规范化轨道。

（五）加强评价与考核，持续提升精细化管理水平

松原采气厂专门成立了员工自主性的岗位精细化管理验收考核组，以岗位说明书和岗位工作流程为依据，不定期对各基层站队的实施情况进行抽查。抽查内容包括：员工对本岗位职责和流程的掌握及执行、对目视板的掌握及执行、各站队各岗位的6S建设情况和ABC问题分类及三级复核的执行情况等，将检查结果列入站队工作业绩分值考核，有力促进了自主性的岗位精细化管理的持续开展。

三、油气开发企业基于员工自主性的岗位精细化管理效果

精细化自主管理模式实施建设以来，基层站队的管理发生了翻天覆地的变化，传统的经验型管理已被严格、严密的制度管理所取代，并逐步向自主管理迈进，各项工作实现了简约化、明晰化、严密化，取得了三个方面的成效。

（一）实现了岗位精细化管理

基层管理人员的思维发生了显著变化，由传统的现场经验型管理转向科学流程化管理，充分体现了自主性的岗位精细化管理的科学性、有效性；操作员工自觉遵循既定的岗位说明和工作流程，严格按照目视板指导操作，标准执行得到了深入落实。在管理水平明显提升的同时，工作效率和员工素养显著提高。

（二）支撑了企业的快速发展

精细化自主管理模式的实施使各基层站队在公司和采气厂的宏观领导下，迈着统一、快速和正确的步伐，生产和安全得到了管理保障，为企业当前和未来的发展打下了坚实的管理基础。

（三）取得了显著的经济效益

精细化自主管理模式的实施，强力推动降本增效活动的深入开展，避免了大量的不必要管理支出

和浪费，管理效益、经济效益大幅增长，油气产量逐年攀升。

基于员工自主性的岗位精细化管理的推行，不仅体现在现场环境的重大变化，更从机制和流程上进行了优化，从而改变员工的日常行为，使员工具有较高素养，达到团队力量的凝聚。在干净、整洁的环境和清晰、标准的流程中工作，员工的尊严和成就感得到满足。由于自主性的岗位精细化管理要求进行不断的持续改善，因而可以增强员工进行改善的意愿，使员工更愿意付出爱心和耐心，提升员工主人翁意识，推动基层基础建设水平持续上升。

以信息技术为先导的油田党建数字化管理

中国石油长庆油田公司第一采油厂

长庆油田公司第一采油厂（安塞油田）矿区横跨陕、晋2市20县，矿区总面积2.7万余平方公里，年产原油300万吨。经过20多年的开发实践，安塞油田克服了道道难关，在世界罕见的“低渗、低压、低产”的特殊地质条件下，走出了一条经济、高效开发的路子，形成了独具特色的“安塞模式”，享誉石油界。近年来，安塞油田积极应用信息技术，推进数字化油田建设，全面建设“用数字说话，听数字指挥”的现代化大油田，保持安塞特低渗油田开发的典范地位，在革命圣地延安的经济发展中起着重要的支撑和推动作用，在西部大开发中占有重要地位。

一、以信息技术为先导的油田党建数字化管理实施背景

1. 是顺应企业战略发展的客观需求。

近年来，长庆油田全面推行以信息技术为先导的数字化建设和管理，制定了“十二五”末原油产量突破5 000万吨，构建科学、现代、可持续的“西部大庆”的宏伟目标。作为长庆油田主力生产板块之一的安塞油田，在生产建设中积极响应公司号召，全面推进数字化管理领域和管理应用。党建工作是生产经营工作的重要基石，唯有与生产管理紧密结合，与时俱进地不断调整思路、转变方式、创新模式，才能更好地发挥党委的政治核心作用、党支部的战斗堡垒作用、党员青年的率先垂范作用，才能更好地提升员工队伍的向心力和凝聚力，为长庆油田实现5 000万吨、安塞油田跨越300万吨提供不竭内动力。

2. 是安塞油田和谐发展的现实需要。

安塞油田党员青年占员工总数2/3以上，既是安塞油田生产建设中的一股重要的、坚实的中间力量，更是企业发展和谐与否的重要因素。随着科技的高速发展，员工在思想、获知等方面与时俱进的期望与油田点多、线长、面广的恶劣环境，以及居住分散、信息闭塞等实际间的矛盾，极大地制约了油田的快速发展，无形中加大了管理难度。基于此，党建工作只有适时地搭乘数字化“快车”，借助网络信息技术，准确掌握工作业绩、准确把握党员青年动态、准确了解员工所需所求，使党员青年始终凝聚在党组织的周围，统一思想、提高觉悟、凝聚合力、永葆活力，使党员青年切实成为助推生产、营造和谐、确保发展的强劲助推器。

二、以信息技术为先导的油田党建数字化管理内涵

安塞油田以信息技术为先导，以网络管理为载体，以标准化管理为核心，党建与生产建设有机融合、与业务流程高度统一，形成了“3967”党建数字化远程监控智能管理模式，充分发挥了党组织的服务保障职能。

3个层级：借助网络平台，将之前的4级组织重新界定为厂党委、党总支、党支部3个层级，形成一根主线贯穿始终，3大层级纵横互动的组织架构。

9路工作：建立党组织建设、党风廉政、宣传工作、企业文化、工会工作、共青团工作、综合治理、信访稳定、保密工作9路工作网上平台，日常管理工作界面清晰、直观便捷。

6项效应：发挥网络远程执行、监督、管理一体化功能，实现党建日常工作清单化、标准化、电子化、公开化、集中化、共享化的6项效应。

7大功能：全面突出了管理、监督、教育、服务、展示、宣传、互动7大功能，达到了上情下达

一清二楚，下情上察一目了然，工作落实督促有效，考核检查实实在在，资料调取查阅方便，方法途径高效快速，工作内容明明白白，人员素质不断提升，党群联系更加密切，工作方式彻底转变。

三、以信息技术为先导的油田党建数字化管理做法

（一）以优化流程为基础建立保障体系

制定相关管理制度。依据各级支部的工作范畴和重点，制定了《第一采油厂党群工作数字化管理系统运行管理办法》《第一采油厂党建工作制度汇编》，完善了党建工作9项62个管理制度。

构建标准实施流程。建立了厂级、作业区、班站三级党建数字化管理实施标准流程，绘制了30个工作流程图。各流程信息集中显示，任务明晰、考核明确，资料层级保管，调取查阅共享。

（二）以信息技术为载体构建实施平台

应用现代信息技术，打造网络运作平台。成立党建网络研制小组，建立了以网络为主体的党建基础信息管理平台。建成厂党委、党总支、党支部三个层级的网站，覆盖党组织建设、党风廉政、宣传工作、企业文化、保密工作等9大板块，其中三级网站分别设14～47个不等的栏目。栏目涵括最新动态、时代先锋、网上党校、在线交流、远程视频、远程监控等55个分项，形成了“三级九块五十五项”无纸化办公的党建数字化管理平台。

借助新型网络平台，展示特色管理内容。建立了荣誉、线路、活动三大特色成果展示窗口。将厂党委、党总支两级管理部门近年来打造的突出特色成果、典型做法等在数字地图上进行标注，利用数字化手段对每个点附以图文或视频，以此形式全方位、全面集中地介绍和展示，使优秀党员的先锋模范作用得到了充分发挥和体现，形成聚合效应。

依托基础标准体系，构建基层业务流程。结合安塞油田基层井站偏远、人员高度分散、学习管理难度大等实际和油田党建管理的特殊性，全面推行“教育方式信息化、管理交流便捷化、先锋作用典型化、支部工作标准化、党务办公无纸化、业绩考核科学化”的“六化”管理。

1. 教育方式信息化。

采取短信党课教育、微型党课教育、集中培训教育、主题实践教育、现场观摩教育、调查研究教育、自我学习教育、远程电化教育、视频在线教育“九大教育途径”创新方式方法，拓宽培训途径，实现教育系统化、全面化、多样化。

2. 管理交流便捷化。

为进一步丰富沟通载体、方法和途径，采用“五化七式”管理法，即党务资料五化：标准化、电子化、公开化、共享化、集中化；沟通渠道七式：书记信箱、远程视频、网站信息、网上调查、在线交流、论坛沟通、信访接待。

3. 先锋作用典型化。

从党员、党员素质、党员责任区三个方面做带头表率。党员做到“五带头”：带头学习提高、带头争创佳绩、带头服务群众、带头遵纪守法、带头弘扬正气；党员素质达到“四优”：政治素质优、岗位技能优、工作业绩优、群众评价优；党员责任区实现“五无”：无欠产、无违纪 、无违章、无事故、无上访。

4. 支部工作标准化。

利用数字化手段，党支部工作全面开展定人员、定时间、定内容、定方式、定标准、定考核、定流程的“七定”管理，全面达到凡事有人负责、凡事有据可查、凡事有章可循、凡事有人监督“四个凡事”。

5. 党务办公无纸化。

借助数字化管理平台，通过网上宣传、网上教育、网上公开、网上调查、网上办公、网上管理、网上服务、网上互动、网上票决、网上考核、网上评议、网上监督的“十二大功能”，将党支部工作产生的所有数据流全部电子化，实现了资料保存、信息传输、党支部工作模式等从手工管理向网络化、无纸化和远程管理模式转变。

6. 业绩考核科学化。

数字化支部考核主要从体系完善 、指标考虑、程序规范、资料检查、员工参与、计分自动、过程透明、结果运用、作用发挥9个方面考核，将党建各路工作按党员、党支部、党总支三个层面，分路分层制定详细的、规范的、易操作的、科学性强的考核标准，各支部年终考核得分由系统自动生成。

（三）以选树创优为目标加强培优创优

公推直选。为活化党内用人机制，扩大党内民主，强化党内监督力量，按照发动、报名、审查、考察、选举、公示6个步骤，采取“公推直选”为支部选配好书记。

自全面推行“公推直选”以来，全厂127个基层党支部书记改选，531名党员被群众公开推荐参与支部书记选举，135名符合条件的党员参加了党员大会的直接选举，共为89个一线井区（小队）党支部配备了专职党支部书记，占井区（小队）党支部书记总数的91.8%。

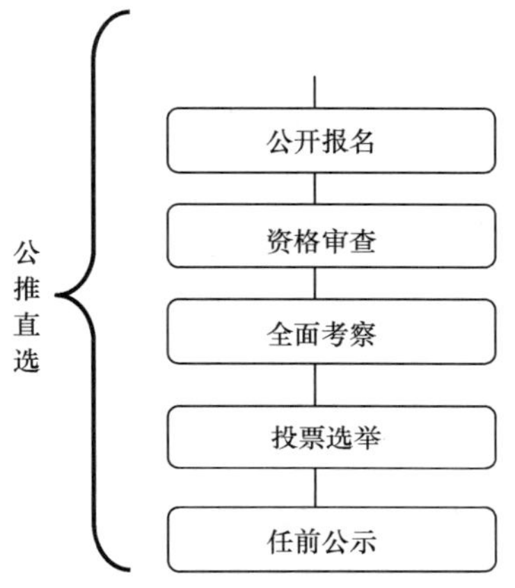

党员评星。结合生产岗位的性质、岗位职责和党员分布特点，从生产、安全、技能等10个方面，设立“守纪、文明、服务、学习、安全、技能、民主、创新、卫生、奉献”10个星级党员。按照“个人报星、支部评星、总支定星、公示展星”的工作流程，每季度开展一次，视评选星级的不同给予500～1 000元不等的奖励，并将其事迹上传网站，表彰宣传。

2009年以来，先后共有40余名党员被评为油田公司、厂、区优秀员工，17名党员被培养成井区干部，32名党员被培养成班站长。

六好支部。开展“书记好、班子好、队伍好、制度好、机制好、业绩好”为内容的“六好”党支部的“六个一”工程。“六好”支部的评选按照业绩、安全、培训等七大类考核，按照10分值，就现场考核（3.0%）、民主测评（2.0%）、成效展示（3.0%）、网上投票（2.0%）4个环节予以公开、公正、透明评选。自2009年至今，先后评选出74个“六好”党支部，占全厂支部总数的39.0%。

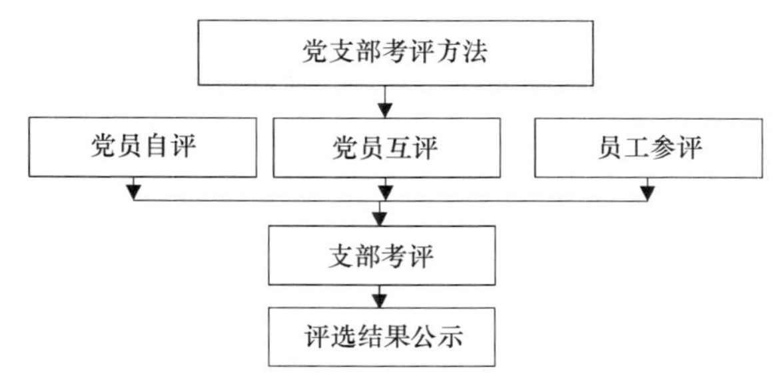

（四）以延伸内涵为主线强化素质培养

一是交流学习互动化。坚持每年召开1～2次党建工作现场观摩会，举办2～3批党支部书记脱产培训，组织党建论坛，探讨交流经验做法，深入推广典型成果。

开展党员、书记上讲台活动，党员、党员干部、支部书记及支委带头讲党课，课件采用漫画、图表、数据比较等PPT的形式，支部干部每年讲课4次以上，其他党员每年至少主讲1次。

建立网上微型党课、网上党校、专题讲座、阶段性测试、书记信箱、党建论坛、博客看台等栏目，设置互动讨论、畅谈体会等环节，鼓励和引导党员双向交流、相互启发，深入探讨主题内涵。

采取“请进来、走出去，树典型、勤交流”的方法，定期邀请高等院校党建工作和心理学专家为总支和支部书记讲授党务工作最新理论成果和心理疏导知识与技能。组织党务工作者到吉林油田、大庆油田等单位考察学习，不断开阔视野、拓展思维、创新观念。

二是“空中课堂”常态化。为克服党员高度分散和“工学矛盾”的不足，各支部利用工休、生产会议、轮休换班、技能培训等时间组织网上学习，克服了以往提前备课、抽时间、等人员的不足，使党员思想政治学习与原油生产工作两不误、两促进、常态化，实现了教育即时化、经常化、信息化、远程化。

利用免费给手机发短信的飞信软件，建立党总支书记、党支部书记、党员三个层级的短信群，以手机短信的形式及时向党员干部发送党建知识、政策、要闻等信息，开展空中短信党课教育。

利用视频会议系统，通过网络视频的方式，召开会议、发布通知、传达精神，简化了以往电话通知、口头传达、书面通知的程序和时间，提高了工作效率。

三是典型成果共享化。对微型党课，党员、书记上讲台等活动中发现、总结、提炼出的优秀做法、典型经验等加以整理上传党建专网，形成党课教育网络参考材料。

定期开展优秀党建论文撰写、评选活动，对优秀的党建成果、论文编印成书（册）下发学习，同时上传党建专网专栏共享。

厂党委指定专人专干就党内外新闻、要闻、党建评论、重要专访、发言等收集、整理，形成《安塞油田党建内参》，定期上传党建专网，供党员干部借鉴学习。

将年度优秀党员、党务工作者等优秀事迹拍摄电视片、制作光盘、印刷宣传手册等，组织巡回演讲、上传党建专网、厂电视台连续展播。

（五）以提升执行力为核心优化远程监控

党建数字化管理的突出优势就是可以实现远程监控，改变了以往党建工作“跑在路上、耗在会上、记在纸上”。

网络评估。对各模块业务按照时间、内容、形式等建立相应的评估标准，在规定的时间内系统依据标准自动评估出完成情况，并定期将评估情况反馈到各负责人管理界面，进行提示。

动态点击。所有党建日常业务根据开展情况每日自动更新，各级党总支（支部）书记均可随时点击查看、互看各单位运行动态。如某党支部正在进行网络学习，凡有进入专网口令人员就可随时点击查看该支部学习内容、人员、进度等情况，突破了地域、时间和空间上的局限，实现了管理远程督导、远程跟进、远程监控。

（六）以强化人本管理为重点健全考核机制

借助数字化平台，以注重实绩、民主公开、综合评定、奖优罚劣为考核原则，采取互动考核机制，即“机关部门考核基层单位，基层单位考核机关部门”，实现“平行双向考核，结果纵向可查”。

传统模式

传统的“金字塔”式管理结构，考核往往是按层逐级考核、逐级评比，因管理链条长、信息反馈缓慢、考核时间长等在层级汇报中易出现理解偏差和结果失真，时间长、效率低。

现行模式

现行考核与传统模式相比缩短了管理链条，加快了工作进度，降低了人财物的浪费，提高了工作效率，实现了“三不限三随时”。即各级管理人员可以不受时间、地点、空间的限制，随时抽查各部门（单位）的工作情况，随时掌握各单位（部门）的工作动态，随时“谈”交流共享。同时可对认为优秀的做法进行点评或建议完善。所点评或建议的问题或观点会自动上传共享面板，供参考、交流、学习。

四、以信息技术为先导的油田党建数字化管理成效

1. 促进了油田跨越式大发展。

党建工作与生产经营管理同步运行、同频共振，经营指标呈现出“两高一低七节约”的良好态势：原油产量逐年攀升，内部利润不断提升，生产成本不断递减，办公费、会议费、培训费等7项管理成本同比年节约百余万元，为安塞油田大发展提供了强劲的党建管理支撑。

2. 提升了员工队伍素质。

党建数字化管理应用以来，全厂党员青年的模范表率和先锋示范作用显著提升，员工队伍的凝聚力、创新性、整体素质显著增强，同时为企业选拔、培养了一批高技能、高素质的优秀人才。先后有24名青年员工成长为网络技术能手，31名员工被选树为公司级以上优秀员工、优秀管理者及“中国石油·榜样”等，19项青年革新项目节约资金540余万元，创效1 170余万元，14项科技创新项目获得国家专利认证，17篇党建成果论文先后获得国家级、省部级奖项。

3. 提高了企业社会影响力。

形成了独具安塞油田特色的党建网络智能管理

模式，得到了油田公司领导及相关部门的高度认可。近年来，先后有大庆油田、辽河油田、海尔集团等大型油田及企业30余次450余人观摩借鉴、学习，先后获得长庆油田公司“先进党组织”、“党建数字化示范单位”、中国石油集团公司“百面红旗单位”等数十项荣誉，为油田企业党建数字化智能管理树立了典范，极大地提高了安塞油田的社会影响力。

（撰稿：郑天平　毕　歧　陈文新　赵宝军　赵小龙　李红星）

在搬迁调整中加快发展方式转变

首钢总公司

2003年以来，首钢适应国家转变经济发展方式的新要求，贯彻中央和北京市决策，在全国率先实施搬迁调整，经过8年的探索实践、艰苦奋斗，目前已完成了搬迁调整的第一步。各新钢厂建设基本完成，技术装备达到国际一流水平；北京钢铁主流程实现“安全经济稳定”停产，停产人员分流安置基本完成；钢铁企业联合重组取得新进展，非钢产业经营状况明显改善，集团综合实力明显增强，目前已进入在北京转型发展的新阶段。从2002年到2010年，首钢集团资产总额从475亿元增加到3 101亿元，增长5.5倍；钢产量从817万吨增加到3 154万吨，增长2.8倍；销售收入从385亿元增加到2 200亿元，增长4.7倍；实现利润从4.8亿元增加到19.7亿元，增长3.1倍(2007年达到46.7亿元，增长8.7倍)；劳动生产率从24.7万元/人・年增加到176万元/人・年，增长6.1倍；职工人均年收入从1.7万元增加到6.1万元，增长2.5倍。不仅是量的增长，更反映质的变化。钢铁产业布局由北京一地发展到全国多地，发展到沿海和资源富集地区；产业结构实现了由长材为主向高端板材和精品长材的转变；产业结构按照“做强做大核心产业钢铁业，大力发展具有高新技术含量和竞争能力的电子机电业、建筑业、服务业、矿产资源业等优势产业，提升拓展海外事业”的定位实现协同发展，非钢产业从2004年以前整体亏损到2010年盈利45.2亿元；从搬迁调整以前人才流失，到大量引进和培养人才，近年来累计引进知名专家52人，培养首钢专家194人、专业技术带头人254人、优秀青年人才1 176人、高级技工16 000人，占技工总数的40.0%，提前2年实现了“博士过百、硕士过千、本科过万”的“十一五”规划目标，首钢获得“国家技能人才培育突出贡献奖”。各项工作取得了历史性进步，主要有以下体会。

一、把搬迁调整的过程作为贯彻中央决策、统一思想的过程

2005年2月国务院批复了《首钢实施搬迁、结构调整和环境治理的方案》。首钢引导广大干部职工充分认识到，这是党中央、国务院的重大战略决策，使首钢获得了千载难逢的发展机遇。这一战略决策，有利于落实北京城市总体规划，解决环境保护问题；有利于促进华北和环渤海地区钢铁布局调整，为中心城市钢铁企业搬迁调整探索经验；有利于提高我国钢铁业国际竞争力，为提高自主创新能力、发展循环经济提供示范；有利于首钢通过新的载体实现可持续发展。同时也充分认识到，首钢搬迁调整是中国甚至世界钢铁业历史上没有先例的复杂的系统工程，既要建设一流水平的新钢厂，又要压缩北京钢产量、安置停产人员，搞好生产经营，又遇到了国际金融危机，还要在北京实施转型发展，多条战线同时推进，面临着多重压力和挑战。

在此情况下，首钢引导广大干部职工，把前所未有的压力和挑战，转变为前所未有的动力和机遇，把“创新创优创业”作为贯彻中央决策的重要途径和载体，不断赋予新的内涵，创造性地开展工作。通过创建学习型企业，引导广大职工兴起大学习、大练兵的热潮，适应搬迁调整的要求。提出“为创新深入对比思考，为创优找准目标定位，为创业定准措施、练好基本功”，把焕发激情与理性思考、深入查找差距结合起来，明确工作着力点，在应对国际金融危机中提高竞争能力。面对市场严峻形势和北京钢铁主流程全面停产的考验，提出

“为创新转变发展理念，认清形势，统一思想；为创优瞄准先进，潜心研究，用心执行，矢志不渝；为创业认清资源，定准目标，选好路径；为建设新首钢坚守奉献，永不懈怠，促进转型发展”。在统一思想中解放思想，系统性、分阶段地推进搬迁调整。

二、把搬迁调整的过程作为转变发展方式的过程

首钢转变经济发展方式的突出特点，体现在率先进行钢铁业的搬迁调整上，体现在钢铁业搬迁后在北京地区的转型发展上，为我国钢铁工业战略性结构调整探索新经验，为北京建设中国特色世界城市做出新贡献。

到2010年底，搬迁调整的新钢厂建设基本完成。先期建设的首秦公司成为260万吨规模的“专精深强”的宽厚板生产基地，为首钢香港上市公司持续发展和提高融资能力提供了有力支撑。迁钢公司成为能够生产冷轧硅钢的800万吨规模的大型钢铁企业，不仅成为试验场和练兵场，而且成为首钢搬迁调整的核心基地。顺义冷轧公司成为汽车板和家电板生产基地，产量达到170万吨，已向众多知名汽车和家电企业批量供货，实现了历史性突破。首钢京唐钢铁公司按照国家提出的“建成产品一流、管理一流、环境一流、效益一流的现代化大型企业”的要求，通过自主创新和集成创新，已建成1 000万吨规模的具有国际先进水平的精品板材生产基地和节能减排、发展循环经济的标志性工厂。在搬迁调整的同时，贯彻国家《钢铁产业调整和振兴规划》，首钢先后联合重组了水钢公司、贵钢公司、长钢公司、伊犁钢铁公司、通化钢铁公司，使首钢产业规模和综合实力进一步增强。

随着北京钢铁主流程的全部停产，正式启动首钢在北京的转型发展。市委、市政府高度重视，提出把北京首钢工业区改造成为“新首钢高端产业综合服务区”，把首钢建设成为“有世界影响力的综合性大型企业集团”，使首钢的转型发展成为大城市工业区改造的成功范例，成为首都经济发展方式转变的标志性工程。目前已完成总体规划，以首钢主厂区为核心，吸引国内外制造企业总部入驻，打造全国首个“制造业总部集聚区”，鼓励各类设计机构入驻，打造“设计之都”核心区，正在研究具体建设方案。首钢的非钢产业和高端金属材料业经过多年发展已有一定的基础，在主厂区改造的同时，要在北京大力发展高端金属材料业，高端装备和汽车零部件制造业，生产性服务业，文化创意产业，以及建筑及房地产业，按北京市范围统计，到2015年形成1 000亿元左右的销售收入，成为北京市转变发展方式的新的增长点。

三、把搬迁调整的过程作为科技创新驱动、提高自主创新能力的过程

把科技进步和创新作为加快转变经济发展方式的重要支撑，把提高自主创新能力作为搬迁调整的中心环节。为解决新钢厂的先进技术来源，加强技术创新体系建设，建立“一级研发、多地分布”的研发模式，与国内外众多企业和科研机构建立战略合作关系。深化与德国蒂森公司的技术交流，建立了板材管理体系，与钢铁研究总院、北京科技大学、东北大学联合构建了长期长效实体式的联合研发模式，不断取得新的研究成果；承担的国家科技支撑重大项目“新一代可循环钢铁流程工艺技术”已在京唐钢铁公司投入运行。“十一五”期间首钢取得科技成果277项，比“十五”期间增长88.4%；申请国家专利754项，增长3.7倍；获国家专利授权366项，增长2.4倍；累计获得产品金杯奖33项，技术创新进入钢铁业高端领域，首钢技术中心在2009年国家认定的569家企业技术中心评价中名列第4位，首钢总公司进入中国企业自主创新TOP100第5位。

首钢京唐钢铁厂建设按照“先进可靠、节省高效、系统优化、集成创新”的原则，采用我国最大、世界上为数不多的一系列大型装备，采用国内外先进技术220项，自主创新和集成创新占2/3以上，设备国产化率约占价值的70.0%、占重量的90.0%。例如，首次在5 500立方米大型高炉采用一系列自主创新技术，包括首钢自主研发的无料钟炉顶技术、自行设计的全干法除尘技术、联合设计的顶燃式热风炉技术、大型高炉——转炉界面采用首钢自主集成的“一罐到底”技术。其炼钢厂是国内第一个按“全三脱”冶炼模式设计、单体生产能力最大的炼钢厂。整个企业构成了高效率、低成本的生产运行系统。

四、把搬迁调整的过程作为节能减排、发展循环经济的过程

首钢按照“人、技术、环境和谐一致”的理念，把节能减排、发展循环经济作为搬迁调整的重大战略任务。为促进“绿色北京”建设，特别是为北京成功举办奥运会，2008 年压缩 400 万吨钢产量，污染物排放量比上年下降 50.0% 以上；到 2010 年底北京钢铁主流程全部停产，烟粉尘、二氧化硫排放量比 2005 年下降了 95.0% 以上，为改善北京环境质量做出了重大贡献。

在搬迁调整中，高度重视节能减排和循环经济技术的创新和运用。例如，利用焦化工艺处理废塑料，获得国家发改委重大专项资助，2011 年 5 月建成了国内第一条焦炉处理废塑料生产线；利用北京鲁家山石灰石矿停产后的场地，建设北京垃圾焚烧发电项目于 2010 年 10 月开工建设；首钢较早地实施干熄焦工程，与日本新日铁合作并在国内多家钢铁厂推广应用；率先在大型高炉实施高炉煤气干法除尘技术，推动了此项技术在冶金行业的发展；在河北迁安市建设循环经济产业园，包括 11 个项目，具有显著的社会效益和经济效益。

京唐钢铁公司努力建设节能减排和发展循环经济的标志性工厂。对余热、余压、余气、废水、含铁物质和固体废弃物充分循环利用，基本实现废水、固体废弃物零排放。节能减排指标达到国际同类钢厂先进水平。实施海水淡化，每年节约淡水 2 000万吨，为社会提供浓盐水 1 800 万吨；电站采用海水直流冷却，年节水 1 070 万吨；利用富余煤气、高炉煤气余压、干熄焦余热发电，年发电 55 亿度，占钢厂总用电量的 94.0%；高炉水渣、转炉钢渣和电厂粉煤灰用于生产水泥和其他建筑材料；利用钢厂余热向社会提供 200 万 ~300 万平方米居民住户采暖热源等。通过以上措施，为钢铁业发展循环经济提供示范。

五、把搬迁调整的过程作为坚持以人为本、和谐发展的过程

首钢北京钢铁主流程 800 万吨钢产量分两步停产，涉及职工五六万人，规模之大、涉及人员之多在钢铁行业和北京市都是前所未有的。首钢在北京市的大力支持和帮助下，制定了详细的停产方案和职工分流安置方案，做到了“安全经济稳定”停产；对停产涉及的职工，通过新钢厂安置、退休、内退、面向社会分流等多种渠道，到 2009 年累计分流安置 3.5 万人。2010 年底全部停产又涉及职工 2.2 万人，经过上下反复讨论，充分征求各方面意见，按照“骨干有岗位，职工有渠道，分流有政策，安置有秩序”的原则，提出了 11 个分流安置渠道，做好深入细致的思想政治工作，尽最大努力安排好每一名职工，最大限度地维护职工合法权益，方案获得了职代会通过，98.6% 的职工代表投了赞成票。到 2011 年 3 月底，停产职工分流安置工作基本完成，保证了企业和社会稳定。

和谐发展还体现在树立企业良好社会形象，处理好与各地方政府及联合重组企业的关系。首钢在搬迁调整中建设了国际一流水平的新钢厂，体现了高起点、高水平和首钢人顽强拼搏、能打硬仗、精益求精的作风；坚持虚心学习，潜心研究，不断与先进企业对比找差距，加强与兄弟企业的合作，实现互利共赢。在联合重组过程中，充分尊重地方、企业和广大职工的利益，努力实现文化融合，营造良好的社会发展环境，赢得了各级地方政府和重组企业干部职工的高度信任和大力支持。

六、把搬迁调整的过程作为深化改革，加强企业管理的过程

在搬迁调整中不断深化产权制度改革。首钢列入北京市国资委改制计划的 108 家单位全部完成改制，其中辅业改制 94 家，通过经营者和职工持股，强化激励和约束机制，经济效益大幅度增长，为集团整体效益的提高做出了重要贡献。首钢原来兼并的 20 多家外埠企业，多数已划转地方政府管理，理顺了管理体制，企业经营情况逐步好转。首钢与 180 多家上下游企业，科研、金融机构建立了战略合作关系，瞄准世界一流水平，学习先进技术和管理经验，建立稳定的资源供应和运输渠道，不断开拓和完善上下游产业链。

面对市场严峻形势，坚持“抓结构、保质量、打品种、提效益、创品牌”的工作方针，全面加强精细化管理，实施降低成本、产品开发、市场开发

三个目标倒推机制，走低成本生产高端高效产品的路子。把工作落实到指标体系的精细化、管理工作的精益化、开拓市场的敏锐化、执行能力的高效化上来。每年消化大量减利因素，部分技术经济指标创出历史好水平。2010 年集团销售收入 2 200 亿元，钢产量 3 154 万吨，均比 2005 年增长 1.7 倍，实现利润 19.7 亿元，超额完成了年度计划。

首钢下一步的发展，按照“十二五”规划，总体思路是：深入贯彻党的十七届五中全会精神，以科学发展为主题，以加快转变经济发展方式为主线，以“产品一流、管理一流、环境一流、效益一流”为目标，实施“主业做强，多业协同，打造综合服务商”发展战略，做优做强钢铁业，协同发展矿产资源业、装备及汽车零部件制造业、生产性服务业、房地产及建筑业、海外产业、文化创意产业，实现首钢北京地区产业转型，打造“首钢服务、首钢品牌、首钢创造”的综合竞争力，促进首钢集团全面协调可持续发展。

深入贯彻落实科学发展观　建设一流现代化钢铁企业

天津钢铁集团有限公司党委书记　董事长　韩贵义

科学发展观是我国经济社会发展的重要指导方针，是发展中国特色社会主义必须坚持和贯彻的重大战略思想。科学发展观的第一要义是发展，核心是以人为本，基本要求是全面协调可持续，根本方法是统筹兼顾。天津钢铁集团有限公司（简称“天钢”）牢牢把握科学发展观的科学内涵、精神实质和根本要求，在市委、市政府的正确领导下，创新思路举措，加快转变发展方式，全面提升发展的质量、效益和水平。公司销售收入由 2006 年的 173.5 亿元增加到 2010 年的 830 亿元。在中国企业 500 强的排名，由 2003 年首次参评中国 500 强第 400 位提升到 2010 年的第 107 位，整体实力不断增强。

一、加快发展战略实施，实现企业跨越式发展

天钢始建于 1935 年，是一个具有 70 多年发展历史的国有钢铁企业。企业搬迁改造前，由于地处市区，工艺装备落后，产品档次低，制造成本高，环境污染严重，生产经营和可持续发展都受到了很大制约。党的十六大以来，公司坚持以科学发展观为统领，确立并实施了天钢东移工程、十大循环经济工程和兼并重组提升改造工程“三步”发展战略，把天钢建设成为集烧结、炼铁、炼钢、连铸、轧钢、金属制品生产工艺为一体的现代化钢铁集团，形成了年产 1 100 万吨钢、1 000万吨铁、900 万吨钢材和金属制品的生产能力。至此，构建起了 6 个方面的发展优势：一是产品定位高档化，形成了板材、棒材、线材、圆管坯、钢绞线和角钢六大产品系列，应用到京沪高铁、于家堡等多项国内外重点工程，并出口到欧盟、中东、东南亚、美洲等 37 个国家和地区。二是工艺技术装备现代化，达到国内领先、世界一流水平。三是资源能源利用节约化，实现了煤气、蒸汽、工业用水、工业固废物“四闭路，四循环”，达到了全国同行业领先水平。四是环境保护清洁化，各项环保指标均达到国家和市排放标准，实现了清洁生产，绿色发展。五是劳动生产率高效化，人均产钢达到全国领先水平。六是生产经营集约化，公司运营效率进一步提高。

二、深入开展“全员投入产出管理”，提高经济运行质量

国际金融危机以来，面对钢铁行业产能过剩、原燃料价格高位运行、企业效益空间不断被压缩的严峻形势，天钢按照科学发展观的要求，着力把握好办企业的规律，坚持“价值思维”的理念，以不断提升企业创造价值的能力为目标，瞄准同行业领先指标水平，深入开展以成本和产品价值“双对标”为核心的“全员投入产出管理”活动，发动全员改善和提高各项经济技术指标，最大限度拓展企业的市场空间、效益空间、价值空间。充分发挥供产销研整体联动机制作用，促进生产经营协调发展，保持经济平稳高效运行。2010 年，公司轧钢成材率等 22 个指标超过历史最好水平；在全国钢铁行业指标排序中，三年营业收入平均增长率、全员劳动生产率、转炉炼钢工序能耗、高炉利用系数等项指标位居全行业前

三名；完成工业总产值 412 亿元，同比增长 23.2%，实现销售收入 830 亿元，同比增长 50.3%，实现利税 12.3 亿元，其中利润 3.2 亿元，同比分别增长 20.1% 和 33.3%；全年工序生产成本与上年同比降低 4.5 亿元。

三、加快技术创新步伐，增强自主创新能力

坚持把技术创新作为推动企业科学发展的有力支撑，不断增强企业发展的内生动力。一是完善技术创新体系。加强公司技术委员会和下设 10 个专业技术委员会建设，高水平建成了公司国家级企业技术中心和博士后工作站，为企业自主创新提供了保障。二是强化技术开发与应用。在引进“国内领先、世界一流”技术装备的基础上，通过消化、吸收、再创新，自主创新解决了 99 项重大技术难题，形成了 53 项具有天钢特点的核心技术。2010 年研发了高铁用盘条等 52 个牌号新产品，完成了提高中板成材率等 72 项攻关项目、3 200 立方米高炉合理操作炉型研究等 42 项科研项目，申报专利 46 项，获得授权专利 21 项，板材产品通过欧盟 CE 认证，并得到八国船级社高强船板认证，钢绞线产品获得美国（PTI）认证，提升了企业产品的知名度和品牌效应。三是加强产学研合作。公司与东北大学、中国钢铁研究总院等 6 家科研院所建立了联合研发基地，完成了转炉高效供氧与底吹耦合集成技术的研究等 121 项科研开发项目。四是大力推进转型升级，优化产品结构，公司成立了高新产品研发推广中心，构建了产学研销一体化的新产品开发销售模式，分产线制定了成系列、全覆盖的产品开发计划，加大新产品和高效产品的开发力度，加快机械结构用钢、高铁用钢等高端产品研制和转化，加大推介力度，扩大高附加值品种比例，提高新产品的市场占有率。

四、加快发展循环经济，大力促进节能减排

坚持“环境保护是企业立足之本”的发展理念，积极实施绿色钢铁战略。天钢投资 16 亿元用于环保，对污染源配置了专用环保设施 261 台（套）。完成高炉煤气余压发电（TRT）等一大批节能减排重点项目，建立合同能源管理机制，对 159 台具有较大节能潜力的设备实施变频节电技术改造，节电率达到 34.8%，成立能源管理中心，完善能源管理体系，加强能源定额管理，促进了节能降耗。2010 年回收煤气 61.9 亿立方米，同比提高 2.9%；回收蒸汽 53.1 万吨，同比提高 51.1%；余压余热发电 1.8 亿度，同比增长 28.6%。“负能炼钢”水平不断提高，吨钢能耗达到 -11.6 公斤标煤，居同行业领先水平。公司“十一五”节能减排累计完成 54.2 万吨标煤，提前并超额完成了市政府给天钢下达的目标任务。

五、加快体制机制改革，增强企业发展活力

坚持把深化改革，构建富有效率、充满活力的体制机制，作为企业发展的动力。天钢按照集团化运作方式，进一步完善了公司治理结构。实施兼并重组控股，组建了天津天钢联合特钢有限公司，进一步增强了集团的整体竞争力。以全资子公司、控股子公司的形式，投资组建了 6 个生产服务性公司，充分发挥了内部资源的协同效应。依据构建集约化、专业化的管理模式，实施设备检修、仓储物流、融资理财、成本管理、人力资源等各项改革，为生产经营发展和工程项目建设提供了有力保证。坚持精干、高效、扁平化原则，科学定编定岗定员，显著提高了企业管理效能，全员劳动生产率保持了全国同行业领先水平。加强“以经营系统为先导，技术中心为支撑，生产系统为依托，供应系统为保障，管理部门为基础”的供产销研整体联动经营机制的建设，在灵活应对市场、科学高效决策、满足客户需求中发挥了重要作用，连续 15 年产销率、回款率均达 100%。围绕实现产品成本和产品价值“双对标”的目标任务，逐单位、逐部门落实包保目标和工作措施，强化领导责任，完善了铁厂与原料供应连带考核、销售经营业绩、高新产品研发推广、生产厂内部利润考核激励等机制，调动了全员深挖潜力、降本增效的积极性。

六、加快提高队伍素质，促进职工全面发展

坚持以深化“四好”领导班子创建活动为抓手，不断提高领导干部的思想政治水平和领导企业科学发展的能力，带头落实公司“三五十”反腐

倡廉内控体系，做到了权为民所用、情为民所系、利为民所谋。坚持人才优先发展，大力实施职工素质工程。公司与东北大学、北京科技大学联合举办钢铁冶金硕士研究生班，共同培养了107名在职硕士研究生，制定落实青年导师培养、技术津贴、技术创新项目评审奖励等制度，促进了人才队伍建设。公司以建设一支“忠诚企业、恪尽职守、树高标准、有高技能、终身学习、创造价值、注重配合、纪律严明”的职工队伍为目标，制定实施了《职工教育培训三年规划》《加强技术工人队伍建设的三年规划》和《加强职工队伍建设实施方案》，职工的培训率、考核率、持证上岗率达到三个100%。2010年实施各类培训235项，培训职工39 131人次。在11个工种1 000多人中开展了技能竞赛活动，进行技能鉴定563人，新增技师、高级技师58人。坚持职工队伍建设月度考核和“十佳职工”、“文明班车”等精神文明建设季度考核，促进了职工的全面发展。

七、加快企业文化建设，培育共同的价值观

坚持把抓好企业文化建设，不断增强企业的凝聚力和创造力，作为践行社会主义核心价值体系的具体体现。天钢在70多年的发展历程中，积淀了深厚的文化底蕴，形成了优良传统：第一，胸怀大志、无私奉献的优良传统；第二，精打细算、讲求效益的优良传统；第三，艰苦奋斗、敢打必胜的优良传统；第四，刻苦学习、勇于创新的优良传统。天钢传承优良传统，与时俱进地提出并确立了“价值思维”的理念，即企业生存和发展的空间是由市场所规定的价值空间，它是市场对企业从投入到产出两个方面所表示出的容纳限度，企业能否生存发展，要看企业是否适应市场所规定的价值空间并具备价值增值的能力。以此为核心理念，在实践中逐步形成了一系列经营管理理念。一是“树立高标准、追求高水平”的标准理念；二是“以我为主、事在人为、锲而不舍、勇于创新”的工作理念；三是“全员投入产出管理”的管理理念；四是“搞好安全生产关键在工作、搞好安全工作关键在领导”的安全生产理念；五是“坚持原则、主持正义、公正处事、公平待人、廉洁奉公”的管理道德理念；六是“树一流标准、创一流业绩、做一流职工”的爱岗敬业理念；七是“坚持五湖四海、团结协作、密切配合”的团结共事理念；八是“职工利益无小事、公平公正公开”的群众工作理念；九是“职工群众信访件必须件件有着落”的信访工作理念。这些优秀的文化成果，在推动公司改革发展中发挥了巨大的引领作用，成为全体职工依托企业，团结奋斗、开拓进取的强大精神动力。

八、加快和谐企业建设，共享发展成果

坚持发展一切为了职工，一切依靠职工，全心全意为职工谋福祉。把深化厂务公开民主管理作为推动公司科学发展、构建和谐企业的根基，大力营造公平公正、奋发向上的内部环境。坚持职工代表大会制度，建立健全生产经营、规章制度、职工生活、评议领导干部、提案审查、劳动争议调解6个专门委员会。深化公司、生产厂、作业区、班组四级民主管理网络，组织职工参与决策，参与管理，参与监督，特别是加大基层作业区、班组民主管理工作建设力度，38个作业区、175个班组建立了“民主管理园地”，使与职工联系最直接的作业区、班组民主管理工作更加公开透明、科学规范。坚持董事长、总经理信箱，领导干部热线电话、信访接待制度，听取职工诉求，维护了职工的合法权益。广泛开展职工提合理化建议活动，调动了职工参与企业管理的积极性。加强劳动保护监察，保障了职工生产安全和职业健康。落实职工收入正常增长机制，实现了职工收入增加与企业经济效益相协调。着力做好关心职工生活工作，2010年帮扶、慰问各类困难职工3 165人次，“金秋助学”资助63名困难职工子女上学，为424名退休职工办好事、解难题，全年帮扶资金支出共计144.2万元。认真抓好通勤班车、职工食堂、职工浴室、大学生公寓等后勤服务工作，加大厂容厂貌和治安综合治理力度，为职工生产生活创造了良好条件。

深入贯彻落实科学发展观，建设一流现代化钢铁企业，是一项长期的战略任务。要立足新的起点，坚持以科学发展为主题，以加快转变经济发展方式为主线，以调整产品结构为主攻方向，围绕公司转型升级，在“六个转变”上下功夫、见成效，进一步把天钢做优做强。一是向价值创造型转变。坚持把效益作为企业追求的核心价值，以深入开展

成本和产品价值“双对标”活动为有力抓手，最大限度拓展公司效益空间。二是向品种效益型转变。在品种结构、产品档次、技术含量等方面加快优化和转型。三是向资源节约型转变。积极采用先进工艺技术、节能措施，提高资源综合利用率。四是向经营开放型转变。围绕高端装备制造等产业延伸公司产业链，推进产品配套和深加工，实现由钢铁制造商向材料服务商的转变。五是向学习创新型转变。围绕培养20名专业技术领军人才、100名专业技术带头人、300名专业技术骨干的目标，大力实施职工素质工程，构建起人才支撑企业发展的竞争优势。六是向文明和谐型转变。不断提高民主管理工作水平，加强和改进职工群众工作，完善职工收入正常增长的机制，共建共享和谐企业。

披阅风雨　负重致远

攀钢集团有限公司

这是一家被誉为“中国钢铁工业骄傲”的光荣企业：它诞生于共和国火热的“三线建设”年代，凝聚着几代人数十年的心血和汗水，托起了一个国家走向钢铁强国的梦想。

这是一个被称为“象牙微雕”的特殊企业：它的规模不大，却是钒、钢轨等多个领域的排头兵，为中国在国际产业界赢得了话语权。

这，就是攀钢。

“十一五”，是攀钢改革发展极不平凡的5年。这5年里，特大地震和国际金融危机迎面袭来，钢铁产能过剩的阴霾挥之不去，攀钢发展遭遇重重困难和险阻。

5年来，攀钢坚决贯彻落实国务院国资委、四川省、攀枝花市的各项决策部署，有效应对各种挑战，保持平稳较快发展，资产总额、营业收入、上缴税收均实现大幅增长，企业的活力和影响力进一步增强。

5年来，攀钢结构调整力度加大，科技创新能力显著提高，积极践行社会责任，在抗震救灾等一系列大事难事中冲锋在前，勇挑重担，为地方经济、社会发展和行业进步做出了突出贡献，是中国工业“艰苦奋斗，自力更生”成果的一面旗帜。

披阅风雨，卓然而立。攀钢，在全面建设小康社会的征程中谱写出一曲瑰丽的时代壮歌。

一、喜看新绿满枝头

“统计数据显示，在刚刚全线贯通的举世瞩目的京沪高铁上，铺设攀钢钢轨的里程超过500千米，攀钢钢轨正引领中国高铁超越世界速度。”攀钢国贸公司一位负责人的话很是“给力”。

进入新世纪头10年中期，由于种种原因，攀钢钢铁规模偏小，盈利能力偏低，人员负担重，劳动生产率不高等问题日益显现。在激烈的市场竞争中，这些问题随时威胁着攀钢的生存与发展。

攀钢的出路在哪里？攀钢领导班子陷入了深深的思索之中。

大量的调查研究和痛苦的思索后，打造“新攀钢”的路线图在攀钢领导班子头脑里渐渐清晰起来。

攀钢的优势在资源和自主创新能力，要让攀钢焕发生机，必须实现新的战略大调整，转变发展方式，加大结构调整力度，突出钒钛产业的发展，扛起“中国钒”、“中国钛”的大旗，提升自主创新能力，加快资源综合利用和循环经济建设的步伐。

按照这一思路，攀钢决策层创造性地提出了“一四五”发展战略，即坚持一个目标——努力把攀钢建设成为具有国际竞争力的现代化大型钢铁钒钛企业集团；拓展四大战略思路——做大钒钛、做精钢铁、做好资源、做强企业；实施五大战略措施——抓住资源战略、精品战略、科技创新战略、人才强企战略、管理流程再造战略。

随着这场对“象牙微雕钢城”脱胎换骨般的“精雕”的全面展开，攀钢迈开了铿锵前进的步伐。

——2007年，实现主营业务收入367.4亿元，同比净增31亿元。利润突破20亿元，创历史最好水平。

——2008年，经受了年初南方冰雪灾害、“5·12”大地震、“8·30”攀枝花地震等自然灾害及国际金融危机带来的严重影响和破坏。

沧海横流显本色，攀钢逆境奋起，化危为机。一方面严控风险，积极采取“过紧日子”的措施，另一方面紧抓机遇谋发展，布局战略性项目，积极拓展国内外市场。生产经营保持平稳有序运行，营业收入达522.6亿元，成为四川首家突破500亿元的企业。

——2009年，在百年不遇的国际金融危机和国内钢铁过剩的巨大冲击下，下半年扭转了持续亏损局面，战略重点项目建设加快，整体上市如期完成，管理流程再造有序展开，各项事业稳步发展。

“‘十一五’的5年，是攀钢在危难中奋进，在破难中转型，为长远发展打基础的5年。”回味刚刚走过的5年，攀钢上下颇为感慨。

5年里，攀钢集中精力，抓紧实施了一批关系长远和战略全局、支撑核心竞争力提升的重点工程，推动结构调整和产业升级，钛材一期、高钛渣、选钛扩能等项目建成投产，西昌钒钛资源综合利用项目和白马铁矿二期、海绵钛等项目进展顺利。累计完成固定资产投资361.6亿元，这为攀钢应对更高水平的竞争储备了“砝码”。

据介绍，2010年攀钢铁、钢、材产量与2005年相比增长幅度均超过30.0%；高钛渣、钛材实现从无到有。营业收入比2005年增长19.4%。总资产、净资产则比2005年分别增加311亿元和70亿元。目前，攀钢钒产业巩固了世界第二、国内第一的地位，技术领先优势和市场影响力进一步增强。钛产业发展提速，钛白粉进入高端市场，成为国内产业链最为完整的钛制品企业。钢铁品种结构优化。进一步巩固了国内钢轨生产研发的领先地位，成为国内唯一的钢轨出口免验企业、中国最大的钢轨出口企业。

二、锐意改革添活力

实现新的战略目标，必须要有新的体制机制作保证。

进入“十一五”，尽管攀钢的实力有了进一步增强，但布局和结构依然存在不容忽视的问题，资源配置不尽合理，具有较强国际竞争力的产品不多，解决历史遗留问题进展缓慢……

逆水行舟，不进则退。攀钢毅然选择了大刀阔斧的改革，减少管理机构，压缩管理人员，实行新的战略管控模式。

攀钢积极推进董事会试点工作，形成了董事会、经营层、监事会各负其责、协调运转、有效制衡的法人治理机制。

攀钢按照逐步理顺集团管理、提高资源共享、减少关联交易、增强核心竞争力的原则，顺利完成整体上市工作，内部协同效应和整体竞争实力明显提升。

攀钢着眼于理顺产业结构和提高产业集中度，实现管理流程再造，推进采购、销售、钛产业、矿山、冶金建设、信息工程、后勤等资源整合，集团管控模式进一步完善。推进辅业改革改制，为企业发展注入了新的活力。

攀钢坚持把干部人事制度改革作为深化改革的突破口和切入点，规范了领导干部任免、交流、监督、退出领导岗位、末位淘汰及后备干部管理机制，积极推行领导干部公开招聘和竞聘上岗，明确干部职级序列，精干干部队伍，激发了干部队伍活力；深化用工制度改革，出台紧缺人才引进办法，开展劳务派遣人员择优录用试点；抓好分配制度改革，实行领导干部薪酬、任免与经营业绩挂钩；完善工效挂钩考核办法，探索机关员工季度考核排序机制；坚持分配向骨干倾斜，较好地调动了干部职工的积极性和创造性。

攀钢坚决贯彻落实国务院、国务院国资委的关于鞍钢与攀钢联合重组的决定，深入细致地做好宣传引导工作，统一干部职工的思想和行动，营造了全心全意支持联合重组的氛围，重组平稳有序推进。目前，重组整合进入实质性操作阶段，开启了齐心协力打造最具国际竞争力、能够引领世界钢铁工业发展的特大型跨国集团的新征程。

三、大“写”忠诚显本色

“攀钢的核心产品，要参加‘世界杯’，这只有从战略上高度重视自主创新才有可能。”这是攀钢高层经常挂在嘴边的话。

国家实施高铁战略，攀钢就早早开始研制适应高速铁路需要的新一代钢轨技术。今天，在国内首条城际高铁——京津城际铁路上，27 800吨钢轨全部来自攀钢；在中国“第一重载”的大秦线上，几乎全部使用攀钢钢轨，还占据了国内已建成高速铁路用轨的70.0%，有力地推动了国家铁路建设的快速发展。

中国国防、航天需要新型材料，攀钢就研制急需产品，广泛运用于“神舟”系列飞船、大推力火箭发动机、新型战略导弹等关键领域。

民族家电产品出口遭遇欧盟 RoHS 指令的封锁，攀钢就第一时间研制限制有害物质热镀锌产品，打破国外环保壁垒。

“十一五”期间，攀钢全面实施科技强企战略，累计投入科研经费60亿元，开发形成了一批国际国内领先、拥有自主知识产权的专有技术和领先产品，成为我国首批创新型企业。自主创新能力进入央企前20强，“1450热连轧关键技术及设备研究与应用”、“100米长尺钢轨在线热处理生产线工艺及装备集成技术开发”获国家科技进步二等奖。同时，启动了氧化钒清洁生产、转底炉直接还原、高炉渣利用、高品质富钛料制备3条中试线建设和钒钛资源综合利用国家重点实验室建设。

5年间，攀钢累计获得省部级以上科技奖励99项，获得专利授权716项。每年新产品产量超过200万吨。

攀钢生产所需的钒钛磁铁矿硫含量相对较高，在目前世界钢铁领域还未找到冶炼系统烟气脱硫最佳办法的情况下，攀钢冶炼系统烟气脱硫工作难度极大；而在20世纪六七十年代“先生产、后生活”的思想指导下建设起来的攀钢，节能减排历史欠账较重。随着攀钢的建设发展和国家环保形势要求，这逐渐成为制约企业发展的“短板”。

“作为国有特大型企业，攀钢必须切实履行应承担的历史和社会责任，优先选择环保，偿还历史欠账，不欠新账。”攀钢人义无反顾地投入到节能减排攻坚战中。

为此，他们坚持把节能减排作为关系企业生死存亡的战略任务，“十一五”累计投入52.2亿元用于节能环保项目建设，成为首批全国清洁生产试点企业和循环经济试点企业。2010年，攀钢吨钢综合能耗、吨钢耗新水比2005年分别下降约80公斤标准煤和6.9吨；二氧化硫排放量、COD排放量比2005年分别下降49.1%和55.6%；高炉、焦炉煤气回收利用率均达到95.0%以上。5年累计节能折合标准煤56万吨。

四、和谐发展谱新篇

虎年岁末，攀枝花阳光馨园小区的3 600余户攀钢职工家庭拿到了盼望已久的新房钥匙，而这之前，4 000余户攀钢职工刚刚搬入阳光家园小区的经济适用房。5年来，公司累计修建职工住房12 000多套，投入5 293万元对职工生活区实施文体设施建设和功能完善。

“企业得发展、职工得实惠，努力实现企业与员工、企业与社会共同发展是检验一个企业发展成就的重要标尺。”对“和谐发展”这一理念，攀钢管理层有着自己独到的看法。

据统计，2010年攀钢在岗职工人均收入比2005年增长56.1%，同时，建立了内退职工收入增长机制，形成全方位、多层次、广覆盖的困难职工帮扶救助体系，职工物质文化生活水平进一步提高。

抓好维权机制建设，畅通职工利益诉求渠道，定期分析职工关心的热点问题，加强现场劳动保护监督检查和安全生产巡视。突出抓好职工素质工程建设，积极为职工办实事、办好事，提高了职工岗位工资和基础工资标准，提高了中夜班津贴和补贴标准。与社区和企业周边村社互派干部挂职锻炼，推进与地方共建文明社区工作，为职工创造良好的生活环境。开展文明列车等系列活动，丰富职工文化生活。

和谐攀钢建设，职工得到了实惠，气更顺了、劲更足了，攀钢呈现出一派崭新的人文气象。

2008年初，一场50年来最严重的冰雪灾害袭击了我国南方大部分地区。灾情牵动着攀钢人的心。2月2日，攀钢向贵州灾区紧急捐赠了500万元。“5·12”特大地震发生后，攀钢在自身严重受灾的情况下，向灾区捐款1 000万元。攀钢人累计向“5·12”特大地震和攀枝花“8·30”地震灾区捐款捐物6 500余万元，收治灾区伤病员1 200余人次，组织突击队和志愿者到重灾区抗震救灾，其中赴北川抢险的30名基干民兵受到中央军委副主席郭伯雄充分肯定和亲切接见。

据统计，5年间，攀钢无偿用于四川省凉山彝族自治州普格县、布拖县以及攀枝花市的扶贫资金近4 000万元，捐赠现金469.7万元。投入资金改善了四川省甘孜州理塘县和新疆阿勒泰地区人民的生产、生活条件。

攀钢，一直在用事实诠释什么叫“大爱无疆”，什么是国有企业的社会责任。

国有企业厂办大集体的整体改制

攀枝花钢城集团有限公司

攀枝花钢城集团有限公司（简称“钢城集团或改制企业”）的前身是攀钢兴办的厂办大集体——攀钢集团钢城企业总公司（简称“攀企公司或攀钢厂办大集体”），2007年11月从攀钢分离，2008年11月完成整体改制，成为股权多元化的有限公司。钢城集团下属50家分子公司，涉足冶金、钒钛、化工、水泥、贸易、物流、建筑、房地产、环保等产业，2010年实现经营总收入137.8亿元，名列中国制造业500强第290位、四川企业100强第17位，是四川省重点培育的大企业大集团。

一、国有企业厂办大集体整体改制的背景

攀钢厂办大集体的历史可溯至20世纪70年代。为解决职工家属和返城知青的就业生活问题，攀钢兴办了23个“五·七”连及22个知青队。“五·七”连和知青队大大牵扯了主办厂矿的精力，影响钢铁主线的生产管理。1979年10月攀钢整合了“五·七”连和知青队，成立了攀企公司，安置20 534名待业人员，分流转岗4 585名攀钢全民职工，为攀钢改革发展、攀枝花市社会稳定做出了重大贡献。

20世纪90年代中后期，针对攀钢逐步调减对攀企公司的扶持力度，攀企公司加大产业结构调整，不断深化内部改革，基本完成了由劳动服务型企业向工业制造型企业的转变。2007年11月，根据攀钢改革发展的整体安排，攀企公司整体从攀钢分离。

（一）改制是持续发展的必然选择

20世纪90年代末攀企公司就在下属单位开展股份合作制、股份制试点，取得了一定的成效，但因没有触及产权、用工等深层次问题，难以彻底解决厂办大集体存在的制度缺陷。

首先是产权不清。厂办大集体的资产归属不清晰，职工既不对企业亏损负责，又不能分享发展成果，严重影响了主动性和积极性，造成厂办大集体缺乏持续发展的动力机制。

其次是用工制度僵化。厂办大集体长期承担就业安置义务，“铁饭碗”意识根深蒂固，同主办国有企业一样对职工承担着无限责任。

其三是对经营管理者的激励和约束不到位。没有建立长效的激励制度，在约束方面，也缺乏有效的制衡机制。

只有通过改制，才能真正建立起产权清晰、权责明确、政企分开、管理科学的现代企业制度，真正成为自负盈亏的市场竞争主体，真正实现经营机制的市场化转变。

（二）良好的改制基础

2007年，攀企公司经营总收入61.5亿元、工业总产值50.1亿元、利税2.7亿元，名列中国制造业企业500强第336位、四川省100强企业第21位。攀企公司的社会统筹工作起步早，是攀枝花市首批参加养老保险社会统筹的单位，其后又逐步参加了失业保险社会统筹、医疗保险社会统筹、工伤保险社会统筹、生育保险社会统筹，无论是职工个人账户还是企业缴费部分，均从无拖欠。

2007年11月，攀钢作出分离厂办大集体的决定，经过前期周密的思想政治工作，绝大部分职工能够接受分离，对即将来临的改制具有一定的承受能力，对企业的长远发展有信心。

（三）改制得到各级政府和主办企业的大力支持

攀枝花市政府和攀钢积极向国家有关部委汇报攀钢厂办大集体分离改制思路，得到了国务院国资委、财政部、人力资源和社会保障部的理解和支持，同意攀钢厂办大集体改制比照执行东北厂办大集体改革试点政策。

攀枝花市委、市政府将攀企公司改制列为全市阶段性重中之重的工作，并与攀钢共同成立“攀钢

集团钢城企业总公司及攀钢部分辅助企业（单位）改制工作协调领导小组”（简称“改制工作协调领导小组”），负责资产和债权债务处置、职工劳动关系处理、社会职能移交、处置突发事件及维护稳定等事项。

攀企公司与攀钢签署《战略合作协议》，建立起战略合作关系。攀钢明确承诺将继续在项目、资源、市场、能源、结算、人才等方面大力支持攀企公司发展，积极支持攀企公司整体改制。

（四）改制面临的困难

首先，攀企公司是攀枝花市经营规模最大、职工人数最多的地方企业，直接影响地方经济的发展和社会稳定。从全国范围来看，少有如此规模的厂办大集体整体改制先例。

其次，攀企公司内部存在诸多结构性问题，包括产业多元化、发展水平不一、总体竞争力弱等。改制先于产业结构调整，将使改制企业背负沉重的调整压力。

其三，改制打破了原有“铁饭碗”，部分职工对改制的认知度还有差距。

二、国有企业厂办大集体整体改制的内涵和主要做法

为彻底解决厂办大集体的历史遗留问题，实现企业持续健康快速发展，在攀枝花市委、市政府和攀钢的大力支持下，攀企公司比照国家关于东北地区厂办大集体改革试点政策，结合企业实际情况，整体改制为以员工持股为主的有限责任公司。

（一）明确改制目的，确定整体改制模式

经过总结下属单位股份合作制、股份制试点的经验教训，攀企公司认识到，只有采取整体改制，才能彻底解决历史遗留问题，改制企业才能长远发展。

（1）整体改制符合攀企公司的发展战略，有利于企业做大做强、持续发展。

（2）整体改制着眼于通过不断发展来解决历史遗留问题，避免走回头路。

（3）整体改制能够公平对待攀企公司各下属单位的职工，有利于赢得职工对改制的支持。

（二）全盘筹划、规范操作，平稳实施整体改制

改制是一项系统工程，牵涉到方方面面的利益调整，处理不当不仅阻碍改革，还可能直接影响到企业正常的生产经营。攀企公司一方面要保证生产经营有序，另一方面要加快平稳推进改制，因此先有全盘筹划，并在操作中注重细节，做到平稳实施。

（1）改制工作启动后，攀企公司组织了全面的隐患排查工作，一一做好应对预案。本着承认历史、面对现实、实事求是的原则，很好地解决了临时用工、提前退休职工、退出领导岗位的干部等不同群体的利益诉求。

（2）攀企公司聘请北京大成律师事务所作为改制法律顾问，为攀企公司提供了国内大量类似企业的改制经验教训，并直接参与改制方案设计，确保改制方案既符合法规又具有可操作性。

（3）为保证财务审计、资产评估的公正性，由改制工作协调领导小组采取公开招标方式选择中介机构根据执业规则开展工作，出具的相关报告由改制领导小组审核通过。

（4）面对2008年初冰雪灾害、汶川特大地震和金融危机等重大不利因素的影响，攀企公司顶住压力，大力宣传改制的紧迫性，果断作出决策部署，采取稳定经营加快发展的非常措施，在改制实施前的9个月实现经营总收入70.2亿元、工业总产值52.6亿元、工业增加值18.6亿元、利税3亿元，均达历史最好水平，极大增强了广大职工对公司改制后继续发展的信心。

（5）改制进入实施阶段后，攀企公司加强信访工作，制定了《改制工作纪律要求》和《改制期间维稳工作预案》，并在全公司范围内实行维护稳定工作“零报告”制度，改制过程没有出现大规模的群体性上访事件。

（6）按照国家关于企业改制的政策规定，改制实施方案和职工安置方案均提交职工代表大会审议。

（三）承诺全员安置，切实维护职工合法权益

攀企公司承诺不因改制造成任何一名员工失业，改制企业将承担全员安置的责任。整体改制对厂办大集体职工安置做出了妥善的安排，提供了充分的选择：

(1) 在岗职工愿意到改制企业工作的，改制企业负责安置。

(2) 为内部退养人员预留费用并承担正式退休前的相关义务。

(3) 为不愿到改制企业工作而自谋职业的人员提供过渡期的保障性安排：代缴一年医疗保险费和两年人事档案托管费。

(4) 结合攀枝花市和企业的实际状况，给予离退休人员过渡性安排。

(5) 坚持公平原则，对全民职工和集体职工执行同一经济补偿金标准。

(四) 合理设计股权结构，建立健全法人治理结构

考虑到经营规模和抗风险能力，改制企业必须保证资本充足和合理的资产负债率；改制企业要长远发展，不仅需要多元化的股权结构，还特别需要设计好职工持股方式和法人治理结构。

(1) 改制企业总股本 11.3 亿元，其中工会 10.8 亿元，攀钢 4 000 万元，攀枝花市产业投资公司 1 000 万元。为解决《公司法》对公司股东人数的限制问题，全部职工的出资均由工会代持。改制企业引入攀钢和攀枝花市属国有企业参股，既有利于改制企业继续争取攀钢和地方的支持，又有利于健全法人治理结构。

(2) 改制企业实施全员持股，既是为了确保资本募集成功，也是为了使员工与企业形成真正的利益共同体。

(3) 组建职工持股会，确保职工股东权利行使到位。职工持股会是根据出资职工意愿，为管理职工出资及办理相关事宜而设立的自治性组织，在其内部设立了会员代表大会、理事会，凡是改制企业股东会审议事项，均需提前召开职工持股会理事会、会员代表大会讨论。

a. 会员代表大会由会员代表组成，是职工持股会的权力机构。会员代表总数不超过 300 名，在会员中分选区按出资比例选举产生，每届任期 3 年，任期届满可连选连任。

b. 理事会是会员代表大会的常设机构，对会员代表大会负责。理事总数不超过 45 名。理事须是会员代表，由会员代表大会选举或更换，每届任期 3 年，任期届满可连选连任。

(4) 改制企业按照《公司法》要求建立规范的法人治理结构，合理划分股东会、董事会、监事会和经理层的职责权限，形成分工负责、协调运转、有效制衡的高效运行机制。

a. 股东会由职工持股会、攀钢、攀枝花产业投资公司委派的代表组成。职工持股会委派的代表在股东会表决时，必须严格按照会员代表大会或理事会的决定执行。

b. 董事会由 9 名董事组成，其中职工持股会提名推荐 7 人，攀钢提名推荐 1 人，攀枝花市产业投资公司提名推荐 1 人。

c. 监事会由 5 名监事组成，其中职工持股会提名推荐 3 人，职工代表 2 人。

d. 经理层由总经理、副总经理等公司高层管理人员组成。总经理由董事会聘任；副总经理由总经理提名，董事会聘任。

(5) 改制企业的党群组织按照相关法律法规设立，充分发挥各自的作用。

(五) 重视战略规划，积极培育主导产业

改制前，攀企公司已经形成以冶金原辅料、钢铁、化工、建筑建材房地产为主导的产业格局，提出“大字当头、强在其中，快字当头、好在其中”的发展思路。

(1) 加快培育主导产业，增强核心实力。

(2) 合理规划地域布局，实现跨地域发展壮大。

(3) 加大科研投入，依靠技术进步推动传统产业升级，提升发展品质和市场竞争力。

(4) 积极探索并逐步建立与企业发展相适应的管控模式，以体系化建设、制度化建设为重点，加快提升企业管理水平。

(5) 改制企业提出 2009 年经营收入突破 100 亿元，力争 2012 年达到 200 亿元，要争取建设成为主导产业突出、产业结构合理、技术装备先进、管理精细高效的大企业、大集团。

(六) 重视企业文化建设

改制企业大力发挥企业文化的引领性作用，切实用文化引导全体职工适应新变化，以巩固改制成果。

(1) 改制企业通过企业文化问卷调查，理性分析企业文化现状，形成了《钢城集团企业文化调查报告》，进一步明确企业文化变革方向、路径和主要措施。

（2）确定了企业文化战略。明确了企业文化建设总体目标。形成了与新体制要求相一致的企业文化核心架构。

（3）广泛开展讨论、培训、教育活动，将企业文化纳入员工培训范畴。通过与著名院校合作、邀请专家授课等方式，先后开办了工程研究生班、工商管理研究生班、高级职业经理人班，培育推进发展的领军人物；开展劳动竞赛、岗位练兵、技术比武活动和群众性经济技术创新活动，搭建技术平台，积极培养高素质职工队伍。

三、国有企业厂办大集体整体改制的效果

（一）改制平稳顺利完成，职工得到妥善安置

攀企公司改制过程总体平稳，没有出现激烈的矛盾冲突及大规模的群体性上访，改制期间生产经营正常有序、各项指标创造历史新高。

改制共涉及 18 168 名在册职工，拒绝参加改制的只有 4 人，不到在册职工的 0.3‰。厂办大集体的 10 689 离退休人员也得到了妥善安排。

改制支付给职工的经济补偿金全额到位，其中 88.9% 转为改制企业的股份。

（二）改制实现了厂办大集体的制度创新

经过改制，组建了以员工持股为主、投资主体多元化的有限责任公司。职工合计持有改制企业 95.0% 以上的股权，形成了真正的利益共同体。

改制企业按照《公司法》建立起规范的法人治理结构。职工持股会充分发挥了自身作用，成为广大职工股东参与公司治理的有效途径。

改制企业表现出强大的活力，践行了与职工、股东一起成长的经营理念。2009 年实现经营总收入 107.2 亿元、利税 3.9 亿元，成功实现了“百亿企业”的发展目标。

（三）改制企业拉动了地方经济的发展

攀企公司改制设立的钢城集团，发挥了对地方产业的拉动作用，先后与地方民营企业开展合作，优势互补、共同发展，进一步优化了地方经济结构。钢城集团在金融危机期间切实履行了“不裁员、不降薪”的承诺。自成立以来，不仅没有裁掉一名员工，而且是攀枝花创造就业机会最多的企业，2009—2010 年新增就业岗位 1 988 个，2011 年预计再新增 800 个以上的就业岗位。

（四）改制实现厂办大集体与主办国有企业的彻底分离

攀钢厂办大集体改制为产权清晰的公司制企业后，成为了真正的法人主体和市场主体，解除了攀钢对厂办大集体承担的无限责任，真正实现厂办大集体与主办国有企业的彻底分离。

（五）改制对其他厂办大集体改革具有参考价值

针对厂办大集体积累的困难和矛盾多、推进过程难等问题，攀企公司采取整体改制模式，坚持靠发展解决历史遗留问题，以人为本、一视同仁、全员安置、全员持股，为其他厂办大集体改革提供了参考，得到了国务院国资委的肯定。

大型铁矿山企业基于价值链的战略成本管理

鞍钢集团矿业公司

鞍钢集团矿业公司（简称“鞍钢矿业”）是鞍钢集团的全资子公司及主要原料生产基地。近年来，鞍钢矿业大力实施大型铁矿山企业基于价值链的战略成本管理，收到了明显成效。

一、基于价值链的战略成本管理实施背景

（一）增加国产矿供给、平抑进口矿价格、保障我国钢铁工业战略安全的需要

20 世纪 90 年代以来，我国钢铁工业对铁矿石的需求急剧攀升，致使我国钢铁工业对进口矿的依存度达到了 60.0% 以上。同时，世界三大铁矿石供应商依托自身资源优势，迅速提升产能，形成了

高度垄断的态势。我国钢铁工业对进口矿依存度的不断升高和国际铁矿业巨头的垄断地位导致国际市场铁矿石价格连年大幅度提升，不但对我国钢铁工业的原料供给形成了严重威胁，也大大加重了我国钢铁企业的成本负担。面对这种形势，寻求数量充足、成本相对低廉的铁矿石原料就成为我国钢铁工业亟待解决的重大课题。

我国是一个铁矿石资源并不缺乏的国家，但国内铁矿石资源绝大部分为贫矿，而且难磨难选，导致生产成本高。而进口矿均以富矿为主，可直接入炉冶炼，生产成本低。这是导致国内铁矿山发展慢、产量低、不能满足需求的根本原因。因此，打破国际铁矿业巨头的垄断，保障我国钢铁工业的战略安全，关键是要在铁矿山企业推行低成本战略，提高国产矿的竞争力。

鞍钢矿业是国内最大的铁矿山企业，有责任发挥自身在资源、技术、产能等方面的综合优势，通过落实低成本战略，提高国产矿的竞争力，为平抑进口矿价格、保障铁矿石供给做出贡献。但是，鞍钢原来的各大铁矿山沿用传统成本管理的做法，并没有取得明显成效，这就需要创新成本管理模式，在实现低成本运营上取得新的重大突破。

（二）充分发挥资源优势、打造最具国际竞争力跨国钢铁企业集团的需要

鞍钢掌控的资源量以及潜在的资源量在国内钢铁企业中处于独一无二的地位。但受资源品质差、矿产品成本高的制约，鞍钢此前的铁前成本一直较高，所具有的资源优势并没有充分发挥出来。鞍钢要保证长远发展，必须努力扭转在铁矿石成本上的劣势。因此，鞍钢制定了铁矿山发展战略，要求鞍钢矿业要在稳定和提升鞍钢铁矿石自给率上做贡献，尤其是要切实做到低成本运营。

2008 年下半年，因受到国际金融危机严峻挑战，鞍钢明确要求矿业要将成本水平调至 500 元/吨以下，降幅高达每吨 100 多元。面对既要加大投入，保能力、保矿石供给，又要注重低成本、保集团效益的双重考验，鞍钢矿业决心走出一条成本管理新路子，以争取成本大幅降低而能力不受影响的双赢局面。

（三）提升铁矿山企业核心竞争力、实现可持续发展的需要

矿山生产的一个突出特点是矿石边生产、能力边消失。鞍钢矿业到 20 世纪初，绝大多数铁矿山均已进入由一期境界开采向二期境界开采过渡的阶段，急需投入大量资金用于老矿山建设。同时，根据鞍钢的铁矿山发展战略，到 2015 年，鞍钢矿业还要搞好新矿山开发，新增铁精矿生产能力 700 多万吨，这是事关鞍钢长远发展的重大战略问题。

既要坚持规模发展，又要落实低成本战略；如何妥善处理好这对矛盾？面对金融危机的挑战，曾经有一种意见认为：应当通过削减部分矿山的维简项目和设备维修费用等做法来渡过难关。但鞍钢矿业最终的看法是：这种“靠勒紧裤带过日子”、就降成本而讲成本的传统成本管理方式，不符合鞍钢集团的战略要求，也不符合鞍钢矿业的长远利益。对于成本工作，也应当置于企业战略发展这个大盘子当中进行通盘考虑，建立并实施一个具有战略意义、长效管用的成本管理体系，促进企业的可持续发展。

二、基于价值链的战略成本管理内涵和主要做法

鞍钢矿业基于价值链的战略成本管理的内涵是：从适应鞍钢战略发展要求出发，以谋求企业长期竞争优势为导向，以对企业价值链进行全方位、多视角的管控和优化为主线，以做到管好生产消耗、管好物流、管好费用和实现全员管理成本、推进全面创新、实时监控成本为重点，由此而开展的一系列成本管理活动。

在 2000 年之前的几年里，面临钢铁行业景气指数不高，铁矿石售价相对较低，铁矿山生产处于亏损的局面，鞍钢各大铁矿山采取削减矿山维简项目和设备维修费用等措施来实现减亏为盈。这种牺牲长远保当前，把成本管理的重心放在局部、片面、单纯追求成本降低上的做法，是传统成本管理的突出特点。这在短期内虽然能够达到降成本的目标，但从长远来看，却严重影响了企业的发展后劲。面对鞍钢发展的新形势，鞍钢矿业注重成本管理的长期性、全局性，从企业整个价值链的角度突

出成本管理，以保证从规模、质量到成本建立起全面的、长期的竞争优势。

（一）开展价值链分析，明确战略成本管理思路

价值链分析是推进战略成本管理的重要一环。鞍钢矿业在推进战略成本管理上，对企业内部、行业及竞争对手的价值链进行了全面分析，确定了推进战略成本管理的努力方向和工作主线。

1. 分析集团战略，调整企业定位。

过去由于长期受计划经济的影响，鞍钢矿业一直被单纯视为鞍钢的原料生产基地和上游生产工序，成本意识相对比较淡薄。在推进战略成本管理过程中，鞍钢矿业通过认真分析，清楚地看到：鞍钢要求矿业将成本水平调至500元/吨以下，实质是要求自产铁精矿成本具有与进口矿一争高下的能力；是要求鞍钢矿业准确把握自身在整个鞍钢价值链中的位置，在保证铁厂原料需求和促进鞍钢增加效益两个方面充分发挥作用。通过上述分析，鞍钢矿业重新进行企业定位，明确提出既要成为鞍钢的主要原料基地，又要成为鞍钢的重要利润中心，统筹完成“增产”和“增值”两大任务。

2. 分析竞争对手，明确努力方向。

进口矿是鞍钢自产矿的主要竞争对手。通过比较分析，鞍钢矿业看到：虽然鞍钢周边地区铁矿石储量丰富，鞍钢矿业的选矿技术已达到国际国内一流水平，鞍钢矿业还具有运距近且稳定可靠的地域优势，但与进口矿的竞争上仍存在着明显的不利条件，主要是：铁矿石品位低，所选出的成品矿在总量上与世界三大铁矿石供应商相比有差距，尤其是进口矿制造成本比自产矿低了许多。近年来进口矿价格一路飙升，是中国钢铁工业发展迅猛，世界三大铁矿石供应商凭借其垄断地位借机谋取高额利润所造成的。但在市场经济条件下，不确定因素很多，如果世界三大铁矿石供应商根据市场变化将铁矿石售价下调，就会给自产矿带来巨大的竞争压力。面对这种局面，鞍钢矿业必须随时做好迎接挑战的准备，把“具备与国内外先进企业长期竞争优势”作为努力方向，力争实现在总量增长条件下的低成本运营。

3. 分析成本动因，确定工作重点。

通过分析认识到：对影响企业各项价值活动成本高低的因素应当采取有增有减的不同对策，不能一味地强调“降”，所要“降”的是那些低效成本或无效成本，而对于价值高能够带来高产出的环节，则要“增”。推进战略成本管理的总体思路必须是：做到一切立足于价值链的增值，着眼于价值链的管控和优化。同时，鞍钢矿业还看到：影响企业各项价值活动成本高低的因素，不仅存在于生产过程，还涉及流通过程及管理过程；不仅存在于企业内部，也涉及企业外部的供应商和关联单位。对价值链的管控和优化必须做到全方位、多视角。在此基础上，鞍钢矿业着重分析了可控性成本动因，确定把做到“三个管好”（管好工序生产、管好物流、管好费用），达到“全”（全员成本管理）、“新”（技术、体制和经营方式创新）、“实”（对价值链上有关成本的各项活动进行实时监控）作为推进战略成本管理的重点。

（二）强化价值链管控，切实推进战略成本管理

价值链管控是把企业的供、产、销等创造价值的各个环节有机地整合起来，加强对这些环节的监督和控制，使其形成整体，协同运行，保证实现系统性、全局性的目标。

1. 建立工序标准成本分析体系，严格监控成本异动。

鞍钢矿业是由诸多工序组成的连续性大生产的铁矿山联合企业，为此，鞍钢矿业把推行工序标准成本分析作为实施基于价值链的战略成本管理的主要举措。

（1）科学合理地核定工序标准成本。一是细化成本单元。建立了“定额物资指标数据统计台账”和“非定额物资指标数据统计台账”，对各单位各工序的成本工艺设计水平、近三年实际成本水平和同行业企业的成本水平，进行了定额及非定额指标的收集工作。通过指标对比，进一步梳理和摸清物资消耗与工序作业之间的关系，总结成本动因的变化规律，重新整理、规范定额和非定额物资的分类。同时把这些定额层层分解、细化，使指标管理责任落实到每个工作岗位、每个生产操作者肩上。二是核定标准成本。主要内容是核定物资消耗标准和费用开支标准。核定的原则是：已经达到和具备条件达到公司或国内同行业先进水平的项目，按公司或国内同行业先进指标核定；考虑生产条件变化及生产工序、操作技术改善、技术开发成果的

应用、设备装备更新等所带来的标准的改善；考虑人的主观能动性的充分发挥可能产生的标准的改善。

（2）建立和运作工序标准成本分析模型。按照成本习性，结合实际生产特点，确定了工序标准成本差异的构成。

工序标准成本差异＝工序标准成本－工序实际成本

差异额＞0表示成本降低，差异额＜0表示成本超支

工序标准成本差异分析从定额价格、定额耗量、作业量变化、固定费用开支4个方面进行。对差异率超出5.0%的单个项目要进行分析，对差异率超出10.0%的单个项目要进行重点分析。主要目的是层层分析成本动因，找出主要矛盾，落实改进责任，不断降低成本。

（3）建立工序标准成本责任考核机制。将工序标准成本差异分析情况纳入经济责任制考核，建立起横向从公司到部门，纵向从基层厂矿到车间的工序成本分析考核机制。对没按时完成的部门、厂矿、车间，按照经济责任制的考核办法认真处理。

2. 完善物流管理体系，严格控制物资采购和领用。

战略成本管理要求突破企业边界，将成本管理延伸至外部供应链。鞍钢矿业近年来十分重视做好外部供应商的工作，同时也注重加强对内部供应系统的管理。

（1）强化公开招标工作。采取按月招标、动态价格、低价中标等方式，积极争取最低的采购价格。特别是在招标具体操作环节上下足功夫，对降采幅度达不到要求的物资，采取捆成大包按一家中标的办法进行谈价。又采取了“两个出局、两个突破”的硬性措施。“两个出局”，就是计划员通过与供应商谈价，降幅达不到目标的品种如果超过5项，计划员要离开岗位；供应商不接受降幅的，则进行社会公示，如有承接厂家，现供应商要被取消供货资格，并规定3年内不允许其参与投标。“两个突破”，就是实现对定标程序和入围供应商的突破。只要价格达到降采幅度，马上锁定价格和渠道。

（2）建立价格监控机制。在公司专门设立了价格管理岗位，及时准确地掌握市场价格信息，并利用互联网建立价格监控平台。同时，对原料及辅助材料等占成本比重较大的主要物资进行成本构成系数分解，制定成本构成模块，根据其上游原料及辅助材料的价格变化，充分利用价格杠杆指导采购价格，确保公司采购成本合理。

（3）建立物流及追溯管理机制。建立完善物耗标准定额，在此基础上，扩大了物耗定额范围，对非定额物耗进行定额管理。同时实行了物资领用“实名制”，对物资领耗各个环节发生的情况进行全周期的责任和轨迹跟踪控制，并有依据地追溯管理责任。

3. 实行全面预算管控，合理配置财务资源。

预算管理是提高成本信息真实性、识别企业价值链、有效配置财务资源、推进企业战略实施的客观需要。为解决过去存在的各级专业部门对预算的编制和管控介入程度较浅，致使财务资源配置不合理，资源浪费与流失的现象时有发生的问题，鞍钢矿业构建了全面预算管控体系。

（1）预算的编制与审批。就是对所需耗费的资源做到预先、合理、有效地分配。预算的编制与审批按照“上下结合、分级编制、归口管理、逐级汇总”的程序进行。

（2）预算的执行与控制。总预算由预算办公室组织实施，分预算由各单位和各专业部门组织执行，各单位和各专业部门的主要行政领导对预算执行的全面性、完整性和准确性负责，各职能管理部门负责对其所辖专业预算执行过程进行检查、控制和分析。

在预算执行过程中，凡没有预算的项目，坚决不予列支；预算内各项目不得串项列支；节余项目的节余额不得用于预算内其他项目或新增项目；对于以前年度遗留的应进未进经济业务款项，或已有项目未经批准超预算发生支出的，公司将根据潜亏或超预算额度进行双倍考核，同时视其情节执行问责；对未经公司批准擅自增加、变更预算项目，使成本费用升高、支出增加，视同违纪行为。

（3）预算的评价与考核。预算管理由预算办公室对各单位和各专业部门按月实行考核，并以此作为各单位绩效评价和工资分配的依据之一。影响预算执行准确率的预算追加项目，在评价、考核时，不作为分析因素扣除。

4. 调整成本管理组织体系，实行全员成本管理。

实施基于价值链的战略成本管理必须控制企业生产经营的全过程，亦即价值形成和成本发生的全过程。对此，鞍钢矿业从满足战略成本管理要求，形成人人关心成本、人人管理成本的全员成本管理格局出发，着手建立了基于价值链的战略成本管理组织实施体系。明确了公司生产、设备、工程、科研、企管和供销等各个系统在推行战略成本管理中所担任的角色和所负的职责，使这些部门在负责做好日常工作业务的同时，还要负责做好与本系统业务相关的成本、费用的管控工作，将专业管理与成本管理有机地结合起来，从而建立起了从研发、采购、生产到服务等企业价值链所有环节全面实施成本分析、全员参与成本管理的长效机制。

（三）优化价值链，依靠技术、体制和经营方式创新推进战略

实施成本管理。通过创新，对制约和影响企业可控性成本动因的各价值环节进行不断优化，提升其增值能力，这是推进战略成本管理的必由之路和重中之重。

1. 依靠技术进步降低结构性成本。

推进技术创新，改造原有的选矿加工工艺，是解决结构性成本动因的最重要方面。因此，鞍钢矿业围绕实施《鞍山贫赤（磁）铁矿选矿新工艺、新药剂与新设备研究及工业应用》这一项如今已获国家科技进步奖的科研项目组织开展技术攻关，成功解决了国内贫铁矿资源开发利用难的问题。铁精矿品位由“九五”末期的64.5%提高到了67.5%以上，已经高于进口矿的品位。这一项目的成功，使鞍钢炼铁矿耗比2000年降低190千克/吨，以鞍钢目前年产生铁水平计算，相当于每年少耗人造富矿437万吨。

2. 改革管理模式降低执行性成本。

体制滞后，企业管理成本过高，是鞍钢矿业在执行性成本动因方面需要解决的主要问题。近年来，鞍钢矿业在体制上试行了“集中一贯制”和“专业化分工与协作”的管理模式。其特点是生产厂矿内部专门负责矿产品的生产活动，其他专业，如设备检修、后勤服务、岩石运输、外部运输等均由外部协力单位负责。实施这一改革使鞍钢矿业新建的年产铁矿石1 000万吨、铁精矿230万吨的鞍千公司，现有职工定员总数比建矿前设计的定员总数减少了344人，采矿劳动生产率为5万吨/年人、选矿劳动生产率为2.4万吨/年人，达到了国内领先水平。

3. 调整经营方式促进成本降低。

通过强化关联单位合作，整合社会资源，促进成本降低。鞍钢矿业近年来每年剥岩总量高达1.5亿吨，其中有一部分需要外委。过去，外委剥岩的关联单位多达数家，效率较低，管理较难，费用较高。实施战略成本管理以来，鞍钢矿业对此进行了整合，将外委剥岩统一交给专业化程度较高、实力较强的鞍钢建设公司负责。同时，分析矿岩成本的构成，优化了外委剥岩计价模型，控制住了外委剥岩成本。在工程建设上，过去是设计、采购、施工由不同的单位和部门执行，导致经常出现工程进展不同步、工期拖后、增加工程造价等问题，现在采取了工程总承包方式，实现了设计、采购、施工在一个单位内进行，保证了工程质量和进度，提高了投资效益。

（四）提高价值链各环节的实时性和同步性，搭建战略成本管理信息平台

对企业价值链进行整合，要求企业价值链上的所有环节都能实现信息和行动上的实时性、同步性，必须有反应快捷、强大、实时的以ERP为基础的信息系统的支持。建设支撑价值链管理的成本信息系统是推进战略成本管理的又一要素。

1. 工序标准成本分析程序。

程序设计的指导思想是结合鞍钢矿业生产经营特点，利用计算机自动生成工序标准成本差异报表，利用“即时通”工具及时把数据发送给相关责任管理部门。各级责任管理部门各自结合本工序生产、设备等实际情况，对本责任中心负责的工序标准成本差异做出客观的分析，借助差异分析，发现问题并及时调整生产经营决策，达到优化工艺流程、降低成本的目标。

2. 物资备件全寿命周期管理系统。

物资备件全寿命周期管理系统以对物资的全寿命周期跟踪为主线，涉及物资计划申报管理、计划的执行进度跟踪、入库出库信息管理、使用跟踪、故障分析、报废记录、维修管理等流程，并形成供应商产品分析、设备故障分析、物资寿命周期统计等综合分析报表，是一套对生产备件全寿命周期跟踪分析的综合管理系统。

3. 预算管控平台。

建立预算管控平台，主要针对过去预算管控相对松散的现状，以解决部分费用超预算支出和串项支出等问题为目的，通过运行多向的信息反馈、分析系统，对预算的编制、审批、下达、控制等一系列流程实现全过程的实时反映，使预算数据能够在车间、厂矿和专业部门等各个编制主体之间自动传递，并能够自动生成财务预算和专业预算报表，凸显专业管理和财务管理的协同管控职能，实现数出一门，数据共享，夯实费用开支水平，有效控制费用支出。

三、基于价值链的战略成本管理主要效果

（一）铁矿石生产成本大幅度下降

通过实施基于价值链的战略成本管理，2009 年，鞍钢矿业在因金融危机影响铁精矿同比减产 100 万吨，以及从保能力、保长远要求出发增剥岩石 300 万吨的条件下，实现利润 26 亿元，对鞍钢的效益贡献率达到了 81.0%，与前些年相比出现了跨越式的提升。尤其是鞍钢矿业的铁精矿单位完全成本历史性地降到了 500 元/吨以下，降幅高达 22.0%。与 2010 年上半年的进口矿到岸价比，利润空间达到 350 元以上。这标志着鞍钢具备了与国外铁矿山大企业“叫板”的成本优势。

（二）企业的盈利能力和抗风险能力明显增强

实施基于价值链的战略成本管理，使铁矿山经济效益明显增长，改善了国内铁矿业的投入、产出关系，为加大对国内铁矿山建设的投入，搞好国产铁矿石资源的开发利用创造了有利条件。如今，鞍钢矿业推进战略成本管理所做出的努力和所取得的成果赢得了国家有关部门的重视和支持。2009 年，国家正式批复计划投资 147 亿元、以使鞍钢矿业铁矿石生产能力由目前的 5 000 万吨增至 1 亿吨的鞍钢老区铁矿山建设规划。

（三）企业经营管理水平得到了提升

实施基于价值链的战略成本管理，促使鞍钢矿业的各项管理工作实现了全方位的提升。从 2000 年起，鞍钢矿业开始了大力度的采选工艺技术改造，很快使自身的技术装备水平达到了国际国内一流水准。但其成本指标在 2008 年全国十大重点铁矿山联合企业中排名仅列第 7 位，主要原因是经营管理水平和技术装备水平不同步、不匹配。在实施战略成本管理过程中，鞍钢矿业将成本动因分析贯穿始终，并找出了诸多提升管理水平的突破口，从而使企业成本动因的可控性明显增强。2009 年，鞍钢矿业的成本指标在全国十大重点铁矿山联合企业中的排序跃升至前 3 名。

（四）促进了企业资源节约和环境保护

战略成本管理主张推行清洁成本管理模式，强调企业成本管理活动要有反映环境成本的内容。鞍钢矿业在实施战略成本管理过程中，做到了统筹考虑成本与环境。近年来鞍钢矿业先后荣获“全国矿产资源合理利用开发先进矿山企业”的称号和“全国绿化委员会绿化金质奖”的荣誉。

积极探索　扎实工作　努力创建世界一流煤炭综合能源企业

神华集团有限责任公司

2010 年，神华集团有限责任公司（简称“神华集团”）上下深入贯彻落实科学发展观，以安全、规模、效益协同提升为重点，以“五型企业”建设为抓手，以提升管控能力和信息化水平为突破，狠抓基础管理、生产运营和市场营销，主营业务量继续攀升，原煤产量 3.6 亿吨、百万吨死亡率 0.025，商品煤销售 4.5 亿吨，自营铁路运量完成 3 亿吨，发电 1 601.6 亿度，港口装船完成 1.2 亿吨，营业收入 2 196 亿元，利润总额 585 亿元。继续保持我国规模最大、现代化程度最高的煤炭企业和世界上最大的煤炭经销商的地位，在世界 500 强企业中排名稳步攀升。

2010 年，神华集团国有资本保值增值率继续处于行业优秀水平，企业经济贡献率继续居全国煤炭行业第一，利润总额在中央直管企业中名列前茅，安全生产继续保持世界先进水平。

2010 年，神华集团各项重点工作取得重大进

展，为集团公司在“十二五”期间创建世界一流煤炭综合能源企业奠定良好基础。

一、转变发展方式步伐加快

神华集团认真贯彻党中央、国务院关于加快转变经济发展方式的一系列部署，全面推进集团“科学发展，再造神华，五年实现经济总量翻番”发展战略，发展质量和水平不断提高。

各产业、各企业保持均衡发展态势。煤、电、路、港、航协调发展，继续发挥产能效益主力军作用，运营质量进一步提升，辐射带动和协同效应明显增强，非上市企业经过重组改革焕发生机。

产业升级和节能减排相互促进。高碳能源低碳化发展，煤炭转化和清洁利用工程取得成效，矿井技改步伐加快，生产效率大幅提高，资源利用率显著提升，煤炭生产、加工和转化过程实现高效减排；电力板块大容量、高参数机组效能持续释放，低排放、低耗能机组比重进一步增加，综合能耗水平保持行业领先。

价值创造和安全发展理念得到强化。初步建立了以经济增加值（EVA）考核为中心的绩效考评体系，对实现集团战略目标和效益最大化起到了引导作用；明确提出了本质安全体系是“生产安全”、“政治安全”和“经济安全”三位一体的安全理念，并以此为思路开展本质安全型企业建设活动。

二、产运销高效运行

产运销战线全面落实集团的总体要求，强化煤源组织，提高运行效能，大力开拓市场，一体化协同能力进一步释放。

煤炭产量稳步增长。集团在部分矿井限产、停产和安全压力之下，煤炭产量仍然实现了稳定增长，2010年原煤产量较上年增长2 944万吨，增长率为9.0%。

煤炭销售能力大幅增强。积极应对市场变化，加快销售方式转变，创出“五战3 500万吨”、“六战4 000万吨”的历史最好业绩。充分利用神华品牌和运输优势，优化产品结构，强化用户管理，积极开发原料煤、水煤浆用煤、化工用煤、冶金用煤、块煤、粒煤等市场；充分利用自有铁路、港口资源和场地优势，大力开展煤炭贸易业务，全年煤炭贸易总量突破4 000万吨。

路港运输运转高效。充分挖掘现有运输设备潜力，精心安排煤炭装车，积极增开万吨重载列车，不断提高天窗利用率，减少施工影响，加强与有关铁路局的协调，提高自备车回空数量。

电力生产成效显著。调整营销策略，发挥资源综合优势。全年发电完成1 410亿度，比上年增长32.0%，连续214天发电量超过3亿度，连续10个月全口径发电量超百亿，全年机组利用小时数保持了全国领先水平。

三、安全生产态势良好

全面贯彻落实国务院23号文件精神，安全责任意识、忧患意识进一步增强，本质安全体系进一步完善，风险预控管理水平不断提高，原煤生产百万吨死亡率为0.025，53处生产煤矿有29处实现连续安全生产1 000天以上，整体安全生产继续保持国际先进水平。

初步建立了覆盖全集团煤矿、电力、交通运输、煤制油化工各板块的本质安全管理体系和考核标准。突出抓好煤矿“一通三防”尤其是瓦斯和水害防治等工作，实施区域性瓦斯治理措施，强化超前规划和预抽，集团瓦斯抽采量完成1.9亿立方米，完成年计划的132%；瓦斯利用量完成9 266万立方米，完成年计划的105%。

四、管理基础进一步夯实

公司治理更加完善。注重发挥董事会战略引领作用和各专业委员会及外部董事作用，初步建成了战略型董事会，受到国务院国资委等上级部门的肯定。子（分）公司法人治理结构得到加强，通过严格规范议案管理等措施，有效发挥派出董、监事在维护集团权益方面的积极作用。神华集团的公司治理水平走在全国上市公司的前列，连续2年获得上交所“年度上市公司董事会”奖。神华集团资本市场形象良好，获得了2010年度H股企业管制披露最高奖——“钻石奖”。

“五型企业”建设富有成果。全面推行和完善以经济增加值为核心指标的“五型企业”考核体系。完成了集团“五型企业”建设暨绩效考评体系建设、集团公司产业链利益协同化研究等课题，制定集团经济增加值考核实施细则，增强了考评工作对生产经营活动的导向性。《大型综合能源集团以“五型企业”建设为基础的管理优化》荣获第十七届国家级企业管理现代化创新一等奖。

经营管理进一步加强。坚持价值创造导向，进一步提高资产运营效率。集团总资产周转率、流动资产周转率、存货和应收账款周转率等指标均优于上年，分别提高0.03次、0.17次、1.5次、3.2次。不断提高资金管理水平，健全资金管控模式，可归集资金集中度在80.0%以上。大力拓展内部信贷业务，加大内部资金融通，全年节约财务成本16.5亿元。

内部改革和基础管理不断深化。积极推进集团整体上市步伐，将9个子公司资产注入上市公司。健全产权管理制度体系，进一步防范了经营风险。对全集团的产权状况摸底调查，清理对外长期股权投资，充分发掘参股投资价值，盘活了存量资产。对下属公司的设立、合并、分立、解散、清算等行为进行了梳理和规范，积极推进四级公司清理整顿，清退内部职工持股。集团领导带队到台塑集团参观学习，对标工作有效推进。

五、重点项目有序推进，确保可持续发展

集团深入开展“基建管理年”活动，基础管理、现场管理、项目管理水平逐步提升，各重点项目有序推进，确保集团公司可持续发展能力不断增强。

北京低碳清洁能源研究所、包头煤制烯烃、宁东煤制烯烃、呼伦贝尔电厂一期项目等完成了预定目标；准东五彩湾露天煤矿和新巴准铁路按照目标进度稳步推进；神华技术创新基地、朔黄铁路扩能改造和黄骅港三期工程克服征地、拆迁、设计、施工等困难，完成年度投资计划85.0%以上；西湾煤矿完成初步设计，并与陕西省煤田地质局签订了探矿权转让协议；李家壕矿井和洗煤厂目前已具备联合试运转条件，预计2011年一季度末投入试生产。

六、加快实施人才发展战略

大力实施“十大人才工程”，努力打造适应集团发展的一流人才队伍。积极探索党管人才、提高选人用人满意度的新路子，加大人事改革力度。

通过四次大规模各层次岗位的公开竞聘，初步健全了民主公开竞争择优的选人用人机制；通过加强技术和技能人才职业发展管理，激励广大员工岗位成才；开展神华“十二五”人才发展规划编制，提高了人才工作的系统性、前瞻性和科学化水平；大力引进海外高层次人才，精心打造神华“人才特区”。以北京低碳清洁能源研究所为平台，初步搭建起一支层次多元、结构合理的国际化科研团队；通过举办神华人才工程培训与集团总部专题讲座，以及集团总部英语学习达标活动等一系列培训，形成了浓厚的学习氛围，学习型企业建设迈出新的步伐。

七、信息化建设取得重要成果

流程优化与信息化总体规划项目作为2010年集团基础管理的“一号工程”。项目确定了管理优化的总体方向和重点领域，设计了总体信息化构架和实施方案。及时启动了以ERP为核心的SH217工程，集团信息化建设进入了典型设计和能力建设阶段。

生产指挥信息门户系统、生产计划和生产数据汇总分析报表系统和生产指挥网络监控三大系统完成优化升级，提高了集团生产组织调控的效率和能力。集团产权管理信息系统得到完善，丰富了产权管理和派出董、监事管理的手段；煤制油化工公司设备综合管理平台上线，实验室信息管理系统、生产运行数据集成系统、实时数据库及应用等项目加紧调试；朔黄铁路综合运输信息系统完成一期工程建设，获得国家软件著作权5项。

八、自主创新和节能减排成效显著

自主创新能力增强。2010年集团共申请专利350项，其中发明专利140项，获专利授权130项，分别是上年的2.6、3.2和1.6倍。“基于科技资源整合模式的煤炭开发利用技术创新工程”获国家科技进步二等奖，全集团获得省部级科技进步奖15项，其中“特大型矿区群资源与环境协调开发技术”等5项成果获一等奖。

神华“三位一体”技术创新基地建设加快，

低碳所研发工作全面启动，神华研究院进入组建阶段。集团公司被确定为中美清洁能源联合研发中心清洁煤研发领域的牵头单位之一，获国家能源局批准建设“国家能源煤炭清洁转换利用研发（实验）中心”，并申请国家和国际合作项目5项。煤炭开发利用技术创新战略联盟获得“十一五”国家科技计划组织管理优秀组织奖。与中国工程院开展战略合作，2个“院士专家工作站”共引入院士9名；与国家自然科学基金委联合设立“煤炭开发利用技术研究联合基金”，重点资助我国煤炭等相关行业在开采、安全、转化领域具有重要意义和应用价值的基础研究项目。

节能减排工作力度加大。集团成立环境保护部，加强节能减排、环境保护工作的监督管理。以中机电公司为平台，大力推进节能减排市场化、专业化程度。积极推广先进技术和工艺，建设大型煤炭基地和环保机组，稳妥实施“上大压小”、“热电联产”。“十一五”期间，关停小火电机组106.8万千瓦。供电煤耗为326克/千瓦时，比全国平均水平低7克/千瓦时。

积极探索低碳化发展，“30万吨煤制油工程高浓度二氧化碳捕集与地质封存技术开发及示范”项目开工建设，一期工程封存10万吨二氧化碳，这是我国首例二氧化碳捕获与永久性封存的工业性示范项目。

九、企业和谐发展局面进一步巩固

紧紧围绕“抓融入，促发展，提升神华党的建设科学化水平”创先争优活动主题，积极探索将创先争优活动融入改革、发展、稳定全领域的有效途径。建立目标管理机制，制定了创先争优活动标准，充分发挥党组的领导核心作用、基层党委（总支）的政治核心作用、基层党支部的战斗堡垒作用、党员领导干部的示范表率作用、普通党员的先锋模范作用；开展党员献爱心活动，37 191名党员共捐款504万元，塑造了神华党员形象。

稳步推进公推直选和党代会常任制试点工作。已有301个基层党组织开展了公推直选，34个基层党组织试行了党代会常任制，有效落实《关于加强和改进集团公司党的建设决定》。完善党组织参与重大问题决策的体制机制，认真落实“相互进入、交叉任职”的原则，健全党委、董事、经理层的沟通机制，有效保障了“三重一大”问题的科学决策。

以学习贯彻《廉政准则》和《若干规定》为重点，深入开展党风党纪教育和警示教育，增强了各级领导人员的廉洁从业意识。健全完善反腐倡廉制度体系，推动惩防体系建设与管控体系、内控与风险管理建设高度融合，提升了源头管控效果。认真抓好工会组织建设，成立了工会理论研究会和集团文联等群众组织，组织开展第十届（电力）职工技能大赛、职工技术创新活动、先进典型评选活动和“安康杯”竞赛、“安全月”等活动。

加大援藏等扶贫帮困工作投入力度。成立了神华公益基金会，启动了首批白血病和先天性心脏病患儿援助计划。

成功主办国际采煤业的首次技能比赛——“神华杯”采煤技能国际邀请赛，9个国家12家企业参赛观摩，提升了神华在全球煤炭行业中的影响力。

神华集团坚持以价值创造为导向，加快产业结构调整，完善一体化运营模式，增强自主创新能力，不断提升管理水平，力争早日建成世界一流煤炭综合能源企业。

坚持四位一体　打造行业级安全高效示范化矿井

山东能源新矿集团翟镇煤矿

近年来，山东能源新矿集团翟镇煤矿坚持以科学发展观和安全发展观为指导，以打造本质安全高效示范化矿井为目标，坚持以差异思维为引领，坚持“装备、管理、培训、文化”四位一体，创新创优，求实求效，安全工作呈现出持续健康稳定的发展态势。截至2011年4月2日，连续实现安全生产3 000天，安全产煤1 800多万吨。矿井先后获得“煤炭工业双十佳矿井”、“行业一级安全高效矿井”、“山东煤矿安全评估5A级矿井”、“全国煤炭工业企业文化示范矿井”等荣誉称号。

一、立足科技保安，矢志不移地提升科技装备水平

翟镇煤矿瞄准行业一流、世界先进，坚持“采掘机械化、辅助自动化、监控数字化”的发展方向，大力实施“科技兴矿”战略。近年来先后推广应用600多项新技术、新工艺、新设备，其中有30多项荣获省部级奖励，特别是2010年一次性获得18项专利，为矿井安全高效发展提供了坚实的保障。

一是综采支架“本土化”。先进不等于适用，适合才是最好的。矿井投产之初，曾试验应用综采支架，但因综采架型不适应现场条件，使用效果不佳而被撤除，形成了矿井不适用综采的惯性思维。经过深刻反思后，引进并加工改造了轻型掩护式液压支架，并于2003年实现了综采化生产，获得集团公司综采特殊贡献奖。

二是生产设备“匹配化”。匹配才能体现优势，发挥效能。随着综采的普及，按照采掘配套的要求，坚持“装备、效率、质量、素质”四个一流的标准，先后引进150、160型掘进机，应用集团公司第一套掘锚支一体机，特别是引进国内第一台奥钢联AHM－105型和一台MR340型硬岩掘进机，提升了掘进水平。立足“四个消灭”，探索应用长距离的运输皮带、卡轨车，特别是自2006年以来，推广应用单轨吊，并研创了电牵引、柴油机等系列单轨吊，替代了小绞车，消灭了地轨，杜绝了小绞车提升运输和跑车事故，实现了井下运输安全的本质性突破，目前除后五采区外全部实现了单轨吊网络化运输；研创了井下煤仓清仓机器人，替代了人工清仓，填补国内空白，并荣获省科技进步二等奖。

三是绿色开采“经济化”。安全、经济、生态是绿色开采的重要目标。针对“三下”压煤较多、资源回收率不高、地表采动影响大、行业内无经验可借鉴的难题，翟镇煤矿坚持“难题就是课题、难点就是亮点”的思路，加大科技攻关力度，努力破解生产瓶颈，研制应用具有知识产权的矸石液压充填支架，开创了绿色开采的先河，实现了采充平衡，月单产保持在3.5万吨以上，充填效率和效果比较理想。同时，积极探索，在全国率先应用地面钻孔下矸工艺，较好地解决了地面矸石下井回填和采动影响的问题。绿色开采创新成果荣获第十六届国家管理创新一等奖，矿井被国土资源部确定为“首批国家级绿色矿山试点单位”。

二、立足管理保安，矢志不移地提升安全管理水平

本着严谨科学的态度和本质化的目标，坚持全方位、多角度的思维方式，对安全管理中人、机、环境等要素的职能和关系进行再认识、再定位，不断创新举措，实现了安全管理由精细管理向差异管理、自主管理提升。

一是职工安全“自主化”。立足安全主体归位，坚持“谁主管谁负责、谁审查谁负责、谁带班谁负责、谁安排谁负责、谁上岗谁负责”的原则，明确责任，严格追究，强化落实，实施安全自主管理，形成了以“岗位自律、班组自控、区队自管、专业自监”为核心的安全自主管理体系。

二是安全处罚“差异化”。建立健全员工安全绩效档案，员工每违章一次累积相应的分数，月度、季度、年度达到一定积分的，职工可自主选择安全培训、拓展训练、交纳罚款、安全担保、安全帮教、陪护病人、主题教育等方式进行处罚。同时，将安全积分作为评先树优、学习培训和末位转岗的重要依据，职工行为控制实现了从外在约束向行为自控转变。另外，在工会设立了处罚复议办公室，通过建立模拟法庭，对存有异议的处罚进行公开复议听证和仲裁，在维护安全规章制度的公正性、严肃性的同时，融洽了管理者与被管理者之间的关系，职工与执法人员“拳头对拳头”的矛盾关系变为“手握手”、“心对心”的和谐关系。

三是生产过程“正规化”。均衡有序生产是实现安全生产的重要前提。首先坚持正规循环作业。针对生产条件的复杂多变，缩小考评单元区间，生产计划由按月排定转变为按旬排定，严格按循环进度组织生产，凡是超能力、超强度、超定员情况下生产的，不仅不作为工作量，而且还要受到处罚，从而杜绝突击生产，实现了均衡有序生产。其次坚持正规操作。坚持“上标准岗、干标准活、交标准班”，严格执行

手指口述、安全确认制度，规范了职工行为。第三坚持正常生产秩序。不论生产任务轻重、路途远近，始终坚持正常的工作时间，以职工上下井时间为准，严禁加班延点，从而保障了正常的生产秩序。

四是管控环节“精简化”。管理精简化是减少隐患的重要手段之一。按照“设置精当、环节精要、人员精简、运转精畅”的原则，综合考虑业务范围、施工区域、人员素质、生产调整等因素，推行“大工区制”，减少130多人，既推进了减人提效，又减少了区队间施工和管理的交叉，降低了隐患，保障了安全，支持了外部发展。

三、立足素质保安，矢志不移地提升职工队伍素质

人是安全生产的主体，素质高低决定着安全生产的成败。加强培训基地建设、改进培训方式、创新培训形式，是提升职工整体素质的有效载体。

一是基地建设“三级化”。高度重视职工教育培训，持续加大职工教育投入，按照“实际、实用、实效”的思路，先后投资1 300多万元建成了“三级”煤矿安全培训基地和全国煤炭行业首家实训基地，可同时供23个工种、720人以上规模的系统培训。

二是职工培训“层次化”。针对培训需求的差异性，按照打造“复合型、专业型、专家型、技能型、适岗型”队伍的总体要求，坚持“知识、技能、意识”并重的原则，有层次地加强职工培训。针对中高层管理人员，通过与中国矿业大学、山东科技大学合作，专门举办了工程硕士研究生班，打造复合型领导团队；针对班组长和区队长，积极鼓励参加各类成人学历本专科教学班，提升专业素质和业务能力，打造专业型队伍；针对安监、技术、调度“三大员”定期组织举办专题讲座，打造专家型队伍；针对特殊工种，分类组织举办初级工、中高级工、技师和高级技师培训班，提升业务技能，打造技能型队伍；针对新工人，通过签订师徒合同，设立伯乐奖，采用传帮带的形式，促使新工人尽快成长，打造适岗型员工。

三是技术比武“常规化”。坚持全员培训、全员比赛，以比促学、以赛代练，定期举行技术比武和练兵活动。2008年以来，先后组织各类技术比武90多次，培训2万多人次，涌现了以省级首席技师刘玉水和市级首席技师李峰为代表的一批业务精英，目前矿井中高级工占总人数的28.2%。

四、立足文化保安，矢志不移地强化安全文化建设

安全文化是安全发展的灵魂。围绕内化于心，外化于行，持续加强安全文化建设，大力营造安全生产的“软环境”，使“安全生产、文明生产、享受生活”成为矿区一种新追求和新风尚。

一是安全理念“人本化”。在牢固树立“安全第一，生产第二”、“我的安全我知道，我的责任我落实”、“一切事故可防可控”等安全理念的同时，不断提升、倡树“生命高于一切、健康重于一切”的理念，明确提出安全要由“保障生命安全”向“保障健康安全”转变，实现了由关注生命安全向职业健康安全的跃升，并取得了显著成效，矿井连续3年未新增一例职业病。

二是安全活动“多样化”。坚持“月月有重点、季季有主题、年年有新意”，分阶段开展安全活动、分层次制定安全奖励办法，职工推行安全工资、管理人员实行安全风险抵押金制度，增加安全要素在收入中的比重，引导职工挣安全钱、吃安全饭。推行两周一休、安全生产骨干带薪休假、组织安全标兵外出休养等制度，提升安全生产的精神附加值。

三是安全宣教“具体化”。党政工团齐心协力，创新安全宣教形式，编制了《安全文化手册》《安全——我最难忘的一件事》《我身边的安全故事》，让身边的人讲述身边的事，用身边的事教育身边的人，起到了事半功倍的效果。组织开展安全诚信班组竞赛、安全签名、安全演讲、安全知识抢答赛、安全主题辩论赛等活动，利用电视、宣传橱窗、典型引导等，广泛宣传，浓厚了安全氛围。

（撰稿：佟　强　杨训鹏　王向阳　时圣岩）

构建班组安全网络　促进班组建设

郑煤集团裴沟煤矿矿长　雷丁轲

裴沟煤矿是郑煤集团公司骨干矿井之一，1966年建成投产，生产能力为210万吨/年。全矿职工4 600人，设有21个生产区队，96个班组，160名班组长。先后荣获“全煤系统文明煤矿”、“煤炭工业安全高效矿井”、河南省“五优矿井”等荣誉称号。

多年来的安全生产管理实践使煤矿认识到，班组是安全管理的最基层组织，是安全管理的重要环节和基础。根据煤矿一个班组编制20～50人的建制现状，以及涉及多个工种岗位，职工素质参差不齐，管理难度较大的实际情况，2006年以来，煤矿通过建设班组安全网络，即“构建一个网络、实行‘两选’措施、实施三级帮教、落实四项挂钩”，形成了职工互帮互学、相互监督的安全联保机制，促进了班组建设。具体做法是：

一、构建安全小组网络，搭建班组互保联保平台

依据金字塔管理理论，煤矿按照岗位、工作内容相近的原则，按6～10人规模，将每个生产班（组）再细分成若干个安全小组，班组长也作为普通一员参加编组。一般情况下，采煤队的一个生产班（组）可以划分为4～6个安全网络小组，掘进队的一个掘进班（组）划分为2～3个安全网络小组。这样，把全矿生产区队、班组细分成了456个安全网络小组，网络小组内部成员之间、小组与小组之间风险共担，利益共享，相互监督、相互促进，构建了一个覆盖全矿的安全网络。每个网络小组设一名小组长，负责本小组安全活动。通过安全网络小组的有效运行，促进了班组管理。

二、实行“两选”措施，确保有效运行

一是网络小组成员推选组长。安全网络小组运行初期，由班（组）长根据规定标准，把班组内有能力、有威信的人确定为小组长，以后实行一月一总结，一季度一选举。网络小组长由小组自行投票选举产生，上报区队备案，向职工公示。若网络小组长责任心不强，自保工作不好，致使本小组考核成绩不理想，使大家的安全网络奖金和荣誉受到影响，将被小组成员淘汰。自班组安全网络运行以来，先后淘汰网络小组长48人，平均每年达到3.0%。

二是筛选淘汰网络小组“问题成员”。对于行为不规范，经常违章、达不到考核标准，影响小组内其他成员的经济利益和荣誉，通过小组内部帮教收效甚微的小组“问题成员”，通过小组内筛选予以淘汰。

实行“两选”措施，使得网络小组长和每个成员时刻保持自律，增强了自保、互保意识，提高了网络小组和班组的安全保障能力。

三、实施“三级帮教”，保证网络小组安全运行

根据“木桶”管理理论，着重查找安全网络的薄弱点，把网络小组“问题成员”作为重点监控对象，实行“三级帮教”。

第一级是被网络小组选举淘汰的“问题成员”，由小组长交给班（组）长管理，网络奖金相应减少20.0%，经过3个月帮教，改正后重新回到原网络小组。第二级是经班（组）长帮教，仍然有问题的人员，由班（组）长交给区队支部书记帮教，网络奖金减少40.0%，在3个月内没有问题的，返回原网络小组。第三级是经支部书记帮教，仍然达不到要求的人员，取消安全网络奖金，由队支部书记交由矿安监科重点盯防帮教。若一季度内改正的，返回本队，若仍不悔改，解除劳动合同。

通过“三级帮教”，保证了安全网络小组的顺利运行，同时把程度不同的“问题成员”置于不同级别的安全管理、帮教和监督之下，消除了安全网络上的薄弱点，从而保证了班组安全生产。

四、落实“四项挂钩”，完善考核机制

煤矿开展班组安全网络建设的目的就是规范职工行为，增强自律、互保意识，提高安全技能和素

质。为此煤矿把安全网络奖励与以下4项考核内容挂钩：

一是与“违章”和安全指标挂钩。一个月内网络小组成员出现违章1次，取消当事人奖金，其他小组成员奖金减少50.0%；如果网络小组内成员出现违章2人次，取消所有小组成员奖金；出现轻伤事故或三级非伤亡事故的，取消责任人所在班（组）所有网络小组成员奖金；出现重伤事故、重大涉险事故或二级非伤亡事故的，取消责任人所在区队所有网络小组成员奖金。

二是与网络小组安全活动挂钩。每周周二、周五组织安全活动，由网络小组组长组织学习《自主保安读本》《安全文化手册》，进行事故案例教育，学习一条安全规程、辨识一条隐患、讨论一条措施等。如果网络小组内的成员出现“违章”现象，大家进行内部帮教。网络小组活动要求小组成员人人参加，如不在矿，上班后由网络小组组长负责补课，每次活动要填写活动记录，纳入考核内容。

三是与日常安全培训成绩挂钩。由部门按照干什么、学什么的原则，针对岗位，注重实际，简化培训内容，编制学习提纲，拟定考试题库，每月对网络小组成员进行考试，将考试成绩纳入挂钩考核内容，规定考试成绩70分以上为合格。

四是与出勤挂钩。网络小组成员每月应出勤20班以上，达不到规定的，按规定标准下浮安全网络奖金。

对上述挂钩内容实行百分制考核，制订了详细的考核标准。得分在95分以上，按规定标准发网络奖金；得分在94分以下，每少1分下浮奖金1.0%；60分以下不得奖。实行一月一考核，考核结束后，对结果公示三天，通过公示后，发放奖金。

为保证班组安全网络奖金落实，煤矿按吨煤1.5元提取奖励基金。严格考核、及时兑现，每月由党政办公室组织16名具有管理经验、责任心强的政工、后勤、生产等部门的管理人员，分成8个小组对全矿456个网络小组对照标准严格考核，平均每月发放安全网络奖金25万余元。职工在开展班组安全网络建设中得到了实惠，激发了职工参与班组网络的积极性，保证了班组安全网络的顺利运行。

开展班组安全网络建设，形成了个人规范自律，班组联动的自保、互保机制，促进了班组建设。经过3年多的运行，安全工作取得了明显效果，进一步巩固了安全基础管理工作，职工行为进一步规范。三违”现象大幅度下降，70.0%的区队、90.0%的班组实现了无“三违”。实现了网络小组保班组、班组保区队、区队保全矿的目标，裴沟煤矿已经连续实现安全生产1 600多天。构建安全网络，开展网络小组活动，是煤矿班组安全管理的一项创新，今后煤矿要进一步完善和加强此项活动，使之形成长效机制，促进班组建设，全面提高班组管理水平，为矿井安全发展夯实基础。

全面履行央企责任　引领行业科学发展

中国黄金集团公司总经理　党委书记　孙兆学

黄金工业是国家重要的战略性产业，在维系国家金融和经济安全中发挥着独特作用。近年来，我国黄金产业得到了长足的发展，在世界黄金版图上已从追随者成长为领军者，正处于创新驱动、加速发展的重要战略机遇期。中国黄金集团公司（简称“中国黄金”）作为我国黄金行业唯一的中央企业，坚持以担当历史使命和国家责任为己任，通过自身的发展引领行业科学发展，全面履行了中央企业的政治、经济和社会责任。尤其是2007年以来，树立了“超常规思维、跨越式发展”的理念，通过实施以资源增储为主的生命线工程、以基地建设为主的对标工程、以延伸下游产业链为主的价值提升工程和以转变发展方式为主的和谐工程，超额完成了黄金资源储量、总资产、销售收入、利润“四年翻两番”的目标，实现了历史性的跨越。目前，中国黄金集团公司的黄金资源储量、产量均居全国第一，有色金属资源水平居全国前列，实物黄金投资产品市场占有率全国第一。

一、我国黄金行业基本情况

我国黄金工业改革开放以来开始快速壮大，从1978年到2010年的32年间，全国黄金产量年平均增幅为9.7%。尤其近年来，中国黄金行业发展迅速，在国际黄金业界影响日益显著，成为名副其实的黄金大国。

一是黄金产量稳步提高，持续保持世界第一产金大国地位。2010年产金340吨，连续4年保持世界第一产金大国的地位。

二是在产量持续增长的同时，金矿地质勘探也取得了显著成效。近年来，每年新增黄金储量平均在700多吨，黄金行业连续多年实现勘探新增储量大于生产消耗储量，为行业可持续发展提供了资源保障。

三是黄金产业集中度明显加强，以大集团为主导、以大基地为支撑的发展格局初步形成。目前，全行业的矿山数量已由2003年的1 200多家降至700家以内。一批大集团、大公司迅速成长为中国黄金行业发展的骨干和中间力量。

四是黄金企业积极开展科技创新，应用先进技术和工艺设备，黄金选冶技术不断提高。如中国黄金集团公司研发的具有自主知识产权的生物氧化提金技术和原矿焙烧技术已达到国际先进水平，这两项技术的推广应用使占全国黄金资源30.0%左右的难选冶金矿资源得以开发利用，大量的“呆矿”变成了宝贵的资源。

五是黄金市场蓬勃发展，黄金投资和消费增长迅速。2010年全国黄金需求总量达570吨，同比增长21.0%。其中投资金条消费量达141.9吨，同比增长93.6%；金币消费量达16.6吨，同比增长55.2%。中国首饰用金2006年超过意大利，居全球第三，2007年又超过土耳其，仅次于印度居第二位。中国已成为世界黄金市场最富活力和最具发展潜力的组成部分。

2011年上半年，中国黄金产量达164.42吨，同比增长3.3%，全年有望达到350吨以上的水平。可以预见，在未来几年内中国黄金产量可望再上一个百吨台阶，达到400吨，需求总量可望达到700吨，而且产量、需求量还有继续增长的潜力。

二、中国黄金集团公司通过自身跨越发展引领行业科学发展

1. 完善产业链，增强企业可持续发展能力。

中国黄金集团面对历史上底子薄、资源储备少，产品单一、附加值低的不足，积极完善产业链，向上下游发展。一方面，在上游积极获取资源，夯实企业发展基础，黄金资源储量由275吨增加到1 300吨，位居国内首位。特别是通过开展地质探矿，低成本获取资源，累计探矿进尺166万米，仅投入探矿资金16亿元，获取的资源总价值超过5 000亿元，包括金553吨，铜453万吨，钼57.4万吨，铅锌63万吨，银6 145吨；另一方面，积极向下游延伸产业链，开展产品深加工，大力推进“中国黄金”投资金条以及黄金首饰和珠宝销售，提高黄金产业附加值。目前已在全国形成1 600多家销售网点，“中国黄金”投资金条市场占有率达到34.0%。丰富的黄金投资产品，有力推动了国家“藏金于民”战略的实施。

2. 建设大型生产基地，引领带动行业布局结构调整。

以往黄金行业整体规模较小，而且企业小而散，1吨以上矿山屈指可数。中国黄金2007年提出建设18个年产3吨、5吨、8吨的黄金生产基地和2个铜资源量超过百吨的有色生产基地的战略构想，谋求改变黄金矿山小而散的局面，实现规模化、集约化发展。通过4年多的建设和改造，尤其通过贯彻国家十二部委资源整合意见、积极开展区域资源整合，目前已建成14个大型生产基地，这些基地骨干企业已经开始产生巨大效益，中国黄金的竞争发展方式实现了成功转型。尤其是内蒙乌山项目，不但建设速度快、难度大、科技含量高，而且见效迅速，效益持续大幅增长，已成为集团基地骨干企业的典范和标杆，并在有色行业中起到了很好的示范作用。

中国黄金的大基地建设实践，引领了黄金行业发展方式的转变和布局结构调整，很多黄金企业都把建设大型基地、开展资源整合等作为企业发展壮大的必由之路。目前黄金行业企业数量已由1 200多家下降到700家左右，前十大黄金企业产量占行业比例超过50.0%，由大型企业集团主导黄金行业发展的科学格局初步形成。

3. 推动科技创新，促进行业技术进步和可持续发展。

一是研发难选冶关键技术，促进黄金行业可持续发展。近4年累计投入科研经费8.9亿元，自主创新了生物氧化提金技术、原矿焙烧技术，引进改

造了砷的回收工艺，这三大技术目前达到国内领先、国际先进水平，不但使我国3 000多吨难选冶黄金资源（约占我国已探明黄金储量的1/2）从“呆矿”变为可供利用的资源，促进了行业的可持续发展，而且很好地保护了环境，提高了资源综合利用水平。

二是以大型项目建设为平台，带动重大装备国产化。中国黄金以振兴民族装备制造业为己任，在内蒙乌山项目中，携手中信重工研发应用国内最大规格的球磨机和半自磨机，在实现高水平建设项目的同时，推动了我国矿山重大技术装备国产化水平。2009年以前，在国内市场，大磨机、大型隔膜泵、浮选机等设备基本上为国外公司所垄断。随着乌山项目的建成投产，这些自主研发的重大装备产品得到了实践的检验和进一步完善，极大增强了市场竞争力，我国矿山大型设备的国产化水平显著提高，同时吸引了众多国外矿山的客户订单。

4. 注重安全环保，建设示范性绿色矿山。

作为中央企业，中国黄金在谋求自身快速发展的过程中，一直秉承恪守信用、重视安全环保、勇担社会责任的理念。煤矿吸取老矿山在安全环保方面的教训，加大排查力度和投入，对新建设项目坚持从保护环境中求发展、在发展中解决环境问题，坚持安全发展、清洁发展、节约发展、和谐发展，努力创建资源节约型和环境友好型黄金企业。集团公司超额实现了国家“十一五”节能减排目标。日处理矿量由2万吨增长到15万吨的同时，百万吨工亡率却由2007年的1.42降到2010年8月的0.18。

中国黄金在做好生产过程环境保护的同时，尤其注重积极改善区域生态环境，边开采边复垦，恢复植被，防止水土流失，保护周边生态环境，促进了企业与社会的和谐。近4年来，在尾矿治理、除尘、污水处理、环境监测、土地复垦等方面不断加大环保（设施）投资力度，累计投资约11亿元，仅在乌山项目中用于环保的投入就达3亿元。黑龙江乌拉嘎金矿复垦、植树3万余亩，恢复植被约12万亩，取得了明显成效。西藏甲玛建设立足高标准、高要求，专门引入清华大学研究团队开展土地复垦和植被绿化。陕西太白公司的土地复垦工作被国土部列为示范项目。几年来新建项目环保投入超过3%的国家标准，在内蒙古乌山、西藏甲码等项目中环保投入达到13.0%。

5. 贯彻国家西部大开发战略，支持少数民族地区经济社会发展。

黄金矿山多处于偏远、欠发达地区，煤矿积极贯彻党中央、国务院提出的促进少数民族地区发展的指示精神和国家西部大开发战略，努力推动有关企业和项目在西部省份资源开发，并将企业的建设和当地的社会经济发展结合起来，加大投入、快速开发、回报社会。目前，各少数民族地区和西部省份都有煤矿的企业或在建中的项目。仅在内蒙古，集团就有乌山铜钼矿项目、包头鑫达公司、内蒙古长山壕、苏尼特金曦4个基地骨干企业，同时还有四五个探矿型公司正在开展勘探。由于西部省份多为多民族聚居区，煤矿在开发当地资源的过程中，特别注重维护民族团结，捐资助学，录用当地员工，努力开展和谐共建，取得了良好的社会影响。以西藏甲玛矿为例，不仅为当地群众修路、供水、建学校，发放困难补助，还吸收了一部分人进入企业，并为他们安排了专门的培训和实习，目前甲玛矿30.0%的员工都是当地藏民。甲玛矿还帮助当地办起了一批运输、绿化、后勤等服务产业企业，使一大批人通过为矿区服务致了富。

6. 以人为本，以和谐企业建设推动和谐社会建设。

对历史遗留的拖欠职工养老金、医疗费、工资和探矿费等问题，宁可冲抵利润，也予以全部彻底解决，4年累计投入约39亿元。同时，坚持发展成果惠及广大员工，努力解决原来职工收入过低的问题，4年来职工平均年收入翻了一番。面对资源枯竭矿山，为保证职工利益，维护社会的稳定，不再实施破产，及早将1 200多名人员转移安置到新建企业，取得了很好的效果。注重关心困难和弱势群体，关心职工切身利益，加大投入改善工人生产、生活条件，老矿山改造建设了职工新居，职工生活日趋改善。

面对国家“十二五”新的形势和要求，按照国务院国资委“四强四优”标准，集团公司“十二五”时期的新目标是：实现总资产和销售收入双超千亿，其他主要指标在现有水平上再翻一番，努力跻身世界一流矿业公司行列。

让劳动者体面劳动 尊严生活

山东黄金集团有限公司

山东黄金集团是山东省政府直属的国有大型企业、名列中国500强。近年来，集团在实现经济效益持续攀升、国有资产保值增值的同时，把让劳动者过上幸福、尊严的生活作为企业发展的根基与目标，大力完善企业救困帮助机制，不断健全企业保障民生工作体系，明确提出“不让一名职工家庭生活在当地贫困线以下，不让一名职工看不起病，不让一名职工子女上不起学”的“三不让承诺”，实现了尊重职工劳动，让职工体面劳动、共享企业发展成果的目标，取得了经济效益与社会效益的双赢。

以实现劳动价值为追求，坚持以人为本的发展理念。国有企业是国民经济的主导力量，企业发展与公众利益和员工价值的实现密不可分，让每个劳动者体面劳动、尊严生活，是企业不可推卸的社会责任。企业社会价值的实现，集中体现在人和人的劳动价值的实现上，必须坚持以人为本，尊重和保护劳动者的政治、经济、文化和社会权益，使劳动者能够通过劳动争取美好生活，拥有尊严，彰显价值。山东黄金集团把坚持以人为本的发展理念作为建立现代企业制度的重要基础，把“关怀、公平、忠诚、责任”作为企业的核心价值观，把“让尽可能多的个人和尽可能大的范围因山东黄金集团的存在而受益”作为工作目标。集团把员工作为企业发展的最重要的资源和最宝贵的财富，要求公司高中级管理层“要像经营自己的家一样来经营我们这个国有企业，要像对待自己的亲人一样来对待我们的职工”，营造起“尊重劳动、尊重知识、尊重人才、尊重创造”和“劳动光荣，工人伟大”的浓厚氛围。实施劳动模范“十百千”工程，用10年时间评选出1 000名劳动模范，给予奖励和福利待遇，在集团范围内组织的竞聘上岗中，同等条件下优先考虑劳模。通过内部网站实现员工与领导的直接对话，倾听劳动者心声。针对老国企人员多、负担重的问题，集团明确提出：“人人都是资源，人人都是财富”，“只有无能的领导，没有无能的职工”，在企业转轨过程中，不把员工推向社会，不给社会增添负担。

以“三不让承诺”为抓手，着力解决企业民生问题。集团通过践行“三不让承诺”，集中解决企业职工看病难、子女上学难等民生焦点、难点问题。健全困难职工帮困救助机制，实现帮扶救助工作制度化、规范化。设立山东黄金集团职工救助基金会，成立以各单位工会主席为代表的“职工救助基金管理委员会”，制定《山东黄金集团职工救助基金会（内部）章程》。对困难职工及家庭实行滚动建档、动态管理、变化跟踪，对救助申请、材料提报、调查核实、公示时间、救助金发放等作出详细规定，对工亡、工伤致残、大病、低保、上学等情况进行特别跟踪救助，实现全过程公开、公平、透明。坚持对困难职工进行救助，根据工龄、岗位等制定救助标准，每月发放生活费，保障职工劳有所得、住有所居、病有所医，每逢重大节庆假日，对困难职工及家庭进行集中救助和走访慰问，切实解决职工工作生活中的实际困难，得到了职工的真心拥护和支持。积极打造职工关怀慰问模块，制定了《职工关怀慰问活动暂行规定》，在职工生日、新婚、患病等情况下，通过不同方式送去党的温暖和集团的关怀。“十一五”期间，共组织10次大范围救助活动，救助困难职工6 883人次，救助金额1 877.4万元。积极承担国有企业的社会责任，主动认捐1亿元慈善专项基金，基金增值比例7.0%，每年捐赠善款700万元用于集团内部及社会上的慈善救助。

以提高职工收入为基点，让劳动者共享企业发展成果。该集团把不断提高企业职工的收入水平视为实现体面劳动、尊严生活的物质前提，坚持“依靠职工发展，为了职工发展，让职工共享发展成果”，把职工的利益与企业的发展紧密结合起来。提出“让劳动者富裕起来”的工作目标，并将其作为“十二五”企业发展的动力和检验企业发展能力的重要指标，把以人为本的理念转变为实实在在的“真金白银”。在企业效益连年大幅增长的基础上，坚持职工收入向一线和关键技术岗位倾斜，在岗职工人均工资由2005年的1.6万元增长到2010年的5.2万元，年均增长27.0%，企业职工真正享受到企业发展带来的实惠。在此基础上，将改善民生列为“十二五”规划的重要内容，作为“十二五”需要扎实办好的6件实事之重，明确提出要实现一线员工工资翻番、困难职工救助金额同比增加10.0%以上，并将其列入各单位年度考核和领导干部绩效考核，用实际行动全力打造和谐企业。把改善离退休人员的生活作为一项重点工作来抓，为总部及所属企业离退休人员发放生活补贴，使集团离退休人员分享企业快速发展带来的成果。企业形成了上下一心、众志成城、干事创业的浓厚氛围，被中华全国总工会授予全国五一劳动奖状。

以安全生产为目标，全力改善工作和生活环境。集团把员工是否有一个安全、舒适的工作和生活环境，作为体面劳动、尊严生活的重要体现和保障。倡导“生命至上”、“不生产带血的黄金”的安全文化理念，构建安全责任体系，层层落实安全生产责任，不断加大安全生产投入，强化安全技术和成果推广，开展安全专项治理，全面改善一线生产作业环境。企业领导和职工带着感情抓安全，“不安全宁可不生产”，把安全作为压倒一切的责任。“十一五”期间，累计投入5.1亿元用于安全改造，改善一线矿工作业环境。建立健全集团领导干部下矿制度，规定董事长每月下矿两次以上，分管安全的副总每月下矿不少于3次，矿山分管安全的领导干部更要贴近一线，对主要领导人月度下矿次数进行通报，形成了整个现场管理过程的良性循环，多次被评为“山东省安全生产工作先进单位”。集团在抓好安全生产的同时，坚持以职工呼声为第一信号，以职工满意为第一准则，投入2.6亿元对矿区环境、职工宿舍楼、生活用锅炉等进行改造，广泛开展矿区绿化、美化工作。加强职业病防治，实施杜绝矽肺病工程。在重点矿区建成新型生活污水处理厂，使办公区和家属生活区排放的生活污水全部实现再利用，对已闭库的尾矿库进行大规模整治，建设成旅游观光、休闲度假的旅游景点和园林绿化区，使矿山劳动者工作和生活环境明显改观。

抓住机遇　乘势而上　提升水平

红云红河烟草（集团）有限责任公司

红云红河烟草（集团）有限责任公司（简称“红云红河集团”）挂牌成立于2008年11月8日，由原红云集团和原红河集团合并组建。重组之后的红云红河集团不仅实现了企业规模的稳步扩大、实力的不断增强，而且还肩负着中国烟草行业“大企业、大集团”的改革试点使命，肩负着做大做强品牌、增强中国烟草总体竞争实力的历史使命。

2010年对于集团而言是承上启下的关键一年，也是集团各项建设事业取得重大进展的一年。在国家局、云南中烟工业公司和各级党委政府的正确领导和关心支持下，集团认真落实全国烟草和云南中烟工作会议精神，围绕“卷烟上水平”的战略任务，以品牌为根本，市场为导向，营销为龙头，技术为核心，原料为基础，制造为保障，突出“一个践行、五个上水平、四个强化”的工作重点，经过全体员工团结拼搏，全面超额完成了2010年各项生产经营管理目标，为集团“十二五”发展奠定了坚实基础。

一、综合实力再上台阶

2010年，集团共生产卷烟439.6万箱，销售卷烟429.6万箱，实现销售收入496.3亿元，实现税利385.6亿元。集团品牌市场规模471.3万箱，经济运行状况超过预期，经济效益再创历史新高，整体运行继续保持产销增长、结构提高，品牌集中加速、价值稳步提升，市场价格平稳、效益同比增长的良好发展态势。列中国企业500强第126位、制造业500强第56位，获中国“最具影响力企业”、“最诚信企业”、“品牌社会责任贡献奖”等荣誉称号，迈出了由大到强的坚实步伐。

二、发展目标更加明确

2010年初，姜成康局长视察云南“两烟”工作时指出，红云红河集团是中国烟草的“台柱子”和“主力军”，要求集团确立新目标，全面创一流，为推进行业“卷烟上水平”作出新的努力和贡献。围绕姜局长指示精神和国家局“532”、“461”、云南中烟“5331”品牌发展目标，集团密切关注形势变化，加强组织领导，深入调查研究，编制了《2010—2015年“卷烟上水平”发展规划》，明确了“331”品牌发展目标，即到2015年或更长一段时间，力争集团品牌总规模达到600万箱，云烟品牌规模达到300万箱，商业批发销售额达到1 000亿元，红河品牌规模确保200万箱以上、力争300万箱。同时加大品牌合作生产，不断开拓发展空间。

三、品牌培育成效明显

按照“高端品牌要有影响力，处于强势地位；中端品牌要争第一，处于引领地位；国际市场要求突破，处于领先地位”的要求，集团以“做精做强做大云烟，做好做稳做实红河”为主线，把“大调香”理念贯穿卷烟产品设计全过程，依据消费需求动态调整，强化品牌与市场的契合度，固原料之本，拓香料之源，展工艺之特，行低害之实。云烟、红河超额完成了集团“331”年度目标任务，获2009年度中国烟草十大畅销品牌，云烟被评为“中国卷烟市场消费者最喜爱十佳品牌”。国家局对云烟寄予了厚望，强调云烟是云南烟草，更是中国烟草的代表和形象品牌，实现行业“532、461”发展战略，红云红河集团要肩负起更大责任。

四、市场营销持续深化

推进全员营销，加大集团领导、技术、制造和工厂负责人市场走访调研力度，发挥集团生产厂资源和地缘优势，省内推动市场营销中心、生产厂、商业公司和当地政府“四位一体”的营销，省外新疆、山西、内蒙古市场赋予工厂营销主体责任，拓展市场提升结构；推进工商协同，与5个省级、67家分公司签订《工商协同营销合作协议》，与31省81市商业公司开展112场协同营销恳谈会，密切工商交流，协同订单预测和货源投放，追踪监控市场价格和存销比，潜力市场重点投入，核心市场持续投入，难点市场倾斜投入，一般市场加大投入，确保市场份额不减少，客情关系不受损，重点品牌规格有增长；实施百家示范店、千家优质店、万家创优店“百千万”终端客户提升计划，把营销重心向前延伸到重点零售户，向下深入到消费者，着力一、二类卷烟的消费引导，提升终端渗透力；加大缅印大区域、中南美洲、南部非洲等海外重点市场拓展，扩大一般贸易出口，积极寻求境外加工，重点品牌规模不断扩大，产品结构稳步提高。

五、创新能力稳步增强

加强云烟科技园、博士后科研工作站等创新平台建设，完善科研项目管理、成果转化应用、奖惩激励等创新机制，在重大专项和关键领域积极攻关，形成了一批以选择性减害、特色植物添加剂减害、烟用表面活性剂为代表的核心技术，加大抑制有害成分分解新型添加剂的研究力度，集团成为行业具备7种有害成分准确检测能力的两家卷烟企业之一，有效保障了焦油释放量和危害性指标稳步降低，集团所有内销卷烟规格均完成了12毫克盒标焦油值的换版工作。云烟生态园、植物园两园并举，加强烟用天然香原料研究应用，优化配方模块，均衡烟叶使用，进一步发挥集团烟叶资源优势。2010年集团获国家局科技进步二等奖2项，云南省科技进步三等奖2项，云南中烟工业公司科技进步二等奖7项、三等奖3项，全年共申请专利84项，其中发明专利27项，实用新型专利39项，获22项发明专利授权，集团品牌科技含量不断增强；加快技改进度，实现集团发展新的跨越。

六、原料基础更为牢固

加强工商共建基地，明确共建方案，完善管理信息系统，省内整体推进云烟、红河品牌专属原料区建设，省外统筹推进优质烟叶基地开发，2010年集团已形成云南为主，河南、贵州、黑龙江、福建等5省10市38县76个原料基地单元，突出“良种”种植、“良区”建设和“良法”运用，积极落实“抗大旱、保育苗、促移栽、促生产”各项工作措施，稳定省内基地单元烟叶生产和品质；统筹仓储建设规划，曲烟就地新建7栋烟叶仓库项目主体工程已经完工，南海子新建烟叶仓库项目完成征地手续，同时优化烟叶库存结构，改进库区堆码方式，缓解库存压力；按照“分片收购，就地保管”原则，分品种分烟叶单收单调，严把收购质量关，提高烟叶纯度和工商交接合格率。集团原料资源更加充实，做大做强品牌的基础更加牢固。

七、运行效能不断提升

结合集团发展实际，修订完善了《董事会工作规则》《董事长办公会议制度》《总裁班子工作规则》《党委工作规则》等规定，进一步健全董事会决策、监事会监督、总裁班子经营管理、党委会政治保障的运行机制；以流程为核心、专业化为重点，精简设置了29个跨部门管理委员会和领导小组，调整了部分机构及职能，年底筹建了集团物流中心，分设了集团原料部，行政管理部整体划并党政办公室，以资产为纽带整合多元化投资企业，进一步理顺工作关系和流程，集团运行质量有了新的提升；深化用工分配制度改革，严格定岗定编，加强绩效考核，加大中级管理人员公推选拔力度，开展专业技术职务申报、专业技术职务和职业技能人员的考核聘任，组织了营销、法律知识，烟叶分级和卷烟感官质量评级等多形式技能竞赛。全年共调整、聘任（任命）中级管理人员166人次，组织各类培训752起26 038人次，评审认定初级职称127人、中级职称20人，申报高职12人；推进以ERP信息系统为核心的信息化体系建设，促进信息化与质量控制、生产经营、决策管理融合，构建集资源管理、业务操作、信息综合、研究分析等功能为一体的信息平台，努力打造高效顺畅的集团信息高速公路。

八、基础管理严谨规范

深化全面预算管理，扩大生产性费用授权，加强成本费用控制，开展“三标一体”管理体系内部审核，顺利通过第三方监督评审，完成体系文件修改换版，规范“对标”和“创优”工作流程，管控节点，订立标杆，深入对比分析，强化“七项考核”，努力创标达标，集团18项指标达到行业平均水平，15项指标同比有所提高；平衡设备产能，统一制造标准，实现云烟（软珍品）、云烟（紫）在曲烟，红河（硬甲）在会烟落地生产；积极开展QC活动，17项成果获云南中烟工业公司表彰，7个小组被评为“云南省优秀质量管理小组”，3个小组被评为“全国优秀质量管理小组”；集团全年产品质量行检、抽检、商检合格率均为100%；推进清洁生产，省内4厂顺利通过属地审核验收，集团二氧化硫、烟草粉尘等均实现达标排放；严格内部监管，落实“三重一大”决策制度和招投标管理规定，开展“三项检查”、“小金库”专项治理，推进普法工作，集团获行业“五五”法制宣传教育组织工作先进集体；加强内审监督，深挖增收节支潜力，集团成本竞争力进一步增强。

九、发展环境和谐稳定

健全“两个至上”进班子、进岗位、进制度、进流程的长效机制，推进品牌、安全、质量、责任、廉政、节能、制造等子文化示范基地建设，集团获行业企业文化建设先进单位；加强办事公开、民主管理，通过各级职代会、各项情况通报、各种工作会议、各类宣传媒体等措施，提高工作透明度和公信力，集团获“云南省厂务公开民主管理工作先进单位”；加强队伍建设，积极培养科技领军人才和复合型人才，开展评优树模工程，共有17名员工获全国、行业、省和云南中烟劳模表彰，9名员工获全国、行业和云南中烟技术能手称号，2010年共评选出集团劳模10名，“红云红河之星”、标兵各20名，技术能手27名；高度重视安全维稳，逐级签订安全责任书，组织开展“安全生产年”活动，及时排查整改隐患，加强思想政治工作，落实信访工作领导定点联系和下访包案制度，实现集团安全“六无”目标；创新宣传载体，丰富宣传内容，集团网站总访问量突破1 000万次，列中国烟草企业网站第一位；开展兴边富民、对口帮扶和红云园丁奖、红河助学金、红云图书室等公益活动，捐款支持省内抗旱救灾和青海玉树地震灾后重建，集团获云南“社会扶贫先进集体”、“重质守信3·15放心单位”，发展内外环境更加和谐。

置身中国烟草“卷烟上水平”新的重大变革，直面“532”、“461”品牌发展新的风向标，红云红河集团面临着新的严峻挑战，更迎来了新的发展机遇。集团将以“满腔热情、富有激情、充满智慧、奋力创新”的精神状态，坚定迎难而上、知难而进的志向不动摇，坚定由大变强、争创一流的战略不动摇，同舟共济，负重拼搏，攻坚克难，去奋力实现集团在新起点上的新跨越，为中国烟草事业和地方经济社会更好、更快发展做出应有的努力和更大的贡献。

小薄膜铺出大市场

浙江大东南集团总经理　黄飞刚

史传大禹治水时，“禹至大越，上苗山大集诸侯。驻跸于此，爵有德、封有功”，因此定名该地为“诸暨”，意即全国诸侯达到驻留议事之所。然此乃传说，确实的是，素有“诸暨湖田熟，天下一餐粥”美誉的诸暨是越国故都，西施故里，历史悠久，文化昌盛，人杰地灵。改革开放以来，诸暨涌现了一大批优秀企业，浙江大东南集团就是这个优秀企业园里的一朵奇葩，公司依靠一层薄薄的塑料薄膜竟然“包”出了大市场，创造出了一个产业崛起壮大的奇迹。

大东南集团现有职工2 200人，总资产达29.6亿元。主要生产塑料薄膜和各种规格的塑料包装袋、塑料衣架及钢丝绳、钢绞线等，技术力量雄厚，先后从中国香港、日本、德国、英国、意大利等国家和地区引进了一系列具有国际先进水平的技术设备，开发生产了适应市场需求的高档次塑料包装基材和塑料包装产品，使企业形成了“一流的设备、一流的技术、一流的产品”的竞争优势，曾先后获得全国500家综合效益最优工业企业、全国塑料包装制品行业龙头企业、全国乡镇企业出口创汇20强企业、国家级重点高新技术企业、中国名牌产品、中国驰名商标等荣誉。

一、质量立企是根本

大东南集团无论是总体生产规模，还是单一产品的生产规模，在全国塑料制品行业中都名列前茅。斐然的业绩来之不易，这一切都得益于公司扎实开展的各项管理基础工作。企业以“市场需求为导向、用户满意为目标”为质量方针，严格按照管理体系要求开展各项生产经营活动。同时，公司在企业内部广泛开展5S现场管理活动，还组建了多个QC活动小组，每年均有多项活动成果发表，严格的管理，使得产品质量水平不断提高，每年经各级质监部门抽检的合格率均达到100%。

为保证产品零缺陷，企业一方面强化产品的设计要求；另一方面，通过持续实施技术改造和引进先进设备，提高加工和检测能力。企业先后从德国布鲁克纳公司引进了4条BOPP薄膜生产线，从德国莱芬豪舍公司引进了3条聚丙烯流涎（CPP）薄膜生产线。近两年企业又大批从德国、英国、意大利、日本等国家进口主要生产设备，并从国外新引进了一条年产6万吨BOPET聚酯薄膜生产线和一条全世界最宽的CPP生产线。另外，公司远景规划项目从德国引进10条镀铝膜生产线及3条宽幅新型农用膜生产线，生产规模将进一步扩大，市场份额也将保持稳定增长，公司在行业中的龙头地位和竞争优势将得到进一步增强。

二、人才引进是保障

大东南深谙“不进则退，慢进也是退”的道理，面对国内外政治、经济、科技等方面的新机遇和塑料包装技术的高速发展，为了更好地迎接来自国内外的挑战，在激烈的国际市场中始终立于不败之地，大东南集团时刻保持忧患意识，注入新鲜血液，保持企业高速发展。

人才是企业的脏腑，是企业生存和发展的命根子，大东南集团充分认识到人才的重要性。欲招凤凰来，先栽梧桐树。大东南在实践中出台一系列人才优惠政策，吸引大批“好汉”纷纷云集旗下，形成了一支科研攻坚力量。同时，大东南打造技术创新的组织体系和激励创新的企业文化，激发员工创新激情，形成了企业核心技术能力所必不可少的主要精神力量，更为企业发展插上了腾飞的双翼。

三、技术创新是重点

技术创新是市场经济的产物，是一个经济范畴的概念，它指的是与新技术（含新产品、新工艺）的研究开发、生产及其商业化应用有关的经济技术活动。发达国家经济和社会的发展经验表明：技术创新是企业的生命力。不创新，企业就不能生存；不持续创新，企业就难以发展。比尔·盖茨更是一语中的地指出：“企业繁荣中孕育着毁灭自身的种子，要防止这种毁灭的唯一对策就是坚持不断创新。”30多年来，在日趋激烈的市场竞争中，大东南以“集各家所长，成自我优势”为指导理念，掌握市场前沿最新信息，捕捉市场超前性产品需求，坚持制度、管理、技术创新，并以技术创新为重点，不断加大技改投入力度，走一条“创造市场引进技术，引进技术再创市场”新路子，使其在市场竞争中始终立于不败之地。

大东南集团紧紧围绕国内外的市场需求，不断加大技术创新投入，大胆引进最具国际先进生产水平的技术设备和生产工艺，以此作为引进再创新的基础，如今公司拥有一批德国布鲁克纳、日本三菱重工等国际一流设备。大东南集团不但从国外引进先进的生产技术设备，而且十分注重引进先进的工艺技术和先进的管理理念，以技术受让及技术合作为重要抓手，借“智”创新。另外，大东南集团引进再消化，与浙江大学、中科院长春应化所等单位合作，建立国内一流的功能高分子材料研究开发中心，聘请国内专家教授任企业技术顾问，充分发挥产学研相结合的研发优势，积极采用新技术，不断研发科技含量高、质量稳定、经济附加值高的新产品，打造“大东南”品牌。一期期技术改造，一件件新产品的开发成功，使企业形成了螺旋式发展的良好循环，给企业的迅速发展注入了新的血液，增强了企业的发展动力，使企业的生产经营规模不断扩大，企业经济效益和社会效益连年翻番，综合竞争力显著增强。

四、资本经营是手段

资本经营是以金融市场为支撑，以制度创新为引导，以产业经营为主体，运用资本的流动、组合、裂变和优化配置等各种方式有效运营，整合资源，从而实现企业资本总量扩张和结构优化的战略实现过程。一个生产经营企业，如果全靠企业的积累逐步实现扩大再生产，毕竟是一个相当缓慢的过程，企业不能把希望寄托于再度的需求过热和银根松动，再走依靠增量、铺摊子发展的路子。为此，企业的发展必须由商品生产经营转向资本经营。只有走资本经营道路，才能加快企业资本积累，迅速扩大资产规模。

在这方面，大东南集团在同行中敢试、敢闯、敢冒险，进行了积极有效的探索，1993年，组建多种经济为一体的企业集团，积极开发多种经营，利用规模优势，实现多轮驱动全方位推进。通过并购优质企业并迅速整合为企业打开了一条低成本扩张道路。为发展资本经营，增强企业发展后劲，加快企业发展速度，2008年7月28日大东南A股股票在深圳成功上市，这是企业发展史上新的重大里程碑，标志着公司进入了一个崭新的发展时期。大东南集团在发展中求规范，在规范中求发展，完成了从家族企业向现代企业的完美蜕变，企业按上市公司规范要求建立完善现代企业制度，提高公司经营管理水平，建立健全公司职工及高管人员的激励制度，充分调动全体员工的工作积极性，培养出一批遵纪守法、团结互助、富有理想、勇于创新的职工队伍。大东南集团发挥产业经营与资本经营的联动优势，取得了令人鼓舞的成果。

五、转型升级是关键

随着中国经济的发展以及农村产业结构的调整，中国各行各业对塑料薄膜的市场需求不断上升。目前中国塑料薄膜的产量约占塑料制品总产量的20.0%，是塑料制品中产量增长较快的类别之一。中国塑料薄膜业当前正处于一个蓬勃发展的阶段，年需求量以保持9.0%以上的速度增长。大东南集团将紧紧抓住这个良好的市场发展机遇，不断增强品牌意识，充分发挥品牌效应，努力把“西施”品牌越打越响，把企业越做越强。

从技术创新的实现形态来看，技术创新分为产品创新与工艺创新。产品创新在技术创新中占有十分重要的地位，是企业成长的重要一面。大东南集团依托技术优势，把产品的更新放在重要地位，围绕“塑料包装”这一主轴，坚持进行多品种扩张。多年来，产品经历了多次更新换代，如塑料膜产品从吹塑料乙烯丙烯升级到了双向丙烯聚酯，期间也涌现出许多国家级、省级新产品。技术创新与产品创新螺旋式推进，技术和产品的更新换代使大东南集团占据了国内较大的市场份额。

大东南集团深深地认识到企业的名牌更是企业的“命牌”，只做好产品的质量是远远不够的，面对市场关注客户的满意这才是注入企业“命牌”的血液。为此，企业紧紧抓住市场，通过技术创新带动产品升级，将企业发展方向确定为向新产品、新技术的产业化方向倾斜，不断加强技术创新，进一步增强可持续发展能力。在行业环境、政策环境、企业转型升级的促进下，大东南集团将有望打造成国内乃至世界新型包装材料生产基地。

30多年来，大东南集团依靠科技进步、注重科技创新、强化科学管理，使企业获得了长足的发展，已成为中国塑料行业的龙头老大，世界塑料制品业500强企业。面对骄人的成绩，大东南人将继续以技术创新作为企业成长的不竭动力，进一步增强可持续发展能力；适时调整产品结构，不断增强市场应变能力，努力提高产品质量档次，进一步增强市场竞争能力。大东南集团将更加努力拼搏、开拓进取，实现新的飞跃。

医药流通企业以质量为核心的诚信经营体系建设

重庆医药股份有限公司

重庆医药股份有限公司（简称“重庆医股”）是重庆市国资委重点骨干企业，是重庆化医控股（集团）公司的控股子公司。重庆医股前身为1950年成立的中国医药公司西南区公司，1994年改制为国有控股的股份制企业。截至2009年12月底，重庆医股共有员工近6 000人，拥有资产总额31.4亿元，分、子公司33个，地跨渝、川、黔、粤、赣等地，当年实现销售收入100.7亿元。

重庆医股是中国西部地区最大的医药商业企业，涵盖纯销、分销、零售、终端配送和制药工业，拥有进出口经营许可权，是中央和重庆两级政府药械定点储备单位，是中国三家经营特殊药品的全国性批发企业之一，是国际医药批发商联合会会员单位。

重庆医股坚持依法经营、照章纳税，将“让百姓吃上放心药”的理念贯穿经营工作始终。近年来，重庆医股先后荣获重庆最佳诚信企业、市文明单位标兵、市国资委国企贡献奖、信贷诚信单位、守合同重信用单位、中国医药商业协会“企业信用评价AAA级信用企业”、管理体系创新奖、亚洲品牌500强等荣誉。

一、医药流通企业以质量为核心的诚信经营体系建设的背景

（一）企业更好履行社会责任的需要

国内药品经营市场虽有《药品经营质量管理规范》（GSP）和《药品生产质量管理规范》（GMP），但执行环节存在漏洞，假冒伪劣药品时有泛滥，直接危害社会公众生命健康和安全。重庆市委三届三次全委会提出建设“宜居重庆、畅通重庆、森林重庆、平安重庆、健康重庆”的发展目标，着力提升城市品质，医药流通企业确保药品质量和服务质量是“健康重庆”、“平安重庆”建设的客观需要，也是落实以人为本精神的具体举措。重庆医股作为中央和重庆两级政府药械储备单位，要承担起国有企业的社会责任，打造让“股东放心、员工自豪、客户满意、百姓信赖、政府省心”的责任企业，需要着力建设医药流通企业以质量为核心的诚信经营体系。

（二）树立企业优质服务品牌的需要

优质服务品牌有利于增强员工对企业的认同感和归属感，增强企业的吸引力与竞争力。对于医药流通企业而言，优质服务体现在内部作业流程各个环节，要做到环环相扣、无缝衔接。重庆医股物流资源整合前，在主城区的各分、子公司

都有独立的仓库、配送车辆、仓库保管员等，造成了物流资源的重复浪费，增大了公司的运输和仓储成本，也不利于公司对药品质量和服务质量的有效监控，物流和信息化成为重庆医股发展的瓶颈。重庆医股要“服务大众健康，让百姓吃上放心药”，需要坚持医药流通企业以质量为核心的诚信经营体系建设，进一步优化管理流程，更好地维护重庆医股在医药流通领域的声誉，树立优质服务品牌。

（三）确保企业持续健康发展的需要

政府基于惠民理念的新医改方案和配套政策陆续出台，规则的改变使不确定因素增多，医药流通行业面临重新洗牌。在更加激烈的市场竞争中如何持续健康发展，是摆在重庆医股面前的艰巨任务和巨大挑战。而保证人民群众的用药安全有效是药品供应保障体系的基本要求，也是各级政府在体系建设过程中，对生产流通环节参与者最主要的考量指标。政府将会对药品质量和供货企业的质量保障水平提出越来越高的要求，重庆医股亟待通过引进、培养人才，建立一支高效团队，并通过完善监督考核机制，进一步调动员工的积极性，强化企业执行力，将战略规划落到实处。为此，重庆医股从2008年起全面实施“医药流通企业以质量为核心的诚信经营体系建设”。

二、医药流通企业以质量为核心的诚信经营体系建设的内涵和主要做法

重庆医股为了增强自身的核心竞争力，实现全面协调可持续发展，结合肩负为医疗卫生体制改革和“健康重庆”建设作贡献的重任，在科学发展观的指引下，实施“医药流通企业以质量为核心的诚信经营体系建设”。重庆医股整合管理资源，在采购、储存、销售、配送、售后等环节牢把质量关，并构建组织责任和制度保障、教育培训、监管考核三个各具功能的子系统，不断提升基础管理和便民服务水平，搭建信息化平台，为诚信经营体系建设提供全方位支撑，建立起以遵纪守法、诚实守信、管理规范、服务到位、积极履行社会责任、自觉接受监督为标志的医药流通企业诚信经营体系，并做到持续改进。主要做法是：

（一）以质量为核心，加强内部作业流程衔接的诚信控制

企业面向市场、面向客户的诚信经营，核心是为客户提供优质的商品和优质的服务，以使客户获得最佳的客户让渡价值。因此，重庆医股在严格执行GSP管理体系和ISO 9001:2008质量管理体系的基础上，秉承“重质量，让百姓吃上放心药；讲诚信，为客户持续提供满意服务；遵法规，做医药流通责任企业”的质量方针，建立了面向市场和面向客户的质量价值体系，并将以质量为核心的诚信经营理念延伸到企业内部，强化对作业流程（尤其是关键流程）衔接的控制，确保该体系高效运行。

1. 采购环节。

重庆医股严格按照相关程序选择合格供方，对采购过程及供方进行有效控制，确保采购的药品、器械符合规定要求。一是审核供货企业法定资格：生产或经销许可证明、营业执照、税务登记证等；二是审核供货企业质量信誉：GSP或GMP认证证书，与供货企业就所供药品签订质量保证协议，实地考察供货企业质量管理体系；三是审核所供产品的合法性：具有相关部门核发的生产批准文件；四是审核质量可靠性：供货企业的产品应有法定的质量检验报告书；五是审核供货企业销售员的资格：供货企业须提供法人代表委托书并明确授权范围及时效。凡首次与重庆医股发生业务关系的药品生产、经营企业，重庆医股经营部门须报经公司质量管理部及分管质量的副总经理审核批准以后方可从该企业进货。凡首营药品，供货企业应提供来货批次药品的厂方检验报告书，重庆医股若对来货质量有疑，可抽样送法定检验所检验。分公司质量管理员每个月上报合格供方信息，由重庆医股业务运行部审核整理，报部长和分管领导审批，合格供方信息录入系统，列入《合格供方名录》，并在重庆医股OA网公布。

2. 仓储环节。

药品储存是保证药品质量的重要环节。光线、温度、湿度等条件发生变化都可能引发药品变质、失效，甚至危害患者健康和生命。重庆医股投巨资建成国内一流的现代医药物流配送中心。该中心设计为全封闭、全空调、可除湿系统，以分区、分类

控制的方式满足药品储存质量要求。中心严格执行药品储存温湿度国际标准，配备全自动的温湿度监测仪对各类型仓库的温度进行自动适时检测、调控、记录以及报警。中心实现了计算机信息系统指挥作业，同时将 GSP 标准融入系统流程管理和各环节人员操作规范中。在入库环节，核对供方药品名称、型号、有效期等信息，查验法定的质量检验报告书及其他质量证明材料，有特殊运输要求的药品（如冷藏品），查验冷链记录，温度读数。凡经发现并已确认的不合格药品，立即采取隔离措施，确保不合格药品不入库、不销售。重庆医股在库内养护环节，每天 2 次查看药品储存温度、湿度，并作记录。实行“334 养护制度”，每季度第 1、第 2 个月各查 30.0%，第 3 个月查 40.0%，使库存药品每个季度能全面检查 1 次。

3. 销售环节。

在销售过程中，重庆医股严格审查经销企业经营资质，如经销许可证明、营业执照、税务登记证等。注重提升营销人员的药学知识水平，为客户提供满意服务。在销售环节如发现不合格品，一是暂停销售同一批号药品；二是追溯并送相关部门检验同一批次药品的质量，对发现的不合格药品予以标识隔离。重庆医股每年定期或不定期清理过期失效药品，并在环保局等部门指导下，委托有资质的公司集中销毁，防止过期失效药品被改换包装再次流入市场，维护患者用药安全和健康。为了最大程度地控制安全隐患，2009 年，重庆医股旗下科仪化玻分公司停止经营剧毒、甲类危险品，并委托重庆市固体废物管理服务中心对剧毒危险化学品、易燃易爆危险化学品进行集中销毁，共计花费 43 万元。

4. 配送环节。

在出库环节，重庆医股严格按照作业流程对经营单位要货信息的有效性和准确性进行审核，确保出库药品为合格药品，且单据与实物相符、手续齐备。发货员将经过复核的药品，以客户为单位进行归集、配载装车，并确保发货迅速、交接清楚。物流中心配置了采用统一标识的配送运输车辆，注重车辆清洁卫生、堆架规整；配置专用冷藏运输车以确保冷藏药品的运输温度。存放冷藏药品的保温箱内，安置专用温度计，实时监控温度。药品送达顾客后，物流中心交货员检查、核对顾客提货联，并与顾客接收药品人员一道，当场对送达药品的外观、数量、温度等进行检验，收货人签收、记录并加盖收货章。

5. 售后环节。

重庆医股建立不合格药品召回制度，确保终端客户（使用者）健康安全。针对由于客户储存不当等原因造成的过期、失效、包装损毁的药品实行召回并予记录。重庆医股针对供应品种、药品包装、药品质量、配送、售后服务五大要素，制定顾客满意度调查计划，每季度对各部门、分公司服务质量管理情况进行抽查检验，公司每半年组织一次集中的检查与考评，年终时进行一次总的考评，并对抽查、检查结果进行综合分析，编制半年、年终公司服务质量报告。重庆医股收集顾客对药品和服务满意度的信息，作为对公司质量管理体系业绩的一种测量，并对顾客满意度信息进行汇总分析与处理，针对不合格药品和不合格服务的类别进行相应处置，责成相关部门采取纠正、预防措施，检查人员跟踪验证、记录，实现质量管理体系的持续改进。

（二）建立诚信经营体系支撑子系统

1. 建立组织责任和制度保障体系，夯实诚信经营体系基础。

重庆医股诚信经营体系建设，建立起集中统一的组织保障体系，强化组织功能的发挥，以达到责权并重的效果。

一是建立组织责任保障体系。重庆医股重点从组织管理角度解决人力、资金、技术等资源的优化配置，明确界定各级组织的职责。重庆医股董事长兼总经理任诚信经营体系总负责人，分管副总分抓子系统工作，质量管理部、业务运行部、人力资源部、企业管理部和平物流中心、信息中心等具体落实工作部署。重庆医股定期组织检查、评审，以确保医药流通企业诚信经营体系有效运作。

二是建立制度保障体系。重庆医股按照“合法合规，涵盖全面，针对性强，匹配衔接，表述精准，操作性强”的要求制定和完善了一系列管理制度。为强化制度执行效力，主要管理制度由重庆医股制定，各分、子公司在与之不相冲突的前提下，可结合自身实际，对制度进行细化。为解决管理制度的匹配衔接问题，重庆医股实行制度编写由职能部门会签，分管领导审核，总经理签发。为克服以往制度执行难的问题，重庆医股完善管理工作考核制度，事前预防、过程受控、事后管理，加大了管理执行力度。

2. 建立教育培训子系统，全面提高员工诚信素质。

重庆医股在认真总结以往培训教育工作经验的基础上，加大人才选拔和培养力度，组织开展多层次、多形式的培训活动。重庆医股致力于培育以诚实守信为核心的企业文化，为诚信经营体系高效运行提供有效的人力资源保证。

一是建立人力资源储备。重庆医股坚持“德才兼备、以德为先”的用人标准，采取赛马方式选拔中层干部。每年进行公开竞聘，通过员工自我推荐、闭卷考试、公开演讲、接受公众评议、群众民意测评等程序，量化考核分值，最终以综合考核成绩作为聘用标准。近 3 年，有 30 余名优秀的青年干部通过这种公开、公平的竞争方式走上了管理岗位。重庆医股还建立了后备人才储备库，根据民主推荐和年末考核结果，对近期使用、中期培养和远期储备人才进行分类管理，有计划地进行培养、锻炼和使用，形成适合公司发展的梯次人才队伍。重庆医股通过发展旗下的医药经贸学校，为企业提供大量专业人员。重庆医股鼓励干部员工参加学历教育，近 2 年选送 20 余名干部和员工到清华大学等高校深造。目前，重庆医股拥有员工近 6 000 人，有大专以上学历近 2 000 人，占职工总数的 35.0%；专业技术人员近 2 500人，占职工总数的 45.0%。

二是完善培训机制。重庆医股本着“公平竞争、择优培训”的原则，将培训考核与员工的升职、晋级、调动等相结合，以提高员工参与培训的积极性。重庆医股每年初由人力资源部制订各类员工培训计划，并组织教育培训工作的具体实施。重庆医股先后邀请专家和学者为员工进行战略管理、质量管理、财务管理、企业文化等多方面的培训和讲座；派遣员工参加法律、投融资、项目管理、工程建设、招投标等各种专业技能培训；重庆医股每年都对关键特殊工种岗位人员进行继续教育培训，坚持关键特殊工种岗位持证上岗。重庆医股为了使“诚信经营、质量立业”成为企业员工的共同价值观，采取了宣传贯彻和培训相结合的方法。通过由公司高管宣讲诚信经营理念，进一步增强员工的诚信经营意识，让以工作质量来保证药品质量和服务质量的理念化为全体员工的自觉行动，实现管理流程的再造及持续改进，切实提高管理效能。

3. 建立监管考核子系统，保证诚信经营体系执行到位、持续改进。

重庆医股对诚信经营体系的运行状况实行全程跟踪，主要监控制度和各项管理指令的执行情况，按照“激励与约束相结合而以激励为主”的原则，建立起科学合理的考核评价指标体系，做好诚信经营体系的持续改进工作。

一是完善考核评价机制。重庆医股针对经营、质量管理、安全管理、廉政建设等工作，整合管理资源，建立完善考核评价机制。该体系由相应的考评组织、考评制度、考评指标、考评办法和奖惩措施等构成。重庆医股坚持“同时计划、布置、检查、总结、评价”的五同时原则，自 2007 年起，公司董事长兼总经理每年与各分子公司经理签订年度经营目标责任书、质量管理目标责任书、安全环保目标责任书、党风建设和反腐倡廉工作责任书，各分子公司经理再与其部组、相关责任人签订责任书，将经营、质量、安全、廉政责任落实到岗到人。重庆医股实行质管安全风险金奖惩办法，在不断评价总结中促进管理水平持续提高。

二是健全物质与精神双向激励机制。重庆医股将质量、安全管理工作责任目标纳入年终考评，对全年完成质量、安全管理工作责任目标并同时获得质量、安全管理工作考核先进的单位给予精神和物质表彰奖励。凡责任单位未完成其中任何一项，即实行质量、安全管理一票否决制，取消其参与任何年度评比的资格，并根据具体责任事件的严重程度，对诚信经营的影响和社会负面影响范围大小，追究单位责任人和相关人员的责任，在全司范围内给予通报批评。重庆医股每年对各单位党风廉政建设责任制执行情况进行考核，考核结果作为单位第一责任人业绩评定、奖励惩处、选拔任用的重要依据。对不履行或者不正确履行党风廉政职责的领导人员，将根据有关条款进行责任追究。

（三）强化基础和专业管理，提高便民服务水平

重庆医股不断夯实、创新基础管理，注重先进管理手段的运用，以提升诚信经营体系的运行效能，为公司可持续发展提供有力支撑。重庆医股开展多样化的利民便民服务，为“健康重庆”建设做出贡献。

1. 强化基础和专业管理。

重庆医股实行内部审计制度，对内审机构人员配备实行专职化，并注重保持其稳定性。重庆医股内部审计以评价企业内控制度的有效性为重点，包括对企业法定代表人进行离任审计、重大项目招投标工作监督等，采用事前、事中、事后审计相结合的方法，有效地规范了企业运作程序。重庆医股成立效能监察工作领导小组，每月对管理部门进行勤政效能监察检查，加强了经营管理，提高了经济效益。重庆医股创新实施安全“双控”式互动管理，建立以防范并购风险为目标的合同管理制度，优化建设营销网络，整合公司内部资源，对外推进兼并重组。重庆医股实行“四统一”财务集中管理，即统一财务管理、统一资金管理、统一全面预算管理、统一人员管理，以强化资金管理并实现其高效运转，加强财务监控力度，强化会计信息的决策有用性，使公司的战略规划得到有力支持，为诚信经营体系建设提供财务保障。

2. 开展多样化的利民便民服务。

重庆医股以“服务大众健康，让百姓吃上放心药”为己任。2010 年初，重庆医股联合市内 51 家医院，编撰出版《重庆就医指南》，汇集重庆医疗相关信息，方便百姓就医，填补了重庆就医信息空白。通过这本详细的就医工具书，市民足不出户，通过电话几分钟就能找到合适的医生，给就医病人提供了方便。重庆医股将 2 000 册《重庆就医指南》，通过重庆新闻出版局捐赠给重庆农村书屋、社区书屋，并在重庆市近千家和平药房内配备《重庆就医指南》，方便市民在药房内进行查询。重庆医股麾下的和平药房大力拓展以健康管理为核心的增值服务项目。和平药房在老博会活动中，安排执业药师现场咨询，为市民提供测血压、测血糖、免费吸氧、理疗保健体验服务；在重庆第十一届科协年会暨“全国科普日”活动中，向市民发放《和平健康手册》；在“中医中药 健康养生节”活动中，为市民赠送上万份健康避暑药，邀请数名重庆名中医免费义诊；在各门店提供免费熬制中药等服务。

（四）改进和完善信息管理，建立信息化支撑平台

为保证诚信经营体系的高效运行，重庆医股通过整体信息化升级换代，投入巨资集成开发建立了药品生产、经营等方面的十大管理系统（即 GSP 质量管理系统、物流管理系统、供应链管理系统、供应商管理系统、分销管理系统、客户关系管理系统、呼叫系统、财务管理系统、人力资源管理系统和自动化 OA 网办公管理系统）。计算机中心在系统和数据库的支持下，对接了重庆医股市内外 33 个分、子公司的购进、销售、品种、流向、财务、物流和各类质量信息之间的纵向、横向联系，确保了商流、物流、信息流、资金流等管理工作信息能在系统中畅通运行，并实施远程在网监管和信息反馈控制，实现了信息高度集成和协调共享。

三、医药流通企业以质量为核心的诚信经营体系建设的实施效果

（一）企业履行社会责任的能力显著增强

重庆医股 3 年来未发生 1 起药品质量、安全、环保事故，实现并保障了社会公众所需药品供应、配送以及质量安全。近年来，重庆医股在南方冰雪灾害、“5·12”汶川大地震、甲型 H1N1 流感爆发等重大灾害和突发事件中，迅速集结药械，有效保证供给，为抢救生命、维护健康发挥积极作用。重庆医股麾下和平药房树立了“放心药房、便民药房”的形象，使企业品牌知名度深入社会各个阶层。香港《文汇报》等媒体对公司广泛报道，《重庆晚报》授予公司“十年十企城市责任奖”，重庆电视台、《重庆晨报》、华龙网、红岩春秋杂志社联合授予公司“60 年影响重庆经济 60 企业”，《重庆健康人报》授予公司“市民推荐的健康品牌”称号。

（二）企业经济效益不断提高

大力推进重庆医股区域扩张和国际合作，上下游单位客户从 2008 年的不足 2.5 万家拓展至目前的近 3 万家。销售网络覆盖面从 2008 年的 19 个省市，拓展至目前的 29 个省、直辖市。重庆医股经营的药品和医疗器材，涵盖了全球最权威的制药厂家的大部分品规。近年来，重庆医股经营质量和经济效益显著提高，确保了股东资本的保值增值。近 3 年，重庆医股连续位列中国医药商业企业销售额前 8 位，居西部医药商业第 1 位。销售额从 1994 年的不足 2 亿元发展到 2005 年的 52 亿元，2009 年突破百亿大关，实现了历史性跨越。

（三）员工素质和企业综合管理水平明显提升

重庆医股 3 年来共培训员工 7 000 余人次，使企业员工的整体素质得到了全面提升。专业技术人才队伍增加 1 000 余人，各类优秀人才被选拔到关键岗位，发挥了其应有的作用。重庆医股切实提升了企业管理水平，实现了人、机、料、环、法等各环节质量全过程受控，建立了企业内部作业流程各环节的诚信体系。重庆医股位列重庆市 2009 年度商贸流通 100 强，批发零售类第 4 位；2010 年重庆企业 100 强第 13 位；2010 年重庆服务业企业 50 强第 6 位。

（撰稿：龚　伟　李良斌　申　晓）

关于中国中央企业的思考

中国水电建设集团路桥工程有限公司总经理　汤　明

中国已成为世界经济大国，与之相适应的世界一流大型企业集团呼之欲出。全球经济发展的历史进程此时对于中国，必然选定中央企业担当此使命。然而令人担忧的是，从中国央企成长壮大的过程看，基本上是因局部垄断而大，因中国市场巨大而大，因权力的重组而大，因政策倾斜而大，处于大而不强，量大而质不高的状态。这种与现代企业成长机理不相符的成长过程，不仅不具有可持续性，而且将会成为中国央企进一步发展壮大的阻碍。认真考察部分已经进入世界 500 强的央企，可以清楚地看到，与世界一流企业对标，我们在人均产值、利润率、资本回报率、科技创新力、全球影响力、归属感及成就感等多项重要指标上，依然相差甚远。由此，我们不得不对中国央企的现状进行反思：中国央企是一个什么样的企业群体？有什么本质特征？有什么内生的成长机理？央企改革发展的路到底该怎么走？

一、所有制差异对企业的影响

通过比较研究世界 500 强企业可发现，世界 500 强企业的组织结构形式以股份有限公司为主，产权多元化是其共同的特点。这些企业基本上是按照“现代公司法则”建立，具有较为规范的公司治理结构，严格实行所有权与经营权分离、股东与管理层分设，董事会、监事会、经理层之间相互制约，关系平衡。

从企业性质来看，美国企业绝大多数为股权多元化的跨国企业。其中仅有美国邮政（排名第 84 位）等很少的国有企业。而日本是民间大企业产权关系“法人化”的典型，法人所有制的性质不但取决于股份公司内部的持股关系，而且还取决于它在整个社会关系中所处的地位和客观作用。日本的大企业及其法人资本在现代日本社会中占据支配地位，控制着主要产业部门和国民经济的运行。

世界上几乎所有国家都或多或少地存在国有企业，这说明其存在发展具有深刻的社会经济基础和客观必然性。在西方国家，尽管人们在大力推行私有化，但到目前为止，还没有哪个国家能够完全消除国有企业。

企业内部的产权安排和国家制度层面对产权的界定，对企业来说都是不可或缺的重要要素。在资源层和制度层，公共产权可以通过背后出资人影响国家法律、市场准入、监管政策，进而改变游戏规则，使其对自身有利。同时，中央企业的角色让其承担一般市场经济企业不必承担的使命、责任，从而增加成本。央企的某些产品，其定价不完全是由市场经济的定价原则确定，其产品价值关系到国家安全、国家形象和科技创新，这是超出中央企业经济收益的社会效益。

二、中央企业的角色要素

“科斯定律”将权利视为生产要素，做外部不经济的事（如排放烟尘、噪声、气味等）的权利也是生产要素，但行使（使用）这种权利是应该支付成本的。只有得大于失的行为才为人们所追求。中国央企在国家战略中扮演两个重要角色：一是对内弥补市场失灵，二是对外体现国家战略。这体现了出资人的意志，构成了企业的生产要素，当企业运行和行使这一使命时就要支付成本，这是中国央企理论上的核心问题。

按照马克思主义唯物辩证法，任何事物都是在一般性和特殊性的矛盾中共生共存，呈现出千姿百态的形态。中国中央企业同样具有其特殊性。中国央企从诞生之日起就与我党的命运息息相关，共生共赢。无论是在延安模式、战时命令经济与计划经济时代，还是在1978年以后的市场经济时代，中央企业始终与共和国同呼吸、共命运，在中国经济发展历程中扮演着举足轻重的角色，是当之无愧的共和国脊梁。中国社会的特殊性，决定了中国央企的特殊性。

在人类发展的历史上，我们的祖先从未通过改变自己的基因来适应自然，而是通过自己的智慧制作衣物、筑建洞穴来适应自然、保护自己。同样，中央企业也没有必要通过改变自己的“基因”变为完全西方标准的企业，且西方标准也不是市场经济唯一的模式，中央企业完全可以在保留本国和本民族特色的基础上成为市场经济中一道亮丽的风景线。

1. 中央企业的由来。

正如季晓楠先生所讲，“从根本上讲，市场经济国家之所以要建立国有企业，是由市场经济的缺陷和政府干预经济的需要决定的，是由市场经济国家经济和社会发展的普遍要求决定的”。在我国，中央企业是国家功能的补充，众多关系国计民生、国家安全的行业，项目风险大、投资回报期长，民间资本薄弱，不便参与，只有靠大资本、高起点、大资源配置完成，重任理所当然地落在政府肩上，由国家作为出资人的中央企业应运而生。

2. 中央企业的边界条件。

当前，中央企业的改革发展具有很多边界条件限制，据范集湘先生的研究成果，主要有以下几个方面：一是基本国情条件。中央企业在某种程度上是国家坚持党的领导这一基本“国纲”在经济生活中的体现，这可以说是中央企业最特殊的个性。政治上坚持党的领导，经济上以国有经济为主导，多种所有制共同发展，实现形式可以多元化，这是中国特色社会主义市场经济的基本特征，也是中央企业公司治理最核心的边界条件。二是中央企业必须在中国特色的国有资产管理体系和运行机制下运行。三是中央企业必须承担一定的社会责任。四是公司治理先进文化艰难的本土化过程，客观上限制了中央企业公司治理的质量和效率。五是经理人市场缺位，造成了中央企业的人力资源供给严重不足。

3. 中央企业的使命、责任、定位。

作为共和国长子，中央企业是中国特色市场经济的优质企业群体，是执行国家战略的重要载体，是国家经济安全的重要保证和中国经济参与国际竞争的先锋，是改革发展的稳定器和国民经济的中流砥柱，肩负着光荣的历史使命和神圣的历史责任。因此，中央企业要充分发挥主导作用、骨干作用、表率作用，中央企业的企业家要有高度的责任感和使命感，以对国家、社会、组织、同事、员工、个人及家庭高度负责的精神对待事业。这种责任感、使命感既来源于制度、体制的作用和传统文化的滋养、组织多年的教育、社会的约束，也受个人成长经历、价值取向及情感需求的影响，是特有的外因与内因双向作用的结果。这是中国特色的中央企业领导者必须坚守的准则，也是很多精神永远高于物质的有理想、有使命、有追求的中国企业家的抱负。

4. 中央企业的先天不足。

中央企业除了具有得天独厚的优势外，也存在其先天不足：第一，正如亚里士多德所言“最多人拥有的东西，最少人关心”，很容易形成公权私有化，只关注自身或自身小群体利益，而忽视企业利益，造成的是真正的所有者缺位和搭便车现象。第二，大量潜水艇似的人存在，这些人经常处于不吃亏的临界点，有名有利的时候浮起来，有责任和风险的时候沉下去，更有甚者像啄木鸟似的依附和栖身于企业这棵大树，让企业为其提供水分、阳光、食物，稍不如意就会啄伤企业的筋骨。第三，受中国传统官本位影响，国有企业领导人的价值取向往往最终归依到官场，“人在曹营心在汉”，“人在商场，心在官场”，把做企业作为从政的路径和台阶，缺少将做企业视为安身立命之本的价值取向。第四，中央企业领导人任期的客观实际造成了其永远是跑接力棒，任何人都只管自己这棒跑得最漂亮，都希望自己春天的花是最美的，大家都只是注重眼前的业绩，缺乏经营百年老店的长远战略和深谋远虑。

三、关于中央企业的思考

近30年来中国经济和社会发生了深刻的变化，我们与西方发达国家的发展道路，除了在意识形态、信仰、制度方面存在不同之外，在对社会物质资源的配置和提高生产率方面是一致的。当今中国既是一个发展中国家，也是一个转型中的国家，更是一个社会主义国家，三重社会性质的叠加必然对政治、经济、企业产生深刻影响。同时，随着改革开放的深入，中国变成了一个不得不现代化和不得不融入世界的国家。然而，当今国际竞争的特点是企业代替国家站在了竞争的最前列，中国共产党作为中国特色社会主义事业的领导核心，肩负着中华民族伟大复兴的历史重任，因此，由党领导的中央企业所承担相应的经济使命就自然而然成为现实的选择，历史的必然。

1. 遵循企业发展规律。

无论是中国企业还是外国企业，无论是公有制企业还是非公有制企业，都具有企业的一般属性和本质，如同白种人、黑种人、黄种人都具有人的共性一样。从根本属性看，企业本无国企、外企、民企之分。依据企业成长理论，在成熟的市场经济环境中，除了资源层中的关系资源和角色要素之外，企业在利用和优化组合资源、提高工作效率、追求内部治理结构的完善和产品质量的提高、吸取对企业有用的资本主义精神等方面是相同的。不论什么企业，都是在为他人创造价值的同时得到回报。因此，中国中央企业要向西方先进企业学习，学习其高效率的资源利用、先进的管理制度和融合了资本主义精神的经营理念。

“天行有常，不为尧存，不为桀亡”，市场经济的发展如同世间万物之存在，皆有其内在运行的规律。过去我们以革命和运动的方式搞经济建设，这是违背科学发展观的内在要求的，唯有遵循客观规律的发展才能唤醒中国这头沉睡已久的东方雄狮。源于中国，走向世界的中国央企首先要遵守作为跨国大企业所必须遵守的一般的市场准则，按照世界通用的游戏规则规范自身行为，遵守各国法律法规，与世界融为一体。中国央企要像美国黑人一样彻底地融入主流社会，担当起企业领袖的角色，切忌像印第安人一样，虽处于主流社会但又不融入主流社会，只好成为被边缘化的另类。

2. 共赢的产权组合。

市场经济具有3个独立的要素：第一，参与市场经济的人都是具有道德的、独立人格的人；第二，交易主体的产权界定是清晰的；第三，市场经济中所有的交易都是自愿的。股权、产权的多元化、市场化、资本化是中央企业未来发展的必然趋势，正如张文魁先生指出“大力推进以大企业股权结构多元化和公司治理商业化为核心的国有企业改革，是“十二五”期间国有企业改革的方向”。从目前来看，世界大型企业集团治理的关键在于所有权和经营权的分离，世界500强企业的股东和经营者都是分开的。因此，从治理结构上看，不同所有制企业殊途同归，核心在于企业家是否具有道德和独立的人格。最好的情况是，让市场忘掉或淡化背后的所有制。

中央企业的未来走向一定是多种组合方式的混合体。第一，从所有制结构看，可以是国有、民营、外资的组合；第二，从产业链上看，可以是处于产业链上、中、下游企业的组合；第三，从生态环境看，可以是同一产业内企业股权的合作，变竞争为合作与多赢；第四，随着中国改革的深入，中央企业可以发展实体经济与虚拟经济的合作，也可以发展与金融、投资银行、咨询全方位联合的以资本为纽带的合作。

3. 产业结构的趋势。

黄淑和先生指出，“‘十二五’期间央企业绩考核工作将围绕‘做强做优央企’，培育一批具有国际竞争力的世界一流企业这一目标，着力提升央企价值管理水平，提高资本使用效率；完成国家重点战略任务，增强服务经济社会发展全局的能力；解决历史遗留问题，夯实发展基础；加大研发投人，提高自主创新能力；加强安全生产和节能减排，实现安全发展和绿色发展。”

围绕此目标，未来的中国央企必须以资本为纽带，以科技创新为核心，从实物资源层面控制和整合与国家战略、国家安全相关的矿山、油田等资源型大型企业，形成以资本和知识两种资源为主导的国家创新体系，通过资本和知识精英的结合建立起世界一流的研发体系，使其具有硅谷一样的功能。尤其是在后工业时代，一个企业所拥有的智力资本及其系统化的能力对该企业的成败，要比它的物质资产更具决定性。价值管理、资本管理、战略管理可以创新新的产业领域，中央企业关注的应该是传统产业和新兴产业的发展，应该是新兴经济和人类新的生产、生活方式的改变，应该是将知识转化为技术，将技术转化为工艺，将工艺再转化为产品的全过程，做到不能引领也至少紧跟世界潮流。

中国的每一个中央企业必须是一颗恒星，周围是为其服务的卫星，这些卫星可能是民营企业、外资企业、合资企业，它们共同组成一个完美分工合作的和谐的太阳系，犹如美国的波音公司。中国央企必须是世界范围内标准的制定者、参与者，资源在全世界流动的操作者及产业链和整个生态系统的责任者。中国央企要坚持做高尖端产品，做公众不愿做的事，靠资本资源和知识资源做大事，不与民营企业争利。

4. 企业家的核心作用。

如若把企业比作细胞，企业家本人就像细胞核一样，从中起着核心作用。企业家本人是在企业中居特殊地位以及对企业成长有特殊作用的异质型人力资本，在企业成长的幕后无不凝聚着企业家无可置疑的智慧和作用。一个企业只能在企业家的思维空间之内成长，一个企业的成长被其经营者所能达到的思维空间和全体员工的执行能力所限制。企业家的思维、知识和能力，构成企业成长的极限。而中外企业兴衰史也告诉人们一个亘古不变的道理：企业家是企业兴衰的决定性因素。

现代微观经济学存在四大难题：第一，在市场经济中存在着信息不对称。信息不对称的现象自有人类历史以来就一直存在。战场、商场上为了知己知彼，上演了诸多惊心动魄的谍战故事，是否拥有信息的优势往往是成败的关键。第二，合约的不完整性。经济的复杂性使我们不可能在一纸合约中对所有要素都界定清楚。合约的不完整为人为的操控留下了巨大空间。第三，经营权和所有权的分离。企业达到一定规模之后，经营权和所有权的分离是必然的，所以职业经理人对企业的忠诚和对所有者的负责取决于其忠诚度和道德品质。市场经济是看不见的手在操纵，也是看不见的心在运作。第四，企业到底如何成长。企业的成长和人一样，健康的人需要达到多项身体指标，但是达到这些指标的成长过程很少有人描述。企业成长过程就是在对企业要素的利用过程中慢慢从量变到质变的过程。正是因为以上四大难题在企业运行中给操作者留下了巨大的人为空间，所以企业家和职业经理人团队在企业中的作用才显得非常重要。

马克斯·韦伯认为，人与动物的最大不同在于人有对正当性的追求。对企业而言，产品是企业集体人格的延伸。企业家应该钟情于产品和品牌，利润应该是社会给予企业创造价值的褒奖，以单纯追求利润为唯一目的的企业不会拥有持久的生命力。

所谓组织行为最终是个人行为的整合。实践证明，通过提高人的素质和境界弥补制度的缺陷，是增强企业软实力最有效的方法。中央企业要保持人才来源的多元化，可通过全球招聘、公开选拔、竞争上岗等方式保持人才队伍的科学、合理、朝气蓬勃。同时，要改变过去“懂一些政治的专家治企”的局面，着力培养职业经理人队伍，建立健全各相关规章制度，为其经营事业创造环境，为其发挥才华提供舞台。市场规律告诉我们，世界一流企业必须由一流的企业家团队来管理。因此，如何用开放的胸怀、合理的机制从更宽、更大的视野中遴选企业家，这是中央企业的管理者必须认真考虑的重要课题。未来的中国社会，必将是政治精英、经济精英、文化精英三足鼎立的社会。从目前来看，当代社会的精英阶层摒弃了中国古人倡导的动手动脑的行而论道的行为方式，转向了坐而论道。相比之下，我们更期待这样的社会愿景：政治精英“先天下之忧而忧，后天下之乐而乐”，心系黎民苍生；经济精英“脱心志于俗谛之桎梏”，坚持自己独立的人格和信仰；文化精英坚守“独立之精神，自由之思想”，耐得住清苦和寂寞，坚持对科学真理的执着追求，以难得的冷静和谦卑捍卫知识分子的尊严。

5. 坚定中央企业的角色要素。

中国的问题由于其独特性，不能完全用西方经济学来解释，中国中央企业也不可能复制和重走西方企业之路，完全的自由经济、绝对的公有制和凯恩斯主义所倡导的绝对的国家干预都是不适合中国的。在自由经济和国家干预之间一定存在着一个理想的黄金分割点，正如邵宁先生所说，“研究中国的国有企业问题、观察中国国有企业的状态，是需要一种历史感的。这是一个改革的过程，是一个不断变化的过程。目前国有企业的状态并不是改革的终点，而是下一阶段改革的起点。我相信，随着改革的进一步推进，中国国有企业还将出现许多新的变化。我们可以预见的是，国有企业在体制上会与市场经济进一步融合，竞争性的国有企业会进一步提高国际竞争力，公益性国有企业会更好地为社会和公众提供服务。同时，在发展过程中履行好自己的社会责任”。

企业自诞生之日起就是合约和道德的产物。和谐社会，经济的强大更是和文明的进步相辅相成。成功的企业既要经济实力超群，是树立自身形象和执行国家战略的楷模，也要是文明道德的楷模，具备让人心悦诚服的道德权威。唯有如此，企业才能真正在市场经济中长期立于不败之地并赢得全世界的尊重。

顺应中央企业重组和做优做强的趋势，中国央企应重塑自己的公众形象，同时，对中央企业的舆论报道要坚持实事求是的正面宣传，让中国的民众真正理解中央企业担当的角色要素。中国央企是中国经济的平衡器，抗震救灾的主力军，是中国企业组织金字塔的塔尖，各行各业产业链的龙头，是中国企业的王者之师，因此，中国央企除了要追求经济效益，确保国有资产保值增值外，还必须承担好角色要素赋予的责任和使命，做市场经济有道德的参与者和推动社会文明与进步的重要力量。

在人类历史上，机遇决定人类实践成功的一半，而另一半取决于人们的行为。中国社会即将进入一个新的精英时代，社会自然选择地会产生政治、经济、文化精英，他们都是党和国家的栋梁之才。中国共产党从物质层面深入到了文化层面的改革和优化，追求灵魂层面信仰的曙光犹如晨曦般开始出现。我们深信，中国中央企业在与外界进行物质、能量交换和融入世界的过程中将不断地完善和强大，并将在中华民族伟大复兴的道路上扮演日益重要的角色。

发展民生地产　实现全程标准化管理

恒大集团

中国改革开放以来，房地产业飞速发展，为推进经济持续高速发展、改善老百姓居住条件、提升国家人居环境做出了很大的贡献。

伴随着我国房地产市场的发展，恒大集团从南国一隅起步，仅用短短十几年时间，实现了超常规、跨越式的企业发展。从一家区域小公司发展为全国龙头企业，从一个无名到连续8年位列中国房地产10强前列，创造出多个“中国第一”；从七八名员工到目前25 000人的高素质团队；从仅限于广州当地发展到同时启动全国100个大城市181个大型房地产项目。恒大的前进动力，究竟为何？

纵观恒大的发展历程，矢志打造“民生地产”的企业战略目标成为恒大创造地产传奇的动力之源。从公司成立之初，恒大就坚持民生地产的企业理念，将之定位为企业发展的根基。目前，“着力打造中国老百姓负担得起的高性价比精品住宅”已成为恒大企业不断发展的核心竞争力，成为引领中国房地产发展趋势、推动整个房地产业向更高的水平发展、推动整个中国人居向更高品质迈进的企业范本。

一、恒大集团概况

恒大集团于1996年在广州成立，现已发展成为在香港上市的国际化、现代化企业集团，逾百家国际知名投资银行、财团、基金股东遍布全球。拥有员工27 000余名，92.0%以上工程技术及管理人员为大学本科以上学历。

恒大集团已在广州、上海、深圳、天津、重庆、沈阳、成都、长沙、太原、武汉、济南、郑州、石家庄、合肥、南京、长春、南昌、贵阳、西安、海口、昆明、兰州、呼和浩特、启东、银川、南宁、哈尔滨、乌鲁木齐 3 个直辖市及 24 个省会城市设立分公司（地区公司）。截至 2010 年底，恒大在全国 100 个主要城市拥有大型房地产项目 181 个，覆盖中端、中高端、高端及旅游地产等多个产品系列，现已成为中国在建工程面积最大、进入主要城市最多、销售面积最大的房地产企业。

作为中国领先的房地产企业、中国标准化运营的精品地产领导者，恒大开发的楼盘采用低碳与环保技术设计建造，在中国十大房地产企业里价格最低、品质较好，性价比高，被中国很多老百姓誉为"民生地产的典范"。十多年来，恒大还为中国慈善、公益和环保事业捐赠近 16 亿元，连续 3 年获得民政部颁发的"中华慈善奖"。

2009 年，恒大实现销售金额 303 亿元；2010 年，恒大销售金额突破 500 亿元大关，稳居中国房企第一军团，并以超过 80 亿元的品牌价值位列全国房企第一。

恒大所取得的这些成绩，是企业战略高屋建瓴的成功，更是恒大矢志不渝坚持民生地产理念获得的伟大胜利。

二、民生地产理念在恒大发展历程中的作用

15 年前，恒大从零开始，起步较晚，因此采取了民生地产作为导向，先做大后做强的总体发展战略，并将公司发展划分为三大阶段。在不同的发展阶段，采取不同的发展模式及战略。按时间划分，主要分为以下三个阶段：

第一阶段，1996—2004 年，实施以"规模取胜"的发展战略模式；第二阶段，2004—2007 年，实施发展战略模式的转型过渡；第三阶段，2007 年至今实施"规模 + 品牌"的发展战略模式。

"民生地产"的企业发展理念始终贯穿三大发展阶段，为恒大持续保持快速、健康、稳健发展，奠定了坚实基础。

（一）第一阶段：依靠"小面积、低价格、低利润"策略，迅速做大企业规模

公司 1996 年成立之时，广州已有近 2 000 家房地产公司，有的公司年销售额已达数亿元。恒大人认识到：初创企业要生存，首先要做到产品适销对路；要争取更多的发展空间，亟须在规模上快速做大。而要实现这种规模效益，就必须确保快速销售，实现快速周转。

成立不到一年的恒大通过对广州房地产市场的系统调研，发现广州这样的大都市里面，房地产市场的刚需也难以得到满足，特别是 1998 年国家实施停止住房实物分配，逐步实行住房分配货币化的房改制度，老百姓的住房需求巨大：一方面，市场上的高端楼盘价格过高，超出了普通老百姓的承受能力；另一方面，市场上的中低价位楼盘数量极少，且存在园林配套不足、交付周期过长等问题。

在此背景下，恒大确立了"小面积、低价格、低利润"作为初期的民生地产发展模式，突出小面积、低价位的产品定位，考虑到普通老百姓的承受需求，并通过薄利多销的策略实现规模做大。基于此，即使在亚洲金融风暴的不利环境下，恒大逆市出击，采取"短、平、快"的策略，为公司发展赢得先机。以首个项目金碧花园为例，恒大成功打造出面积小、价格低、园林配套好的住宅产品，受到了普通老百姓的热烈追捧，创造了广州昼夜排队购房、日进亿元的销售奇迹。

日后在业内引发轰动的恒大速度，在首个项目就得到了体现。金碧花园项目首创 8 个当年——"当年征地、当年报建、当年动工、当年竣工、当年售罄、当年轰动、当年入住、当年收益"，堪称快速开发、快速销售的恒大速度的首度亮相。随后几年，恒大相继开发出金碧华府、金碧新城、金碧世纪花园、金碧湾等多个楼盘，并在项目品质和楼盘价格上更具市场竞争力。

这一阶段，基于"小面积、低价格、低利润"的民生地产策略，恒大从开发 1 个楼盘到同时开发 10 多个楼盘；员工数量从成立之初的 10 余人发展到 2004 年的 1 500 人；从公司成立开始，仅经过 3 年努力，于 1999 年公司就从广州市 2 000 多家房地产公司中脱颖而出，跻身广州房地产企业 10 强，2003 年公司成为广东省房地产企业竞争力第 1 名，2004 年更是首度跻身中国房地产企业 10 强。

（二）第二阶段：进军二线城市、打造精品、控制成本策略，创造企业发展蓝海

2003 年下半年，国务院发布《关于促进房地

产市场持续健康发展的通知》，首次在国务院文件的层面，提出“房地产业已成为国民经济的支柱产业”，中国房地产市场也渐趋成熟，中国房地产企业的竞争日益激烈。恒大响应政府号召并进一步发展民生地产策略，进入向“规模 + 品牌”发展的过渡阶段。这个阶段，恒大实施的拓展二线城市、打造精品、控制成本的民生地产策略为恒大创造了企业发展一片广阔的蓝海。

2004 年开始，在前 8 年积累的基础上，恒大确定了全国拓展的宏伟目标，根据市场需求趋势研判：全国二线城市老百姓有着大量的刚性需求，尤其是对价格合适的精品住宅的需求非常旺盛。所以，恒大决定率先进入具发展潜力的二线城市拓展，实施打造精品住宅的民生地产策略，以丰富的产品线满足当地老百姓的刚性需求。

与此同时，随着城市化进程、居民生活节奏的加快，精装修房成为不可阻挡的趋势。早在 2002 年，国家建设部就先后出台相关细则，明确要求推行精装修房，逐步取消毛坯房。但二线城市的精装房进入市场时间不长，质量水平不高，因质量差异经常引起纠纷。为提升区域精装修房的建设水平，打造出产品品质的核心竞争力，恒大同时决定在二线城市所有项目中全面 100% 精装修交楼。

围绕这一目标，公司从之前开发中低档产品全面转型为开发精品产品，在房地产开发的全过程中，全面推行“精品标准”，实施精品战略。2004 年 5 月，公司在金碧世纪花园举行全员誓师，砸毁中心花园，以上千万元的代价，彻底唤醒全体员工的精品意识、质量意识。这一事件标志着公司正式开展打造精品运动。公司相继颁布涉及开发建设各个环节的“精品标准”，为确保精品标准落实到位，公司建立了全过程的“质量锤”环节精品监控机制。

恒大在打造精品的所有环节，均确定了必须与国内外各行业龙头企业合作，包括规划设计、主体施工、园林建设、材料设备、装修装饰等各方面全过程的精品战略。

在项目规划方面，恒大与赛瑞、国际怡景等世界知名规划设计机构合作；在主体施工方面，恒大与中建总公司、中铁建等国内最优秀的施工企业合作；在营销代理上，与易居（中国）、合富辉煌等合作；在物业服务上，恒大与全球顶级物业管理公司强强联手；在精装修方面，恒大与金螳螂、深装总等中国十大装修企业合作；在材料设备方面，采用国内或国际知名品牌，如奥的斯、美国摩恩、TOTO、西门子、大金等。

通过几年努力，公司成功与数百家国内外相关行业龙头企业建立了战略联盟，是中国第一家真正全面实现资源整合的领军企业。恒大的产品按照精品标准全面转型后，产品品牌形成了强大的市场号召力。2007 年 10 月，恒大御景半岛作为公司第一个精品代表作，全部按精品标准规划设计、建设，开盘当天，创下销售 10 亿元的优异业绩，标志“规模 + 品牌”发展战略模式的成功。在规模快速做大的同时，恒大的品牌得到了全国置业者的充分认可，恒大的产品在全国其他主要城市均实现火爆销售。

（三）第三阶段：深度拓展二、三线城市，建老百姓买得起的精品住宅，赢得跨越式发展

2007 年，国务院下发《关于解决城市低收入家庭住房困难的若干意见》，同年，胡锦涛总书记在十七大报告中明确提出“住有所居”的政治目标，住房保障以前所未有的高度写进党中央的纲领性文件，全国意义上的“民生地产元年”由此开启。而恒大已经正式进入“规模 + 品牌”发展阶段，在此阶段的民生地产理念与国家政策高度契合，再一次推动了企业高速发展。

2007 年起，恒大继续坚持民生地产的企业理念，进一步完善标准化运营模式，深入拓展中国二、三线城市，以建老百姓买得起的精品住宅为民生地产策略新阶段的核心要素，在全国范围内打造高性价比的精品住宅，在全国范围内大规模让利于民，切实满足中国二、三线城市老百姓的住房需求。

在民生地产的导向下，恒大逐渐形成了极具竞争力的七大企业核心优势，为建老百姓买得起的精品住宅，为让利于民保驾护航。

（1）标准化运营优势。包括管理模式、项目选择、规划设计、材料使用、招投标、工程管理以及营销 7 项标准化，最大限度降低全国拓展带来的经营风险，确保成本的有效控制和精品产品的打造。

管理模式标准化。建立董事局、集团高管、地区公司高管三级管理体系，采用集团化紧密型管理模式进行统一管理。

项目选择标准化。包括项目区位、规模、定位的标准化，以确保新项目符合集团发展战略，最大限度降低了决策风险。

规划设计标准化。按照产品定位划分五大系列产品，设计制订了多种标准户型。

材料使用标准化。在主体建筑、园林、配套设施以及装修工程方面，大批量采用标准材料，保证了产品质量，缩减了建设成本。

招投标标准化。各地区公司所有大型工程都由集团总部统一招投标，参标企业必须是行业龙头或全国10强企业。

工程管理标准化。公司在全国范围内统一推行标准化的工程管理制度。集团通过标准化的工程建设计划模版及质量考核制度，对所有项目的各个建设节点进行严格的计划管理；对各项目每栋楼都进行进度考核、质量检查以及安全文明生产检查。

项目营销标准化。全国所有项目的营销方案、销售价格按集团统一标准进行审批实施；同时推行严格统一的开盘标准。

（2）规模优势。恒大项目所在城市基本为区域经济中心，住宅刚性需求潜力巨大，经济规模及发展速度全国领先，且大部分项目规模在50万～200万平方米之间，此类项目最适宜规模开发、滚动开发，可满足配套齐全、环境优美的规划设计条件。

（3）精品产品优势。这一阶段，恒大继续实施精品战略，先后与300多家海内外知名企业开展全面合作，一年召开一次年度全球战略合作伙伴大会，充分发挥“外脑”的积极作用，控制成本，提升性价比，并在架构创新、制度完善上做进一步努力。

（4）产品结构优势。恒大产品类型的组合非常科学合理：中端至中高端产品占70.0%，高端产品占10.0%，旅游度假产品占20.0%。此产品结构与市场需求的物业类型比例基本吻合。住宅产品类型丰富，可满足不同地区、不同层次的市场需求，而且可满足自住、酒店、度假及商用等多种用途。

（5）成本控制优势。公司依托集团化紧密型的管理模式和标准化的运营模式，建立了全过程的成本控制体系，形成了强大的成本控制能力，将战略合作伙伴的让利让给普通老百姓。

一是通过提前布局潜力城市和区域，从源头上降低土地成本。二是材料采购和材料供应都由总部集中采购、统一配送，实现规模效益。得益于阳光交易原则和规模化采购模式，恒大在材料采购方面比其他房企节约20.0%～30.0%。三是坚持标准化模式实现集中招标，300万以上的大型施工和装修工程都是在总部集中确定。由于这种规模优势，中国前十大建筑施工企业和装修企业在投标的时候仍然给予恒大很优惠的价格，将成本控制在合理范围内，让利于民。

（6）快速开发优势。绝不囤地，快速销售，将土地增值收益让给普通老百姓。恒大要求所有项目在购地后6个月推出预售计划，并通过强有力、专业化的执行团队，确保了这一计划得以顺利实现。而购买恒大房子的普通老百姓，也将分享到恒大让出的土地增值收益。

在执行层面，恒大依赖集团化紧密型管理模式，确保在拿地后快速完成规划设计、政府报建、施工组织、原材料供应等各项工作，以实现项目的快速开工建设；依靠标准化的规划设计，迅速完成项目定位、方案拟定及实施；通过全国统一招投标整合资源，迅速组织新项目施工，确保工程进度；通过实施标准化的工程管理、质量控制体系，保证工程质量，并通过实施标准化的开盘模式，实现快速销售的目标。

（7）管理及团队优势。公司拥有中国一流的领导管理团队，平均年龄44岁，平均房地产开发管理经验17年以上。其中教授、博士生导师1人，博士5人，硕士7人。

恒大还采用先进管理方法，在企业运营上采用集团化紧密型管理模式，由集团总部对地区公司进行统一管理。全面采用目标计划管理、绩效考核管理等一系列经营管理模式，为企业发展注入了强大动力。

在“规模＋品牌”阶段，恒大把企业自身、建筑商、材料商和土地增值收益让利给二、三线城市的普通老百姓，实现了企业效益和社会效益的有效平衡，给普通老百姓带去了高性价比的精品住宅。通过这些措施的实施，高性价比优势成为普通老百姓选择恒大的一大重要因素。以恒大2010年全国销售均价6 394元/平方米计算，扣除1 500元/平方米的精装修费用以后，恒大的住宅基本在4 800～4 900元/平方米的均价范围。以一套100平方米的普通家庭住宅为例，首付30.0%应该是19万元，30年月供的话仅仅2 800元就可以了。可以看出，中国大部分的普通老百姓是买得起恒大的精装修住房的，这是坚持民生地产理念的成果。

基于建老百姓买得起的精品住宅民生地产策略，恒大迎来新一轮快速发展。截至2011年6月底，恒大在广州、天津、重庆、沈阳等100个城市成功布局181个项目，二、三线城市占96.7%。二、三线城市的项目基本上都是符合中国老百姓刚性需求的主流产品，销售速度高于当地市场平均水平数倍，所有项目都成为当地标志性精品物业。

值得一提的是，在恒大三个发展阶段中，公司主动承担社会责任，积极响应党和国家的政策，极大地扩充了民生地产的内涵，为民生、教育、文化、体育等社会公益事业捐款近16亿元。特别是一方面，恒大结合企业发展优势，积极参与到贫困地区的安居工程建设中，给贫困群众带去了家的温暖。比如为“心系民心工程”活动捐赠1 000万元，支持贫困地区危房改造工程。积极响应党和国家的政策，捐建1 000套廉租房。成立民工权益保障部，先后帮助兑现民工工资近亿元。另一方面，恒大多次率先响应国家政策，在全国项目进行让利促销。2010年5月初，恒大旗下全部项目均以八五折让利销售，擎起让利大旗，让更多高性价比住宅惠及全国各地老百姓。

与改革创新同行　走科学发展之路

中信国安集团公司

进入21世纪以来，科技发展日新月异，创新发展成为国家之间竞争的主要途径和方式。“十二五”时期，我国对建设创新型国家宏伟战略提出了更新的要求，企业作为我国自主创新的主力军，承担着光荣的责任和使命。中信国安集团公司（简称“国安公司”）作为中国中信集团公司（简称“中信集团”）全资子公司，自1987年成立以来，在中信集团的领导下，公司领导班子牢固树立依靠创新实现科学发展的理念，自觉地把自主创新作为发展的不懈追求，在自主创新、科技创新、企业品牌文化建设等方面，探索出了一条具有国安特色的创新之路。目前，国安公司已发展成为以信息产业相关业务、旅游房地产高新技术及资源开发为主营业务，涉及多行业、多领域，具备可持续发展能力的大型综合性企业集团，拥有中信国安、中葡酒业、中信21世纪3家境内外上市公司。国安公司为亚太经合组织APEC中国企业联席会议成员企业，中国企业联合会、中国企业家协会成员企业，“国安”为著名商标和知名品牌。

一、发挥技术优势，做大做强信息产业

信息产业是一个技术不断革新的行业，也是促进社会信息化建设和国民经济发展的一个重要行业，在推动经济增长方式转变，发展新兴产业，扩大内需的过程中，发挥着举足轻重的作用。国安公司自1992年开始投资有线电视业务，是国内最早投资有线电视网络业务的公司之一，目前，投资的有线电视项目达到18个，包括3个省网、15个地市网，有线电视网络跨全国7个省区，覆盖2.4亿人口，有线电视用户数约为2 258万户，其中，数字电视用户数约为1 335万户。为了不断巩固和扩大公司有线电视业务的领先地位，公司以优质网络资产为依托，继续积极推进数字电视转换工作；紧紧抓住各地有线电视网络整合的机遇，积极推进湖南、湖北等地的全省网络整合，扩大业务规模。目前，公司是国内唯一一家跨多省市投资有线电视业务的企业，也是广电系统以外投资有线电视业务最大的企业。公司所属的中信国安信息产业股份有限公司的有线电视业务的网络规模、收费电视用户数、数字电视用户数在同类上市公司中排名第一；技术水平、经营管理等方面继续位居同行业上市公司领先地位。

随着科学技术水平的不断进步，“三网融合”已经成为信息产业发展的一大趋势。公司领导班子

主动抢抓发展机遇，积极参与“三网融合”试点工作。在2010年6月底国务院公布的第一批12家“三网融合”试点地区（城市）中，公司投资的武汉市、江苏省南京市以及长株潭地区都得以入围。公司正根据国家相关政策，全面分析广电网络资源的竞争优势，协助合资公司逐步提高市场化运营水平，在投资项目中积极推广探索成功的商业模式，抓住机遇实现双方的协同发展、利益共享。

二、坚持科技创新，引领企业发展方向

进入21世纪以来，全球技术变革浪潮一浪高过一浪，谁拥有最新的技术，谁就掌握了主动权；谁能迅速实现科技成果转化，谁就能在市场竞争中赢得先机。在依靠科技创新推动企业发展的实践中，国安公司坚持“以人为本”的发展理念，努力吸收科研人员投入到企业创新中来。为了更好地搭建科研平台，公司以抓好前沿性重大关键技术攻关为工作核心，加大科研成果的转化速度，大力开发具有较高附加价值的新产品，确保企业的市场竞争优势。

从1999年开始，国安公司积极响应中央西部大开发的号召，致力于青海盐湖资源的综合开发利用。青海省柴达木盆地内的台吉乃尔盐湖地区含有大量的锂、钾、硼等稀有元素，经济潜力巨大。但由于台吉乃尔盐湖属高镁锂比盐湖，镁锂分离尚属世界性技术难题。面对这种现状，国安公司确立了依靠科技创新解决技术难题的目标，引进一批长期从事盐湖研究工作的专家，与成都理工大学联合成立“盐湖综合利用工程技术中心”，对台吉乃尔盐湖卤水锂、钾、硼资源综合利用技术开展科技攻关，自主研发出具有国际先进水平的盐湖资源综合利用新技术，成功解决了盐湖高镁卤水中分离锂这一世界性难题，先后获得12项发明专利、5项科技成果。在取得一系列科研成果的基础上，公司不断加大成果转化工作，逐步掌握锂盐、钾肥生产新工艺，形成硫酸盐型卤水钾、硼、锂、镁资源综合利用生产技术，以低廉成本实现较大的规模化生产，公司生产的硫酸钾镁肥、氯化钾等产品有效缓解了我国钾肥严重短缺的局面。

立足青海盐湖开发丰富的锂资源优势，国安公司十分注重打造一个高新技术产业链，将目光投向了新材料、新能源开发领域。自2000年开始，国安公司在北京中关村科技园区昌平区成立了中信国安盟固利公司（简称“盟固利公司”），专门从事锂离子二次电池关键材料和高能量密度动力锂离子二次电池的研发、生产与销售。通过在科研领域的不断努力，盟固利公司成为掌握一批独有自主知识产权的核心专利和技术标准的高新技术企业，拥有专利18项，其中，“锂离子二次电池正极材料钴酸锂的合成”技术被评为2004年度“国家科学技术进步二等奖”；“铝塑膜包装液态锂离子动力电池”技术获得北京市科学技术进步一等奖。作为国内最大的锂电池正极材料钴酸锂和锰酸锂的生产企业，也是国内外唯一大规模生产动力锂离子二次电池的厂家，盟固利公司形成了从锂电池材料和锂电池，到电动汽车研发与生产的完整产业链。盟固利公司充分发挥在动力锂电池技术和产业方面的优势，积极与国际大型企业联手整合电动汽车核心技术，加速推动全球节能环保的电动汽车产业进程，其研发生产的高能量新型锂离子动力电池得到了广泛应用，2008年，向北京奥运会50辆电动公交大巴提供了锂离子电池，为“绿色奥运”理念增添了风采；2010年，为上海世博会提供了116套纯电动公交车动力锂电池，为广州亚运会提供了36套纯电动公交车动力电池和15套混合动力公交车动力电池，进一步提高了企业产品的知名度和美誉度。

三、立足经营创新，提升公司品牌建设水平

面对经济全球化趋势所带来的机遇与挑战，企业的发展就如逆水行舟，不进则退，要想立于不败之地，就必须运用品牌战略，取得竞争优势。作为企业软实力的重要象征，品牌形象的无形价值对企业的发展具有长远的影响。国安公司始终坚持诚信经营的理念，立足经营创新，通过参与一些有社会影响力的工程和项目，不断提升企业品牌形象。

2001年北京申奥成功，圆了国人的百年奥运梦想。国安公司以高度的政治责任感和使命感参与“鸟巢”融资和建设工作，这是公司加强经营创新工作，提升企业品牌形象的重要一笔。当北京奥运会场馆建设招标工作启动的时候，究竟哪一家企业能够中标“鸟巢”项目，成为全社会关注的焦点。2003年，由中信集团领导，国安公司占股65.0%的中信联合体参与“鸟巢”项目竞标工作，国安

公司积极抽调各方面的精干人员参与编标工作，他们顶住时间紧、任务重等压力，迎难而上，克服了“非典”疫情的干扰，经过日夜奋战，仅用25天就完成了投标文件编制工作，投标当天的标书和材料整整装了3辆面包车，为中信联合体成功中标“鸟巢”项目做出了重要贡献。“鸟巢”建设期间，中信联合体认真贯彻“绿色奥运、科技奥运、人文奥运”的三大理念，严格按照“安全、质量、功能、工期、成本”五统一要求，把好质量关和生产进度关，立志建百年精品工程。国安公司圆满完成了“鸟巢”项目近10亿元融资任务，确保建设资金足额、按时到位；公司所属的北京国安电气总公司克服了工期被压缩、工作任务重等困难，经过连续30多天的日夜奋战，高质量地完成了“鸟巢”建筑智能化系统等项目建设工作，顺利通过了专业部门的验收。“鸟巢”建设创造了奥运工程建筑史上的奇迹，胡锦涛总书记盛赞“鸟巢”的建设“谱写了中国建筑史上的光辉一页”；北京奥运会、残奥会期间，国安公司组织的运行保障团队，在整个170天奥运保障工作过程中，克服了前所未有的困难，以高度的政治责任感和满腔的热忱，顶住重重压力，圆满完成了“鸟巢”建筑设施运行、环境清废等保障任务，实现了“零故障”的工作目标，为北京奥运会成功举办贡献了积极力量，受到北京奥组委等多方面的高度赞扬。奥运会后，国安公司积极创新“鸟巢”的经营管理模式，通过对社会公众开放参观，举办大型演唱会、国际顶级体育赛事等，取得了良好的经营业绩，为解决奥运场馆赛后利用这一世界性难题积累了宝贵的经验。如今，“鸟巢”已经成为北京市新的地标性建筑，2008年北京奥运会成为人们心中永恒的记忆，国安公司通过参加奥运场馆的建设及运营工作，极大地提升了品牌形象和国际知名度。可以说，参与“鸟巢”建设既是公司经营战略上的一次创新，更是企业品牌建设的成功之笔。

“千载难逢今盛世，天下难得第一城”，中信国安第一城是国安公司在经营创新方面的又一杰作。“第一城”占地3 320亩，其建筑风格效仿了明清时期北京城“内九外七”的城桓格局，按1:1比例，将22座城楼错落有致地镶嵌在5公里长的空腹城墙之上。“第一城”建筑群规模宏伟、气势壮观，既有富丽堂皇之风格，又不失古朴典雅之韵味，实现了现代建筑技术与传统美学的完美结合，体现了华夏民族的文化精华，绽放出神州大地建筑艺术的异彩。在功能定位方面，“第一城”已发展成为以会议展览为经营主业，集休闲度假、康体健身、美食购物、影视拍摄等多种功能于一体，是国内功能最完善、规模最大且具有深厚文化底蕴的综合性国际会议展览中心。目前拥有大小会议室80余个，与之配套的有6座风格各异的星级酒店，18个高档风味餐厅，可举办1万人以上的各类大型会议。“第一城”营业以来，成功接待了各种会议及活动6 100余次、国内外宾客1 000余万人次；先后成功承办了“第七届20国集团财长及央行行长会议”、“国际反贪局联合会首届年会”、“第三次中美战略经济对话”等多个大型国际会议；2008年北京奥运会期间，哈萨克斯坦、白俄罗斯和吉尔吉斯斯坦三国总统出席奥运会时，专门选择了“第一城”作为接待单位，先后有300余位各国部长级以上政要及100余名驻华使节到此出席各种会议或参观访问。欧元之父罗伯特·蒙代尔先生盛赞其为“伟大的、开创新纪元的历史之城！”如今的“第一城”依靠一流的设施和完美的服务，早已声名远播，在举办各类大型会议、促进国际交流等方面，发挥越来越重要的作用，品牌价值和企业形象正不断得到提升。

四、注重业务创新，培育新的利润增长点

不断寻求发展是企业适应市场竞争的生存法则，只有瞄准市场挖掘发展机遇，拓宽业务领域，寻找新的利润增长点，企业才能迎来广阔的发展空间。国安公司领导班子始终坚持顽强拼搏、开拓创新的发展理念，积极遵循中信集团“改革、创新、整合、发展”的经营方针，结合企业自身发展实际，不断拓展新的业务领域，寻找新的利润增长点，着力做大做强资源能源开发业务。

2008年10月，国安公司战略投资白银有色集团股份有限公司，成为其最大股东，扩大了公司在资源能源领域的优势。作为国家“一五”时期156个重点建设项目之一，白银公司是共和国有色金属工业的长子和国家重要的有色金属生产基地，铜硫

产量和产值、利税曾连续18年居全国同行业之首，创造了铜产量占全国1/3的骄人业绩。经过多年的发展，白银公司已发展成为集采矿、选矿、冶炼、加工、化工和科工贸一体化，产业链完整、工艺先进，在有色金属行业具有较强影响力的大型企业集团，是我国目前规模最大的多品种有色金属生产基地。战略合作以来，国安公司在资本运作、企业管理等方面的优势，与白银公司的人才、技术、资源等方面的优势实现了完美结合。如今，白银公司活力复苏，有色金属生产开始释放出巨大能量，呈现出强劲的发展动力。通过战略投资白银公司，实现了优势互补、合作共赢的目标，也巩固了国安公司在资源开发领域的实力，成为公司新的利润增长点。

作为国安公司生态资源战略的宝库，公司所属的中信国安葡萄酒业股份有限公司在新疆天山北麓拥有15万亩亚洲最大的酿酒葡萄基地，与处于同一纬度的法国波尔多、美国加州一起，成为“世界三大黄金葡萄产区”，成为葡萄酒行业不可替代、无法复制的优势资源，具备了年产11.5万吨优质葡萄酒的亚洲最大生产能力，生产的葡萄酒在国内外一系列葡萄酒评酒大赛中获得11金、12银的佳绩。其中，2005年，在布鲁塞尔国际葡萄酒评比大赛上，新天西域赤霞珠干红葡萄酒获得中国葡萄酒唯一金奖。目前，中葡酒业以“产地生态消费，引领品质生活”为核心理念，通过加强营销渠道建设、加大宣传推广等方式，不断提高企业盈利能力和市场竞争力。

随着国安公司国内资源战略的不断发展，公司领导班子积极创新发展思路，实施“走出去”战略，将视野拓展到国际资源开发领域。2007年，公司收购了哈萨克斯坦EM油田，使公司的资源开发领域扩展到了石油勘探、开发及销售领域。EM油田作为一个多层系含油的复式油气田，具有很好的增储前景和效益前景。目前，EM油田生产和勘探开发工作进展顺利，新布钻井全部完井，各油井的测试均见到商业油气流。业务领域创新为国安公司的发展不断注入新活力，通过战略投资白银公司、发展葡萄酒行业生态资源以及收购哈萨克斯坦EM油田，不仅为国安开拓了新的业务领域，也为公司寻找到了新的利润增长点，这些都是国安公司在创新发展过程中探索出来的具有国安特色的创新之路。

回首国安20多年的发展历程，国安人坚持改革、锐意进取，探索出一条具有国安特色的科学发展之路；展望国安的未来，让我们信心百倍！

调结构调节奏　转方式促发展

国家开发投资公司党组书记　董事长　王会生

国家开发投资公司（简称“国投”）认真贯彻落实党中央、国务院加快转变发展方式的要求，自觉融入经济发展方式转变大局，调结构，调节奏，强管理，强效益，把握发展规律，创新发展模式，在加快发展中推进结构调整，在结构调整中转变发展方式，推动国投科学发展迈上了一个新台阶。2010年，公司完成经营收入653亿元，同比增长32.0%；实现利润65亿元，同比增长15.0%；年末资产规模2 361亿元，比年初增长12.0%。连续6年在国务院国资委年度经营业绩考核中荣获A级，连续2个任期被授予“业绩优秀企业”称号。

一、把握经济规律，转变发展思路，进一步调整完善公司发展战略

转变企业发展方式，首先必须转变发展思想，从发展思想和发展战略上实现转型。因为，战略是制高点，管方向、决定未来。企业发展战略的布局和取舍，必须遵循经济规律，在科学发展战略的引导下调整企业业务结构，有进有退，有所为有所不为。国投根植于对经济规律的理性认识和对自身发展的准确定位，充分把握全球产业调整态势，在发展理念、发展思路上积极探索投资控股公司特色的转变路径。2010年，在公司成立15周年、“二次创业”进入承前启后关键年的重要历史时刻，公司党组回顾和总结了15年来，尤其是“二次创业”近8年来走过的历程，分析了当前及今后一段时期公司面临的内外部形势和主要任务，对公司如何保持健康发展进行了深入思考，适时提出细化战略，

决定将“调结构、调节奏、强管理、强效益”作为公司转变发展方式的主要内容，并作为未来一个时期的中心任务给予推进落实。2011年，公司按照打造具有国际竞争力的一流投资控股公司的战略目标，在认真分析国内外形势基础上，进一步细化转变发展方式的路径，提出了要从6个方面加快转变，一是从国内向国外转变，二是从传统产业向新兴产业转变，三是从西部向中东西全面发展转变，四是从一般产业向独特产业转变，五是从以我为主向以市场需求为主的方向转变，六是从资产经营向资本经营转变。

（一）确立规模和效益同步发展的战略思路，谋求在做大的同时做强

规模是企业竞争优势的一个关键因素，前些年公司急于发展，急于扩张，急于达到一定的规模，发展之弦一直紧绷，企业确实发展了，有了一定的规模，但随着公司规模扩大，获取资源越来越难，资源的有限性和环境保护、节能减排的制约越来越严重。金融危机使公司深刻认识到企业的规模必须是一个均衡的结构，资本实力和企业规模应适当，软实力与硬实力应匹配，企业在战略选择上要在发展规模、做大的同时做强，只做大、不做强的企业是做不大的，只做强、不做大的企业也是难以做强的。

（二）确立结构调整应遵循的基本原则，拓展公司可持续发展的空间

转变发展方式是现代化进入一定阶段后各国企业普遍面临的挑战，成功应对这个挑战，就能保持企业发展的连续性，拓展发展的空间，否则，发展代价会越来越大、空间会越来越小、道路会越来越艰难。

企业结构是指企业内部各要素之间的联系及其比例关系。企业结构调整，是指使企业的资源，在企业中占据相应位置的渐变过程，以达到优化配置，协调动作，促进发展的目的。企业结构调整应遵循的原则：一是与市场协调。适应国际国内市场的需求变化，满足多层次多方面的需要，是社会主义市场经济条件下，结构调整的根本目的和基本取向，也是判断结构调整是否合理、是否优化的根本标准。二是与自身协调。这包括两个方面，一是存量的调整，就是要从企业的实际出发，一企一策，不可照搬照套；另一方面就是增量调整，就是要以企业的宏观战略为取向，有所为有所不为，注重特色，弘扬优势。三是与政府协调。企业是构成产业经济的细胞，国民经济、产业经济的调整必须立足于企业，必然要影响企业的结构调整。因此企业的结构调整在坚持以市场为导向的同时，必须依据国家的经济政策来调整生产力的布局，只有这样，才能实现良性循环，跨越式发展。“十一五”的5年，国投按照“有进有建”的原则调整结构，做强做大主业，共退出项目494个，回收资金97亿元，用回收资金重点投资于公司重点发展的产业和区域。

（三）重新审视企业发展战略，创新发展模式

企业是市场经济的主体，企业的生存与发展，必须深刻把握市场环境的变化，适时抓住发展机遇，调整梳理企业发展思路和战略，以适应外部环境和内部条件的变化。这次全球金融危机，使公司进一步认识到传统发展模式的局限，促使公司对现有发展模式的可持续性和合理性进行反思，站在经济全球化和全球产业结构调整的宏观层面，来定位公司产业进退选择和发展思路的战略性调整，确立“为国家发展服务、为改善民生服务”的战略发展思想。

国投近年来的持续快速发展较好地体现了公司战略规划的科学性和引导性。2003年以来，公司实施“二次创业”第一个五年发展规划，公司根据国家产业政策和区域布局政策，有进有退，不断调整资产结构，优化业务选择，优化资源配置，提升资产价值。公司抓住机遇，发展关系国计民生的大项目。逐步完成了公司业务发展的战略布局，形成了实业、金融服务业和国有资产经营“三足鼎立”的业务架构。走出了一条从实业开发入手，基于发展战略和投资原则进行投资拥有股权，通过科学管理提升投资企业价值，通过资本经营实现企业价值最大化的发展道路。

（四）打造支撑公司持续发展的核心竞争力

企业是资源的集合体，资源整合能力是投资控股公司核心竞争力的直接体现，一个企业能够从多大的范围、多高的层次、多强的密度去组织

资源，直接决定了企业的价值创造能力和发展边界。资源整合的目的是实现企业资源的优化配置，取得 1 + 1 > 2 的效果。整合企业内外部资源可以创造新的市场竞争力和企业能力，这一能力是企业参与竞争、实现可持续发展最重要的能力，是企业经受市场“狂风暴雨”洗礼，防范经营风险的坚实利器。国投作为国有投资控股公司，要培育不易模仿且可持续的核心竞争力，须顺应科技、信息技术的发展和消费文化的变迁，不断对核心业务进行调整，不断对自身的业务进行定位与转型，通过持续商业模式创新、技术创新、管理创新和高绩效的人力资源来获得可持续的增长，从资源型成本优势跃升到管理型成本优势，才能实现核心能力与利润的匹配，形成纵横全球市场的核心竞争力。

二、把握产业发展规律，转变业务布局方式，推进公司产业结构的战略性调整

产业结构的转型升级是通过技术进步、产业转换、体制和组织创新实现的，是随着社会经济的发展和科学技术的进步不断地由低级向高级、由低效益向高效益演进。产业结构的每一次转型升级，一方面淘汰落后生产能力，另一方面形成新的经济增长点，带动经济发展迈上一个新台阶，这是经济发展的一个客观规律。因此，调整经济结构，实现发展方式的转变，是一项长期艰巨的任务。但长期以来，我们之所以在转变发展模式、调整结构等重大问题上收效甚微，根本原因是没有很好地遵循经济（产业）成长规律。经济繁荣时不用调整也不愿意调整，经济萧条时没有能力调整，或无法支付调整的成本，甚至仍用计划经济的思维和手段去发展或维持那些本应为市场所淘汰的落后发展方式和生产能力，结果到下一次经济危机到来，问题更加积重难返。因此，坚定不移地推进企业结构调整，既要利用市场出现的倒逼机制进行调整，也要在经济形势比较好的时候，未雨绸缪，主动地、全方位地进行调整。

（一）把握经济发展的周期性规律，坚定不移地推进企业产业结构调整

任何经济体都是以周期性波动方式存在和发展的，理解经济周期，把握周期节奏是企业可持续发展和投资成功的关键。一是主动调整。企业是市场竞争的主体，也是产业结构调整的主体，只有产业结构升级换代，进行产业结构调整，才能顺应产业发展规律。产业结构调整和转型升级，是市场的力量在起作用，应该是企业主体的内生行为，在发展方式上转变得越快、越自觉、越主动，在转变上的实质性进展越大，发展成效就越明显，发展质量就越高，发展后劲就越足。二是坚持全方位调整。结构调整是篇大文章，应当按照社会经济发展的趋势，来调整组织结构，实现资源的优化配置；应当按照城乡居民消费结构的变化，来调整产品结构，以更好地满足社会的需求；应当运用新技术、新材料，来促进产业结构的升级，以培育整体竞争优势。三是坚持经常性调整。结构调整是个老话题，它既是一个艰巨的历史任务，也是一项复杂的系统工程，同时又是一项经常性工作，要常抓不懈。要树立动态的观念，随市场的需求变化，不断地对结构做适应性的调整和完善，把重点放在存量调整上；要随着经营环境的变化，以积极的姿态参与国际竞争和合作。当今世界，科学技术日新月异，必须紧紧把握这一潮流，把结构调整同科技进步紧密结合起来，不断提高产品和经济增长中的科技含量。

（二）把握产业成长规律，确立产业结构调整原则，推动产业一体化发展

不断地对经济结构进行调整优化，从单纯的经济增长转变为全面协调可持续的经济发展，既是经济形势发展变化的客观需要，更是经济发展的本质要求。在产业结构调整上，坚持以国家产业政策为导向的原则。要严格执行国家产业政策，关停并转国家明令禁止的产业、淘汰的技术、污染严重又无力治理的行业和严重浪费能源、资源的产业、产品。大力发展当前国家重点鼓励发展的产业、产品和技术。坚持科技进步和技术创新原则。始终把科技进步和技术创新作为产业结构调整的第一推动力，促进企业建立技术创新机制，搞好引进技术的消化吸收，用先进适用技术改造传统产业，大力开发高技术含量、高附加值的新产品。坚持可持续发展原则。要树立科学的发展观，产业结构调整必须有利于资源的深度开发、综合利用和生态环境的保

护。大力发展绿色产业、环保节能产业和循环经济，提高资源利用率，努力实现经济、社会与生态效益的和谐发展。

（三）把握产业结构科学调整方式，优化资源配置，提高发展水平

（1）调整和优化产业结构，通过对存量资产和增量资产的调整，提高生产要素的配置效率，夯实产业基础。调整产业结构是转变企业发展方式的根本出路，也是应对国际金融危机的重要途径。公司坚持以国家产业政策和市场为导向，以全面、协调、可持续发展为核心，以产业结构调整为重点，以提高企业的综合竞争能力和经济增长的质量与效益为目标，立足于调整、夯实实业结构。一是加快电源结构调整，优先发展水电，合理开发坑口煤电和煤电一体化项目，积极发展核电、风电、太阳能发电等清洁能源。二是利用新一轮煤炭产业调整的机会，在重点区域继续推进资源储备和项目储备。三是以钾肥为重点，做强做大国投罗钾，加大综合利用和市场培育，积极拓展境内外钾肥资源开发，支持磷肥企业进入资本市场，巩固和扩大公司在化肥领域的影响力和竞争力。四是将公司电力、煤炭、港航、化肥等基础性、资源性，具有相关性的业务作为公司整体上市的资产，加大整体上市的推进力度，为公司做强做大实业板块筹集必要的资金。

（2）调整优化资本分布，使国有资本向公司主业集中，增强国有经济的控制力、影响力和带动力。中国经济发展具有两个不平衡的特征：区域发展的不平衡，产业分布的不平衡。需要国有资本进行跨行业、跨地区、跨企业之间的产业结构调整。国投经营的是股权化的资本，可以充分运用市场资源，通过国有股权的转让将国有资产变为国有资本，实现国有资本从竞争性领域或非重点企业中退出，回收资金再投入到国有经济需要进入的重要领域或重点企业，按照国家产业政策，实现跨行业、跨地区、跨企业的产业结构调整，按照有进有退、有所为有所不为的原则，推动国有资本向企业主业集中，优化资本在国民经济产业领域的布局，优化资本在产业内部的分布，优化资本在企业内部的配置，提高资本的运行效率，增强资本的放大功能，用少量的资本控制、影响和带动大量的社会资本，形成国有资本在动态上的数量、素质和布局优势，在资本流动的过程中实现结构调整的目标。

（3）调整区域结构，实施区域发展战略，着力构建优势互补、良性互动、协调发展新格局。一是在公司投资企业比较集中的区域，建立区域协调机制，相继在新疆、山西、海南等地设立了代表处，国投煤炭公司在河南设立了分公司，进一步理顺了管理关系，加强了内部的协调和对外沟通交流，扩大了集团在区域内的影响力。二是加快公司在环渤海湾、泛北部湾等重点区域内的发展，发挥产业发展上的比较优势，在充分考虑资源环境承载能力的基础上，形成各具特色的优势产业。三是在区域投资企业间形成优势互补、良性互动的机制。公司的发展是个整体，各个投资企业在产业布局上应相互依存、取长补短，避免重复建设、相互封锁和产业结构趋同化。鼓励区域间投资企业顺应生产要素优化配置的要求，劳动力和资本等要素合理流动，着力提升公司作为整体的竞争优势。

三、把握能源技术和减排技术发展趋势，调整投资结构，创建以低碳经济为核心的可持续性发展模式

低碳经济是一种注重低能耗、低污染、低排放，追求更高经济增长质量的经济增长模式，其核心是能源技术（尤其是新能源技术）和减排技术创新、产业结构和制度创新以及人类生存发展观念的根本性转变。“低碳经济”的本质是敦促现代人改变容易造成高污染、高能耗、高排放的生产模式和消费模式，通过低碳经济模式与低碳生活方式，实现社会可持续发展，推动人类文明逐步迈向生态文明。

低碳经济是人类未来发展的唯一选择，是未来全球竞争的制高点。因此，公司应抓住这场可能改写世界经济版图的产业革命机遇，调整投资结构，通过跟踪低碳技术的发展，投资低碳技术，挖掘投资机会；坚持绿色投资原则，走清洁生产、循环经济发展道路，达到经济效益、社会效益和生态效益的统一。创建以“低碳经济”为核心的可持续性发展模式。

（一）以自主创新为支撑，推进产业结构优化升级

一是从传统的工业项目退出，向关系国计民生的基础性、资源性领域集中，做强做大主业。坚持走新型工业化道路，发展循环经济，保护生态环境。二是对耗能高、污染重的产能，一方面加快淘汰步伐，一方面进行升级改造，推进投资企业转型升级，实现集约、高效、无废、无害、无污染的绿色发展，进一步提高发展质量。三是加快发展国际业务，拓宽投资控股的发展空间，实现从单纯的境内业务到全球布局的转变。

（二）调整电源结构，着力发展新能源

公司把新能源发展放在重要战略位置，加强新能源技术研发，增加对新能源产业投资，集中探索布局清洁能源技术的投资机会。计划在未来2—3年内，选择在我国光照资源和建设条件最好的西北地区，建成20万千瓦的光伏并网电站；投资10多亿的三个生物燃料项目进入可研阶段；在煤电清洁技术发电领域，参股天津的绿色煤电公司25万千瓦项目已正式开工。目前，公司投产和在建的风电装机已达50万千瓦，清洁能源已占公司投产控股电力装机容量的30.5%。

（三）从高碳生产方式向清洁生产、循环经济转变

公司坚持绿色投资理念，走低碳经济之路，按照减量化、再利用和资源化的要求大力发展循环经济，努力提高资源综合利用效率和投入产出水平，实现企业和社会、环境的协调可持续发展，形成低投入、低消耗、低排放和高效率的节约型发展方式。

依托财务公司的大型企业集团风险管理

中核集团中核财务有限责任公司

中核财务有限责任公司（简称“中核财务”）是经中国人民银行批准设立的非银行金融机构，于1997年7月21日经国家工商行政管理总局核准注册成立。现有中国核工业集团公司（简称“中核集团”）、集团成员单位等26家股东单位，注册资本约12.6亿元。中核财务经中国人民银行批准，为集团及成员单位提供结算、融资、财务咨询顾问、理财等全面的金融服务。

一、依托财务公司的大型企业集团风险管理背景

（一）推进全面风险管理工作的有益尝试

2007年以前，不论是中核集团总部还是成员单位，对全面风险管理知识、理念了解甚少，风险管理的方法未得到有效运用。集团风险管理工作力量也比较薄弱，缺少专门的风险管理部门。2007年，集团在审计部下设立了风险管理处，负责集团的风险管理工作，尽管配备了专职风险管理人员，但人员数非常有限。

按照中核集团风险管理现状，要凭有限的人力对集团的风险管理进行统一规划，对集团总部的风险进行有效的识别、评估、应对，组织协调好各集团成员单位的风险管理，建立起切实有效、运转有序、具有核工业特色的风险管理体系，存在一定的难度。而中核财务作为集团公司首批风险管理试点单位，在项目试点过程中，吸收了风险管理的理念和方法，培养了一批风险管理专业人才。中核集团确定通过发挥中核财务的人才和专业优势，实施以财务公司为主的风险管理模式，以弥补集团风险管理工作力量的不足，有效推进全面风险管理。

（二）适应军工企业特点、维护国家国防安全和经济安全的重要举措

风险管理工作是一项专业性比较强的工作，大多数企业需要借助外部专业咨询机构的力量才能有效开展。在工作开展过程中，这些机构往往需要深入了解企业的业务和管理环节才能确保风险识别结果的准确性、风险应对措施的针对性和有效性，而目前国内大多数此类咨询机构均为外资机构或具有外资背景的机构，保密问题成为军工企业在开展风险管理过程中需要考虑的最重要的问题。为此，中核集团在风险管理的部署过程中，充分发挥中核财务的专业优势，尽量减少外部机构特别是有外资背景的咨询机构的介入，是有效维护国家国防安全和经济安全、防范泄密风险的重要举措。

（三）适应财务公司的战略定位及业务特点

中核财务公司在集团公司领导下，为集团及成员单位开展了资金集成及结算服务、融资业务、资本运作服务、理财服务及资金安全管理服务，成为集团财会部“财务管理职能的延伸”，承担着“为集团公司发展提供资金保障”的历史使命。因此，集团公司面临的资金短缺、融资成本过高、资金安全、利率汇率变化等各种财务风险、市场风险，均在中核财务集中得到反映。中核财务通过采取风险防范、预警、应对措施，对这些风险进行有效的防范和管理，同时也就为集团公司有效防范和管理了相应风险。

中核财务力求借助自身的专业和人才优势以及信息获取的有利条件，向集团及成员单位提供金融、财务、管理等方面的咨询服务，成为集团的咨询服务中心。因此，要紧跟客户需求，通过个性化的咨询服务，拉近与集团成员单位的距离，拓宽盈利渠道，为今后开展与成员单位的各项业务奠定良好的基础。

（四）企业具备开展风险管理的良好基础

2008 年，中核财务在集团公司的统一部署下，作为集团首批试点单位之一，完成了风险管理试点项目。对国资委《全面风险管理指引》、COSO－ERM 框架、澳新标准等风险管理标准，以及巴塞尔委员会关于金融机构风险管理的原则与要求进行了系统的研究比较，对国际国内先进风险管理理念和方法进行消化、吸收，探索适合自身特点的风险管理之路，建立了比较完善的风险管理体系。同时，在试点项目开展过程中，中核财务组建了强大的风险管理团队，完成了对风险管理理念、方法、技术的引进、消化、吸收、创新，为整个集团开展风险管理工作奠定了技术和人才基础。

二、依托财务公司的大型企业集团风险管理的内涵和主要做法

中核财务遵循集团公司“集团运作、专业经营”的指导思想，充分发挥集团财务公司在风险管理方面的优势，以财务公司为主，通过“局部试点”，积累风险管理经验、培养风险管理人才、探索风险管理方法；通过发挥财务公司的专业优势，在重点业务领域提供专业风险管理方案，实现集团财务等重点领域的风险管理；通过为集团成员提供风险管理咨询服务，实现风险管理分行业推广；通过财务公司的力量对集团内各行业风险管理的整理、提升，实现集团险管理整合优化、全面提高。主要做法如下：

（一）建立全面风险管理体系，为集团风险管理奠定基础

2008 年，中核财务董事会审批通过《全面风险管理纲要》，明确了风险管理的目标、规划、政策策略、组织架构、风险管理的原则和方法等，成为指导风险管理的纲领性文件。

1. 建立风险管理的三道防线。

按照《纲要》精神，中核财务形成了风险管理的三道防线。各业务和管理部门为第一道防线，负责公司全员风险意识在每一个业务环节的渗透、对各业务环节风险因素的评估和风险控制措施的执行，属于公司风险管理的操作层；董事会下设的风险管理委员会、设在经营管理层的贷款审查委员会、投资决策委员会、资产负债管理委员会、公司资产管理小组及风险管理部门为第二道防线，负责组织实施董事会制定的风险战略和程序，属于公司风险管理的执行层；董事会下设的审计委员会和内部审计部门为第三道防线，负责对公司风险管理的有效性进行监督，属于公司风险管理的监督层。公司董事会负责确定公司风险管理的战略及风险承受度，属于公司风险管理的决策层。

2008 年，中核财务董事会设置风险管理委员会，代表董事会行使风险管理职责。风险管理委员会委员全部由公司董事担任，董事长担任委员会主任。委员会先后召开多次会议，了解公司风险及风险管理状况，并对公司的风险管理政策、制度、风险管理工作安排、重大风险管理方案进行讨论、决策，提出指导性意见。

2009 年，成立了独立的风险管理部，并配备充足的风险管理人员。同时，确立了风险管理师机制。公司每个部门均设置风险管理师，风险管理师由在公司工作 2 年以上、全面了解本部门业务及公司风险管理流程、具有良好的工作能力和协作精神的员工担任。各部门风险管理师负责本部门的风险识别、评估、防范、监测、控制和报告等风险管理工作。通过风险管理师，形成了涵盖公司各业务和管理环节的风险管理组织体系，为公司风险管理流

程的有效运转、全员风险管理文化的形成提供了保障。

2. 建立完整的风险管理制度体系。

中核财务制定由基本风险管理制度和专门风险管理制度构成的风险管理制度体系。《风险管理规程》作为公司的基本风险管理制度，经公司董事会下设的风险管理委员会审议后，由公司董事会审批通过。该规程对风险管理目标、政策、组织体系和职责分工、流程、报告及信息系统、文化等风险管理基本问题进行规范。

3. 确立持续改进的风险管理流程。

建立风险识别评估、风险防范、风险监测、风险应对、监督改进、报告等比较完整的风险管理流程，并在风险管理实践过程中进行持续改进。

（1）风险识别评估。中核财务每年年初根据公司上年的经营情况及本年预算情况，确定评估标准和风险承受度。按照风险评估标准对所有业务进行全面评估，确定年度风险类别及重大风险。每季度末根据本季度公司情况的变化，进行风险及风险级别调整。

（2）风险防范。各部门根据风险识别结果及风险责任归属，针对重大风险及重要风险制定风险解决方案，重大风险管理方案应包含风险事件发生前、中、后应对措施和风险管理工具，具有明确的业务和管理流程，解决方案经公司领导及风险管理委员会审议后实施。

（3）风险监测。针对具体风险类别，建立风险监测指标体系，设置了风险指标的预警值、警戒值，并明确各风险指标的监测职责。各部门在其职责范围内对风险监测指标、新增潜在风险、风险事件进行日常监测，观察指标有无异常变动或者达到预警值，定期记录指标值并进行相应指标变动趋势分析，发现指标异常情况或风险事件应及时报告并采取应对措施。风险管理部进行同步监测，及时了解风险变动情况，对达到预警值的风险指标及其他风险因素，可以对相关部门下达风险提示，被提示部门应积极采取补救措施防范和化解风险。

（4）风险应对。要求各职能部门在风险监测指标发生异常变动或达到预警值、风险管理部进行风险提示或发生风险事件后，采取临时应对措施进行控制，针对临时应对措施的效果以及针对此风险制定的管理措施，提出风险应对建议方案。方案经批准后，由风险管理部组织相关职能部门实施。

（5）风险报告。风险报告分为定期报告和不定期报告，其中定期报告分为年度风险报告和季度风险报告。年度风险管理报告由公司风险管理部于每年年初形成，需向公司董事会报告；季度风险管理报告于每季初形成，经公司管理层审查后报风险管理委员会审阅。各部门除了按年、按季向风险管理部提交本部门的风险报告之外，还需就风险监测值指标的异常、新增潜在风险及其评估结果、风险事件的处理情况等日常监测结果进行不定期实时报告。

（6）监督与改进。公司专门成立稽核审计部，负责对公司风险管理的有效性进行监督检查，并督促改进。

4. 建立风险管理信息系统。

建立风险指标实时监测系统。利用风险监测系统实时从财务系统、信贷系统、结算系统等业务系统中自动取数、自动进行指标计算，实现风险信息的收集、计算的信息化，满足各部门实时监测的需要。

利用OA系统，建立了风险提示、风险事件报告流程，各部门可以通过系统进行风险事件提示、风险事件报告、风险应对措施反馈、风险解决情况跟踪等，同时通过风险事件的归类存档，实现了风险事件库信息存储功能。

（二）利用财务公司的特殊地位，发挥其专业优势，有效防范集团财务风险

1. 防范资金运营风险。

（1）推进资金集中管理，提高资金运营效率。2006年中核集团公司全力推进资金集成管理，确定由中核财务作为集团资金集中管理的实施载体，开展资金结算业务，并确立“集团公司财会部主办，利用财务公司平台，具体业务委托财务公司办理（即财务公司承办），银行代理财务公司部分业务”的模式。

中核财务在全集团范围内积极推进资金集成与结算工作。2006—2007年，资金结算电子系统上线实施，并与工、农、中、建等银行建立起了银企直连系统，根据合作银行的资金集成模式，设计资金电子结算账务结构，搭建中核集团资金集成和结算电子网络平台。为在成员单位中推广网上结算系统，用自有资金为每家成员单位配备了硬件设施，并派员深入集团成员单位，积极宣传集团公司资金集成管理的重要意义，同时，与各银行总行、当地行进行多次沟通，协调当地银行与成员单位的利益关系。通过上门进行现场指导讲解、定期回访客户、解答客户问题、听取客户意见、及时改进等措施，帮助成员单位熟练掌握结算系统。

（2）制定风险管理方案，控制资金投资风险。证券投资业务是集成资金运用的渠道之一。2009年，中核财务针对证券投资业务制定风险管理方案。确立证券投资市场风险管理组织体系，主要包括董事会及其风险管理委员会、公司管理层、投资决策管理委员会、风险管理部、金融市场部；设立严格的市场风险管理制度，公司董事会根据公司的整体经营情况设立投资总体交易限额，金融市场部只能在董事会确认的投资额度内开展业务操作；根据不同的市场形态，设置不同的高低风险品种的配置原则及限额；确定严格的止盈止损规则，分别确定单一投资方案的止损比例及总体的止损比例，达到止损条件的严格止损操作；风险管理部负责对投资业务风险进行实时监督，及时进行风险提示。

2. 防范融资风险。

近年来，中核集团迎来了“积极发展核电”的历史机遇，每年投入核电、核燃料等主业发展的资本金需求大概在50亿元。面对巨大的资金缺口，中核财务一方面通过发行企业债券或协助集团公司及成员单位发行企业债券，扩展集团的融资渠道；另一方面通过积极开展集团化融资，满足集团成员单位的融资需求，为集团公司发展提供资金保障。

（1）发行或代理发行企业债券，扩展集团融资渠道。中核财务作为集团公司各类债券发行的财务顾问，协助集团发行短期融资债、中期票据、企业债券等多只不同品种的债券，有效拓宽了集团公司的融资渠道。为增强自身资金实力，助推集团产业发展，2007年，中核财务金融债券在全国银行间市场成功发行，募集资金10亿元，全部用于支持集团核电、核燃料等支柱产业的发展。

（2）开展集团化融资工作，开拓集团融资模式。2008年，为保障集团核电、核燃料主业的发展资金需求，在集团财务部的统一安排下，中核财务按照“集团化运作，专业化经营，集成式管理”的融资新思路，创新集团融资运作模式，以集团化运作的方式开展了融资工作，有力保障了集团主业发展资金。

集团化融资工作实施了“三位一体（中核集团、项目公司、财务公司）、三级联动（银行总行、省分行、地方经办行）”各尽其责、相互配合的多方协作机制。财务公司在集团化融资过程中，发挥了专业优势，积极主动了解集团核电、核燃料等项目的融资需求，根据集团融资安排与工、农、中、建等十大银行进行沟通、交流与合作，设计项目融资方案和项目融资合同，提升了中核集团在融资市场中的话语权和地位。

3. 防范集团资金安全风险。

（1）规范业务、强化系统，严防资金操作风险。通过强化人员责任意识、规范操作流程、加强资金安全技术保障等手段和措施，防范出现资金错划、资金流失等资金支付风险。一是开展业务培训和风险教育，确定风险责任追究制度，增强了业务人员的风险意识和责任意识。二是全流程梳理结算业务，制定《结算业务规程》《结算业务支付应急管理办法》等，规范操作过程，对授权、客户指令信息确认、对账、操作等方面进行重点控制，建立起了严格的内部控制屏障。三是加强技术保障力度，对电子结算业务系统进行全面的升级，有效防范资金安全风险。

（2）加强资产负债管理，防范资金流动性风险。成立资产负债管理委员会，负责对流动性风险进行管理。按照《流动性风险管理规程》，各业务部门每周根据业务计划向计划财务部报送资金使用计划，计划财务部制定公司整体的资金计划，并定期向资产负债管理委员会进行报告。公司资产负债管理委员会定期召开会议，讨论上期资金计划执行情况，确定公司下期的资金使用计划和方向。各部门在确定的资金计划范围内开展具体的业务活动，超出计划范围的资金使用，启动临时支付程序，需要各部门会签，确保公司流动性的充裕。同时，根据经营和现金流量管理情况设定并监控公司流动性预警指标，以分析公司潜在流动性风险。计划财务部对资金头寸、流动性比率、备付金率等流动性指标进行实时监测，风险管理部进行同步监测，定期进行情景分析和压力测试，对可能出现的流动性风险进行提示，确保及时发现、有效防范流动性风险。制订流动性应急计划，预设触发条件及实施程序，确保有效应对流动性危机。

（3）建立现金流管控系统和现金流预算系统，增强资金管控能力。建立现金流管控系统从中核财务结算业务系统入手，通过抓取集团内部现金流动数据，从集团、成员单位、单笔交易三个层面分层次展现集团内部资金流动情况，实现集团财务现金流流入、流出、存量三条线实时可查，为业务人员提供数据支持，做好资金划拨管控，为领导提供决策支持，让使用者第一时间了解集团现金流动状况。

4. 实施集团化债务重组，成功化解外债风险。

在核电建设的起步和发展过程，集团公司外币债务金额大、期限长、利率高、币种多、结构复杂等特点导致外币债务成本高、贷款条件苛刻、汇率风险复杂，面临较大的财务风险。2008 年，面对金融危机的冲击，中核集团认识到国外金融机构可能出现流动性不足的状况，及时开展外币债务重组。中核财务充分利用自身的专业优势会同相关核电企业，相继完成田湾核电、秦山三期外币债务重组，节约财务费用约 13 亿元。

（三）依托专业咨询力量，推进各行业板块的风险管理

1. 开发事宜的风险管理方法。

2009 年，中核财务风险管理项目团队为核电秦山联营有限公司（秦山二期）开展了风险管理咨询服务工作。以该项目为依托，风险管理团队积极探索，形成了一套适合核工业实际的风险评估及项目管理方法。

采用 G—D—I—A—E—R 方法，即从企业目标出发，全面识别影响企业实现其经营目标的主要风险，分析风险发生的原因、影响及现有控制措施，制定统一标准对风险进行评估、排序，明确公司的重大风险。其中 G 是企业目标研究，D 是定义风险评估范围，I 是风险辨识，A 是风险分析，E 是风险评价，R 是风险排序。

组建协作有力的 6σ 项目管理团队，制定统一的工作模板，建立良好的沟通机制，为项目的有效顺利开展提供保障。在每个风险管理项目推进过程中，采用了 6σ 管理方法，组建了由双方组成的风险管理项目 5 角色推进团队。明确项目团队由项目所有人、产品专家、营销专家、风险管控专家、后援专家组成。项目所有人对项目的成果负责，应用 6σ 战略，确定本项目的关键品质特性（CTQ）；产品专家按照本项目 6σ 解决方案确定的关键品质特征，负责设计风险管理咨询项目的产品及相关工作；营销专家负责推荐、实施产品专家设计的产品，包括与风险评估对象进行沟通、访谈等工作；风险管控专家对整个项目进行风险管理，对产品进行质量控制，通过检查整个项目的实施过程，确保每个团队成员的工作都按计划开展，并将项目情况报告项目所有人；后援专家负责支持协助各位专家开展工作。

管理项目组制定了统一的工作模板，包括项目组织、进度计划、调查问卷、访谈提纲、访谈纪要、风险调查表等。各项目根据实际情况进行调整和完善，基本保障了项目过程的标准化和可复制。建立日志制度、周例会制度、定期汇报制度、文档交接制度和信息沟通机制，确保了项目开展过程中项目组内信息的及时畅通。

2. 开展核电企业及行业风险管理。

中核财务风险管理团队对核电风险管理项目经验和教训进行了总结，并结合实际对方法进一步完善。2009 年 5 月—2010 年 7 月，中核集团秦山一期、秦山二期、秦山三期、三门核电完成风险评估及风险管理体系的建设，福清核电、桃花江核电完成了风险评估工作，海南核电、田湾核电等完成前期的培训。在此基础上，总结各家核电企业风险管理成果，对核电行业的风险管理信息进行整合，建立了核电行业风险管理统一标准。制定核电行业风险地图，建立核电行业风险事件库、风险案例库、风险管理大纲，促进了集团核电行业风险管理的统一和核电行业风险管理信息的交流与共享。

3. 开展多行业及领域风险管理。

中核财务拓展服务领域，陆续为核燃料、核仪器设备、国际贸易、海外开发等行业企业提供风险管理咨询服务。随着集团新上项目增多，项目风险评估结果直接影响到领导的决策。2010 年，中核财务重点对项目风险评估的方法和体系进行研究，促进重点领域重点项目风险管理水平的提高。

三、依托财务公司的大型企业集团风险管理效果

（一）风险管控能力持续提高

中核财务形成了特色鲜明、效果明显的风险管理方法及体系，全员的风险意识普遍提高，培养了一支具有风险管理专业知识的人才队伍，得到了中国银监会、财政部、国资委等监管部门的认可，成为其他财务公司学习的对象。曾先后多次接待兄弟财务公司的风险管理工作专题调研、学习、交流。2010 年，中核财务负责调研全国财务公司的风险管理情况及需求，制定财务公司行业风险管理指导性标准，促进了全国财务公司行业风险管理水平的提升。

（二）有效防范了集团财务风险

面对金融危机的冲击，中核集团以财务公司为主的风险管理模式发挥了积极的作用。在集团财会部的统筹安排下，中核财务发挥专业优势，通过在现金流管理、集团化融资、存量债务管理、预算管理、投资管理等方面制定切实可行的风险解决方案，采取有效的风险管理措施，不仅有效防范和化解了集团面临的流动性风险、市场风险，而且将危机转变成了机遇。2009 年，中核集团全年完成总产出 480 亿元，比上年增长 16.3%，实现利润 52 亿元，比上年增长 13.5%。

（三）提高了核安全管理水平

开展全面风险管理，核电企业大多对各自面临的风险进行了全面的识别、评估，建立了完整的风险管理体系，储备了专业的风险管理人才。2009 年，中核集团核电机组保持安全稳定运行，未发生 INES 二级及以上核事件和一般及以上辐射事故。核安全风险处于完全受控范围内，有效地防范了重大风险的发生。

在转型中发展　在调整中前进　建设具有国际竞争力的世界一流建材企业

中国建筑材料集团董事长　宋志平

刚刚过去的 2010 年是“十一五”收官之年，也是中国建材集团实现跨越式发展的关键一年。过去一年里，在国资委的正确领导下，在建材联合会的帮助指导下，中国建筑材料集团（简称“中国建材集团”）抓住机遇、锐意进取，全面超额完成了集团年度和“十一五”规划确定的目标任务。集团实现了营业收入与资产总额从百亿元到千亿元的历史性跨越，成为我国建材行业实施“由大变强、靠新出强”战略的典范，充分发挥了作为中央企业应有的行业影响力与带动力。

作为行业排头兵企业，近年来，中国建材集团遵循发展规律、创新发展理念、转变发展方式、破解发展难题，成为推动行业结构调整，尤其是联合重组和科技进步、新产业发展的中坚力量。在“十二五”规划的开局之年，认真总结经验，分析面临的形势，贯彻落实十七届五中全会、中央经济工作会议和央企负责人会议的精神，明确集团的工作思路与发展目标，对集团进一步做强做优、建设具有国际竞争力的世界一流建材产业集团有着重要意义。

一、回顾“十一五”，集团实现了跨越式发展

“十一五”是中国建材集团实现跨越式发展的关键时期。5 年来，中国建材集团充分把握我国经济发展的战略机遇期和建材行业结构调整的重要机遇期，积极应对国际、国内复杂形势，紧抓国内、国际两个市场，经济效益和整体实力大幅提升，营业收入从 136 亿元增至 1 346 亿元，增长 8.9 倍，利润从 5 亿元增至 66.7 亿元，增长 12.3 倍，资产总额从 202 亿元增至 1 458 亿元，增长 6.2 倍，稳居建材行业百强首位，连续进入国资委经营业绩考核 A 级企业行列，荣获第二任期“业绩优秀企业”称号，并在第十届中国年度管理大会上被授予 2010 年度“具价值管理榜样”企业称号。5 年来，中国建材集团推进联合重组、坚持科技创新、强化资本运作、深化管理整合、加快国际化发展，形成了科技研发、生产制造、物流贸易齐头并进的良好势头，取得了一大批国内领先、国际一流的重要科研成果，打造出新型干法水泥、浮法玻璃、新型建材、玻璃纤维、新材料等行业领先的产业平台，培育出中国建材等一批实力较强的上市公司，建立起一支政治强、素质高、讲奉献、敢拼搏的干部职工

队伍，探索出一套符合集团与行业实际的独具特色的成长方式与管控模式，为建材行业结构调整与产业升级做出了积极贡献。5年来，中国建材集团积极履行政治责任、经济责任与社会责任，在贯彻落实国家宏观调控政策、调整优化产业结构、承担国家重大工程项目建设、北京奥运会、国庆60周年庆典、上海世博会、抢险救灾等各项工作中做出了应有的贡献。

“十一五”期间，中国建材集团的发展经历了3个重要节点，一是中国建材股份公司在香港成功上市，奠定了集团快速发展的基础；二是开展大规模水泥联合重组，建立起中联水泥、南方水泥和北方水泥等颇具规模的专业公司，形成了集团在水泥等重要产业领域的主导地位；三是大力推进“三新产业”，使集团在创新能力和结构转型上迈出了坚实的步伐。回顾刚刚过去的2010年和“十一五”期间集团发生的巨大变化，成绩来之不易，经验弥足珍贵，公司要认真总结、继续坚持。

一是坚持清晰的企业发展战略。中国建材集团按照国务院国资委对建材央企提出的发展要求，在董事会的带领下，坚持科学发展的战略思想，以“善用资源、服务建设”为核心理念，大力推进水泥、玻璃的结构调整、联合重组和节能减排，大力发展新型建材、新型房屋和新能源材料，努力建设具有持续创新能力与国际竞争力的综合性建材产业集团。通过锁定目标，充分发挥央企特有的资源优势、政策优势、规模优势、资本优势、技术优势，提升传统产业，发展新兴产业，实现了集团由小到大、由弱到强的变化，成为集科研、制造、贸易为一体的建材行业排头兵企业。目前，集团拥有中国规模最大、实力最雄厚的建材科技研发机构。在产业领域，新型干法水泥业务规模超过2.2亿吨，位居全国第一；玻璃总产能超过4 000万重量箱，位居全国前列；纸面石膏板总产能10亿平方米，名列亚洲第一；玻璃纤维总产能超过100万吨，位居世界第一；兆瓦级风力叶片年总产能1万片，位居全国第一；T300以上的碳纤维系列产品规模化生产能力（原丝及碳丝）达5 000吨，是全国最大供应商；高档熔铸耐火材料产能近3万吨，拥有全国最大生产基地。

二是坚持符合规律的成长方式。在建材行业这样一个既关系国计民生又高度市场化的基础原材料领域，中国建材集团坚持走资本运营、联合重组和集成创新的极具特色的发展道路，成功解决了企业资金从哪里来、规模如何扩大、核心竞争力怎样提高的问题，实现了集团快速健康发展。在资本运营方面，集团通过一定的国家资本金吸引大量的社会资金，有力地支撑了企业发展。在联合重组方面，集团围绕做强主业，吸纳了337家优势企业，退出了165家劣势企业，形成了产业制造等方面的市场竞争优势。南方水泥在联合重组和管理整合方面的成功经验被哈佛商学院列入管理案例。在科技创新方面，集团在建立和完善自主创新体系与机制的基础上，积极引进先进的人才与技术，加大集成创新的力度，加快科技成果产业化的速度，努力做到在相关领域领先一步，占据了行业科技创新的制高点。5年来集团获得国家级奖励4项，省部级奖励289项，保有专利数超过1 000个，特别是国际专利申请取得突破。

三是坚持“央企市营”的动力机制。作为建材央企，要在激烈的市场竞争中赢得主动，必须走市场化道路，寻求市场内在动力，建立适应市场经济要求的管理体制与经营机制。为此，公司提出并推行“央企市营”的动力机制，其核心一是央企控股的多元化股份制，二是规范的法人治理结构，三是职业经理人制度。这些机制在集团企业的重组与发展过程中起到了重要作用，推进了集团企业与不同所有制企业的合资合作，提升了企业的市场竞争力。从2010年的指标来看，集团安排了10万个员工就业岗位，为国家创造的利税超过110亿元，其中归属国家的所有者权益回报率高达20.0%，同时集团创造利润的60.0%归属广大社会投资者，成为为国为民赢利的央企。中国建材集团通过走一条包容性发展的路径，带动其他所有制企业共同进步，成为市场经济健康力量的引领者，得到了行业与资本市场的普遍支持与认同。

四是坚持扎实有效的集团管控模式。集团通过建立和推行一套适合自身特点的“五化”管理模式，使各企业在快速发展的同时步调一致、管理有序。首先是治理规范化。集团以董事会试点为基础，建立起包括战略规划、重大决策、业绩考核、风险管理、制度建设等一整套规范的治理体系，使公司战略方向更加清晰，决策质量进一步提高，公司发展更加稳健，董事会成为集团在市场竞争中取胜的战略性力量。第二是职能层级化。通过明晰集团公司、业务平台、生产企业三个层级的重点工作与任务，分别对决策、利润和成本负责，保障了行权顺畅，实现了工作有条不紊地运行。第三是业务平台化。集团公司作为产业投资管理机构，具体业务由各业务平台进行专业化经营管理，业务平台的专业运作水平快速提升，干部员工的专业素质不断提高。第四是管理数字化。通过大力推行“五化运行模式、五集中管理模式、五类关键经营指标”为主要内容的“三五”管理模式，不断提升企业经济效益与管理水平。第五是文化一体化。集团企业坚持“善用资源、服务建设”的核心理念，倡导“创新、绩效、和谐、责任”的企业文化，推行“待人宽厚、处事宽容、环境宽松”和“向心力、亲和力、凝聚力”的“三宽三力”的行为准则，形成了与自然和谐、与社会和谐、与竞争者和谐、与员工和谐的文化氛围，成为促进集团健康发展的重要软实力。

五是坚持正确的企业方向。集团注重履行央企的政治责任、经济责任和社会责任。不断加强和完善企业党建工作，充分发挥党组织的独特优势，大力推进职工民主管理，深入开展保持共产党员先进性教育和学习实践科学发展观活动，努力把企业的政治优势转化为核心竞争力。集团规范公司治理、强化管理整合、创造优异业绩，主动履行经济责任；强化科技创新、推进节能减排、发展“三新”产业，积极履行环境责任；重视安全生产、增加社会就业、援助贫困灾区，全面履行社会责任。在“走出去”的过程中，集团主张开放合作的国际化思路，注重与当地政府、企业和居民保持良好的沟通与合作，坚持为驻在国经济发展做贡献。企业既根植于社会又要回报社会，中国建材集团坚持把建设创新绩效型、资源节约型、环境友好型、社会责任型的“四型”企业发展思路贯穿于企业经营发展的始终。

二、正确认识集团面临的形势和任务

十七届五中全会、中央经济工作会议和央企负责人会议对当前和今后一段时期的经济形势做出了深刻分析和全面预测。总体上看，国际国内形势正在发生新的复杂变化。从国际上看，世界经济将继续缓慢复苏，但仍存在很多不稳定、不确定因素。从国内看，中国仍处于可以大有作为的重要战略机遇期，经济发展长期向好的趋势和有利条件没有变。成功应对金融危机冲击的成果得到巩固。工业化、信息化、城镇化、市场化和国际化的深入发展，科技创新能力不断提高，各方面发展基础更加牢固，为一些领域的跨越式发展创造了条件。

从建材行业来看，过去10年，尤其是“十一五”时期，我国建材行业发生了深刻的结构性变化。在规模上，水泥、玻璃等主要建材产销量大幅提升，均稳居世界首位。在技术结构上，建材主要产品品种结构不断优化，新型干法水泥、高档浮法玻璃等先进生产力比重大幅提升，新型建材、玻纤等复合材料呈两位数增长，碳纤维、TFT玻璃和太阳能光伏玻璃等产品技术取得重大突破。我国建材主要行业的生产技术、装备水平已经达到或接近世界先进水平，节能减排取得显著成效。一批大型建材企业和企业集团迅速成长，市场资源配置得以优化，区域市场竞争更趋有序，建材行业整体效益大幅提升。同时，我们也要看到，我国建材行业的产业链和价值链仍需进一步优化，自主创新需进一步加强，低碳绿色工艺、产品需进一步开发推广，大企业集团仍需继续培育，行业规模效益有待进一步提高等。这些构成了“十二五”发展的前提和基础。

展望未来，公司相信，今后10年将是建材行业的黄金10年。与建材工业密切相关的固定资产投资、房地产及重点项目、基础设施建设等投资拉动效果将继续显现。工业化、城镇化以及城市保障房和新农村建设将带来建材的刚性需求。国家结构调整的政策、资源能源的限制与节能减排的压力，在抑制供给的同时促使建材供需关系的天平逐渐向着生产企业倾斜，推进行业发展朝着重视质量、品种和效益转变。随着对技术创新、专业化发展要求的不断提高，建材行业将展开大规模的结构调整，进行技术升级与联合重组，产业集中度将进一步提高，产业结构和布局将不断优化，低碳建材和新能源材料将继续引领中国建材产业和技术发展，大企业在行业中的影响力和带动力将不断增强，从而彻底结束多年来企业过于分散、市场竞争无序的局面，迎来中国建材行业的健康发展。然而，也要看到今后一个时期传统经济增长模式面临新的挑战，过度依赖消耗能源资源求发展已难以为继。我国建材行业要应对碳排放等问题，实现艰巨的节能减排任务，就必须加快转变发展方式，走集约化、低碳化的道路，才能适应时代发展的要求。认真分析行业形势，中国建材集团对未来发展做出了积极而正面的判断，认为仍然要抓住我国发展的战略机遇期和建材行业结构调整的重要机遇期，在科学发展观的指导下，认真安排集团的"十二五"规划。

国务院国资委主任王勇同志在央企负责人会议上明确了"十二五"期间推进中央企业改革发展的总体思路是：围绕"一大目标"，实施"五大战略"，加强"三大保障"。"一大目标"是：做强做优中央企业，培育具有国际竞争力的世界一流企业。"五大战略"是：大力实施转型升级战略、科技创新战略、国际化经营战略、人才强企战略、和谐发展战略。"三大保障"是：继续深化国有企业改革，增强企业活力，提供动力保障；不断完善国资监管体制，增强监管有效性，提供体制保障；加强和改进企业党建工作，充分发挥党组织的政治核心作用，提供组织保障。

"十二五"央企改革发展的核心目标"做强做优中央企业，培育具有国际竞争力的世界一流企业"，符合党的十七届五中全会关于转方式、调结构的精神，也是现阶段大型企业参与国际竞争的客观要求，是央企发展的必然选择。从中国建材集团的发展历程来看，从最初的做大到做大做强、到做强做大、到现在的做强做优，这些不同阶段的发展目标既有继承性又反映了企业成长的内在规律。按照国资委做强做优中央企业的要求，中国建材集团要着力完成四大任务：一是创造优秀的经营业绩，为出资者保值增值，为国家创造财富，为经济社会发展做出贡献；二是在技术创新、结构调整和节能减排等方面带头执行国家政策，发挥行业影响力和带动力，成为产业创新的引领者；三是提升"走出去"水平，进入国际市场参与资源配置，成为建材行业与跨国公司竞争的骨干力量；四是积极承担社会责任，提供优质的产品和服务，做国家和人民信赖的企业。经过"十一五"的跨越式发展，中国建材集团已经完成了成为行业排头兵的阶段性战略目标，具备了坚实的企业创新、产业制造和国际化的基础。公司要进一步做强做优，与先进的跨国公司对标，下大力气提高企业的核心竞争力、市场竞争力、国际竞争力，全面提升企业的综合素质与发展质量，通过"十二五"5年的努力，把中国建材集团建设成为又强又优、具有国际竞争力的世界一流建材企业。

三、面向"十二五"，努力实现集团发展质的飞跃

在中国建材集团2011年工作会议召开前夕，王勇主任百忙之中发来贺信，对集团"十一五"期间取得的成绩给予了充分肯定，对集团"十二五"期间的发展提出了明确要求，即"认真贯彻落实党中央、国务院的方针政策，全面落实中央企业负责人会议精神，以建设成为世界一流建材集团为目标，加快推动布局结构调整和资源优化配置，加强管理融合，强化科技创新，加大国际化经营力度，着力增强核心竞争力和品牌影响力，实现发展质量新的飞跃，在加快转变发展方式中发挥表率作用，为促进建材产业快速健康发展和国民经济又好又快发展做出新的贡献"。国资委领导的重要指示和殷切希望极大地鞭策和鼓舞了集团全体干部员工的发展信心与工作热情，为中国建材集团的发展注入了巨大动力。

集团工作会议始终贯穿中央企业负责人会议精神和王勇主任对集团的要求，吹响了集团"十二五"发展的进军号。"十二五"期间，中国建材集团将抓住我国发展的重要战略机遇期和建材行业结构调整的重大机遇期，在做强做优和提升国际竞争力上下功夫。按照国资委的要求，做强做优就是要做到"四强四优"，即自主创新能力强、资源配置能力强、风险管控能力强、人才队伍强，经营业绩优、公司治理优、布局结构优、社会形象优。按照国资委的要求，成为具有国际竞争力的世界一流企业应具备以下特征，即主业突出，公司治理良好；拥有自主知识产权的核心技术和国际知名品牌；具有较强的国际化经营能力和水平；在国际同行业中

综合指标处于先进水平，形象良好，有一定的影响力。中国建材集团将通过突出经济效益和运行质量、突出自主创新和转型升级、突出联合重组和资本运营、突出绿色低碳和节能减排、突出“大建材”和“走出去”战略，实现在转型中发展、在调整中前进，将集团建设成为又强又优、具有国际竞争力的世界一流建材产业集团。

（一）突出经济效益和运行质量

2010年，中国建材集团已经成为资产总额过千亿元、销售收入过千亿元、保有专利数超过1 000个的“三过千”的建材行业排头兵企业。以此为基础，集团确定了2011年实现营业收入1 500亿元、争取实现利润总额80亿元，2015年实现营业收入2 500亿元、争取实现利润总额200亿元的经营目标。“十一五”期间，集团的主营业务收入增长近9倍，在做强做大上成绩显著；“十二五”期间，公司将把发展的着力点放在进一步做强做优上，这要求集团在做大的基础上更加突出经济效益和运行质量。

在突出经济效益方面，中国建材集团将继续深化管理整合，推行“大五化”管理模式，强化目标管理、精细管理和对标管理，紧盯竞争对手、紧盯市场、紧盯价格、紧盯单位消耗成本费用，狠抓大客户、大项目、大订单，向管理要效益、向创新要效益、向市场要效益。在提升运行质量方面，一是开展积极灵活的资本运作，多层次多渠道融资，降低资产负债率。二是清理历史遗留的低效无效的资产，少数个别劣势企业。三是以“准四级”为限，继续压缩企业层级。除了中国建材股份公司由于下设南方水泥等特大型企业可以宽限至四级，集团所有子企业均以三级为限，不再向下延伸。

（二）突出自主创新和转型升级

加快经济发展方式的转变将是中国建材集团在“十二五”期间面临的最重要的任务。“十二五”期间，公司把自主创新作为企业发展的重要支撑，在强化自主创新、加快转型升级上下功夫。

多年的实践表明，自主创新是中国建材集团发展的力量源泉，是提高集团核心竞争力的关键所在。公司将在强化企业自主创新意识、完善企业自主创新体系建设、增进新产品新技术的自主研发能力三个方面下功夫，实现思路创新、体系创新、模式创新。在思路创新方面，把行业发展的重大需求与关键技术作为集团技术创新的着力点，充分发挥集团科技与产业相结合的优势，集中力量实现一批关键核心技术的重大突破，用重大创新成果带动全局；切实加大技术投入，支持重大科技创新，支持所属企业积极参与科技创新并优先享用科技成果。在体系创新方面，不断健全企业自主创新体系的建设，建立产学研合作联盟，调动和发挥所属生产企业和科研企业密切配合的积极性和热情，发挥集团协同优势；不断完善以总院为平台的科技创新体系，充分发挥集团国家重点实验室和工程实验室的创新支撑作用，促进科研院所向“集成化、产业化（装备化）、工程化、国际化”转型。在模式创新方面，在抓好原始创新和引进消化吸收再创新的同时，大力提倡集成创新，把集成创新作为现阶段中国建材集团提升自主创新水平的重要途径。

根据“转方式、调结构”的方针政策，中国建材集团将在技术创新的基础上，着力推进集团转型升级。一是实现集团从建材制造商向综合建材集成供应商的转型；二是推进水泥、玻璃等传统建材产业从“两高一剩”向低碳绿色转型；三是加快集团效益从以传统建材为主向以“三新产业”为主转型；四是实现进出口业务从普通建材进出口贸易向高附加值和资源型的贸易转型；五是在“走出去”的过程中从海外EPC模式向国际产业投资模式转型。

（三）突出联合重组和资本运营

事实证明，在建材这种既关系国计民生又高度市场化的基础原材料行业，过度的市场竞争对行业发展有着极大的伤害。2010年以来，各级政府紧锣密鼓地出台了一系列措施，国务院出台了关于促进企业兼并重组的意见，工信部公布了水泥淘汰落后产能企业的名单，建材行业从此进入一个加快淘汰落后、推进战略重组的崭新时代。

根据行业发展的需求，中国建材集团提出，要引领水泥等建材产业实现4个调整：一是从过度竞争到适度竞争，实现产品价格合理化、行业价值合理化；二是从纵向价值比较到横向价值比较，即从与行业自身发展的不同阶段对比调整到在整个国民经济价值体系中比较；三是从技术结构调整到组织结构调整，即加快推进联合重组，增加行业集中度，提高大企业对市场的带动力、影响力，引领行业健康发展；四是从增量发展到减量发展，使水泥等行业的发展从过去追求大规模建设新线和大规模企业进入的方式，转变为走一条减量化、集约化发展的道路。

中国建材集团要充分发挥央企的影响力和带动力，成为建材市场健康化的引领者。多年来，中国建材集团坚持走联合重组和资本运营两轮驱动的道路，实现了企业的超常规发展。目前，联合重组已经成为转变经济发展方式的重要手段，中国建材集团将抓住政策机遇，加快淘汰落后，实施更大规模、更高层次的跨区域、跨所有制的战略性重组，为我国建材工业真正实现由大变强做出应有的贡献。与此同时，继续积极开展资本运作，进行多渠道、多层次权益融资，加快推进新的资本运营计划，与金融机构保持良好关系，不断创新融资模式，以国有资本带动社会资本，推动充分竞争领域中资源的有效配置。

（四）突出绿色低碳和节能减排

根据绿色低碳的发展思路，中国建材集团在原材料选用上，提倡对矿山资源的综合利用，倡导循环经济，对城市和工业废弃物物尽其用；在生产制造中，追求废水、废气和污染物的零排放，确保工人的作业安全；在产品应用中，注重充分保护环境和人类健康。要在水泥、玻璃等传统产业继续开发新技术，积极推广新产品、新工艺、新装备。以完善产品结构、增加产品附加值为主要目的，合理布局产品品种，大力推进水泥产品的“高性能化、特种化、商混化和制品化”，大力发展 LOW－E 玻璃、TFT 基板玻璃等产品，不断延伸和完善产业链与价值链。在新兴产业，继续加大“三新”战略实施力度，大力发展以新型墙体为主的轻质节能新型建材，大力发展低碳化、太阳能技术和高节能工业化新型房屋，大力发展太阳能薄膜电池和大兆瓦级风力发电叶片、碳纤维和海水淡化等新能源、新水源材料。要通过走绿色低碳的道路，促进发展方式转变，增强集团的竞争力和可持续发展能力。

节能减排工作是我国的一项基本国策，做好节能减排工作，是中央企业义不容辞的责任。国资委要求中央企业的节能减排工作要走在全国的前列，要起到国家队的表率作用。中国建材集团作为建材央企，立足当前、着眼长远，仍将坚定不移地推进节能减排，发展循环经济，做到认识到位、领导重视、责任落实、措施有力、体系完善、效果明显。“十二五”期间，集团将大力开发低碳节能和减排新技术、新工艺和新装备，降低物耗能耗和排废量，把节能减排作为一项长期性的工作抓好，为行业和社会的可持续发展贡献力量。

（五）突出“大建材”和“走出去”战略

在下一步的发展中，中国建材集团将抓住国内国际两个市场，继续深入实施“大建材”和“走出去”战略。在“大建材”战略的实施过程中，一是按照国际通行的做法，发展水泥、钢材、木材三大业务，成为水泥制造商、建筑钢材物流商和建筑木材进口商，通过扩展建材行业的定义域，继而扩大建材市场的值域。二是与建设等相关领域央企开展深入密切的对接与合作，提供对大用户、大项目的统一外包式供应服务。三是大力推广与发展新型节能房屋体系，拓展我国旅游区度假房屋、新农村建设和海外政府公屋建设等市场。通过推进“大建材”战略的实施，实现集团从大型建材制造商向综合建材系统供应商的转变。

在加快“走出去”的过程中，公司充分认识到，我国是制造业大国，建材行业是高度依赖资源、能源的产业。作为建材央企，中国建材集团在进出口贸易方面，要在加大木材、煤炭、铁矿等资源类产品进口的基础上，积极抢占海外资源，进行资源储备，加快在国外建设资源基地和贸易物流中转供应基地的速度；在出口技术与装备的同时，将国际业务向技术改造延伸、向生产管理延伸、向投资延伸。选择合适的地区与项目，尝试控股、参股等投资方式，探索集团产业“走出去”的新模式。

站在一个新的历史起点上，不禁抚今追昔，感慨万千。中国建材集团走过了 20 几个春秋，经历了不寻常的发展历程。早期，为中国新型建材的兴起和发展做出了重大贡献。曾几何时，在进入市场化的过程中由于诸多原因步履维艰。但大家在困难中变革，在迎接挑战中前进，尤其是在经历了“十五”的艰巨改革后，在国资委的领导下，实现了“十一五”的跨越发展，开始步入“十二五”新的辉煌。展望未来，公司完全相信，在国资委的正确领导下，在中国建材联合会的关心指导下，中国建材集团充分发挥党组织的政治核心作用，充分调动集团全体干部员工的积极性和创造热情，认真学习，解放思想，同心同德，群策群力，一定能够在“十一五”跨越式发展的基础上实现“十二五”发展质的飞跃，将集团建设成为又强又优、具有国际竞争力的世界一流建材产业集团，为引领我国建材工业又好又快发展，为我国加快转变经济发展方式做出新的、更大的贡献！

集团公司的管理与文化理念

中国航空工业集团公司

中国航空工业集团公司（简称“中航工业”）是由中央管理的国有大型企业。截至2010年末，中航工业资产总额近5 000亿元。2010年实现营业收入2 099亿元，利润（收益）114亿元，跻身2011年度《财富》世界500强企业，排名第310位。

一、经营范围和发展状况

中航工业是我国航空武器装备的主承制商。系列发展了歼击机、歼击轰炸机、轰炸机、运输机、教练机、侦察机、直升机、强击机、通用飞机、无人机等飞行器，全面研发涡桨、涡轴、涡喷、涡扇等系列发动机和空空、空面、地空导弹，强力塑造歼十、飞豹、枭龙、猎鹰、山鹰等飞机品牌和太行、秦岭、昆仑等航空发动机品牌，使我国跻身于能够同时自主研制生产具有国际水平的战斗机、直升机、轰炸机、空中加油机、预警机、无人机、新型空间飞行器和发动机、空空导弹等多种航空装备的国家之列。

中航工业秉承“寓军于民、军民融合”发展原则，以新理念、新思路、新举措大力发展民用航空产业，研制生产新舟60、新舟600、新舟700系列涡桨支线飞机，运－8飞机、运－12飞机，直－9直升机等多种机型，是ARJ21新支线客机的主要研制者和供应商，是中国商用大型飞机重大专项的主要合作者。

中航工业是中国科技发展的领军者之一，拥有由中国航空研究院和33个科研院所组成的高水平科研体系；拥有一批达到亚洲一流或国际领先水平的国家重点实验室和重大科研试验设施；拥有中航网联通国内所属成员单位，具备异地协同设计制造能力和现代化信息传输能力。

中航工业顺应世界经济发展的大趋势，加快融入世界航空产业链，广泛参与世界航空工业分工合作，“枭龙”、K8、强五、MA60、MA600、运12、EC120等飞机飞出国门，使我国成为少数几个能出口飞机整机和生产线的国家。同时积极参与国际重大航空项目的开发，与波音、空客等国际航空企业巨头广泛开展航空转包生产业务。

中航工业把握国内经济发展机遇，加快融入区域经济发展圈，先后与北京、天津、上海、广东、湖南、四川、贵州、陕西、辽宁等省市签订了战略合作协议，设立了北京航空科技产业基地、天津直升机产业基地、珠海通用飞机产业基地、沈阳航高基地、上海商用发动机产业基地、南京金城航空科技园、成都空天高技术产业基地、长沙航空产业园和南昌航空城，加快航空工业发展，服务地方经济建设。

中航工业积极将航空高技术融入汽车、摩托车及其发动机、零配件等领域，大力发展燃气轮机、制冷设备、电子产品、环保设备、新能源设备等机电产品，并提供飞机租赁、通用航空、交通运输、医疗服务、工程勘察设计、工程承包建设等第三产业服务项目。

二、集团管理与文化

中航工业以科学发展观为指引，明确了“航空报国、强军富民”的使命和“敬业诚信、创新超越”的理念，并以此为指引，提出了“两融、三新、五化、万亿”发展战略。两融：融入世界航空产业链，融入区域发展经济圈。三新：新三位一体，即品牌价值的塑造、商业模式的创新、集成网络的构建。五化：市场化改革、专业化整合、资本化运作、国际化开拓、产业化发展。万亿：到2020年挑战经济规模1万亿元。

基于战略发展的需要，中航工业构建了基于战略管控的母子公司组织模式作为落实发展战略的有力举措。实行三层管理构架，第一层为承担战略管控的集团公司总部，第二层为承担利润中心和管理中心职能的子公司（事业部），第三层为近200家成员单位，它们将逐渐改组为成本中心和专业化中心。通过两年多的努力，中航工业形成了战略管理体系的初步框架，积累了有益的经验。集团公司层面负责总体战略和相应的职能战略。总体战略主要致力于把握大局和方向，关注集团公司的定位和长远发展，对内协调业务选择，合理配置资源，形成协同效应，对外做好外部利益相关者的沟通和整体价值创造。在战略的执行上以五年规划为主要抓手落实集团战略。每年通过年度计划的形式，将规划转化为下属单位可执行的经营计划和考核指标。在规划执行中期进行评估和调整，在规划期结束时进行评估并成为下一期规划制定的依据。同时，全面应用综合平衡计分卡战略管理工具推进战略落地。

大力加强预算管理，逐步构建以EVA为导向的全价值链战略预算管理体系。突出重点，管出实效，客观分析当前与未来的经济形势，合理确定年度预算目标；将成本费用预算控制作为重中之重，认真分析本单位成本费用开支结构，合理确定成本费用压缩的项目、目标和措施。加强现金流管控，防范企业风险；加快预算进度，提高预算质量，进一步推进全面预算管理工作，落实加快发展、增收节支、降本增效等方面的预算安排，强化预算执行情况的监控和分析，充分发挥预算管理在应对金融危机中的作用，不断提升预算管理水平，促进企业发展。

积极推进投融资与重组改制，通过资产划转、投资和长期股权变动、投资企业的清理和相关资产处置等工作，加强了集团公司投融资管理。此外，集团公司积极开展产权转让和结构调整工作，对一系列项目实施主辅分离、副业改制。

积极开拓航空产品外贸市场，民机销售迎难而上，同时国际合作与转包生产进展顺利。在“只有合作伙伴，没有竞争对手”的战略思想指引下，紧紧抓住重点项目和重点合作伙伴，梳理集团公司的对外合作关系，大力推进集团公司与波音、空客、庞巴迪、巴西航空工业公司、GE等国际大公司的高层联系，通过一系列活动，使得中航工业与世界航空业界的合作伙伴关系更加紧密，同时也向合作伙伴们传达了新集团的组织架构、发展战略等信息，开创了集团公司在民用航空业务的多个领域对外合作的全新局面。集团公司成立以来，与世界上主要的航空企业在多个领域开展了重大合作项目，通过这些项目的成功实施，可以实现集团公司国际合作战略的价值，逐步实现融入世界航空产业链的目标。

狠抓重大科研项目进度和航空产品生产交付、改善和加强经济运行质量管理等，实现经济规模和效益双增长。通过航空产业园区建设、战投引进和航空产品市场开拓，积极落实“两融”战略。积极争取和落实国家财经政策支持，狠抓技改、科研项目管理和经费的落实，加强税收政策的协调，促进经济效益提高。与各大商业银行和保险公司建立全面战略合作关系，同时充分利用债券市场，并大力推进资金集中管理工作，创新性拓宽融资渠道，推动产融结合进入新时期。综合协同创新管理，优化经济运行内部环境和机制。

中航工业始终从全局和战略的高度，以高度的政治责任感和历史使命感，坚持改革创新，把人才强国战略作为一项重大而紧迫的任务，以高层次人才为重点，统筹抓好各类人才队伍建设，大力加强经营管理人才队伍建设，围绕经营管理人才队伍建设，公司着重开展领导班子集中考核、干部交流、干部年轻化等工作。有效推进专业技术和技能人才队伍建设。以高层次人才为重点，全力培养科技工作带头人，积极推进“长、家、匠”分离，加强科技人才职业生涯管理，疏通科技人员成长渠道。通过开展技能大赛和技能鉴定工作，推动了技能人才培养，激励广大航空工人努力学习，岗位成才。探索创新人才工作体制机制。人才资源是第一资源的观念已深入人心，人才发展战略更加统筹协调，一支规模大、素质高、结构合理的人才队伍基本形成。

业绩考核管理方面，为了有效应对金融危机，提升价值创造能力，集团公司成立了EVA管理推进工作领导小组，制定实施计划，在全集团开展EVA管理。根据国家宏观经济形势和所属单位具体情况，在考核办法中针对短板设置指标，通过考核引导各单位将业绩考核与解决“短板”结合起来，促进各单位稳健、持续经营，持续改善薄弱环节。同时强化集团内部“对标”考核，将各单位的考核目标值与集团内同行业企业平均水平进行比较，引导下属企业逐步赶超集团内先进单位，收到较好成效。此外，加强考核的过程评价监督，促进经营计划的完成。

中航工业着力提升创新能力。一是在原有科技创新体系基础上，形成并发展“一个核心、两类主体、三大平台、四种伙伴”新型科技创新体系，集中管理、分层实施，全面提升集团科技创新能力。二是完善科技创新组织机构。三是开展技术创新项目研发。通过持续推进管理创新，初步建立了与市场和国际接轨的管理体系，实现了管理的规范化、科学化，有力促进了改革发展。四是大力开展管理创新。六西格玛、精益制造、项目管理、平衡计分卡、EVA等先进管理工具和方法得到广泛应用，全面提升了企业竞争力。

中航工业企业文化建设成效显著。以品德高尚、报国有成的党员专家吴大观同志为代表的40万航空人，长期以来自力更生、艰苦奋斗、爱党爱国、无私奉献、开拓创新、锐意变革、不畏艰难、勇于攻关、低调做人、埋头做事，形成了个性鲜明、魅力突出的中航工业文化。近年来，中航工业在抗震救灾、奥运安保、亚丁湾护航、国庆阅兵等国家重大任务中发挥了不可替代的作用。

中国航空工业集团公司将秉承“航空报国、强军富民”宗旨，弘扬“敬业诚信、创新超越”理念，积极推进“两融、三新、五化、万亿”的发展战略，励志成为国家综合国力、部队作战能力、国家运输能力、国家科技实力及大众时尚消费品的提供商，以豪迈的步伐向具有国际影响力的跨国大集团迈进。

高科技企业基于数字化集成平台的飞航武器总体研发管理

中国航天科工集团第三总体设计部

中国航天科工集团第三总体设计部（简称“三部”）成立于1960年，主要承担飞航武器系统研究开发、总体设计、系统集成、试验验证和售后服务等任务。所研制的武器装备面向多军兵种，列装多平台。

三部先后承担了30多个型号产品系统研制，获得国家、省部级科技成果奖260多项，其中两型号获“国家科技进步特等奖”，三型号获“国家科技进步一等奖”，三型号获“国防科学技术进步特等奖”。被授予“全国五一劳动奖状”、“首都文明单位”、“航天科工质量奖”等荣誉，是我国飞航武器研制的重要基地。

一、实施背景

（一）适应新军事变革与国防现代化的要求

在信息化条件下需要对具有高防御能力和高军事价值的敌方目标，具有动态协同的远程精确打击能力，保持有效的战术对抗与战术威慑能力。飞航武器则是未来信息化战争中执行多维精确打击任务的主体力量。

精确打击、体系作战、信息优势等代表了飞航武器发展方向的高新技术，其领先属性和竞争特征决定了军事强国必然会对其进行严密的技术封锁。三部作为飞航武器总体设计部，只能依靠自主创新，加强总体研发管理，不断提高科技创新和自主研发能力，才能更好履行为三军提供护国利器的责任。

（二）国家的需要对三部飞航武器研发能力提出了新的要求

尽管三部在飞航武器总体研发工作中取得过辉煌成绩，但随着我国为有效应对新形势下恐怖势力及潜在军事冲突，对飞航武器数量需求及性能要求大幅度提升，尤其是严峻的周边形势使得国家对飞航武器提出“快研究、快定性、快生产”的“三快”要求，三部沿用多年的工作模式难以适应国家的需要，研发手段和实验条件更是难以与之匹配。

二、内涵和主要做法

依据“作战需求牵引武器装备体系，武器装备体系牵引型号，型号牵引关键技术，关键技术推动装备发展”的指导思想，强化装备发展顶层设计，构建“横纵联合”的产品研发柔性组织机构，优化飞航武器研发流程，建立基于数字化集成研发平台，高效协同进行产品研发，提升飞航武器总体研发能力，为建立国家“天地一体、攻防兼备”的精确打击体系提供支撑。主要做法有：

（一）强化引领未来武器装备的预先研究

针对新时期军事需求和战略转型要求，三部确立了战略目标：在现有技术体系的基础上，以不断提升多平台对地、对海、对空、对天精确打击能力为牵引，以实现导弹在复杂战场环境下综合突防实战能力的跨越、实现信息化作战条件下体系作战能力的跨越、实现反航母作战和反潜作战能力的跨越、实现远程快速打击地下高价值加固目标与时间敏感目标能力的跨越、实现由对海陆空作战到对海陆空天一体化作战的跨越、实现从战术到战略的跨越为目标，不断填补飞航技术体系的空白。

从军事威胁与作战能力层次、装备及其体系层次和国防科技发展需求三个层次上，系统分析和预测我国未来20年面临的安全环境和潜在的军事威胁、可能的作战对象和作战方向、可能的作战样式和作战规模等，分析未来我军对航天军用产品精确打击体系作战能力、装备性能和支撑装备发展的国防科技的需求。在需求分析研究的方法上从自主论证研究为主，向与军方论证部门、军事理论与战争形态研究部门联合论证转变；从武器研制部门为主向与各级情报咨询部门结合发展；从以定性分析为主向以定性和定量相结合的多种系统分析手段相结合发展。进一步加深对未来高技术条件下的信息化战争特征、战争形态演变规律和典型作战模式发展趋势的基本认识。在盘点我军装备发展现状的基础上，系统分析我军装备与国外先进水平的差距、制约我军装备发展的瓶颈问题；提出我军打赢未来高技术条件下信息化局部战争对飞航精确打击装备体系、装备和专业技术发展的能力需求框架，梳理我军需重点发展的航天军用产品装备及信息支援保障装备。

结合需求分析研究工作，坚持“非对称”作战思想，瞄准我军未来高技术条件下信息化战争体系对抗、网络化作战需要，在体系的定位、组成和实施策略研究上有一定程度的突破。坚持“有所为、有所不为”的原则，按照“五个一代”的科研布局，既考虑我军近中期作战急需，提出2020年前需重点发展作战装备，同时考虑不断拓展的国家战略利益需要，提出2030年前航天军用产品的发展设想。

（二）建立“横纵联合”的产品研发柔性组织机构

三部原有的组织模式是按照型号分室，每个总体室都包括若干个专业。这种模式便于人力资源调配和产品改型升级。但“十五”以来，型号研制生产任务剧增，战技指标逐步提高，技术难度急剧加大，原来模式难以适应发展的需要。为此，三部对总体室进行了拆分和整合，在纵向上形成了几个系统总体室及导引与光电对抗、结构与动力、火控与发射装置、测试与电气、遥测与遥控等若干个专业室。在研究室之上，建立了科技委专业组，促进各专业的横向交流，形成“横纵联合”的柔性组织机构。这种布局适应了发展需要，优化了人力资源，满足目前多种类产品在研、预研和创新的需要。

（三）优化飞航武器研发流程

三部原有研发流程按需求论证、方案设计、工程研制、生产制造、装备与运行保障直至销毁顺序开展。主要有如下问题：技术更新缓慢，研发能力低下，产品结构设计以二维设计为主，数字化技术和设计工具应用不够；物理样机试制、物理试验频次高，研发成本居高不下；工作模式落后，采用串行工作方式，并行工程技术还没有充分运用；协调基本以开会、电话为主，没有协同研发环境。

针对存在的问题，三部以流程再造思想为指导，对原有研发流程进行了调整和优化。改造后的飞航武器研发流程（见图1）中各阶段工作内容都有交叉、互相联系。优化后的流程具有“以三维设计技术为主、二维设计技术为辅”，“以虚拟样机技术为主、以物理样机制造为辅”，“以虚拟验证技术为主、以物理试验为辅”的特点。同时，基于统一的三维虚拟样机模型，型号总体、结构、气动、动力等专业人员协同开展设计与验证工作，大量减少了物理样机的数量，提升了飞行试验成功率。

（四）建立数字化集成研发平台

三部坚持“突破常规、系统策划、整体推进”原则，应用数字样机、多学科协同设计等虚拟产品研发技术，实现产品、过程、资源有机集成，建立飞航武器数字化集成研发平台。

1. 采用先进、兼容信息技术构造高效可靠的基础网络资源。

整个数字化集成研发平台采用 B/S（Browser/Server）的架构模式。引入 Oracle 数据库集群、SQL Server 数据库集群和服务器虚拟集群技术，采用负载均衡、冗余备份千兆网络环境，提供高性能计算系统和基于虚拟现实技术的虚拟样机中心，大大提高了平台运行的可靠性和稳定性。固化标准件库、材料库等基础工程资源库，编制了 15 类三维设计标准规范和 8 类 CAE 分析标准规范，将典型设计过程以及分析过程流程化和规范化，实现数据资源充分共享，提高知识的重用度。

2. 建立统一共享的产品数据中心。

提出以产品设计数据管理为核心，集成分析数据、试验数据和制造资源数据、综合保障数据的管理思路，基于产品结构树实现产品数据集中管理，建立全局共享的产品数据中心，达到数据集成和共享，实现对产品研发数据全寿命周期管理，支撑产品研发全过程的统一管理，为在同一数据源下实现产品协同设计、数据交换、数据归档、数据重用提供有力支撑。

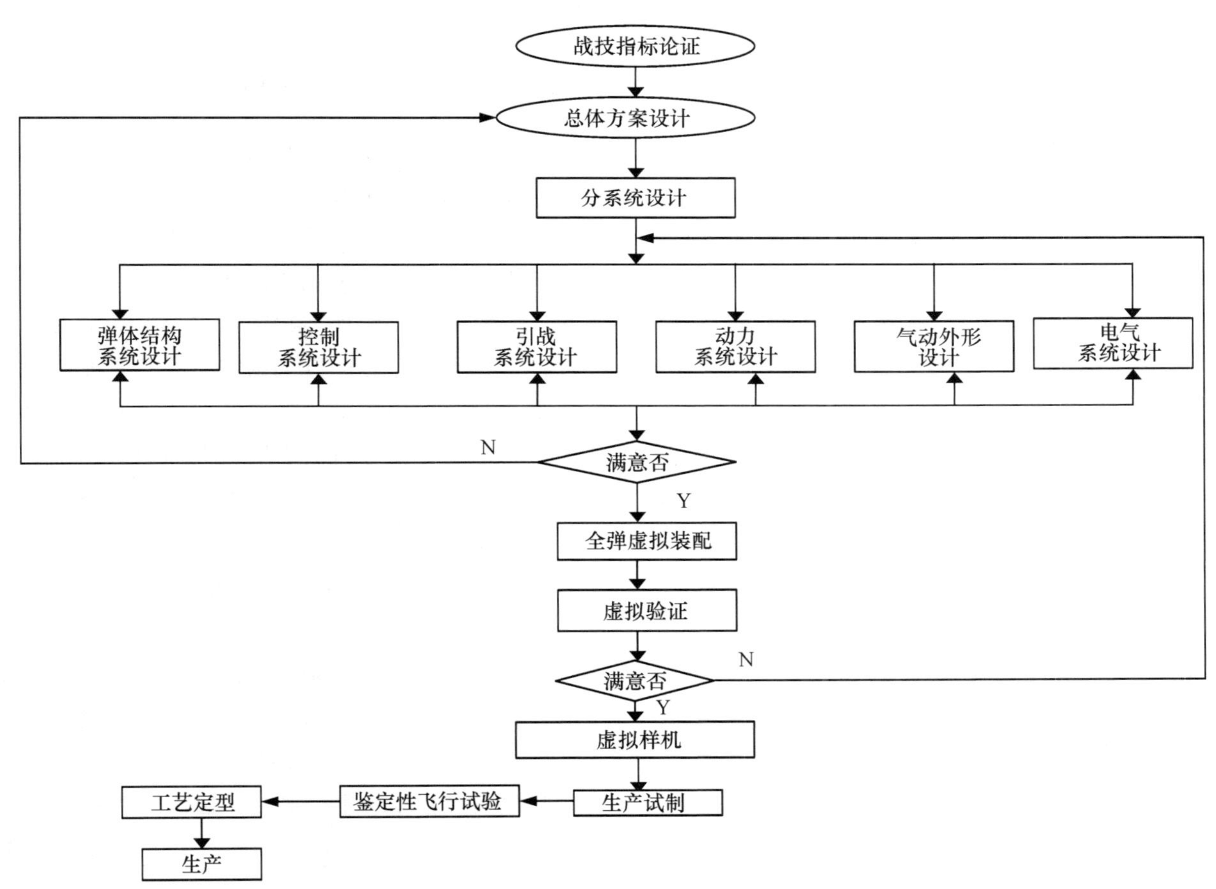

图 1　优化后的飞航武器研制流程

（五）高效协同进行产品研发

三部基于优化后的飞航武器研发流程，在统一的数字化集成研发平台上，型号研发人员可以进行高效协同的产品研发（见图 2）。

在研发过程中，总体部、各分系统所、总装厂之间存在两种协同模式，即紧耦合模式和松耦合模式。紧耦合协同模式是在三部部署应用系统，分系统、总装厂共用三部应用系统，通过紧耦合模式实

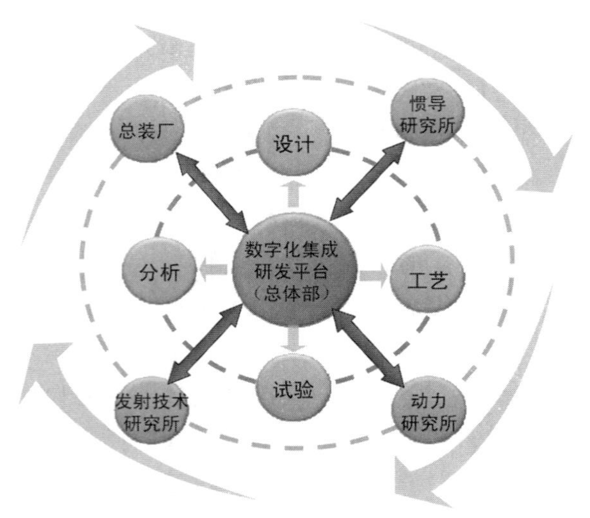

图 2 高效协同的产品研发

现工作组级的在线协同设计。松耦合协同模式是在三部、分系统、总装厂分别部署应用系统，通过松耦合模式实现跨单位协同。

（六）强化知识产权保护

大力加强以情报、档案、标准化、型号研制“三化”等工作为代表的技术基础工作，在研制经验的总结提炼、标准规范的制订等方面取得了显著成绩。标准化工作重点加强了企业三大规范和上级标准的制定，近年来共完成56项企业规范、33项院标、7项行标和5项国军标的制定工作；强化标准的贯彻实施与监督，推动产品的“三化”工作，并积极探索预先研究的标准化工作，实现预先研究的工程化管理；情报工作紧密围绕重大背景型号及关键技术，开展信息收集、跟踪和课题研究。

为了加强创新成果和核心技术的知识产权保护，建立了《三部知识产权管理办法》，完善知识产权保护机制。

（七）完善激励机制

三部将形势任务教育贯穿全年，弘扬“国家利益高于一切”的核心价值理念，以维护国防安全为己任，增强政治使命感。培育职工的危机意识、责任意识、成长意识和创新意识，增强现实紧迫感，把推动事业创新与个人的成长紧密结合起来。营造“学习工作化，工作学习化”的学习氛围，大力宣传“人人是人才，人人可成才”的理念，为不断实现自我超越而努力。

在薪酬、奖励、职称评聘、型号任职、住房分配、学习培训等方面制定相应倾斜政策，充分保护并调动重点型号、项目队伍及专业技术骨干力量的积极性。实施专业技术岗位任职后备人员培养制度，结合职业生涯管理，做好各类专业技术骨干人员的培养。发挥专业工程师、预研研究师、学术带头人作用，全面开展各类专业的专业建设及发展工作。建立“导师制”制度，充分发挥专业骨干人员对新员工的“传帮带”工作的重要作用。

采用基于360度业绩评价方法的全员绩效考核指标体系，针对员工不同角色，建立三套考核办法：《三部副总师考核暂行办法》《三部中层领导干部考核暂行办法》《三部职工考核暂行办法》，对年度考核优秀职工设立工资系数调整细则。

三、应用效果

（一）飞航武器总体研发能力明显提升

三部的一体化设计、多学科优化、虚拟设计以及分布式协同设计等手段不断完善，总体研发水平有效提升，实现了飞航武器装备数字化设计、数字化试验、数字化管理和数字化综合保障的融合。从战技指标确定、总体方案制定，到各专业的设计和研发，充分采用数字化技术，切实提升了型号研制能力和速度，型号研制周期大大缩短。系统方案快速概念设计由6—12个月缩减为1—2个月。新型号从2005年前的7—8年定型到现在的3—5年定型，改进型由3—5年定型到现在的1—2年定型的跨越。

优化后的数字化研发模式和基于“知识驱动”的创新理念使得三部基于成熟技术的集成创新能力大大提升。在某高新项目的4项竞争中全优胜出；在某重大工程竞争中，确立了国内工程抓总的总体地位；某先进产品在晚于对手3年接到研制任务的情况下，先于对手1个月完成试飞验证，并且动力航程提高了12.5%，隐身能力提高了11.2%，直接确立三部在此项目竞争中的绝对优势。

（二）企业自主创新能力和装备研制水平大幅提高

三部以自主创新为基点，不断提升适应新军事变革和军队战略转型的飞航武器数字化总体设计能力、自主创新能力。以系统总体、制导控制以及规划和效能为代表的航天高技术在国内相关领域具有显著优势，且多方面达到了国际先进水平。三部的知识产权工作取得了长足进步，无形资产的拥有量得到较大幅度提升。仅 2009 年就取得专利受理 36 项，其中国防发明专利 32 项，实用新型专利 4 项，普通发明专利授权 1 项，占 2004 年以来专利受理总数 99 项的 36.0% 以上。2007 年，荣获中央组织部、人事部、国防科工委、总政治部、总装备部联合颁发的突出贡献奖。

在国庆 60 周年阅兵仪式上，三部设计的五型产品盛装亮相，大振国威。某型号更填补了该领域空白，大大缩短我国飞航武器性能与世界一流水平的差距，提高了我国战术武器的战略威慑能力。

（三）提高了科研生产管理水平和运行质量

实现了不同学科、不同研究室和不同设计人员以及三部与各分系统厂所和总装厂之间跨域会签、跨域协调、跨域收发文等，形成了高效协同的科研生产管理模式，促使飞航武器系统的研发由“性能主导”模式转变为“效能和品质主导”模式、由“单学科串行设计”转变为“多学科并行协同设计”、由“实物验证为主”转变为“虚拟验证为主”、由“经验设计”转变为“预测设计和仿真设计”。有效克服了飞航武器装备组成复杂、研制过程复杂、系统性能和行为复杂等问题，多型新型武器装备较短时间完成了研制和定型批产，圆满完成了国家交付的使命。三部经济规模大幅增长，经济运行质量显著提高，2009 年比 2005 年营业收入增长了 227%。

科研型企业科技成果产业化开发管理

中昊晨光化工研究院

中昊晨光化工研究院（简称“晨光院”）成立于 1965 年，是由北京、上海等 24 家科研院所和生产企业内迁四川自贡组建而成的科研事业单位，原直属化学工业部。1999 年转制后隶属于中国昊华化工（集团）总公司。经过 10 余年的改革和发展，现拥有资产总额 18 亿元，职工 3 000 人，其中科研人员占 1/3。主要从事有机氟、有机硅、环氧树脂等高分子合成材料的研发、生产、加工和经营。产品涉及 20 多个大类，200 多个品种，广泛应用于航空、航天、汽车、电子、石油、化工、煤炭、纺织和机械等领域，产品畅销国内并出口美、德、法、日、意等国家。

40 多年来，晨光院荣获多项国家级荣誉，先后被认定为自贡国家新材料核心企业、全国高新技术企业、中国化工 500 强企业、中国自主创新能力行业十强企业和全国知识产权示范单位等。

一、科研型企业科技成果产业化开发管理背景

（一）适应由国家科研院所向企业转型的需要

1999 年，国家进行技术开发类院所企业化转制。转制后的晨光院主要面对两大现实：一是要自求生存，自谋发展，由事业单位变为自主经营、自负盈亏的企业；二是要“入市”，打开大门走向市场，在市场竞争中争取份额，创造效益。在解困脱贫的基础上做到发展与生存并重，产业效益与技术创新并重。

在转制后相当长的时间内，晨光院不断探索建立与现代科技型化工企业生产相适应的组织机构和运行机制，加强科研与生产、科研与市场的紧密衔接，加快科研成果的产业化进程，逐步实现了科研院所转型的成功。

（二）突破国外技术垄断，提升国家化工新材料产业国际竞争力的需要

长期以来，发达国家利用自己的强势地位，一方面提高发展中国家进入国际市场的技术门槛，阻止发展中国家产品参与国际竞争；另一方面又对发展中国家实行技术封锁。

晨光院氟橡胶、氟树脂的总体生产工艺代表着国内最高技术水平，但与国际同行业的杜邦、大金、3M 等公司相比，仍存在较大差距。因此，推进科技成果产业化，提高企业自主创新能力，是满足国内军民高端需求，提升国家新材料产业国际竞争力的迫切要求。

（三）晨光院蕴含着科技成果产业化的巨大动力与深厚积累

1. 晨光院有内部改革的巨大动力。

当晨光院由计划经济时代的事业单位调整为自收自支的企业单位之后，生计维艰，更说不上发展，加之“三线”调迁分流和部分思想活跃的知识分子先后离院走入市场，使本来就很困难的企业雪上加霜。经过数年艰苦的熬煎，困守的各级领导、科技人员和全体职工终于意识到“等、靠、要”已经行不通了，省悟到“穷则思变”的道理，于是纷纷要求改变现状，寻求面向市场的根本出路，并最终在转制的催化下，凝聚成一股势不可挡的巨大动力。

2. 晨光院有大量科技人才与成果储备，有成果产业化的多项积累。

晨光院拥有优秀的人才队伍。以“知识型员工”为主体的晨光院造就了大批氟化工人才，尤其是保留了掌握氟化工核心技术的“种子”人才。在老一代“把青春献给国防军工事业”的影响下，在晨光“团结、实干、创新、攻坚、奉献”的精神感召下，仍然留下了一批甘于淡泊、忠诚献身的科技工作者和各类管理人才。

晨光院拥有一流的科研设备。几十年的科技进步和技术沉淀，使晨光院发展成为省级企业技术中心、四川省有机氟工程技术研究中心、有机氟材料四川省重点实验室、有机氟聚合物合成试验中试基地；成为涉及多学科、多专业，拥有国内一流、现代化配套设施齐全的有机氟、有机硅、环氧树脂等材料的科技研发中心。尤其在含氟高分子材料学科领域，是研究开发、人才培养、成果转化的最好科研基地和优秀服务平台。

晨光院拥有多项成果储备。目前晨光院在有机氟领域拥有15项核心专利技术，其研究开发的氟橡胶、氟树脂的整体生产工艺代表着国内最高技术水平，四氟乙烯、偏氟乙烯、全氟丙烯、氟橡胶、有机氟残液处理等单元技术达到国际先进水平。

二、科研型企业科技成果产业化开发管理内涵和主要做法

晨光院根据国家对科研院所转型的要求，考虑企业长远发展，按照企业战略目标确定产业化发展的工作内容，发挥科研院所转制为企业后所具备的科研优势，继续加强基础研究和工程化、产品加工、应用研究，构建研发、设计、制造三大创新平台，加强科技成果产业化基地建设，建立科研部门与生产、销售部门联动机制，提升了技术创新水平，促进了科技成果产业化，奠定了在中国氟聚合物领域龙头企业地位。

（一）统一思想，确定发展战略目标及实施路径

转制以来，晨光院领导班子统一思想，以“四个转变”克服计划经济时期院所制下的保守思想，面向市场展开工作。

一是实施生产组织和管理流程再造，以组织机构再造和流程再造提升规模化生产能力，注重研发能力和市场快速反应能力的培育。

二是加强研究开发，提高原始创新能力。

三是强化工程技术研究，提升科研成果的转化效率。依托新技术、新工艺、新材料、新产品研究成果，以实现科技成果产业化为目标，设计建造高科技、产业化的生产装置。

四是科研面向市场，建立科研部门与生产、销售部门的联动机制，大力拓展市场，完善产业化营销机制，坚持军品、民品结合，以民品为主的产业化指导方针，建立销售工程师队伍，加强中国名牌、知名商标建设，确保企业有机氟主导产品国内市场占有率第一的目标。

（二）调整组织结构和流程，建立部门联动机制

1. 实施产业化组织机构再造。

为克服原有机构缺陷，晨光院根据产业化要求进行了机构调整，调整为一办、一所、一中心、十二部，重点从4个方面理顺职能职责。2009年，晨光院根据产业化发展的需要再次进行了管理流程再造，以“精简、高效、扁平化”为目标，重新设置组织机构，理顺职能职责，建立了更加适应科技产业化的管理体系（见图1）。

2. 构建研、产、销一体化流程。

（1）建立成果产业化科技开发系统，优化决策研发流程。组建企业技术中心，下设市场策划部、研发中心、分析测试中心、情报中心、设计所、工程建设部等机构，晨光院企业技术中心实行

主任负责制，主任由副院长担任，负责院技术经济委员会（见图2）。将科研项目策划、研究开发、成果产业化等工作，用ISO 9001:2002质量管理标准有机统一起来，最终打通并优化“科研——二次开发和工程化——中试——工业化技术推广”的产业化研发流程（见图3）。

科学的决策、研发流程实现了科研、生产、市场的紧密联系，提高了科研成果产业化的成功率。

（2）调整生产过程流程，实现全院生产集中管理。一是调整各生产单元的职能。将原生产中心下设的7个生产车间按照产品属性升级为7个厂级单元，分别从事产品和能源生产，并设置厂级管理机构。二是调整设备管理模式。设立机动处统一负责全院重大、关键设备检修维护，建立全院设备定期维护制度，每月制定下达设备维护管理计划，明确设备维护责任，建立设备管理登记制度等（见图4）。

（3）优化销售流程，确保产销平衡。晨光院根据本企业产品规格众多、销售地域广的特点，从销售计划、商机管理、订单管理、客户管理4个方面建立了销售流程。

销售计划中的产销平衡流程较好地解决了生产与市场的协调关系。

3. 建立科研部门与生产、销售部门联动机制，优化三个结合。

晨光院建立科研部门与生产、销售联动拓展市场机制，实行全局规划和区域协调，做到理解市场、贴近市场、服务市场。建立研发、生产与营销部门的信息沟通制度，优化科研与市场的结合、科研与生产的结合、生产与市场的结合，使晨光院的新技术、新产品能够迅速切入市场。

（1）优化科研与市场的结合。一是科研与销售部门联合开发市场。晨光院瞄准产业发展方向和下游市场，及时收集和反馈市场信息，作为科研立项的依据，使研发工作始终与市场同步。

二是科研与销售部门联合夺回市场。晨光院研发部门与销售部门紧密协作，开发高端产品，改进新产品上市流程，夺回被国外进口高端产品占领的市场。

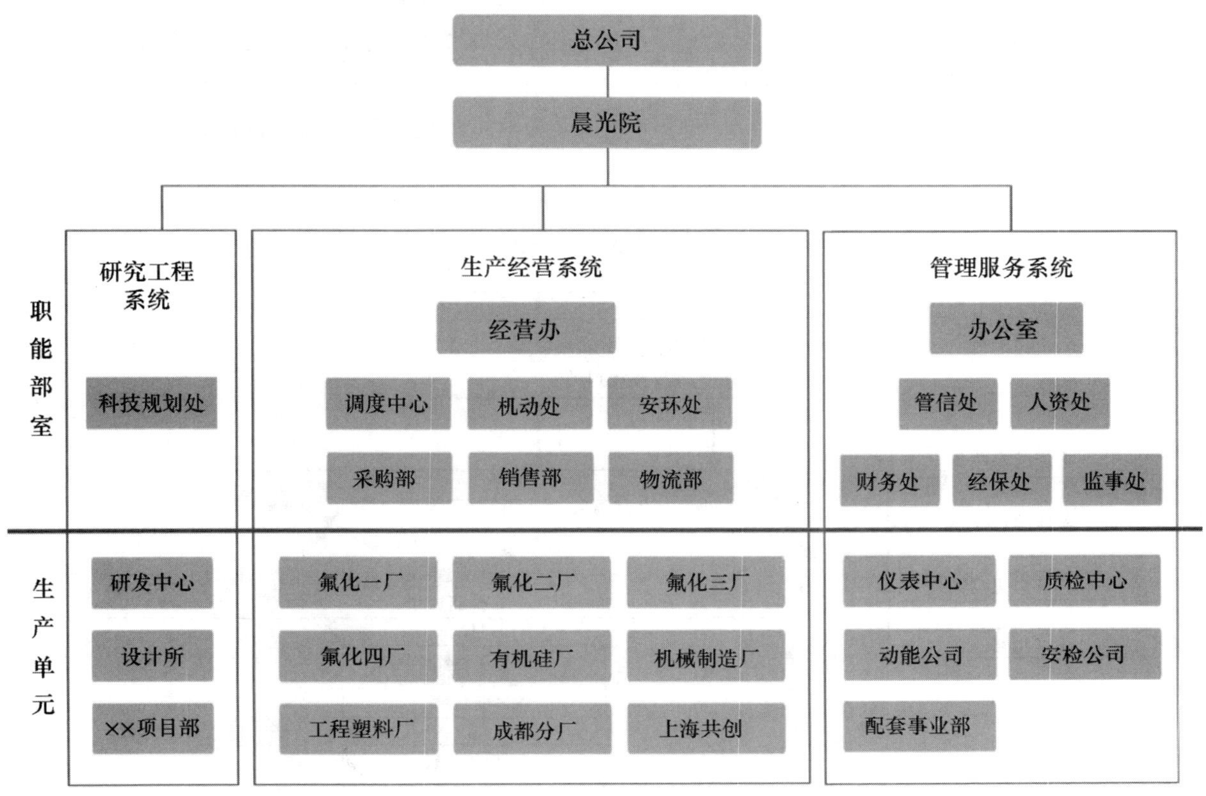

图1 组织再造后的三大系统结构图

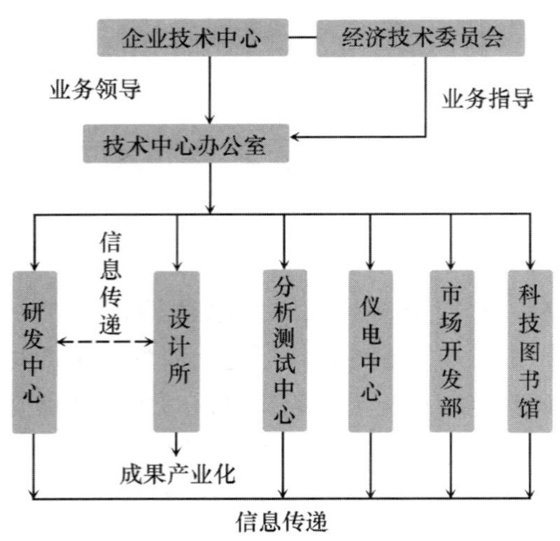

图 2　产业化科技开发系统

三是科研与销售部门联合创造市场。其表现之一是努力开拓新的应用领域。

四是科研人员服务于市场。高分子合成材料的特性决定了多数用户需要研发人员的指导，这是市场的客观要求。同时，对客户的技术服务也更有助于企业与市场的紧密结合，晨光院制定的科技成果转化奖则是鼓励广大科技人员面向市场、服务市场的内在动力。

（2）优化生产与市场的结合。一是以销定产与以产促销相结合。专用产品、军工产品和用户有特殊要求的产品实行以销定产，被众多下游企业普遍使用的成熟产品，采用以产促销。二是技术人员深入走访大型客户，对下游企业正确使用晨光产品进行技术指导，并接受产品的改进、反馈意见。三是按月召开产销平衡会。

（3）优化科研与生产的结合。一是生产厂技术人员与研发人员一道，参加科研成果的中试。二是研发人员深入生产厂，进行工艺跟踪和质量改进的技术指导。三是制定适应规模化生产的工艺操作规程。

（三）加大科技投入，构建研发、设计、制造三大创新平台

科技创新平台是企业实施科技创新的基础。晨光院在原有科研设施基础上，加大技术投入，统筹考虑产业化升级发展的需要，建设了研发、设计、制造三大科技创新平台。

1. 加大技术创新投入。

晨光院的科技创新包括原发性创新和改进型创新。原发性创新研究时间长，投入资金多，而改进型创新多半是短、平、快的项目，市场见效快。为正确处理二者关系，晨光院通过多年努力，探索出一条“以改进型创新支持原发性创新，原发性创新又为改进型创新提供更多科技成果”的创新之路。

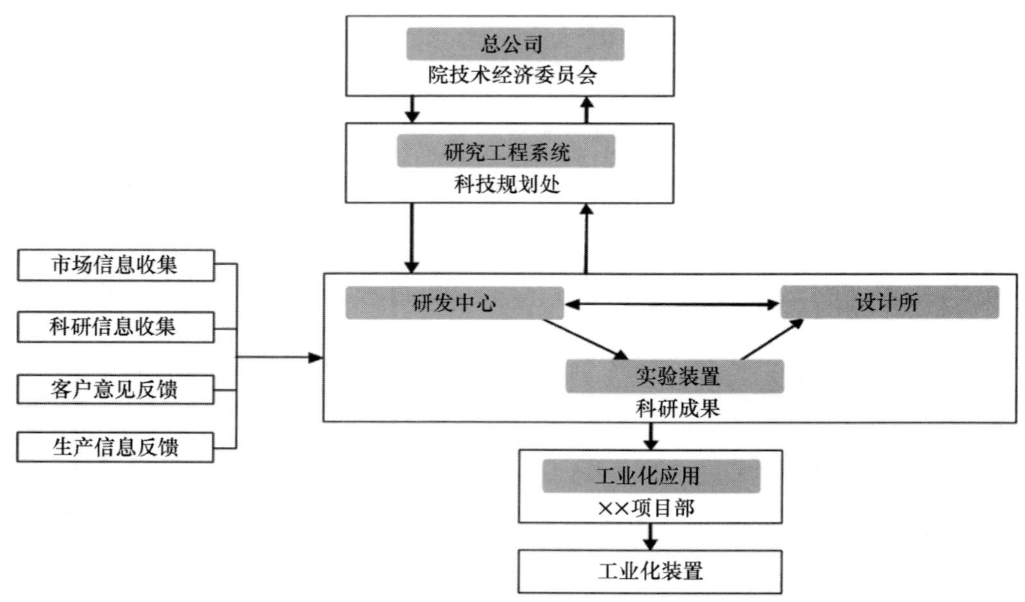

图 3　调整后的科技成果产业化决策、研发流程示意图

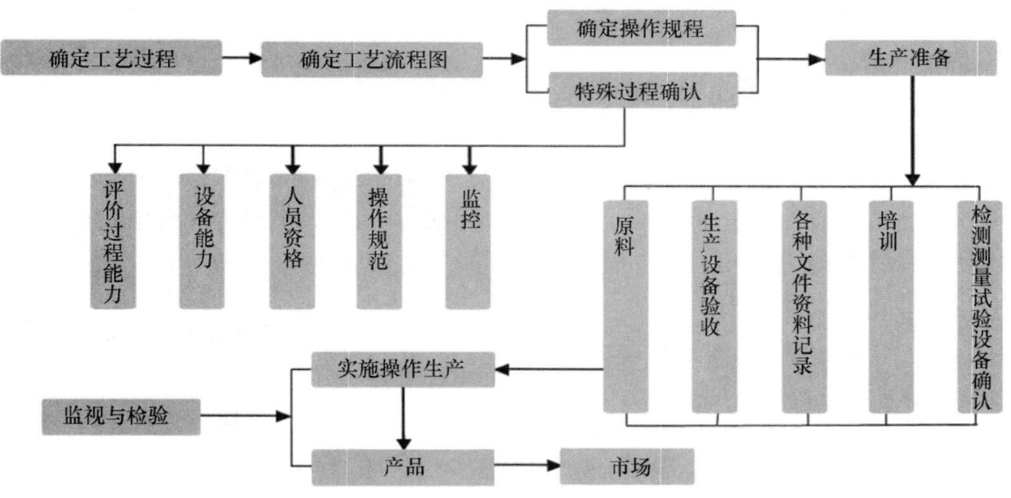

图 4 调整后晨光院生产制造过程流程图

2. 建设一流的试验装置，构筑更高的研发平台。

作为产业化的基础，在重点进行研发平台建设方面，晨光院投资 5 000 多万元，建立起国内领先的全氟甲基乙烯基醚和无溶剂硅树脂中试装置，从硬件设施上保证氟硅材料的实验条件；按照国家重点实验室要求，建立完善实验室内部组织机构，设置 7 个研究室、2 个中试车间，实行科研项目负责人和课题组长责任制；同时加强实验室的开放性建设，以促进对外合作与交流，扩大与行业科研机构、大专院校的横向协作。

3. 建设产业化生产装置设计平台，实现由中试装置到产业化装置的放大。

生产装置是科研成果产业化的关键，而生产装置设计水平则是产业化的基本保障。晨光院为取得产业化在关键环节上的突破，成立了具有独立资质的设计所和工程建设部。目的在于将中试装置放大为产业装置，实现科技成果的产业化。专业的设计人才，从工艺、管道、建筑、结构、设备、仪表、自控、电气等，形成了一条完整的设计链条。

4. 建设具有特色的制造平台，确保科技成果的转化。

晨光院建设了设备制造、产品制造两个平台以提高企业整体制造水平。关于设备制造，成立机械制造厂承担有机氟、有机硅等工业化装置主体设备制造等项目，为实施科技成果产业化战略提供保障。关于产品制造，建设以 8 个产品生产厂为主的产品制造平台。该平台与工程技术研究中心、设计所等单位密切配合，通过生产、科研联动机制，共同解决生产中的设计、制造、工艺、技术等难题，生产出多种技术含量高、附加值高的新产品，实现科技成果的规模化转化。

（四）建设科技成果产业化基地，为科技成果产业化奠定基础

科技成果最终落实于生产装置，体现在生产过程的工艺中，结晶于产品，收益于市场，为此，晨光院加强了产业化基地的建设，为科技成果产业化奠定基础。

1. 建设具有世界最大规模和先进水平的氟橡胶项目。

氟橡胶是晨光院的主导产品之一，由于其技术含量高、性能优异，被业内称为“橡胶王”。晨光院在自主开发建成两套 1 500 吨/年氟橡胶产业化装置的基础上，2010 年又投资 2 亿元人民币研发建成一套4 000吨/年氟橡胶产业化装置，使企业总装置能力达到 7 000 吨，成为国内规模最大的氟橡胶产业化生产基地。晨光院研发的氟橡胶产业化装置，在生产工艺技术水平等方面也取得了重大突破。

2. 研发建设集多项高科技成果于一身的四氟树脂项目。

晨光院自主研发的主导产品聚四氟乙烯树脂（PTFE）是具有优异综合性能的有机氟高分子材料，素有“塑料王”之称。晨光院继建成 2 500

吨/年聚四氟乙烯装置之后，又先后成功开发建成12 000吨/年四氟树脂装置和5 000吨/年高品质聚，两套四氟乙烯分散树脂装置规模在国内排列第2位、在自主研发设计装置中排列第1位。装置先后采用了“高氟含量的氟弹性体及其制备方法”等10多项新技术、新工艺，成功突破了国外对1 000万以上分子量产品生产技术的封锁和垄断。

3. 研发建设产业化的配套项目。

氢氟酸是生产精细化学品的重要原料，转制以前，企业主要靠外购进行下游产品的生产，因受市场环境影响大，成本高，制约了企业生产的发展。实施产业化发展战略后，企业在借鉴国内外生产技术的基础上，通过自主创新、引进消化吸收再创新，先后建成3 000吨/年及10 000吨/年两套氢氟酸装置，6 000吨/年、10 000吨/年及20 000吨/年三套二氟一氯甲烷装置，建立了稳定的原料生产基地，从根本上改变了主要原料供应紧缺、受制于人的状况。

4. 研发建设向绿色发展转变的环保及回收再利用项目。

晨光院大力开发环保新技术，研发新建废水生化处理、含氟废水处理、硅树脂废水处理等5套环保装置。采用世界上工艺最先进、设计最环保、零排放水处理工艺，使企业每天的废水处理能力提高到1 500吨以上。而且废水中的COD、氟离子等主要污染物排放量大幅度下降，达到GB 8978－1966一级标准。2009年，被当地政府认定为首家“环境友好型企业”。

（五）改革营销管理，为科技成果产业化创造市场条件

调整原营销管理体制，形成集中经营管理格局。将16个经营部全部收归院部统一管理，做到营销机构扁平化、营销管理集中化、营销筹划全局化。简化管理流程，细化分析产品和区域的销售额，采取以重点产品总部直管的方式，并相应调整销售部组织构架（见图5）。转变营销思路，大力开拓民品市场，坚持“军民结合、以民为主”的销售理念。在巩固稳定军品市场基础上，推进实施“大市场、大营销”战略，把拓展国内外民品市场作为市场开发的重点，根据不同产品的市场竞争特点制定差异化营销策略。

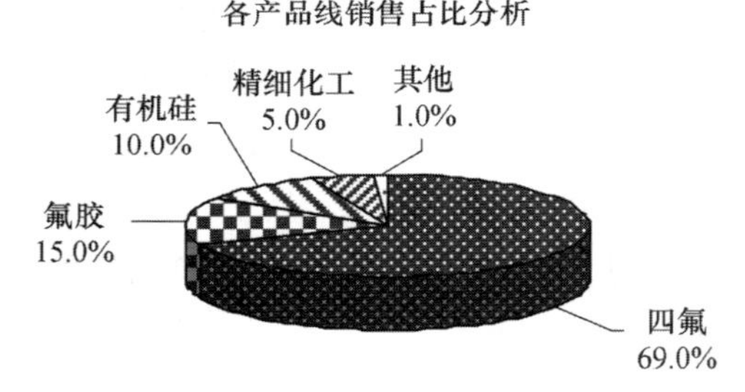

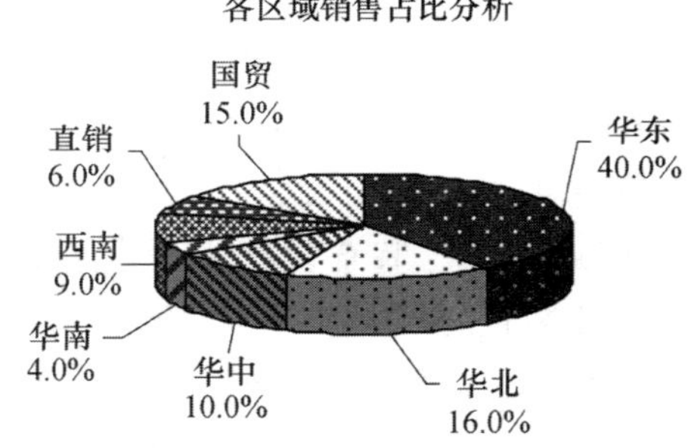

图5　细化分析产品和区域的销售额

（六）加大人才引进培养力度，为产业化管理提供人才保障

晨光院推进产业化技术创新管理首先是要准确配制产业化发展需要的各种人才。

1. 内调外引，加大引才引智力度。

为解决眼前人才急需，晨光院分别采取退休专家返聘、谈判工资制、建科技楼、解决家属后顾之忧等措施，前后吸引了200余名技术、管理专家到企业安家落户。

2. 从产业化的需求出发，加大各类人才培训力度。

晨光院采取与高等院校联合办学或者代培等形式，着力培养“三大人才”，即技术学科带头人、高级复合型管理人才和高级技能型人才。目前，已与四川大学、四川干部管理学院、四川理工学院等联合开办多种人才培训班。

3. 建立促进成果产业化的奖励制度，完善聚人、留人的激励机制。

为聚人、留人、用好人才，有效激发科技人员的创新热情，晨光院制定了系列科技奖励制度，根据技术成果转化产生的经济效益和社会效益予以奖励，其范围包括：科技成果转化奖、科技进步奖、科技开发项目完成奖、专利成果奖、技术转让奖等，加大了对科技人员的创新奖励力度。

上述措施较好地起到了稳定、激励企业科技队伍的作用，企业工程技术中心、设计所等骨干科研单位已经出现了“70 后”“80 后”年轻科技人才勇挑重担的可喜局面，这也是晨光院在高分子合成材料开发领域始终处于领先地位的有力保证。

三、科研型企业科技成果产业化开发管理效果

晨光院实施科技成果产业化开发管理促进了企业的成功转型，提升了企业的科研创新能力和竞争力，取得了良好的经济效益和社会效益。

（一）成功实现企业转型，初步实现了科技成果产业化

晨光院转型后，按照现代企业制度的要求，改革企业内部管理体制，转换经营机制，通过金融市场的融资活动和产品的经营来解决企业的生存和发展，摆脱“依恋”政府，吃“皇粮”的角色地位，成功实现企业转型。通过实施科技成果产业化开发管理，成功建设产业化开发基地。

随着两套 1 500 吨/年氟橡胶、12 000 吨/年聚四氟乙烯树脂、20 000 吨/年二氟一氯甲烷等一批科技成果产业化项目的建成投产，企业主导产品产量大增，提高了产品市场占有率。2009 年氟橡胶产量1 844吨、聚四氟乙烯树脂产量 10 962 吨，分别位居全国第一、第二。现晨光院氟橡胶市场占有率为 32.0%，氟树脂市场占有率为 35.0%，企业的新产品产值率长期保持在 40.0% 以上。从转制起至 2009 年，晨光院的主要经济指标：主营业务收入、工业生产总值、实现利润，分别保持着 18.2%、17.5% 和 14.3% 的平均发展速度，企业初步实现成果产业化。

（二）提升了科技创新能力，增强了企业的国际竞争力

科技成果产业化促进了晨光院经济规模的扩大和经济效益的提高，经济发展又为科研的正常运转和创新能力的不断提高提供了资金保障，企业进入科技与产业发展互为促进的良性循环。

近几年来，晨光院承担了国家科技部项目 9 项，国防科工委科技项目 12 项，承担四川省重点技术创新项目 32 项，四川省专利实施项目 3 项，四川省重大产业化技术创新项目 1 项，四川省重点新产品项目 1 项；研发成功的 3 种新产品被认定为国家新产品；科技成果荣获省、部、市级科技进步奖 9 项，研发技术、成果获 20 项专利授权，其中“外加热式 F_{22} 与水蒸汽混合裂解方法及加热装置”获中国十届专利优秀奖。

（三）取得了良好的社会效益

晨光院以企业的科研实力和经济实力，积极主动承担相应的社会责任。曾于 2003 年启动应急科研机制，仅用 7 天时间成功研发出抗“非典”药用裂解装置，为我国在特殊时期战胜严重自然灾害作出了重大贡献。用企业自主开发生产的高品质氟橡胶产品保证了“神州”系列飞船成功飞天，受到国家相关部门的表彰和奖励。

近年来，企业继续加大投入进行科学治污。建成了省市重点环保项目“等离子体固体焚烧装置”、四氟乙烯尾气回收装置、残液回收全氟丙烯装置等 20 余套环保装置（设施）。每年将减少污水排放 761 万吨，减少尾气排放 20 万标准立方米，减少酸性废水 6 万立方米。建设成的四氟乙烯尾气回收项目，年回收四氟乙烯单体 350 吨。晨光院一系列先进的节能减排措施为保护大气环境，保护沱江、长江水质及改善三峡库区环境质量做出了贡献，被认定为“自贡市环境友好型”企业。

中国企业年鉴

（2011）

钢铁、机械、能源、金融服务等行业

（排名不分先后）

❖首钢总公司

❖天津钢管集团股份有限公司

❖天津钢铁集团有限公司

❖攀钢集团有限公司

❖攀枝花钢城集团有限公司

❖鞍钢集团矿业公司

❖国家开发投资公司

❖中核集团中核财务有限责任公司

❖中国黄金集团公司

❖山东黄金集团有限公司

❖恒大集团

❖山东科达集团有限公司

❖长沙中联重工科技发展股份有限公司

❖卫华集团有限公司

❖中国水电建设集团路桥工程有限公司

❖华能澜沧江水电有限公司

❖中船重工物资贸易集团有限公司

❖浙江大东南集团

❖重庆医药股份有限公司

❖河北钢铁集团邯郸钢铁集团有限责任公司

首钢集团

首钢迁钢公司

首钢冷轧薄板有限公司

首钢始建于1919年。新中国成立后特别是改革开放以来获得巨大发展，成为以钢铁业为主，兼营采矿、机械、电子、建筑、房地产、服务业、海外贸易等多种行业，跨地区、跨所有制、跨国经营的大型企业集团。首钢总公司为母公司，下属股份公司、迁钢公司、首秦公司、京唐公司、顺义冷轧公司、通化钢铁公司、水城钢铁公司、长治钢铁公司、贵阳特殊钢公司、新疆伊犁钢铁公司、自动化信息公司、机电公司、特钢公司、首建公司、房地产公司、实业公司、国际工程技术公司、国际贸易工程公司等子公司，在香港有上市公司，在南美洲有秘鲁铁矿等海外企业。

2003年以来，贯彻国家要求率先实施搬迁调整。到2010年底，北京钢铁主流程全部停产，各新钢厂建设基本完成，总体技术装备达到国际一流水平，实现了从长材生产为主向高端板材和精品长材为主的转变；跨地区钢铁企业联合重组取得新进展，非钢产业通过改革改制盈利能力大幅度提高，使集团综合实力明显增强。2010年集团销售收入2 200亿元，钢产量3 154万吨，均比2005年增长1.7倍，进入世界500强第325位。目前正在实施北京首钢工业区改造，建设“新首钢高端产业综合服务区”，进入在北京转型发展的新阶段。

“十二五”期间，实施“主业做强，多业协同，打造综合服务商”发展战略，做优做强钢铁业，协同发展矿产资源业、装备及汽车零部件制造业、生产性服务业、房地产及建筑业、海外产业、文化创意产业，实现首钢北京地区产业转型，打造“首钢服务、首钢品牌、首钢创造”的综合竞争力，努力建设具有世界影响力的综合性大型企业集团。

首钢京唐钢铁公司

首秦公司1号高炉

首钢北京工业区开发示意图

电话：（010）88291404

传真：（010）88295578

地址：北京市石景山区石景山路68号

邮编：100041

天津钢管集团

天津钢管集团股份有限公司地处天津滨海新区，是中国能源工业钢管基地。1996年正式投产，目前拥有3座炼钢炉、6套轧机和25条管加工线，年产300多万吨优质无缝钢管。公司主要产品为石油套管和高中压锅炉管、高压气瓶管、液压支架管、结构管、管线管、钻杆等各类专业管材，远销100个国家和地区。

在技术研发方面，公司建设了世界先进的管材研发中心，培育出具有自主知识产权的核心技术，形成TP产品系列；建成了铜材、不锈板、彩涂板、高压气瓶等一批高水平的项目，发展了设备制造、国际贸易和物流等新的产业，成为多产业交替拉动、协调发展的综合性大型企业集团。经济效益综合指数连续多年位居全国重点钢铁企业前列，2011年跻身中国企业500强第99位和制造业500强第38位。

油田用户

460机组

股份有限公司

抗硫化氢套管在滇黔桂气田下井

石油套管加工线

天津钢铁集团有限公司

天津钢铁集团有限公司（简称“天钢”）始建于1935年，是集烧结、球团、炼铁、炼钢、连铸、轧钢、金属制品生产工艺为一体的大型现代化钢铁联合企业。2010年名列中国企业500强第107位，中国制造业企业500强第43位，黑色冶金及延压加工业第13位。

近年来，天钢认真贯彻落实科学发展观，紧紧围绕主业发展战略目标，通过实施东移搬迁改造工程、十大循环经济项目、兼并重组提升改造项目“三步发展”战略，目前已具备年产钢1 100万吨，铁1 000万吨，钢材和金属制品900万吨的生产能力，成为千万吨级钢铁联合企业。

天钢的工艺技术装备达到国内领先，世界一流水平；拥有国家级企业技术中心、博士后工作站和雄厚的科研团队，连续4年获得天津市技术创新先进企业。并采用了国际先进的管理体系，通过ISO 9001质量管理体系、ISO 14001环境管理体系和GB/T 28001－2001职业健康安全管理体系认证。

天钢产品在国内外市场上享有很高的声誉。主要产品包括中厚板、棒材、高速线材、钢绞线、角钢、圆管坯等六大系列。船体用结构钢板、预应力钢丝及钢绞线用热轧盘条等12个产品获国家金杯奖，低合金结构钢热轧钢板、优质碳素结构钢连铸圆管坯等9个产品获卓越产品奖。板材产品通过欧盟CE认证，获得中国、法国、美国、英国、德国、意大利、日本、韩国等八国船级社高强船板认可，钢绞线产品通过美国（PTI）认证。天钢牌产品被广泛的应用到京津城际高速铁路、长江三峡工程等100多个重点工程，并销往欧盟、中东、东南亚、美洲等41个国家和地区。

电话：（022）24706800
传真：（022）24706820
地址：天津市东丽区津塘公路398号
邮编：300301
http：// www.tgsteel.com

高速线材生产线

3 500毫米中厚板双轧机生产线

双棒材生产线

钢绞线生产线

炼铁双高炉

六流方圆坯连铸机

三座120吨炼钢转炉

110吨超高功率电炉

天津钢铁集团有限公司
TIANJIN IRON & STEEL GROUP CO., LTD.

能生产100米长高速钢轨的万能轧机

340毫米大口径无缝钢管生产线

冷轧热镀锌铝产品

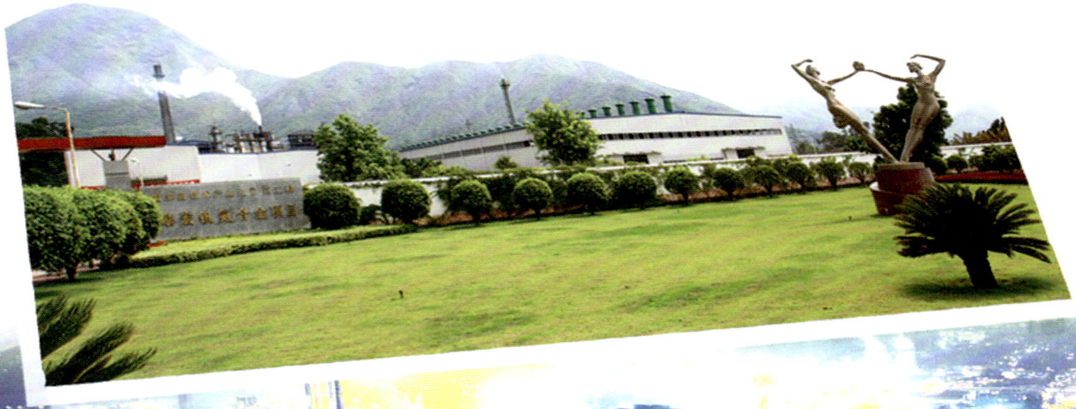

攀钢成为全球第
国内居首位产钢

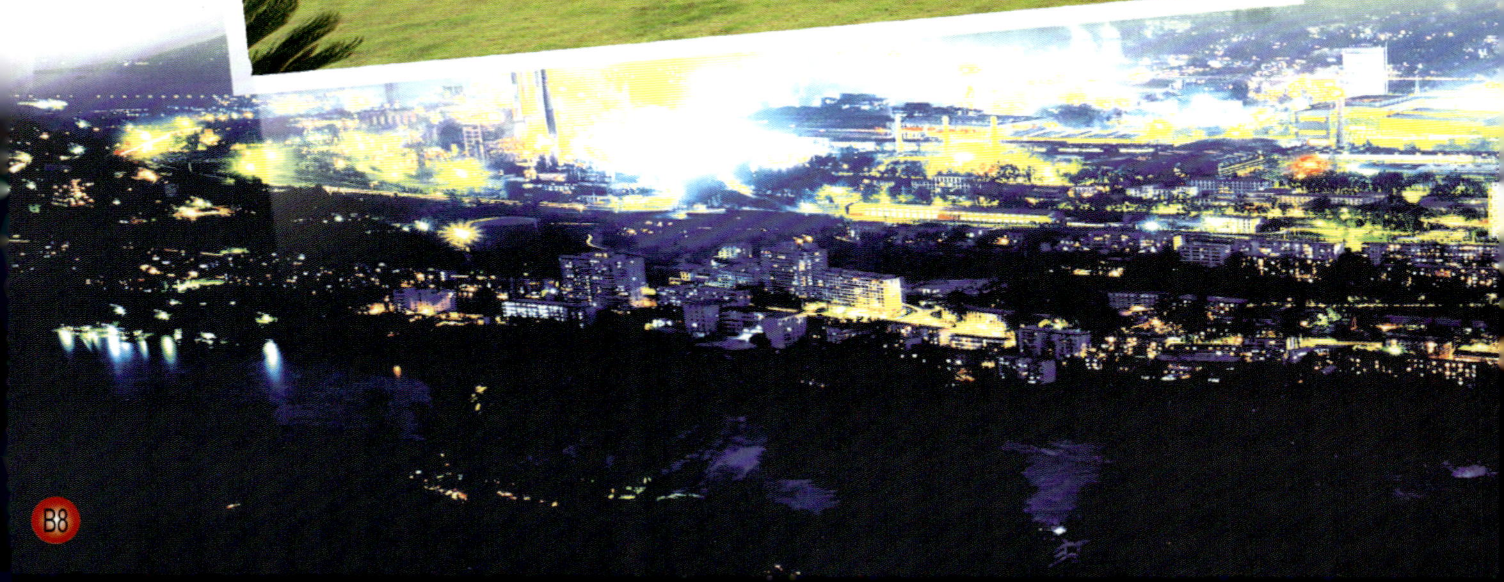

集团有限公司

攀钢集团有限公司（简称“攀钢”）是在党和国家几代领导人的关心支持下，依靠我国自己力量建设发展起来的特大型钢铁钒钛企业集团。40多年来，攀钢依托攀西地区丰富的钒钛磁铁矿资源优势，依靠自主创新发展钢铁钒钛特色产业，已拥有以钒氮合金、三氧化二钒、高钒铁等为代表的钒系列产品，以高钛渣、钛白粉、钛材等为代表的钛系列产品，重轨、板材、管材、棒线材、特钢等为代表的钢铁系列产品，是我国重要的铁路用钢、品种结构齐全的无缝钢管和领先的钒制品生产基地及世界第二大产钒企业，我国居首位的钛原料生产基地。

攀钢以独有的资源、技术和特色产品优势在我国钢铁工业中具有独特地位。攀钢是我国首批自主创新型企业，普通高炉冶炼高钛型钒钛磁铁矿、钒氮合金产业化生产、高强度钢轨热处理等工艺技术国际领先，分获国家技术发明一等奖、二等奖、三等奖；拥有轨梁万能轧机、大口径无缝钢管连轧机组等一批处于国际领先和国际国内先进的生产线；重轨是中国名牌和国际知名产品，获出口免验资格，中国首条时速350公里城际高铁京津客运专线全程轨铺设攀钢百米钢轨；绿色家电用钢板通过欧盟ROHS认证，广泛用于国内知名家电企业；特钢和核电管用于“神舟”系列飞船及大型核电站；钒技术和品种世界领先，国内和国际市场占有率分别达到80.0%和20.0%；钛产业形成从钛精矿到高钛渣、钛白粉、海绵钛、钛材及钛合金完整产业链。

攀钢正实施“一四五”战略，坚持“把攀钢建成具有国际竞争力的现代化大型钢铁钒钛企业集团”战略目标，拓展“做大钒钛、做精钢铁、做好资源、做强企业”四大战略思路，扎实推进“资源战略、精品战略、科技创新战略、人才强企战略、管理流程再造战略”五大战略措施，推进二次创业。2010年与鞍钢联合重组。

攀钢弄弄坪夜景

攀枝花钢城集团有限公司

PANZHIHUA GANGCHENG GROUP CO.,LTD

攀枝花钢城集团有限公司（简称“钢城集团”）是股权多元化的公司制企业，注册资本12.1亿元，已通过ISO 9001：2000质量体系认证、GB/T 28001职业健康安全管理体系认证。现有在岗员工16 000余人，下设50个分、子公司，分布在攀枝花、成都、宜宾、西昌、重庆、昆明、北海等地，形成钢铁、冶金原辅料、钒钛、建材、贸易、物流、房地产开与建筑、协力服务、机电、化工和环保等产业集群和企业集群。

钢城集团的钢铁产业具备年产普钢优钢30万吨、螺纹钢60万吨的能力；冶金原辅料产业具备年产球团380万吨、冶金辅料40万吨、规格矿100万吨和铁精矿50万吨的能力；钒钛产业具备年产五氧化二钒8 000吨、年产海绵钛5 000吨的能力；建材产业具备年产水泥500万吨、商品混凝土100万立方米的能力；化工产业具备年产烧碱3.3万吨、盐酸1万吨、液氯2.3万吨的能力。

钢城集团是四川省重点培育的大企业大集团，2010年实现经营总收入137.8亿元，列中国制造业500强第290位，四川企业100强第18位，先后荣获全国企业文化建设“百佳贡献”单位、四川省文明单位、四川省质量管理先进单位、诚信企业等荣誉。

钢城集团在发展思路上坚持“大字当头、强在其中，快字当头、好在其中”，更加注重提高经济增长质量和效益，实现跨越式发展，做大做强钢铁、钒钛、冶金原辅料和水泥等制造业，大力加快发展贸易、物流、房地产与建筑和协力服务等现代服务业，做专做优一批技术含量和附加值较高、效益较好、区域竞争力强的“小巨人”企业。

地址：四川攀枝花市东区长寿路
邮编：617023

总经理 吴 强

机关办公大楼

轧钢生产线

钛业分公司生产现场

阳城实业开发的“阳城·龙庭”

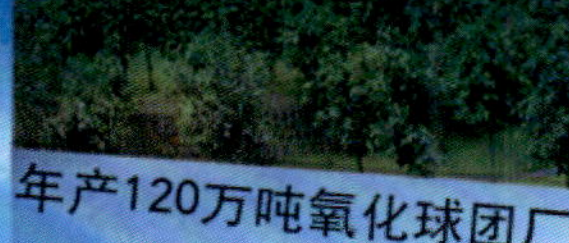

年产120万吨氧化球团厂

鞍钢集团矿业公司

Ansteel Mineral Industry Company

鞍钢集团矿业公司是有着中国钢铁工业长子之称的鞍钢的全资子公司。“十一五”以来，在鞍钢总体发展战略指引下，鞍钢矿业着眼于全球矿产资源开发利用和保障国内钢铁工业原料供给大局，全面实施矿业发展战略，加快产业化、国际化、多角化经营步伐，持续提升企业核心竞争力。按照全面领先的标准，打造信息化管理平台，实现生产全过程的信息化、智能化和精细化管理。全面实施基于价值链的战略成本管理，提升经营品质。弘扬传统美德，倡导时代新风，构建卓越文化，涌现出以“雷锋传人”郭明义为代表的一大批英模人物。以履行企业社会责任、打造和谐矿山为己任，努力建设资源节约型、环境友好型企业，走出了一条以战略为主导，以产业化为方向，持续推进“三个创新”的科学发展道路，形成了集探矿，采矿、选矿、烧结、球团生产，采选工艺研发设计及工程总承包为一体的大型国有冶金矿山企业。公司的发展目标是，到2020年，铁矿石产能达到1亿吨以上，铁精矿产能达到3 000万吨以上，成为最具国际竞争力、能够引领世界冶金矿山行业发展的矿山企业。

国家级

企业管理现代化创新成果

THE NATIONAL ENTERPRISE MANAGEMENT MODERNIZATION INNOVATION ACHIEVEMENT

第十七届

成果名称：大型铁矿企业基于价值链的战略成本管理

等级：一等

创造单位：鞍钢集团矿业公司

全国企业管理现代化创新成果审定委员会

二〇一〇年十二月二十四日

公司《大型铁矿企业基于价值链的战略成本管理》成果，被评为第十七届全国企业管理现代化创新成果一等奖

公司大力推进生产全过程的精细化管理，实现准时化生产、精准采矿、智能配矿，有效提升了资源利用率。图为采矿作业的场景

公司依托自主创新，对原有的落后生产工艺进行技术改造，工艺技术装备和产品质量达到同行业领先水平，并由此实现了产品质量的升级换代。图为具有国际先进水平的破碎系统

致力打造能够引领世界冶金矿山行业发展的矿山企业

公司打造全面领先的信息化平台，建立起持续创新的管控一体化模式、全面集成的数字化矿山和低成本运营的长效运行体系，提升了经营品质。图为大型球磨机作业场景

具有完全自主知识产权的鞍山贫赤（磁）铁矿选矿新工艺、新药剂与新设备研究及工业应用成果，被业内人士称为国内选矿领域的一场技术革命，荣获国家科技进步二等奖。图为贫赤铁矿反浮选生产线

公司运用现代技术改造传统产业，铁矿石生产能力显著提升的同时，建立起现代企业制度。图为新建的鞍千矿业采选联合体外景

公司不断完善产业链，形成了集探矿，采矿、选矿、球团、烧结生产，采选，工艺研发设计和工程总承包为一体的国内独家具有完整产业链条的矿山企业。图为球团生产线全景

公司坚持资源有限、创新无限的发展理念，大力发展循环经济，建设绿色矿山，实现了生产用水循环利用，污水零排放。昔日红尘漫天的尾矿库和寸草不生的排岩场，如今变成景色怡人的生态旅游观光园

SDIC 国家开发投资公司

党组书记、董事长 王会生

国家开发投资公司（简称“国投”）成立于1995年5月5日，是国务院批准设立的国家投资控股公司和中央直接管理的国有重要骨干企业之一。国投注册资本194.7亿元，资产总额2 373亿元，2010年实现经营收入646亿元人民币，利润68亿元人民币，员工总数7万多人。在国务院国资委年度业绩考核中，连续7年获得A级，并在连续2个任期考核中成为“业绩优秀企业”。

国投不断完善发展战略，优化资产结构，构建了实业、金融服务业、国有资产经营“三足鼎立”的业务框架。实业重点投向电力、煤炭、港航、化肥等基础性、资源性产业及高科技产业；金融服务业重点发展金融、资产管理和咨询业务；国有资产经营业务主要根据国资委确定的国有资产经营管理平台的定位和要求，参与中央企业重组。

国投逐步形成了“股权投资—股权管理—股权经营”的运作模式，“资产经营与资本经营相结合”的发展模式，实现国有资产的保值增值。

国投实行母子公司管理体制，总部设有11个职能部门、2个中心和协会办公室，拥有三级以上全资和控股投资企业160家，其中包括5家控股上市公司：国投电力（600886）、国投新集（601918）、国投中鲁（600962）、中纺投资（600061）、中成股份（000151）。

国际投资大厦

地址：北京市西城区阜成门北大街6-6国际投资大厦

邮编：100034

http：//www.sdic.com.cn

国投新集

北疆电厂日产20吨海水淡化一期工程

国投白银风电

国投敦煌光伏发

国投曹妃甸

中核集团中核财务有限责任公司

CNNC FINANCE COMPANY, LTD.

董事长　孙又奇

中核集团中核财务有限责任公司成立于1997年，是由中核集团及其成员单位等26家股东单位共同出资设立的非银行金融机构。成立14年来，公司始终保持平稳健康的增长态势，以良好的投资收益率回报股东，实现了国有资产保值增值。2006年，公司启动了从“投资理财”到“金融服务”的战略转型，确定了以打造中核集团结算服务中心、融资服务中心、资本运作服务中心、咨询服务中心、资金安全服务中心为核心的中长期发展战略。“五个中心”战略实施以来，公司在资金集中管理、融资、保险、债务重组等集团化运作领域取得了长足的进展。2009年，公司进一步明确“服务集团，创造财富”核心价值理念，积极投身于集团改革发展洪流中，肩负产融结合使命，以实现集团利益最大化为工作出发点和落脚点，成为中核集团“集团运作、专业经营”的一支重要力量。

截至2010年12月31日，公司资产总额为221.6亿元，较2009年同比增长17.8%，其中公司主业信贷业务发展迅速，贷款余额达到124.4亿元，较2009年同期增长22.3亿元；负债总额为199.1亿元，同比增长19.9%，其中公司吸收存款增长较快，年末达到188.2亿元，较2009年同期增长32.8亿元；公司营业收入5.1亿元，同比增长24.0%；利润总额4.3亿元，同比增长29.6%，超额完成了集团公司和公司董事会下达的各项经营指标。

地址：北京市西城区三里河南四巷1号

邮编：100045

http：//www.cnncfc.com.cn

S结构 Structure

S协同 Synergy

S优势 Strength

S速度 Speed

S规模 Scale

S范围 Scope

5C

资本运作服务中心 Capital Operating Service Center

融资服务中心 Financing Service Center

结算服务中心 Settlement Service Cement

资金安全服务中心 Capital Security Service Center

咨询服务中心 Consulting Service Center

司与中国工商银行签订外汇业务合作协议

开展核工业传统教育

荣获中国国防科技工业企业管理创新成果一等奖

中国黄金集团公司

China National Gold Group Corporation

总经理、党委书记　孙兆学

苏尼特金曦黄金矿业公司二期工程

中金国际在香港联合交易所挂牌上市

奋战在高原的西藏华

中国黄金集团公司（简称"中国黄金"）是国务院国资委监管的中央企业，由原中央所属黄金企事业单位基础上组建而成，现已发展成为集地质勘探、矿山开采、选矿冶炼、产品精炼、加工销售、科研开发和工程设计与建设为一体的综合性大型矿业集团公司，拥有权属公司170多家，遍布全国各主要产金地。

截至2010年底，中国黄金总资产431.4亿元，净资产134亿元，保有金资源储量1 300吨、铜资源储量800万吨、钼资源储量140万吨，分别排名全国首位、第5位和第3位。

2010年，中国黄金生产矿产金32.2吨、精炼金107吨，实现销售收入512.3亿元、利润31.9亿元。在中国企业500强中列162位，制造业500强中列77位。中国黄金旗下的上市公司中金黄金股份有限公司（上海证券）和中国黄金国际资源有限公司（加拿大多伦多和中国香港）市值分别达到620亿元人民币和70多亿港元。

中国黄金在2010年国务院国资委经营业绩考核中成功晋升为A级，公司综合信用评级提升到AAA级，成为国内首家具有该信用等级的黄金企业。

千淘万漉虽辛苦　吹尽黄沙始到金

地址：北京市东城区柳荫公园南街1号

邮编：100011

http：//www.chinagoldgroup.com

党支部

国内首创的贵液池覆盖技术

草原绿化复垦

海外资源战略规划
Domestic market

集团博士后工作站揭牌

山东黄金有色集团阿尔哈达金矿

创中国品牌 让世界认可

恒大集团
EVERGRANDE GROUP

恒大城

恒大名都

恒大绿洲

恒大金碧天下

董事长　刘双珉

科达集团成立于1984年，以山东科达集团有限公司为主体，拥有科达集团股份有限公司（证券代码：600986）、山东科达房地产开发有限公司、东营大桥有限责任公司、科达半导体有限公司、东营科创生物化工有限公司、滨州科达置业有限公司等17家成员企业，在上海、深圳、海南、香港、阿联酋迪拜等地设有下属机构，在全国12个省市设有工程项目部。

集团主要从事基础设施投资、建设、管理运营，工程设计、咨询，房地产开发，功率半导体器件和生物技术产品的研发、设计、生产、销售，以及金融服务等业务。具有市政公用工程、公路工程施工总承包壹级资质，水利工程、铁路工程施工总承包贰级资质，桥梁、公路路基、路面工程专业承包壹级资质，市政工程、风景园林、公路工程设计乙级资质，交通安全设施专业承包资质和出国施工经营权，房地产开发、物业服务贰级资质。2006年以来，获国家专利18项，参编国家标准1项，获省、部工法23项。

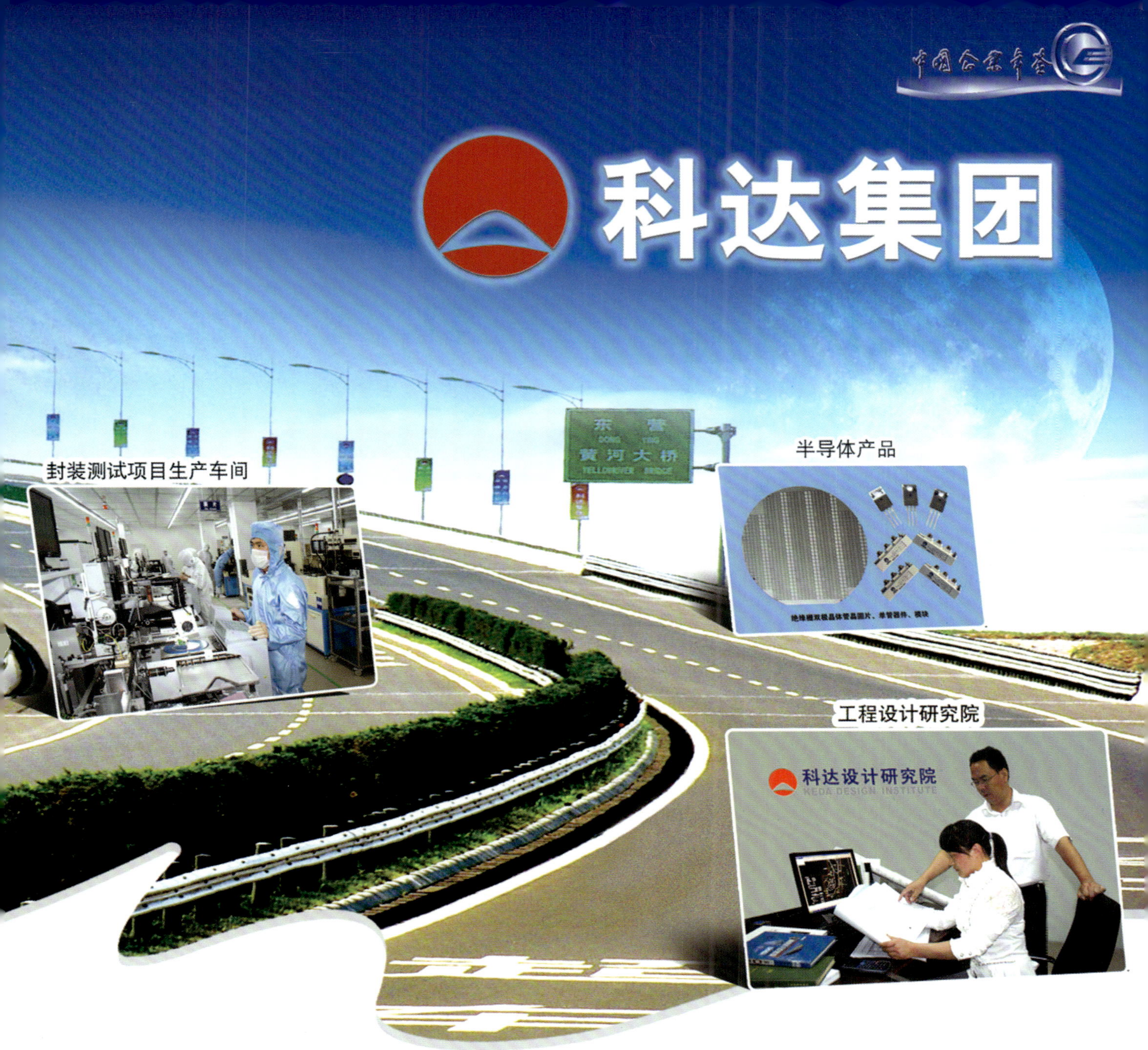

科达集团

封装测试项目生产车间

半导体产品

工程设计研究院

集团拥有博士后科研工作站、山东省企业技术中心和山东省功率半导体工程技术研究中心，是中国企业500强、中国民营企业500强、中国建筑业企业500强、中国企业信息化500强，先后荣获全国五一劳动奖状、中国建筑工程鲁班奖、全国优秀施工企业、全国守合同重信用企业、全国工程建设科技创新示范单位等多项荣誉称号，是绿色环保、高新节能型企业，其基础设施建设规模及综合实力居全国民营企业之首。

集团实施“一基、一高、一金融”发展战略，履行“筑就文明、奉献社会”的企业使命，发扬“艰苦奋斗、无私奉献、敬业报国、追求卓越”的企业精神，以一流的管理、一流的质量、一流的信誉，创造一流的业绩回报股东、回报社会。

地址：山东东营市府前大街65号
电话：（0546）8300958
传真：（0546）8304191
邮编：257091

高速公路施工

思想构筑未
专业 重工 科技

ZOOMLION
ZOOMLION
ZOOMLION

打过一次交道 便是永远朋友

卫华集团有限公司始建于1988年6月，是以研发、生产起重机械、港口机械、建筑塔机、减速机等产品为主业的大型企业集团。经过20多年的努力拼搏，现已发展成为我国起重行业产销量列首位、品牌影响力强的企业集团。下辖22家控股子公司，员工6 000余人，总资产33亿元。2010年销售收入达36.2亿元。公司具备千吨级桥、门式起重机制造水平，产品源源不断进入机械制造、钢铁冶金、石油化工、航空航天、能源交通、港口物流、汽车及船舶制造等领域。畅销全国各地并远销美国、英国、俄罗斯、巴西、日本、韩国、澳大利亚等50多个国家。

华集团先后荣获“中国名牌产品”、“中国驰名商标”、 全国守合同重信用企业、中国机械百强企业、中国民营企业500强、全国高新技术企业、国家认定企业技术中心、国家技术创新示范企业等200多项荣誉称号。集团是中国重型机械工业协会副理事长单位、桥式起重机分会副理事长单位和中国物料搬运协会副理事长单位。

卫华集团建有全国技术检验测试中心，拥有各类技术专利151项，获得专利证书114项，位于工业起重机领域之首。2010年，卫华集团被国家人力资源和社会保障部批准设立了“博士后科研工作站”，公司研发创新能力不断提升。

卫华人立志打造中国起重设备行业的领袖企业，国际著名的起重设备品牌企业，不懈努力，加快发展，不断提高企业核心竞争力，继续谱写起重机制造史上的新篇章。

550吨冶金起重机

900吨移梁机

堆场用轮胎式集装箱门式起重机

起重量40吨起升高度400米门式起重机

岸边桥式起重机

建筑塔机

卫华集团 WEI HUA GROUP

地址：河南长垣卫华大道西段
http://www.cranewh.com

电话：（0373）8887666 8887667
传真：（0373）8887665

中国水电建设集团路桥工程有限公司是中国水利水电建设集团公司为了实施战略转型，整合全集团非水利水电业务优势资源，按照现代企业制度组建运营的新型公司制企业。

公司组建于2006年4月，注册资本6亿元人民币。具有公路工程施工总承包特级资质、公路路基工程专业承包壹级、公路路面工程专业承包壹级资质和隧道工程、桥梁工程专业承包壹级资质，同时具有公路工程试验检测综合乙级资质，获得“质量、环境、职业健康安全”管理体系认证，AAA级信用企业。

公司主要从事公路、铁路、市政、港口与航道和矿业等工程的施工总承包业务及基础设施项目的投资建设，承建了一大批国内外高等级铁路、主干线公路、大型特大型桥梁、隧道，以及地铁和市政等工程项目。公司在积极开拓施工总承包市场的同时，还广泛涉足基础设施业务投资领域，大力发展BT、BOT、BOO、BOOT项目，实现了跨越式发展。

公司依托“大集团、大土木、大市场”的资源优势，秉承“强总部、精专业、细项目”的管理思想，奉行“激情理性，精品立足市场；科学和谐，创新铸就企业”的经营理念，以“源于江河、融入世界”的胸怀，对外以全方位满足业主需求为己任，对内追求员工幸福感和成就感极大化，着力打造以施工总承包、技术创新和金融资本三大能力为主的核心竞争力，打造优质工程，提供一流服务！

总经理 汤 明

广州新白云机场

广州火车站地铁站工程#14CDAD

新世纪十年50强

昆明第六污水处理厂

武邵高速公路

AAA级信用企业

全国文明单位

中央精神文明建设指导委员会

2009年1月

第二批全国文明单位

小湾电站4号机被授予全国水电装机突破2亿千瓦标志性机组

石林光伏太阳能电站

瑞丽江水电站

鞍山钢材加工中心

线缆切割中心

中船重工物贸

中船重工物贸集团是中船重工集团公司旗下的、中国船舶行业重要的物资供应主渠道，营销网络遍布北京、上海、武汉、广州、大连等全国主要大中港口城市。集团坚持“服务船舶、保障军工、拓宽增效、综合发展”的经营方针，不断做强做大钢材、有色、非金属、机电设备、外贸等贸易主业，同时发挥贸易经营主业优势，按上伸下延、有限相关的原则，大力发展钢材加工配送、船用产品加工配送、成品油仓储等实业产业项目，逐步由传统贸易企业向现代物流企业转变。2010年物贸集团实现销售收入超过410亿元，在全国物流行业50强综合效益中名列前茅，在军工同类企业中位居前列。

目前，集团正不断强化集团化、网络化、规模化、专业化、国际化经营，努力提升自身在国防科工同类企业规模，加强配套供应能力，向成为服务优质、国内一流、国际知名的以物流为主、科工贸综合发展的大型现代物流企业集团阔步迈进。

实业产业——久华佳园

橡胶经营——橡胶林割胶

兴船报国　创新超越

浙江大东南集团

ZHEJIANG GREAT SOUTHEAST

中国制造业500强企业——浙江大东南集团有限公司是目前国内列首位的塑料制品生产基地之一。创办于1975年，现已发展成为中国塑料包装制品行业龙头企业、全国行业排头兵企业、国家重点高新技术企业。

公司主要从事国家发改委重点扶持的高科技项目可降解再利用新型塑料包装系列产品的设计、开发、生产、销售及经营进出口业务。先后从日本、德国、意大利等国家和地区引进了一系列具有国际先进水平的技术装备，核心主导产品可广泛用于烟草、食品、药品、轻纺、化妆品、印刷、礼品包装、粘胶带等众多商品包装领域及水稻塑料育秧盘、农产品覆盖膜、可降解塑料餐具等塑料制品，产品远销30多个国家和地区，形成了一定的竞争优势，其商标和产品均被认定为“中国驰名商标”和“中国名牌产品”。

海纳百川，有容乃大，走向世界的大东南，力争打造成国际塑料界航母，为我国现代塑料包装行业的快速、持续、健康发展作出更大的贡献。

电话：（0575）87091790　　传真：（0575）87091508

地址：浙江诸暨市璜山镇建新路88号　　邮编：311809

http://www.chinaddn.com

有限公司

ROUP CO.,LTD

大东南A股在深圳证券交易所成功上市

科研力量雄厚

出口产品

先进的分切机

整齐划一的大膜卷

重庆医药股份有限公司

董事长、总经理 龚伟

重庆医药股份有限公司是重庆市国资委重点骨干企业，重庆化医控股（集团）公司的控股子公司。前身为1950年成立的中国医药公司西南区公司，1994年改制为国有控股的股份制企业。截至2010年12月底，公司拥有分、子公司33个，地跨渝、川、贵、粤等地，员工近6 700人，其中专业技术人员近2 400名。2010年实现销售125.6亿元，税利2.7亿元。

公司涵盖纯销、分销、零售、终端配送和制药工业，拥有进出口经营许可权，是中央和重庆两级政府药械定点储备单位，是中国3家经营特殊药品的全国性批发企业之一，是国际医药批发商联合会会员单位。

公司与3万余家上下游客户保持密切业务关系，经营品规达6万多个，建立了以重庆为中心，延伸云、贵、川等31个省市的医药营销网络。拥有中国一流、西部领先的现代医药物流中心，仓储面积达12余万平方米。通过了ISO 9001:2008质量管理体系认证，投入巨资开发了商务、物流、供应链、财务、人力资源和办公自动化等管理系统。先后荣获亚洲品牌500强、中国企业500强、全国企业文化建设先进单位、企业信用评价AAA级信用企业、中国服务业500强、中国医药商业百强企业、全国征信企业、管理体系创新奖、重庆市10年10企城市责任奖、60年影响重庆经济60企业、重庆市文明单位标兵、重庆市国企贡献奖、重庆市企业管理现代化创新成果奖等荣誉。2010年位列重庆企业100强第13位，重庆服务业企业50强第6位。公司现有15个商标、16个专利。

公司坚持打造“股东放心、员工自豪、客户满意、百姓信赖、政府省心”的责任企业，秉承“共赢、诚信、互惠”的经营理念，“立足西南，面向全国，走向世界”，力求在新的起点上，不断提升公司的核心竞争力，实现跨越式发展。

电话：（023）63842684　　地址：重庆市渝中区大同路1号

传真：（023）63841227　　邮编：400011　　http://www.cq-m.com.cn

和平药房连锁店

和平制药厂

自动化传送带

自动立体库

捐赠重庆就医指南

愿景： 做中国医药行业的一流企业，成为股东放心、员工自豪、客户满意、百姓信赖、政府省心的责任企业

使命： 向客户提供全面优质服务
让百姓吃上放心药

HBIS
河北钢铁集团

邯郸钢铁集团有限责任公司

董事长、党委书记　李贵阳

邯郸钢铁集团有限责任公司（简称“邯钢”）始建于1958年，是河北钢铁集团的核心企业。历经半个多世纪的艰苦奋斗，现已发展成为我国重要的优质板材生产基地。

20世纪90年代，邯钢曾以“邯钢经验”闻名全国。进入新世纪以来，邯钢加快用高新技术和先进适用技术改造提升传统产业步伐，建成以新区为代表的一大批具有国际一流水平的大型现代化装备，产品结构实现了由普通建材为主向优质板材为主的转变。

“十一五”期间，邯钢坚持“高起点、低投入、出精品、可持续”，大力推进技术改造，调整产品结构，转变发展方式。5年来，钢产能从650万吨增长到1 300万吨；总资产增长到740亿元，比2006年初增长近500亿元，同比增长189%；销售收入同比增长195%；人均产值同比增长116%，5年再造了一个新邯钢。

“十二五”期间，邯钢将在河北钢铁集团的统一领导下，坚持技术改造和科技创新，构建“钢铁主业、循环经济、新兴产业”三大业务板块，积极探索内陆型钢铁企业科学发展的新模式，大力推进国际先进水平现代化邯钢的建设步伐。

具有国际领先水平的2250热连轧生产线　　冷轧板卷

国民经济和企业发展统计资料

2010 年国民经济和社会发展统计公报[1]

国家统计局

2011 年 2 月 28 日

2010 年，面对复杂多变的国内外经济环境和各种重大挑战，全国各族人民在党中央、国务院的坚强领导下，以邓小平理论和“三个代表”重要思想为指导，深入贯彻落实科学发展观，坚持实施应对国际金融危机冲击的一揽子计划，加快转变经济发展方式和经济结构战略性调整，国民经济保持了平稳较快发展，各项社会事业取得新的进步。

一、综 合

初步核算，全年国内生产总值[2]397 983 亿元，比上年增长 10.3%。其中，第一产业增加值 40 497 亿元，增长 4.3%；第二产业增加值 186 481 亿元，增长 12.2%；第三产业增加值 171 005 亿元，增长 9.5%。第一产业增加值占国内生产总值的比重为 10.2%，第二产业增加值比重为 46.8%，第三产业增加值比重为 43.0%。见图 1。

居民消费价格一季度同比上涨 2.2%，二季度上涨 2.9%，三季度上涨 3.5%，四季度上涨 4.7%，全年平均比上年上涨 3.3%，其中食品价格上涨 7.2%。固定资产投资价格上涨 3.6%。工业品出厂价格上涨 5.5%。原材料、燃料、动力购进价格上涨 9.6%。农产品生产价格上涨 10.9%。见图 2、表 1。

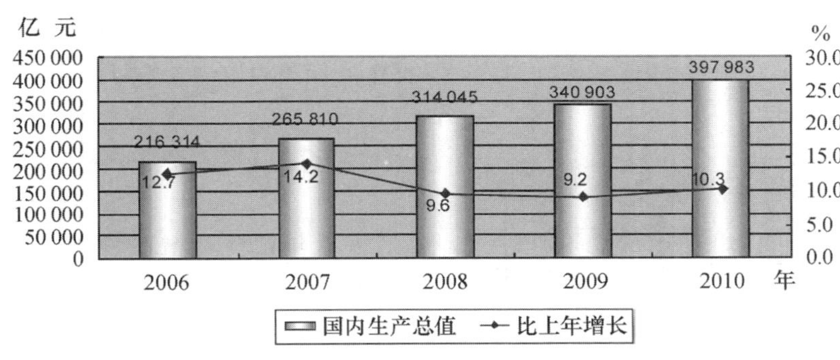

图 1 2006—2010 年国内生产总值与增长速度

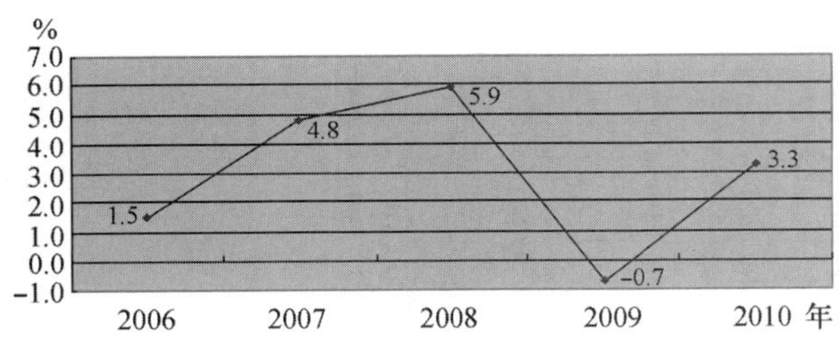

图 2 2006—2010 年居民消费价格涨跌幅度

2009 年居民消费价格比上年涨跌幅度

表 1 单位:%

指 标	全 国	城 市	农 村
居民消费价格	3.3	3.2	3.6
食 品	7.2	7.1	7.5
其中：粮 食	11.8	11.5	12.3
肉禽及其制品	2.9	2.6	3.5
油 脂	3.8	3.4	4.4
鲜 蛋	8.3	8.4	8.2
鲜 菜	18.7	17.8	21.3
鲜 果	15.6	15.0	17.5
非食品	1.4	1.3	1.8
其中：家庭设备用品及维修服务	0.0	-0.1	0.1
医疗保健和个人用品	3.2	3.2	3.2
交通和通信	-0.4	-0.6	0.3
居 住	4.5	4.5	4.5

70 个大中城市房屋及新建商品住宅销售价格月度同比涨幅呈现先上升后回落趋势。见图 3。

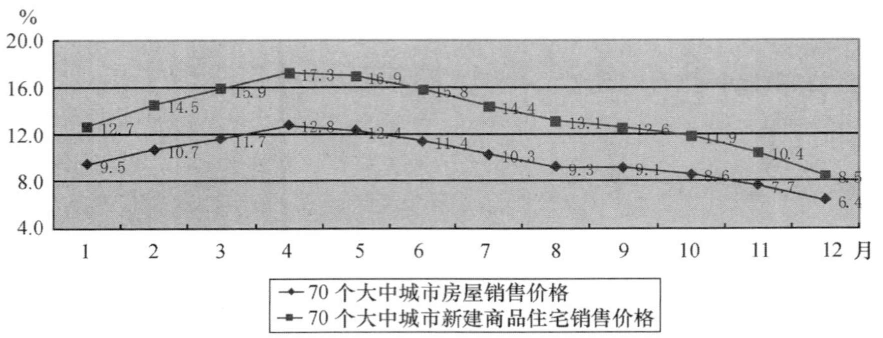

图 3　2010 年 70 个大中城市房屋及新建商品住宅销售价格涨跌幅度（月度同比）

全年城镇新增就业 1 168 万人，比上年增加 66 万人。年末城镇登记失业率为 4.1%，比上年末下降 0.2 个百分点。全年农民工[3]总量为 24 223 万人，比上年增长 5.4%。其中，外出农民工 15 335 万人，增长 5.5%；本地农民工 8 888 万人，增长 5.2%。见图 4。

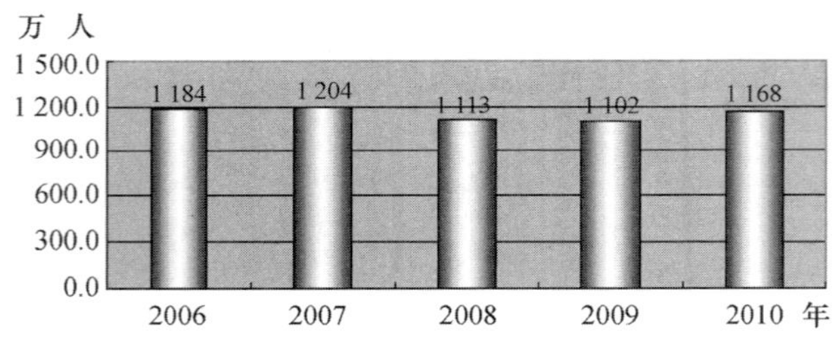

图 4　2006—2010 年城镇新增就业人数

年末国家外汇储备 28 473 亿美元，比上年末增加 4 481 亿美元。年末人民币汇率为 1 美元兑 6.622 7 元人民币，比上年末升值 3.0%。见图 5。

全年财政收入 83 080 亿元，比上年增加 14 562 亿元，增长 21.3%；其中税收收入 73 202 亿元，增加 13 680 亿元，增长 23.0%。见图 6。

二、农　业

全年粮食种植面积 10 987 万公顷，比上年增加 89 万公顷；棉花种植面积 485 万公顷，减少 10 万公顷；油料种植面积 1 397 万公顷，增加 32 万公顷；糖料种植面积 192 万公顷，增加 3 万公顷。

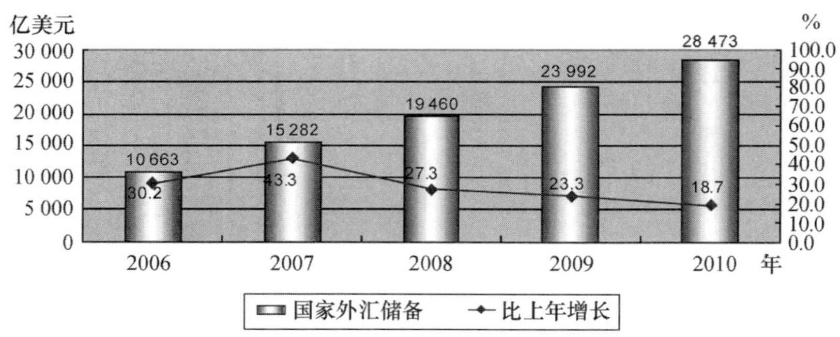

图 5　2006—2010 年年末国家外汇储备及增长速度

全年粮食产量 54 641 万吨，比上年增加 1 559 万吨，增产 2.9%。其中，夏粮产量 12 310 万吨，减产 0.3%；早稻产量 3 132 万吨，减产 6.1%；秋粮产量 39 199 万吨，增产 4.8%。见图 7。

全年棉花产量 597 万吨，比上年减产 6.3%。油料产量 3 239 万吨，增产 2.7%。糖料产量 12 045 万吨，减产 1.9%。烤烟产量 271 万吨，减产 3.9%。茶叶产量 145 万吨，增产 6.4%。

全年肉类总产量 7 925 万吨，比上年增长

3.6%。其中，猪肉产量5 070万吨，增长3.7%；牛肉产量653万吨，增长2.7%；羊肉产量398万吨，增长2.2%。生猪年末存栏46 440万头，下降1.2%；生猪出栏66 700万头，增长3.3%。禽蛋产量2 765万吨，增长0.8%。牛奶产量3 570万吨，增长1.5%。

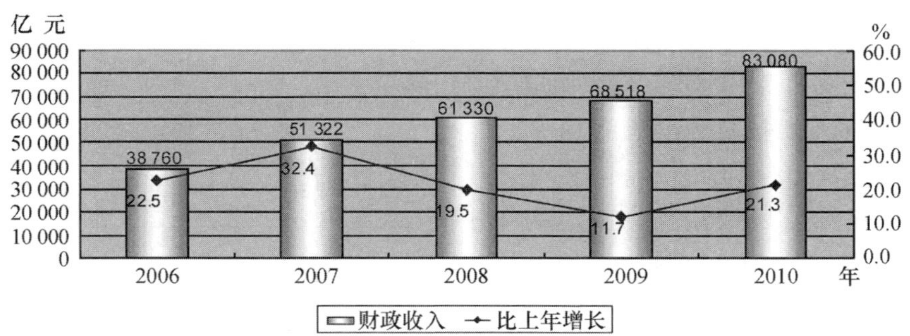

图6 2006—2010年财政收入及增长速度

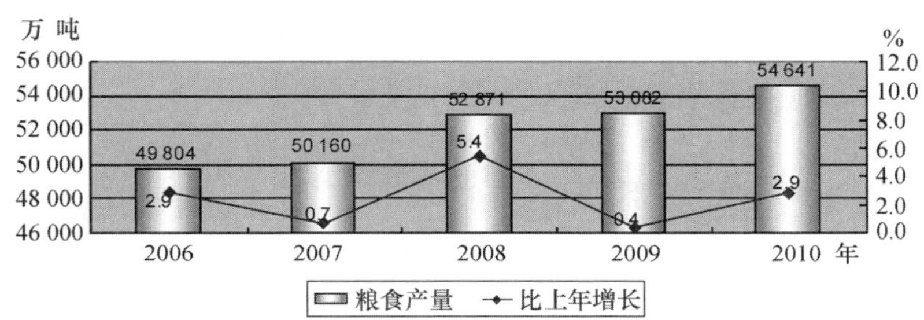

图7 2006—2010年粮食产量及增长速度

全年水产品产量5 366万吨，增长4.9%。其中，养殖水产品产量3 850万吨，增长6.3%；捕捞水产品产量1 516万吨，增长1.4%。

全年木材产量7 284万立方米，比上年增长3.1%。

全年新增有效灌溉面积163.4万公顷，新增节水灌溉面积197.5万公顷。

三、工业和建筑业

全年全部工业增加值160 030亿元，比上年增长12.1%。规模以上工业增加值增长15.7%。在规模以上工业中，国有及国有控股企业增长13.7%；集体企业增长9.4%，股份制企业增长16.8%，外商及港澳台商投资企业增长14.5%；私营企业增长20.0%。轻工业增长13.6%，重工业增长16.5%。见图8。

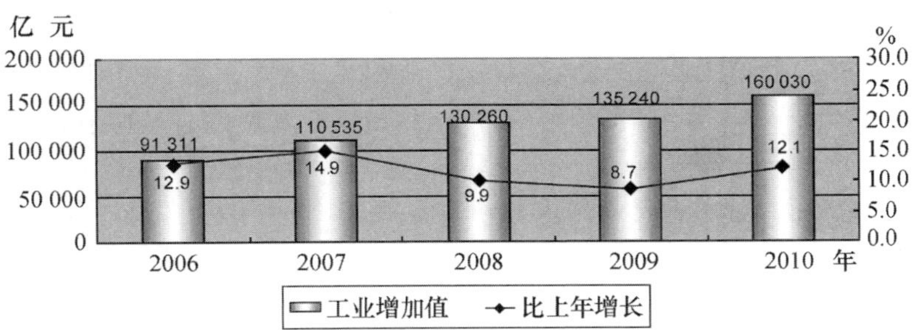

图8 2006—2010年工业增加值及增长速度

全年规模以上工业中，农副食品加工业增加值比上年增长15.0%；纺织业增长11.6%；通用设备制造业增长21.7%；专用设备制造业增长20.6%；交通运输设备制造业增长22.4%，其中汽车制造增长24.8%，铁路运输设备制造增长25.4%；通信设备、计算机及其他电子设备制造业增长16.9%；电气机械及器材制造业增长18.7%。六大高耗能行业[4]比上年增长13.5%，其中，非金属矿物制品业增长20.3%，化学原料及化学制品制造业增长15.5%，有色金属冶炼及压延加工业增长13.2%，黑色金属冶炼及压延加工业增长11.6%，电力、热力的生产和供应业增长11.0%，石油加工、炼焦及核燃料加工业增长9.6%。高技术制造业增加值比上年增长16.6%。见表2。

2010年主要工业产品产量及增长速度

表2

产品名称	单　位	产　量	比上年增长（%）
纱	万　吨	2 717.0	13.5
布	亿　米	800.0	6.2
化学纤维	万　吨	3 090.0	12.5
成品糖	万　吨	1 102.9	-17.6
卷　烟	亿　支	23 752.6	3.7
彩色电视机	万　台	11 830.0	19.5
其中：液晶电视机	万　台	8 937.5	32.1
家用电冰箱	万　台	7 300.8	23.1
房间空气调节器	万　台	10 899.6	34.9
一次能源生产总量	亿吨标准煤	29.9	8.7
原　煤	亿　吨	32.4	8.9
原　油	亿　吨	2.03	7.1
天然气	亿立方米	967.6	13.5
发电量	亿千瓦时	42 065.4	13.2
其中：火　电	亿千瓦时	33 301.3	11.6
水　电	亿千瓦时	7 210.2	17.1
核　电	亿千瓦时	738.8	5.3
粗　钢	万　吨	62 695.9	9.6
钢　材[5]	万　吨	79 775.5	14.9
十种有色金属	万　吨	3 092.6	16.8
其中：精炼铜（电解铜）	万　吨	457.3	10.6
原　铝（电解铝）	万　吨	1 565.0	21.4
氧化铝	万　吨	2 893.9	21.6
水　泥	亿　吨	18.8	14.4

续表

产品名称	单　位	产　量	比上年增长（%）
硫　酸	万　吨	7 090.8	19.0
纯　碱	万　吨	2 029.3	4.3
烧　碱	万　吨	2 086.7	13.9
乙　烯	万　吨	1 418.9	32.3
化　肥（折100%）	万　吨	6 740.6	5.6
发电机组（发电设备）	万千瓦	12 880.2	9.8
汽　车	万　辆	1 827.0	32.4
其中：轿　车	万　辆	957.6	27.9
大中型拖拉机	万　台	38.4	3.3
集成电路	亿　块	652.5	57.4
程控交换机	万　线	3 133.3	-24.5
移动通信手持机	万　台	99 827.4	46.4
微型计算机设备	万　台	24 584.5	35.0

1—11月规模以上工业企业累计实现利润38 828亿元，比上年同期增长49.4%。见表3。

2010年1—11月规模以上工业企业实现利润及增长速度

表3

指　标	利润总额（亿元）	比上年同期增长（%）
规模以上工业	38 828	49.4
其中：国有及国有控股企业	11 924	59.1
其中：集体企业	689	34.6
股份制企业	21 100	49.4
外商及港澳台商投资企业	11 131	46.3
其中：私营企业	10 430	49.4

全年全社会建筑业增加值26 451亿元，比上年增长12.6%。全国具有资质等级的总承包和专业承包建筑业企业实现利润3 422亿元，增长25.9%，其中国有及国有控股企业990亿元，增长35.0%。见图9。

四、固定资产投资

全年全社会固定资产投资278 140亿元，比上年增长23.8%，扣除价格因素，实际增长19.5%。

其中，城镇投资241 415亿元，增长24.5%；农村投资36 725亿元，增长19.7%。东部地区投资[6] 115 970亿元，比上年增长21.4%；中部地区投资62 894亿元，增长26.2%；西部地区投资61 875亿元，增长24.5%；东北地区投资30 726亿元，增长29.5%。见图10。

在城镇投资中，第一产业投资3 966亿元，比上年增长18.2%；第二产业投资101 048亿元，增长23.2%；第三产业投资136 401亿元，增长25.6%。见表4、表5。

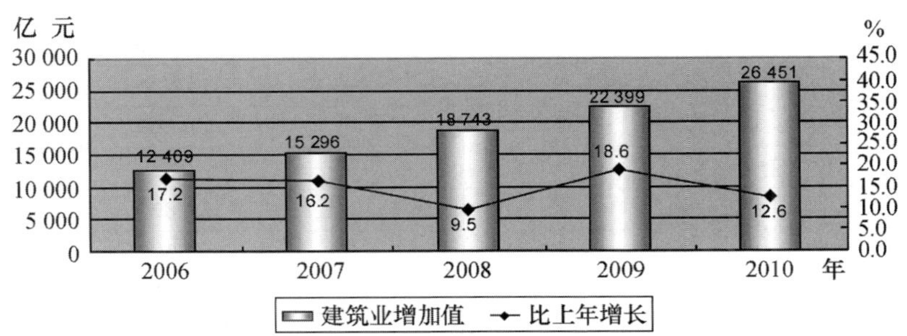

图9 2006—2010年建筑业增加值及增长速度

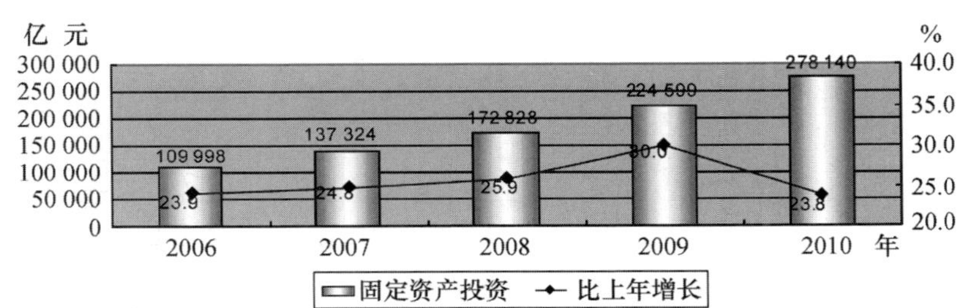

图10 2006—2010年全社会固定资产投资及增长速度

2010年分行业城镇固定资产投资及增长速度

表4

行　业	投资额（亿元）	比上年增长（%）
总　计	241 415	24.5
农、林、牧、渔业	3 966	18.2
采矿业	9 653	18.1
其中：煤炭开采及洗选业	3 770	23.3
石油和天然气开采业	2 893	3.6
制造业	74 528	27.0
其中：农副食品加工业	3 626	28.1
食品制造业	1 944	28.8
纺织业	2 230	26.4
纺织服装、鞋、帽制造业	1 412	34.4
石油加工、炼焦及核燃料加工业	2 076	12.9
化学原料及化学制品制造业	6 863	14.8
非金属矿物制品业	7 556	28.0
黑色金属冶炼及压延加工业	3 465	6.1
有色金属冶炼及压延加工业	2 924	35.8
金属制品业	3 622	28.6

续表

行　业	投资额（亿元）	比上年增长（%）
通用设备制造业	5 459	22.4
专用设备制造业	4 154	35.1
交通运输设备制造业	6 554	31.7
电气机械及器材制造业	4 996	40.4
通信设备、计算机及其他电子设备制造业	3 889	48.2
电力、燃气及水的生产和供应业	14 535	7.3
其中：电力、热力的生产与供应业	11 869	6.6
建筑业	2 332	48.6
交通运输、仓储和邮政业	27 820	19.5
信息传输、计算机服务和软件业	2 392	-6.0
批发和零售业	5 216	16.2
住宿和餐饮业	2 971	27.6
金融业	476	36.5
房地产业[7]	57 557	33.5
租赁和商务服务业	2 490	32.4
科学研究、技术服务和地质勘查业	1 288	18.8
水利、环境和公共设施管理业	22 261	24.5
居民服务和其他服务业	758	46.1
教　育	3 717	14.6
卫生、社会保障和社会福利业	1 967	15.9
文化、体育和娱乐业	2 596	22.1
公共管理和社会组织	4 891	21.2

2010 年固定资产投资新增主要生产能力

表 5

指　标	单　位	绝对数
新增发电机组容量	万千瓦	9 118
新增 22 万伏及以上变电设备	万千伏安	25 816
新建铁路投产里程	公　里	4 986
其中：高速铁路	公　里	1 554
增建铁路复线投产里程	公　里	3 747
电气化铁路投产里程	公　里	5 948
新建公路	公　里	104 457
其中：高速公路	公　里	8 258
港口万吨级码头泊位新增吞吐能力	万　吨	27 202
新增光缆线路长度	万公里	166
新增数字蜂窝移动电话交换机容量	万　户	6 433

全年房地产开发投资 48 267 亿元，比上年增长 33.2%。其中，商品住宅投资 34 038 亿元，增长 32.9%；办公楼投资 1 807 亿元，增长 31.2%；商业营业用房投资 5 599 亿元，增长 33.9%。

全年各类保障性住房和棚户区改造住房开工 590 万套，基本建成 370 万套。见表 6。

2010 年房地产开发和销售主要指标完成情况

表 6

指　标	单　位	绝对数	比上年增长(%)
投资完成额	亿　元	48 267	33.2
其中：商品住宅	亿　元	34 038	32.9
其中：90 平方米以下住宅	亿　元	10 665	27.4
房屋施工面积	万平方米	405 539	26.6
其中：商品住宅	万平方米	314 943	25.3
房屋新开工面积	万平方米	163 777	40.7
其中：商品住宅	万平方米	129 468	38.8
房屋竣工面积	万平方米	75 961	4.5
其中：商品住宅	万平方米	61 216	2.7
商品房销售面积	万平方米	104 349	10.1
其中：商品住宅	万平方米	93 052	8.0
本年资金来源	亿　元	72 494	25.4
其中：国内贷款	亿　元	12 540	10.3
其中：个人按揭贷款	亿　元	9 211	7.6
本年购置土地面积	万平方米	40 970	28.4
完成开发土地面积	万平方米	21 254	-7.7
土地购置费	亿　元	9 992	65.9

五、国内贸易

全年社会消费品零售总额 156 998 亿元，比上年增长 18.3%，扣除价格因素，实际增长 14.8%。按经营地统计[8]，城镇消费品零售额 136 123 亿元，增长 18.7%；乡村消费品零售额 20 875 亿元，增长 16.2%。按消费形态统计，商品零售额139 350 亿元，增长 18.4%；餐饮收入额 17 648 亿元，增长 18.1%。见图 11。

在限额以上企业商品零售额中，汽车类零售额比上年增长 34.8%，粮油类增长 27.9%，肉禽蛋类增长 21.7%，服装类增长 25.8%，日用品类增长 25.1%，文化办公用品类增长 23.5%，通讯器材类增长 21.8%，化妆品类增长 16.6%，金银珠宝类增长 46.0%，中西药品类增长 23.5%，家用电器和音像器材类增长 27.7%，家具类增长 37.2%，建筑及装潢材料类增长 32.3%。

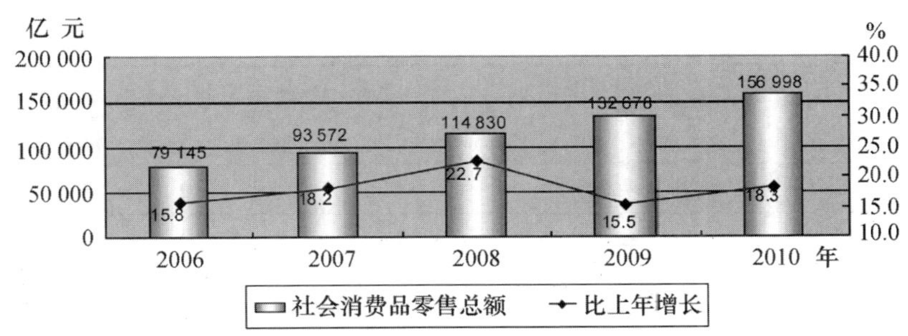

图 11　2006—2010 年社会消费品零售总额与增长速度

六、对外经济

全年货物进出口总额 29 728 亿美元，比上年增长 34.7%。其中，货物出口 15 779 亿美元，增长31.3%；货物进口13 948亿美元，增长38.7%。进出口差额（出口减进口）1 831亿美元，比上年减少126亿美元。见表7、表8、表9、表10、图12。

2010年货物进出口总额及增长速度

表7

指　标	绝对数（亿美元）	比上年增长（%）
货物进出口总额	29 728	34.7
货物出口额	15 779	31.3
其中：一般贸易	7 207	36.0
加工贸易	7 403	26.2
其中：机电产品	9 334	30.9
高新技术产品	4 924	30.7
其中：国有企业	2 344	22.7
外商投资企业	8 623	28.3
其他企业	4 813	42.2
货物进口额	13 948	38.7
其中：一般贸易	7 680	43.7
加工贸易	4 174	29.5
其中：机电产品	6 603	34.4
高新技术产品	4 127	33.2
其中：国有企业	3 876	34.3
外商投资企业	7 380	35.3
其他企业	2 693	56.6
进出口差额（出口减进口）	1 831	—

2010年主要商品出口数量、金额及增长速度

表8

商品名称	单　位	数　量	比上年增长（%）	金　额（亿美元）	比上年增长（%）
煤	万　吨	1 903	-15.0	23	-5.2
钢　材	万　吨	4 256	73.0	368	65.3
纺织纱线、织物及制品	—	—	—	771	28.4
服装及衣着附件	—	—	—	1 295	20.9
鞋　类	—	—	—	356	27.1
家具及其零件	—	—	—	330	30.3
自动数据处理设备及其部件	万　台	166 724	27.4	1 640	34.0
手持或车载无线电话	万　台	75 789	30.0	467	18.2
集装箱	万　个	250	263.7	72	274.9
液晶显示板	万　个	224 976	16.9	265	37.7
汽车（包括整套散件）	万　辆	54	53.2	62	32.1

2010 年主要商品进口数量、金额及增长速度

表 9

商品名称	数 量（万吨）	比上年增长（%）	金 额（亿美元）	比上年增长（%）
谷物及谷物粉	571	81.2	15	70.1
大 豆	5 480	28.8	251	33.5
食用植物油	687	–15.8	60	2.2
铁矿砂及其精矿	61 863	–1.4	794	58.4
氧化铝	431	–16.1	15	14.9
煤	16 478	30.9	169	60.1
原 油	23 931	17.5	1 352	51.4
成品油	3 688	–0.1	223	31.3
初级形状的塑料	2 391	0.4	436	25.2
纸 浆	1 137	–16.9	88	28.8
钢 材	1 643	–6.8	201	3.3
未锻造的铜及铜材	429	0.0	327	44.4

2010 年对主要国家和地区货物进出口额及增长速度

表 10

国家和地区	出口额（亿美元）	比上年增长（%）	进口额（亿美元）	比上年增长（%）
欧 盟	3 112	31.8	1 685	31.9
美 国	2 833	28.3	1 020	31.7
中国香港	2 183	31.3	123	40.9
东 盟	1 382	30.1	1 546	44.8
日 本	1 211	23.7	1 767	35.0
韩 国	688	28.1	1 384	35.0
印 度	409	38.0	208	51.8
中国台湾	297	44.8	1 157	35.0
俄罗斯	296	69.0	258	21.7

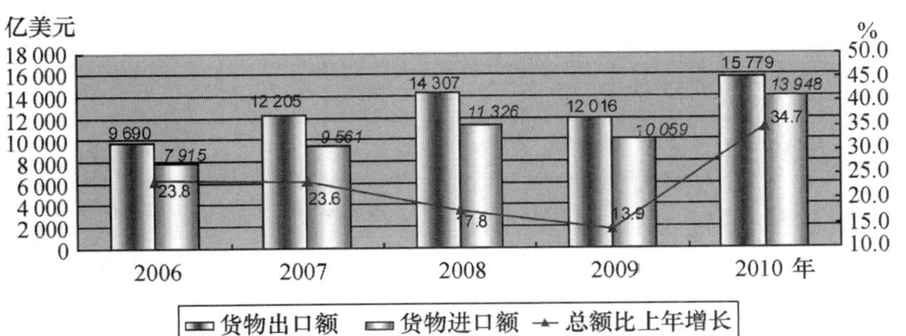

图 12 2006—2010 年货物进出口总额及增长速度

全年非金融领域新批外商直接投资企业27 406家，比上年增长16.9%。实际使用外商直接投资金额1 057亿美元，增长17.4%。见表11。

全年非金融类对外直接投资额590亿美元，比上年增长36.3%。

全年对外承包工程业务完成营业额922亿美元，比上年增长18.7%；对外劳务合作完成营业额89亿美元，与上年持平。

2010年分行业外商直接投资及增长速度

表11

行　业	企业数（家）	比上年增长（%）	实际使用金额（亿美元）	比上年增长（%）
总　计	27 406	16.9	1 057.4	17.4
其中：制造业	11 047	13.1	495.9	6.0
电力、燃气及水的生产和供应业	210	-11.8	21.2	0.6
交通运输、仓储和邮政业	396	0.3	22.4	-11.2
信息传输、计算机服务和软件业	1 046	-3.2	24.9	10.7
批发和零售业	6 786	33.1	66.0	22.4
房地产业	689	21.1	239.9	42.8
租赁和商务服务业	3 418	19.3	71.3	17.3
居民服务和其他服务业	217	4.8	20.5	29.4

七、交通、邮电和旅游

全年货物运输总量320亿吨，比上年增长13.4%。货物运输周转量137 329亿吨公里，增长12.4%。见表12、表13。

2010年各种运输方式完成货物运输量及增长速度

表12

指　标	单　位	绝对数	比上年增长（%）
货物运输总量	亿　吨	320.3	13.4
铁　路	亿　吨	36.4	9.3
公　路	亿　吨	242.5	14.0
水　运	亿　吨	36.4	14.0
民　航	万　吨	557.4	25.1
管　道	亿　吨	4.9	10.3
货物运输周转量	亿吨公里	137 329.0	12.4
铁　路	亿吨公里	27 644.1	9.5
公　路	亿吨公里	43 005.4	15.6
水　运	亿吨公里	64 305.3	11.7
民　航	亿吨公里	176.6	39.9
管　道	亿吨公里	2 197.6	8.7

2010 年各种运输方式完成旅客运输量及增长速度

表 13

指　标	单　位	绝对数	比上年增长(%)
旅客运输总量	亿　人	328.0	10.2
铁　路	亿　人	16.8	9.9
公　路	亿　人	306.3	10.2
水　运	亿　人	2.2	-0.7
民　航	亿　人	2.7	15.8
旅客运输周转量	亿人公里	27 779.2	11.9
铁　路	亿人公里	8 762.2	11.2
公　路	亿人公里	14 913.9	10.4
水　运	亿人公里	71.5	3.1
民　航	亿人公里	4 031.6	19.4

全年规模以上港口完成货物吞吐量 80.2 亿吨，比上年增长 15.0%，其中外贸货物吞吐量 24.6 亿吨，增长 13.6%。港口集装箱吞吐量 14 500 万标准箱，增长 18.8%。

年末全国民用汽车保有量达到 9 086 万辆(包括三轮汽车和低速货车 1 284 万辆)，比上年末增长 19.3%，其中私人汽车保有量 6 539 万辆，增长 25.3%。民用轿车保有量 4 029 万辆，增长 28.4%，其中私人轿车 3 443 万辆，增长 32.2%。

全年完成邮电业务总量[9] 32 940 亿元，比上年增长 20.6%。其中，邮政业务总量 1 985 亿元，增长 21.6%；电信业务总量 30 955 亿元，增长 20.5%。全年局用交换机容量减少 2 707万门，总容量 46 559 万门；新增移动电话交换机容量[10] 6 433 万户，达到150 518 万户。固定电话年末用户 29 438 万户。其中，城市电话用户 19 662 万户，农村电话用户 9 776 万户。新增移动电话用户11 179万户，年末达到 85 900 万户。其中，3G 移动电话用户[11] 4 705 万户。年末全国固定及移动电话用户总数达到 115 339 万户，比上年末增加 9 244 万户。电话普及率达到 86.5 部/百人。互联网上网人数 4.6 亿人，其中宽带上网人数 4.5 亿人；互联网普及率达到 34.3%。见图 13。

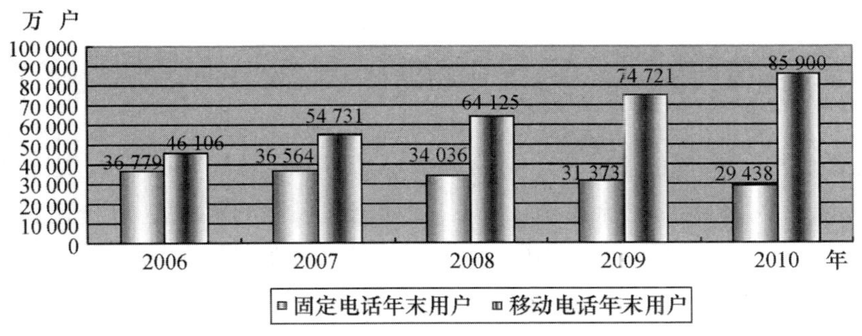

图 13　2006—2010 年年末电话用户数

全年国内出游人数达 21 亿人次，比上年增长 10.6%；国内旅游收入 12 580 亿元，增长 23.5%。入境旅游人数 13 376 万人次，增长 5.8%。其中，外国人 2 613 万人次，增长 19.1%；香港、澳门和台湾同胞 10 764 万人次，增长 3.0%。在入境旅游者中，过夜旅游者 5 566 万人次，增长 9.4%。国际旅游外汇收入458 亿美元，增长 15.5%。国内居民出境人数达 5 739 万人次，增长 20.4%。其中因私出境 5 151 万人次，增长 22.0%，占出境人数的 89.8%。

八、金　融

年末广义货币供应量（M_2）余额为 726 000 亿元，比上年末增长 19.7%；狭义货币供应量（M_1）余额为 267 000 亿元，增长 21.2%；流通中现金（M_0）余额为 45 000 亿元，增长 16.7%。

年末全部金融机构本外币各项存款余额 733 000亿元，比年初增加 121 000 亿元。其中人民币各项存款余额 718 000 亿元，增加 120 000 亿元。全部金融机构本外币各项贷款余额 509 000 亿元，增加 84 000 亿元。其中人民币各项贷款余额479 000 亿元，增加 79 000 亿元。见表 14、图 14。

2010 年全部金融机构本外币存贷款及其增长速度

表 14

指　标	年末数（亿元）	比上年末增长（%）
各项存款余额	733 382	19.8
其中：企业存款	252 960	12.7
城乡居民储蓄存款	307 166	16.0
其中：人民币	303 302	16.3
各项贷款余额	509 226	19.7
其中：短期贷款	171 236	13.1
中长期贷款	305 127	29.5

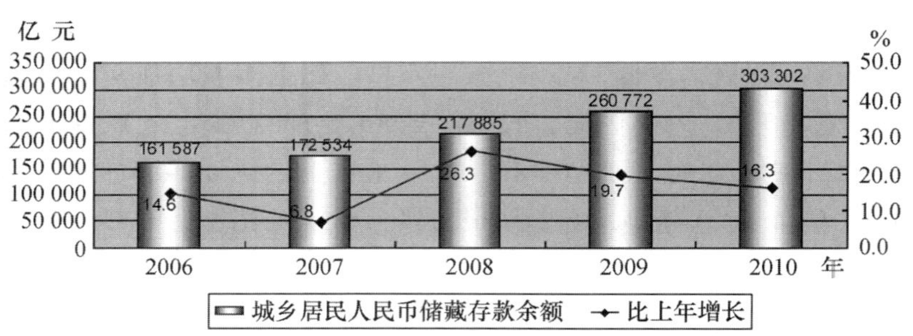

图 14　2006—2010 年城乡居民人民币储蓄存款余额及增长速度

全年农村金融合作机构（农村信用社、农村合作银行、农村商业银行）人民币贷款余额 57 000 亿元，比年初增加 9 655 亿元。全部金融机构人民币消费贷款余额 75 000 亿元，增加 18 866 亿元。其中，个人短期消费贷款余额 10 000 亿元，增加 2 935亿元；个人中长期消费贷款余额 65 000 亿元，增加 15 931 亿元。

全年上市公司通过境内市场累计筹资 10 257 亿元，比上年增加 5 666 亿元。其中，首次公开发行 A 股 347 只，筹资 4 883 亿元，增加 3 004 亿元；A 股再筹资（包括配股、公开增发、非公开增发、认股权证）4 072 亿元，增加 2 057 亿元；上市公司通过发行可转债、可分离债、公司债筹资 1 320 亿元，增加 605 亿元。全年公开发行创业板股票 117 只，筹资 963 亿元。

全年发行非上市公司企业（公司）债券 3 627 亿元，比上年减少 625 亿元。企业发行短期融资券 6 742亿元，增加 2 130 亿元；中期票据 4 924 亿元，减少 1 961 亿元。发行中小企业集合票据 47 亿元。

全年保险公司原保险保费收入[12]14 528 亿元，比上年增长 30.4%，其中寿险业务原保险保费收入9 680亿元；健康险和意外伤害险业务原保险保费收入952亿元；财产险业务原保险保费收入3 896亿元。支付各类赔款及给付3 200亿元，其中寿险业务给付1 109亿元；健康险和意外伤害险赔款及给付335亿元；财产险业务赔款1 756亿元。

九、教育和科学技术

全年研究生教育招生53.8万人，在学研究生153.8万人，毕业生38.4万人。普通高等教育本专科招生661.8万人，在校生2 231.8万人，毕业生575.4万人。各类中等职业教育招生868.1万人，在校生2 231.8万人，毕业生659.2万人。全国普通高中招生836.2万人，在校生2 427.3万人，毕业生794.4万人。全国初中招生1 716.6万人，在校生5 279.3万人，毕业生1 750.4万人。普通小学招生1 691.7万人，在校生9 940.7万人，毕业生1 739.6万人。特殊教育招生6.5万人，在校生42.6万人。幼儿园在园幼儿2 976.7万人。见图15。

全年研究与试验发展（R&D）经费支出6 980亿元，比上年增长20.3%，占国内生产总值的1.8%，其中基础研究经费328亿元。全年国家安排了326项科技支撑计划课题，308项“863”计划课题。累计建设国家工程研究中心127个，国家工程实验室91个。国家认定企业技术中心达到729家。省级企业技术中心达到5 532家。实施新兴产业创投计划，累计支持设立20家创业投资企业，投资创业企业46家。全年受理境内外专利申请122.2万件，其中境内申请108.4万件，占88.7%。受理境内外发明专利申请39.1万件，其中境内申请28.1万件，占71.9%。全年授予专利权81.5万件，其中境内授权71.9万件，占88.2%。授予发明专利权13.5万件，其中境内授权7.4万件，占54.8%。截至年底，有效专利221.6万件，其中境内有效专利173.2万件，占78.2%；有效发明专利56.5万件，其中境内有效发明专利23万件，占40.7%。全年共签订技术合同23万项，技术合同成交金额3 906亿元，比上年增长28.5%。全年成功发射卫星15次。嫦娥二号卫星成功发射。

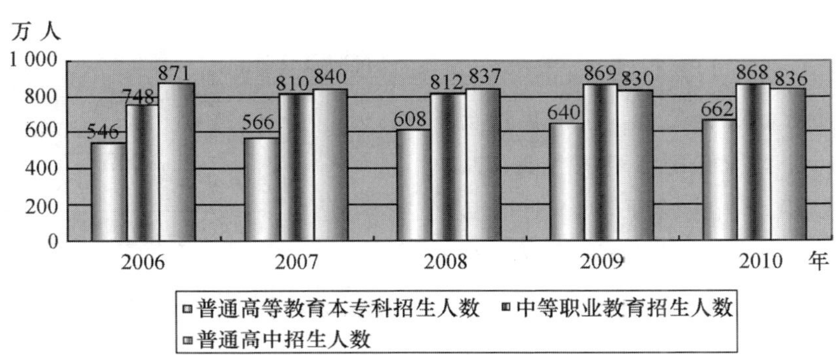

图15　2006—2010年普通高等教育、中等职业教育及普通高中招生人数

年末全国共有产品检测实验室27 000个，其中国家检测中心443个。全国现有产品质量、体系认证机构171个，已累计完成对79 850个企业的产品认证[13]。全国共有法定计量技术机构3 309个，全年强制检定计量器具4 467万台（件）。全年制定、修订国家标准2 860项，其中新制定2 123项。全年中央气象台和省级气象台共发布气象预警信号5 149次，警报6 559次。全国共有地震台站1 477个，地震遥测台网32个。全国共有海洋观测站71个。测绘部门公开出版地图1 944种，测绘图书806种。

年末全国文化系统共有艺术表演团体2 515个，博物馆2 141个，全国共有公共图书馆2 860个，文化馆3 258个。广播电台227座，电视台247座，广播电视台2 120座，教育电视台44个。有线电视用户18 730万户，有线数字电视用户8 798万户。年末广播节目综合人口覆盖率为96.8%；电视节目综合人口覆盖率为97.6%。全年生产电视剧436部14 685集，动画电视221 456分钟。全年生产故事影片526部，科教、纪录、动画和特种影片[14]95部。出版各类报纸448亿份，各类期刊32亿册，图书74亿册（张）。年末全国共有档案馆4 077个，已开放各类档案9 035万卷（件）。

全年运动健儿在22个项目中共获得108个世界冠军，8人5队15次创15项世界纪录。在第16届广州亚运会上，中国体育代表团共获得199枚金牌、119枚银牌、98枚铜牌，奖牌总数416枚。在广州亚残运会上，中国体育代表团共获得185枚金牌、118枚银牌、88枚铜牌，奖牌总数391枚。

新中国第一次承办了世界博览会。上海世博会历时184天，共有246个国家和国际组织参展，其中国家190个、国际组织56个。全国31个省（自治区、直辖市）和港澳台地区全部参展。累计参观者7 308万人次。

十、卫生和社会服务

年末全国共有卫生机构[15]93.9万个，其中医院、卫生院6万个，社区卫生服务中心（站）3.1万个，诊所（卫生所、医务室）17.4万个，村卫生室65.1万个，疾病预防控制中心3 491个，卫生监督所（中心）2 851个。卫生技术人员584万人，其中执业医师和执业助理医师237万人，注册护士205万人。医院和卫生院床位437万张。乡镇卫生院3.8万个，床位100万张，卫生技术人员96.4万人。全年甲、乙类法定报告传染病发病人数341.4万例，报告死亡15 950人；报告传染病发病率255.8/10万，死亡率1.2/10万。

年末全国共有各类提供住宿的收养性社会服务机构4万个，床位312.3万张，收养各类人员236.5万人。其中，农村养老服务机构3.1万个，床位213.9万张，收养各类人员170.4万人。各类社区服务设施18万个，其中，社区服务中心11 400个，社区服务站5.1万个。全年救助城市医疗困难群众373.6万人次，救助农村医疗困难群众813.8万人次；资助1 237.4万城镇困难群众参加城镇医疗保险，资助4 223.7万农村困难群众参加新型农村合作医疗。

十一、人口、人民生活和社会保障

初步预计，年末全国总人口[16]134 100万人。

全年农村居民人均纯收入5 919元，剔除价格因素，比上年实际增长10.9%；城镇居民人均可支配收入19 109元，实际增长7.8%。农村居民家庭食品消费支出占消费总支出的比重为41.1%，城镇为35.7%。按2010年农村贫困标准1 274元测算，年末农村贫困人口为2 688万人，比上年末减少909万人。见图16、图17。

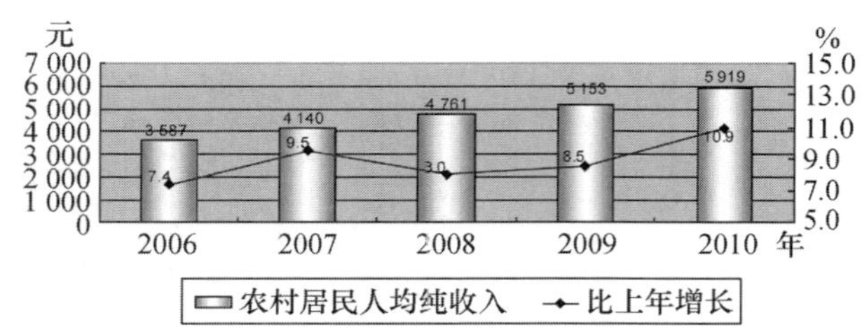

图16 2006—2010年农村居民人均纯收入及增长速度

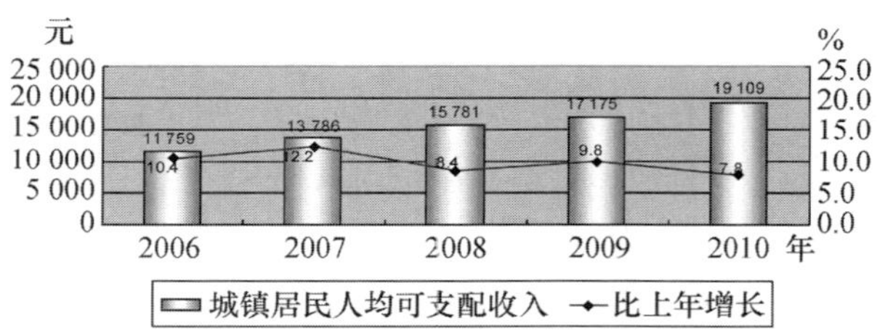

图17 2006—2010年城镇居民人均可支配收入及增长速度

年末全国参加城镇基本养老保险人数25 673万人，比上年末增加2 123万人。其中参保职工19 374万人，参保离退休人员6 299万人。参加城镇基本医疗保险的人数43 206万人，增加3 059万人。其中，参加城镇职工基本医疗保险[17]人数23 734万人，参加城镇居民基本医疗保险人数19 472万人。参加城镇医疗保险的农民工4 583万人，增加249万人。参加失业保险的人数13 376万人，增加660万人。参加工伤保险的人数16 173万人，增加1 278万人。其中参加工伤保险农民工6 329万人，增加741万人。参加生育保险的人数12 306万人，增加1 430万人。2 678个县（市、区）开展了新型农村合作医疗工作，新型农村合作医疗参合率96.3%。新型农村合作医疗基金支出总额为832亿元，累计受益7亿人次。全国列入国家新型农村社会养老保险试点地区参保人数 10 277 万人。年末全国领取失业保险金人数为 209 万人。

全年 2 311.1 万城市居民得到政府最低生活保障，比上年减少 34.5 万人；5 228.4 万农村居民得到政府最低生活保障，增加 468.4 万人；554.9 万农村居民得到政府五保救济[18]，增加 1.5 万人。

十二、资源、环境和安全生产

全年全国国有建设用地土地供应总量[19] 42.8 万公顷，比上年增长 18.4%。其中，工矿仓储用地 15.3 万公顷，增长 7.9%；商服用地 3.9 万公顷，增长 40.4%；住宅用地 11.4 万公顷，增长 40.3%；基础设施等其他用地 12.2 万公顷，增长 10.2%。全年全国 105 个重点监测城市综合地价[20]比上年上涨 8.6%，其中商业地价上涨 10.0%，居住地价上涨 11.0%，工业地价上涨 5.3%。

全年水资源总量 28 470 亿立方米，比上年增加 17.7%。全年平均降水量 682 毫米，增加 15.4%。年末全国 422 座大型水库蓄水总量 2 091 亿立方米，比上年末多蓄水 284 亿立方米。全年总用水量 5 990 亿立方米，比上年增加 0.4%。其中，生活用水增加 2.9%，工业用水增加 1.4%，农业用水减少 0.6%，生态补水增加 6.8%。万元国内生产总值用水量[21] 190.6 立方米，比上年下降 9.1%。万元工业增加值用水量 105 立方米，下降 9.6%。

全年完成造林面积 592 万公顷，其中人工造林 389 万公顷。林业重点工程完成造林面积 346 万公顷，占全部造林面积的 58.4%。截至年底，自然保护区达到 2 588 个，其中国家级自然保护区 319 个。新增综合治理水土流失面积 4.2 万平方公里，新增实施水土流失地区封育保护面积 2.5 万平方公里。截至年底，已确权集体林地面积为 16 204 万公顷，其中发放林权证的面积为 13 396 万公顷。

全年平均气温为 9.5℃，共有 7 个台风登陆。

初步核算，全年能源消费总量 32.5 亿吨标准煤，比上年增长 5.9%。煤炭消费量增长 5.3%；原油消费量增长 12.9%；天然气消费量增长 18.2%；电力消费量增长 13.1%。全国万元国内生产总值能耗下降 4.0%。主要原材料消费中，钢材消费量 7.7 亿吨，增长 12.4%；精炼铜消费量 792 万吨，增长 5.1%；电解铝消费量 1 526 万吨，增长 6.0%；乙烯消费量1 419万吨，增长 32.3%；水泥消费量 18.6 亿吨，增长 14.5%。

七大水系的 408 个水质监测断面中，Ⅰ～Ⅲ类水质断面比例占 59.6%，比上年提高 2.2 个百分点；劣Ⅴ类水质断面比例占 16.4%，下降 2.0 个百分点。七大水系水质总体上持续好转，部分流域污染仍然严重。

近岸海域 298 个海水水质监测点中，达到国家一、二类海水水质标准的监测点占 62.8%，比上年下降 10.1 个百分点；三类海水占 14.1%，上升 8.1 个百分点；四类、劣四类海水占 23.2%，上升 2.1 个百分点。

在监测的 330 个城市中，有 273 个城市空气质量达到二级以上（含二级）标准，占监测城市数的 82.7%；有 53 个城市为三级，占 16.1%；有 4 个城市为劣三级，占 1.2%。在监测的 331 个城市中，城市区域声环境质量好的城市占 6.3%，较好的占 67.4%，轻度污染的占 25.4%，中度污染的占 0.9%。

年末城市污水处理厂日处理能力达 10 262 万立方米，比上年末增长 13.4%；城市污水处理率达到 76.9%，提高 1.6 个百分点。集中供热面积 39.1 亿平方米，增长 3.0%。建成区绿地率达到 34.5%，提高 0.3 个百分点。

全年各类自然灾害造成直接经济损失 5 340 亿元，比上年增加 1.1 倍。全年农作物受灾面积 3 743万公顷，减少 20.7%。其中，绝收 486 万公顷，减少 1.1%。全年因洪涝、滑坡和泥石流灾害造成直接经济损失 3 505 亿元，增加 4.4 倍；死亡 3 101 人。全年因旱灾造成直接经济损失 757 亿元，下降 31.2%。全年因低温冷冻和雪灾造成直接经济损失 318 亿元，死亡 51 人。全年因海洋灾害造成直接经济损失 149.4 亿元，增加 49.1%。全年累计发生赤潮面积 10 892 平方公里，减少 22.8%。全年大陆地区共发生 5 级以上地震 17 次，成灾 10 次，造成直接经济损失 235.7 亿元，死亡 2 705 人。全年共发生森林火灾 7 723 起，下降 12.8%。

全年各类生产安全事故共死亡 79 552 人，比上年下降 4.4%。亿元国内生产总值生产安全事故死亡人数为 0.201 人，下降 19.0%；工矿商贸企业就业人员10万人生产安全事故死亡人数为2.13人，下降11.3%；道路交通万车死亡人数为3.2人，下降11.1%；煤矿百万吨死亡人数为0.749人，下降16.0%。

注：[1] 本公报中数据均为初步统计数。各项统计数据均未包括香港特别行政区、澳门特别行政区和台湾省。部分数据因四舍五入的原因，存在着与分项合计不等的情况。

[2] 国内生产总值、各产业增加值绝对数按现价计算，增长速度按不变价格计算。

[3] 年度农民工数量包括年内在本乡镇以外从业6个月以上的外出农民工和在本乡镇内从事非农产业6个月以上的本地农民工两部分。

[4] 六大高耗能行业分别为：化学原料及化学制品制造业、非金属矿物制品业、黑色金属冶炼及压延加工业、有色金属冶炼及压延加工业、石油加工炼焦及核燃料加工业、电力热力的生产和供应业。

[5] 钢材产量及消费量数据中均含部分使用钢材加工成其他钢材的重复计算因素。

[6] 固定资产投资按东部、中部、西部和东北地区计算的合计数据小于全国数据，是因为有部分跨地区的投资未计算在地区数据中。其中：东部地区是指北京、天津、河北、上海、江苏、浙江、福建、山东、广东和海南10省、直辖市；中部地区是指山西、安徽、江西、河南、湖北和湖南6省；西部地区是指内蒙古、广西、重庆、四川、贵州、云南、西藏、陕西、甘肃、青海、宁夏和新疆12省（自治区、直辖市）；东北地区是指辽宁、吉林和黑龙江3省。

[7] 房地产业投资除房地产开发投资外，还包括建设单位自建房屋以及物业管理、中介服务和其他房地产投资。

[8] 从2010年起，社会消费品零售总额统计采用新的分组，即将经营单位所在地分组由“市”、“县”、“县以下”改为“城镇”、“乡村”；取消按行业分组，新设按“商品零售额”和“餐饮收入额”两种消费形态的分组。

[9] 邮电业务总量按2000年不变价格计算。

[10] 移动电话交换机容量是指移动电话交换机根据一定话务模型和交换机处理能力计算出来的最大同时服务用户的数量。

[11] 3G是指第三代蜂窝移动通信系统（3rd-generation，简称3G），3G移动电话用户是指报告期末在计费系统拥有使用信息、占用3G网络资源的在网用户。

[12] 原保险保费收入是指保险企业确认的原保险合同保费收入。

[13] 完成产品认证的企业口径有所调整，原口径仅包括强制性产品认证，2010年增加了非强制性产品认证。

[14] 特种影片是指那些采用与常规影院放映在技术、设备、节目方面不同的电影展示方式，如巨幕电影、立体电影、立体特效（4D）电影、动感电影、球幕电影等。

[15] 卫生机构口径有所调整，2010年数据含村级卫生室。

[16] 2010年末人口数为初步预计数，有关最终总人口数和结构数据以拟于2011年4月发布的第六次全国人口普查公报为准。

[17] 城镇职工基本医疗保险人数包括参保职工和参保退休人员。城镇居民基本医疗保险的参保对象是不属于城镇职工基本医疗保险覆盖范围的城镇非从业人员。

[18] 农村五保救济是指老年、残疾和未满16周岁的村民，无劳动能力、无生活来源又无法定赡养、抚养、扶养义务人，或者其法定赡养、抚养、扶养义务人无赡养、抚养、扶养能力的村民，在吃、穿、住、医、葬方面得到的生活照顾和物质帮助。

[19] 建设用地供应总量是指报告期市、县人民政府根据年度土地供应计划依法以出让、划拨、租赁

等方式将国有建设用地使用权提供给单位或个人使用的国有建设用地总量。

[20] 地价是指根据国土资源部《城市地价动态监测技术规范》，以城市监测点地价为基础，综合土地市场和房地产市场交易价格测算反映城市整体状况的土地价格水平。综合地价是指同一城市或地区的不同用途土地的平均价格水平。

[21] 万元国内生产总值用水量、万元国内生产总值能耗按2005年不变价格计算。

资料来源：本公报中城镇新增就业、登记失业率、社会保障数据来自人力资源和社会保障部；外汇储备和汇率数据来自国家外汇局；财政数据来自财政部；水产品产量数据来自农业部；木材产量、林业、森林火灾数据来自林业局；灌溉面积、水资源数据来自水利部；新增发电机组容量、新增22万伏及以上变电设备数据来自中电联；新建铁路投产里程、增建铁路复线投产里程、电气化铁路投产里程、铁路运输数据来自铁道部；新建公路、港口万吨级码头泊位新增吞吐能力、公路运输、水运、港口货物吞吐量数据来自交通运输部；新增光缆线路长度、新增数字蜂窝移动电话交换机容量、电话用户、上网人数等通信数据来自工业和信息化部；保障性住房、城市污水处理、集中供热面积、建成区绿地率来自住房和城乡建设部；货物进出口数据来自国家海关总署；外商直接投资、对外直接投资、对外承包工程、对外劳务合作等数据来自商务部；民航数据来自民航局；管道数据来自中石油、中石化；民用汽车数据来自公安部；邮政业务总量数据来自邮政局；旅游数据来自旅游局；货币金融数据来自中国人民银行；上市公司数据来自证监会；企业债券、国家工程研究中心、企业技术中心、新兴产业创投等数据来自国家发展改革委；保险业数据来自保监会；教育数据来自教育部；安排科技计划课题、技术合同等数据来自科技部；专利数据来自知识产权局；发射卫星数据来自国防科工局；质量检验、国家标准制定修订数据来自国家质检总局；气象预警、平均气温、登陆台风数据来自气象局；地震数据来自地震局；测绘数据来自测绘局；海洋观测站、海洋灾害造成直接经济损失、发生赤潮面积来自海洋局；艺术表演团体、博物馆、公共图书馆、文化馆数据来自文化部；广播、电视、电影数据来自国家广电总局；报纸、期刊、图书数据来自新闻出版总署；档案数据来自档案局；体育数据来自体育总局，其中亚残运会数据来自中国残联；世博会数据来自上海世博会事务协调局；卫生、新农合数据来自卫生部；社会服务、低保和五保救济数据、各类自然灾害造成直接经济损失、农作物受灾面积、洪涝滑坡和泥石流灾害造成直接经济损失及死亡人数、旱灾造成直接经济损失、低温冷冻和雪灾造成直接经济损失及死亡人数来自民政部；国有建设用地土地供应、综合地价等数据来自国土资源部；环境监测数据来自环境保护部；安全生产数据来自安全监管总局；其他数据均来自国家统计局。

国民经济和社会发展总量与速度指标

指　标	总量指标					速度指标（%）						
						指数（2010 为以下各年）				平均增长速度		
	1978 年	1990 年	2000 年	2009 年	2010 年	1978 年	1990 年	2000 年	2009 年	1979—2010 年	1991—2010 年	2001—2010 年
人口与就业												
人　口　（万人）												
总人口（年末）	96 259	114 333	126 743	133 450	134 091	139.3	117.3	105.8	100.5	1.0	0.8	0.6
男性人口	49 567	58 904	65 437	68 647	68 748	138.7	116.7	105.1	100.1	1.0	0.8	0.5
女性人口	46 692	55 429	61 306	64 803	65 343	139.9	117.9	106.6	100.8	1.1	0.8	0.6
城镇人口	17 245	30 195	45 906	64 512	66 978	388.4	221.8	145.9	103.8	4.3	4.1	3.8
乡村人口	79 014	84 138	80 837	68 938	67 113	84.9	79.8	83.0	97.4	-0.5	-1.1	-1.8
就　业　（万人）												
就业人员数	40 152	64 749	72 085	75 828	76 105	189.5	117.5	105.6	100.4	2.0	0.8	0.5
城镇登记失业人数	530	383	595	921	908	171.3	237.1	152.6	98.6	1.7	4.4	4.3
宏观经济												
国民经济核算　（亿元）												
国民总收入	3 645.2	18 718.3	98 000.5	341 401.5	403 260.0	2 069.4	732.6	275.7	110.8	9.9	10.5	10.7
国内生产总值	3 645.2	18 667.8	99 214.6	340 902.8	401 202.0	2 058.9	730.8	270.9	110.4	9.9	10.5	10.5
第一产业	1 027.5	5 062.0	14 944.7	35 226.0	40 533.6	418.9	219.7	151.2	104.3	4.6	4.0	4.2
第二产业	1 745.2	7 717.4	45 555.9	157 638.8	187 581.4	3 202.9	1 053.2	296.1	112.4	11.4	12.5	11.5
第三产业	872.5	5 888.4	38 714.0	148 038.0	173 087.0	2 762.4	762.8	288.9	109.6	10.9	10.7	11.2
支出法国内生产总值	3 605.6	19 347.8	98 749.0	346 316.6	394 307.6	—	—	—	—	—	—	—
最终消费支出	2 239.1	12 090.5	61 516.0	166 820.1	186 905.3	—	—	—	—	—	—	—
居民消费	1 759.1	9 450.9	45 854.6	121 129.9	133 290.9	—	—	—	—	—	—	—

续表

指标	总量指标					速度指标(%)						
						指数(2010 为以下各年)				平均增长速度		
	1978 年	1990 年	2000 年	2009 年	2010 年	1978 年	1990 年	2000 年	2009 年	1979—2010 年	1991—2010 年	2001—2010 年
政府消费	480.0	2 639.6	15 661.4	45 690.2	53 614.4	—	—	—	—		—	—
资本形成总额	1 377.9	6 747.0	34 842.8	164 463.2	191 690.8	—	—	—	—	—	—	—
固定资本形成总额	1 073.9	4 827.8	33 844.4	156 679.8	182 340.4	—	—	—	—	—	—	—
存货增加	304.0	1 919.2	998.4	7 783.4	9 350.5	—	—	—	—	—	—	—
货物和服务净出口	-11.4	510.3	2 390.2	15 033.3	15 711.5	—	—	—	—	—	—	—
固定资产投资 (亿元)												
全社会固定资产投资总额	—	4 517.0	32 917.7	224 598.8	278 121.9	—	6 157.2	844.9	123.8	—	22.6	23.0
城镇	—	3 274.4	26 221.8	193 920.4	241 430.9	—	7 373.3	920.7	124.5	—	23.8	24.2
#房地产开发	—	253.3	4 984.1	36 241.8	48 259.4	—	19 056.0	968.3	133.2	—	31.2	25.5
农村	—	1 242.6	6 695.9	30 678.4	36 691.0	—	2 952.8	548.0	119.6	—	18.3	17.3
全社会施工房屋建筑面积(万平方米)	—	137 171.0	265 294	754 189.0	885 173.0	—	645.3	333.7	117.4	—	9.8	12.8
全社会竣工房屋建筑面积(万平方米)	—	107 952.0	181 974	302 117.0	304 306.0	—	281.9	167.2	100.7	—	5.3	5.3
消费												
社会消费品零售总额 (亿元)	1 559	8 300.0	39 106.0	132 678.0	156 998.0	10 073.0	1 891.5	401.5	118.3	15.5	15.8	14.9
对外贸易												
货物进出口总额 (亿美元)	206.4	1 154.4	4 742.9	22 075.4	29 740.0	14 408.9	2 576.2	627.0	134.7	16.8	17.6	20.2
出口额	97.5	620.9	2 492.0	12 016.1	15 777.5	16 182.1	2 541.1	633.1	131.3	17.2	17.6	20.3
进口额	108.9	533.5	2 250.9	10 059.2	13 962.4	12 821.3	2 617.1	620.3	138.8	16.4	17.7	20.0
实际利用外资额												
外商直接投资 (亿美元)	—	34.9	407.2	900.3	1 057.4	—	3 032.3	259.7	117.4	—	18.6	10.0
外商其他投资 (亿美元)	—	2.7	86.4	17.7	30.9	—	1 151.5	35.7	174.3	—	13.0	-9.8
财政 (亿元)												
国家财政收入	1 132.3	2 937.1	13 395.2	68 518.3	83 101.5	7 339.4	2 829.4	620.4	121.3	14.4	18.2	20.0

续表

指标	总量指标					速度指标(%)						
						指数(2010 为以下各年)				平均增长速度		
	1978 年	1990 年	2000 年	2009 年	2010 年	1978 年	1990 年	2000 年	2009 年	1979—2010 年	1991—2010 年	2001—2010 年
中　央	175.8	992.4	6 989.2	35 915.7	42 488.5	24 172.8	4 281.3	607.9	118.3	18.7	20.7	19.8
地　方	956.5	1 944.7	6 406.1	32 602.6	40 613.0	4 246.0	2 088.4	634.0	124.6	12.4	16.4	20.3
国家财政支出	1 122.1	3 083.6	15 886.5	76 299.9	89 874.2	8 009.5	2 914.6	565.7	117.8	14.7	18.4	18.9
中　央	532.1	1 004.5	5 519.9	15 255.8	15 989.7	3 004.9	1 591.9	289.7	104.8	11.2	14.8	11.2
地　方	590.0	2 079.1	10 366.7	61 044.1	73 884.4	12 523.4	3 553.6	712.7	121.0	16.3	19.5	21.7
物价总指数(上年=100)												
居民消费价格指数	100.7	103.1	100.4	99.3	103.3	—	—	—	—	—	—	—
商品零售价格指数	100.7	102.1	98.5	98.8	103.1	—	—	—	—	—	—	—
农产品生产价格指数	103.9	97.4	96.4	97.6	110.9	—	—	—	—	—	—	—
工业品出厂价格指数	100.1	104.1	102.8	94.6	105.5	—	—	—	—	—	—	—
原材料、燃料、动力购进价格指数	—	105.6	105.1	92.1	109.6	—	—	—	—	—	—	—
固定资产投资价格指数	—	—	101.1	97.6	103.6	—	—	—	—	—	—	—
能源生产与消费　(万吨标准煤)												
能源生产总量	62 770.0	103 922.0	135 048.0	274 619.0	296 916.0	473.0	285.7	219.9	108.1	5.0	5.4	8.2
能源消费总量	57 144.0	98 703.0	145 531.0	306 647.0	324 939.0	568.6	329.2	223.3	106.0	5.6	6.1	8.4
产　业												
农　业												
农林牧渔业总产值　(亿元)	1 397.0	7 662.1	24 915.8	60 361.0	69 319.8	639.3	313.5	163.3	104.4	6.0	5.9	5.0
主要农产品产量　(万吨)												
粮　食	30 476.5	44 624.3	46 217.5	53 082.1	54 647.7	179.3	122.5	118.2	102.9	1.8	1.0	1.7
棉　花	216.7	450.8	441.7	637.7	596.1	275.1	132.2	134.9	93.5	3.2	1.4	3.0
油　料	521.8	1 613.2	2 954.8	3 154.3	3 230.1	619.0	200.2	109.3	102.4	5.9	3.5	0.9
甘　蔗	2 111.6	5 762.0	6 828.0	11 558.7	11 078.9	524.7	192.3	162.3	95.8	5.3	3.3	5.0

续表

指　标	总量指标					速度指标（%）						
						指数（2010为以下各年）				平均增长速度		
	1978年	1990年	2000年	2009年	2010年	1978年	1990年	2000年	2009年	1979—2010年	1991—2010年	2001—2010年
甜　菜	270.2	1 452.5	807.3	717.9	929.6	344.0	64.0	115.1	129.5	3.9	−2.2	1.4
茶　叶	26.8	54.0	68.3	135.9	147.5	550.4	273.1	215.9	108.6	5.5	5.2	8.0
水　果	657.0	1 874.4	6 225.1	20 395.5	21 401.4	3 257.6	1 141.8	343.8	104.9	11.5	12.9	13.1
肉　类	—	—	6 013.9	7 649.7	7 925.8	—	—	131.8	103.6	—	—	2.8
奶　类	—	—	919.1	3 677.7	3 748.0	—	—	407.8	101.9	—	—	15.1
水产品	465.4	1 237.0	3 706.2	5 116.4	5 373.0	1 154.6	434.4	145.0	105.0	7.9	7.6	3.8
工　业												
主要工业产品产量												
原　煤　（亿吨）	6.2	10.8	13.8	29.7	32.4	523.5	299.5	233.7	108.8	5.3	5.6	8.9
原　油　（万吨）	10 405	13 831	16 300	18 949	20 301	195.1	146.8	124.5	107.1	2.1	1.9	2.2
天然气　（亿立方米）	137.3	153.0	272.0	852.7	948.5	690.8	620.0	348.7	111.2	6.2	9.6	13.3
成品糖　（万吨）	227	582	700	1 338	1 118	492.3	192.0	159.7	83.5	5.1	3.3	4.8
布　（亿米）	110	189	277	753	800	725.3	423.7	288.8	106.2	6.4	7.5	11.2
水　泥　（万吨）	6 524	20 971	59 700	164 398	188 191	2 884.6	897.4	315.2	114.5	11.1	11.6	12.2
粗　钢　（万吨）	3 178	6 635	12 850	57 218	63 723	2 005.1	960.4	495.9	111.4	9.8	12.0	17.4
钢　材　（万吨）	2 208	5 153	13 146	69 405	80 277	3 635.7	1 557.9	610.7	115.7	11.9	14.7	19.8
家用电冰箱　（万台）	2.8	463	1 279	5 930	7 296	260 561.4	1 575.5	570.4	123.0	27.9	14.8	19.0
房间空气调节器　（万台）	0.02	24	1 827	8 078	10 887	54 437 350.0	45 232.5	596.0	134.8	51.1	35.8	19.5
家用洗衣机　（万台）	0.04	663	1 443	4 974	6 248	15 619 325.0	942.8	433.0	125.6	45.3	11.9	15.8
彩色电视机　（万台）	0.38	1 033	3 936	9 899	11 830	3 113 165.8	1 145.2	300.6	119.5	38.2	13.0	11.6
发电量　（亿千瓦小时）	2 566	6 212	13 556	37 147	42 072	1 639.6	677.3	310.4	113.3	9.1	10.0	12.0
规模以上工业企业												
主要指标　（亿元）												

续表

指标	总量指标					速度指标(%)						
						指数(2010为以下各年)				平均增长速度		
	1978年	1990年	2000年	2009年	2010年	1978年	1990年	2000年	2009年	1979—2010年	1991—2010年	2001—2010年
工业总产值	—	—	85 674	548 311	698 591	—	—	—	—	—	—	—
资产总计	—	—	126 211	493 693	592 882	—	—	469.8	120.1	—	—	16.7
主营业务收入	—	16 793.1	84 152	542 522	697 744	—	4 154.9	829.1	128.6	—	20.5	23.6
利润总额	599.3	559.8	4 393	34 542	53 050	8 851.9	9 476.5	1 207.5	153.6	15.0	25.6	28.3
建筑业												
建筑业企业从业人员（万人）	—	1 011	1 994	3 673	4 160	—	411.6	208.6	113.3	—	7.3	7.6
建筑业总产值（亿元）	—	1 345	12 498	76 808	96 031	—	7 139.8	768.4	125.0	—	23.8	22.6
交通运输业												
客运量（万人）	253 993	772 682	1 478 573	2 976 898	3 269 508	1 287.2	423.1	221.1	109.8	8.3	7.5	8.3
铁　路	81 491	95 712	105 073	152 451	167 609	205.7	175.1	159.5	109.9	2.3	2.8	4.8
公　路	149 229	648 085	1 347 392	2 779 081	3 052 738	2 045.7	471.0	226.6	109.8	9.9	8.1	8.5
水　运	23 042	27 225	19 386	22 314	22 392	97.2	82.2	115.5	100.3	−0.1	−1.0	1.5
民　航	231	1 660	6 722	23 052	26 769	11 588.4	1 612.6	398.2	116.1	16.0	14.9	14.8
货运量（万吨）	248 946	970 602	1 358 682	2 825 222	3 241 807	1 302.2	334.0	238.6	114.7	8.4	6.2	9.1
铁　路	110 119	150 681	178 581	333 348	364 271	330.8	241.7	204.0	109.3	3.8	4.5	7.4
公　路	85 182	724 040	1 038 813	2 127 834	2 448 052	2 873.9	338.1	235.7	115.0	11.1	6.3	9.0
水　运	43 292	80 094	122 391	318 996	378 949	875.3	473.1	309.6	118.8	7.0	8.1	12.0
民　航	6	37	197	446	563	8 797.5	1 521.7	286.2	126.4	15.0	14.6	11.1
管　道	10 347	15 750	18 700	44 598	49 972	483.0	317.3	267.2	112.0	5.0	5.9	10.3
沿海规模以上港口货物吞吐量（万吨）	19 834	48 321	125 603	475 481	548 358	2 764.7	1 134.8	436.6	115.3	10.9	12.9	15.9
邮电通信业												
邮电业务总量（亿元）	34.1	155.5	4 792.7	27 193.5	31 978.5	125 902.3	27 592.8	895.5	117.6	25.0	32.4	24.5
函　件（亿件）	28.4	54.9	77.7	75.3	74.0	261.0	134.9	95.2	98.3	3.0	1.5	−0.5

续表

指　标	总量指标					速度指标(%)						
						指数(2010 为以下各年)				平均增长速度		
	1978 年	1990 年	2000 年	2009 年	2010 年	1978 年	1990 年	2000 年	2009 年	1979—2010 年	1991—2010 年	2001—2010 年
报刊期发数（万份）	11 250.0	20 078.0	20 090.0	13 910.0	17 158.0	152.5	85.5	85.4	123.4	1.3	−0.8	−1.6
移动电话年末用户（万户）	—	1.8	8 453.3	74 721.4	85 900.3	—	4 694 005.5	1 016.2	115.0	—	71.2	26.1
固定电话年末用户（万户）	192.5	685.0	14 482.9	31 373.2	29 434.2	15 287.0	4 296.8	203.2	93.8	17.0	20.7	7.3
城　市	119.2	538.4	9 311.6	21 190.0	19 658.1	16 498.6	3 650.9	211.1	92.8	17.3	19.7	7.8
农　村	73.4	146.6	5 171.3	10 183.2	9 776.1	13 320.0	6 669.4	189.0	96.0	16.5	23.4	6.6
公用电话（万户）	1.2	4.6	352.0	2 708.8	2 595.9	223 034.6	56 376.2	737.5	95.8	27.2	37.3	22.1
局用交换机容量（万门）	405.9	1 231.8	17 825.6	49 265.6	46 537.3	11 465.8	3 777.9	261.1	94.5	16.0	19.9	10.1
旅游业												
入境旅游过夜者人数（万人次）	71.6	1 048.4	3 122.9	5 087.5	5 566.5	7 774.4	530.9	178.2	109.4	14.6	8.7	6.0
国际旅游外汇收入（亿美元）	2.6	22.2	162.2	396.8	458.1	17 419.8	2 065.6	282.5	115.5	17.5	16.3	10.9
金融业												
金融机构人民币各项存款余额（亿元）	1 155	13 943	123 804	597 741	718 238	62 185.1	5 151.3	580.1	120.2	22.3	21.8	19.2
金融机构人民币各项贷款余额（亿元）	1 890	17 511	99 371	399 685	479 196	25 354.3	2 736.5	482.2	119.9	18.9	18.0	17.0
股票筹资额（亿元）	—		2 103	6 125	11 972	—	—	569.3	195.5	—	—	19.0
保险公司保费金额（亿元）	—	—	1 598	11 137	14 528	—	—	909.1	130.4	—	—	24.7
保险公司赔款及给付金额（亿元）	—	—	526	3 125	3 200	—	—	608.4	102.4	—	—	19.8
教育、科技、文化												
教　育												
专任教师数（万人）												
#普通高等学校	20.6	39.5	46.3	129.5	134.3	652.0	340.0	290.2	103.7	6.0	6.3	11.2
普通中学	318.2	303.3	400.5	500.7	504.2	158.4	166.2	125.9	100.7	1.4	2.6	2.3
普通小学	522.6	558.2	586.0	563.3	561.7	107.5	100.6	95.8	99.7	0.2	0.03	−0.4
在校学生数（万人）												

续表

指　标	总量指标					速度指标(%)						
						指数(2010 为以下各年)				平均增长速度		
	1978 年	1990 年	2000 年	2009 年	2010 年	1978 年	1990 年	2000 年	2009 年	1979—2010 年	1991—2010 年	2001—2010 年
#普通高等学校	85.6	206.3	556.1	2 144.7	2 231.8	2 607.2	1 081.8	401.3	104.1	10.7	12.6	14.9
普通中学	6 548.3	4 586.0	7 368.9	7 867.9	7 703.2	117.6	168.0	104.5	97.9	0.5	2.6	0.4
普通小学	14 624.0	12 241.4	13 013.3	10 071.5	9 940.7	68.0	81.2	76.4	98.7	-1.2	-1.0	-2.7
教育经费支出　(亿元)	—	—	3 849.1	16 502.7	—	—	—	0.0	0.0	—	—	—
科　技												
研究与试验发展经费内部支出(亿元)	—	—	895.7	5 802.1	7 062.6	—	—	788.5	121.7	—	—	22.9
技术市场成交额　(亿元)	—	75.1	650.8	3 039.0	3 906.6	—	5 201.9	600.3	128.5	—	21.8	19.6
文　化												
图书出版总印数　(亿册、亿张)	37.7	56.4	62.7	70.4	71.7	190.0	127.2	114.3	101.9	2.0	1.2	1.3
电视节目制作时间　(万小时)	—	9.2	58.5	265.4	274.3	—	2 994.5	468.9	103.4	—	18.5	16.7
故事片产量　(部)	46.0	134.0	91.0	456.0	526.0	1 143.5	392.5	578.0	115.4	7.9	7.1	19.2
家庭生活												
规　模												
城镇居民平均每户家庭人口(人)	—	3.5	3.1	2.9	2.9	—	82.3	92.0	99.7	—	-1.0	-0.8
农村居民平均每户常住人口(人)	—	4.8	4.2	4.0	3.9	—	82.4	94.2	99.4	—	-1.0	-0.6
婚　姻												
结婚登记总数　(万对)	597.8	951.1	848.5	1212.4	1 241.0	207.6	130.5	146.3	102.4	2.3	1.3	3.9
离婚数　(万对)	28.5	80.0	121.3	246.8	267.8	939.6	334.7	220.8	108.5	7.3	6.2	8.2
居　住												
城镇人均住房建筑面积(平方米)	—	—	—	31.3	31.6	—	—	—	101.0	—	—	—

续表

指标	总量指标					速度指标(%)						
						指数(2010 为以下各年)				平均增长速度		
	1978 年	1990 年	2000 年	2009 年	2010 年	1978 年	1990 年	2000 年	2009 年	1979—2010 年	1991—2010 年	2001—2010 年
农村人均住房面积 (平方米)	8.1	17.8	24.8	33.6	34.1	420.7	191.5	137.4	101.5	4.6	3.3	3.2
生　活												
城镇居民人均可支配收入 (元)	343	1 510	6 280	17 175	19 109	965.2	487.2	251.6	107.8	7.3	8.2	9.7
农村居民人均纯收入 (元)	134	686	2 253	5 153	5 919	954.4	306.7	197.4	110.9	7.3	5.8	7.0
城乡人民币储蓄存款余额(亿元)	211	7 120	64 332	260 772	303 302	144 018.1	4 260.0	471.5	116.3	25.5	20.6	16.8
社会保险												
社会保险基金收入 (亿元)	—	187	2 645	16 116	18 823	—	10 076.9	711.7	116.8	—	25.9	21.7
社会保险基金支出 (亿元)	—	152	2 386	12 303	14 819	—	9 757.0	621.2	120.5	—	25.7	20.0
卫　生												
医院、卫生院 (个)	64 311.0	62 126.0	66 095.0	59 918.0	59 683.0	92.8	96.1	90.3	99.6	-0.2	-0.2	-1.0
执业(助理)医师 (万人)	97.8	176.3	207.6	232.9	241.3	246.7	136.9	116.3	103.6	2.9	1.6	1.5
医院、卫生院床位数 (万张)	184.7	259.2	290.8	408.1	440.2	238.3	169.8	151.4	107.9	2.8	2.7	4.2
城市市政建设												
年供水总量 (亿吨)	78.8	382.3	469.0	496.7	507.9	644.5	132.8	108.3	102.2	6.0	1.4	0.8
人工煤气供气量 (亿立方米)	—	174.7	152.4	361.6	279.9	—	160.2	183.7	77.4	—	2.4	6.3
天然气供气量 (亿立方米)	—	64.2	82.1	405.1	487.6	—	759.5	593.9	120.4	—	10.7	19.5
年末实有道路长度 (万公里)	2.7	9.5	16.0	26.9	29.4	1 091.9	309.9	184.0	109.4	7.8	5.8	6.3
排水管道长度 (万公里)	2.0	5.8	14.2	34.4	37.0	1 889.7	637.2	260.2	107.5	9.6	9.7	10.0
年末公共交通车辆运营数(万辆)	2.6	6.2	22.6	37.1	38.3	1 482.3	617.7	169.5	103.2	8.8	9.5	5.4
城市绿地面积 (万公顷)	8.2	47.5	86.5	199.3	213.4	2 611.3	449.3	246.7	107.1	10.7	7.8	9.5
环境、灾害												
化学需氧量排放量 (万吨)	—	—	1 445	1 278	1 238	—	—	85.7	96.9	—	—	-1.5
二氧化硫排放量 (万吨)	—	—	1 995	2 214	2 185	—	—	109.5	98.7	—	—	0.9

续表

指标	总量指标					速度指标(%)						
						指数(2010 为以下各年)				平均增长速度		
	1978 年	1990 年	2000 年	2009 年	2010 年	1978 年	1990 年	2000 年	2009 年	1979—2010 年	1991—2010 年	2001—2010 年
交通事故发生数 (起)	—	250 244	616 971	238 351	219 521	—	87.7	35.6	92.1	—	-0.7	-9.8
交通事故直接财产损失 (万元)	—	35 362	263 290	91 437	92 634	—	262.0	35.2	101.3	—	4.9	-9.9
火灾发生数 (起)	—	57 302	189 185	129 381	132 497	—	231.2	70.0	102.4	—	4.3	-3.5
火灾直接经济损失 (万元)	—	51 182	152 217	162 391	195 945	—	382.8	128.7	120.7	—	6.9	2.6

注:1. 本表价值指标除邮电业务总量按不变价格计算外,其余均按当年价格计算。邮电业务总量2000年及以前按1990年不变价格计算,以后按2000年不变价格计算。

2. 本表速度指标中,国民总收入、国内生产总值及三次产业增加值、农林牧渔业总产值、邮电业务总量和城乡居民收入指标均按可比价格计算。固定资产投资平均增长速度按累计法计算。

3. 2000年及以后保险业务包括外资公司。

东、中、西、东北地区主要经济指标

指标	东部10省市合计或平均	占全国比重(%)	中部6省合计或平均	占全国比重(%)	西部12省区市合计或平均	占全国比重(%)	东北3省合计或平均	占全国比重(%)
国民经济核算								
国内（地区）生产总值（亿元）	232 030.7	53.1	86 109.4	19.7	81 408.5	18.6	37 493.5	8.6
第一产业	14 626.3	36.1	11 221.1	27.7	10 701.3	26.4	3 984.1	9.8
第二产业	114 553.3	52.1	45 130.3	20.5	40 693.9	18.5	19 687.2	8.9
第三产业	102 851.0	58.3	29 758.0	16.9	30 013.3	17.0	13 822.1	7.8
投资、消费和进出口（亿元）								
全社会固定资产投资额	115 854.0	42.7	62 890.5	23.2	61 892.2	22.8	30 726.0	11.3
社会消费品零售总额	83 904.5	53.4	31 329.7	20.0	27 332.4	17.4	14 431.8	9.2
货物进出口总额（亿美元）	26 056.5	87.6	1 168.9	3.9	1 283.9	4.3	1 230.7	4.1
出口总额	13 784.3	87.4	634.6	4.0	720.1	4.6	638.6	4.0
进口总额	12 272.3	87.9	534.3	3.8	563.7	4.0	592.2	4.2
物价指数								
居民消费价格指数（上年=100）	103.4	—	103.1	—	103.6	—	103.5	—
农业								
主要农产品产量								
粮食（万吨）	13 869.9	25.4	16 720.7	30.6	14 436.4	26.4	9 620.7	17.6
棉花（万吨）	165.0	27.7	166.2	27.9	264.2	44.3	0.6	0.1
油料（万吨）	802.7	24.8	1 400.6	43.4	829.3	25.7	197.6	6.1
工业								
主要工业产品产量								
原油（亿吨）	8 219.1	40.5	584.4	2.9	5 840.7	28.8	5 657.2	27.9
水泥（万吨）	76 027.3	40.4	47 314.1	25.1	53 391.7	28.4	11 458.0	6.1
粗钢（万吨）	34 631.9	54.3	13 698.8	21.5	8 359.4	13.1	7 032.9	11.0
发电量（亿千瓦小时）	17 443.6	41.5	9 720.4	23.1	12 230.6	29.1	2 677.1	6.4

注：东部10省市、中部6省、西部12省市区和东北3省合计占全国的比重以全国各地区合计数为100计算。

国民总收入和国内生产总值

指　标	2006 年	2007 年	2008 年	2009 年	2010 年
国民总收入　(亿元)	217 522.7	267 763.7	316 228.8	341 401.5	403 260.0
国内生产总值　(亿元)	216 314.4	265 810.3	314 045.4	340 902.8	401 202.0
第一产业	24 040.0	28 627.0	33 702.0	35 226.0	40 533.6
第二产业	103 719.5	125 831.4	149 003.4	157 638.8	187 581.4
工　业	91 310.9	110 534.9	130 260.2	135 239.9	160 867.0
建筑业	12 408.6	15 296.5	18 743.2	22 398.8	26 714.4
第三产业	88 554.9	111 351.9	131 340.0	148 038.0	173 087.0
#交通运输仓储和邮政业	12 183.0	14 601.0	16 362.5	16 727.1	18 968.5
批发和零售业	16 530.7	20 937.8	26 182.3	28 984.5	35 746.1
人均国内生产总值　(元)	16 500.0	20 169.0	23 708.0	25 608.0	29 991.8
支出法国内生产总值　(亿元)	222 240.0	265 833.9	314 901.3	346 316.6	394 307.6
最终消费支出	112 631.9	131 510.1	152 346.6	166 820.1	186 905.3
资本形成总额	92 954.1	110 943.2	138 325.3	164 463.2	191 690.8
货物和服务净出口	16 654	23 380.6	24 229.4	15 033.3	15 711.5
国民总收入指数 (上年 = 100)	113.3	114.6	109.8	108.9	110.8
国内生产总值指数 (上年 = 100)	112.7	114.2	109.6	109.2	110.4
第一产业	105.0	103.7	105.4	104.2	104.3
第二产业	113.4	115.1	109.9	109.9	112.4
工　业	112.9	114.9	109.9	108.7	112.2
建筑业	117.2	116.2	109.5	118.6	113.7
第三产业	114.1	116.0	110.4	109.6	109.6
#交通运输仓储和邮政业	110.0	111.8	107.3	104.2	108.9
批发和零售业	119.5	120.2	115.9	112.1	114.3
人均国内生产总值指数 (上年 = 100)	112.0	113.6	109.1	108.7	109.9
国内生产总值构成　(%)	100.0	100.0	100.0	100.0	100.0
第一产业	11.1	10.8	10.7	10.3	10.1
第二产业	48.0	47.3	47.5	46.3	46.8
工　业	42.2	41.6	41.5	39.7	40.1
建筑业	5.7	5.8	6.0	6.6	6.7
第三产业	40.9	41.9	41.8	43.4	43.1

地区生产总值和指数

本表绝对数按当年价格计算，指数按不变价格计算

地区	地区生产总值（亿元）					指数（上年=100）				
	2006年	2007年	2008年	2009年	2010年	2006年	2007年	2008年	2009年	2010年
北京	8 117.78	9 846.81	11 115.00	12 153.03	14 113.58	113.0	114.5	109.1	110.2	110.3
天津	4 462.74	5 252.76	6 719.01	7 521.85	9 224.46	114.7	115.5	116.5	116.5	117.4
河北	11 467.60	13 607.32	16 011.97	17 235.48	20 394.26	113.4	112.8	110.1	110.0	112.2
山西	4 878.61	6 024.45	7 315.40	7 358.31	9 200.86	112.8	115.9	108.5	105.4	113.9
内蒙古	4 944.25	6 423.18	8 496.20	9 740.25	11 672.00	119.1	119.2	117.8	116.9	115.0
辽宁	9 304.52	11 164.30	13 668.58	15 212.49	18 457.27	114.2	115.0	113.4	113.1	114.2
吉林	4 275.12	5 284.69	6 426.10	7 278.75	8 667.58	115.0	116.1	116.0	113.6	113.8
黑龙江	6 211.80	7 104.00	8 314.37	8 587.00	10 368.60	112.1	112.0	111.8	111.4	112.7
上海	10 572.24	12 494.01	14 069.86	15 046.45	17 165.98	112.7	115.2	109.7	108.2	110.3
江苏	21 742.05	26 018.48	30 981.98	34 457.30	41 425.48	114.9	114.9	112.7	112.4	112.7
浙江	15 718.47	18 753.73	21 462.69	22 990.35	27 722.31	113.9	114.7	110.1	108.9	111.9
安徽	6 112.50	7 360.92	8 851.66	10 062.82	12 359.33	112.5	114.2	112.7	112.9	114.6
福建	7 583.85	9 248.53	10 823.01	12 236.53	14 737.12	114.8	115.2	113.0	112.3	113.9
江西	4 820.53	5 800.25	6 971.05	7 655.18	9 451.26	112.3	113.2	113.2	113.1	114.0
山东	21 900.19	25 776.91	30 933.28	33 896.65	39 169.92	114.7	114.2	112.0	112.2	112.3
河南	12 362.79	15 012.46	18 018.53	19 480.46	23 092.36	114.4	114.6	112.1	110.9	112.5
湖北	7 617.47	9 333.40	11 328.89	12 961.10	15 967.61	113.2	114.6	113.4	113.5	114.8
湖南	7 688.67	9 439.60	11 555.00	13 059.69	16 037.96	112.8	115.0	113.9	113.7	114.6
广东	26 587.76	31 777.01	36 796.71	39 482.56	46 013.06	114.8	114.9	110.4	109.7	112.4
广西	4 746.16	5 823.41	7 021.00	7 759.16	9 569.85	113.6	115.1	112.8	113.9	114.2
海南	1 044.91	1 254.17	1 503.06	1 654.21	2 064.50	113.2	115.8	110.3	111.7	116.0
重庆	3 907.23	4 676.13	5 793.66	6 530.01	7 925.58	112.4	115.9	114.5	114.9	117.1
四川	8 690.24	10 562.39	12 601.23	14 151.28	17 185.48	113.5	114.5	111.0	114.5	115.1
贵州	2 338.98	2 884.11	3 561.56	3 912.68	4 602.16	112.8	114.8	111.3	111.4	112.8
云南	3 988.14	4 772.52	5 692.12	6 169.75	7 224.18	111.6	112.2	110.6	112.1	112.3
西藏	290.76	341.43	394.85	441.36	507.46	113.3	114.0	110.1	112.4	112.3
陕西	4 743.61	5 757.29	7 314.58	8 169.80	10 123.48	113.9	115.8	116.4	113.6	114.6
甘肃	2 276.70	2 702.40	3 166.82	3 387.56	4 120.75	111.5	112.3	110.1	110.3	111.8
青海	648.50	797.35	1 018.62	1 081.27	1 350.43	113.3	113.5	113.5	110.1	115.3
宁夏	725.90	919.11	1 203.92	1 353.31	1 689.65	112.7	112.7	112.6	111.9	113.5
新疆	3 045.26	3 523.16	4 183.21	4 277.05	5 437.47	111.0	112.2	111.0	108.1	110.6

按主要行业分法人单位数

单位：万个

项 目	2006 年	2007 年	2008 年	2009 年	2010 年
全国总计	606.89	649.51	709.88	800.39	875.46
农、林、牧、渔业	7.82	9.85	0.20	18.48	24.24
采矿业	9.40	9.77	9.73	10.34	10.41
制造业	157.94	170.25	181.84	195.93	209.84
电力、燃气及水的生产和供应业	4.59	4.91	5.79	6.20	6.42
建筑业	17.02	19.05	22.68	26.17	30.22
交通运输、仓储和邮政业	10.46	11.72	15.76	17.59	19.58
信息传输、计算机服务和软件业	10.06	11.51	15.33	17.63	19.12
批发和零售业	112.25	124.60	140.31	167.03	196.51
住宿和餐饮业	10.99	11.82	14.53	15.49	16.48
金融业	2.92	3.18	2.87	3.69	4.55
房地产业	16.59	18.74	21.44	24.40	28.47
租赁和商务服务业	33.19	36.88	42.70	51.17	59.05
科学研究、技术服务和地质勘查业	16.62	17.67	20.17	23.32	25.69
水利、环境和公共设施管理业	4.88	5.10	5.76	6.17	6.48
居民服务和其他服务业	10.22	11.05	12.05	14.19	15.82
教 育	30.88	31.23	33.51	34.20	34.24
卫生、社会保障和社会福利业	18.50	18.74	20.65	20.90	20.58
文化、体育和娱乐业	7.29	7.64	8.19	9.09	9.56
公共管理和社会组织	125.27	125.80	136.39	138.38	138.20
国际组织					

注：2008 年农、林、牧、渔业法人单位数为兼营第二、三产业的农、林、牧、渔业法人单位。

人口数及构成

单位：万人

年　份	总人口（年末）	按性别分				按城乡分			
		男		女		城　镇		乡　村	
		人口数	比重（%）	人口数	比重（%）	人口数	比重（%）	人口数	比重（%）
1949	54 167	28 145	51.96	26 022	48.04	5 765	10.64	48 402	89.36
1950	55 196	28 669	51.94	26 527	48.06	6 169	11.18	49 027	88.82
1951	56 300	29 231	51.92	27 069	48.08	6 632	11.78	49 668	88.22
1955	61 465	31 809	51.75	29 656	48.25	8 285	13.48	53 180	86.52
1960	66 207	34 283	51.78	31 924	48.22	13 073	19.75	53 134	80.25
1965	72 538	37 128	51.18	35 410	48.82	13 045	17.98	59 493	82.02
1970	82 992	42 686	51.43	40 306	48.57	14 424	17.38	68 568	82.62
1971	85 229	43 819	51.41	41 410	48.59	14 711	17.26	70 518	82.74
1972	87 177	44 813	51.40	42 364	48.60	14 935	17.13	72 242	82.87
1973	89 211	45 876	51.42	43 335	48.58	15 345	17.20	73 866	82.80
1974	90 859	46 727	51.43	44 132	48.57	15 595	17.16	75 264	82.84
1975	92 420	47 564	51.47	44 856	48.53	16 030	17.34	76 390	82.66
1976	93 717	48 257	51.49	45 460	48.51	16 341	17.44	77 376	82.56
1977	94 974	48 908	51.50	46 066	48.50	16 669	17.55	78 305	82.45
1978	96 259	49 567	51.49	46 692	48.51	17 245	17.92	79 014	82.08
1979	97 542	50 192	51.46	47 350	48.54	18 495	18.96	7 9047	81.04
1980	98 705	50 785	51.45	47 920	48.55	19 140	19.39	79 565	80.61
1981	100 072	51 519	51.48	48 553	48.52	20 171	20.16	79 901	79.84
1982	101 654	52 352	51.50	49 302	48.50	21 480	21.13	80 174	78.87
1983	103 008	53 152	51.60	49 856	48.40	22 274	21.62	80 734	78.38
1984	104 357	53 848	51.60	50 509	48.40	24 017	23.01	80 340	76.99
1985	105 851	54 725	51.70	51 126	48.30	25 094	23.71	80 757	76.29
1986	107 507	55 581	51.70	51 926	48.30	26 366	24.52	81 141	75.48
1987	109 300	56 290	51.50	53 010	48.50	27 674	25.32	81 626	74.68
1988	111 026	57 201	51.52	53 825	48.48	28 661	25.81	82 365	74.19
1989	112 704	58 099	51.55	54 605	48.45	29 540	26.21	83 164	73.79

续表

年　份	总人口（年末）	按性别分				按城乡分			
		男		女		城　镇		乡　村	
		人口数	比重（%）	人口数	比重（%）	人口数	比重（%）	人口数	比重（%）
1990	114 333	58 904	51.52	55 429	48.48	30 195	26.41	84 138	73.59
1991	115 823	59 466	51.34	56 357	48.66	31 203	26.94	84 620	73.06
1992	117 171	59 811	51.05	57 360	48.95	32 175	27.46	84 996	72.54
1993	118 517	60 472	51.02	58 045	48.98	33 173	27.99	85 344	72.01
1994	119 850	61 246	51.10	58 604	48.90	34 169	28.51	85 681	71.49
1995	121 121	61 808	51.03	59 313	48.97	35 174	29.04	85 947	70.96
1996	122 389	62 200	50.82	60 189	49.18	37 304	30.48	85 085	69.52
1997	123 626	63 131	51.07	60 495	48.93	39 449	31.91	84 177	68.09
1998	124 761	63 940	51.25	60 821	48.75	41 608	33.35	83 153	66.65
1999	125 786	64 692	51.43	61 094	48.57	43 748	34.78	82 038	65.22
2000	126 743	65 437	51.63	61 306	48.37	45 906	36.22	80 837	63.78
2001	127 627	65 672	51.46	61 955	48.54	48 064	37.66	79 563	62.34
2002	128 453	66 115	51.47	62 338	48.53	50 212	39.09	78 241	60.91
2003	129 227	66 556	51.50	62 671	48.50	52 376	40.53	76 851	59.47
2004	129 988	66 976	51.52	63 012	48.48	54 283	41.76	75 705	58.24
2005	130 756	67 375	51.53	63 381	48.47	56 212	42.99	74 544	57.01
2006	131 448	67 728	51.52	63 720	48.48	58 288	44.34	73 160	55.66
2007	132 129	68 048	51.50	64 081	48.50	60 633	45.89	71 496	54.11
2008	132 802	68 357	51.47	64 445	48.53	62 403	46.99	70 399	53.01
2009	133 450	68 647	51.44	64 803	48.56	64 512	48.34	68 938	51.66
2010	134 091	68 748	51.27	65 343	48.73	66 978	49.95	67 113	50.05

注：1. 1981年及以前数据为户籍统计数；1982、1990、2000、2010年数据为当年人口普查数据推算数；其余年份数据为在年度人口抽样调查基础上，根据人口普查数据修订数。

2. 总人口和按性别分人口中包括现役军人，按城乡分人口中现役军人计入城镇人口。

就业基本情况

项　　目	2006 年	2007 年	2008 年	2009 年	2010 年
经济活动人口（万人）	**76 315**	**76 531**	**77 046**	**77 510**	**78 388**
就业人员合计（万人）	**74 978**	**75 321**	**75 564**	**75 828**	**76 105**
第一产业	31 941	30 731	29 923	28 890	27 931
第二产业	18 894	20 186	20 553	21 080	21 842
第三产业	24 143	24 404	25 087	25 857	26 332
就业人员构成（合计 =100）					
第一产业	42.6	40.8	39.6	38.1	36.7
第二产业	25.2	26.8	27.2	27.8	28.7
第三产业	32.2	32.4	33.2	34.1	34.6
按城乡分就业人员（万人）					
城镇就业人员	29 630	30 953	32 103	33 322	34 687
#国有单位	6 430	6 424	6 447	6 420	6 516
城镇集体单位	764	718	662	618	597
股份合作单位	178	170	164	160	156
联营单位	45	43	43	37	36
有限责任公司	1 920	2 075	2 194	2 433	2 613
股份有限公司	741	788	840	956	1 024
私营企业	3 954	4 581	5 124	5 544	6 071
港澳台商投资单位	611	680	679	721	770
外商投资单位	796	903	943	978	1 053
个　体	3 012	3 310	3 609	4 245	4 467
乡村就业人员	45 348	44 368	43 461	42 506	41 418
#乡镇企业	14 680	15 090	15 451	15 588	15 893
私营企业	2 632	2 672	2 780	3 063	3 347
个　体	2 147	2 187	2 167	2 341	2 540
城镇登记失业人数（万人）	847	830	886	921	908
城镇登记失业率（%）	4.1	4.0	4.2	4.3	4.1

注：全国就业人员数据根据第六次人口普查数据进行了修订。

城镇单位就业人员工资总额和平均工资

项　目	2006 年	2007 年	2008 年	2009 年	2010 年
工资总额（亿元）					
合　计	24 262.3	29 471.5	35 289.5	40 288.2	47 269.9
国有单位	13 920.6	16 689.1	19 487.9	21 862.7	24 886.4
城镇集体单位	983.8	1 108.1	1 203.2	1 273.3	1 433.7
其他单位	9 357.9	11 674.3	14 598.4	17 152.1	20 949.7
指数（上年＝100）					
合　计	117.6	121.5	119.7	114.2	117.3
国有单位	113.3	119.9	116.8	112.2	113.8
城镇集体单位	108.5	112.6	108.6	105.8	112.6
其他单位	126.0	124.8	125.0	117.5	122.1
平均工资（元）					
合　计	20 856	24 721	28 898	32 244	36 539
#在岗职工	21 001	24 932	29 229	32 736	37 147
国有单位	21 706	26 100	30 287	34 130	38 359
城镇集体单位	12 866	15 444	18 103	20 607	24 010
其他单位	21 004	24 271	28 552	31 350	35 801
平均工资指数（上年＝100）					
合　计	114.6	118.5	116.9	111.6	113.3
#在岗职工	114.4	118.7	117.2	112.0	113.5
国有单位	114.4	120.2	116.0	112.7	112.4
城镇集体单位	115.1	120.0	117.2	113.8	116.5
其他单位	114.4	115.6	117.6	109.8	114.2
平均实际工资指数（上年＝100）					
合　计	112.9	113.4	110.7	112.6	109.8
#在岗职工	112.7	113.6	111.0	113.0	110.0
国有单位	112.7	115.0	109.8	113.7	108.9
城镇集体单位	113.4	114.8	111.0	114.8	112.9
其他单位	112.7	110.6	111.4	110.8	110.7

注：2008 年及以前城镇单位就业人员工资总额即为原来的城镇单位就业人员劳动报酬总额。

按行业分城镇单位就业人员平均工资

（2010年）

单位：元

项目	合计	国有单位	城镇集体单位	其他单位
全国总计	**36 539**	**38 359**	**24 010**	**35 801**
按国民经济行业分组				
农、林、牧、渔业	16 717	16 522	18 156	21 359
采矿业	44 196	44 904	23 791	44 907
制造业	30 916	35 386	20 841	30 609
电力、燃气及水的生产和供应业	47 309	47 724	33 851	47 164
建筑业	27 529	31 777	20 210	27 522
交通运输、仓储和邮政业	40 466	40 097	19 882	43 176
信息传输、计算机服务和软件业	64 436	46 402	37 576	74 178
批发和零售业	33 635	35 814	16 816	35 109
住宿和餐饮业	23 382	23 864	18 808	23 505
金融业	70 146	66 014	44 154	77 445
房地产业	35 870	33 967	24 617	37 102
租赁和商务服务业	39 566	33 680	20 981	50 179
科学研究、技术服务和地质勘查业	56 376	53 235	37 538	67 716
水利、环境和公共设施管理业	25 544	25 478	18 551	30 217
居民服务和其他服务业	28 206	32 417	20 818	25 536
教育	38 968	39 166	31 486	35 282
卫生、社会保障和社会福利业	40 232	41 112	32 645	34 672
文化、体育和娱乐业	41 428	42 367	24 796	37 107
公共管理和社会组织	38 242	38 387	26 957	21 392

全社会固定资产投资

指　标	2009 年	2010 年	2010 年比上年增长（%）
投资总额　（亿元）	**224 598.8**	**278 121.9**	**23.8**
按城乡分			
城　镇	193 920.4	241 430.9	24.5
#房地产开发	36 241.8	48 259.4	33.2
农　村	30 678.4	36 691.0	19.6
#农　户	7 434.5	7 886.0	6.1
按构成分			
建筑安装工程	138 758.3	171 351.8	23.5
设备工具器具购置	50 844.2	61 681.5	21.3
其他费用	34 996.2	45 088.5	28.8
按三次产业分			
第一产业	6 894.9	7 923.1	14.9
第二产业	96 250.8	118 102.1	22.7
第三产业	121 453.1	152 096.7	25.2
投资资金来源　（亿元）	**250 229.7**	**310 964.2**	**24.3**
国家预算内资金	12 685.7	14 677.8	15.7
国内贷款	39 302.8	47 258.0	20.2
利用外资	4 623.7	4 986.8	7.9
自筹资金	153 514.8	197 099.2	28.4
其他资金	40 102.6	46 942.4	17.1
建设规模　（亿元）			
建设总规模	647 024.1	819 579.8	26.7
在建总规模	500 444.4	634 643.2	26.8
在建净规模	246 082.2	309 461.0	25.8
房屋建筑面积　（万平方米）			
施工面积	754 189.4	885 173.4	17.4
#住　宅	431 463.2	492 763.6	14.2
竣工面积	302 116.5	304 306.1	0.7
#住　宅	184 209.5	183 172.3	-0.6

注：1. 投资资金来源为财务拨款数，各项相加不等于投资总额。

2. 增长速度未扣除价格因素。

各地区按登记注册类型分全社会固定资产投资

（2010 年）

单位:亿元

地区	总计	内资									港、澳、台商投资	外商投资
			国有	集体	股份合作	联营	有限责任公司	股份有限公司	私营	个体	其他		
全国总计	**278 121.9**	**260 914.4**	**83 316.5**	**10 041.9**	**1 445.6**	**831.0**	**70 321.5**	**17 203.0**	**60 572.3**	**9 506.7**	**7 676.0**	**8 295.1**	**8 912.4**
北京	5 403.0	5 009.6	1 253.4	105.9	6.5	1.8	2 919.3	388.9	255.1	53.1	25.6	155.6	237.8
天津	6 278.1	5 827.0	2 455.5	346.4	24.5	20.2	1 921.9	477.0	485.8	26.4	69.4	166.6	284.4
河北	15 083.4	14 691.0	3 478.2	1 072.2	67.0	50.2	3 688.3	969.6	4 439.9	491.3	434.3	137.6	254.7
山西	6 063.2	5 953.5	2 726.0	308.0	35.7	35.1	1 522.3	306.7	692.2	232.4	95.2	46.4	63.3
内蒙古	8 926.5	8 764.4	3 345.9	108.7	61.2	20.0	3 178.1	703.7	1 123.0	105.4	118.3	45.0	117.0
辽宁	16 043.0	14 329.4	3 463.2	418.2	84.2	32.8	3 730.1	940.1	5 158.3	279.2	223.5	795.0	918.6
吉林	7 870.4	7 609.5	2 214.0	65.2	24.5	8.4	2 895.4	433.7	1 584.3	227.2	156.7	106.9	154.0
黑龙江	6 812.6	6 648.5	2 736.9	46.6	19.6	5.9	1 759.2	573.0	929.8	454.7	122.7	43.8	120.3
上海	5 108.9	4 370.4	1 830.4	99.1	8.5	59.5	1 298.6	173.4	882.9	2.0	16.0	253.6	484.9
江苏	23 184.3	20 169.9	4 054.1	850.5	91.3	28.6	4 846.2	979.1	8 387.2	409.4	523.5	1 283.5	1 730.9
浙江	12 376.0	11 233.9	2 801.6	311.9	37.0	50.5	3 729.4	421.8	3 109.1	564.0	208.6	584.7	557.4
安徽	11 542.9	11 091.5	2 809.8	283.5	44.9	27.7	3 166.6	693.4	3 203.5	498.6	363.4	242.1	209.4
福建	8 199.1	7 103.0	2 496.8	227.8	39.0	57.2	1 609.4	256.8	2 015.2	222.6	178.3	652.8	443.3
江西	8 772.3	8 314.9	2 096.1	122.8	96.5	19.8	2 437.4	612.0	2 377.8	367.2	185.3	231.5	225.9
山东	23 280.5	21 975.5	3 394.0	2 335.1	149.4	48.1	6 151.8	1 556.8	6 114.6	745.6	1 480.2	488.6	816.4
河南	16 585.9	16 181.6	2 692.6	1 072.1	160.1	43.8	3 760.9	1 313.0	5 027.5	987.3	1 124.3	239.9	164.3

续表

地　区	总　计	内　资									港、澳、台商投资	外商投资
			国　有	集　体	股份合作	联　营	有限责任公司	股份有限公司	私营	个体	其他		
湖　北	10 262.7	9 809.6	3 187.7	451.7	81.5	51.4	2 321.2	901.1	2 134.8	377.7	302.5	208.3	244.8
湖　南	9 663.6	9 440.7	3 258.5	189.0	154.8	43.2	1 903.0	788.6	2 280.2	443.7	379.8	121.1	101.7
广　东	15 623.7	13 309.7	4 399.1	724.7	49.8	75.1	3 804.4	974.5	2 203.1	679.7	399.2	1 464.8	849.3
广　西	7 057.6	6 712.7	2 164.8	145.5	39.2	27.3	1 605.9	492.5	1 485.7	472.5	279.3	193.8	151.1
海　南	1 317.0	1 149.1	345.9	2.0	16.9	2.1	451.2	164.8	109.6	44.6	11.9	108.7	59.3
重　庆	6 688.9	6 276.9	2 434.8	49.0	13.8	25.8	1 701.3	364.5	1 417.3	148.4	122.0	257.4	154.7
四　川	13 116.7	12 579.8	4 998.8	123.5	41.0	41.5	3 850.2	865.8	1 746.3	622.0	290.9	218.8	318.1
贵　州	3 104.9	3 033.6	1 350.9	9.4	18.5	16.2	806.9	130.9	486.4	176.3	38.2	39.9	31.4
云　南	5 528.7	5 422.1	2 559.7	88.2	18.5	5.4	1 194.3	342.0	864.6	244.4	104.9	58.7	48.0
西　藏	462.7	460.0	333.1	3.0	2.3	0.1	13.7	11.5	18.4	20.9	57.0	1.8	0.8
陕　西	7 963.7	7 777.8	3 639.2	399.4	37.8	20.3	1 973.6	453.2	807.1	261.1	186.3	92.2	93.7
甘　肃	3 158.3	3 104.1	1 684.4	58.3	11.2	9.0	624.8	168.1	322.4	110.9	115.0	36.3	18.0
青　海	1 016.9	993.6	465.9	10.5	5.6	0.5	249.4	99.9	96.2	49.8	15.9	1.3	22.0
宁　夏	1 444.2	1 426.2	464.7	2.8	0.5	0.5	471.3	61.2	372.3	47.4	5.6	2.1	15.8
新　疆	3 423.2	3 385.6	1 421.4	10.8	4.2	3.0	735.7	585.6	441.9	141.0	42.1	16.3	21.3
不分地区	6 759.1	6 759.1	6 759.1	—	—	—	—	—	—	—	—	—	—

按城乡分全社会固定资产投资

单位：亿元

年 份 地 区	全社会投资	城 镇		农 村		
			#房地产开发		农 户	非农户
1995	20 019.3	15 643.7	3 149.0	4 375.6	2 007.9	2 367.7
1996	(22 974.0)	(17 627.7)	(3 216.4)	(5 346.3)	(2 544.0)	(2 802.3)
	22 913.5	17 567.2	3 216.4	5 346.3	2 544.0	2 802.3
1997	24 941.1	19 194.2	3 178.4	5 746.9	2 691.2	3 055.6
1998	28 406.2	22 491.4	3 614.2	5 914.8	2 681.5	3 233.3
1999	29 854.7	23 732.0	4 103.2	6 122.7	2 779.6	3 343.1
2000	32 917.7	26 221.8	4 984.1	6 695.9	2 904.3	3 791.6
2001	37 213.5	30 001.2	6 344.1	7 212.3	2 976.6	4 235.7
2002	43 499.9	35 488.8	7 790.9	8 011.1	3 123.2	4 887.9
2003	55 566.6	45 811.7	10 153.8	9 754.9	3 201.0	6 554.0
2004	70 477.4	59 028.2	13 158.3	11 449.3	3 362.7	8 086.6
2005	88 773.6	75 095.1	15 909.2	13 678.5	3 940.6	9 737.9
2006	109 998.2	93 368.7	19 422.9	16 629.5	4 436.2	12 193.3
2007	137 323.9	117 464.5	25 288.8	19 859.5	5 123.3	14 736.2
2008	172 828.4	148 738.3	31 203.2	24 090.1	5 951.8	18 138.3
2009	224 598.8	193 920.4	36 241.8	30 678.4	7 434.5	23 243.9
2010	278 121.9	241 430.9	48 259.4	36 691.0	7 886.0	28 805.0
北 京	5 403.0	4 916.5	2 901.1	486.4	52.1	434.3
天 津	6 278.1	5 896.5	866.6	381.6	26.4	355.2
河 北	15 083.4	12 922.7	2 264.9	2 160.7	460.8	1 699.9
山 西	6 063.2	5 526.6	592.2	536.6	217.9	318.6
内蒙古	8 926.5	8 688.0	1 120.0	238.5	91.2	147.3
辽 宁	16 043.0	15 106.3	3 465.8	936.7	249.4	687.3
吉 林	7 870.4	7 395.2	921.0	475.2	174.8	300.4
黑龙江	6 812.6	6 292.7	843.1	519.9	316.7	203.2
上 海	5 108.9	4 630.5	1 980.7	478.4	2.0	476.4
江 苏	23 184.3	17 416.5	4 299.4	5 767.8	377.7	5 390.1

续表

年份 地区	全社会投资	城镇	#房地产开发	农村	农户	非农户
浙江	12 376.0	8 438.1	3 025.4	3 938.0	507.8	3 430.2
安徽	11 542.9	10 281.3	2 251.8	1 261.7	439.1	822.6
福建	8 199.1	7 385.8	1 818.9	813.3	206.1	607.3
江西	8 772.3	7 856.9	706.8	915.3	305.3	610.1
山东	23 280.5	18 844.4	3 249.4	4 436.1	697.8	3 738.3
河南	16 585.9	13 934.8	2 114.1	2 651.0	786.6	1 864.4
湖北	10 262.7	9 405.6	1 618.2	857.1	302.8	554.3
湖南	9 663.6	8 618.0	1 469.1	1 045.6	362.5	683.0
广东	15 623.7	12 599.3	3 659.7	3 024.4	353.3	2 671.1
广西	7 057.6	6 383.3	1 206.2	674.3	338.3	336.0
海南	1 317.0	1 257.5	467.9	59.5	38.4	21.1
重庆	6 688.9	6 170.6	1 620.3	518.3	94.6	423.7
四川	13 116.7	11 061.4	2 194.6	2 055.3	566.9	1 488.5
贵州	3 104.9	2 609.4	556.7	495.6	159.1	336.4
云南	5 528.7	5 052.6	900.4	476.1	219.8	256.3
西藏	462.7	405.0	9.0	57.7		57.7
陕西	7 963.7	7 569.9	1 159.5	393.8	220.3	173.5
甘肃	3 158.3	2 808.6	266.4	349.8	103.6	246.2
青海	1 016.9	840.0	108.2	176.9	49.4	127.4
宁夏	1 444.2	1 292.8	254.4	151.4	46.6	104.7
新疆	3 423.2	3 065.1	347.7	358.1	118.5	239.6
不分地区	6 759.1	6 759.1	—	—	—	—

注：自 1997 年起，除房地产投资、农村集体投资、个人投资以外，投资统计的起点由 5 万元提高到 50 万元。为便于比较，对 1996 年的相应数据作了全面调整，括号内为原口径数，未加括号的为调整后的新口径数（下表同）。

全社会固定资产投资资金来源和按构成分固定资产投资

年　份	投资资金来源				投资按构成分		
	国家预算内资金	国内贷款	利用外资	自筹和其他资金	建筑安装工　程	设备工具器具购置	其他费用
总量（亿元）							
1995	621.1	4 198.7	2 295.9	13 409.2	13 173.3	4 262.5	2 583.5
1996	(629.7)	(4 576.5)	(2 747.4)	(15 465.4)	(15 153.4)	(4 940.8)	(2 879.8)
	625.9	4 573.7	2 746.6	15 412.4	15 109.3	4 926.0	2 878.3
1997	696.7	4 782.6	2 683.9	17 096.5	15 614.0	6 044.8	3 282.3
1998	1 197.4	5 542.9	2 617.0	19 359.6	17 874.5	6 528.5	4 003.1
1999	1 852.1	5 725.9	2 006.8	20 169.7	18 795.9	7 053.0	4 005.7
2000	2 109.5	6 727.3	1 696.3	22 577.4	20 536.3	7 785.6	4 595.9
2001	2 546.4	7 239.8	1 730.7	26 470.0	22 954.9	8 833.8	5 424.8
2002	3 161.0	8 859.1	2 085.0	30 941.9	26 578.9	9 884.5	7 036.6
2003	2 687.8	12 044.4	2 599.4	41 284.8	33 447.2	12 681.9	9 437.5
2004	3 254.9	13 788.0	3 285.7	54 236.3	42 803.6	16 527.0	11 146.8
2005	4 154.3	16 319.0	3 978.8	70 138.7	53 382.6	21 422.9	13 968.1
2006	4 672.0	19 590.5	4 334.3	90 360.2	66 775.8	25 563.9	17 658.4
2007	5 857.1	23 044.2	5 132.7	116 769.7	83 518.3	31 574.8	22 230.9
2008	7 954.8	26 443.7	5 311.9	143 204.9	104 958.9	40 594.1	27 275.5
2009	12 685.7	39 302.8	4 623.7	193 617.4	138 758.3	50 844.2	34 996.2
2010	14 677.8	47 258.0	4 986.8	244 041.7	171 351.8	61 681.5	45 088.5
构成（%）							
1995	3.0	20.5	11.2	65.3	65.8	21.3	12.9
1996	2.7	19.6	11.8	66.0	66.0	21.5	12.5
1997	2.8	18.9	10.6	67.7	62.6	24.2	13.2
1998	4.2	19.3	9.1	67.4	62.9	23.0	14.1
1999	6.2	19.2	6.7	67.8	63.0	23.6	13.4
2000	6.4	20.3	5.1	68.2	62.4	23.7	13.9
2001	6.7	19.1	4.6	69.6	61.7	23.7	14.6
2002	7.0	19.7	4.6	68.7	61.1	22.7	16.2
2003	4.6	20.5	4.4	70.5	60.2	22.8	17.0
2004	4.4	18.5	4.4	72.7	60.7	23.5	15.8
2005	4.4	17.3	4.2	74.1	60.1	24.1	15.7
2006	3.9	16.5	3.6	76.0	60.7	23.2	16.1
2007	3.9	15.3	3.4	77.4	60.8	23.0	16.2
2008	4.3	14.5	2.9	78.3	60.7	23.5	15.8
2009	5.1	15.7	1.8	77.4	61.8	22.6	15.6
2010	4.7	15.2	1.6	78.5	61.6	22.2	16.2

城镇投资资金来源和按隶属关系分城镇固定资产投资

单位：亿元

年　份 地　区	投资资金来源					投资按隶属关系分	
	国家预算内资金	国内贷款	利用外资	自筹资金	其他资金	中央项目	地方项目
1995	569.0	3 511.9	2 114.1	7 940.8	2 013.7	4 274.5	11 369.2
1996	(679.2)	(5 247.0)	(3 018.4)	(14 600.3)	(5 340.8)	(4 887.7)	(12 740.0)
	576.4	3 903.2	2 475.6	7 748.2	3 308.9	4 887.7	12 679.5
1997	631.7	4 136.7	2 424.5	8 722.3	3 597.7	5 521.6	13 672.7
1998	1 108.7	4 918.0	2 377.9	9 885.5	4 512.1	6 121.6	16 369.7
1999	1 613.8	5 249.8	1 832.2	10 042.9	4 893.1	5 894.6	17 837.3
2000	1 795.0	6 245.8	1 526.2	11 227.5	5 620.0	6 275.6	19 946.2
2001	2 261.7	6 672.5	1 570.5	13 708.5	6 561.4	6 586.6	23 414.6
2002	2 750.8	8 167.5	1 825.8	16 567.7	7 723.9	6 526.7	28 962.0
2003	2 360.1	11 223.9	2 211.7	23 617.4	9 448.2	6 113.6	39 698.1
2004	2 855.6	12 842.9	2 706.6	32 196.1	12 514.5	7 524.6	51 503.6
2005	3 637.9	15 363.9	3 386.4	44 154.5	14 369.7	9 111.0	65 984.1
2006	4 438.7	18 814.8	3 811.0	56 547.5	18 147.0	10 856.5	82 512.2
2007	5 464.1	22 136.1	4 549.0	74 520.9	24 073.3	13 165.3	104 299.2
2008	7 377.0	25 466.0	4 695.8	97 846.5	23 194.4	17 172.5	131 565.8
2009	11 493.6	37 634.1	3 983.5	127 557.7	38 117.7	20 697.4	173 223.0
2010	13 104.7	45 104.7	4 339.6	165 752.0	44 823.6	22 790.6	218 640.2
北　京	88.2	2 138.3	43.6	2 895.9	2 702.0	598.1	4 318.4
天　津	50.6	1 657.0	124.8	3 643.1	1 021.2	766.8	5 129.7
河　北	364.5	2 099.6	72.9	10 236.8	1 488.0	693.6	12 229.1
山　西	446.7	894.0	32.6	3 508.1	729.5	428.3	5 098.3
内蒙古	364.4	1 070.2	7.5	6 992.9	392.8	886.3	7 801.7
辽　宁	592.7	2 679.2	437.9	12 149.5	1 794.0	994.9	14 111.4
吉　林	255.6	424.0	52.3	6 117.7	521.0	711.9	6 683.3
黑龙江	366.4	526.9	35.9	5 174.1	668.3	746.2	5 546.4
上　海	111.1	1 449.9	210.6	2 770.8	1 328.2	583.5	4 047.0

续表

年份 地区	投资资金来源					投资按隶属关系分	
	国家预算内资金	国内贷款	利用外资	自筹资金	其他资金	中央项目	地方项目
江苏	238.8	2 955.0	962.3	12 417.1	4 788.2	548.3	16 868.2
浙江	396.0	2 150.2	164.9	4 825.2	3 410.1	484.3	7 953.8
安徽	649.7	1 155.0	99.0	7 443.4	1 652.9	279.2	10 002.0
福建	600.9	1 494.9	279.0	4 334.4	1 397.2	583.4	6 802.4
江西	418.3	1 021.7	183.5	6 435.8	925.0	226.4	7 630.5
山东	455.1	2 500.1	449.9	14 587.5	2 681.8	525.0	18 319.5
河南	324.1	1 483.9	45.3	10 878.7	1 545.0	312.1	13 622.7
湖北	731.9	1 673.0	150.4	6 547.0	1 306.2	536.2	8 869.5
湖南	609.3	1 346.3	73.3	5 840.8	1 358.0	285.8	8 332.2
广东	301.7	2 948.3	449.9	7 841.1	3 547.7	1 024.8	11 574.5
广西	304.8	1 025.0	67.0	4 260.7	1 117.9	277.8	6 105.5
海南	108.5	479.0	23.1	519.3	556.1	88.7	1 168.8
重庆	532.8	1 647.1	147.7	3 451.8	1 983.4	383.0	5 787.6
四川	1 045.2	2 332.0	92.4	6 954.8	2 336.1	946.8	10 114.5
贵州	228.1	863.1	10.9	1 431.3	597.4	266.6	2 342.8
云南	439.7	1 365.8	11.2	2 986.0	1 051.9	594.4	4 458.2
西藏	295.2	6.4	1.4	131.7	23.2	234.9	170.0
陕西	791.8	1 034.8	29.3	5 775.6	1 266.7	406.9	7 163.0
甘肃	491.1	490.1	18.4	1 559.3	334.7	294.5	2 514.1
青海	89.6	170.5	4.6	444.3	150.6	130.7	709.3
宁夏	68.7	395.6	4.1	598.9	232.0	220.8	1 072.0
新疆	500.8	494.7	11.9	1 742.8	555.0	971.3	2 093.8
不分地区	842.3	3 133.3	42.1	1 255.5	1 361.3	6 759.1	—

规模以上工业企业主要经济指标

（2010 年）

项　目	企　业 单位数 （个）	工　业 总产值 （当年价格）	资产总计 （亿元）	主营业务 收　　入 （亿元）	利润总额 （亿元）	全部从业 人员年平均 人数（万人）
总　计	**452 872**	**698 591**	**592 882**	**697 744**	**53 050**	**9 544.7**
按轻重工业分						
轻工业	188 040	200 072	137 815	197 074	15 019	3 773.3
重工业	264 832	498 519	455 067	500 670	38 031	5 771.4
按企业规模分						
大型企业	3 742	229 947	236 257	238 017	17 630	2 307.8
中型企业	42 906	203 925	191 195	200 997	17 347	3 082.4
小型企业	406 224	264 719	165 430	258 730	18 072	4 154.5
按登记注册类型分						
内资企业	378 827	508 673	444 330	509 015	38 030	6 899.0
国有企业	8 726	57 013	79 888	58 957	3 303	638.0
集体企业	9 166	10 383	5 473	10 335	806	188.8
股份合作企业	4 481	3 789	2 629	3 756	319	62.3
联营企业	704	1 237	1 422	1 201	70	18.2
有限责任公司	70 078	156 232	168 139	159 709	11 987	2 018.5
股份有限公司	9 562	63 804	68 099	64 414	6 203	616.1
私营企业	273 259	213 339	116 868	207 838	15 103	3 312.1
其他企业	2 851	2 876	1 812	2 804	240	45.0
港、澳、台商投资企业	34 069	65 358	52 495	64 893	5 113	1 235.2
合资经营企业（港或澳、台资）	10 583	22 976	20 369	22 624	1 847	328.1
合作经营企业（港或澳、台资）	1 223	1 977	1 625	1 935	158	41.9
港、澳、台商独资经营企业	21 671	37 459	27 451	37 388	2 849	836.5
港、澳、台商投资股份有限公司	592	2 944	3 051	2 947	259	28.6
外商投资企业	39 976	124 560	96 057	123 836	9 906	1 410.5
中外合资经营企业	15 036	56 652	43 253	56 515	5 238	474.9
中外合作经营企业	1 237	2 485	2 204	2 443	215	34.6
外资企业	23 027	60 596	45 120	60 088	4 021	851.3
外商投资股份有限公司	676	4 826	5 480	4 790	432	49.8

注：规模以上工业企业为年主营业务收入在500万元以上的企业。

按行业分规模以上工业企业主要指标

（2010 年）

单位:亿元

行业	企业单位数（个）	工业总产值	资产总计	流动资产合计	固定资产原价	固定资产净值	负债合计	流动负债合计	所有者权益	主营业务收入	主营业务成本	主营业务税金及附加	利润总额	本年应交增值税	全部从业人员年平均人数（万人）
全国	**452 872**	**698 590.54**	**592 881.89**	**279 227.32**	**334 839.41**	**211 217.89**	**340 396.39**	**257 995.57**	**251 160.35**	**697 744.00**	**585 256.80**	**11 183.11**	**53 049.66**	**22 472.72**	**9 544.71**
煤炭开采和洗选业	9 016	22 109.27	29 941.66	12 598.27	14 640.09	9 186.86	17 418.53	11 393.95	12 444.70	23 609.59	16 788.74	409.49	3 446.52	1 848.02	527.19
石油和天然气开采业	310	9 917.84	16 692.05	3 522.31	16 993.05	9 381.72	7 292.66	4 139.68	9 389.69	10 617.59	5 729.87	809.96	3 026.76	830.13	106.06
黑色金属矿采选业	4 262	5 999.33	5 985.13	2 551.53	2 179.48	1 630.93	3 007.82	1 922.50	2 954.03	6 135.22	4 722.34	93.68	893.05	313.70	67.04
有色金属矿采选业	2 443	3 799.41	3 083.47	1 207.54	1 493.59	1 109.92	1 445.01	1 115.85	1 622.68	3 836.10	2 921.12	40.47	572.05	142.28	55.40
非金属矿采选业	4 633	3 093.54	1 882.30	748.83	1 031.11	675.55	868.74	626.30	1 004.75	3 005.11	2 360.56	57.52	276.16	122.69	56.54
其他采矿业	39	31.31	16.23	6.58	17.02	7.64	5.77	4.09	10.41	30.46	24.78	0.27	1.98	0.91	0.45
农副食品加工业	25 612	34 928.07	16 731.35	8 879.32	9 180.39	5 493.82	9 121.78	7 674.30	7 521.27	34 668.26	30 338.53	198.01	2 343.61	703.15	369.01
食品制造业	9 152	11 350.64	7 229.41	3 597.87	3 854.98	2 515.71	3 685.27	3 143.09	3 517.27	11 133.50	8 760.31	69.66	1 015.45	388.11	175.88
饮料制造业	6 371	9 152.62	7 852.83	3 986.79	4 002.53	2 540.24	3 954.34	3 423.28	3 868.48	9 165.70	6 669.36	318.83	991.33	407.89	130.02
烟草制品业	151	5 842.51	5 484.04	3 710.47	1 803.75	859.08	1 318.71	1 263.87	4 161.01	5 628.19	1 737.77	2 814.98	734.00	674.63	21.10
纺织业	33 384	28 507.92	18 789.99	9 976.28	9 965.48	6 276.68	10 670.29	9 207.86	8 068.82	28 110.07	24 709.88	134.36	1 697.91	720.78	647.32
纺织服装、鞋、帽制造业	18 547	12 331.24	7 026.08	4 253.18	2 793.55	1 791.52	3 590.59	3 167.13	3 419.91	11 988.61	10 067.38	64.87	851.91	345.49	447.00
皮革、毛皮、羽毛（绒）及其制品业	8 854	7 897.50	3 907.44	2 446.80	1 506.80	963.81	1 987.83	1 800.99	1 906.77	7 738.91	6 547.29	38.28	611.45	214.69	276.37
木材加工及木、竹、藤、棕、草制品业	11 366	7 393.18	3 541.83	1 633.60	2 104.78	1 404.12	1 642.72	1 276.18	1 883.25	7 166.00	6 110.61	56.39	515.27	201.05	142.29
家具制造业	5 934	4 414.81	2 639.07	1 519.47	1 132.90	741.82	1 410.26	1 252.27	1 220.80	4 304.76	3 625.31	26.36	281.57	109.81	111.73
造纸及纸制品业	10 270	10 434.06	9 655.29	4 151.47	5 651.88	3 797.64	5 457.21	4 035.67	4 167.71	10 201.82	8 727.67	49.08	727.08	299.82	157.91
印刷业和记录媒介的复制	6 850	3 562.91	3 216.39	1 654.82	1 981.26	1 146.82	1 536.35	1 348.30	1 671.41	3 468.31	2 835.04	19.43	309.20	119.19	85.06
文教体育用品制造业	4 827	3 135.43	1 829.93	1 084.54	828.45	517.56	935.69	842.02	889.85	3 060.93	2 637.34	12.45	165.71	70.41	128.11
石油加工、炼焦及核燃料加工业	2 324	29 238.79	15 669.15	6 799.50	11 197.33	6 561.08	9 545.58	7 598.31	6 070.70	29 310.73	24 200.53	2 695.86	1 221.11	1 115.13	92.15
化学原料及化学制品制造业	29 504	47 920.02	38 771.99	17 269.53	22 996.39	14 679.02	21 588.07	16 233.50	17 077.87	47 452.35	39 710.50	426.29	3 638.41	1 362.79	474.14

续表

行业	企业单位数（个）	工业总产值	资产总计	流动资产合计	固定资产原价	固定资产净值	负债合计	流动负债合计	所有者权益	主营业务收入	主营业务成本	主营业务税金及附加	利润总额	本年应交增值税	全部从业人员年平均人数（万人）
医药制造业	7 039	11 741.31	11 116.40	5 993.89	4 873.24	3 023.11	4 890.74	4 032.36	6 197.56	11 417.30	7 902.42	77.67	1 331.09	547.12	173.17
化学纤维制造业	1 939	4 953.99	4 204.80	2 164.94	2 235.83	1 361.12	2 526.73	2 159.35	1 675.22	5 020.29	4 456.75	12.29	359.31	107.12	43.93
橡胶制品业	4 856	5 906.67	4 133.98	2 092.10	2 385.60	1 503.38	2 282.59	1 874.03	1 836.46	5 826.19	4 986.42	31.15	398.80	152.55	102.93
塑料制品业	21 033	13 872.22	9 210.97	5 224.49	4 671.38	2 808.75	4 879.71	4 213.58	4 302.99	13 571.09	11 653.68	67.59	929.50	333.31	283.30
非金属矿物制品业	34 793	32 057.26	25 567.37	11 108.09	15 016.33	10 382.38	13 901.45	10 572.55	11 564.45	31 267.20	25 862.07	245.98	2 858.59	1 189.50	544.61
黑色金属冶炼及压延加工业	7 881	51 833.58	45 984.25	19 792.66	28 593.40	17 309.25	30 191.73	23 541.16	15 706.52	54 490.93	49 814.60	215.91	2 149.03	1 311.24	345.63
有色金属冶炼及压延加工业	8 200	28 119.02	20 298.13	10 223.92	10 202.10	6 768.77	12 362.53	9 678.34	7 885.33	29 175.20	26 124.85	115.52	1 620.62	704.54	191.59
金属制品业	25 703	20 134.61	13 155.29	7 776.22	5 800.66	3 701.16	7 249.61	6 402.78	5 870.74	19 642.38	16 835.48	111.61	1 364.73	521.89	344.64
通用设备制造业	39 699	35 132.74	27 615.27	16 804.98	11 098.92	7 200.64	15 491.79	13 655.25	12 018.93	34 400.11	28 726.15	216.56	2 710.67	1 047.53	539.38
专用设备制造业	20 083	21 561.83	19 561.45	12 453.31	6 904.16	4 426.12	11 030.30	9 550.12	8 495.19	21 312.97	17 475.24	114.78	1 855.05	628.58	334.22
交通运输设备制造业	20 718	55 452.63	47 981.05	29 859.82	16 987.86	10 364.94	30 248.95	26 392.42	17 675.46	55 058.68	45 872.97	1 074.37	4 856.40	1 776.69	573.72
电气机械及器材制造业	27 537	43 344.41	31 717.94	20 986.90	10 314.13	6 467.85	18 289.64	16 259.82	13 368.28	42 152.59	35 494.98	188.73	3 116.20	1 125.41	604.30
通信设备、计算机及其他电子设备制造业	14 838	54 970.67	37 719.80	23 567.72	17 751.30	10 437.66	20 437.59	18 334.57	17 247.02	55 161.16	48 920.84	101.32	2 873.03	900.91	772.75
仪器仪表及文化、办公用机械制造业	5 828	6 399.07	5 168.62	3 425.38	1 856.17	1 140.44	2 595.92	2 340.31	2 568.15	6 322.87	5 209.71	25.56	538.01	177.86	124.86
工艺品及其他制造业	7 937	5 662.66	3 329.98	2 085.35	1 275.34	819.12	1 757.33	1 505.12	1 563.57	5 700.74	4 909.37	35.51	370.53	137.09	140.43
废弃资源和废旧材料回收加工业	1 302	2 306.13	923.56	623.67	319.69	206.13	613.19	567.38	307.55	2 381.77	2 132.27	11.06	114.88	72.06	13.92
电力、热力的生产和供应业	6 558	40 550.83	76 725.41	11 087.90	73 070.92	47 901.41	50 505.24	22 933.88	26 150.78	40 561.29	36 755.16	178.06	1 968.48	1 635.15	275.64
燃气生产和供应业	970	2 393.42	2 982.87	1 008.42	1 782.16	1 255.33	1 659.89	1 084.19	1 318.89	2 505.94	2 045.57	11.39	253.97	64.96	19.02
水的生产和供应业	2 109	1 137.10	5 539.15	1 348.86	4 345.42	2 858.79	2 998.25	1 429.21	2 535.89	1 143.09	853.38	11.80	60.25	48.54	45.92

按行业分规模以上工业企业主要经济效益指标

（2010 年）

行 业	总资产贡献率（%）	资产负债率（%）	流动资产周转次数（次/年）	工业成本费用利润率（%）	产品销售率（%）
全 国	**15.68**	**57.41**	**2.50**	**8.31**	**98.02**
煤炭开采和洗选业	20.07	58.17	1.87	17.35	97.42
石油和天然气开采业	28.19	43.69	3.01	46.52	99.00
黑色金属矿采选业	22.54	50.25	2.40	17.33	96.73
有色金属矿采选业	25.39	46.86	3.18	17.65	97.27
非金属矿采选业	25.34	46.15	4.01	10.36	96.81
其他采矿业	20.12	35.58	4.63	7.22	97.33
农副食品加工业	20.85	54.52	3.90	7.23	98.00
食品制造业	21.33	50.98	3.09	10.04	97.35
饮料制造业	22.62	50.36	2.30	12.43	97.41
烟草制品业	76.98	24.05	1.52	33.04	100.07
纺织业	15.11	56.79	2.82	6.45	98.12
纺织服装、鞋、帽制造业	18.91	51.10	2.82	7.66	97.25
皮革、毛皮、羽毛（绒）及其制品业	23.29	50.87	3.16	8.59	97.81
木材加工及木、竹、藤、棕、草制品业	23.26	46.38	4.39	7.80	97.51
家具制造业	16.86	53.44	2.83	7.05	97.52
造纸及纸制品业	12.50	56.52	2.46	7.64	98.20
印刷业和记录媒介的复制	14.67	47.77	2.10	9.78	98.27
文教体育用品制造业	14.42	51.13	2.82	5.74	98.03
石油加工、炼焦及核燃料加工业	33.28	60.92	4.31	4.81	98.85
化学原料及化学制品制造业	15.20	55.68	2.75	8.33	97.78
医药制造业	18.45	44.00	1.90	13.15	95.12
化学纤维制造业	12.93	60.09	2.32	7.66	98.27
橡胶制品业	15.36	55.22	2.78	7.32	98.26
塑料制品业	15.47	52.98	2.60	7.36	98.02
非金属矿物制品业	17.99	54.37	2.81	10.08	97.72
黑色金属冶炼及压延加工业	9.30	65.66	2.75	4.09	98.72

续表

行　业	总资产贡献率（%）	资产负债率（%）	流动资产周转次数（次/年）	工业成本费用利润率（%）	产品销售率（%）
有色金属冶炼及压延加工业	13.49	60.90	2.85	5.90	98.00
金属制品业	16.21	55.11	2.53	7.49	97.59
通用设备制造业	15.17	56.10	2.05	8.56	97.52
专用设备制造业	13.97	56.39	1.71	9.49	96.83
交通运输设备制造业	16.54	63.04	1.84	9.65	98.30
电气机械及器材制造业	14.85	57.66	2.01	7.94	97.03
通信设备、计算机及其他电子设备制造业	10.60	54.18	2.34	5.47	98.58
仪器仪表及文化、办公用机械制造业	14.90	50.22	1.85	9.20	97.94
工艺品及其他制造业	17.41	52.77	2.73	6.99	97.33
废弃资源和废旧材料回收加工业	22.44	66.39	3.82	5.18	98.45
电力、热力的生产和供应业	6.73	65.83	3.66	5.01	99.75
燃气生产和供应业	11.82	55.65	2.49	11.37	99.60
水的生产和供应业	3.30	54.13	0.85	5.27	97.40

各地区规模以上工业企业主要指标

（2010 年）

单位：亿元

地区	企业单位数（个）	工业总产值	资产总计	流动资产合计	固定资产原价	固定资产净值	负债合计	流动负债合计	所有者权益合计	主营业务收入	主营业务成本	主营业务税金及附加	利润总额	本年应交增值税	全部从业人员年平均人数（万人）
全国	452 872	698 590.54	592 881.89	279 227.32	334 839.41	211 217.89	340 396.39	257 995.57	251 160.35	697 744.00	585 256.80	11 183.11	53 049.66	22 472.72	9 544.71
北京	6 884	13 699.84	22 750.58	9 012.95	7 936.06	4 804.12	11 548.07	7 159.39	11 202.50	14 807.11	12 611.21	193.09	1 028.34	409.79	124.15
天津	7 947	16 751.82	14 584.31	7 471.09	8 211.22	5 086.92	8 825.23	7 213.66	5 759.04	17 319.62	14 774.72	212.36	1 552.05	656.54	148.91
河北	13 927	31 143.29	24 943.75	10 422.94	14 956.23	9 952.97	15 136.72	11 190.61	9 687.76	31 628.93	27 049.79	360.07	2 141.47	872.28	344.67
山西	4 240	12 471.33	18 505.94	8 129.61	10 192.93	6 432.46	12 142.27	8 550.71	6 330.97	12 712.50	10 235.84	145.26	958.25	714.39	219.88
内蒙古	4 611	13 406.11	14 691.38	5 078.79	10 065.31	6 592.84	8 642.76	5 225.41	5 982.08	13 387.83	10 247.67	210.45	1 688.44	586.32	125.19
辽宁	23 832	36 219.42	29 076.78	13 283.41	18 742.09	10 904.31	16 896.14	12 600.82	12 082.43	36 049.59	30 578.87	702.10	2 371.35	968.69	401.74
吉林	6 181	13 098.35	10 196.15	4 165.21	7 917.96	4 358.14	5 474.03	3 896.70	4 678.85	12 647.34	10 447.58	367.44	843.21	355.00	139.81
黑龙江	4 596	9 535.15	10 471.17	4 441.13	8 201.97	4 721.94	5 776.59	4 383.84	4 668.40	9 899.14	7 412.20	478.70	1 248.82	509.51	147.60
上海	16 684	30 114.41	27 555.88	15 728.25	15 034.65	8 070.95	14 500.46	12 514.50	13 055.42	32 084.08	26 937.73	578.04	2 299.66	816.97	291.62
江苏	64 136	92 056.48	66 134.06	36 028.85	34 509.27	21 781.92	37 878.51	32 067.93	28 255.55	91 077.41	78 460.64	652.76	5 970.56	2 692.69	1 153.88
浙江	64 364	51 394.20	47 282.79	27 345.07	19 636.32	12 904.97	28 681.36	25 038.39	18 601.43	50 536.31	43 300.73	512.49	3 174.75	1 412.68	857.58
安徽	16 277	18 732.00	15 930.28	6 899.10	8 552.64	5 814.35	9 565.86	6 996.40	6 308.09	18 164.60	15 208.67	283.21	1 445.57	672.57	264.87
福建	19 227	21 901.23	16 058.70	8 420.83	7 967.50	5 324.49	8 469.33	6 657.15	7 567.00	21 479.37	18 223.27	268.42	1 754.18	555.85	411.75
江西	7 908	13 883.06	8 637.45	3 702.81	5 092.14	3 453.49	4 840.00	3 839.50	3 752.06	14 250.47	12 145.77	172.58	909.77	439.07	199.16
山东	44 037	83 851.40	53 761.28	23 830.46	33 768.97	20 369.72	28 969.89	22 134.71	24 552.79	83 663.00	71 239.28	1 083.70	6 107.99	2 545.93	931.50
河南	19 548	34 995.53	23 467.42	9 798.26	14 572.83	9 910.33	12 960.96	9 078.75	10 362.25	36 163.12	30 316.67	478.60	3 302.22	1 147.72	479.27
湖北	16 106	21 623.12	20 894.32	8 962.92	13 171.65	8 251.93	12 259.18	9 159.72	8 577.11	21 151.56	17 730.34	642.46	1 668.55	639.08	294.97
湖南	13 844	19 008.83	13 038.95	5 122.91	8 007.22	5 627.66	7 504.26	4 804.51	5 534.59	18 669.79	14 925.93	553.39	1 451.45	830.66	272.44
广东	53 389	85 824.64	62 626.90	34 339.97	33 489.49	20 935.92	35 073.74	29 137.08	27 461.84	84 114.85	71 251.44	898.22	6 239.64	2 280.56	1 568.00

续表

地　区	企业单位数（个）	工业总产值	资产总计	流动资产合计	固定资产原价	固定资产净值	负债合计	流动负债合计	所有者权益合计	主营业务收入	主营业务成本	主营业务税金及附加	利润总额	本年应交增值税	全部从业人员年平均人数（万人）
广　西	6 583	9 644. 13	8 667. 45	3 700. 55	5 140. 80	3 666. 47	5 413. 29	3 755. 00	3 211. 63	9 235. 85	7 707. 42	232. 18	771. 59	320. 65	150. 51
海　南	497	1 381. 25	1 621. 38	622. 32	882. 10	603. 51	861. 92	627. 71	757. 79	1 322. 83	1 008. 13	78. 60	140. 04	60. 46	12. 44
重　庆	7 130	9 143. 55	8 099. 01	3 608. 48	4 463. 42	2 963. 96	4 879. 66	3 552. 39	3 205. 78	9 039. 03	7 593. 51	151. 54	518. 59	341. 75	146. 56
四　川	13 706	23 147. 38	22 564. 76	9 321. 70	13 695. 10	8 279. 99	13 889. 83	9 502. 58	8 571. 93	23 062. 82	19 003. 96	385. 73	1 661. 85	945. 28	351. 67
贵　州	2 963	4 206. 37	5 960. 13	2 241. 09	3 771. 94	2 653. 16	3 865. 34	2 163. 87	2 081. 15	3 926. 01	3 042. 80	158. 11	317. 63	195. 65	80. 30
云　南	3 599	6 464. 63	9 611. 09	3 818. 98	5 218. 33	3 567. 69	5 735. 24	3 603. 98	3 857. 72	6 356. 24	4 853. 23	507. 41	599. 34	337. 57	92. 60
西　藏	97	62. 22	315. 24	90. 76	189. 85	137. 94	91. 89	58. 38	223. 22	59. 71	48. 31	0. 84	10. 82	5. 01	1. 91
陕　西	4 564	11 199. 84	14 688. 70	6 503. 08	7 236. 99	4 483. 11	8 348. 75	5 711. 20	6 311. 19	10 888. 80	7 982. 21	348. 16	1 469. 57	584. 23	151. 08
甘　肃	2 000	4 882. 68	6 487. 35	2 507. 14	4 305. 51	2 971. 32	4 060. 57	2 587. 64	2 393. 97	5 148. 40	4 196. 71	195. 88	231. 51	162. 53	71. 34
青　海	555	1 481. 99	3 053. 61	932. 42	2 026. 10	1 448. 67	1 946. 26	1 065. 86	1 084. 12	1 525. 08	1 182. 27	40. 07	182. 02	80. 66	20. 09
宁　夏	975	1 924. 39	3 293. 16	1 155. 60	1 771. 53	1 230. 67	2 139. 47	1 233. 49	1 153. 29	1 879. 99	1 590. 95	34. 34	138. 00	71. 12	29. 04
新　疆	2 465	5 341. 90	7 911. 97	2 540. 64	6 111. 28	3 911. 98	4 018. 78	2 483. 68	3 888. 40	5 492. 61	3 948. 96	256. 92	852. 43	261. 52	60. 18

各地区规模以上工业企业主要经济效益指标

（2010 年）

地　区	总资产贡献率（%）	资产负债率（%）	流动资产周转次数（次/年）	工业成本费用利润率（%）	产品销售率（%）
全　国	**15.68**	**57.41**	**2.50**	**8.31**	**98.02**
北　京	7.64	50.76	1.64	7.38	98.74
天　津	17.30	60.51	2.32	9.82	98.92
河　北	14.75	60.68	3.03	7.43	97.74
山　西	11.20	65.61	1.56	8.19	96.27
内蒙古	18.22	58.83	2.64	14.96	97.68
辽　宁	14.84	58.11	2.71	7.15	97.85
吉　林	16.30	53.69	3.04	7.27	98.57
黑龙江	22.05	55.17	2.23	15.21	97.21
上　海	13.85	52.62	2.04	7.75	99.08
江　苏	15.10	57.28	2.53	7.09	98.64
浙　江	12.21	60.66	1.85	6.71	97.67
安　徽	16.22	60.05	2.63	8.63	97.57
福　建	17.21	52.74	2.55	8.83	97.76
江　西	18.70	56.04	3.85	7.06	98.98
山　东	19.45	53.89	3.51	7.93	98.57
河　南	22.43	55.23	3.69	10.18	98.68
湖　北	15.38	58.67	2.36	8.42	97.67
湖　南	23.18	57.55	3.64	8.70	98.54
广　东	15.63	56.00	2.45	8.05	97.46
广　西	16.76	62.46	2.50	8.84	94.88
海　南	18.28	53.16	2.13	12.57	98.03
重　庆	13.57	60.25	2.50	6.13	98.11
四　川	14.43	61.56	2.47	7.83	97.79
贵　州	12.84	64.85	1.75	9.04	95.44
云　南	16.28	59.67	1.66	10.79	96.65
西　藏	5.40	29.15	0.66	18.53	96.53
陕　西	17.11	56.84	1.67	16.14	96.91
甘　肃	10.24	62.59	2.05	5.02	96.08
青　海	11.57	63.74	1.64	13.34	98.24
宁　夏	8.87	64.97	1.63	7.79	96.97
新　疆	18.21	50.79	2.16	19.28	97.84

对外经济贸易基本情况

指　　标	2005	2006	2007	2008	2009	2010
货物进出口总额（人民币亿元）	**116 921.8**	**140 971.4**	**166 740.2**	**179 921.5**	**150 648.1**	**201 722.1**
出口总额	62 648.1	77 594.6	93 455.6	100 394.9	82 029.7	107 022.8
进口总额	54 273.7	63 376.9	73 284.6	79 526.5	68 618.4	94 699.3
进出口差额	8 374.4	14 217.7	20 171.1	20 868.4	13 411.3	12 323.5
货物进出口总额（亿美元）	**14 219.1**	**17 604.0**	**21 737.3**	**25 632.6**	**22 075.4**	**29 740.0**
出口总额	7 619.5	9 689.4	12 177.8	14 306.9	12 016.1	15 777.5
初级产品	490.4	529.2	615.1	779.6	631.1	816.9
工业制成品	7 129.2	9 160.2	11 562.7	13 527.4	11 384.8	14 960.7
进口总额	6 599.5	7 914.6	9 559.5	11 325.6	10 059.2	13 962.4
初级产品	1 477.1	1 871.3	2 430.9	3 623.9	2 898.0	4 338.5
工业制成品	5 122.4	6 043.3	7 128.6	7 701.7	7 161.2	9 623.9
进出口差额	1 020.0	1 774.8	2 618.3	2 981.3	1 956.9	1 815.1
外商直接投资合同项目（个）	**44 001.0**	**41 473.0**	**37 871.0**	**27 514.0**	**23 435.0**	**27 406.0**
实际使用外资额（亿美元）	**638.1**	**670.8**	**783.4**	**952.5**	**918.0**	**1 088.2**
外商直接投资	603.3	630.2	747.7	924.0	900.3	1 057.4
外商其他投资	34.8	40.6	35.7	28.6	17.7	30.9
外资企业基本情况						
年底登记户数（户）	353 030.0	376 711.0	406 442.0	434 937.0	434 248.0	445 244.0
投资总额（亿美元）	14 640.0	17 076.0	21 088.0	23 241.0	25 000.0	27 059.0
注册资本（亿美元）	8 120.0	9 465.0	11 554.0	13 006.0	14 035.0	15 738.0
#外方	6 319.0	7 406.0	9 211.0	10 389.0	11 369.0	12 590.0
对外经济合作（亿美元）						
合同金额	342.2	716.5	853.5	1 130.2	1 336.8	1 430.9
#对外承包工程	296.1	660.1	776.2	1 045.6	1 262.1	1 343.7
对外劳务合作	42.5	52.3	67.0	75.6	74.7	87.3
完成营业额	267.8	357.0	479.0	651.2	866.2	1 010.5
#对外承包工程	217.6	299.9	406.4	566.1	777.1	921.7
对外劳务合作	47.9	53.8	67.7	80.6	89.1	88.8

证券市场基本情况

项　目	单　位	2006 年	2007 年	2008 年	2009 年	2010 年
境内上市公司数（A、B 股）	家	1 434	1 550	1 625	1 718	2 063
境内上市外资股（B 股）	家	109	109	109	108	108
境内上市公司数（H 股）	家	143	148	153	159	165
股票发行量	亿　股	1 288	638	180	416	562
股票筹资额	亿　元	5 594	8 680	3 852	6 125	8 955
股票总发行股本	亿　股	14 926	22 417	24 523	26 163	33 184
#流通股本	亿　股	5 638	10 332	12 579	19 760	25 642
股票市价总值	亿　元	89 404	327 141	121 366	243 939	265 423
#股票流通市值	亿　元	25 004	93 064	45 214	151 259	193 110
股票成交量	百万股	1 614 523	3 640 376	2 413 138	5 110 700	4 215 683
股票成交金额	亿　元	90 469	460 556	267 113	535 987	545 634
上证综合指数（收盘）		2 675	5 262	1 821	3 277	2 808
深证综合指数（收盘）		551	1 447	553	1 201	1 291
投资者账户数	万　户	7 854	13 886	15 198	17 150	18 858
平均市盈率						
上　海		33	59	15	29	22
深　圳		33	70	17	46	45
平均换手率						
上　海	%	541	927	393	499	198
深　圳	%	609	987	469	793	557
国债发行额	亿　元	8 883	23 139	8 558	17 927	19 778
企业债发行额	亿　元	3 938	5 059	8 435	15 864	15 491
债券成交量	万　手	182 454	205 795	288 912	405 677	760 076
债券成交额	亿　元	18 279	20 667	28 885	40 635	76 206
国债现货成交金额	亿　元	1 541	1 267	2 123	2 086	1 662
国债回购成交金额	亿　元	15 487	18 345	24 269	35 929	65 878
证券投资基金只数	只	307	346	439	557	704
证券投资基金规模	亿　元	6 221	22 340	25 742	26 767	24 228
证券投资基金成交金额	亿　元	2 003	8 620	5 831	10 250	8 996
期货总成交量	万　手	44 951	72 846	136 396	215 752	312 890
期货总成交额	亿　元	210 063	409 741	719 173	1 305 143	2 959 480

注：本表资料由中国证券监督管理委员会提供

能源生产总量和构成

年　份	能源生产总量（万吨标准煤）	构成（能源生产总量=100）			
		原　煤	原　油	天然气	水电、核电、风电
1978	62 770	70.3	23.7	2.9	3.1
1980	63 735	69.4	23.8	3.0	3.8
1985	85 546	72.8	20.9	2.0	4.3
1990	103 922	74.2	19.0	2.0	4.8
1995	129 034	75.3	16.6	1.9	6.2
1996	133 032	75.0	16.9	2.0	6.1
1997	133 460	74.2	17.2	2.1	6.5
1998	129 834	73.3	17.7	2.2	6.8
1999	131 935	73.9	17.3	2.5	6.3
2000	135 048	73.2	17.2	2.7	6.9
2001	143 875	73.0	16.3	2.8	7.9
2002	150 656	73.5	15.8	2.9	7.8
2003	171 906	76.2	14.1	2.7	7.0
2004	196 648	77.1	12.8	2.8	7.3
2005	216 219	77.6	12.0	3.0	7.4
2006	232 167	77.8	11.3	3.4	7.5
2007	247 279	77.7	10.8	3.7	7.8
2008	260 552	76.8	10.5	4.1	8.6
2009	274 619	77.3	9.9	4.1	8.7
2010	299 000	76.8	9.6	4.3	9.3

注：2010 年为初步计数（下表同）。

能源消费总量和构成

年　份	能源消费总　量（万吨标准煤）	构成（能源消费总量＝100）			
		煤　炭	石　油	天然气	水电、核电、风电
1978	57 144	70.7	22.7	3.2	3.4
1980	60 275	72.2	20.7	3.1	4.0
1985	76 682	75.8	17.1	2.2	4.9
1990	98 703	76.2	16.6	2.1	5.1
1995	131 176	74.6	17.5	1.8	6.1
1996	135 192	73.5	18.7	1.8	6.0
1997	135 909	71.4	20.4	1.8	6.4
1998	136 184	70.9	20.8	1.8	6.5
1999	140 569	70.6	21.5	2.0	5.9
2000	145 531	69.2	22.2	2.2	6.4
2001	150 406	68.3	21.8	2.4	7.5
2002	159 431	68.0	22.3	2.4	7.3
2003	183 792	69.8	21.2	2.5	6.5
2004	213 456	69.5	21.3	2.5	6.7
2005	235 997	70.8	19.8	2.6	6.8
2006	258 676	71.1	19.3	2.9	6.7
2007	280 508	71.1	18.8	3.3	6.8
2008	291 448	70.3	18.3	3.7	7.7
2009	306 647	70.4	17.9	3.9	7.8
2010	325 000	70.9	16.5	4.3	8.3

环境保护基本概况

项　目	单　位	2006 年	2007 年	2008 年	2009 年	2010 年
水环境						
水资源总量	亿立方米	25 330	25 255	27 434	24 180	29 658
人均水资源量	立方米/人	1 932	1 916	2 071	1 816	2 218
用水总量	亿立方米	5 795	5 819	5 910	5 965	5 998
#农　业	亿立方米	3 664	3 600	3 664	3 723	3 707
工　业	亿立方米	1 344	1 403	1 397	1 391	1 407
生　活	亿立方米	694	710	729	748	773
生　态	亿立方米	93	106	120	103	111
化学需氧量排放量	万　吨	1 428	1 382	1 321	1 278	1 238
大气环境						
二氧化硫排放量	万　吨	2 589	2 468	2 321	2 214	2 185
固体废物						
工业固体废物排放量	万　吨	1 302	1 197	782	711	
工业固体废物综合利用量	万　吨	92 601	110 311	123 482	138 186	
工业固体废物综合利用率	%	60	62	64	67	
生态环境						
森林面积	万公顷	17 491	17 491	17 491	19 545	19 545
森林覆盖率	%	18	18	18	20	20
当年造林面积	万公顷	384	391	535	626	592
全国自然保护区数	个	2 395	2 531	2 538	2 541	2 588
#国家级	个	265	303	303	319	319
全国自然保护区面积	万公顷	15 154	15 188	14 894	14 775	
全国保护区面积占辖区面积	%	15	15	15	14	
全国湿地面积	万公顷	3 849	3 849	3 849	3 849	3 849
全国湿地面积占国土面积	%	4	4	4	4	4
自然灾害						
发生地质灾害次数	次	102 804	25 364	26 580	10 580	
发生地震灾害次数	次	10	3	17	8	10
海洋灾害发生次数	次	180	163	128	132	132
#赤　潮	次	93	82	68	68	69

注：森林面积和森林覆盖率为第七次全国森林资源清查（2004—2008 年）资料。

人民生活基本情况

指　标		1990 年	2000 年	2009 年	2010 年
就　业					
城镇居民家庭每户就业人口	(人)	2.0	1.7	1.5	1.5
农村居民家庭每户整半劳动力	(人)	2.9	2.8	2.9	2.9
城镇居民家庭每一就业者负担人数	(人)	1.8	1.9	1.9	1.9
农村居民家庭每一劳动力负担人数	(人)	1.6	1.5	1.4	1.4
城镇登记失业人数	(万人)	383.0	595.0	921.0	908.0
城镇登记失业率	(%)	2.5	3.1	4.3	4.1
收入与支出					
城镇居民人均可支配收入	(元)	1 510.0	6 280.0	17 175.0	19 109.0
农村居民人均纯收入	(元)	686.0	2 253.0	5 153.0	5 919.0
城镇居民人均消费性支出	(元)	1 279.0	4 998.0	12 265.0	13 471.0
农村居民人均生活消费支出	(元)	585.0	1 670.0	3 993.0	4 382.0
人均储蓄存款余额	(元)	623.0	5 076.0	19 541.0	22 619.0
生活质量					
居民家庭恩格尔系数	(%)				
城　镇		54.2	39.4	36.5	35.7
农　村		58.8	49.1	41.0	41.1
居住条件					
城市人均住宅建筑面积	(平方米)	—	—	31.3	31.6
农村人均住房面积	(平方米)	17.8	24.8	33.6	34.1
交通条件					
城市每万人拥有公交车辆	(标台)	2.2	5.3	11.1	9.7
城市人均拥有道路面积	(平方米)	3.1	6.1	12.8	13.2
城镇每百户拥有家用汽车	(辆)	—	0.5	10.9	13.1
农村每百户拥有摩托车	(辆)	0.9	21.9	56.6	59.0
通信条件					
电话普及率（含移动电话）(部/百人)		1.1	19.1	79.9	86.4
移动电话普及率（部/百人）		0.002	6.7	56.3	64.4
城市公用设施普及占有率					
用水普及率	(%)	48.0	63.9	96.1	96.7
燃气普及率	(%)	19.1	45.4	91.4	92.0
人均公园绿地面积	(平方米)	1.8	3.7	10.7	11.2
每万人拥有公共厕所	(座)	3.0	2.7	3.1	3.0
人均国内旅游花费	(元)	—	427.0	535.0	598.0
城　镇		—	679.0	801.0	883.0
农　村		—	227.0	295.0	306.0

续表

指　标	1990 年	2000 年	2009 年	2010 年
文化、教育和卫生				
文　化				
广播节目综合人口覆盖率　(%)	74.7	92.5	96.3	96.8
电视节目综合人口覆盖率　(%)	79.4	93.7	97.2	97.6
每百户彩色电视机拥有量（部/百户）				
城　镇	59.0	116.6	135.7	137.4
农　村	4.7	48.7	108.9	111.8
每百户家用电脑拥有量（部/百户）				
城　镇	—	9.7	65.7	71.2
农　村	—	0.5	7.5	10.4
居民家庭文教娱乐支出比重　(%)				
城　镇	11.1	13.4	12.0	12.1
农　村	5.4	11.2	8.5	8.4
教　育				
各级普通学校毕业生升学率　(%)				
高中升学率	27.3	73.2	77.6	83.3
初中升学率	40.6	51.2	85.6	87.5
小学升学率	74.6	94.9	99.1	98.7
卫　生				
每万人口医院、卫生院床位数　(张)	23.2	23.8	30.6	32.7
每万人口执业（助理）医师　(人)	15.6	16.8	17.5	17.9
居民家庭医疗保健支出比重　(%)				
城　镇	2.0	6.4	7.0	6.5
农　村	3.3	5.2	7.2	7.4
社会保障				
社会保障				
参加城镇企业职工基本养老保险人数（万人）	6 166.0	13 617.0	23 550.0	25 707.0
#职工人数	5 201.0	10 447.0	17 743.0	19 402.0
离退休人数	965.0	3 170.0	5 807.0	6 305.0
参加城镇基本医疗保险职工和退休人数（万人）	—	3 787.0	21 937.0	23 735.0
参加失业保险人数　(万人)	—	10 408.0	12 716.0	13 376.0
参加工伤保险人数　(万人)	—	4 350.0	14 896.0	16 161.0
参加生育保险人数　(万人)	—	3 002.0	10 876.0	12 336.0
社会保险基金收入　(亿元)	187.0	2 645.0	16 116.0	18 823.0

注：城市交通状况、城市公用事业资料由住房和城乡建设部提供

附 录

2010 年度中国诚信企业

2011 年 5 月 9 日

2010 年度中国最佳诚信企业

（排名不分先后）

序 号	获奖企业	序 号	获奖企业
1	宝钢集团有限公司	6	四川岷山集团有限公司
2	中国铁建股份有限公司	7	武汉钢铁集团鄂城钢铁有限责任公司
3	抚顺矿业集团有限责任公司	8	北京国电康能科技有限公司
4	唐山国丰钢铁有限公司	9	天津市浩物机电汽车贸易有限公司
5	重庆医药股份有限公司	10	莆田市宏发钢材交易市场有限公司

2010 年度中国诚信企业

（排名不分先后）

序 号	获奖企业	序 号	获奖企业
1	中国水利水电建设集团公司	26	山东泰丰矿业集团有限公司
2	神龙汽车有限公司	27	中海工业有限公司
3	中国移动通信集团广东有限公司	28	烟台港集团有限公司
4	中国石油天然气股份有限公司青海油田分公司	29	西宁特殊钢集团有限责任公司
5	山西煤炭运销集团有限公司	30	中铁建设集团有限公司
6	中国建设银行股份有限公司内蒙古自治区分行	31	上海铁路局
7	山东国大黄金股份有限公司	32	南昌长力钢铁股份有限公司
8	云南冶金集团总公司	33	凌源钢铁集团有限责任公司
9	华新水泥股份有限公司	34	厦门航空有限公司
10	广西电网公司	35	广东电网公司广州供电局
11	广西柳工集团有限公司	36	中海油田服务股份有限公司
12	唐山港集团股份有限公司	37	中国烟草总公司深圳市公司
13	青岛泰能燃气集团有限公司	38	柳州五菱汽车有限责任公司
14	中国建筑第八工程局有限公司	39	国营武昌造船厂
15	开滦（集团）有限责任公司	40	中交第二公路工程局有限公司
16	哈尔滨飞机工业集团有限责任公司	41	中国水利水电第十一工程局有限公司
17	陕西省电力公司	42	邹城市医药大厦药业有限公司
18	中交第二航务工程局有限公司	43	包头市石宝铁矿集团有限责任公司
19	中铁十一局集团有限公司	44	重庆鲁能开发（集团）有限公司
20	中铁电气化局集团有限公司	45	中冶宝钢技术服务有限公司
21	杭州钢铁集团公司	46	重庆亿口鲜实业有限公司
22	中铁十四局集团有限公司	47	攀枝花钢城集团有限公司
23	际华轻工集团有限公司	48	湖北三环车桥有限公司
24	中交第四航务工程局有限公司	49	昆明南方地球物理技术开发有限公司
25	中铁二十局集团有限公司		

资料来源：中国诚信企业评选委员会

2010 年度中国信用企业

（排名不分先后）

序号	企业名称	全国统一编号
	一、AAA 级信用企业	
1	中国交通建设集团有限公司	201104211100396
2	中国建筑股份有限公司	201104211100397
3	中国航空集团公司	201104211100398
4	首钢总公司	201104211100399
5	天津港（集团）有限公司	201104211100400
6	江苏沙钢集团有限公司	201104211100401
7	铁道第三勘察设计院集团有限公司	201104211100402
8	中铁第四勘察设计院集团有限公司	201104211100403
9	中国航空规划建设发展有限公司	201104211100404
10	开滦集团有限责任公司	201104211100405
11	南车青岛四方机车车辆股份有限公司	201104211100406
12	葛洲坝集团第一工程有限公司	201104211100407
13	葛洲坝易普力股份有限公司	201104211100408
14	特变电工股份有限公司	201104211100409
15	亨通集团有限公司	201104211100410
16	华新水泥股份有限公司	201104211100411
17	金川集团有限公司	201104211100412
18	湖北宜化集团有限责任公司	201104211100413
19	京唐港煤炭港埠有限责任公司	201104211100414
20	玲珑集团有限公司	201104211100415
21	东辰控股集团有限公司	201104211100416
22	招金矿业股份有限公司	201104211100417
	二、AA 级信用企业	
1	海洋石油工程（青岛）有限公司	201104201100418
2	中国葛洲坝集团机械船舶有限公司	201104201100419
3	葛洲坝集团电力有限责任公司	201104201100420
4	河北津西钢铁集团股份有限公司	201104201100421
5	湖南省建筑工程集团总公司	201104201100422
6	中国水利水电第七工程局有限公司	201104201100423
7	滨化集团股份有限公司	201104201100424
8	西林钢铁集团有限公司	201104201100425
9	广州市建筑集团有限公司	201104201100426
10	伟浩建设集团有限公司	201104201100427
11	胜利油田胜利建设监理有限责任公司	201104201100428
12	齐翔建工集团有限公司	201104201100429
13	太原六味斋实业有限公司	201104201100430
14	西安西电光电缆有限责任公司	201104201100431
15	中国移动通信集团黑龙江有限公司黑河分公司	201104201100432
	三、A 级信用企业	
1	鸡西市热力安装工程公司	201104200100433

资料来源：中国企业联合会、中国企业家协会

2010年度全国质量奖获奖企业

2010年10月21日

序 号	企业名称	序 号	企业名称
	一、大中型企业	8	河北建设集团有限公司
1	青岛海信电器股份有限公司	9	安徽江淮汽车股份有限公司
2	鞍钢股份有限公司		二、服务业
3	西安西电开关电气有限公司	1	上海新世界股份有限公司
4	好孩子儿童用品有限公司	2	上海投资咨询公司
5	山东滨州渤海活塞股份有限公司		三、特殊行业
6	南京红宝丽股份有限公司	1	北京航天自动控制研究所
7	舞阳钢铁有限责任公司		

资料来源：中国质量协会

第十七届全国企业管理现代化创新成果名单

等级	成果名称	申报单位	主要创造人	参与创造人
一等	大型轨道交通装备企业打造核心竞争力的战略决策与实施	中国南车集团公司	赵小刚 郑昌泓	唐克林 刘化龙 张 军 傅建国 詹艳景 孙学军
一等	大型石化集团母子公司体制下的资金集中管理	中国石油化工集团公司	李春光 王新华	刘 运 温冬芬 邹惠平 张保龙 李德芳 王广生 解正林 张 伟
一等	医药流通企业基于利益协同的药事服务管理	南京医药股份有限公司	周耀平	常修泽 韩立新 吴公健 顾维军 洪正贵 梁玉堂 丁峰峻 滕学武 何金耿 蒋晓军
一等	通信企业“红段子”网络文化创建与管理	中国移动通信集团广东有限公司	徐 龙	凌 浩 丘文辉 朱汉武 许锡明 兰祝刚 肖荣华 尚明洲 江承金 童 翔
一等	以安全发展为导向的大型煤矿企业瓦斯综合治理	淮南矿业（集团）有限责任公司	王 源 孔祥喜	袁 亮 赵 干 章立清 方良才 李 平 柏发松 白国基 张士环 童云飞 牛多龙
一等	大型钢铁企业联合重组后的战略性整合	河北钢铁集团有限公司	王义芳 刘如军	王天义 孔 平 张建平 邢 强 田志平 张 凯 李怡平 褚建东 李毅仁 李红宴
一等	以科技和时尚为导向的大型纺织集团战略转型	上海纺织控股（集团）公司	席时平	朱 勇 吴光玉 刘 平 封亚培 沈耀庆 胡申伟 李耀生 瞿智鸣
一等	基于复杂环境的大型跨国天然气管道工程项目管理	中石油中亚天然气管道有限公司	孙 波	孟繁春 曹亚明 孟向东 张少峰 李宗林 金庆国 钟 凡 李 琳 钱亚林 刘志华
一等	打造世界级轨道交通装备企业的技术创新管理	中国北方机车车辆工业集团公司	崔殿国 奚国华	王立刚 孙永才 孙 锴 赵光兴 林万里 高 志 谢步明 那利明 张 臣

续表

等级	成果名称	申报单位	主要创造人	参与创造人
一等	大型海洋石油企业全面应急管理系统建设	中国海洋石油总公司	傅成玉 周守为	宋立崧 熊志强 章 焱 王 伟
一等	以提高集团管控能力为目标的战略采购管理	中国蓝星（集团）股份有限公司	任建新	杨兴强 任国琦 白忻平 陆晓宝 朱永康 杨洪斌 李丰民 李 伟 刘 炀 崔 建
一等	以可持续发展为导向的家电制造企业社会责任管理	上海日立电器有限公司	沈建芳 董晓青	郑建东 李海滨 魏德清 沈海军 罗 敏 黄亚非 朱 慧
一等	水泥企业区域性大规模重组整合	南方水泥有限公司	宋志平 曹江林	常张利 陈学安 姚季鑫 肖家祥 蔡国斌
一等	以提升价值创造能力为目标的外贸公司再造	广东省广新外贸集团有限公司	欧 广 李 成	植伟年 罗丙志 刘发书 赵 卫 黄 平 陈胜光
一等	大型钢铁企业境外资源投资的法律风险管理	武汉钢铁（集团）公司	邓崎琳 刘新权	彭 辰 郭自祥 杨荆州 匡忠祥 成飞宇 胡桂林 叶 蕾 肖静芳 董继华 黄许兵
一等	适应多品种小批量特点的总线型柔性生产管理	郑州飞机装备有限责任公司	贾安年 张 彬	张全平 刘 松 陈文召 张建丽 田红建 祁军义 高建海 骆定华 彭新杰 贾文斌
一等	大型企业集团战略性财务资源优化配置管理	中国五矿集团公司	周中枢	徐思伟 沈 翎 宗庆生 姚子平 徐忠芬 俞 波 贺宗春 郭 超 郑 宇 王星汉
一等	基于数字化集成平台的飞航武器总体研发管理	中国航天科工集团第三总体设计部	高文坤 张洪毅	孙建勋 任志勇 张 山 方向国 柳琮俊 朱诗学 陈建江 张建宏 孟祥鑫 刘 瑶
一等	中药企业濒危珍稀药材的培植与开发管理	浙江天皇药业有限公司	陈立钻	
一等	汽车制造企业提高自主创新能力的海外高端人才引进与管理	重庆长安汽车股份有限公司	徐留平 马 军	王宓愚 蔡 军 李建斌 王耀华 张竞竞 范朝东 王武生 何 红
一等	大型铁矿企业基于价值链的战略成本管理	鞍钢集团矿业公司	张晓刚 邵安林	陈 平 于万源 白静瀑 王 凯 于 森 张利学 张 凌 邓鹏宏 李之肖 刘炳宇
一等	基于胜任能力的企业经理人员年度考评体系建设	潍柴控股集团有限公司	谭旭光	孙学科 袁在新 王继承 司卫国 孙 丽 杨 斌
一等	大型综合能源集团以“五型企业”建设为基础的管理优化	神华集团有限责任公司	张喜武 张玉卓	凌 文 韩建国 张继武 周大宇 高学斌 谢 翔 胡永国
一等	国有企业厂办大集体的整体改制	攀枝花钢城集团有限公司	吴 强 车 平	王继光 胡建新 廖德军 许 松 刘家成 郑兴柱 周吉林 陈君博 王 珏 宋廷锋
一等	农村供销社新型连锁经营体系的构建与管理	萧山区供销合作社联合社、浙江万丰企业集团公司	楼增明	龚海其 黄定辉 方贤满 崔思维
一等	实现员工与企业共同发展的煤矿班组建设	安徽省皖北煤电集团有限责任公司	葛家德	龚乃勤 王光平 万家思 张 涛
一等	大型汽车企业基于市场评价的全面质量管理	上海大众汽车有限公司	张海亮 金 平	何向东 钟仲秋 吴有成 林 燕 刘 岩 汤 琳 吴忠华 涂华刚
一等	提升核心竞争能力的石油钻探企业技术创新管理	中国石油集团渤海钻探工程有限公司	秦永和	王保记 徐学军 张旭光 陈集军 刘荣军 葛贵付 马 强 解高岩 蔺玉水 贯少恩
一等	以产业链延伸和产品升级为重点的民营装备制造企业战略转型	卫华集团有限公司	韩宪保 俞有飞	谢宜舜 韩翠娟 王俊杰 方 丽

续表

等级	成果名称	申报单位	主要创造人	参与创造人
一等	铁路设计院勘测设计一体化管理系统建设	中铁第四勘察设计院集团有限公司	何义斌 王玉泽	田要成 汪享庆 鄢巨平 戴培新 张树森 许永宏 刘 腾 彭先宝 吴 林
一等	以提升客户满意度为目标的城市燃气企业精细服务管理	重庆燃气（集团）有限责任公司	吴永远	付秀平 苏文戟 郑 琪 张 炼 齐研科 刘 镇 朱 武 龙波涛
一等	科研型企业科技成果产业化开发管理	中昊晨光化工研究院	李 嘉 谢学端	曾本忠 屈 均 王家贵 粟文明 陈 波 任晓宁 郑兵兵 魏南锥 胡晓辉
二等	以技术创新为导向的钢铁企业低成本战略转型	邯郸钢铁集团有限责任公司	李贵阳 彭兆丰	任运生 周 健 唐恒国 齐敬尧 李如怀 尤善晓 胡志魁 楚成华 王新杰 申维庆
二等	大型通信企业法律风险管理体系构建与实施	中国移动通信集团公司	陈丽洁 叶小忠	王红梅 于 莽 薄 勇 朱 琦 周俊霖 郭 洋 张 薇
二等	城际高速铁路建设的一体化管理	上海铁路局	王 峰	李迎九 陆火强 杨建中 杨灯海 武凤远 施伯良 陈忠心 沈 彝 陆志华 黄春峰
二等	面向全球市场的工程技术总承包能力建设	中国石油集团长城钻探工程有限公司	张凤山	刘乃震 胡欣峰 李晓明 郑 宇 王英君 温宏杰 查全才 刘 敏 栾 青 袁 国
二等	大型企业集团公司财务共享服务与管理	宝钢集团有限公司	王 力 陈 缨	陆怡梅 朱可炳 朱湘凯 吴琨宗 夏春红 王 奕 陈 钰 辛光悦 王丽娟 叶素丹
二等	促进绩效持续改善的问题驱动式管理	联想（北京）有限公司	陈旭东	卢 旭 赵海生
二等	商业模式创新驱动的现代服务贸易企业建设	浙江省物产集团公司	胡江潮	孟伟林 隋剑光 陈 敏 胡仲鸣 陈继达 沈光明
二等	以打造一流矿业公司为目标的管理变革	中国黄金集团公司	孙兆学 刘丛生	张 杰 孙 超
二等	大型油田全面标准化管理	中国石油天然气股份有限公司长庆油田分公司	冉新权 曲广学	杨 华 杨再生 刘 德 李 逵 张兴良 杨 技 郭其耀 吴武阳 陶 旭 黄建江
二等	多元化集团公司提升核心竞争力的信息化管理	传化集团有限公司	陈 捷	朱向荣 章 强 姚 亮 高益锋 傅建烽 潘旭忠 李邦清 程 龙 吉 军
二等	大型电网企业技能人员能力培训体系构建与实施	国家电网公司	陈月明 许世辉	杜宝增 冯 军 方国元 鞠宇平 俞建新 倪 春 李群雄 江振宇 曹爱民 曹 晖
二等	轨道客车制造企业基于平衡矩阵的多项目资源配置管理	长春轨道客车股份有限公司	董晓峰 卢西伟	邸晋英 李刚船 赵明花 白晓莉 李祥东 王凤学 曲金龙 赵 巍 裴 立 韩志鹏
二等	民营钢铁企业循环经济建设	江苏沙钢集团淮钢特钢有限公司	何达平 陆锦祥	马 毅 刘 祥 孙宝和 郭晓东 薛业林 沃国华 张志如 丁 松 周四君 李训东
二等	大型军工集团强化管控的规章制度体系建设	中国航天科工集团公司	许达哲 方向明	王耀国 龙 飞 王建生 符志民 王云林 郭 勇 张燕云 高 峰 张 程 程江华
二等	装备制造企业创新驱动的优化升级管理	大连重工·起重集团有限公司	宋甲晶	朱德康 贾祎晶 田长军 卫旭峰 许 昌 陈狄奇 白士卿 于春凯 王晓棠 于庆超
二等	民营医药企业内生增长与外延扩张有效结合的整合式发展战略实施	上海复星医药（集团）股份有限公司	陈启宇 姚 方	范邦翰 李显林 周文岳 傅洁民 崔志平 程阳锋 丁晓军 朱耀毅 胡雪峰 李东久
二等	汽车企业以用户为导向的多维产品开发管理	一汽轿车股份有限公司	张丕杰	许万才 汪玉春 马 岩 葛树文 李 伟 谢文才 于 平 杜晓东 陈海宗 赵立荣

续表

等级	成果名称	申报单位	主要创造人	参与创造人
二等	基于智能库建设的员工知识管理	河南中烟工业有限责任公司	杨自业 彭桂新	史建超 许廷选 陈书政 徐合军 杨培欣 左大钧 朱俊敬 韩东伟 张勇 庞朝阳
二等	卫星运营资源战略重组与产业链一体化整合	中国航天科技集团公司	芮晓武 吴劲风	滕刚 穆浩平 王占宇 谢平 黄翔 陈炳江 邢立海 王鹏 赵猛 张旭
二等	以提升生态效率为核心的石化企业管理体系建设	中国石油天然气股份有限公司长庆石化分公司	张喜文	杨庭 韦勇 罗茂强 尚德本 刘忠 刘宏远 王正魁 李晶
二等	大型钢铁企业战略绩效管理体系建设	鞍山钢铁集团公司	张晓刚 于万源	洪树利 陆颖 陶利贵 刘申 陈明 张万斌 张洪威 吕文福 杨倩哲 李成志
二等	以“四商”战略为导向的商业模式创新	上海市糖业烟酒（集团）有限公司	葛俊杰 李国忠	郭兰 李远志 徐静和 张健 蔡军 仲一熙
二等	轨道交通装备制造企业节拍化拉动式精益生产管理	南车青岛四方机车车辆股份有限公司	王军 耿义光	张在中 田学华 吕任远 韩永峰 张忠敏 林贤军 郭太吉 张景光 管玉山 兰玉贞
二等	面向高端市场的石化施工企业战略转型	中国化学工程第三建设有限公司	赵春才	赵显棣 黄庆平 金家平 刘锡武 刘玉华 陈群生 占德庆 张大鹏 夏节文 张家龙
二等	石油企业以人为本的基层建设管理	中国石化集团中原石油勘探局	沙启军 孔凡群	王亚钧 杜广义 冷潜 邵万钦 王承来 石书灿 丁学成 李睿 潘智明 朱霞
二等	以打造世界一流投资开发和建筑服务商为目标的战略转型	中国葛洲坝集团公司	杨继学 丁焰章	张崇久 段秋荣 汤飞 邓红武 石磊 张全胜
二等	大型建筑企业基于规模效益协同的经营结构优化与管理	中交第一航务工程局有限公司	武永涛	米晓晨 郭琪云 李锁柱 武艳春 樊建华 秦玉柱
二等	实现互利共赢的液化天然气全产业链国际合作管理	中海石油气电集团有限责任公司	傅成玉 王家祥	罗伟中 郑洪弢 陈翔 张荣旺 涂惠丽 安子春 吴迪 陈瑞权 刘志前 林忠晶
二等	公交企业以人文关怀为基础的员工情绪管理	济南市公共交通总公司	薛兴海	石绍滕 金建勇 谢刚 于建民 刘彤 马凯 赵云龙 李倩 王逢宝
二等	煤炭企业以可持续发展为目标的产业结构优化调整	兖矿集团有限公司	王信 许金新	梅德琪 韩钟琦 李俊 唐洪洲 朱建国 淳于江辉 马磊 唐大庆 戴长青
二等	提升中国大飞机研制水平的集成协同能力建设	中航工业第一飞机设计研究院	方玉峰 李守泽	张亚平 唐长红 王剑 杨毅 董海锋 张北光 张宝民 孙敏
二等	跨国石油公司税务管理体系的构建	中国海洋石油有限公司	杨华 李飞龙	李洁雯 郑艳艳 郑永钢 宋旸 崔号 刘建锋 庄川山 李湘琼 杨赋云 余一舜
二等	保险企业医疗保险服务统一平台建设	中国人寿保险股份有限公司	李郑华	毛新喜 陈维刚 董伟平 莫启晖 姬小金 吕建敏 周春歌 赵斌 吴芳
二等	整体上市集团公司管理制度体系建设	深圳能源集团股份有限公司	高自民	王慧农 贺云 陈敏生 孙启云 张小东 皇甫涵 刘世超
二等	铁路口岸站通关运输精益管理	乌鲁木齐铁路局	唐士晟	马叶江 许明 何海 陆洲 周鸣镝 刘希平
二等	煤炭企业以综合利用为核心的减排管理	辽宁铁法能源有限责任公司	韩有波 吴维权	陈荣德 王庭臣 王杰 许长志
二等	以科技创新为导向的航空工业企业战略转型	庆安集团有限公司	丁凯 靳武强	高阿明 汤济新 庞学礼 徐鸣喆 李蕾 陈宏社 晏克麟 杨世彦 杨新团 田超

续表

等级	成果名称	申报单位	主　要 创造人	参与创造人
二等	民营企业以永续经营为目标的内控体系建设	万丰奥特控股集团有限公司	陈爱莲	吴　艺　陈　滨　张锡康　杨慧慧　杨旭勇　吕雪莲　曾昭岭　赵亚红　丁金潮
二等	招标企业提升商务集成能力的咨询商建设	中技国际招标公司	刘德冰 刘　昆	张　建　李　敢　薛　涛　李　宏　周　庆　施叶青　陈洪印　陈胜清
二等	适应体制变革的卷烟生产厂能力文化建设	河南中烟工业有限责任公司郑州卷烟厂	吴殿信 魏平建	齐建华　王洪亮　聂毅军　窦俊强　赵　亮　王　丽　贾　丹
二等	农村中小金融机构风险管理体系建设	潍坊市农村信用合作社联合社	王新声 袁义东	刘金发　王滨田　刘鹏飞　隋乃江
二等	以型号研制为导向的航空工业企业安全生产管理	沈阳飞机工业（集团）有限公司	罗　阳 谢根华	陈永满　杨春龙　郑德辉　邓玉东　郭新军　胡玉文　郝春锋　裴世锋
二等	钢铁企业国内外矿山资源的开发与管理	昆明钢铁集团有限责任公司	王长勇 李幼灵	顾俊恒　付　霞　张振伟　严锡九　孙小跃　赵永平　罗金生　黄俊峰　张竹明　罗明发
二等	运载火箭研制的安全风险动态管控平台建设与运行	中国运载火箭技术研究院	袁　洁 李索正	李凤彬　邱　霞　张　华　王　艳　王　芸　田大川　朱　进　谢　平　黄　翔
二等	煤炭企业煤基多元化战略的实施	山西晋城无烟煤矿业集团有限责任公司	朱晓明 张宏永	蔡开东　陈晋亮　陈李伟　任义勇
二等	航空发动机制造企业打造国际竞争优势的精益管理	中国南方航空工业（集团）有限公司	王南海	林建波　韩　屹　叶　波　唐国芳　邱少华　邓　巍　陈孝业　肖　晔　何晴彦
二等	打造现代品牌公司的老字号餐饮企业文化建设	中国全聚德（集团）股份有限公司	姜俊贤	云　程　邢　颖　付卫红　唐小文　施炳丰　姜卫东　刘桂芳
二等	实现百万吨乙烯稳产高效的生产优化管理	中国石油化工股份有限公司茂名分公司	李安喜 余夕志	林　国　许先焜　李立宁　钟向宏　林瑞彪　邹文桢　杨　杰　谭奇群　赖燕华
二等	中外合资造船企业提高船舶能效的绿色管理	南通中远川崎船舶工程有限公司	徐　凯	潘志远　杨易川　路跃新　张海东
二等	以分销网络为依托的化肥企业服务管理	中化化肥有限公司	杜克平	杨宏伟　陈　丰　王铁林　沈　奇　冯明伟　郃学林　段长胜　吕　文　黎剑雄
二等	核电企业集团信息安全保障体系建设	中科华核电技术研究院有限公司	春增军 赵志中	邹来龙　包立新　时　光　袁昌红　何新华　罗　健　杨　伟　王　杨　胡　辉　吴　迪
二等	全价值链融合式发展战略的实施	江西洪都航空工业集团有限责任公司	吴方辉 宋承志	傅俊旭　陈逢春　钱　昀　乐　阳　陈念华　朱伟国　冯　青　王中强　薛国兴　胡焰辉
二等	基于成本控制效益分析系统的商业银行价值管理	中国农业银行股份有限公司山东省分行	赵壮志	宋传杰　马　林　邵静河　许永增　樊庆峰　安　平　胡晓筠　李肖东　刘　伟
二等	航空工业企业基于集团战略的资本化运作	西安飞机工业（集团）有限责任公司	孟祥凯 雷阎正	孟　建　徐　勇　张志鹏　郭公跃　门亚波　肖中文　牛锐军　徐　强
二等	化工企业农化业务海内外一体化运营管理	中化国际（控股）股份有限公司	张增根 李大军	覃衡德　毕冬冬　辛　晓　唐闻雷　Ramil　张　威　徐　光　刘文召　赵立冬　丁中华
二等	以产业化为导向的汽车零部件企业技术创新管理	重庆青山工业有限责任公司	董其宏 李培军	许跃明　龚为伦　吴　锐　叶虹麟
二等	适应企业快速发展的数字化采油厂建设	中国石油天然气股份有限公司长庆油田分公司第二采油厂	朱天寿 张应科	孙学锋　石道涵　苏天国　潘宏文　杨文华　李广辉　王　军　周学军　李　涛　卢延军

续表

等级	成果名称	申报单位	主要创造人	参与创造人
二等	钢铁企业采购交易集中管控体系建设	酒泉钢铁（集团）有限责任公司	虞海燕	冯染宝 汪虽富 魏家军 孙晓东
二等	大型施工企业攻守平衡的风险管理	中国水利水电建设集团公司	范集湘 刘起涛	袁柏松 孙洪水 王彤宙 李跃平 黄保东 孙 璀 王宗敏 宗敦峰
二等	依托财务公司的大型企业集团风险管理	中核财务有限责任公司	孙又奇 刘文菁	崔建春 张 逸 蔡锡富 韩洪学 胡 孟 王 佳 李爱秀 茅勇峰 朱 挺 郑 旭
二等	以价值链为核心的军工企业成本管理变革	四川九洲电器集团有限责任公司	张正贵 孙 仲	何林虎 王永亮 程 旗 陈 锐 胡冬川 胡兴洪 段家刚 康世华 范维平
二等	大型钢铁企业绿色制造管理	唐山钢铁集团有限责任公司	于 勇 王子林	周贺云 王兰玉 张建忠 王新东 苏福源 李向民 王亚光 王东林 刘洪斌
二等	面向国际合作的航空产品系统集成流程优化管理	成都飞机工业（集团）有限责任公司	王静波 干继才	刘 琦 龙新延 刘 斌 包智勇 侯登林 吴明果 张和兴 胡光蓉 刘可为 柳 青
二等	大型装备制造集团一体化目标成本管理	上海电气电站集团	郑建华	蔡康忠 郑晓虹 蔡明华 陈 力 王 玲 卫旭东 陈文倩 陈学文 徐 强
二等	基于BOT模式的水务环保企业运营管理	浙江富春紫光环保股份有限公司	童云芳 陈 征	汤民强 詹天浩 廖桂雄 李益民 许新灵 徐水林 沈 雄 屠 江 戚雄伟 张金华
二等	以患者满意为导向的医疗质量管理	航天中心医院	金永成 杜继臣	席家宁 李成义 李甲辰 傅冠峰 杨姝雅 刘宗明 卢 婷 赵一云 冯 利 甄 静
二等	实现集团业务一体化协同的客户资源集约管理	中国建设基础设施有限公司	马泽平 翟志刚	赵广建 郭慧星 成育军 范训益 高笑霜 卢志勇 任 刚 张忠强 张栋梁 韩中宝
二等	以提供高效服务为目标的供水安全管理	天津市滨海水业集团股份有限公司	刘逸荣 刘瑞深	刘裕辉 张志泉 江 波 张海生 刘景彬 于志民 葛立福
二等	实行产研并重的企业资源管理体系建设	中国电子科技集团公司第十四研究所	姚克荣 倪嘉骊	吴 迤 徐 进 谢亚光 王晓飞 荆巍巍 陈文惠 周海林 刘 翔 王艳霞 沈红卫
二等	通信企业综合信息服务能力体系建设	中国移动通信集团江西有限公司	简 勤	万 懿 彭宗高 朱劲葆 林 平 郑迎华 赵理民 黄乐平
二等	煤炭企业事故隐患动态监控系统建设	山东泰丰矿业集团有限公司	吴元峰	尹延周 郭英亮 白元付 董玉超 赵西栋 袁西仓 林 东 杨增志 曹春雷
二等	依托军工核心技术的民品发展战略管理	中国航天科技集团公司第八研究院第八〇三研究所	张春明 蔡向东	张海军 胡 勇 程 黎 袁广慧 印友军 方 龙 颜美华 曹国春 张 珉 刘维璋
二等	继承优良传统的军工企业文化建设	西安昆仑工业（集团）有限责任公司	吴振兴 李 俭	刘亚北 谭新禄 刘育平 杨志良 刁立社 马卫民 王宝朋 卜啸天 马 瑞 魏红艳
二等	实现低碳运行的绿色生态矿山建设	冀中能源集团有限责任公司	王社平 刘建功	张汝海 周书敬 穆树琪 曹银平 郭永跃 张爱民 姚理康
二等	承发包双方实行共管的劳务员工班组建设	天津港劳务发展有限公司	王金忠 李 强	齐学军 信伟丽 程 亮 吴晓凡 孙元媛 朱 玲
二等	装备制造企业的“集分权+资质”管控	齐齐哈尔轨道交通装备有限责任公司	魏 岩	张玉祥 丁作齐 常文玉 王晓峰 闻 海 周丽丽 李广斌 丁孝杰
二等	风电场土建工程优化设计管理	华能新能源股份有限公司	赵世明	何 焱 丁 坤 许 悦

续表

等级	成果名称	申报单位	主　要 创造人	参与创造人
二等	高速公路运营企业安全质量标准化管理	山东高速公路股份有限公司	王化冰	王云泉　马　宁　靳月升　胡艳丽　嵇晓欢 杨爱国
二等	基于资源整合的煤炭供应链管理	开滦集团国际物流有限责任公司	张文学 殷作如	裴　华　李　敏　冬伯文　张志芳　王中昌 高焕民　郝常安　张国才　曹立国　傅同军
二等	市场化运作的政府投融资服务平台建设	投资北京国际有限公司	屠行健 柴晓钟	郭俊峰　韩力涛　陈振猛　雷丙寅　尹茂生 薄来元　奚中成　李咏涛　李　洋　林玉华
二等	港航企业联合重组后的基础管理平台建设	海南港航控股有限公司	林　毅 徐奇标	李向阳　黄学俊　林　云　陈　平　陈　磊 黄有光　蔡汝贤　林鸿川　李伟军　王燕雄
二等	能源投资公司内控体系的构建与实施	河北建投能源投资股份有限公司	刘金海 贾晨虹	王廷良　姚　明　李新浩　王玉宏　张旭蕾 王建辉　董小平　王云龙
二等	施工企业融资建造项目决策管理	中国水电建设集团路桥工程有限公司	王彤宙 汤　明	李介立　张宜松　王　维　陈京波　韩冬卿 陈　凡　刘小华　高　蕾　魏　芳　姜　楠
二等	军工科研院所向高科技产业集团转变的绩效管理	中国船舶重工集团公司第七一二研究所	周　平 吴荣斌	田　橙　王和友　黄　鹏　杨　文　何小雄 徐旭红　董晓冬　傅　晖　蔡鸿武　李　翔
二等	基于售后服务实战的人才培养体系建设	唐山轨道客车有限责任公司	余卫平 侯志刚	张晓海　陈　亮　孙帮成　任　刚　郝庆开 吴胜权　刘　鹏　刘金华　张家炯　田志义
二等	煤炭企业权力运行监控机制的创建	冀中能源峰峰集团有限公司	郭周克 任连顺	陈亚杰　陈爱军　杨新民　许　凯　王军华 齐瑞江　王宗华　李庆寿
二等	军民融合型科技创新体系的构建与实施	内蒙古第一机械制造（集团）有限公司	缪文民 冯益柏	白晓光　王　彤　贾　睿　王小海　曹恒斌 郝　勇　张巨宝　史　娇　张　雄　宁显波
二等	区域管理与项目法施工相结合的集约化管理	葛洲坝集团第二工程有限公司	邱小平 陈　刚	王　雪　梁勇军　石　磊
二等	火车站自控型班组信息体系的构建与管理	哈尔滨铁路局齐齐哈尔站	尤君平 孙立宏	刘成海　陈旭凯　吴　鸿
二等	成本控制与绩效导向的企业基层一体化管理体系建设	中国石化扬子石油化工有限公司	马秋林 余小余	闻　方　杜　军　吴晨光　王　河　王郭章 荆丹彤　王振新　束长好　姚小利　张　忠
二等	大型水电站建设的招标监督管理	华能澜沧江水电有限公司	刘　峰 沈宗护	马聪康　曾保华　孙光红　刘云炤　杨曙明 孙　毅　常绍芳　邓家楠　王学磊　冯　林
二等	煤炭运销企业质量检验及监察机制的构建与运行	平顶山天安煤业股份有限公司运销公司	吕文培 颜世文	顿西民　马廷欣　张殿秋　滕长青　武伟民 吕会英　颜　林　吴　雪　景照铎　李雪花
二等	邮政企业工时管理体系建设	广西壮族自治区邮政公司	冯新生 韦胜光	柯　岩　许　葵　吴全兵　庞　明　曹劲松 王剑涛　韦峰华　朱柳明　李海碧　罗　峰
二等	农产品加工企业全产业链战略的实施	中粮屯河股份有限公司	宁高宁	于旭波　覃业龙
二等	建筑企业提升协同能力的精细化管理	中国建筑第三工程局有限公司	陈华元 姚晓东	袁汉堂　周迎辉　李继红　蒋　杰
二等	基于单井效益评价的老油田优化开发管理	中国石油天然气股份有限公司辽河油田分公司	谢文彦 任芳祥	刘　斌　袁广平　王占华　许万利　赵和平 郭福军　许　艳　黄　鹤　易维容　陈　军
二等	以打造综合性金融服务商为目标的业务创新管理	广发证券股份有限公司	王志伟	曾　浩

续表

等级	成果名称	申报单位	主　要 创造人	参与创造人
二等	基于问责考核制的过程控制管理	呼和浩特铁路局	林奋强 甄忠义	李希顺　祁双庆　屈　华　朱　强　席建国 丁锡民　任　君　刘全明
二等	以提升核心竞争力为目标的钢铁企业卓越绩效管理	南京钢铁联合有限公司	杨思明	吕　鹏　吕庆明　陶　魄　李传友　钱　勇 袁　伟　朱　迅
二等	基于动态级差的年度差别电量计划管理	重庆市电力公司	柳　杨	张继红　王俊梅　郭　琳　孔庆云　张文哲 田　京
二等	以全过程物料控制为主线的轮胎制造企业精益生产管理	风神轮胎股份有限公司	王　锋	张晓新　谢小红　王仁君　史水生　秦鸿胜 崔喜平　安登峰　白　艳　张琳琳　熊晓华
二等	水务企业引进战略合作者的项目决策与实施	天津市自来水集团有限公司	陈炳林 贾霞珍	王仕明　王　超　于慧英　刘　莹　仲崇坤 渠春华　刘　睿　杨绪石
二等	基于信息集成系统的煤矿责任成本管理	义马煤业集团股份有限公司新安煤矿	武予鲁 翟源涛	田富军　马跃强　贺治强　杨随木　陈华振 刘建中　任树明　张　轶　于华锋　牛军党
二等	适应行业跨越式发展的铁路货车检修企业基础管理	北京铁路局丰台车辆段	菅京河 张书和	谭剑钢　焦永华　张振斌
二等	以建设国际一流科技产业集团为目标的管理变革	中国船舶重工集团公司第七二五研究所	孙建科 马玉璞	崔　严　谢志浩　王其红　王国玉　陈志强 牛保平　张　霞　黄昌廉　宋富长　白　杰
二等	民营制药企业实现和谐发展的人本管理	吉林万通药业集团有限公司	潘首德	潘　葳　潘一杭　刘树栋　王洪珍　高万林 孙焕杰　王海涛　牟善爽　赵旭阳
二等	解决中小企业融资难的政策性担保机构服务管理	海口市担保投资有限公司	王治平	许海果　贾　颖　李秀芬　李　勃　李　茜 潘中连　陈　风
二等	基于内部市场机制的煤炭企业岗位价值精细化管理	陕西陕煤黄陵矿业有限公司	宋老虎 闫　勃	李孝波　范京道　张维新　陈世文　张建军 王中兴　赵应升　梅方义　段荣国　王英俊
二等	建筑企业多项目管理的组织与管控	中交一航局第一工程有限公司	王云国	陈　平　马吉慧　周　英　刘宝河　薄立明 李红星　强梁生　王　振　王洪蕾　肖　倩
二等	提高设备备件采购性价比的供方动态评价管理	莱芜钢铁集团有限公司	任　浩 田克宁	陈启祥　罗登武　王继超　刘隆利　荆延芳 宋家来　商福成　丁增佳　孙希涛　朱　炜
二等	煤炭企业延长产业链的资源综合开发利用管理	重庆天府矿业有限责任公司	刘成明 杨祖洪	秦　斌　阮雨农　项焦兵　胡光明　余洪新 庞统超
二等	以建设第三方物流企业为目标的战略转型	柳州宁铁物流有限责任公司	江卓琦	周志明　韦振治　谭三林　蔡　东　邓建勋 卢耀庆　吴思忠　肖永杰　张骏骅
二等	发电企业提高经济效益的管理优化	贵州西电黔北发电总厂	胡在春	王东贵　刘建军　周海欧　周业恒　唐　丽 颜东升　顾　剑　唐　立　任廷华　周强娜
二等	石化企业以内部挖潜增效为核心的价值管理	中国石油化工股份有限公司安庆分公司	王　彪 杨瑞林	王如斌　王杨军　赵云怒　任立志　林　刚 谢　广　丁士庆　汪东球
二等	山区煤运通道工务安全管理	郑州铁路局月山工务段	王树伟 陈　华	刘炎华　徐玉庭　常建华　贾小明　王建斌 薛进方　刘春彦　拜玉峰　王维霞　唐韶魁
二等	适应市场快速变化的化工企业全球营销管理	太仓中化环保化工有限公司	张海兵 马　斌	陆坊斌　刘江锋　于　赢　陶乃珸　何卫军 史洪亮　龚文俊　梁化锋　马文锐
二等	民营钢铁企业安全工作程序管理	抚顺新钢铁有限责任公司	杨乃辉	李　杰　周敏科　刘玉斌　杜　宏　王　森

续表

等级	成果名称	申报单位	主要创造人	参与创造人
二等	煤炭企业网络化班组安全管理	郑州煤炭工业（集团）杨河煤业有限公司	张明剑 雷丁轲	陈全洲 康成道 郭宏强 李静 康国恩 张少伟 于连江 曹国华 刘建飚 张保亮
二等	大型钢铁控股公司多元化发展战略的实施	昆明钢铁控股有限公司	王长勇 李幼灵	顾俊恒 付霞 张振伟 严锡九 孙小跃 赵永平 罗金生 黄俊峰 张竹明 沈忠华
二等	供电企业全员参与的基层标准化建设	河北省电力公司	孙正运 赵社宏	吕志军 任留通 陈祥文 赵志安 李中凯
二等	大型粮油企业基于战略共识的重组整合	中粮粮油有限公司	宁高宁 栗明	于旭波 杨虹 顾利峰 王印基 彭安桥 刘晓雨 蒋超 马春寿 许峰 费忠海
二等	通信企业聚焦客户的精确营销管理	中国电信股份有限公司江西分公司	卢耀辉 陈文俊	刘勇 龚晓春 高修林 黄益山 徐廷芳 李继民 章玮 高辉 管琦
二等	实现老油田高效开发的精细化管理	大庆油田有限责任公司第一采油厂	万军 朱国文	陈广玉 于润涛 任刚 王研 吴浩 隋新光 黎鹤 蔡立新 邱必武 马国良
二等	供热企业客户服务体系的建立和实施	天津市热电公司	裴连军 徐鸥	李宏 朱咏梅 宋英杰 毋小伟 彭俊茹 李晓冬 陈开萍 王新
二等	基于网络化的企业税控管理	中国联合网络通信有限公司山东省分公司	柳林芳	楼斌 王延山 王大伟 孙明亮 张广福 刘鹏
二等	提供全链条服务的袜业园区建设和运营	吉林省东北袜业纺织工业园发展有限公司	田中君 王力辉	张年平 刘向明 郭利军 黄志勇 赵海峰 黄霞 綦绍新 吴秀梅 李萍萍 孙亚楠
二等	保障客车维修的铁路站段精益管理	昆明铁路局昆明车辆段	陈永忠	刘春森 王韵昆 张义 王润兵 叶剑 李银华 郭文平 范超 张家强 张燕 秦颜平
二等	发电企业基于内部市场链的岗位价值管理	铁法煤业（集团）有限责任公司热电厂	高国勤 孙艳华	黄庆海 刘洋 李向兵 杨晔
二等	石化企业全面合规风险管理	中国石油化工股份有限公司九江分公司	王治卿 徐盛龙	谢道雄 苏云麟 钟海涛 敖晓燕 徐筱安 刘志忠 李群 文艳
二等	军工企业打造核心竞争力的结构优化与管理	重庆大江工业有限责任公司	杨川 江信亚	董文波 蒋泽刚 栗嘉陵 谭良杰 朱红 周玉和
二等	石油销售企业促进市场稳定的优质服务管理	中国石油化工股份有限公司河北石油分公司	杨槐青 赵志民	刘少林 李怀东 李志英 常文峰 李朝相 孙立君
二等	大型港口企业提升集团管控能力的财务信息化建设	大连港集团有限公司	张凤阁	张国峰 朱宏波 赵蓉 吕培贤 王劲松 兰方龙 苏洁 王萍 曾霞
二等	提升运营质量的大型油田增效管理	中国石油化工股份有限公司胜利油田分公司	孙焕泉 张洪山	于宗吉 张政见 耿廷久 胡渤 谭国庆 张洪才 张越胜 赵红生 付涛 蔡权
二等	供电企业基于信息技术的通信保障系统建设	西安供电局	罗检仔 张燕涛	赵宏斌 梁芝贤 白开峰 薄兰选 郑海涛
二等	以安全高效为目标的煤矿优化管理	上海大屯能源股份有限公司徐庄煤矿	曹建明	高道云 李世勇 缪广甫 张重亮 刘宝明 戚义庆
二等	发电企业实现降本增效的精细化管理	河北邯峰发电有限责任公司邯峰发电厂	张煜辉 李彦学	靳玉彬 郭东霞 赵阳升 李书海
二等	以可持续发展为导向的油田系统化管理	中国石油天然气股份有限公司长庆油田分公司第一采油厂	吴志宇	姬定成 张怀帆 唐玉龙 刘新生 范劲松 王小江 王德海 赵小龙

续表

等级	成果名称	申报单位	主要创造人	参与创造人
二等	市政公用事业单位的企业化管理变革	烟台市市政养护管理处	侯春兴 任晓冬	王义勇 王加青 葛永超
二等	以营销服务支撑体系为依托的敏捷管理	中国移动通信集团天津有限公司	张永平 李杰	张永东 邢玉成 符珊 及晓梅 孙憬超 杨树起 刘玉娜
二等	煤矿企业"老矿小井"的科学开发管理	山东恒丰矿业集团有限公司	刘彦忠	高德东 陈艾东
二等	以效率与效益为核心的全面优化管理	中国石油天然气股份有限公司华北油田分公司	苏俊 黄刚	杨利民 王军 郝鸿毅 李素林 胡楠 程玮东 许德杰 黄金 翟金生 陈勇
二等	民营纺织企业加快产品升级的卓越绩效管理	南通双弘纺织有限公司	杨广泽	王瑞根 吴加顺 王海荣
二等	煤矿企业以动态预算为主线的成本管理变革	冀中能源邯郸矿业集团有限公司云驾岭煤矿	刘尚林 班士杰	苗贞然 成昆 李世波 冯常洪 高峰 郑明山
二等	基于员工自主性的油田岗位精细化管理	中国石油天然气股份有限公司吉林油田分公司松原采气厂	宋秋国 敬新	刘振东 姚志 王伶威 杨福军 周砚臣 项宝军 荆华 马长青 黎长权 才云鹏
二等	适应坚强智能电网建设的集约化检修管理	重庆市电力公司电网检修分公司	孙渝江 徐焜耀	徐韬 赵晓勇 陈玮 匡红刚 谭柯 卢化 程剑兵 汪力
二等	知识型企业提高员工创造力的股权激励变革	胜利油田森诺胜利工程有限公司	姜传胜	赵明奎 吴凤柱 张洪臣 张建荣 于忠国
二等	以可持续发展为导向的矿区生态环境系统重构	山西潞安环保能源开发股份有限公司王庄煤矿	刘克功	肖亚宁 贾双春 杨建立 贾乃银 郭成刚 程国平 周军安 张斌武 张路刚 侯志丽
二等	实现林业资源合理利用的木材产销精益管理	黑龙江省柴河林业局	王敬先	仲昭君 李剑峰 杨忠诚 崔双革 汪贵文 张玉忠
二等	物资运输企业受控安全管理平台建设	中国石油集团川庆钻探工程有限公司重庆运输总公司	谭林波 高鹏	黄勇强 李林根 苏治国 范渝 胡大朗 房宪 毛志刚 黄能 白斌 柴勇
二等	钢铁企业物资仓储配送优化管理	河北钢铁股份有限公司承德分公司	牟文恒	李庆 韩精华 王文山 郭长林 刘建军 郭静文 朴述银 刘国营 沈爱民 李晓娟
二等	以提升综合效益为目标的电站建设风险管理	贵州乌江水电开发有限责任公司沙沱电站建设公司	吴元东 邓朝伦	郭定明 江海珠 王雷 黄鹏 曾乾礼 范雄安 雷大俊
二等	机械制造企业生产全过程的精细化管理	辽源方大锻造有限公司	张凤俊	刘培果 刘基辉 于凤海 李景春 张玉春 张晓波 李玉喜 阎新华 孙平

资料来源：全国企业管理现代化创新成果审定委员会

2010年度中国企业十大新闻

中国企业联合会 中国企业家协会

2011年1月16日

一、2010年度中国企业十大新闻

1. 十七届五中全会审议通过“十二五”规划建议
2. 国家加大房地产调控力度，谨防房地产泡沫
3. 上海世博会成功举办，中国企业为上海世博会做出突出贡献
4. 国务院发布鼓励和引导民间投资意见
5. 国企重大事项须领导集体决定
6. 新能源汽车在政策扶植下起航
7. 灾难性事件多发，中国企业鼎力捐助
8. 能源矿产企业跨国经营风生水起
9. 中国造船业三大指标跃居全球首位
10. 中国AC313大型民用直升机首飞成功

二、2010年度最受关注企业家

1. 姜建清 中国工商银行董事长
2. 周中枢 中国五矿集团公司总裁
3. 孙兆学 中国黄金集团公司总经理
4. 赵明远 东北特殊钢集团有限责任公司董事长
5. 谭旭光 潍柴控股集团有限公司董事长
6. 徐和谊 北京汽车集团有限公司董事长
7. 闫冰竹 北京银行董事长
8. 杜建华 山西煤炭进出口集团有限公司董事长
9. 蒋卫平 北京金隅集团有限责任公司董事长
10. 耿养谋 北京昊华能源股份有限公司董事长
11. 李金元 天狮集团有限公司董事长
12. 张有喜 大同煤矿集团有限责任公司总经理
13. 王林祥 内蒙古鄂尔多斯投资控股集团有限公司董事局主席
14. 苗青远 西林钢铁集团有限公司董事长
15. 伊茂森 中煤平朔煤业有限责任公司总经理
16. 江佩珍 广西金嗓子有限责任公司董事长
17. 张鸿成 广东精彩企业集团有限公司董事长
18. 江浩然 恒银金融科技有限公司董事长
19. 李家俊 湖北百盟投资集团有限公司董事局主席
20. 王社平 河北冀中能源集团有限责任公司董事长

三、2010年度最具影响力企业

1. 中国五矿集团公司
2. 中国冶金科工股份有限公司
3. 中国黄金集团公司
4. 中信国安集团公司
5. 中国石油天然气管道局
6. 潍柴控股集团有限公司
7. 北京银行
8. 中国银河证券股份有限公司
9. 北京金隅集团有限责任公司
10. 北京汽车集团有限公司
11. 东北特殊钢集团有限责任公司
12. 山西煤炭进出口集团有限公司
13. 中国南车股份有限公司
14. 宝鸡石油机械有限责任公司
15. 中国国际期货有限公司
16. 北京首都国际机场股份有限公司
17. 航天信息股份有限公司
18. 沈阳鼓风机集团股份有限公司
19. 北京城建道桥建设集团有限公司
20. 红云红河烟草（集团）有限责任公司
21. 山东鲁能集团有限公司
22. 苏宁电器股份有限公司
23. 中煤平朔煤业有限责任公司
24. 西林钢铁集团有限公司
25. 四川省宜宾五粮液集团有限公司
26. 内蒙古鄂尔多斯投资控股集团有限公司
27. 天狮集团有限公司
28. 山西沁新能源集团股份有限公司
29. 北京顺鑫农业股份有限公司牛栏山酒厂
30. 江苏永鼎股份有限公司
31. 成都红旗连锁股份有限公司
32. 中国石油抚顺石化公司
33. 维维集团股份有限公司
34. 南昌市政公用投资控股（集团）有限责任公司

四、2010 年度最具成长性企业

1. 唐山港集团股份有限公司
2. 东北特殊钢集团有限责任公司
3. 深圳市同洲电子股份有限公司
4. 福佳集团有限公司
5. 北京昊华能源股份有限公司
6. 山东大联矿业工程有限公司
7. 中国建筑第五工程局有限公司
8. 恒银金融科技有限公司
9. 金海重工股份有限公司
10. 江阴凯澄起重机械有限公司
11. 山西潞安集团潞宁煤业有限责任公司
12. 北京精彩无限音像有限公司
13. 陕西陕煤澄合矿业有限公司
14. 河南网慧商务有限公司
15. 彬县煤炭有限责任公司
16. 北京方博瑞星国际投资有限公司
17. 大连凯洋世界海鲜股份有限公司
18. 石嘴山市大榆树沟煤炭产销有限公司
19. 商丘市世隆服饰有限公司
20. 广东唯沣贸易有限公司

2010年度全国优秀企业家名单

（以姓氏笔画为序）

序号	姓　名	工作单位及职务	序号	姓　名	工作单位及职务
1	于　剑	深圳水务（集团）有限公司董事长	28	吴光权	中国航空技术深圳有限公司董事长
2	才长伟	西安东方集团有限公司董事长	29	吴秀祥	山东阳光矿业有限公司董事长
3	马正武	中国诚通控股集团有限公司董事长	30	宋甲晶	大连重工·起重集团有限公司董事长
4	王进军	吉林化纤集团有限责任公司董事长	31	宋尚龙	吉林亚泰（集团）股份有限公司董事长
5	王洪欣	新疆中泰化学股份有限公司董事长	32	张　权	中国联合网络通信有限公司临沂市分公司总经理
6	王振滔	奥康集团有限公司董事长	33	张　诚	中国长江电力股份有限公司总经理
7	冉新权	中国石油长庆油田分公司总经理	34	张文学	开滦集团有限责任公司董事长
8	卢长申	大亚湾核电运营管理有限责任公司总经理	35	张东海	内蒙古伊泰集团有限公司总经理
9	叶　军	特变电工沈阳变压器集团	36	张维功	阳光保险集团股份有限公司董事长
10	叶　茂	海南金鹿投资集团有限公司董事长	37	张琪武	新星宇建设有限责任公司董事长
11	邝正平	重庆商社（集团）有限公司董事长	38	时　民	山东黄金集团有限公司总经理
12	龙兴元	陕西秦川机床工具集团有限公司董事长	39	李大开	陕西法士特汽车传动集团有限责任公司董事长
13	刘　林	中国航空工业西安飞行自动控制研究所原所长	40	李叶青	华新水泥股份有限公司总裁
14	刘卫东	神龙汽车有限公司总经理	41	李效伟	湖南华菱钢铁集团有限责任公司董事长
15	刘志江	中国中材集团有限公司总经理	42	李维健	中信大锰矿业有限责任公司总经理
16	华　炜	陕西煤业化工集团有限责任公司董事长	43	李富生	许继集团总裁
17	孙　云	四川公路桥梁建设集团有限公司董事长	44	李湘平	山东东明石化集团有限公司董事局主席
18	孙　波	大连船舶重工集团有限公司董事长	45	李穗明	红塔烟草（集团）有限责任公司总裁
19	孙立山	即墨市供电公司经理	46	杜工会	郑州煤炭工业（集团）有限责任公司董事长
20	孙兆学	中国黄金集团公司总经理	47	杜建华	山西煤炭进出口集团有限公司董事长
21	孙荫环	亿达集团有限公司董事长	48	杨伯华	株洲硬质合金集团有限公司董事长
22	朱金松	加西贝拉压缩机有限公司总经理	49	杨拥军	青海华鼎实业股份有限公司总经理
23	祁玉民	华晨汽车集团控股有限公司董事长	50	杨思明	南京钢铁联合有限公司董事长
24	何福龙	厦门国贸集团股份有限公司董事长	51	杨春保	上海汽车变速器有限公司总经理
25	余永发	安庆曙光化工（集团）有限公司董事长	52	苏　俊	中国石油天然气股份有限公司华北油田分公司总经理
26	佟　强	山东立业机械装备公司董事长	53	陆海民	江苏林海动力机械集团公司董事长
27	吴方辉	江西洪都航空工业集团有限责任公司董事长	54	陈纪明	华天实业控股集团有限公司董事长

续表

序号	姓　名	工作单位及职务	序号	姓　名	工作单位及职务
55	陈建生	中国平煤神马能源化工集团有限责任公司董事长	74	郭金东	江苏金浦集团有限公司董事长
56	陈建成	卧龙控股集团有限公司董事长	75	陶一山	唐人神集团股份有限公司董事长
57	周建雄	湘电集团有限公司董事长	76	高天乐	天正集团有限公司董事长
58	孟祥凯	中航工业西安飞机工业（集团）有限责任公司总裁	77	高宝玉	营口港务集团有限公司总裁
59	岳普煜	太原重型机械集团有限公司董事长	78	崔殿国	中国北方机车车辆工业集团公司总经理
60	罗　涛	中国有色矿业集团有限公司总经理	79	曹江林	中国建材股份有限公司总裁
61	郑坚江	奥克斯集团董事长	80	曹国洪	江西国鸿集团有限公司董事长
62	郑昌泓	中国南车股份有限公司总裁	81	曹欣羊	浙江华欣控股集团董事长
63	姜文祥	正和集团股份有限公司总裁	82	梁海山	青岛海尔股份有限公司总经理
64	宣碧华	杭州东华链条集团有限公司董事长	83	梁福东	华仁世纪集团有限公司总裁
65	胡子敬	湖南友谊阿波罗股份有限公司董事长	84	梅　权	中铁大桥局集团有限公司董事长
66	胡宝权	华电能源牡丹江第二发电厂厂长	85	黄迪领	广东水电二局股份有限公司董事长
67	赵友永	广州无线电集团有限公司董事长	86	葛俊杰	上海市糖业烟酒（集团）有限公司董事长
68	赵曰岭	山东金岭集团有限公司董事长	87	蒋卫平	北京金隅集团有限责任公司董事长
69	郝伟哲	哈药集团有限公司董事长	88	韩三平	中国电影集团公司董事长
70	唐修国	三一集团有限公司总裁	89	虞海燕	酒泉钢铁（集团）有限责任公司董事长
71	徐勇辉	新疆伊力特实业股份有限公司董事长	90	赖鞍山	龙岩烟草工业有限责任公司总经理
72	晏　平	广西玉柴机器集团有限公司董事局主席	91	缪文民	内蒙古第一机械制造（集团）有限公司董事长
73	秦永和	中国石油渤海钻探工程有限公司总经理			

资料来源：中国企业联合会、中国企业家协会

2010 年度中国优秀女企业家精英

2011 年 1 月 9 日

2010 年度中国影响力女企业家

（以姓氏笔画为序）

序号	姓　名	工作单位及职务	序号	姓　名	工作单位及职务
1	王以智	汇丰私人银行（瑞士）有限公司亚太区行政总裁	11	张晓鲁	中国电力投资集团公司党组成员、副总经理
2	王安安	湖南艾华集团股份有限公司总经理	12	李金恋	伟纳富集团发展有限公司董事长
3	关玉香	北京奥瑞金新美制罐有限公司董事长	13	李嘉音	香港汉生堂药业有限公司董事长
4	孙月焕	北京中企华资产评估有限责任公司董事长	14	沈月华	美好控股集团有限公司董事长
5	朱崇淑	四川大昌汽车销售服务有限公司董事长	15	陈　洁	香港·武汉华乐地产拓展有限公司董事长
6	江佩珍	广西金嗓子集团董事长	16	陈瑞铃	阿罗哈客运董事长
7	邢　炜	中国普天信息产业集团公司党组书记、总经理	17	周筱玲	宝来曼氏期货股份有限公司副董事长兼总经理
8	何超琼	信德集团董事、总经理	18	葛艳华	富勤国际集团董事长、洪瑛翔坤集团董事长
9	吴廼峰	天津天士力集团总裁	19	谭丽霞	海尔集团高级副总裁兼首席财务官
10	张红霞	魏桥纺织股份有限公司董事长兼总经理			

2010 年度中国诚信女企业家

（以姓氏笔画为序）

序号	姓　名	工作单位及职务	序号	姓　名	工作单位及职务
1	马金英	山东金亿机械制造有限公司董事长、党委书记	18	李兰贞	天一建设集团总经理
2	仉　昊	北京兴隆竹松梅商贸中心总经理	19	李政谕	四川省源丰投资集团股份有限公司总经理
3	王　军	北京蓝天集团董事长	20	李星怡	广西嘉美房地产开发有限责任公司董事长
4	王　芬	亳州市京皖中药饮片厂总经理	21	李晓燕	北京京城燕达科技发展有限公司董事长
5	王一佳	中国人寿资产管理有限公司副总裁	22	陈　丽	上海新丽装饰工程有限公司总经理
6	王宝琴	宁夏恒联化工有限公司总经理	23	陈云香	广东科美实业有限公司董事长
7	王淑艳	上海玛萨国际美容连锁机构董事长	24	陈妙瑛	BeautyTechinstituteLimited 主席
8	王筱莉	洋浦奇利实业有限公司董事长	25	麦可君	香港合力集团广东合力汽车贸易有限公司董事长
9	冯　波	北京依斯康光电技术有限责任公司董事长	26	周　平	北京甘家口大厦党委书记、总经理
10	冯厚英	四川省蓝天机电建设有限公司董事长	27	周宝芝	天津市房地产信托集团公司董事长
11	田凤英	中法合营王朝葡萄酿酒有限公司副总经理	28	尚传英	绵阳艾潇实业集团有限公司总裁
12	刘明欣	如新集团香港及澳门分公司总裁	29	金小军	中国电子进出口北京公司总经理
13	刘懿翎	栢基国际幼稚园校监	30	姜凤玲	北京炎黄天赋基因生物科技有限公司董事长
14	纪蔡月仙	中农证券公司董事长	31	赵军伟	郑州交通运输集团有限责任公司董事长
15	张义芝	青岛蒲菲工艺品有限公司董事长	32	钟凤群	广东东莞市中玲制衣有限公司董事长
16	张国玲	北京华安北海消防安全工程有限公司董事长兼总经理	33	凌晓明	杭州达盟物业有限公司董事长兼总经理
17	张瑞琴	青岛明珠建设监理有限公司董事长	34	唐　燕	宝名国际集团董事长

续表

序号	姓　名	工作单位及职务	序号	姓　名	工作单位及职务
35	徐　慧	青岛艾乐客集团有限公司董事长	42	黄素珊	协亚创意（香港）有限公司董事、总经理
36	徐林芬	无锡市徐林芬健心安灵芝生态园总经理	43	龚孝燕	天津市自行车电动车行业协会理事长
37	浦聪娣	江阴市永阳毛纺有限公司总经理	44	傅月英	浙江中昇集团董事长
38	郭　线	四川玛柯·玛诺服装有限公司董事长	45	韩淑敏	内蒙古乌海市鑫发商贸有限责任公司董事长
39	曹巨英	北京意馨艺术幼儿园董事长兼总经理	46	蒲大珍	重庆德意家具城有限集团公司董事长
40	萧咏仪	香港执业律师	47	虞珠莲	青海第二毛纺织股份有限公司董事长
41	黄庆雪	陕西省安康市长兴建筑集团有限公司总经理			

2010 年度中国创新力女企业家

（以姓氏笔画为序）

序号	姓　名	工作单位及职务	序号	姓　名	工作单位及职务
1	马玉莲	河北盛华化工有限公司总工程师	23	陈丽萍	余姚市平安不锈钢制品有限公司董事长
2	马健生	香港新城广播有限公司董事、总经理	24	陈燕儿	广宇顾问有限公司董事、陈佩珊香港运豪集团副总裁
3	尹华蓉	四川建设发展股份有限公司副董事长	25	周　芳	宁波新芝生物科技股份有限公司董事长
4	王建平	内蒙古包头锐博新能源材料有限公司总经理	26	周宝莲	迅达科技集团股份有限公司副总经理
5	包陪丽	康世投资有限公司总裁	27	周海琴	浙江新塬实业有限公司董事长
6	史燕来	北京红黄蓝儿童教育科技发展有限公司董事长	28	林振芳	北京梧桐苑餐饮管理有限公司董事长
7	邝云弘	广州大厦有限公司总经理	29	罗可欣	ZTAMPZ 时装零售集团执行董事
8	刘　宏	深圳市单仁资讯有限公司总裁	30	姚　越	易生科技（北京）有限公司执行总裁
9	吕玉荣	重庆市富吉公路运输（集团）有限公司董事长兼总经理	31	赵桂珍	新疆克拉玛依福利实业有限公司董事长
10	孙方中	香港孙方中书院校董会主席	32	唐小文	北京新燕莎控股（集团）有限责任公司党委书记
11	朱婉芬	港大百货有限公司董事	33	唐安麒	唐安麒国际集团主席
12	何罗美莹	香港明我教育机构董事会主席	34	徐　卫	深圳赛百诺基因技术有限公司总裁
13	吴欣盈	新光人寿保险股份有限公司副总经理	35	徐　莉	南海航空货运（香港）有限公司董事、总经理
14	张　沁	智财国际集团董事长	36	徐莉玲	学学文创志业股份有限公司董事长
15	张　晔	陕西省安康市福利工贸有限公司董事长	37	袁顺意	中国地板控股有限公司董事、常务副总裁
16	张绣梅	昇昌企业股份有限公司董事长	38	高安凤	中国人寿保险（海外）股份有限公司副总裁
17	张曼琳	美国领袖研究中心 PDP 系统大中华区总代表	39	梁安妮	思道有限公司行政总裁
18	张慧敏	竣钧有限公司董事长	40	梁贺琪	遵理学校创办人
19	杨冰洋	广西北海怡沁园休闲中心总经理	41	黄水晶	百佳（香港）有限公司董事、经理
20	芦英乐	安吉鸿芦日用品有限公司董事长	42	解亚莉	天津中盈集团有限公司总裁
21	邱丽霞	杭州世导科技有限公司董事长及总裁	43	黎明娟	保昌展览搬运有限公司创办人
22	陈　洁	昆明颜之灵精美精英数码印刷有限公司总经理	44	薛新梅	常州祝庄园艺有限公司董事长兼总经理

2010年度中国成长性女企业家

（以姓氏笔画为序）

序号	姓 名	工作单位及职务	序号	姓 名	工作单位及职务
1	王 玲	陕西省安康市众盛酒店有限责任公司董事长	9	姜 艳	辽宁科隆精细化工股份有限公司董事长
2	冯 静	陕西省安康市龙泰养殖有限公司经理	10	洪秋玉	宥全精密股份有限公司副董事长
3	吴健敏	厦门京闽中心酒店总经理	11	赵永庄	中国木偶艺术剧院有限责任公司总经理
4	吴莉翔	广东华盛塑料有限公司总经理	12	陶 莹	赞华（北京）电子系统有限公司总裁
5	张 茜	美亚市场传达顾问有限公司董事长	13	曾 见	北京恩格威认证中心董事长
6	张世英	西安森耀商贸有限公司董事长	14	赖明珠	鸿发达企业有限公司董事长
7	陈怡璇	鼎运旅行社有限公司董事长	15	蔡冬冬	太子龙控股集团有限公司副董事长兼总裁
8	林姝宏	北京九零日志咨询管理有限公司董事长			

资料来源：中国女企业家协会

2010 年度跨国公司中国贡献榜

2010（第三届）跨国公司中国贡献榜 100 强

排　名	公司标志	中文常用名称	总部所在地	贡献指数得分（满分 100 分）
1	Walmart	沃尔玛	美　国	92.69
2	Nestlé	雀　巢	瑞　士	92.63
3	Coca-Cola	可口可乐	美　国	92.61
4	Amway 安利	安　利	美　国	91.87
5		华晨宝马	德　国	91.55
6	PEPSICO	百事可乐	美　国	91.43
7	ABB	ABB	瑞　士	91.32
8	Standard Chartered 渣打銀行	渣打银行	英　国	91.17
9	Rhodia	罗地亚	法　国	91.15
10	ABInBev	百威英博	比利时	91.13
11	Schneider Electric	施耐德电气	法　国	91.09
12	PPG	PPG 工业公司	美　国	91.06
13	Medtronic	美敦力	美　国	91.03
14	BRIDGESTONE	普利司通	日　本	91.01
15	EATON	伊　顿	美　国	90.98
16	ALCOA	美　铝	美　国	90.95
17	L'ORÉAL	欧莱雅	法　国	90.90
18	adidas	阿迪达斯	德　国	90.86
19	MARY KAY 玫琳凯	玫琳凯	美　国	90.72
20	Kodak	柯　达	美　国	90.66
21		大众汽车	德　国	90.28
22	ITT	ITT	美　国	89.95

续表

排 名	公司标志	中文常用名称	总部所在地	贡献指数得分（满分 100 分）
23	VOLVO	沃尔沃集团中国	瑞 士	89.89
24	DELL	戴 尔	美 国	89.85
25	Microsoft	微 软	美 国	89.78
26	Tetra Pak	利 乐	瑞 典	89.74
27		雅 培	美 国	89.65
28	IBM	IBM	美 国	89.57
29		摩托罗拉	美 国	89.45
30	SONY	索 尼	日 本	89.38
31	Lilly	礼 来	美 国	89.35
32	OLYMPUS 奥林巴斯	奥林巴斯	日 本	89.26
33	APP 亚洲浆纸	APP	印 尼	89.15
34	Clariant	科莱恩	瑞 士	88.92
35	PHILIPS sense and simplicity	飞利浦	荷 兰	88.88
36	intel	英特尔	美 国	88.76
37	挪威船级社	挪威船级社（DNV）	挪 威	88.66
38	OMRON	欧姆龙	日 本	88.53
39	Canon	佳 能	日 本	88.45
40	TESCO	特易购	英 国	88.39
41	SGS	SGS	瑞 士	88.36
42	syngenta 先正达	先正达	瑞 士	88.28
43	MONITOR GROUP	摩立特集团	美 国	88.16
44	Thermo SCIENTIFIC	赛默飞世尔科技	美 国	88.09
45	AstraZeneca	阿斯利康	英 国	88.05
46	宝健	宝 健	中国香港	87.96
47	VEOLIA WATER	威立雅水务	法 国	87.88

续表

排　名	公司标志	中文常用名称	总部所在地	贡献指数得分（满分 100 分）
48		舍弗勒	德　国	87.76
49	Intertek	天祥集团	英　国	87.69
50	Auchan	欧　尚	法　国	87.63
51	Carestream HEALTH	锐珂医疗	美　国	87.56
52	SPX	斯必克	美　国	87.42
53	Pernod Ricard	保乐力加	法　国	87.36
54		日　产	日　本	87.31
55	HSBC	汇丰银行	英　国	87.25
56	Roche	罗氏诊断	瑞　士	87.19
57	Bayer	拜　耳	德　国	87.08
58	ORACLE	甲骨文	美　国	86.96
59	DIAGEO	帝亚吉欧	英　国	86.89
60	Cargill	嘉　吉	美　国	86.81
61	NIKE	耐　克	美　国	86.75
62	Johnson&Johnson 强生	强　生	美　国	86.67
63	Carrefour 家乐福	家乐福	法　国	86.55
64	DOW	陶氏化学	美　国	86.42
65	Panasonic	松下电器	日　本	86.38
66	CISCO	思　科	美　国	86.33
67	NOVARTIS	诺　华	瑞　士	86.22
68	正大集团	正　大	泰　国	86.13
69	BEST BUY 百思买	百思买	美　国	85.89
70	3M	3M	美　国	85.78
71	MAERSK	马士基	丹　麦	85.65
72	NOKIA 诺基亚	诺基亚	芬　兰	85.55

续表

排 名	公司标志	中文常用名称	总部所在地	贡献指数得分（满分 100 分）
73	BASF	巴斯夫	德 国	85.36
74	DUPONT	杜 邦	美 国	85.25
75	GE	通用电气	美 国	85.13
76	SIEMENS	西门子	德 国	84.78
77	GM	通用汽车	美 国	84.72
78		麦当劳	美 国	84.66
79	Ford	福特汽车	美 国	84.58
80	GOODYEAR	固特异	美 国	84.45
81	HYUNDAI Drive your way	现代汽车	韩 国	84.22
82	SAMSUNG	三 星	韩 国	83.51
83	ERICSSON	爱立信	瑞 典	82.42
84	BSO	英国糖业	英 国	81.88
85	MAN	曼 恩	德 国	81.76
86	STORAENSO	斯道拉恩索	芬 兰	81.65
87	Celanese	塞拉尼斯	美 国	81.33
88	ASHLAND	亚什兰	美 国	80.69
89	SK	SK 集团	韩 国	80.21
90	kraft foods	卡夫食品	美 国	79.86
91		立 邦	日 本	79.66
92	IAC	IAC	美 国	78.53
93	TEREX	特雷克斯	美 国	77.31
94	MERCK SERONO	默克雪兰诺	瑞 士	76.22
95	DOW CORNING	道康宁	美 国	75.65
96	gsk GlaxoSmithKline	葛兰素史克	英 国	74.42
97	DB Real Estate	德意志银行	德 国	73.38

续表

排 名	公司标志	中文常用名称	总部所在地	贡献指数得分（满分100分）
98	KNAUF	可耐福	德 国	72.69
99	EASTMAN	伊士曼化工	美 国	72.25
100	SGL GROUP	西格里	德 国	71.66

资料来源：中国企业报社、中国企业CSR研究中心

注：1. 榜单考量时间范围：

默认为2009年1月1日—12月31日（财报年度为2009年7月1日—2010年6月30日的公司请另注明）。

2. 榜单入榜企业：

按得分排序（满分100分，入榜的每家跨国公司得分保留到百分位），进入榜单的100家企业将是考量时间范围内对中国贡献最大的100家跨国公司。

3. 榜单产生：

榜单中，得分居前20位的跨国公司被授予“2010跨国公司中国贡献特别大奖”，21～80位的跨国公司被授予“2010跨国公司中国贡献奖”。

2010 跨国公司中国贡献特别大奖 20 名

排 名	公司标志	中文常用名称	排 名	公司标志	中文常用名称
1	Walmart	沃尔玛（中国）投资有限公司	11	Schneider Electric	施耐德电气（中国）投资有限公司
2	Nestlé	雀巢（中国）有限公司	12	PPG	PPG 工业公司（中国）
3	Coca-Cola	可口可乐（中国）饮料有限公司	13	Medtronic	美敦力医疗用品技术服务（上海）有限公司
4	Amway 安利	安利（中国）日用品有限公司	14	BRIDGESTONE	普利司通（中国）投资有限公司
5	BMW	宝马集团和华晨宝马	15	EATON	伊顿（中国）有限公司
6	PEPSICO	百事可乐（中国）投资有限公司	16	ALCOA	美铝（中国）投资有限公司
7	ABB	ABB（中国）有限公司	17	L'ORÉAL	欧莱雅（中国）有限公司
8	Standard Chartered 渣打銀行	渣打银行（中国）有限公司	18	adidas	阿迪达斯体育用品（苏州）有限公司
9	Rhodia	罗地亚（中国）投资有限公司	19	MARY KAY 玫琳凯	玫琳凯（中国）化妆品有限公司
10	ABInBev	百威英博啤酒投资（中国）有限公司	20	Kodak	柯达（中国）股份有限公司

2010 中国企业 500 强名单

2009 名次	2010 名次	企业名称	地区	营业收入（万元）	利润（万元）	资产（万元）	所有者权益（万元）	从业人数
1	1	中国石油化工集团公司	北京	139 195 196	3 931 714	128 889 042	43 356 156	633 383
3	2	国家电网公司	北京	126 031 199	-234 290	184 193 597	61 503 623	931 168
2	3	中国石油天然气集团公司	北京	121 827 809	7 017 232	222 139 743	142 032 532	1 649 992
5	4	中国移动通信集团公司	北京	49 012 279	10 971 102	94 378 587	67 653 811	228 437
4	5	中国工商银行股份有限公司	北京	47 340 600	12 935 000	1 178 505 300	67 893 400	389 827
6	6	中国建设银行股份有限公司	北京	39 867 200	10 683 600	962 335 500	55 902 000	301 537
7	7	中国人寿保险（集团）公司	北京	38 950 383	2 134 606	155 464 540	6 614 670	117 942
14	8	中国铁建股份有限公司	北京	35 552 077	673 170	28 299 026	5 407 923	235 387
13	9	中国中铁股份有限公司	北京	34 636 796	740 816	31 178 113	6 635 932	276 150
9	10	中国农业银行股份有限公司	北京	33 842 700	6 500 200	888 258 800	34 292 500	441 144
8	11	中国银行股份有限公司	北京	33 474 100	6 436 000	874 811 700	46 425 800	262 566
11	12	中国南方电网有限责任公司	广东	31 242 311	188 708	44 043 931	15 024 603	289 848
30	13	东风汽车公司	湖北	26 915 955	1 489 728	17 553 255	6 294 348	143 792
16	14	中国建筑股份有限公司	北京	26 037 963	572 980	29 258 416	6 940 650	330 797
10	15	中国中化集团公司	北京	24 302 851	521 625	17 160 308	6 672 384	43 897
15	16	中国电信集团公司	北京	24 289 580	904 740	66 041 147	42 271 017	495 239
23	17	上海汽车工业（集团）总公司	上海	22 972 314	731 046	20 321 461	5 085 989	136 911
22	18	中国交通建设集团有限公司	北京	22 860 587	765 260	27 237 664	7 444 312	106 150
17	19	中国海洋石油总公司	北京	20 957 831	3 865 433	5 1834949	32 545 646	60 516
29	20	中国中信集团公司	北京	20 906 492	1 889 212	215 383 673	22 135 710	125 215
28	21	中国第一汽车集团公司	吉林	20 655 087	1 593 348	13 149 062	5 011 845	82 776
33	22	中国兵器装备集团公司	北京	19 644 059	477 071	18 987 969	5 173 562	199 709
12	23	宝钢集团有限公司	上海	19 530 748	1 217 607	40 199 615	24 297 060	119 008
19	24	中粮集团有限公司	北京	17 828 588	429 695	17 862 062	4 912 118	84 133
31	25	中国华能集团公司	北京	17 774 029	504 146	57 828 060	9 486 666	127 991
25	26	河北钢铁集团有限公司	河北	17 709 075	206 410	23 782 976	7 174 510	121 710
27	27	中国冶金科工集团有限公司	北京	17 670 504	429 793	26 425 848	5 603 601	155 677
26	28	百联集团有限公司	上海	17 387 384	—	6 247 737	—	170 000
32	29	中国航空工业集团公司	北京	17 207 109	718 486	39 318 025	13 053 090	382 599
21	30	中国五矿集团公司	北京	17 047 434	253 718	12 897 728	3 200 513	55 246
34	31	中国兵器工业集团公司	北京	16 497 387	436 468	20 587 654	7 230 427	263 123
24	32	中国中钢集团公司	北京	16 404 265	17 358	12 449 548	1 163 642	44 291
36	33	神华集团有限责任公司	北京	16 124 950	3 645 270	49 084 025	29 442 787	157 910
20	34	中国联合网络通信集团有限公司	北京	15 905 644	10 112	51 270 732	24 759 312	342 225
40	35	中国人民保险集团股份有限公司	北京	15 364 044	171 002	30 333 317	3 357 714	92 240

续表

2009 名次	2010 名次	企业名称	地区	营业收入（万元）	利润（万元）	资产（万元）	所有者权益（万元）	从业人数
37	36	中国邮政集团公司	北京	15 354 898	220 436	281 252 447	9 215 659	839 650
44	37	华为技术有限公司	广东	14 925 041	1 819 833	13 965 058	4 331 291	74 816
38	38	中国平安保险（集团）股份有限公司	广东	14 783 500	1 448 200	93 571 200	9 174 300	—
55	39	中国大唐集团公司	北京	14 659 724	105 810	47 784 514	5 833 316	99 132
35	40	江苏沙钢集团有限公司	江苏	14 631 303	368 941	13 354 791	—	39 949
46	41	华润（集团）有限公司	广东	14 582 761	1 554 064	34 901 095	14 713 609	276 000
43	42	武汉钢铁（集团）公司	湖北	14 033 158	203 402	17 568 945	6 650 420	116 374
42	43	中国铝业公司	北京	13 560 700	－696 737	35 485 049	7 557 043	192 772
49	44	广州汽车工业集团有限公司	广东	13 359 362	931 909	8 197 116	3 470 625	38 907
41	45	交通银行股份有限公司	上海	13 355 200	3 007 500	330 913 700	16 442 500	79 122
39	46	首钢总公司	北京	13 038 232	43 544	25 797 262	9 620 406	68 016
48	47	海尔集团公司	山东	12 491 161	293 339	9 659 461	1 663 736	60 388
64	48	中国国电集团公司	北京	12 207 864	425 048	42 372 909	7 664 389	118 219
53	49	中国船舶重工集团公司	北京	12 109 366	608 148	26 461 219	6 608 219	154 000
54	50	江苏苏宁电器集团有限公司	江苏	11 700 267	298 849	3 583 983	1 492 498	113 557
83	51	北京汽车工业控股有限责任公司	北京	11 647 433	487 740	8 462 099	3 266 659	42 889
51	52	浙江省物产集团公司	浙江	11 321 946	124 718	3 708 968	788 421	16 210
73	53	天津市物资集团总公司	天津	10 818 806	39 039	4 658 183	639 942	5 056
45	54	中国化工集团公司	北京	10 803 459	18 249	16 759 901	3 309 912	135 696
126	55	国美电器控股有限公司	北京	10 680 000	273 400	—	—	—
50	56	联想控股有限公司	北京	10 637 514	121 331	8 726 504	888 635	21 675
66	57	中国华电集团公司	北京	10 528 804	136 001	35 942 577	4 360 760	89 506
57	58	中国铁路物资总公司	北京	10 517 877	79 378	3 462 234	538 362	7 688
58	59	中国太平洋保险（集团）股份有限公司	上海	10 431 400	747 283	39 718 726	7 567 322	67 476
68	60	河南煤业化工集团有限责任公司	河南	10 409 527	412 093	11 093 087	3 154 986	153 166
59	61	中国机械工业集团有限公司	北京	10 349 796	352 032	9 802 159	2 487 217	87 689
56	62	太原钢铁（集团）有限公司	山西	10 136 453	85 926	9 817 186	3 623 851	30 680
77	63	中国电力投资集团公司	北京	10 065 761	223 902	37 634 516	5 809 452	109 861
52	64	中国航空油料集团公司	北京	9 369 984	142 040	2 802 600	1 265 715	8 979
61	65	上海电气（集团）总公司	上海	8 982 975	478 705	11 000 047	3 461 056	73 310
47	66	山东钢铁集团有限公司	山东	8 702 584	280 172	12 081 034	3 637 110	89 941
69	67	美的集团有限公司	广东	8 657 202	459 072	5 771 984	1 849 430	120 000
78	68	中国电子信息产业集团公司	北京	8 589 981	142 185	10 817 474	3 598 774	104 504
102	69	天津冶金集团有限公司	天津	8 420 533	14 499	4 945 292	699 312	14 875
60	70	天津中环电子信息集团有限公司	天津	8 210 483	381 505	3 755 465	1 790 850	43 559
85	71	中国建筑材料集团有限公司	北京	8 158 163	306 508	11 334 385	2 179 407	93 062
87	72	陕西延长石油（集团）有限责任公司	陕西	8 068 660	405 266	11 331 419	5 394 489	90 454
70	73	山东魏桥创业集团有限公司	山东	8 061 821	488 538	5 158 559	2 622 721	121 846
62	74	鞍山钢铁集团公司	辽宁	8 026 352	296 610	15 883 286	8 656 651	117 972
80	75	中国平煤神马能源化工集团有限责任公司	河南	8 016 013	121 982	7 066 216	2 500 252	144 099

续表

2009 名次	2010 名次	企业名称	地区	营业收入（万元）	利润（万元）	资产（万元）	所有者权益（万元）	从业人数
75	76	山西焦煤集团有限责任公司	山西	7 747 769	235 664	10 071 172	3 604 301	177 219
74	77	天津汽车工业（集团）有限公司	天津	7 701 914	497 981	3 613 970	1 881 659	36 340
89	78	中国水利水电建设集团公司	北京	7 554 547	239 734	10 122 801	1 359 251	129 700
117	79	光明食品（集团）有限公司	上海	7 553 083	527 503	13 328 858	6 196 975	107 572
81	80	上海建工（集团）总公司	上海	7 536 883	86 860	5 244 761	1 098 923	31 580
63	81	中国外运长航集团有限公司	北京	7 425 970	145 443	10 644 430	4 984 178	80 425
95	82	新华人寿保险股份有限公司	北京	7 365 968	264 868	20 656 055	419 985	310 000
92	83	黑龙江北大荒农垦集团总公司	黑龙江	7 268 546	168 978	5 736 599	1 580 637	667 211
88	84	中国航天科工集团公司	北京	7 246 722	433 739	11 178 143	4 226 649	115 064
65	85	山西煤炭运销集团有限公司	山西	7 243 878	297 657	6 616 300	1 913 755	70 480
86	86	大连大商集团有限公司	辽宁	7 053 590	—	—	—	—
76	87	中国中煤能源集团有限公司	北京	7 017 192	801 045	14 948 618	9 199 952	109 629
191	88	中国通用技术（集团）控股有限责任公司	北京	6 858 110	229 816	7 299 007	2 380 920	42 597
97	89	金川集团有限公司	甘肃	6 647 406	163 357	5 095 225	2 325 633	31 634
130	90	中国医药集团总公司	北京	6 449 536	279 744	5 118 224	2 439 213	32 962
114	91	北台钢铁（集团）有限责任公司	辽宁	6 214 404	6 541	3 973 495	1 258 724	26 985
101	92	天津钢管集团股份有限公司	天津	6 136 501	50 693	4 100 076	1 301 306	10 264
111	93	天津天铁冶金集团有限公司	天津	6 056 545	54 554	5 513 620	1 142 432	27 111
133	94	中兴通讯股份有限公司	广东	6 027 256	269 566	6 834 232	1 794 887	70 345
100	95	上海铁路局	上海	5 997 743	-60 596	26 662 796	18 145 342	163 187
169	96	上海绿地（集团）有限公司	上海	5 929 560	383 301	6 522 089	1 364 951	2 700
149	97	冀中能源集团有限责任公司	河北	5 808 577	80 510	7 190 284	2 203 969	122 705
84	98	泰康人寿保险股份有限公司	北京	5 793 242	327 416	20 194 988	1 263 841	31 455
99	99	沈阳铁路局	辽宁	5 674 852	-125 798	16 060 793	9 708 862	264 436
105	100	北京铁路局	北京	5 659 573	-226 909	18 353 064	12 933 386	196 843
93	101	中国南方航空集团公司	广东	5 643 103	71 433	10 174 194	1 152 707	53 284
115	102	海信集团有限公司	山东	5 598 526	223 334	3 677 286	1 256 886	25 344
182	103	开滦（集团）有限责任公司	河北	5 593 860	31 420	4 401 236	1 936 044	72 435
122	104	红塔烟草（集团）有限责任公司	云南	5 590 222	484 437	8 118 145	5 939 361	12 420
112	105	中国重型汽车集团有限公司	山东	5 566 281	289 755	9 006 776	4 474 683	22 706
132	106	山西晋城无烟煤矿业集团有限责任公司	山西	5 543 456	327 136	8 474 262	2 232 570	114 283
143	107	天津天钢集团有限公司	天津	5 521 915	18 227	4 736 340	1 411 163	10 540
72	108	马钢（集团）控股有限公司	安徽	5 467 526	60 226	7 650 289	3 292 873	57 039
106	109	江苏悦达集团有限公司	江苏	5 425 123	131 319	3 379 607	996 881	27 017
164	110	新兴铸管集团有限公司	北京	5 386 020	145 707	3 938 694	1 993 265	75 878
154	111	中国农业生产资料集团公司	北京	5 308 964	21 569	1 479 271	310 878	4 235
90	112	江西铜业集团公司	江西	5 306 360	225 324	4 440 906	2 645 721	27 683
123	113	上海烟草（集团）公司	上海	5 288 138	1 086 739	7 650 925	7 143 608	15 211
103	114	广东物资集团公司	广东	5 263 629	22 797	2 395 151	364 877	6 568

续表

2009 名次	2010 名次	企业名称	地 区	营业收入（万元）	利 润（万元）	资 产（万元）	所有者权益（万元）	从业人数
121	115	兖矿集团有限公司	山 东	5 261 887	541 421	9 956 065	2 781 941	92 941
94	116	中国航空集团公司	北 京	5 241 539	494 578	11 946 752	3 171 708	43 446
113	117	潍柴控股集团有限公司	山 东	5 228 133	416 763	4 112 013	1 726 157	35 574
128	118	万向集团公司	浙 江	5 148 040	169 777	2 820 016	937 796	20 700
96	119	招商银行股份有限公司	广 东	5 144 600	1 823 500	206 794 100	9 278 300	40 340
98	120	南京钢铁集团有限公司	江 苏	5 133 883	100 143	3 066 484	930 333	12 587
141	121	北大方正集团有限公司	北 京	5 106 480	122 176	4 915 064	1 151 851	17 807
134	122	广厦控股创业投资有限公司	浙 江	5 085 054	67 309	2 303 098	824 365	90 425
79	123	湖南华菱钢铁集团有限责任公司	湖 南	5 084 459	182 169	10 204 037	3 159 896	42 510
129	124	湖南中烟工业有限责任公司	湖 南	5 067 304	526 444	3 945 416	3 291 565	22 380
151	125	徐州工程机械集团有限公司	江 苏	5 051 776	248 265	1 970 927	636 764	19 233
118	126	红云红河烟草（集团）有限责任公司	云 南	5 023 748	478 864	5 158 272	3 494 458	17 161
175	127	山西潞安矿业（集团）有限责任公司	山 西	4 985 778	244 802	6 351 384	1 923 382	59 960
179	128	阳泉煤业（集团）有限责任公司	山 西	4 960 041	147 558	7 875 120	2 338 525	104 957
150	129	万科企业股份有限公司	广 东	4 888 100	643 001	13 760 900	4 540 850	
148	130	华晨汽车集团控股有限公司	辽 宁	4 845 705	44 258	3 354 374	641 467	31 727
159	131	中国南车集团公司	北 京	4 776 323	192 513	6 054 529	2 253 816	84 364
109	132	太原铁路局	山 西	4 724 265	790 919	11 879 993	6 151 034	110 193
160	133	国家开发投资公司	北 京	4 672 443	418 425	21 014 579	6 578 088	72 129
131	134	新希望集团有限公司	四 川	4 606 739	139 873	2 826 841	1 308 189	60 000
165	135	江苏雨润食品产业集团有限公司	江 苏	4 514 916	257 123	3 528 477	1 638 961	60 000
71	136	中国海运（集团）总公司	上 海	4 495 291	125 621	13 547 531	8 133 949	45 754
	137	TCL 集团股份有限公司	广 东	4 428 722	70 354	3 023 445	842 843	45 960
110	138	江苏华西集团公司	江 苏	4 405 991	114 141	2 249 074	881 301	20 773
91	139	杭州钢铁集团公司内蒙古	浙 江	4 395 508	112 826	3 280 672	1 318 141	17 122
140	140	广东省广新外贸集团有限公司	广 东	4 328 724	52 797	2 334 127	620 192	18 215
185	141	杭州娃哈哈集团有限公司	浙 江	4 320 417	878 384	2 919 763	1 344 232	29 000
147	142	广州铁路（集团）公司	广 东	4 290 459	39 769	17 631 424	11 780 644	164 641
142	143	珠海格力电器股份有限公司	广 东	4 263 730	293 166	5 153 030	1 065 270	22 029
104	144	大同煤矿集团有限责任公司	山 西	4 254 301	47 758	9 215 884	2 852 631	158 236
234	145	新疆广汇实业投资（集团）有限责任公司	新 疆	4 248 362	195 603	3 102 303	1 128 299	24 318
178	146	中国民生银行股份有限公司	北 京	4 206 000	1 210 400	142 639 200	8 889 400	26 039
174	147	厦门建发集团有限公司	福 建	4 183 451	136 976	3 702 680	903 376	16 590
108	148	攀钢集团有限公司	四 川	4 173 587	-200 331	6 695 918	2 065 476	91 619
167	149	中国北方机车车辆工业集团公司	北 京	4 155 884	117 142	6 958 647	2 494 132	86 493
144	150	安徽海螺集团有限责任公司	安 徽	4 141 996	381 043	5 223 836	3 065 185	30 669
199	151	四川长虹电子集团有限公司	四 川	4 138 961	71 407	4 186 248	1 424 315	67 987
173	152	成都铁路局	四 川	4 126 045	-124 232	15 941 463	13 090 300	131 485
124	153	广东省粤电集团有限公司	广 东	4 072 031	369 992	10 578 800	5 370 227	13 350

续表

2009 名次	2010 名次	企业名称	地区	营业收入（万元）	利润（万元）	资产（万元）	所有者权益（万元）	从业人数
171	154	浙江省能源集团有限公司	浙江	4 062 852	435 268	10 015 910	4 617 306	12 418
161	155	酒泉钢铁（集团）有限责任公司	甘肃	4 037 265	43 216	6 556 063	2 475 592	29 359
155	156	天津渤海化工集团公司	天津	4 029 183	34 111	6 519 619	1 859 394	43 504
	157	山东六和集团有限公司	山东	4 021 600	61 470	545 078	259 466	48 000
135	158	铜陵有色金属集团控股有限公司	安徽	4 021 115	86 610	3 857 551	971 843	26 092
168	159	郑州铁路局	河南	4 015 615	253 009	13 161 137	8 372 744	121 735
177	160	河南省漯河市双汇实业集团有限责任公司	河南	4 007 021	259 059	1 198 056	773 463	48 348
158	161	本溪钢铁（集团）有限责任公司	辽宁	4 000 705	－212 765	6 521 772	1 985 390	62 327
145	162	中国东方航空股份有限公司	上海	3 983 130		686 394	361 313	
136	163	中国港中旅集团公司	北京	3 961 826	167 604	5 123 403	2 262 627	39 595
170	164	山东大王集团有限公司	山东	3 960 991	244 510	3 258 643	979 916	25 183
181	165	中国东方电气集团有限公司	四川	3 899 254	129 514	8 962 120	1 518 283	26 712
166	166	内蒙古电力（集团）有限责任公司	内蒙古	3 833 115	34 017	4 777 454	882 736	35 437
82	167	珠海振戎公司	北京	3 829 359	10 566	449 146	136 130	280
188	168	南山集团公司	山东	3 826 019	382 958	3 604 220	2 248 108	38 052
153	169	北京建龙重工集团有限公司	北京	3 819 067	183 444	3 791 845	1 262 634	31 954
138	170	包头钢铁（集团）有限责任公司	内蒙古	3 787 060	－188 900	7 429 569	2 539 082	49 390
196	171	海亮集团有限公司	浙江	3 726 055	133 486	1 661 485	684 228	12 757
186	172	新汶矿业集团有限责任公司	山东	3 683 000	277 462	4 387 316	1 236 107	78 790
	173	上海浦东发展银行股份有限公司	上海	3 682 393	1 321 658	162 271 796	6 795 302	21 877
220	174	三胞集团有限公司	江苏	3 670 416	73 543	1 929 024	1 019 356	13 000
353	175	无锡产业发展集团有限公司	江苏	3 646 570	59 566	2 017 241	970 566	14 633
189	176	北京城建集团有限责任公司	北京	3 640 370	10 432	3 599 955	310 236	23 359
116	177	上海复星高科技（集团）有限公司	上海	3 609 215	500 688	7 742 436	2 176 458	34 218
120	178	日照钢铁控股集团有限公司	山东	3 599 535	220 881	3 578 862	947 488	10 039
232	179	海航集团有限公司	海南	3 585 626	91 792	14 150 744	2 690 345	44 804
139	180	浙江省兴合集团公司	浙江	3 557 197	79 788	1 681 148	522 218	11 546
238	181	庞大汽贸集团股份有限公司	河北	3 550 177	101 276	947 917	304 158	18 445
208	182	中国中材集团有限公司	北京	3 533 932	227 686	5 734 487	1 754 118	51 632
213	183	淮南矿业（集团）有限责任公司	安徽	3 524 321	71 011	7 446 771	1 621 243	72 268
163	184	中国核工业集团公司	北京	3 518 094	438 556	18 642 598	4 825 145	91 362
223	185	中天钢铁集团有限公司	江苏	3 512 667	92 827	2 311 199	806 609	7 335
200	186	四川省宜宾五粮液集团有限公司	四川	3 503 882	306 044	3 665 443	2 627 113	33 600
245	187	中国黄金集团公司	北京	3 454 269	76 170	3 475 983	1 089 690	41 753
197	188	安徽省徽商集团有限公司	安徽	3 437 883	—	938 135	33 798	15 000
187	189	中国诚通控股集团有限公司	北京	3 392 191	41 204	3 343 165	1 309 364	15 044
125	190	天津荣程联合钢铁集团有限公司	天津	3 387 922	20 180	1 080 855	550 428	7 200
236	191	长沙中联重工科技发展股份有限公司	湖南	3 372 691	287 768	3 400 575	768 295	20 441
107	192	安阳钢铁集团有限责任公司	河南	3 300 087	6 084	3 291 257	999 529	30 933

续表

2009名次	2010名次	企业名称	地区	营业收入（万元）	利润（万元）	资产（万元）	所有者权益（万元）	从业人数
192	193	物美控股集团有限公司	北京	3 263 992	80 115	1 099 474	554 198	30 384
	194	黑龙江龙煤矿业控股集团有限责任公司	黑龙江	3 261 532	70 879	5 281 619	1 609 868	275 291
243	195	陕西煤业化工集团有限责任公司	陕西	3 208 783	185 251	10 389 425	3 796 688	86 454
461	196	正威国际集团有限公司	广东	3 198 144	212 143	2 419 261	1 415 218	7 753
221	197	天津市一轻集团（控股）有限公司	天津	3 191 282	103 050	2 178 644	853 296	18 184
258	198	陕西有色金属控股集团有限责任公司	陕西	3 160 112	75 081	5 691 509	3 322 279	39 095
207	199	武汉铁路局	湖北	3 150 989	4 929	10 296 309	8 313 972	87 658
326	200	厦门国贸控股有限公司	福建	3 136 399	64 748	2 072 065	600 032	9 175
184	201	哈尔滨电气集团公司	黑龙江	3 131 640	37 693	5 614 998	593 082	26 826
183	202	青岛钢铁控股集团有限责任公司	山东	3 123 400	3 723	1 379 617	334 440	13 263
492	203	世纪金源投资集团有限公司	北京	3 057 500	346 772	4 435 648	1 016 207	13 677
219	204	湖北宜化集团有限责任公司	湖北	3 054 758	170 226	4 000 275	1 480 102	33 334
266	205	三一集团有限公司	湖南	3 040 000	387 277	3 777 268	1 423 150	33 879
195	206	天津百利机电控股集团有限公司	天津	3 030 379	216 232	2 609 826	1 036 379	21 977
204	207	哈尔滨铁路局	黑龙江	3 028 074	－660 379	5 130 109	1 864 902	185 944
226	208	北京建工集团有限责任公司	北京	3 023 767	24 877	2 095 230	314 987	9 869
233	209	浙江中烟工业有限责任公司	浙江	3 013 689	231 528	2 369 083	2 110 943	2 989
176	210	上海华谊（集团）公司	上海	3 011 116	23 136	3 996 693	1 871 496	28 504
180	211	浙江省国际贸易集团有限公司	浙江	3 010 101	75 107	1 798 218	561 666	14 282
247	212	湖北中烟工业有限责任公司	湖北	2 994 300	125 141	2 129 819	922 672	7 426
205	213	枣庄矿业（集团）有限责任公司	山东	2 980 688	288 735	2 793 187	1 049 665	75 974
251	214	临沂新程金锣肉制品集团有限公司	山东	2 979 822	125 618	957 299	818 131	26 967
209	215	济南铁路局	山东	2 949 841	－61 871	6 594 334	4 692 474	90 943
214	216	西安铁路局	陕西	2 929 000	－68 000	12 336 941	8 453 747	88 611
	217	清华控股有限公司	北京	2 910 075	66 976	4 416 320	1 749 844	29 034
206	218	河北敬业企业集团有限责任公司	河北	2 909 290	40 228	925 408	386 665	10 708
146	219	大连西太平洋石油化工有限公司	辽宁	2 820 478	107 575	1 016 792	－205 993	1 041
225	220	广东省交通集团有限公司	广东	2 817 248	178 579	14 348 073	4 546 909	51 776
278	221	南昌铁路局山西	江西	2 803 195	－69 300	14 442 922	8 887 209	96 805
217	222	天津天狮集团有限公司	天津	2 789 021	285 112	1 159 199	849 427	2 475
212	223	江苏新长江实业集团有限公司	江苏	2 788 003	141 821	1 812 541	392 649	11 138
313	224	中国有色矿业集团有限公司	北京	2 749 023	72 779	4 174 843	1 125 320	32 597
230	225	雅戈尔集团股份有限公司	浙江	2 743 700	348 062	4 750 993	1 694 128	48 512
	226	江苏苏宁环球集团有限公司	江苏	2 736 821	183 682	4 057 645	2 198 019	7 215
265	227	广西玉柴机器集团有限公司	广西	2 719 732	—	1 750 330	528 877	18 712
	228	浪潮集团有限公司	山东	2 718 586	51 474	687 525	417 269	5 450
	229	福建联合石油化工有限公司	福建	2 714 000	16 179	4 718 209	1 043 252	2 138
279	230	中国葛洲坝集团公司	湖北	2 691 931	131 968	4 320 095	871 100	36 713
244	231	北京控股集团有限公司	北京	2 673 231	189 372	6 293 358	3 820 247	42 844
239	232	北京医药集团有限责任公司	北京	2 664 751	40 996	1 562 209	638 212	24 198

续表

2009名次	2010名次	企业名称	地区	营业收入（万元）	利润（万元）	资产（万元）	所有者权益（万元）	从业人数
229	233	呼和浩特铁路局	内蒙古	2 652 680	-140 906	5 681 701	2 804 361	65 942
253	234	湖南省建筑工程集团总公司	湖南	2 613 443	6 109	1 125 616	197 581	43 739
252	235	浙江恒逸集团有限公司	浙江	2 607 402	117 532	1 392 247	473 231	5 392
242	236	江苏阳光集团有限公司	江苏	2 596 007	118 608	1 303 348	643 107	14 500
248	237	内蒙古伊泰集团有限公司	内蒙古	2 589 482	431 109	3 211 799	1 327 272	5 480
261	238	河北津西钢铁集团股份有限公司	河北	2 588 484	104 143	1 725 788	670 593	9 290
249	239	浙江省建设投资集团有限公司	浙江	2 576 015	21 010	1 379 567	186 313	126 890
194	240	云天化集团有限责任公司	云南	2 572 623	-254 309	5 764 213	1 360 683	33 676
310	241	广东发展银行股份有限公司	广东	2 566 016	338 713	66 648 662	2 219 003	14 522
293	242	山东省商业集团有限公司	山东	2 564 116	101 724	2 861 953	311 464	52 670
260	243	山东黄金集团有限公司	山东	2 513 585	57 789	1 700 503	571 707	19 848
256	244	重庆商社（集团）有限公司	重庆	2 470 124	34 007	1 206 502	273 252	82 804
	245	广东省丝绸纺织集团有限公司	广东	2 469 248	7 422	826 367	169 184	5 150
246	246	淮北矿业（集团）有限责任公司	安徽	2 468 663	11 450	4 200 072	985 045	100 848
	247	大连万达集团股份有限公司	辽宁	2 466 434	316 218	7 416 528	576 212	11 707
240	248	正泰集团有限公司	浙江	2 439 300	79 129	902 825	434 710	18 500
257	249	内蒙古伊利实业集团股份有限公司	内蒙古	2 432 355	64 766	1 315 214	344 296	18 649
193	250	新余钢铁集团有限公司	江西	2 421 848	18 824	2 786 511	850 526	26 462
267	251	华侨城集团公司	广东	2 419 707	197 575	4 712 213	1 610 043	35 766
298	252	奇瑞汽车股份有限公司	安徽	2 397 976	91 330	3 429 627	1 029 786	18 771
290	253	大冶有色金属公司	湖北	2 360 751	9 893	1 150 809	421 758	15 381
307	254	安徽江淮汽车集团有限公司	山西	2 360 441	54 032	1 927 185	608 685	23 381
350	255	新华联合冶金投资集团有限公司	北京	2 359 633	111 081	2 167 031	984 135	13 050
231	256	上海纺织控股（集团）公司	上海	2 330 978	19 251	2 020 856	736 271	18 996
263	257	四川宏达（集团）有限公司	四川	2 313 182	156 719	2 316 423	848 373	14 826
	258	北京首都旅游集团有限责任公司	北京	2 309 686	70 969	3 057 548	1 101 431	46 081
254	259	山西煤炭进出口集团有限公司	山西	2 302 889	64 386	2 637 103	473 114	10 831
276	260	江西萍钢实业股份有限公司	江西	2 285 075	70 134	1 945 399	549 238	16 087
275	261	河南中烟工业有限责任公司	河南	2 284 989	146 018	1 729 858	893 331	9 468
203	262	通化钢铁集团股份有限公司	吉林	2 276 837	-180 657	3 128 271	618 898	21 565
	263	中国工艺（集团）公司	北京	2 273 608	30 861	919 776	115 395	2 206
277	264	江苏三房巷集团有限公司	江苏	2 263 353	60 938	1 288 937	485 541	6 025
269	265	红豆集团有限公司	江苏	2 232 759	68 940	1 161 289	483 621	16 825
281	266	重庆建工集团有限责任公司	重庆	2 223 229	30 979	2 560 373	295 920	13 228
272	267	陕西汽车集团有限责任公司	陕西	2 210 350	24 816	1 887 626	428 875	24 621
301	268	百兴集团有限公司	江苏	2 210 347	45 979	597 604	328 974	3 911
355	269	北京金隅集团有限责任公司	北京	2 202 736	134 812	4 491 432	1 394 912	28 078
288	270	中天发展控股集团有限公司	浙江	2 202 733	83 585	1 379 568	372 245	65 926
	271	上海华冶钢铁集团有限公司	上海	2 201 935	28 955	602 596	243 687	1 689
367	272	浙江省商业集团有限公司	浙江	2 190 215	141 867	2 737 721	522 542	8 851

续表

2009 名次	2010 名次	企业名称	地区	营业收入（万元）	利润（万元）	资产（万元）	所有者权益（万元）	从业人数
345	273	浙江省交通投资集团有限公司	浙江	2 184 321	219 955	13 787 418	3 931 683	19 173
289	274	南金兆集团有限公司	山东	2 181 513	51 170	1 548 365	279 940	4 386
385	275	恒力集团有限公司	江苏	2 153 621	160 106	1 930 263	788 979	25 851
271	276	江阴澄星实业集团有限公司	江苏	2 152 500	66 000	1 513 200	578 050	6 600
309	277	天津一商集团有限公司	天津	2 150 540	7 966	640 745	102 595	4 207
	278	武汉商联（集团）股份有限公司	湖北	2 141 619	58 639	1 426 284	518 929	53 326
274	279	山东泰山钢铁集团有限公司	山东	2 114 252	11 113	904 544	159 565	9 572
300	280	山东时风（集团）有限责任公司	山东	2 106 312	80 233	428 205	279 117	22 302
311	281	山东鲁北企业集团总公司	山东	2 102 815	212 033	1 293 752	953 719	4 306
228	282	宁波金田投资控股有限公司	浙江	2 100 207	29 120	392 525	253 664	5 275
324	283	紫金矿业集团股份有限公司	福建	2 095 582	405 065	2 964 614	2 161 346	19 474
283	284	人民电器集团有限公司	浙江	2 092 837	96 925	457 626	269 371	22 000
280	285	合肥百货大楼集团股份有限公司	安徽	2 090 000	20 081	369 384	130 901	23 600
294	286	申能（集团）有限公司	上海	2 088 316	281 795	9 321 884	5 961 769	13 121
315	287	陕西东岭工贸集团股份有限公司	上海	2 080 000	39 680	845 788	276 384	10 593
282	288	唐山瑞丰钢铁（集团）有限公司	河北	2 074 657	35 393	512 188	183 394	8 487
296	289	海澜集团有限公司	江苏	2 073 022	78 356	1 161 990	644 187	18 500
299	290	南宁铁路局	广西	2 063 856	11 974	5 662 005	4 993 686	65 434
286	291	北京市政路桥建设控股（集团）有限公司	北京	2 061 600	24 316	1 987 387	273 595	16 005
119	292	中国国际海运集装箱（集团）股份有限公司	广东	2 047 551	95 897	3 735 838	1 419 821	44 608
328	293	四川省川威集团有限公司	四川	2 038 000	54 767	1 479 057	687 663	16 167
364	294	杭州汽轮动力集团有限公司	浙江	2 034 952	91 564	1 296 103	396 405	4 848
322	295	南京医药产业（集团）有限责任公司	江苏	2 034 839	46 819	1 164 818	420 676	13 707
329	296	奥克斯集团有限公司	浙江	2 012 845	42 586	813 416	288 856	15 093
308	297	上海人民企业（集团）有限公司	上海	1 992 963	201 119	772 717	747 600	29 253
292	298	广州市建筑集团有限公司	广东	1 992 778	6 095	1 599 126	182 489	17 440
349	299	中国盐业总公司	北京	1 987 505	28 910	3 101 220	956 040	42 050
318	300	德力西集团有限公司	浙江	1 980 445	75 820	787 620	301 233	16 400
295	301	徐州矿务集团有限公司	江苏	1 943 083	62 716	2 373 126	876 612	44 572
361	302	广东省建筑工程集团有限公司	广东	1 928 901	14 301	1 056 037	129 682	2 016
320	303	浙江荣盛控股集团有限公司	浙江	1 928 387	120 612	1 201 155	387 164	4 203
416	304	大连重工·起重集团有限公司	辽宁	1 926 136	140 256	2 688 705	482 994	5 758
317	305	天津友发钢管集团有限公司	天津	1 921 355	26 373	835 586	139 380	7 397
215	306	中国中纺集团公司	北京	1 918 419	34 753	1 367 495	499 103	10 854
297	307	华芳集团有限公司	江苏	1 917 577	20 952	735 748	312 743	23 085
341	308	山东招金集团有限公司	山东	1 910 094	102 271	1 599 135	622 732	10 440
	309	广东省石油企业集团南方石油化工有限公司	广东	1 908 793	12 495	749 703	67 626	1 010
264	310	海城市西洋镁矿有限公司	辽宁	1 906 363	92 991	991 987	526 633	13 701

续表

2009名次	2010名次	企业名称	地区	营业收入（万元）	利润（万元）	资产（万元）	所有者权益（万元）	从业人数
	311	河南省农村信用社联合社	河南	1 899 441	119 605	44 709 403	1 905 576	64 903
	312	北京京城机电控股有限责任公司	北京	1 898 516	108 946	2 720 752	1 196 817	25 058
332	313	九州通医药集团股份有限公司	湖北	1 895 771	30 379	716 775	167 274	7 423
291	314	太平人寿保险有限公司	上海	1 886 621	83 137	7 971 220	797 186	18 855
	315	江苏西城三联控股集团有限公司	江苏	1 877 754	56 137	650 990	36 490	5 128
371	316	江苏高力集团有限公司	江苏	1 863 272	83 948	668 200	365 641	3 823
347	317	山东晨鸣纸业集团股份有限公司	山东	1 861 696	92 742	2 777 781	1 296 585	16 291
321	318	金龙精密铜管集团股份有限公司	河南	1 861 164	18 456	1 076 662	187 512	4 139
331	319	天正集团有限公司	浙江	1 860 118	72 678	278 695	154 651	9 286
305	320	滨化集团公司	山东	1 858 483	130 572	892 802	310 275	3 771
237	321	福建省三钢（集团）有限责任公司	福建	1 858 273	11 026	1 741 432	670 402	18 093
319	322	河北文丰钢铁有限公司	河北	1 857 645	63 406	874 195	419 614	7 102
	323	广东省广晟资产经营有限公司	广东	1 847 178	104 313	5 160 000	1 952 402	41 562
357	324	中国广东核电集团有限公司	广东	1 842 021	414 658	14 195 761	4 821 519	18 302
259	325	兰州铁路局	甘肃	1 830 613	81 221	5 281 908	4 748 716	77 240
330	326	山东中烟工业有限责任公司	山东	1 820 133	64 999	1 955 708	1 199 620	5 616
410	327	成都建筑工程集团总公司	四川	1 812 563	8 193	2 087 689	263 946	79 375
346	328	扬子江药业集团有限公司	江苏	1 803 028	114 115	779 017	622 417	7 800
336	329	青岛啤酒股份有限公司	山东	1 802 611	125 329	1 486 745	822 058	28 074
325	330	四川华西集团有限公司	四川	1 797 369	13 159	1 313 307	174 004	43 305
408	331	尚德电力控股有限公司	江苏	1 795 043	114 312	2 097 141	510 341	10 625
351	332	江铃汽车集团公司	江西	1 779 689	7 441	1 679 086	695 697	21 066
432	333	云南建工集团有限公司	云南	1 773 102	11 820	1 084 239	226 337	85 318
359	334	中国煤炭科工集团有限公司	北京	1 760 412	179 103	1 715 236	803 951	23 072
339	335	贵州中烟工业有限责任公司	贵州	1 743 064	122 122	1 232 590	629 473	10 309
390	336	广西建工集团有限责任公司	广西	1 734 998	2 099	844 601	128 841	84 341
372	337	西部矿业集团有限公司	青海	1 731 381	44 518	2 601 469	1 298 075	11 293
333	338	华盛江泉集团有限公司	山东	1 726 738	65 502	833 141	482 528	22 006
302	339	江苏国泰国际集团有限公司	江苏	1 723 458	32 121	495 259	201 760	15 000
327	340	天津二轻集团（控股）有限公司	天津	1 713 961	7 544	1 153 051	454 244	16 874
287	341	上海外高桥造船有限公司	上海	1 713 374	143 259	2 888 573	736 829	4 560
314	342	华夏银行股份有限公司	北京	1 712 963	376 023	84 545 643	3 023 419	12 301
403	343	广西投资集团有限公司	广西	1 707 516	98 780	5 240 563	1 300 027	17 460
312	344	厦门象屿集团有限公司	福建	1 700 428	22 161	1 013 589	193 780	2 650
480	345	长城汽车股份有限公司	河北	1 697 226	105 269	1 496 966	783 816	27 917
340	346	深圳市天音通信发展有限公司	广东	1 696 907	26 248	782 779	219 597	6 500
373	347	中国国际技术智力合作公司	北京	1 692 687	17 454	248 280	87 418	2 129
426	348	江苏南通三建集团有限公司	江苏	1 685 800	70 132	988 631	255 733	86 664
363	349	杭州橡胶（集团）公司	浙江	1 685 786	104 147	1 053 331	354 414	21 245
413	350	陕西建工集团总公司	陕西	1 685 627	6 512	1 208 673	141 095	16 439

续表

2009 名次	2010 名次	企业名称	地区	营业收入（万元）	利润（万元）	资产（万元）	所有者权益（万元）	从业人数
358	351	新华联控股有限公司	北京	1 677 470	56 117	1 694 763	847 667	34 685
337	352	唐山港陆钢铁有限公司	河北	1 672 792	64 488	928 460	459 159	7 728
384	353	新华锦集团有限公司	山东	1 670 011	10 664	479 103	80 450	8 000
	354	江苏新世纪造船有限公司	江苏	1 660 486	396 252	1 853 386	217 477	4 564
	355	中南控股集团有限公司	江苏	1 658 566	171 611	2 145 613	469 012	27 130
389	356	旭阳煤化工集团有限公司	北京	1 655 263	73 317	1 434 895	672 336	6 660
304	357	上海国际港务（集团）股份有限公司	上海	1 654 534	376 005	6 334 699	3 209 296	21 023
418	358	昆明钢铁控股有限公司	云南	1 651 702	82 167	2 620 083	1 423 223	14 947
415	359	浙江吉利控股集团有限公司	浙江	1 651 127	115 446	2 304 996	815 989	13 000
352	360	江苏省苏中建设集团股份有限公司	江苏	1 646 580	25 343	1 226 686	172 778	86 736
485	361	江苏扬子江船业集团公司	江苏	1 637 627	427 031	2 512 104	810 602	15 900
399	362	青建集团股份公司	山东	1 620 766	8 723	538 407	135 051	6 221
377	363	重庆化医控股（集团）公司	重庆	1 613 984	49 770	2 597 664	890 436	32 879
406	364	中国恒天集团有限公司	北京	1 612 611	24 851	2 307 685	835 461	47 450
374	365	中国西电集团公司	陕西	1 601 588	130 599	2 459 238	627 758	20 688
	366	中国新世纪控股集团有限公司	浙江	1 597 434	13 070	178 380	131 936	2 008
344	367	洛阳新安电力集团有限公司	河南	1 586 130	7 344	1 696 397	462 272	13 655
354	368	江苏法尔胜泓昇集团有限公司	江苏	1 581 662	60 294	706 461	332 934	5 889
397	369	郑州煤炭工业（集团）有限责任公司	河南	1 581 097	4 018	2 158 977	689 173	54 198
411	370	天津市医药集团有限公司	天津	1 573 283	117 174	2 084 835	851 601	16 183
273	371	重庆钢铁（集团）有限责任公司	重庆	1 556 292	21 713	3 803 443	1 117 042	25 010
423	372	哈药集团有限公司	黑龙江	1 555 694	125 411	1 532 553	936 162	20 526
362	373	吉林亚泰（集团）股份有限公司	吉林	1 554 470	86 901	1 906 111	698 835	15 757
383	374	山东如意科技集团有限公司	山东	1 553 947	77 020	1 048 045	501 884	18 688
	375	山东京博控股发展有限公司	山东	1 550 223	47 137	698 506	204 401	3 714
395	376	桐昆集团股份有限公司	浙江	1 549 949	41 759	441 161	201 973	9 405
369	377	山东高速集团有限公司	山东	1 534 830	166 573	11 305 518	3 169 544	21 018
417	378	浙江中成控股集团有限公司	浙江	1 530 995	39 476	779 460	330 822	49 315
387	379	利群集团股份有限公司	山东	1 516 622	24 810	778 683	247 363	7 590
404	380	西王集团有限公司	山东	1 516 118	55 576	1 248 917	642 717	10 000
388	381	华泰集团有限公司	山东	1 514 832	71 735	1 702 417	629 426	12 065
443	382	陕西龙门钢铁（集团）有限责任公司	陕西	1 513 967	30 914	1 101 735	152 082	9 731
407	383	江苏南通二建集团有限公司	江苏	1 512 550	57 901	973 322	335 979	56 307
431	384	盾安控股集团有限公司	浙江	1 509 244	77 499	1 076 977	533 819	14 161
382	385	郑州宇通集团有限公司	河南	1 502 621	118 499	1 170 848	437 212	9 382
285	386	东北特殊钢集团有限责任公司	辽宁	1 487 681	9 501	2 588 058	563 481	22 199
335	387	河南神火集团有限公司	河南	1 480 684	56 930	2 494 656	608 645	32 869
424	388	特变电工股份有限公司	新疆	1 475 429	157 931	1 886 795	796 618	10 021
	389	江苏华厦融创置地集团有限公司	江苏	1 469 791	587 466	2 622 602	1 858 719	2 500
427	390	天津市津能投资公司	天津	1 459 556	13 853	4 039 356	1 176 718	90

续表

2009名次	2010名次	企业名称	地区	营业收入（万元）	利润（万元）	资产（万元）	所有者权益（万元）	从业人数
409	391	山东东明石化集团有限公司	山东	1 455 020	14 866	713 468	279 024	3 300
348	392	云南煤化工集团有限公司	云南	1 453 644	15 062	3 265 473	986 321	31 885
	393	九三粮油工业集团有限公司	黑龙江	1 451 776	8 048	778 958	137 887	2 989
392	394	苏州创元投资发展（集团）有限公司	江苏	1 449 175	51 186	1 268 503	422 410	13 693
378	395	江苏申特钢铁有限公司	江苏	1 445 697	5 396	540 407	99 227	2 800
398	396	山东石横特钢集团有限公司	山东	1 442 722	57 331	599 954	256 204	6 371
	397	江苏双良集团有限公司	江苏	1 432 575	44 993	1 411 974	524 763	5 385
429	398	北京外企服务集团有限责任公司	北京	1 424 806	1 515	292 554	46 546	64 825
	399	山东太阳纸业股份有限公司	山东	1 421 828	72 080	1 191 849	471 420	8 132
447	400	义马煤业集团股份有限公司	河南	1 416 276	54 179	2 387 427	629 320	35 059
440	401	东营方圆有色金属有限公司	山东	1 413 894	78 774	608 492	265 339	1 790
449	402	亨通集团有限公司	江苏	1 411 923	52 391	979 165	367 811	6 258
306	403	沈阳远大企业集团有限公司	辽宁	1 409 184	72 950	745 151	260 556	14 265
	404	青山控股集团有限公司	浙江	1 409 042	46 631	747 261	308 297	6 200
446	405	北京首都创业集团有限公司	北京	1 401 016	131 511	7 977 044	1 810 766	12 839
334	406	中储发展股份有限公司	天津	1 400 370	19 797	842 727	417 002	6 169
394	407	淄博矿业集团有限责任公司	山东	1 398 781	113 714	1 965 873	661 591	28 143
454	408	浙江宝业建设集团有限公司	浙江	1 391 756	21 634	288 219	79 568	3 200
375	409	宁波富邦控股集团有限公司	浙江	1 379 058	48 706	2 076 768	685 155	10 596
	410	北京能源投资（集团）有限公司	北京	1 368 063	155 218	9 006 799	3 212 911	6 973
484	411	天津城建集团有限公司	天津	1 366 000	11 043	1 187 865	132 935	10 808
438	412	江苏金辉集团公司	江苏	1 364 818	23 635	304 833	166 880	0 530
442	413	山东金诚石化集团有限公司	山东	1 354 037	50 800	232 995	186 013	1 600
436	414	安徽省皖北煤电集团有限责任公司	安徽	1 351 990	45 192	2 465 277	962 051	41 742
465	415	太极集团有限公司	重庆	1 351 210	4 193	749 030	229 484	12 027
459	416	万达控股集团有限公司	山东	1 346 818	75 494	888 464	405 594	7 997
	417	厦门金龙汽车集团股份有限公司	福建	1 345 562	30 556	944 407	249 955	7 810
453	418	丰立集团有限公司	江苏	1 343 491	45 262	1 614 398	428 692	1 480
	419	重庆力帆控股有限公司	重庆	1 336 497	37 485	942 773	304 266	13 653
457	420	北京燕京啤酒集团公司	北京	1 330 815	86 364	1 381 269	898 212	34 205
366	421	天津港（集团）有限公司	天津	1 321 130	68 051	6 517 221	2 834 410	18 716
433	422	四平红嘴集团总公司	吉林	1 319 323	11 209	941 333	359 089	13 052
	423	玲珑集团有限公司	山东	1 316 041	46 466	783 550	310 643	6 160
	424	宁波银亿集团有限公司	浙江	1 315 122	87 157	1 604 227	291 047	3 870
	425	安徽国贸集团控股有限公司	安徽	1 311 220	27 571	1 016 488	226 771	4 666
421	426	三河汇福粮油集团有限公司	河北	1 310 000	33 000	341 289	102 325	3 000
	427	福佳集团有限公司	辽宁	1 309 946	198 605	3 210 518	1 732 249	1 500
470	428	深圳市中金岭南有色金属股份有限公司	广东	1 308 015	51 994	1 164 701	472 604	10 209
	429	浙江昆仑控股集团有限公司	浙江	1 305 463	52 161	803 826	161 582	27 613
460	430	三角集团有限公司	山东	1 299 636	42 778	735 511	246 382	8 231

2011

续表

2009名次	2010名次	企业名称	地区	营业收入（万元）	利润（万元）	资产（万元）	所有者权益（万元）	从业人数
303	431	浙江远大进出口有限公司	浙江	1 298 642	9 473	238 821	32 873	419
428	432	重庆市能源投资集团公司	重庆	1 297 985	26 632	3 411 215	1 422 499	75 248
	433	山西省焦炭集团公司	山西	1 295 586	9 942	543 648	153 228	4 932
455	434	安徽建工集团有限公司	安徽	1 293 462	10 548	832 451	111 230	17 972
458	435	杉杉投资控股有限公司	浙江	1 288 597	52 165	1 588 360	784 359	11 713
439	436	铁法煤业（集团）有限责任公司	辽宁	1 287 688	61 630	1 780 057	1 003 185	44 400
479	437	吉林粮食集团有限公司	吉林	1 285 865	22 920	602 491	126 710	3 565
473	438	隆鑫控股有限公司	重庆	1 277 450	33 050	822 000	293 612	8 241
488	439	中国贵州茅台酒厂有限责任公司	贵州	1 275 297	469 673	2 554 396	1 943 099	15 967
380	440	昆明铁路局	云南	1 272 918	-203 658	4 156 921	3 031 059	41 102
475	441	重庆轻纺控股（集团）公司	重庆	1 271 520	43 766	1 850 226	664 380	27 720
	442	青岛港（集团）有限公司	山东	1 270 031	238 496	2 329 942	1 330 879	12 465
467	443	北京住总集团有限责任公司	北京	1 265 379	15 147	1 865 314	247 443	10 625
365	444	广州万宝集团有限公司	广东	1 265 356	36 121	782 053	322 524	14 169
493	445	盛虹集团有限公司	江苏	1 261 869	54 147	1 163 532	384 206	18 000
	446	重庆农村商业银行股份有限公司	重庆	1 258 643	143 706	20 654 435	986 721	14 204
437	447	山东淄博傅山企业集团有限公司	山东	1 257 663	54 116	516 078	277 364	8 657
452	448	山东科达集团有限公司	山东	1 256 637	81 681	821 219	327 708	9 600
	449	环宇集团有限公司	浙江	1 250 098	48 338	1 076 301	398 070	5 125
391	450	深圳华强集团有限公司	广东	1 241 060	61 963	1 975 620	722 096	30 004
	451	春和集团有限公司	浙江	1 240 805	38 061	1 627 285	281 021	20 514
	452	上海舜业钢铁集团有限公司	上海	1 232 915	6 308	187 932	52 842	
370	453	云南冶金集团股份有限公司	云南	1 232 340	14 230	3 644 783	1 510 042	26 830
405	454	内蒙古鄂尔多斯羊绒集团有限责任公司	内蒙古	1 230 480	85 278	2 433 737	732 782	19 931
451	455	宝胜集团有限公司	江苏	1 226 994	19 964	509 031	244 918	6 439
	456	新疆天业（集团）有限公司	新疆	1 223 650	66 412	1 873 812	652 457	14 337
472	457	利华益集团股份有限公司	山东	1 220 921	31 602	990 071	384 174	3 060
490	458	亚邦化工集团有限公司	江苏	1 218 883	41 054	1 146 001	357 686	6 650
	459	张家港保税区兴恒得贸易有限公司	江苏	1 216 520	1 587	137 145	36 672	5
	460	嘉晨集团有限公司	辽宁	1 213 000	68 000	1 165 000		10 600
	461	大连实德集团有限公司	辽宁	1 206 638	41 098	1 573 471	711 413	5 200
474	462	沈阳机床（集团）有限责任公司	辽宁	1 206 188	39 988	1 649 979	393 082	18 315
	463	华勤橡胶工业集团有限公司	山东	1 204 263	82 311	1 342 413	665 354	5 723
	464	沂州集团有限公司	山东	1 203 207	69 684	774 755	323 223	5 100
	465	华立集团股份有限公司	浙江	1 202 252	21 593	1 079 218	433 274	10 082
	466	天津市建工集团（控股）有限公司	天津	1 201 678	12 836	733 611	236 954	9 145
	467	山东西水橡胶集团有限公司	山东	1 193 052	136 826	913 806	391 396	9 600
430	468	北京银行	北京	1 189 411	563 386	53 346 932	3 755 942	5 681
356	469	河北普阳钢铁有限公司	河北	1 186 968	50 857	870 741	496 876	9 628
	470	维科控股集团股份有限公司	浙江	1 183 817	45 415	899 368	171 139	10 228

续表

2009 名次	2010 名次	企业名称	地区	营业收入（万元）	利润（万元）	资产（万元）	所有者权益（万元）	从业人数
422	471	天津纺织集团（控股）有限公司	天津	1 167 939	2 218	1 582 987	291 366	17 394
	472	石家庄北国人百集团有限责任公司	河北	1 167 541	8 474	542 155	100 532	29 500
496	473	山东博汇集团有限公司	山东	1 166 596	58 976	1 212 228	398 346	9 227
	474	山东寿光巨能控股集团有限公司	山东	1 163 955	58 486	598 009	363 174	5 403
	475	浙江八达建设集团有限公司	浙江	1 162 267	46 746	355 346	128 270	45 233
	476	河北新金钢铁有限公司	河北	1 161 754	49 267	549 997	206 509	5 580
489	477	北方重工集团有限公司	辽宁	1 155 810	4 865	1 700 478	265 041	8 275
	478	浙江元立金属制品集团有限公司	浙江	1 154 721	51 285	860 794	237 201	8 850
	479	澳洋集团有限公司	江苏	1 154 400	42 548	777 486	323 885	9 661
497	480	冷水江钢铁有限责任公司	湖南	1 151 755	41 342	586 400	154 453	5 627
	481	中国电力工程顾问集团公司	北京	1 150 234	88 990	1 446 047	333 051	8 892
469	482	西子联合控股有限公司	浙江	1 150 000	164 000	1 720 000	480 000	9 589
499	483	登封电厂集团有限公司	河南	1 149 634	1 440	1 294 556	393 822	13 332
379	484	传化集团有限公司	浙江	1 149 299	62 445	1 261 248	581 188	7 671
420	485	惠州市德赛集团有限公司	广东	1 146 678	23 816	790 787	265 289	18 205
	486	山西建筑工程（集团）总公司	山西	1 146 552	3 357	977 210	40 718	31 402
	487	中基宁波对外贸易股份有限公司	浙江	1 146 424	4 940	309 445	31 566	1 246
	488	江门市大长江集团有限公司	广东	1 146 121	174 531	764 264	196 887	10 437
338	489	上海良友（集团）有限公司	上海	1 144 470	13 391	1 369 978	424 066	6 417
414	490	上海世博（集团）有限公司	上海	1 139 229	36 125	1 489 244	477 743	4 617
494	491	深圳能源集团股份有限公司	广东	1 138 867	199 536	3 024 984	1 302 642	3 921
	492	江苏三木集团有限公司	江苏	1 137 320	25 512	426 049	196 759	4 623
498	493	河南豫联能源集团有限责任公司	河南	1 136 818	16 379	1 553 018	499 753	6 987
477	494	河南豫光金铅集团有限责任公司	河南	1 136 777	29 009	681 170	115 924	6 432
483	495	远东控股集团有限公司	江苏	1 136 465	34 500	826 927	159 301	6 094
	496	山东胜通集团股份有限公司	山东	1 122 460	104 498	1 084 370	353 212	5 200
	497	河北建工集团有限责任公司	河北	1 120 000	2 797	392 288	35 101	8 494
	498	福建省能源集团有限责任公司	福建	1 109 839	14 186	2 482 128	777 731	30 592
	499	波司登股份有限公司	江苏	1 108 780	100 400	880 504	448 741	24 383
401	500	云南锡业集团（控股）有限责任公司	云南	1 108 369	33 026	1 951 957	573 398	26 387
		合计		2 762 912 790	150 293 842	9 129 054 168	1 590 163 543	27 019 530

说明：1. 2010中国企业500强是中国企业联合会、中国企业家协会参照国际惯例，组织企业自愿申报，并经专家审定确认后产生的。申报企业包括在中国内地注册、2009年完成营业收入达到80亿元人民币以上（含80亿元）的企业（不包括行政性公司和资产经营公司，不包括在华外资、港澳台独资、控股企业，但包括在境外注册、投资主体为中国自然人或法人、主要业务在境内的企业，属于我国银监会、保监会和各级国资委监管的企业）。为了避免重复，属于集团公司控股的企业，如果其财务报表最后能被合并到母公司的财务会计报表中去，则只允许其母公司申报。

2. 表中所列数据由企业自愿申报或属于上市公司公开数据，并已经公认会计师事务所或审计师事务所等单位认可。

3. 营业收入或销售收入是2009年不含增值税的收入，包括企业的所有收入，即主营业务和非主营业务、境内和境外的收入。商业银行的营业额为2009年利息总额和非利息营业额之和。保险公司是2009年保险费和年金收入扣除储蓄的资本收益或损失。利润是2009年上交所得税后的净利润（不含少数股权收益）。资产是2009年度末的资产总额。所有者权益是2009年末所有者权益总额（不含少数股东权益）。研究开发费用是2009年企业投入研究开发的所有费用。从业人数是2009年度的平均人数（含所有被合并报表企业的人数）。

4. 行业分类既参照了国家统计局的分类方法，为了进行对比分析，也参考了美国《财富》杂志的分类方法，企业主要是依据其主营业务收入所在行业来划分。

5. 地区分类是按企业总部所在地划分。

2010 中国制造业企业排序前 100 家名单

名次	企业名称	地区	营业收入（万元）	利润（万元）	资产（万元）	所有者权益（万元）	从业人数
1	中国石油化工集团公司	北京	139 195 196	3 931 714	128 889 042	43 356 156	633 383
2	东风汽车公司	湖北	26 915 955	1 489 728	17 553 255	6 294 348	143 792
3	上海汽车工业（集团）总公司	上海	22 972 314	731 046	20 321 461	5 085 989	136 911
4	中国第一汽车集团公司	吉林	20 655 087	1 593 348	13 149 062	5 011 845	82 776
5	中国兵器装备集团公司	北京	19 644 059	477 071	18 987 969	5 173 562	199 709
6	宝钢集团有限公司	上海	19 530 748	1 217 607	40 199 615	24 297 060	119 008
7	河北钢铁集团有限公司	河北	17 709 075	206 410	23 782 976	7 174 510	121 710
8	中国航空工业集团公司	北京	17 207 109	718 486	39 318 025	13 053 090	382 599
9	中国五矿集团公司	北京	17 047 434	253 718	12 897 728	3 200 513	55 246
10	中国兵器工业集团公司	北京	16 497 387	436 468	20 587 654	7 230 427	263 123
11	华为技术有限公司	广东	14 925 041	1 819 833	13 965 058	4 331 291	74 816
12	江苏沙钢集团有限公司	江苏	14 631 303	368 941	13 354 791	—	39 949
13	武汉钢铁（集团）公司	湖北	14 033 158	203 402	17 568 945	6 650 420	116 374
14	中国铝业公司	北京	13 560 700	－696 737	35 485 049	7 557 043	192 772
15	广州汽车工业集团有限公司	广东	13 359 362	931 909	8 197 116	3 470 625	38 907
16	首钢总公司	北京	13 038 232	43 544	25 797 262	9 620 406	68 016
17	海尔集团公司	山东	12 491 161	293 339	9 659 461	1 663 736	60 388
18	中国船舶重工集团公司	北京	12 109 366	608 148	26 461 219	6 608 219	154 000
19	北京汽车工业控股有限责任公司	北京	11 647 433	487 740	8 462 099	3 266 659	42 889
20	中国化工集团公司	北京	10 803 459	18 249	16 759 901	3 309 912	135 696
21	联想控股有限公司	北京	10 637 514	121 331	8 726 504	888 635	21 675
22	太原钢铁（集团）有限公司	山西	10 136 453	85 926	9 817 186	3 623 851	30 680
23	上海电气（集团）总公司	上海	8 982 975	478 705	11 000 047	3 461 056	73 310
24	山东钢铁集团有限公司	山东	8 702 584	280 172	12 081 034	3 637 110	89 941
25	美的集团有限公司	广东	8 657 202	459 072	5 771 984	1 849 430	120 000
26	中国电子信息产业集团公司	北京	8 589 981	142 185	10 817 474	3 598 774	104 504
27	天津冶金集团有限公司	天津	8 420 533	14 499	4 945 292	699 312	14 875
28	天津中环电子信息集团有限公司	天津	8 210 483	381 505	375 546	51 790 850	43 559
29	中国建筑材料集团有限公司	北京	8 158 163	306 508	11 334 385	2 179 407	93 062
30	山东魏桥创业集团有限公司	山东	8 061 821	488 538	5 158 559	2 622 721	121 846
31	鞍山钢铁集团公司	辽宁	8 026 352	296 610	15 883 286	8 656 651	117 972
32	天津汽车工业（集团）有限公司	天津	7 701 914	497 981	3 613 970	1 881 659	36 340
33	光明食品（集团）有限公司	上海	7 553 083	527 503	13 328 858	6 196 975	107 572
34	中国航天科工集团公司	北京	7 246 722	433 739	11 178 143	4 226 649	115 064
35	金川集团有限公司	甘肃	6 647 406	163 357	5 095 225	2 325 633	31 634

续表

名 次	企业名称	地 区	营业收入（万元）	利 润（万元）	资 产（万元）	所有者权益（万元）	从业人数
36	北台钢铁（集团）有限责任公司	辽 宁	6 214 404	6 541	3 973 495	1 258 724	26 985
37	天津钢管集团股份有限公司	天 津	6 136 501	50 693	4 100 076	1 301 306	10 264
38	天津天铁冶金集团有限公司	天 津	6 056 545	54 554	5 513 620	1 142 432	27 111
39	中兴通讯股份有限公司	广 东	6 027 256	269 566	6 834 232	1 794 887	70 345
40	海信集团有限公司	山 东	5 598 526	223 334	3 677 286	1 256 886	25 344
41	红塔烟草（集团）有限责任公司	云 南	5 590 222	484 437	8 118 145	5 939 361	12 420
42	中国重型汽车集团有限公司	山 东	5 566 281	289 755	9 006 776	4 474 683	22 706
43	天津天钢集团有限公司	天 津	5 521 915	18 227	4 736 340	1 411 163	10 540
44	马钢（集团）控股有限公司	安 徽	5 467 526	60 226	7 650 289	3 292 873	57 039
45	江苏悦达集团有限公司	江 苏	5 425 123	131 319	3 379 607	996 881	27 017
46	新兴铸管集团有限公司	北 京	5 386 020	145 707	3 938 694	1 993 265	75 878
47	江西铜业集团公司	江 西	5 306 360	22 532	44 440 906	2 645 721	27 683
48	上海烟草（集团）公司	上 海	5 288 138	1 086 739	7 650 925	7 143 608	15 211
49	潍柴控股集团有限公司	山 东	5 228 133	416 763	4 112 013	1 726 157	35 574
50	万向集团公司	浙 江	5 148 040	169 777	2 820 016	937 796	20 700
51	南京钢铁集团有限公司	江 苏	5 133 883	100 143	3 066 484	930 333	12 587
52	北大方正集团有限公司	北 京	5 106 480	122 176	4 915 064	1 151 851	17 807
53	湖南华菱钢铁集团有限责任公司	湖 南	5 084 459	182 169	10 204 037	3 159 896	42 510
54	湖南中烟工业有限责任公司	湖 南	5 067 304	526 444	3 945 416	3 291 565	22 380
55	徐州工程机械集团有限公司	江 苏	5 051 776	248 265	1 970 927	636 764	19 233
56	红云红河烟草（集团）有限责任公司	云 南	5 023 748	478 864	5 158 272	3 494 458	17 161
57	华晨汽车集团控股有限公司	辽 宁	4 845 705	44 258	3 354 374	641 467	31 727
58	中国南车集团公司	北 京	4 776 323	192 513	6 054 529	2 253 816	84 364
59	新希望集团有限公司	四 川	4 606 739	139 873	2 826 841	1 308 189	60 000
60	江苏雨润食品产业集团有限公司	江 苏	4 514 916	257 123	3 528 477	1 638 961	60 000
61	TCL集团股份有限公司	广 东	4 428 722	70 354	3 023 445	842 843	45 960
62	江苏华西集团公司	江 苏	4 405 991	114 141	2 249 074	881 301	20 773
63	杭州钢铁集团公司	浙 江	4 395 508	112 826	3 280 672	1 318 141	17 122
64	杭州娃哈哈集团有限公司	浙 江	4 320 417	878 384	2 919 763	1 344 232	29 000
65	珠海格力电器股份有限公司	广 东	4 263 730	293 166	5 153 030	1 065 270	22 029
66	攀钢集团有限公司	四 川	4 173 587	-200 331	6 695 918	2 065 476	91 619
67	中国北方机车车辆工业集团公司	北 京	4 155 884	117 142	6 958 647	2 494 132	86 493
68	安徽海螺集团有限责任公司	安 徽	4 141 996	381 043	5 223 836	3 065 185	30 669
69	四川长虹电子集团有限公司	四 川	4 138 961	71 407	4 186 248	1 424 315	67 987
70	酒泉钢铁（集团）有限责任公司	甘 肃	4 037 265	43 216	6 556 063	2 475 592	29 359
71	天津渤海化工集团公司	天 津	4 029 183	34 111	6 519 619	1 859 394	43 504
72	山东六和集团有限公司	山 东	4 021 600	61 470	545 078	259 466	48 000
73	铜陵有色金属集团控股有限公司	安 徽	4 021 115	86 610	3 857 551	971 843	26 092
74	河南省漯河市双汇实业集团有限责任公司	河 南	4 007 021	259 059	1 198 056	773 463	48 348
75	本溪钢铁（集团）有限责任公司	辽 宁	4 000 705	-212 765	6 521 772	1 985 390	62 327

续表

名　次	企业名称	地　区	营业收入（万元）	利　润（万元）	资　产（万元）	所有者权益（万元）	从业人数
76	山东大王集团有限公司	山　东	3 960 991	244 510	3 258 643	979 916	25 183
77	中国东方电气集团有限公司	四　川	3 899 254	129 514	8 962 120	1 518 283	26 712
78	南山集团公司	山　东	3 826 019	382 958	3 604 220	2 248 108	38 052
79	北京建龙重工集团有限公司	北　京	3 819 067	183 444	3 791 845	1 262 634	31 954
80	包头钢铁（集团）有限责任公司	内蒙古	3 787 060	－188 900	7 429 569	2 539 082	49 390
81	海亮集团有限公司	浙　江	3 726 055	133 486	1 661 485	684 228	12 757
82	三胞集团有限公司	江　苏	3 670 416	73 543	1 929 024	1 019 356	13 000
83	无锡产业发展集团有限公司	江　苏	3 646 570	59 566	2 017 241	970 566	14 633
84	上海复星高科技（集团）有限公司	上　海	3 609 215	500 688	7 742 436	2 176 458	34 218
85	日照钢铁控股集团有限公司	山　东	3 599 535	220 881	3 578 862	947 488	10 039
86	中国中材集团有限公司	北　京	3 533 932	227 685	5 734 487	1 754 118	51 632
87	中国核工业集团公司	北　京	3 518 094	438 556	18 642 598	4 825 145	91 362
88	中天钢铁集团有限公司	江　苏	3 512 667	92 827	2 311 199	806 609	7 335
89	四川省宜宾五粮液集团有限公司	四　川	3 503 882	306 044	3 665 443	2 627 113	33 600
90	中国黄金集团公司	北　京	3 454 269	76 170	3 475 983	1 089 690	41 753
91	天津荣程联合钢铁集团有限公司	天　津	3 387 922	20 180	1 080 855	550 428	7 200
92	长沙中联重工科技发展股份有限公司	湖　南	3 372 691	287 768	3 400 575	768 295	20 441
93	安阳钢铁集团有限责任公司	河　南	3 300 087	6 084	3 291 257	999 529	30 933
94	正威国际集团有限公司	广　东	3 198 144	212 143	2 419 261	1 415 218	7 753
95	天津市一轻集团（控股）有限公司	天　津	3 191 282	103 050	2 178 644	853 296	18 184
96	陕西有色金属控股集团有限责任公司	陕　西	3 160 112	75 081	5 691 509	3 322 279	39 095
97	哈尔滨电气集团公司	黑龙江	3 131 640	37 693	5 614 998	593 082	26 826
98	青岛钢铁控股集团有限责任公司	山　东	3 123 400	3 723	1 379 617	334 440	13 263
99	湖北宜化集团有限责任公司	湖　北	3 054 758	170 226	4 000 275	1 480 102	33 334
100	三一集团有限公司	湖　南	3 040 000	387 277	3 777 268	1 423 150	33 879

资料来源：中国企业联合会、中国企业家协会

2010 中国服务业企业排序前 100 家名单

名 次	企业名称	地 区	营业收入（万元）	利 润（万元）	资 产（万元）	所有者权益（万元）	从业人数
1	国家电网公司	北 京	126 031 199	-234 290	184 193 597	61 503 623	931 168
2	中国移动通信集团公司	北 京	49 012 279	10 971 102	94 378 587	67 653 811	228 437
3	中国工商银行股份有限公司	北 京	47 340 600	12 935 000	1 178 505 300	67 893 400	389 827
4	中国建设银行股份有限公司	北 京	39 867 200	10 683 600	962 335 500	55 902 000	301 537
5	中国人寿保险（集团）公司	北 京	38 950 383	2 134 606	155 464 540	6 614 670	117 942
6	中国农业银行股份有限公司	北 京	33 842 700	6 500 200	888 258 800	34 292 500	441 144
7	中国银行股份有限公司	北 京	33 474 100	6 436 000	874 811 700	46 425 800	262 566
8	中国南方电网有限责任公司	广 东	31 242 311	188 708	44 043 931	15 024 603	289 848
9	中国中化集团公司	北 京	24 302 851	521 625	17 160 308	6 672 384	43 897
10	中国电信集团公司	北 京	24 289 580	904 740	66 041 147	42 271 017	495 239
11	中国中信集团公司	北 京	20 906 492	1 889 212	215 383 673	22 135 710	125 215
12	中粮集团有限公司	北 京	17 828 588	429 695	17 862 062	4 912 118	84 133
13	百联集团有限公司	上 海	17 387 384	—	6 247 737	—	170 000
14	中国中钢集团公司	北 京	16 404 265	17 358	12 449 548	1 163 642	44 291
15	中国联合网络通信集团有限公司	北 京	15 905 644	10 112	51 270 732	24 759 312	342 225
16	中国人民保险集团股份有限公司	北 京	15 364 044	171 002	30 333 317	3 357 714	92 240
17	中国邮政集团公司	北 京	15 354 898	220 436	281 252 447	9 215 659	839 650
18	中国平安保险（集团）股份有限公司	广 东	14 783 500	1 448 200	93 571 200	9 174 300	—
19	华润（集团）有限公司	广 东	14 582 761	1 554 064	34 901 095	14 713 609	276 000
20	交通银行股份有限公司	上 海	13 355 200	3 007 500	330 913 700	16 442 500	79 122
21	江苏苏宁电器集团有限公司	江 苏	11 700 267	298 849	3 583 983	1 492 498	113 557
22	浙江省物产集团公司	浙 江	11 321 946	124 718	3 708 968	788 421	16 210
23	天津市物资集团总公司	天 津	10 818 806	39 039	4 658 183	639 942	5 056
24	国美电器控股有限公司	北 京	10 680 000	273 400	—	—	—
25	中国铁路物资总公司	北 京	10 517 877	79 378	3 462 234	538 362	7 688
26	中国太平洋保险（集团）股份有限公司	上 海	10 431 400	747 283	39 718 726	7 567 322	67 476
27	中国机械工业集团有限公司	北 京	10 349 796	352 032	9 802 159	2 487 217	87 689
28	中国航空油料集团公司	北 京	9 369 984	142 040	2 802 600	1 265 715	8 979
29	中国外运长航集团有限公司	北 京	7 425 970	145 443	10 644 430	4 984 178	80 425
30	新华人寿保险股份有限公司	北 京	7 365 968	264 868	20 656 055	419 985	310 000
31	山西煤炭运销集团有限公司	山 西	7 243 878	297 657	6 616 300	1 913 755	70 480
32	大连大商集团有限公司	辽 宁	7 053 590	—	—	—	—
33	中国通用技术（集团）控股有限责任公司	北 京	6 858 110	229 816	7 299 007	2 380 920	42 597
34	中国医药集团总公司	北 京	6 449 536	279 744	5 118 224	2 439 213	32 962
35	上海铁路局	上 海	5 997 743	-60 596	26 662 796	18 145 342	163 187

续表

名 次	企业名称	地 区	营业收入（万元）	利 润（万元）	资 产（万元）	所有者权益（万元）	从业人数
36	上海绿地（集团）有限公司	上 海	5 929 560	383 301	6 522 089	1 364 951	2 700
37	泰康人寿保险股份有限公司	北 京	5 793 242	327 416	20 194 988	1 263 841	31 455
38	沈阳铁路局	辽 宁	5 674 852	-125 798	16 060 793	9 708 862	264 436
39	北京铁路局	北 京	5 659 573	-226 909	18 353 064	12 933 386	196 843
40	中国南方航空集团公司	广 东	5 643 103	71 433	10 174 194	1 152 707	53 284
41	中国农业生产资料集团公司	北 京	5 308 964	21 569	1 479 271	310 878	4 235
42	广东物资集团公司	广 东	5 263 629	22 797	2 395 151	364 877	6 568
43	中国航空集团公司	北 京	5 241 539	494 578	11 946 752	3 171 708	43 446
44	招商银行股份有限公司	广 东	5 144 600	1 823 500	206 794 100	9 278 300	40 340
45	万科企业股份有限公司	广 东	4 888 100	643 001	13 760 900	4 540 850	—
46	太原铁路局	山 西	4 724 265	790 919	11 879 993	6 151 034	110 193
47	国家开发投资公司	北 京	4 672 443	418 425	21 014 579	6 578 088	72 129
48	中国海运（集团）总公司	上 海	4 495 291	125 621	13 547 531	8 133 949	45 754
49	广东省广新外贸集团有限公司	广 东	4 328 724	52 797	2 334 127	620 192	18 215
50	广州铁路（集团）公司	广 东	4 290 459	39 769	17 631 424	11 780 644	164 641
51	新疆广汇实业投资（集团）有限责任公司	新 疆	4 248 362	195 603	3 102 303	1 128 299	24 318
52	中国民生银行股份有限公司	北 京	4 206 000	1 210 400	142 639 200	8 889 400	26 039
53	厦门建发集团有限公司	福 建	4 183 451	136 976	3 702 680	903 376	16 590
54	成都铁路局	四 川	4 126 045	-124 232	15 941 463	13 090 300	131 485
55	浙江省能源集团有限公司	浙 江	4 062 852	435 268	10 015 910	4 617 306	12 418
56	郑州铁路局	河 南	4 015 615	253 009	13 161 137	8 372 744	121 735
57	中国东方航空股份有限公司	上 海	3 983 130	—	686 394	361 313	—
58	中国港中旅集团公司	北 京	3 961 826	167 604	5 123 403	2 262 627	39 595
59	珠海振戎公司	北 京	3 829 359	10 566	449 146	136 130	280
60	上海浦东发展银行股份有限公司	上 海	3 682 393	1 321 658	162 271 796	6 795 302	21 877
61	海航集团有限公司	海 南	3 585 626	91 792	14 150 744	2 690 345	44 804
62	浙江省兴合集团公司	浙 江	3 557 197	79 788	1 681 148	522 218	11 546
63	庞大汽贸集团股份有限公司	河 北	3 550 177	101 276	947 917	304 158	18 445
64	安徽省徽商集团有限公司	安 徽	3 437 883	—	938 135	33 798	15 000
65	中国诚通控股集团有限公司	北 京	3 392 191	41 204	3 343 165	1 309 364	15 044
66	物美控股集团有限公司	北 京	3 263 992	80 115	1 099 474	554 198	30 384
67	武汉铁路局	湖 北	3 150 989	4 929	10 296 309	8 313 972	87 658
68	厦门国贸集团股份有限公司	福 建	3 136 399	64 748	2 072 065	600 032	9 175
69	世纪金源投资集团有限公司	北 京	3 057 500	346 772	4 435 648	1 016 207	13 677
70	哈尔滨铁路局	黑龙江	3 028 074	-660 379	5 130 109	1 864 902	185 944
71	浙江省国际贸易集团有限公司	浙 江	3 010 101	75 107	1 798 218	561 666	14 282
72	济南铁路局	山 东	2 949 841	-61 871	6 594 334	4 692 474	90 943
73	西安铁路局	陕 西	2 929 000	-68 000	12 336 941	8 453 747	88 611
74	广东省交通集团有限公司	广 东	2 817 248	178 579	14 348 073	4 546 909	51 776
75	南昌铁路局	江 西	2 803 195	-69 300	14 442 922	8 887 209	96 805

续表

名次	企业名称	地区	营业收入（万元）	利润（万元）	资产（万元）	所有者权益（万元）	从业人数
76	江苏苏宁环球集团有限公司	江苏	2 736 821	183 682	4 057 645	2 198 019	7 215
77	浪潮集团有限公司	山东	2 718 586	51 474	687 525	417 269	5 450
78	北京控股集团有限公司	北京	2 673 231	189 372	6 293 358	3 820 247	42 844
79	呼和浩特铁路局	内蒙古	2 652 680	-140 906	5 681 701	2 804 361	65 942
80	广东发展银行股份有限公司	广东	2 566 016	338 713	66 648 662	2 219 003	14 522
81	山东省商业集团有限公司	山东	2 564 116	101 724	2 861 953	311 464	52 670
82	重庆商社（集团）有限公司	重庆	2 470 124	34 007	1 206 502	273 252	82 804
83	广东省丝绸纺织集团有限公司	广东	2 469 248	7 422	826 367	169 184	5 150
84	大连万达集团股份有限公司	辽宁	2 466 434	316 218	7 416 528	576 212	11 707
85	华侨城集团公司	广东	2 419 707	197 575	4 712 213	1 610 043	35 766
86	北京首都旅游集团有限责任公司	北京	2 309 686	70 969	3 057 548	1 101 431	46 081
87	山西煤炭进出口集团有限公司	山西	2 302 889	64 386	2 637 103	473 114	10 831
88	中国工艺（集团）公司	北京	2 273 608	30 861	919 776	115 395	2 206
89	中天发展控股集团有限公司	浙江	2 202 733	83 585	1 379 568	372 245	65 926
90	上海华冶钢铁集团有限公司	上海	2 201 935	28 955	602 596	243 687	1 689
91	浙江省商业集团有限公司	浙江	2 190 215	141 867	2 737 721	522 542	8 851
92	浙江省交通投资集团有限公司	浙江	2 184 321	219 955	13 787 418	3 931 683	19 173
93	天津一商集团有限公司	天津	2 150 540	7 966	640 745	102 595	4 207
94	武汉商联（集团）股份有限公司	湖北	2 141 619	58 639	1 426 284	518 929	53 326
95	合肥百货大楼集团股份有限公司	安徽	2 090 000	20 081	369 384	130 901	23 600
96	申能（集团）有限公司	上海	2 088 316	281 795	9 321 884	5 961 769	13 121
97	南宁铁路局	广西	2 063 856	11 974	5 662 005	4 993 686	65 434
98	南京医药产业（集团）有限责任公司	江苏	2 034 839	46 819	1 164 818	420 676	13 707
99	中国中纺集团公司	北京	1 918 419	34 753	1 367 495	499 103	10 854
100	广东省石油企业集团南方石油化工有限公司	广东	1 908 793	12 495	749 703	67 626	1 010

资料来源：中国企业联合会、中国企业家协会

2010中国企业按利润排序前100家名单

名次	企业名称	500强排序	利润（万元）
1	中国工商银行股份有限公司	5	12 935 000
2	中国移动通信集团公司	4	10 971 102
3	中国建设银行股份有限公司	6	10 683 600
4	中国石油天然气集团公司	3	7 017 232
5	中国农业银行股份有限公司	10	6 500 200
6	中国银行股份有限公司	11	6 436 000
7	中国石油化工集团公司	1	3 931 714
8	中国海洋石油总公司	19	3 865 433
9	神华集团有限责任公司	33	3 645 270
10	交通银行股份有限公司	45	3 007 500
11	中国人寿保险（集团）公司	7	2 134 606
12	中国中信集团公司	20	1 889 212
13	招商银行股份有限公司	119	1 823 500
14	华为技术有限公司	37	1 819 833
15	中国第一汽车集团公司	21	1 593 348
16	华润（集团）有限公司	41	1 554 064
17	东风汽车公司	13	1 489 728
18	中国平安保险（集团）股份有限公司	38	1 448 200
19	上海浦东发展银行股份有限公司	173	1 321 658
20	宝钢集团有限公司	23	1 217 607
21	中国民生银行股份有限公司	146	1 210 400
22	上海烟草（集团）公司	113	1 086 739
23	广州汽车工业集团有限公司	44	931 909
24	中国电信集团公司	16	904 740
25	杭州娃哈哈集团有限公司	141	878 384
26	中国中煤能源集团有限公司	87	801 045
27	太原铁路局	132	790 919
28	中国交通建设集团有限公司	18	765 260
29	中国太平洋保险（集团）股份有限公司	59	747 283
30	中国中铁股份有限公司	9	740 816
31	上海汽车工业（集团）总公司	17	731 046
32	中国航空工业集团公司	29	718 486
33	中国铁建股份有限公司	8	673 170
34	万科企业股份有限公司	129	643 001
35	中国船舶重工集团公司	49	608 148
36	江苏华厦融创置地集团有限公司	389	587 466
37	中国建筑股份有限公司	14	572 980
38	北京银行	468	563 386
39	兖矿集团有限公司	115	541 421
40	光明食品（集团）有限公司	79	527 503
41	湖南中烟工业有限责任公司	124	526 444
42	中国中化集团公司	15	521 625
43	中国华能集团公司	25	504 146
44	上海复星高科技（集团）有限公司	177	500 688
45	天津汽车工业（集团）有限公司	77	497 981
46	中国航空集团公司	116	494 578
47	山东魏桥创业集团有限公司	73	488 538
48	北京汽车工业控股有限责任公司	51	487 740
49	红塔烟草（集团）有限责任公司	104	484 437
50	红云红河烟草（集团）有限责任公司	126	478 864
51	上海电气（集团）总公司	65	478 705
52	中国兵器装备集团公司	22	477 071
53	中国贵州茅台酒厂有限责任公司	439	469 673
54	美的集团有限公司	67	459 072
55	中国核工业集团公司	184	438 556
56	中国兵器工业集团公司	31	436 468
57	浙江省能源集团有限公司	154	435 268
58	中国航天科工集团公司	84	433 739

续表

名次	企业名称	500强排序	利润（万元）	名次	企业名称	500强排序	利润（万元）
59	内蒙古伊泰集团有限公司	237	431 109	80	中国机械工业集团有限公司	61	352 032
60	中国冶金科工集团有限公司	27	429 793	81	雅戈尔集团股份有限公司	225	348 062
61	中粮集团有限公司	24	429 695	82	世纪金源投资集团有限公司	203	346 772
62	江苏扬子江船业集团公司	361	427 031	83	广东发展银行股份有限公司	241	338 713
63	中国国电集团公司	48	425 048	84	泰康人寿保险股份有限公司	98	327 416
64	国家开发投资公司	133	418 425	85	山西晋城无烟煤矿业集团有限责任公司	106	327 136
65	潍柴控股集团有限公司	117	416 763	86	大连万达集团股份有限公司	247	316 218
66	中国广东核电集团有限公司	324	414 658	87	中国建筑材料集团有限公司	71	306 508
67	河南煤业化工集团有限责任公司	60	412 093	88	四川省宜宾五粮液集团有限公司	186	306 044
68	陕西延长石油（集团）有限责任公司	72	405 266	89	江苏苏宁电器集团有限公司	50	298 849
69	紫金矿业集团股份有限公司	283	405 065	90	山西煤炭运销集团有限公司	85	297 657
70	江苏新世纪造船有限公司	354	396 252	91	鞍山钢铁集团公司	74	296 610
71	三一集团有限公司	205	387 277	92	海尔集团公司	47	293 339
72	上海绿地（集团）有限公司	96	383 301	93	珠海格力电器股份有限公司	143	293 166
73	南山集团公司	168	382 958	94	中国重型汽车集团有限公司	105	289 755
74	天津中环电子信息集团有限公司	70	381 505	95	枣庄矿业（集团）有限责任公司	213	288 735
75	安徽海螺集团有限责任公司	150	381 043	96	长沙中联重工科技发展股份有限公司	191	287 768
76	华夏银行股份有限公司	342	376 023	97	天津天狮集团有限公司	222	285 112
77	上海国际港务（集团）股份有限公司	357	376 005	98	申能（集团）有限公司	286	281 795
78	广东省粤电集团有限公司	153	369 992	99	山东钢铁集团有限公司	66	280 172
79	江苏沙钢集团有限公司	40	368 941	100	中国医药集团总公司	90	279 744
中国企业500强平均数							303 624

资料来源：中国企业联合会、中国企业家协会

2010 中国企业按收入利润率排序前 100 家名单

名次	企业名称	500 强排序	收入利润率（%）	名次	企业名称	500 强排序	收入利润率（%）
1	北京银行	468	47.37	29	西子联合控股有限公司	482	14.26
2	江苏华厦融创置地集团有限公司	389	39.97	30	上海复星高科技（集团）有限公司	177	13.87
3	中国贵州茅台酒厂有限责任公司	439	36.83	31	申能（集团）有限公司	286	13.49
4	上海浦东发展银行股份有限公司	173	35.89	32	广东发展银行股份有限公司	241	13.20
5	招商银行股份有限公司	119	35.44	33	万科企业股份有限公司	129	13.15
6	中国民生银行股份有限公司	146	28.78	34	大连万达集团股份有限公司	247	12.82
7	中国工商银行股份有限公司	5	27.32	35	三一集团有限公司	205	12.74
8	中国建设银行股份有限公司	6	26.80	36	雅戈尔集团股份有限公司	225	12.69
9	江苏扬子江船业集团公司	361	26.08	37	中国核工业集团公司	184	12.47
10	江苏新世纪造船有限公司	354	23.86	38	华为技术有限公司	37	12.19
11	上海国际港务（集团）股份有限公司	357	22.73	39	山东西水橡胶集团有限公司	467	11.47
12	神华集团有限责任公司	33	22.61	40	重庆农村商业银行股份有限公司	446	11.42
13	交通银行股份有限公司	45	22.52	41	中国中煤能源集团有限公司	87	11.42
14	中国广东核电集团有限公司	324	22.51	42	北京能源投资（集团）有限公司	410	11.35
15	中国移动通信集团公司	4	22.38	43	世纪金源投资集团有限公司	203	11.34
16	华夏银行股份有限公司	342	21.95	44	山东高速集团有限公司	377	10.85
17	上海烟草（集团）公司	113	20.55	45	浙江省能源集团有限公司	154	10.71
18	杭州娃哈哈集团有限公司	141	20.33	46	特变电工股份有限公司	388	10.70
19	紫金矿业集团股份有限公司	283	19.33	47	华润（集团）有限公司	41	10.66
20	中国银行股份有限公司	11	19.23	48	湖南中烟工业有限责任公司	124	10.39
21	中国农业银行股份有限公司	10	19.21	49	中南控股集团有限公司	355	10.35
22	青岛港（集团）有限公司	442	18.78	50	兖矿集团有限公司	115	10.29
23	中国海洋石油总公司	19	18.44	51	天津天狮集团有限公司	222	10.22
24	深圳能源集团股份有限公司	491	17.52	52	中国煤炭科工集团有限公司	334	10.17
25	太原铁路局	132	16.74	53	上海人民企业（集团）有限公司	297	10.09
26	内蒙古伊泰集团有限公司	237	16.65	54	山东鲁北企业集团总公司	281	10.08
27	江门市大长江集团有限公司	488	15.23	55	浙江省交通投资集团有限公司	273	10.07
28	福佳集团有限公司	427	15.16	56	南山集团公司	168	10.01

续表

名次	企业名称	500强排序	收入利润率（%）	名次	企业名称	500强排序	收入利润率（%）
57	中国平安保险（集团）股份有限公司	38	9.80	79	中国第一汽车集团公司	21	7.71
58	枣庄矿业（集团）有限责任公司	213	9.69	80	浙江中烟工业有限责任公司	209	7.68
59	红云红河烟草（集团）有限责任公司	126	9.53	81	新汶矿业集团有限责任公司	172	7.53
60	中国航空集团公司	116	9.44	82	天津市医药集团有限公司	370	7.45
61	北京首都创业集团有限公司	405	9.39	83	恒力集团有限公司	275	7.43
62	山东胜通集团股份有限公司	496	9.31	84	大连重工·起重集团有限公司	304	7.28
63	安徽海螺集团有限责任公司	150	9.20	85	中国太平洋保险（集团）股份有限公司	59	7.16
64	广东省粤电集团有限公司	153	9.09	86	天津百利机电控股集团有限公司	206	7.14
65	波司登股份有限公司	499	9.05	87	北京控股集团有限公司	231	7.08
66	中国中信集团公司	20	9.04	88	滨化集团公司	320	7.03
67	国家开发投资公司	133	8.96	89	贵州中烟工业有限责任公司	335	7.01
68	四川省宜宾五粮液集团有限公司	186	8.73	90	浙江吉利控股集团有限公司	359	6.99
69	红塔烟草（集团）有限责任公司	104	8.67	91	广州汽车工业集团有限公司	44	6.98
70	长沙中联重工科技发展股份有限公司	191	8.53	92	光明食品（集团）有限公司	79	6.98
71	上海外高桥造船有限公司	341	8.36	93	青岛啤酒股份有限公司	329	6.95
72	华侨城集团公司	251	8.17	94	内蒙古鄂尔多斯羊绒集团有限责任公司	454	6.93
73	中国西电集团公司	365	8.15	95	珠海格力电器股份有限公司	143	6.88
74	淄博矿业集团有限责任公司	407	8.13	96	华勤橡胶工业集团有限公司	463	6.83
75	哈药集团有限公司	372	8.06	97	四川宏达（集团）有限公司	257	6.78
76	潍柴控股集团有限公司	117	7.97	98	江苏苏宁环球集团有限公司	226	6.71
77	郑州宇通集团有限公司	385	7.89	99	宁波银亿集团有限公司	424	6.63
78	中国电力工程顾问集团公司	481	7.74	100	正威国际集团有限公司	196	6.63
中国企业500强平均数							5.44

资料来源：中国企业联合会、中国企业家协会

2010 中国企业按总资产排序前 100 家名单

名次	企业名称	500 强排序	资产（万元）	名次	企业名称	500 强排序	资产（万元）
1	中国工商银行股份有限公司	5	1 178 505 300	32	中国电力投资集团公司	63	37 634 516
2	中国建设银行股份有限公司	6	962 335 500	33	中国华电集团公司	57	35 942 577
3	中国农业银行股份有限公司	10	888 258 800	34	中国铝业公司	43	35 485 049
4	中国银行股份有限公司	8	874 811 700	35	华润（集团）有限公司	41	34 901 095
5	交通银行股份有限公司	45	330 913 700	36	中国中铁股份有限公司	9	31 178 113
6	中国邮政集团公司	36	281 252 447	37	中国人民保险集团股份有限公司	35	30 333 317
7	中国石油天然气集团公司	3	222 139 743	38	中国建筑股份有限公司	14	29 258 416
8	中国中信集团公司	20	215 383 673	39	中国铁建股份有限公司	8	28 299 026
9	招商银行股份有限公司	119	206 794 100	40	中国交通建设集团有限公司	18	27 237 664
10	国家电网公司	2	184 193 597	41	上海铁路局	95	26 662 796
11	上海浦东发展银行股份有限公司	173	162 271 796	42	中国船舶重工集团公司	49	26 461 219
12	中国人寿保险（集团）公司	7	155 464 540	43	中国冶金科工集团有限公司	27	26 425 848
13	中国民生银行股份有限公司	146	142 639 200	44	首钢总公司	46	25 797 262
14	中国石油化工集团公司	1	128 889 042	45	河北钢铁集团有限公司	26	23 782 976
15	中国移动通信集团公司	4	94 378 587	46	国家开发投资公司	133	21 014 579
16	中国平安保险（集团）股份有限公司	38	93 571 200	47	新华人寿保险股份有限公司	82	20 656 055
17	华夏银行股份有限公司	342	84 545 643	48	重庆农村商业银行股份有限公司	446	20 654 435
18	广东发展银行股份有限公司	241	66 648 662	49	中国兵器工业集团公司	31	20 587 654
19	中国电信集团公司	16	66 041 147	50	上海汽车工业（集团）总公司	17	20 321 461
20	中国华能集团公司	25	57 828 060	51	泰康人寿保险股份有限公司	98	20 194 988
21	北京银行	468	53 346 932	52	中国兵器装备集团公司	22	18 987 969
22	中国海洋石油总公司	19	51 834 949	53	中国核工业集团公司	184	18 642 598
23	中国联合网络通信集团有限公司	34	51 270 732	54	北京铁路局	100	18 353 064
24	神华集团有限责任公司	33	49 084 025	55	中粮集团有限公司	24	17 862 062
25	中国大唐集团公司	39	47 784 514	56	广州铁路（集团）公司	142	17 631 424
26	河南省农村信用社联合社	311	44 709 403	57	武汉钢铁（集团）公司	42	17 568 945
27	中国南方电网有限责任公司	12	44 043 931	58	东风汽车公司	13	17 553 255
28	中国国电集团公司	48	42 372 909	59	中国中化集团公司	15	17 160 308
29	宝钢集团有限公司	23	40 199 615	60	中国化工集团公司	54	16 759 901
30	中国太平洋保险（集团）股份有限公司	59	39 718 726	61	沈阳铁路局	99	16 060 793
31	中国航空工业集团公司	29	39 318 025	62	成都铁路局	152	15 941 463

续表

名次	企业名称	500强排序	资产（万元）	名次	企业名称	500强排序	资产（万元）
63	鞍山钢铁集团公司	74	15 883 286	82	太原铁路局	132	11 879 993
64	中国中煤能源集团有限公司	87	14 948 618	83	中国建筑材料集团有限公司	71	11 334 385
65	南昌铁路局	221	14 442 922	84	陕西延长石油（集团）有限责任公司	72	11 331 419
66	广东省交通集团有限公司	220	14 348 073	85	山东高速集团有限公司	377	11 305 518
67	中国广东核电集团有限公司	324	14 195 761	86	中国航天科工集团公司	84	11 178 143
68	海航集团有限公司	179	14 150 744	87	河南煤业化工集团有限责任公司	60	11 093 087
69	华为技术有限公司	37	13 965 058	88	上海电气（集团）总公司	65	11 000 047
70	浙江省交通投资集团有限公司	273	13 787 418	89	中国电子信息产业集团公司	68	10 817 474
71	万科企业股份有限公司	129	13 760 900	90	中国外运长航集团有限公司	81	10 644 430
72	中国海运（集团）总公司	136	13 547 531	91	广东省粤电集团有限公司	153	10 578 800
73	江苏沙钢集团有限公司	40	13 354 791	92	陕西煤业化工集团有限责任公司	195	10 389 425
74	光明食品（集团）有限公司	79	13 328 858	93	武汉铁路局	199	10 296 309
75	郑州铁路局	159	13 161 137	94	湖南华菱钢铁集团有限责任公司	123	10 204 037
76	中国第一汽车集团公司	21	13 149 062	95	中国南方航空集团公司	101	10 174 194
77	中国五矿集团公司	30	12 897 728	96	中国水利水电建设集团公司	78	10 122 801
78	中国中钢集团公司	32	12 449 548	97	山西焦煤集团有限责任公司	76	10 071 172
79	西安铁路局	216	12 336 941	98	浙江省能源集团有限公司	154	10 015 910
80	山东钢铁集团有限公司	66	12 081 034	99	兖矿集团有限公司	115	9 956 065
81	中国航空集团公司	116	11 946 752	100	太原钢铁（集团）有限公司	62	9 817 186
中国企业500强平均数							18 331 434

资料来源：中国企业联合会、中国企业家协会

2010 中国企业按资产利润率排序前 100 家名单

名次	企业名称	500 强排序	资产利润率（%）	名次	企业名称	500 强排序	资产利润率（%）
1	杭州娃哈哈集团有限公司	141	30.08	33	山东六和集团有限公司	157	11.28
2	天正集团有限公司	319	26.08	34	庞大汽贸集团股份有限公司	181	10.68
3	上海人民企业（集团）有限公司	297	26.03	35	南山集团公司	168	10.63
4	天津天狮集团有限公司	222	24.60	36	大连西太平洋石油化工有限公司	219	10.58
5	江门市大长江集团有限公司	488	22.84	37	山东淄博傅山企业集团有限公司	447	10.49
6	江苏华厦融创置地集团有限公司	389	22.40	38	中国煤炭科工集团有限公司	334	10.44
7	山东金诚石化集团有限公司	413	21.80	39	枣庄矿业（集团）有限责任公司	213	10.34
8	河南省漯河市双汇实业集团有限责任公司	160	21.62	40	三一集团有限公司	205	10.25
9	江苏新世纪造船有限公司	354	21.38	41	青岛港（集团）有限公司	442	10.24
10	人民电器集团有限公司	284	21.18	42	天津中环电子信息集团有限公司	70	10.16
11	山东时风（集团）有限责任公司	280	18.74	43	潍柴控股集团有限公司	117	10.14
12	中国贵州茅台酒厂有限责任公司	439	18.39	44	郑州宇通集团有限公司	385	10.12
13	江苏扬子江船业集团公司	361	17.00	45	浙江荣盛控股集团有限公司	303	10.04
14	山东鲁北企业集团总公司	281	16.39	46	山东科达集团有限公司	448	9.95
15	山东西水橡胶集团有限公司	467	14.97	47	贵州中烟工业有限责任公司	335	9.91
16	扬子江药业集团有限公司	328	14.65	48	杭州橡胶（集团）公司	349	9.89
17	滨化集团公司	320	14.62	49	沈阳远大企业集团有限公司	403	9.79
18	上海烟草（集团）公司	113	14.20	50	山东寿光巨能控股集团有限公司	474	9.78
19	天津汽车工业（集团）有限公司	77	13.78	51	浙江中烟工业有限责任公司	209	9.77
20	紫金矿业集团股份有限公司	283	13.66	52	三河汇福粮油集团有限公司	426	9.67
21	内蒙古伊泰集团有限公司	237	13.42	53	山东胜通集团股份有限公司	496	9.64
22	湖南中烟工业有限责任公司	124	13.34	54	德力西集团有限公司	300	9.63
23	浙江八达建设集团有限公司	475	13.16	55	山东石横特钢集团有限公司	396	9.56
24	临沂新程金锣肉制品集团有限公司	214	13.12	56	西子联合控股有限公司	482	9.53
25	华为技术有限公司	37	13.03	57	山东魏桥创业集团有限公司	73	9.47
26	东营方圆有色金属有限公司	401	12.95	58	桐昆集团股份有限公司	376	9.47
27	徐州工程机械集团有限公司	125	12.60	59	海城市西洋镁矿有限公司	310	9.37
28	江苏高力集团有限公司	316	12.56	60	红云红河烟草（集团）有限责任公司	126	9.28
29	中国第一汽车集团公司	21	12.12	61	江苏阳光集团有限公司	236	9.10
30	中国移动通信集团公司	4	11.62	62	沂州集团有限公司	464	8.99
31	波司登股份有限公司	499	11.40	63	河北新金钢铁有限公司	476	8.96
32	广州汽车工业集团有限公司	44	11.37	64	正威国际集团有限公司	196	8.77

续表

名次	企业名称	500强排序	资产利润率(%)	名次	企业名称	500强排序	资产利润率(%)
65	正泰集团有限公司	248	8.76	83	华盛江泉集团有限公司	338	7.86
66	江苏西城三联控股集团有限公司	315	8.62	84	江苏新长江实业集团有限公司	223	7.82
67	江苏法尔胜泓昇集团有限公司	368	8.53	85	世纪金源投资集团有限公司	203	7.82
68	万达控股集团有限公司	416	8.50	86	江苏金辉集团公司	412	7.75
69	东风汽车公司	13	8.49	87	百兴集团有限公司	268	7.69
70	长沙中联重工科技发展股份有限公司	191	8.46	88	浙江宝业建设集团有限公司	408	7.51
71	浙江恒逸集团有限公司	235	8.44	89	山东大王集团有限公司	164	7.50
72	河南中烟工业有限责任公司	261	8.44	90	浪潮集团有限公司	228	7.49
73	青岛啤酒股份有限公司	329	8.43	91	中国海洋石油总公司	19	7.46
74	特变电工股份有限公司	388	8.37	92	神华集团有限责任公司	33	7.43
75	四川省宜宾五粮液集团有限公司	186	8.35	93	宁波金田投资控股有限公司	282	7.42
76	江苏苏宁电器集团有限公司	50	8.34	94	山东如意科技集团有限公司	374	7.35
77	天津百利机电控股集团有限公司	206	8.29	95	中国新世纪控股集团有限公司	366	7.33
78	恒力集团有限公司	275	8.29	96	雅戈尔集团股份有限公司	225	7.33
79	哈药集团有限公司	372	8.18	97	物美控股集团有限公司	193	7.29
80	海亮集团有限公司	171	8.03	98	江苏雨润食品产业集团有限公司	135	7.29
81	中南控股集团有限公司	355	8.00	99	安徽海螺集团有限责任公司	150	7.29
82	美的集团有限公司	67	7.95	100	河北文丰钢铁有限公司	322	7.25
中国企业500强平均数							1.65

资料来源：中国企业联合会、中国企业家协会

2010中国企业按所有者权益排序前100家名单

名次	企业名称	500强排序	所有者权益（万元）	名次	企业名称	500强排序	所有者权益（万元）
1	中国石油天然气集团公司	3	142 032 532	31	鞍山钢铁集团公司	74	8 656 651
2	中国工商银行股份有限公司	5	67 893 400	32	西安铁路局	216	8 453 747
3	中国移动通信集团公司	4	67 653 811	33	郑州铁路局	159	8 372 744
4	国家电网公司	2	61 503 623	34	武汉铁路局	199	8 313 972
5	中国建设银行股份有限公司	6	55 902 000	35	中国海运（集团）总公司	136	8 133 949
6	中国银行股份有限公司	11	46 425 800	36	中国国电集团公司	48	7 664 389
7	中国石油化工集团公司	1	43 356 156	37	中国太平洋保险（集团）股份有限公司	59	7 567 322
8	中国电信集团公司	16	42 271 017	38	中国铝业公司	43	7 557 043
9	中国农业银行股份有限公司	10	34 292 500	39	中国交通建设集团有限公司	18	7 444 312
10	中国海洋石油总公司	19	32 545 646	40	中国兵器工业集团公司	31	7 230 427
11	神华集团有限责任公司	33	29 442 787	41	河北钢铁集团有限公司	26	7 174 510
12	中国联合网络通信集团有限公司	34	24 759 312	42	上海烟草（集团）公司	113	7 143 608
13	宝钢集团有限公司	23	24 297 060	43	中国建筑股份有限公司	14	6 940 650
14	中国中信集团公司	20	22 135 710	44	上海浦东发展银行股份有限公司	173	6 795 302
15	上海铁路局	95	18 145 342	45	中国中化集团公司	15	6 672 384
16	交通银行股份有限公司	45	16 442 500	46	武汉钢铁（集团）公司	42	6 650 420
17	中国南方电网有限责任公司	12	15 024 603	47	中国中铁股份有限公司	9	6 635 932
18	华润（集团）有限公司	41	14 713 609	48	中国人寿保险（集团）公司	7	6 614 670
19	成都铁路局	152	13 090 300	49	中国船舶重工集团公司	49	6 608 219
20	中国航空工业集团公司	29	13 053 090	50	国家开发投资公司	133	6 578 088
21	北京铁路局	100	12 933 386	51	东风汽车公司	13	6 294 348
22	广州铁路（集团）公司	142	11 780 644	52	光明食品（集团）有限公司	79	6 196 975
23	沈阳铁路局	99	9 708 862	53	太原铁路局	132	6 151 034
24	首钢总公司	46	9 620 406	54	申能（集团）有限公司	286	5 961 769
25	中国华能集团公司	25	9 486 666	55	红塔烟草（集团）有限责任公司	104	5 939 361
26	招商银行股份有限公司	119	9 278 300	56	中国大唐集团公司	39	5 833 316
27	中国邮政集团公司	36	9 215 659	57	中国电力投资集团公司	63	5 809 452
28	中国中煤能源集团有限公司	87	9 199 952	58	中国冶金科工集团有限公司	27	5 603 601
29	中国民生银行股份有限公司	146	8 889 400	59	中国铁建股份有限公司	8	5 407 923
30	南昌铁路局	221	8 887 209	60	陕西延长石油（集团）有限责任公司	72	5 394 489

续表

名次	企业名称	500强排序	所有者权益（万元）	名次	企业名称	500强排序	所有者权益（万元）
61	广东省粤电集团有限公司	153	5 370 227	81	北京银行	468	3 755 942
62	中国兵器装备集团公司	22	5 173 562	82	山东钢铁集团有限公司	66	3 637 110
63	上海汽车工业（集团）总公司	17	5 085 989	83	太原钢铁（集团）有限公司	62	3 623 851
64	中国第一汽车集团公司	21	5 011 845	84	山西焦煤集团有限责任公司	76	3 604 301
65	南宁铁路局	290	4 993 686	85	中国电子信息产业集团公司	68	3 598 774
66	中国外运长航集团有限公司	81	4 984 178	86	红云红河烟草（集团）有限责任公司	126	3 494 458
67	中粮集团有限公司	24	4 912 118	87	广州汽车工业集团有限公司	44	3 470 625
68	中国核工业集团公司	184	4 825 145	88	上海电气（集团）总公司	65	3 461 056
69	中国广东核电集团有限公司	324	4 821 519	89	中国人民保险集团股份有限公司	35	3 357 714
70	兰州铁路局	325	4 748 716	90	陕西有色金属控股集团有限责任公司	198	3 322 279
71	济南铁路局	215	4 692 474	91	中国化工集团公司	54	3 309 912
72	浙江省能源集团有限公司	154	4 617 306	92	马钢（集团）控股有限公司	108	3 292 873
73	广东省交通集团有限公司	220	4 546 909	93	湖南中烟工业有限责任公司	124	3 291 565
74	中国重型汽车集团有限公司	105	4 474 683	94	北京汽车工业控股有限责任公司	51	3 266 659
75	中国华电集团公司	57	4 360 760	95	北京能源投资（集团）有限公司	410	3 212 911
76	华为技术有限公司	37	4 331 291	96	上海国际港务（集团）股份有限公司	357	3 209 296
77	中国航天科工集团公司	84	4 226 649	97	中国五矿集团公司	30	3 200 513
78	浙江省交通投资集团有限公司	273	3 931 683	98	中国航空集团公司	116	3 171 708
79	北京控股集团有限公司	231	3 820 247	99	山东高速集团有限公司	377	3 169 544
80	陕西煤业化工集团有限责任公司	195	3 796 688	100	湖南华菱钢铁集团有限责任公司	123	3 159 896
中国企业500强平均数							3 208 700

资料来源：中国企业联合会、中国企业家协会

2010 中国企业按从业人数排序前 100 家名单

名次	企业名称	500 强排序	从业人数（人）	名次	企业名称	500 强排序	从业人数（人）
1	中国石油天然气集团公司	3	1 649 992	30	上海铁路局	95	163 187
2	国家电网公司	2	931 168	31	大同煤矿集团有限责任公司	144	158 236
3	中国邮政集团公司	36	839 650	32	神华集团有限责任公司	33	157 910
4	黑龙江北大荒农垦集团总公司	83	667 211	33	中国冶金科工集团有限公司	27	155 677
5	中国石油化工集团公司	1	633 383	34	中国船舶重工集团公司	49	154 000
6	中国电信集团公司	16	495 239	35	河南煤业化工集团有限责任公司	60	153 166
7	中国农业银行股份有限公司	10	441 144	36	中国平煤神马能源化工集团有限责任公司	75	144 099
8	中国工商银行股份有限公司	5	389 827	37	东风汽车公司	13	143 792
9	中国航空工业集团公司	29	382 599	38	上海汽车工业（集团）总公司	17	136 911
10	中国联合网络通信集团有限公司	34	342 225	39	中国化工集团公司	54	135 696
11	中国建筑股份有限公司	14	330 797	40	成都铁路局	152	131 485
12	新华人寿保险股份有限公司	82	310 000	41	中国水利水电建设集团公司	78	129 700
13	中国建设银行股份有限公司	6	301 537	42	中国华能集团公司	25	127 991
14	中国南方电网有限责任公司	12	289 848	43	浙江省建设投资集团有限公司	239	126 890
15	中国中铁股份有限公司	9	276 150	44	中国中信集团公司	20	125 215
16	华润（集团）有限公司	41	276 000	45	冀中能源集团有限责任公司	97	122 705
17	黑龙江龙煤矿业控股集团有限责任公司	194	275 291	46	山东魏桥创业集团有限公司	73	121 846
18	沈阳铁路局	99	264 436	47	郑州铁路局	159	121 735
19	中国兵器工业集团公司	31	263 123	48	河北钢铁集团有限公司	26	121 710
20	中国银行股份有限公司	11	262 566	49	美的集团有限公司	67	120 000
21	中国铁建股份有限公司	8	235 387	50	宝钢集团有限公司	23	119 008
22	中国移动通信集团公司	4	228 437	51	中国国电集团公司	48	118 219
23	中国兵器装备集团公司	22	199 709	52	鞍山钢铁集团公司	74	117 972
24	北京铁路局	100	196 843	53	中国人寿保险（集团）公司	7	117 942
25	中国铝业公司	43	192 772	54	武汉钢铁（集团）公司	42	116 374
26	哈尔滨铁路局	207	185 944	55	中国航天科工集团公司	84	115 064
27	山西焦煤集团有限责任公司	76	177 219	56	山西晋城无烟煤矿业集团有限责任公司	106	114 283
28	百联集团有限公司	28	170 000	57	江苏苏宁电器集团有限公司	50	113 557
29	广州铁路（集团）公司	142	164 641	58	太原铁路局	132	110 193

续表

名次	企业名称	500强排序	从业人数（人）	名次	企业名称	500强排序	从业人数（人）
59	中国电力投资集团公司	63	109 861	80	武汉铁路局	199	87 658
60	中国中煤能源集团有限公司	87	109 629	81	江苏省苏中建设集团股份有限公司	360	86 736
61	光明食品（集团）有限公司	79	107 572	82	江苏南通三建集团有限公司	348	86 664
62	中国交通建设集团有限公司	18	106 150	83	中国北方机车车辆工业集团公司	149	86 493
63	阳泉煤业（集团）有限责任公司	128	104 957	84	陕西煤业化工集团有限责任公司	195	86 454
64	中国电子信息产业集团公司	68	104 504	85	云南建工集团有限公司	333	85 318
65	淮北矿业（集团）有限责任公司	246	100 848	86	中国南车集团公司	131	84 364
66	中国大唐集团公司	39	99 132	87	广西建工集团有限责任公司	336	84 341
67	南昌铁路局	221	96 805	88	中粮集团有限公司	24	84 133
68	中国建筑材料集团有限公司	71	93 062	89	重庆商社（集团）有限公司	244	82 804
69	兖矿集团有限公司	115	92 941	90	中国第一汽车集团公司	21	82 776
70	中国人民保险集团股份有限公司	35	92 240	91	中国外运长航集团有限公司	81	80 425
71	攀钢集团有限公司	148	91 619	92	成都建筑工程集团总公司	327	79 375
72	中国核工业集团公司	184	91 362	93	交通银行股份有限公司	45	79 122
73	济南铁路局	215	90 943	94	新汶矿业集团有限责任公司	172	78 790
74	陕西延长石油（集团）有限责任公司	72	90 454	95	兰州铁路局	325	77 240
75	广厦控股创业投资有限公司	122	90 425	96	枣庄矿业（集团）有限责任公司	213	75 974
76	山东钢铁集团有限公司	66	89 941	97	新兴铸管集团有限公司	110	75 878
77	中国华电集团公司	57	89 506	98	重庆市能源投资集团公司	432	75 248
78	西安铁路局	216	88 611	99	华为技术有限公司	37	74 816
79	中国机械工业集团有限公司	61	87 689	100	上海电气（集团）总公司	65	73 310
中国企业500强平均数							54 695

资料来源：中国企业联合会、中国企业家协会

2010中国企业按研究开发费用排序前100家名单

名次	企业名称	500强排序	研发费用（万元）	名次	企业名称	500强排序	研发费用（万元）
1	中国石油天然气集团公司	3	1 836 436	31	马钢（集团）控股有限公司	108	248 424
2	中国航空工业集团公司	29	1 686 624	32	中国机械工业集团有限公司	61	247 991
3	华为技术有限公司	37	1 334 023	33	神华集团有限责任公司	33	239 868
4	中国移动通信集团公司	4	1 093 722	34	海信集团有限公司	102	226 875
5	中国航天科工集团公司	84	919 217	35	天津天铁冶金集团有限公司	93	225 817
6	上海汽车工业（集团）总公司	17	787 731	36	美的集团有限公司	67	223 882
7	海尔集团公司	47	761 940	37	中国电子信息产业集团公司	68	209 488
8	中国兵器工业集团公司	31	752 893	38	中国海洋石油总公司	19	196 479
9	国家电网公司	2	744 199	39	中国南方电网有限责任公司	12	192 764
10	中国船舶重工集团公司	49	708 406	40	哈尔滨电气集团公司	201	189 141
11	中国石油化工集团公司	1	616 559	41	恒力集团有限公司	275	178 605
12	中兴通讯股份有限公司	94	578 158	42	中国重型汽车集团有限公司	105	178 548
13	武汉钢铁（集团）公司	42	566 258	43	中国南车集团公司	131	178 383
14	中国中铁股份有限公司	9	555 068	44	中国中煤能源集团有限公司	87	177 169
15	中国铁建股份有限公司	8	516 231	45	中国建筑材料集团有限公司	71	176 796
16	中国兵器装备集团公司	22	481 675	46	鞍山钢铁集团公司	74	174 885
17	宝钢集团有限公司	23	436 525	47	TCL集团股份有限公司	137	170 000
18	中国冶金科工集团有限公司	27	413 647	48	兖矿集团有限公司	115	162 484
19	中国第一汽车集团公司	21	358 024	49	联想控股有限公司	56	158 128
20	东风汽车公司	13	354 880	50	阳泉煤业（集团）有限责任公司	128	154 225
21	河南煤业化工集团有限责任公司	60	339 350	51	奇瑞汽车股份有限公司	252	150 049
22	上海电气（集团）总公司	65	332 130	52	湖南华菱钢铁集团有限责任公司	123	144 028
23	天津汽车工业（集团）有限公司	77	322 924	53	新希望集团有限公司	134	140 388
24	中国工商银行股份有限公司	5	302 507	54	铜陵有色金属集团控股有限公司	158	139 673
25	山东魏桥创业集团有限公司	73	291 032	55	四川长虹电子集团有限公司	151	138 215
26	江苏沙钢集团有限公司	40	286 189	56	安阳钢铁集团有限责任公司	192	128 667
27	中国电信集团公司	16	284 074	57	北大方正集团有限公司	121	124 133
28	中国铝业公司	43	271 322	58	四川省宜宾五粮液集团有限公司	186	123 039
29	中国交通建设集团有限公司	18	258 334	59	中国建筑股份有限公司	14	121 792
30	中国平煤神马能源化工集团有限责任公司	75	251 060	60	中国东方电气集团有限公司	165	120 581

续表

名次	企业名称	500强排序	研发费用（万元）	名次	企业名称	500强排序	研发费用（万元）
61	河北钢铁集团有限公司	26	118 584	81	中国中材集团有限公司	182	86 714
62	包头钢铁（集团）有限责任公司	170	118 535	82	天津市一轻集团（控股）有限公司	197	86 165
63	山东钢铁集团有限公司	66	113 530	83	天津钢管集团股份有限公司	92	85 853
64	湖北宜化集团有限责任公司	204	113 026	84	紫金矿业集团股份有限公司	283	84 341
65	北京京城机电控股有限责任公司	312	112 765	85	正泰集团有限公司	248	83 878
66	三一集团有限公司	205	109 865	86	淮南矿业（集团）有限责任公司	183	83 023
67	山东六和集团有限公司	157	108 512	87	浪潮集团有限公司	228	82 750
68	山东泰山钢铁集团有限公司	279	105 882	88	新余钢铁集团有限公司	250	82 207
69	首钢总公司	46	103 987	89	广东省建筑工程集团有限公司	302	82 016
70	浙江吉利控股集团有限公司	359	103 000	90	特变电工股份有限公司	388	80 900
71	广州汽车工业集团有限公司	44	102 876	91	大同煤矿集团有限责任公司	144	74 998
72	长沙中联重工科技发展股份有限公司	191	101 181	92	江铃汽车集团公司	332	74 747
73	天津冶金集团有限公司	69	99 850	93	天津百利机电控股集团有限公司	206	74 340
74	天津渤海化工集团公司	156	96 587	94	中国化工集团公司	54	72 670
75	清华控股有限公司	217	93 958	95	中国西电集团公司	365	71 955
76	中国北方机车车辆工业集团公司	149	91 577	96	中国广东核电集团有限公司	324	68 693
77	山西焦煤集团有限责任公司	76	91 521	97	中国水利水电建设集团公司	78	68 688
78	北京汽车工业控股有限责任公司	51	88 721	98	南山集团公司	168	65 815
79	徐州工程机械集团有限公司	125	88 288	99	中国煤炭科工集团有限公司	334	65 206
80	申能（集团）有限公司	286	87 056	100	人民电器集团有限公司	284	64 899
中国企业500强平均数							7 752 232

资料来源：中国企业联合会、中国企业家协会

2010年度中国民营企业500强名单

排序	企业名称	所属行业	所在地	营业收入总额（万元）
1	华为技术有限公司	通信设备、计算机及其他电子设备制造业	广　东	18 517 600
2	江苏沙钢集团有限公司	黑色金属冶炼及压延加工业	江　苏	17 862 398
3	苏宁电器集团	批发和零售业	江　苏	15 622 292
4	联想控股有限公司	通信设备、计算机及其他电子设备制造业	北　京	14 669 743
5	大连万达集团股份有限公司	房地产业	辽　宁	7 717 738
6	浙江吉利控股集团有限公司	交通运输设备制造业	浙　江	6 827 951
7	海航集团有限公司	综　合	海　南	6 486 303
8	新疆广汇实业投资（集团）有限责任公司	批发和零售业	新　疆	6 475 589
9	雨润控股集团有限公司	食品加工与食品、饮料制造业	江　苏	6 475 546
10	广厦控股创业投资有限公司	建筑业	浙　江	6 035 959
11	新希望集团有限公司	农、林、牧、渔业	四　川	5 596 432
12	杭州娃哈哈集团有限公司	食品加工与食品、饮料制造业	浙　江	5 487 355
13	海亮集团有限公司	有色金属冶炼及压延加工业	浙　江	5 252 614
14	中天钢铁集团有限公司	黑色金属冶炼及压延加工业	江　苏	5 188 983
15	北京建龙重工集团有限公司	黑色金属冶炼及压延加工业	北　京	5 126 817
16	山东六和集团有限公司	农、林、牧、渔业	山　东	5 068 613
17	三一集团有限公司	通用设备和专用设备制造业	湖　南	5 020 000
18	比亚迪股份有限公司	交通运输设备制造业	广　东	4 844 842
19	东方希望集团有限公司	有色金属冶炼及压延加工业	上　海	4 831 000
20	恒大地产集团有限公司	房地产业	广　东	4 580 140
21	上海复星高科技（集团）有限公司	综　合	上　海	4 569 219
22	天津荣程联合钢铁集团有限公司	黑色金属冶炼及压延加工业	天　津	4 376 257
23	江苏新长江实业集团有限公司	黑色金属冶炼及压延加工业	江　苏	4 329 266
24	三胞集团有限公司	批发和零售业	江　苏	3 980 819
25	西安迈科金属国际集团有限公司	批发和零售业	陕　西	3 875 168
26	物美控股集团有限公司	批发和零售业	北　京	3 750 456
27	浙江恒逸集团有限公司	化学纤维制造业	浙　江	3 607 627
28	内蒙古伊泰集团有限公司	采矿业	内蒙古	3 525 971
29	雅戈尔集团股份有限公司	服装、鞋帽、皮革制造业	浙　江	3 348 136
30	恒力集团有限公司	化学纤维制造业	江　苏	3 251 252
31	江阴兴澄特种钢铁有限公司	黑色金属冶炼及压延加工业	江　苏	3 243 300
32	江苏三房巷集团有限公司	化学原料及化学制品制造业	江　苏	3 177 616
33	江苏永钢集团有限公司	黑色金属冶炼及压延加工业	江　苏	3 172 146
34	江西萍钢实业股份有限公司	黑色金属冶炼及压延加工业	江　西	3 097 464
35	通威集团有限公司	农、林、牧、渔业	四　川	3 063 896

续表

排序	企业名称	所属行业	所在地	营业收入总额（万元）
36	宁波金田投资控股有限公司	有色金属冶炼及压延加工业	浙　江	3 036 011
37	江苏苏宁环球集团	房地产业	江　苏	2 952 000
38	江苏西城三联控股集团	黑色金属冶炼及压延加工业	江　苏	2 867 590
39	江苏阳光集团有限公司	纺织业	江　苏	2 866 095
40	天狮集团有限公司	医药制造业	天　津	2 856 380
41	红豆集团有限公司	服装、鞋帽、皮革制造业	江　苏	2 818 600
42	唐山国丰钢铁有限公司	黑色金属冶炼及压延加工业	河　北	2 766 441
43	中天发展控股集团有限公司	建筑业	浙　江	2 734 295
44	新华联控股有限公司	综　合	湖　南	2 623 299
45	奥克斯集团有限公司	电气机械及器材、线缆制造及仪器仪表制造业	浙　江	2 621 103
46	浙江荣盛控股集团有限公司	化学纤维制造业	浙　江	2 604 134
47	山东泰山钢铁集团有限公司	黑色金属冶炼及压延加工业	山　东	2 604 107
48	江苏申特钢铁有限公司	黑色金属冶炼及压延加工业	江　苏	2 602 279
49	华芳集团有限公司	纺织业	江　苏	2 600 880
50	新奥集团股份有限公司	电力、热力、燃气及水的生产和供应业	河　北	2 600 000
51	四川宏达（集团）有限公司	有色金属冶炼及压延加工业	四　川	2 536 014
52	四川省川威集团有限公司	黑色金属冶炼及压延加工业	四　川	2 519 760
53	扬子江药业集团有限公司	医药制造业	江　苏	2 501 626
54	海澜集团有限公司	纺织业	江　苏	2 501 357
55	正泰集团股份有限公司	电气机械及器材、线缆制造及仪器仪表制造业	浙　江	2 488 000
56	人民电器集团有限公司	电气机械及器材、线缆制造及仪器仪表制造业	浙　江	2 485 721
57	广州富力地产股份有限公司	房地产业	广　东	2 464 182
58	碧桂园控股有限公司	房地产业	广　东	2 463 784
59	江阴澄星实业集团有限公司	化学原料及化学制品制造业	江　苏	2 452 610
60	百兴集团有限公司	批发和零售业	江　苏	2 421 253
61	江苏高力集团有限公司	租赁和商务服务业	江　苏	2 393 521
62	河北文丰钢铁有限公司	黑色金属冶炼及压延加工业	河　北	2 324 345
63	陕西东岭工贸集团股份有限公司	批发和零售业	陕　西	2 322 147
64	江苏扬子江船业集团公司	交通运输设备制造业	江　苏	2 266 895
65	上海华冶钢铁集团有限公司	黑色金属冶炼及压延加工业	上　海	2 258 908
66	上海人民企业（集团）有限公司	综　合	上　海	2 207 688
67	山东太阳纸业股份有限公司	造纸及纸制品、印刷业、文教体育、办公用品制造业	山　东	2 196 542
68	华盛江泉集团有限公司	黑色金属冶炼及压延加工业	山　东	2 193 972
69	玖龙纸业（控股）有限公司	造纸及纸制品、印刷业、文教体育、办公用品制造业	广　东	2 186 094
70	九州通医药集团股份有限公司	批发和零售业	湖　北	2 125 177
71	远大物产集团有限公司	批发和零售业	浙　江	2 121 081
72	青山控股集团有限公司	黑色金属冶炼及压延加工业	浙　江	2 105 087
73	桐昆集团股份有限公司	化学纤维制造业	浙　江	2 099 221
74	山东金诚石化集团有限公司	石油加工、炼焦加工业	山　东	2 082 155
75	德力西集团有限公司	电气机械及器材、线缆制造及仪器仪表制造业	浙　江	2 069 467

续表

排序	企业名称	所属行业	所在地	营业收入总额（万元）
76	新世纪控股集团有限公司	通信设备、计算机及其他电子设备制造业	浙 江	2 064 319
77	江苏南通三建集团有限公司	建筑业	江 苏	2 058 000
78	盾安控股集团有限公司	通用设备和专用设备制造业	浙 江	2 035 269
79	南通二建集团有限公司	建筑业	江 苏	2 034 720
80	亚邦投资控股集团有限公司	化学原料及化学制品制造业	江 苏	2 014 886
81	天正集团有限公司	电气机械及器材、线缆制造及仪器仪表制造业	浙 江	2 003 138
82	中国金属再生资源（控股）有限公司	废弃资源和废旧材料回收加工业	上 海	1 935 860
83	丰立集团有限公司	黑色金属冶炼及压延加工业	江 苏	1 928 818
84	科创集团	医药制造业	四 川	1 900 341
85	兴华财富集团有限公司	批发和零售业	河 北	1 848 290
86	浙江中成控股集团有限公司	建筑业	浙 江	1 837 328
87	香江集团	综 合	广 东	1 832 102
88	中南控股集团有限公司	房地产业	江 苏	1 825 268
89	重庆龙湖企业拓展有限公司	房地产业	重 庆	1 820 921
90	江苏文峰集团有限公司	批发和零售业	江 苏	1 820 800
91	华泰集团有限公司	造纸及纸制品、印刷业、文教体育、办公用品制造业	山 东	1 808 503
92	新疆特变电工股份有限公司	电气机械及器材、线缆制造及仪器仪表制造业	新 疆	1 777 029
93	亿利资源集团有限公司	综 合	内蒙古	1 763 255
94	万达控股集团有限公司	电气机械及器材、线缆制造及仪器仪表制造业	山 东	1 760 489
95	沂州集团有限公司	石油加工、炼焦加工业	山 东	1 749 998
96	四川德胜集团钢铁有限公司	黑色金属冶炼及压延加工业	四 川	1 749 365
97	西林钢铁集团有限公司	黑色金属冶炼及压延加工业	黑龙江	1 735 829
98	内蒙古鄂尔多斯投资控股集团有限责任公司	纺织业	内蒙古	1 716 680
99	修正药业集团	医药制造业	吉 林	1 710 368
100	新华锦集团	批发和零售业	山 东	1 709 406
101	全威（铜陵）铜业科技有限公司	有色金属冶炼及压延加工业	安 徽	1 702 695
102	盛虹集团有限公司	化学纤维制造业	江 苏	1 689 406
103	四川金广实业（集团）股份有限公司	黑色金属冶炼及压延加工业	四 川	1 678 110
104	江苏法尔胜鸿昇集团有限公司	金属制品业	江 苏	1 663 644
105	东营方圆有色金属有限公司	有色金属冶炼及压延加工业	山 东	1 655 967
106	江苏金浦集团有限公司	化学原料及化学制品制造业	江 苏	1 652 418
107	江苏新世纪造船（集团）有限公司	交通运输设备制造业	江 苏	1 644 148
108	亨通集团有限公司	电气机械及器材、线缆制造及仪器仪表制造业	江 苏	1 641 979
109	江苏金辉集团公司	有色金属冶炼及压延加工业	江 苏	1 620 772
110	南通四建集团有限公司	建筑业	江 苏	1 620 216
111	宁波银亿集团有限公司	综 合	浙 江	1 615 030
112	重庆力帆控股有限公司	交通运输设备制造业	重 庆	1 605 513
113	山东石横特钢集团有限公司	黑色金属冶炼及压延加工业	山 东	1 592 328
114	山东西水橡胶集团有限公司	橡胶制品、塑料制品业	山 东	1 590 462
115	利华益集团股份有限公司	石油加工、炼焦加工业	山 东	1 581 632

续表

排序	企业名称	所属行业	所在地	营业收入总额（万元）
116	波司登股份有限公司	服装、鞋帽、皮革制造业	江　苏	1 580 011
117	南京丰盛产业控股集团有限公司	建筑业	江　苏	1 533 538
118	宁波富邦控股集团有限公司	综　合	浙　江	1 530 145
119	中太建设集团股份有限公司	建筑业	河　北	1 527 046
120	浙江宝业建设集团有限公司	建筑业	浙　江	1 518 836
121	维维集团股份有限公司	食品加工与食品、饮料制造业	江　苏	1 516 718
122	精功集团有限公司	金属制品业	浙　江	1 505 352
123	浙江昆仑控股集团有限公司	综　合	浙　江	1 504 480
124	浙江新湖集团股份有限公司	综　合	浙　江	1 488 019
125	河北普阳钢铁有限公司	黑色金属冶炼及压延加工业	河　北	1 485 275
126	武安市裕华钢铁有限公司	黑色金属冶炼及压延加工业	河　北	1 474 151
127	江苏华厦融创置地集团有限公司	房地产业	江　苏	1 469 791
128	武安市明芳钢铁有限公司	黑色金属冶炼及压延加工业	河　北	1 468 906
129	长城电器集团有限公司	电气机械及器材、线缆制造及仪器仪表制造业	浙　江	1 463 280
130	浙江元立金属制品集团有限公司	金属制品业	浙　江	1 461 790
131	传化集团有限公司	化学原料及化学制品制造业	浙　江	1 457 968
132	远东控股集团有限公司	电气机械及器材、线缆制造及仪器仪表制造业	江　苏	1 455 252
133	河北新金钢铁有限公司	黑色金属冶炼及压延加工业	河　北	1 445 683
134	江苏双良集团有限公司	化学原料及化学制品制造业	江　苏	1 443 035
135	东方集团实业股份有限公司	综　合	黑龙江	1 431 363
136	江苏省苏中建设集团股份有限公司	建筑业	江　苏	1 428 975
137	浙江龙盛控股有限公司	化学原料及化学制品制造业	浙　江	1 421 638
138	山东九羊集团有限公司	黑色金属冶炼及压延加工业	山　东	1 418 360
139	澳洋集团有限公司	综　合	江　苏	1 407 507
140	新城控股集团有限公司	房地产业	江　苏	1 405 391
141	重庆市金科实业（集团）有限公司	房地产业	重　庆	1 401 565
142	攀枝花钢城集团有限公司	综　合	四　川	1 378 189
143	江苏三木集团有限公司	化学原料及化学制品制造业	江　苏	1 373 494
144	隆鑫控股有限公司	交通运输设备制造业	重　庆	1 367 000
145	山东大海集团有限公司	纺织业	山　东	1 351 126
146	华立集团股份有限公司	医药制造业	浙　江	1 350 255
147	杭州富春江冶炼有限公司	有色金属冶炼及压延加工业	浙　江	1 343 612
148	深圳海王集团股份有限公司	医药制造业	广　东	1 331 200
149	四川科伦实业集团有限公司	医药制造业	四　川	1 315 563
150	天瑞集团有限公司	非金属矿物制品业（含水泥、玻璃、陶瓷、耐火材料等）	河　南	1 315 527
151	四川省达州钢铁集团有限责任公司	黑色金属冶炼及压延加工业	四　川	1 314 340
152	深圳市庆鹏实业集团有限公司	房地产业	广　东	1 312 568
153	河南济源钢铁（集团）有限公司	黑色金属冶炼及压延加工业	河　南	1 304 354
154	宗申产业集团有限公司	交通运输设备制造业	重　庆	1 301 734
155	环宇集团有限公司	电气机械及器材、线缆制造及仪器仪表制造业	浙　江	1 298 659

续表

排序	企业名称	所属行业	所在地	营业收入总额（万元）
156	嘉晨集团有限公司	非金属矿物制品业（含水泥、玻璃、陶瓷、耐火材料等）	辽　宁	1 291 377
157	金鼎重工股份有限公司	黑色金属冶炼及压延加工业	河　北	1 270 000
158	江苏熔盛重工有限公司	交通运输设备制造业	江　苏	1 266 500
159	河南龙成集团有限公司	黑色金属冶炼及压延加工业	河　南	1 266 000
160	南京金鹰国际集团有限公司	批发和零售业	江　苏	1 254 835
161	广西南华糖业集团有限公司	食品加工与食品、饮料制造业	广　西	1 240 027
162	江西赛维 LDK 太阳能高科技有限公司	电气机械及器材、线缆制造及仪器仪表制造业	江　西	1 237 913
163	内蒙古伊东煤炭集团有限责任公司	采矿业	内蒙古	1 222 448
164	武安市文安钢铁有限公司	黑色金属冶炼及压延加工业	河　北	1 222 053
165	山西安泰控股集团有限公司	黑色金属冶炼及压延加工业	山　西	1 221 132
166	西子联合控股有限公司	通用设备和专用设备制造业	浙　江	1 220 000
167	大汉物流股份有限公司	批发和零售业	湖　南	1 212 737
168	银泰百货（集团）有限公司	批发和零售业	浙　江	1 196 235
169	福建达利集团	食品加工与食品、饮料制造业	福　建	1 191 268
170	浙江东宸建设控股集团有限公司	建筑业	浙　江	1 180 145
171	山东科达集团有限公司	建筑业	山　东	1 172 988
172	上海均瑶（集团）有限公司	综　合	上　海	1 166 132
173	山西通达（集团）有限公司	交通运输设备制造业	山　西	1 161 063
174	南通化工轻工股份有限公司	批发和零售业	江　苏	1 156 183
175	福建恒安集团有限公司	造纸及纸制品、印刷业、文教体育、办公用品制造业	福　建	1 155 124
176	金海重工股份有限公司	交通运输设备制造业	浙　江	1 144 045
177	山东晨曦集团有限公司	石油加工、炼焦加工业	山　东	1 141 526
178	辽宁曙光汽车集团股份有限公司	交通运输设备制造业	辽　宁	1 123 270
179	华峰集团有限公司	橡胶制品、塑料制品业	浙　江	1 112 154
180	杭州滨江房产集团股份有限公司	房地产业	浙　江	1 108 193
181	大华（集团）有限公司	房地产业	上　海	1 099 336
182	深圳市中汽南方投资集团有限公司	批发和零售业	广　东	1 099 049
183	中电电气集团有限公司	电气机械及器材、线缆制造及仪器仪表制造业	江　苏	1 094 802
184	永鼎集团有限公司	电气机械及器材、线缆制造及仪器仪表制造业	江　苏	1 094 111
185	春风实业集团有限责任公司	金属制品业	河　北	1 092 903
186	金花企业集团	综　合	陕　西	1 089 281
187	常州天合光能有限公司	电气机械及器材、线缆制造及仪器仪表制造业	江　苏	1 087 904
188	和润集团有限公司	食品加工与食品、饮料制造业	浙　江	1 083 359
189	浙江大东南集团有限公司	橡胶制品、塑料制品业	浙　江	1 081 528
190	江苏天地龙集团有限公司	有色金属冶炼及压延加工业	江　苏	1 080 000
191	内蒙古汇能煤电集团有限公司	采矿业	内蒙古	1 079 203
192	升华集团控股有限公司	化学原料及化学制品制造业	浙　江	1 070 816
193	大亚科技集团有限公司	木材加工及木、竹、藤、棕、草制品及家具制造业	江　苏	1 066 557
194	天津天士力集团有限公司	医药制造业	天　津	1 066 506
195	天能电池集团有限公司	电气机械及器材、线缆制造及仪器仪表制造业	浙　江	1 065 609

续表

排序	企业名称	所属行业	所在地	营业收入总额（万元）
196	江苏华宏实业集团有限公司	化学纤维制造业	江　苏	1 064 980
197	浙江广天日月集团股份有限公司	建筑业	浙　江	1 062 316
198	江苏常发实业集团有限公司	通用设备和专用设备制造业	江　苏	1 060 443
199	沈阳远大企业集团	建筑业	辽　宁	1 053 213
200	江苏南通六建建设集团有限公司	建筑业	江　苏	1 053 031
201	辽宁忠旺集团有限公司	金属制品业	辽　宁	1 052 194
202	山东金岭集团有限公司	化学原料及化学制品制造业	山　东	1 051 213
203	吉林省长春皓月清真肉业股份有限公司	食品加工与食品、饮料制造业	吉　林	1 050 293
204	苏州市相城区江南化纤集团有限公司	化学纤维制造业	江　苏	1 045 288
205	山东长星集团有限公司	通用设备和专用设备制造业	山　东	1 044 471
206	宁波神化化学品经营有限责任公司	批发和零售业	浙　江	1 042 225
207	中发实业（集团）有限公司	金融、保险业	北　京	1 030 534
208	唐山瑞丰钢铁（集团）有限公司	黑色金属冶炼及压延加工业	河　北	1 028 887
209	世纪华丰控股有限公司	建筑业	浙　江	1 027 625
210	福星集团控股有限公司	综　合	湖　北	1 025 200
211	山东五征集团	交通运输设备制造业	山　东	1 023 479
212	大全集团有限公司	电气机械及器材、线缆制造及仪器仪表制造业	江　苏	1 021 856
213	上海奥盛投资控股（集团）有限公司	金属制品业	上　海	1 020 257
214	海马投资集团股份有限公司	交通运输设备制造业	海　南	1 018 464
215	江苏沃得机电集团有限公司	通用设备和专用设备制造业	江　苏	1 018 138
216	上海胜华电缆（集团）有限公司	电气机械及器材、线缆制造及仪器仪表制造业	上　海	1 013 966
217	人人乐连锁商业集团股份有限公司	批发和零售业	广　东	1 004 130
218	浙江东南网架集团有限公司	建筑业	浙　江	1 000 294
219	杭州锦江集团有限公司	有色金属冶炼及压延加工业	浙　江	1 000 290
220	江苏飞达集团	黑色金属冶炼及压延加工业	江　苏	1 000 206
221	浙江天圣控股集团有限公司	纺织业	浙　江	998 537
222	广州立白企业集团有限公司	化学原料及化学制品制造业	广　东	990 354
223	浙江百诚集团股份有限公司	批发和零售业	浙　江	986 709
224	冷水江钢铁有限责任公司	黑色金属冶炼及压延加工业	湖　南	984 983
225	龙元建设集团股份有限公司	建筑业	浙　江	984 429
226	上海舜业钢铁集团有限公司	批发和零售业	上　海	979 449
227	苏州阿特斯阳光电力科技有限公司	电气机械及器材、线缆制造及仪器仪表制造业	江　苏	978 418
228	红楼集团有限公司	批发和零售业	浙　江	977 555
229	兴乐集团有限公司	电气机械及器材、线缆制造及仪器仪表制造业	浙　江	968 306
230	海天塑机集团有限公司	通用设备和专用设备制造业	浙　江	957 371
231	江苏新华发集团有限公司	批发和零售业	江　苏	955 424
232	通鼎集团有限公司	电气机械及器材、线缆制造及仪器仪表制造业	江　苏	952 325
233	河北省武安市元宝山工业集团有限公司	黑色金属冶炼及压延加工业	河　北	950 444
234	内蒙古源通煤化集团有限责任公司	采矿业	内蒙古	949 467
235	江苏华尔润集团有限公司	非金属矿物制品业（含水泥、玻璃、陶瓷、耐火材料等）	江　苏	939 769

续表

排序	企业名称	所属行业	所在地	营业收入总额（万元）
236	营口市青花集团	非金属矿物制品业（含水泥、玻璃、陶瓷、耐火材料等）	辽宁	937 800
237	浙江华成控股集团有限公司	建筑业	浙江	935 374
238	洛阳紫金银辉黄金冶炼有限公司	有色金属冶炼及压延加工业	河南	934 731
239	卧龙控股集团有限公司	电气机械及器材、线缆制造及仪器仪表制造业	浙江	917 282
240	浙江康桥汽车工贸集团股份有限公司	批发和零售业	浙江	915 003
241	江苏江都建设集团有限公司	建筑业	江苏	910 918
242	重庆小康汽车集团有限公司	交通运输设备制造业	重庆	905 266
243	东方建设集团有限公司	建筑业	浙江	900 182
244	唐山长城钢铁集团松汀钢铁有限公司	黑色金属冶炼及压延加工业	河北	888 049
245	潍坊特钢集团有限公司	黑色金属冶炼及压延加工业	山东	885 673
246	上海西本钢铁贸易发展有限公司	批发和零售业	上海	884 278
247	江苏天工集团有限公司	黑色金属冶炼及压延加工业	江苏	880 662
248	海外海集团有限公司	租赁和商务服务业	浙江	880 300
249	浙江富春江通信集团有限公司	电气机械及器材、线缆制造及仪器仪表制造业	浙江	877 823
250	上海美特斯邦威服饰股份有限公司	服装、鞋帽、皮革制造业	上海	877 556
251	美锦能源集团有限公司	石油加工、炼焦加工业	山西	870 797
252	诸城外贸有限责任公司	食品加工与食品、饮料制造业	山东	866 213
253	常州东方特钢有限公司	黑色金属冶炼及压延加工业	江苏	865 813
254	内蒙古满世煤炭集团有限责任公司	采矿业	内蒙古	861 500
255	长业建设集团有限公司	建筑业	浙江	858 498
256	四川西南不锈钢有限责任公司	黑色金属冶炼及压延加工业	四川	857 020
257	山东鲁花集团有限公司	食品加工与食品、饮料制造业	山东	856 256
258	天津现代集团有限公司	房地产业	天津	855 487
259	福耀玻璃工业集团股份有限公司	非金属矿物制品业（含水泥、玻璃、陶瓷、耐火材料等）	福建	850 803
260	利时集团股份有限公司	综合	浙江	849 680
261	森马集团有限公司	服装、鞋帽、皮革制造业	浙江	845 000
262	天津立业钢铁集团有限公司	批发和零售业	天津	844 098
263	上海浦东电线电缆（集团）有限公司	电气机械及器材、线缆制造及仪器仪表制造业	上海	843 120
264	河北前进钢铁集团有限公司	黑色金属冶炼及压延加工业	河北	835 792
265	中天科技集团有限公司	电气机械及器材、线缆制造及仪器仪表制造业	江苏	831 105
266	五洋建设集团股份有限公司	建筑业	浙江	830 274
267	天津宝迪农业科技股份有限公司	食品加工与食品、饮料制造业	天津	826 068
268	群升集团有限公司	房地产业	浙江	825 105
269	江苏上上电缆集团有限公司	电气机械及器材、线缆制造及仪器仪表制造业	江苏	819 782
270	韩华新能源（启东）有限公司	电气机械及器材、线缆制造及仪器仪表制造业	江苏	819 292
271	中设建工集团有限公司	建筑业	浙江	816 579
272	中球冠集团有限公司	批发和零售业	浙江	816 548
273	富通集团有限公司	电气机械及器材、线缆制造及仪器仪表制造业	浙江	815 430
274	河北天柱钢铁集团有限公司	黑色金属冶炼及压延加工业	河北	814 683
275	红太阳集团有限公司	化学原料及化学制品制造业	江苏	808 221

续表

排序	企业名称	所属行业	所在地	营业收入总额（万元）
276	宁夏宝塔石化集团有限公司	石油加工、炼焦加工业	宁　夏	806 959
277	浙江栋梁新材股份有限公司	有色金属冶炼及压延加工业	浙　江	805 371
278	孚日集团股份有限公司	纺织业	山　东	805 259
279	鄂尔多斯乌兰煤炭集团有限责任公司	采矿业	内蒙古	803 977
280	亚厦控股有限公司	建筑业	浙　江	798 712
281	铜陵精达铜材（集团）有限责任公司	有色金属冶炼及压延加工业	安　徽	796 657
282	东辰控股集团有限公司	化学原料及化学制品制造业	山　东	787 653
283	浙江翔盛集团有限公司	化学纤维制造业	浙　江	781 422
284	山东胜通集团股份有限公司	金属制品业	山　东	776 514
285	星星集团有限公司	电气机械及器材、线缆制造及仪器仪表制造业	浙　江	775 671
286	胜达集团有限公司	造纸及纸制品、印刷业、文教体育、办公用品制造业	浙　江	769 218
287	佳杰科技（上海）有限公司	批发和零售业	上　海	768 765
288	广东志高空调有限公司	电气机械及器材、线缆制造及仪器仪表制造业	广　东	767 961
289	攀华集团有限公司	黑色金属冶炼及压延加工业	江　苏	764 323
290	青年汽车集团有限公司	交通运输设备制造业	浙　江	763 573
291	江苏金峰水泥集团有限公司	非金属矿物制品业（含水泥、玻璃、陶瓷、耐火材料等）	江　苏	761 078
292	江苏恒达城建开发集团有限公司	房地产业	江　苏	760 000
293	曙光控股集团有限公司	建筑业	浙　江	757 857
294	山东万通石油化工集团有限公司	石油加工、炼焦加工业	山　东	757 353
295	祐康食品集团有限公司	食品加工与食品、饮料制造业	浙　江	754 813
296	江苏大明金属制品有限公司	有色金属冶炼及压延加工业	江　苏	753 522
297	山西建邦集团有限公司	黑色金属冶炼及压延加工业	山　西	750 565
298	绿都控股集团有限公司	房地产业	浙　江	750 035
299	南通建工集团股份有限公司	建筑业	江　苏	747 187
300	杭州华三通信技术有限公司	通信设备、计算机及其他电子设备制造业	浙　江	744 614
301	重庆华宇物业（集团）有限公司	房地产业	重　庆	741 263
302	超威电源有限公司	电气机械及器材、线缆制造及仪器仪表制造业	浙　江	740 440
303	内蒙古兴泰置业集团有限公司	建筑业	内蒙古	740 000
304	湖北稻花香集团	食品加工与食品、饮料制造业	湖　北	731 661
305	卓尔控股有限公司	房地产业	湖　北	726 447
306	中厦建设集团有限公司	建筑业	浙　江	724 131
307	福中集团有限公司	通信设备、计算机及其他电子设备制造业	江　苏	721 000
308	四川蓝光实业集团有限公司	房地产业	四　川	714 128
309	万事利集团有限公司	纺织业	浙　江	712 458
310	杭叉集团股份有限公司	通用设备和专用设备制造业	浙　江	711 031
311	三花控股集团有限公司	电气机械及器材、线缆制造及仪器仪表制造业	浙　江	710 649
312	开氏集团有限公司	化学纤维制造业	浙　江	707 917
313	润华集团股份有限公司	批发和零售业	山　东	707 472
314	力诺集团股份有限公司	电气机械及器材、线缆制造及仪器仪表制造业	山　东	705 140
315	江苏骏马集团有限公司	纺织业	江　苏	701 187

续表

排序	企业名称	所属行业	所在地	营业收入总额（万元）
316	江阴市双达钢业有限公司	黑色金属冶炼及压延加工业	江　苏	700 000
317	日林建设集团有限公司	综　合	辽　宁	699 169
318	武汉人和集团有限公司	批发和零售业	湖　北	694 171
319	天津市丽兴京津钢铁贸易有限公司	批发和零售业	天　津	693 511
320	方远建设集团股份有限公司	建筑业	浙　江	692 695
321	江苏综艺集团	通信设备、计算机及其他电子设备制造业	江　苏	689 599
322	江苏华地国际控股集团有限公司	批发和零售业	江　苏	685 265
323	震雄铜业集团有限公司	有色金属冶炼及压延加工业	江　苏	681 721
324	万丰奥特控股集团有限公司	交通运输、仓储业和邮政业	浙　江	681 700
325	宜华企业（集团）有限公司	木材加工及木、竹、藤、棕、草制品及家具制造业	广　东	680 020
326	浙江国泰建设集团有限公司	建筑业	浙　江	678 152
327	苏州金螳螂企业集团有限公司	建筑业	江　苏	677 160
328	步步高商业连锁股份有限公司	批发和零售业	湖　南	677 027
329	重庆中汽西南汽车有限公司	批发和零售业	重　庆	676 968
330	重庆市博赛矿业（集团）股份有限公司	有色金属冶炼及压延加工业	重　庆	676 556
331	通州建总集团有限公司	建筑业	江　苏	675 839
332	安徽楚江投资集团有限公司	有色金属冶炼及压延加工业	安　徽	673 754
333	宁波申洲针织有限公司	服装、鞋帽、皮革制造业	浙　江	673 555
334	富海集团有限公司	石油加工、炼焦加工业	山　东	670 292
335	四川濠吉食品（集团）有限责任公司	食品加工与食品、饮料制造业	四　川	670 000
336	鲁丽集团有限公司	木材加工及木、竹、藤、棕、草制品及家具制造业	山　东	669 634
337	扬州大洋造船有限公司	交通运输设备制造业	江　苏	664 177
338	富丽达集团控股有限公司	化学纤维制造业	浙　江	661 655
339	温州中城建设集团有限公司	建筑业	浙　江	661 036
340	苏州二建建筑集团有限公司	建筑业	江　苏	659 916
341	新凤鸣集团股份有限公司	化学纤维制造业	浙　江	659 482
342	浙江中南建设集团有限公司	建筑业	浙　江	657 323
343	卓越置业集团有限公司	房地产业	广　东	657 256
344	江苏吴中集团有限公司	综　合	江　苏	657 000
345	云南南磷集团股份有限公司	化学原料及化学制品制造业	云　南	656 738
346	河南财鑫集团有限责任公司	综　合	河　南	656 732
347	润东汽车集团有限公司	批发和零售业	江　苏	656 000
348	新龙药业集团	批发和零售业	湖　北	654 074
349	浙江万达建设集团有限公司	建筑业	浙　江	652 317
350	云南力帆骏马车辆有限公司	交通运输设备制造业	云　南	652 217
351	江苏邗建集团有限公司	建筑业	江　苏	652 162
352	湖北新洋丰肥业股份有限公司	化学原料及化学制品制造业	湖　北	651 773
353	上海致达科技集团股份有限公司	通用设备和专用设备制造业	上　海	650 000
354	江苏兴达钢帘线股份有限公司	金属制品业	江　苏	649 563
355	江阴江东集团公司	通用设备和专用设备制造业	江　苏	648 218

续表

排序	企业名称	所属行业	所在地	营业收入总额（万元）
356	浙江昱辉阳光能源有限公司	非金属矿物制品业（含水泥、玻璃、陶瓷、耐火材料等）	浙江	647 238
357	十堰荣华东风汽车专营有限公司	批发和零售业	湖北	647 000
358	无锡兴达泡塑新材料股份有限公司	化学原料及化学制品制造业	江苏	645 295
359	泰通（泰州）工业有限公司	电气机械及器材、线缆制造及仪器仪表制造业	江苏	643 478
360	山东创新金属科技股份有限公司	有色金属冶炼及压延加工业	山东	642 089
361	深圳市鹏峰汽车（集团）有限公司	批发和零售业	广东	639 829
362	江苏隆力奇集团有限公司	化学原料及化学制品制造业	江苏	638 839
363	浙江航民实业集团有限公司	综合	浙江	638 377
364	龙达集团有限公司	化学纤维制造业	浙江	634 604
365	研祥高科技控股集团有限公司	通信设备、计算机及其他电子设备制造业	广东	633 072
366	云南玉溪仙福钢铁（集团）有限公司	黑色金属冶炼及压延加工业	云南	625 083
367	浙江巨星控股集团	建筑业	浙江	624 684
368	内蒙古小肥羊餐饮连锁有限公司	住宿、餐饮业	内蒙古	622 800
369	亿达集团有限公司	房地产业	辽宁	622 608
370	陕西黄河矿业（集团）有限责任公司	石油加工、炼焦加工业	陕西	622 600
371	九鼎建设集团股份有限公司	建筑业	浙江	621 060
372	富阳申能固废环保再生有限公司	有色金属冶炼及压延加工业	浙江	620 931
373	兴惠化纤集团有限公司	化学纤维制造业	浙江	619 462
374	常熟市龙腾特种钢有限公司	黑色金属冶炼及压延加工业	江苏	619 281
375	北京京奥港集团	批发和零售业	北京	619 105
376	浙江凯喜雅国际股份有限公司	批发和零售业	浙江	617 196
377	承德兆丰钢铁集团有限公司	黑色金属冶炼及压延加工业	河北	616 884
378	浙江中富建筑集团股份有限公司	建筑业	浙江	614 782
379	四川南骏汽车集团有限公司	交通运输设备制造业	四川	613 624
380	虎牌控股集团有限公司	电气机械及器材、线缆制造及仪器仪表制造业	浙江	613 500
381	中博建设集团有限公司	建筑业	浙江	612 774
382	山东金升有色集团有限公司	有色金属冶炼及压延加工业	山东	608 325
383	四川四海集团	食品加工与食品、饮料制造业	四川	605 580
384	浙江明日控股集团股份有限公司	批发和零售业	浙江	605 006
385	南通新正大特钢有限公司	黑色金属冶炼及压延加工业	江苏	604 653
386	宏润建设集团股份有限公司	建筑业	浙江	604 497
387	新誉集团有限公司	交通运输设备制造业	江苏	603 376
388	保亿集团股份有限公司	房地产业	浙江	602 818
389	华太建设集团有限公司	建筑业	浙江	602 707
390	胜利油田高原石油装备有限责任公司	通用设备和专用设备制造业	山东	601 400
391	苏泊尔集团有限公司	电气机械及器材、线缆制造及仪器仪表制造业	浙江	600 448
392	飞尚实业集团有限公司	综合	广东	600 207
393	华锐风电科技（江苏）有限公司	电气机械及器材、线缆制造及仪器仪表制造业	江苏	600 000
394	常州市盛洲铜业有限公司	有色金属冶炼及压延加工业	江苏	600 000
395	泰州口岸船舶有限公司	交通运输设备制造业	江苏	599 495

续表

排序	企业名称	所属行业	所在地	营业收入总额（万元）
396	辅仁药业集团有限公司	医药制造业	河　南	597 499
397	杭州诺贝尔集团有限公司	非金属矿物制品业（含水泥、玻璃、陶瓷、耐火材料等）	浙　江	596 700
398	无锡市兆顺不锈中板有限公司	黑色金属冶炼及压延加工业	江　苏	595 906
399	中鑫建设集团有限公司	建筑业	浙　江	595 658
400	山西沁新能源集团股份有限公司	采矿业	山　西	595 100
401	华通机电集团有限公司	电气机械及器材、线缆制造及仪器仪表制造业	浙　江	594 425
402	天津恒兴钢业有限公司	黑色金属冶炼及压延加工业	天　津	594 086
403	天洁集团有限公司	通用设备和专用设备制造业	浙　江	590 389
404	湖北联谊实业有限公司	批发和零售业	湖　北	587 606
405	浙江鸿翔建设集团有限公司	建筑业	浙　江	585 500
406	江苏新海石化有限公司	石油加工、炼焦加工业	江　苏	584 400
407	日照兴业集团有限公司	批发和零售业	山　东	584 022
408	唐山市德龙钢铁有限公司	黑色金属冶炼及压延加工业	河　北	582 333
409	杭州鼎胜实业集团有限公司	有色金属冶炼及压延加工业	浙　江	579 719
410	中利科技集团股份有限公司	电气机械及器材、线缆制造及仪器仪表制造业	江　苏	578 667
411	宝胜科技创新股份有限公司	电气机械及器材、线缆制造及仪器仪表制造业	江　苏	576 587
412	宜昌三峡全通涂镀板股份有限公司	黑色金属冶炼及压延加工业	湖　北	574 931
413	新八建设集团有限公司	建筑业	湖　北	574 587
414	内蒙古庆华集团有限公司	采矿业	内蒙古	574 549
415	挺宇集团有限公司	通用设备和专用设备制造业	浙　江	573 200
416	山东润峰集团有限公司	综　合	山　东	571 847
417	江苏鹰翔化纤股份有限公司	化学纤维制造业	江　苏	570 754
418	华升建设集团有限公司	建筑业	浙　江	568 440
419	浙江赐富化纤集团有限公司	化学纤维制造业	浙　江	567 757
420	山西潞宝集团	石油加工、炼焦加工业	山　西	565 000
421	辽宁禾丰牧业股份有限公司	农、林、牧、渔业	辽　宁	564 342
422	河南蓝天集团有限公司	电力、热力、燃气及水的生产和供应业	河　南	562 651
423	江苏江中集团有限公司	建筑业	江　苏	562 316
424	武汉工贸有限公司	批发和零售业	湖　北	560 378
425	浙江造船有限公司	交通运输设备制造业	浙　江	560 290
426	山东广富集团有限公司	黑色金属冶炼及压延加工业	山　东	560 108
427	广业控股有限公司	批发和零售业	浙　江	555 409
428	广东联塑科技实业有限公司	橡胶制品、塑料制品业	广　东	554 951
429	宝业湖北建工集团有限公司	建筑业	湖　北	554 856
430	浙大网新科技股份有限公司	信息传输、计算机服务和软件业	浙　江	554 805
431	永兴特种不锈钢股份有限公司	黑色金属冶炼及压延加工业	浙　江	554 280
432	弘业国际投资集团股份有限公司	采矿业	内蒙古	554 117
433	华翔集团股份有限公司	交通运输设备制造业	浙　江	554 034
434	锦联投资集团有限公司	交通运输、仓储业和邮政业	辽　宁	553 462
435	凯翔集团有限公司	建筑业	浙　江	552 633

续表

排序	企业名称	所属行业	所在地	营业收入总额（万元）
436	上海百营钢铁集团有限公司	批发和零售业	上　海	552 578
437	南京高速齿轮制造有限公司	通用设备和专用设备制造业	江　苏	552 044
438	江苏江南实业集团有限公司	金属制品业	江　苏	551 668
439	南通五建建设工程有限公司	建筑业	江　苏	551 477
440	浙江中强建工集团有限公司	建筑业	浙　江	551 068
441	福建凯西钢铁集团有限公司	黑色金属冶炼及压延加工业	福　建	550 696
442	厦门银鹭食品集团有限公司	食品加工与食品、饮料制造业	福　建	550 478
443	公元塑业集团有限公司	橡胶制品、塑料制品业	浙　江	550 311
444	浙江红剑集团有限公司	化学纤维制造业	浙　江	550 271
445	唐山贝氏体钢铁（集团）有限公司	黑色金属冶炼及压延加工业	河　北	550 000
446	徐龙食品集团有限公司	食品加工与食品、饮料制造业	浙　江	549 398
447	江苏申久化纤有限公司	化学纤维制造业	江　苏	548 657
448	山东金正大生态工程股份有限公司	化学原料及化学制品制造业	山　东	547 932
449	冠县冠星纺织集团总公司	纺织业	山　东	546 647
450	林州市林丰铝电有限责任公司	有色金属冶炼及压延加工业	河　南	545 016
451	泰州三福船舶工程有限公司	交通运输设备制造业	江　苏	544 009
452	湖北汇通工贸集团有限公司	批发和零售业	湖　北	542 085
453	海南金海浆纸业有限公司	造纸及纸制品、印刷业、文教体育、办公用品制造业	海　南	540 924
454	上海亚龙投资（集团）有限公司	电气机械及器材、线缆制造及仪器仪表制造业	上　海	538 055
455	重庆东银实业（集团）有限公司	通用设备和专用设备制造业	重　庆	536 344
456	济南圣泉集团股份有限公司	化学原料及化学制品制造业	山　东	536 300
457	温州开元集团有限公司	批发和零售业	浙　江	535 860
458	浙江大东吴集团有限公司	综　合	浙　江	535 087
459	珠海秦发贸易有限公司	批发和零售业	广　东	534 296
460	太平鸟集团有限公司	服装、鞋帽、皮革制造业	浙　江	533 730
461	山东冠洲股份有限公司	黑色金属冶炼及压延加工业	山　东	532 434
462	成都红旗连锁股份有限公司	批发和零售业	四　川	531 331
463	江苏海达科技集团有限公司	金属制品业	江　苏	531 290
464	山东华夏集团有限公司	通用设备和专用设备制造业	山　东	530 000
465	贝因美集团有限公司	食品加工与食品、饮料制造业	浙　江	529 173
466	欧美投资集团有限公司	批发和零售业	山　东	528 406
467	伟星集团有限公司	综　合	浙　江	528 393
468	龙信建设集团有限公司	建筑业	江　苏	527 026
469	江苏顺通建设集团有限公司	建筑业	江　苏	525 268
470	农夫山泉股份有限公司	食品加工与食品、饮料制造业	浙　江	523 953
471	青岛九联集团股份有限公司	食品加工与食品、饮料制造业	山　东	523 645
472	济源市万洋冶炼（集团）有限公司	有色金属冶炼及压延加工业	河　南	522 130
473	浙江盈都集团有限公司	综　合	浙　江	521 915
474	扬帆集团股份有限公司	交通运输设备制造业	浙　江	520 565
475	湖北枝江酒业集团	食品加工与食品、饮料制造业	湖　北	520 092

续表

排序	企业名称	所属行业	所在地	营业收入总额（万元）
476	启东建筑集团有限公司	建筑业	江　苏	519 948
477	青特集团有限公司	交通运输设备制造业	山　东	519 559
478	百步亭集团有限公司	综　合	湖　北	519 088
479	中捷控股集团有限公司	交通运输、仓储业和邮政业	浙　江	519 001
480	九星控股集团有限公司	有色金属冶炼及压延加工业	辽　宁	518 846
481	江苏省镔鑫特钢材料有限公司	黑色金属冶炼及压延加工业	江　苏	518 800
482	内蒙古德晟实业集团有限公司	采矿业	内蒙古	516 544
483	汇源集团	电气机械及器材、线缆制造及仪器仪表制造业	四　川	514 856
484	湖南高岭建设集团股份有限公司	建筑业	湖　南	514 674
485	天津市金桥焊材集团有限公司	金属制品业	天　津	513 874
486	金澳科技（湖北）化工有限公司	石油加工、炼焦加工业	湖　北	512 900
487	江苏华机集团	造纸及纸制品、印刷业、文教体育、办公用品制造业	江　苏	512 000
488	三六一度（中国）有限公司	服装、鞋帽、皮革制造业	福　建	511 083
489	广州大优煤炭销售有限公司	批发和零售业	广　东	511 006
490	雅鹿集团股份有限公司	服装、鞋帽、皮革制造业	江　苏	510 771
491	德华集团控股股份有限公司	木材加工及木、竹、藤、棕、草制品及家具制造业	浙　江	510 722
492	临沂三德特钢有限公司	黑色金属冶炼及压延加工业	山　东	510 677
493	文水海威钢铁有限公司	黑色金属冶炼及压延加工业	山　西	509 690
494	浙江暨阳建设集团有限公司	建筑业	浙　江	508 996
495	汇宇控股集团	综　合	浙　江	508 775
496	富阳市永正废旧物资有限公司	废弃资源和废旧材料回收加工业	浙　江	506 764
497	浙江华瑞集团有限公司	交通运输、仓储业和邮政业	浙　江	506 525
498	华仪电器集团有限公司	电气机械及器材、线缆制造及仪器仪表制造业	浙　江	506 470
499	华迪钢业集团有限公司	黑色金属冶炼及压延加工业	浙　江	506 065
500	成都华西希望集团有限公司	农、林、牧、渔业	四　川	505 984

资料来源：中华全国工商业联合会

2010年度中国民营制造业企业排序前100家名单

排序	企业名称	所属行业	所在地	营业收入总额（万元）
1	华为技术有限公司	通信设备、计算机及其他电子设备制造业	广　东	18 517 600
2	江苏沙钢集团有限公司	黑色金属冶炼及压延加工业	江　苏	17 862 398
3	联想控股有限公司	通信设备、计算机及其他电子设备制造业	北　京	14 669 743
4	浙江吉利控股集团有限公司	交通运输设备制造业	浙　江	6 827 951
5	雨润控股集团有限公司	食品加工与食品、饮料制造业	江　苏	6 475 546
6	杭州娃哈哈集团有限公司	食品加工与食品、饮料制造业	浙　江	5 487 355
7	海亮集团有限公司	有色金属冶炼及压延加工业	浙　江	5 252 614
8	中天钢铁集团有限公司	黑色金属冶炼及压延加工业	江　苏	5 188 983
9	北京建龙重工集团有限公司	黑色金属冶炼及压延加工业	北　京	5 126 817
10	三一集团有限公司	通用设备和专用设备制造业	湖　南	5 020 000
11	比亚迪股份有限公司	交通运输设备制造业	广　东	4 844 842
12	东方希望集团有限公司	有色金属冶炼及压延加工业	上　海	4 831 000
13	上海复星高科技（集团）有限公司	综合（制造业）	上　海	4 569 219
14	天津荣程联合钢铁集团有限公司	黑色金属冶炼及压延加工业	天　津	4 376 257
15	江苏新长江实业集团有限公司	黑色金属冶炼及压延加工业	江　苏	4 329 266
16	浙江恒逸集团有限公司	化学纤维制造业	浙　江	3 607 627
17	雅戈尔集团股份有限公司	服装、鞋帽、皮革制造业	浙　江	3 348 136
18	恒力集团有限公司	化学纤维制造业	江　苏	3 251 252
19	江阴兴澄特种钢铁有限公司	黑色金属冶炼及压延加工业	江　苏	3 243 300
20	江苏三房巷集团有限公司	化学原料及化学制品制造业	江　苏	3 177 616
21	江苏永钢集团有限公司	黑色金属冶炼及压延加工业	江　苏	3 172 146
22	江西萍钢实业股份有限公司	黑色金属冶炼及压延加工业	江　西	3 097 464
23	宁波金田投资控股有限公司	有色金属冶炼及压延加工业	浙　江	3 036 011
24	江苏西城三联控股集团	黑色金属冶炼及压延加工业	江　苏	2 867 590
25	江苏阳光集团有限公司	纺织业	江　苏	2 866 095
26	天狮集团有限公司	医药制造业	天　津	2 856 380
27	红豆集团有限公司	服装、鞋帽、皮革制造业	江　苏	2 818 600
28	唐山国丰钢铁有限公司	黑色金属冶炼及压延加工业	河　北	2 766 441
29	新华联控股有限公司	综合（制造业）	湖　南	2 623 299
30	奥克斯集团有限公司	电气机械及器材、线缆制造及仪器仪表制造业	浙　江	2 621 103
31	浙江荣盛控股集团有限公司	化学纤维制造业	浙　江	2 604 134
32	山东泰山钢铁集团有限公司	黑色金属冶炼及压延加工业	山　东	2 604 107
33	江苏申特钢铁有限公司	黑色金属冶炼及压延加工业	江　苏	2 602 279
34	华芳集团有限公司	纺织业	江　苏	2 600 880
35	四川宏达（集团）有限公司	有色金属冶炼及压延加工业	四　川	2 536 014

续表

排序	企业名称	所属行业	所在地	营业收入总额（万元）
36	四川省川威集团有限公司	黑色金属冶炼及压延加工业	四 川	2 519 760
37	扬子江药业集团有限公司	医药制造业	江 苏	2 501 626
38	海澜集团有限公司	纺织业	江 苏	2 501 357
39	正泰集团股份有限公司	电气机械及器材、线缆制造及仪器仪表制造业	浙 江	2 488 000
40	人民电器集团有限公司	电气机械及器材、线缆制造及仪器仪表制造业	浙 江	2 485 721
41	江阴澄星实业集团有限公司	化学原料及化学制品制造业	江 苏	2 452 610
42	河北文丰钢铁有限公司	黑色金属冶炼及压延加工业	河 北	2 324 345
43	江苏扬子江船业集团公司	交通运输设备制造业	江 苏	2 266 895
44	上海华冶钢铁集团有限公司	黑色金属冶炼及压延加工业	上 海	2 258 908
45	上海人民企业（集团）有限公司	综合（制造业）	上 海	2 207 688
46	山东太阳纸业股份有限公司	造纸及纸制品、印刷业、文教体育、办公用品制造业	山 东	2 196 542
47	华盛江泉集团有限公司	黑色金属冶炼及压延加工业	山 东	2 193 972
48	玖龙纸业（控股）有限公司	造纸及纸制品、印刷业、文教体育、办公用品制造业	广 东	2 186 094
49	青山控股集团有限公司	黑色金属冶炼及压延加工业	浙 江	2 105 087
50	桐昆集团股份有限公司	化学纤维制造业	浙 江	2 099 221
51	山东金诚石化集团有限公司	石油加工、炼焦加工业	山 东	2 082 155
52	德力西集团有限公司	电气机械及器材、线缆制造及仪器仪表制造业	浙 江	2 069 467
53	新世纪控股集团有限公司	通信设备、计算机及其他电子设备制造业	浙 江	2 064 319
54	盾安控股集团有限公司	通用设备和专用设备制造业	浙 江	2 035 269
55	亚邦投资控股集团有限公司	化学原料及化学制品制造业	江 苏	2 014 886
56	天正集团有限公司	电气机械及器材、线缆制造及仪器仪表制造业	浙 江	2 003 138
57	中国金属再生资源（控股）有限公司	废弃资源和废旧材料回收加工业	上 海	1 935 860
58	丰立集团有限公司	黑色金属冶炼及压延加工业	江 苏	1 928 818
59	科创集团	医药制造业	四 川	1 900 341
60	华泰集团有限公司	造纸及纸制品、印刷业、文教体育、办公用品制造业	山 东	1 808 503
61	新疆特变电工股份有限公司	电气机械及器材、线缆制造及仪器仪表制造业	新 疆	1 777 029
62	亿利资源集团有限公司	综合（制造业）	内蒙古	1 763 255
63	万达控股集团有限公司	电气机械及器材、线缆制造及仪器仪表制造业	山 东	1 760 489
64	沂州集团有限公司	石油加工、炼焦加工业	山 东	1 749 998
65	四川德胜集团钢铁有限公司	黑色金属冶炼及压延加工业	四 川	1 749 365
66	西林钢铁集团有限公司	黑色金属冶炼及压延加工业	黑龙江	1 735 829
67	内蒙古鄂尔多斯投资控股集团有限责任公司	纺织业	内蒙古	1 716 680
68	修正药业集团	医药制造业	吉 林	1 710 368
69	全威（铜陵）铜业科技有限公司	有色金属冶炼及压延加工业	安 徽	1 702 695
70	盛虹集团有限公司	化学纤维制造业	江 苏	1 689 406
71	四川金广实业（集团）股份有限公司	黑色金属冶炼及压延加工业	四 川	1 678 110
72	江苏法尔胜鸿昇集团有限公司	金属制品业	江 苏	1 663 644
73	东营方圆有色金属有限公司	有色金属冶炼及压延加工业	山 东	1 655 967
74	江苏金浦集团有限公司	化学原料及化学制品制造业	江 苏	1 652 418
75	江苏新世纪造船（集团）有限公司	交通运输设备制造业	江 苏	1 644 148

续表

排序	企业名称	所属行业	所在地	营业收入总额（万元）
76	亨通集团有限公司	电气机械及器材、线缆制造及仪器仪表制造业	江　苏	1 641 979
77	江苏金辉集团公司	有色金属冶炼及压延加工业	江　苏	1 620 772
78	重庆力帆控股有限公司	交通运输设备制造业	重　庆	1 605 513
79	山东石横特钢集团有限公司	黑色金属冶炼及压延加工业	山　东	1 592 328
80	山东西水橡胶集团有限公司	橡胶制品、塑料制品业	山　东	1 590 462
81	利华益集团股份有限公司	石油加工、炼焦加工业	山　东	1 581 632
82	波司登股份有限公司	服装、鞋帽、皮革制造业	江　苏	1 580 011
83	宁波富邦控股集团有限公司	综合（制造业）	浙　江	1 530 145
84	维维集团股份有限公司	食品加工与食品、饮料制造业	江　苏	1 516 718
85	精功集团有限公司	金属制品业	浙　江	1 505 352
86	浙江昆仑控股集团有限公司	综合（制造业）	浙　江	1 504 480
87	河北普阳钢铁有限公司	黑色金属冶炼及压延加工业	河　北	1 485 275
88	武安市裕华钢铁有限公司	黑色金属冶炼及压延加工业	河　北	1 474 151
89	武安市明芳钢铁有限公司	黑色金属冶炼及压延加工业	河　北	1 468 906
90	长城电器集团有限公司	电气机械及器材、线缆制造及仪器仪表制造业	浙　江	1 463 280
91	浙江元立金属制品集团有限公司	金属制品业	浙　江	1 461 790
92	传化集团有限公司	化学原料及化学制品制造业	浙　江	1 457 968
93	远东控股集团有限公司	电气机械及器材、线缆制造及仪器仪表制造业	江　苏	1 455 252
94	河北新金钢铁有限公司	黑色金属冶炼及压延加工业	河　北	1 445 683
95	江苏双良集团有限公司	化学原料及化学制品制造业	江　苏	1 443 035
96	浙江龙盛控股有限公司	化学原料及化学制品制造业	浙　江	1 421 638
97	山东九羊集团有限公司	黑色金属冶炼及压延加工业	山　东	1 418 360
98	澳洋集团有限公司	综合（制造业）	江　苏	1 407 507
99	攀枝花钢城集团有限公司	综合（制造业）	四　川	1 378 189
100	江苏三木集团有限公司	化学原料及化学制品制造业	江　苏	1 373 494

资料来源：中华全国工商业联合会

中国企业年鉴

（2011）

石油、石化、运输、航空科技、通信、煤炭等行业

（排名不分先后）

❖中国建筑材料集团有限公司

❖中信国安集团公司

❖中国航空工业集团公司

❖中国航天科工集团第三总体设计部

❖东风汽车公司

❖中国石油化工集团公司

❖中国石油长庆油田分公司第一采油厂

❖中国石油吉林油田分公司松原采气厂

❖中昊晨光化工研究院

❖广东省广新外贸集团有限公司

❖大唐电信科技产业集团

❖中国移动通信集团广东有限公司

❖广西壮族自治区邮政公司

❖神华集团有限责任公司

❖中国平煤神马集团

❖山东能源新矿集团翟镇煤矿

❖郑煤集团杨河煤业裴沟煤矿

❖红云红河烟草（集团）有限责任公司

❖江铃汽车股份有限公司

❖广发证券

❖华阳集团

善用资源 服务建设

致力于建设具有国际竞争力的
建材行业排头兵企业

中国建筑材料集团有限公司（简称"中国建材集团"，英文简称CNBM）1984年经国务院批准设立，2003年成为国务院国有资产监督管理委员会直接监督管理的中央企业。

中国建材集团以"善用资源、服务建设"为核心理念，大力实施"科技创新"、"大建材国际化"和"人才强企"战略，是集科研、制造、流通为一体，拥有产业、科技、成套装备、物流贸易四大业务板块的综合性建材产业集团，位居中国建材行业百强首位。截至2010年底，集团资产总额逾1 500亿元，员工总数超过11万名，直接管理的全资、控股企业20家，控股上市公司6家，其中海外上市公司2家。

中信国安集团公司

白银公司铜冶炼生产

有线电视机房

鸟巢

青海盐湖项目

中葡酒业

地址：

电话：

邮编：100020

歼十飞机

中国航空工业集团公司（简称“中航工业”）是由中央管理的国有特大型企业，2008年11月在原中国航空工业第一、第二集团公司基础上重组整合而成立。中航工业实行母子公司管理体制，设有装备、运输机、发动机、直升机、机载设备与系统、通用飞机、航空研究、飞行试验、贸易物流、资产管理等19个产业板块，下辖近200家企事业单位，拥有22家上市公司，其中A股19家，香港H股2家，红筹股1家。员工近40万人，其中两院院士16人，享受政府津贴专家2 799人。

截至2010年末，中航工业资产总额近5 000亿元。2010年实现营业收入2 099亿元，利润（收益）114亿元，跻身2011年度《财富》世界500强企业，排名第310位。

AVIC 中国航空工

Aviation Industry C

直九武装型编队

电话：（010）58356984
传真：（010）58356979
地址：北京市朝阳区建国路128号中航工业大厦
邮编：100022

走向世界的新舟60

业集团公司

oration Of China

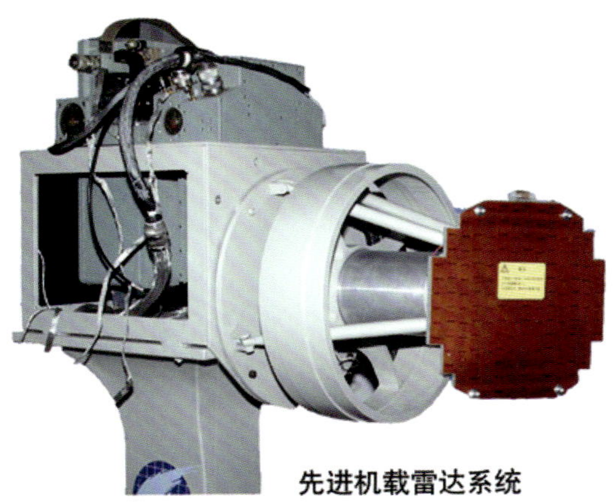

先进机载雷达系统

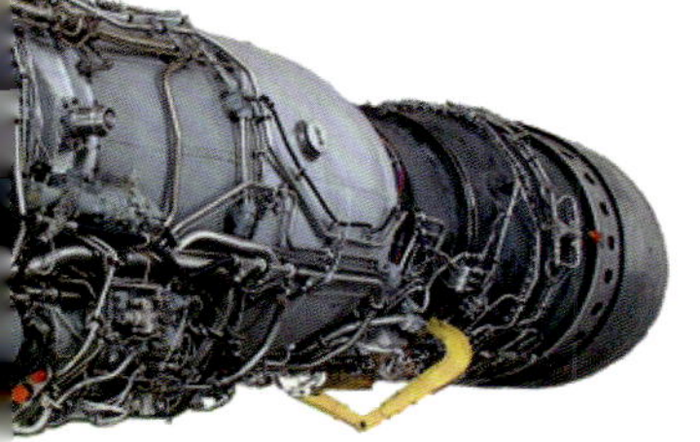

OOOK－秦岭发动机（FWS9）

歼八空中加油

飞豹出师

中国航天科工集

主　任　高文坤

中国航天科工集团第三总体设计部（简称“三部”），经中央军委批准，于1960年4月26日在北京成立。是目前我国集设计试验于一体、专业设置完备的军工总体设计企业，涵盖研究开发、设计、生产、试验和服务全过程。

三部现有12个机关处室、16个研究室、1个公司。设有总体、控制、隐身、气水动、结构、动力、可靠性、引战、电器、遥测、火控、超视距、仿真等40多个专业，是国家批准的硕士学位授权点和博士后工作站、流动站。先后培养出院士3名、各类专家130余人次，高级专家69人，省、部各类专家65人。高级工程师以上职称人员占人员总数的30.0%、博士后14人、博士113人、硕士685人。

三部从1978年就开始推行全面质量管理，1996年获得ISO　9001质量体系认证，2003年完成了GJB　9001A—2001质量管理体系的换版；2003年取得国家一级保密资格审查认证及武器装备科研生产许可证，并于2010年顺利通过国家一级保密认证现场审核；2005年通过了GB/T　28001—2001职业健康安全管理体系认证；2006年通过了GB/T　24001—2004环境体系认证；2007年通过了总装GJB　5000军用软件能力成熟度二级评价；2008年获得了航天科工质量奖，2010年荣获全国管理创新成果一等奖。

三部始终坚持两个文明同步发展，在思想政治工作、党建和精神文明建设中取得了突出的成绩，多次被评为中央国家机关文明单位、中央国家机关青年文明号，荣获中华全国总工会颁发的全国五一劳动奖状、国家体委颁发的全民健身优秀组织奖、载人航天贡献奖和模范职工之家等荣誉称号。

团第三总体设计部

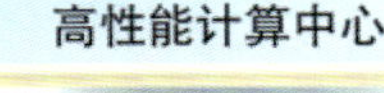

高性能计算中心

荣誉证书

荣誉证书

参加国庆60周年阅兵

办公区全貌

先进突防技术试验室

东风汽车公司
DONGFENG MOTOR CORPORATION

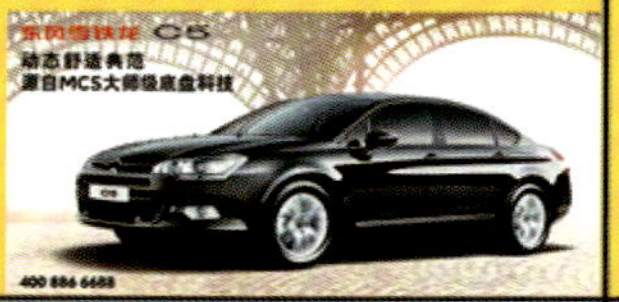

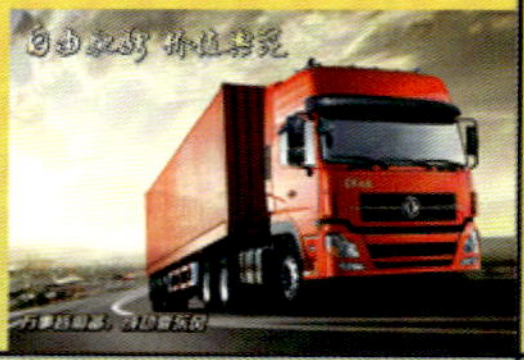

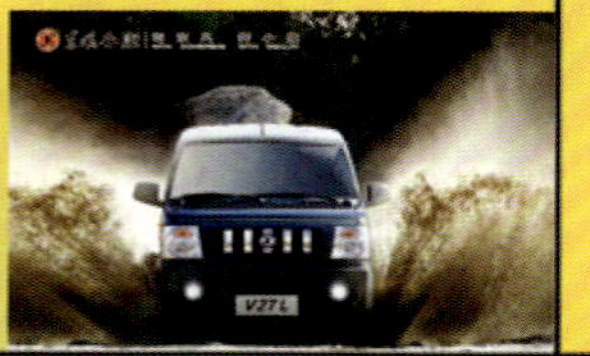

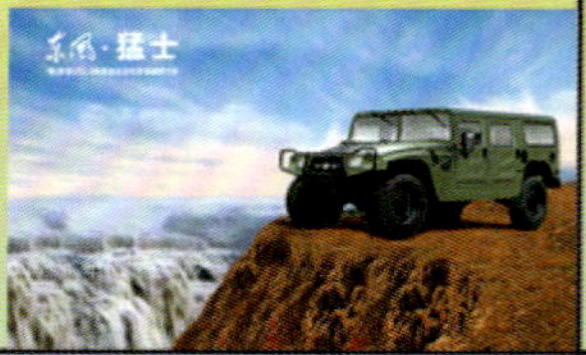

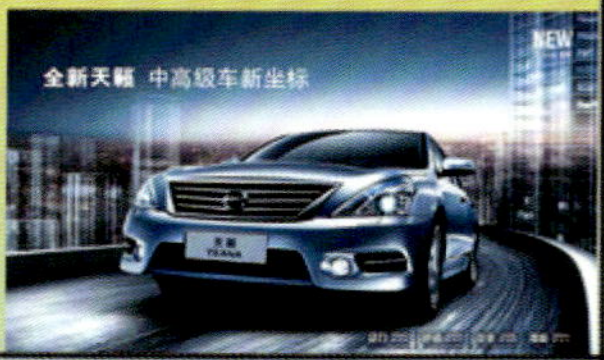

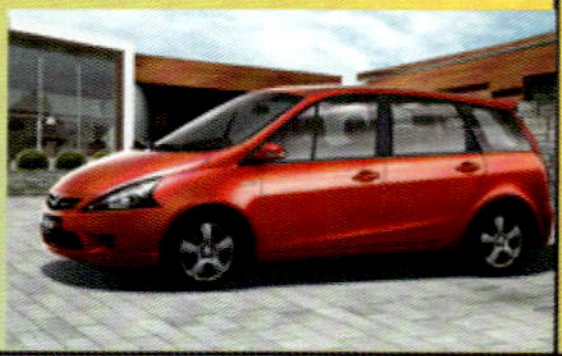

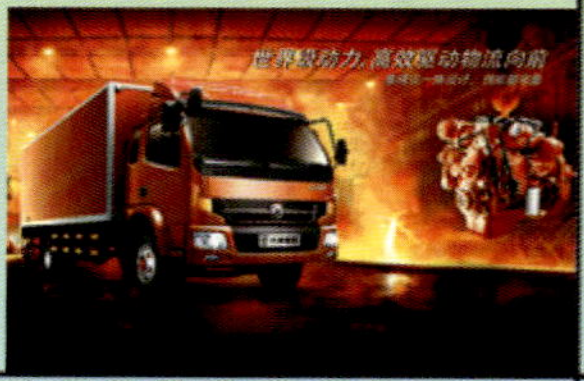

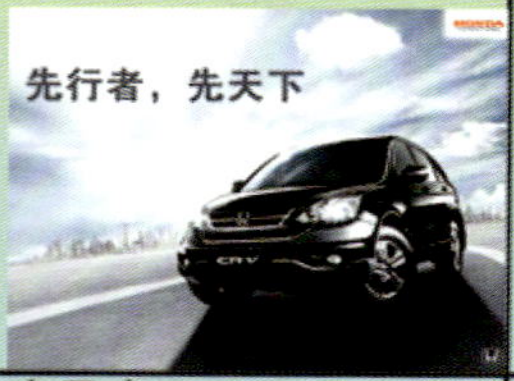

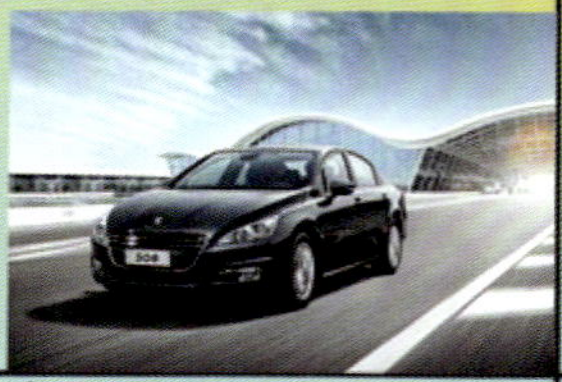

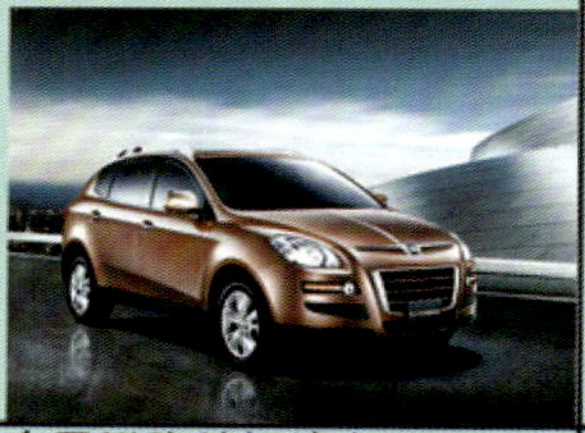

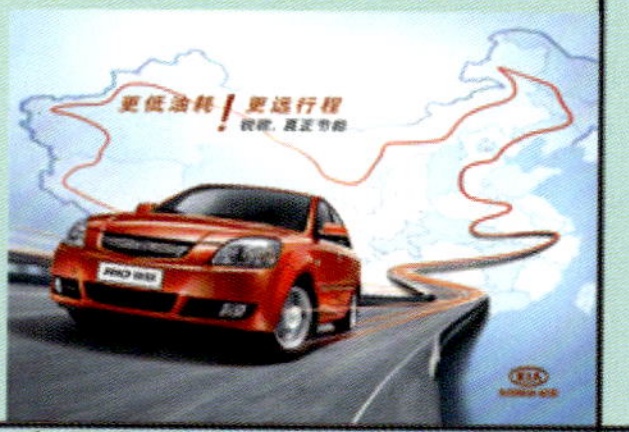

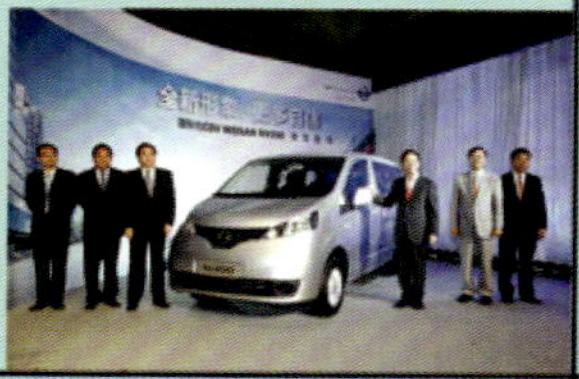

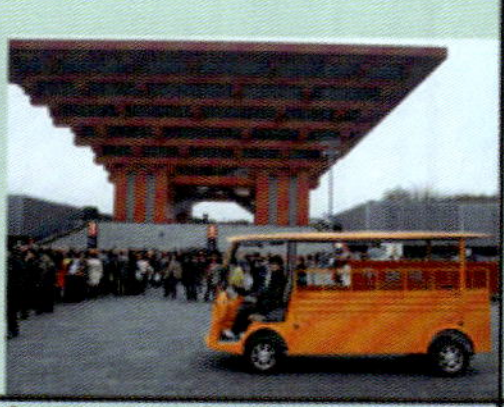

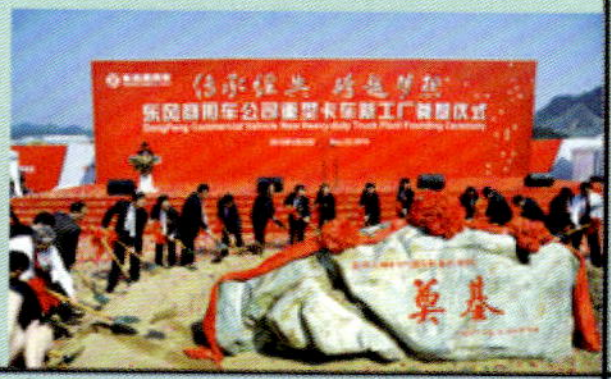

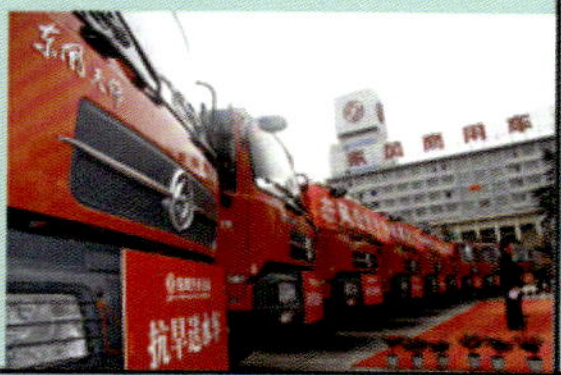

2010年4月23日，东风风神H30CROSS在北京全球首发

2010年6月26日，东风自主乘用车发动机工厂开工

2010年8月18日，东风新能源客车基地奠基

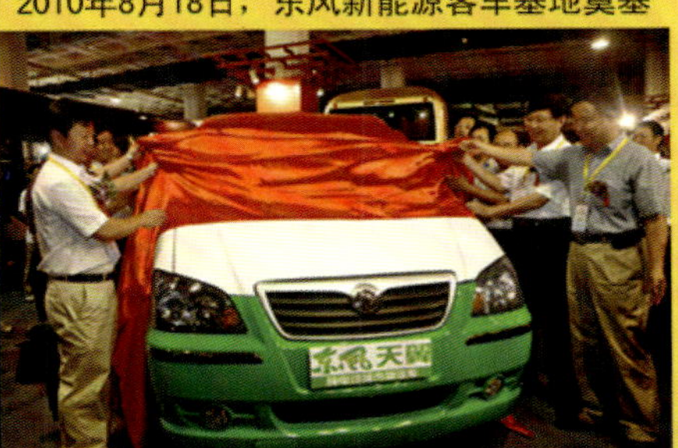

2010年7月13日，东风天翼纯电动物流车北京首发

东风汽车公司（原第二汽车制造厂）始建于1969年，总部设在武汉，主要制造基地分布在十堰、襄樊、武汉、广州等地，主营业务涵盖全系列商用车、乘用车、零部件、汽车装备和汽车水平事业。其中，商用车涵盖轻、中、重全系列卡车和客车产品，乘用车拥有1.0L～3.5L高中低档全系列的轿车、SUV、MPV和交叉型乘用车。

公司日益发展壮大，逐步成为集科研、开发、生产、销售于一身的特大型国有骨干企业，是国有经济的重要支柱企业。截至2010年底，公司总资产2 177.6亿元，员工14万人。2010年销售汽车261.5万辆，营业收入3 688.3亿元。位居2011年《财富》世界500强第145位，2010年中国企业500强第13位，中国制造业企业500强第2位，中国企业效益200佳第17位。

公司秉承“关怀每一个人，关爱每一部车”的经营理念，将以“把东风打造成为国内领先、国际一流的汽车制造商；创造同业中国际居前、中国领先的盈利率；实现可持续成长，为股东、员工和社会长期创造价值”为事业梦想，以“建设永续发展的百年东风，面向世界的国际化东风，在开放中自主发展的东风”为企业愿景，以“实现三个跨越，构建一方和谐”为奋斗目标，致力于把一个自主开放、可持续发展、具有国际竞争力的东风推向世界。

- 永续发展的百年东风
- 面向世界的国际化东风
- 在开放中自主发展的东风

中国石化

镇海炼化

乙烯环保装置

生产的润滑油

先进环保的海南大炼油

青岛千万吨大炼油项目

胜利六号和胜利七号钻井平台

福建炼油乙烯项目80万吨乙烯

中国石油化工集团公司是1998年7月国家在原中国石油化工总公司基础上重组成立的特大型石油石化企业集团，是国家独资设立的国有公司、国家授权投资的机构和国家控股公司，注册资本1 820亿元。集团公司控股的中国石油化工股份有限公司先后于2000年10月和2001年8月在香港、纽约、伦敦和上海上市，总股本867.02亿股。

公司主营业务范围包括：实业投资及投资管理；石油、天然气勘探、开采、储运（含管道运输）、销售和综合利用；石油炼制；汽柴煤油批发；石油化工及其他化工产品生产、销售、储存、运输；石油石化工程勘查设计、施工、建筑安装；石油石化设备检维修；机电设备制造；技术及信息、替代能源产品研究、开发、应用、咨询服务；自营和代理各类商品、技术的进出口（国家限定公司经营或禁止进出口的商品和技术除外）。

目前，公司已成为国内列首位的成品油和石化产品供应商、第二大油气生产商，世界第二大炼油公司、第四大乙烯生产商，加油站总数位居世界第二，在《财富》全球500强企业中排名第5位。

中国石油长庆油田

党委书记　郑天平

长庆油田分公司第一采油厂是中国石油天然气股份有限公司长庆油田分公司下属的一个主力采油厂，管理着我国陆上开发较早的特低渗亿吨级整装油田——安塞油田，成功开发了世界罕见的“低渗、低压、低产”油田，被原中国石油天然气总公司确立为“安塞模式”而享誉石油界。

在“依靠科技进步，开发安塞油田”的思想指导下，形成了三大技术系列和八项配套技术，培育了闻名油田内外的好汉坡精神，先进人物层出不穷，保持了特低渗透油田开发的国内领先地位。

近年来，第一采油厂以坚持科学发展观为指引，全面推行数字化建设，加快转变发展方式，着力抓好“发展、转变、和谐”三件大事，大力推进“四化”建设，着力控制投资、降低成本、优化人力资源结构、深化系统管理内涵，全面构建现代化的“绿色、数字、示范”油田，创新形成了“原油生产分控管理”、“标准成本管理”、“党支部四全工作法”等30多项先进管理方法。先后荣获中华环境友好企业、中国企业新纪录节能减排双十佳企业、中国企业文化建设典范单位、全国模范职工之家、中国石油天然气总公司先进采油厂及陕西省文明单位标兵等多项殊荣。

分公司第一采油厂

数字化管理

员工风貌

好汉坡

子母井场

领导现场办公

地址：陕西延安市河庄坪采油一厂
邮编：716000

中国石油吉林油

中国石油吉林油田公司松原采气厂（简称“松原采气厂”）成立于2006年9月1日（前身为前大采油厂），主营业务为天然气生产及净化处理、原油开发生产和油气田产能建设等，是吉林油田公司仅此一家以天然气开发生产为主、集油气开发生产于一体的二级单位。管辖区域为长岭、双坨子、伏龙泉、布海、小合隆、小城子和大老爷府等7个油气田，行政区属主要在前郭、长岭、农安、德惠和乾安等5县市境内。特别是开发管理的长岭气田，是松辽盆地南部首个大型整装高产气藏，中国陆上首个火山岩高含二氧化碳气藏。

松原采气厂大力实施“油气并举、增气稳油”战略，高水平完成既定的“281”发展目标，即油气产量当量2006年突破20万吨，2008年形成了80万吨生产能力，2010年成功跨越100万吨，实现111万吨，由原来年产10万吨的采油小厂快速成长为百万吨大厂。

松原采气厂将坚持“油气并举、增气稳油”战略，突出规模、速度、安全、质量、效益相统一，重管理、强基础，重创新、强技术，重培训、强素质，重过程、强考核，大力实施气田高效开发、原油持续稳产、科技攻关、安全受控管理、投资成本控制、节能减排、自主精细化管理、党建与全员提素、绩效考核、和谐企业建设“十大工程”，实现持续快速发展。

田公司松原采气厂

办公楼效果图

长深1井

地址：吉林松原市兴源乡吉林油田相关产业园区
传真：（0438）6223022
邮编：138000

生产基地3

中昊晨光化工研

ZHONGHAO CHENGUANG RESEARCH INSTITUTE OF CH

院部全景

生产基地2

生产基地1

院长李嘉

中昊晨光化工研究院（简称“晨光院”）于1965年由全国24家科研院所和生产企业内迁四川自贡组建而成，原系化工部直属军工配套事业单位。1999年转制为科技型企业，是我国高分子合成材料研发、生产的重要基地，隶属中国昊华化工（集团）总公司。

晨光院主要从事有机氟、有机硅、环氧树脂等高分子合成材料的研发、生产、加工和经营，同时覆盖含氟精细化学品、特种工程材料、塑料成型加工、专用塑料机械、化工设备与防腐等门类。产品涉及20多个大类、200多个品种、千余种规格，广泛应用于航天、航空、汽车、电子、石油、化工、煤炭、纺织和机械等领域。

40多年来，共取得科研成果500余项。其中，获国家和部、省以上成果250余项，获专利授权70余项；先后为我国卫星、火箭、潜艇、“神舟”、“嫦娥”等国防工程提供了不可替代的新材料，屡次受到上级组织的嘉奖。

转制以来，晨光院建成“五标合一”的民品和军品质量管理体系，先后被认定为国家高新技术企业、中国自主创新能力行业十强企业、全国知识产权示范单位、全国创新型试点企业和自贡国家新材料产业化基地的核心企业。“晨光CHEN GUANG及图”被认定为中国驰名商标。

面向未来，按照“全球最佳化工实践”要求，晨光院将以“团结、务实、创新、高效”的企业精神，大力发展“绿色经济、循环经济、低碳经济”，朝着“科技晨光、绿色晨光、和谐晨光、开放晨光”的愿景目标持续奋进！

电话：(0813)7806012
传真：(0813)7201124
地址：四川自贡市富顺县晨光路135号
邮编：643201

广东省广新外贸集团是广东省人民政府授权经营的国有大型企业集团。是省内列首位的外贸集团企业，下辖广东省机械进出口集团公司、广东省外贸开发公司、广东省食品进出口集团公司、广东省轻工进出口集团公司、广东省五金矿产进出口集团公司、广东省广告股份有限公司、广东省土产进出口（集团）公司、广东省东方进出口公司、广东广新贸易发展有限公司、香港广新控股有限公司、广东广新投资控股有限公司、广东广新柏高科技有限公司、广东广新外贸置业发展有限公司、广东广新盛特金属股份有限公司、广东广新矿业资源集团有限公司、广东外贸物资发展公司、广东肇庆星湖生物科技股份有限公司、佛山塑料集团股份有限公司共18家所属一级企业，境内上市公司有星湖科技、佛塑股份、生益科技、省广股份4家，以及境外澳大利亚卡加拉（Kagara）公司、澳大利亚麦加纳（Mungana）金矿公司2家海外上市公司。其中，经营单位112家，生产制造企业68家。

2009年，集团销售收入达435亿元（按可比口径），国际贸易总额43亿美元。目前，集团拥有“星湖”、柏高“PACO”、“珠江桥牌”、生益科技“SL”4个中国驰名商标和汾江牌、双象牌、HG牌、珠江桥牌等中国名牌，26个广东省重点培育和发展的出口名牌；拥有3个国家技术研发中心，3个省研发中心；拥有有色建材、矿冶化工、轻工食品、装备制造与电子电器、现代物流服务五大主业，通过低成本扩张，建立了铝材、不锈钢完整的产业链，高起点进入了高新技术产业和矿产资源开发行业，成为集“科、工、贸、投”于一体的大型国有企业集团。在2009年国家统计局公布的全国500强大型企业集团中排名第132位，在2009年广东企业100强中排名第11位。集团曾荣获全国五一劳动奖状。

物联网解决方案已成功应用于煤炭等行业

研发人员正在紧张工作

知识产权教育基地

大唐電信

大唐电信科技产业集团

DATANG TELECOM TECHNOLOGY &INDUSTRY GROUP

大唐电信科技产业集团（即电信科学技术研究院）是一家专门从事电子信息系统装备开发、生产和销售的大型高科技中央企业，拥有国内无线移动通信和集成电路领域最雄厚的科研开发和技术创新实力。多年来，集团坚持自主创新，掌握了一批电子信息通信领域内的关键核心技术，拥有一系列具有完全自主知识产权的重大技术创新和突破，在无线移动通信、集成电路、信息安全及物联网等战略性新兴产业等领域的技术产业水平居国内外领先水平，已成为我国无线移动通信科技自主创新的主力军和践行创新型国家战略的典范。特别是，集团依托TD—SCDMA核心技术优势，把握高科技成果转化的一般规律，成功推动实现自主创新TD—SCDMA的产业化和市场化商用，探索走出了一条“技术专利化、专利标准化、标准产业化、产业市场化、市场国际化”的高科技成果转化科学发展道路。

2010年10月，集团主导提出的TD-LTE-A已被ITU接纳为4G国际标准

中国移动通信集团广

中国移动通信集团广东有限公司是中国移动有限公司于1997年在广东设立的全资子公司，由中国移动通信集团公司直接领导和管理，并在1997年成为国内首批在纽约和香港上市的电信公司。作为全国率先开通移动电话（1987年）、率先上市（1997年）、率先独立运营（1999年）的省级电信运营商，截至2010年底，公司客户规模超过9 000万户，运营收入超过680亿元，净利润超过200亿元，员工超过40 000人，是广东省居首位的电信运营商，也是我国通信行业中规模居首位的省级公司，客户数、收入、净利润在中国移动通信集团已连续11年居首位，占中国移动集团的比例分别约为1/8、1/7、1/6。公司秉承中国移动“正德厚生　臻于至善”的核心价值观，2006年荣获全国质量奖，2007年以来连续4年荣获全国通信行业管理创新一等奖，三次获得全国企业管理创新一等奖。

总经理沟通会现场

东有限公司

心理资本增值（PCA）启动会

美国前管理学会主席Luthans教授为广东移动管理人员进行高阶培训

TD-LTE试验网，用户体验试验网络

我的移动互联网

中国邮政
CHINA POST

党组书记、总经理　韦胜光

广西壮族自治区邮政公司是中国邮政集团公司投资组建的，依法登记注册的全民所有制企业，是中国邮政集团公司的全资子公司。公司辖管14个市邮政局，75个县邮政局和6个直属单位，企业现有邮政局所总数1 608处，其中设在农村的邮政支局所有1 171处，企业邮路总长53 600公里，企业从业人员19 407人。公司主要经营国内国际邮件业务，图书、报刊发行业务，电子商务、邮资票品、集邮业务，代理国内国际特快专递业务，代理邮政储蓄和各类代理、配送、农资分销等业务。近年来，公司在政府依法监管、企业独立自主经营的邮政体制下，按照建立现代企业制度的要求，正逐步建成结构合理、技术先进、管理科学、服务优良、拥有著名品牌、主业突出、具有较强竞争实力的现代企业。

客服：11185
地址：广西南宁市金浦路三支路1号
邮编：530088
http：//www.post.gx.cn

广西壮族

Post Corporation of

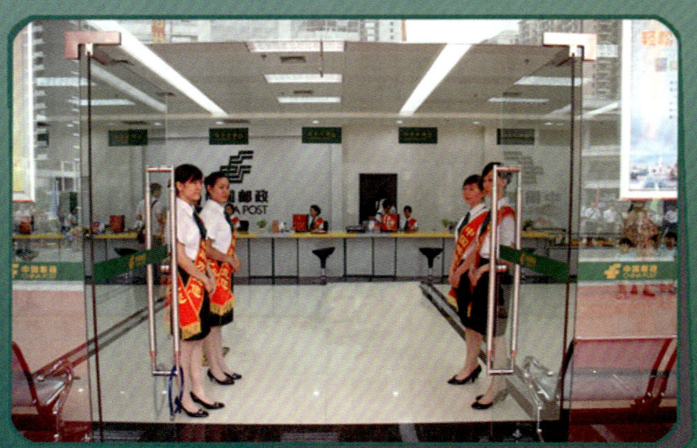
邮政业务营业厅

邮政速递业务营业厅

邮件处理中心整装待发的邮车

自治区邮政公司

Guangxi Zhuang Autonomous Region

邮政储蓄银行营业厅

神华集团有限责任公司（简称“神华集团”）是1995年10月经国务院批准设立的国有独资公司，属中央直管国有重要骨干企业，是以煤炭为基础，电力、铁路、港口、航运、煤制油与煤化工为一体，产运销一条龙经营的特大型能源企业。在做强煤、电、路、港等传统工业的基础上，积极探索煤制油化工新技术，大力发展清洁能源（风电），全面实施“高碳产业，低碳发展”战略。

截至2010年底，神华集团共有全资和控股子公司25家，运营煤矿53个，投运电厂总装机容量3 394.8万千瓦，拥有营业里程1 470公里的铁路、1亿吨吞吐能力的港口、4 500万吨吞吐能力的煤码头和拥有船舶11艘的航运能力，总资产5 509亿元，员工16.7万人。

2010年，神华集团原煤产量35 700万吨，居中国同行业之首；商品煤销售44 580万吨，居世界同行业之首；自营铁路运量3亿吨；发电1 601.6亿度；港口装船1.2亿吨；营业收入2 196亿元；利润总额585亿元，再次跻身世界500强企业行列。

神华集团有限责任公司

SHENHUA GROUP CORPORATION LIMITED

董事长、党委书记　**梁铁山**

中国平煤神马集团是以能源化工为主营业务，跨地区、跨行业、跨国经营的国有特大型企业集团，产品远销六大洲30多个国家和地区，与巴斯夫、杜邦、米其林、石桥等40多家世界500强企业及跨国集团建立了战略和贸易合作关系。旗下拥有平煤股份和神马股份两家上市公司，居2010中国企业500强第75位，煤炭采掘及采选业第3位。是我国品种齐全的炼焦煤、动力煤生产基地和亚洲列首位的尼龙化工产品生产基地。

近年来，集团坚持“以煤为主、相关多元”发展战略，构建了涵盖煤炭、化工和新能源新材料的产业体系。煤炭产能突破5 000万吨，产销量居全国前列，糖精钠、超高功率石墨电极、碳化硅精细微粉产能居全国首位，尼龙66盐、工程塑料产能居亚洲首位，工业丝、帘子布产能居世界首位。

作为新中国自行勘探开发设计的首个特大型煤炭基地和改革开放后首批国家工业化重点建设项目，集团始终秉持“忠诚事业、追求更好”的企业精神，以“振兴民族工业、追赶世界先进”为己任，以国内一流、国际知名为期许，敢为人先，勇争第一，矢志打造百年名企，努力铸就长青基业。

集团大力倡导“感恩、善念、包容、快乐”理念，将承担社会责任作为立身之本，长期致力于企业与社会的和谐发展。坚持创立一个企业，带动一方经济、服务一方人民、融入一种文化，在扶贫济困、抢险救灾、兼并重组、扩大就业等方面挺身而出，担大任，行大道。

2010年集团完成营业收入1 066亿元，利税总额65亿元，主要经济指标实现历史性跨越。站在新的起点上，集团确立了宏伟发展愿景：始终坚持科学发展观，加快转变经济发展方式，推动企业由规模增长向质量效益提升转变、由传统能源向传统能源新能源并重转变、由实业经营向实业与资本运作双轮驱动转变，力争到“十二五”末营业收入与资产总额超过2 000亿元，挺进世界500强，加快建设具有国际竞争力的新型能源化工集团！

煤焦化工

神马集团

煤盐化工

尼龙化工

煤炭采选

集团总部

山东能源新矿

矿长 佟强

山东能源新矿集团翟镇煤矿是1993年12月建成投产的大型现代化矿井，现核定生产能力为190万吨/年，建有相配套的洗煤厂和13公里长的运煤专用铁路线。产品有动力、冶炼精煤、洗混煤和块煤等10余种，创出了“泰山煤”、“翟镇煤”等品牌，畅销国内并出口日本、韩国及东南亚国家。

为响应国家西部大开发战略，积极实施“走出去”的发展策略，在省外建设了山西、内蒙、新疆三大煤炭基地，目前运作了10个矿井，年产能达1 800万吨，其煤种有焦煤、气煤、无烟煤及动力煤，煤种齐全，资源丰富。同时积极发展相关多元产业，拥有10多家非煤企业，经营范围涉及矿山机械制造、矿用电缆、热电、医药、安全培训、餐饮服务等，形成了跨区域、跨行业、跨所有制，多元化发展的产业格局。

企业先后获得煤炭工业双十佳矿井、煤炭工业科技进步十佳矿、行业一级安全高效矿井、煤炭企业文化示范矿、全国重合同守信用企业、全国管理创新示范单位、全国文明煤矿和中国优秀企业等称号。

安全生产3 000天

井口候车室

技术比武现场

集团翟镇煤矿

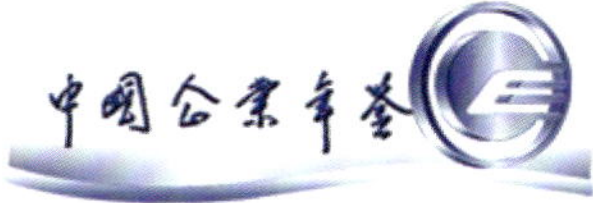

电话：（0538）7842147
传真：（0538）7842637
地址：山东新泰市翟镇
邮编：271204

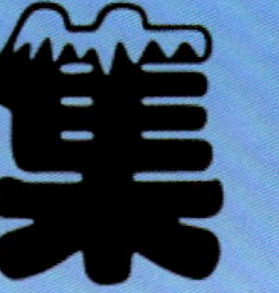

郑煤集团杨河

郑煤集团杨河煤业有限公司裴沟煤矿始建于1960年，投产于1966年，矿井年生产能力205万吨。储量26 458.6万吨，可采储量17 082.2万吨，服务年限48年，主要生产优质贫瘦煤，其产品具有中灰、低硫、高发热量、易碎易磨等特点，广泛应用于电力、冶金和民用。

裴沟煤矿先后在安全、生产、管理等多个领域实施和引进了一大批新技术，全矿实现了安全监测监控网络化，采掘生产机械化，辅助生产系统自动化，管理信息化。设备自动化检测过程控制系统实现了对井上、井下各生产系统的自动遥测、遥控、遥视和遥调。矿井质量标准化达到一级安全质量标准化矿井。

裴沟煤矿着力打造以安全文化为基础，以管理文化为核心，以和谐文化为支撑的文化体系，着力推进班组“1234”安全管理法，使企业的管理水平跃上一个新的层次，为矿井的可持续发展注入了不竭的动力。

裴沟煤矿崇尚以人为本的管理理念，不断探索新形势下思想政治工作的新路子，尊重人、理解人，以心换心，使职工队伍始终保持着旺盛的斗志和无限的创造力，先后荣获了河南省五一劳动奖章、河南省五优矿井、河南省省级文明单位、全国煤炭系统企业文化示范矿、全国煤炭工业双十佳煤矿、全国煤炭工业行业一级安全高效矿井、全国煤炭系统文明煤矿、全国煤炭系统环境保护优秀单位、全国煤炭系统建设和谐社区先进单位、国家级安全质量标准化煤矿等荣誉称号。

棚户区剪彩

生活小区

电话：（0371）69731311
传真：（0371）69731303
地址：河南郑州市新密市来集镇裴沟煤矿
邮编：452382

煤业裴沟煤矿

高高兴兴上班

安全宣誓

宽敞明亮的候罐室

-110泵房

中央轨下2米车房

传承 和谐

江铃汽车股份有限公司
JIANGLING MOTORS CO.,LTD

江铃汽车股份有限公司，中国汽车行业的骨干企业，与美国福特汽车公司等世界 500 强结成战略合作伙伴关系，连续 6 年位列中国上市公司综合实力百强。

通过与福特等世界 500 强的战略合作，江铃汽车吸收了世界领先的产品技术、制造工艺、管理理念，并以合理的股权制衡机制、高效透明的运作和高水准的经营管理，成为中国上市公司治理 100 强。

江铃汽车自主品牌与合资品牌比翼齐飞，产品涵盖轻客、轻卡、皮卡、SUV 四大系列，成为节能、实用、环保汽车的典范。悬挂江铃全新标志的自主品牌 SUV 驭胜震撼上市，开启江铃股份乘用车品牌新纪元。

近年来，江铃汽车销量连续多年稳定增长，盈利能力稳步提升。公司构建了遍布全国的强大营销网络，建立了国家技术中心，被认定为国家高新技术企业，JMC 自主品牌产品出口 80 多个国家，是中国轻型柴油商用车主要出口商，被认定为“国家整车出口基地”。

江铃汽车建立精益生产管理体系，实现了高效的供应链管理、产品开发和信息化管理，成为国内率先通过 TSI 6949 一体化管理审核的汽车企业。

以“成为卓越的汽车制造企业，以高质量、盈利好的产品行销国内外”为愿景，江铃汽车在企业与员工、环境、社会的和谐共处中，不断朝更高目标迈进。

广聚贤才 厚积薄发

广发证券股份有限公司的前身是 1991 年 9 月 8 日成立的广东发展银行证券部，1993 年末成立公司，1996 年改制为广发证券有限责任公司，2001 年整体变更为股份有限公司。2010 年 2 月 12 日，公司在深圳证券交易所成功实现借壳上市，股票代码：000776。

公司是首批综合类证券公司，2004 年 12 月获得创新试点资格。

公司营业网点遍布全国主要经济区域，现有证券营业部网点 199 个，数量位列全国前二。

公司旗下拥有三家全资子公司，分别是广发期货有限公司、广发控股（香港）有限公司和广发信德投资管理有限公司，并持股广发基金管理有限公司和易方达基金管理有限公司，初步形成了跨越证券、基金、期货、股权投资领域的金融控股集团架构。

公司被誉为资本市场上的“博士军团”，以人为本的管理理念，务实稳定的人才团队，促进了公司的持续发展。

“知识图强、求实奉献”是公司的核心理念，“稳健经营、规范管理”是公司的经营原则。公司高度重视健全内部管理体制，完善风险防范机制，初步形成了具有自身特色的合规管理体系，经受住了多次市场重大变化的考验。

公司成长过程中，通过自身积累发展和多次市场化收购兼并行动，规模不断壮大，主要经营指标多年名列行业前茅。

公司将不断努力，确保公司拥有稳定的市场竞争力，综合实力、业务排名、经营业绩进入行业前列，树立“蓝筹广发”的品牌形象，成为广受尊敬的价值创造者和社会责任承担者。

电话：（020）87555888　　传真：（020）87553600

地址：广州市天河北路183号大都会广场43楼

http：//www.gf.com.cn

FORYOU ADAYO | 华阳集团

亚洲品牌500强

1993 年，华阳集团有限公司在广东省惠州市创立。经过 10 多年的探索和发展，现已成为以电子、新材料两大产业为主导，涉足汽车电子、信息电子、精密部品、光电产业等行业的大型高科技企业。

华阳现拥有全资、控股、参股企业 10 余家，在香港等地区建立了分支机构。是全球列首位的激光头和各类机芯生产制造基地之一。公司现有员工 30 000 余人，其中研发人员千余名。建立了自己的科研开发中心——华阳集团技术开发中心，并与中国科学院、国内著名的高等学府及国际知名公司建立了密切的技术合作关系。

1999 年被列入广东省重点发展的大型企业集团，2000 年进入广东省工业龙头企业 50 强，自 2003 年起连续 6 年入围中国企业 500 强；自 2004 年起连续 8 年跃居中国电子信息 100 强企业前列，“FORYOU” 品牌多次被入选 “中国 500 有价值品牌”，在汽车零部件行业仅此一家荣获 “亚洲品牌 500 强” 的品牌。品牌价值 110.3 亿元。

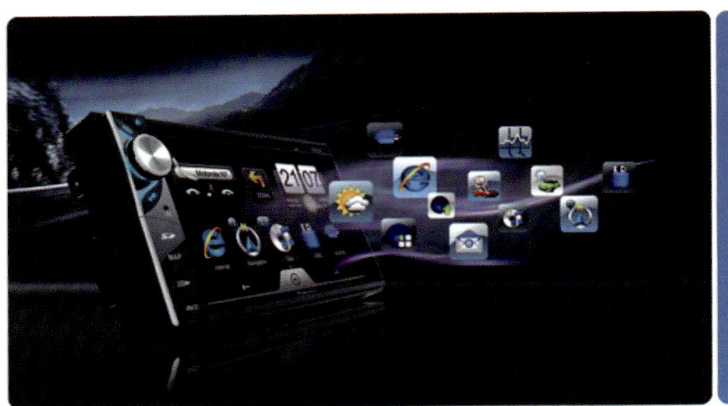

智慧车侣TSP

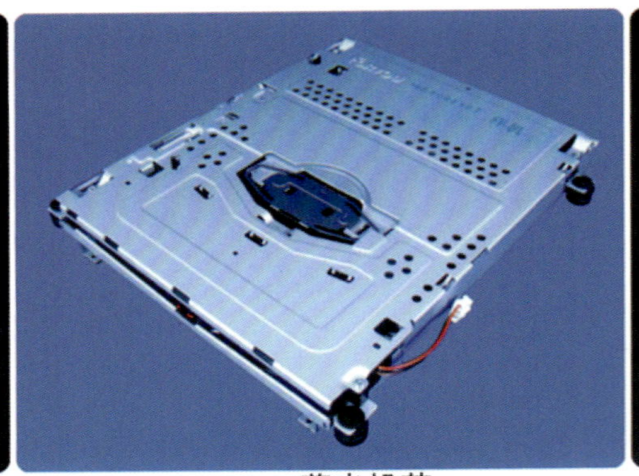

蓝光机芯

LED照明

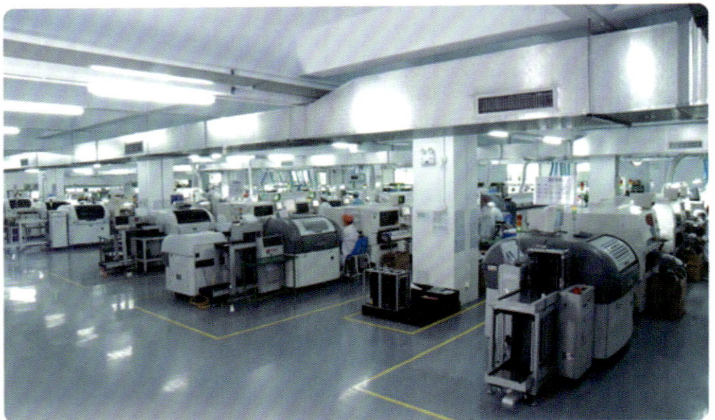

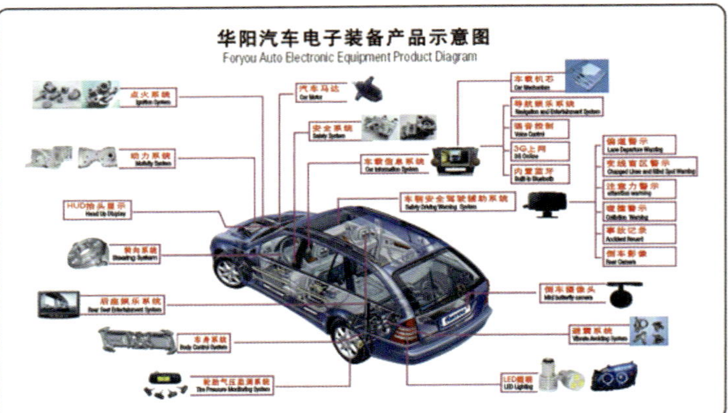

- ▲ 电子信息企业100强　广东企业50强
- ▲ 拥有从光头、机芯到整机设计及制造的大型企业
- ▲ LED封装照明技术领先者
- ▲ 中国列首位的汽车电子及关键零部件企业之一
- ▲ 全球列首位的机芯企业及激光头制造企业之一
- ▲ 2010年品牌价值110.3亿元

惠州华阳集团有限公司

地址：广东惠州市演达一路华阳大厦23楼
电话：（0752）2556666　传真：（0752）2556866　http://www.foryougroup.com